*Baedeker, Karl*

# Palästina und Syrien

*Handbuch für Reisende*

Baedeker, Karl

**Palästina und Syrien**

*Handbuch für Reisende*

*Inktank publishing, 2018*

*www.inktank-publishing.com*

*ISBN/EAN: 9783747776292*

# PALAESTINA

UND

# SYRIEN.

HANDBUCH FÜR REISENDE

HERAUSGEGEBEN VON

K. BÆDEKER.

MIT 17 KARTEN, 41 PLÄNEN, 1 PANORAMA VON JERUSALEM
UND 8 ANSICHTEN.

LEIPZIG: KARL BÆDEKER.
1875.

Wer reisen will,
Der schweig fein still,
Geh steten Schritt,
Nehm nicht viel mit,
Tret an am frühen Morgen,
Und lasse heim die Sorgen.

**Philander von Sittewald. 1650.**

Der vorliegende Band bildet einen Theil eines in Vorbereitung sich befindenden, den ganzen Orient umfassenden Reisehandbuchs, das dieselben Zwecke verfolgen soll, wie die bereits in weiten Kreisen bekannten anderen Handbücher des Herausgebers, und zu dessen Bearbeitung mehrere Fachgelehrte die Güte hatten ihre Mitwirkung zu leihen.

Der Verfasser des vorliegenden Bandes *Palaestina und Syrien* ist Herr *Dr. Albert Socin*, Professor der orientalischen Sprachen in Basel, der wiederholt und längere Zeit sich in Syrien aufgehalten und seine letzte Reise dorthin lediglich zum Zweck der Bearbeitung dieses Buches unternommen hat. Wer mit den heutigen Verhältnissen und dem jetzigen Stande der wissenschaftlichen Erforschung jener Länder näher vertraut ist, wird schnell erkennen, dass der Verfasser keine Mühe gescheut hat, um eine möglichst grosse Zuverlässigkeit der in diesem Bande enthaltenen Angaben zu erreichen.

Um zur praktischen Brauchbarkeit des Buches auch seinerseits beizutragen, hat der Herausgeber ebenfalls einen grossen Theil der beschriebenen Gegenden durchreist, und es kann somit der ganze Inhalt dieses Führers mit nur ganz geringen Ausnahmen als auf eigener Anschauung an Ort und Stelle beruhend bezeichnet werden. Doch wird Niemand eine buchstäbliche Genauigkeit von einem Reisehandbuch fordern, das so vielfach über Einrichtungen Auskunft geben muss, die einem raschen Wechsel unterworfen sind, und der Herausgeber richtet deshalb an Reisende die Bitte, ihn auch für diesen Band auf etwaige Irrthümer oder Auslassungen, die ihnen durch eigene Anschauung bekannt werden, aufmerksam machen zu wollen.

Den Kärtchen und Plänen ist eine ganz besondere Sorgfalt zugewendet worden, da der Herausgeber aus eigener Erfahrung weiss, dass man von Seiten der Eingebornen wenig oder gar keine Auskunft erwarten darf, abgesehen von den Schwierigkeiten, die dem Reisenden aus der unvollständigen Kenntniss der arabischen Sprache erwachsen. Herr Professor *Dr. H. Kiepert* in Berlin hatte die Güte, die Zeichnung der Karten zu übernehmen, und hat dazu theilweise das von ihm selbst in den letzten Jahren an Ort und Stelle gesammelte und sonst noch nicht veröffentlichte Material benutzt. Die Kärtchen der Umgebungen von Yâfa und Beirût, sowie die Pläne dieser Städte wurden für dieses Buch besonders aufgenommen. Die erträglichste Karte grösseren Massstabes (1: 450,000) bleibt immer noch die von *Van de Velde*; doch dürften die in diesem Bande enthaltenen Blätter dieselbe vollständig ersetzen, wenigstens für diejenigen Strecken, die von der Mehrzahl der Reisenden berührt werden. Zur Erleichterung der Uebersicht ist am Ende des Buches ein Routenkärtchen mit Kartennetz beigefügt.

Der Zeichnung des Panorama's von Jerusalem liegen die neuesten grösseren photographischen Aufnahmen zu Grunde; eine genauere und vollständigere Wiedergabe der Stadt dürfte bisher noch nicht erschienen sein.

Die Höhen (über Meer) sind nach den neuesten englischen u. a. Messungen in Metern angegeben.

Die beigefügten Preise sind die, welche der Verfasser sowohl als der Herausgeber selbst bezahlt haben; doch richten sich dieselben im ganzen Orient nach den augenblicklichen Umständen, der Nachfrage, und werden auch dem Benehmen der Reisenden angepasst (vgl. S. 6); es soll daher keineswegs gesagt sein, dass man nicht auch mit geringeren Kosten, als den im Buche angegebenen, durchkommen kann.

Ueber Gasthöfe, Unterkunft in den Klöstern etc. s. S. 31.

---

# INHALTS-VERZEICHNISS.

Route — Seite

# VERZEICHNISS DER KARTEN.



# PLÄNE.

## ANSICHTEN.

# I. Praktische Vorbemerkungen.

## A. Reiseplan. Reisezeit. Reisegesellschaft. Reiserouten.

Ein vor Antritt der Reise entworfener Reiseplan lässt sich im Orient nicht so genau durchführen als dies die Verkehrsverhältnisse in den meisten europäischen Ländern gestatten. Der Reisende ist in Syrien für seinen Transport auf das Pferd und für grössere Wüstenstrecken, die den meisten indess fern liegen, auf das Kamel angewiesen. Fahrbare Landstrassen, ausser der von Beirût nach Damascus, geschweige Eisenbahnen, gibt es nicht; der Erfolg der Reise ist daher, ausser von den verschiedensten Nebenumständen, und deren begegnen recht viele, in weit höherm Grade, als in Europa, vom körperlichen Wohlbefinden und vom Wetter abhängig. Aber gerade deswegen ist ein sorgfältiges Vorstudium in Bezug auf das, *was* man sehen will, und *wie* dies zu erreichen, um so unerlässlicher; die genauesten Angaben für diesen Zweck zu liefern, hat der Herausgeber niemals aus den Augen verloren.

Reisezeit. Die besten Jahreszeiten, um Syrien zu besuchen, sind Frühjahr und Herbst. Der grosse Strom der Reisenden kommt im Frühjahr an und zwar gewöhnlich aus Aegypten. Jerusalem ist alsdann von Reisenden und Pilgern überfüllt. Das Frühjahr hat den Vorzug, weil die Natur dann reicher und im Erwachen begriffen ist; im Herbst ist alles todt und leer. Doch hat der Herbst gewöhnlich mehr schöne Tage, und der Nachsommer, Mitte October und November, würde sich trefflich zum Reisen eignen, wenn nur die Tage nicht schon etwas kurz wären. Bergbesteigungen wie die des Grossen Hermon (R. 27) sind am leichtesten im Herbst auszuführen, da die Hochgipfel dann schneefrei sind. Von Mitte September bis Mitte, selbst bis Ende November lässt sich in Syrien angenehm reisen, und zugleich billiger, als im Frühjahr, weil viel weniger Fremde da sind. Es ist in diesem Fall rathsam, die Tour durch Syrien mit dem Norden zu beginnen, um einfallenden heissen Tagen im höheren Gebirge auszuweichen. Umgekehrt wird der Reisende im Frühjahr den Libanon auf das Ende der Reise versparen. Aber auch Südpalästina kann man nicht gut vor Mitte oder Ende März bereisen, da oft noch Regentage in diesen Monat fallen. Erst im April reist man mit grösserer Annehmlichkeit; im Gebirge wird man bis Ende Juni Touren machen können. — Wer also keine besondern Interessen verfolgt, wird, um das Gesagte kurz zu wiederholen, nur die Zeit von Ende

September bis Mitte November oder Anfang April bis Mitte Juni zu seiner Reise durch Syrien wählen; alle anderen Monate sind zum Mindesten ungünstig, ja selbst der Herbst kann mit Rücksicht auf die unangenehme Rückreise für den Europäer nicht als günstig bezeichnet werden, — und so bleibt nur das Frühjahr übrig, also der Beginn der Reise mit Yâfa-Jerusalem (s. unten).

Reisegesellschaft. Den Orient *allein* zu bereisen, ist auf die Dauer ermüdend und meist ein Drittel, unter Umständen auch die Hälfte theurer als in Gesellschaft. Der Betrag einer Menge von Ausgaben, die *einmal* zu machen sind, genügt in vielen Fällen für Mehrere ebenso gut, wie für einen Einzelnen. Aber abgesehen von dem Gelde wird der Einzelne weniger schnell mit den Leuten des Landes, mit denen er in Verkehr treten muss, fertig werden, als eine Gesellschaft. Zudem ist nicht zu vergessen, dass die ganze Reise durch ein Land führt, dessen Bewohner, was Sprache und Lebensanschauungen betrifft, uns völlig fremd sind, und dass den Einzelnen daher leicht ein drückendes Gefühl des Alleinseins beschleicht; zwei oder mehrere haben doch immer gegenseitig einen sichern Halt. Der Reisende, welcher von Europa her gewohnt ist, am Abend in einen Gasthof zu kommen, in jedem Städtchen eine Unterhaltung zu finden, wird sich im Orient getäuscht finden; selbst wenn er mit der Landessprache vertraut ist, wird er der ewig stereotypen Fragen der Eingebornen bald satt werden. Zudem wird mancher Reisende, der des Reitens ungewohnt ist, angegriffen von der Tagesreise, die vielleicht auch wenig Abwechselung geboten hat, am Abend müde auf seinen Stuhl oder Teppich sinken. Ganz anders, wenn er eine angenehme Reisegesellschaft hat, mit der er sich aussprechen, die Erlebnisse und Beobachtungen des Tages noch einmal durchleben kann. Es ist nun einmal so: der Eine wird sich vor dem Andern geniren, müde zu erscheinen, und darum auch weniger daran denken, dass er es wirklich ist, im schlimmsten Fall mit dem Andern darüber lachen, statt sich zu ärgern. — Im Allgemeinen darf man sicher sein, in Palästina und Syrien während der Saison angenehme Reisegesellschaft zu finden. Vorsicht in der Wahl derselben ist natürlich um so mehr am Platze, als man bei Touren ins Innere bis zum Ende derselben eng an einander gebunden ist und die Freiheit und die Ansprüche des Einzelnen sich dem Allgemeinen unterzuordnen haben; besonders verständige man sich vorher über die einzuhaltenden Ruhetage. Ueber Religion zu sprechen liegt in Palästina eben so nahe als in Europa über Politik; um sich nicht zu entzweien, wird man gut thun, jeden Meinungsaustausch darüber von der Unterhaltung auszuschliessen.

Reiserouten. Um einen *flüchtigen* Einblick in das Land zu gewinnen, die interessantesten Punkte im Süden und die schönsten im Norden zu besuchen, genügen *vier Wochen*, die sich folgendermassen vertheilen lassen:

Tage

Bei Ankunft in Yâfa miethe man sogleich Pferde; die Schiffe treffen in der Regel Morgens früh ein, sodass man Zeit hat, noch an demselben Tage nach Ramle zu reiten . . . . . . . . . . . . . . . . . 1

Am folgenden Morgen zeitig aufbrechen, um nicht zu spät in Jerusalem einzutreffen . . . . . . . . 1

Jerusalem (1). Karte beim Consul abgeben und die Besorgung des Erlaubnissscheins zum Besuch des Harâm erbitten. Grabeskirche besuchen; gegen Abend Oelberg . . . . . . . . . . . . . . . . . . . 1

Jerusalem (2). Via dolorosa, Mariengrab, Gethsemane, Josaphatthal, Absalom's Grab, Siloa, Hinnomthal, Zionsberg, Davidsburg . . . . . . . . . 1

Jerusalem (3). Harâm esch-Scherîf (nicht an einem Freitag), innere und äussere Rundtour. Bazare, Hiskiateich . . . . . . . . . . . . . . . . . . . 1

Jerusalem (4). Scopus, Königsgräber, Richtergräber. — Mûristân . . . . . . . . . . . . . 1

Tour nach dem Todten Meer, wozu man rechtzeitig Pferde bestelle und sich ein Empfehlungsschreiben für das Kloster Mar Sâba besorgen lasse. Jerusalem-Jericho. Abends Spaziergang gegen den Karantel, zur Sultansquelle . . . . . . . . . . . . . . . . . . . 1

Von Jericho nach der Jordanfurt, an's Nordende des Todten Meeres und nach Mar Sâba (grosser Tagesmarsch) 1

Besichtigung des Klosters; von Mar Sâba nach Bethlehem oder Jerusalem . . . . . . . . . . . 1

Nun hat der Reisende noch drei (eventuell vier) Tage zu beliebiger Verwendung in Jerusalem übrig; zwei derselben mögen zur Besichtigung der zahlreichen von uns erwähnten Sehenswürdigkeiten verwendet werden (Gang um die Stadtmauer, St. Annenkirche, Modell der Grabeskirche, Aussätzigenhaus, Kreuzkloster, Russenbau u. A.) . . . . . . . . . . . . . . . . . 2

Dazwischen ein Ausflug nach den Salomonischen Teichen, nach Nebi Samwîl oder nach 'Ain Kârim . . 1

Rückreise nach Yâfa (über Lydda) . . . . . . 2

14 Tage.

Dampfschifffahrt nach Beirût . . . . . . . . 1

Mit dem Eilwagen nach Damascus . . . . . . . 1

Damascus (1). Moschee, Bazare . . . . . . . 1

(2). Gang nach dem Meidân, und aussen um die Stadt herum . . . . . . . . . . . . . . . . 1

(3). Einige schöne Häuser, Christenquartier, Gärten 1

(4). Ausflug nach Salahîye und Dumar . . . . . 1

Von Damascus nach Zebedâni . . . . . . . . 1

Von Zebedâni nach Ba'albek . . . . . . . . . 1

| | Tage |
|---|---|
| In Ba'albek $1^1/_2$ Tag, am zweiten Tag um Mittag aufbrechen nach Mu'allaḳa . . . . . . . . . . | 2 |
| Von Mu'allaḳa nach Beirût . . . . . . . . . | 1 |
| In Beirût 3 Tage, wovon einer zu einem Ausflug nach dem Nahr el-Kelb verwendet wird . . . . . . . . | 3 |
| | 14 Tage. |

Mit Dampfschiff nach Smyrna u. s. w.

Diese 14 Tage können auch folgendermassen vertheilt werden:

| | |
|---|---|
| In Beirût . . . . . . . . . . . . . . . | 1 |
| Nach Damascus 1, in Damascus 3, nach Ba'albek 2 | 6 |
| Am zweiten Tage von Ba'albek aufbrechen nach Dêr el-Aḥmar . . . . . . . . . . . . . . . . | 2 |
| Ueber die Cedern nach Ehden . . . . . . . . | 2 |
| Von Ehden nach Tripolis . . . . . . . . . . | 1 |
| Von Tripolis nach Beirût (besser nach Nahr el-Kelb und $^1/_2$ Tag nach Beirût) . . . . . . . . . . . | 2 |
| | 14 Tage. |

Da das Schiff erst am Abend fährt, bleibt immer noch ein Tag in Beirût übrig (Platz auf dem Dampfschiff vorausbestellen!).

*Sechswöchentliche Tour (Ritt durch Palästina):*

| | |
|---|---|
| Yâfa-Jerusalem 2, Jerusalem 6, Todtes Meer 3 Tage (vgl. S. 3) . . . . . . . . . . . . . . . . | 11 |
| Hebron und zurück . . . . . . . . . . . . . | (2) |
| Von Jerusalem nach Nâbulus ($1^1/_2$ Tag, in Bire übernachten) . . . . . . . . . . . . . . . . | 2 |
| Von Nâbulus über Sebasṭîye nach Djenîn . . . | 1 |
| Von Djenîn (über Zer'în) nach Tell Ḳasîs (Ausflug nach der Miḥraḳa) . . . . . . . . . . . . . | 1 |
| Haifa, Karmel . . . . . . . . . . . . . . | 1 |
| Von Haifa nach 'Akka ($^1/_2$ Tag) . . . . . . | 1 |
| Von 'Akka nach Nazareth . . . . . . . . . | 1 |
| Von Nazareth nach Tiberias (über Berg Tabor) . . | 1 |
| Von Tiberias über Tell Ḥûm nach Ṣafed . . . . . | 1 |
| Von Ṣafed über Kedes nach Bânias (sehr starke Tour; man thut besser in Hunin zu übernachten und den folgenden Tag in Gemächlichkeit über Tell el-Ḳâḍi nach Bânias zu gehen) . . . . . . . . . . . . . . | 2 |
| Von Bânias (über Ḳal'at es-Subêbe) nach Kefr Ḥawâr; von Kefr Ḥawâr nach Damascus . . . . . . | 2 |
| Damascus . . . . . . . . . . . . . . . . | 4 |
| Ueber Ba'albek nach Tripolis und Beirût . . . . | 9 |
| Beirût . . . . . . . . . . . . . . . . . | 3 |
| | 42 Tage. |

*Supplement-Routen*, zur eventuellen Ergänzung oder Abänderung der obigen Touren:

| | Tage |
|---|---|
| Von Jerusalem nach Engeddi ('Ain Djiddi) . . . . | 2 |
| Von Engeddi über Masada (Sebbe) nach dem Südende des Todten Meeres, nach Djebel Usdum und Hebron | 3 |
| Von Hebron nach Bêt Djibrîn . . . . . . . . . | 1 |
| Von Bêt Djibrîn nach Ghazza . . . . . . . . . | 1 |
| Ghazza und 'Asḳalân . . . . . . . . . . . . | 1 |
| Von 'Asḳalân über Tell eṣ-Ṣâfiye und Bêt Nettif nach Jerusalem . . . . . . . . . . . . . . . | 2 |
| | 10 Tage. |
| Von Jerusalem nach Djenîn . . . . . . . . . . | 3 |
| Von Djenîn nach Nazareth . . . . . . . . . . | 1 |
| Von Nazareth nach Ḥaifa . . . . . . . . . . | 1 |
| Ḥaifa-'Akka. . . . . . . . . . . . . . . . | 1 |
| Von 'Akka nach Ṣûr (Tyrus; strenge Tour) . . . . | 1 |
| Von Tyrus nach Ṣaida (Sidon) . . . . . . . . . | 1 |
| Von Sidon nach Beirût . . . . . . . . . . . | 1 |
| | 9 Tage. |
| Von Damascus nach Râscheyâ 1½ . . . . . . . . | 2 |
| Besteigung des Hermon . . . . . . . . . . . | 1 |
| Von Hâsbeyâ über Burghuz nach Ḳal'at esch-Scheḳîf | 1 |
| (Von Ḳal'at esch-Scheḳîf nach Sidon 1) | |
| Von Ḳal'at esch-Scheḳîf nach Djezzîn . . . . . . | 1 |
| Von Djezzîn nach Dêr el-Ḳamar . . . . . . . | 1 |
| Von Dêr el-Ḳamar nach Beirût. . . . . . . . . | 1 |
| | 7 Tage. |
| Von Damascus nach Palmyra . . . . . . . | 4 |
| In Palmyra . . . . . . . . . . . . . . . | 2 |
| Von Palmyra nach Ḥömṣ . . . . . . . | 3 |
| Von Ḥömṣ über Ribla nach Ba'albek . . . | 2½ |
| | 11½ Tage. |
| Von Jerusalem über Jericho nach 'Arâḳ el-Emîr . . | 2 |
| Nach 'Ammân . . . . . . . . . . . . . . . | 1 |
| Von 'Ammân nach es-Salṭ . . . . . . . . . . | 1 |
| Von es-Salṭ nach Djerasch . . . . . . . . . . | 1 |
| In Djerasch 1½ . . . . . . . . . . . . . . | 1½ |
| Nach Umm Ḳeis . . . . . . . . . . . . . . | 1½ |
| Von Umm Ḳeis nach Tiberias . . . . . . . . . | 1 |
| | 9 Tage. |
| Von Djerasch nach Boṣra. . . . . . . . . . . | 2 |
| In Boṣra und nach Ḥebrân . . . . . . . . . . | 1 |
| Von Ḥebrân nach Ḳanawât . . . . . . . . . . | 1 |
| Schohba und Schaḳḳa. . . . . . . . . . . . | 1 |
| Nach Brâḳ . . . . . . . . . . . . . . . . | 1 |
| Nach Damascus . . . . . . . . . . . . . . | 1 |
| | 7 Tage. |

**B. Reisekosten. Creditbriefe. Münzwesen. Maasse.**

Die Kosten des Reisens im Orient sind beträchtlich höher als in Europa, und wenn sie sich zwar auch dort nach den Bedürfnissen eines Jeden richten, so ist doch für den Europäer eine gewisse Grenze in seiner Lebensweise gezogen, unter der zu bleiben dem gewöhnlichen Reisenden kaum möglich sein wird. Der Tagespreis in den Gasthöfen (vgl. S. 31) ist durchschnittlich 15 fr. ohne Wein, von dem der billigste 3—4 fr. (sogen. Jerusalem-Wein 1—2 fr., doch nicht in allen Gasthöfen zu haben) kostet, engl. Bier die Flasche 2—2½ fr., Trinkgeld vielleicht ½ fr.; die täglichen regelmässigen Gasthofsausgaben belaufen sich daher auf circa 20 fr., die sich in Yâfa und Jerusalem allerdings auf die Hälfte oder ein Drittel reduciren, wenn man die Gastfreundschaft der Klöster (vergl. S. 31) in Anspruch nimmt. Zu den täglichen Ausgaben sind ferner die Miethpreise für Pferde und Führer (Lohndiener, sie nennen sich zwar alle Dragoman) zu rechnen, denn in den winkeligen Strassen von Jerusalem und Damascus sich schnell zu orientiren, ist nicht möglich (zumal ohne Kenntniss der Landessprache), obgleich die diesem Bande beigegebenen Pläne dies erleichtern werden; dann die unvermeidlichen Trinkgelder (S. 29), und so wird der Einzelne gut thun, die tägliche Ausgabe auf den Strecken Yâfa-Jerusalem, Yâfa-Beirût-Damascus nicht unter 25—30 fr. den Tag zu rechnen (die Kosten für die Dampfschiffe, s. S. 10, natürlich extra).

Die Preise, welche man dem Dragoman für Person und Tag bezahlt, wenn man mit Zelten reist (s. S. 17), schwanken ebenfalls je nach den Ansprüchen und Bedürfnissen der Reisenden, und vor allem je nach ihrer Anzahl. Dass es in Syrien mühsam, kostspielig und langweilig ist, *allein* zu reisen, haben wir bereits oben gesagt. In der eigentlichen Reisesaison um Ostern würden die Ausgaben eines einzelnen Reisenden mit Dragoman, Zelt u. s. w. sich täglich auf 50—60 fr. belaufen, bei einer Reise zu zweien auf 40—50 fr., zu dreien auf 35—40 fr., zu vieren auf 25—30 fr., zu noch mehreren auf 20—25 fr. (diese Preise würden für eine sehr reichliche Kost zu verstehen sein, doch ohne Wein). Die Preise der Pferdemiethen sind in den letzten fünf Jahren stark in die Höhe gegangen und unterliegen, je nachdem ein Dampfer viel oder wenig Reisende gebracht hat, bedeutenden Schwankungen. Auch hängt der Preis von der Dauer der Reise ab; für die dreitägige Tour nach dem Todten Meer (R. 7) wird durchschnittlich ein niedrigerer Preis gerechnet werden, als für eine grössere Tour, bei welcher der Dragoman die Rückreise von Dienerschaft und Thieren zu bestreiten hat. So muss auch für Touren nach dem Ostjordanland und Petra ein viel höherer Preis bezahlt werden, da der Dragoman die Kosten der nach der politischen Lage nothwendigen, bald grösseren, bald kleinern Escorte von Soldaten oder Beduinen zu bestreiten hat. Der Preis wird häufig in Shilling angegeben (1 shill. =

1 fr. 25 c.); es ist jedoch rathsam, stets auf die Berechnung in Franken zu halten (s. unten).

Der mitzunehmende Creditbrief (in einem solchen bestehe das Reisegeld) muss tadellos und von einem bekannten Bankhaus auf englisches oder französisches Gold ausgestellt sein, für Syrien unter allen Umständen auf *Beirût* und *Jerusalem*. Die Filialen der unten genannten Ottoman. Bank, deren Hauptsitz in Constantinopel, zahlen nur, wenn sie in dem Creditbrief besonders genannt sind; sich hier nicht vorzusehen, verursacht ganz unangenehme Weitläufigkeiten. Am zweckmässigsten und sichersten ist ein englischer „*Circular Letter*"; derselbe ist gedruckt und enthält eine Liste von ca. 50 Städten, in denen man durch Ausfüllung beigefügter Formulare sein Gold in engl. Livres Sterling leicht und schnell erheben kann (in Deutschland sind solche Circularbriefe noch unbekannt). Die Unkosten eines solchen Creditbriefs berechnen sich auf $1^1/_2$ bis $2^1/_2$ Proc. ausser der jeweiligen Cursdifferenz in Europa.

Die *Banque Impériale Ottomane*, ein durchaus sicheres Institut, hat Verbindungen mit den meisten grösseren Banken Europa's und Filialen in Jerusalem und Beirût, sowie Geschäftsverbindungen in allen wichtigeren Städten Syriens. Bankgeschäfte machen auch viele europäische Handelsfirmen; wir werden solche bei Besprechung der einzelnen Orte nennen. Geldwechsler, besonders Juden, finden sich in jedem Bazar; man nehme sich aber vor ihnen in Acht.

Münzwesen. Papiergeld kennt der Orient nicht. In Bezug auf den Werth der cursirenden Münzsorten herrscht grosse Verwirrung. Der Reisende, welcher von Aegypten kommt, lasse sich alles aegyptische Geld, auch das Kupfer, gegen europäisches umwechseln; das aegyptische Geld hat in Syrien gar keinen Curs. Hingegen sind neben den türkischen auch französische, englische, österreichische und russische Münzen im Umlauf.

Das Geld hat einen zweifachen Curs, 1) bei den Regierungskassen *(ṣûgh)*, 2) im Handel *(schurk)*; ebenso hat die österreichische Post einige Stücke verschieden angesetzt. Man frage stets einen Banquier über den genauen Curs des Goldes und vermeide es so viel als möglich, auf dem Bazar, in Gasthöfen und beim Dragoman zu wechseln. Auf eine Reise in's Innere des Landes nehme man eine reichliche Menge kleines Geld mit, lieber zu viel als zu wenig; die Leute in den Dörfern weigern sich bisweilen, dem Fremden auch nur einen Thaler zu wechseln, und so kann er in die bitterste Verlegenheit kommen. Die Bauern und Beduinen sind auch sehr difficil im Annehmen von Stücken, deren Schrift verblasst ist; man nehme nur gute und vollwichtige Stücke. Bei Goldmünzen (Pfunden und Ducaten) achte man besonders auf guten Klang beim Aufwerfen auf einen Stein; schlechtklingende Stücke, auch wenn nur ein unmerklicher Sprung oder Riss die Ursache ist, werden gewöhnlich zurückgewiesen.

Die Münzeinheit in Syrien ist der Piaster (arab. *ḳirsch* oder *'irsch*, plur. *ḳurûsch*) zu 40 Para (arab. *faḍḍa, maṣrîye*). Es cursiren geringe Kupferstücke von 5, 10 und 20 Para; Billonstücke zu 20 Para (arab. *ḳameri*, in den Städten *'ameri*), ebenso zu 1, $2^1/_2$ und 5 Piaster. Letztere haben den Umfang eines Thalers; man nennt sie *beschlik* (von türk. *besch* = 5); ebenso zu 6 Piaster *altlik* (von türk. *alty* = 6). Ferner gibt es $^1/_2$, 1, 2, 5, 10 Piasterstücke in Silber; die 5 Piasterstücke haben ungefähr die Grösse eines Francs. Der türkische Thaler (Regierungscurs = 20 Piaster) heisst *Medjîdi* (vom vorigen Sultan 'Abdul-Medjîd). Den Werth der cursirenden Münzen in Piastern (= 18 deutsche Pfg.) und Para's zeigt folgende Tabelle:

| | Jerusalem. | Beirût, Yâfa. | Türk. Regierung. | Oestr. Post. |
|---|---|---|---|---|
| Englischer Sovereign (*lîra inglizîye*) | 120 | 126.10($^1/_4$) | 110 | 118 |
| Türkisches Pfund (*lîra osmanlîye*) | 109 | 115 | 100 | 108 |
| Russischer Imperial (*lîra moskowîye*) | 97 | 102 | 90 | 96 |
| Napoleond'or (20 fr.) (*lîra fransawîye*) | 95 | 100 | 86($^1/_4$) | 94 |
| Ducaten | 56 | $58^3/_4$-$59^1/_2$ | 52 | 55 |
| Span. Colonnato (Säulenthaler) | 25 | 26—$26^1/_2$ | | 25 |
| Medjîdi | $21^1/_2$-$21^3/_4$ | 22.30($^3/_4$) | 20 | 21 |
| Rubel | 18.20($^1/_2$) | 19.35($^7/_8$) | 17.20($^1/_2$) | 18 |
| Thaler | 17.35($^7/_8$) | 18.10($^1/_4$) | | 18 |
| Oesterr. Gulden | 12 | 12.20($^1/_2$) | 11 | 12 |
| Altlik | 6.10($^1/_4$) | 6.20($^1/_2$) | 6 | 6 |
| Engl. Shilling | 5.10($^1/_4$) | $6^1/_4$ | | |
| Beschlik | $5^3/_4$—6 | 5.20($^1/_2$) | 5 | 5 |
| Franc | $4^3/_4$—5 | | | |
| 20 Kopeken | 3 | 3.15($^3/_8$) | | |
| 15 Kopeken | 2.10($^1/_4$) | 2.20($^1/_2$) | | |
| 10 Kopeken | 1.20($^1/_2$) | 1.25($^5/_8$) | | |
| $^1/_2$ Medjîdi. | 10.30($^3/_4$) | 11.15($^3/_8$) | 10 | $10^1/_2$ |
| $^1/_4$ Medjîdi. | 5.15($^3/_8$) | 5.25($^5/_8$) | 5 | 5 |

Ausserdem kommen in Beirût noch vor: Mariatheresienthaler zu 25 P. und 5 Frankenstücke zu 25 P. — Die Volkssprache hat noch folgende Benennungen: *fânas* = 20 Para, *zâlûta* = 30 Para, *baraghût* = 1 Piast. 5 Para, *saghtut* (Plur. *saghatît*) = 5 Para ($^1/_8$ Piaster) etc.

Uebrigens ist dieser Curs einem raschen Wechsel unterworfen.

Ferner ändert er sich in einigen Plätzen im Innern des Landes und in Nordsyrien; wir werden die Abweichungen an den betr. Orten angeben. Die vorstehende Liste genügt zum gewöhnlichen Gebrauch.

Da es im Orient Sitte ist, dass die Weiber eine Schnur mit Goldstücken um Hals oder Kopf tragen, so findet man sehr viele durchbohrte Stücke; der Reisende nehme sich in Acht vor Geldstücken, die ein grosses Loch haben, da solche bisweilen zurückgewiesen werden. Sehr rathsam ist, das Geld immer wohl verschlossen zu halten und so wenig als möglich zu zeigen, um die Habsucht der Leute nicht zu reizen. Im Uebrigen gewöhne sich der Reisende in Piastern zu rechnen und die Preise sich in Piastern sagen zu lassen; er fährt dabei durchschnittlich besser, als bei der Frankenrechnung.

Maasse. Die Gewichtseinheit in Syrien ist die *Oka* (= $2^1/_2$ Pfd.); sie enthält 400 *dram* (Drachmen) oder $5^1/_3$ *ṓkie*; 1 Ọkie = 75 dram (32 dram = 100 Gramm); 1 *Roṭl* = $2^1/_4$ Oken = 12 Ọkie = 900 dram; 44 Oḳen = 1 *Kanṭâr* (Centner) = 112 Zollpfund oder 56 Kilogramm. — Flüssigkeiten, besonders auch der Wein, werden in Syrien meist nach dem Gewicht verkauft.

Die Elle *(drâ')*, nach welcher in Syrien gemessen wird, ist $67^3/_4$ Centimeter lang, in Aleppo 79.

## C. Pass- und Zollwesen.

Der Pass wird dem Fremden überall in den syrischen Häfen abgefordert; aber ein anständig gekleideter Reisender wird auch ohne solchen gewöhnlich durchgelassen, indem er dem Beamten bloss seine Visitenkarte in die Hand steckt. Es ist dies deswegen vorzuziehen, weil die türkischen Beamten den Pass zu behalten und auf das betreffende Consulat zu schicken pflegen; dieses Verfahren führt öfters zu Verwechslungen oder zu lästigem Verzug für den Reisenden. Einen Pass mit sich zu führen, ist unter jeder Bedingung anzurathen; derselbe ist vor der Abreise von einem türk. Gesandten oder Consul zu visiren; weitere Visa's unterwegs sind nicht erforderlich. Gewöhnlich hilft ein Bachschîsch (S. 29) über Alles hinweg.

Dasselbe ist auch beim Zoll der Fall. In der Regel müssen Kisten und Koffer geöffnet werden; nach Cigarren wird eifrig gesucht und solche nach einer Taxe besteuert, deren sicheren Ansatz wir nicht haben ergründen können (vgl. S. 36). Auch mit Waffen hat man bisweilen Schwierigkeiten, besonders mit den Patronen; doch versuche man es auch hier mit einem nicht allzu offen gegebenen Trinkgeld von einigen Francs je nach der Zahl und Grösse der Effecten. In Beirût wird die Mauthpolizei am strengsten gehandhabt. Man vermeide ein Trinkgeld anzubieten, wenn höhere Beamte zugegen sein sollten. Bücher werden bisweilen auch untersucht und dabei auf Ḳorâne und religiöse Streitschriften gefahndet.

Ausfuhrartikel zahlen $1^0/_0$ des Werthes. In der Regel wird visitirt und alles notirt; aber durch das bekannte Mittel kann man sich dieser Schererei entziehen. Die Ausfuhr von Alterthümern ist auch in Syrien streng verboten. Etwa vorausgesandtem Gepäck muss der Schlüssel behufs der Mauthrevision beigegeben werden; der Reisende thut aber wohl, wo immer nur möglich, selbst dabei zugegen zu sein. Die den Consulaten gehörenden Gepäckstücke sind von jedem Zoll befreit.

### D. Consulate.

Die Consuln im Orient geniessen in Bezug auf die Exterritorialität dieselben Vorrechte wie bei uns die Gesandten. Man unterscheidet *Berufsconsuln* (consules missi) und *Wahl-* oder *Handelsconsuln*. Erstere (nur in Jerusalem und Beirût) sind mit Gerichtsbarkeit bekleidet und üben dieselbe über alle im Consulatsbezirk wohnenden Deutschen, Reichsangehörige wie Schutzgenossen aus, soweit es sich um Rechtsstreitigkeiten unter Deutschen oder um Klagen gegen sie von Seiten der Schutzbefohlenen anderer fremder Mächte handelt. Die Handelsconsuln sind von den Berufsconsuln abhängig und handeln nur unter deren Verantwortung oder Controle; sie sind ihrem Titel nach entweder Consuln, Viceconsuln oder Consular-Agenten. Alle Streitigkeiten zwischen türk. Unterthanen und Fremden werden von türkischen Gerichten unter Zuziehung des Dragomans der betheiligten fremden Macht entschieden. — Die Reisenden werden gut thun, sich in etwaigen Verlegenheiten sofort an den Consul ihres Landes zu wenden, durch welchen ein Verkehr mit den Landesbehörden ohne Schwierigkeiten stattfindet und einer Rechtsverkümmerung vorgebeugt wird. Es erfordert daher nicht allein die Höflichkeit, sondern auch das eigene Interesse, bald nach der Ankunft auf dem Consulat seinen Besuch zu machen. Abgesehen hiervon aber empfiehlt es sich auch für Fremde in Rücksicht auf die orientalischen Verhältnisse, welche fast aller die Abende ausfüllenden Kunstgenüsse entbehren, mit dem Consul in freundschaftliche Beziehungen zu treten. Die Dienste der Kawassen (Soldaten oder Gerichtsdiener des Consulats) vergütet man, obschon diese dem Fremden sehr nützlichen Leute keine Entschädigung zu fordern befugt sind.

### E. Dampfboote.

Der allergrösste Theil der Reisenden wird Syrien auf dem Seewege nicht allein erreichen, sondern auch bei der Rückfahrt von den Cursen der Dampfschiffe abhängig sein. Die jedesmaligen Verbindungen der verschiedenen Dampfschifffahrtsgesellschaften finden sich zwar nachstehend angegeben, doch sind dieselben Aenderungen unterworfen, und man wird daher wohl thun, überall, in den Bureaux, auf den Schiffen etc., Erkundigungen darüber einzuziehen. Noch zu Hause wende man sich in einem frankirten Brief 1. *à l'Administration des Services des Messageries Mariti-*

*mes, 16 rue Cannebière, à Marseille*“ und bitte um Uebersendung eines „*livret des lignes de la Méditerranée et de la Mer Noire*“ und 2. an den „*Verwaltungsrath der Dampfschifffahrtsgesellschaft des Oesterreichisch-Ungarischen Lloyd in Triest*“ desgl. um „*Informations for Passengers by the Austrian Lloyd's Steam Navigation Company*“ (eigenthümlicherweise lässt die Gesellschaft diese Mittheilungen nur in englischer Sprache erscheinen). Vermöge der in diesen beiden Heftchen enthaltenen Angaben lässt sich ein Reiseplan schon ziemlich genau feststellen. Die österreichischen und russischen Dampfer sind in ihren Cursen weniger zuverlässig als die französischen.

Von den Dampfern, die Syrien regelmässig berühren, sind in erster Linie die der Messageries Maritimes zu nennen, wegen der auf ihnen herrschenden Ordnung, Reinlichkeit (die in der Zeit um Ostern, wenn die christlichen Pilger aus allen Theilen der Welt herbeiströmen, oder in der Zeit des sich jährlich verschiebenden Ramaḍanfestes, wenn die Muslimen nach Mekka pilgern, besonders schwer aufrecht zu erhalten ist), der guten preiswürdigen Verpflegung (Wein einbegriffen) und der Höflichkeit der Beamten. Die Schiffe sind gross und elegant eingerichtet, die Betten sauber; auch finden sich öfters Cabinen mit nur zwei Betten, was sein Angenehmes hat. Ein einzelner Herr, der keine zu grossen Ansprüche macht, wird beinahe eben so gut zweiter, als erster Classe reisen können; in Begleitung von Damen ist die erste Classe natürlich vorzuziehen. Auf der zweiten Classe wird zu Frühstück und Mittagessen je ein Gericht weniger gegeben und Abends kein Thee aufgetragen. In der dritten Classe wird alle Nahrung extra bezahlt.

In zweiter Linie kommen die Dampfer des österreichischen Lloyd. Durchschnittlich wird auf den Schiffen dieser Gesellschaft wenig Deutsch gesprochen; Capitän, Bemannung und Kellner sind gewöhnlich Dalmatiner oder Italiener. Der Deutsche wird jedoch auf diesen Schiffen in der Regel Landsleute finden, die ihm die langweilige Zeit der Seefahrt, während deren man selten zu geistiger Arbeit aufgelegt ist, vertreiben helfen. Auf den Lloydschiffen ist schon eher anzurathen, erster Classe zu fahren; auch sind nicht alle Schiffe im Punkte der Reinlichkeit gleich gewissenhaft. Durchschnittlich kann man ihnen aber noch das beste Zeugniss ausstellen. Der Wein ist seit 1873 nicht mehr im Preise der Ueberfahrt und Kost inbegriffen, sondern wird nach einem im Vorzimmer des Speisesaals aufgehängten Tarif extra bezahlt; ebenso das Bier, das in der Regel vortrefflich ist.

Syrien wird ausserdem auch von einer russischen Dampfschiffsgesellschaft berührt; die Schiffe sind jedoch von ungleicher Beschaffenheit und bisweilen sehr klein. Es kommt auch vor, dass wenige oder keine westeuropäischen Sprachen verstanden werden; die Reinlichkeit lässt bisweilen zu wünschen übrig. Andere Reisende haben jedoch bessere Erfahrungen gemacht, als wir.

Bis *Alexandrien* endlich kann man auch mit italienischen oder englischen Dampfern von Triest, Venedig, Brindisi, Neapel und Genua aus gelangen.

Gewöhnlich wird auf allen diesen Schiffen früh schwarzer Kaffe oder Thee mit Brot oder Zwieback servirt, gegen 10 Uhr folgt ein Déjeûner mit drei Gängen und Dessert; gegen 5 Uhr Abends ein Dîner mit 4 Gängen, süsser Platte und Dessert. Der schwarze Kaffe wird nach dem Frühstück und Dîner bisweilen auf dem Verdeck servirt; im Speisesaale ist das Rauchen untersagt. Der Kellner erhält, wenn der Reisende mit ihm zufrieden gewesen ist, ein kleines Trinkgeld, 50 cent. — 1 fr. für jeden Tag der Fahrt.

Fahrten der Messageries Maritimes. Die *lignes circulaires de l'Egypte et de la Syrie*, welche die Messageriedampfer befahren (Schiffe auf beiden Linien alle 14 Tage), sind folgende:

| Stationen. | Ankunft. | | | Abreise. | | |
|---|---|---|---|---|---|---|
| Marseille | | | | Freitag | | Mittag |
| Palermo | Sonntag | | Mittag | Sonntag | 6 | Abend |
| Syra | Mittwoch | 8 | Morgen | Mittwoch | 2 | Abend |
| Smyrna | Donnerstag | 6 | Morgen | Freitag | 3 | Abend |
| Rhodus | Samstag | 4 | Abend | Samstag | 7 | Abend |
| Mersina | Montag | 6 | Morgen | Montag | 6 | Abend |
| Alexandrette | Dienstag | 1 | Morgen | Dienstag | 8 | Abend |
| Lattakiye | Mittwoch | 4 | Morgen | Mittwoch | 9 | Morgen |
| Tripolis | Mittwoch | 4 | Abend | Mittwoch | 10 | Abend |
| Beirût | Donnerstag | 3 | Morgen | Donnerstag | 6 | Abend |
| Yâfa | Freitag | 6 | Morgen | Freitag | 6 | Abend |
| Port Saïd | Samstag | 7 | Morgen | Samstag | 2 | Abend |
| Alexandrien | Sonntag | 6 | Morgen | Dienstag | 9 | Morgen |
| Neapel | Samstag | 2 | Abend | Samstag | 7 | Abend |
| Marseille | Montag | 4 | Abend | | | |

| Stationen. | Ankunft. | | | Abreise. | | |
|---|---|---|---|---|---|---|
| Marseille | | | | Donnerstag | | Mittag |
| Neapel | Samstag | 9 | Morgen | Samstag | | Mittag |
| Alexandrien. | Mittwoch | 5 | Abend | Samstag | 4 | Abend |
| Port Said | Sonntag | 8 | Morgen | Sonntag | 5 | Abend |
| Yâfa | Montag | 6 | Morgen | Montag | 6 | Abend |
| Beirût | Dienstag | 6 | Morgen | Dienstag | 10 | Abend |
| Tripolis | Mittwoch | | Morgen | Mittwoch | 6 | Abend |
| Lattakiye | Donnerstag | 1 | Morgen | Donnerstag | 1 | Abend |
| Alexandrette | Donnerstag | 9 | Abend | Freitag | 10 | Abend |
| Mersina | Samstag | 5 | Morgen | Sonntag | 7 | Abend |
| Rhodus | Dienstag | | Mittag | Dienstag | 10 | Abend |
| Smyrna | Mittwoch | | Mittag | Freitag | 4 | Abend |
| Syra | Samstag | 8 | Morgen | Samstag | 4 | Abend |
| Palermo | Dienstag | 6 | Abend | Dienstag | | Mittag |
| Marseille | Donnerstag | | Mittag | | | |

| Fahrpreise (*in Franken*) von | Classe | nach Alexandrette. | Alexandrien. | Beirût. | Lattakiye | Marseille a. ab. *Alexand.* | Marseille b. - *Smyrna.* | Mersina. | Neapel. | Palermo. | Port Said. | Rhodus. | Smyrna. | Syra. | Tripolis. | Yâfa. |
|---|---|---|---|---|---|---|---|---|---|---|---|---|---|---|---|---|
| | | | | | | a. | b. | | | | | | | | | |
| Alexandrette. | 1. | — | 176 | 56 | 17 | 602 | 564 | 14 | 490 | 418 | 133 | 114 | 184 | 231 | 42 | 100 |
| | 2. | — | 133 | 43 | 13 | 379 | 425 | 11 | 345 | 314 | 100 | 85 | 138 | 173 | 31 | 76 |
| Alexandrien. | 1. | 182 | — | 110 | 155 | 375 | 752 | 207 | 275 | 601 | 45 | 306 | 377 | 433 | 135 | 78 |
| | 2. | 138 | — | 82 | 117 | 225 | 568 | 157 | 175 | 452 | 34 | 231 | 284 | 327 | 101 | 59 |
| Beirût. | 1. | 62 | 110 | — | 36 | 530 | 632 | 87 | 430 | 491 | 70 | 187 | 257 | 313 | 15 | 34 |
| | 2. | 48 | 82 | — | 27 | 345 | 478 | 66 | 295 | 370 | 53 | 141 | 194 | 236 | 11 | 25 |
| Lattakîye. | 1. | 23 | 149 | 30 | — | 575 | 660 | 48 | 465 | 451 | 115 | 147 | 218 | 274 | 14 | 73 |
| | 2. | 18 | 112 | 22 | — | 371 | 446 | 36 | 320 | 340 | 88 | 111 | 164 | 207 | 11 | 55 |
| Marseille. | 1. | 602 | 375 | 530 | 575 | — | — | 627 | 125 | 141 | 455 | 726 | 857 | 313 | 540 | 490 |
| | 2. | 379 | 225 | 345 | 371 | — | — | 387 | 100 | 108 | 285 | 461 | 583 | 236 | 331 | 316 |
| Mersina. | 1. | 14 | 201 | 81 | 42 | 627 | 539 | — | — | 400 | 157 | 95 | 166 | 222 | 66 | 125 |
| | 2. | 11 | 152 | 61 | 31 | 387 | 406 | — | — | 301 | 119 | 72 | 124 | 167 | 50 | 95 |
| Neapel. | 1. | 490 | 275 | 430 | 465 | 125 | | — | — | — | 355 | — | — | — | 445 | 390 |
| | 2. | 345 | 175 | 295 | 320 | 100 | | — | — | — | 235 | — | — | — | 305 | 265 |
| Palermo. | 1. | 418 | 601 | 485 | 445 | 141 | | 394 | — | — | 561 | 306 | 212 | 166 | 470 | 529 |
| | 2. | 314 | 452 | 3 5 | 335 | 108 | | 296 | — | — | 423 | 224 | 158 | 127 | 354 | 399 |
| Port Said. | 1. | 133 | 45 | 70 | 115 | 455 | 702 | 157 | 355 | 561 | — | 257 | 329 | 389 | 91 | 38 |
| | 2. | 100 | 34 | 53 | 88 | 289 | 531 | 119 | 235 | 423 | — | 194 | 249 | 294 | 69 | 29 |
| Rhodus. | 1. | 120 | 306 | 187 | 147 | 726 | 446 | 95 | — | 314 | 257 | — | 71 | 127 | 172 | 230 |
| | 2. | 90 | 231 | 141 | 111 | 461 | 337 | 72 | — | 229 | 194 | — | 53 | 96 | 130 | 174 |
| Smyrna. | 1. | 186 | 373 | 253 | 214 | 857 | | 162 | — | 218 | 329 | 67 | — | 40 | 238 | 297 |
| | 2. | 140 | 281 | 191 | 161 | 583 | | 121 | — | 163 | 249 | 50 | — | 30 | 180 | 224 |
| Syra. | 1. | 247 | 433 | 313 | 274 | 313 | | 222 | — | 172 | 389 | 127 | 40 | — | 298 | 357 |
| | 2. | 186 | 327 | 236 | 207 | 236 | | 167 | — | 129 | 294 | 96 | 30 | — | 225 | 270 |
| Tripolis. | 1. | 42 | 135 | 15 | 14 | 540 | 615 | 66 | 445 | 470 | 91 | 166 | 236 | 292 | — | 69 |
| | 2. | 31 | 101 | 11 | 11 | 361 | 405 | 50 | 305 | 354 | 69 | 125 | 178 | 220 | — | 45 |
| Yâfa. | 1. | 100 | 76 | 28 | 73 | 490 | 674 | 125 | 390 | 529 | 38 | 224 | 295 | 451 | 53 | — |
| | 2. | 76 | 57 | 20 | 55 | 360 | 509 | 95 | 265 | 399 | 29 | 169 | 222 | 265 | 40 | — |

Der Passagier erster Cajüte hat 100, in zweiter 60, in dritter 30 Kilogr. Gepäck frei; das Uebrige muss nach Tarif bezahlt und registrirt werden.

Die Billets für die ganze Rundreise müssen in Marseille, rue Cannebière 16, wenigstens vier Stunden vor Abgang des Schiffes genommen werden. Die Gültigkeitsdauer dieser Billets ist vier Monate. Retourbillets können mit Rabatt von 10% gelöst werden und sind vier Monate gültig. Auf der Linie nach Aegypten jedoch, die nach Indien weitergeht, haben sie keine Gültigkeit. Drei Billets erster oder zweiter Classe zusammengenommen erhalten einen Rabatt von 10%, drei Retourbillets einen solchen von 15%. Der Rabatt erstreckt sich jedoch nur auf den Fahrpreis, nicht auf die Kosten der Verpflegung.

Fahrten des österreichischen Lloyd:

*Linie Triest-Alexandrien* (wöchentliche Fahrten).

Aus Triest Freitag Mitternacht.
- Corfu Montag Morgen . . . . . . . . 5 Uhr.
In Alexandrien Donnerstag Morgen . . . . 5 -
Aus Alexandrien Dienstag nach Ankunft der engl.-indischen Post.
- Corfu Freitag.
In Triest Sonntag.

*Linie Alexandrien-Beirût-Smyrna-Constantinopel* (alle 14 Tage eine Fahrt).

Aus Alexandrien Freitag Morgen . . . . . . 11 Uhr.
- Port Said Samstag Nachmittag . . . . . . 5 -
- Yâfa Sonntag Nachmittag . . . . . . . 3 -
- Ḥaifa Montag Nacht . . . . . . . . . . 1 -
In Beirût Montag Morgen . . . . . . . . 9 -
Aus - - Abend . . . . . . . . . 7 -
- Larnaka Dienstag Abend . . . . . . . 7 -
- Rhodus Donnerstag Morgen . . . . . . . 8 -
- Chios Freitag Morgen . . . . . . . . 4 -
In Smyrna - - . . . . . . . . 11 -
Aus - Samstag Nachmittag . . . . . . . 3 -
- Mytilini - Abend . . . . . . . . 11 -
- Tenedos Sonntag Morgen . . . . . . . 6 -
- Dardanellen Sonntag Morgen . . . . . . 10 -
- Gallipoli Sonntag Nachmittag . . . . . . 1 -
In Constantinopel Montag Morgen . . . . . . 2 -
Aus Constantinopel Donnerstag Nachmittag . . 4 -
- Gallipoli Freitag Morgen . . . . . . . 5 -
- Dardanellen Freitag Morgen . . . . . . 9 -
- Tenedos Freitag Mittag . . . . . . . . 1 -
- Mytilini - Abend . . . . . . . . 8 -
In Smyrna Samstag Morgen . . . . . . . . 3 -
Aus Smyrna Sonntag Mittag . . . . . . . 12 -
- Chios - Nachmittag . . . . . 4 -
- Rhodus Montag Abend . . . . . . . . 9 -
- Larnaka Mittwoch Nachmittag . . . . . . 4 -
In Beirût Donnerstag Morgen . . . . . . . 5 -
Aus - Freitag - . . . . . . . . 7 -
- Ḥaifa Freitag Mittag . . . . . . . . . 12 -
- Yâfa Samstag Nachmittag . . . . . . . 4 -
- Port Said Sonntag Nachmittag . . . . . . 6 -
In Alexandrien Montag Mittag . . . . . . . 12 -

Preise der Fahrten 1. und 2. Classe, in österreichischen Gulden (Silberwährung; engl. Pfund = 10 fl. 15; 20 Franken Gold = 8 fl. 5; türk. Pfund = 9 fl.; russ. Silberrubel = 1 fl. 50 kr.):

| Von | Classe | Nach: Alexandrien | Beirût | Brindisi | Ḥaifa | Corfu | Constantinopel | Yâfa | Piraeus | Port Said | Syra | Smyrna | Triest |
|---|---|---|---|---|---|---|---|---|---|---|---|---|---|
| Alexandrien | 1 | — | 55 | 91 | 46 | 81 | 98 | 37 | 95 | 20 | 83 | 62 | 132 |
| | 2 | — | 40 | 68 | 33 | 60 | 72 | 27 | 69 | 14 | 61 | 46 | 92 |
| Beirût | 1 | 56 | — | 157 | 10 | 140 | 110 | 18 | 107 | 35 | 95 | 76 | 187 |
| | 2 | 41 | — | 115 | 7 | 103 | 81 | 13 | 78 | 25 | 71 | 57 | 134 |
| Brindisi | 1 | 95 | 147 | — | 138 | 15 | 103 | 132 | 78 | 114 | 62 | 83 | 50 |
| | 2 | 70 | 108 | — | 102 | 11 | 74 | 96 | 56 | 84 | 44 | 59 | 36 |
| Constantinopel | 1 | 98 | 112 | 101 | 125 | 81 | — | 131 | 48 | 124 | 38 | 32 | 133 |
| | 2 | 72 | 82 | 73 | 91 | 58 | — | 95 | 34 | 89 | 27 | 23 | 96 |
| Corfu | 1 | 81 | 135 | 13 | 127 | — | 80 | 118 | 57 | 101 | 42 | 61 | 53 |
| | 2 | 60 | 99 | 9.60 | 93 | — | 58 | 87 | 40 | 73 | 30 | 43 | 39 |
| Ḥaifa | 1 | 45 | 9.20 | 135 | — | 126 | 121 | 6.20 | 119 | 25 | 106 | 86 | 173 |
| | 2 | 33 | 6.80 | 99 | — | 93 | 87 | 4.70 | 87 | 18 | 77 | 64 | 123 |
| Piraeus (Athen) | 1 | 98 | 112 | 74 | 126 | 55 | 46 | 132 | — | 126 | 8.60 | 27 | 107 |
| | 2 | 72 | 81 | 54 | 91 | 39 | 33 | 96 | — | 90 | 6.60 | 20 | 78 |
| Port Said | 1 | 20 | 32 | 111 | 24 | 101 | 120 | 16 | 118 | — | 104 | 82 | 148 |
| | 2 | 14 | 23 | 82 | 18 | 73 | 87 | 11.60 | 85 | — | 75 | 60 | 105 |
| Smyrna | 1 | 62 | 75 | 83 | 89 | 63 | 33 | 94 | 31 | 88 | 18 | — | 115 |
| | 2 | 46 | 57 | 50 | 65 | 44 | 24 | 69 | 22 | 64 | 12 | — | 83 |
| Syra | 1 | 90 | 103 | 60 | 117 | 43 | 38 | 122 | 11 | 116 | — | 18 | 96 |
| | 2 | 65 | 76 | 43 | 84 | 30 | 28 | 89 | 8 | 83 | — | 13 | 69 |
| Triest | 1 | 132 | 182 | 46 | 174 | 51 | 132 | 164 | 108 | 149 | 96 | 113 | — |
| | 2 | 91.35 | 130 | 33 | 123 | 39 | 95 | 117 | 79 | 105 | 69 | 82 | — |
| Varna | 1 | 114 | 127 | 116 | 142 | 95 | 17 | 145 | 63 | 141 | 52 | 49 | 145 |
| | 2 | 83 | 93 | 84 | 103 | 69 | 12.20 | 106 | 46 | 102 | 38 | 35 | 106 |
| Yâfa | 1 | 39 | 18 | 131 | 9 | 120 | 128 | — | 126 | 18 | 113 | 93 | 166 |
| | 2 | 28 | 12 | 96 | 6.50 | 88 | 93 | — | 92 | 13 | 82 | 69 | 118 |

Gepäck ist in der ersten Classe frei 79 Kilo, in der zweiten 50 Kilo. Uebergewicht muss nach Tarif bezahlt werden. Retourbillets können mit 20% Rabatt auf die Dauer von vier Monaten genommen werden, ebenso wird 20% Rabatt gegeben, wenn drei ganze Billets zusammen genommen werden; diese Reduction erstreckt sich aber nur auf den Preis der Fahrt und nicht auf den der Kost an Bord.

Die russischen Dampfboote haben folgende Route:

Von Constantinopel jeden zweiten Mittwoch A.<br>
„ Smyrna „ Freitag M.<br>
„ Tripolis „ Donnerstag 4 A.<br>
„ Beirût „ Freitag M.<br>
„ Yâfa „ Sonntag M.<br>
In Alexandrien „ Dienstag.

Von Alexandrien jeden zweiten Samstag A.<br>
„ Yâfa „ Montag.<br>
„ Beirût „ Mittwoch M.<br>
„ Tripolis „ Donnerstag 10 M.<br>
„ Smyrna „ Donnerstag 4 A.<br>
In Constantinopel „ Samstag M.

### F. Art und Weise des Reisens zu Lande.

Syrien hat noch keine Eisenbahnen. Das Project, eine solche von Yâfa nach Jerusalem zu bauen (S. 140), wurde in den letzten Jahren vielfach besprochen; es kam auch zu Vorarbeiten und Terrainstudien, doch ist die Ausführung verschoben worden; Waarentransport und Handel ist in der Sackgasse Südpalästina zu unbedeutend und die Beförderung der Pilger auf eine zu kurze Zeit beschränkt. Auch Landstrassen (Chausseen) sind in Syrien noch nicht vorhanden, ausser der von einer französischen Gesellschaft angelegten Poststrasse über den Libanon von Beirût nach Damascus (R. 26). Spuren von römischen Heerstrassen sind in Menge sichtbar. Dem Reisenden bleibt kein anderes Mittel übrig, als der Landessitte folgend zu reiten.

Die Pferde (*chêl*, Karawanenpferd *kidîsch*) sind im Orient durchgängig gutmüthig, und auch der ungeübte Reiter kann sich ihnen anvertrauen (vergl. S. 21). Sie besitzen eine ganz erstaunliche Gewandtheit im Klettern, sodass man an Stellen im Sattel bleiben kann, wo man in Europa kaum wagen würde ein Pferd zu führen. Sattel und Saumzeug (s. S. 20) sind meistens schlecht. Der Thiervermiether sowohl wie seine Leute heissen *mukâri*, von den Franken missbräuchlich kurzweg „muker“ genannt.

Des Kamels (das Reitthier heisst *delûl*, in Aegypten *hedjîn*; das Lastthier *djêmal*; nur das arabische einhöckerige Kamel kommt in Syrien vor) wird man sich nur für grössere Wüstenstrecken bedienen (vergl. R. 32). Das geduldige „Schiff der Wüste“ sieht stets mürrisch aus; man lernt es wohl achten, wird aber niemals sich zutraulich zu ihm hingezogen fühlen. Um das Thier zum Reiten benutzen zu können, muss es gerade wie das Pferd dressirt werden, und so wenig wir uns zu Hause eines schweren Brabanter Karrengauls zum Reiten bedienen, ebenso wenig eignet sich das Lastkamel dazu. Dagegen sitzt es sich auf dem hohen Rücken eines Delûl nicht minder sicher und angenehm, für den des Pferdereitens Ungewohnten vielleicht noch besser, als auf einem Pferde, und diese Art der Beförderung verdient in keiner Weise die bösen Nachreden (Seekrankheit etc.), die Unkundige ihr andichten.

Vor dem Miethen muss ein Pferd (wie Kamel) immer erst versucht werden; man achte hierbei besonders auf einen guten, ruhigen Schritt. Hat man ein passendes Thier gefunden, so merke man sich genau dessen Farbe und sonstige Eigenthümlichkeiten, um es den andern Tag, wenn man die Reise antritt, wieder zu erkennen, denn es ist ein sehr gewöhnlicher Kunstgriff der Pferdevermiether, die guten Thiere über Nacht durch schlechte zu ersetzen. Manche Miethpferde, Maulesel und Esel leiden an Satteldruck; man überzeuge sich beim Miethen, ob sie keine offenen Wunden auf dem Rücken haben. Auch haben die Thiere wohl die Gewohnheit, wenn sie längere Zeit hindurch Lasten getragen haben, sich auf dem Rücken zu wälzen, was unter Umständen sowohl dem Sattel als dem Gepäck zum Schaden gereichen kann. — Es ist Sitte dem Vermiether ein Haftgeld *(ghabûn)* zu zahlen, welches ihm später in Anrechnung gebracht wird.

Es sind nun verschiedene Arten des Fortkommens möglich, je nach Geldmitteln und Bequemlichkeitsliebe des Reisenden.

a. Wer mit Landessitte und Sprache durchaus unbekannt ist, wird am besten einen *Dragoman* (arab. terdjumân) nehmen.

Das Wort *Dragoman* stammt von dem chaldäischen „targem“ erläutern und „targûm“ Erläuterung, Erklärung. Das arabische „terdjem“ bedeutet dolmetschen; der Dragoman war also ursprünglich nur ein erklärender und dolmetschender Fremdenführer. In Aegypten existirt seit Psamtik I., der das bis dahin ängstlich abgeschlossene alte Aegypten dem Verkehr mit den Fremden öffnete, also seit dem 7. Jahrh. v. Chr., diese Menschenklasse, welche schon Herodot als besondere Kaste erwähnt. Er erzählt, Psamtik I. habe ägyptische Kinder Griechen zur Erziehung übergeben, damit sie die hellenische Sprache erlernten; diese Kinder wurden die Stammväter der ägyptischen Dolmetscherkaste.

Die Dragomane in Syrien sind eigentlich Unternehmer von Reisen und Karawanen; sie entheben den Fremden jeder Mühe der Vorbereitung und des Verkehrs mit den Landeseingebornen. Sie besorgen und liefern Alles, was der Reisende von ihnen verlangt. Die syrischen Dragomane sind in Bezug auf Kenntniss des Landes und vor allem der Alterthümer sehr zurück. Sie sind wie die Thiervermiether und deren Thiere an ihre bestimmten, unabänderlichen Routen gewöhnt, sodass sie bisweilen schwer von denselben abzubringen sind. Die Karawanenwege sind gewiss seit den ältesten Zeiten unverändert dieselben geblieben. Es ist empfehlenswerth, dem gewöhnlichen Gebrauch folgend, mit dem Dragoman einen Contract schriftlich festzustellen und denselben sowohl von dem Manne selbst unterschreiben, als auch auf der Kanzlei des Consulats beglaubigen zu lassen. Gedruckte Formulare für Contracte besass bis jetzt nur das amerikanische Consulat in Jerusalem. Manche Reisende bringen ihre Dragomane vom Nil mit nach Syrien; seitdem die Nilreise öfters auf dem Dampfboot gemacht wird, ist dies seltener geworden.

Das Formular für einen solchen Contract ist womöglich in einer dem Dragoman verständlichen Sprache abzufassen, weil er sich sonst ausreden kann, von diesen und jenen Bedingungen der Reise nichts gewusst zu haben. Die Dragomane verstehen am gewöhnlichsten Französisch, Englisch oder Italienisch, und nur bisweilen auch etwas Deutsch. Wir lassen hier das Muster für einen Dragomancontract folgen, und zwar in möglichster Ausführlichkeit.

Zwischen den Reisenden NN einerseits und dem Dragoman NN andrerseits ist folgender Contract festgesetzt worden:

*Art.* 1. Der Dragoman NN. verpflichtet sich, die Reisenden NN., x an der Zahl, die folgende Route zu führen: Von Jerusalem nach Beirût und zwar über Nâbulus, Djenîn, Karmel, 'Akka, Nazareth, Tiberias, Safed, Bânias, Damascus, 'Ain Fidje, Zebedânî, Ba'albek, Schtôra.

*Art.* 2. Der Dragoman hat auf diesem ganzen Wege alle Kosten der Reise, als Transport-, Nahrungs- und Aufenthaltsspesen, zu bestreiten, alle Trinkgelder zu bezahlen und die bei Excursionen oder Besuchen von Moscheen und Kirchen nöthigen Gratificationen aus seiner Tasche zu verabreichen.

*Art.* 3. Der Dragoman verpflichtet sich, zu täglichem Gebrauche der Reisenden x Reitpferde mit guten Zügeln und europäischen (resp. arabischen) Sätteln, darunter x Damensättel, zu stellen, sowie x Maulthiere oder kräftige Pferde, um das Gepäck der Reisenden zu transportiren. Die Pferde müssen durch gutes Futter bei frischen Kräften erhalten werden; falls die Thiere wegen Futtermangel nicht gehörig laufen, haben die Reisenden das Recht, Futter für die Pferde zu kaufen und es denselben zu geben, und den Betrag dieses Futters bei der Bezahlung des Dragomans in Abrechnung zu bringen.

*Art.* 4. Die Reisenden sind für keinen Schaden verantwortlich, den die Thiere ohne des Reiters Schuld durch Stürzen etc., sowie etwa durch Diebstahl erleiden; sie haben das Recht, die Thiere täglich nach ihrem Gefallen zu benutzen, respective auch einen Umweg zu machen, während die Lastthiere die nächste Route einschlagen; auch dürfen die Lastthiere nicht durch zu grosse Lasten von Seiten des Dragomans oder der Pferdevermiether am Marsche verhindert werden.

*Art.* 5. Der Dragoman wird liefern: 1 gutes Zelt (resp. x Zelte zu 2 Personen) und für jeden Reisenden ein vollständiges Bett mit reinen Matratzen, Decken, Leintüchern und Kissen. Das ganze Material zum Lagern, nebst Tisch und Stühlen soll sich in gutem Zustande befinden, widrigenfalls die Reisenden es auf Kosten des Dragomans repariren lassen werden.

*Art.* 6. Der Dragoman hat, wo er den Weg nicht kennt, stets für Wegweiser zu sorgen; ebenso hat er die Wachen, welche etwa des Nachts zur Bewachung des Lagers nöthig sind, und die Escorte, welche am Tage erforderlich sein könnte, zu bezahlen und überall jeder Unsicherheit vorzubeugen, alles auf seine Kosten.

*Art.* 7. Der Dragoman hat einen guten Koch, sowie eine genügende Zahl von Dienstboten und Pferdeknechten mitzunehmen, damit die Reisenden nirgends in ihren Bewegungen gehindert seien, und damit das Auf- und Abpacken der Lastthiere keine allzu grosse Zeit in Anspruch nehme. Die Angestellten haben sich den Reisenden gefällig und dienstfertig zu erweisen, sie nicht im Schlafe zu stören u. s. w.

*Art.* 8. Das Frühstück, das den Reisenden vorgesetzt wird, soll täglich aus x Gerichten nebst Kaffe (Thee, Chocolade etc.) bestehen, das zweite Frühstück, unterwegs, aus kalter Küche, Braten, Huhn, Eiern und Früchten, das Diner, nach der Tagesreise im Lager, aus x Gängen. Orangen sind stets zur Disposition der Reisenden zu halten. Der Dragoman sorgt für Wein, auf den

Mann täglich $^1/_2$—1 Flasche (oder: der Dragoman ist verpflichtet, den Wein und das Bier, das die Reisenden kaufen werden, ohne besondere Entschädigung zu transportiren).

*Art.* 9. Der Dragoman hat sich den Reisenden gegenüber jederzeit gesittet zu benehmen, widrigenfalls dieselben ihn während der Tour aufgeben können. Die Reisenden haben die Freiheit, die Halte und die Orte, wo man die Zelte aufschlagen soll, zu bestimmen, sowie die Essenszeiten; sie wollen vollständig Herr ihrer Bewegungen bleiben, und der Dragoman hat ihnen hierin nicht zu widersprechen.

*Art.* 10. Da die Dauer der Reise noch nicht ganz bestimmt ist, vielleicht auch Ruhetage eintreten könnten, so wird hiermit bestimmt, dass die Dauer oben angeführter Reise wenigstens 18 Tage betragen oder dafür gerechnet werden soll, und zwar vom x April an, für welchen Tag der Dragoman um x Uhr des Morgens Alles zur Abreise bereit zu halten verpflichtet ist. Eine Entschädigung für seinen Rückweg hat der Dragoman nicht zu fordern.

*Art.* 11. Der tägliche Betrag, welchen die Reisenden pro Person dem Dragoman zahlen werden, beträgt x fr. während der ganzen Dauer der Reise. In Städten oder Ortschaften, wie Damascus, Haifa u. a. steht es den Reisenden frei, nach eigner Wahl in Gasthöfen und Klöstern, oder im Zelte zu logiren; der Dragoman hat alle Kosten zu tragen.

[Oder: Während des Aufenthalts in Damascus, Beirût, gehen die Reisenden auf ihre eigenen Kosten in einen Gasthof und bezahlen dem Dragoman nichts oder nur die tägliche Miethe der Reitpferde (zu 3—4 fr. das Pferd), die aber dann zu ihrer Verfügung bleiben.]

*Art.* 12. Im Fall des Ausbruchs von Streitigkeiten zwischen dem Dragoman und den Reisenden unterwirft sich der Dragoman unbedingt der Entscheidung des nächsten Deutschen Consulats.

*Art.* 13. Die Hälfte (ein Drittheil) des ganzen Betrags für die Reise wird dem Dragoman vor Antritt der Reise eingehändigt, die andere Hälfte (resp. zwei Drittheile) erst nach vollständigem Abschluss der Reise. Unterwegs darf er keine Geldforderungen an die Reisenden machen.

Folgen die Unterschriften

N. N.

Dragoman

Folgt das Visum des Consulats.

Als Abschlagszahlung auf obige Reise von den Herrn N. N. die Summe von fr. erhalten zu haben bescheinigt

N. Dragoman.

Datum.

*Bemerkungen zum Contract.*

*Zu Art.* 1. Es ist gerathen, die Tour vorher möglichst genau zu bestimmen, weil die Maulthiertreiber meist den kürzesten Weg einzuschlagen geneigt sind; sie halten den Fremden wegen der längeren Routen ohnehin schon für halb verrückt.

*Zu Art.* 2. Wenn man mit den Mukâri's zufrieden ist, kann man ihnen am Schluss der Reise noch ein kleines Bachschîsch geben; die unverschämte Manier, womit solche Leute während der Reise öfters den Fremden bei jedem kleinen Dienste, den sie ihm erweisen, um Trinkgeld plagen, wird am besten durch Stillschweigen bestraft.

*Zu Art.* 3. *a. Sattel und Reitzeug.* Bei einer längeren Reise zu Pferde hängt das Wohlbefinden des Touristen zum guten Theil von der Güte der Reitpferde und des Sattelzeugs ab. Die Ermüdung ist viel geringer, wenn der Reisende auf einem guten Sattel sitzt, und zwar täglich auf demselben. Die arabischen Sättel sind enge, vorn und hinten sehr hoch, und haben keine Bauschen; daher schneiden sie bei längerem Ritt, wenn man keine Wolldecke unterlegt, in's Fleisch; auch ist es unmöglich, auf ihnen die Stellung zu verändern. Daher bedinge man sich unter allen Umständen vom Dragoman einen europäischen Sattel aus. Wer grössere Reisen im Innern Syriens beabsichtigt, der kaufe einen solchen in Alexandrien oder bringe ihn von Hause mit; es gibt practische Holzkistchen, in welche man einen Sattel legen und mit Riemen befestigen kann, sodass er unterwegs keinen Schaden leidet. Packtaschen, die man zu beiden Seiten des Pferdes aufhängen kann, sowie Riemen am Sattel, um Verschiedenes daran zu befestigen, sind empfehlenswerth. Der Araber hat auf seinem Sattel gewöhnlich eine kleine Packtasche (Doppeltasche, arab. *churdj*), die aber von einem europäischen Sattel leicht herunter fällt, wenn man sie nicht mit einer Schnur befestigt. Immerhin ist diese Tasche sehr bequem; in Jerusalem findet man sie jedoch selten in so guter Auswahl, wie in Damascus. Man kann für einen gewöhnlichen Churdj 5—6 fr. bezahlen. Die Pferdevermiether machen bisweilen Schwierigkeiten, die Sättel der Reisenden ihren Pferden aufzulegen, da sie wegen des Rückwegs lieber ihre eigenen Sättel mitnehmen; man beharre aber fest auf seinem Entschluss. Gebrauchte Sättel können am Schluss der Reise verkauft werden. Damensättel sich zu verschaffen, hat in Syrien noch grosse Schwierigkeiten. Häufig bedingt sich der Vermiether beim Dragoman oder beim Reisenden ein Extra-Bachschîsch für Lieferung solcher Sättel aus. Gute Zäume sind in Syrien ausser in Beirût schwer zu erhalten. Was das Gebiss betrifft, so lieben die Pferdevermiether das arabische, den Pferden auf der Zunge liegende, während sie mit einem europäischen Doppelzaum (Stange und Trense) nicht umzugehen verstehen. Sporen können bisweilen von Nutzen sein; besser ist es aber, sich in Aegypten oder Jerusalem für etwa 3 fr. eine Peitsche aus Nilpferdhaut zu kaufen.

b. *Gepäck.* Es ist rathsam, auf eine Reise in's Innere des Landes nur das allernothwendigste Gepäck mitzunehmen, da grosse Koffer die Kosten und bisweilen auch die Langsamkeit der Reise bedeutend vermehren. Das Gepäckthier muss auf beiden Seiten gleichmässig belastet sein; dies zu bewerkstelligen, nimmt bei Antritt der Reise immer eine unverhältnissmässig lange Zeit in Anspruch. Sehr schwere Koffer sind daher unpractisch, für die Reise im Gebirge auch lästig. Am bequemsten sind kleinere Gepäckstücke, wohl verschliessbare und vor Allem recht solide Lederköfferchen, oder lederne Nachtsäcke. Bei kleineren Excursionen von einem Standquartiere aus braucht natürlich weniger Gepäck mitgenommen zu werden.

*Zu Art.* 4. Die Reitpferde sind bei längeren Touren durchweg in einem guten Schritt zu halten; das Galoppiren ermüdet sie unnöthiger Weise. Sattel- und Zaumzeug wird übrigens, wenn man es nicht immer selbst besorgt, nur selten so im Stande sein, dass es auch bei schnellen Gangarten einen festen Sitz gewährt. Schliesslich ist nicht ausser Acht zu lassen, dass, wenn ein auch nur kleines „Unglück" passirt, man keinen Arzt zur Hand hat. Die Karawanenführer des Orients haben die Sitte, die erste Tagereise kurz zu machen, damit die Thiere, die vielleicht eine Zeit lang gestanden haben, sich allmählich wieder in's Laufen finden; auch für den Menschen ist ein solcher allmählicher Uebergang empfehlenswerth. Die Thiere sind gewöhnt, hinter einander zu gehen; man gebe Acht, nicht zu nahe hinter dem Vordermann zu marschiren, denn bisweilen schlagen einzelne Pferde aus. Mit einiger Geduld wird man die Pferde auch können neben einander gehen machen; Maulthiere sind in dieser Beziehung viel störriger. Hinter den Lastthieren einherzuschreiten, ist sehr langweilig, da diese äusserst langsam gehen; wir werden bei manchen Touren einzelne Seitenwege angeben; man verlasse sich dabei auf die Angaben des Buches und nehme von den Vorstellungen und dem Geschrei der Mukâri keine Notiz. Bei ruhigem Marsche wird man vielen Thieren den Zügel einfach um den Nacken legen können, ohne Unarten derselben befürchten zu müssen. Beim Aufsteigen befehle man allemal dem Mukâri, den rechten Bügel zu halten; beim Absteigen lasse man das Pferd nicht laufen, sondern halte die Zügel in der Hand und rufe jemand herbei, der es einem abnimmt.

*Zu Art.* 7. Es ist eine gewöhnliche Unsitte der Pferdevermiether, die Pferde ganz in der Nähe der Zelte anzubinden und die Nacht über gerade vor den Zelten zu plaudern.

*Zu Art.* 8. Jeder Reisende kann sich den Küchenzettel nach seinen Bedürfnissen selbst ausbedingen. Die Hauptmahlzeit verlege man stets auf den Abend, wenn die Tagereise zurückgelegt ist.

Während der Hitze geistige Getränke zu sich zu nehmen, macht schläfrig, was beim Reiten sehr unangenehm ist. Frisches Fleisch ist natürlich nur in grösseren Ortschaften zu bekommen; Hühner und Eier finden sich überall, verleiden einem aber auch leicht. Der Reisende lasse sich vorher das *Brod* zeigen, welches der Dragoman mitnehmen will. Das arabische Brod, dünne runde tellergrosse Fladen, schmeckt nur, wenn es frisch ist; der Dragoman wird gewöhnlich einen grösseren Vorrath fränkisches Brod mitnehmen, das dann mit der Zeit natürlich sehr trocken wird. Pfundgrosse oder grössere Brode halten sich am besten. Der Reisende kann sich auch Conserven ausbedingen; solche sind überall in den Städten zu haben. Den *Wein* kauft er in der Regel am besten selbst; auf der Reise thut ein Glas guten französischen Rothweins die beste Wirkung, und es ist zu rathen, sich genügend damit zu versorgen. Auf der Tour von Jerusalem nach Damascus kann man sich nur in Haifa mit Wein versorgen. Der süsse Landwein ist für die Reise am wenigsten zu empfehlen. Will man den Wein — was seltener geschieht — dem Dragoman zu kaufen überlassen, so koste man ihn erst. — Hier ist auch zu erwähnen, dass der Reisende sich genügend mit *Tabak* versehen soll, um den Mukâri's, einer etwaigen Escorte und Bauern davon mittheilen zu können. Es ist dies in vielen Fällen recht angenehm, und ein feines Kraut braucht man für solche Leute nicht zu kaufen.

*Zu Art.* 9. Die Etappen der Reise richten sich nach den Quellen und Verproviantirungsorten, an denen in Syrien kein Ueberfluss ist. Man reite zeitig aus, um möglichst früh am Abend ruhen und sich etwa dann noch durch einen kleinen Gang erholen zu können.

*Art.* 10 enthält gegenüber Art. 9 für den *Dragoman* die Sicherheit, dass die Reisenden ihn unterwegs nicht gleichgültig im Stiche lassen, auch nicht, z. B. in einem grösseren Ort, von wo er einen weiten Rückweg nach Hause hätte, ohne Entschädigung aufgeben können. Ein Dragoman macht im Jahr selten mehr als 2—3 grössere Touren und bedingt sich daher gewöhnlich eine möglichst grosse Anzahl von Reisetagen aus. Auch schützt ihn dieser Artikel davor, dass die Fremden ihre Reise der Ersparniss wegen nicht etwa unverhältnissmässig beschleunigen.

Die Preise der Dragomane sind hoch, einestheils weil die Reisezeit eine beschränkte ist, anderntheils aber auch, weil die Reisenden viel zu bereitwillig auf die Forderungen dieser Leute einzugehen pflegen. Mitglieder verschiedener Staats- und Privatexpeditionen haben Dragomane und Führer gewöhnt, nur noch von „Liren“ zu träumen, und jeden kleinen Extradienst mit schwerem Gelde sich bezahlen zu lassen.

*Zu Art.* 11. *Gasthöfe.* Der Reisende hat bisweilen das Bedürfniss, statt im Zelt in einem geschlossenen Raume zu schlafen, wesshalb er sich die Möglichkeit wahren muss, in den Städten nach seinem Belieben in einem Gasthof sich einzuquartieren. Die Dragomane erhalten von den Gastwirthen eine bedeutende Ermässigung des Pensionspreises (bis auf 8—10 fr.) und nebenbei freie Wohnung und Kost. Manchmal miethet der Dragoman an einem Orte, wo die Reisenden sich längere Zeit aufhalten, neue Thiere; während dieser Zeit braucht man ihm nicht den vollen Preis zu bezahlen. Oefters gehören die Reitthiere und die Lastthiere verschiedenen Eigenthümern, und der Dragoman behält dann während eines längeren Aufenthaltes der Reisenden vielleicht nur die einen, oder die andern bei.

b. Man kann in Syrien auch ohne Zelte reisen; aber es ist dies den Wenigsten anzurathen, mit Damen unmöglich. Auf allen begangeneren Routen finden sich Karawanserai's (Châne) oder in den Dörfern Zimmer, wo die Fremden abzusteigen pflegen. Hierbei ist aber zu bedenken, dass von demjenigen, was beisst, in diesen Wohnungen stets ein grosser Ueberfluss ist (s. S. 56). Die Bauernhäuser bestehen meist aus Lehm; auch der Boden ist nur festgestampfter Lehm, und in diesem sitzen oft Erdflöhe in Schaaren. Beim Eintritt in ein solches Zimmer sei das erste Geschäft, die Strohmatten, welche den Boden bedecken, herausnehmen und tüchtig ausklopfen zu lassen. Unterdessen lasse man Wasser auf den Boden sprengen und verlange, dass alle Kleidungsstücke und Betten der Bauern in ein anderes Zimmer geschafft werden; diese Massregeln schützen einigermassen, aber keineswegs vollständig. Wanzen gibt es nur, wo viel Holz ist. Die Beduinen haben in ihren Zelten keine Flöhe, desto mehr Läuse. Gutes persisches Insectenpulver ist nur in Jerusalem und Beirût zu kaufen; es ist unverhältnissmässig theuer. Scorpione gibt es in Syrien viele; man braucht an manchen Orten nur einige Steine aufzuheben, um welche zu finden, aber sie stechen in der Regel nur, wenn sie gereizt werden (s. S. 57); eine kleine Erhöhung des Lagers schützt vollständig gegen sie. Stechfliegen (Moskitos) sind besonders in der Nähe von Sümpfen und im Hochsommer unangenehm; sonst kennt man in Syrien diese Plage wenig, da hier die Nächte zu kalt sind. Man schützt sich gegen sie durch einen Gazevorhang über dem Bett (Fliegennetz, Moustiquaire).

Wer also diese Leiden nicht scheut oder ihnen zu begegnen weiss, der kann sich ein Zelt sparen. Auch Bettzeug braucht man nicht unumgänglich, denn man erhält überall eine Decke oder einen Teppich, auf welche man sich strecken kann. Der Dragoman kann ferner allerorts arabische Speisen, Hühner, Reis, Burghul (S. 50), Eier und arabisches Brod anschaffen. Namentlich wer mehr mit den Eingebornen und ihren Sitten vertraut zu werden wünscht, mag diese Art der Reise wählen; sie ist auch bedeutend billiger, da die Transportkosten für viele Dinge wegfallen. Auf eine solche Weise mit Dragoman zu reisen, wird einem einzelnen Touristen per Tag auf 30—35 fr., zweien auf circa 25 fr., dreien auf circa 20, mehreren auf 15—18 fr. zu stehen kommen. Wir fügen nur bei, dass wegen der vielen Mängel, die diese Art der Reise mit sich bringt, sie gegenüber der zuerst von uns besprochenen äusserst selten practicirt wird, zumal auch nicht jeder Dragoman sich darauf einlässt.

c. Ganz unverwöhnte Reisende können sich auch ohne Dragoman durch das Land schlagen, und zwar mit Hülfe eines Bedienten oder selbst nur mit dem Mukâri. Es finden sich Leute von allen Schattirungen, die bei der fabelhaften Leichtigkeit, welche die Eingeborenen Syriens in practischer Erlernung einer fremden Sprache an den Tag legen, hinreichend einige Worte Französisch oder Italienisch radebrechen, bis sich ein Fremder, der seinerseits ein wenig Sprachtalent besitzt, im nothdürftigen Gebrauch der Landessprache zurecht gefunden hat; Zeichensprache und practisches Geschick können hier viel ersetzen. Ein Reisender kann sich, wenn er längere Zeit im Lande zu bleiben gedenkt, die Reisegeräthe, Küchengeschirr (am besten eine Cantine), Betten und Zelt selbst anschaffen, und nachher Alles bei seiner Abreise wieder verkaufen; er kann sich einen Koch und Diener miethen, der für 60—100 fr. den Monat schon recht brauchbar zu haben sein kann. Doch ist es gerathen solchen Leuten genau auf die Finger zu sehen und täglich mit ihnen zu rechnen, denn sie lieben es, höhere Preise anzugeben, als sie sie bezahlt haben. Mit einem Bedienten kann man auch nach der oben angegebenen Weise in den Häusern übernachten und essen. Vom Kaufen eigener Pferde können wir dem Fremden nur abrathen; abgesehen davon, dass auch im Orient beim Pferdehandel keine Freundschaft gilt, ist das Risico doch ein bedeutendes; ferner verlangen eigene Pferde auch eigene Wärter, die dann wieder zu beköstigen wären, ohne jedoch irgendwie namentlich bei dem so wichtigen Füttern der Thiere zuverlässig zu sein. Auch ist es gerathen, die Thiere persönlich und nicht durch einen Bedienten zu miethen, weil man sonst sicher betrogen wird.

Die Miethpreise für Pferde sind, wie schon oben (S. 6) bemerkt, sehr verschieden. Während der Reisezeit wird man in Jerusalem unter 6 fr. täglich kaum gute Thiere erhalten können. Zu Zeiten steigt der Preis bis auf 8, ja 10 fr. den Tag. Mit Pferdevermiethern setze man den Preis stets in Piastern fest. Das Beste ist, auch hier für längere Touren einen schriftlichen Contract aufzusetzen, oder einen solchen vom Dragoman des Consulats arabisch schreiben zu lassen, etwa in folgender Weise:

Zwischen dem Mukâri N. N. und dem Reisenden N. N. ist folgender Contract geschlossen worden:

*Art.* 1. Der Mukâri liefert dem Reisenden N. N. x Thiere, nämlich ein gutes Reitpferd mit europäischem Sattel (resp. ohne Sattel) und 1, 2 Lastpferde (resp. Maulthiere).

*Art.* 2. Die Reise geht von Jerusalem nach Damascus und zwar über ......; sie beginnt am .... in der Frühe und wird wenigstens x Tage dauern; doch soll der Reisende in seinen Bewegungen in keiner Weise gehindert und überall selbst die Haltpunkte und Plätze der Nachtquartiere zu bestimmen berechtigt sein.

*Art.* 3. Die Thiere sollen gut gefüttert werden, widrigenfalls der Reisende auf Kosten des Mukâri denselben Futter reichen lässt; sie dürfen nicht mit andern Ladungen, als die der Reisende ihnen auflegt, belastet werden.

*Art.* 4. Das Futter der Thiere und die Kost ihrer Begleiter muss von dem Mukâri bestritten werden; die Begleiter sollen zwei an Zahl sein und müssen die richtigen Wege kennen.

*Art.* 5. Der Reisende bezahlt für die Miethe der drei Thiere den Preis von 85 Piastern täglich, und zwar bei Beginn der Reise eine Abschlagszahlung von 50 fr., den übrigen Betrag am Schlusse der Reise.

*Art.* 6. In allen Streitigkeiten unterwirft sich der Mukâri dem Spruch des nächsten Deutschen Consulats. Folgen die Unterschriften etc.

*Zu Art.* 3. Die Mukâri sind gewohnt, des Sparens wegen, einen Theil der Gerste, welchen sie zur Fütterung brauchen, vom Ausgangspunkte mitzunehmen; sie beladen damit die Packthiere bisweilen übermässig, was den Reisenden am schnellen Weiterkommen hindert. Oefters nehmen sie ein Eselchen zu diesem Zwecke mit und setzen sich selber noch darauf.

*Zu Art.* 4. Ist der Reisende mit seinem Mukâri zufrieden, so wird er ihm gern die Reste seiner Tafel, oder auch noch etwas Brod zukommen lassen; diese Leute sind mit sehr wenigem zufrieden.

d. In letzter Linie kann der Reisende auch eines Bedienten entbehren und mit einem Mukâri allein unterhandeln. Selten wird jedoch ein solcher etwas von einer europäischen Sprache verstehen. Indessen finden sich bisweilen unter ihnen recht ordentliche Leute, die die Bedürfnisse europäischer Reisenden aus Erfahrung kennen. Diese Art der Reise ermässigt die Kosten noch um ein Bedeutendes, da dann nur die Miethe weniger Thiere, vielleicht, wenn der Reisende wenig Gepäck hat, nur zweier zu bezahlen bleibt; für ein frugales Mahl nebst Platz zum Nachtlager gebe man in einem Bauernhause je nach Zufriedenheit 4—5 fr., wenn man allein ist, zu mehreren 3—4 fr.; hat man einen Koch bei sich, so lasse man denselben alle die Kleinigkeiten und Esswaaren um baares Geld kaufen und gebe für das Nachtlager etwa 2—3 fr. Für die Kinder der Bauern nehme man etwas Zuckerwerk mit. Die Nacht über lasse man das Gepäck und den Sattel, wenn man einen eigenen hat, stets zu sich in's Zimmer legen, ebenso die Waffen; Neugierige spielen sonst gerne draussen damit.

### G. Ausrüstung und Vorbereitungen zur Reise. Zur Gesundheitspflege.

Kleidung. Nach unserm oben gegebenen Rath, möglichst wenig Gepäck mitzunehmen, versehe sich der Reisende nur mit zwei Anzügen aus Tuch. Die Kälte der Nächte macht es nothwendig, in den erwähnten Monaten nur wollene Kleider zu tragen. Ein heller Reitanzug und ein Anzug für die Städte genügen; um bei vornehmen Personen, Pascha's oder Consuln, Besuche zu machen, ist ein schwarzer Rock nicht unbedingt nothwendig; den Frack lasse man zu Hause. Sollte die Reise sich in die Sommermonate hinein ausdehnen, so wird man leicht in Beirût oder an einem andern Ort etwas leichtere Kleider kaufen können (den Anzug zu 80—120 fr.). Leinene Kleider sind für die Reise nicht zu empfehlen, sie können nur bei längerem Aufenthalt am selben Orte im Hochsommer getragen werden. Für die Reise sind leichte Flanellhemden angenehm, da Wäscherinnen, die Oberhemden zu bügeln verstehen, sich nur in den Städten finden.

Die Fussbekleidung wähle man recht stark, weil man häufig in den Fall kommt, ganze Tage auf den Beinen zu sein; Strippen (souspieds) sind zum Reiten angenehm und werden am besten von zu Hause mitgenommen. Um Besuche bei Eingebornen zu machen, nehme man Ueberschuhe mit (S. 39). Pantoffeln findet man im Lande selbst, zur Noth kaufe man als solche arabische Schuhe (à 15—25 P.). Auch wollene Strümpfe vergesse man nicht; Socken können überall gekauft werden.

Als Kopfbedeckung wähle man einen etwas breitkrempigen, aber nicht zu schweren Filzhut. Die vorn und hinten gebogenen Korkhüte sind durchschnittlich wenig solid. Um den Rand des Hutes und den oberen Theil desselben befestige man ein weisses Tuch von starkem Muslin; man lasse dasselbe hinten breit über den Nacken und den oberen Theil des Rückens hinunterfallen, da diese Theile besonders von der Sonnenhitze angegriffen werden. Manche Reisende ziehen es vor, nach arabischer Weise eine rothe Mütze mit schwarzer Seidentroddel (Fez, arab. *ṭarbûsch*, à 5 fr.) aufzusetzen und ein seidenes Tuch (*keffîye*, inländisches Fabricat à 15 bis 20 fr., s. S. 93) unter dem Kinn durch um den Kopf zu legen, das man in dreieckiger Spitze über den Rücken fallen lässt. Diese Bekleidung schützt Wangen und Hals vortrefflich gegen die Sonne, wenn man noch ein zusammengefaltetes Taschentuch oder eine weisse Kappe unter den Tarbusch legt, und ist keineswegs besonders warm. Ein weisser Sonnenschirm ist zu Pferde auf die Dauer lästig, in den Städten wie Beirût aber höchst nützlich; man findet solche, wenn auch nicht in bester Qualität, in allen Städten zu 4—5 fr. Ein Regenschirm ist in Syrien beinahe überflüssig; in den Ortschaften hält man sich während der Regenschauer zu Hause und auf der Reise schützt er zu wenig. Statt eines Kautschukmantels ist eine arabische *'abâye* (Beduinenmantel inländischen Fabricats) gut zu gebrauchen. Feinere sog. baghdadische weite braune Mäntel kosten bis 30 fr.; gröbere gestreifte 15 bis 20 fr. Es gibt auch leichte Ueberwürfe dieser Art von feiner weisser Wolle, die trefflich den Staub abhalten.

In Betreff der Waffen vergl. S. 30 (öffentliche Sicherheit).

Wir möchten den Reisenden hier noch an eine Reihe von Kleinigkeiten erinnern, die er alle von Europa mitbringen kann: Trinkbecher von Leder oder Blech, Feldflasche, Thermometer; ein gutes Messer (in Syrien selten und theuer); ein Taschencompass von nicht zu kleinem Format, sowie auch gute Notizbücher. Schreibmaterialien sind überall zu haben, doch nur in geringer Auswahl. Wer Forschungsreisen in's Innere vorhat, kaufe zu Hause starkes ungeleimtes Druckpapier oder englisches Fliesspapier, um Inschriften abklatschen zu können; man feuchtet solches Papier an, legt es auf die Inschrift und klopft es mit einer gewöhnlichen Bürste in den Stein hinein; am besten wartet man, bis es trocken wird und abfällt; der Abklatsch wird nicht mehr vergehen. Man bewahrt ihn in langen runden Blechbüchsen, wie deren im Orient überall zu haben sind. Explorationsreisende finden ihre Bedürfnisse in *Galton, the Art of Travel* (5 ed. London 1872) zusammengestellt. Um unreines Wasser trinkbar zu machen, benutze man kleine Kohlenfilter. Für grössere Touren, die man in Begleitung von Beduinen in's ferne Innere beabsichtigt, ist es gerathen, Geschenke mitzunehmen, Waffen, Uhren mit möglichst lautem Gang u. a. Für den Reisenden selbst sind Remontoirs am empfehlenswerthesten, da bei andern Uhren der Verlust eines Schlüssels viele Beobachtungen hindern kann. Vom Sattel ist S. 20 die Rede gewesen. Gute Chocolade ist in Syrien eine Seltenheit, guter Thee und gebrannte Wasser sind eher zu bekommen; nach grosser körperlicher Anstrengung sind stärkende Getränke höchst wohlthuend.

Andere Vorbereitungen erfordert eine Reise, wenn der Reisende nach Art C (S. 24) reisen will. In diesem Falle wird er sich Vieles mehr anschaffen und vielleicht ein Zelt kaufen müssen, das er in der eigentlichen Saison je nach der Grösse kaum unter 120 bis 160 fr., alles inbegriffen, haben kann. Er wird ferner Küchengeräth brauchen und auch einen Teppich oder einen Schemel resp. Stuhl. Je nachdem er abgehärtet ist, wird er am Boden auf einem Teppich schlafen können, dazu aber ein Kissen nöthig haben, das er sich an der Ausgangsstation aus Baumwolle und Zeug, das man selbst kauft und einem Schneider zum Nähen übergibt, machen lässt. Der Araber schläft in seinem *leḥâf*, einer grossen viereckigen Steppdecke, die ebenso wie ein Kissen in Arbeit gegeben wird. Sie kann auf einer Seite umgeschlagen werden und man ruht trefflich darin. Wer Leintücher wünscht, muss sie aus Europa mitbringen. Eine Hängematte kann im Zelt nur mit Pflöcken befestigt werden, ist aber entschieden practisch, wenn das Netz durch Querstäbe am Kopf- und Fussende aus einander gehalten und zwischen die beiden Stützen oben eine Stange befestigt wird, damit sie der Last des Ruhenden besser widerstehen. Beim Schlafen auf der Erde ist rathsam, ein Wachs- (Oel- oder Kautschuk-) Tuch unterzulegen, um etwaiger Feuchtigkeit des Bodens zu begegnen. Zur

Beleuchtung im Zelt und in Bauernhäusern kaufe man eine arabische Laterne *(fânûs)* und eine genügende Anzahl von Kerzen. Man findet practische Blechbüchsen, die zugleich als Behälter von Kerzen und als Lichtstock dienen; die Preise sind nach Grösse und Schönheit sehr verschieden. Esswaaren gibt's im Lande selbst hinreichend. Man nehme auf seine Tour genügende Quantitäten Reis und Fett mit, um auch der Escorte oder den Mukâri davon mittheilen zu können. Auch Schnüre und Bindfaden, Nadel und Zwirn, sowie Hammer und Beil vergesse man nicht.

Zur Gesundheitspflege. Nur in den Städten Jerusalem, Beirût, Aleppo, Damascus finden sich gute Aerzte, die wir nennen werden; auf dem Lande nirgends. Das Klima Syriens ist zwar nicht ungesund, aber vor der Abend- und Morgenkühle muss man sich sehr in Acht nehmen. Fieber, namentlich intermittirende, sind gewöhnlich Folgen einer Erkältung. Das Fieber kündigt sich durch Schüttelfröste an. Man führe als Heilmittel Chininpulver (zu $^1/_2$ Gramm) oder Pillen (welche wie alle Arzneien gegen die Feuchtigkeit wohl zu verwahren sind) mit sich und nehme an den fieberfreien Tagen 1—3 Dosen; dabei halte man sich ruhig und suche im Bette stark zu schwitzen.

Eine gewöhnliche Krankheit ist Durchfall. Man hüte sich vor dem Obst, das im Orient häufig unreif gepflückt und auf den Markt gebracht wird. Auch in Folge von Erkältungen zieht man sich leicht Verdauungsstörungen zu. Bei kurz bestehender Diarrhöe nehme man ein Abführmittel: Ricinusöl, ein Esslöffel voll auf heissen schwarzen Kaffe oder Calomel 0,2—0,3, am besten in Oblatenkapseln; bei längerer Dauer derselben zuerst ebenfalls Abführmittel, dann Opiumtinctur bis 20 Tropfen den Tag; bei Dysenterie d. h. blutiger Entleerung eines der beiden genannten Abführmittel. Man halte Diät, esse kein Fleisch und keine Früchte, sondern nähre sich nur von Suppen aus Mehlstoffen ohne Fett und trinke Thee und guten, nicht süssen Rothwein. Sowohl bei Fieber, als bei Durchfall nützt bisweilen der Klimawechsel, besonders wenn der Reisende sich in einer sumpfigen und ungesunden Gegend befinden sollte.

Chronische Verstopfung löse man durch folgende Pillen, Abends oder früh nüchtern je 1—2 Stück: Extractum Colocynth. 0,6; Extractum Aloës 1,0; Gummi-resin. Gutti 0,2; Rad. Rhei subt. pulv. 1.5 M. f. pil. no. 30.

Brausepulver sind auf der Reise angenehm, nicht nur zur Kühlung, sondern auch zu leichter Beförderung des Stuhlgangs und gegen Magensäure.

Vor Sonnenstich hat man sich sehr zu hüten, selbst schon im Frühjahr, wenn die Luft noch kühl ist; man schützt sich durch um den Kopf gebundene, den Nacken deckende Tücher. Kopfweh in Folge von Sonnenstich verlangt Ruhe und Schatten, sofortiges Oeffnen beengender Kleidungsstücke, eventuell kalte Aufschläge oder warmes Vollbad mit kalten Uebergiessungen auf Kopf und Nacken. Augenkrankheiten sind in Syrien weniger häufig als in Aegypten; gegen das grelle Sonnenlicht trage man dunkle Brillen mit stark convexen blauen, besser grauen Gläsern. Bei Entzündung der Bindehaut des Auges Eintröpfeln von Solut. Zinci sulph. 10,0 : 0,02, am besten mit abgerundeten Glasstäbchen, und kalte Aufschläge von Solut. Plumb. acet. 250,0 : 2,0.

In Ruinenfeldern namentlich hüte man sich vor Fussverrenkungen und vermeide tollkühnes Klettern, da ein kleiner Schaden die Freude an der ganzen Reise verderben kann. Zieht man sich trotzdem eine Verrenkung zu, so wende man kalte Umschläge an und binde den Fuss fest ein.

Gegen Scorpionstiche und Schlangenbisse hilft das Aetzen der Verwundung mit Ammoniak oder Eisessigsäure.

### H. Bettler. Bachschisch.

Der gewöhnliche Orientale hält jeden europäischen Reisenden für einen Crösus (und theilweise auch für einen Narren, weil ihm der Zweck und die Lust des Reisens unverständlich sind); er glaubt, dass es bei uns gar keine Armuth gebe, während sie doch in der That bei uns sich viel fühlbarer macht, als im Orient. An diesen Anschauungen sind zum grossen Theil die Reisenden selbst schuld, denn nicht selten, besonders in Aegypten, sieht man, dass ganze Hände voll Piaster ausgestreut werden, nur des Anblicks der daraus entstehenden Balgerei der Araber wegen. Es kann dies nur als eine Verhöhnung der Armuth bezeichnet werden, die sich Niemand sollte zu Schulden kommen lassen. An Greise und Krüppel gegebene Almosen können oft grosses Elend lindern.

In Folge dieser Anschauung europäischer Verhältnisse kommt es vor, dass sich Leute an den Reisenden im Gefühl einer berechtigten Forderung herandrängen: Gib mir ein Bachschîsch, weil du reich bist und mit einem grossen Tross in der Welt umherfährst. Wer gibt, ist ein guter Mann *(ridjâl ṭayib)*. In jedem Dorfe werden die zerlumpten auf der Strasse sich herumtreibenden Kinder hinter dem Reisenden herlaufen, unaufhörlich schreiend '*bachschîsch, bachschîsch yâ chowâdja!*' Man antworte den Reim aufgreifend '*mâ fisch, mâ fisch*', es gibt nichts, es gibt nichts, worauf sie sich beruhigen. Einem Bettler, dem man nichts geben will, antwortet man '*allâh ya'ṭîk*', Gott gebe dir, worauf er stets schweigt.

Das Wort *bachschîsch*, das die Geduld des Reisenden häufig auf eine harte Probe stellt, und das in seinen Ohren noch fortklingt, wenn er längst die Grenzen des Orients hinter sich hat, bedeutet einfach ein Geschenk, und da man mit „Geschenken" im Orient Alles erreichen kann, so findet das Wort die verschiedenste Anwendung. Mit Bachschîsch erleichtert man den Zollbeamten ihre Arbeit und beschleunigt dieselben; Bachschîsch ersetzt den Pass, Bachschîsch begehrt der Bettler, verlangt der Esel- und Pferdetreiber; von Bachschîsch allein soll eine grosse Anzahl von Beamten leben.

J. **Oeffentliche Sicherheit. Waffen. Militär- und Beduinen-Begleitung. Hunde.**

Man ist aus früherer Zeit gewohnt, sich Syrien als ein Land voll Räuber und Mörder vorzustellen; indess ist heutzutage auf den viel begangenen Routen gar keine Gefahr mehr. Uebrigens sind die Consuln verpflichtet und stets bereit, die Reisenden auf eine etwa drohende Gefahr aufmerksam zu machen. Abseit der grossen Heerstrasse, im Jordanthal und besonders jenseit desselben, beginnt jedoch insofern einige Unsicherheit, als man genöthigt ist, Beduinenbegleitung mitzunehmen und dafür (z. B. am Todten Meer) eine Entschädigung von 5 fr. den Tag zu zahlen (den gleichen Betrag zahlt man für türkische Soldatenbegleitung, z. B. auf dem Ausflug nach Palmyra). Gegen diese Entschädigung haben einige in der Nähe von Jerusalem sesshafte Beduinen-Schêchs die Verpflichtung übernommen, in Fällen von Diebstahl etc. Schadenersatz zu leisten; es ist eine Art von Versicherungs-Prämie, deren Zahlung der Reisende nicht unterlassen sollte, da er sonst das Recht auf Vertretung seitens des Consulats verwirkt. Weit höher freilich stellen sich die Preise in einigen Landstrichen östl. vom Jordan, wo die Herrschaft der Türken nicht anerkannt wird. Hier kennen, besonders in den Grenzdistricten, die kleinen Schêchs keine Grenzen in ihren Forderungen und stellen solche mit Vorliebe in Lire inglizlye, d. h. Pfund Sterling.

Die eigentliche Wüste, in deren Eigenthumsrecht sich bestimmte Stämme theilen, ist weniger unsicher, als das Grenzgebiet zwischen der Steppe und dem bebauten Lande, denn in diesem treiben sich meist die Marodeurs herum. Einmal im Innern eines Stammgebiets angelangt, in Begleitung eines Schêchs aus demselben Stamm, findet man überall die gastlichste Aufnahme. In Fehden der Grenzstämme, die nicht eben selten sind, hineinzugerathen, ist misslich, da die Wege dann unsicher sind. Verfasser kennt Beispiele, wo Scheinangriffe von Beduinen mit dem Dragoman verabredet wurden, um ein Bachschîsch von dem Reisenden zu erpressen, das nachher getheilt wurde. Beduinen aus entfernten Gegenden führen bisweilen eilige Raubzüge aus; sollte man auf solche stossen — und dieselben greifen nur an, wenn sie überlegen sind — so ist es misslich Waffen zu gebrauchen, da man dadurch dem Gesetz der Blutrache anheimfällt.

In die Augen fallende Waffen, ein am Sattel oder um den Leib hängender Revolver, stets in einem Lederfutteral (Pistolenhalfter) zu tragen, oder eine Flinte erhöhen das Ansehen des „Franken" und haben nebenbei die Annehmlichkeit, dass man bei Gelegenheit seiner Jagdlust nachgehen kann, wennschon die Reise gewöhnlich zu schnell vor sich geht, als dass etwas dabei herauskäme.

In unsicheren Gegenden lasse man Jemand vor dem Zelte wachen, lege die Werthsachen unter das Kopfkissen und entferne von der Wand des Zeltes, was etwa durch eine von Aussen hineinlangende Hand zu erreichen wäre. Ist etwas abhanden gekommen, so richte man ohne Verzug die Klage an den Schêch des nächsten Dorfes und hierauf an den Statthalter der nächsten grösseren Ortschaft. Auch vor Bettlern nehme man sich in Acht.

In Betreff der Honorirung der Beduinenescorte für Gegenden, die sich nicht der türk. Regierung unterworfen haben, Ansätze aufzustellen, ist sehr schwierig. Wir werden bei den einzelnen Touren angeben können, was ungefähr in den letzten Jahren bezahlt wurde; man erkundige sich danach aber immer auf's Neue beim Consulat. Auch hier natürlich verringert eine grössere Gesellschaft die Kosten. Die Unterhandlungen mit Beduinen müssen in jedem einzelnen Falle wieder auf's neue geführt werden. Diese Leute sind furchtbar zähe, sie suchen durch Warten den Reisenden mürbe zu machen; sie verlangen einen Preis von jedem Einzelnen der Reisegesellschaft, während man bei Abmachung einer Gesammtsumme (in Piastern) in der Regel viel besser fährt. Die Unterhandlungen führe man durch sichere Leute, am besten durch das Consulat, und vermeide alle anderen sich aufdrängenden Zwischenhändler.

Die herrenlosen H u n d e (S. 54), für den Muslim bekanntlich ein unreines Thier, das er nicht berühren darf, besonders in Damascus in grosser Zahl, bellen den Europäer wohl an, beissen aber nie; ein Stock, Schirm oder dergl. in der Hand benimmt auch das unsichere Gefühl, das den einzelnen Reisenden etwa beschleichen könnte.

## K. Gasthöfe. Klöster. Gastfreundschaft. Châne.

Eigentliche G a s t h ö f e finden sich nur in Yâfa, Jerusalem, Haifa, Damascus, Beirût und Aleppo. Manche derselben bestehen erst seit einigen Jahren. Man kann ihnen durchschnittlich ein gutes Zeugniss ausstellen; die Dienerschaft jedoch besteht (wie die Wirthe selbst) zumeist aus eingebornen Christen (ehemaligen Dragomanen), von denen man nicht die Pünktlichkeit und Sorgfalt erwarten kann, wie in Europa. Auch die Begriffe von Reinlichkeit sind theilweise andere. Der Pensionspreis in diesen Gasthöfen beläuft sich während der Saison durchschnittlich auf 12—16 fr. (häufig wird auch nach Shilling gerechnet; vergl. S. 6). Für einen Bedienten zahlt man 3—4 fr. den Tag. Für längeren Aufenthalt stelle man den Pensionspreis zum voraus fest. Wein wird in der Regel nach der Karte besonders berechnet; die Kost ist meist gut und reichlich. Die Bedienung wird auf dem Conto nicht berechnet. Orientalische Sitte ist es, den Kellner durch Klatschen mit den Händen zu rufen, vielleicht noch mit dem Ruf: „*yâ weled*“ (oh Knabe!). Restaurants nach europäischen Begriffen gibt es im Orient nicht.

Eine grosse Wohlthat für den Reisenden sind die K l ö s t e r. In der Regel ist man in denselben wohl aufgehoben, und auch Protestanten können ohne Scheu dort absteigen, obgleich das Ganze mehr für katholische Pilger berechnet ist und die häufige Fastenkost nicht

Jedermann zusagt. Die Insassen sind gewöhnlich italienische Franciscaner (S. 92), milde, angenehme, aufopferungsvolle Leute. Abverlangt wird nichts, doch wird jeder Reisende gern denselben Betrag geben, den er in einem Gasthof zu zahlen haben würde, besonders bei einem freundlichen Willkommen und guter Verpflegung; in diesem Falle dürften 5 Franken (1 Medjîdi) kaum reichen. Dies vorausgesetzt kann man auch an der Thüre protestantischer Missionäre anklopfen. Auch in den Klöstern des Libanon, bei den Maroniten etc. wird man leicht Unterkommen finden; nur muss man dort mit orientalischer Kost und arabischen Betten vorlieb nehmen.

In den Dörfern hat man meist nur zu fragen, wo das Haus sei, in welchem Fremde abzusteigen pflegen („*wên kônak?*"). Preise nach den Leistungen (d. h. Essen) und den erwiesenen Diensten; am besten ist es auch hier, wenn die Sprachkenntnisse dazu reichen, den Preis vorher abzumachen.

Aber auch die Gastfreundschaft von Privatleuten kann man ganz ungenirt in Anspruch nehmen, da der Orientale in den Dörfern und Städtchen, die von den Fremden besucht werden, weiss, dass der Franke bezahlt. Man schicke seinen Mukâri hinein zum Besitzer eines Hauses und lasse anfragen, ob eine Aufnahme stattfinden könne; ist ein Consular-Agent am Orte, so geht man natürlich am besten zu diesem. Dass man sich den orientalischen Sitten (vergl. S. 39) besonders des Schuhausziehens unterwirft und sich nicht etwa nach dem Befinden der Hausfrau erkundigt, versteht sich von selbst. Man zahle wie in den Klöstern.

Der allerletzte Zufluchtsort sei der Chân, das Karawanserai (S. 23), das auf dem Lande nur zur Aufnahme der Pferde und Mukâri geeignet ist und ganz voll Ungeziefer zu sein pflegt.

## L. Kaffehäuser.

Kaffehäuser gibt es aller Orten, selbst die grossen Karawanen-Strassen entlang; sie bestehen meist aus einer Bretterbude mit einigen Sitzen von Rohrgeflecht. Nur um die Neugier zu befriedigen, wird der Europäer sie besuchen. Die Kaffehäuser in Damascus sind in grösserem Styl; dort hat man für den Europäer auch schon Stühle. Der Kaffe, welcher in kleinen Schälchen *(findjân)* ausgeschenkt wird, ist nicht so gut wie in Aegypten. Man ist in Syrien bereits gewöhnt, den mit dem Satz versehenen braunen Trank dem Europäer stark versüsst zu reichen; man kann sich ihn aber auch unverzuckert *(sâde)* ausbitten oder mit wenig Zucker' *(schwoyyet sukkar)* (vgl. S. 116). Der Kaffe der Beduinen ist der beste; er wird bei ihnen stets frisch geröstet und in hölzernen Mörsern zerstampft. In den Kaffehäusern ist es Sitte, dass der Europäer 20 Para (½ Piaster) für das kleine Schälchen Kaffe zahlt (der Eingeborne zahlt die Hälfte). Der Cafêwirth hat in der Regel auch Nargile's (Wasserpfeifen) für seine Gäste in Bereitschaft. Der Eingeborne bringt sich den Tumbak (s. S. 37) selbst mit; wenn der Cafêwirth den

Tabak liefert, wird 1/2 Piaster per Pfeife bezahlt. Man rauche das Nargile nie ganz aus; will man ein zweites, so rufe man: *'ghayyir en-náfäs*, gib eine andere Pfeife, worauf der Kopf der Pfeife durch einen frisch gefüllten ersetzt wird. Verglüht die Kohle zu rasch, so ruft man *'bassa'*, worauf eine frische Kohle gebracht wird. In die Mundspitze des Schlauches *(marbísch)*, durch die der Rauch eingesogen wird, kann man, um die unmittelbare Berührung zu verhüten, ein kleines zusammengerolltes Stück Papier stecken.

## M. Bäder.

Die arabischen Bäder sind Dampfbäder. Die *Harâra* (s. Plan) sowohl als die Cabinen (*Maghṭas* und *Ḥanafîye*) sind mit durchbrochenen gegossenen Gypsplafonds flach überwölbt, die Oeffnungen in der Gypsdecke mit bunten Glasglocken geschlossen. Die Maghṭas haben ein im Boden vertieftes Bassin und ein Marmorbecken zum Waschen, mit Hähnen für kaltes und warmes Wasser, die Ḥanafîye nur letzteres. Alle Räume der Bäder sind mit Marmorplatten belegt. Die Ḥarâra, für alle Badenden dienend, ist weniger warm als die Cabinen und mit Wasserdampf gefüllt. Alle drei indessen haben einen hohlen Boden, durch welchen die Flamme und der Rauch der Feuerung zieht, um dann in den Rauchröhren der vier Wände nach dem Schornstein aufzusteigen.

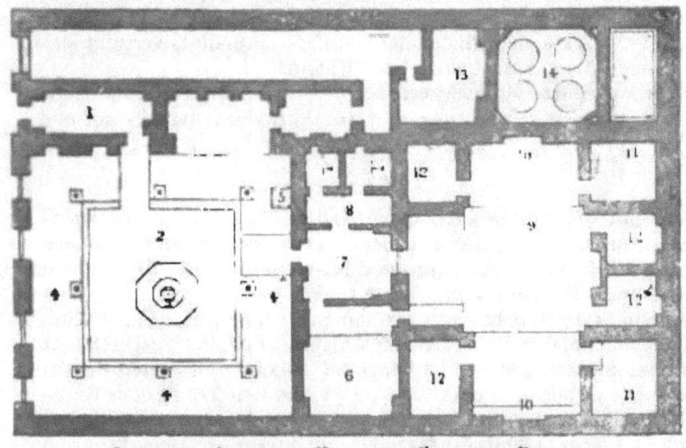

1. Eingang. 2. *Meslak* (grösserer Mittelraum, der von den Unbemittelten auch zum Auskleiden benutzt wird). 3. *Faskiye* (Springbrunnen). 4. *Díwán* (die besseren Auskleideräume). 5. Kaffewirth. 6. *Beit el-awwel* (geheiztes Auskleidezimmer bei kalter Witterung). 8. Abtritte. 7. Eingang zur (9.) *Harára* (Raum zum Schwitzen). 10. *Díwán*. 11. *Maghṭas* (Zellen mit Bassin). 12. *Hanafíye* (Zellen mit Waschbecken und Hähnen für kaltes und warmes Wasser). 13. Feuerung. 14. Kessel.

Wenn über dem Eingang des Bades ein Lappen hängt, so ist es von Frauen besetzt und Männer haben keinen Zutritt. Es ist gerathen, das Bad der Reinlichkeit wegen am frühen Morgen zu besuchen; den Freitag vermeide man, weil sehr viele Muslimen am Freitag in der Frühe baden.

Man tritt zuerst in einen grossen mit einer Kuppel überwölbten Raum. Unter der Kuppel ist ein Bassin mit kaltem Wasser. Oben sind Schnüre gezogen, an denen die Badewäsche hängt; sie wird geschickt hinaufgeworfen und mit Hülfe langer Bambusstäbe wieder herunter geholt. Zuerst begibt man sich zu einem der erhöhten Diwâne, welcher noch leer steht (die Nähe der Strasse ist zu vermeiden); frische Tücher werden vom Badediener darüber gebreitet; bevor man auf den Teppich tritt, zieht man die Schuhe aus; der Badediener nimmt sie in Verwahrung. Darauf entkleidet man sich; Geld und Uhr kann man, wenn man will, dem Besitzer des Bades in Verwahrung geben, doch ist dies kaum nöthig, wenn man die Kleider in ein Bündel zusammenschnürt. Man befestigt sich nun ein Tuch eng um die Hüften, indem man den oberen Zipfel einschlägt. Hierauf erhält man beim Hinuntersteigen kleine Stelzen oder Holzschuhe *(ḳabḳab)* an die Füsse; so geht man in das Innere des Bades in die heissen Räume; man kann sich führen lassen. Hier sind die Zimmer zum Schwitzen; sie sind überwölbt; durch die Glasscheiben fällt nur ein mattes Licht hinein. Neben einem Becken werden vom Badediener Leintücher ausgebreitet; man streift die Stelzen ab und lässt sich auf ein solches nieder. Hierauf beginnt man zu schwitzen; erst wenn der Schweiss recht ausgebrochen ist, ruft man dem Badewärter. Es werden gewöhnlich verschiedene Proceduren vorgenommen. Der Badewärter fährt dem Badenden über die Glieder und macht ein Gelenk nach dem anderen knacken, indem er sanft daran drückt; dies wird dem Europäer gewöhnlich geschenkt. Sehr angenehm hingegen ist der Gebrauch, sich von dem *abu kîs* oder *abu ṣâbûn* (Beutel- oder Seifenmann) den Körper mit einem etwas rauhen Filzlappen *(kîs)* abreiben zu lassen; man sagt zu ihm „*keyyisnî*". Dann lässt der Wärter heisses Wasser in ein Becken und schlägt Seife; damit seift er den ganzen Körper ein, eine gründliche Reinigung. Hierauf giesst er dem Badenden einige Schalen heisses Wasser über den Kopf und über den Leib; wem es zu heiss ist, der verlange etwas kaltes Wasser *(„djîb môye bâride")* oder rufe genug *(„bâs")*. Dann kann man sich noch nach Belieben aufhalten und heisses und kaltes Wasser über den Leib schütten; am gerathensten ist es, nach und nach zum kalten Wasser überzugehen, um sich abzukühlen; man lässt daher Eimer um Eimer bringen *(„môye bâride")*. Wenn man wünscht, die Schwitzkammer zu verlassen, ruft man dem Badewärter *„djîb el-fuwaṭ"*, bringe die Tücher, worauf er mit Handtüchern erscheint; eines wird um die Hüften geschlungen, eines um den Oberkörper gelegt, und eines in Form eines Turbans um den Kopf gewickelt. Auf den

Stelzen verlässt man die inneren Gemächer und kehrt zu seinem Platz in dem Vorderraum zurück. Beim Abstreifen der Ḳabḳabs wird kaltes Wasser über die Füsse gespritzt. Hierauf werden die Tücher gewechselt; man lässt sich zusammengekauert auf dem Diwân nieder. In jedem Bade ist ein Kaffe- und Pfeifenwirth; gewöhnlich wird Kaffe getrunken. Heisses Zuckerwasser ist in den Bädern wie in den meisten Café's beliebt. Noch zwei- oder dreimal erscheint der Badewärter, die Tücher auf dem Kopfe tragend, um die Handtücher zu wechseln, bis man ganz trocken ist. Damit schliesst die Procedur. — Eine Anzahl Bäder sind fromme Stiftungen; der Eingeborne bezahlt nichts oder nur ein mässiges Entgelt. Von dem Europäer erwartet man mehr, für ein Bad etwa 5 Piaster; ausserdem erhält der „Seifenmann" etwa 1 P. Trinkgeld. Kaffe s. S. 32. — Ein orientalisches Bad ist besonders nach einer längeren Reise, oder auch bei einer Erkältung zu empfehlen. Es wird indess behauptet, dass der allzuhäufige Genuss solcher Bäder Geschwüre verursache.

## N. Bazare.

Im Orient befinden sich die Kaufläden, häufig mit den betreffenden Werkstätten verbunden, je nach ihrer Waare stets alle zusammen in einem eigenen Bezirk, einer Strasse oder einem Gässchen, die je nach dem betreffenden Handelsartikel (mitunter auch nach einer nahgelegenen Moschee) benannt werden; so *'Sûḳ* (= Markt) *en-Naḥḥâsîn'* Markt der Kupferwaarenhändler, — *'Djohardjîye* (Markt der) Juweliere, — *'Churdadjîye'* (Markt der) Eisenwaarenverkäufer, — *'Aṣṣâbîn'* Fleischer etc. In allen grösseren Ortschaften gibt es auch ansehnliche Gebäudecomplexe (*Châne*) für die Niederlagen der Grosshändler, welche letzteren aber an den Fremden in der Regel auch im Detail verkaufen.

Der Laden (*dukkân*) ist eine nach der Strasse zu ganz offene Vertiefung, von verschiedener Grösse, meist 2m breit; der Fussboden ist in gleicher Höhe mit dem davor befindlichen Sitz (*maṣṭaba*), auf welchem der Besitzer auch seine Gebete verrichtet. Verlässt der Besitzer den Laden am Tage, so bittet er seinen Nachbar um dessen Bewachung oder hängt einfach ein Netz davor. Will man kaufen, so setzt man sich zuerst auf die Maṣṭaba und gibt nun seine Wünsche zu erkennen. Das Zustandekommen eines wenn auch noch so kleinen Geschäftes erfordert, wenn man eben nicht jeden Preis zahlen will, eine in Europa kaum zu ahnende Zeit und Geduld.

Beim Handeln um eine Waare gilt als Regel, dass der Käufer überfordert wird, denn nichts hat einen festen Preis im Orient; immer muss gefeilscht werden, bisweilen recht unverschämt. Wenn man den richtigen Preis der Waaren zum voraus kennt und nennt, so wird der Verkäufer sagen „es ist wenig" (*ḳalîl*), aber doch die Waare lassen. Der Verkäufer lässt bisweilen dem Käufer Kaffe kommen, in jeder Bazarstrasse findet sich ein Kaffewirth. Wenn man sich von einem Verkäufer übervortheilt glaubt, gehe man weg

3*

und wende sich an einen zweiten; jeder Schritt Entfernung wird beim ersten Verkäufer den Preis sinken machen und er wird einen zurückzurufen suchen. Das Gebot, welches man dem Verkäufer thut, sei jedoch stets so, dass man nachher den Preis steigern kann (*'min schânak'*, um deinetwillen), sonst geht selbst dem Orientalen die Geduld aus. Eine Lieblingsredensart in dem oft etwas ceremoniösen Orient ist *'chudu balâsch'*, nimm's umsonst, was natürlich ebenso wenig ernstlich gemeint ist, wie das bekannte *'bêtî bêtak'*, mein Haus ist dein Haus.

Wer mit Orientalen gut umzugehen versteht, kann es wagen, falls er das Gefühl hat, überfordert zu werden, als letzten Ausweg den Verkäufer nach dem Einkaufspreis der Waare zu fragen; in 99 von 100 Fällen wird ihm die Wahrheit gesagt werden. Wenn man der Aussage eines Muslim nicht glaubt, lässt man ihn auf den Ḳorân oder bei der dreifachen Scheidung (*ṭalâḳ*) schwören.

Im Orient imponirt nichts mehr, als wenn der Reisende die Forderungen auf ihr richtiges Mass zurückzusetzen versteht; doch wird er stets noch theurer bezahlen müssen, als der Eingeborne. Die Preise, die wir in diesem Buche geben, sollen mehr als ein allgemeiner Anhaltspunkt, als Mittel zur Verwahrung gegen zu grobe Prellerei dienen; auf unbedingte Genauigkeit können sie keinen Anspruch machen.

Dragomane und Lohnbediente sind stets mit dem Verkäufer einverstanden und beziehen von demselben einen Gewinnantheil von 10–20%. — Alterthümer s. S. 127.

In Jerusalem, wie in Beirût gibt es Handlungshäuser (S. 149, 457), welche die Versendung gekaufter Gegenstände in die Heimath auf das pünktlichste und beste besorgen; auch das Porto dafür ist nicht so theuer, zumal wenn die Waaren einer grössern Sendung beigepackt werden können. Man erspart sich damit alle an den Grenzen mit neuen Gegenständen verbundenen Weitläufigkeiten.

### O. **Tabak.**

Dem an Cigarren gewöhnten Raucher wird es zuerst schwer werden, sich mit den orientalischen Tabaken zu befreunden, besonders auch mit dem umständlichen Cigarettenmachen; es wird ihm aber nichts anderes übrig bleiben, denn Cigarren sind in Syrien (mit Ausnahme von Beirût) kaum zu haben, und schliesslich zahlt man übertrieben hohe Preise für schlechte Waare. Auch der Zoll darauf ist nicht allein hoch, sondern wird auch willkürlich von den Beamten gesteigert, was das Mitbringen von Cigarren sehr erschwert, abgesehen von den in jeder Stadt, beim Ein- und Austritt, sich wiederholenden Scherereien. Dies Alles gilt in gleicher Weise für eine etwaige Ausfuhr oder Mitnahme des Tabaks nach Hause; überall verursacht der darauf gesetzte Zoll Abgaben und Umstände, die schliesslich den Tabak ganz verleiden. An der österreichischen Grenze wird nicht declarirter Tabak nicht allein confiscirt, sondern man wird auch mit dem mehrfachen, sofort zu erlegenden Betrag des Werthes bestraft. Dabei wird nicht etwa gespasst!

Im Orient raucht jedermann Cigarette oder Pfeife; letztere kaufe man im Lande. Um den Tabak frisch zu erhalten und vor dem Trockenwerden zu bewahren, legt man Stücke einer zerschnittenen gelben Rübe hinein. In den Städten kaufe man ihn öfters frisch. Man kann schweren (*taḳîl*) und leichten (*chafîf*) Tabak (*tütün*) verlangen. Für eine Okke ($2^1/_2$ Pfund) guten Tabaks (geschnitten) darf man 10—12 fr. bezahlen.

Der syrische Tabak wird nicht in lange Fäden geschnitten wie der türkische (*stâmbuli*), sondern ungleichmässiger und enthält feine mit dickeren holzigen Theilen untermischt. Er ist auf die Dauer angenehmer als der türkische, weil er einen besseren Nachgeschmack hinterlässt und Zunge und Gaumen weniger trocknet. *Ḳorâni* ist der lichtbraune, *Djébeli* der dunkelbraune; letzterer wird im Rauch von harzigen Hölzern getrocknet. Diese Sorte wird in Europa „*Lattakiye*“ genannt, welche Bezeichnung im Orient unbekannt ist. *Tumbak* ist der persische Tabak, der angefeuchtet und mit einer besondern Art Kohle angebrannt, nur im *Nargile*, der Wasserpfeife mit dem langen Schlauch, geraucht wird. Dabei wird der Rauch mit langen Athemzügen in die Lunge gezogen. An das Nargile muss man sich erst gewöhnen, um ihm Geschmack abzugewinnen. Die Frauen rauchen meistens Nargile, die Bauern Djôzen (vergl. S. 490).

## P. Moscheen.

Der Besuch dieser muslimischen Gebetsräume war bis zum Krimkriege keinem Christen gestattet; erst der nach diesem folgende grössere Einfluss der Engländer und Franzosen auf die Pforte brach diese Abgeschlossenheit, aber auch heute noch sieht der strenge Muslim nur höchst ungern, dass „Ungläubige“ (Christen und Juden) seine heiligen Plätze betreten. Es bedarf wohl kaum der Erwähnung, dass man bei dem Besuche derselben sich ebenso rücksichtsvoll verhält wie in unsern Kirchen, und wäre es auch nur um dem bekanntlich grossen Fanatismus der Muslimen keine neue Nahrung zu geben; man unterlasse namentlich niemals, am Eingange seine Schuhe aus- und meist bereit stehende Pantoffeln anzuziehen oder welche mitzubringen (bisweilen braucht man nur die Ueberschuhe auszuziehen oder ein Tuch um die Stiefel zu binden). Auch rühre man die umherliegenden Bücher (Ḳorâne) nicht an. In den kleineren Moscheen genügt als Bachschîsch des Einzelnen 1 Piaster für den Führer und $^1/_2$ Piaster für die Pantoffeln, in Gesellschaft nach Verhältniss.

Nach ihren Grundformen zerfallen die Moscheen in 2 Hauptgruppen: 1) solche von *rechteckiger Form* der ganzen Anlage mit hypaethraler Säulen- oder Pilasteranordnung um den offenen Hof; 2) solche bei denen der *rechteckige* oder *kreuzförmige* Hof von geschlossenen Räumen umgeben wird. — *Djâm'a* ist der Name für eine grosse Moschee (Cathedrale), in welcher am Freitag die Predigt (*chuṭba*) und das Kanzelgebet für den regierenden Herrn gehalten wird. *Mesdjid* ist jeder „Betort" im Allgemeinen, selbst wenn er auch nur aus einem Zimmer (*muṣâllâ*) besteht.

Jede Djâm'a hat einen grösseren, meist unbedeckten Hof, *fasḥa* oder *ṣaḥn el-djâm'a* genannt, in dessen Mitte sich der Brunnen zu den religiösen Waschungen (*ḥanafîye*) befindet. An die östliche Seite des Hofes schliesst sich die *Maḳṣûra* an, in welcher die religiösen Geräthe aufgestellt sind. Die Maḳṣûra ist mit Teppichen oder Matten (*ḥaṣîre*) belegt.

In der Maḳṣûra bemerken wir: 1) die nach Mekka (der Ḳibla) gerichtete Gebetsnische, *Miḥrâb*, wo der Ḳorân verlesen wird; 2) den *Mimbar*, die Kanzel, rechts vom Miḥrâb, von welcher der *Chaṭîb* die Rede an die Gläubigen hält; 3) den *Kursi* (plur. *Kerâsi*), das Pult, auf welchem während des Gottesdienstes der Ḳorân aufgeschlagen wird (sonst wird der Ḳorân in einem besonderen Schrank aufbewahrt); 4) die *Dikke*, ein auf Säulen aufgestelltes Podium, mit niederem Gitter umgeben, von welchem die *Moballigh* (Gehülfen des Chaṭîb) die Worte des Ḳorâns für das entferntstehende Volk wiederholen; 5) die verschiedenen Lampen und Laternen (*ḳanâdîl* und *fânûs*).

Seitwärts von dem Ṣaḥn el-Djâm'a befindet sich noch ein kleiner Hof, mit einem Bassin in der Mitte und nothwendigen Kämmerchen längs der Wände. Der Muslim betritt gewöhnlich diesen Hof, bevor er den Ṣaḥn el-Djâm'a besucht. — Neben der Maḳṣûra steht das Grabmal des Erbauers der Moschee, in weiterer Entfernung am Haupteingange befindet sich der *Sebîl* (Brunnen) mit der *Medrese* (Schule). Diese Brunnen sind häufig sehr reich mit Marmor und grossen bronzenen Gittern verziert. Ein weit vorragendes Dach bedeckt sie, und über ihnen befindet sich bisweilen eine mehr oder minder stattliche Halle für die Schule. Vor den Gittern, an welchen das Wasser vertheilt wird, erheben sich gewöhnlich mehrere Stufen. Das Innere des Sebîl besteht nur aus einem grossen Raum, dessen Boden etwa 1m über dem Strassenniveau liegt und in welchem das aus der Cisterne geschöpfte Wasser zur Vertheilung an den Gittern in Gefässe gefüllt wird.

Der Muslim spricht auch Gebete an dem Gitterfenster der Mausoleen seiner Heiligen (*Schêch* oder *Weli*), hinter welchem ein Katafalk, der aber keineswegs immer die Reste des verehrten Verstorbenen birgt, mit bunten Teppichen bedeckt, sichtbar ist. Solche „*Weli's*" (s. S. 103) sind in allen Theilen des Landes zu finden, oft in die Häuser eingebaut und leicht durch ihre äussere Form zu erkennen; es sind cubische Gebäude mit einer Kuppel und daher *Ḳubbe* genannt, gewöhnlich in den Grunddimensionen 4 bis 6m nicht überschreitend, meistentheils weiss getüncht, oft leer und von Scorpionen etc. bewohnt.

### Q. Wohnungen.

Die Privathäuser der Orientalen haben selten mehr als zwei Stockwerke und sind in der mannigfaltigsten Weise gebaut, doch werden im Allgemeinen folgende Regeln bei ihrer Anlage beobachtet: 1) die *Haupträume*, namentlich die des *Harems*, blicken in den Hof oder in den Garten, wenn ein solcher vorhanden ist; 2) die auf die Strasse gehenden *Fenster* des Erdgeschosses sind klein, sehr hoch gelegen und stark vergittert, die der oberen Stockwerke durch Holzgitter verschlossen; letztere werden aber immer mehr durch Glasfenster und Sommerläden verdrängt; 3) der *Corridor*, welcher von der Strasse zum Hofe führt, bildet einen Winkel, damit man nicht von der Gasse aus in den Hof sehen kann; 4) der *Hof* (ḥôsch) selbst ist mit Steinfliesen belegt, oft auch mit Orangen- und Citronenbäumen bepflanzt; in der Mitte ist ein grosses Bassin mit laufendem Wasser.

Gleich beim Eingang in den Hof liegt die *Manḍara*, das Empfangszimmer des Hausherrn. Von dem Hof führt eine mit einem Vorhang bedeckte Thür in dieses Zimmer. L. und r. von dem Gang, der von der Thür geradeaus läuft, ist der Boden erhöht; man lässt die Schuhe unten, betritt die dort angebrachte Strohmatte und lässt sich auf dem Diwân nieder, welcher um drei Seiten des Raumes herumläuft. An den Wänden sind Wandschränke; oben laufen Etagèren herum; in manchen Zimmern sind Glasurinschriften. Im Sommer werden die Fremden nicht im Zimmer, sondern in der offenen Spitzbogenhalle, welche gegen N. gerichtet auf einer Seite des Hofes angebracht ist, empfangen. — Eine kleine Thür führt in einen zweiten Hof und zu den Frauengemächern. Die Häuser sind sehr unregelmässig gebaut, sodass eigentlich jedes Zimmer ein abgeschlossenes Ganzes bildet. Die Zimmerdecken sind von Holz und Lehm.

### R. Regeln für den Umgang mit Orientalen.

Die Orientalen werfen uns vor, dass wir alles verkehrt thun: wir schreiben von der Linken zur Rechten, sie umgekehrt; wir nehmen die Kopfbedeckung ab, wenn wir in ein Zimmer treten; sie dagegen behalten sie stets auf, ziehen aber ihre Schuhe aus, u. a. m. Der Fremde thut übrigens wohl, sich der Sitte des Schuhabziehens bei Besuchen anzubequemen; es gilt als höchst unanständig, auf die kostbaren Teppiche mit den Schuhen zu treten. Die Schuhe lässt man stehen, bevor man auf die Strohmatte tritt, welche den Boden jedes Empfangszimmers bedeckt.

Bei einem Besuch im Hause eines Orientalen ist Folgendes zu beachten. Man klopft an die Thüre mittelst eines eisernen Ringes, welcher an derselben befestigt ist. Gewöhnlich wird von Innen gefragt: *'mîn'* wer ist da? In muslimischen Häusern muss gewartet werden, bis sich die Frauen, welche etwa im Hofe sind, ins Hinterhaus oder in die oberen Räume zurückgezogen haben. In dem Empfangszimmer, in welches man geführt wird, befindet sich der Ehrenplatz auf dem rings an den Wänden des Zimmers herumlaufenden niedrigen Diwân stets gerade der Thür gegenüber. Je nach der Achtung, die der Hauswirth dem Gaste bezeigen will, erhebt er sich mehr oder weniger von seinem Platze oder geht dem Gaste einen oder mehrere Schritte entgegen. Zuerst wird nach der Gesundheit gefragt (vgl. S. 120). Ein Geschäft nimmt im Orient stets eine unverhältnissmässig lange Zeit in Anspruch, denn dem Orientalen ist die Zeit nichts werth, was den Fremden zur Verzweiflung bringen kann, bevor er das nöthige Phlegma gewinnt. Auch einen Besuch, der kommt, zu entfernen, keine Zeit für ihn zu haben, gilt für die grösste Unhöflichkeit. In Gegenwart eines Besuchers zu essen, ohne ihn zum Mitessen einzuladen, wenn auch nur pro forma, ist ein grober Verstoss gegen die Sitte. Auch bei gewöhnlichen Besuchen erhält man zu jeder Tageszeit ein Tässchen Kaffe; der Diener tritt, die linke Hand auf das Herz gelegt, ins Zimmer und präsentirt den Gästen nach der Reihenfolge ihres Ranges ein Schälchen, gewöhnlich in einer Untertasse, damit man sich an der äusserst heissen Tasse die Finger nicht verbrenne. Beim Herumgeben des Kaffe's übergangen zu werden, gilt dem Beduinen als die tiefste Schmach. Nachdem der Diener die Schale wieder abgenommen hat (es gilt für unanständig, sie auf den Boden zu setzen; man behalte sie in der Hand), begrüsst man den Hausherrn mit dem gewöhnlichen orientalischen Gruss, indem man die rechte Hand erst gegen die Brust, dann gegen die Stirn bewegt. Je länger der Hausherr einen Gast bei sich zu behalten wünscht, desto später lässt er ihm den Kaffe reichen; man darf nicht fortgehen, bevor man den Kaffe getrunken hat. Dieser Gebrauch beruht auf alten Beduinensitten: der Gast ist dem Beduinen erst heilig, wenn er mit ihm etwas genossen hat. Der Reisende thut wohl daran, die ihn besuchenden Eingebornen, vor allem aber die Beduinenescorte fleissig mit Kaffe tractiren zu lassen. — Gewöhnlich wird dem Fremden Tabak angeboten; die Cigarette hat nun fast überall Eingang gefunden. Mehr türkische Sitte ist die lange Rohrpfeife mit Bernsteinspitze; der Kopf der Pfeife ruht auf einer messingenen Schale, die auf den Boden gestellt wird. Häufig wird der Besucher gefragt, ob er ein Nargile (S. 37) wünsche. Der Diener bringt die Wasserpfeife in's Zimmer, indem er sie anraucht. — Dass auf einen Besuch ein Gegenbesuch folgen muss, ist im Orient ebenso selbstverständlich wie in Europa. Wenn man nach einer Abwesenheit wieder in dieselbe Ortschaft zurückkehrt, hat man zuerst den Besuch der Bekannten zu erwarten.

Es ist dem Fremden anzuempfehlen, nie einen Muslim über seine Frauen zu fragen; diese Verhältnisse betrachtet man als unter dem Schleier *(sitr)* stehend. Auf der Strasse oder in den Häusern den Frauen auch nur nachzusehen, gilt für unanständig und kann unter Umständen sogar gefährliche Folgen haben. Der

Fremde lasse sich überhaupt nie in allzu grosse Vertraulichkeit mit den Leuten ein: echte Freundschaft existirt im Orient wenig, und Uneigennützigkeit ist die allerseltenste Eigenschaft bei den Orientalen. Hinter all den unendlich vielen Freundschaftsbezeugungen, mit welchen die Leute den Europäer überschütten, lauert der Eigennutz und die Erwartung eines um so höheren Trinkgeldes (bachschîsch), je mehr der Fremde sich durch schöne Redensarten täuschen lässt. Man bezahle alle Gefälligkeiten möglichst baar, um allen weiteren Erörterungen und Erwartungen die Spitze abzubrechen, und stelle die Preise für zu leistende Dienste, für Miethen etc. stets zum voraus fest; man wird dadurch endlosen Reclamationen aus dem Wege gehen.

Anderseits wird der Fremde, der mit den Eingebornen umzugehen versteht, bald gewahr werden, dass es ein eigentliches Proletariat dort nicht gibt, dass Leute ohne die geringste Bildung und selbst Kinder eine angeborne Würde des Benehmens zeigen, die oft in Erstaunen setzt. Auch ist ein Zusammenhalten unter den Leuten vorhanden, das Achtung abnöthigt; bei aller persönlichen Eigennützigkeit gilt nirgends mehr als im Orient die Religion auch „als Partei". und wenn die Glaubensgenossen sich mit „*yâ achûi*", mein Bruder, anreden, so liegt darin doch etwas mehr als blosse Phrase.

Im Ganzen soll der Fremde dem Eingebornen nicht zu viel Misstrauen entgegenbringen; es verbittert ihm die Reise. Man hat nie zu vergessen, dass man es mit Leuten zu thun hat, die in vielen Beziehungen Kinder sind. Deshalb darf man sich ihnen gegenüber auch nichts vergeben, sondern soll möglichst fest bei seinem Worte bleiben. '*Kilme frendjiye*', ein fränkisches Wort, hat im Orient einen guten Klang; es ist ein Wort, welches unabänderlich feststeht.

### 8. Briefpost und Telegraphenverbindung.

Die ausländische Briefpost steht meistens unter Ueberwachung der betreffenden Consulate und befindet sich an Küstenorten in den Agenturen der Dampfschifffahrtsgesellschaften der betreffenden Länder. Von Bedeutung für uns ist nur die französische und die österreichische Post, mit franz. und österr. Briefmarken.

Die *österreichische Post* hat folgende Porto-Sätze in soldi (= $2^1/_2$ centimes):

Oesterreich und Deutschland 15 soldi (15 kr. = 30 Pf.); Belgien, Dänemark, Schweiz, Niederlande, Moldau und Walachei 20 soldi, Italien und England 23, Schweden und Norwegen 25, Russland und America 30, Frankreich 35 soldi; nach allen diesen Ländern darf das Gewicht 15 Gramm betragen, mit Ausnahme von Frankreich, wohin nur 10 Gramm zulässig sind.

Die *französische Post* hat folgende Porto-Sätze für einfache Briefe von 10 Gramm:

Frankreich 80, Deutschland, Oesterreich, Schweiz, England und Italien 60, Dänemark und Schweden 1 fr. 40, Russland 1 fr. 40, Türkei 40 cts.

Chargirte Briefe kosten das Doppelte der einfachen.

Auch nach Syrien können Briefe *poste restante* geschickt werden.

Kann eine Post in Folge schlechten Wetters nicht zur vorschriftsmässigen Zeit abgehen, so wird sie mit dem ersten jeweiligen Dampfer befördert. Schluss der Post für Frankaturen eine Stunde vor Abgang; so lange die Post noch nicht an Bord gebracht ist, was erst einige Minuten vor der Abfahrtszeit geschieht, können Briefe noch in den Briefkasten geworfen werden. Nachher können sie noch aufs Schiff gebracht und dort in den Briefkasten geworfen werden.

In Beirût befördert ein *British Post Office* Briefe von und nach England je mit erster Gelegenheit. In Händen des englischen Consulats ist auch die Post, welche alle 14 Tage zu Kamel durch die Wüste nach Bagdad und von dort weiter nach Persien und Indien befördert wird; Geldsendungen werden dabei nicht angenommen. Die *russische* Post besorgt fast nur einigen Localverkehr. Die *türkische* Post vermittelt vorzugsweise den Verkehr von der Küste ins Innere, wo dieser nicht ebenfalls in den Händen der verschiedenen Consulate ist; ein einfacher Brief von 10 Gramm kostet 1 Piaster. Diese Post ist in den Händen von durchaus unwissenden Angestellten. Die Adressen der dieser Post übergebenen Briefe müssen gleichzeitig auch türkisch oder arabisch geschrieben sein.

In Syrien gibt es zwei Arten Telegraphenbureaux: internationale und türkische; alle internationalen sind zugleich türkisch. Es kann arabisch, türkisch, auf den internationalen Bureaux aber in jeder beliebigen Sprache (bes. engl., franz. oder deutsch) telegraphirt werden. Die türkisch-arabischen Telegramme kosten innerhalb eines Regierungsbezirkes $1/2$ Silber-Medjîdi (10 Piaster Regierungsgeld), für jedes weitere zu durchlaufende Wilâyet die Hälfte (5 gute Piaster) mehr.

Der Tarif der internationalen Depesche von 20 Worten ist folgender:

| | | | |
|---|---|---|---|
| Frankreich | fr. 14. | Deutschland u. Schweiz | fr. 12. |
| England | „ 16. | Oesterreich | „ 11. |
| London | „ 15. | Dänemark | „ 13. |
| Holland, Belgien | „ 13. | Norwegen | „ 15. |
| Spanien | „ 16,50. | Schweden | „ 15,50 |
| Griechenland | „ 8. | Egypten (zu Land) | „ 13. |
| Russland | „ 13. | | |

Von den internationalen Stationen im Innern (nicht an der Meeresküste) kostet ein Telegramm nach Europa noch vier Franken mehr als die eben angegebene Taxe.

Man schreibe die Depeschen recht gross und deutlich. Zur Bezahlung versehe man sich bei den internationalen Depeschen mit französischem Gelde, bei den türk.-arab. mit türkischem Silber, da alle andern Münzen zu einem unverhältnissmässig niedrigen Curse angenommen werden.

Von einer türkischen Station sende man die Depesche arabisch an die Küste, wo sie dann übersetzt und weiter expedirt wird; dies wird am besten durch ein Handlungshaus oder das Consulat besorgt.

## II. Geographische Uebersicht.

### Klima. Geologie. Vegetationscharacter. Producte des Landes. Fauna.

Syrien ist ein durch natürliche Grenzen streng abgesondertes Land; jedoch bezeichnete der Name ursprünglich einen viel weiteren geographischen Begriff. Die Unterthanen des assyrischen Reiches vom schwarzen bis zum Mittelmeer hiessen im Alterthum *Assyrer*, oder in verkürzter Form *Syrer*. Später wurden diese beiden Benennungen in verschiedener Bedeutung angewandt, und es setzte sich bei den Griechen der Sprachgebrauch fest, die westlichen Länder Syrien zu nennen. Es ist daher daran festzuhalten, dass Syrer als Volk auch über die Grenzen des jetzigen Syriens verbreitet waren und theilweise noch sind.

Im gewöhnlichen Sinne bezeichnet Syrien die langgestreckte Landschaft, welche sich in einer Ausdehnung von ungefähr 80 deutschen Meilen vom Hochlande des Taurus im N. bis Aegypten im S., von 36°5 bis 31° N. Breite, hinzieht. Kein anderes Land war so sehr geeignet, die Vermittlerrolle zwischen Asien, Afrika und Europa zu spielen, so sehr gezwungen, die grossen Contraste der alten Weltreiche durchzuleben, wie Syrien. Die Geschichte des Landes, in das sich von jeher viele verschiedenartige Völker theilten, ist daher eine ausserordentlich bunte.

Auch die Längenzonen des Landes sind unter sich sehr verschieden. Von N. nach S. reicht ein nur durch wenige Querthäler unterbrochener Gebirgszug. Im Westen desselben liegt das Litoral des mittelländischen Meeres, eine Gegend, die im Alterthum zeitweise die wichtigste Rolle gespielt hat. Auf der östlichen Seite des Gebirgsrückens dehnt sich das Binnenland aus, ein Steppenland mit fruchtbarem Boden, auf welchem künstliche Bewässerung Oasen des prachtvollsten Grüns hervorbringt. Diese Steppe, die man wegen ihrer Armuth an Wasser wohl auch Wüste nennt, dehnt sich in einer mittleren Höhe von 600m bis gegen den Euphrat hin aus; sie wird von unabhängigen Wanderstämmen (Beduinen) bewohnt und von Karawanen durchzogen.

Die Grenzen Syriens, wenn wir unter diesem Namen nur das bebaute und den Türken heutzutage unterthänige Land verstehen, sind also nach dieser Seite hin unbestimmt; die Wüste bildet sie; Syrien im weiteren Sinne aber dehnt sich bis zum Euphrat aus. Während das Litoral mit seiner bald grösseren, bald geringeren Sandhäufung im Ganzen nur wenig, die Wüste gar keine Abwechselung zeigt, finden wir im Gebirgszug eine reiche Mannigfaltigkeit der Formen, die nicht ohne Einfluss auf die Völker geblieben ist. Das grosse Gebirgsthal, welches sich von Antiochien im N. bis gegen das Rothe Meer im S. hinzieht, ist das wichtige Mittelglied zwischen jenen beiden heterogenen Bestandtheilen Syriens, der Wüste und dem Küstenland.

Wir können keiner besseren Eintheilung folgen als der Robinson's, indem wir durch diesen ganzen Landstrich drei Querlinien ziehen. Die Grenze des nördlichsten Theils zieht sich von der Bucht von Issus zum Euphrat hin; eine Linie, vom Flusse Eleutheros (Nahr el-Kebîr) nach Ḥômṣ hinüber gezogen, grenzt dieses Stück ab. Dies ist Nordsyrien, ein Land, das nur sehr selten von Touristen besucht wird, jedoch voll der schönsten antiken Ruinen ist.

Eine zweite Linie denken wir uns etwas südlich von Tyrus (Ṣûr) nach Osten gezogen, am südlichen Fusse des Hermon vorbei. Als Gestade würde dieser zweite Theil das alte Phönicien, im Innern den wichtigsten Theil des Libanon und Antilibanus und jenseit desselben das altberühmte Gebiet der Hauptstadt Syriens, Damascus, umfassen. — Ein dritter, noch weiter südlich gelegener Theil würde durch eine vom SO.-Winkel des Mittelmeeres nach Osten gezogene Linie abgegrenzt werden und das eigentliche alte Palästina von Dan bis Berseba und den Jordanlauf einschliessen; ein vierter Theil würde die Wüste et-Tîh, die 'Araba (das bis 'Aḳaba hinab reichende Thal) und östlich davon das Gebirge von Petra, das eigentlich schon zu Arabien gehört, umfassen.

Von diesen vier Theilen kommen zwei, der nördlichste und der südlichste, für den Touristen weniger in Betracht, sowohl wegen der inneren als der äusseren Schwierigkeit des Reisens, der Unsicherheit und der Strapazen. Unser Augenmerk bleibt daher wesentlich auf die beiden mittleren Theile, auf Palästina und Libanon, gerichtet, von denen das erstere für die meisten Reisenden die grösste Anziehungskraft besitzt und daher auch, dem Zwecke dieses Buches entsprechend, am ausführlichsten behandelt worden ist.

In Hinsicht auf landschaftliche Schönheit hingegen haben wir bei jenen vier Theilen von N. nach S. nur eine stetige Abnahme zu constatiren. Die beiden nördlichen Viertel besitzen die höchsten Gebirgszüge und jene wundervollen Thäler mit fliessendem Wasser, welches letztere den südlicheren Theilen so sehr mangelt. Mitten auf der Hochebene der *Beḳâ'a*, — so heisst heute das herrliche, Libanon und Antilibanus trennende Thal Coelesyrien (hohle Syrien) — entspringen in kurzer Entfer- von einander zwei Bäche, von denen der eine, der *Litâni*, nach Süden fliesst, um sich nach mannigfachen Windungen nördlich von Tyrus ins Meer zu ergiessen, während der andere nach

N. fliessende, der *Orontes*, einen grösseren Umweg um die Berge herum machen muss, ehe er das Meer erreicht. Am Antilibanus entspringen aber auch zwei nicht ins Meer, sondern in Binnenseen auslaufende Flüsse, der *Barada* bei Zebedâni, welcher die Oase von Damascus bewässert, und weiter südlich der *Jordan*, der Hauptfluss Palästina's. Alle diese Flüsse gehen also von dem grossen centralen Gebirgsstock Syriens aus; dieser theilt sich in den oberen Vierteln Syriens in zwei parallele, von S. nach N. ziehende Bergreihen, von denen die östliche, der *Antilibanus* (arab. *Djebel esch-Scherḳi*, das östliche Gebirge) ihren Hauptgipfel am südl. Ende im *grossen Hermon* (2860m) hat. Der höhere westl. Gebirgszug, der *Libanon* (arab. *Djebel Libnân*), hat seine höchsten Erhebungen bei Beirût und Tripolis im *Djebel Machmal* (3052m) und im *Ḍahr el-Ḳoḍîb* (3063m). Am Nahr el-Kebîr (s. oben) läuft der Libanon aus; nördlich davon beginnt ein Höhenzug, der nach seinen Bewohnern den Namen *Nosairier-Gebirge* trägt. Dann folgt der *Djebel Akra*, der *Mons Casius* der Alten, mit weithin sichtbarem Gipfel gegen das Meer zu. Nördlich vom Orontes beginnt der *Djaur Dagh* (*Amanus* der Alten), der dann in den cilicischen Taurus übergeht.

Das Libanongebirge dehnt sich aber auch nach Süden aus, und zwar mit kurzen Unterbrechungen durch ganz Palästina hindurch. Auf dem breiten Gebirgsrücken, welcher in seinem oberen Theile nahe an das Meer herantritt und beim Karmel einen Zweig seitwärts sendet, sonst aber durch eine fruchtbare Niederung vom Meere getrennt ist, liegen die berühmtesten und ältesten Ortschaften Palästina's; in der Bibel ist vom Gebirge Naphtali, Gebirge Ephraim und Gebirge Juda die Rede. Dieser Rücken hindert den Jordan, sich ins Meer zu ergiessen, und zwingt ihn, durch einige Seen hindurch seinen Weg südwärts zu verfolgen, bis er sich in jenem merkwürdigen Becken des Todten Meeres, tief unter dem Meeresspiegel, verliert. Die Abgeschlossenheit nach dieser Seite hin hat auf die geographischen und ethnographischen Verhältnisse Palästina's tief eingewirkt.

Jenseit des Jordan liegen zunächst beim Hermon vulcanische Hügel, *Tulûl;* der ganze Ḥaurân besteht aus Basalt und zeigt noch heute eine Menge Eruptionskrater (vgl. S. 48). Weiter südlich dehnt sich das Gebirge Gilead aus, theilweise bewaldet. Die Gebirge von Moab bilden eine grosse Hochebene, die von der Wüste im O. nur durch einen kleinen Höhenzug getrennt ist.

**Klima.** In Folge der grossen Unebenheiten der Oberfläche haben die einzelnen Theile Syriens auch ein völlig verschiedenes Klima.

Die Bewohner Syriens kennen bloss zwei Jahreszeiten, Regenzeit und regenlose Zeit. Der Frühling, die angenehmste Jahreszeit, fällt von Mitte März bis Mitte Mai. Von Anfang Mai bis Ende October ist der Himmel fast ununterbrochen wolkenlos. Donner und Regen während der Weizenernte ist ein grosser Ausnahmsfall

(I Sam. 12, 17, 18). Im Mai gibt es wohl bisweilen noch einige Gewitter und leise Regenschauer. Gegen den Sommer hin zeigen sich in den Bergen noch Nebel, aber im Hochsommer verschwinden sie ganz und die Atmosphäre ist in der Regel von wunderbarer Klarheit; besonders zur Nachtzeit ist dies an dem intensiveren Glanz des Mondes und der Sterne bemerklich. Während der Nacht fällt auch im Sommer Thau, und oft ein sehr starker, ausgenommen in der Wüste. Der gewöhnliche Wind in dieser Jahreszeit kommt von NW.; der Ostwind bringt Dürre; der Südwind, *Chamsîn* genannt (weil er während 50 Tagen weht), hält in Syrien selten länger als zwei Tage hinter einander an, ist aber dann sehr lästig; die Atmosphäre ist verschleiert, der Wind saugt alle Feuchtigkeit auf und erzeugt häufig eine drückende Abspannung des Körpers, Kopfweh und Schlaflosigkeit. Bisweilen kommt er in heftigen Stössen. In Folge des Regenmangels verliert die Natur im Sommer ihre Schönheit und erhält sich nur frisch, wo, wie z. B. um Damascus, hinreichend Wasser vorhanden ist, um den Boden künstlich zu bewässern. Der Boden der Wüste ist dann nur noch mit dürren Kräuterstengeln bedeckt; die Wanderstämme ziehen sich nach den Bergen hin; die Brunnen und Quellen versiegen mehr und mehr. Viele Leute schlafen während des Hochsommers im Freien auf dem platten Dach des Hauses. Es ist dies jedoch des Thaus wegen dem Fremden nicht anzurathen; wenn man aber gezwungen ist, im Freien zu schlafen, so bedecke man wenigstens das Gesicht.

Die Zeit der Getreide-Ernte ist verschieden; in den tiefer liegenden Gegenden fällt sie in die zweite Hälfte des Mai, in den höher liegenden in die erste Hälfte des Juni.

Gegen Ende October beginnen Wolken aufzusteigen, und die Regenzeit kündigt sich bisweilen mit einigen Gewittern an. Dieser erste Regen heisst im alten Testament Frühregen (vgl. V Mos. 11, 14; Joel 2, 23). Das ganz ausgedörrte Erdreich wird dadurch soweit gelockert, dass der Landmann pflügen kann. Der Südwestwind und Südwind bringt die Regenschauer, die dann gewöhnlich einen oder mehrere Tage anhalten; in der Zwischenzeit führt der Nordwind oder der Ostwind einige Tage schönsten mildesten Wetters herbei. Der November besonders wird in Syrien öfters zum sogenannten Altweibersommer, aber die Natur ist dann fast ganz erstorben. Der December ist stürmischer, Januar und Februar meistens kalt und regnerisch; auf den hohen Gebirgen fällt im Januar am meisten Schnee. Die 'Spätregen' fallen im März und April und befördern das Wachsthum der Ernte. Das Ausbleiben oder die geringe Quantität des Regens hat den nachtheiligsten Einfluss und kann leicht eine örtliche Hungersnoth hervorrufen, da die Communicationswege in so schlechtem Zustand sind; ebenso finden dann die Heerden der Wanderstämme keine Weide. In Syrien kann daher eigentlich nie zu viel Regen fallen. Allzuheftige Regengüsse bewirken jedoch bisweilen das Einfallen der Lehmhäuser.

Die Temperaturunterschiede in Syrien sind bedeutend. Im Innern des Landes, in der Wüste, und, ganz abgesehen vom Hochgebirge, auch im palästinensischen Berglande sinkt das Thermometer häufig unter Null. In Damascus (690m ü. M.) und Jerusalem (760m) sowohl, wie in Aleppo (348m) fällt beinahe jeden Winter Schnee, welcher aber nur auf den höheren Bergen liegen bleibt. Die höchste Temperatur, welche Barclay (Robinson phys. Geogr. S. 296) für Jerusalem gefunden hat, war 33° Cels., die niedrigste $2{,}3$° C.; die Mitteltemperatur des Jahres circa 17° C. Diese Angabe dürfte wohl für das ganze Hügelland Geltung haben. Die Hitze in Damascus und Aleppo, sowie in der Wüste, wird bedeutender sein, weil die hohen Gebirge im Nordwesten die kühle Meerluft abhalten. Der Meeresstrand hat zwar im Ganzen eine höhere Temperatur als das Binnenland, doch ist die Hitze wegen der Seewinde dort erträglicher. Die Sirocco (Chamsîn)-Tage ausgenommen, weht übrigens an den Sommerabenden in Damascus in der Regel Wind und die Nächte und Morgen sind äusserst angenehm. Da aber die Feuchtigkeit in Folge der reichlichen Bewässerung gross ist, so setze man sich nicht allzusehr der Abkühlung aus.

Ganz abweichend ist das Klima des *Jordanthales*. Schon der erste kleine See, in welchen sich der Jordan ergiesst, das dreieckige Becken des Ḥûle, liegt nur 83m über dem Mittelmeer. Nach kurzem Lauf vertieft sich der Jordan in eine Spalte von 191m unter der Meeresfläche, denn so tief liegt schon der See von Tiberias. Der ganze Landstrich des Jordanlaufs bis zum Todten Meer (394m unter der Meeresfläche) heisst arabisch *el-Ghôr*, die Einsenkung. Das Klima gleicht dem von Aegypten, ist aber entschieden ungesunder. Die Bewohner dieses Landstrichs sind verkommen; man findet viele Cretins unter ihnen. Die Hitze im Hochsommer ist fürchterlich; am 8. Mai beobachtete Robinson 43° Cels. im Schatten. Die Erntezeit im Ghôr fällt viel früher als im übrigen Syrien, nämlich Ende April und Anfang Mai.

**Geologie.** Wie die trefflichen Karten Lartet's (Luynes, Voyage autour de la mer Morte) des Näheren darthun, ist der geologische Aufbau Syriens folgender:

1) Von beiden Seiten des Rothen Meeres her streichen *Granit-* und *Gneis*massen über die südliche Sinaihalbinsel in die ʿAraba bis in die Nähe des Todten Meeres hinauf und kommen in einzelnen Partieen noch nördlich von der Wasserscheide zwischen diesem und dem ʿAḳababusen am östlichen Thalgehänge vor:

2) Auf dieses Urgebirge folgend und ihm, ähnlich wie bei den Vogesen, nur gelegentlich umgelagert, erscheint die von Lartet „grès nubien" genannte *Sandstein*-Formation, die besonders in Nubien in weiter Erstreckung vorherrscht. Dieselbe umgibt den Rand auch der Sinai-Granite und Gneise und steigt an den beiderseitigen Abhängen der ʿAraba hinauf, am weitesten aber längs des östlichen Abhangs, sodass dieser oft sehr harte, meist braunrothe bis schwärz-

liche Sandstein fast überall am unteren (moabitischen) Ufer des Todten Meeres zu Tage tritt. Am Westabhang sowohl des Antilibanus als des Libanon bildet derselbe Sandstein eine Zone, die dem aufgelagerten Kalkgebirge zur Basis dient.

3) Auf das Urgebirge und den Sandstein folgt der *Kalkstein*, der die Hauptmasse des hohen Libanon und Hermon bildet, und den Lartet nach den darin befindlichen Versteinerungen mit dem, auch dem schweizerischen Jura aufgelagerten und zur untersten Kreide zählenden „Néocomien" identificirt. Das Kalkgebirge der Kreideformation nimmt das ganze Plateau Palästina's und des Ostjordanlandes, der Sinaihalbinsel nördlich von der Urgebirgszone, des Nilthals bis weit über Karnak hinauf ein.

4) Nur selten, am Karmel, am Ebal und Garizim ist Nummulitenkalk, ein Glied der unteren *tertiären* Formation vorhanden. Von dem tertiären Sandterrain, das aus Unter-Aegypten her bis in die Gegend von Ghazza streicht, wird Syrien nicht berührt; dagegen bedecken

5) die Bildungen *neuesten* Datums, die Dünen von Meeressand, die Alluvionen der Flüsse, die Ablagerungen der Seen, den ganzen Westrand Syriens vom Delta Aegyptens bis dahin, wo der Libanon an die Küste herantritt, also ganz Philistäa, die Ebene Saron und das ganze Jordanthal von der Wasserscheide in der 'Araba bis zum Hermon hinauf.

Dies sind die Ur- und Flötzgebirge Syriens; aber es spielt noch ausserdem eine bedeutende Rolle

6) die *plutonisch-vulcanische* Bildung. Mächtiger, als irgendwo, ist im oberen Syrien das Basaltgebirge entfaltet. Aus dem weiten Alluvium der Wüste steigen vom Innern Arabiens an gegen NW. jene Basaltmassen empor, die das Plateau der Tulûl (S. 45) und den ganzen Ḥaurân bilden, wie auch das Gebiet östlich vom See Tiberias (Djôlân), selbst noch westlich von diesem See das Gebirge von Ṣafed, sowie einen Theil der Gegend von Tiberias und Nazareth einnehmen. Dieses Basaltgebiet zeigt häufig wild zerrissene labyrinthisch durchschluchtete und völlig unzugängliche Stöcke, die viele Meilen Durchmesser haben (*Harra*). Anderseits ist der zersetzte Basalttrapp der fruchtbarste Ackerboden.

Der Aufbau von Syrien ist also im Grossen folgender: Im Süden herrscht das Urgebirge; es folgt ein Mantel von rothem Sandstein, dann — die Hauptmasse des Landes — der Kreidekalk, an den sich Nummulitenkalk und Alluvialboden schliessen, und endlich im mittleren Syrien colossale vulcanische Eruptivmassen.

**Flora und Fauna des Landes.** a. Das Pflanzenreich. Der Boden Syriens ist überaus fruchtbar. Das Land hat im Alterthum eine grössere Zahl von Einwohnern ernährt, als heutzutage; nicht nur die Bibel, sondern auch der Talmud und classische Schriftsteller (Tacitus V, 6) rühmen seine Fruchtbarkeit. Selbst die 'syrische Wüste' besteht nicht aus Sand, sondern aus gutem Boden, der nach dem ersten Regen eine Unzahl von Blumen und Kräutern, die fetteste Weide hervorspriessen lässt. Der Libanon, der heute grösstentheils kahl ist, hat dennoch einen fruchtbaren Boden, dem durch Fleiss ein reicher Ertrag abgewonnen werden könnte, wie dies im Alterthum der Fall war. Beweis dafür sind die herrlichen Terrassenanlagen aus phönicischer Zeit, namentlich an der Westseite des Gebirges. In manchen heute völlig uncultivirten Thälern findet man diese Böschungen, sowie die uns aus der Bibel bekannten Wächterhäuschen, aber beides verfallen, und an manchen Orten Gehege alter Gärten, wo heute die nackte Wüste sich ausdehnt.

I. Botanische Uebersicht. An der Hand von Boissier's Flora orientalis lassen sich für das Florengebiet Syriens folgende Unterscheidungen aufstellen:

1) Das ganze Küstenland gehört der *Mittelmeer-* oder *Mediterran-Flora* an, die rund um das Becken des Mittelmeeres bis zu den unteren Bergregionen hinauf reicht. Diese Flora zeichnet sich durch eine Menge immergrüner, schmal- und lederblättriger Sträucher und rasch verblühender Frühlingskräuter aus. Die Küsten Syriens und Palästinas tragen demnach denselben Vegetationscharacter, wie Spanien, Algerien, Sicilien, immerhin mit Modificationen, die namentlich im südlichsten Theil, gegen Aegypten hin, stärker hervortreten. Die Scilla, die Tulpen, Anemonen und einjährigen Gräser, von Sträuchern der Oleander, die Myrte, von Bäumen die Pinie und der Oelbaum kennzeichnen deutlich diese Flora als ein Glied der allgemeinen Mittelmeerflora; aber schon treten an der Küste Phöniciens massenhaft *Melia Azederach*, bei Beirût *Ficus Sycomorus* auf und deuten den Beginn einer wärmeren Region an.

Der Strich, den diese Mittelmeerflora einnimmt, ist ein ziemlich schmaler; sobald man sich von der Küste dem eigentlichen Plateau nähert, befindet man sich bereits an der Grenze des zweiten Florengebiets,

2) der *Orientalischen Steppenvegetation*. Die Scheidelinie bildet im Osten von Beirût der Passrücken des Libanon, im Süden von Palästina der Kamm des Gebirges Juda. Das Gebiet östlich von dieser Linie gehört der Orientalischen Flora an. Sie zeichnet sich aus durch hohe Mannigfaltigkeit der Arten, aber durch Dürre und Dornigkeit der Buschgewächse und durch bedeutendes Zurücktreten der Baumvegetation. Eine Menge kleiner, grauer, stachliger Gebüsche *(Poterium)*, grauer, aromatischer Labiaten *(Eremostachys)*, schnell verblühender brillanter, aber kleiner Frühlingspflanzen, im Sommer die vorwaltende Menge eigenthümlicher Distelarten *(Cousinia)* bei völligem Absterben des übrigen Grüns, auf den Bergen sparsame Baumgruppen von Eichen mit stachligem Laub, von Pistacien etc., hier und da kleine Bestände von Coniferen *(Cedrus, Juniperus, Cupressus, Pinus Brutia)*, auf den hohen Gipfeln eigenthümliche, stechende Zwergbüsche *(Astragalus Acantholimon)*, das

sind die bezeichnenden Züge der Orientflora. Dabei fehlen einzelne sehr schöne und reiche Formen nicht, sie sind aber Ausnahmen.

3) Die *Subtropische Flora* des *Ghôr*. Das Jordanthal hat vermöge seines durch die Depression verursachten winterlosen und heissen Klimas eine höchst seltsame Vegetation, die der von Nubien, an der Grenze des Wendekreises, am nächsten kommt. Hier kommt der 'Oschr *(Asclepias procera)* vor, welcher für die südliche Sahara characteristisch ist, ferner eine schirmförmige Akazie *(Acacia Seyal)*, als Schmarotzer auf den Bäumen ein blutrother *Loranthus*, dann *Trichodesma africana*, *Forskahlea*, *Aerua javanica*, *Boerharia verticillata*, *Daemia cordata*, *Aristida*, ferner bei Engeddi die höchst merkwürdige, hohe *Moringa aptera* und am See Hûle der echt afrikanische *Papyrus antiquorum*. Diese Arten geben in ihrer Gesammtheit ein Vegetationsbild, das Abessinien oder Nubien entspricht, und verleihen dem Ghôr als der am nächsten bei Europa liegenden subtropischen Oase ein grosses Interesse.

II. Culturpflanzen. Im Alterthum konnte Salomo an Hiram jährlich 20,000 Kōr Weizen (= 40,200 Hectoliter) und 1000 Fass Olivenöl schicken (1 Kön. 5, 11). Noch heute ist die grosse Ebene des Haurân, die sogenannte *Nukra*, eine Kornkammer auch für Nordarabien. Die Hauptstapelplätze für die Ausfuhr des Weizens sind Yâfa, 'Akka und Beirût. Aus dem Weizen wird der *burghul*, die gewöhnliche Nahrung der syrischen Bauern bereitet, indem man ihn mit etwas Sauerteig kocht und an der Sonne trocknet. Aus der Gerste machen die Aermeren Brod; hauptsächlich dient sie als Viehfutter. Hafer wächst in Syrien nur wild in unbrauchbaren Sorten. Ausser Weizen und Gerste wird Dinkel (Triticum monococcum) und Doḥânweizen (Holcus sorghum) gepflanzt; auch Roggen, Mais, Bohnen, Erbsen und Linsen kommen theilweise in eigenthümlichen Arten vor. Anis wird um Damascus gepflanzt, ebenso Fenchel. Die Süssholzwurzel kommt besonders in Nordsyrien vor (2600 Ctr. werden jährlich exportirt); auch Rosenblätter kommen in den Handel.

Sehr wichtig ist der Handel, der von Damascus aus mit getrockneten Aprikosen *(mischmisch)* getrieben wird. Diese werden an der Sonne gedörrt; jährlich werden 60—75,000 Ctr. gewonnen; die Kerne bilden einen besondern Artikel, von dem jährlich 8800 bis 10,000 Ctr. in den Handel kommen. In der Umgegend von Damascus werden jährlich 2500 Ctr. Rosinen besserer Gattung, 40—50,000 Ctr. der schlechteren Sorte gewonnen. Aus den Rosinen wird auch Wein und Branntwein gewonnen; erst in neuerer Zeit hat man, besonders auch in der Umgegend von Jerusalem, versucht den Wein auf europäische Weise reinlicher und direct aus Trauben zu bereiten, und gute Resultate erzielt. Der Wein des Libanon ist als „vino d'oro" berühmt.

Nüsse *(djôz)* kommen hauptsächlich aus Mittelsyrien, und zwar werden jährlich circa 12,000 Ctr. geerntet. Pistazien *(fustuḳ)* mehr aus Nordsyrien (Aleppo), jährlich 7500—10,000 Ctr. Oliven *(zêtûn)* sind ein Hauptproduct Syriens, dienen aber meist zum Gebrauch des Inlandes und zur Fabrikation von Seife (s. unten). Um Damascus beträgt die jährliche Ernte grüner Oliven 3150, die der schlechteren schwarzen Oliven 4000 Ctr. Davon werden viele roh gegessen; das Oel, welches man gewinnt, ist in der Regel nicht sorgfältig gereinigt und hat einen schlechten Beigeschmack. Die Anpflanzung von Oelbäumen nimmt in ganz Syrien stetig zu, besonders an der Küste um Tripolis und Ṣaida. Jährlich werden in Syrien circa 150,000 Ctr. Oel producirt. Zur Bereitung von Oel dient auch der Sesam, welcher in ganz Syrien nordwärts von Damascus gepflanzt wird (kommt auch auf Jesreel vor), jährlich 50—400 Ctr. Ebenso wird in Mittelsyrien sehr viel Alizari (Krappwurzel als Färbestoff) gepflanzt (jährlich etwa 3750 Ctr.).

Syrien ist berühmt durch seinen Tabak (vgl. S. 37). Die Productionsmenge im Libanon betrug 1872 circa 25,500 Ctr., wovon $^4/_5$ ausgeführt wurden.

In den Wüsten bei Damascus und ostwärts vom Jordan auch in Djebel ʿAdjlûn und der Belḳâ wird aus Salzpflanzen (vgl. S. 297) Kali (Potasche) gewonnen und zwar jährlich durchschnittlich 12,500 Ctr.; es wird namentlich in den Seifensiedereien des Inlandes verwendet. Für den einheimischen Bedarf werden, meist in den grösseren Städten, jährlich circa 50,000 Ctr. Seife fabricirt.

Ein Haupthandelsartikel Nordsyriens sind die Galläpfel, das Product der dortigen Eichen; sie werden zur Färberei verwendet und viel nach Europa exportirt. Die Rinde des Granatbaums ist ein gesuchter Artikel für die Gerberei. Nördlich von Damascus an den Abhängen des Antilibanus wächst der Sumachbaum, der Gerbstoff liefert, aber in unbedeutender Quantität. — Der Betrieb der Schwammfischerei ist an der syrischen Küste nördlich von Beirût nicht unbedeutend und beschäftigt viele Leute; im Jahr 1872 wurden circa 280 Ctr. Schwämme im Werth von 560,000 fr. gewonnen; der Ertrag schwankt sehr.

Baumwolle wurde schon von den Israeliten gepflanzt und verarbeitet. Die Industrie war im Mittelalter noch berühmt, hat aber durch die Concurrenz der ausländischen Waaren sehr gelitten. Es werden auf höchst primitiven Stühlen noch Stücke groben, aber sehr dauerhaften Zeuges gewoben, jedoch grösstentheils im Inland verbraucht. Im Jahre 1869 erreichte die Ausfuhr von roher Baumwolle die Höhe von 42,000 Ctr. Der grösste Baumwollenexport geht bereits ausserhalb Syriens, in Mersina, vor sich.

Sehr häufig wird der zur Seidenzucht dienende Maulbeerbaum mit weissen Früchten *(Morus alba)* angepflanzt. Derselbe wurde erst zur Zeit des Kaisers Justinian in Syrien eingeführt (6. Jahrh.). Die Seidenraupeneier kamen aus Mittelasien und die Zucht bürgerte sich in der Umgegend von Beirût und Tyrus rasch ein. Zur Zeit der Kreuzzüge finden wir Seidenzucht in Syrien mehrfach

4*

erwähnt. Im ganzen Libanon nimmt der Maulbeerbaum in allen Baumgärten die wichtigste Stelle ein; er braucht reichliche Bewässerung und Düngung, auch muss der Boden locker gehalten werden; die Fütterung der Raupen mit Maulbeerblättern erfordert besondere Sorgfalt. Die Production betrug im Jahr 1872 50,000 Ctr. frischer Cocons. Der Same wurde vor 10 Jahren wieder aus Japan bezogen, da die einheimischen Seidenwürmer von einer Seuche heimgesucht worden waren. In neuerer Zeit sind auch die Eier von Seidenraupen aus Syrien ein gesuchter Artikel auf dem europäischen Markte geworden; auch hat man nun angefangen, Rohseide für den europäischen Markt zu produciren. Wie bei der Baumwolle, so hat auch bei der Seide die inländische Industrie gegen frühere Zeiten starke Einbusse erlitten. Es wird nur für den Verbrauch im Orient, nicht für den ausländischen Markt gearbeitet. In Beirût, Damascus, in einzelnen Theilen des Libanon, Antiochien und Aleppo werden auf primitiven Stühlen noch einige Seidenstoffe gewebt.

Ausser den genannten vegetabilischen Stoffen kommen noch eine Menge anderer vor, aber nur im inländischen Handel oder nur sporadisch. Dazu gehört der Flachs. Zuckerrohr kam früher bei Jericho vor und wird seit Jahrhunderten bei Tripolis und Antiochien, in neuerer Zeit auch bei ʿAkka und Yâfa angepflanzt. Die Dattelpalme gedeiht nur in den südl. Küstenstrichen Palästina's und wächst wild (ohne Früchte) in den Schluchten am Ostufer des Todten Meeres und vereinzelt im Binnenland.

Von Bäumen ist in erster Linie die edle Ceder zu nennen (vgl. S. 525); sie ist wie auch die Cypresse heute selten geworden. Dagegen ist der Pinienbaum an den Westabhängen des Libanon noch sehr verbreitet. Im unteren Jordanthal kommt die Tamariske und die Pappelweide vor; von Eichen ist im Norden und Osten Palästina's die Valonia-Eiche, südlich vom Karmel die Steineiche vorherrschend; die Terebinthe kommt häufig vor. Die Weiss- oder Silberpappel wird gepflanzt, um als Bauholz verwendet zu werden, besonders in der Umgegend von Damascus. Ziemlich häufig ist der Johannisbrotbaum (caroubier = arab. *charrûb*) (Lucas 15, 16); seine Frucht dient armen Leuten zur Nahrung.

Von Fruchtbäumen besitzt Syrien eine grosse Auswahl. Die Weinrebe ist durch das ganze Land verbreitet; sie wird meist nicht an Stöcken, sondern am Boden und etwa auch auf Gestellen oder an Bäumen gezogen; die Trauben sind vorzüglich. Sehr verbreitet ist der Feigenbaum; entweder frisch oder getrocknet und gepresst dient die Feige zur Nahrung, und einen grossen Theil des Jahres hindurch kann man von diesem auch auf steinigem Boden trefflich gedeihenden Baume Früchte pflücken. Der wilde Feigenbaum kommt sporadisch vor. Im Hochsommer trägt der Cactus, der in den wärmeren Gegenden oft undurchdringliche Hecken bildet, seine süsslichen kernreichen Früchte. Birnbäume und Apfelbäume sind selten; die Granatäpfel erreichen nicht den Wohlgeschmack wie in Aegypten oder in Baghdad. Yâfa ist berühmt durch seine Orangen, die dort in grosser Menge wachsen und deren Ausfuhr zunimmt; auch Citronen finden sich, von Baumfrüchten ausserdem noch Pfirsiche und Mandeln.

Sehr geschätzt sind in Syrien die Gurken; sie werden von den Einwohnern ohne jede Zuthat roh verzehrt; die langen grünen Gurken mit gekerbter Schale sind die saftigsten. So wird auch der Lattich genossen. Zwiebeln dienen ebenfalls zur Speise; die besten wachsen im Sandboden um Askalon. Melonen gedeihen in verschiedenen Arten und werden sehr gross. Von Gemüsen verdienen ausser Blumenkohl Erwähnung die Eierpflanze (Melongena badindjan) und die Bâmie (Hibiscus esculentus); Artischoken und Spargel wachsen wild, sowie auch in der Wüste die köstlichsten Trüffeln. Kartoffeln werden an wenigen Orten gepflanzt, z. B. bei Yabrûd, zwei Tagereisen nördlich von Damascus, und bei Jerusalem.

b. Die Thierwelt. Wie die Pflanzenwelt, so zeigt auch die Thierwelt Syriens je nach ihrem Vorkommen im Gebirgs- oder im Tieflande, sowie besonders auch je nach der Jahreszeit bedeutende Verschiedenheiten. In der nachstehenden Uebersicht soll nur das Wichtigste über die Hauptvertreter der einzelnen Thierklassen kurz angeführt werden.

Die Säugethiere. 1) *Die Hausthiere.* In erster Linie kommt unter dem Heerdenvieh das Schaf in Betracht; schon im Alterthum bildeten Schafheerden einen bedeutenden Theil des Besitzes. Die Wüsten und Berge des Landes bieten diesen genügsamen Thieren hinreichende Weide; besonders günstig für die Schafzucht ist, wie ehemals, das Gebiet der Belḳâ (das Ostjordanland). Auch die Nomaden der Wüste besitzen viele Schafe. Die gewöhnlichste Schafrasse ist die fettschwänzige. Heutzutage ist das Schaffleisch beinahe das einzige, welches in Syrien gegessen wird; jährlich werden etwa 150,000 Lammfelle auf den Markt gebracht. Das Land kann diese Zahl nicht aufbringen, daher werden sehr viele Lämmer aus Kurdistân herbeigetrieben; die Därme werden zur Saitenfabrication nach Europa exportirt. Die Schafmilch ist sehr geschätzt und in der That vorzüglich. Von Damascus werden jährlich etwa 13,000 Ctr. Wolle exportirt; die Wolle von Nordsyrien ist jedoch feiner, und Aleppo namentlich ist als Wollmarkt berühmt. Im Jahre 1872 wurden in Aleppo allein gegen 20.000 Ctr. Wolle producirt, und eine grössere Menge noch kam aus dem Osten als Durchgangsgut nach Aleppo, ausserdem noch feine Ziegenwolle.

Ziegen werden hauptsächlich wegen der Milch gehalten, das Fleisch wird von den armen Klassen gegessen. Beinahe jedes Dorf Syriens hat seine Ziegenheerden. — Die Rindviehrasse von Syrien ist klein und hässlich; im Jordanthal wird der indische Büffel, der in Aegypten so häufig ist, viel gehalten. Das Rind wird in

Syrien hauptsächlich zum Pflügen verwendet und fast nur im Libanon geschlachtet, wesshalb die Ausfuhr der Rindshäute von Beirût aus ziemlich bedeutend ist.

Das Kamel (s. S. 16) kommt fast nur in der Wüste bei den Wanderstämmen vor. Es dient zum Reiten, Lasttragen, ja selbst zum Pflügen; die Wolle wird verarbeitet. Die Bauern haben in der Regel wenig Kamele; sie entleihen sie aber öfters von den Beduinen, namentlich zur Zeit der Landbestellung. — Der Mist aller dieser Thiere vom Schaf bis zum Kamel dient in vielen Gegenden Syriens als Brennmaterial.

Pferde (s. S. 16) werden in ganz Syrien als das gewöhnlichste Transportmittel benutzt. Bis zu den Zeiten der Könige besassen die Israeliten wenig Pferde. Die edelsten arabischen Pferde finden sich bei den 'Aenezebeduinen (S. 88); diese Leute verkaufen ihre Thiere ungern und nur gezwungen. Das arabische Pferd wird mit Gerste und Häcksel gefüttert.

Der orientalische Esel steht dem wilden Esel näher und ist viel lebhafter, als der europäische. In Syrien ist der Esel noch häufig, wenn er auch nicht in so grosser Menge vorkommt wie in Aegypten; am geschätztesten sind die grossen weissen Esel, welche in der syrischen Wüste von den Beduinen gezüchtet werden. Eine wilde Eselart findet sich noch in Ost-Syrien.

Der Hund und die Katze bilden im Orient den Uebergang zu 2) *den wilden Thieren*. In den Städten und Ortschaften halten sich soviel herrenlose Hunde (vgl. S. 31) auf, als Futter, bez. Abfall jeglicher Art für sie vorhanden ist. Wenn sie nicht gereizt werden, thun sie trotz ihres vielen Bellens dem Fremden nichts; vor den Schäferhunden hingegen hat man sich sehr in Acht zu nehmen. Tollwuth kommt im Orient nie vor. Herrenlose Hunde begleiten bisweilen die Karawanen, wenn man sie füttert, und können dann durch ihre Wachsamkeit während der Nacht nützlich werden. In den Strassen der Städte üben die Hunde die Gesundheitspolizei, indem sie jeden Unrath in kurzer Zeit auffressen. Eine Beschädigung, die man ihnen anthut, bringt die Eingebornen auf. Es ist im Orient kaum möglich, einen Haushund zu halten, weil die andern Hunde sofort auf der Strasse über ihn herfallen. Doch findet man öfters schöne Windspiele zur Jagd; auch die einheimische Rasse derselben ist von grosser Schönheit.

An die Hunde schliesst sich zunächst der Schakal (arab. *wawi*) an, dessen Wimmern man vorzüglich kurz nach Sonnenuntergang oft zu hören bekommt; er haust gern in Ruinen (Jerem. 1, 39) und treibt sich oft in Rudeln umher. Wo in der Bibel von Füchsen die Rede ist, scheint auch er mit einbegriffen und manchmal sogar (Richter 15, 4) ausschliesslich gemeint gewesen zu sein. Der eigentliche Fuchs kommt in zwei Arten vor. Im Libanon ist auch der Wolf (arab. *dîb*) nicht selten. Die Hyäne wagt sich zuweilen bis vor die Thore von Jerusalem, doch ist sie bekanntlich für den Menschen nicht zu fürchten.

Die Hauskatze ist im Orient selten ganz zahm; in den Häusern findet man zuweilen schöne langhaarige Angorakatzen. Von wilden Katzen gibt es mehrere Arten, doch bekommt man sie selten zu Gesicht. Von grossen Katzenarten ist der Leopard (arab. *nimr*) zu nennen, der indessen jetzt bereits fast überall ausgerottet ist; dann der Gepard oder Jagdleopard, welcher zwar heutzutage selten mehr, wie früher, zur Jagd abgerichtet wird. Der Löwe, der in der Bibel so oft erwähnt wird, ist in Syrien längst ausgestorben.

Von anderen Raubthieren ist noch der Bär zu nennen, der zuweilen im Libanon angetroffen wird; von kleineren der häufig vorkommende Dachs und der Igel, von welch letzterem ausser dem europäischen noch eine zweite Art vorkommt.

Von Flatterthieren finden sich mehrere Arten Fledermäuse, namentlich in den zahlreichen Höhlen des Kalkgebirges. — Affen gibt es in Syrien nicht, Nagethiere dagegen sind reich vertreten, vom Eichhörnchen bis zur Blindmaus (arab. *chlund*), die oft mit dem hier ganz unbekannten Maulwurf verwechselt wird. Haus- und Wüstenratten gibt es in Menge, dann Hamster und in den südlichen Wüsten die zierliche Springmaus, die Stachelmaus und das Stachelschwein. Hasen kommen in vier Arten vor. Kaninchen fehlen in Palästina gänzlich; was in der Lutherschen Bibelübersetzung so genannt wird, ist ohne Zweifel der merkwürdige Klippschliefer (Hyrax syriacus), der *wabr* der Araber, der in den Felsklüften vom Todten Meer an bis zum Sinai häufig ist (vgl. S. 300).

Von Vielhufern ist noch das Schwein zu nennen. Das Wildschwein ist durch ganz Syrien verbreitet; zahme Schweine finden sich, ausser in Klosterhöfen, nirgends; das Vorkommen von Schweineheerden im Alterthum (Matth. Cap. 8; Luc. 15, 15) scheint auf griechischen Einfluss zurückzuführen zu sein. Auch manche von den eingebornen Christen verachten das Schweinefleisch; im Sommer wird es leicht schädlich, im Winter hingegen kann es ohne Gefahr genossen werden.

Die Wiederkäuer endlich sind zahlreich im ganzen Lande vertreten. Die Gazelle ist durch ganz Syrien verbreitet, sowohl in den Ebenen, als auf den Gebirgen; im östlichen Syrien wird sie von den Bauern gejagt, indem sie, wie in Centralafrika, in grosse Einfriedigungen hineingetrieben wird; ihr Fleisch ist wohlschmeckend. Die Thierchen sind zierlich gebaut, sterben aber leicht in Gefangenschaft; Beduinen und Bauern bringen öfters lebendige junge Thiere zum Verkauf in die Städte. — In Südpalästina haust der Steinbock des Sinai, besonders häufig in den Gebirgsschluchten am Todten Meere.

Von **Vögeln** kommt das Huhn in grosser Menge als Hausthier vor, ist aber ziemlich klein; Enten gibt es nur wilde, in grosser Anzahl namentlich in der Jordanniederung. Auf den Hügeln von ganz Syrien ist eine Art sehr schönen grossen Rebhuhns (Caccabis saxatilis) verbreitet; in der Nähe des Todten Meeres findet sich das kleine graue Wüstenhuhn (Ammoperdix heyi). Wachteln sitzen in allen Saatfeldern der Niederungen. Wilde Tauben kommen besonders im Libanon viel vor, zahme nur an einzelnen Orten, wo man ihnen Thürme baut. Störche finden sich auf den Ebenen von Jesreel etc. in grossen Schwärmen, ebenso Kraniche und Becassinen. Von Raubvögeln kommen Adler und Geier vor; erstere sieht man häufig in den Wildnissen gegen das Todte Meer hin und am Litâni. Von Raben gibt es in Palästina sieben verschiedene Arten. Auch an Singvögeln fehlt es nicht, darunter besonders die drosselähnliche Palästina-Nachtigall (arab. *bulbul*). Gegen Anfang und Ende des Winters erscheinen Schaaren von Zugvögeln, die nach Aegypten und weiter südlich wandern oder von dort zurückkehren, unter ihnen der Kukuk, den man im Frühjahr oft hört.

Kriechthiere kommen dem Reisenden häufig zu Gesicht. Schon in seiner Wohnung wird er bisweilen Nachts den Gecko, übrigens ein sehr unschuldiges Thierchen, an seinem hellen Ruf (gic. gic) erkennen. In den südlichen Küstenstrichen kommt das gemeine Chamäleon ziemlich häufig vor; dann im Gebirge der dunkelfarbige *Chardôn* der Araber mit stachligem Schwanz und Rücken und in den Gärten schöne bunte Eidechsen, die den unsrigen ähneln. Das Krokodil scheint in Palästina ausgestorben zu sein, wenn es überhaupt jemals dort existirte (vgl. S. 367). Schlangen gibt es in Menge, darunter auch manche giftige: doch hört man fast nie von einem Unglücksfall durch Schlangenbiss. Von Schildkröten findet man die gewöhnliche Land-, sowie seltener eine kleine geschwänzte Wasserschildkröte.

Von Fischen sind der Jordan und der See von Tiberias noch heutzutage voll. Sie wandern stromauf- oder abwärts je nach der Jahreszeit. Einzelne Arten findet man fast in jedem perennirenden Gewässer Syriens. Der Fischfang im Meer ist bedeutend und wird besonders mit Hülfe grosser Netze betrieben.

Gliederthiere. An Ungeziefer aller Art ist im Orient Ueberfluss; ausser Wanzen und Läusen sind für den Reisenden namentlich die Flöhe eine Plage (S. 23). Mücken (Moskitos) sind in Palästina nicht besonders bösartig; auch die grossen Stechwespen und Hornissen, die zur Zeit Josua's bisweilen als Verbündete des Volkes Gottes auftreten (Jos. 24, 12 u. a. O.), sind wenig zu fürchten. Sehr nützlich sind heute noch ihre nächsten Verwandten, die Bienen. Man trifft ihre Nester noch wie früher oft in Felsspalten, züchtet aber auch viel zahme Bienen in Stöcken, namentlich in cylinderförmigen Thongefässen, deren man besonders im alten Galiläa viele sehen kann. Der Honig wird im Orient zum Versüssen vieler Speisen verwendet. Als Ersatz desselben dient der *dibs*, ein aus Trauben, Feigen oder andern Früchten eingekochter Syrup, der vielfach mit Brod genossen wird.

Eine grosse Plage für die Bauern sind die Heuschrecken, die oft ganze Ernten vernichten. In dichten Schwärmen aus Centralarabien kommend, werfen sie sich im Nu auf die Felder und fressen alles Grün, auch an Bäumen und Sträuchen kahl; wir kennen diese Plage schon aus dem Alterthum (Prophet Joël, II Mose 10 u. a.). Die Beduinen dörren die Heuschrecken, sammeln sie in Säcke, mischen ihnen Salz bei und verzehren sie roh oder geschmort (vergl. Matth. 3, 4); Verfasser kann bezeugen, dass sie gar nicht übel schmecken.

Käfer und Schmetterlinge übergehen wir, als wesentlich nur von Interesse für den Sammler, und nennen nur noch den Scorpion, der sich überall unter Steinen und selbst in Häusern findet: sein Stich ist niemals tödtlich, nur schmerzhaft (s. S. 23).

Aus den andern Klassen der niederen Thiere erwähnen wir nur beiläufig die oft recht hübschen Land- und Süsswasserschnecken, und von Meeresweichthieren die Purpurschnecke, die man noch am Strande von Tyrus findet (s. S. 368).

## III. Bevölkerung, Eintheilung und Namen des Landes zu verschiedenen Zeiten.

I. Die ältesten Bewohner (Autochthonen) des Landes *Kana'an* werden in der Bibel als Riesengeschlecht bezeichnet und zwar unter folgenden Namen: *Enakiter* (Josua 11, 21 ff.), *Rephaiter* (I Mose 14, 5; wurde später zur Bezeichnung sämmtlicher Urbewohner gebraucht); ferner nach V Mose 2: *Emiter*, *Susiter* oder *Samsummiter*, *Aviter* und *Horiter*. Reste dieser Bevölkerung erhielten sich bis in die Königszeit (II Sam. 21).

II. a) Als die Hebräer einwanderten, fanden sie bereits die *Kana'aniter* im Lande sesshaft. Der Name *Kana'an* ist von der Niederung im SW. auf das ganze Land diesseit des Jordan übertragen worden; das Ostjordanland heisst *Gilead* (im weiteren Sinne). Ethnographisch ist unter der Bezeichnung Kana'aniter selten ein einzelnes Volk (wie z. B. II Mose 3, 8) verstanden, sondern meist die Gesammtheit der Völker, welche I Mose 10, 15 ff. auf Kana'an als ihren Stammvater zurückgeführt werden. Nach Vers 6 a. a. O. waren die Kana'aniter Hamiten; in diesem Falle muss ein Sprachentausch angenommen werden, denn nach allen Spuren redeten sie eine dem Hebräischen verwandte Sprache (semitisch). Die kana'anitischen Völker waren den Hebräern in Cultur überlegen; sie bildeten eine Menge kleiner Staaten, die von Königen beherrscht wurden. Folgende Stämme werden genannt: 1) Die *Amoriter*, das mächtigste Volk der Kana'aniter; sie wohnten im südlichen Theile Kana'ans und hatten jenseit des Jordan zwei Reiche, das des Sichon zwischen Arnon und Jabbok (Wâdi Môdjib und Nahr ez-Zerḳa) und das des 'Ôg in Basan (im heutigen Ḥaurân); 2) die *Pheresiter* im späteren Samarien; 3) die *Chetiter*, in der Mitte und im Süden des Landes; 4) die *Heviter* in Sichem (Nâbulus) und weiter nördlich:

5) die *Jebusiter* um Jebus (Jerusalem) herum; 6) die *Girgesiter*, *Gerisiter* wahrscheinlich in der Mitte des Landes. — Nach der Bibel gehörten auch die Phönicier zu den Kana'anitern (vgl. S. 440).

b) Von den kana'anitischen Völkerschaften sondern sich die den Hebräern verwandten semitischen Stämme ab. Diese sind: 1) Die *Edomiter*, welche die Gegend der 'Araba (S. 310) bis zum Meerbusen von 'Aḳaba (Elat) inne hatten und besonders auf dem Gebirge Seïr, im W. der 'Araba, sassen. 2) Die *Moabiter*, am SO.-Ende des Todten Meeres. 3) Die *Ammoniter*, deren Gebiet ursprünglich zwischen Arnon und Jabbok lag; sie wurden jedoch von den Amoritern mehr nach Osten gedrängt. — Als Nachkomme Esau's wird in der Bibel auch das Wandervolk der *Amalekiter* hingestellt, welches S. von Palästina in der Wüste et-Tîh zeltete; wahrscheinlich waren die Amalekiter und *Midjaniter*, letztere im SO. gegen Arabien zu, arabische Wanderstämme, von deren räuberischen Einfällen öfters die Rede ist. Die grosse syrische Steppe wurde wohl seit unvordenklichen Zeiten von Beduinenstämmen durchzogen, von denen sich bisweilen einzelne Theile ablösten und sesshaft wurden. Wenn man annehmen will, dass sämmtliche Semiten ursprünglich solche Nomaden gewesen seien, so muss der Uebergang zum sesshaften Leben bei den Aramäern (Syrern, vergl. S. 86) sehr früh stattgefunden haben.

c) Die *Aramäer* hatten schon früh in Syrien Staaten gegründet. In der Bibel spielen die den Israeliten benachbarten Reiche Aram Dammesek (Damascus) und Aram Zoba, das im N. des ersteren (nach andern in Coelesyrien) lag, eine Rolle; Aramäer sassen auch im Libanon. Ferner finden wir kleinere aramäische Staaten am Hermon, z. B. Abel Maacha u. a. Wichtige Staaten der Aramäer lagen in Mesopotamien.

III. So wenig wir im Stande sind, die Grenzen aller unter II genannten Völker und Reiche genau zu ziehen, ebensowenig ist es möglich, die Gebiete der einzelnen israelitischen Stämme genau festzustellen. Die Aufgabe wird dadurch erschwert, dass die Wohnsitze der Stämme vielfach in einander übergriffen, und einzelne Stämme auch von andern absorbirt wurden; so kamen z. B. die Ortschaften des Stammes *Simeon*, welcher den südlichsten Theil von Palästina besetzt hatte, an Juda; ebenso Städte des Stammes *Dan*, welcher, aus seinen ursprünglichen Besitzungen NW. von Juda vertrieben, im äussersten N. des Landes neue Wohnsitze suchte.

Zur Bildung des getrennten Reiches *Juda* trat noch der Stamm *Benjamin*, der NO. vom Stamme Juda sass, hinzu. Weiter nördlich sass der mächtige Stamm *Ephraim*; dann *halb Manasse*, mehr westlich; *Issaschar* hatte die Ebene Jesreel inne und ein grosses Gebiet am Ufer des Jordan. Noch weiter im Norden sassen *Sebulon* und *Naphtali*, an der Meeresküste *Ascher*. Das nördliche Reich (Israel) umfasste ferner die Besitzungen der Israeliten im Ostjordanland. Doch hatten die Moabiter das nördlich von ihrem Lande gelegene Gebiet von *Ruben* zeitweilig im Besitz, und *Gad*, weiter nördlich, besonders aber *halb Manasse* in Basan konnten sich nur mit Mühe des Andringens fremder Völker erwehren.

Nach dem Exil verschwinden die alten Stammesunterschiede. Ein jüdischer Staat *(Judäa)*, zwar von schwankendem Umfange, bleibt nur im südlichen Theile des Landes bestehen; die *Idumäer* (Edom) dringen von S. vor. In die Mitte des Landes waren kuthäische Colonisten geführt worden; aus der Mischung derselben mit den Resten der früheren Bevölkerung gingen die *Samariter* hervor.

Nach der Zeit Alexanders des Grossen entstanden griechische Colonien selbst in Palästina: so Ptolemais ('Akka), Pella, Gerasa; an die Stelle der Midjaniter im Südosten Palästina's traten die *Nabatäer*, ein arabisches Volk.

IV. Zur Zeit Jesu war ganz Nordsyrien römische Provinz unter dem Namen *Syria* oder *Phoenice*. Palästina wird uns von Josephus als in vier Statthalterschaften (Tetrarchien) eingetheilt geschildert. Das Ostjordanland führte den Namen *Peraea* (das jenseitige) im weiteren Sinne; das eigentliche Peraea war die kleine Landschaft vom Fluss Arnon (Môdjib) bis zum Zerḳa; heute heisst dieser Landstrich Belḳâ. Nördlich von Peraea lag das Gebiet der *Decapolis* (10 Städte; Matth. 4, 25 u. a.) mit der westlich vom Jordan gelegenen Hauptstadt Scythopolis (heute Beisân); es reichte bis an den Fluss Hieromax (Yarmûk). Noch weiter nördlich lagen, an die Landschaft Damascene grenzend, die Gebiete: 1) *Gaulanitis* (heute Djôlân), jenseit des Sees von Tiberias am Jordan entlang bis zum Hermon; 2) weiter östlich *Basanitis* (Basan), ungefähr der heutigen Nuḳra entsprechend; 3) nördlich davon *Trachonitis*, das heutige Ledjâ; 4) *Auranitis*, das eigentliche Ḥaurângebirge und 5) *Ituraea*, über dessen Lage viel gestritten wird, das aber wahrscheinlich im heutigen Djêdûr zu suchen ist (vergl. S. 404).

Im Westjordanland war 1) die südlichste Provinz *Judäa*, einschliesslich Idumäa's; 2) nördlich von Sichem (Nâbulus) bis zum Nordrande der Ebene lag *Samaria;* 3) weiter nördlich die Landschaft *Galiläa* (die Bezeichnung *gelîl haggôyim* 'District der Heiden', Matth. 4, 15, wurde von einem kleinen District auf einen grösseren übertragen); dasselbe zerfiel in *Unter-Galiläa* (S.) und *Ober-Galiläa* (N.). Die Leute dieser Gegend waren verachtet; auch war ihre (aramäische) Sprache von der judäischen verschieden. Der Name *Palaestina*, welcher eigentlich bloss die philistäische Küstenebene bezeichnete, kommt in griech. und röm. Schriftstellern im Beginn unserer Zeitrechnung zur Bezeichnung des ganzen Landes diesseit des Jordan vor. In späterer Römerzeit theilte man Palästina in *Palaestina I, II, III;* das Ostjordanland hiess *Arabia*.

V. Die politische Einrichtung des *Königreichs Jerusalem* war ganz die der abendländischen Feudalstaaten. Die angesehensten Kronvasallen waren der Fürst von Antiochien, die Grafen von

Edessa und Tripolis, der Fürst von Tiberias, der Graf von Joppe und Ascalon und der Herr von Montroyal (Kerak im alten Moab).

VI. Die Araber nennen Syrien, worunter sie auch Palästina (Filistîn) begreifen, „*esch-Schâm*.“ Dieser Name bezeichnet eigentlich das 'links' gelegene Land, im Gegensatz zu el-Yemen, das 'rechts' gelegene Land (Südarabien). Bei den Türken hört man den Namen *Sûristân*. Die Türken theilten Syrien in fünf Gouvernements (Paschaliks): Aleppo, Tripolis, Damascus, Ṣâida (später 'Akka) und Palästina. Diese Eintheilung hat aber im Laufe der Jahrhunderte viele Veränderungen erlitten. Bis vor Kurzem war Syrien nur in zwei Grossgouvernements *(wilâyet)* mit den Hauptstädten Damascus und Aleppo getheilt. In neuester Zeit ist Jerusalem ebenfalls Sitz eines von der Pforte direct abhängigen Central-Gouverneurs *(wâli)* geworden und zwar in Folge des Versuches, die turbulenten Stämme jenseit des Jordan auf die Dauer zu pacificiren.

Nur von Palästina haben wir aus alter Zeit statistische Nachrichten. Nach IV Mose 1, 46 betrug die Zahl der waffenfähigen Mannschaft 603,550, nach IV Mose 26,51 601,730. Die Israeliten müssten also wenigstens mit einer Bevölkerung von $2^1/_2$ Millionen Menschen in Palästina eingewandert sein. Der Stamm Levi ist in diesen Zahlen noch nicht einmal einbegriffen. Nach II Sam. 24, 9 betrug die Zahl der waffenfähigen Männer 1,300,000 Mann, was auf eine Bevölkerung von 5 Millionen schliessen liesse.

Palästina hatte einen Flächeninhalt von circa 500 □Meilen, war also nicht so gross, wie das heutige Belgien (536 □Meilen). Während in der Schweiz circa 4000 Einwohner auf die □Meile kommen, wären in Palästina trotz seiner „Wüsten“ circa 10,000 auf die □Meile gekommen, nach der ersten Zählung 5000. Josephus übertreibt so sehr, dass nach ihm Galiläa allein mehr als 5 Millionen Einwohner gehabt hätte. Nach der S. 89 gegebenen Statistik leben jetzt auf dem Boden des alten Palästina höchstens 650,000 Seelen. Wenn wir die vormalige Bevölkerung als viermal so stark anschlagen, so erhalten wir ungefähr $2^1/_2$ Millionen Seelen und Palästina wäre immer noch stärker bevölkert gewesen, als die Schweiz heutzutage.

## IV. Zur Geschichte Palaestina's und Syriens.

### Chronologische Uebersicht.

Ueber die ältesten Zustände des Landes besitzen wir in der Bibel reiche Belehrung; wir haben jedoch die Angaben jüdischer Schriftsteller mit den gleichzeitigen ägyptischen (und assyrischen) Quellen, sowie auch mit den späteren Berichten der Griechen und Römer zu vergleichen.

1. Aus einem Lande am obern Tigris ist in einer Zeit, die wir nicht mehr bestimmen können, eine Völkerfamilie ausgewandert

und hat im nördlichen Mesopotamien nomadisirt. Hier sonderte sich ein Zweig von ihr ab, indem er stets südwestlich zog erst nach Ḥarrân; endlich führte nach der biblischen Ueberlieferung Abraham seine Familie nach Kana'an; damals ungefähr erhielt der Stamm den Namen Hebräer. In diese Zeit fällt der Feldzug des Königs Kedorlaomer von Elam und seiner Verbündeten (I Mose 14); wir erblicken darin eine historische Erinnerung an die Eroberungen, die damals von den Euphrat-Tiefländern ausgingen, zugleich eine höchst wichtige Beleuchtung der für uns ganz in Dunkel gehüllten damaligen Verhältnisse Syriens. Zu jener Zeit existirten in Palästina nur wenige Städte, wie ja auch die Ueberlieferung nur eine geringe Zahl von Ortschaften nennt, so Sichem, Hebron, Salem. Die damaligen Hebräer haben wir uns in Sitte und Lebensweise ähnlich den heutigen Beduinen, d. h. als nomadisirende Hirtenbevölkerung vorzustellen. Nach ihren eigenen Ueberlieferungen fühlten sie sich mit verschiedenen Völkern, die man heute unter dem Namen Semiten zusammenfasst, verwandt; die Stellung, welche dieser Volksstamm gegenüber den hamitischen (vorzugsweise ägyptischen) sowohl, als den japhetitischen Völkern hinsichtlich der Abstammung wie der Sprache einnimmt, ist eine bisher ungelöste Streitfrage der Wissenschaft. Die Hebräer gelangten frühzeitig zu einem reineren Gottesbegriff. Ihre eigenthümliche religiöse Anschauung stand im inneren Zusammenhange mit einem Nationalbewusstsein, kraft dessen sie sich auch über die ihnen benachbarten und verwandten Stämme, Edom im Süden, Moab im Südosten und Ammon im Osten, erhaben fühlten. Obgleich sie sich der zeitlichen Priorität des stammverwandten arabischen Volkes bewusst sind, betrachten sie dasselbe doch als illegitimen Sprössling, ihnen nicht ebenbürtig; Ismael, der Stammvater der Nordaraber, gilt ihnen als Sohn der Magd Abrahams. An das Eigenthumsrecht, welches die Patriarchen im Lande Kana'an hatten, besonders an den frühen Ankauf der Höhle Machpela (I Mos. 23), knüpfen sich später die Ansprüche, welche die Hebräer auf den Boden des gelobten Landes erhoben. Aber inzwischen wurde der kleine Stamm durch eine Hungersnoth genöthigt, die Gegenden des südlichen Palästina's mit denen des Landes Gosen in Nordägypten zu vertauschen. Solche Wanderungen kommen noch heute bei den dortigen Nomaden vor. Während ihres 430jährigen Aufenthaltes in Aegypten wuchsen die Israeliten zu einem grossen Volke heran. In Folge der Bedrückung, welche sie im Verlaufe der Zeit von den Pharaonen zu erdulden hatten, wanderten sie endlich unter der Anführung Mose's wieder von Aegypten aus.

II. Mit dem Auszuge aus Aegypten und der darauf folgenden Gesetzgebung am Sinaï beginnt die zweite, schon etwas durchsichtigere Periode der israelitischen Geschichte. Der Umfang der Gesetze, welche Mose dem Volke verkündete, war zwar nicht gerade gross, aber er genügte, um die Israeliten aus ihrem bisherigen

Wesen herauszuheben und die Grundlage zu einem wirklichen Staate zu legen. Dieser Staat aber ist eine Theokratie (Gottesherrschaft). Dadurch trennt sich das Volk von allen andern; es tritt ihm ein Specialgott Jahve (Jehova) in's Bewusstsein; dieser wird aber zugleich mehr und mehr als einziger Gott, als Herr auch über alle Andersgläubigen gedacht. Fortan bildet das Princip der Theokratie, dem zwar noch lange durch häufigen Rückfall zum Götzendienst Abbruch geschah, den Angelpunkt, um den sich alle höheren Bestrebungen der Israeliten drehen.

Nach Mose's Tode führt JOSUA die Israeliten nach Kana'an, welches damals unter eine Menge kleiner Stämme und Staaten vertheilt war (vgl. S. 57). Von den Kana'anitern bei Chorma im äussersten Süden des Landes zurückgeschlagen, verweilten die Israeliten nomadisirend ein Menschenalter in den Gegenden östlich vom Jordan. Hier überwanden sie die Häuptlinge der Amoriter und brachten Gilead und Basan (heute Belḳâ bis Ḥaurân) in ihre Gewalt. Die Stämme Ruben südlich und Gad nördlich, sowie halb Manasse blieben in dem eroberten Landstrich, eigentlich gegen die ursprüngliche Absicht der Heerführer, denn Kana'an, welches die Israeliten einnehmen sollten, war nur das Land westlich vom Jordan. Doch mussten diese Stämme erst bei der Eroberung des Landes mithelfen und überschritten daher mit den übrigen den Jordan. Die denkwürdige Eroberung von Jericho war die erste Errungenschaft auf diesseitigem Gebiet. Hierauf wurden die südlichen Kana'aniter bekriegt und theilweise ausgerottet, dann am Meromsee auch die Häuptlinge der nördlichen Kana'aniter, namentlich die Chaṣorener geschlagen. Aber wie diese kleinen kana'anitischen Staaten unter sich uneins waren, so fehlte es nach Josua's Tode auch den Israeliten an einheitlicher Leitung, und die Vertheilung des eroberten Gebietes war mit solchen Schwierigkeiten verknüpft, dass man es den einzelnen Stämmen überliess, das ihnen zugewiesene Gebiet auch einzunehmen. So streng mit den Kana'anitern verfahren wurde, so blieben doch viele derselben zwischen den Israeliten sesshaft, theils dienstpflichtig, theils aber auch sich mit den neuen Ankömmlingen vermischend. Der Süden des Landes fiel dem Stamme Juda zu, dem eifrigsten Vorkämpfer gegen die Kana'aniter; um ihn gruppirten sich im Süden Simeon, im Norden Benjamin. (Ueber die Eintheilung des Landes vergl. S. 57.) Dem Priesterstamme Levi wurden zerstreute Wohnsitze durch das ganze Land Kana'an hindurch angewiesen; ausserdem wurden auf dem Gebirgsrücken diesseit des Jordan und im Ostjordanland je drei Städte als Freistätten für Todtschläger bezeichnet. So reichte nun das Gebiet der Israeliten „von Dan" (im Norden am Fusse des Hermon) „bis Berseba" (im Süden gegen die Wüste).

III. Eine dritte, aber keineswegs tröstliche Periode der israelitischen Geschichte bildet die RICHTERZEIT. Nach dem Auszuge aus Aegypten und dem damit verbundenen geistigen und religiösen

Aufschwung konnten sich die Israeliten dem Beispiel der von ihnen unterjochten Stämme nicht entziehen, sondern die grosse Masse des Volkes verfiel fort und fort wieder dem Götzendienst. In Syrien war der Cultus des Ba'al (Sonnengott) und der Astarte, welche als Mondgöttin mit unsittlichem Cultus verehrt wurde, verbreitet; dem Götzen Moloch wurden Kinderopfer dargebracht. Auch der sogenannte Höhendienst, der früher bei den Hebräern verbreitet war, wurde von späteren Geschichtschreibern dem Götzendienst gleichgestellt. Der Zusammenhang der israelitischen Stämme wurde beständig lockerer, wenn auch zu Silo das Nationalheiligthum der Stiftshütte fortbestand; ja es kam bisweilen zu Fehden unter den einzelnen Stämmen, wie z. B. der blutige Kampf gegen Benjamin. Unter diesen Umständen war es natürlich, dass das Volk Israel von seinen Nachbarn vielfach angefochten und bedrängt wurde. Laut ägyptischen Berichten stand damals Syrien mehr oder weniger unter der Oberherrschaft der Pharaonen; aber diese liessen den einzelnen Ländern und Fürsten viel Spielraum. Wir blicken in eine rohe, wilde Zeit des allgemeinsten Faustrechts und immerwährender Fehden. Bisweilen ermannten sich die Israeliten oder wenigstens einzelne ihrer Stämme unter einem Anführer (Richter) und erwehrten sich der Fremdherrschaft auf einige Zeit: so wurden sie von der achtjährigen Herrschaft des Königs von Mesopotamien durch Othniel befreit. Hierauf fielen sie für 18 Jahre in die Hand der Moabiter, bis Ehud deren König ermordete und die Moabiter wieder über den Jordan zurücktrieb. Jabin, der König von Chaṣor in Nordpalästina, unterjochte einzelne Stämme von Israel 20 Jahre lang; die Erhebung derselben unter der Richterin Debora und dem Naphtaliten Barak führte diesmal die Befreiung herbei. Von Osten her unternahmen die Midjaniter Raubzüge. Oefters mussten sich während dieser Zeit die Israeliten in Höhlen und Schluchten zurückziehen, doch tritt immer wieder unter dem Volke von Zeit zu Zeit ein kräftiger, energischer Mann auf, so Gideon, Jephtah u. a.

Wiederum geriethen sodann die Israeliten in Bedrängniss durch die Ammoniter und Philister. Erstere wurden von Jephtah besiegt (Richter 11); letztere begannen damals, wahrscheinlich durch neuen Zuzug von aussen verstärkt (s. S. 326), sich mächtig zu rühren; sie wurden den im Süden wohnenden Stämmen Israel's bald furchtbar.

Für die Israeliten waren indess die Angriffe der Philister segensreich, insofern sie dadurch zu einer energischeren Consolidirung ihres Staatswesens gezwungen wurden, aber freilich erst nach manchen Niederlagen. In die Zeit dieser Kämpfe gehören auch die Heldenthaten Simson's. Noch unter Eli, dem letzten eigentlichen Richter, dauerte die Philisterherrschaft, namentlich im Süden des Landes fort; Eli's eigene Söhne fielen im Kampf gegen die Feinde. Derartiges Missgeschick wird von der Ueberlieferung stets auf den Götzendienst zurückgeführt. Erst dem Richter Samuel gelang es, das Volk zu sammeln, zum Kriege gegen die Philister anzuspornen und die alten theokratischen Einrichtungen, besonders durch Stiftung von Prophetenschulen, wieder zu kräftigen. Bald aber musste er dem Wunsche des Volkes nachgeben und einen politisch-militärischen Anführer einsetzen.

IV. Mit der Krönung Saul's beginnt die vierte Periode der israelitischen Geschichte, die glänzende Zeit des ungetheilten Königthums, die Zeit der Aufrichtung eines israelitischen Staates (nach gewöhnlicher Rechnung 1075—975 v. Chr.). Jedoch vollzog sich dieser Umschwung nicht ohne innere Kämpfe. Obwohl Saul mit grosser Tapferkeit die Ammoniter und Philister bekriegte, so trat er doch bald zu Samuel in ein so gespanntes Verhältniss, dass letzterer zu dem Entschluss kam, ihn zu verwerfen und einen andern an seiner Stelle zum König zu salben.

David tritt auf den Schauplatz; als Kriegshauptmann erregte er bald Saul's Neid und musste daher in das Gebirge fliehen, wo er eine Bande Freibeuter um sich sammelte. Mit diesen streifte er in Juda umher und wartete die Zeit ab, bis Saul von den Philistern am Berge Gilboa geschlagen wurde und umkam (circa 1055). Aber auch jetzt noch wurde David nicht allgemeiner König, sondern nur Fürst von Juda, wahrscheinlich in Abhängigkeit von den Philistern, denen damals fast ganz Palästina bis zum Jordan tributpflichtig war. Ueber das nördliche Reich (das spätere Israel) regierte Isboseth, der Sohn Saul's, unterstützt von seinem kräftigen Feldherrn Abner, der ihm das Reich von Machanaim aus zurückerobert hatte. Erst nach langjährigem Streite, nachdem Abner und Isboseth meuchlings ermordet worden waren, konnte David seine Herrschaft über alle israelitischen Stämme ausdehnen (um 1048).

Dank David's Energie kam das Land in seiner Machtstellung einen bedeutenden Schritt vorwärts, nach aussen und nach innen. Zuerst freilich musste der Boden Palästina's wie von neuem erkämpft und von den Fremden gereinigt werden. Die Stadt Jebus wurde den Jebusitern entrissen; auf dem Berge Zion gründete David eine Burg, das Centrum der künftigen Hauptstadt Jerusalem; hierauf befreite er durch die Schlacht im Thale Rephaim das Land von den Philistern und begann die Kana'aniter, welche noch im Lande wohnten, zu Dienstleistungen zu zwingen. Sodann demüthigte er die alten Feinde des Landes, die Moabiter und Edomiter, schlug die Syrer, welche den Ammonitern zu Hilfe gekommen waren, liess Rabba, die Hauptstadt der letzteren, belagern und nahm sie endlich ein. Nicht nur bis Damascus dehnte er seine Herrschaft aus, sondern selbst der syrische Fürst von Hamat wurde ihm tributpflichtig. In die unterworfenen Länder legte er Besatzungen; das Reich erlangte unter ihm seine grösste Ausdehnung bis zum „Eingang von Hamat“ im Norden und bis Thiphsach (Thapsacus) am Euphrat im Nordosten. Diese entfernten Punkte galten noch später als Idealgrenzen des israelitischen Staates

(Ezechiel 47, 25; IV Mose 34). Bald aber drohten David Gefahren von Innen. Sein Sohn Absalom veranstaltete eine Verschwörung gegen ihn, so dass er für eine Zeit lang ins Ostjordanland fliehen musste. Namentlich mit Hülfe Joab's, seines Feldhauptmannes, gelang es ihm, wieder siegreich in Jerusalem einzuziehen; aber noch einmal entbrannte der Aufruhr, denn schon damals hielten die nördlichen Landestheile gegen die südlichen, in denen der König seinen Sitz hatte, zusammen.

Trotz dieser vielen Kämpfe fällt doch der regste Aufschwung geistigen Lebens in diese Zeit. Der Hofstaat wurde allmählich so geordnet, wie man es von anderen Völkern, mit denen man nun in nähere Berührung kam, lernte. Man fing auch an stattlichere Gebäude aufzuführen. David veranstaltete ferner eine Zählung des Volkes und schuf sich ein stehendes Heer nebst Leibwachen. Auch eine bedeutende Kräftigung des Jahvecultus müssen wir uns von einem Könige ausgehend denken, der selbst an dem Aufschwunge der religiösen Lyrik grossen Antheil hatte. In diese Zeit des grossen ungetheilten Reiches fällt überhaupt erst die Ausbildung und Blüthe der althebräischen Literatur.

Die Regierung Salomo's (1015—975) war der Entfaltung nach Innen noch förderlicher. Während David nur erst die Bundeslade, das Nationalheiligthum, in die Nähe seiner Burg hatte führen lassen, baute Salomo einen grossen Tempel und herrliche Paläste; Jerusalem wurde befestigt. Der Verkehr mit den umwohnenden Völkern, namentlich mit Aegypten, wurde noch reger, und der Handel nahm einen grossartigen Aufschwung. In Folge davon aber trat auch unter Salomo der Cultus des Nationalgottes wieder etwas in den Hintergrund, obwohl auf der andern Seite das Ansehen der Priester im Steigen begriffen und ein gottesdienstliches Ceremoniel im grossen Styl eingerichtet worden war. Salomo gilt (wenigstens dem späteren Orient) als Muster eines weisen Regenten. Aber schon begann nach kurzer Glanzperiode auch der Verfall. Damascus riss sich los, Edom empörte sich und auch im Innern regte sich Zwietracht. Mit dem Tode Salomo's ging das Reich zu seinem grossen Schaden auseinander; es beginnt eine fünfte Epoche, die bis zur Eroberung durch eine fremde Macht hinabreicht (975—588).

V. Zur Hauptstadt des nördlichen Reiches wurde durch Jerobeam I. Sichem, dann Thirza, später durch Omri Samaria erhoben. Durch die öfters ausbrechende Zwietracht und Eifersucht zwischen den beiden Reichen und die sich wiederholenden inneren Wirren wurde auch fremden Mächten der Sieg erleichtert. Die Fürsten von Damascus unternahmen glückliche Feldzüge gegen das nördliche Reich; erst unter Jerobeam II. (824) bemächtigte sich Israel wieder der Oberherrschaft über die benachbarten syrischen Staaten. Aus dieser Zeit stammt das älteste erhaltene Denkmal in semitischer Schrift, die Säule des Königs Mesa von Moab (um 896). Während von manchen Fürsten der beiden Reiche, wie

z. B. durch den Einfluss der syrischen Prinzessin Isebel in Israel und ihrer Tochter Athalja in Juda der Cultus fremder Götter eifrig betrieben wurde, erhob sich anderseits die Theokratie immer wieder durch das Auftreten des erstarkenden Prophetenthums; unter anderen wirkten damals im nördlichen Reiche Elias und Elisa den Baalspriestern entgegen. Die Aussprüche der Propheten bewegen sich zwischen der Drohung des künftigen Strafgerichts und der Verheissung einer idealen Zukunft; sie dringen vor allem auf die sittliche Wiedergeburt des Volkes und eine dem entsprechende Politik, besonders auch im Verhältniss zu den fremden Völkern. Aber gerade als Juda sich wieder zu einigem Glanz erhoben hatte (Mitte des 8. Jahrh.), waren die Assyrer im Norden schon weit vorgedrungen, und der auf Jotham folgende König Ahas konnte sich nur mit ihrer Hülfe gegen das nördliche Reich Israel und Syrien schützen. Er, sowie sein Nachfolger Hiskia, zahlte den Assyrern Tribut. Das Reich Israel wurde im J. 722 zerstört und statt des nach Osten verpflanzten Volkes Colonisten ins Land geschickt, wie dies auch die gleichzeitigen assyrischen Denkmäler berichten. Um diese Zeit wirkte in dem noch unabhängig gebliebenen Reiche Juda der grösste aller Propheten, Jesaias; er suchte das Selbstvertrauen des Volkes zu heben und ihm nach dem unausbleiblichen Läuterungsgericht eine ideale glänzende Zukunft vor Augen zu stellen. Trotzdem ging Hiskia ein Bündniss mit Aegypten und Aethiopien ein, in Folge dessen Sanherib von Assyrien sich gegen beide wandte; die Eroberung Jerusalems wurde aber, wahrscheinlich durch den Ausbruch einer grossen Pest, vereitelt. Juda wurde nun der Spielball Assyriens und Aegyptens; auch Götzendienst fand wieder Eingang, bis unter Josia der Jahvecultus wieder in seiner Reinheit hergestellt wurde. Unter diesem Könige begann Jeremias als Prophet zu wirken. Im Jahre 599 endlich wurde das Reich Juda so gut wie zerstört und Nebukadnezar führte den König Jojachin nebst 10,000 Vornehmen (darunter auch den Propheten Ezechiel) nach Babylon. Ein Aufstand des letzten Königs Zedekīa endete mit der Zerstörung Jerusalems 588 und einer zweiten Wegführung des Volkes; viele Juden, darunter auch Jeremias, wanderten bald darauf nach Aegypten. Auf diese Weise war der alte jüdische Staat in allen seinen Theilen zu Grunde gegangen und eine neue Periode beginnt, zugleich eine Periode der Nachblüthe der hebräischen Literatur.

VI. Während des Exils wirkte ausser Ezechiel und Jeremias ein erhabener anonymer Prophet, der Verfasser von Jesaia Cap. 40—66, um sein Volk über das erlittene Missgeschick zu trösten. Im Jahre 538 gestattete Cyrus der Perser, nachdem er Babylon erobert hatte, den Juden die Rückkehr in ihre Heimath. Aus der Verbannung kehrten beinahe nur Angehörige des südlichen Reiches zurück, sodass von nun an hauptsächlich dieses den jüdischen Staat bildete. Der Bau des neuen Tempels, der lange Zeit von den Samaritanern hintertrieben wurde, kam besonders auf Betrieb der

Propheten Haggai und Sacharja zu Stande (516), aber freilich nicht mit der Prachtentfaltung des salomonischen Gebäudes; dagegen wurden die Ueberbleibsel alter Ueberlieferung durch Esra gerettet und gesammelt und durch Nehemia der Cultus von neuem in feste Formen gebracht. Die Samaritaner jedoch bauten sich später ein besonderes Heiligthum auf dem Berge Garizim.

Es folgte eine Periode innerer Ruhe, bis im Jahre 332 die Macedonische Herrschaft begann und nach Alexander's Tode Palästina der Schauplatz der Kriege zwischen seinen Nachfolgern, den Diadochen, wurde. Schon vor der gewaltigen Umwälzung, welche durch den Kriegszug Alexander's im Orient stattfand, hatte sich griechischer Einfluss, wenigstens an der Küste Syriens, fühlbar gemacht; nun wurden Militärcolonien und griechische Städte im Innern des Landes gegründet. Um diese Zeit begann die aramäische Sprache allmählich die hebräische zu verdrängen, doch hielt sich die Kenntniss der letzteren besonders in den Kreisen der Priester noch lange. Auch die griechische Sprache verbreitete sich, besonders durch den Einfluss der jüdischen Schulen in Aegypten; dort wurden auch nach und nach die heiligen Bücher ins Griechische übersetzt. Es bildete sich unter den Juden eine dem Griechenthum gewogene Partei, die schliesslich durch den Hohenpriester Jason zur Herrschaft gebracht wurde. In Folge davon entbrannte ein heftiger Kampf und der König Antiochus Epiphanes züchtigte die Juden mit grosser Strenge. Namentlich die Entweihung des Tempels hatte diese so zur Verzweiflung gebracht, dass sie zum Schwert griffen. An die Spitze des Aufstandes stellte sich der heldenmüthige Priester Mattathias; aber erst sein Sohn Judas Makkabi schlug in harten Kämpfen die Syrer entscheidend und stellte den Gottesdienst wieder her. Unter der Regierung des makkabäischen Hauses (Hasmonäer seit 166) folgte nun eine einigermassen glückliche Zeit nationaler Selbständigkeit für die Juden, und Judäa gewann sogar unter Johannes Hyrcanus (Mitte des zweiten Jahrh.) durch Eroberungen eine ansehnliche Ausdehnung. An der Spitze des theokratischen Staates stand ein Hoherpriester mit politischen Befugnissen. Die Unabhängigkeit wurde erst im Jahre 63 durch Einmischung der Römer in die Streitigkeiten der Hasmonäer gestört; Pompejus eroberte Jerusalem.

VII. Der Hasmonäer Hyrkan II. regierte von nun an unter römischer Oberhoheit. Seine politischen Befugnisse wurden verringert und neben ihm leiteten der Idumäer Antipater, später dessen Söhne Phasael und Herodes den Staat. Im Jahre 40 v. Chr. plünderten die Parther Syrien und Palästina. Herodes wusste sich in den Wirren der damaligen Zeit die Herrschaft über Judäa von den Römern zu verschaffen; aber erst im Jahre 37 konnte er, nachdem er Jerusalem erobert hatte, seine Herrschaft definitiv antreten. Er schloss sich eng an die Römer an und liess herrliche Bauten nach römischem Styl aufführen; auch den Tempel liess er umbauen. Aber die

5*

gesetzestreuen Juden, die namentlich durch die Partei der Pharisäer repräsentirt wurden, fühlten den Druck weltlicher Herrschaft und die Einmischung nichtnationaler Elemente um so schwerer.

Im Jahre 2 vor Beginn der christlichen Aera starb Herodes der Grosse; noch unter seiner Regierung wurde Jesus geboren. Die Länder des Herodes wurden getheilt: Philippus erhielt die Haurângegenden, Herodes Antipas Galiläa und Peräa, Archelaus Samarien, Judäa und Idumäa; im Jahre 6 n. Chr. wurde das Gebiet des letzteren zur römischen Provinz Syrien geschlagen, erhielt aber eigene Procuratoren. Seit dieser Zeit stand die Partei der nationalgesinnten Juden der Fremdherrschaft um so schroffer gegenüber. Bauend auf die Weissagungen der Propheten von einem idealen Staat, in welchem sie aufs neue selbständig sein würden, erwarteten sie, dass der Messias eine politische Rolle spielen würde, während Jesus nur ein Gottesreich auf Erden stiften wollte. Der aufgereizten Judenmenge musste sich auch der römische Landpfleger Pilatus beugen und die Vollziehung ihres Urtheils verfügen. Die Macht der inländischen Fürsten, wie der Herodes Agrippa I. und II., war mehr eine Scheinmacht gegenüber dem zunehmenden Einfluss der römischen Landpfleger. Endlich brach, in Folge der Verwaltung des Gessius Florus, der nationale Aufstand aus und entbrannte mit zügelloser Wuth; in Jerusalem selbst herrschten Parteiungen und Titus eroberte endlich die Stadt (70); der Tempel wurde zerstört, viele Juden getödtet. Trotzdem dass ein Theil des Volkes zerstreut, der im Lande bleibende aber ganz ohnmächtig war, flammte die Wuth gegen die Unterdrücker doch noch einmal auf. Simon genannt Bar Kochba, von dem berühmten Rabbi ben Akiba als Messias anerkannt, führte einige Jahre hindurch Krieg gegen die Römer; nach 3½jähriger Dauer (132—135) wurde der Aufstand von diesen gedämpft und nun auch der letzte Rest des Judenstaates zerstört; Jerusalem wurde römische Colonie, den Juden aber der Zutritt zu derselben untersagt. — Bis in diese letzten Jahrhunderte hinein und noch weiter setzte sich jedoch die *Literatur* des jüdischen Volkes fort. Die Schulgelehrsamkeit, welche bis dahin im Anschluss an das geschriebene Gesetz mündlich überliefert worden war, blühte noch immer und wurde nun, nach der Zerstreuung des Volkes, auch schriftlich niedergelegt; so entstand der *Talmud*. Auf der andern Seite schloss sich die keimende Literatur der ersten Christengemeinden an. In Nordsyrien waren die Heidenchristen, in Palästina die Judenchristen vorherrschend; von der alexandrinischen Schule aus verbreitete sich im 2. Jahrh. der sog. Gnosticismus, der mit griechischer Philosophie durch und durch versetzt war.

In Syrien war und blieb seit der griechischen Zeit Antiochien die wichtigste Stadt. Sie war von Seleukus Nikator zum Andenken an seinen Vater gegründet worden; Damascus blühte daneben als Hauptsitz des Karawanenhandels. In ganz Syrien wurde Aramäisch, ein dem Hebräischen nahestehender Dialect gesprochen, obgleich auch griechische Sprache und Cultur sich immer mehr einzubürgern wussten. Unter griechischem, später römischem Einfluss erhoben sich überall die herrlichsten Prachtbauten, sogar in den entlegensten Gegenden. Im Anfang unserer Zeitrechnung schwang sich besonders Palmyra zu hohem Glanze empor; es wurde eine Zeit lang Hauptstadt eines glänzenden selbständigen Reichs, und seine Baudenkmäler aus späterer Römerzeit sind jetzt noch Zeugen seiner alten Pracht. Obschon römischer Einfluss in Syrien Boden gewann und viele römische Colonialstädte gegründet wurden, so verschwanden doch grösstentheils mit dem Beginn der Araberherrschaft die römischen Namen, und die alten semitischen, z. B. ʿAkka statt Ptolemais, traten wieder an ihre Stelle: ein Beweis, dass der Einfluss der Cultur des Occidents kein allzu tiefgreifender war.

VIII. Das ganze christliche Syrien mit seiner blühenden Cultur wurde im Jahre 611 (Palästina 614) von dem Perserkönig Chosroes dem oströmischen Reiche auf die Dauer von zehn Jahren entrissen; bald darauf erwuchsen aber den byzantinischen Kaisern viel schlimmere Feinde in den Arabern. Arabische Wanderstämme hatten seit unvordenklicher Zeit die grosse syrische Wüste bis nach Mesopotamien durchzogen (vgl. S. 58). In den ersten Jahrhunderten unserer Zeitrechnung hatte in Arabien eine grosse Bewegung unter den verschiedenen Stämmen stattgefunden, Vorzeichen der baldigen grossen Expansion. Durch einen Dammbruch in Südarabien und durch Kriege veranlasst, hatten sich Stämme aus Südarabien (Yemen) nach Norden gedrängt, um sich dort eine neue Heimath zu suchen. Diese Südaraber (*Yoktaniden* oder *Kaḥtaniden*) waren ein Volk, das sich schon im Alterthum zu bedeutender Cultur emporgeschwungen hatte. Sie setzten sich nun in Syrien fest, namentlich im Ḥaurân. Ihnen gegenüber standen die eigentlichen Nomadenstämme Nordarabiens (*Ismaʿeliten*). Der Gegensatz zwischen beiden spielt fast noch bis in die neuere Zeit hinein in den blutigen Partei-Fehden der *Kaisiten* und *Yemeniten*. In den letzten Jahrhunderten vor dem Islâm hatten die Araber überall, am Euphrat so gut wie in Syrien (speciell im Ḥaurân) sich in die Politik der Byzantiner eingedrängt; aber erst jetzt wurden sie dem schwachen Byzanz gefährlich, weil sie vereinigt auftraten. Der Mann, welcher diese Einigung der getrennten Stämme zu Stande brachte und durch seine Lehre zu jenen wunderbar erfolgreichen Feldzügen der Araber den Anstoss gab, war Moḥammed (s. S. 94). Freilich war die Hoffnung auf reiche Beute bei den meisten sicher ebenso stark, wie die religiöse Begeisterung. Schon bei Beginn der Regierung des zweiten Chalifen, *ʿOmar*, dessen politische Energie zum mindesten ebensoviel zur Consolidirung eines arabischen Staates beigetragen hat, als die „Offenbarungen" des Propheten, wurde (634) durch die blutige Schlacht am Hieromyces (Yarmûk) Syrien geöffnet und bald darauf (Anfang 635) durch die Feldherrn Châlid und Abu ʿUbeida Damascus erobert.

Binnen kurzer Zeit verloren die Byzantiner ganz Syrien bis Aleppo; 'Omar selbst war bei der Capitulation des auch den Muslimen heiligen Jerusalem gegenwärtig. Caesarea hielt sich längere Zeit tapfer; als aber die siegreichen Heere der Araber aus dem Stromland des Euphrat über Nisibis denen Vordersyriens die Hand reichten, war es mit der Herrschaft der Byzantiner in Syrien zu Ende. Die Christen wurden um den Preis der jährlichen Kopfsteuer am Leben gelassen, aber manche ihrer Kirchen in Moscheen verwandelt. In vielen Ortschaften wurden nun arabische Militärcolonien angesiedelt. Die glänzendste Zeit brach für Syrien nach der Ermordung des vierten Chalifen, *'Ali* (des Schwiegersohns des Propheten) an. Es war nämlich in Arabien eine Reaction der mekkanischen Aristokratie gegen die neuen aus unbedeutenden Familien entsprossenen Emporkömmlinge eingetreten, eine rein politische Bewegung; denn erst nach den namenlosen Erfolgen der muslimischen Waffen hatten die Landsleute Moḥammed's die Tragweite der neuen Religion erkannt. An 'Ali als dem rechtmässigen Statthalter des Propheten hingen jedoch viele Gläubige und verwarfen sogar die drei ersten Chalifen; die bis heute in Persien fortbestehende grosse Secte der *Schî'iten* (S. 103) nahm von dieser Parteiung ihren Anfang. Ausserdem mischte sich auch der Nationalhass ein, und blutige Kämpfe begannen. Die mekkanischen Aristokraten siegten jedoch über 'Ali und nun wurde der Sitz des Chalifats durch *Mu'âwiya* von Medîna nach Damaskus verlegt, da dieses besser im Mittelpunkt aller Eroberungen lag und Einheit des Reichs durchaus nöthig erschien. Mu'âwiya gelang es, seinen Nachkommen, den *'Omayyaden*, die Erbschaft des Chalifats zu sichern; unter ihnen waren eine ganze Reihe höchst fähiger und thatkräftiger Herrscher. Schon unter Mu'âwiya selbst drangen die begabten Feldherren der Muslimen bis Indien und Centralasien, bis zum atlantischen Ocean und bis gegen Constantinopel vor. Aber die alte Einfachheit war geschwunden; es gab ein grosses Königreich, eine Despotie mit einem immer glänzenderen Hofstaat; die Prachtliebe begann sich auch in künstlerischen Bauten auszusprechen. In diese Zeit fällt zugleich das goldene Zeitalter der arabischen Literatur. Die stricte Befolgung der Lehren Moḥammed's war freilich schon bei den 'Omayyaden mehr eine äusserliche; die Religion ging bei ihnen wesentlich in der Politik unter.

Die Reaction blieb nicht aus; der Punkt, an welchem sie zuerst zum Vorschein kam, war Persien. Religiöse Vorwände boten den Anlass zu Intriguen gegen die 'Omayyaden; die neue Dynastie der *'Abbasiden*, ebenfalls aus Mekka gebürtig, benutzte alle Mittel, um die Oberhand zu gewinnen, und erreichte ihren Zweck durch die scheussliche Ermordung ihrer Vorgänger (750). Der Schwerpunkt des Reiches wurde nun in das Stromland des Euphrat und Tigris verlegt. Wie schon unter einzelnen 'Omayyaden, so wurde Syrien Jahrhunderte hindurch immer mehr der Schauplatz widrigster Parteikämpfe; neben den Rivalitäten einzelner Herrscher standen auch Secten auf, die sich gegen die Ordnung der Dinge, theilweise in ganz communistischer Weise, auflehnten. Die politische Geschichte der arabischen Herrscher jener Jahrhunderte bietet ausser fortwährenden Kriegen und unaufhörlichen inneren Zwistigkeiten nur eine ununterbrochene Folge von Intriguen und Mordthaten. Doch entwickelte sich nun, namentlich zur Zeit Harûn er-Raschîd's, die strengere Wissenschaft bei den Arabern. Eine Menge gelehrter Schulen wurden in Syrien, namentlich in Damascus gegründet. Die Werke griechischer Philosophen erhielt man aus der Hand der Syrer, deren Literatur, aus nachchristlicher Zeit stammend, noch lange selbst unter muslimischer Herrschaft fortblühte. Auch die Medicin, Astronomie und Mathematik kam den Arabern mittelbar oder unmittelbar von den Griechen; Originelles haben sie in wissenschaftlicher Beziehung wenig geleistet. Selbst in Bezug auf die Behandlung der Grammatik ihrer Sprache, die sie mit grosser Feinheit ausbildeten, haben Perser das Hauptverdienst. Viele dieser wissenschaftlichen Bestrebungen knüpften sich an den Korân und dessen Erklärung; auch mit der Sammlung der mündlichen Aussprüche Moḥammed's befasste man sich aufs angelegentlichste. Aber alle diese Wissenschaften wurden, wenigstens von den Arabern selbst, meistens mehr in die Breite als in die Tiefe entwickelt; zu einer pragmatischen Geschichtserzählung z. B. haben es die Araber nie gebracht, sondern immer bloss die Ueberlieferungen gesammelt und aneinandergereiht. So schwoll die Literatur der Araber bald ins Ungeheure an, besonders überwogen Theologie und die damit verbundene Jurisprudenz. Noch bis auf den heutigen Tag werden Bücher in der Weise dieser alten Literatur, in derselben Sprache und oft auch mit demselben Schwulst verfasst. Der oberflächliche, der Sprache unkundige Reisende, der nur mit Dragomanen oder höchstens noch Maulthiertreibern zusammenkommmt, ahnt nichts von dem Vorhandensein geistigen Lebens; wir können ihn aber aus langjähriger Erfahrung versichern, dass solches auch heute noch existirt. Die Buchdruckerkunst, welche eigentlich erst seit Beginn unseres Jahrhunderts im Orient Eingang gefunden hat, trägt sehr viel zur Verbreitung von Bildung bei; in Syrien sind es namentlich die Pressen von Beirût, in Aegypten die grosse Presse von Bulaḳ, die einen grossen Einfluss ausüben; wir führen z. B. an, dass ein umfangreiches und verhältnissmässig kostspieliges Werk, enthaltend die Traditionen Moḥammed's, binnen 25 Jahren in mehr als 7000 Exemplaren von Cairo aus verbreitet worden ist.

Mehr und mehr ging durch die inneren Streitigkeiten die Einheit des Chalifats verloren. Auch in Syrien erhoben sich Nebendynastien in grösserer oder geringerer Unabhängigkeit. So bemächtigten sich die *Hamdaniden* von Mosul aus (wo sie Vorkämpfer gegen die Kurden waren) Nordsyriens und residirten längere Zeit in Aleppo; dort herrschte u. a. von 944 an der höchst glänzende Fürst

*Seif ed-daule*, während die Chalîfen in Bagdad immer machtloser wurden. Ein starker Schutz gegen die immer wieder andringenden Griechen that der Grenze noth. In Damascus waren damals die Beherrscher von Aegypten, die *Fâtimiden* mächtig, und bei den grossen Umwälzungen in der zweiten Hälfte des zehnten Jahrhunderts eroberten sie ganz Syrien. Besonders wichtig für Syrien war die Regierung des Fâtimidischen Herrschers *Ḥâkim biamr illah* (von 996 an). Schon von Anfang an hatten die Fâtimiden sich in Gegensatz zum Islâm gestellt; bei Ḥâkim arteten unverstandene Philosopheme zur Tollheit aus (die Secte der Drusen betrachtet ihn noch heute als Verkörperung der Gottheit; vgl. S. 104). In Nordsyrien waren gegen Ende des elften Jahrhunderts die *Okeiliden* und *Mirdasiden* mächtig, bis sie 1086 durch die *Seldjukiden* vertrieben wurden. Diese waren die Oberhäupter nomadisirender Türkenstämme, welche hier zum erstenmal als Eroberer in Vorderasien auftreten. An einigen Punkten Syriens waren die *Assassinen* (S. 104) mächtig, eine Secte, die vor keiner Mordthat zurückschrak; sie hatten sogar eine Anzahl von Festungen in Händen. Auch Nizâm el-mulk, der grosse Wezîr des allmächtigen Seldjukiden *Malekschah* (1072—1092), wurde von ihnen ermordet. Nach Malekschah's Tode wurde das Reich der Seldjuken getheilt; ein Zweig setzte sich in Damascus, ein anderer in Aleppo fest.

IX. Diese grenzenlose Unordnung im Innern des Reiches verhalf dem Häuflein der Kreuzfahrer zu seinen Erfolgen. Balduin konnte Nordsyrien bis Mesopotamien unterwerfen, Boëmund 1098 Antiochien erobern; Damascus konnten sie jedoch nie in ihre Gewalt bringen. Doch auch unter den Christen war viel Streit und Eifersucht; die Begeisterung für die heilige Sache erkaltete bald und auch hier traten politische Interessen in den Vordergrund. Die Muslimen wurden erst nach der Eroberung Jerusalems (15. Juli 1099) auf die Gefahr aufmerksam, die ihnen von Seiten der Kreuzfahrer drohte. Aber die Eifersucht der muslimischen Herrscher gestattete den Christen noch längere Zeit, obschon mit wechselndem Glück, sich in Edessa, an der Mittelmeerküste und in Palästina zu halten. Auf *Gottfried von Bouillon*, den ersten König von Jerusalem († 1100), folgte *Balduin I.*, sein Bruder. Der Antritt der Regierung seines Nachfolgers *Balduin II.* (1118) bezeichnet ungefähr den Höhepunkt der abendländischen Eroberungen im Osten und trifft zugleich mit der Stiftung jener beiden geistlichen Orden zusammen, welche so viel für die Vertheidigung des Christenthums im Orient zu thun bestimmt waren, der *Johanniter* und der *Templer*.

Aber schon vom Jahr 1136 an wurde der Fortschritt der Franken durch die Feindseligkeiten des kühnen Emîr *Zenghi* beeinträchtigt. In Nordsyrien suchte der byzantinische Kaiser Johannes noch einmal sowohl gegen Muslimen als Christen zu interveniren, musste sich aber zurückziehen, worauf auch Edessa an Zenghi überging

(1144). Zenghi starb als Beherrscher von Mosul, Mesopotamien und eines grossen Theils von Syrien; das Fürstenthum Aleppo hinterliess er seinem Sohn *Nûreddîn*. Als dieser Edessa zum zweitenmal wiedereroberte (1146), rief dies den zweiten Kreuzzug hervor (1147—1149). Die Franken richteten jedoch nichts aus; die Eroberung von Damascus wurde durch morgenländische Christen hintertrieben. Nûreddin nahm den Franken immer mehr von ihren Besitzungen ab und brachte auch Damascus, das bis dahin einer anderen Dynastie gehört hatte, in seine Gewalt. In Aegypten intervenirte er 1163 durch seinen General Schirkuh, dem der Kurde *Salâḥeddîn* (Saladin) beigegeben war. Dieser kräftige Mann wusste sich bald zum Herrn von Aegypten zu machen; nach Nûreddin's Tode 1173 benutzte er die Streitigkeiten in Syrien, um auch dieses zu erobern, und wurde so der gefährlichste Feind der fränkischen Enclave. Der Bruch des Waffenstillstands durch den schwachen König von Jerusalem Guido von Lusignan führte schliesslich zum Kriege; in der Schlacht bei Ḥattin (S. 381) brachte Saladin den Franken eine grosse Niederlage bei (1187), worauf ihm ganz Palästina in die Hände fiel; doch zeigte er sich mild gegen die Christen. Der Fall Jerusalems rief im Abendlande eine solche Erregung hervor, dass ein dritter Kreuzzug sich auf den Weg machte. Der den Zug leitende deutsche Kaiser Friedrich I. ertrank schon in Cilicien. Die Stadt 'Akka (St. Jean d'Acre) wurde nun zwar, namentlich mit Hülfe der zu Schiffe herbeigekommenen französischen und englischen Kreuzfahrer, lange belagert und endlich 1191 erobert, aber Streitigkeiten zwischen den Kreuzfahrern, besonders zwischen Richard Löwenherz von England und Philipp August von Frankreich, vereitelten die Eroberung von Jerusalem. Trotz aller persönlichen Heldenthaten des englischen Königs wurde im Frieden mit Saladin nur der Besitz des schmalen Küstengebietes und die Erlaubniss für die Pilger, Jerusalem zu besuchen, erreicht. Bald nach dem Abzug der Franken starb Saladin; sein Reich zerfiel, nur Melik el 'Adil setzte den Franken noch hart zu. Ein vierter Kreuzzug 1204 verlief ebenso nutzlos für die Stellung der Franken in Palästina wie der dritte; an diesen Zügen nahmen die italienischen Städte Pisa, Genua und Venedig ihrer Handelsinteressen wegen lebhaften Antheil. Auch der fünfte Kreuzzug, der des Königs Andreas von Ungarn, hatte keinen Erfolg (1217). Erst durch eine merkwürdige politische Conjunctur hatte der Kaiser Friedrich II., der vom Papst zu einem Kreuzzug gezwungene Ketzer, das Glück, Jerusalem vertragsweise auf zehn Jahre abgetreten zu erhalten (1229). Unaufhörlich war damals Syrien der Tummelplatz der kleinen arabischen Fürsten, besonders der *Eyyubiden*. Noch einmal versuchte ein französisches Kreuzheer in Palästina etwas auszurichten (1240), das Unternehmen misslang aber gänzlich. Der letzte von Ludwig dem Heiligen 1248 angeführte Kreuzzug verlief ebenso resultatlos.

Inzwischen war in Syrien ein ganz neuer Feind auf den Schauplatz getreten. Banden aus Mittelasien verheerten Syrien schon von 1240 an, und setzten sich schliesslich in Nordsyrien fest, wurden aber durch die immerwährenden dynastischen Kriege bis nach Jerusalem versprengt, wo sie gegen alles Christliche wütheten. Sie nahmen bald bei diesem, bald bei jenem Fürsten Dienste, wie denn die Gewohnheit schon seit Jahrhunderten verbreitet war, dass die Fürsten sich eine Leibwache theilweise aus gekauften Sclaven, besonders türkischer Abkunft hielten. Diese rissen nun in Aegypten die Herrschaft an sich; Eibek, der erste Gründer einer Mamluken-Dynastie, hatte um den Besitz von Syrien manche Kämpfe mit Nâṣir, dem Eyyubiden-Fürsten von Nordsyrien zu bestehen. Nun aber wurden die *Mongolen* immer drohender; dem Chalîfenreich in Bagdad hatten sie längst ein Ende gemacht und richteten nun ihre Züge gegen Nâṣir. Hûlagû nahm Aleppo (Haleb) ein (1260) und zog darauf fast ohne Kampf mordend und plündernd durch Syrien. Damascus wurde verschont, weil es sich ergab. Aber an der Grenze Aegyptens musste Hûlagû umkehren, und der Mamlukensultan Kotuz eroberte mit Hülfe seines berühmten Feldherrn *Bibars* fast ganz Syrien von den Mongolen zurück, worauf letzterer ihn von der Herrschaft verdrängte und durch alle Mittel seine eigene Autorität über beide Länder behauptete, trotz der wiederholten Raubzüge der Mongolenhorden. Auch die Ueberreste fränkischer Herrschaft in Syrien beunruhigte er, weil sie es mit den Mongolen gehalten hatten. Er eroberte Caesarea und Arsûf 1265, Safed und Yâfa 1266, Antiochien 1268, und setzte auch den Assassinen in Syrien hart zu; kein Jahr verging, ohne dass er einen Kriegszug in eigener Person leitete; noch jetzt sieht man seinen Namen an vielen Thürmen und Befestigungen in Syrien. Bibars starb 1277; sein schwacher Sohn wurde von dem Emîr *Kilawun* 1279 entthront. Auch von diesem glänzenden Fürsten finden wir noch viele Monumente in Syrien, das er mit Waffengewalt behauptete. Das Gebiet der Franken in Palästina verringerte er derart, dass ihnen nur noch wenige Küstenstädte blieben, bis sie endlich 1291 nach der Erstürmung ʿAkka's ganz aus Palästina vertrieben wurden.

Nach dieser Zeit finden wir in der Geschichte Syriens wenig mehr, was unseres Interesses würdig wäre. Die Kämpfe der Mamluken, oder, von 1382 an, der Tscherkessischen Sultane, der einheimischen Fürsten und Statthalter der Mongolen, besonders der Ilchane von Persien wiederholen sich fortwährend, ohne dass, wenigstens mit geringen Ausnahmen, unter ihnen bedeutendere Männer hervortreten; die Geschichte der Mamluken gehört zu der Aegyptens. Ebenso hört die eigentliche Geschichte Syriens auf, da es nun nie mehr selbständig in den Gang der Weltereignisse eingriff, nie mehr zu irgend welcher Blüthe kam. Durch den grossen Raubzug der Mongolen unter *Timûr* (1400) wurde der traurige Zustand Syriens noch verschlimmert, eine unendliche Anzahl von Menschen wurde hingemordet. Viele Gelehrte und Künstler, unter ihnen auch die Damascener Waffenschmiede, wurden nach Samarkand abgeführt.

X. Im Jahre 1516 brach der Krieg zwischen den OSMANEN und den Mamluken los. Nördlich von Aleppo wurden die letzteren von Sultan Selîm geschlagen. Ganz Syrien wurde von den Osmanen erobert und seitdem ist das Schicksal des Landes mit dem der osmanischen Dynastie eng verkettet gewesen. Die Sultane machen den Anspruch die Nachfolger der Chalifen zu sein, d. h. sie halten den Schein des alten theokratischen Staates aufrecht. Als die erste Blüthe der Osmanen jedoch vorüber war, zeigte sich bald die Inferiorität der türkischen Race gegenüber der arabischen. Die Regierung ist noch heute dieselbe, wie sie unter Selîm war, dieselbe schablonenmässige Verwaltung durch schnell wechselnde Pascha's herrscht heute noch.

Napoleon I., von Aegypten kommend, nahm 1799 Yâfa und belagerte 'Akka; er lieferte auf der Ebene Jesreel den Türken eine Schlacht und gelangte bis Ṣafed und Nazareth. Erst in unserm Jahrhundert hat Syrien wieder einige bessere Tage gesehen, seitdem Sultan Maḥmûd (1809—1839) mit Reformen vorging. Es wurde ein wirklicher Beamtenstand geschaffen, das Milizwesen nach europäischem Muster eingerichtet etc. Erst in neuester Zeit sucht man auch Elementarschulen *(medrese ruschdiye)* ins Leben zu rufen, doch fehlt es natürlicherweise sehr an Lehrern.

In Palästina gab 'Abdallah Pascha, der Sohn des berüchtigten Emporkömmlings Djezzâr Pascha, der sich fast unabhängig gemacht hatte, dem kräftigen Beherrscher Aegyptens *Moḥammed 'Ali* Vorwand zu einer bewaffneten Intervention (1831). Der letztere hatte auch Verbindungen mit dem Fürsten des Drusengebietes, dem Emîr Beschîr (S. 477). Mit dessen Hülfe nahm der tüchtige schon in Arabien erprobte General Ibrâhîm Pascha, der Sohn Moḥammed 'Ali's, erst 'Akka, dann Damascus ein, schlug mit seiner mehr fränkisch organisirten Armee die Türken bei Ḥômṣ und bei Beilan (in Nordsyrien) und trug seine Waffen sogar über Syrien hinaus. Es wäre ihm noch Grösseres gelungen, denn er setzte seinen Marsch gegen Constantinopel fort, wenn nicht die europäischen Mächte, namentlich Russland, den Frieden vermittelt hätten. Die ägyptische Herrschaft leistete für Syrien freilich auch nicht, was sie versprochen hatte, sondern war in Bezug auf Steuern und Conscription nicht gelinder, als die türkische. Im Grossen darf man an dem guten Willen Moḥammed 'Ali's nicht zweifeln; aber seine Massregeln waren nicht stets die richtigen und es war in ihm, dem Emporkömmling, eine ächt tyrannische Ader, welche in Syrien böses Blut machte. Schon im Jahre 1834 brach in Palästina ein Aufstand gegen ihn los, der aber noch unterdrückt wurde; die Drusen und Beduinen jedoch konnten nicht zu Paaren getrieben werden. Noch einmal gewann Ibrâhîm Pascha bei Nisib einen glänzenden Sieg über die Türken 1839; im Lager der letzteren war damals auch General Moltke zugegen. Aber in Syrien regte sich die Unzufriedenheit in Folge der grossen Lasten, welche das Land zu tragen hatte, immer mehr; 1840 erhob sich der Libanon, und nun gab auch die französische Regierung die Protection Moḥammed 'Ali's auf. Die etwas lahm geleitete Intervention Englands und Oesterreichs eroberte dem Sultan 'Abdul-Medjid 1840 Syrien endlich wieder zurück; die Beschiessung und Eroberung 'Akka's durch Napier gab den Ausschlag. Syrien kam wieder unter türkische Herrschaft.

Zwischen den einzelnen Parteien und Religionsgemeinschaften mehr oder weniger geschickt balancirend, regierten und regieren nun die Türken weiter. Nur noch eine letzte Episode ist zu verzeichnen: der Aufstand von 1860, bei welchem auf Anstiften der türkischen Gewalthaber die Drusen im Libanon und in Damascus eine grosse Anzahl Christen niedermachten (vgl. R. 29). Frankreich sandte damals als Vertreter der katholischen Interessen ein Expeditions-Corps zum Schutz der Christen nach Syrien, das eine Zeit lang die unruhigen Gegenden besetzt hielt. Seit dieser Intervention muss der Pascha des ganzen Libanon-Districts christlicher Religion sein und erhält seine Befehle direct von der Pforte.

## Chronologische Uebersicht.

| v. Chr. | |
|---|---|
| 1600? (andere ca. 2000) | Abraham's, des Stammvaters der Hebräer, Einzug in Kana'an. |
| 1500? | Jakob mit seiner Familie siedelt nach Gosen in Aegypten über. |
| 1300? | Geburt des Moses. |
| 1321—14 n. ägypt. Quellen (andere ca. 1494) | Auszug aus Aegypten, Gesetzgebung am Sinai, Eroberung und Theilung von Kana'an, Kämpfe unter Anführung der Richter. |
| circa 1075 | Samuel, der letzte Richter, salbt den Benjaminiten Saul zum König. Nach dem Sieg über den Ammoniterkönig Nabas wird Saul vom ganzen Volk als König anerkannt. |
| 1055 | David wird König über Juda in Hebron. |
| 1048 | David wird König über das ganze Volk. Jerusalem wird definitiv erobert und zur Hauptstadt erhoben, die Bundeslade auf Zion gebracht. |
| •1040 u. ff. | David erobert Damascus. Hiram I, König von Tyrus, schliesst einen Bund mit David; ebenso Abibaal und Hiram II. Grösste Ausdehnung des Reichs. |
| 1015 | David's Tod; Salomo tritt die Regierung an. |
| 1011 | Beginn des Tempelbaus. |
| 1004 | Einweihung des Tempels. Tyrus blüht unter Hiram II. |
| 975 | Salomo's Tod; Theilung des Reiches. |

| | Königreich Juda. | | Königreich Israel. |
|---|---|---|---|
| 975—58 | Rehabeam, Salomo's Sohn, König über Juda und Benjamin. | 975—54 | Der Ephraimit Jerobeam König über die nördlichen Stämme. Sichem wird die Hauptstadt des Reichs. Jahve (Jehova) unter einem Bilde verehrt. |
| 970 | Der aegyptische König Sisak (Scheschonk) überfällt Juda und plündert Jerusalem. | | |
| 958—55 | Abiam sucht das Verlorene wieder zu gewinnen. | 954—53 | Nadab. Er wird sammt dem ganzen Hause Jerobeam's durch Baësa ermordet. Benhadad I. von Damascus. |
| 955—14 | Assa bekämpft das heidnische Wesen. Bund mit Damascus gegen Israel, Zerstörung Rama's. | | |
| | | 953—30 | Baësa. |
| | | 930—29 | Ela. Sein ganzes Haus wird durch Simri ausgerottet. |
| | | 929—17 | Omri. Tibni Gegenkönig. |
| | | 925 | Omri macht Samarien zur Residenz und gründet eine dauernde Dynastie. Ethbaal König von Sidon und Tyrus. |
| 914—889 | Josaphat regiert im Geiste der Theokratie; er kämpft gegen Moab und verbündet sich mit Ahab gegen die Syrer. | 917—897 | Ahab. In Wahrheit regiert seine phönicische Gemahlin Isebel. Baalcultus. Reaction dagegen durch Elias und Elisa. Benhadad II. von Damascus belagert Samarien. Die Syrer werden bei Afek geschlagen. |
| | | 897—6 | Ahasja. Götzendienst. |
| | | 896—84 | Joram. Ende der Dynastie Omri's durch den Usurpator Jehu. — Abfall des Königs Mesa von Moab. — Chasael wird König von Syrien. |
| 884—78 | Athalja, Ahasja's Mutter. Sie wird durch eine Priesterverschwörung gestürzt. | 884—56 | Jehu. Er tritt einen Theil des Reiches an die Syrer ab. |

| | Königreich Juda. | | Königreich Israel. |
|---|---|---|---|
| 878—38 | Joas bringt das Volk zum Jahvedienst zurück. Er wird durch die Grossen des Reiches ermordet. | 856—40 | Joahas. Die Syrer bedrängen das Reich. — (Die Phönicier gründen Carthago.) |
| | | 840—25 | Joas erobert das Verlorene wieder. |
| 838—809 | Amasia besiegt die Edomiter, wird von Joas geschlagen, gefangen genommen und ermordet. | 825—784 | Blüthe Israel's unter Jerobeam II. Die alten Grenzen werden hergestellt, die Propheten des Landes verwiesen. |
| 810—759 | Usia. Gesetzliche Verwaltung, Wiedereroberung Elath's. | 784—72 | Interregnum. |
| | | 772 | Sacharja, Jerobeam's Sohn, von Schallum ermordet; Schallum regiert einen Monat und wird durch Menachem ermordet. |
| | | 771—60 | Menachem, den Assyrern tributpflichtig. |
| | | 760—58 | Pekachya. — Rezîn, König von Damascus, wird von den Assyrern getödtet. |
| 759—43 | Jotham. Wohlfahrt des Reiches. | 758—38 | Pekach schliesst mit den Syrern einen Bund gegen Juda, verliert die Hälfte des Reiches, und wird von Hosea ermordet. |
| | | 733—29 | Neunjähriges Interregnum. |
| 742—28 | Ahas. Abgötterei. Ahas erbittet Hilfe von den Assyrern gegen Pekach und Rezîn; er huldigt Tiglat Pilesar in Damascus. Auftreten des Jesaia. | 722 | Hosea fällt von Salmanassar ab. Untergang des Reiches. Das Volk wird nach Assyrien geführt, neue Colonisten (Cuthaeer) in's Land gebracht. |

| | |
|---|---|
| 728—699 | Hiskia, von Jesaia und Micha unterstützt, bringt die Jahvereligion wieder zur Geltung. Bund mit Aegypten. Sanherib's Einfall in Juda auf seinem Zug nach Aegypten. |
| 699—43 | Manasse. Er verfolgt die Theokraten. |
| 643—41 | Ammon, götzendienerisch. |
| 640 | Josia wird durch Jeremia und Zephanja geleitet. Sieg des Jahvethums. Einfall der Skythen. Reformation durch Hilkia. Josia fällt bei Megiddo gegen die Aegypter. Abhängigkeit von Aegypten (Necho). |
| 609 | Joachas wird von Necho gefangen hinweggeführt. |
| 609—599 | Eljachim (Jojachim), der Sohn des Joachas, durch Necho eingesetzt. Syrien unter der Oberhoheit Aegyptens. Nach Necho's Niederlage bei Karchemisch ergibt sich Jojachim dem Nebukadnezar, fällt aber nach 3 Jahren wieder von ihm ab. |
| 599 | Jojachim. Uebergabe Jerusalems. Wegführung von 10,000 Vornehmen. |
| 599—88 | Zedekia. Er wird abtrünnig im Vertrauen auf Aegypten (Hofra). |
| 588 | Belagerung Jerusalems, Zerstörung des Tempels. Die Vornehmen werden nach Babel geführt; andere fliehen nach Aegypten. Ende des Reiches Juda. |
| 586 | Die Babylonier belagern Tyrus (13 Jahre). |
| 561 | Jojachin wird durch Evilmerodach aus dem Gefängniss befreit. |
| 537 | Mit Bewilligung des Cyrus führen Serubabel und Josua einen Theil der Juden nach Palästina zurück. |
| 534 | Beginn des Tempelbau's. Unterbrechung durch die Samaritaner. |
| 515 | Vollendung des Tempels. Erneuerung des Priester- und Levitendienstes. |
| 458 | Unter Artaxerxes Longimanus führt Esra 6000 Juden zurück. |
| 444 | Nehemia, Günstling und Mundschenk des persischen Königs, Statthalter von Jerusalem, befestigt die Stadt. |
| 360 | Tempelbau auf dem Berge Garizim, Stiftung des samaritanischen Cultus. |
| 351 | Sidon wird durch den persischen König Ochus zerstört. |
| 333 | Nach der Schlacht bei Issus erobert Alexander der Grosse Syrien. |
| 332 | Tyrus erobert und zerstört. Die Juden unterwerfen sich Alexander. Andromachus zum Statthalter von Palästina eingesetzt, hierauf Memnon. |
| 320 | Ptolemaeus bemächtigt sich Syriens und Palästina's. |
| 314 | Antigonus entreisst ihm Palästina. |
| 312 | Beginn der seleucidischen Aera. |

| | Palästina. | | Syrien. |
|---|---|---|---|
| 301 | In Folge des Theilungsvertrages nach der Schlacht bei Ipsus erhält Ptolemaeus Palästina wieder. | 301—288 | Seleucus I. Nicator gründet Antiochia am Orontes bald nach seiner Besitznahme von Syrien. |
| 301—221 | Milde Herrschaft der Ptolemaeus Lagi, Philadelphus, Euergetes. | 288—261 | Antiochus I. Soter vereinigt die beiden Theile des Reichs, verliert aber Kappadocien, Pontus, Bithynien, Pergamus und führt unglücklich Krieg mit Aegypten. |
| | | 261—246 | Antiochus II. Theos verliert die meisten Städte Kleinasiens und die Aegypter besetzen den übrigen Theil des Reiches. Gallische Raubhorden und innere Verwirrung. |
| | | 246—227 | Seleucus II. Kallinikos führt Krieg mit seinem Bruder Antiochus Hierax, wird von den Parthern gefangen genommen und fällt im Kampfe gegen Attalus I. von Pergamus. |
| | | 227—224 | Seleucus III. Keraunos. |
| 218 | Antiochus reisst Palästina an sich. | 227—187 | Antiochus III. der Grosse führt, von den Aetoliern aufgereizt und auf Hannibals Rath, Krieg gegen die Römer. Von M. Porcius Cato bei Thermopylae geschlagen, verliert er auch die entscheidende Schlacht bei Magnesia in Lydien und muss die Länder diesseit des Taurus herausgeben. |
| 217 | Nach der Schlacht bei Raphia kommt Palästina wieder an Aegypten. | | |
| 202 | Während der Unmündigkeit des Ptolemaeus Epiphanes nimmt Antiochus Palästina ein. | | |
| 199 | Scopas erobert Palästina und tritt es an Ptolemaeus ab. Durch die Schlacht bei Paneas erobert Antiochus Palästina wieder. | | |

| | Palästina. | | Syrien. |
|---|---|---|---|
| 193 | Ptolemaeus Epiphanes erhält Palästina als Mitgift seiner Gattin Berenice, Tochter des Antiochus III. | 187—175 | Seleucus IV. Philopator plündert den Tempel zu Jerusalem und wird von Heliodor ermordet. |
| 176 | Der Hohepriester Simon ruft aus Hass gegen Onias den Seleucus Philopator zur Plünderung des Tempels. | | |
| 175 | Jason, der Bruder des Onias, erkauft das Hohepriesterthum von Antiochus Epiphanes. | 175—164 | Antiochus IV. Epiphanes unternimmt vier Feldzüge gegen Aegypten und plündert zweimal Jerusalem. |
| 169—168 | Plünderung und Entweihung des Tempels. Antiochus versucht die griechische Religion einzuführen. | | |
| 168 | Aufstand des Hasmonaeers Mattathias. | | |
| 166 | Judas Maccabi, dessen Sohn, besiegt Apollonius, Serron, Gorgias. | | |
| 164 | Judas schlägt die Syrer unter Lysias und bemächtigt sich Jerusalems. | 164—162 | Antiochus V. Eupator, unter Vormundschaft des Lysias, schliesst Frieden mit Judas. |
| 161 | Judas von Bacchides geschlagen. | 162—151 | Demetrius I. Soter. |
| 161—143 | Jonathan Apphus, Hohepriester und Meridarch. | 151—145 | Alexander Balas. |
| 143 | Beginn der Aera der Volksfreiheit. | 145 ff. | Demetrius II. Nicator und Tryphon. |
| 143—135 | Simon, 140 erblich anerkannt. | 140—131 | Antiochus VII. Sidetes. |
| 135—107 | Johannes Hyrcanus, gewinnt Peraea und Samarien. | 137—127 | Demetrius II. Nicator. |
| | | 127—126 | Seleucus V. |
| | | 126—113 | Antiochus VIII. Grypus. Theilung des Reiches. |
| | | 113—95 | Antiochus IX. Cyzicenus. |

| | **Palästina.** | | **Syrien.** |
|---|---|---|---|
| 107—106 | Aristobulus, erobert Ituraea. | 95 | Seleucus VI. |
| 106—78 | Alexander Jannaeus. | 95—94 | Antiochus X. Eusebes, König von Damascus. |
| | | 94—83 | Philippus Sohn des Gryphus. |
| | | 91—87 | Demetrius Eucaerus, in Damascus. |
| | | 87—85 | Antiochus XII. Dionysos. |
| | | 85 | Aretas, König von Arabien, in Damascus. |
| | | 83—69 | Tigranes von Armenien beherrscht Syrien. |
| 78—69 | Alexandra. | | |
| 69 | Hyrcanus II. | | |
| 69—63 | Aristobulus II., zuletzt nach Rom weggeführt. Gabinius theilt das Land in 5 Bezirke. | 69—64 | Antiochus XIII. Asiaticus, der letzte Seleucide. |
| | | 64 | Syrien wird durch Pompejus zur römischen Provinz erklärt. |
| | | 54 | Crassus Proconsul von Syrien. |
| 37 | Herodes erobert mit Hilfe der Römer Jerusalem und wird vom römischen Senat zum König erklärt. Beginn der idumaeischen Dynastie. | | |

| v. Chr. | |
|---|---|
| 37—4 | Herodes der Grosse. |
| 4 | Theilung des Reiches. Geburt Jesu (?). |
| n. Chr. | |
| 6 | Quirinius wird Proconsul. Die allgemeine Schatzung Luc. 2. Aufstand des Judas Gaulonites gegen die Einsetzung römischer Procuratoren. |
| 8—36 | Kajaphas Hoherpriester. |
| 26 | Pontius Pilatus wird Landpfleger. |
| 28? | Auftreten Jesu. Sein Tod 31? |
| 36 | Marcellus, Nachfolger des Pilatus. |
| 44 | Der Aufstand des Theudas durch den Procurator Cuspius Fadus unterdrückt. |
| 48 | Cumanus Procurator. |
| 52 | Felix Procurator von Judaea. |
| 60 | Porcius Festus, Procurator, hat seine Residenz in Caesarea. |
| 64 | Gessius Florus, Procurator von Judaea, veranlasst den Ausbruch der Empörung. |
| 67 | Vespasian erobert Galilaea. |
| 70 | Titus erobert Jerusalem. Lucilius Bassus und Flavius Sylva dämpfen den Aufruhr im übrigen Lande. |
| 116 | Bar Kochba, durch Rabbi Akiba als Messias bezeichnet, wird zur Ruhe genöthigt. |
| 118 | Ammius Rufus Statthalter von Palästina. |
| 130 | Freibeuterkrieg unter Bar Kochba gegen die Römer. |
| 132 | Bar Kochba erobert Jerusalem. Julius Severus, von Hadrian geschickt, erstürmt Jerusalem. |
| 135 | Ende des Bar Kochba. Jerusalem heidnische Colonie Aelia Capitolina. |
| 218—222 | Antoninus Heliogabalus aus Emesa römischer Kaiser. |
| 244—249 | Philippus Arabs aus dem Ḥaurân römischer Kaiser. |
| 260—267 | Odenatus König von Palmyra. |
| 272 | Aurelian schlägt Zenobia und zerstört Palmyra. |
| 323—336 | Constantin der Grosse. Anerkennung des Christenthums. |
| 326 | Wallfahrt Helena's nach Jerusalem. |
| 527—565 | Justinian I. |
| 616 | Der persische König Chosroes II. erobert Syrien und Palästina. |
| 622 | Der byzantinische Kaiser Heraclius erobert diese Provinzen zurück. |
| 570 od. 571 | Moḥammeds Geburt. |
| 622 | Moḥammeds Flucht (Hidjra) von Mekka nach el-Medina (16. Juli). |
| 632 | Moḥammeds Tod. |
| 632—634 | Abu Bekr, Schwiegervater Moḥammeds, erster Chalife. Der Feldherr Châlid erobert Boṣra in Syrien. |

6*

| | |
|---|---|
| 634–644 | 'Omar, Chalife. |
| 636 u. ff. | Niederlage der Byzantiner am Flusse Yarmûk. Syrien fällt in die Gewalt der Araber. Damascus, Jerusalem, Antiochien erobert. |
| 644–656 | 'Othmân, Chalife. |
| 656–661 | 'Ali, Chalife. |
| 661–679 | Mu'âwiya, der erste Chalife aus dem Geschlecht der 'Omayyaden, macht Damascus zu seiner Residenz. |
| 680–683 | Yezîd I. |
| 683–685 | Merwân I.; er besiegt seine Gegner, die Ḳeisiten, in der Gegend von Damascus. |
| 685–705 | 'Abd el-Melik. Kämpfe mit 'Abdallah ibn ez-Zubeir in Mekka (692) und mit 'Abd er-raḥmân (704). |
| 705–715 | Welîd I. Die arabische Herrschaft wird bis Spanien ausgedehnt. (711). |
| 715–717 | Suleimân bekriegt die Byzantiner. |
| 717–720 | 'Omar II. |
| 720–724 | Yezîd II. |
| 724–743 | Hischâm. |
| 743–744 | Welîd II. |
| 744 | Yezîd III. Aufstand in Palästina. — Ibrâhîm, Bruder Yezîd's, regiert einige Monate. |
| 745 | Merwân II. nimmt Ibrâhîm die Herrschaft ab. Fortwährende Unruhen in Syrien. |
| 750 | Merwân verliert die Schlacht am Zâb gegen die 'Abbasiden. Der Schwerpunkt des Reiches wird nach 'Irâḳ (Baghdad) verlegt. |
| 780 (1) | Aḥmed ibn Tulun, Statthalter von Aegypten, erobert ganz Syrien. |
| 901 (2) | Auftreten und Zügellosigkeiten der Secte der Karmaten. |
| 934 (5) | Ichschîd, Gründer der Dynastie der Ichschiden, zum Statthalter von Syrien und Aegypten eingesetzt. |
| 944–967 | Der Ḥamdanide Seif ed-daule in Aleppo kämpft mit den Griechen und den Ichschiden. |
| 969 | Die Fâtimiden erobern Aegypten und nach wiederholten Anstrengungen auch den grössten Theil von Syrien. Fortwährende Kämpfe. |
| 1070 (1) | Auftreten der Seldjuken; nach und nach bringen sie ganz Syrien in ihre Gewalt, Damascus ca. 1075, Antiochien ca. 1085. |
| 1096 | Beginn des ersten Kreuzzuges; Gottfried von Bouillon, Balduin, Boemund, Raimund IV. |
| 1098 | Die Kreuzfahrer erobern Antiochien. |
| 1099 | Balduin wird Fürst von Edessa. Eroberung Jerusalem's; |

| | |
|---|---|
| | Gottfried von Bouillon König, siegt bei Askalon über die Aegypter. |
| 1100—1118 | Balduin I., König von Jerusalem. Die Franken erobern Caesarea, Tripolis, Beirût. |
| 1104—1128 | Toghtekîn, Fürst von Damascus, bekämpft die Franken. |
| 1118—1131 | Balduin II.; unter ihm erreicht die fränkische Herrschaft ihre grösste Ausdehnung. |
| 1131—1143 | Fulko von Anjou, König von Jerusalem. |
| 1143—1162 | Balduin III. erobert 'Akka 1153. |
| 1146 | Nûreddîn, Sohn Zenghi's, Herrscher über Nordsyrien, erobert Damascus (Dynastie der Atabeken); er erobert Edessa und bedrängt die Franken. |
| 1147—1149 | Zweiter Kreuzzug unter Ludwig VII. von Frankreich und Konrad III. von Deutschland. |
| 1148 | Die Franken suchen Damascus zu erobern, das 6 Jahre später Nûreddîn einnimmt. |
| 1161 | Der Eyyubide Ṣalâḥeddîn (Saladin) macht der Herrschaft der Fâtimiden in Aegypten ein Ende. |
| 1162—1173 | Amalrich, König von Jerusalem, unternimmt einen Feldzug nach Aegypten. |
| 1173—1185 | Balduin IV., der Aussätzige. |
| 1180 | Sieg der Franken bei Ramle. |
| 1183 | Saladin, Herrscher von ganz Syrien mit Ausnahme der fränkischen Enclaven. |
| 1185—1186 | Balduin V. |
| 1186—1187 | Guido von Lusignan. |
| 1187 | Saladin siegt bei Ḥattîn und erobert beinah ganz Palästina. |
| 1189—1192 | Dritter Kreuzzug unter Friedrich Barbarossa, Richard Löwenherz, Philipp August. |
| 1193 | Saladin tritt den Franken den Küstenstrich von Yâfa bis 'Akka ab. Saladin's Tod. |
| 1228—1229 | Fünfter Kreuzzug. Friedrich II. erhält von Kâmil, Sultan von Aegypten, Jerusalem etc. |
| 1244 | Die Charesmier, von den Aegyptern zu Hülfe gerufen, verheeren Syrien. |
| 1259—60 | Die Mongolen unter Hûlagû erobern Nord- und Mittelsyrien und streifen bis an die aegyptische Grenze. |
| 1260—1277 | Bibars, Mamlukensultan von Aegypten, erobert Damascus wieder und kämpft siegreich gegen die Franken (1265 bis 1268). |
| 1279—1290 | Sultan Kilawun von Aegypten. |
| 1291 | Sein Sohn Melik el-Aschraf macht der fränkischen Herrschaft in Palästina ein Ende. |
| 1400 | Timurlenk erobert Syrien. |

| | |
|---|---|
| 1518 | Selim I. entreisst Syrien den Mamluken und verleibt es dem türkischen Reiche ein. |
| 1595—1634 | Fachreddin, Emir der Drusen. |
| 1799 | Napoleon erobert Yâfa. Schlacht am Tabor; Rückzug. |
| 1832 | Moḥammed ʿAlî Pascha von Aegypten erobert durch seinen Feldherrn Ibrâhîm (seinen Adoptivsohn) Syrien, welches ihm durch den Frieden von Kutahya 1833 von der Pforte überlassen wird. |
| 1839 | Reformbestrebungen in der Türkei. Der Sultan ʿAbdul-Medjîd erlässt den Ḥatti Scherif von Gülchane. |
| 1840 | Eingreifen der Westmächte. Hauptsächlich durch die Hilfe der englischen Flotte wird Syrien für die Pforte zurückerobert. |
| 1847 | Ein Crawall in der Nativitätskirche führt nach langen Verhandlungen zum Kriege mit Russland 1852—56. |
| 1860 | Drusenaufstand gegen die Christen. Die französische Expedition 1861. |

## V. Heutige Bevölkerung und Statistik von Syrien. — Religionen.

I. Die Bevölkerung Syriens zerfällt ethnographisch in Syrer, Griechen, Araber, Türken, Juden und Franken; nach Religionen in Moḥammedaner, Christen, Juden und Anhänger verschiedener anderer Religionen.

Unter Syrern verstehen wir nicht nur die Aramäer, sondern alle Nachkommen der verschiedenen Völker, welche bei Beginn unserer Zeitrechnung aramäisch redeten, die Juden ausgenommen. Die eingebornen Christen sind Nachkommen der Bevölkerung, welche Syrien vor dem Eindringen des Islâm hatte. Einige Griechen sind neuerdings eingewandert; von den Abkömmlingen der griechischen Bevölkerung, welche sich während der beinahe tausendjährigen Herrschaft der Abendländer in Syrien festsetzte und mit den Syrern vermischte, ist keine sichere Spur mehr vorhanden.

Die Herrschaft des Islâm als der Staatsreligion von Syrien hatte zur Folge, dass eine Anzahl Christen (Syrer und Griechen) übertraten, während andere ihren Glauben beibehielten. Die aramäische Sprache wurde mit der arabischen vertauscht; doch hielt sich in Syrien die erstere noch geraume Zeit. Heutzutage wird ein mit Arabisch versetzter Abkömmling jenes Aramäischen nur noch in drei Dörfern des Antilibanus gesprochen. Die Juden hielten sich nur in geringer Zahl im Lande; die heute in Palästina wohnenden Juden sind zum grössten Theil aus Europa wieder eingewandert (s. S. 93).

In kurzer Zeit gewöhnt man sich die Einwohner Syriens nach ihrer Physiognomie zu beurtheilen und als Juden, Christen oder Muslimen zu erkennen. Wie der Sprachtypus des Arabischen vom Aramäischen beeinflusst wurde, so hat auch auf die Race des arabischen Städtebewohners der syrische Typus eingewirkt (wie in Aegypten der koptische). Die arabische Bevölkerung scheidet sich in sesshafte Bevölkerung *(ḥâḍari)* und in Nomaden *(bedawi*, Pl. *bedu)*. Die erstere ist eine Mischbevölkerung; letztere nimmt wegen der Reinheit der Race das Interesse vorzugsweise in Anspruch, daher wir hier ausführlich von ihr zu reden haben.

Die Beduinen sind äusserlich Muslimen; in der Regel aber beschäftigen sie sich nur mit ihren Heerden und Raubzügen und wenig mit Religion. Sie sind wilde Wanderstämme, wie sie seit undenklichen Zeiten Arabien bevölkert haben (vgl. S. 58). Ihre Wohnung besteht aus leicht transportabeln Zelten von schwarzem Ziegenhaar (die schwarzen Zelte Kedars werden schon Hohelied I, 5 erwähnt). Der Stoff wird von den Beduinenfrauen selbst sehr fest gewebt und lässt den Regen nicht durch. Er wird einfach über einige Stangen ausgespannt, und zwar so, dass die eine Seite bis etwa zu Mannshöhe offen ist. Das sogenannte Haus besteht aus zwei Abtheilungen, deren eine von den Männern, die andere von den Weibern bewohnt wird. In der Mitte der Männerabtheilung ist ein Heerd im Boden eingerichtet; als Brennmaterial dient dürres Gestrüpp und trockner Mist. Die Beduinen leben von der Viehzucht und sind selten dazu zu bringen, den Acker zu bebauen; doch finden sich einzelne Stämme, welche im Sesshaftwerden begriffen sind, und die Regierung unterstützt diesen Uebergang mit allen Kräften. In der Regel leben die Beduinen armselig, von Brod und Milch; nur wenn ein Gast kommt, wird ein Schaf oder eine Ziege, selten ein Kamel geschlachtet. Der ankommende Gast soll in das erste Zelt, das ihm beim Eintritt in den Kreis der Zelte zur rechten Hand liegt, eintreten, da dies gewöhnlich das des Häuptlings (Schêch) ist. Das Gastrecht ist dem Beduinen unverletzlich; er ist verpflichtet, seinen Gast auch noch drei Tage nach der Abreise zu beschützen.

Der Krieg füllt das Leben der Männer aus; er entspinnt sich in der Regel aus Streitigkeiten um Weideplätze oder Quellen. Die bei ihnen noch zu Recht bestehende Blutrache ruft eine Menge von Verwicklungen hervor. Der Reisende hat indessen von den Beduinen für sein Leben nichts zu fürchten (das Leben wird in der Wüste hoch gehalten), wenn er nicht die Waffen braucht und das Unglück hat, jemand zu tödten. Dagegen sind die Beduinen bekannt als Räuber und Diebe; sie lassen den Reisenden bisweilen ganz hülflos und ziehen ihm selbst die Kleider aus. Seit Jahrtausenden dauert der Streit zwischen der angesessenen Bevölkerung und den Nomaden. Eine starke Regierung muss die Bauern gegen die Erpressungen der letzteren sichern. Doch ziehen die Bauern es bisweilen vor, ihren räuberischen Nachbarn die „Bruderschaft" (*chuwwe*, so heisst dieser Tribut an Getreide) zu bezahlen, weil die türkischen Statthalter und Steuereinnehmer sie nicht genug schützen, oder auch sie noch mehr misshandeln als jene.

Es ist ein Glück für die Regierung, dass diese Wanderstämme nie unter sich einig sind. Sie sind in zwei Hauptlager getheilt: das eine bilden die 'Aeneze, welche im Winter gegen Centralarabien hinziehen; das andere besteht aus Stämmen, welche dauernd in Syrien bleiben. Die 'Aeneze sind heutzutage der mächtigste Beduinenstamm; sie zerfallen in vier Hauptstämme (Ḳabîle): Wuld 'Ali, Ḥesene, Ruwalâ und Bischer; ihre Gesammtzahl kann man auf etwa 300,000 Seelen schätzen. Was die sesshaften Stämme betrifft, so sind in Palästina, Ḥaurân, Coelesyrien und Nordsyrien stets dieselben Stämme wohnhaft; so in der Belḳâ die 'Adwân, im Jordanthal die sog. Ghôraraber (Ghawârine), in Moab die Beni Ṣacher u. a. m. Man nennt sie *'ahl esch-schemâl'*, Leute vom Norden, während die Beduinen südlich vom Todten Meer *'ahl el-ḳibli'*, Leute des Südens heissen.

Jeder Beduinenstamm steht unter einem Schêch, der aber eine durch Eifersucht der Andern eng begrenzte Stellung hat; auch im Kriege ist er zunächst nicht Anführer. — Man hört die Beduinen viel singen und erzählen; auch die Dichtkunst lieben sie, doch steht diese auf sehr niederer Stufe.

Die Türken (S. 75) sind in Syrien in geringer Zahl vertreten. Der Türke ist geistig weniger befähigt als der Araber, im Ganzen aber gutmüthig. Die Effendi's (αὐθέντης) freilich, die vornehmen Türken, sind bisweilen stolz und übermüthig. Es gibt unter ihnen zwei Parteien: die Alttürken und die Jungtürken oder Reformer. Je nachdem die eine oder die andere Partei in Constantinopel die Oberhand hat, wechseln auch die Statthalter der Provinzen. Da dies ziemlich rasch zu geschehen pflegt, so kann keiner selbst mit dem besten Willen ein dauerhaftes Werk gründen, denn er kann fast sicher darauf zählen, dass sein Nachfolger seine Projecte wieder umwirft. Die Einführung europäischer Cultur wird von den Jungtürken selbst höchst oberflächlich betrieben und gewöhnlich am falschen Ende in Angriff genommen; manche meinen, Bildung liege vor allem im Tragen fränkischer Kleidung und im Trinken geistiger Getränke. Die türkische Race ist übrigens beinahe in der ganzen Türkei im Verfall und im Rückgang begriffen. In Nordsyrien, sowie am grossen Hermon gibt es noch nomadisirende Türkenstämme (Turkomanen), welche wie die arabischen Beduinen leben.

II. Statistik. Die folgende Statistik ist dem Beirûter Staatskalender von 1291 (1874) entnommen. Ob sie richtig ist, kann natürlich nicht verbürgt werden, doch ist sie wohl das beste der Art, was man hat. Die Paschaliks Jerusalem und Aleppo sind abgetrennt und hier nicht enthalten. Auf 1 Haus (Familie) darf man 3 männliche Einwohner, also im Ganzen 6 Personen rechnen.

| | | Zahl der Dörfer. | Häuser. | Männliche muslimische Bevölkerung. | Männliche nicht-muslim. Bevölkerung. | Moscheen und Bet-Orte. | Muslimische Schulen. | Schülerzahl. | Nicht-muslim. Schulen. | Schülerzahl. | Derwischklöster | Wallfahrtsorte. | Medresen. | Kirchen. | Bäder. | Kaffehäuser. |
|---|---|---|---|---|---|---|---|---|---|---|---|---|---|---|---|---|
| Damascus | Damascus (Stadt) | — | 14,700 | 33,553 | 6741 | 234 | 99 | 1851 | 24 | 1320 | 21 | 194 | 35 | 25 | 58 | 172 |
| | Damascus, Umgegend von | 139 | 19,727 | 47,932 | 4469 | 156 | 14 | 52 | 2 | 75 | 2 | 14 | 7 | 20 | 26 | 40 |
| | Baʿalbek und Umgegend | 63 | 1232 | 7329 | 4617 | 2 | 2 | 22 | 2 | 75 | — | — | 12 | 2 | 1 | 2 |
| | Westliche Bekâʿa | 25 | 1412 | 7712 | 4713 | 11 | 4 | 30 | 3 | 57 | — | 3 | — | 22 | — | 1 |
| | Hâsbeyâ und Umgegend | 18 | 1251 | 2885 | 1895 | 5 | 12 | 250 | 6 | 250 | — | 3 | 10 | 16 | 3 | 2 |
| | Râscheyâ und Umgegend | 16 | 1476 | 3518 | 2436 | — | 1 | 50 | 3 | 150 | — | 2 | — | 7 | 1 | 2 |
| Beirût | Beirût (Stadt) | — | 5023 | 5979 | 7183 | 22 | 10 | 1305 | 25 | 4562 | 1 | 6 | 18 | 27 | 3 | 77 |
| | Sâida und Umgegend | 126 | 6760 | 13,107 | 2893 | 14 | 2 | 67 | 1 | 34 | 1 | 1 | — | 4 | 5 | 34 |
| | Sûr „ „ | 71 | 5296 | 10,829 | 1037 | 1 | 2 | 50 | 3 | 120 | — | — | — | 3 | 2 | 6 |
| Tarâbulus | Tarâbulus (Stadt) | — | 2847 | 6126 | 2818 | 18 | 17 | 652 | 5 | 405 | 6 | 6 | 39 | 15 | 5 | 18 |
| | Tarâbulus (Umgegend) | 41 | 1821 | 7389 | 1796 | 2 | 2 | 30 | 1 | 37 | 2 | — | — | 2 | — | — |
| | Latakiye und Umgegend | 472 | 1312 | 4498 | 1176 | 15 | 5 | 90 | 2 | 90 | 6 | 1 | 10 | 5 | 5 | 1 |
| | Djebele „ „ | ? 456 | 595 | 1559 | — | 6 | 2 | 62 | — | — | 2 | 1 | 9 | — | 2 | 6 |
| | ʿAkkar „ „ | ? 34 | 4852 | 7741 | 6924 | — | — | — | — | — | — | — | — | — | — | — |
| | Sâfita „ „ | 365 | 3964 | 15,656 | 2156 | — | — | — | — | — | — | — | — | — | — | — |
| ʿAkka | ʿAkka Stadt | — | 764 | 1910 | 788 | 6 | 6 | 70 | 1 | 11 | 6 | 2 | 2 | 1 | 2 | 9 |
| | ʿAkka, Umgegend von | 34 | 2738 | 4474 | 1157 | — | — | — | — | — | — | — | — | — | — | — |
| | Haifa und Umgegend | 41 | 449 | 669 | 6610 | 30 | 4 | 56 | 8 | 184 | — | — | — | — | — | — |
| | Nâsira „ „ | 41 | 1500 | 3313 | 1817 | 2 | 3 | 27 | 2 | 166 | — | — | — | — | — | — |
| | Safed „ „ | — | 948 | 4086 | 937 | — | — | — | — | — | — | — | — | — | — | — |
| | Tabarîye „ „ | — | 497 | 2724 | 485 | — | — | — | — | — | — | — | — | — | — | — |
| Hama | Hama, Stadt | — | 4446 | 9756 | 1054 | 61 | 6 | 220 | 2 | 45 | 1 | 1 | 3 | 5 | 11 | 41 |
| | Hama, Umgegend von | 80 | 4358 | 237 | 2275 | 8 | 1 | 14 | — | — | — | — | — | — | — | — |
| | Homs und Umgegend | 45 | 4117 | 13,982 | 4115 | 63 | 4 | 542 | 2 | 150 | 1 | 1 | 2 | 6 | 6 | 29 |
| | Husn el-Akrad | 250 | 4101 | 10,658 | 6403 | 4 | — | — | — | — | — | — | — | — | — | 2 |
| Haurân | Mzêrib | — | 1186 | ? 5357 | 764 | — | 4 | 45 | 2 | 22 | — | — | — | — | — | — |
| | Djebel ʿAdjlûn | 76 | 963 | 6447 | 368 | — | — | — | — | — | — | — | — | — | — | — |
| | Kunêtera | 231 | 1822 | 6506 | 73 | — | — | — | — | — | — | — | — | — | — | — |
| | Djebel Drûz | 45 | 475 | 1178 | 492 | — | — | — | — | — | — | — | — | — | — | — |
| Nâbulus | Nâbulus, Stadt | — | 1046 | 6287 | 338 | 9 | 6 | — | 2 | — | — | 4 | 1 | 3 | 8 | 21 |
| | Nâbulus, Umgegend von | 164 | 16,961 | 47,662 | 919 | — | — | — | — | — | — | — | — | — | — | — |
| | Salt und Umgegend | 12 | — | — | — | — | — | — | — | — | — | — | — | — | — | — |
| | | 2835 | 118,639 | 301,059 | 79,479 | 669 | 205 | 5485 | 96 | 7793 | 49 | 293 | 148 | 163 | 138 | 463 |

Nach dem Kalender des Jahres 1871 hat der District von Jerusalem mit Ghazza und Yâfa 30,495 Häuser, was auf eine Bevölkerung von höchstens 220,000 Seelen schliessen lässt. Wir kommen somit auf die Zahl von ca. 1,000,000 Einwohnern; dazu würde noch Nord-Syrien mit Aleppo zu nehmen sein, wofür uns aber keine Statistik vorliegt. Wie bereits gesagt, hat diese Statistik ohne Zweifel grosse Lücken; so scheint z. B. die Schätzung von Beirût aus einer viel früheren Zeit zu stammen. Auch ist bekannt, dass die Steuereinnehmer die Zahl der Bevölkerung niedriger anzugeben pflegen, als sie in Wirklichkeit ist. Dennoch glauben wir, dass dieEinwohnerzahl von Syrien kaum 2 Millionen beträgt, sodass nur etwa 800 Seelen auf die Quadratmeile kommen würden (gegen ca. 4000 in Deutschland).

III. Religionen. Der geistigeCharacter der drei semitischen Stämme, welche Syrien bewohnen, der Juden, Syrer und Araber, ist ein einheitlicher. Der Semit besitzt ein reiches tiefes Gemüthsleben, aber er hat keine Anlage zur Abstraction. Daher hat er zu keiner Zeit wirklich philosophische Systeme geschaffen, nie die höheren Formen der Poesie in Epos oder Drama, nie eine gewaltige Kunst entwickelt. Aber er ist im Ganzen auch davor bewahrt geblieben, seine Phantasie mit jenen Abstractionen aus der Natur zu befruchten, aus denen der Formen- und Farbenreichthum des antiken Götterglaubens hervorging. Gerade in Syrien haben Judenthum, Christenthum und mittelbar auch der Islâm, die drei Weltreligionen, ihren Ursprung gehabt; die Semiten sind dadurch zu einem der wichtigsten Factoren der Weltgeschichte geworden. Die letzte Consequenz, zu welcher der religiöse Gedanke bei dem reinen, unverfälschten Semiten gelangte, war der Islâm, dieser letzte practische Versuch, die dem Gefühle des Semiten nothwendig erscheinende Theokratie zur Herrschaft zu bringen, zugleich der Abschluss des semitischen Prophetenthums.

Die Muslimen machen heute die Hauptbevölkerung, nach umstehender Tafel etwa $^4/_5$ der Gesammtbevölkerung Syriens aus. Sie betrachten sich noch heute als die Träger der besondern Gnade Gottes, als die andern Völkern gegenüber bevorzugten und auserwählten Herrscher. In Aegypten hat der von oben begünstigte europäische Einfluss seit Anfang dieses Jahrhunderts bereits so gewirkt, dass dieser Stolz des Muslim dem Fremden kaum mehr bemerklich entgegentritt. In Syrien sind die Gegensätze noch schroffer; der Islâm fühlt sich hier noch ganz in seiner Macht, daher ist der Character des Volkes fanatischer, für den Beobachter fremder Anschauungen aber nur desto lehrreicher. Näheres über den Islâm s. S. 93 ff.

Die Christen des Orients gehören in überwiegender Mehrzahl zur *griechischen* Kirche. Wie die Anhänger derselben (einige Fremde ausgenommen) sämmtlich arabisch sprechen, so wird auch der Gottesdienst meist in arabischer Sprache gehalten. Doch sind die höheren Geistlichen fast ohne Ausnahme fremde Griechen, welche nur griechisch verstehen und nur griechisch die Messe lesen. Die Griechen haben viele Schulen, in deren oberen Classen die griechische Sprache gelehrt wird. Man nennt die Anhänger dieser Kirche *„griechisch-orthodoxe“*. In Syrien stehen sie unter zwei Patriarchaten, dem von Jerusalem und dem von Antiochien. Der Patriarch von Jerusalem hat fast ganz Palästina unter sich; eine Anzahl der ihm untergebenen Bischöfe 'in partibus infidelium' wohnt im Kloster zu Jerusalem, zur Erhöhung des Glanzes ihres Oberhirten. Es sind dies die Bischöfe von Sebaṣṭîye, Nâbulus, Lydda, Ghazza und es-Salṭ. Die Bischöfe von 'Akka, Kerak, Petra und Bethlehem wohnen in ihren Diöcesen. Das Patriarchat von Antiochien siedelte im J. 1531 nach Damascus über und wurde neuerdings nach Beirût verlegt. Es hat alle Bisthümer von Tyrus bis Kleinasien unter sich, Damascus, Aleppo, Ba'albek, Ṣednâya u. s. w. Diese Bischöfe nennt man heute 'Matrâne' (Metropolitane). Die Griechen sind im Ganzen als sehr fanatisch bekannt; ihr Hass trifft vor allem die Lateiner, viel weniger die Protestanten.

*Armenier* und *Kopten* gibt es beinahe nur in Jerusalem; wichtiger ist die jenen verwandte *syrisch-jacobitische* Kirche. Die Jacobiten sind Monophysiten, d. h. sie halten an der vom chalkedonischen Concil verurtheilten Lehre fest, dass in Christo nur eine Natur enthalten sei; genauer: sie erkennen die verschiedenen Naturen an, aber sie behaupten, dass dieselben in Christo zu einer geworden seien. Den Namen Jacobiten führen sie von einem gewissen Jacob Baradâi, Bischof von Edessa († 587), welcher während der Verfolgung unter Justinian I., in ärmlicher Kleidung den Orient durchwandernd, für diese Glaubensgrundsätze Bedeutendes gewirkt hat. Sie gebrauchen, wie die griechische Kirche, gesäuertes Brod beim Abendmahl und bekreuzen sich nur mit einem Finger. Die Griechen und Syrer haben die griechische Kalenderrechnung; die Mönche rechnen sogar bisweilen noch nach der seleucidischen Aera (S. 79). Ihre Kirchensprache ist das Altsyrische. Der Patriarch dieser Kirche hatte früher seinen Sitz ebenfalls in Antiochien, jetzt in Diârbekr und Merdin. Dort wohnen die meisten Jacobiten und sprechen theilweise auch noch Syrisch. Diese Syrer sind durchschnittlich arm, auch geistig sehr wenig begabt und ihre Mönche entsetzlich unwissend. Wie die griechischen, so essen auch die jacobitischen Mönche niemals Fleisch; die Religion ist übrigens den meisten etwas durchaus äusserliches.

Die *römisch-katholische* („lateinische“) Kirche weist in Syrien ebenfalls verschiedene Secten auf. Im Allgemeinen sind die katholischen Geistlichen, Dank der Einwirkung der Propaganda von Rom und den Anstrengungen so vieler ihrer fränkischen Brüder in Palästina selbst, den griechischen und syrischen weit überlegen. Rom hat in den letzten Jahrhunderten grosse Anstrengungen gemacht, um sich im Orient zu befestigen, und es ist ihm gelungen, zwei neue Filialkirchen zu gründen: die *griechisch-katholische* und die *syrisch-katholische*, die erstere aus den Griechen, die letztere aus den Syrern. Noch heute sind Lazaristen, Franciscaner und Jesuiten beschäftigt, diese Kirchen auszubreiten. Doch haben diese orientalischen katholischen Kirchen bisher gewisse alt herkömmliche Vorrechte behaupten können: sie celebriren die Messe in arabischer Sprache (wenigstens die Griechen), halten Communion in beiderlei Gestalt und ihre Priester dürfen verheirathet sein; nur nach ihrer Consecration dürfen sie nicht mehr heirathen. Die griechisch-katholische Kirche (Melchiten) ist sehr bedeutend; sie steht unter einem Patriarchen in Damascus und die reichsten und vornehmsten Christen gehören dieser Secte an. Die syrischen Katholiken haben einen Patriarchen in Aleppo, der sich jedoch bisweilen auch in Merdîn aufhält.

Zu den Katholiken gehören seit 1182 auch die *Maroniten*; ursprünglich waren sie Monotheleten (d. h. sie nahmen nur Einen Willen in Christo an). Ihr Name ist auf einen gewissen Maron zurückzuführen, der um 400 gelebt haben soll. Die völlige Unterwerfung der Maroniten unter Rom geschah erst gegen 1600; schon 1584 war in Rom das Collegium Maronitarum gegründet worden, in welchem sich eine Anzahl Maroniten als Gelehrte hervorthaten. Die maronitische Kirche hat noch immer besondere Privilegien: die Messe wird syrisch gehalten, den niederen Geistlichen ist das Heirathen gestattet u. s. w. Der Patriarch, welcher im Kloster Ḳannôbîn (S. 527) residirt, wird von den Bischöfen gewählt und von Rom bestätigt; die bischöfl. Diöcesen sind Aleppo, Ba'albek, Djebeil, Tripolis, Ehden, Damascus, Beirût, Tyrus und Cypern. Die Maroniten sind eine gesunde und kriegerische Nation, obwohl geistig wenig entwickelt; sie sind die bittersten Feinde der neben ihnen wohnenden Drusen. Ihr Hauptsitz ist im Libanon, namentlich im Gebiet Bscherre oberhalb Tripolis. Sie haben dort viele schöne Klöster (ca. 1500 Mönche) und in einigen derselben sogar Druckereien für ihre Liturgien u. a. Die gesammte maronitische Bevölkerung des Libanon beträgt über 200,000 Seelen. Die Maroniten leben von Ackerbau und Viehzucht; vorzüglich aber ist bei ihnen der Seidenbau in Schwung. Sie haben sich in einer gewissen Unabhängigkeit von der türkischen Regierung zu halten gewusst, stehen unter einem christlichen Pascha und daneben auch unter der Leitung eines eingebornen Adels. Ueber die Ereignisse des Jahres 1860 vgl. S. 483.

Zu den Lateinern sind noch die fremden *fränkischen Mönche* zu rechnen, welche seit langer Zeit ihre Klöster im heiligen Lande besitzen (S. 31). Was die Pflege der Pilger betrifft, so gebührt die Krone den Franciscanern, die manchen Orts dem Pilger eine einladende und dankenswerthe Stätte bereiten. In der Regel sind es Italiener und Spanier, seltener Franzosen. Die Schulen, welche diese Leute leiten, üben auf den eingebornen Klerus einen äusserst wohlthätigen Einfluss. — Seit einigen Jahrzehnten besteht auch ein lateinisches Patriarchat in Jerusalem.

Die *Protestanten* in Syrien sind hauptsächlich durch die Wirksamkeit der amerikanischen Mission gewonnen worden. Ihre Zahl kann jetzt ungefähr 300 Seelen betragen. Beirût ist das Centrum der Amerikaner (vgl. S. 460); besonders unter den Christen des Libanon haben diese Einfluss gewonnen. — Was den Protestanten von allen religiösen Gemeinschaften am meisten vorgeworfen wird, ist der Umstand, dass sie keine Fasten halten.

Die JUDEN des Orients zerfallen in verschiedene Classen. Die *Sephardim* sind spanisch-portugiesische Juden, welche bei der Vertreibung der Juden aus Spanien unter Isabella I. auswanderten; diese reden noh ein verdorbenes Spanisch. Die *Aschkenazim* stammen aus Russland, Galizien, Ungarn, Böhmen, Mähren, Deutschland und Holland; sie sprechen das bekannte Deutsch mit jüdischem Accent und zerfallen wieder in *Peruschim* (Pharisaeer) und *Chasidim* aus der Moldau, Oesterreich, Warschau und vielen andern Orten. Die Juden im Orient haben ihren Character ziemlich rein bewahrt; man erkennt sie augenblicklich an der Physiognomie sowohl, als an ihrer Tracht. Sie sind meist gross und schlank und zeichnen sich durch ihre bekannten Seitenlocken, sowie durch breitkrempige schwarze Filzhüte aus, falls sie nicht einen Turban mit dunkelfarbigem Tuche tragen.

Auch die Christen sind an ihrer Tracht kenntlich, indem sie in den Städten meistens das blosse Fez (die rothe Kappe), seltener eine schwarze oder sonst dunkel gefärbte Binde (Turban) darum tragen. Die Muslimen tragen meist weisse Kopfbinden mit eingewobenen Goldfäden, die Abkömmlinge des Propheten grüne Binden (daher es dem Fremden zu rathen ist Grün in seiner Tracht zu vermeiden). Die Drusen tragen blendend weisse Turbane. Die Bauern und Beduinen tragen nur ein buntes Tuch über dem Kopf *(keffîye)*, welches durch eine Schnur von Wolle oder Kamelhaaren *('agâl)*, die sich um den Kopf schlingt, festgehalten wird. Auch in der Fussbekleidung unterscheiden sich die Muslimen von den Christen; erstere tragen meistens gelbe, letztere rothe Schuhe.

## VI. Die Glaubenslehre des Islâm.

### Einiges über Sitten und Gebräuche der Moḥammedaner.

Der Islâm besitzt noch heute — von China bis nach Marokko — eine grosse Zahl von Anhängern; unter denselben finden sich so gut wie gar keine Zweifler oder Freidenker. In Afrika ist diese Religion sogar in stetigem Fortschritt begriffen. Wir wollen sie nun sowohl in Bezug auf ihren dogmatischen, als ihren ethischen Inhalt etwas näher betrachten.

Moḥammed † stellte sich mit seiner neuen Lehre in Gegensatz zur 'Zeit der Unwissenheit, Thorheit', wie er das Heidenthum nannte; das Wissen oder die Offenbarung aber, die er seiner Meinung nach brachte, war, wie er selbst sagte, nichts Neues; seine Religion ist uralt, und noch heute wird jeder Mensch ideell als Muslim geboren, nur seine Umgebung macht etwas anderes aus ihm. Selbst in den Schriften der Juden und Christen (Thora, Psalmen und Evangelien) sind Stellen gewesen, die von Moḥammed und vom Islâm sprechen; aber diese Stellen sind verheimlicht, verdreht oder falsch ausgelegt worden. Was Moḥammed am Judenthum und Christenthum, soweit er es kannte, missfiel: der Rigorismus der Ethik, welcher eine Masse leerer Formeln erzeugte, und der Dogmatismus jener Zeit, wurde von ihm ausgeschieden. Dazu gehörte vor allem der Polytheismus, wie Moḥammed auch die Trinitätslehre nannte, durch welche dem einigen Gott etwas ihm Fremdes beigesellt wird. Jeder, dem es überhaupt möglich ist, zu glauben, ist von vorn herein verpflichtet, an die neue Offenbarung des Islâm zu glauben, und der Muslim ist gehalten,

---

† Muḥammed (der Gepriesene oder zu Preisende) stammte väterlicher Seits aus der Familie Hâschim, einem weniger beachteten Zweige des edlen Stammes Kureisch, der in Mekka angesessen war und die Aufsicht über die Ka'ba führte. Der Vater, 'Abdallah, starb kurz vor oder nach der Geburt Muḥammed's (circa 570). In seinem sechsten Lebensjahre nahm ihn seine Mutter Âmina auf eine Reise nach Medina mit; auf der Rückreise starb sie. Der Knabe wurde nun von seinem Grossvater 'Abd el-muṭṭalib, und als auch dieser nach 2 Jahren starb, von seinem Onkel Abu Ṭâlib erzogen. Muḥammed musste die Schafe hüten; später machte er, erst in Begleitung seines Onkels, dann, als er gegen 25 Jahre alt war, im Dienst einer Wittwe Chadîdja Handelsreisen, auf welchen er in Boṣra den christlichen Mönch Baḥîra (S. 425) kennen gelernt haben soll. Chadîdja wurde seine erste Frau.

Um jene Zeit war im religiösen Leben der Araber eine Gährung eingetreten, als Muḥammed ca. 40 Jahre alt war, fasste auch ihn das religiöse Bewusstsein, dass der Götzendienst eitel sei. Er litt an Epilepsie und glaubte während der Anfälle derselben himmlische Offenbarungen zu erhalten; einen Betrüger kann man ihn daher nicht nennen. Eine Traumerscheinung, die er auf dem Berge Hira bei Mekka hatte, gab den ersten Anstoss: Muḥammed fing an mit glühender Begeisterung den Monotheismus zu verkündigen und vor den Höllenstrafen zu warnen. Es ist nicht sicher, ob Muḥammed selbst das Schreiben und Lesen verstanden hat. Die neue Lehre wurde Islâm d. h. Unterwürfigkeit unter Gott genannt. Zuerst gewann er nur in seiner Familie Anhänger, und die „Muslimen" hatten von den Mekkanern viel zu erdulden. Daher wanderten viele nach Medîna aus, endlich auch Muḥammed selbst (622). In Medîna machte die neue Religion bald grosse Fortschritte. Da Chadîdja gestorben war, nahm Muḥammed nun eine Reihe anderer Frauen, theilweise auch aus politischen Rücksichten. Von Medîna aus suchte er die Mekkaner zu beunruhigen. Zuerst siegte er bei Bedr, verlor aber die Schlacht am Uhud. Von nun an hörten die kriegerischen Expeditionen nicht auf: Muḥammed gewann grossen Einfluss auf die Beduinen, und es gelang ihm, dieselben politisch zu einigen. Im Jahre 630 endlich eroberten die Muslimen die Stadt Mekka; die Götzenbilder wurden vertilgt. Aber die gewaltigen Anstrengungen der letzten 24 Jahre hatten Muḥammed's Gesundheit untergraben; er starb am 8. Juni 632 in Medîna und wurde daselbst begraben.

diesen Glauben auszubreiten. In der Praxis freilich ist dieser Rigorismus später abgeschwächt worden, indem man sich ausserhalb Arabiens auf Verträge einlassen musste; auch wurde ein Unterschied gemacht zwischen Leuten, die bereits eine Offenbarungsschrift hatten (Juden, Christen und Sabiern) und eigentlichen Götzendienern; letztere sollen streng verfolgt werden.

Das Glaubensbekenntniss des Muslim besteht bekanntlich aus den Worten: Es ist kein Gott ausser der Gott (Allah) und Moḥammed ist der Prophet des Gottes† (*la illâha ill' allâh*, *wa muḥammedu rasûl-allâh)*. Diese Formel enthält aber nur den wichtigsten Glaubenssatz; eigentlich ist der Muslim an dreierlei Dinge zu glauben verpflichtet: 1) Gott und die Engel; 2) die schriftlichen Offenbarungen und die Propheten; 3) Auferstehung, Gericht, ewiges Leben und Vorherbestimmung.

1) Gott und die Engel. Nach neueren Inschriften (Syrie centr. p. 9, 10) scheint es, dass selbst die Hervorhebung der Einheit Gottes nichts so ganz Originelles gewesen ist. Gott ist ein alle Vollkommenheit in sich vereinigender Geist. Aus dem Ḳorân sind daher in späterer Zeit neun und neunzig verschiedene Attribute Gottes zusammengetragen worden, die bis heute den muslimischen Rosenkranz bilden. Auf die Weltschöpfung aus dem blossen Willen wird ein Hauptgewicht gelegt (Gott spricht: 'Sei', so wird es).

Die Erzählung der Schöpfung im Ḳorân ist der Bibel entnommen, doch mit Beimischungen aus anderen Quellen, rabbinischen und persischen. Zuerst schuf Gott seinen Thron; unter diesem befand sich Wasser; darauf setzte sich der Erdstoff ab. Um diesen festzuhalten, schuf Gott einen Engel; den Standpunkt desselben bildete ein grosser Fels, der seinerseits auf dem Rücken und den Hörnern des Weltstiers ruht. So steht die Welt fest.

In Verbindung mit der Schöpfung des Firmaments steht die der *djinn* (genii, Dämonen), Mittelwesen zwischen den Menschen und den Engeln; einige derselben sind gläubig, andere ungläubig. Die spätere Zeit hat über diese im Ḳorân öfters erwähnten Djinnen viel gefabelt und sie in verschiedene Arten eingetheilt; noch heute ist der Glaube an sie allgemein verbreitet. Als die Djinnen übermüthig wurden, erhielt ein Engel den Befehl, sie zu vertreiben; er drängte sie auf das die Erde umgebende Gebirge Kâf zurück, von wo sie nur bisweilen Einfälle machen. Nun erst wird Adam geschaffen, und zwar am Abend des sechsten Wochentags, daher die Muslimen den Freitag statt des Sabbats feiern. Auf die Schöpfung Adam's folgt der Fall jenes Engels, des Besiegers der Djinnen: weil er sich vor Adam nicht niederwerfen will, wird er verstossen und heisst von nun an *iblîs*, Teufel. Der Sündenfall ist mit Mekka und der Ka'ba in Verbindung gesetzt; dort fand Adam

† Allah ist auch bei den heutigen Juden und Christen, die arabisch sprechen, der Name Gottes.

die Eva wieder; der schwarze Stein hat seine Farbe von Adam's Thränen. In Djidda, dem Hafenort von Mekka, wird das Grab der Eva noch bis heute gezeigt. Adam gilt als der erste rechtgläubige Muslim; denn Gott sorgte von Anfang an für die Offenbarung.

Ausser der schöpferischen Thätigkeit Gottes wird aber auch die erhaltende betont, als stetige Einwirkung Gottes auf die Welt; seine Werkzeuge dabei sind die *Engel*. Sie tragen Gottes Thron und richten seine Befehle aus; sie sind aber auch Vermittler zwischen Gott und den Menschen und begleiten den letzteren stets. Der Reisende, welcher einen Muslim beten sieht (dies geschieht nach dem Vorbild der Engel im Himmel), bemerkt, dass er am Schluss des Gebets sein Gesicht zuerst über die rechte, dann über die linke Schulter wendet. Damit begrüsst er die Schreiberengel, die jedem Gläubigen zur Seite stehen; der zur Rechten schreibt die guten, der zur Linken die bösen Handlungen auf. Ebenso wird der Reisende auf muslimischen Friedhöfen die beiden Denksteine bemerken, die sich auf jedem Grabe befinden; neben diesen sitzen, sobald der Todte begraben ist (s. S. 107), die beiden Frageengel und halten das Examen mit dem Gläubigen ab; desswegen wiederholt der Führer des Leichenbegängnisses bei der Beerdigung fortwährend das Glaubensbekenntniss, damit der Todte es nicht vergesse.

Neben den Legionen guter Engel, die zwar in verschiedener Form, aber doch aus reiner aetherischer Substanz gebildet sind, gibt es auch Genossen des Satans, die den Menschen zum Bösen verleiten und Zaubereien lehren. Sie suchen die Geheimnisse des Himmels zu belauschen, werden dabei aber von den guten Engeln mit Sternschnuppen beworfen (eine uralte Anschauung).

2. Die schriftlichen Offenbarungen und die Propheten. Die Offenbarungen, welche Gott den Menschen hat angedeihen lassen, beruhen auf dem Princip der ursprünglichen Sündlosigkeit, sowie der natürlichen Disposition zum Islâm noch bei jedem Kinde; die Menschen der ersten Zeit waren alle gläubig, sind aber später abgefallen. Daher musste die Offenbarung eintreten; sie findet statt durch Anschauung und durch Ansprache. Die Zahl der Propheten ist sehr gross, es sollen ihrer im Ganzen 124,000 gewesen sein; doch ist ihre Rangstufe verschieden. Einige unter ihnen wurden gesandt, um eine neue Religionsform einzuführen, andere, um die bestehende zu erhalten. Die Propheten sind frei von groben Sünden; trotz der Beglaubigungswunder, mit denen Gott sie ausgestattet hat, sind sie gewöhnlich verhöhnt und für Lügner erklärt worden. Die grossen Propheten sind: Adam, Noah, Abraham, Moses, Jesus und Moḥammed.

*Adam* wurde schon oben erwähnt. Er gilt als das Muster menschlicher Vollkommenheit und heisst deshalb auch 'Stellvertreter Gottes'. — *Noah's* Geschichte wird im Ḳorân wiederholt erzählt und zwar mit allerhand Zusätzen, wie z. B. dass er einen vierten, aber ungehorsamen Sohn gehabt habe. Die Predigt Noah's sowie die Fluth wird ausführlich berichtet. Die Arche soll auf dem Berge Djûdi bei Mossul stehen geblieben sein. Aus der Fluth blieb der Riese 'Udj, Sohn des 'Enak übrig. Er war von fabelhafter Grösse; Sagen über ihn sind noch heute im Volksmund verbreitet.

Den *Abraham* (Ibrâhîm) hat Moḥammed nach jüdischem Vorgang zu einer der wichtigsten Personen gemacht; er heisst auch im Ḳorân 'der Freund Gottes' (vgl. Brief Jac. II, 23). Moḥammed selbst wollte die „Religion Abrahams" wieder herstellen. Abraham war ihm besonders wichtig als Stammvater der Araber durch Isma'el, wesshalb Abraham auch die Ka'ba gebaut haben muss; man zeigt dort noch seine Fusstapfen. Eine der schönsten Stellen des Ḳorân, so schön dass Göthe sie dramatisch dargestellt wünschte (Wahrh. und Dichtung III, Ausg. letzter Hand 1830, Bd. 26, S. 292) ist in Sûre VI, 76 die Darstellung, wie Abraham zum Bewusstsein des Monotheismus kommt. Sein Vater war ein Heide, und Nimrod tödtete damals alle neugeborenen Kinder (Verwechslung mit dem Kindermord in Bethlehem). Daher wird Abraham in einer Höhle erzogen; in seinem 15ten Jahr tritt er aus derselben heraus. „Und als es über ihm finstere Nacht wurde, erblickte er einen Stern und sagte: Das ist mein Herr; aber als er unterging, sprach er: Ich liebe die Untergehenden nicht. Als er nun den Mond aufsteigen sah, sprach er wieder: Das ist mein Herr; aber als jener unterging, sprach er: Wahrhaftig, mein Herr hat mich nicht geleitet, damit ich zu den *irrenden* Menschen gehöre. Als er nun die Sonne aufsteigen sah, sprach er wiederum: Das ist mein Herr, der ist grösser; aber als sie unterging, sagte er: O Leute, ich habe nichts zu thun mit dem, was ihr götzendienerisch anbetet; denn ich richte mein Antlitz unverwandt auf den, der die Himmel und die Erde aus nichts schuf, und gehöre nicht zu denen, die ihm etwas beigesellen."

Ausser den nur wenig veränderten biblischen Erzählungen finden wir noch die Geschichte, wie Abraham, weil er die Götzen zerschlagen hat, von Nimrud ins Feuer geworfen, aber nicht verletzt wird (vielleicht eine Reminiscenz an die bekannte apokryphische Geschichte von den drei Männern im feurigen Ofen).

Ueber die Geschichte des *Moses* ist wenig Besonderes zu berichten. Er heisst der „Sprecher Gottes" und hat die Thora gebracht; es ist im Ḳorân sehr häufig von ihm die Rede. — Ein grossartiger Anachronismus findet in der Erzählung von *Jesus* statt, indem Maria mit der Schwester Aaron's (Mirjam) verwechselt wird. Jesus heisst im Ḳorân 'Isa; 'Isa aber ist eigentlich Esau, ein bei den Juden schimpflicher Name — für uns ein Fingerzeig, woher Moḥammed den grössten Theil seiner Legenden geschöpft hat. Anderseits heisst Jesus 'das Wort Gottes' (nach Joh. 1). Auch im Ḳorân wird die Geburt Jesu der Schöpfung Adam's an die Seite gestellt; auch Jesus war von Anfang an, schon als Kind, Prophet wie jener, er hat Wunder gethan, die über die aller anderen Propheten (Moḥammed inbegriffen) hinausgehen. Er brachte das Evangelium und bestätigte dadurch die Thora; doch wurden einige Theile des Gesetzes durch ihn aufgehoben. An seiner Stelle wurde ein Anderer gekreuzigt; doch liess ihn Gott für einige Stunden sterben, bevor er ihn in den Himmel erhob (nach der Legende).

Die neueren Untersuchungen bringen mehr und mehr ans Licht, wie wenig Originelles an allen diesen Erzählungen ist, wie Moḥammed immer nur nacherzählt und entweder trübe Quellen hat (erst jüdische, später auch christliche) oder sie missversteht. Genau dasselbe ist mit den vielen Erzählungen über andere vorgebliche Propheten der Fall. Selbst Alexander der Grosse wurde zum Propheten gestempelt, und sein Zug nach Indien als im Dienste des Monotheismus unternommen dargestellt. Alexander trifft auch den *Chiḍr* an. Chiḍr ist die belebende Naturkraft; aber er wird auch mit Elias (vgl. 1 Kön. Cap. 8) und mit dem heiligen Georg identificirt. Wichtig ist für uns nur noch die religiöse Stellung, welche Moḥammed selbst in der von ihm gegründeten Religion einnimmt. Moses und Christus haben sein Kommen geweissagt, aber die betreffenden Stellen sind in Thora und Evangelium unterschlagen worden. Er ist der verheissene Paraklet (Ev. Johannis 14, 16), der letzte und grösste der Propheten; aber auch er ist keineswegs frei von kleinen Sünden. Er bestätigt die früheren Offenbarungen; doch sind sie nun nach seinem Auftreten antiquirt. Seine ganze Lehre ist ein Wunder und braucht daher nicht die Bestätigung durch specielle Wunderthaten. Später wurden jedoch eine Menge Wunder von ihm erzählt, und obgleich er nicht direct vergöttert wurde, hat er doch die Stellung des Hauptvermittlers, als Fürsprecher der Menschen bei Gott erhalten. Die Vergöttlichung des Menschlichen ist überhaupt dem Semiten fremd; erst die Perser haben 'Ali und die ihm nachfolgenden Imâme (eigentlich Vorbeter) zu übermenschlichen Wesen gestempelt.

Der Ḳorân freilich wurde früh als etwas durchaus Uebernatürliches angesehen. Ḳorân bedeutet eigentlich 'Recitation, Lesung'; er ist in verschiedene Stücke, *Sûren*, eingetheilt. Die erste Offenbarung erhielt der Prophet in der 'gesegneten Nacht' im Jahr 609; mit vielfachen Unterbrechungen dauerte die „Niedersendung" des Ḳorân's nun 23 Jahre hindurch, bis das gesammte Buch, das schon vorher auf der 'wohlbewahrten Tafel' im Himmel existirte, zu ihm hinuntergebracht war. Zur Zeit der abbasidischen Chalifen wurde die Streitfrage, ob der Ḳorân geschaffen oder ungeschaffen sei, sehr lebhaft erörtert (wie auch die orientalischen Christen für solche subtile dogmatische Fragen, wie das Ausgehen des heiligen Geistes u. a., eine besondere Empfänglichkeit bewiesen haben und noch beweisen). Die früheren Sûren, die mekkanischen, die nun ihrer Kürze wegen erst am Schlusse der Sammlung stehen, zeigen grosse Lebendigkeit und Frische; die Form freilich ist nur halb dichterisch, obwohl gereimt. In den längeren Sûren der späteren Zeit ist Alles Berechnung und die Erzählung oft schleppend. Doch gilt der Ḳorân als das vollendete Meisterwerk arabischer Literatur; die Muslimen recitiren als Gebet fast ausschliesslich Stücke aus diesem Buche, obwohl das tiefere Verständniss desselben ihnen völlig abgeht, ja den ersten Commentatoren schon abhanden gekommen war; denn obschon Moḥammed immer auf sein 'arabisches Buch' pocht, war er doch grosser Liebhaber von allerhand dunkeln Fremdwörtern. Der Ḳorân darf nicht übersetzt werden: persische, türkische, indische Kinder lernen ihn ganz mechanisch auswendig.

3. Die letzten Dinge und die Vorausbestimmung. Die Auferstehung ist vom Ḳorân und von der späteren Sage sehr reich ausgeschmückt worden; die Grundzüge dieser Lehre aber sind sicher dem Christenthum entnommen: so die Stellung des Antichrist und die grosse Rolle, welche Jesus an jenem Tage spielen soll. Er wird den Islâm als Weltreligion einführen; mit ihm wird der Mehdi, der zwölfte Imâm (S. 103), wieder erscheinen und das Thier der Erde (S. 95); die Völker Gog und Magog werden den Damm zerbrechen, hinter welchen Alexander (S. 98) sie getrieben hat. Das Ende der Dinge beginnt mit den Posaunenstössen des Engels Asrâfîl; einer derselben streckt Alles todt nieder, der andere bewirkt die Auferstehung. Hierauf folgt das Gericht; die Guten gehen über die haarscharfe Brücke ins Paradies, die Bösen fallen von ihr hinunter in den Höllenschlund (S. 188). Einige glauben an eine Art Todtenreich, wie die Hebräer und Griechen es annahmen, andere aber behaupten, dass die Seelen gleich nach dem Tode vor die Pforte des Paradieses kommen. Jeder Mensch wird beim Gericht nach den Büchern der Schreiberengel (S. 107) gerichtet; der Gute bekommt das Buch in die rechte Hand, den Bösen wird es in der linken auf den Rücken gebunden. Die Wagschale für gute und böse Handlungen (S. 175) spielt eine grosse Rolle, und diese Anschauung hat zu der späteren grossen Werkheiligkeit des Islâm geführt, die so weit geht, dass gute Handlungen sogar übertragen werden können. Auch die Dämonen und die Thiere werden gerichtet. Hölle sowohl als Himmel haben verschiedene Stufen; auch der Islâm nimmt ein Fegefeuer an, aus dem eine Erlösung möglich ist. Das Paradies malt bekanntlich Moḥammed seiner tiefsinnlichen Anlage gemäss äusserst sinnlich aus.

Wie alle Dinge, so ist, was Seligkeit oder Verdammniss betrifft, das Geschick des Einzelnen nach der stricten Lehre des Ḳorân durchaus vorherbestimmt; später suchten indess einzelne Secten diesen schrecklichen Gedanken zu mildern. Gerade darauf aber basirt der Stolz des gläubigen Muslim. Er hält sich kraft seines Glaubens durchaus für auserwählt und wird daher in der Regel niemanden zu bekehren suchen, da er keine Macht hat, irgendwie in den Rathschluss Gottes einzugreifen.

---

In zweiter Linie ist der Ḳorân aber auch die Norm für die Ethik, ja er enthält die Grundlage nicht nur der Sittenlehre, sondern auch des bürgerlichen Rechtes. 7*

Die **Moral** des Islâm, wie sie im Korân gelehrt wird, ist durchaus dem Character des Arabers angepasst. Was die allgemein menschlichen Pflichten betrifft, so wird Mildthätigkeit gepriesen, und oft noch sieht man Beispiele derselben. Die Gastfreundschaft ist bei den Beduinen, aber auch bei den Bauern überall, wo europäische Reisende noch nicht überhand genommen haben, zu Hause. Genügsamkeit ist ferner ein Hauptvorzug des arabischen Lebens, wenn auch die Geldgier dem Araber tief im Blute sitzt. Die Schuldgesetze sind sehr gelinde; das Verleihen von Geld auf Zinsen ist eigentlich im Korân verboten, was indess nicht hindert, dass heute der niedrigste Procentsatz in Syrien 12% beträgt. Das Verbot, unreine Thiere, z. B. Schweine zu essen, ist älter als der Islâm und beruht, wie die Untersagung des Genusses geistiger Getränke, auf Gesundheitsrücksichten; jetzt indessen wird Wein bekanntlich von den höheren Classen, namentlich bei den Türken, in Menge getrunken, ebenso auch Branntwein.

Unter den Muslimen finden sich sehr selten Junggesellen. Die Monogamie ist in der Praxis häufiger als die **Polygamie**, da nur wenige Leute für mehrere Frauen (vier ist die gesetzliche Grenze) den Unterhalt erschwingen können, und überdies die Frauen sich gewöhnlich zu viel zanken, wenn nicht jede für sich allein wohnt. Dass die Frau wie eine Waare behandelt wird, ist uralt hergebrachte Sitte des Orients und der grösste Fehler des Islâm, obwohl die Stellung der Frau bei den orientalischen Christen und Juden wenig besser ist. Sonderbarer Weise sieht der Muslim es ungern, wenn die Frau fromm ist und betet. Die Verschleierung ist übrigens für den Orient ganz am Platze. Eine Frau würde sich für beschimpft halten, wenn man ihr zumuthete, mit der Freiheit aufzutreten, welche die Frauen in Europa geniessen. Auch in den christlichen Kirchen des Orients ist der Platz der Weiber durch ein Gitter abgesperrt. Die Bauernweiber und die Frauen der Beduinen hingegen sieht man oft schleierlos. Die Leichtigkeit der Scheidung verdankt der Islâm Mohammed's persönlichen Neigungen. Der Muslim braucht nur ein Wort auszusprechen, so muss die Frau sein Haus verlassen; doch behält sie das Heirathsgut, das der Mann ihr gegeben hat. Die Kinder werden in grosser Unterwürfigkeit gegen die Eltern erzogen und zeigen daher oft mehr Furcht als Liebe gegen sie.

Eine Hauptaufgabe des Muslim ist das fünfmal am Tage sich wiederholende **Gebet**, dessen Zeit von dem Ausrufer auf dem Minaret angezeigt wird, und zwar 1. einige Zeit nach Sonnenuntergang *(maghreb)*; 2. zur Zeit, wo es vollständig Nacht geworden ist, circa 1½ Stunde nach Sonnenuntergang *('aschâ)*; 3. bei Tagesanbruch *(subh)*; 4. am Mittag *(duhr)*; 5. am Nachmittag circa 1½ Stunde vor Sonnenuntergang *('asr)*. Diese Gebetszeiten geben zugleich die Eintheilung des Tages; ausserdem werden im Orient auch von Sonnenuntergang an zweimal 12 Stunden bis zum nächsten Sonnenuntergang gezählt, d. h. wo überhaupt die Leute nach Stunden und Uhren rechnen, sodass je nach der Länge der Tage die Zeit sich täglich verschiebt, und die Uhr eigentlich jeden Tag von neuem gestellt werden muss. Die meisten Leute jedoch begnügen sich mit der Angabe des Gebetrufers *(mu'ezzin)*, der mit wohltönendem Gesang vom Minaret aus den Gläubigen zuruft: *allâhu akbar* (3 mal) *aschhadu anna lâ ilâha ill'-allâh, wa muḥammedurrasûl-allâh* (wiederholt) *ḥayyâ 'alâṣ-ṣalâ* (wiederholt), d. h. „Allah ist gross; ich bezeuge, dass kein Gott ist ausser Allah, und Moḥammed der Prophet Allah's; heran zum Gebet." Auch in der Nacht dringt bisweilen höchst feierlich dieser „Ruf zum Gebet" durch die Stille, um die etwa wachenden Gläubigen zu einem guten Werke aufzufordern. — Sanitärisch vortrefflich ist die Pflicht, sich vor dem Gebete zu waschen; zu diesem Behuf ist im Hofe jeder Moschee ein Wasserreservoir angebracht. In der Wüste darf der Gläubige sich zu dieser religiösen Waschung auch des Sandes bedienen.

Der Betende stellt sich barfuss hin, das Gesicht gegen Mekka gewendet, wie auch die Juden gegen Jerusalem gewendet gebetet haben. Das Gebet beginnt damit, dass der Betende erst die Hände an die Ohrläppchen hält, dann etwas unter dem Gürtel; er unterbricht das Hersagen des Korâns mit einzelnen Niederwerfungen nach bestimmter Reihenfolge. Am Freitag findet das Mittagsgebet $^3/_4$ Stunden früher als gewöhnlich statt und es folgt darauf eine Predigt. Doch gilt der Freitag deshalb keineswegs als Ruhetag; erst seit neuerer Zeit haben die Gerichte an diesem Tage in Nachahmung christlicher Sitte geschlossen. Die Beduinen beten selten, hingegen wird bei den Wahhabiten in Centralarabien beim Morgengebet Appell gehalten; wer nicht zugegen ist, wird bestraft.

Am gewöhnlichsten wird die erste Sûre des Ḳorân, eine der kleinsten, gebetet, welche beinahe die Stelle des christlichen Vaterunsers vertritt. Sie heisst *el-fâtiḥa* (die eröffnende) und lautet in der Uebersetzung folgendermassen: „Im Namen Gottes des barmherzigen und gnädigen. Preis sei Gott, dem Herrn der Geschöpfe, dem barmherzigen und gnädigen, dem Fürsten des Gerichtstages; dir dienen wir und dich flehen wir um Hülfe an; leite uns auf der geraden Strasse, der Strasse derjenigen, denen du Gnaden erwiesen hast, und auf denen kein Zorn ruht, und die nicht irre gehen. Amen."

Eine weitere Hauptpflicht des Gläubigen ist das Fasten während des Monats *Ramaḍân*. Von Tagesanbruch an bis zum Abend darf nichts genossen werden, ja fromme Leute verschlucken nicht einmal ihren Speichel. Dieses Fasten wird sehr streng gehalten, aber die Nächte mit ihren langen Schmausereien bringen eine Entschädigung, an die man den ganzen Tag über denkt. Viele Geschäfte stehen während dieses Monats still. Da das arabische Jahr ein Mondjahr ist, also circa 11 Tage kürzer als das unsrige, so durchläuft das Fasten in einer Reihe von 33 Jahren alle Jahreszeiten und ist besonders im heissen Sommer wegen des Durstes drückend.

Erwähnung verdient noch die Wallfahrt nach Mekka, die jeder Muslim in seinem Leben einmal zu unternehmen verpflichtet ist. Der eigentliche Pilgerzug geht in Syrien im Monat Dhul-ḳa'de von Damascus aus auf der grossen Pilgerstrasse, die wir kennen lernen werden, über Medina nach Mekka. In der Nähe von Mekka müssen die Pilger ihre Kleider ablegen, selbst ihre Kopfbedeckung; sie dürfen nur einen Schurz umbinden und ein Stück Zeug über die linke Schulter hängen. So wandeln sie um die Ka'ba, küssen den schwarzen Stein, hören die Predigt am 'Arafât, einem Berge nahe bei Mekka, werfen den Satan im Thale Mina mit Steinchen und beschliessen ihre Wallfahrt mit einem grossen Opferfest. An dem Tage, wo dies bei Mekka geschieht, werden im ganzen Gebiet des Islâm Schafe geschlachtet und ein Fest gefeiert, das der grosse Beiram heisst (der kleine Beiram folgt auf den Ramaḍân). Manche Pilger gehen an den Mühseligkeiten der Landreise zu Grunde, doch reisen jetzt die meisten zu Schiff hin. Der Monat der Wallfahrt heisst Dhul-ḥiddje (der der Wallfahrt) und schliesst das muslimische Jahr. — Um ein Jahr unserer Zeitrechnung in ein Jahr der muslimischen Aera zu verwandeln, subtrahirt man die Zahl 622, dividirt den Rest durch 33 und addirt das Facit zu der Summe, welche man dividirt hat; das Ergebniss ist natürlich nicht ganz genau richtig. Am 6. Febr. 1875 hat das Jahr 1291 begonnen.

An den Ḳorân schliesst sich der grösste Theil der Literatur des Islâm an. Schon früh wurden Werke über die dunkeln Stellen im Ḳorân verfasst; allmählich bildete sich eine Reihe von exegetischen Schriften, welche jede mögliche Erklärungsweise bis in's Kleinlichste verfolgten. Auch Grammatik wurde zunächst nur um des Ḳorâns willen getrieben. Die in's Ungeheure anschwellende juristische Literatur fusste zunächst durchaus auf dem Ḳorân. Erst in neuerer Zeit sind Versuche gemacht worden, das alte Recht zu verdrängen und ein neues europäisirtes einzuführen. Die Beduinen haben noch ihr besonderes Gewohnheitsrecht.

In Hinsicht auf theologische sowohl als juristische Fragen und noch mehr in Bezug auf das Ceremoniell war der Islâm nicht immer einig. Es gibt zunächst vier orthodoxe Secten, *Ḥanefiten*, *Schâfe'iten*, *Malekiten* und *Ḥambaliten*, die nach ihren Stiftern so benannt sind. Mehr von Belang für uns sind die freidenkerischen Richtungen, welche früher, theilweise durch Einfluss der griechischen Philosophie, entstanden sind. Die orthodoxe Partei blieb nicht nur gegenüber diesen, sondern auch im Kampf mit der heiteren Lebendigkeit und Genusssucht der schönen Zeiten der Chalîfen Sieger.

Nicht minder entwickelte sich auch die Askese und religiöse Ueberspanntheit innerhalb des Islâm; daneben aber auch die reine Mystik, namentlich in Persien. Der Mystiker *(ṣûfi)* fasst viele Aussprüche des Ḳorân allegorisch; diese Richtung artete daher öfters in Pantheismus aus. Durch die Mystiker, welche noch innerhalb des Islâm standen (wie der berühmte Ibn el 'Arabi, geb.

1164), wurden die *Derwischorden* begründet. Die Derwische geniessen noch heute eine grosse Achtung bei dem Volke (wie auch die Verrückten); gewöhnlich tragen sie am Arm ein hölzernes Gefäss, in welches man ihnen Almosen und Essen legt. Noch heute stehen sie im Rufe Wunderthaten verrichten zu können. Sie brüllen bisweilen Stunden lang das Wort *hû* (= er = Gott), um sich in religiöse Extase zu versetzen.

Schon früh war im Islâm der Heiligen- und Märtyrercultus ausgebildet. Man pilgerte zu den Gräbern, weil man glaubte, dass der Tod den Verkehr mit den Verstorbenen nicht aufhebe. So wurde besonders das Grab Moḥammed's in Medîna und das seines Enkels Ḥosein in Kerbela weltberühmt. Bald hatte jedes Städtchen sein Heiligengrab. Der Reisende wird in manchen Dörfern Syriens kleine Kuppelgebäude mit Gitterfenstern finden, sog. *Weli's*; 'weli' bedeutet zugleich Heiliger und ein solches Grabmal (vgl. S. 38). An den Gittern finden sich oft Tuchläppchen, von frommen Personen oder von solchen, die ein Gelübde übernommen haben, aufgehängt, ebenso an manchen für heilig gehaltenen Bäumen; es sind dies Sitten, die aus alter Zeit herrühren.

Am Ende des vorigen Jahrhunderts erhob sich gegen die Missbräuche im Islâm eine Reaction von Centralarabien aus. Die Wahhabiten, so benannt von ihrem Stifter 'Abd el-Wahhâb, wollten die ursprüngliche Reinheit des Islâm wieder herstellen; sie eiferten gegen den Heiligencultus, zerstörten die Gräber, selbst Moḥammed's und Ḥosein's und suchten die ursprüngliche Reinheit und Einfachheit der Sittengesetze wieder einzuführen; daher verboten sie sogar das Tabakrauchen als berauschend. Bald wurden sie zu einer grossen politischen Macht; hätte es nicht im Interesse von Moḥammed 'Alî gelegen, sie zu bekriegen, so würden sie noch heute bedeutender sein. Immerhin aber reicht das Wahhabitenreich noch weit; nur ist es beinahe unmöglich, in dasselbe einzudringen. Auch über die Wanderstämme übten die Wahhabiten eine Zeit lang eine Art Suprematie bis weit nach Syrien hinein. Wir können die ganze Bewegung politisch als eine Reaction gegen das Türkenthum fassen; die Türken sind noch in viel höherem Grade als die Araber, allein schon durch Verwahrlosung der Bildungsanstalten, an den jetzigen Zuständen im Orient Schuld.

Wir haben bisher nur von den Glaubenslehren der einen grossen Secte des Islâm, der *Sunniten* (von *sunna*, Ueberlieferung) gesprochen. Sehr früh zweigten sich die Schî'iten (von *schî'a*, Secte) ab (s. S. 70); diese stellten 'Alî, den Schwiegersohn des Propheten, neben oder sogar über Moḥammed, betrachteten ihn als Incarnation der Gottheit und glaubten an die Imâme, d. h. die geistlichen Oberhäupter aus 'Alî's Nachkommenschaft. Der letzte derselben soll nicht gestorben sein, sondern sich lebend bis auf den jüngsten Tag verborgen halten (der Mehdi). Die Angaben über die Zahl dieser Imâme schwanken. Die Perser sind alle Schî'iten; in Syrien ist der Schi'itismus ausser der geringen Zahl eingewanderter und unter ihrem Consulat lebender Perser, besonders durch einige Secten innerhalb der eingeborenen Bevölkerung vertreten. Schon früh hatte sich der Schi'itismus auch im Westen verbreitet, besonders unter den Fatimidischen Herrschern in Aegypten. Die Schi'iten sind sehr fanatisch; sie essen mit keinem Andersgläubigen zusammen. Die Secte, welche in Syrien diese Ansichten am reinsten erhalten hat, sind die sogenannten *Metâwile*. Sie haben Dörfer in Nordpalästina und im Libanon bis gegen Ḥömṣ hin, ja noch weiter nach Norden, und stehen in schlechtem Ruf als Räuber und Mörder. Ihnen sehr ähnlich sind die *Isma'ïlier*, welche ihren Namen vom sechsten jener Imâme, Namens Isma'il (zweite Hälfte des 8. chr. Jahrh.) ableiten; sie sind mit den im Mittelalter so berüchtigten *Assassinen* (eig. = Hanfraucher, S. 72) zu identificiren. Die religiöse Gährung jener ersten muslimischen Jahrhunderte war gross: alter Aberglaube aus dem Heidenthum, missverstandene griechische Philosophie, alt-persischer Dualismus, Seelenwanderung, ja selbst materialistische Systeme kreuzten sich in bunter Mischung und haben Religionen erzeugt, zu deren Entwirrung die volle Einsicht in eine Menge uns höchst müssig erscheinender Speculationen erforderlich ist. Noch heute leben verschiedene solcher Religionen in versteinertem Zustande als Geheimlehren fort; aber hinter der Geheimnisskrämerei steckt, wenn man tiefer zusieht, so gut als Nichts oder baarer Unsinn. Die Anhänger dieser Secten geben sich dem Christen gegenüber gern als Christen, dem Muslim als Muslimen, nur um den ihnen unbequemen Fragen über ihre Religion auszuweichen. Es gibt verschiedene Grade von Einweihung in die Geheimnisse dieser Secten; mehr und mehr wird dem Aufzunehmenden der Korân allegorisch erklärt, bis wohl gar nichts vom Glauben mehr übrig bleibt. — Die Isma'ïlier wohnen in Nordsyrien in der Gegend von Ḥömṣ, wie die *Nosairier*, denen sie in vielem gleichen. Man hat die Nosairier in neuerer Zeit besonders mit der Secte der Manichäer verknüpfen wollen; Thatsache ist, dass sie schon im 10. Jahrh. unserer Zeitrechnung aufgetaucht sind und ursprünglich ihren Sitz am Euphrat hatten. Sie scheinen sehr viel Aberglauben aus der syrischen Heidenzeit bewahrt zu haben; doch haben sie auch eine Art Abendmahl mit dem Kelch, den Glauben an eine Art Trinität und besondere Religionsbücher. Bei ihren Gebeten wenden sie sich gegen die auf- und untergehende Sonne. Sie bewohnen das sogenannte Nosairiergebirge in Nordsyrien, woselbst sie Ackerbau und Viehzucht treiben.

Aus demselben Wuste verschiedenartigen Aberglaubens ist die Drusen-Religion hervorgegangen. Der Chalife Ḥâkim biamrillah (996—1020) in Aegypten hatte sich als Verkörperung 'Ali's erklärt (S. 72); ein schlauer persischer Sectirer Mohammed ibn Isma'il ed-Darazi verbreitete diese Lehre nebst der von der Seelenwanderung und fand namentlich im südlichen Libanon (Wâdi et-Teim) Anhänger. Ein anderer Sectirer, Namens Ḥamza, brachte die neue Religion in ein System. Die Drusen sind keine landesfremde Race, sondern nur eine nun seit Jahrhunderten losgetrennte Kaste der syrisch-arabischen Mischbevölkerung, in welcher jedoch das altsyrische Element entschieden überwiegt. Sie nennen sich selbst Unitarier. Sie glauben, dass ein Gott sei, der aber unerkennbar und undefinirbar sei, dass er sich offenbare und unter menschlicher Gestalt, zuletzt in dem besagten Ḥâkim, erschienen sei. Ḥâkim aber, der letzte Prophet, der Stifter der wahren Religion, ist nur gestorben um seine Anhänger zu prüfen, ob nicht welche aus weltlichen Interessen ihm gefolgt seien. Er wird einst wiederkehren, ein grosses Reich stiften und die ganze Welt zur Drusenreligion bekehren. Die Drusen besitzen eine ganze Anzahl von Schriften über ihre Religion; ihre Höchst-Eingeweihten heissen *'akkâl*, Verständige. Die eingeweihten Drusen rauchen keinen Tabak. Sie feiern ihren Cultus in einsamen Kapellchen *(chalwet)*. Ihre Frauen tragen einen merkwürdigen hornartigen Kopfputz, den *ṭanṭûr*. Die Drusen zeichnen sich durch Gastfreundschaft und Liebenswürdigkeit aus und sind gewöhnlich gute Freunde namentlich der englischen Consulate. Sie sind wegen ihrer Tapferkeit berühmt und gefürchtet; wären sie nicht unter sich uneins, so hätten sie schon oft der Macht der Türken höchst gefährlich werden können. Aber ihre Fürstenhäuser im Libanon waren von jeher zu ehrgeizig, um sich einander zu unterwerfen. Die Drusen wussten sich lange als selbständige Macht in Syrien zu halten und sind es noch jetzt mehr oder weniger. Einer ihrer glänzendsten Fürsten war der Emîr Beschîr aus der Familie Schehâb, dessen Macht aber, als Moḥammed 'Ali Syrien verlor, zu Grunde ging (s. S. 477). Die grössten Feinde der Drusen sind die Maroniten im Libanon (S. 92). Als die Drusen für die Christenmetzelei von 1860 in Damascus gezüchtigt werden sollten, wanderten manche nach dem Ḥaurân aus (S. 419). Die Drusen stehen unter Dorfältesten; ein Drusenschêch in voller Rüstung zu Ross ist eine imposante Erscheinung. Einer ihrer kräftigsten Helden war der Schêch Isma'îl el-Aṭrasch, der seinen Sitz im Ḥaurân hatte (s. S. 430); unter seiner Herrschaft war mehr Ruhe im Ḥaurân, als seit lange unter den türkischen Garnisonen.

**Einiges über Sitten und Gebräuche der Moḥammedaner.** Der Reisende wird leicht die Bemerkung machen, dass die Sitten, welche er bei den Landeseinwohnern wahrnimmt, in vieler Beziehung denen gleichen, die uns im alten und neuen Testament entgegentreten.

Im 6ten oder 7ten Jahre oder noch später werden die Knaben beschnitten, und zwar mit grossem Pomp. Das zu der heiligen Handlung bestimmte Kind wird in feierlichem Aufzug durch die Strassen der Stadt geführt; um sich die grossen Kosten eines solchen Aufzuges zu erleichtern, schliesst man sich gewöhnlich einem Brautzuge an. Der Knabe trägt meist einen Turban von rothem Kaschmir, möglichst reiche Mädchenkleider und auffallenden Frauenschmuck, der den Blick auf sich ziehen und so von seiner Person abwenden soll. Ein schön aufgeputztes Pferd wird geliehen, um ihn zu tragen. Mit einem gestickten Taschentuche muss er sein Gesicht halb verdecken. Der Barbier, der die Operation vollzieht, und Musikanten schreiten voran. Oft werden zwei Knaben zugleich im Aufzuge herumgeführt.

Die Mädchen werden im 12ten oder 13ten, manchmal schon im 10ten Jahre verheirathet. Durch Verwandte oder Vermittlerinnen wird dem Jünglinge die Braut ausgesucht, die er, wenn sie nicht einem ganz geringen Stande angehört, erst bei der Hochzeit zu sehen bekommt. Ist Alles in Ordnung, so muss der Heirathscandidat den Brautschatz, in mittleren Kreisen etwa 160 Thaler, wenn die Braut eine Jungfer ist (bei Wittwen weniger), zahlen. Gewöhnlich wird $^2/_3$ der Summe, um die weidlich gehandelt wird, sogleich erlegt, während $^1/_3$ für den Fall des Todes des Gatten, oder wenn er sich gegen ihren Willen von ihr scheidet, für sie festgestellt wird. Nun wird der Ehecontract geschlossen. Bei dem Brautzuge wird die Braut in ihren besten Kleidern vor der Hochzeit ins Bad geführt. Diese Procession wird „*Zeffet el Hammâm*" genannt. Voran gehen einige Musikanten mit 1 oder 2 Hoboen und Trommeln verschiedener Art; dann folgen einige verheirathete Freundinnen und Verwandte der Braut paarweise gereiht, und hinter diesen eine Anzahl junger Mädchen. Die Kleidung, welche die Braut trägt, verhüllt sie vollständig; sie pflegt in einen Kaschmirshawl gänzlich eingewickelt zu sein, und auf ihrem Kopf sitzt eine kleine Mütze oder Krone von Pappe. Den Zug, der sich sehr langsam fortbewegt, beschliessen Musikanten. Das Freudengekräh, das Frauen niederer Stände bei jeder besonders ergreifenden Handlung ausstossen, heisst *zaghârît*. Derselbe Zug durchschreitet die Strassen, wenn die Braut in das Haus des Gatten geführt wird.

Nicht minder auffallend wie die Hochzeitsprocessionen sind die Leichenzüge. Wenn der Tod am Morgen stattfindet, so wird die Leiche am selben Tage begraben, sonst am folgenden. Nachdem der Leichnam gewaschen und von der Familie und den Klageweibern (*noddâbe's*) beklagt ist, nachdem Schulmeister (*fikîh's*) Sûren aus dem Korân neben ihm gelesen und man die Oeffnungen des Leibes, Ohren, Nasenlöcher etc. mit Baumwolle verstopft und ihm das weisse oder grüne Sterbehemd angezogen hat, trägt man den Todten in feierlichem Aufzuge hinaus. Zuerst kommen etwa sechs oder mehr arme Männer, meistens Blinde, die zwei und zwei oder drei und drei zusammengehen und langsamen Schrittes wandelnd das Glaubensbekenntniss: „Es gibt keinen Gott ausser Gott; Mohammed ist Gottes Gesandter; Gott sei ihm günstig und bewahre ihn" singen. Die Bahre wird mit dem Kopf voran eine kurze Strecke von 3 oder 4 Freunden des Verstorbenen getragen, die später von anderen abgelöst werden. Hinter der Bahre gehen die trauernden

Frauen, mit aufgelöstem Haar, schluchzend, häufig von den Klageweibern begleitet, die den Verstorbenen loben und preisen. Die Leiche wird zunächst in die Moschee gebracht, zu deren Heiligem man das grösste Zutrauen besitzt, und Gebete für sie gesprochen. Nachdem man die Bahre vor das Grabmal des Heiligen gestellt und nochmals vor ihr gesungen und gebetet hat, setzt sich der Zug wieder in Bewegung und zwar zum Kirchhofe, wo man den Todten so in das Grab legt, dass sein Antlitz nach Mekka schaut. Dem Muslim eigen ist die strenge Trennung der Geschlechter selbst im Tode; ein Familiengrab pflegt deswegen zwei gewölbte Kammern zu enthalten, eins für die Frauen, das andere für die Männer. Zwischen ihnen liegt der Eingang für die Todten, der der leichteren Oeffnung wegen mit einer einzigen grossen Platte bedeckt ist. Die Kammern sind so hoch, dass sich die Todten aufrecht setzen können, wenn sie in der ersten Nacht nach ihrer Beisetzung von den beiden Engeln Munkar und Nekir geprüft werden (s. S. 96). Nach dem Glauben der Muslimen bleibt nämlich die Seele noch eine Nacht bei der Leiche. — Der Katafalk, von Stein, auf mehr oder weniger verziertem Stylobat, trägt zwei aufrechtstehende Säulen *(schâhid)* von Marmor oder anderm Stein; auf einer von ihnen sind über dem Kopfe des Todten Korânsprüche, Name und Alter des Verstorbenen zu lesen. Das obere Ende des Schâhid zeigt die Kopfbekleidung (Turban) des Verstorbenen, nach welcher dessen Stand zu bestimmen ist. Für angesehene Personen wird über dem Grabe ein Kuppelbau, auf 4 Säulen stehend, errichtet, oder die S. 38 erwähnte geschlossene Form der Schêchgräber gewählt. An den Festtagen werden die Katafalke und die hohlen Räume des Stylobates mit Blumen belegt. Alsdann bleiben namentlich die Frauen oft Tage lang an den Gräbern mit Beten und der Labung der Armen beschäftigt. Zu ihrer Beherbergung waren Räumlichkeiten nothwendig, und so kam es, dass ein vollständiges Mausoleum fast eben so bedeutende Nebenräume hat wie eine Moschee, d. h. Säle zur Aufnahme der Familienmitglieder während der Feste, Sebîl und Schule, Ställe für Reitthiere, Wohnung für den Verwalter etc.; ausgedehntere Anlagen dieser Art gewannen daher fast das Aussehen einer wenig belebten Stadt. Eine solche grössere Anlage für die Todten wird *Ḥôsch* genannt.

## VII. Die arabische Sprache.

Durch das ganze Gebiet von Syrien hindurch wird heute mit verschwindenden Ausnahmen die Sprache der muslimischen Eroberer gesprochen. Mit der grossen nationalen Erhebung der Araber, die durch den Islâm zum Ausbruch kam, traf auch das goldene Zeitalter ihrer Literatur zusammen: die damals entstandenen Gedichte nebst einigen aus früherer Zeit und der Ḳorân sind die classischen Werke der arabischen Literatur. Neben der Literatursprache, zu welcher der Dialect von Kureisch (Mohammed's Familie) erhoben worden war, herrschten bei den einzelnen arabischen Stämmen verschiedene Volksmundarten (ungefähr wie auch bei uns im Deutschen); nur ist das Arabische trotz seiner colossalen Ausdehnung von Yemen bis Mesopotamien, von Bagdad bis Marokko, viel einheitlicher. Geschrieben wird noch heute das classische Arabisch, je nach der Bildung des Schreibenden mit mehr oder weniger Einflüssen der Volkssprache. Die heutige Sprache ist ausserdem durch Annahme von Fremdwörtern beeinflusst worden, denn seit Jahrhunderten sitzen Türken im Lande, und die amtliche Sprache des Serai, der Regierung und theilweise auch der Gerichte, ist türkisch. Das Aramäische, welches vor den Zeiten der muslimischen Eroberung im Lande herrschte, hat ebenfalls Einfluss geübt. In den Hafenstädten endlich war längere Zeit hindurch ein Gemisch aus der arabischen und europäischen Sprachen, welches man *lingua franca* nannte, in Gebrauch.

Das Arabische gehört zu der semitischen Sprachengruppe; eine Urverwandtschaft derselben mit unsern Sprachen ist wissenschaftlich noch nicht nachgewiesen. Gerade diese Verschiedenheit zwischen den beiden Sprachstämmen erschwert dem Anfänger die Erlernung des Arabischen und schreckt ihn ab. Mit der hebräischen Sprache hingegen hat das Arabische und namentlich der Volksdialect viele Verwandtschaft; noch so schwache Erinnerungen aus dem Hebräischen können hier mit Erfolg verwendet werden. Die arabische Schrift hat sich aus der syrischen, diese wieder aus der hebräisch-phönicischen entwickelt. Die Form der Buchstaben, wie wir sie in älteren Handschriften finden, ist in der Regel schöner als heutzutage, die heutige Currentschrift ist undeutlich, klein und hässlich; die Typen, welche in den Druckereien des Orients verwendet werden, sind in Cairo in der Regel klein, in Beirût etwas grösser und deutlicher. Die Vokalzeichen werden heute fast nie mehr beigefügt, sodass das Lesen des Arabischen schon eine genaue Kenntniss der grammatischen Regeln erfordert.

Die Laute des Arabischen sind von denen unsrer Sprache theilweise verschieden. Am reinsten sprechen nicht die Städter, sondern die Bauern und die Bewohner der Wüste, d. h. ihr Idiom nähert sich mehr der classischen Sprache als das der Städter. Die Muslimen sprechen durchgängig besser als die Christen, weil sie schon durch das tägliche Hersagen des Korâns sich eine feinere Sprache und Aussprache aneignen. Der Hauptunterschied zwischen der Sprache des Korâns und der heutigen Umgangssprache besteht darin, dass letzterer gewisse Flexionsendungen fehlen. Die richtige Betonung und Aussprache des Arabischen lernt sich nur durch fortgesetzte practische Uebung.

Wir heben hier die hauptsächlichsten grammaticalischen Regeln des Vulgärarabischen von Syrien hervor und fügen eine Liste der gewöhnlichsten Redensarten und Vocabeln bei.

Nachstehend folgt das **Alphabet** mit der Umschreibung, die in diesem Reisehandbuch angewendet ist.

| | | | | |
|---|---|---|---|---|
| 1. | Elif | ا | | ist der Begleiter eines Vocals im Anlaut der Wörter und wird als Consonant nicht ausgesprochen. |
| 2. | Be | ب | b | |
| 3. | Te | ت | t | |
| 4. | The | ث | th | englisches *th*, in den Städten wie *t*, von den Türken wie *s* gesprochen. |
| 5. | Djim | ج | dj | wie franz. *g* vor *e* u. *i*, oder wie ital. *gi* zu sprechen (ganz weiches *dsch*; in Aegypten und bei den Beduinen wie *g* ausgesprochen). |
| 6. | He | ح | ḥ | ein verstärkter hinten im Gaumen gesprochener *h*-Laut, dem Arabischen eigenthümlich. |
| 7. | Che | خ | ch | westfälisches oder schweizerisches *ch*. |
| 8. | Dal | د | d | |
| 9. | Dhal | ذ | dh | verhält sich zu *d* wie *th* zu *t*; in den Städten wie *d* ausgesprochen. |
| 10. | Re | ر | r | schnarrend mit der Zunge gesprochen. |
| 11. | Ze | ز | z | weiches *s*, wie im Französischen. |
| 12. | Sin | س | s | |
| 13. | Schin | ش | sch | |
| 14. | Sad | ص | ṣ | verstärktes *s*. |
| 15. | Dad | ض | ḍ | beide mit Emphase, d. i. mit fester Andrückung der Zunge an den Gaumen gesprochen. |
| 16. | Ta | ط | ṭ | |
| 17. | Za | ظ | ẓ | in Syrien meist wie No. 15 ausgesprochen. |
| 18. | ʿAin | ع | ʿ | ein eigenthümlicher Kehllaut, der in der Kehle stark angestossen wird. |
| 19. | Gain | غ | gh | ein in der Kehle gesprochenes *r*. |
| 20. | Fe | ف | f | |
| 21. | Qaf | ق | ḳ | ein hinten in der Kehle mit hartem Anstoss gesprochenes *k*, von den Beduinen *g*, von den Städtern gar nicht, sondern nur durch einen Hiatus, ein Einhalten der Stimme, bezeichnet. |
| 22. | Kaf | ك ک | k | |
| 23. | Lam | ل | l | |
| 24. | Mim | م | m | |
| 25. | Nun | ن | n | |
| 26. | He | ه | h | |
| 27. | Waw | و | w | wie das englische *w* in well gesprochen. |
| 28. | Ye | ى | y | das deutsche *j*. |

Der Reichthum an Kehllauten lässt das Arabische dem Ohr unschön klingen. Eigenthümliche Laute sind die sogenannten emphatischen No. 15, 16 und 21; die Vocale werden durch dieselben getrübt: a gegen o, i gegen e, u gegen o hin. Das ü und ö sind im Vulgärarabischen selten, ebenso Diphthonge (ausser im Libanon).

In der Anrede wird bei den Städtern die II. Person Pluralis oder eine Umschreibung gebraucht: „*djenâbak*", deine Würde; „*chaḍretak*", deine Gegenwärtigkeit; zum Patriarchen „*ghubṭetkum*", zum Pascha „*sa'âdetak*". In der Anrede häufig „*yâ sîdî*", mein Herr. Statt „*ana*" der I. Person gebrauchen niedrig Gestellte „*el-faḳîr*" der Arme.

Die Possessiva werden durch Anhängsel ausgedrückt, z. B. *farasi*, meine Stute; *farasak*, deine Stute, fem. *ik; farasu (ô)*, seine Stute, fem. *farasha*, ihre Stute; *farasna*, unsere Stute; *faraskum*, eure Stute; *farashum*, ihre Stute.

Das l des Artikels wird vor t und s Lauten, sowie vor n und r assimilirt, also statt *el-schems*, die Sonne, *esch-schems*, etc.

Demonstrativa: *hâda*, mit dem Artikel *el* zu *hal* verbunden; sonst *hai*, Plur. *hâdôli; hâdâk* jener.

Relativwort: *elli*, wird nach einem unbestimmten Nomen ausgelassen.

**Declination.** Das Substantiv hat keine Casus; der Genitiv wird einfach hinter das vom Artikel entblösste Wort gesetzt, z. B. *ibn el-bâscha*, der Sohn des Pascha. Die Feminin-Endung *a, e, i* wird dabei in *at, et, it* verwandelt, z. B. *mara*, Frau; *marat el ḳâḍi*, die Frau des Richters.

Die Dualendung ist *ên*, Feminina *etên*: *sene* Jahr, Dual *senetên; idjr* Fuss, Dual *idjrên*. Die Pluralendung masc. *în* (z. B. *fellâḥîn*, Bauern), fem. *ât* (*ḥâre* Quartier, Stadt etc., Plur. *ḥârât*). Doch wird der Plural gewöhnlich durch innere Umwandlung der Vocale gebildet, und zwar auf 30—40 verschiedenerlei Weisen, sodass der Plural von jedem Wort besonders gemerkt werden muss; z. B. *'ain*, Quelle, Pl. *'uyûn; tâdjir*, Kaufmann, Pl. *tudjâr; djebel*, Berg. Pl. *djibâl; ḳabîle* Beduinenstamm, Pl. *ḳabâil*.

**Zeitwort.** Das Verbum hat verschiedene Stämme, in der Weise etwa, wie z. B. im Deutschen liegen und legen zu einander gehören. Jeder Stamm hat ein Perfectum, Imperfectum (Praesens), Imperativ, Particip, Infinitiv. Paradigma *ḳatal*, er hat getödtet.

| | Perfect. | Imperf. | Imperativ. | Particip. |
|---|---|---|---|---|
| | *ḳatal* | *yiḳtul* | *íḳtul, úḳtul* | *ḳâtil* |
| | *ḳattal* | *yeḳâttil* | *ḳâttil* | *meḳâttil* |
| | *ḳâtal* | *yeḳâtil* | *ḳâtil* | *meḳâtil* |
| | (*aḳtal* | *yiḳtil* | *aḳtil* | *miḳtil*) |
| Reflexiv | *taḳattal* | *yeteḳâttal* | | |
| | *teḳâtal* | *yeteḳâtil* | | |
| Passiv | *inḳatal* | *yinḳatil* | | |
| | *íḳtatal* | *yíḳtatil* | | |
| Desiderativ | *istáḳtal* | *yistáḳtil* | *istáḳtil* | *mistaḳtil* od. *mu*. |

Die vorstehenden kurzen Angaben sind nur des etwaigen Interesses wegen mitgetheilt, keineswegs als Anhalt zum praktischen Gebrauch; dazu gehört schon ein besonderes Studium der uns so ganz fremden Sprache, zu dem sich nur sehr wenige Reisende entschliessen werden. Dagegen lassen sich die nachstehenden zum täglichen Gebrauch gehörenden und oft wiederkehrenden Zahlen, Wörter und Sätze ohne besondere Mühe auswendig lernen, was sich auf Schritt und Tritt lohnen wird. Dies ist in der That nicht so schwierig, als es, zumal zu Hause, den Anschein hat; der Herausgeber, ebenfalls ohne Kenntniss der Sprache, ist mit noch geringerem Anhalt *ohne* Dragoman durchs Land gereist.

### Arabisches Vocabular.

| | | | | | |
|---|---|---|---|---|---|
| ein | — *wâhid*, fem. | *wahde* | der erste | — *áwwel*, fem. | *ûlâ* |
| zwei | — *itnên* - | *tintên* | der zweite | — *tâni* - | *tâniye* |
| drei | — *telâte* - | *telât* | der dritte | — *tâlit* - | *tâlite* |
| vier | — *árba'a* - | *arba'* | der vierte | — *râbi'* - | *râbi'a* |
| fünf | — *chámse* - | *chams* | der fünfte | — *châmis* - | *châmise* |
| sechs | — *sítte* - | *sitt* | der sechste | — *sâdis* - | *sâdise* |
| sieben | — *seb'a* - | *séb'a* | der siebte | — *sâbi'* - | *sâbi'a* |
| acht | — *temânye* - | *temân* | der achte | — *tâmin* - | *tâmine* |
| neun | — *tis'a* - | *tis'a* | der neunte | — *tâsi'* - | *tâsi'a* |
| zehn | — *'áschera* - | *' áscher* | der zehnte | — *'âschir* - | *'âschire* |

| | | |
|---|---|---|
| 11 — *hedâ'sch* | 20 — *'aschrîn* | 100 — *mîye*, vor Subst. *mît* |
| 12 — *etnâ'sch* | 30 — *telâtîn* | 200 — *miyetên* |
| 13 — *telattâ'sch* | 40 — *arba'în* | 300 — *telatmîye* |
| 14 — *arba'tâ'sch* | 50 — *chamsîn* | 400 — *arba'mîye* |
| 15 — *chamstâ'sch* | 60 — *sittîn* | 1000 — *alf* |
| 16 — *sittâ'sch* | 70 — *seba'în* | 2000 — *alfên* |
| 17 — *seb'atâ'sch* | 80 — *temânîn* | 3000 — *telattâlâf* |
| 18 — *tmantâ'sch* | 90 — *tis'în* | 4000 — *arba'tâlâf* |
| 19 — *tis'atâ'sch* | | 100,000 — *mîtalf* |
| | | eine Million — *milyûn* |

| | | | |
|---|---|---|---|
| einmal | — *marra* | ein halb | — *nus* |
| zweimal | — *marratên* | ein drittel | — *tult* |
| dreimal | — *telat marrât* | ein viertel | — *rub'e* |
| viermal | — *arba' marrât* | ein fünftel | — *chums* |
| fünfmal | — *châms marrât* | ein sechstel | — *suds* |
| sechsmal | — *sitt marrât* | ein siebentel | — *sub'* |
| siebenmal | — *séb'a marrât* | ein achtel | — *tumn* |
| achtmal | — *teman marrât* | ein neuntel | — *tus'* |
| neunmal | — *tis'a marrât* | ein zehntel | — *'uscher* |
| zehnmal | — *'âscher marrât* | | |

Die Substantiva folgen den Zahlwörtern in der Einheit, ausser bei den Zahlen von 1—10, z. B. vier Piaster — *árba' kurûsch*, 100 Piaster — *mît kirsch*.

Ich — *ána*, du — *énte*, fem. *énti*, er — *hû*, sie — *hî*, wir — *nâḥen*, ihr — *äntu*, sie — *hûm*.

Ja — *na'am* (ägypt. *aiwa*); nein — *lâ*; nein, ich will nicht — *lâ, mâ berîd* (äg. *musch'âwez*); es ist nicht nöthig — *musch lâzim*; nicht — *mâ*; es gibt nichts — *mâfisch*; ich will — *âna berîd*; willst du — *terîd énte*; wir wollen — *nerîd*; wollt ihr — *terîdû*.

Ich gehe — *âna râiḥ*; ich werde gehen — *âna berûḥ*; wir werden gehen — *menrûḥ*; gehe — *rûḥ*; gehet — *rûḥu*.

Er hat gesehen — *schâf*; siehe — *schûf*; ich habe gesehen — *schuft*.

Ich rede — *beḥki*; ich rede kein arabisch — *âna mâ beḥki bil-'arabi*; sprichst du italienisch — *bteḥki bil-italyâni*, französisch — *fransâwi*; wie heisst du — *schû ismak*.

Ich trinke — *bischrab*; ich habe getrunken — *âna schirîbt*; trinke — *ischrab*.

Ich esse — *âna bâkul*; ich habe gegessen — *âna akalt*; iss — *kul*; wir wollen essen — *bedna nâkul*.

Ich schlafe — *benâm*; steht auf — *kûmu*; ich ruhe aus — *besteriḥ*.

Ich bin geritten — *rikibt*; ich sitze auf — *berkab*; ich breche auf — *besâfir*.

Ich bin gekommen — *djît*; ich komme — *badji*; komme — *ta'âl*; er ist gekommen — *djâ*.

Heute — *el-yôm*; morgen — *búkra*; übermorgen — *ba'd búkra*; gestern — *embâreḥ*; vorgestern — *awwel embâreḥ*.

Viel, sehr — *ketîr*; ein wenig — *schwóyye*; gut — *ṭayyib*; nicht gut — *musch ṭayyib*; sehr gut — *ṭayyib ketîr*; langsam, langsamer — *schwóyye schwóyye, 'ala máhlak*; vorwärts — *yallah yallah*.

Wieviel — *kem*; für wie viel — *bekem*; genug — *bäs*; wie viele Stunden — *kem sâ'a*?

Für, zu welchem Zweck — *minschânêsch*; einerlei — *mâ 'alêsch*.

Alles — *kul*; zusammen — *sawa sawa*; jeder — *kul wâḥid*; einer nach dem andern — *wâḥid wâḥid*.

Schöner, besser — *áḥsan*; der beste von allen — *el-áḥsan min el-kul*.

Hier — *hôn* (ägypt. *hêne*); hierher — *lahôn*; von hier — *min-hôn*; dort — *hônîk* (ägypt. *henâk*); oben — *fôḳ*; unten — *taḥt*; über — *'ala*; tief — *ghamîḳ*; weit (Entfernung) *ba'îd*; nahe — *ḳarîb*; innen — *djuwwa*; aussen — *bârra*; wo — *wên*; noch, noch nicht — *lissa* (beim Verbum mit *mâ*); wann — *êma*; noch — *ba'd*; später — *ba'dên*; nie — *abadan*; immer — *dâiman*; vielleicht — *belki*.

Alt — *kebîr*; berühmt — *meschhûr*; beschäftigt — *maschghûl*; betrügerisch — *chawwân*; betrunken — *sekrân*; blind — *a'mâ*; dumm — *ghaschîm*; faul — *keslân*; fett — *semîn*; fremd — *gharîb*; froh — *ferḥân*; gesund — *ṣâḥ*, *mabsûṭ* (auch zufrieden); hungrig — *djû'ân*; lügnerisch — *keddâb*; müde — *ta'bân*; satt — *schib'ân*; schwach — *ḍa'îf*; todt — *meyyit*; verrückt — *medjnûn* (ägypt. *megnun*); zuverlässig — *amîn*.

Bitter — *murr*; sauer — *ḥâmuḍ*; süss — *ḥilu*

Breit — *'arîḍ*; eng — *ḍâyyik*; gross — *'aẓîm*, *kebîr*; heiss — *ḥar*; hoch — *'âli*; leer — *châli*, *fâḍi*; neu — *djedîd*; niedrig — *wâṭi*; schlecht — *baṭṭâl*; schmutzig — *wúsich*; steil — *'âṣi*; theuer — *ghâli*.

Weiss — *âbyaḍ*; schwarz, dunkel — *aswad*; roth — *âḥmar*; gelb — *aṣfar*; blau — *azraḳ*; grün — *âchḍar*.

Stunde, Uhr — *sâ'a*; wie viel Uhr ist es — *kaddesch es-sâ'a?*; es ist 3 Uhr — *essâ'a bittelâte*; es ist $4^1/_2$ ($^1/_2$5) Uhr — *essâ'a arba' unuṣ*; es ist $^1/_4$ vor 5 Uhr — *essâ'a châmse illa rub'e*.

Vormittag — *ḍâḥâ*; Mittag — *ḍuhr*; Nachmittag ($1^1/_2$ Stunde vor Sonnenuntergang) *'aṣr*; Nacht — *lêl*; Mitternacht — *nuṣṣ el-lêl*.

Sonntag — *yôm el-âḥad*; Montag — *yôm el-itnên*; Dienstag — *yôm et-telâte*; Mittwoch — *yôm el-arba'a*; Donnerstag — *yôm el-chamîs*; Freitag — *yôm el-djum'a*; Samstag, Sabbat — *yôm es-sebt*; *Yôm* (Tag) wird meist weggelassen. Die Woche — *usbû'*; der Monat — *schaher*, plur. *uschhur*.

Januar — *kânûn et-tâni*; Februar — *eschbâṭ*; März — *adâr*; April — *nîsân*; Mai — *iyâr*; Juni — *ḥezîrân*; Juli — *tamûz*; August — *âb*; September — *êlûl*; October — *tischrîn el-awwel*; November — *tischrîn et-tâni*; December — *kânûn el-awwel*.

Die muslimischen Monate werden nach dem Mondjahr berechnet (vgl. S. 101); sie heissen: *Muḥárrem*, *Ṣafar*, *Rebî' el-awwel*, *Rebî' et-tâni*, *Djumâda el-awwel*, *Djumâda et-tâni*, *Redjeb*, *Scha'bân*, *Ramaḍân* (Fastenmonat), *Schawwâl*, *Dhul-ḳa'de*, *Dhul-ḥiddje* (Pilgermonat).

Winter — *schita*; Sommer — *ṣêf*; Frühling — *rebî'*.

Regen — *maṭar*, *schita*; Schnee — *teldj*; Luftzug — *hawa*.

Himmel — *semâ*; Mond — *ḳamar*; Neumond — *hilâl*; Vollmond — *bedr*; Sonne — *schems*; Sonnenaufgang — *ṭulû' esch-schems*; Sonnenuntergang — *maghreb*; Stern — *kôkab*, plur. *kawâkib*.

Osten — *scherḳ*; Westen — *gharb*, *maghreb*; Süden — *ḳibla*; Norden — *schemâl*.

Vater — *abu*; Mutter — *umm*; Sohn — *ibn*, plur. *beni*; Tochter — *bint*, plur. *benât*; Grossmutter — *sitt*; Bruder — *ach*, plur. *ichwân*; Schwester — *ucht*, plur. *achwât*; Eltern — *wâlidên*; Frau — *mâra*; Frauen — *niswân*, *ḥarîm*; Junge — *weled*, plur. *ûlâd*; Mann — *ridjâl*; Mensch — *insân*, plur. *nâs*; Freund — *ṣadîḳ*; Nachbar — *djâr*; Braut — *'arûs*; Bräutigam — *'arîs*; Hochzeit — *'oers*.

Band zum Festhalten der Keffîye — *'agâl*; Beduinenmantel — *'abâye*; Fez — *ṭarbûsch*; Filzkappe — *libde*; Gürtel — *zunnâr*; Hose — *schelwâr*; Jacke — *fermelîye*; Kaftan — *ḳumbâz*; Schweisskappe — *'arḳîye*; Seide — *ḥarîr*; Stiefel — *djezme*; Frauenstiefel — *mest*; Pantoffel — *bâbûdj*; Schuh — *surmâye*; Strumpf — *djerâb*; Turban — *schâla*, *leffe*.

Auge — *'ain*, Dual *'ainên*; Bart — *dakn*, *lihye*; Fuss — *idjr*, Dual *idjrên*; Haar — *scha'r*; Hand — *îd*, Dual *îdên*; rechte Hand — *yemîn*; linke Hand — *schemâl*; Faust — *keff*; Kopf — *râs*; Mund — *fum*, *tum*; Schnurrbart — *schawârib*.

Diarrhöe — *insihâl*; Fieber — *suchûne*; Chinin — *kîna*; Opium — *afiyûm*; Schmerz — *wadj'a*.

Abraham — *Ibrâhîm*; Gabriel — *Djibrâîl*, *Djubrân*, *Djebbûr*, *Djabûra*; Georg — *Djirdjis*; Jesus — *'Isâ*; Johannes — *Ḥanna*, verkürzt aus Yûḥanna; Joseph — *Yûsef*, *Yûsuf*; Maria — *Maryam*; Moses — *Mûsa*; Salomo — *Suleimân*.

Amerikanisch — *amerikâni*, *amelikâni*; arabisch — *'arabi*; Beduine — *bédawi*, plur. *bédu*, oder auch *el-'arab*; Constantinopel — *Stambul*; Deutschland — *Alemânia*; Druse — *drûsi*, plur. *ed-derûz*; Aegypten — *Maṣr*; englisch — *inglîzi*; England — *bilâd el-ingilîz*; Franke (Bezeichnung des Europäers) — *frändji*; fränkischer Herr — *chowâdja* (wörtlich der Angesehene), plur. *chowâdjât*; französisch — *fransâwi*; Frankreich — *Fransa*; griechisch — *rûmi*; Griechenland — *Rûm*; italienisch — *italyâni*; Italien — *bilâd itâlia*; oesterreichisch — *nemsâwi*; Oesterreich — *bilâd nemsâ*; preussisch — *prussiâni*; Preussen — *bilâd prûssia*; russisch — *moskôwi*; Russland — *bilâd moskow*; Schweiz — *Suizzera*; Syrien — *esch-Schâm*; türkisch — *túrki*.

Griechisch-orthodox — *rûm ḳadîm*; griechisch-kathol. — *rûm ḳâtûlîk*; Katholik — *ḳâtûlîki*, plur. *ḳuwêṭele*; Nachkomme Moḥammed's — *seyyid*; Protestant — *protestant*.

Heiliger (auch das Grab eines solchen) — *weli* oder auch (syrisch) *mar*; Prophet — *nebi*, (Mohammed) *rasûl*.

Arzt — *ḥakîm*, plur. *ḥukamâ*; Geldwechsler — *ṣarrâf*; Bäcker — *chabbâz*; Barbier — *ḥallâḳ*; Buchhändler — *kútubi*; Consul — *ḳunṣul*, *unṣul*; Consulatsdiener (Gensdarm) — *ḳawwâs*; Diener — *châdim*; Dragoman — *terdjumân*; Dorfschulze — *schêch el-beled*; Beduinenschêch — *schêch el-'arab*; Fleischer — *ḳaṣṣâb*; Gebetsrufer — *mueddin*; Gelehrter — *'âlim*, plur. *'ulemâ*; Goldschmied — *ṣâigh*, plur. *ṣiyâghe*; Koch — *ṭabbâch*; Lastträger — *ḥammâl*; Lehrer — *ma'âllim*; Missionar — *mursal*, plur. *mursalîn*; Mönch — *râhib*, plur. *ruhbân*; Pilger — *ḥaddji*; Polizei — *ẓâbṭiye*; Räuber — *ḥarâmi*, plur. *ḥarâmîye*; Richter — *ḳâḍi*, plur. *ḳuḍât*; Schneider — *chayyâṭ*; Schuster — *surmâyâti*; Schuhflicker — *skâfi*; Soldat *'âskeri*; Heer — *'asker*; Thiervermiether — *mukâri* (missbräuchlich *mukr*), plur. *emkârîye*; Thorwächter — *bawwâb*; Wächter — *ghafîr*, plur. — *ghufarâ*; Wäscher — *ghassâl*; Wegweiser (d. h. berittener) — *chayyâl*; Zollbeamter — *gumruktschi*.

Aprikose — *mischmisch*; Banane — *mûz*; Baum (Strauch) — *sadjara*, plur. *asdjâr*; Blume (Blüthe) — *zahr*, plur. *azhâr*; Baumwolle — *ḳuṭn*; Bohne — *fûl*, *lûbiye*; Citrone — *lêmûn*; — Dattel — *temer*; Feige — *tîn*; Gerste — *scha'îr*; Granate — *rummân*; Johannisbrodbaum — *charrûb*; Knoblauch — *tûm* (*fûm*); Olivenbaum — *zêtûn*; Orangen — *portugân*; Pfirsich — *durrâk*; Pistacie — *fustuk*; Traube — *'oenab*; Wassermelone — *battîch*, rothe — *djebze*; Zwiebel — *basal*.

Branntwein (in Syrien meist aus Rosinen) — *'arak*, *raki*; Brod — *chubz* (ägypt. *'êsch*); das flache arabische Brod — *raghîf*, plur. *rughfân*; Kaffe — *kahwe*; Cigarettenpapier — *warakat sigâra*; Mittagessen — *'aschâ*; Ei — *bêd*, gesotten — *bêd berischt*, gebacken — *bêd makli*; Frühstück, erstes — *futûr*, zweites — *ghâdâ*; Gift — *semm*; Honig — *'asal*; Milch, frische — *halîb*, saure — *leben*; Oel — *zêt*; Pfeffer — *fulful*; Reis — *ruz*; Salz — *milh*; Süssigkeiten — *halâwa*; Wasser — *môye*; Wein — *nebîd* (ägypt. *scharâb*), Cyperwein, der am meisten getrunken wird — *nebîd ubrusi*; Zucker — *sukkar*.

Brief — *mektûb*, plur. *mekâtîb*; Buch — *kitâb*, plur. *kutub*.

Zelt — *chême*, Araberzelt — *bêt*; Zeltstange — *'amûd*; Zeltpflock — *watad*, plur. *autâd*.

Fenster — *tâka*; Garten — *djenêne*, plur. *djanâin* oder *bustân*; Haus — *bêt*, plur. *biyût* (ägypt. *dâr*); Mauer — *sûr*; Sopha — *dîwân*; Strohmatte — *hasîra*; Stuhl — *kursi*; Teppich — *besât*; Thor — *bâb*, *bawwâbe*; Tisch — *mâida*; Treppe — *dêredje*; Wirthshaus — *lokanda*; Zimmer — *ôda*.

Gebetsnische — *mihrâb*; Grab — *kabr*, plur. *kubûr*; Kanzel — *mimbar*; Kloster — *dêr*; Kloster von Derwischen — *tekkîye*; Minaret — *mâdine*; Moschee — *djâmi'*, *mesdjid*, plur. *masâdjid*; Spital — *mâristân*.

Gepäck — *'afsch*, *himl*; Reisesack (der arabische, über den Sattel zu legen) — *churdj*; Futtersack — *'alîka*; Hufeisen — *na'l*; Packsattel — *djelâl*; Sattel, europ. — *serdj fründji*, arab. *beledi*; Steigbügel — *rekâb*, plur. *rekâbât*; Zaum — *ledjâm*.

Dolch — *chandjar*; Flinte — *bundukîye*; Pistole — *tabândja*; Pulver — *milh*; Säbel — *sêf*.

Beil — *kaddûm*; Eimer — *delu*; Faden — *chêt*; Fächer — *mirwâh*; Kerze — *schem'a*; Lichtstock — *schem'adân*; Laterne — *fânûs*; Messer — *sikkîn*; Schlauch — *kirba*, plur. *kirab*; Seife — *sâbûn*; Stock — *'asâye*; Strick — *habl*; Trinkglas — *kubâye*.

Bad — *hammâm*; Brunnen, öffentl. — *sebîl*; Cisterne — *bîr*; Quelle — *'ain*, *neba'*; Teich — *birke* (plur. *burak*), *bohêra*.

Blei — *resâs*; Eisen — *hadîd*; Feuer — *nâr*; Holz — *chûschab*; Kohle — *fahm*; Licht — *nûr*; Stein — *hadjar*.

Ankerplatz — *mersâ*; Hafen — *mîna*; Schiff — *merkeb*, plur. *marâkib*; Dampfschiff — *wâbûr*; Meer — *bahr*; Fluss — *nahr*; Insel — *djezîre*; Sumpf — *ghadîr*; Vorgebirge — *râs*.

Berg (Gebirge) — *djebel*, plur. *djibâl*; Brücke *djisr*; Dorf — *beled*, *karya*, *kefr* (aram.); Ebene — *watâ*, *sahl*; Erde — *ard*; Festung — *kal'a*; Gasse — *zekâk*, *sikke*; Heimat, Gegend — *bilâd*; Höhle — *meghâra*, plur. *mughr*; Hügel — *tell*, plur. *tulûl*; Markt — *sûk*, plur. *aswâk*; Ruine — *chirbe*; Schloss — *kasr*; Schule — *kuttâb*

8*

(Leseschule), *medrese*, plur. *madâris* (höhere Schule); Stadt — *medîne*, plur. *mudun*; Strasse — *ṭarîk*, *ṭuruḳ*; *ṭarîḳ es-sulṭâni*, Hauptstrasse; Wald — *ḥêsch*; Weg — *derb*, plur. *durûb*; Wiese — *merdj*; Wüste — *berrîye*, *bâdiye*.

Biene — *naḥla*; Blutigel — *'alḳa*, plur. *'alâiḳ*; Eidechse — *ḍabb*; Ente — *baṭ*; *Esel* — *ḥumâr*, plur. *ḥamîr*; Fisch — *semek*; Fliege — *dubbân*; Flöhe — *barâghît*; Gazelle — *ghazâl*; Geier, Adler — *nisr*; Hahn — *dîk*; Henne, *djâdj*; Küchlein — *ferûdj*; Hund — *kelb*, plur. *kilâb*; Kamel — *djemel*, plur. *djimâl*; fem. *nâḳe*, plur. *nûḳ*; Reitkamel, *dhelûl*; Laus — *ḳaml*; Pferde — *chêl*; Hengst — *ḥuṣân*; Stute — *faras*; Klepper — *gedîsch*; Füllen — *muhr*; Lamm — *charûf*; Schildkröte — *zülḥafe*; Schlange — *ḥâyye*; Schwein (auch wild) — *chanzîr*; Scorpion — *'aḳrab*, plur. *'aḳârib*; Stachelschwein — *ḳunfud*; Storch — *legleg*; Taube — *ḥamâm*; Vogel — *ṭêr*, plur. *ṭiyûr*; Wanze — *baḳ*.

---

Bei der Ankunft. Um wie viel willst du mich ans Land (aufs Schiff) fahren? — *bikêm tâchudmi lil-bârr (lil-merkeb)?*

Um fünf Franken! — *bichâms frankât!*

Zu viel, ich will dir einen geben! — *ketîr, ba'ṭîk wâḥid!*

Du wirst mich allein führen, sonst gebe ich dir nichts! — *tâchudni wâḥdi, willa mâ ba'ṭîk schê.*

Wir sind zu drei! — *naḥn telâte.*

Jeden für vier Piaster — *kul wâḥid bi arba' ḳurûsch.*

Schaffe diesen Koffer (diese Koffer) in die Barke hinunter! — *nézzil haṣ-ṣandûḳ (haṣ-ṣanâdîḳ) lil-mérkeb.*

---

Beim Zoll — *gúmruk.* Oeffne den Koffer — *iftaḥ eṣ-ṣandûḳ.*

Ich habe nichts darin — *mâ 'ándi schê* (Trinkgeld — *bachschîsch.*)

Gib den Pass — *hât et-tézkere (passaport).*

Ich habe keinen Pass — *mâ fî tézkere 'ándi.*

Ich stehe unter dem Schutz des deutschen Consuls — *âna taḥt ḳunsul alemânia.*

---

Im Kaffehaus. Junge! bringe mir ein Tässchen Kaffe — *yâ weled djîb findjân ḳahwe* (*ḳahwe besúkkar* — mit Zucker; — *minghêr súkkar* oder *múrra* — ohne Zucker).

Bringe einen Stuhl, Wasser — *djîb kúrsi, môye.*

Bringe ein Nargile — *djîb nargîle* (auch *näfüs*).

Einen reinen neuen Schlauch — *marbîsch naẓîf, djedîd.*

Bringe eine glühende Kohle — *djîb baṣṣet nâr.*

Wechsle die Pfeife, d. h. bringe einen neugefüllten Kopf — *ghäyyir en-näfüs.*

---

Im Bad — *fil-ḥammâm.*

Bringe die Stelzen — *djîb el-'ab'âb (ḳabḳâb).*

Führe mich hinein — *waddîni ladjuwwa.*
Lass mich ein wenig — *challîni schwóyye.*
Ich schwitze noch nicht — *lissa mâni 'ar'ân ('arkân).*
Reibe mich tüchtig — *keyyisni melîh.*
Es ist nicht nöthig mich zu reiben — *musch lâzim ettekyîs.*
Wasche mich mit Seife — *ghâssilni bisâbûn.*
Es genügt, genug — *bikeffi, bäs.*
Bringe kaltes Wasser — *djîb môye bâride.*
Bringe noch mehr — *djîb kemân.*
Wir wollen hinausgehen — *bedna nitla' bárra.*
Bringe ein Umschlagtuch (Tücher) — *djîb fûta (fuwat).*
Bringe Wasser, Kaffe, Nargile — *djîb môye, kahwe, nargîle.*
Wo sind meine Kleider — *wên hudûmi?*
Bringe die Schuhe — *djîb el-djezme.*
Wo ist der Badewärter, Kaffewirth — *wên el-mukéyyis, el-kahwetschi?*
Hier ist dein Trinkgeld — *chud bachschîschak.*

---

Beim Barbier — *'andel-muzzeyyin.*
Schneide mein Haupthaar mit der Scheere ab — *'uss scha'r râsi bilma'âss* (dasselbe wie der Mohammedaner rasiren zu lassen erzeugt oft einen sehr unangenehmen Ausschlag, ausserdem entstellt es).
Trocken, ohne Seife — *'alen-nâschif.*
Rasire mich gut — *ihla' da'ni melîh.*
Soll ich dir den Kopf waschen — *eghassil râsak?*
Nein, es ist nicht nöthig (ja) — *lâ, musch lâzim (e na'am).*
Wenn der Barbier zu Ende ist, hält er seinem Kunden den Spiegel vor und sagt: „*nâ'iman*" — es bekomme angenehm; Antwort: „*allâh yin'im 'alêk*" — Gott mache es dir angenehm.

---

Wäsche. Trage die Kleider zum Waschen — *wâddi elhudûm lilghasîl* (die Stückzahl zähle man vor den Augen des Wäschers).
Wie viel kostet die Wäsche — *(k)addêsch témen elghasîl.*

---

Beim Pferdevermiether — *mukâri.*
Hast du Pferde — *'ândak chêl?*
Ich habe keine Thiere — *mâfîsch dawâbb 'andi.*
Wie viel willst du täglich für ein Pferd — *kaddêsch tâchud kira kul yôm 'âlâ dâbbe?*
30 Piaster! — *telâtîn 'irsch.*
Das geht nicht, wir wollen dir 15 geben — *mâ bisîr, na'tîk chamstâ'sch.*
Wir wünschen zwei Pferde und zwei Maulthiere — *bednâ husânên ubaghlên.*
Um wie viel willst du mich dorthin bringen — *bikem tâchudni ila hônîk?*

Eine Reise von 3 Tagen — *séfer telâtt-iyâm.*

Wir wollen die Thiere versuchen — *mendjérrib eddawwâbb.*

Steige auf — *irkab.*

Dieses läuft nicht gut, bringe ein anderes — *hâda ma biyimschi, djîb wâḥid ghêru.*

Gib mir ein Haftgeld — *a'ṭîni ghabûn.*

---

Reise. Wann werdet ihr abreisen — *êmte tesâferu?*

Wir wollen morgen abreisen mit Sonnenaufgang — *menrîd (beddenâ) nesâfir bûkra, ma'asch-schems;* eine Stunde vor Sonnenaufgang — *sâ'a 'abl esch-schems;* zwei Stunden nach Sonnenaufgang — *sâ'atên ba'd esch-schems.*

Komme nicht zu spät — *lâ teteʿáwwa'.*

Ist alles bereit — *kúl schê ḥâḍir?*

Hast du Wein gekauft — *ischtarêt nebîd?*

Nein, noch nicht — *lâ, lissâ.*

Ladet, packt auf — *schéyyilu.*

Wie viel Stunden sind von . . . nach . . . — *kem sâ'a min . . . ila . . .* (auf die Angaben der Bewohner kann man sich indess selten verlassen, da nur wenige wissen, was eine Stunde ist).

Sieben und eine halbe Stunde — *seb'a sâ'at unuṣ.*

Halte den Steigbügel — *imsik er-rekâb.*

Ich will aufsteigen — *beddi érkab* (plur. *bedna nerkab*).

Wird es heute regnen? — *râiḥ yimṭur el-yôm?*

Warte ein wenig — *istenna schwóyye.*

Wie ist der Name dieses Dorfes, Berges, Thales, Baumes, dieser Quelle — *schû ism hal-beled, djebel, wâdi, (has) sadjara, hal'ain?*

Wir wollen ausruhen, frühstücken — *beddenâ nisteriḥ, neteghâdda.*

Ist gutes Wasser da (unterwegs) — *fîh môye ṭayyibe (fidderb)?*

Wo ist die Quelle — *wên el-'ain?*

Wir wollen absteigen — *bédna ninzil.*

Bringe das Essen — *djîb el-âkel.*

Bleibt etwas fern — *challîkum ba'îd 'anni.*

Nimm das Essen weg — *schîl el-âkel.*

Komme — *ta'âl;* geh fort — *rûḥ.*

Wohin gehst du — *wên râiḥ?* Woher kommst du — *min wên djâi?*

Die Zeit ist vorbei gegangen, es ist schon spät — *fât el wa't.*

Sollen wir geradeaus gehen — *menrûḥ dughri?;* gerade aus — *dughri dughri.*

Ist ein Führer nothwendig — *yilzemna delîl?*

Ihr seid vom Wege abgekommen, verirrt — *ghalâṭṭu (tihtu) 'an edderb.*

Sind Beduinen (Räuber) auf dem Wege — *fîh bédu (ḥarâmiye) fid-derb?*

Nein, es ist Alles sicher — *lâ, kúllu amîn.*

Stehe! oder ich schiesse — *waḳḳif willa eḳaûwisak.*
Fürchte dich vor mir — *chûf minni.*
Was soll ich dazu thun — *schû besaúwi?*
Geschenk, o Herr — *bachschîsch yâ chowâdja!*
Es gibt nichts, gehe fort — *mâfîsch, rûḥ.*
Wohin führt dieser Weg — *hadderb tuwâddi ila wên?*
Woher kommt dieser Weg — *hadderb tidji minên?*
Ich bin sehr müde geworden — *âna ti'ibt ketîr.*
Ich habe Kopfweh — *râsi byûdja'ni.*
Wir wollen früh absteigen, damit wir ausruhen — *nestá'djil bédna nínzil bakîr minschân nesterîḥ.*
Es ist Abend geworden — *ṣâr móghreb.*
Wann werden wir ins Quartier kommen — *émte nûṣil lil-ménzil?*
Nach einer Weile — *bâ'd sâ'a.*
Wo ist das Absteigequartier, das Kloster — *wên el-ḳônaḳ, ed-dêr?*
Oeffne die Thüre — *iftaḥ elbâb.*
Schliesse die Thüre — *sekkir elbâb.*
Reinige das Zimmer und spritze es — *kénnis li el-ôda urischha*
Decke den Tisch — *ḥútt es-súfra.*
Wir wollen essen — *bédna nâkul.*
Bringe eine Flasche Wein — *djîb 'anînet nebîd.*
Was gibt's zu essen — *schû fîh lilâkel?*
Reinige dieses Glas gut — *néḍḍif hal-'ubâye melîḥ.*
Koche mir ein Huhn — *iṭbuch lî djâdje.*
Gib mir Wasser zu trinken — *as'îni.*
Bringe eine reine Serviette — *djîb fûṭa naẓîfe.*
Mache das Bett bereit — *ḥáḍḍir elferâsch.*
Wecke mich morgen früh auf — *'ayyimni búkra bakîr.*
Ich will ins Freie spazieren — *beschimm elhâwa.*
Wir kehren schnell zurück — *nirdja' 'awwâm.*
Wo ist das Posthaus — *wên bêt el-bósta?*
Sind keine Briefe für mich da — *mâfi makâtîb min schâni?*

---

Beim Kauf. Was willst du? was suchst du? — *schû béddak.* (ägypt. *'âwez ê*)?
Hast du eine Keffiye (ein Fez) — *'ándak keffîye, ṭarbûsch?*
Was soll sie kosten — *'uddêsch yiswa?* (oder einfach *bikém?*)
Einhundert und zwanzig Piaster — *mîye u'aschrîn 'irsch.*
Das ist theuer, sehr theuer — *hâda ghâli, ghâli ketîr.*
Wohlfeil mein Herr! — *rachîs yâ sîdi.*
Ich will dir siebzig Piaster geben — *ba'ṭîk seba'în 'irsch.*
Nach deinem Belieben — *'ala kêfak* oder bloss *kêfak.*
Nein es geht nicht — *lâ, mâ yeṣîr.*
Willst du sie um 100 Piaster kaufen — *tischterîhâ bimît 'irsch?*
Nein, bei mir ist Eine Rede, ein fränkisches Wort — *lâ, 'andi kalâm wâḥid, kilme frändjîye.*

*„'alîl, min schânak"* „es ist wenig, um deinetwillen" sagt der Verkäufer wenn er die Waare lassen will, oder er gebraucht die Redensart *„chúdu balâsch"* „nimm es um nichts".

Gib ein wenig zu — *zid schwóyye.*

Gib das Geld — *hât el-fulûs.*

Wechsle mir ein Goldstück aus — *ṣárrif lî lîra.*

Für wie viel nimmst du das Goldstück — *bikêm tâchud el-lîra?*

Es thut nichts — *mâ biṣâil.*

---

Grüsse und Redensarten. Dein Tag sei glücklich — *nehârak sa'îd.*

Dein Tag sei gesegnet — *nehârak mubârek.*

Guten Morgen — *ṣabâḥkum bil-chêr* oder *el-chêr;* Antwort: Gott schenke euch (dir) einen guten Morgen — *allâh yeṣṣabbiḥkum (yeṣṣabiḥak) bil-chêr.*

Guten Abend — *messâkum bil-chêr* oder *el-chêr;* Antwort: Gott schenke euch (dir) einen guten Abend — *allâh yemessîkum (yemessîk) bil-chêr,* oder *messâkum allâh bil-chêr.*

Beim Schlafengehen: Deine (eure) Nacht sei glücklich, gesegnet — *lêletak (lêletkum) sa'îde, mubâreke;* die Antwortform ist gleichlautend.

Bei einem Besuch oder einer Begegnung ist nach der Begrüssung die erste Frage: *kêf ḥâlak (ḥâlkum)* oder *kêf kêfak* (ägypt. *zê zêyak*) wie ist dein (euer) Befinden? Antwort: *„el-ḥámdu lillâh, ṭayyib"* Gott sei Dank, gut. Beduinen und Bauern fragen wohl ein Dutzendmal dasselbe.

Wenn Jemand getrunken hat, so sagen ihm die Andern, indem sie die Hand gegen den Kopf erheben *„hanîyan yâ sîdi"* wohl bekomm's mein Herr. Antwort: *„allâh yehannîk (yehannîkum)"* Gott lasse es auch dir (euch) wohl bekommen.

Beim Darreichen: *dûnak* oder *chud* — nimm; Antwort: *kâttar allâh chêrak* — Gott vermehre dein Gut, d. h. Dank (den der Tourist übrigens von den Personen, mit welchen er umgeht, selten oder nie zu hören bekommt, da diese zu jeder Geldspende von Seiten des Europäers berechtigt zu sein glauben). Duplik: *„uchêrak"* — und dein Gut.

Beim Fortgehen: *„auda'nâkum"* adieu; *„châṭerak" „châṭirkum"* lebt wohl; worauf der Hausherr erwidert: *„fî amân allâh"* in Gottes Obhut.

Unterwegs: *„ahlan wasahlan"* oder *„marḥabâ"*, willkommen; Antwort: *„marḥabtên"*, zweimal willkommen.

Komme zum Essen, greife zu — *tafáḍḍal,* plur. *tafáḍḍalu.*

Gib Acht — *châlli bâlak* oder nur *bâlak.*

(Zu Pferde) Gib Acht auf deinen Rücken: *„ẓáhrak"!* wobei meist der zu Warnende nach seinem Stand oder Geschlecht angerufen wird: *ẓáhrak yâ chowâdja! ẓáhrak yâ bint!* etc. In Aegypten, besonders in den engen Strassen von Cairo, sind diese Rufe noch eingehender; dort wird gewarnt: gib Acht auf deinen Fuss „*riglak*", dein Gesicht „*wúschschak*", deine rechte Hand *yemînak*, deine linke Hand *schemâlak;* ferner: *û'â*, gib Acht etc.

Bitte — *dáchlak*.

Ich stehe unter deinem Schutz (Beduinenausdr.) — *âna dachîlak*.

Mein Haus gehört dir — *bêti bêtak* (mein Haus, dein Haus).

Sei so gut — *ö'mil-el-ma'rûf*.

*mâschâllah* (Ausruf der Verwunderung) wörtl. „was Gott will" scil. geschieht.

*inschâllah* — so Gott will.

*wallah* oder *wallâhi* — bei Gott.

*bihayât râsak* — bei deinem Haupte.

*istâghfir allâh* — bewahre Gott.

## VIII. Zur Kunstgeschichte Syriens.

Syrien ist von Natur nicht darauf angelegt, der Kern eines grossen Reiches zu sein; daher hat es auch, ausser etwa im Beginn des Christenthums, nie eine eigenartige, ihm vorzugsweise zugehörige Kunst entwickelt. Doch sind durch ganz Syrien die Ueberreste der verschiedensten Kunstepochen zerstreut, wie sie wohl der Boden keines zweiten Landes vereinigt. Der Entwicklung der Plastik und Malerei wurde jedoch durch die Eigenthümlichkeit des semitischen Volkscharacters entgegen gearbeitet, der seit unvordenklichen Zeiten bilderfeindlich, in seinem Mangel an objectiver Anschauung ja überhaupt einseitig ist.

a. Die Gebirge Syriens sind sehr reich an Höhlen. Viele Belege sind dafür vorhanden, dass die Urbewohner des Landes Höhlenbewohner, Troglodyten, waren. Nur ein kleiner Schritt führte dazu, die Höhlen künstlich auszuweiten, oder dann gar im Felsen neue Höhlen auszubauen. Reste solcher Wohnungen finden sich noch im Ḥaurân; auch die Höhlen der Gegend von Bêt Djibrîn sind hierher zu rechnen. Mit zunehmender Gesittung benutzte man Höhlen nur noch in Nothfällen zur Kriegszeit als Wohnungen (Richter 6, 2). Jedoch blieb die Gewohnheit, Felsen auszuhöhlen, in Kraft, da man die Todten in Höhlen beizusetzen pflegte; ein frühes Beispiel bietet die Höhle Machpela zu Abrahams Zeiten (1 Mose 13, 9). In einem so quellenarmen Lande, wie Palästina ist, mussten Cisternen gegraben und ausgemauert, an manchen Orten in den Felsen gehauen werden. Die Cisternen wurden häufig zu grossen Reservoirs ausgeweitet. Sie sind oft über 30m tief; schwere Steine schlossen die Oeffnungen. Diese unterirdischen Höhlungen wurden häufig als Gefängnisse benutzt, sodass „Grube" im Hebräischen auch bloss für „Gefängniss" steht, z. B. Sach. 9, 11. Quellen wurden durch verschiedenartig gebaute Wasserleitungen, auf Bogen oder auch durch Felsen längs der Berglehnen hin in die

Ortschaften geleitet; oder sie wurden, wie auch der Regen, in grossen offenen Behältern gesammelt. Diese Anlagen, von der Natur des Landes erfordert, sind uralt (vergl. V Mose 6, 11). Ebenso stammen die Oel- und Weinkeltern, welche man durch ganz Syrien trifft, wohl aus alter Zeit her. Sie bestehen aus einer kreisrunden Höhlung von 1—1,5m Tiefe, circa 1,5m Durchmesser; durch ein Loch floss Oel und Wein in eine Kufe ab. Oft finden sich diese Keltern in der Nähe der Felsengräber. Alle diese Arbeiten im Felsen setzen eine bedeutende Geschicklichkeit in der Führung des Meissels voraus, obwohl das Gestein nicht gerade sehr hart ist. Das ganze Land ist voll alter Felsengräber; es ist jedoch sehr schwer zu bestimmen, in welche Jahrhunderte die heute noch vorhandenen Ueberreste zurückreichen. Gräber wurden gewöhnlich an einer steil abfallenden Felswand angebracht, bisweilen in unzugänglich scheinender Höhe; war keine solche Felswand vorhanden, so wurde künstlich eine geschaffen, indem man von oben in den Felsen eindrang und einen rechtwinkligen Ausschnitt, in welchen eine Treppe hinabführte, herstellte. Die Grabkammern sind viereckig und verzweigen sich bisweilen weit in den Berg hinein.

Für die Gräber folgen wir der Eintheilung Tobler's; er unterscheidet: a) *Senk*gräber, welche nach Art unserer Gräber in den Boden der Felskammer geteuft sind, aber durch einen darüber gewälzten Steindeckel verschlossen wurden; b) *Schieb*gräber, viereckige Gänge von 1,8m Länge, 0,45m Breite, 0,45m Höhe, meist wagerecht in den Felsen hinein gehauene, am Boden oft mit einer Rinne versehene Stollen, in welche die Leiche wagerecht hineingeschoben wurde, wahrscheinlich die Füsse voran; c) *Bank*- oder *Aufleg*gräber, an deren Wand sich meistens unter einer Wölbung eine etwa 0,60m hohe Felsbank befindet, auf welche der Leichnam gelegt wurde; d) *Trog*- oder *Einleg*gräber, in den Felsen gehauene Tröge von der Länge eines Körpers, 0,75m über dem Boden, 0,45m breit, bei denen nur eine Längenseite sichtbar ist und Kopf-, Fuss- und Rückenseite durch die Felswand gebildet werden.

Die Grabkammern zerfallen in 3 Arten: 1) solche ohne Verschluss; die Gräber, mit Steinplatten verschlossen, liegen auf einem Niveau mit dem Boden. 2) Eine Steinbank geht um das Zimmer herum; sie dient als Aufleggrab, oder über ihr sind in den Wänden verschlossene Schiebgräber angebracht; der Eingang zur Grabkammer ist mit einer Steinplatte oder einem steinernen Thörchen verschlossen (meist zerstört). 3) Ein Portal mit Fries oder Giebel führt in ein Vestibulum (eine Vorhalle); von dieser aus tritt man durch niedrige Thürchen in verschiedene Grabgemächer der Form No. 2. Die architektonischen Verzierungen bestehen hauptsächlich aus Blumenkränzen; oft findet sich das „aegyptische Obergesims mit der Hohlkehle". — Viele Gräber dieser Art beurkunden griechisch-römischen Einfluss, so wohl die meisten, wenn auch nicht alle, bei denen ionische und korinthische Capitäle verwendet worden sind; spricht sich ägyptischer Einfluss in der Form von Pyramiden aus, welche auf frei ausgehauene Monumente gesetzt wurden. — Bei den Phöniciern wich die Anlage der Felsengräber von der oben beschriebenen ab (vgl. S. 452).

Der Leichnam wurde vor der Bestattung bald mehr, bald weniger einbalsamirt. Die Sitte des Einbalsamirens übernahmen Hebräer und Phönicier von den Aegyptern, ebenso den *Sarcophag* oder Steinsarg, der aber nur bei Reicheren zur Anwendung kam. Die Sarcophage entwickelten sich wohl aus den bemalten hölzernen Mumienladen, welche für das ägyptische Klima passten, aber in dem feuchteren Syrien durch Steinbehälter ersetzt werden mussten. Sie bestanden bisweilen aus zwei Trögen unter einem Deckel. In Syrien sieht man öfters alte Sarcophage als Brunnentröge benutzt.

Die Sitte, Inschriften auf Stein einzugraben, war im hebräischen und phönicischen Alterthum, in Folge des Mangels an historischem Sinn bei diesen Völkern, viel weniger durchgreifend, als bei den Assyrern und Aegyptern und später bei Griechen und Römern, wesshalb es für uns so schwierig ist, die Entstehungszeit von Felsenbauten sowohl als von architectonischen Resten zu bestimmen. Die Haupteigenthümlichkeit, wodurch sich die syrische Architectur (und besonders die phönicische) unterschied, bestand darin, dass ihr Grundprincip nicht wie in Griechenland die Säule, sondern der behauene Felsen war, welchen später die freistehende Mauer bloss nachahmt; daher rührt auch die Grösse der Werkstücke und eine der classischen Baukunst durchaus fremde Unterordnung des architectonischen Planes unter das Material.

b. Die Architectur der Juden und der Phönicier schloss sich an assyrische und ägyptische Vorbilder an. Auf palästinensischem Boden absorbirte das Centralheiligthum in Jerusalem alle architectonischen Bestrebungen, indem es, ähnlich wie im Gebiete von Tyrus das Heiligthum des Melkart, für die Bedürfnisse des Landes zu genügen schien. Ob von jenen ältesten Tempelbauten noch etwas erhalten ist, lässt sich nicht mit Sicherheit beweisen. Die grossen Werkstücke, die am heutigen Harâm gefunden worden sind, scheinen zwar den I Kön. 5, 17 erwähnten zu entsprechen; die Mauern sind bis zu ihren Fundamenten einheitlich gefügt, können aber ebensowohl einem späteren Neubau ihr Dasein verdanken. Die Sitte, die Steine bereits im Steinbruch zu behauen (I Kön. 6, 6), lässt sich, ausser in Jerusalem, auch in Ba'albek nachweisen. Zu welchen Zeiten und durch welche Mittel jene riesigen Blöcke an Ort und Stelle gebracht worden sind, wissen wir nicht. Quadern mit „Fugenränderung" finden sich an den ältesten Gebäuden Syriens, bis in das arabische Mittelalter hinab, wenn man nicht annehmen will, dass die Araber uralte Bausteine zu ihren Neubauten verwendeten. Die Fugenränderung besteht darin, dass der Steinmetz um die Aussenseite der Quader herum einen $0{,}_5$m bis $0{,}_{10}$m breiten eingesenkten Rand fein ausmeisselte. Die Oberfläche des Quaders wurde entweder roh gelassen (Buckelquader, Rustica), oder oberflächlich behauen, oder endlich ganz geglättet. Die Quadern sind ohne Mörtel gefügt, jedoch mit bewunderungswürdiger Genauigkeit aufeinander gepasst.

c. Es ist wohl anzunehmen, dass griechischer Einfluss sich schon vor Alexander wenigstens in Phönicien fühlbar machte. Zwar hat man öfters behauptet, dass eine Anzahl ionischer Formen und die Metallbekleidung aus dem vorderen Orient zu den Griechen gedrungen seien. Aber die Formen ausgebildeter griechischer Plastik und Ornamentik erhielt der Orient, besonders die Phönicier, später als Gegenleistung, obwohl das in Syrien gebräuchliche Material, ein derber Kalkstein, weder zu korinthischen Capitälen, noch zu Figuren so gut zu gebrauchen war, als der Marmor Griechenlands. Aus der Diadochenzeit, so ausserordentlich deren Kunstschöpfungen auch gewesen sein müssen, sind beinahe keine Monumente in Syrien übrig geblieben, hingegen hat die Römer-Herrschaft deren unzählige hinterlassen. Wohin die Römer auch kamen, führten sie ihre Kunst ein; erst aus der Römerzeit sind reich ausgeschmückte Privatbauten erhalten. Bis in die entlegensten Gegenden bauten die Römer ihre Militärstrassen; von einigen sind sogar noch die Meilensteine vorhanden. Den Römern zu gefallen, liess Herodes in vielen Ortschaften Palästina's, ja Syriens, Prachtbauten im römischen Geschmack errichten. Aber Theater, Statuen, ja selbst schon die römischen Adler waren den Juden ein Gräuel. Nach der Zerstörung Jerusalems schritt die römische Colonisation unaufhaltsam weiter; ganze Städte entstanden unter Aufsicht der Machthaber oder auf Kosten der Kaiser, besonders Trajan's. Das Charakteristische dieser Städte ist die Säulenreihe, welche von einem dreifachen Thor aus mitten durch die Ortschaft geführt wurde. Wo sich die Säulenreihe mit einer andern kreuzte, entstand, wie es scheint, ein Tetrapylon; Tempel, Bäder, Theater, Naumachien lagen seitwärts. Diese römischen Bauten sind im Ostjordanlande am schönsten erhalten, weil seit der muslimischen Eroberung das Land beinahe nur von Zeltbewohnern, welche das Baumaterial nicht anzuwenden wussten, durchzogen ward. Die erhaltenen Reste stammen aus der späteren Römerzeit, d. h. von der Mitte des 2. Jahrh. aufwärts, einer Zeit, wo sich in der Ueberladung, in den Verzierungen der Nischen mit gebrochenem Giebel, in der unharmonischen Ausschmückungsweise bereits der Abfall von den strengen ruhigen Formen der classischen Periode kundgibt. Palmyra, Ba'albek, Djerasch bieten Proben dieses Styls; ebenso Petra, dessen Grabkammern nach inländischer Gewohnheit aus dem Felsen gehauen sind und nach aussen eine gewaltige auf den Fels gemeisselte Scheinfaçade tragen, deren Formen beinahe an die späte Rococozeit erinnern, besonders durch die geschweiften Gesimse. Die vielen kleinen Tempel (vielleicht Gräber?), deren Reste noch auf dem Libanon zerstreut sind, stammen aus derselben

Zeit, doch sind sie noch alle in griechischer Weise gegen Osten gerichtet, meistens in antis mit ionischen Capitälen; der Stylobat hat ein ringsumlaufendes Gesims; eine Thüre führt durch den Stylobat unter dem erhöhten Westende der Cella in diese hinein. — Eine eigenthümliche Bauart zeigen die *Synagogen*, welche in Galiläa vom 3. bis 6. Jahrh. entstanden. Sie sind viereckig, das Innere durch vier Säulenreihen in fünf Schiffe getheilt; die derben Säulen trugen Steinarchitrave; das Dach bestand aus Holz und die ganze Ornamentirung, besonders der Gesimse, war sehr reich. Die zwei letzten inneren Stützen des Nordendes dieser Synagogen bestehen durchgehends aus viereckigen Pfeilern.

d. Wir stehen nunmehr an der Schwelle der christlichen Baukunst, denn dazu gehört, obwohl schon in die heidnische Zeit der zwei ersten Jahrhunderte zurückreichend, doch wesentlich die eigenartige Umbildung antiker Formen, die sich im Ḥaurân einestheils, in Nordsyrien anderntheils, in einer Reihe wohlerhaltener Denkmäler zeigt. Graf de Vogüé (jetzt französischer Botschafter in Constantinopel) hat sich durch Veröffentlichung dieser Denkmäler ein grosses Verdienst erworben; leider fehlt zu den herrlichen Zeichnungen seiner Syrie centrale, Architecture civile et religieuse du I—VII siècle, Paris 1865 ff. noch immer der Text.

Um grössere Räume zu bedecken, griff man bereits gegen Ende des 3. Jahrhunderts zum Kuppelgewölbe und kam auf die wichtige Neuerung, die Kuppel durch sog. Pendentifs (Kuppelzwickel) mit dem viereckigen Grundbau zu vermitteln. Daneben kommen auch ganz einfache Pfeilerbasiliken, und später erst Säulenbasiliken vor. — Die nördliche Gruppe der damaligen Bauten, zwischen Ḥama und Aleppo, ist noch interessanter. Auch hier finden sich Säulenbasiliken und Kuppelbauten, selten Pfeilerbasiliken; die Façade bildet eine offene Säulenhalle; die Apsis ist meistens innen rund, aussen quadratisch; viele Fenster sind an Oberschiff und Seitenschiff angebracht, in der Regel auch Seitenthüren. Das Capitäl der Säulen nähert sich theilweise dem Acanthus, ist aber wohl auch originell kelchartig ausgebildet; an den Apsiden, sowie an den Fenstern und Portalen laufen ornamentirte Gesimsbänder herum, deren Enden volutenartige Schleifen bilden. An den Friesen überwiegen Blätter und Früchte, Wein, Acanthus; aber auch Vasen, Pfauen etc. finden sich und überall Kreuze.

e. In bedeutenderen Ortschaften Palästina's, besonders an den heiligen Stätten, sorgten die griechischen Kaiser seit Constantin dem Grossen für den Bau grosser Basiliken ähnlicher Art wie im übrigen römischen Reich. Das Mittelschiff ist bei diesen Gebäuden höher als die Seitenschiffe. Die altchristliche Basilica von Bethlehem ist erhalten, während von dem ersten Bau der Grabeskirche nur geringe Spuren übrig sind. Die Aḳṣa bietet ein Beispiel wie die Araber eine Basilica in ihrer alten Form als Moschee bewahrt, weiter ausgebaut und nach altem Muster hergestellt haben. Die Araber benutzten zu ihren Bauten nicht bloss vorgefundene alte Säulen, die sie oft in bunter Reihe zusammenstellten, sondern ihre Werkführer und Baumeister waren anfangs Griechen; daher der enge Zusammenhang zwischen ihren Bauten und denen der Christen. Wie jetzt angenommen wird, hat die Rotunde der Grabeskirche der der 'Omarmoschee (eṣ-Ṣachra) als Muster gedient; der Kuppelbau, in Syrien damals längst bekannt, hatte unterdessen auch schon mannigfache Anwendung im Abendlande gefunden. Wie die Byzantiner, so füllten auch die Araber die Wände und Kuppeln mit Mosaik aus. Die 'Omayyaden-Moschee in Damascus beweist, wie sehr sich die Araber an ihre Vorbilder hielten: neben dem grossen mit Fliesen belegten Hofe, den der muslimische Cultus erfordert, steht eine grosse offene Halle mit einer Holzdecke, wie bei der Basilica, an deren Stelle die Moschee gebaut ist; in der Nähe der Ḳibla (S. 38) war eine grosse Kuppel angebracht.

f. Die Araber lehnten sich zwar in ihren Kunstschöpfungen an die Bauten, welche sie in Syrien vorfanden, an, entwickelten jedoch ihre eigene Formenwelt. In späterer Zeit aber artete diese aus; die Formen ihrer Kuppeln wurden schwülstig zugespitzt, in Zwiebelform auslaufend gebildet, und die Wölbungen mit einer Scheinconstruction bekleidet, welche aus lauter vortretenden kleinen Ecken an einander gefügt erscheint und an Bienenzellen erinnert: die sogenannten Stalactitengewölbe, in welchen der Eindruck der Solidität, der gerade beim Gewölbe vorherrschen sollte, geradezu wieder aufgehoben wird. Die Schenkel des Rundbogens wurden von den Arabern nach unten verlängert (gestelzt), und schon früh (in Aeg. bereits im 9. Jahrh.) tritt neben ihm der Spitzbogen auf und der Hufeisenbogen, letzterer eine speciell arabische Erfindung. Leider fehlt der arabischen Architectur der Sinn für strenge Formentwickelung; sie hält sich nicht an den Kern, das Ganze eines Baues, sondern an das Einzelne, das Decorative, wesshalb neben allem Reichthum der Arabesken doch so oft der Mangel an Einheit stört. Antike Säulen mit herrlichen Capitälen werden unmittelbar neben moderne arabische oder neben plumpe Pfeiler gestellt. Die bunten Arabesken, deren Vorbilder wahrscheinlich die Teppichweberei geliefert hat, sind zwar oft in geistreicher Weise erfunden, ermüden aber auf die Länge das Auge.

Syrien ist nicht besonders reich an Originalbauten arabischen Styls, weil die Araber in diesem Lande zu viele antike Gebäude vorfanden, welche sie einfach benutzen oder, ihren Zwecken entsprechend, leicht umwandeln konnten. Auf den höchst soliden Grundmauern des Alterthums bauten sie, entweder mit antikem Material oder mit ihren eigenen oft armseligen Werkstücken ihre Stadtmauern, Thürme, Burgen, die aber leicht wieder zerfielen. Sie waren der Ansicht, dass die Einfügung von Säulenfragmenten die Festigkeit einer Mauer erhöhe; daher fügten sie solche Säulenstücke nicht bloss symmetrisch in ihre Mauern ein, sondern brachten selbst künstlich auf Mauerstücken den Schein solcher Säulenfragmente hervor, was übrigens auch die Kreuzfahrer thaten. Besonders in der Nähe ehemaliger Hafencastelle sieht man oft grosse Mengen von Säulenstücken zerstreut, die meist von solchen unsolid gebauten und wieder auseinandergefallenen Mauern herrühren. Säulenstücke findet man heutzutage öfters auf den Lehmdächern syrischer Häuser; sie dienen zum Walzen derselben nach Regengüssen.

g. Es wird bei manchen mittelalterlichen Burgen nicht auszumachen sein, ob sie von den Saracenen oder von den Kreuzfahrern erbaut sind. Desto schärfer sondern sich auf dem Boden Palästina's eine Reihe fränkischer Kirchen von den arabischen Bauten ab. Nach Vogüé (Les églises de la terre sainte, Paris 1860) sind zwei Classen solcher Kirchen zu unterscheiden: die erste umfasst die fränkischen Kirchen, welche zwischen 1099 und 1187 gebaut worden sind; sie sind alle nach einem Muster, haben 3 Schiffe von gleicher Länge, ein Querschiff und 3 neben einander liegende Apsiden; die Gewölbe haben scharf behauene, nicht gerippte Kanten und ruhen auf einfach gegliederten Pfeilern; über der Kreuzung des Mittelschiffes mit dem Querschiff erhebt sich eine Kuppel, die auf Gewölbezwickeln ruht; der übrige Theil des Gebäudes hat ein plattes Dach; die Strebepfeiler an der Aussenmauer treten nur wenig hervor; überall tritt der Spitzbogen zu Tage. — Die zweite Gattung besteht aus Kirchen des 13. Jahrhunderts; sie liegen sämmtlich an der Meeresküste und sind französischen Bauten derselben Zeit ganz ähnlich, haben aber platte Dächer. — Der Spitzbogen, den diese Bauten zeigen, ist nicht der alte muslimische, sondern der im Abendland unterdessen zur Reife gekommene, sodass die ganze Bauweise sich als früher abendländischer Spitzbogenstyl auf arabischem Boden bezeichnen lässt.

h. Zum Schluss unserer Uebersicht erwähnen wir noch die Antiken, welche der Reisende in Syrien finden kann, warnen aber hierbei zugleich vor Fälschungen, deren Fabrication in Syrien wie in Aegypten stark im Schwunge ist. In erster Linie sind zu nennen Münzen aus den verschiedensten Zeiten. Alte hebräische Münzen haben besonderen Werth, sodann phönicische Münzen und Gemmen, griechisch-römische Münzen der einzelnen Städte und arabische Münzen aus den verschiedensten Jahrhunderten. In den Gräbern finden sich öfters Thränenkrüge, kleine Statuen und Reliefs, an der phönicischen Küste Scarabaeen u. a. Bei allen diesen Alterthümern erkundige man sich möglichst genau nach dem *Fundort*, da sie nur dann, wenn dieser beigemerkt ist, wissenschaftlichen Werth haben. Alle Steine mit Inschriften sind werthvoll, zumal wenn sie noch nicht bekannt sind; sie werden öfters beim Pflügen gefunden. Man trifft in Syrien Inschriften mit folgenden Schriftzeichen: a. phönicische, althebräische, samaritanische; b. aramäische (sog. nabatäische) im Ḥaurân und in Palmyra (die Nabatäer waren Araber, die aramäisch schrieben); c. griechische (sehr viele); d. lateinische; e. arabische, welche in früheren Zeiten (kufisch) der aramäischen Schrift noch näher stehen, später aber oft sehr verschlungen sind; f. mittelalterlich fränkische.

Ueber das Abklatschen der Inschriften vergl. S. 27.

## IX. Kurze Notizen zur Literatur über Jerusalem und Palaestina.

In erster Linie ist es die **Bibel**, die uns bis in die ältesten Zeiten die beste und genaueste Auskunft über Palästina gibt. Jedem Reisenden sei aufs dringendste empfohlen, eine solche mitzunehmen, um auf seinen Wanderungen überall an Ort und Stelle nachschlagen und vergleichen zu können; es gibt ganz kleine Ausgaben der brit. u. ausl. Bibelgesellschaft, die die Taschen in keiner Weise beschweren. In dem vorliegenden Bande konnte natürlich auf die betreffenden Stellen nur hingewiesen und nur diese oder jene Hauptstelle in den Text selbst eingefügt werden.

Das älteste uns erhaltene Pilgerbuch ist das des ungenannten *Pilgers von Bordeaux* aus dem Jahre 333. Sehr wichtig ist die aus dem Jahre 339 stammende Schrift des *Eusebius*, Bischofs von Caesarea, über die heiligen Stätten, die später (390) von *Hieronymus* ins Lateinische übersetzt und erläutert wurde. Von Hieronymus stammt auch die Beschreibung der Pilgerfahrt der vornehmen Römerin Paula. In der zweiten Hälfte des 7. Jahrh. reiste der französische Bischof *Arculf*, nach dessen Aussagen *Adamnanus* in Schottland einen denkwürdigen Bericht verfasste. Aus der Mitte des 8. Jahrhunderts haben wir Nachrichten durch den Engländer *Willibald*, Bischof von Eichstädt in Bayern, von 870 durch den fränkischen Mönch *Bernhard*. Aus der Zeit des ersten Kreuzzuges haben wir den Bericht des Mönches *Fulcher* von Chartres aus dem Gefolge Roberts von der Normandie, bald nachher die treuherzige Beschreibung der Pilgerreise des Kaufmanns *Säwulf*. Interessant ist die Reisebeschreibung des jüdischen Kaufmanns Rabbi *Benjamin von Tudela* aus Navarra (1160—1173). Aus der zweiten Hälfte des 13. Jahrhunderts stammt die Beschreibung der heiligen Orte vom Graf *Burchard* (Burchardus); aus dem zweiten Viertel des 14. Jahrhunderts die Reisebeschreibungen des englischen Ritters *John Maundeville* und des *Ludolf de Suchem* (Sudheim bei Paderborn). Vom Ende des 15. Jahrh. sind wichtig die Reisen des Predigermönchs *Felix Fabri* von Zürich (Lesemeister in Ulm) und des *Bernhard von Breydenbach*, Dechant an der Kathedrale von Mainz. Vom Beginn des 16. Jahrh. datirt das von einem Ungenannten verfasste Hauptpilgerbuch der Italiener. 1575 reiste der biedere *Rauwolf*, „der Artzney Doctor und bestellter Medicus zu Augspurg.“ Aus dem Anfang des 17. Jahrh. besitzen wir die berühmte Reisebeschreibung des Römers *Pietro della Valle* und die noch werthvollere

Schrift des Minoriten *Francesco Quaresmio* von Lodi. Schon bei dem Ritter *Laurens d'Arvieux*, der auf Befehl Ludwig's XIV. 1660 in Palaestina reiste, beginnt einige Skepsis; die Reisenden beginnen nüchterner zu werden. So verdient die Beschreibung des *Henry Maundrell*, Caplan der englischen Factorei in Aleppo (1697), noch heute Beachtung. Es beginnt nun an die Stelle der bisher vorwiegenden erbaulichen Zwecke ein wissenschaftlicher Drang zur Erforschung des heiligen Landes zu treten, so vor allem bei dem berühmten *Richard Pococke*, Bischof von Meath (1738), während bei dem Arzt *Friedrich Hasselquist* (1751) die naturwissenschaftlichen Interessen überwogen. 1767 brach der gelehrte *Giovanni Mariti*, toskanischer Consulatskanzler, einer strengeren Kritik die Bahn, aber erst unserm Jahrhundert war es vorbehalten, die Initiative zu einer wirklich wissenschaftlichen Behandlung des Stoffes zu ergreifen. Gleich im Beginn treten Männer wie *Ulrich Jasper Seetzen* und *Johann Ludwig Burckhardt* nüchternen Blickes auf den Schauplatz. Vor allem sind von letzterem lesenswerth die „Bemerkungen über die Beduinen und Wahabi" Weimar 1831. Wir könnten hier noch Namen wie *Scholz*, *Berggren*, *Prokesch*, *Léon de Laborde*, *Schwarz* etc. nennen, müssen uns aber begnügen, einige der verdienstvollsten Männer anzuführen. Von Deutschen ist in erster Linie der Arzt *Titus Tobler* anzuführen, der in „4 Wanderungen" und einer Anzahl anderer Schriften die Kenntniss Palästina's und speciell auch Jerusalems ungemein gefördert hat. Besonders seine zwei Bücher Topographie von Jerusalem und seinen Umgebungen (Berlin 1853) zeugen von erstaunlicher Belesenheit in allen Schriften älterer Pilger. Ausserdem sind zu nennen: Die Siloaquelle und der Oelberg, St. Gallen 1852; Denkblätter aus Jerusalem, St. Gallen 1853; Dritte Wanderung, Gotha 1859. Von 1848—1854 erschienen auch die entsprechenden Theile von *Karl Ritter's* Erdkunde von Asien (Band VIII: Die Sinai-Halbinsel, Palästina und Jerusalem), in welcher ebenfalls die Literatur grossartig benutzt ist. Das Werk von *Raumer* „Palästina" ist etwas veraltet (4. Aufl., Leipzig 1860). Die preussischen Consuln *Schultz* und *Rosen (Wetzstein)* haben Namhaftes zur Kenntniss des heiligen Landes beigetragen. Das „Pilgerbuch" von *Sepp*, Jerusalem und das heilige Land (2. Aufl., Schaffhausen 1873) bringt manches Interessante. Aus neuester Zeit haben wir auch in *Schenkel's* Bibellexikon eine Menge trefflicher Aufsätze, namentlich von *Furrer* (vgl. auch dessen Wanderungen durch Palästina, Zürich 1865). Von Holländern ist *Van de Velde* zu nennen, dessen grosse Karte von Palästina (Gotha 1866, dazu Memoir to accompany the map, Gotha 1868) vorläufig immer noch die beste ist. Unter den französischen Reisenden verdient *Lamartine* kaum den Ruf, den er geniesst; hingegen findet sich in den Schriften des Akademikers *de Saulcy* (Voyage autour de la mer morte, Paris 1853, Prachtwerk; Voyage en terre sainte, 2 Bde., Paris 1865) vieles Interessante.

Vor allem aber hat sich der Graf *Melchior de Vogüé* um die Kunstgeschichte Syriens (Les églises de la terre sainte, Paris 1860 u. sp.) verdient gemacht (wir werden ihn öfters citiren); derselbe gibt jetzt das Prachtwerk des *Duc de Luynes*: Voyage d'exploration à la mer morte, à Petra et sur la rive gauche du Jourdain (Paris) heraus. Zu nennen ist auch die „Description géographique, historique et archéologique de la Palestine" von *Guérin* (Paris 1869), welche aber nur die Beschreibung von Judäa, mit Ausschluss von Jerusalem enthält. Unter den Engländern und Amerikanern steht in erster Linie *Robinson* (und *Smith*); Hauptwerke sind: Palästina und die angrenzenden Länder, Tagebuch, Halle 1841, 3 Bde., deutsche Uebers.; Neuere biblische Forschungen, Berlin 1857; Physische Geographie des heiligen Landes, Leipzig 1865. *Tristram*, the Land of Israel (London 1866). Mehr mit den Verhältnissen der Landeseinwohner befassen sich Werke wie *John Wilson*, the Lands of the Bible, 2 Bde. (Dublin 1847); *Thomson*, the Land and the Book (New-York 1863); *M.E. Rogers*, Domestic Life in Palestine (London 1862). Interessante Details über Jerusalem geben *Barclay*, the City of the Great King (Philad.; London, Trübner 1857); *George Williams*, the Holy City (2. Aufl., London 1849). Mehr gelehrt und hypothesenhaft sind *Thrupp*, Ancient Jerusalem (Cambridge 1855) und die Schriften des Kunsthistorikers *Fergusson*, an Essay on the Ancient Topography of Jerusalem, London 1847; the Holy Sepulchre and the Temple of Jerusalem, London 1865. Für die Geschichte ist wichtig: *Besant* and *Palmer*, Jerusalem, the City of Herod and Saladin, London 1872; für Naturgeschichte: *Tristram*, the Natural History of the Bible, 3. Aufl., London 1873. — Ein französischer Führer, der ganz auf der Tradition fusst, ist in Jerusalem gedruckt unter dem Titel: Guide indicateur des sanctuaires et lieux historiques de la terre sainte par le frère *Liévin* de Hamme (Franciscaner), 1869.

Es bleibt uns noch übrig, zum Schlusse die Gesellschaft des *Palestine Exploration-Fund* zu erwähnen. Diese ist seit zehn Jahren in Thätigkeit und hat schon rühmliche Erfolge aufzuweisen, auf welche wir öfters zurückkommen werden. Ihr Zweck ist „eine genaue und systematische Erforschung der archäologischen, topographischen, geologischen, naturgeschichtlichen und ethnographischen Verhältnisse des heiligen Landes, besonders in Bezug auf das Verständniss der Bibel." Die Gesellschaft publicirt die sogenannten „Quarterly Statements"; bis Ende des Jahres 1872 sind dieselben in zwei interessanten Werken zusammengefasst; das grössere heisst: The Recovery of Jerusalem, by W. Morrison, London 1871; das kürzere, mehr ein Auszug aus dem vorhergehenden: Our Work in Palestine, London 1873.

---

## 1. Yâfa.

**Ankunft.** Ein bläulicher Höhenzug (das Judäische Gebirge) in der Ferne, ein gelber Strand, dann das Hervortreten der an einem Hugel festungsartig sich aufbauenden Stadt Yâfa verkünden dem zur See ankommenden Reisenden, dass er sich dem 'heiligen Lande' nähert. Im Norden der Stadt erblickt man Baumgärten und Palmen; die Consulate pflegen ihre Flaggen aufzuziehen.

Beim Landen sei man mit 1/2 Frank- und Soldistücken versehen, um beim Zahlen der Bootsleute etc. nicht gleich in Verlegenheit zu gerathen; ägyptisches Geld weigern sich diese anzunehmen (vgl. S. 7).

Da Yâfa keinen Hafen für grössere Schiffe besitzt, so müssen solche eine Viertelstunde vom Lande entfernt vor Anker gehen. Doch auch hier ist das Meer oft so stürmisch, dass die Dampfer gar nicht anlegen; es bleibt dem Reisenden in diesem Falle nichts übrig, als nach der nächsten Station Haifa oder besser Beirût, bezüglich, wenn er von Norden kommen sollte, nach Port Said zu fahren, um von dort aus die nächste Gelegenheit zu einem erneuten Landungsversuche zu ergreifen. Die Barke, die den Reisenden ans Ufer setzt, hat mit vielen Schwierigkeiten zu kämpfen. Das Meer ist bei Yâfa stets etwas unruhig.

Das Ausschiffen geht in Yâfa, wie überall im Orient, mit möglichst wenig Ordnung und möglichst viel Geschrei vor sich. Der Reisende beeile sich nicht, aus der Schaar der lärmenden Barkenführer, welche das Verdeck belagern, einen herauszusuchen. Ein Boot für eine Person ist um die Osterzeit kaum zu erlangen; das beste dürfte sein, wenn sich 3–4 Reisende gleich auf dem Dampfer vereinigen und nun gemeinsam, sich gegenseitig unterstützend, ein solches nehmen. Gegen Aufnahme zu vieler Passagiere in eine Barke lege man ein kräftiges Veto ein. Man gebe Acht, dass das Gepäck in das gleiche Boot geschafft wird, welches man gemiethet hat, und dass in der oft grenzenlosen Verwirrung des Ausschiffens bei dem Schwanken der Barken kein Gepäckstück verloren gehe oder ins Wasser falle. Gewöhnlich sendet nun auch das in Yâfa bestehende Hôtel einen Untergebenen an Bord, um die Fremden, welche dort logiren wollen, in Empfang zu nehmen, in welchem Falle man demselben alle Ausgaben überlässt; wer seine Ankunft vorher bestimmen kann, lasse dieserhalb an den Besitzer (s. unten) eine kurze Benachrichtigung im Voraus gelangen. Auch deutsch radebrechende Juden drängen sich an den Reisenden heran, um ihm ihre Unterstützung anzubieten. Dragomane wimmeln auf dem Schiff, sind aber für die Tour nach Jerusalem durchaus zu entbehren. Bei nicht allzu bewegtem Meer ist der Preis von 5 fr. für 3–4 Personen mit Gepäck vollständig genügend; benutzt man ein gemeinsames Boot, ist 1 fr. für jede Person ausreichend. Dass die Bootsleute damit nicht zufrieden sind und schon unterwegs unter Hinweis auf die Gefahren der Landung öfters noch ein Trinkgeld zu erzwingen suchen, wird nur den Neuling befremden; ihre lauten Auseinandersetzungen und Gesticulationen lasse man ganz unbeachtet; „*musch lazim*" heisst es ist nicht nöthig, „*musch'âûsak*" ich mag dich nicht, „*iskut*" schweige, „*rûh rûh*" oder „*imschi*" fort von hier, wobei nicht unzweckmässig der Stock in der Hand als Ausrufungszeichen gebraucht wird, „*yallah yallah*" vorwärts, „*bâs bâs*" genug. — Ein altes niederdeutsches Sprichwort „na Jaffa gaan" besagt so viel als auf eine Reise gehen, von der man nicht wiederkehrt. Die Landung ist wirklich

9*

nicht so leicht. Der eigentliche Hafen von Yâfa ist ein kleines, durch natürliche Felsklippen, die theilweise aus dem Wasser hervorragen, gebildetes Bassin; man hat über diesen Klippen Spuren eines alten Hafendamms erkennen wollen. Die Einfahrt von Norden her ist breit, aber durch Sandbänke gefährdet, die von NNW. hingegen sehr schmal, und die Schiffer strengen alle ihre Kräfte, selbst ihre Lungen an, um das Fahrzeug mit Hilfe einer Woge durch den engen Eingang in das ruhige Wasser hineinzulenken. Der Reisende wird nun noch von stämmigen Schiffern aus dem Boote gehoben und ans Trockene getragen, da keine Landungstreppe existirt; ein Kupferstück genügt als Trinkgeld hierfür. Die Anfahrt geschieht beim Zollhaus in der südlichen Ecke des Hafens. Das Gepäck wird vor oder in dem Zollhaus untersucht (vgl. S. 9).

**Unterkommen.** Seit einigen Jahren besteht in Yâfa der *Gasthof zur Stadt Jerusalem (Pl. 14, 10 Min. vor der Stadt, eins der ersten Häuser der deutsch-amerik. Colonie, Besitzer Herr *Hardegg*) mit 30 Betten; er soll jetzt auf 45—50 Betten vergrössert werden. Pensionspreis 10 fr.; Wein extra. Er ist zur Reisesaison oft überfüllt, doch lässt sich ein Nothlager immer noch beschaffen.

Zweitens gewährt das Lateinische Kloster (Pl. 7) Unterkommen; von der Douane aus links am Quai entlang gehend, sieht man nach etwa 3 Minuten rechts eine Thür mit der Aufschrift *Hospitium latinum*. Es sind drei Mönche im Kloster, in der Regel Italiener. Das Kloster baut sich hoch am Berge auf und hat wunderschöne Terrassen mit Aussicht auf das weite Meer und den Hafen. Die Zimmerchen sind klein, aber reinlich; der Dragoman des Klosters ist gefällig und um die Fremden besorgt, wofür man ihm ein Extratrinkgeld je nach seinen Leistungen verabreicht. Die Klosterküche ist italienisch, der Wein mittelmässig. — In dritter Linie findet man in einzelnen Judenhäusern ein zwar nicht immer sauberes, doch zur Noth angehendes Nachtquartier.

Langt das Schiff früh Morgens an, so pflegen die meisten Reisenden schon Mittags nach Ramle aufzubrechen (vgl. S. 136). Immerhin lässt sich auf die Umgebung von Yâfa ein halber Tag zu Pferde ganz gut verwenden; man kann dabei zugleich sein Thier und besonders das Sattelzeug für den Ritt nach Jerusalem probiren.

**Consulate.** Viceconsulat von Deutschland: *Simeon Murâd*, Armenier (besitzt einen schönen Garten, wohnt in einem Gässchen, das vom südlichen Ende des Quai in die Stadt hinaufführt); Frankreich: *Philibert*; England: *Amsalek*. Ausserdem gibt es noch ein österreichisches, spanisches und amerikanisches Viceconsulat (letzteres verwaltet Herr Hardegg, Besitzer des Gasthofs). Um die Consulate zu finden, wende man sich an den ersten besten Strassenjungen und spreche den Namen des betreffenden Consulats („*konsulat alemânia*" deutsches Consulat) mit dem Worte Bachschîsch zusammen aus; ½—1 Piaster genügt.

**Dampfschiff-Bureau.** Den Quai nach Norden hin entlang gehend stösst man erst auf die *russische*, dann etwas weiter oben auf die *österreichische* Agentur; die französischen Briefe werden ebendaselbst angenommen und ausgegeben. Die **Post** wird nun mit dem **Telegraphenbureau** zusammen bei der Dampfmühle eingerichtet werden. Für den Brieftransport kommt und geht täglich ein türkischer Courier nach Jerusalem. — Ueber die *Dampfschifffahrten* s. Einleitung S. 10.

**Pferde**, durchweg gutartig, findet man vor dem Hôtel, auch zwischen der Stadt und der Colonie (vgl. S. 135). Die Preise richten sich ganz nach der augenblicklichen Nachfrage; nach Jerusalem, einerlei ob in 1 oder 2 Tagen, 10—15 fr., Gepäckthier 9—10 fr.; für einen Spazierritt die Stunde 1 fr.; in diesen Preisen ist ein europ. Sattel einbegriffen.

Europ. Reiseartikel bei dem Kaufmann *Friedel*, einem Deutschen; reelle Bedienung. Gute Handwerker (Schneider und Schuster) in der Nähe des Hôtels und dort zu erfragen.

**Geschichtliches.** Yâfa war im Alterthum eine phönicische Colonie im Philisterlande. Die Bedeutung des alten Namens *Japho* ist zweifelhaft; die Hebräer fassten es als „die Schöne". II Chron. 2, 16 wird von König Hiram an Salomo geschrieben: „so wollen wir Holz hauen . . ., und wollen es dir bringen als Flösse im Meer gen Japho, und du magst es dann hinaufführen lassen nach Jerusalem.“ Die Sage führt uns aber noch viel weiter hinauf; ein uralter Fischmythus knüpft sich an Yâfa; hier soll Andromeda, die Tochter des Kepheus und der Joppe (der Tochter des Aeolus) an den Felsen geschmiedet worden sein, um von dem grossen Meerungethüm verzehrt zu werden, aber sie wurde von Perseus befreit. Auch der Prophet Jonas wird, nachdem er Joppe eben verlassen hat, vom grossen Fische verschlungen und hernach wieder ausgespieen, eine Erzählung, die sich auch bei andern Völkern wiederfindet. Nicht nur bis ans Ende der römischen Zeit, sondern noch bis spät ins 16. Jahrhundert hinein wurde die Stelle gezeigt, wo Andromeda an den Hafenfelsen gebunden war, oder wenigstens Ketten und eiserne Ringe, die an die alte Sage erinnerten. Ebenso wurden lange noch Knochenüberreste eines ungeheuren Fisches daselbst vorgewiesen. Auf der Inschrift vom Siegeszug des S nherib kommt die Stadt mit richtiger Bezeichnung ihrer Lage unter dem Namen Ja-ap-pu vor. Erst die Makkabäer brachten Yâfa definitiv unter jüdische Herr-

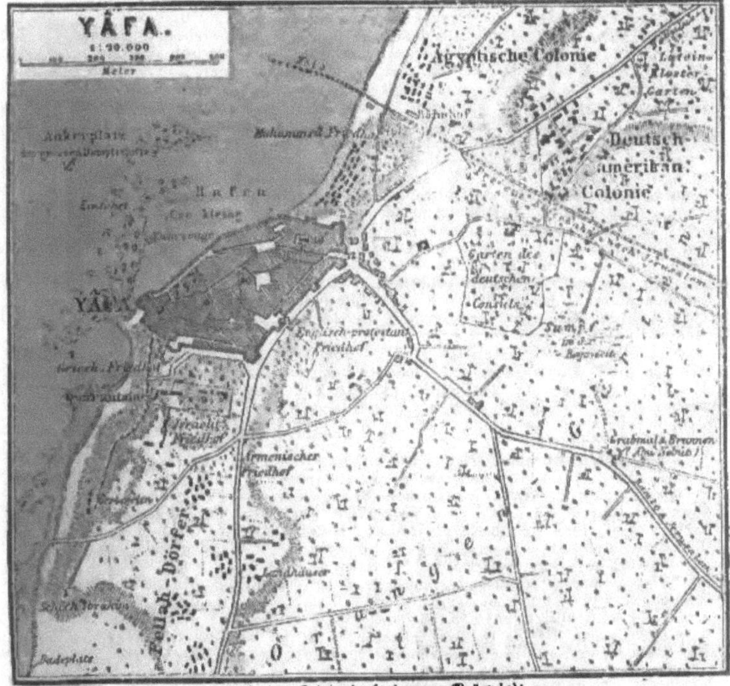


Nach einer Originalaufnahme von Th. Sandel:

*1. Agentur des österr. Lloyd. 2. Agentur der Messageries Maritimes. 3. Agentur der russischen Dampfer. 4. Zollhaus. 5. Leuchtthurm. 6. Regierungsgebäude (Serai). 7. Hospitium latinum (Hosp. Terrae sanctae). 8. Griechisches Kloster. 9. Quarantaine. 10. Moschee. 11. Neues Thor. 12. Jerusalem Thor. 13. Marktplatz (Bazar). 14. Jerusalem-Hôtel.*

schaft. Darauf machte die Stadt die verschiedenen Veränderungen griechisch-römisch-jüdischer Herrschaft durch und wurde Joppe genannt. Das Christenthum fand dort frühzeitig Eingang (Apostelgeschichte 9, 36 u. a.). Noch vor dem jüdischen Kriege wurde Joppe durch den römischen Feldherrn Cestius erobert und zerstört, dann wieder aufgebaut, aber bald darauf wegen der hier hausenden Piraten von Vespasian noch einmal vernichtet. Damals blühte auch südlich von Yâfa in der Nähe von Yabne (Jamnia, S. 331) ein Hafenort. Von den Kirchensynoden her sind verschiedene Bischöfe von Joppe bekannt; das Bisthum wurde von den Kreuzfahrern wieder hergestellt und der Ort zur Grafschaft erhoben. Im Jahre 1126 kam das Land von Joppe an die Johanniter. Die Stadt hatte ihrer ausgesetzten Lage wegen zur Zeit der Kreuzzüge viele traurige Geschicke durchzumachen; sie wurde wiederholt erobert und zerstört, von Saladin 1187, von Safaddin 1191; von Richard Löwenherz wieder erobert, fiel sie 1196 dem Schwert des Melik el-ʿAdil anheim. Sie wurde dadurch fast ganz entvölkert; im 15. Jahrhundert war kaum ein Städtchen mehr vorhanden. Später, gegen das Ende des 17. Jahrhunderts, gewann Yâfa wieder an Bedeutung; aus dieser Zeit rührt die Anlage des Quai. Gegen Ende des 18. Jahrhunderts finden wir Yâfa mit Ringmauern versehen, kraft deren sie 1799 der französischen Armee unter Kleber einige Tage Widerstand leistete, bis sie mit Sturm genommen wurde. Die Stadt wurde hierauf von den Engländern befestigt, später von den Turken weiter ausgebaut.

Die Einwohnerzahl von Yâfa ist in den letzten 25 Jahren stark gestiegen; ein türk. Kalender zählt 865 muslim., 135 griech., 70 griech.-kathol., 5 armen., 6 maronit. und 50 latein. Familien, was auf eine Bevölkerung von ca. 8000 Seelen schliessen lässt. Es besteht hier Handel mit Aegypten, Syrien und Konstantinopel; Seife, Sesam u. a. sowie auch Korn und sehr viele Orangen werden exportirt; in neuerer Zeit hat man auf der Saronebene die Seidencultur in Angriff genommen. Auch der grosse jährliche Pilgerdurchzug, der viele Leute ernährt, ist ein Hauptfactor dabei gewesen, dass Yâfa sich immer wieder erholt hat und namentlich in letzter Zeit so bedeutend gewachsen ist.

Die Stadt Yâfa lehnt sich gegen die Meerseite an einen 36m hohen Felsen. Die Häuser sind alle aus einer Art von behauenem Tuffstein gebaut. Die Gässchen sind meist sehr eng und nach dem geringsten Regen äusserst schmutzig. Der Quai, auf welchem an manchen Stellen Pflastersteine fehlen, wird dann zu einer grossen Sumpflache, und der Fussgänger ist genöthigt, von Stein zu Stein zu springen; wehe ihm, wenn ihm gerade eine Heerde Lastthiere bei einer solchen Passage begegnet. Yâfa ist der Sitz eines türkischen Kaimmaḳâm, der von Jerusalem abhängig ist.

Sehenswürdigkeiten bietet Yâfa nur sehr wenige. Das *griechische Kloster* (Pl. 8), ebenfalls am Quai, doch näher an der Landungstreppe als das lateinische, beherbergt zur Pilgerzeit viele Leute griech. Bekenntnisses. Das *lateinische Hospiz* (Pl. 7) besteht seit 1654; zu derselben Zeit tritt auch die Legende auf, dass das Kloster auf dem Platze der Wohnung Simons des Gerbers stehe (Apostelgeschichte 9, 43); doch wird jetzt diese Stelle an verschiedenen Punkten der Stadt gezeigt. Auch die Muslimen haben die Tradition aufgenommen und zeigen diesen Ort in einer kleinen unansehnlichen Moschee beim „*fanar*", Leuchtthurm, im südlichen Stadttheil (Pl. 5); es ist nichts daran zu sehen ausser der Aussicht (ein Piaster Bachschîsch genügt). Die Tradition des *Hauses der Tabea* reicht weit hinauf: über ihrer Wohnung wurde im Süden

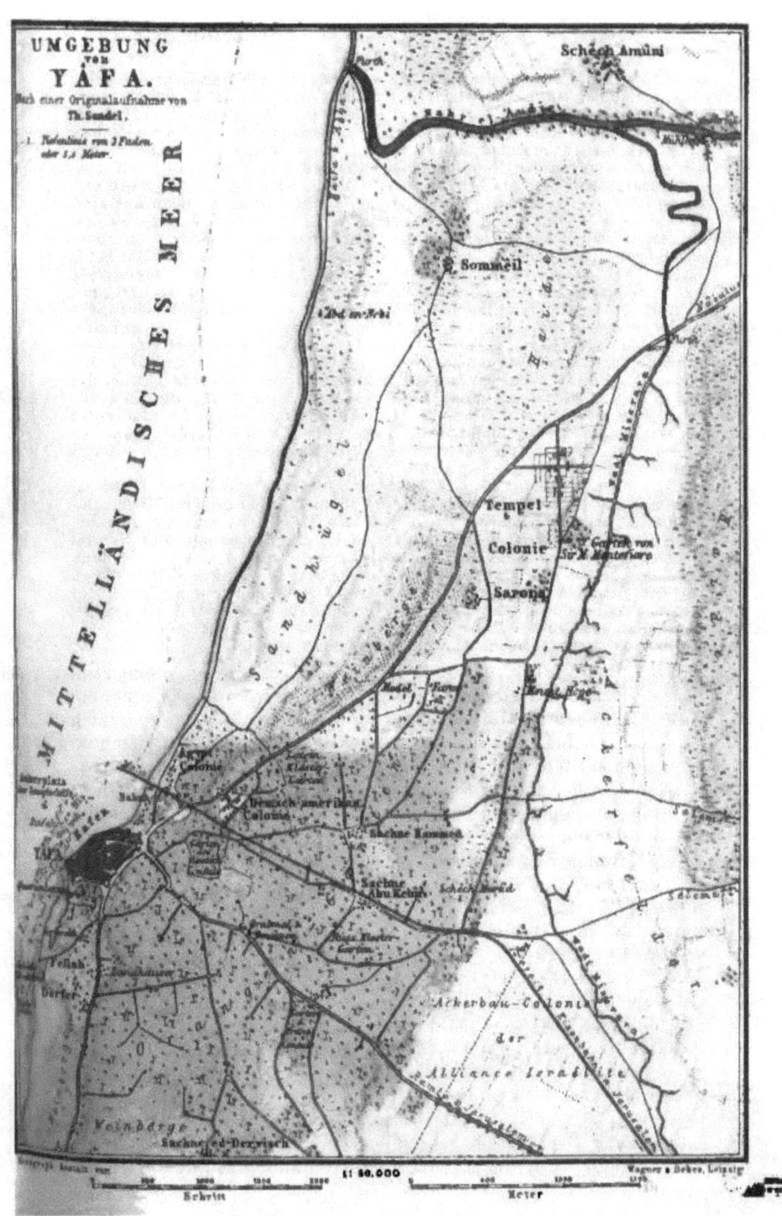
UMGEBUNG von YÂFA.
Nach einer Originalaufnahme von Th. Sandel.
MITTELLÄNDISCHES MEER
Schêch Amûni
Sommêil
Tempel-Colonie
Sarona
Sandhügel
Acherbau-Colonie der Alliance Israélite
Weinberge
Sachne ed-Derwisch
Fellah Dörfer
YÂFA
1: 50.000
Schritt
Meter
Wagner & Debes, Leipzig

der Stadt die Peterskirche gebaut; seit dem 17. Jahrh. sehen die Griechen ein altes Gemäuer östlich von der Stadt als die Ueberreste des Hauses der Tabea an. Ebenso grundlos und auf einer Verwechslung beruhend ist die Sage, dass Petrus hier gefischt habe.

Ein neueres grosses Gebäude ist die von Moḥammed 'Ali 1835 erbaute *Quarantaine* (Pl. 9) im Süden der Stadt; sie ist nun schon wieder halb zerfallen. Die *Begräbnissplätze* sind ausserhalb der Stadt; südlich von der Quarantaine liegen einige primitive Gerbereien und ein unbedeutendes Weli (vgl. S. 38) des *Schêch Ibrâhîm* (Abraham). Auch die Ringmauer Yâfa's ist im Verfall begriffen; vor 5 Jahren wurde im SO. ein „neues Thor" (Pl. 11) in dieselbe gebrochen (*bâb el-djedîd*) und eine Zeit lang zum Ausmarsch nach Jerusalem benutzt.

Im Innern der Stadt bietet sich sonst kaum noch etwas Bemerkenswerthes. Im *armenischen Kloster*, nördlich vom lateinischen, zeigt die Tradition den Saal, wo Napoleon die Pestkranken vergiften liess; aber wir haben uns selbst bei diesem Factum neueren Datums in diesem traditionsgläubigen Lande keiner Gewissheit zu getrösten. Zu dem unbedeutenden *Bazar* gelangt man, wenn man den Quai entlang bis zum nördlichen Ende schreitet und sich dann etwas rechts wendet. Auf dem kleinen freien Platz ist links der Eingang zu dem Magazin des Kaufmanns Friedel (S. 132); weitergehend, aber ohne in die kleine Sackgasse links abzubiegen, findet man den arabischen Bazar und auf demselben ein buntes Bild der sich drängenden Käufer, wobei dem Reisenden zum erstenmal der rein semitische Typus in den hiesigen Einwohnern entgegentritt. In der Biegung des Thores (mit Sonnenuntergang geschlossen) steht ein viel benutzter Brunnen mit arabischer Inschrift.

Vor dem Thore theilt sich der Weg. Gleich rechts gerade aus führt der breite Weg nach Ramle (Route 2). Hier finden wir überall Ställe von Thiervermiethern; Pferde werden probirt, Karawanen kommen an und gehen ab; die natürliche Folge davon ist, dass sich eine Menge arabischer Café's dorthin gezogen haben. Wenn wir hingegen vom Thor aus die breite Strasse nach links verfolgen, so kommen wir zuerst an einigen Kaffebuden und Orangenverkäufern vorbei, wo im Frühjahr diese schönen Früchte in grossen Haufen wie Kanonenkugeln aufgestapelt sind (etwa 8 um 1 Piaster); sodann verfolgen wir den Weg, der durch den *muslimischen Friedhof* hier vom Meere getrennt ist, im Sande weiter. Bald zeigen sich Baumgärten mit reicher Vegetation; hier werden von Leuten, die im Freien campiren wollen, die Zelte aufgeschlagen. Ein Weg links führt zu den unsaubern Hütten einer *ägyptischen Colonie*, die seit Jahrtausenden hier angesessen ist (wegen des Schmutzes für Damen nicht zu empfehlen). Desto freundlicher blinkt uns die *deutsche Colonie* entgegen, zu der unser Weg zwischen zwei Hecken hin nun führt. Die erste, 1866 begonnene Ansiedelung von circa 40 amerikanischen Familien ist fast spurlos zu Grunde gegangen; die jetzige ging (1868) von Deutschen, und zwar von der Würtemberger freien Religionsgenossenschaft des sog. deutschen Tempels aus (Vorsteher Herr Hoffmann) und scheint zu gedeihen; jedenfalls überrascht es den Reisenden angenehm, aus dem Schmutze der Stadt hinaustretend, hübsche europ. Häusergruppen zu finden. Diese Leute bilden eine christliche Secte, deren Grundgedanke, die Sammlung der Christen in Palästina, auf ihrer Auslegung verschiedener Weissagungen beruht. Die ganze Colonie bei Yâfa zählt gegen 300 Seelen; sie besteht aus der beim Gasthof angelegten Ansiedelung und einer nordöstlich von dieser liegenden zweiten Häuserreihe *Sarona* (vgl. die Karte). Man geht erst durch Hecken zwischen Orangenbäumen, die erste Ansiedelung rechts lassend, dann durch den Sand dorthin. Die Fruchtbarkeit des Bodens ist merkwürdig; $0{,}_4$—$0{,}_6$m unter dem Sande findet sich treffliche Erde, und man hat nirgends tief zu graben, um auf Wasser zu stossen. Selbst Wein gedeiht an halb im Sande verschütteten Rebstöcken vortrefflich. Die Aecker werden mit Sesam und Korn bestellt. Schon von fern blinken einem die weissen Häuser der Ansiedelung (3/4 St.) freundlich entgegen. — Ein ganz schöner Ausflug von 2—3 Stunden ist dem Wege zur Tempel-Colonie folgend bis hinauf zum *Nahr el-'Audje* und dann am Meeresstrand zurück zu reiten (vergl. die Karte); bevor man die ägyptische Colonie erreicht, entfaltet sich ein schöner Blick auf die Stadt Yâfa.

Schon im Alterthum war die Ebene *Saron*, d. h. der Küstenstrich zwischen Japho und Caesarea (nördlich, S. 365), wegen ihrer reichen Vegetation und Fruchtbarkeit berühmt, besonders auch zur Viehzucht geeignet (Jes. 65, 10). Der Boden dieser Ebene besteht grösstentheils aus Sand, ist aber sehr wasserreich. Ueberall, wo das Wasser (durch Schöpfräder) zur Bewässerung verwendet wird, sowie nach dem Regen bringt der Boden die besten Ernten.

## 2. Von Yâfa nach Jerusalem.

Entfernungen: bis Ramle auf dem directen Weg 2 St. 40 Min. (über Lydda 3 1/4 St.); von hier bis Jerusalem ca. 7 1/2 St., im Ganzen also 10 Stunden. Diese in einer Tour zu reiten, wird für Viele zu anstrengend sein, wenn schon nicht ausser Acht gelassen werden darf, dass für den des Reitens Ungewohnten der zweite Tag unangenehmer ist als der erste. Unter allen Umständen breche man mit Tagesanbruch auf, da es äusserst unangenehm ist, im Dunkeln in den engen, schlecht gepflasterten und überfüllten Strassen Jerusalems herumzureiten. Uebernachten kann man in Ramle (S. 138) und zur Noth auch bei dem Juden in Bâb el-Wâdi 'Ali (S. 143).

Die directe Route Yâfa-Jerusalem ist eine seit Jahrtausenden von den Pilgern begangene. Im Jahre 1868 galt die Anlage einer Fahrstrasse von Yâfa nach Jerusalem für vollendet; in der That fuhr einige Zeit hindurch wöchentlich ein paarmal ein kleiner Omnibus zwischen diesen beiden Städten hin und her, doch unterblieb die Unterhaltung der Strasse und so musste bald darauf der Dienst wieder eingestellt werden. Die neuesten Nachrichten melden indess, dass die Verbesserung der Strasse von den türkischen Behörden wieder in Angriff genommen sei,

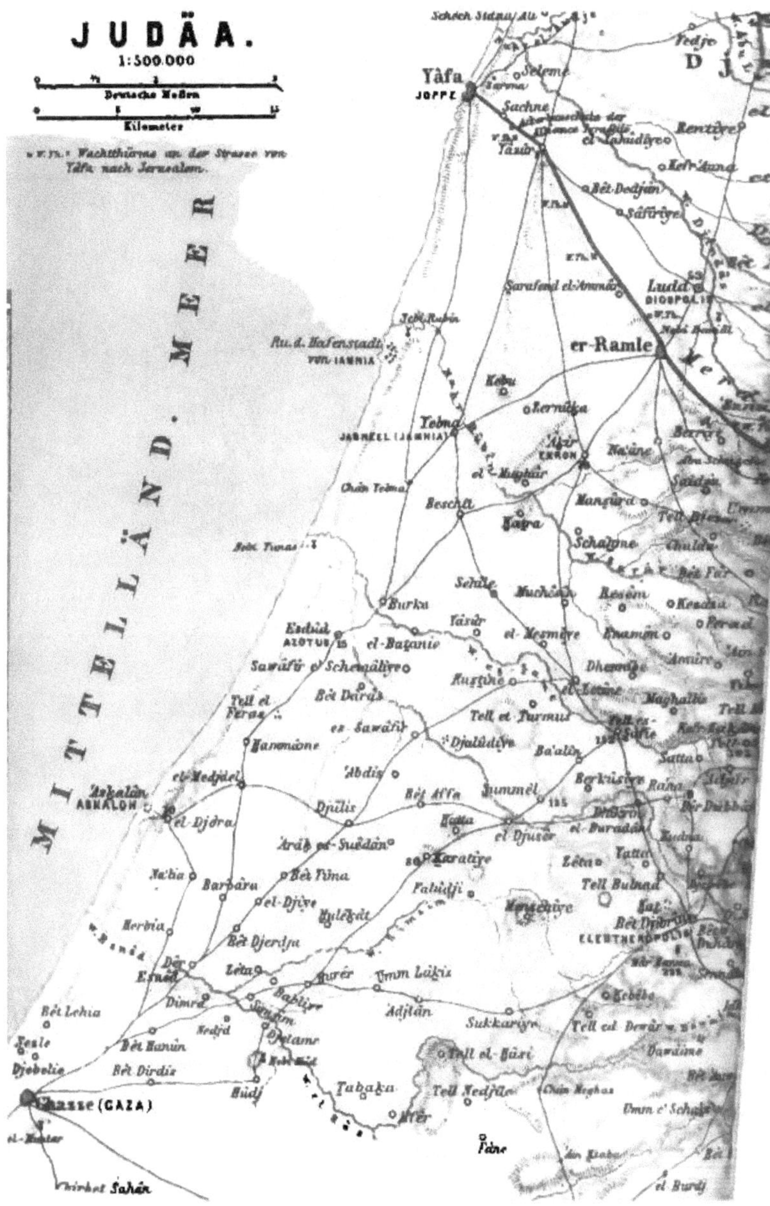

JUDÄA.
1:500.000
Deutsche Meilen
Kilometer
MITTELLÄND. MEER
Yâfa
JOPPE
Sachne
Yâzûr
Rentîye
Bêt Dedjan
Sâfirîye
Sarafend el-Ammâr
Ludd
DIOSPOLIS
er-Ramle
Ru. d. Hafenstadt von JAMNIA
Kebu
Yebna
JABNEEL (JAMNIA)
Ekron
Mansûra
Beschît
Schahme
Burka
Esdûd
AZOTUS
el-Batanie
Sawâfîr
Bêt Darâs
Tell el-Turmus
Djulûdiye
Tell es-Sâfie
el-Medjdel
'Askalân
ASKALON
el-Djôra
Djûlis
Bêt Affa
Summel
el-Djuser
Karatiye
Barbâra
Bêt Tîma
Bêt Djerdja
Umm Lâkis
Bêt Djibrîn
ELEUTHEROPOLIS
Bêt Lehia
Bêt Hanûn
Bêt Dirdis
Ghazze (GAZA)
Tell el-Hâsi
Sukkarîye
Tabaka

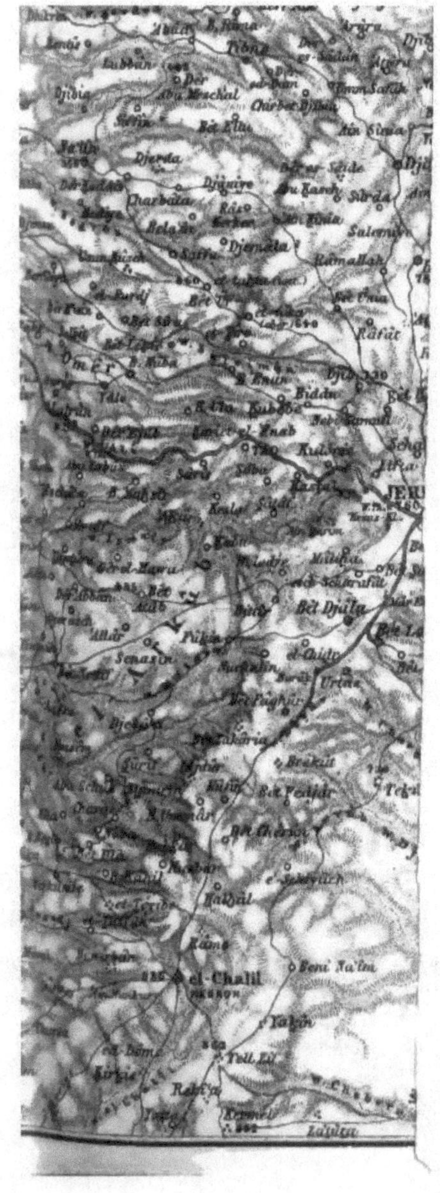

Ramallah
Bet Djala
el-Chalil
Beni Na'im

theilweise mit Heranziehung der Anwohner zu Frohndiensten. Der Bau einer Eisenbahn schien in der ersten Hälfte von 1873 um so zweifelloser, als von Constantinopel aus ein Directorium für diese Bahn bereits weitläufige Terrainstudien durch Ingenieurcolonnen hatte machen und einen grossen Theil der Trace ausstecken lassen; auf unserm Plane von Yâfa sieht man noch den *projectirten* Bahnhof verzeichnet. Das Unternehmen mag wohl vorläufig daran gescheitert sein, dass das nöthige Geld sich nicht auftreiben liess. Der Telegraph geht der Strasse entlang; jede halbe Stunde trifft man ein Wächterhäuschen (im Ganzen 18, seit 1860 eingerichtet); die persönliche Sicherheit auf dieser Route ist stets eine absolute.

Für die Reise von Yâfa nach Jerusalem ist ein Dragoman durchaus entbehrlich, auch die Strasse so, dass man nirgends in Zweifel gerathen kann; wer indessen sicher sein will, am Abend im Besitz seines Gepäcks zu sein, muss sich immerhin dem Schritt des Lastthiers anbequemen. Mit guten Pferden (Preise s. S. 132) kann man in einem Tage nach Jerusalem reiten; doch sehen es die Pferdevermiether nicht gern. Proviant mitzunehmen ist zwar unnöthig, aber doch je nach dem Orte, wo man etwa übernachten will, anzuempfehlen. In Ramle bietet die Restauration Bohnenberger genügende Verpflegung.

Wer im Kloster oder sonst in der Stadt Yâfa selbst übernachtet hat, wird wegen des schlechten Pflasters und der engen Gassen vorziehen, erst ausserhalb der Stadt das Pferd zu besteigen.

### a. Von Yâfa nach Ramle.

*1. Von Yâfa nach Ramle direct* (2¾ St.).

Der Weg nach Jerusalem führt über den vor der Stadt gelegenen Marktplatz (S. 135) und biegt dann links ab. Der Weg ist auf beiden Seiten mit hohen Cactushecken eingefasst, hinter welchen grosse Baumgärten liegen; überall sieht man Schöpfräder in Thätigkeit. Nach 10 Min. gelangt man zu einem reich ausgestatteten Brunnen *(sebîl)*, der Stiftung eines daneben begrabenen ehemaligen Pascha's Namens *Abu Nebût;* 5 Min. weiter rechts das freundliche Landgut *(biâra)* des französischen Viceconsuls Philibert. Ein Gebüsch von Sycomoren und Cypressen beschattet den Weg. 7 Min. später hören die Baumgärten auf; man tritt in die Ebene *Saron* (S. 136), an deren Ostgrenze die bläulichen Gebirge des alten Juda mehr und mehr aufsteigen. Die Aussicht in die Nähe geht auf Felder, die mit Weideland abwechseln. Rechts von der Strasse sieht man auf einer kleinen Anhöhe eine Farm, woselbst eine Anstalt sich befindet, in welcher junge Israeliten zum Ackerbau angeleitet werden.

Nach einem Ritt von 40 Min. von Yâfa aus hat man einen Wachtthurm rechts; 10 Min. später gelangt man nach dem kleinen arabischen Dorf *Yâzûr*. Der Weg führt am Dorf vorbei etwas in die Höhe und auf der anderen Seite wieder hinunter, bis man zu einem *Weli* gelangt. Dieses Grab besteht aus einem Gebäude mit vielen Kuppeln (vgl. S. 38); es heisst *Imâm 'Ali* und ein schöner Brunnen *('Ain Dilb)* mit gutem Wasser findet sich daneben. Links geht hier der Weg nach Lydda (S. 140) ab. Wir bleiben auf dem breitern Weg; rechts jenseit der Felder einige kahle Sandhügel. Nach 17 Min. Wachtthurm rechts oben; Aussicht auf die Berge; bald darauf sieht man zur Linken die beiden Dörfer Sâḳia und Bêt

Dedjân (S. 140). Nach 5 Min. gelangt man zu Baumpflanzungen, die sich einige Zeit fortsetzen und namentlich aus Oelbäumen bestehen. Nach 25 Min. führt der Weg etwas aufwärts; 5 Min. später befindet man sich an einer einsamen Stelle, die „*maḳtale*", der Platz der Tödtung, heisst; früher sollen hier Räuber gehaust haben. Nach 5 Min. wieder ein Wachthaus; von hier erblickt man bereits den Thurm von Ramle. Nach 18 Min. oben rechts das Dorf *Serfend*, in Cactushecken eingeschlossen. Nach 10 Min. ein Wachthaus links; man sieht nun die Baumgärten von Ramle, das man nach ferneren 25 Min. erreicht; am Eingang des Orts hält man sich links, der Weg rechts führt zum Thurm.

**Ramle.** Unterkommen bei *Bohneuberger* (rechts am Wege), Mitglied der Tempelgemeinde in Yâfa, für 10–15 Personen; Abendessen, Bett und Frühstück 6 fr., den ganzen Tag 8 fr.; Verpflegung ausreichend; Bier und Wein. — Auch das *lateinische Kloster* beherbergt Fremde; es liegt bei der ersten Biegung nach rechts, bevor man zum Städtchen kommt, ein grosses, weitläufiges Gebäude mit niedrigem Eingangspförtchen, innen mit zwei Gartenhöfen; in dem einen ist die grosse Rebe bemerkenswerth; auch die Reblauben sind hübsch; die Zimmerchen sind eher etwas dumpfig. Die Aussicht vom Dach des Hauses ist schön. Grosse Stallungen gehören zu dem zur Bewirthung von Fremden wohl eingerichteten Kloster, und 8 Franciscaner besorgen den Dienst (vgl. S. 32). Die Cisterne dieser Herberge ist die beste am Orte. Auch die Griechen haben ein geräumiges und wohnliches Hospiz mehr im Innern des Ortes; ebenso die Russen.

*Historisches.* Die Stadt Ramle ist mit keinem Orte des hebräischen Alterthums zu identificiren. Die Tradition, dass Ramle an der Stelle des neutestamentlichen *Arimathia* gelegen sein soll, stammt erst aus dem 13. Jahrhundert; folglich ist auch der Anspruch der Mönche hinfällig, dass die lateinische Kirche auf dem Platze des Hauses von Nicodemus oder Joseph von Arimathia gebaut sein soll. Vielmehr wissen wir aus arabischen Autoren ganz genau, dass der omayyadische Chalife Suleimân, Sohn 'Abd el-Melik's, die Stadt im Jahre 716 zu bauen begann; ausser dem rein arabischen Namen der Stadt (‚*ramle*' bedeutet ‚Sand') spricht für die Richtigkeit dieser Ueberlieferung auch das Schweigen der ältesten christlichen Pilger bis auf die angegebene Zeit, denn der Ort wird zuerst im Jahre 870 als „Ramula" erwähnt. Der Erbauer Ramle's und seine Nachfolger sorgten auch für Wasserleitungen und Reservoirs. Bald wurde der Ort blühend und vielleicht grösser als Jerusalem selbst; er war ummauert und wies 12 Thore auf, worunter 4 Hauptthore. Christen wohnten schon vor den Kreuzzügen in Ramle und hatten Kirchen daselbst. Die Kreuzfahrer, 1099 von Lydda kommend, ruhten hier drei Tage aus; ein Bisthum von Lydda und Ramle wurde gegründet. 1177 wurde der Ort durch Brand verwüstet. Während der Kriege der Franken mit Saladin wurde es von letzterem zweimal erobert. Von 1266 an, wo es den Franken durch Bibars entrissen wurde, blieb es muslimisch, erhielt sich aber noch bis gegen Ende des 15. Jahrhunderts in leidlich blühendem Zustand. Später war es eine Zeit lang ganz verödet. Napoleon hatte in Ramle sein Hauptquartier und wohnte im latein. Convent in einem Zimmer, das jetzt noch gezeigt wird.

Ramle hat 3000 Einwohner, darunter kaum ein Drittel Christen, von denen die meisten dem griechischen Glauben angehören. Die Baumgärten um Ramle sind üppig; Oelbäume, Sycomoren, Johannisbrodsträucher finden sich in Menge, auch einzelne Palmen, aber sie bringen keine Früchte mehr. Die Felder, die durchweg guten Ertrag gewähren, sind mit undurchdringlichen Cactushecken eingefasst, in denen viele Wildtauben nisten. Das Klima ist mild, angenehmer als das von Jerusalem und gesunder als das von Yâfa.

Das zerfallene Gebäude etwas östlich von Bohnenberger heisst das *serâi*, „Serail" = Regierungsgebäude. Wendet man sich von hier bald darauf rechts, so kommt man (im O. der Stadt) zu einem grossen langen Gebäude, der jetzigen *Hauptmoschee (Djâmiʿ el-Kebîr).* Es ist nicht immer gestattet, hineinzugehen, doch versuche man es durch die Allgewalt des Bachschîsch (5 Piaster; im Innern die Schuhe ausziehen). Auf der Westseite ist ein viereckiges Minaret, wohl ehemaliger Glockenthurm. Die Spitzbogenfenster, die man innen und aussen sieht, sprechen für ihre Erbauung zur Kreuzfahrerzeit. Die eigentliche alte Kirche ist nicht gross und besteht nur aus einem Langschiff, doch wird der Raum durch zwei von Ost nach West ziehende Pfeilerreihen in drei Schiffe getheilt. Heute ist Alles übertüncht. Die Kirche gleicht ihrer Anlage nach der Grabeskirche in Jerusalem; der Haupteingang war von Westen her.

Von hier an einem grossen Hause, in dem Beamte wohnen, vorbei, gelangt man nach dem *Bazar*, den man in der Richtung von Ost nach West durchmesse; die Strassen sind nach Regen sehr schmutzig. Beim Hinaustreten aus der jetzt nicht mehr umwallten Stadt sieht man im SW. vor sich den berühmten

**Thurm von Ramle*, an dessen Eingang man, zuerst zwischen mächtigen Cactushecken, dann über einen alten Friedhof hinwandernd, nach 8 Minuten gelangt. Dieses merkwürdige Monument führt den Namen *Djâmiʿ el-abyaḍ*, d. h. die weisse Moschee, und lag früher wohl noch innerhalb der Stadtmauern. Auch die Moschee, die hier stand, ist ursprünglich von dem oben genannten Gründer der Stadt gebaut; sie war sehr gross und von einer noch ziemlich wohl erkennbaren Umfassungsmauer umgeben; diese misst etwa 600 Schritt ins Geviert. Zur Zeit Saladins (1190) wurde das Gebäude restaurirt; auch Sultan Bibars baute hier eine Kuppel und ein Minaret. Der gegenwärtig vorhandene Thurm ist ein Minaret aus der Zeit des Mamlukenfürsten Nâṣir Abul-Fatḥ Moḥammed ibn Ḳalaun (1318) laut der arabischen Inschrift über der Thür. Erst später werden die unterirdischen Grüfte genannt, in welchen 40 Gefährten des Propheten nach muslimischer, die bekannten 40 Märtyrer nach christlicher Ueberlieferung ruhen sollen.

Der Eingang in die unterirdischen Gewölbe befindet sich heute etwa 40 Schritt SO. vom Portal des Thurmes; aber man sieht an verschiedenen andern Stellen, dass der ganze Boden mit solchen Gewölben unterminirt ist. Was auf der Oberfläche des Bodens um den Thurm herum erhalten ist, gleicht am meisten der Ruine eines grossen Châns. Derselbe hatte auf jeder Seite des grossen Vierecks zehn Recesse, und der Eingang des Ganzen, das Thor, durch welches wir in den Hofraum eingetreten sind, war schön verziert. In der Mitte des Hofraums sind Ueberreste eines Brunnengebäudes. Im 17. Jahrhundert war hier ein Spital oder Irrenhaus (*mûristân*).

Trotz der bestimmten Tradition und der arabischen Inschrift halten viele den Thurm für ein Werk der Kreuzfahrer. Die Thüre mit dem Spitzbogen, die zierlichen Fensterchen der fünf Stockwerke, namentlich der Südseite sind höchst bemerkenswerth. An den vier Ecken des Thurmes sind schlanke Strebepfeiler. Im Innern führen 120 Stufen bis zur Spitze; dieselben sind etwas ausgetreten, aber unbedenklich, da es nicht dunkel im Thurm ist. Oben verjüngt sich der Thurm (1652 aufgesetzt) und man tritt auf eine Art Gallerie. Die Besteigung ist Jedermann zu empfehlen wegen der herrlichen *Rundschau, die man von hier aus geniesst. Zuerst die Nähe: im S. ein grosser Olivenwald, im O. die Gräber und das von hier aus gesehen ganz stattliche Städtchen Ramle. Weiter hinaus nach N. und S. die schöne reiche Ebene, nach W. in der Ferne der Silberstreif des Mittelmeeres, nach O. die bläulichen, wenngleich kahlen Gebirge des alten Juda, die von fern gesehen weit poëtischer sind als in der Nähe. Von Ortschaften glänzt vor allem das nahe Lydda (NO.) weiss herüber (S. 141); r. davon das grössere Dorf Bêt Nebâla und daneben links über Lydda Dêr Ṭarîf. Gegen O. nach Jerusalem zu liegt Djimzu, rechts davon Yâlo, Ḳubâb und Latrûn. Ganz in der Ferne soll auch im OSO. der Berg Nebi Samwîl (S. 148) bei Jerusalem sichtbar sein. — Am schönsten ist die Aussicht bei Abendbeleuchtung, wenn die Sonne die Gebirge vergoldet.

Sieben Minuten NW. von Ramle liegt die sogenannte *Helena-Cisterne*. Sechs Gewölbe von 30 Schritt Länge werden von 11 Pfeilern gestützt; ein Gewölbe ist eingebrochen, dort kann man hinuntersteigen; eine Treppe befindet sich an der Nordost-Ecke. Man kann auch durch Löcher von oben in diese grosse Cisterne hineinblicken. Wir dürfen die Erbauung derselben am wahrscheinlichsten dem Gründer der Stadt zuschreiben, besonders da berichtet wird, dass schon von Anfang an für den Wasserbedarf der Bewohner Ramle's gesorgt wurde. Der Kaiserin Helena — dies sei ein für allemal bemerkt — wird in Syrien jedes bedeutende Bauwerk zugeschrieben, dessen Erbauer unbekannt ist. Vor dem Jahre 1566 wird die Cisterne von keinem Pilger erwähnt.

## 2. *Von Yâfa nach Ramle über Lydda* (3¼ St.).

Dieser Weg ist eine halbe Stunde länger als der erstere (S. 136); der Besuch Lydda's ist indessen von Interesse und sollte auf dem Hin- oder Rückweg, je nachdem die Zeit am besten passt, jedenfalls ausgeführt werden.

Bis zu dem Brunnen bei Yâzûr (50 Min. von Yâfa; s. S. 137) fällt der Weg mit dem oben beschriebenen zusammen; hier wendet sich der Weg nach Lydda links nach SO. Nach 10 Minuten sieht man links das Dorf *Sâḳia* (bedeutet „Wasserleitung"), nach 14 Min. führt der Weg links an dem kleinen Ort *Bêt Dedjân* vorbei. Dieser Name versetzt uns in das höchste Alterthum. Dedjân ist die arabisirte Form von „Dagon". Dagon hiess die männliche Nationalgottheit der Philister (vgl. S. 326); doch wird ein Ort Bêt Dedjân, „Haus Dagon's", hier erst in christlicher Zeit genannt. Nach

20 Min. erreicht man, stets zwischen üppigen Aeckern, das Dorf *Safirîye* (l.), in dem man ein altes *Sariphaea* (als Bischofssitz 536 bekannt) hat finden wollen. Von hier führt ein Weg nach Ramle, dessen Thurm (S. 139) man auch bald darauf rechts erblickt. Im Norden bemerkt man in der Ebene einige Dörfer: *Kefr 'Ana*, das mit der alten Benjaminitenstadt *Ono* zu identificiren ist (I Chron. 8, 12; Neh. 11, 35), *Yehûdîye*, mehr gegen Osten *Kefr Djenîs* und *el-Kenîse* (Kirche), auf den vorspringenden Ausläufern der Hügel nördlich *et-Tîre*, *Dêr Ṭarîf* und *Bêt Nebâla*. Nach 35 Min. gelangt man zu Cactushecken, die nach 17 Min. einer Olivenwaldung Platz machen (Weg links lassen). Darauf kommt man zu Grabsteinen und erreicht in 4 Minuten das Dorf **Ludd (Lydda)**.

*Historisches.* Das alte *Lôd* war im nachexilischen Zeitalter ein von Benjaminiten bewohnter Ort. In den späteren Schriften wird es häufiger genannt, so auch Apostelg. 9, 32 als Ort, wo Petrus den Gichtbrüchigen heilte. Obgleich durch Cestius Gallus zur Zeit Nero's verbrannt, kommt es doch bald wieder als Hauptstadt eines Bezirks von Judaea vor. Später wurde es berühmt als Sitz einer rabbinischen Gelehrtenschule. Unter römischer Herrschaft trug es den Namen *Diospolis*, doch verlor sich der alte Name nicht, wie wir aus den Verzeichnissen seiner Bischöfe wissen. 415 war in Lydda eine Kirchenversammlung, vor welcher sich der Ketzer Pelagius vertheidigte. Seit der Gründung von Ramle verlor Lydda an Bedeutung; doch errichteten die Kreuzfahrer hier wieder einen Bischofssitz. Saladin zerstörte Lydda vollständig 1191. Im Jahre 1271 wurde es von den Mongolen verwüstet und ist seitdem zu keiner Blüthe mehr gelangt, obwohl es auf der Strasse des Karawanenverkehrs zwischen Aegypten und Syrien liegt, der noch heute seinen Weg zum grossen Theil über Lydda nimmt.

Die einzige Sehenswürdigkeit des Ortes ist die *St. Georgskirche*, im Süden des Städtchens. Sehr früh wird Lydda mit dem heiligen Georg in Verbindung gebracht. In einer wohlverbürgten mündlichen Ueberlieferung von Moḥammed heisst es aber auch, Jesus werde am jüngsten Tage den Antichrist vor dem Thore von Ludd tödten. Man erinnere sich, dass auch St. Georg der Drachentödter ist. Ueber seinem Grabe stand schon in früher christlicher Zeit eine Kirche; die Kreuzfahrer fanden ein „prachtvolles Grabmal" vor; die Kirche war zerstört worden. In der Mitte des 14. Jahrh. wird wieder von einer Kirche berichtet. Im Anfang des 15. Jahrh. lag die Kirche in Trümmern. Zwei Jahrhunderte später wird die Erbauung einer Kirche in Lydda mit einem Könige von England in Verbindung gebracht. Heute haben sich die Griechen des Ueberrestes der Kirche bemächtigt und dieselbe vor einigen Jahren restaurirt. Die Kirche war breit und gross und gleicht sehr der von Sebasṭîye (Samaria, S. 355). Sie hatte drei Apsiden und ebenso drei Schiffe, von denen das mittlere höher war als die anderen. Von der alten, wahrscheinlich Mitte des 12. Jahrh. erbauten Kirche sind noch die Apsiden vorhanden, sowie einige Bogen und Pilaster auf der Westseite. An den viereckigen Pfeilern des Schiffes sind Säulchen angebracht. Die Restauration der Decke ist wenig geschmackvoll; die modernen Pilaster sind von den alten auf den ersten Blick zu unterscheiden. Auch die Krypta unter dem Altar ist restaurirt; wir wissen früh von ihrer Existenz, da sie das *Grab des heil. Georg* enthalten sollte. Schon im 15. Jahrh. war die Kirche abgetheilt; eine Moschee und ein Minaret wurden an ihre Stelle gesetzt. Die Kirche öffnet der Sacristan des griechischen Klosters, in dessen schönen nur von einem Mönch bewohnten Räumen man ausruhen und Erfrischungen nehmen kann (Trinkg. 1 fr. für Alles).

Wenn man an Kirche und Moscheepforte vorbeigegangen ist, schlage man, um nach Ramle zu kommen, den ersten Weg links ein. Die Strasse ist eng, schlecht gepflastert und schmutzig, doch kommt man bald ins Freie auf einem sandigen Weg und zu Gräbern (links); nach einigen Minuten mündet ein Weg von rechts ein. Die Gegend ist wundervoll angebaut mit Oel- und Feigenbäumen, auch einzelnen Dattelpalmen. Auf der Anhöhe sieht man das Dorf *Djimzu* (S. 146), südlich davon *'Ennâbe* (s. unten). Nach 14 Min. hat man rechts ein Weli *(Schêch 'Abder-raḥmân)*, links einen uralten Oelbaum. Nach 18 Min. kommt man zu Cactushecken, zwischen denen man hindurchreitet; einige Minuten später sieht man rechts eine kleine zerfallene Moschee und gelangt unmittelbar danach auf die grosse Strasse von Ramle, etwa 70 Schritt östlich vom Gasthaus Bohnenberger (S. 138). Die Wege sind nicht zu verfehlen, da die Thürme, d. h. die alten Minarete von Ramle und Lydda, wahre Landmarken sind.

### b. Von Ramle nach Jerusalem.

*1. Directer Weg 7 St. 40 Min. (vergl. S. 146).*

Die Richtung des Weges ist SO. Nach 7 Min. rechts ein Gräberfeld, etwas entfernter ein grosser Wasserbehälter *(birket el-djâmûs*, „Büffelbrunnen"), an welchem oft Karawanen lagern. Nach 5 Min. kleiner Weg links; nach 10 Min. Brücke über das *Wâdi er-Ramle* (Ramlethal), das im Frühjahr etwas Wasser hat. 7 Min. ein Wachthaus links im Feld. Die Gegend ist schön angebaut; aber die Baumpflanzungen verschwinden nun und es eröffnet sich eine Aussicht auf die langgestreckten Gebirgszüge. 29 Min. Wachthaus links; rechts jenseit des Bachbettes (wâdi) ein Dörfchen Namens *Berrîyet er-Ramle* (Aussenwerk von Ramle). Ueberall in den Dörfern bemerkt man die grossen runden Haufen getrockneten Mistes, die zur Feuerung dienen. NO. auf dem Hügel das Dorf *'Ennâbe*; rechts im Süden auf der Höhe das Weli *Abu Schûsche;* links eine unansehnliche Ruine Namens *Kefr Tâb*, das alte *Kafartoba*, das im jüdischen Krieg genannt wird, mit dem Weli eines *Schêch Suleimân*. Die Strasse wird hier etwas unangenehm und steinig; nach 50 Min. befindet man sich rechts von dem kleinen Hügel, auf welchem, umgeben von Oelbäumen und Cactus, das heutige Muslimendorf *el-Ḳubâb* (gew. *lö'bâb* gesprochen, im Talmud *Kobe*) liegt. Stets hat man noch Aussicht auf Ramle und die schöne Ebene. Dann abwärts in ein Thälchen mit Brücke (6 Min.); 20 Min. rechts Wachthaus; 6 Min. wieder ansteigend.

Zwischen el-Kubâb und *Ekron* (*'Akir*, S. 331) sind in neuester Zeit bei *Tell el-Djezer* die Ruinen von **Gezer** gefunden worden. Gezer war eine kana'anitische Königsstadt, Grenzstadt des Stammes Ephraim, doch blieb sie in den Händen der Kana'aniter (Richter 1, 29). Salomo eroberte sie und erhielt sie von Pharao als Mitgift seiner Frau. Noch in der Maccabäerzeit spielte der Ort eine Rolle. Die Ruinen sind umfangreich, man findet Felsengräber und Steinbrüche.

5 Min. ein Wachthaus links; östl. das Dorf *Bêt Nûba* (S. 146). Nach 18 Min. links ein Wachtthurm, rechts eine Quelle und auf dem Hügel das Dorf *Latrûn*. Dieser Name ist im Mittelalter mit dem lateinischen „latro" (Räuber) zusammengebracht worden, und es mag wohl in dieser Gegend, an den Ausgängen des Gebirges, ein passender Schlupfwinkel für solche gewesen sein. Im Mittelalter kam daher auch die Legende auf, dass man hier die Heimath des begnadigten Schächers (boni latronis, Namens Dismas) oder beider Schächer zu suchen habe. Die Ruinen scheinen von einer alten Festung herzurühren und die theilweise erhaltenen alten Mauern verdanken ihren Ursprung ganz verschiedenen Zeiten; auch einen Chorbau glaubt man zu erkennen.

Ebenfalls in günstiger Lage, aber links von der Strasse, 7 Min. weiter, liegt das Dorf *'Amwâs*, das aber mit dem neutestamentlichen *Emmaus* nicht zu verwechseln ist (vgl. S. 145). Das Emmaus, welches wir hier finden, kommt schon zur Zeit der Maccabäer vor (z. B. I Macc. 3, 40); im 3. Jahrh. n. Chr. erhielt es den Namen *Nicopolis* zum Andenken an die Siege des Titus; aus christlicher Zeit kennen wir Bischöfe, die hier ihren Sitz hatten. Im Anfange des Islâm fanden hier heftige Kämpfe statt, wobei einige Gefährten Mohammed's umkamen. Etwas südlich vom Dorf liegt eine berühmte Quelle, der man früher Heilkräfte zuschrieb. Von Alterthümern sind nur die Reste einer Kirche erwähnenswerth, 3 Min. südlich vom Dorf; eine muschelförmige Apsis und ein Rundbogengewölbe sind erhalten. Tobler setzt wohl wegen der grossen fugengeränderten Quadern den Bau ins 4. chr. Jahrh.

10 Min. hinter Latrûn überschreiten wir das sich SW. ziehende *Wâdi el-Chalîl*. Nach 8 Min. ein Wachtthurm links, nach 16 Min. desgleichen; hier ist rechts ein Brunnen Namens *Bîr 'Eyyûb* (Hiobsbrunnen). Links auf der Anhöhe etwas entfernt liegt das zerfallene Haus *Dêr 'Eyyûb* (Hiobskloster). Nach einigen Minuten reitet man über eine Brücke und erreicht 16 Min. von obigem Brunnen den engen Eingang des *Wâdi 'Ali*, an dem links ein Wachthaus und rechts ein Haus mit dem Schilde „Restaurant des Moines de Judée" liegt; der Ort führt den Namen *Bâb el-Wâdi*, „Thalpforte". Man kann hier Kaffe und andere Erfrischungen bekommen und zur Noth selbst ein Obdach; ein Jude führt die Wirthschaft.

In der nun beginnenden Schlucht des Wâdi 'Ali, in welcher früher die Strasse in einem äusserst schlechten Zustande war, gelangen wir in 15 Min. zu den Ruinen einer alten Moschee an dem Platze „*ma'ṣara*", dem engsten Theil des Thales. Nach 6 Min. Oelbäume im Thalgrund; 15 Min., nachdem man die Schlucht hinter sich gelassen hat, wieder eine schöne Gruppe alter Oelbäume, die „Bäume des Imâm 'Ali"; dabei eine Quelle; angenehmer Lagerplatz, obwohl das Wasser bisweilen schlecht sein soll. Die Gebirge sind mit niedrigen Sträuchen bewachsen; neben den wilden Oliven findet man öfters Johannisbrodbäume. Der Weg führt aufwärts, bis man nach 23 Min. eine andere Thalseite erreicht, woselbst man oft von Bettelkindern des nahen Dorfes *Sâris* (r.) belästigt wird. Immer noch gewährt unser Weg von Zeit zu Zeit schöne Ausblicke auf die Ebene, die Sanddünen des Strandes und dahinter das Meer. Nach 12 Min. sieht man unten im SO. das Dorf *Sôba* (S. 145) und hat im S. einen Blick auf das öde *Wâdi Sâris*. Alle diese Thäler, die doch so tief ausgehöhlt sind, füllen sich nur in Folge heftiger Regengüsse mit Wasser. Nach 12 Min. finden wir links an der Strasse einen Steinhaufen Namens *Ma'tal 'Ali Meḥsin*, d. h. Platz, wo 'Ali Meḥsin umgebracht wurde. Nach 11 Min. erreichen wir die Höhe und müssen von der Aussicht nach Westen Abschied nehmen. Gegenüber auf dem Berge liegt die Ruine *Ḳastal* (S. 145), an der Nordseite des Hügels rechts etwas unterhalb das Dorf **Abu Gôsch**. Es führt diese Benennung erst seit 60 Jahren und zwar von einem mächtigen Dorfschêch dieses Namens, der mit seinen 6 Brüdern und 85 Nachkommen Jahrzehnte hindurch der Schrecken der ganzen Gegend, vornehmlich aller Pilger war; während der ägyptischen Herrschaft in Syrien (S. 75) wurde ihre Macht gebrochen, aber die Maulthiertreiber gehen immer noch mit Scheu an den „Schlössern" dieser gefürchteten Familie vorbei. Der frühere Name des Ortes war *Ḳariet el-'Enab*, Traubenstadt; als solcher wird er vor dem 15. Jahrh. nicht genannt. Hingegen hat man das Dorf seiner Lage nach (seit Robinson) mit dem antiken *Kiriat-Je'arim* (Waldstadt) identificirt, das seinerseits wieder mit *Kiriat-Ba'ala* (Jos. 15, 9 u. a.) identisch ist. Ursprünglich zu Gibeon gehörig (Jos. 9, 17), wurde es dem Stamm Juda zugetheilt (ib. 15, 60). Später wurde dieser Ort berühmt, weil hier lange Zeit hindurch die Bundeslade aufbewahrt wurde (vgl. I. Sam. 7, 1; II Sam. 6, 2).

Von Alterthümern besuche man hier die Ueberreste der zwischen Dorf und Strasse gelegenen **Kirche**, die gleich in die Augen fällt. Man lasse sich durch die Schwierigkeit des Hineinsteigens durch eine mit Steinen verrammelte Oeffnung nicht abschrecken; hier war ehemals das Hauptportal. Die Ornamentik der Kirche ist bemerkenswerth durch die kleinen Spiralverzierungen, die wir in arabischen Bauwerken wiederfinden, wohin sie aus den christlichen Denkmälern des 6.—7. Jahrhunderts gekommen sind. Das Gebäude ist gut erhalten. Wir haben eine gegen Osten gerichtete Kirche mit drei Schiffen, welche in drei Apsiden auslaufen. Diese Apsiden aber sind von aussen nicht sichtbar, sondern vermauert. Daher sind nun auch die Seitenschiffe der Kirche schmäler als das Mittelschiff. Dieses letztere ist jedoch höher; es wird von drei Pilastern auf jeder Seite getragen; die Bogen des Hauptschiffes ruhen auf Trägern von ganz besonderer Form, in welchen Vogüé arabischen Einfluss entdecken will. Die Bogen sowie die Fenster darüber und die an den Wänden der Seitenschiffe haben nur einen Anflug von Zuspitzung. Ein

Querschiff ist nicht vorhanden, daher ist das Niveau einheitlich. Unter dem Boden dehnt sich der ganzen Länge der Kirche nach eine der Oberkirche entsprechende Krypta aus, die jetzt theilweise verschüttet ist; man gelangt durch ein Thürchen an der Südmauer hinein. Die Wände der Kirche, namentlich der Apsiden, aber auch die der Krypta, waren mit Frescomalereien byzantinischen Styls, zum Theil auch mit Mosaik bedeckt, wovon noch deutliche Spuren zu erkennen sind. Das Innere der Kirche ist 32 Schritt lang, 20 Schritt breit; es scheint, dass öfters Vieh darin übernachtet hat. — Die Kirche wird zuerst im Jahre 1519 unter dem Namen St. Jeremiaskirche als bestehend angeführt. Dieser Name rührt jedoch nur von einer falschen Identificirung des Ortes Kariet el-'Enab mit Anatôt, dem Geburtsort des Propheten (S. 336) her, dessen Name auch auf die Quelle unterhalb der Kirche übertragen wurde.

Nach einem Marsch von 15 Min. von der Quelle gerechnet erreicht man ein arabisches Kaffehaus rechts von der Strasse. Rechts (südl.) auf dem Berge liegt das Dorf *Sôba*, in welchem man das antike *Modin*, den Heimathsort der Maccabäerfamilie (I Maccab. 2, 1, 15, 70) erkennen wollte, besonders da ein Pilger 1598 alte Grabmale dort oben gesehen und noch zu Tobler's Zeiten von solchen erzählt wurde. Aber diese Annahme musste aufgegeben werden, da die Ueberreste des alten Modin jetzt in *el-Medîye* NO. von Lydda aufgefunden worden sind. Nach 12 Min. führt der Weg über eine Brücke rechts, bei einer Quelle Namens *'Ain Dilb*; links auf der Höhe liegt das Dorf *Bêt Nakûb*. Nach 4 Min. folgt wieder eine Brücke und Ruinen rechts; nach 14 Min. hat man die Höhe erstiegen, an welcher der kleine Flecken *Kastal* rechts oben liegt. Dieser Name ist sicherlich = *castellum* und stammt aus der Römerzeit. Von hier erblickt man Nebi Samwîl im Norden und nach 15 Min. das Dorf 'Ain Kârim weit im Süden (S. 288). In dem Thal, in welches wir hinabsteigen, *Wâdi Kulôniye* genannt (vgl. S. 290), sind schöne Oelbaumpflanzungen. Nach 20 Min. erreichen wir (links vom Wege) ein gut aussehendes, freundliches Kaffehaus, das gerühmt wird. Links oben am Berge liegt das Dorf *Kulôniye*; man hat dasselbe auf den Namen *colonia* zurückführen wollen; hier ist, wie Sepp mit ziemlicher Sicherheit nachgewiesen hat, das neutestam. *Emmaus* zu suchen (vgl. S. 146). Der Thalgrund, den wir auf einer Brücke überschreiten, gewährt einen erfrischenden Anblick. Hier in der Nähe fand nach der Legende der Kampf des David mit Goliath statt. Wir reiten nun die letzte lange Anhöhe hinan; die Strasse steigt in grossen Windungen, die man auf dem alten Pfade kürzen kann. Nach 30 Min. liegt rechts ein Wachthaus, links am Berge das Dorf *Bêt Iksa*; ebenfalls links näher in einem Thälchen das Dorf *Lifta* mit einer grossen Quelle und einigen Ueberresten von uralten Bausteinen im östlichen Eingang des Dorfes. Es entspricht dem antiken *Nephtoa* an der Grenze Juda's (Jos. 15, 9). Die Gegend nimmt mehr und mehr den Charakter einer traurigen Steinwüste an. Man passirt nach 10 Min. r., dann nach 15 Min. l. einen Wachtthurm, und die Höhe ist erreicht, von der man die ersten Anzeichen von Jerusalem erblickt, zuerst den grossen Gebäude-

Complex der Russen mit seiner fünfkuppligen Kirche, darüber hinaus die Kapellen auf dem Oelberg und ganz zur Rechten im Thal das griech. Kreuzkloster (S. 287). Einen Anblick der heiligen Stadt hat man von hier aus noch nicht; die Kuppeln der Omar-Moschee, der Grabeskirche etc. treten wohl hervor, die Stadt selbst aber ist durch die Vorbauten, besonders den grossen Russenbau, verdeckt; etwas weiterhin kommen indess die Mauern Zion's endlich zum Vorschein. In 20 Min. gelangt man von hier zum Yâfathor (S. 149).

NEBENROUTEN. 2. *Von Ramle nach Jerusalem über Kefr Tâb und Bêt Nûba* ($8^1/_2$ St.). Gegenüber *el-Berriye* (S. 142), wo sich die grosse Yâfastrasse mehr nach SO. wendet, biegt man l. ab und geht 10 Min. nach NO., bis man die schönen Ueberreste einer von Lydda kommenden Römerstrasse findet, der man folgt; *Bêt 'Ennâbe* (S. 142) bleibt links oben. Nach 35 Min. erreichen wir *Kefr Tâb* (vgl. S. 142). Von hier steigen wir in das *Wâdi el-'Ain* hinunter; rechts *el-Kubâb* (S. 142). In 25 Min. haben wir rechts auf dem Hügel die Dörfer *Dûl Bêt (Silbît)* und *Dêr Nachle* (Michael); dabei eine Quelle und im Felsen Oelpressen u. a. Nach 55 Min. erreichen wir den grossen Ort **Bêt Nûba.** Die Identificirung dieses Ortes mit dem alten *Nôb* (I Sam. 21, 1; 22, 9) hat ihr Bedenkliches. Der Ort ist jedoch alt; Richard Löwenherz hatte 1192 hier sein Lager aufgeschlagen. Rechts sieht man das Dorf *Yâlo* in einem schönen Thale; es ist sicher das alte *Ajalon*, wohin die Wunderthat des Sonnenstillstandes (Jos. 10, 12) verlegt wird; links liegt ein anderes Dorf *Lekkîye* (s. unten). — Von Bêt Nûba gelangen wir in 18 Min. zu einem Dorf in Ruinen *(Suân)*, rechts. Man sucht in der Umgegend das 'Castellum Arnoldi' der Kreuzfahrer, bis jetzt ohne sichern Erfolg. Hier beginnt die Steigung fühlbarer zu werden und der Weg wird entschieden schlecht. In 35 Min. erreicht man eine Ruine *el-Burêdj* (kleine Burg), in 25 Min. Ruine *el-Muska* und in 40 weiteren Min. *el-Kubêbe* (s. unten); von hier nach Nebi Samwîl und Jerusalem ($2^1/_2$ St.) s. unten.

3. *Von Lydda nach Jerusalem über Djimzu und el-Kubêbe* (8 St.). Im östlichen Theil des Dorfes Ludd befindet sich eine gute Wiese mit Brunnen, ein trefflicher Platz zum Aufschlagen der Zelte. Von hier führt der Weg SO. 10 Min. lang durch Olivenpflanzungen zwischen Cactushecken; im Frühjahr hat der Bach (rechts) noch etwas Wasser. Vor uns auf dem Gebirge liegt Djimzu. Nach 28 Min. lassen wir einen Weg nach dort links liegen (hier beginnt schon eine langsame Steigung), kurz darauf links ein altes Gebäude nebst Wasserbehälter; nach 13 Min. oben rechts im Grünen das Dorf *Djimzu*, von Cactushecken umgeben, schon im alten Testament unter dem Namen *Gimso* erwähnt (II Chron. 28, 18). Hinter dem Dorfe theilt sich der Weg wieder; der links führt noch weiter ins Gebirge hinein, rechts erreicht man nach 15 Min. eine Anhöhe, auf der rechts vom Weg eine Höhle mit etwas Wasser. Nach 10 Min. links oben Weli *Bêt Djinne*. 3 Min. ein Kreuzweg. Wir kommen nun in das Hügelland und zwar durch ein grünes Thälchen. Nach 17 Min. rechts oben das Dorf *Berfîlya*, nach 5 Min. rechts in der Ferne die Ruine Silbît (s. oben); dann links das Dorf Bêt 'Ur (S. 147). Nach 45 Min. rechts ein Weli; nach 5 Min. Dorf *Bir el-Ma'în;* 10 Min. Kreuzweg. Gegen Süden (rechts) sieht man die Orte Bêt Nûba und Yâlo (s. oben); nach 10 Min. das Dorf *el-Burdj* in der Ferne links. Nach 20 Min. Bachbett, darauf einen Weg links lassen. Das Gebirge wird rauher. 20 Min. weiter ein Dorf *Bêt Lekkîye*; es scheinen Reste alter Gebäude vorhanden zu sein. Dann Steigung; links unten bleibt das grosse *Wâdi Suleimân* liegen. Nach 45 Min. links kleine Ruine; nach 35 Min. erreichen wir das grosse Dorf *Bêt 'Enân* und reiten durch dasselbe hindurch, dann bergauf; nach 15 Min. ein Weg, den man links lässt; der Rückblick auf die Ebene ist schön. Nach 17 Min. erreichen wir **el-Kubêbe.**

In el-Kubêbe hat die Mönchstradition das so oft und schmerzlich gesuchte neutestamentliche *Emmaus* zu finden geglaubt (vergl. S. 145). Frühestens im 13. Jahrh. kommt eine Tradition vor, wonach el-Kubêbe

Emmaus wäre, doch vergass man, dass es 10 Stadien zu weit (70 statt 60) von Jerusalem entfernt liegt. Das Dorf hat viele Ruinen und die Lage ist wirklich schön. Um in das seit 12 Jahren bestehende Kloster und die Kirche der lateinischen Mönche eingelassen zu werden, bringe man ein Empfehlungsschreiben von Yâfa mit. Viel ist indessen nicht zu sehen; einige Mauern sind jedoch alt, und beim Graben hat man einige Alterthümer gefunden. Es wird behauptet, dass die Kirche auf dem Platze stehe, wo Jesus den Jüngern das Brod brach etc. — Wenn man sich hat herumführen lassen, kann man 1—2 fr. für die Kirche oder die Armen geben.

Immer noch haben wir links das Wâdi Suleimân; vor uns erblicken wir Nebi Samwil und einige ferne Berge des Jordanthales. Nach 13 Min. bei den Feigenbäumen mündet ein Weg von links ein; nach 7 Min. erreichen wir das Dorf *Biddu*; südlich liegt *Bêt Surik* oben auf dem Berge. Biddu ist von Steinhaufen umgeben und baumlos; man bekommt einen Vorgeschmack von der Steinwüste des alten Juda. Wir umgehen das Thal links und kommen nach 35 Min. auf die nördliche Seite von *Nebi Samwil* (S. 148), indem wir uns auf der Höhe halten; nach diesem hinauf bleibt uns noch eine ganz unbedeutende Steigung zu überwinden.

4. *Von Lydda nach Jerusalem über Bet 'Ur und el-Djib* ($8^3/_4$ St.). Bis Djimzu s. oben; der Weg zweigt hinter dem Dorfe links ab und führt ansteigend in 2 St. 10 Min. nach dem Flecken *Umm Rûsch*. Hierauf abwärts, nach 10 Min. eine Quelle am Weg, links etwas entfernt das Dorf *Saffa*. Nach 50 Min. erreichen wir, stets auf dem begangenen Wege, das Dorf **Bêt 'Ur** *et-tahta*, fast am Fusse des Gebirges, auf einem niedrigen Hügelrücken. Nachdem ein Thal auf steinigem Wege überschritten ist, beginnt ein rauher Aufstieg, bisweilen über glatte Felsplatten. Der Weg ist an verschiedenen Stellen in den Felsen gehauen und in Stufen angelegt; er führt zwischen zwei Thälern hin. Nach 25 Min. Grundmauern mit grossen Steinen. Nach 35 Min. *Bêt 'Ur el-fôka*, das auf dem höchsten Punkt des Bergvorsprungs zwischen den beiden Thälern eine ausgezeichnete Lage einnimmt. Schon im Alterthum war dieselbe wichtig; das „untere" und das „obere" Bêt 'Ur bezeichnen die Lage der beiden *Beth Horon*. Bei Beth Horon schlug Josua die Kana'aniter (Jos. 10, 10). Salomo befestigte beide Orte (1 Kön. 9, 17). Ueber diese Dörfer scheint im Alterthum ein vielbetretener Weg von Jerusalem zur Meeresküste geführt zu haben. Sehr interessant ist die Aussicht, die man von hier geniesst, am besten vom Dache des Hauses des Schêch. Man erblickt Lydda und Ramle, bei heller Witterung auch Yâfa. Am Ausgangspunkt des Wâdi Suleimân im Osten dehnt sich eine fruchtbare Niederung gegen Ramle hin, Namens *Merdj ibn 'Omêr*; WSW. liegt Yâlo, rechts davon Bêt Nûba, dahinter el-Kubâb; gegen NW. hoch Dêr Kaddîs, mehr nördlich Dêr Abu Mesch'al, nördlich Râs Kerker, rechts davon Bêt Ellu und Dêr Ebzîye.

Die Weiterreise von hier ist beschwerlich, die Berge sind felsig und wild; ohne guten Führer wage man sich nicht in diese Einöde. Doch sieht man noch Spuren alter Terrassencultur und alten Strassenbaues. Rechts (S.) liegt das Dorf *et-Tîre*, dessen Grün sich vortheilhaft abhebt; in 1 Stunde 40 Min. gelangen wir von Bêt 'Ur zur Höhe des Passes und erblicken el-Djib und Nebi Samwil vor uns. Wir erreichen, über eine fruchtbare Niederung reitend, in 28 Min. den isolirten Hügel, auf welchem el-Djib liegt. Das Dorf ist klein und die Häuser sind wie in alte Ruinen hineingebaut; man findet ein grosses Gebäude, wie ein Castell. An der östlichen Senkung des Hügelrückens, etwa 100 Schritt vom Dorf, ist ein grosser Wasserbehälter mit Quelle, und weiter unterhalb ein zweiter, vielleicht der II Sam. 2, 13 erwähnte Teich. Die Aussicht erstreckt sich im Süden auf Nebi Samwil und das Dorf Biddu; NO. Djedîre und Kalandia (S. 339), rechts davon der Hügel von Râmallah, O. unten Bîr Nebâla. Es ist kein Zweifel, dass wir in el-Djib das alte *Gibeon* zu sehen haben (griechisch Gabaon). Gibeon scheint das Haupt eines Städtebundes gewesen zu sein; die Einwohner retteten sich durch List vor den heranziehenden Israeliten (Jos. Cap. 9 u. 10). Gibeon wurde später eine Leviten-

10*

stadt und war eine Zeit lang Sitz der Stiftshütte (I Chron. 17, 39). Noch in der Königszeit wird der Ort genannt; Salomo opferte hier (I Kön. Cap. 3).

Von hier führt der Weg nach Süden durch angebautes Land und Baumgärten gegen die hoch aus der Ebene hervorragende Kuppe von **Nebi Samwîl.** Ein näherer Weg nach Jerusalem führt ostwärts um den Hügel herum; wir erklimmen am nordwestlichen Abhang auf steilem steinigen Wege den Gipfel, auf dessen höchstem westlichen Punkte man das berühmte Heiligthum erblickt, 1/2 Stunde von el-Djîb; er liegt 914m über dem Meer und ist der höchste Berg in der Umgebung von Jerusalem. Wir stehen hier auf einem höchst ehrwürdigen Platz, nämlich auf der alten Warte *Mizpa*, der berühmten benjaminitischen Stadt. Hier, recht im Centrum der israelitischen Stämme, wurden während der Richterperiode Volksversammlungen gehalten (Richter 20, 1 u. I Sam. 10, 17). König Assa von Juda liess den Ort gegen Israel befestigen (I Kön. 15, 22). Die Ueberlieferung bezeichnet Nebi Samwîl als Geburtsstätte, Wohnsitz und Begräbnissplatz des Propheten Samuel, was indessen keineswegs als etwas Sicheres gelten kann; doch liess schon Kaiser Justinian († 565) in dem Kloster des h. Samuel, wahrscheinlich hier, einen Brunnen graben. Die Kreuzfahrer hielten den Ort für das alte *Silo* und bauten hier „über dem Grab Samuels" eine Kirche; im 16. Jahrhundert stand hier ein schönes Heiligthum als besuchter Wallfahrtsort. Die heutige Moschee, in welche man (von einem Hofe aus) ohne Schwierigkeit Zutritt findet, ist etwas zerfallen, aber die Unterbauten, die wohl aus den Zeiten der fränkischen Herrschaft herrühren, sind schön gefügt; die Apsis ist erhöht. In der Nordwest-Ecke führt ein Eingang in ein Nebengebäude mit zwei weiten Spitzbogenfenstern, wovon eines vermauert ist. Das eigentliche Grabmal liegt auf der Westseite der Kirche und wird nicht gern gezeigt, obwohl das Grab Juden, Christen und Muslimen heilig ist; der Reisende verliert nichts daran, da der Sarg und das Umschlagtuch sicher modern sind. Hingegen lasse sich Jedermann auf das Dach der Moschee zum Minaret hinaufführen; die Aussicht ist herrlich und umfassend. Rechts nördlich von el-Djîb erhebt sich der Hügel von Râmallah (S. 339), davor unterhalb liegt das Dorf Bîr Nebâla, im Osten Bêt Hanîna, weiter östlich der Hügel Tuleil el-Fûl (S. 339). Dahinter in der Ferne erblickt man schon die blauen Gebirgsketten des Jordanthales, im SO. Jerusalem und den Oelberg; hieran schliesst sich südlich auf der Höhe Mar Elyâs und darüber die runde Kuppe des Frankenberges (S. 267), weiterhin auch Bethlehem. Das ganz nahe Dorf im S. heisst Bêt Iksa (S. 145); SSW. Lifta; WNW. Biddu. In der Ferne W. soll man Ramle bei hellem Wetter erblicken können.

Das Dorf besteht nur aus wenigen bewohnten Häusern, zeigt jedoch an seinen in den Fels eingeschnittenen Mauerwänden und schönen grossen Bausteinen an der Aussenseite der Moschee im NO. Spuren von hohem Alter. Gleich unten östlich vom Dorf, links vom Wege, den wir jetzt einschlagen, finden sich zwei in den Felsboden gehauene Wasserreservoirs (1 und 5 Min. entfernt) von höherem Alterthume; die Quelle, welche sie speist, liegt mehr gegen Norden. Der Abhang, den wir hinuntersteigen, ist nicht sehr steil. Nach 20 Min. erblicken wir eine kleine Ebene, nach 15 Min. eine Strasse, die links liegen bleibt. — Das Thal, in das wir nun (5 Min.) gelangen, ist das *Wâdi Hanîna*, nach dem oben auf dem Vorsprung gelegenen Dorfe zwischen den zwei sich hier vereinigenden Thälern so benannt. Wir lassen einen Weg links und folgen dem Bachbett des Seitenthales für 13 Min. (rechts Weg nach dem Dorf Bêt Hanîna). Darauf beginnt ein steiler Aufstieg; nach 8 Min. links vom Wege Felsengräber, die S. 248 gen. *Richtergräber*. Nach 15 Min. mündet von rechts ein Weg ein, der unter Nebi Samwîl vorbei direct nach el-Kubêbe führt. Die Spuren der Felsengräber setzen sich noch fort; Jerusalem wird sichtbar. Nach 15 Min. Weg rechts nehmen. Nach 4 Min. kommen wir an die arabisch-protestantische Kirche und in 5 weiteren Minuten erreichen wir das Yâfathor.

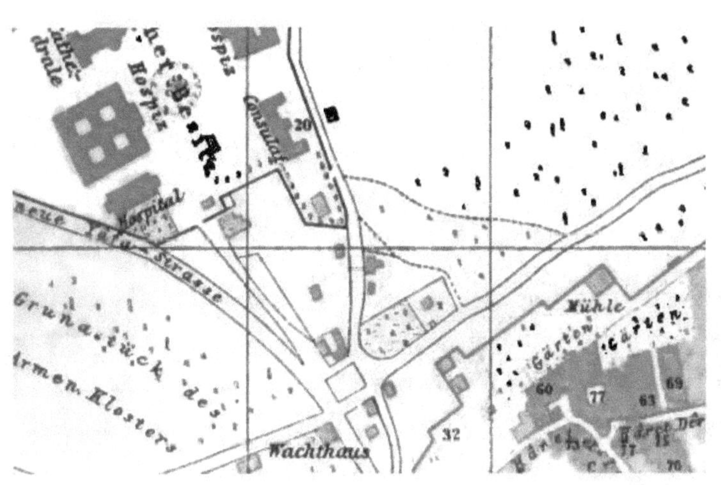
Hospiz
Consulat
20
Hospital
neue Jafa-Strasse
Grundstück des
Armen-Klosters
Wachthaus
32
Mühle
Gärten
Gärten
60
77
63
69

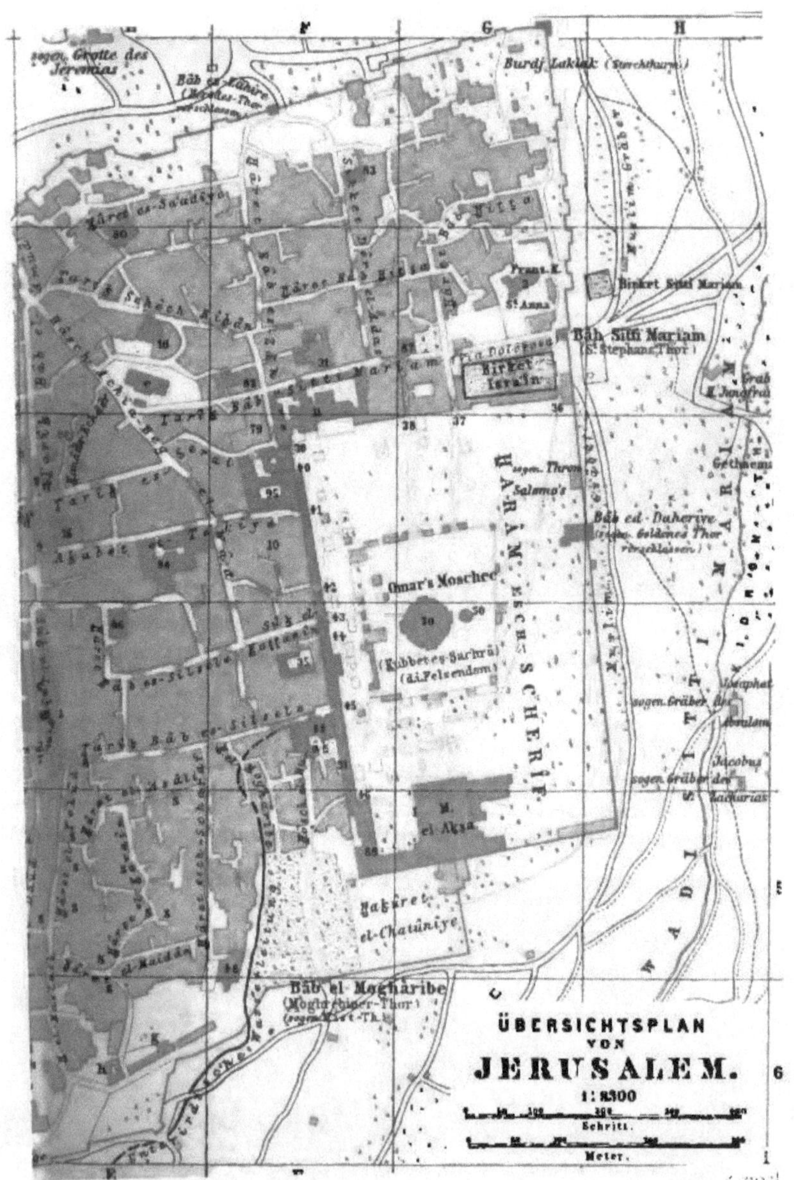
ÜBERSICHTSPLAN
VON
JERUSALEM.
1:8300
Schritt.
Meter.
Burdj Laklak
Birket Sitti Mariam
Bâb Sitti Mariam
(S. Stephans-Thor)
Birket Israîn
Harâm esch-Scherîf
Omar's Moschee
(Kubbet es-Sachrâ)
(d.i. Felsendom)
el Aksa
Bâb ed-Daherîye
Bâb el Maghâribe
Bâb es-Sâhire
sogen. Grotte des Jeremias
sogen. Thron Salomo's
Gethsemane
sogen. Gräber des Absalom
Jacobus
sogen. Gräber des Zacharias
Josaphat
Haret el-Chatûnîye
Bâb Hitta
St. Anna

## Plan von Jerusalem.

1. Aksa-Moschee . G. 5.
2. St. Annenkirche G. 2.
3. Arab.-prot. Kirche B. 1.

**Bazare:**

4. Sûk el-'Attarîn . E. 4.
5. . . el-Chawadjât E. 4.
6. . . el-Lahamîn . E. 4.
7. . . es-Sabaghîn (el-Chozîr) E. 4.
8. . . esch-Schawahîm . E. 4.
9. . . es-Semânî (Chân ez-Zêt) . E. 3.
10. Casernen (Cavallerie) F. 3.
11. . . . (Infanterie) . F. 2. 3. 4 C. D. 5.
12. Chanka (Saladins Hospiz) D. 3.
13. Coenaculum . B. 6.

**Consulate:**

14. Amerikanisches D. 4.
15. Deutsches . E. 3.
16. Englisches E. 2.
17. Französisches E. 3.
18. Italienisches . D. 3.
19. Österreichisches (an der Yâfa-Strasse)
20. Russisches . B. 2.
21. David's Grab B. C. 6.
22. Deutsche Kirche }
23. . . . Hospiz } im Bau D. 2. 4.
24. . . . Schule u. Pfarrhaus }
25. Englische Kirche . D. 5.
26. . . . Bischofsresidenz . D. 4. 5.
27. . . . Hospital C. 5. 4 D. 5.
28. . . Pfarrhaus D. 5.
29. . . . Schule B. 6.
30. Felsendom (K. es-Sachrâ) G. 4.
31. Geisselungskapelle F. 2.
32. Goliathsburg B. 3.
33. Grabeskirche . D. 3.
34. Hammâm el-Batrâk (Patriarchenteich) D. 4.
35. . . . esch-Schifâ (Heilbad) F. 4.

**Haramthore:**

36. Bâb el-Asbât G. 2.
37. . . Hitta G. 2.
38. . . el-'Atem G. 2. 3.
39. . . el-Ghawânime F. 3.
40. . . es-Serâi F. 3.
41. . . en-Nâzir F. 3.
42. . . el-Hadîd . F. 3.
43. . . el-Kattânîn F. 4.
44. . . el-Matara F. 4.
45. . . es-Silsele F. 4.
46. . . el-Maghâribe F. 5.
47. Hospital, griech. C. 4.
48. . . . Rothschild's F. 5. 6.
49. Jakobskirche, alte D. 5.
50. Kettendom . . . G. 4.
51. Klageplatz der Juden F. 4.

**Klöster:**

52. Abessinisches D. 3.
53. Armenisches (grosses) D. 5. 6.
54. Armen. Nonnenkloster Dêr ez-Zêtûni (Haus des Hanna) D. 6.
55. . . Zionsbergkloster (Haus des Kaiphas) B. C. 5.

**Klöster:**

56. Armenisch-katholisches E. 3.
57. Griechisches (grosses) . D. 3. 4.
58. . . . (neues) D. 2.
59. . . . Abraham . D. 3. 4.
60. . . S. Basilios . C. 3.
61. . . . S. Charalambos D. 3.
62. . . S. Dimitrios . . C. 4.
63. . . . S. Georgios (I) C. 3.
64. . . . . (II) . D. 6.
65. . . Gethsemane . D. 4.
66. . . S. Joh. Euthymios D. 3.
67. . . S. Joh. d. Täufer . D. 4.
68. . . S. Katharina D. 3.
69. . S. Michael C. 3.
70. . S. Nikolaos C. 3.
71. Panagia . D. 3.
72. . . Panagia Melaena . D. 4.
73. . . S. Theodor C. 3.
74. Griechisch-katholisches (Melchiten) C. 4.
75. Josephschwestern C. 3.
76. Koptisches S. Georg C. 4.
77. Latein. Salvator . C. 3.
78. . . . S. Ludovicus . D. 4.
79. Muslim. Derwisch- . F. 3.
80. . . . der Maulawîye-Derwische . E. 1. 2.
81. Syrisches . . D. 5.
82. Zionsschwestern . . . . F. 2.
83. el-Ma'mûnîye, Ruine (ehem. Kl. S. Maria Magd.) F. 1.
84. Mehkeme (Gerichtshof) F. 4.

**Moscheen:**

85. Djâmi' el-'Omari . D. 4
86. Mesdjid el-Kurâmi E. 4.
87. . . el-Madjâhidîn G. 2.
88. . . el-Maghâribe . . F. 5.
89. Patriarchat, armen. D. 6.
90. . . . griech. D. 3
91. . . . latein B. C. 4.
92. Post, franz. D. 4.
93. . . österr. D. 5.
94. . . türk. . . . . . . . D. 3.
95. Serai, altes (Staatsgefängniss) F. 3
96. . . . jetziges (Wohnung des Pascha) E. 3.

**Gasthöfe und Hospize:**

a. Mediterranean Hotel . . D. 4.
b. Damaskus Hotel . . D. E. 3
c. Casa Nova der Franciscaner C. 3.
d. Johanniter Hospiz (preuss.) . E. 3.
e. Hospiz, österreichisches E. 2
f. . . . jüdisches (Montefiore) A. 6.
g. . . . jüd.-deutsches . E. 6
h. . . . jüd.-spanisches E. 6
i. . . . armenisches . B. 5.
k. Koptischer Chân . . D. 4

**Banquiers:**

l. Frutiger & Co (Banque Ottomane) C. 4.
m. Bergheim D. 4.
n. Valero D. 4.
S. Synagogen (im Judenquartier) D. E. 5. 6.

## 3. Jerusalem.

**Ankunft.** Die Untersuchung des Gepäcks an den Thoren findet seit 1874 nicht mehr statt, da alle Binnenzölle im türk. Reich aufgehoben sind. Nachts, d. h. schon kurz nach Sonnenuntergang, werden die Thore von Jerusalem geschlossen; nur das Yâfathor wird offen gelassen, aber meistens auch hier bloss das kleine Pförtchen, durch welches zu reiten sehr unbequem ist.

**Gasthöfe.** MEDITERRANEAN HOTEL (Pl. a), beim Yâfathor gleich links, wo man zur Christenstrasse hinuntergeht (Besitzer *Moses Hornstein*). DAMASKUS HOTEL (Pl. b) (Besitzer *Aaron Hornstein*, Bruder des erstgenannten). Der gewöhnliche Preis ist 10 Shilling per Tag, auch im Falle der Abwesenheit, z. B. der 3tägigen Tour ans Todte Meer, wodurch dieser Preis ein hoher wird. Zweites Frühstück Punkt 12 Uhr; Diner 6½ Uhr; Jerusalemer Wein 1—2 fr., gute französische Rothweine 4 fr. die Flasche. Die Verpflegung ist im Allgemeinen gut. Die meisten Zimmer sind klein, indessen hält man sich ja wenig darin auf.

Ausser in den Gasthöfen findet man noch Unterkunft in der *Casa Nova der Franciscaner* (Pl. c). Um zu dieser zu gelangen, reite man, nachdem man das Yâfathor passirt hat, die zweite Gasse links hinein; es ist ein Schild über dem Hause (vgl. S. 221). Das Pilgerhaus, das ganz vom Kloster getrennt steht, ist 1873 sehr vergrössert worden; die Speisesäle sind sehr schön, obwohl natürlich die ganze Einrichtung einfach ist. Die Betten sind gut und reinlich. Man gibt 5 fr. per Tag; Unbemittelte werden 14 Tage lang in etwas einfacherer Weise unentgeltlich bewirthet. Protestanten gehen seltener hin. Die Patres sind meistens Italiener. — Auch in der *österreichischen Pilgerherberge* (Pl. e) in der Nähe des Damaskusthors wird keine Rechnung gemacht; der bemittelte Reisende bezahlt auch hier 5 fr. per Tag. — Im *(preussischen) Johanniter-Hospiz* (Pl. d) werden 5 fr. täglich den Vermöglichen auf Rechnung gesetzt; die Kost ist einfach, aber genügend. Der Platz im Hause beschränkt sich auf 3—4 Zimmer. — Im Hochsommer leben viele Einwohner von Jerusalem vor den Thoren in Zelten, um die frische Luft besser zu geniessen; dem Reisenden ist es nicht anzurathen, dies zur Reisesaison im Frühjahr vor Ostern zu thun, denn es kann dann noch empfindlich kalt werden, und des Zeltlebens wird man auf der Reise noch genug bekommen. Wenn Alles überfüllt ist, wird man zu dieser Aushilfe bisweilen gezwungen.

**Restaurants** gibt es in Jerusalem nicht; man kann aber, auch wenn man in Zelten wohnt, sich im Gasthofe an die Tafel setzen. Ausserdem findet sich ein Bier- und Kaffeeschank bei *Lendholdt* in der untern Stadt und bei dem Tempelfreund *Schrafft* (in der Nähe der Casa Nova).

**Wein** findet man bei **Duisberg & Co.* am Yâfathor. Dieses seiner Zeit von Spittler in Basel begründete Handelshaus verdient seiner Reellität wegen hervorgehoben zu werden; der Reisende findet dort Alles, was er nöthig haben kann. Die Handlung ist noch unter dem Namen „Spittler“ bekannt. Ebenfalls eine grosse Auswahl von Weinen hält *M. T. Bergheim* (Christenstrasse); Bergheim hält englisches, Duisberg ausserdem auch noch Dreher'sches Bier (letzteres wird für den Export mit Sprit versetzt). Jerusalem-Weine findet man bei *Bayer* (im House of Industry, S. 167) und bei *Kirchner* (Tempelfreund) à circa 1 fr. die Flasche. In der Judenstrasse (Fortsetzung der langen Bazarstrasse gegen Süden, S. 221) sieht man eine Menge Schenken. Der Wein, meist aus Cypern (Commendariye), wird nach dem Gewicht verkauft; Flaschen à 20 Cts.; man lasse sie vor der Füllung gehörig reinigen.

**Arabische Kaffehäuser** gibt es in grosser Anzahl, doch werden sie nicht von Fremden besucht; eines der besten ist S. 220 genannt.

**Geld** vergl. Einleitung S. 6.

**Banquiers.** Die *Banque Ottomane*, welche mit den meisten ausländischen Banken in Verbindung steht, hat in Jerusalem einen Agenten, den Banquier *Frutiger & Co.* am Yâfathor (ebenfalls früher Spittler), Eingang vom Gässchen hinter dem Duisberg'schen Laden; sehr reell ist auch der oben erwähnte *Bergheim* in der Christenstrasse. Von jüdischen Häusern in Europa werden oft Creditbriefe an *Valero* (in der Davidstrasse) ausgestellt.

Kleine Münze, mit der man stets reichlich versehen sein muss, kann man auf dem Bazar einwechseln; man nehme sich aber hierbei vor Verlusten in Acht, da die Rechnung mit den Bruchtheilen der Piaster leicht zu Irrthümern Anlass gibt.

**Consulate.** Die Erlaubniss zum Besuche der Moscheo erlangt man nur durch Vermittlung des Consulats. Man wende sich bei jeder Schwierigkeit zunächst an die Kanzlei des Consulats, die gern Aufschluss ertheilt.

Amerikanisches Consulat (Pl. 14): Dr. *De Hess.*
Deutsches Consulat (Pl. 15): Frhr. *von Münchhausen.*
Englisches Consulat (Pl. 16): *Noel Temple Moore* Esqu.
Französisches Consulat (Pl. 17): M. *Patrimonio.*
Italienisches Consulat (Pl. 18): Cav. *de Rege di Donato.*
Oesterreichisches Consulat (Pl. 19): Graf *Caboga de Cerva.*
Russisches Consulat (Pl. 20): *Kojeunikow.*

**Post.** Oesterreichisches Postbureau Pl. 93, französisches Pl. 92. Briefe lasse man poste restante, oder an das Consulat adressiren, was sicherer ist.

**Bücher, Photographien** etc. Die grösste Auswahl bei *Schapira* in der Christenstrasse, ferner bei *Bergheim* ebenda. Das Dutzend mittelgrosser Bilder kostet 18 fr. Man findet daselbst Bilder aus ganz Palästina. Es ist anzurathen, die Photographien unaufgezogen zu kaufen und sie auf ein rundes Holz zu rollen, da die Cartons schwieriger zu transportiren sind und mehr Raum einnehmen.

Von andern Erinnerungen an Jerusalem pflegt der Fremde hauptsächlich mitzunehmen: Rosenkränze aus Olivenkernen etc., Kreuze und andere Kleinigkeiten aus Perlmutter (bes. in Bethlehem verfertigt), Schalen und sonstige Geräthe aus schwarzem Stein (dem sog. Stinkstein vom todten Meere), Jericho-Rosen (vgl. S. 297). Man findet derartiges in reicher Auswahl auf dem Platze vor der Grabeskirche, kann sich aber auch die Händler ins Haus kommen lassen; man biete in der Regel die Hälfte oder ein Drittel des geforderten Preises. Ein Hauptindustriezweig von Jerusalem besteht in Schnitzereien aus Oelbaumholz; die reichste Auswahl findet man bei *Vester* (Via Dolorosa, oberhalb des preussischen Hospizes) und im *House of Industry* (Bayer), ebenso bei *Faig:* Rosenkranz 1, Handschuhkasten 10, Lineal 1, Briefbeschwerer 1—2, Cigaretten-Etuis 5, Briefmarken-Kästchen 2½ fr. etc.; häufig steht mit hebräischen Lettern „Jerusalem" darauf geschrieben.

**Aerzte:** *Dr. Sandreczki*, Arzt der deutschen Anstalten, geschickter Operateur. *Dr. Loudon* (Oesterreicher), Arzt am Rothschild-Hospital. *Dr. Chaplin*, Arzt der engl. Judenmission. *Dr. Mazaraki*, Arzt am griechischen Hospital.

**Apotheken** befinden sich in jedem der vielen Hospitäler, ausserdem bei *Damiani*, Via Dolorosa.

**Schneider:** *Eppinger*, *Silberstein*, beide in der Christenstrasse. — **Schuhmacher:** *Schöhn*, ebenda.

**Dragomane** in Jerusalem: *Bernhard Heilpern*, *Abr. Lyons*, *Chalil Dhimel* (Protestanten), *Hanna Awwad* und *Joseph Karam* (Lateiner).

*Jerusalem* übt auf die meisten Touristen im Osten die grösste Anziehungskraft aus; nicht wenige aber werden beim ersten Anblick der Stadt in ihrem jetzigen Zustand gar sehr enttäuscht sein. Es scheint anfänglich, als ob von der alten Stadt, wie wir sie als vielgerühmten Centralpunkt des jüdischen Reiches uns vorstellen, allzuwenig mehr vorhanden sei, und in der That, die moderne unsaubere Stadt mit winkligen, schlecht gepflasterten Gassen entspricht unsern Erwartungen von Zion und Moria keineswegs. Erst bei tieferem Eindringen und Durchdringen des Schuttes und Wustes, der sich über den alten heiligen Stätten gelagert hat, offenbart sich das interessante Bild des alten Jerusalem, und zwar um so deutlicher, je gründlichere Vorkenntnisse in geschichtlichen und topographischen Fragen man mitbringt. Und je länger und öfter der Reisende in Jerusalem verweilt, desto mehr Interesse flössen ihm die alten Ruinen ein, und es wird ihm zuletzt klar, wie das düstere Bild der modernen Stadt, der physische und geistige Zerfall, so recht als Schlussstein zu der gesammten grossen Geschichte, welche hier gespielt hat, passt. Gerade das Zerrbild von Religion, wie es in Jerusalem überall zu Tage tritt, der Fanatismus und die feindselige Abgeschlossenheit der so verschiedenen religiösen Gemeinschaften, gibt heute dieser Stadt ihren geistigen Charakter, den einer heiligen Stadt, welche, als Hauptsitz dreier Weltreligionen, in der Weltgeschichte von jeher eigentlich nur für diesen Zweig des Geisteslebens Bedeutung gehabt, und nach keiner andern Seite hin eine irgend wichtige Rolle gespielt hat.

Die Dauer des Aufenthalts richtet sich nach den ferneren Plänen des Reisenden, nach den Cursen der Dampfschiffe u. s. w. Gewöhnlich werden 6—7 Tage genügen, um die Hauptpunkte zu besuchen (vergl. S. 3).

## Geschichte von Jerusalem.

Die Identification von Jerusalem mit dem antiken *Salem*, der Hauptstadt des Melchisedek (I Mos. 14, 18), ist aus manchen Gründen zweifelhaft. Bei der Eroberung des Landes fanden die Israeliten hier im Gebirge den Stamm der Jebusiter sesshaft; *Jebus*, an der Stelle des späteren Jerusalem, war ihre Hauptstadt und Sitz ihres Königs. Die Jebusiter wurden zwar bekämpft, aber die Stadt konnte wegen ihrer natürlichen Festigkeit nicht erobert werden. Noch aus der Richterzeit haben wir sichere Nachricht, dass die Stadt nicht von Israeliten bewohnt war (Richter 19, 11, 12†). Trotzdem wurde bei der Vertheilung des Landes als die Südgrenze des Stammes Benjamin das Thal Hinnom bestimmt. In ganz kurzen Worten wird uns berichtet, dass König David dieses Jebus erobert habe (II Sam. 5, 6—10). Die Einwohner höhnten, im Vertrauen auf die Festigkeit ihrer Stadt, die Israeliten, aber die Einnahme gelang, und der König schlug seinen Wohnsitz auf dem Zion auf.

Wo lag nun eigentlich dieser heilige Berg *Zion*? Um dies zu beantworten, müssen wir hier näher auf die topographische Frage eingehen (zur besseren Uebersicht, wie verschieden überhaupt die Ansichten der Fachgelehrten über das alte Jerusalem sind, geben wir auf S. 160 eine Zusammenstellung von 6 Kärtchen der ehemaligen Mauerläufe). Die Stadt war von tiefen Thälern umringt.

†) 11. Da sie nun bei Jebus kamen, fiel der Tag fast dahin. Und der Knabe sprach zu seinem Herrn: Lieber, ziehe, und lass uns in diese Stadt der Jebusiter einkehren, und über Nacht darinnen bleiben. 12. Aber sein Herr sprach zu ihm: Wir wollen nicht in der Stadt der Fremden einkehren, die nicht sind von den Kindern Israel, sondern wollen hinüber gen Gibea.

ausgenommen auf der Nordwestseite, wo sich ein breiter Hügelrücken herunterzieht. Gegen Osten lag das Thal des *Kidron* (später Thal Josaphat), im Westen und Süden lief das Thal *Hinnom*. Diese Thäler schlossen ein Plateau ein, dessen nördlicher Theil den Namen *Betseta* führte, was „Olivenort" bedeutet; noch heute finden wir dort Anpflanzungen von Oelbäumen. Auf der südlichen Hälfte dieses Plateau's breitete sich Jerusalem aus, durch verschiedene Bodensenkungen von der Natur in Quartiere getheilt. Hauptsächlich eine kleine Thalsenkung war bestimmend, die von Norden kommend nach SSO. und dann direct nach Süden lief, und hierbei zwei Bergrücken von einander trennte, von denen der westliche noch 33m über den steil ansteigenden östlichen Hügel sich erhebt. Jenes Thal ist das *Tyropoeon* (Käsemacherthal).

Sowohl auf der Südterrasse des östl. Bergrückens, wo im Südosten des heutigen Ḥarâm das Quartier *Ophel* lag, als auch auf dem andern Berge westlich jenseit des Tyropoeon dehnte sich das alte Jerusalem bis an den Thalabsturz aus; die Stadtmauer durchsetzte das Tyropoeon weit unten bei seinem Auslaufe. An dem grossen westlichen Hügel stiegen Parallelgassen terrassenähnlich auf, von Süden nach Norden laufend. Oben war ein grosses Plateau; auf diesem lag die *Oberstadt*. Sie war nur von Norden zugänglich, daher mussten an der Nordseite die stärksten Mauern gebaut werden.

Dies der allgemein anerkannte Thatbestand; nun aber die Namen der Hügel und die Frage: wo standen die alten Bauten? Der Platz des alten *Tempels* ist zunächst sicher auf dem östlichen Hügel zu suchen. Aber schon der Name dieses Hügels ist Schwankungen unterworfen. Der Name *Moria* (II Chron. 3, 1†) kommt nur noch I Mos. 22 in der Bibel vor, und es ist sehr auffällig, dass er bei der Erzählung vom Tempelbau (I Kön. Cap. 6) nicht erwähnt wird. Er wird zwar schon im Alterthum in Verbindung mit der Geschichte Abraham's (Opferung Isaak's, I Mos. 22, 2††) genannt, aber es scheint Moria keine populäre, sondern mehr nur eine priesterlich religiöse Benennung gewesen zu sein. Zahlreiche Stellen der Bibel beweisen geradezu, dass noch bis in die spätere Zeit auch der *Tempelberg* in der Benennung *Zion* eingeschlossen war, so z. B. I Macc. 4, 37. Nur dieser Umstand erklärt uns auch, warum so oft von der Herrlichkeit Zion's in den poetischen Büchern die Rede ist; denn der Tempel stand ja daselbst. Anderseits wird „Zion" aber auch sehr häufig als gleichbedeutend mit „Stadt Davids" gebraucht (II Sam. 5, 7; I Kön. 8, 1†), ja endlich in der dichterischen Sprache für Jerusalem überhaupt gesetzt („Tochter

---

† Und Salomo fing an zu bauen das Haus des Herrn zu Jerusalem, auf dem Berge Morija, der David, seinem Vater, gezeiget war; welchen David zubereitet hatte zum Raum auf dem Platz Aravna's, des Jebusiters.

†† Und er sprach: Nimm Isaak, deinen einigen Sohn, den du lieb hast, und gehe hin in das Land Morija; und opfere ihn daselbst zum Brandopfer auf einem Berge, den ich dir sagen werde.

Zion†). Wo lag nun diese Stadt David's, Zion im engeren Sinne? Die meisten Forscher verlegen sie auf den westlichen Hügel. Gewöhnlich ist von einem „Hinaufziehen" zum Tempel die Rede, selbst vom Standpunkt der Davidstadt aus (II Sam. 24, 18 ††); aber der westliche Hügel ist höher, als der Tempelberg. Nach Nehemia 12,37 scheint es, als ob ein Festzug von der Gichonquelle (S. 154) aus die Davidstadt passirt hätte, um dann an die Ostseite des Tempelberges zu gelangen; wir müssten dann annehmen, dass die Davidstadt auf dem südlichen Areal des Tempelberges gelegen hätte, doch hat auch diese Annahme wieder ihre Schwierigkeiten. Den Platz, wo David's Haus stand, können wir überhaupt nicht bestimmen; wir wissen aber, dass Jerusalem schon damals in eine Oberstadt und eine Unterstadt zerfallen sein muss. Die erstere lag am westlichen Abhang des höheren Berges (Zion im engeren Sinne), die Unterstadt jedenfalls östlich davon. Ein grosser Theil dieser alten Stadt lag ausserhalb der heutigen Stadtmauer (südlich), wo heute keine Häuser mehr stehen. Wie weit die Stadt David's nach Norden reichte, ist sehr unsicher; an der Nordostecke der Oberstadt gegenüber dem Tempelplatz war die Bastei *Millo* (= Auffüllung).

David, stets mit kriegerischen Unternehmungen beschäftigt, sollte den Tempel noch nicht bauen; doch führte er die Bundeslade mit Pomp nach Jerusalem, seiner neuen Stadt. Erst sein Sohn Salomo fing an, Jerusalem grossartig zu verschönern; vor allem wurde ein glänzendes Nationalheiligthum gegründet. Man musste jedoch damals, um eine ebene Fläche als Grundlage für einen solchen Bau zu gewinnen, bedeutende Substructionen legen. Im Grossen und Ganzen können wir trotz abweichender Meinungen Einzelner annehmen, dass der salomonische Bau den Platz der heutigen oberen Terrasse (auf welcher der Felsendom steht) einnahm. Dass hingegen auf dem (heiligen) Fels (S. 179) ehemals die „Tenne Aravna's des Jebusiters" war (s. unten), kann nicht für ausgemacht gelten, obwohl Tennen, worauf geworfelt wird, überall an Stellen liegen, wo der Wind am besten zukommt und am stärksten weht, also wohl auch hier auf einer Spitze des Bergrückens. Hauptsächlich die späteren Geschlechter setzten die angefangene Arbeit Salomo's fort, indem sie um das Tempelgebäude herum einen grösseren Tempelbezirk, nothwendiger Weise auf künstlich hergestelltem Terrain ausbauten. Ausführliches über die Geschichte und den Platz des alten Tempels vgl. S. 169.

Wo aber baute Salomo seinen grossen *Palast?* Auf diese Frage

† Da versammelte der König Salomo zu sich die Aeltesten in Israel, alle Obersten der Stämme und Fürsten der Väter unter den Kindern Israel, gen Jerusalem, die Lade des Bundes des Herrn herauf zu bringen aus der Stadt Davids, das ist Zion.;

†† Und Gad kam zu David zu derselben Zeit, und sprach zu ihm: Gehe hinauf, und richte dem Herrn einen Altar auf in der Tenne Aravna's, des Jebusiters.

sind verschiedene Antworten gegeben worden. Die eine Ansicht ist, dass der Palast auf dem westlichen Hügel (dem Zion im engeren Sinn) dem Tempel gegenüber lag; die andere, dass der Palast südlich vom Tempel ungefähr an der Stelle der jetzigen Akṣamoschee (S. 183) lag und sich weiter nach Osten erstreckte. Die „Königstochter" könnte noch immer von der Davidstadt *hinauf*gestiegen sein (I Kön. 9, 24†), besonders da nach den neuesten Ausgrabungen der Fels hier an der Südseite des jetzigen Ḥarâmplatzes in der Mitte des Berges einen breiten Rücken bildet. Dieser neue Palast war nach ägyptischem Vorbild gebaut und glänzend ausgeschmückt, sodass sogar die Königin von Saba über die wohlgetroffenen Einrichtungen und den entfalteten Glanz staunte.

Salomo baute ausserdem die schon erwähnte Bastei Millo weiter aus; er zog von ihr einen Damm nach dem gegenüberliegenden Tempelhügel (I Kön. 11, 27) und umgab die Neustadt (im Norden) mit Festungswerken. Erst unter Salomo begann Jerusalem ein Mittelpunkt für das Volk Israel zu werden; die eben genannte Neustadt oder Vorstadt entstand wahrscheinlich zu dieser Zeit, wo der Handel blühte; schon damals war dort der Bazar, und die einzelnen Handwerker hatten wohl ebensogut ihre besonderen Gässchen, wie heutzutage. Doch dauerte die Blüthe Jerusalem's als Centralpunkt des Reiches nur kurze Zeit; sie wurde bald darauf die Hauptstadt des südlichen Reiches Juda. Schon unter Rehabeam musste sich die Stadt dem ägyptischen Pharao Sisak ergeben; sowohl der Tempel als der Palast büssten damals einen Theil ihrer goldenen Verzierungen ein. Eine zweite Plünderung des Palastes fand etwa 100 Jahre später statt und zwar unter König Joram durch südarabische und philistaeische Völkerschaften (II Chron. 21, 17); 60 Jahre später zog Joas, der König des nördlichen Reiches, über Amasia, den König von Juda triumphirend, in Jerusalem ein, nachdem er eine breite Bresche in die Mauer hatte reissen lassen. Auch er nahm alles Gold, was er in den Palästen und im Tempel fand, mit sich fort (II Kön. 14, 13 ff.). Der Sohn des Amasia, Usia, brachte während seiner 52jährigen Regierung Jerusalem wieder zu grösserer Blüthe; der Handel wurde neu belebt, Jerusalem mit Thürmen neu befestigt und auf den Mauerzinnen Wurfmaschinen aufgepflanzt (II Chron. 26, 1—16); doch erschütterte im Laufe dieser Zeit ein grosses Erdbeben Jerusalem. Beim Herannahen Sanherib's besserte Hiskia (728—699) die Festungswerke aus (II Chron. 32, 5).

Hiskia erwarb sich auch grosse Verdienste um die Wasserversorgung von Jerusalem. In dem festen Kreidekalk, welcher den Boden der Stadt bildet, findet sich wenig Wasser. Die einzige Quelle von Jerusalem war die *Gichon*-Quelle am östlichen Abhange des Tempelberges (andere verlegen sie auf die NW.-Seite der Stadt;

† Und die Tochter Pharao zog herauf von der Stadt Davids in ihr Haus, das er für sie gebauet hatte. Da bauete er auch Millo.

vgl. S. 245). Vermittelst eines Schachtes konnte auf dem Hügelplateau selbst aus dieser Quelle geschöpft werden. Hiskia baute andrerseits die Leitung des Gichon bis zum tiefer liegenden Siloa; derselbe war übrigens nur ein Arm einer von Norden hergeleiteten Quelle, der andere ist durch Nachgrabungen im Tyropoeon wieder gefunden worden. Diese Quelle genügte aber für den Bedarf der Stadt keineswegs; man grub daher Cisternen und legte Reservoirs zur Sammlung des Regenwassers an. Aus der alten vorexilischen Königszeit stammt wohl die Anlage der Teiche im Westen der Stadt, sowie die des grossen Reservoirs, das wir heute noch im Norden des Tempelplatzes bewundern und zu dessen Herstellung der Lauf eines kleinen Thales benutzt wurde, dessen Tiefe zugleich die alte Tempelarea im Norden zu schützen bestimmt war. Ein Belagerungsheer ausserhalb der Stadtmauern litt gewöhnlich grosse Noth an Wasser, da man die Abläufe nach aussen verstopfen konnte; in Jerusalem selbst war nie Wassermangel. Schon in alter Zeit müssen die beiden Thalbetten Kidron und Hinnom kein fliessendes Wasser mehr gehabt haben.

Auf die im Ganzen glückliche Regierung Hiskia's folgte die seines götzendienerischen Sohnes Manasse. Auch von ihm wird berichtet, dass er nach seiner Rückkehr aus Babylon Mauern gebaut habe (II Chr. 33, 14); dieselben waren überall mit Befestigungsthürmen versehen. Jerusalem galt als eine sehr feste Stadt (Klagel. Jerem. 4, 12†). Aber die Politik seiner Herrscher und der unglückliche Aufstand gegen die übermächtigen Chaldäer führte eine neue Eroberung herbei. Zwar wurde die Stadt nicht erstürmt, aber sie musste sich dem König Nebucadnezar auf Gnade und Ungnade ergeben. Wiederum wurde der Tempel und der Königspalast geplündert, und ein grosser Theil der Einwohner Jerusalem's nebst dem König Jojachin nach Osten geschleppt, namentlich die Angesehenen und alle Handwerker, im Ganzen circa 10,000 Seelen. Etwa 7000 Seelen blieben zurück; in seinem damaligen Umfang konnte also Jerusalem, nach diesen Angaben bemessen, ungefähr 17—20,000 Einwohner fassen. Der zurückgebliebene Rest versuchte unter Zedekia einen von vorn herein aussichtslosen Aufstand gegen die Sieger, und nun musste Jerusalem eine lange schreckliche Belagerung (1 Jahr 5 Monate 7 Tage) aushalten. Pest und fürchterliche Hungersnoth wütheten währenddessen in der Stadt. Die Belagerer drangen mit überdachten Sturmböcken heran (wie deren auf den Reliefbildern von Ninive abgebildet sind), aber die Vertheidigung war eine verzweifelte, Schritt für Schritt wurde den Feinden der Boden streitig gemacht, selbst nachdem Zedekia das Tyropoeon hinunter nach dem Jordanthal geflohen war. Die Babylonier raubten von Schätzen, was noch zu rauben war; der

† Es hätten es die Könige auf Erden nicht geglaubt, noch alle Leute in der Welt, dass der Widerwärtige und Feind sollte zum Thor Jerusalems einziehen.

salomonische Tempel wurde verbrannt, und Jerusalem, wie der Dichter der herrlichen Klagelieder es uns schildert (besonders Cap. 2), aufs Tiefste gedemüthigt.

Auch dieser tiefsten Erniedrigung sollte wieder eine Erhebung folgen, indem die Juden aus dem Exil zurückkehren durften; der eigentliche Aufbau der Stadt aber ist erst dem Nehemia, dem Mundschenk des persischen Königs Artaxerxes Longimanus, zu verdanken. Jerusalem wurde neu befestigt, und zwar so, dass die Grundlagen der früheren Umfassungsmauern, für welche freilich die Bevölkerung nun zu gering war, festgehalten wurden. Die Beschreibung Nehemia's gibt uns daher das beste Bild auch von dem vorexilischen Jerusalem.

Die Mauer zog sich von der Siloaquelle den Berg hinauf nordwärts. Auf dem höchsten Punkte des Ophel erhob sich eine Bastei, welche zugleich das *Rossthor*, ein Tempelthor gegen Osten, zu schützen bestimmt war. Beim Rossthor, also auf der Tempelarea, waren Priesterwohnungen. Gewöhnlich nimmt man auf dieser Ostseite noch ein zweites Thor an, das sogenannte *Wasserthor*. Befestigungen befanden sich auch am Nordende der Tempelterrasse; besonders wichtig war die grosse, unter Nehemia wieder hergestellte Bastei an der Nordwestecke der Tempelarea, die *Bira*, der Platz der späteren *Baris*. Im Norden war die Stadt ausserdem noch durch den Thurm *Hananael* beschirmt; es scheint uns jedoch nicht sicher, wo wir denselben zu suchen haben, ebenso den Thurm *Mea*, der 45m südlich vom Hananael lag. Entweder lagen beide, nebst dem Schafthor, an der östlichen Stadtmauer, oder Hananael lag an der Nordseite beim *Fischthor*, und dann muss Mea und das Schafthor an der Westseite des Tempelareals gestanden haben. Die Lage des *Schafthores* bestimmt sich nach Joh. 5, 2 † als in der Nähe des Bethesdateiches, und da wir letzteren nicht am traditionellen Orte, sondern bei dem heutigen 'Ain esch-Schifâ (S. 191) suchen, so müssen wir auch annehmen, dass das Schafthor von dem industriellen Quartier des Tyropoeon aus in die Tempelarea hineinführte.

Die Mauer, welche die Oberstadt abschloss, lief nach Westen und hatte zwei Thore: bei der Millobastei das *Thor der Mitte*, das von einem Stadttheil in den andern führte, und ganz westlich das *Thalthor*, später *Gennat* genannt, östlich vom heutigen Yâfathor; schon Usia hatte hier einen Befestigungsthurm gebaut. In der nördlich gelegenen Vorstadt war zunächst noch das *Eckthor*, das wohl mit dem „*alten Thor*" zu identificiren ist; das *Ephraimthor* wagen wir nicht mit irgend welcher Sicherheit zu bestimmen. Aus der Oberstadt ging ein Thor gegen Westen, gegen das Hinnomthal: das *Mistthor;* man hat daselbst eine Felsentreppe gefunden. Im Süden lief eine Mauer über das Tyropoeon, an dessen Ausgang das

† Es ist aber zu Jerusalem bei dem Schaafhause ein Teich, der heisst auf Ebräisch Bethesda, und hat fünf Hallen.

*Quellenthor* oder „das Thal zwischen den beiden Mauern“ lag. Wo das *Töpferthor* ins Thal Hinnom auslief, wagen wir ebenfalls nicht zu bestimmen. Im Hinnomthal oben lag schon damals der Schlangenteich oder Mamillateich (S. 245).

Die grossen Stürme der nächsten Jahrhunderte gingen gnädig über Jerusalem hinweg. Die Stadt öffnete Alexander ihre Thore und ging bei dessen Tode im Jahre 320 in den Besitz der Ptolemäer über. Erst in der Zeit des Antiochus Epiphanes wurde sie wieder der Schauplatz blutiger Kämpfe. Von Aegypten zurückkehrend plünderte Antiochus den Tempel; zwei Jahre später schickte er einen Obersteuereinnehmer, der Jerusalem zerstörte, viele Einwohner tödtete und sich in einer starken Befestigung mitten in der Stadt festsetzte. Diese Burg war die *Akra;* sie wird von Verschiedenen an ganz verschiedene Punkte von Jerusalem versetzt. von der Mehrzahl in die Gegend nordwestlich vom Tempel, von Einigen aber auch südlich vom Tempel. Die Streitfrage kann nur durch geeignete Nachgrabungen entschieden werden.

Als Judas Maccabaeus den Sieg errungen hatte (vergl. Einl. S. 67), führte er im Tempel den alten Opfercultus wieder ein; er reinigte die Area, baute eine hohe Mauer mit starken Thürmen um dieselbe und richtete einen Wachtdienst ein. Bis diese nationale Erhebung sich consolidirte, waren viele Kämpfe zu bestehen; Antiochus Eupator belagerte Jerusalem mit Maschinen, aber nur der Hunger trieb die Juden zur Capitulation. Gegen den eingegangenen Vertrag liess er die Mauer „von Zion“ niederreissen (I Macc. 6). Der Maccabäer Jonathan aber liess (I Macc. 10, 11) die Mauer stärker erbauen als zuvor; zwischen der Akra, wo immer noch eine syrische Besatzung lag, und der Stadt liess er eine andere Mauer aufrichten, wodurch auch später unter Simon (141) die Uebergabe jener Burg durch Aushungerung herbeigeführt wurde. Die Burg wurde niedergerissen; Simon nahm seine Wohnung auf der Baris im NW.-Winkel der Tempelarea; die Stadt wurde neu befestigt. Die Nachkommen des Simon Maccabaeus bauten den grossen hasmonäischen Palast westlich von Millo; von diesem aus hatte man einen schönen Blick über den Tempel. Johannes Hyrcanus hatte 134 schon wieder eine Belagerung der Syrer auszuhalten; wie stets, standen die Feinde auch diesmal im Norden der Stadt. Wiederum fiel Jerusalem nur durch Hunger, doch unter leidlichen Bedingungen. Innere Zwistigkeiten zwischen den Maccabäern hatten endlich die Intervention der Römer zur Folge. Pompejus belagerte die Stadt, und auch jetzt wieder concentrirte sich der Angriff bei dem Tempelplatz, der jedoch im Norden mit grossen Thürmen und einem tiefen Graben geschützt war. Man hat von diesem letzteren neuerdings Spuren aufgefunden. Die einzige ebene Verbindung, vermittelst deren man auf die Tempelplattform gelangen konnte, war eine Brücke im Westen (denn hier lief damals noch das ziemlich tiefe Tyropoeonthal). Diese Brücke wurde später zerstört; sie muss ungefähr beim Wilsonbogen (S. 192) gelegen haben. Das Quartier nördlich vom Tempel, sowie das Stephansthor scheint damals noch nicht existirt zu haben, wie dies auch die Ausgrabungen Warren's bestätigen. Der Graben im Norden wurde von den Römern während eines Sabbaths aufgefüllt; über einen Damm drangen sie ein und wütheten grausam auf dem Tempelplatz, da sie über den hartnäckigen Widerstand erbittert waren; 12,000 Juden sollen in diesem Kampfe umgekommen sein. Pompejus betrat zum Schmerz der Juden das Allerheiligste; er tastete aber die Schätze nicht an. Einige Jahre später plünderte Crassus dieselben.

Wiederum lockten innere Streitigkeiten die Parther 40 v. Chr. heran; im Jahre 37 aber eroberte mit römischer Hilfe Herodes die Stadt nach tapferer Gegenwehr. Die Juden hatten hartnäckig Punkt für Punkt vertheidigt und so die Wuth der Sieger gereizt, die nun ein schreckliches Blutbad anrichteten; am längsten hielt sich die Baris im Nordwesten des Tempelplatzes. Herodes, nun zur Herrschaft gelangt, verschönerte und befestigte Jerusalem. Vor allem baute er den Tempel um, worauf wir später zurückkommen werden (S. 170). Dann befestigte er auch die Baris, da sie den Tempelplatz beherrschte, aufs neue. Nach aussen von Thürmchen flankirt, war die Burg im Innern sehr geräumig; Herodes benannte sie seinem römischen Gönner zu Ehren *Antonia*. Im Nordwesten der Oberstadt baute er sich selber einen Palast. Nach den Beschreibungen muss die Ausstattung desselben eine höchst kostbare gewesen sein, mit einer Menge von Hallen, Peristylen, inneren Höfen mit prachtvoller Ornamentik und reich geschmückten Sälen. Im Norden des Königspalastes waren drei grosse Befestigungsthürme an denselben angebaut, Namens *Hippicus*, *Phasael* und *Mariamne*. Noch sieht man an den untersten Theilen des ersteren, der sogenannten Davidsburg beim Yâfathor (S. 221), wie solid diese Bauten aufgeführt waren. Ausserdem baute Herodes in Jerusalem nach römischer Sitte ein Theater; ferner ein Rathhaus (ungefähr an der Stelle des heutigen Gerichtshauses, S. 192) und den Xystus, einen mit Säulenhallen umgebenen Raum für gymnastische Spiele. Jerusalem mit seinen vielen Palästen und Prachtbauten, dem reichen Tempel mit seinen Säulenhallen, den hohen Umfassungsmauern mit ihren Basteien, muss damals einen herrlichen Eindruck auf den Beschauer gemacht haben. Die Mauer der Altstadt hatte 60 Thürme, die der kleinen nördlich davon gelegenen Vorstadt deren 14; aber über diese hinaus dehnte sich die aufblühende Stadt noch weit nordwärts aus und wir haben uns dort zahlreiche mit Baumgärten umgebene Villen zu denken, die theilweise wohl ein ganz stattliches Aussehen gehabt haben mögen. Das war die Stadt, wie sie zu Jesu Zeiten sich darstellte, innen freilich mit engen, winkligen Gassen, doch mit gepflasterten Trottoirs. Die sich drängende Volksmenge war bedeutend, namentlich, wie wir es auch aus den Berichten des neuen

Testaments wissen, an den Festen. Der römische Befehlshaber soll einmal die Passahlämmer haben zählen lassen; dabei soll sich die enorme Zahl von 270,000 Thieren ergeben haben, was auf 2,700,000 Festfeiernde schliessen liesse. Wenn auch diese, wie so viele Zahlenangaben des Josephus gewaltig übertrieben sind, so beweisen sie doch, dass das Menschengewühl gross war.

Erst nach Jesu Tode wurde durch Agrippa I. eine Mauer gebaut, durch welche die ganze nördliche Vorstadt in den Rayon der Stadt hineingezogen wurde. Die Mauer, die einen grossen Umfang haben und hier am ausgesetztesten Theile der Stadt sehr fest sein musste, wurde aus grossen Quadern gebaut und soll 90 Thürme gehabt haben; der gewaltigste derselben war der *Psephinus*thurm an der Nordwestecke; er war mehr als 30m hoch und lag am höchsten Punkte der Stadt (784m ü. M.). Aus Furcht vor dem Kaiser Claudius wurde die Mauer unvollendet gelassen und erst später von den Juden in weniger grossartigen Verhältnissen ausgebaut. Da sich der Streit der Gelehrten hauptsächlich um den Lauf der drei Mauern dreht, so wollen wir hier eine kurze Uebersicht der Mauerläufe geben.

Die *erste* Mauer ist die, welche um die Altstadt herumführte. Vom Thurme Hippicus im Westen ausgehend lief sie südlich um die Zinne des Berges herum, und, Siloa einschliessend, bis zur Ostmauer der Tempelarea; im Norden schloss sie die alte Stadt ab, indem sie gegen den Tempel lief. Unmittelbar südlich von dieser Nordmauer stand der Palast des Herodes, der Xystus und die über das Tyropoeon in den Tempel führende Brücke; am westlichen Rande des Tyropoeon lief zum Schutze der Oberstadt ebenfalls eine Mauer hinunter.

Von dem Laufe, welchen man der *zweiten* Mauer gibt, die um die nördliche Vorstadt herumlief, hängt die Frage nach der möglichen Aechtheit des heiligen Grabes ab. Es fragt sich, wo hat diese Mauer sich von der ersten Mauer nach Norden abgezweigt? Es ist bekannt, dass eine Anzahl Forscher, namentlich seit dem Amerikaner Robinson, die Mauer so ziehen, dass das heilige Grab innerhalb der Stadt gelegen hätte, also unmöglich ächt sein könnte. Es ist freilich anzuerkennen, dass dann auch das unzweifelhafte alte Wasserreservoir des sog. Hiskiateiches (S. 220), wie natürlich, in der alten Vorstadt gelegen hätte. Am Vereinigungspunkt der beiden Mauern stand das Thor Gennat (S. 156). Wir glauben unsere Leser mit den mannigfachen Hypothesen, welche diese zweite Mauer erlebt hat, verschonen zu sollen; erst Ausgrabungen könnten hier ein definitives Resultat ergeben und diese sind hier in der Mitte der modernen Stadt wenigstens vorläufig kaum ausführbar. Eine Reihe anderer Forscher zieht diese zweite Mauer so, dass das Gennatthor etwa in die Mitte der nördlichen Mauer der Altstadt zu liegen käme; von dort müsste die Mauer in einem grossen Bogen bis zur Nordmauer der Tempelarea, besser bis zur Antonia-Baris-

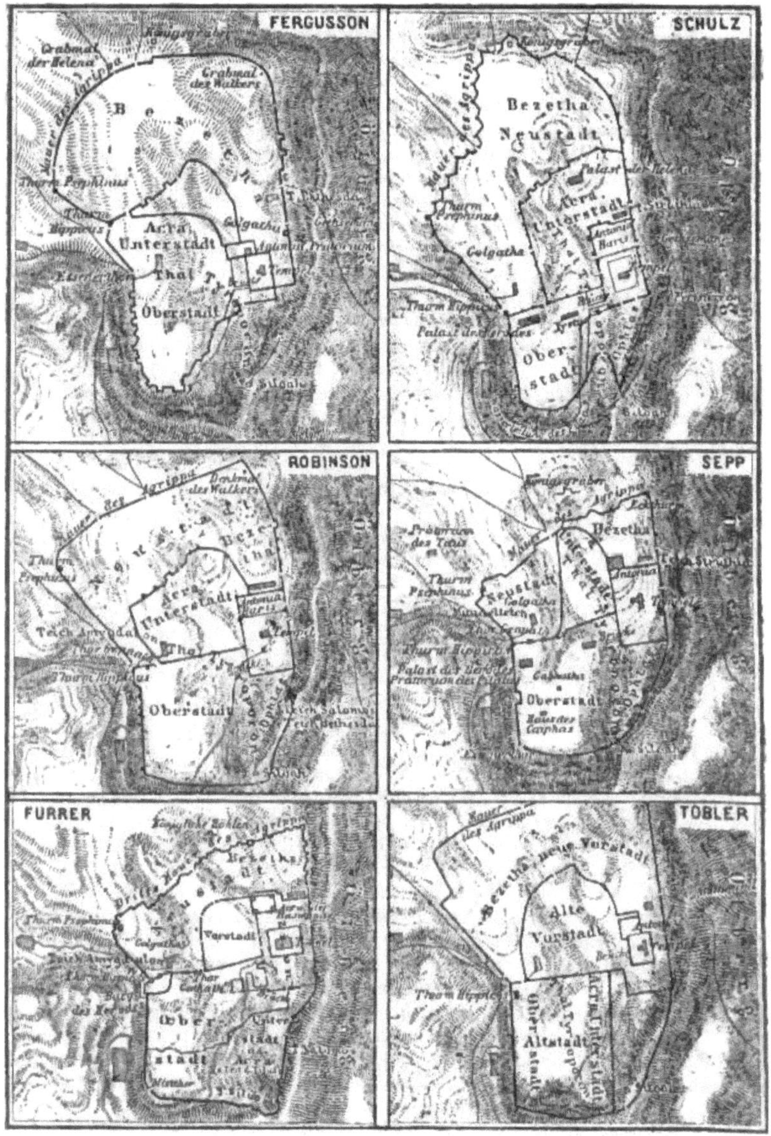
FERGUSSON
SCHULZ
ROBINSON
SEPP
FURRER
TOBLER

Festung gelaufen sein (bei der Besprechung des heiligen Grabes werden wir noch einmal hierauf zurückkommen müssen; vergl. S. 197).

Auch über den Lauf der *dritten* Mauer sind die Topographen noch uneins. Einige (Kiepert, Fergusson) geben ihr einen sehr grossen Umfang, so dass sie in weitem Bogen vielleicht sogar die sogenannten Königsgräber umfasst, also bis an den Rand des oberen (von Westen kommenden) Kidronthales gereicht hätte. Das ganze nördliche Bergplateau, auf welchem sich in der That viele Ruinen und Cisternen zerstreut finden, wäre dann von Agrippa in die Stadt hineingezogen worden. Robinson setzt die dritte Mauer ungefähr in die Mitte dieses Terrains, was unseres Erachtens vom strategischen Standpunkte aus wenig wahrscheinlich ist. Andere meinen, dass diese dritte Mauer ungefähr an der Stelle der jetzigen nördlichen Stadtmauer von Jerusalem gestanden habe; dafür sprechen im Ganzen die Entfernungsangaben des freilich nicht immer genauen Josephus (4 Stadien bis zu den Königsgräbern, 7 Stadien bis zum Scopus).

Seitdem das Land römische Provinz geworden war, herrschte in demselben eine schwüle Stimmung vor, denn die Juden standen hinter den Römern an Nationalstolz nicht zurück; dazu beunruhigten Räuberschaaren (sicarii) das Land, und auch wirkliche Bedrückungen römischer Statthalter, wie des Gessius Florus, der sich den Tempelschatz zueignete, kamen vor. In Jerusalem bekämpften sich zwei Parteien: die exaltirten Zeloten unter Eleazar, die zu einem wüthenden Kampfe gegen die Römer drängten, und eine gemässigtere Partei unter dem Hohenpriester Ananias. Als Florus in blinder Wuth zu verschiedenen Malen viele friedfertige Juden hatte niedermachen lassen, brach eine entsetzliche Empörung in der Stadt los. Zwar suchten Herodes Agrippa II. und seine Schwester Berenice noch durch Zureden zu besänftigen und zu vermitteln, aber sie mussten flüchten. Schon vorher hatten die Zeloten die Tempelarea besetzt; nun wurde auch die Burg Antonia von ihnen eingenommen. Ein schrecklicher Kampf brach zwischen den beiden Parteien der Juden aus; der stärkeren Partei der Zeloten gelang es aber, den Gemässigten die Oberstadt zu entreissen und selbst das von 3000 Mann besetzte Schloss des Herodes zu erobern. Die Sieger wütheten unter den gefangenen Römern sowohl, als unter ihren eigenen Volksgenossen. Cestius Gallus, ein unfähiger römischer Feldherr, zog gegen die Stadt, gab aber, als er schon dem Ziel nahe war, die Belagerung auf und zog sich nordwärts nach Gibeon zurück. Dort wurde sein Lager von den Juden überfallen und sein Heer zerstreut. Dieser Sieg machte die Juden übermüthig, und sie träumten, dass sie nun von den verhassten Römern befreit seien; der aus Zeloten neu zusammengesetzte Rath von Jerusalem nahm die Organisation des Aufstandes durch ganz Palästina an die Hand. Nun erst gingen den Römern die Augen auf und der tüchtige Vespasian wurde mit 60,000 Mann nach Palästina abgeschickt. Zuerst wurde von diesem (im Jahre 67) Galilaea erobert. Inzwischen dauerten die Kämpfe im Innern von Jerusalem fort. Räuberbanden bemächtigten sich des Tempels und riefen, als sie sich von Ananus belagert sahen, die alten Erbfeinde der Juden, die Idumäer (Edomiter) zu Hülfe. Diesen wurden die Thore geöffnet und nun wurde die Partei der Gemässigten mit ihrem Aufführer Ananus vernichtet, die Anhänger der Partei geächtet; 12,000 Vornehme sollen dabei umgebracht worden sein. Die Zeloten wütheten grauenhaft; sie machten gemeinsame Sache mit den Räubern. Nachdem die Idumäer genug geplündert hatten, verliessen sie Jerusalem.

Erst nachdem Vespasian einen grossen Theil Palästina's erobert hatte, liess er seine Truppen gegen Jerusalem vorrücken; aber die Ereignisse in Rom nöthigten ihn, die Fortsetzung des Krieges seinem Sohne Titus zu überlassen. Als dieser sich Jerusalem näherte, hausten im Innern der Stadt vier Parteien. Die Zeloten unter Johann von Giscala hatten die Burg Antonia und den Heidenvorhof inne, die Partei der Räuber unter Simon von Gerasa die Oberstadt; die Partei Eleazar's war Herr des inneren Tempels und des Judenvorhofs; ausserdem sass in der Oberstadt noch die Partei der Gemässigten. Titus kam auf dem Landwege von Aegypten mit zwei Legionen (zu je 6000 Mann etwa); drei Legionen fand er vor; ausserdem zog er noch eine Legion und zahlreiche Bundesgenossen heran. Sechs Legionen also vereinigten sich zu Anfang April 70 vor Jerusalem. Bei einer Recognoscirung wurde Titus beinahe von seinem Heere abgeschnitten; er postirte nun den Haupttheil seines Heeres in den Norden und Nordwesten der Stadt, eine Legion aber an den Oelberg. Die Juden versuchten einen Ausfall gegen die letztere, wurden aber durch den zu Hülfe eilenden Titus zurückgeschlagen. Bei den fortdauernden Kämpfen im Innern der Stadt gelang es Johannes von Giscala, den Eleazar aus dem inneren Tempelbezirk zu vertreiben; ihm stand nun noch die Räuberpartei unter Simon gegenüber. Am 23. April wurden von den Römern die Belagerungsmaschinen an die westliche Mauer der Neustadt (ungefähr beim heutigen Yâfathor) herangebracht; die Juden leisteten tapferen Widerstand, doch am 7. Mai drangen die Römer in die Neustadt ein.

Fünf Tage später erstürmte Titus auch die zweite Mauer, wurde aber wieder zurückgeschlagen; drei Tage nachher nahm er sie zum zweiten Mal und liess nun die ganze Nordseite der Mauer niederreissen. Hierauf liess er die Juden durch den in seinem Lager befindlichen Josephus zur Uebergabe auffordern, aber vergeblich. Hungersnoth stellte sich ein, und Leute, welche vor dieser und vor dem schrecklich wüthenden Simon nach aussen entfliehen wollten, wurden von den Römern gekreuzigt. Diese letzteren begannen nun Angriffswälle zu bauen; doch konnten die Juden dieselben noch theilweise zerstören. Titus liess hierauf um die 33 Stadien lange Mauer eine Angriffsmauer von 39 Stadien ringsum führen; nun, da die Stadt total eingeschlossen war, begann eine fürchterliche Hungersnoth; die Leichen der Verschmachteten wurden über die Mauer geworfen. Wiederum wurden die Sturmböcke in Thätigkeit gesetzt; am 5. Juli Nachts wurde die Burg erstiegen; um die Tempelthore wurde gekämpft, aber noch blieben die Juden in deren Besitz. Nach und nach brannten die Säulengänge des Tempels ab, doch Schritt für Schritt wurde der Boden vertheidigt; endlich am 10. August warf ein römischer Soldat, wie es heisst, gegen den Willen des Titus, einen Feuerbrand in den Tempel. Alles verbrannte; die Soldaten mordeten, was sie erreichen konnten; eine Anzahl Zeloten aber konnte sich nach der Oberstadt durchschlagen. Wiederum wurde verhandelt, während die Unterstadt schon in Flammen aufging; aber auch die Oberstadt wurde noch lange gehalten und erst am 7. September verbrannt. Jerusalem war nur noch ein Trümmerhaufen; wer von den Uebriggebliebenen gegen die Römer gekämpft hatte, wurde hingerichtet, die andern verkauft. Die Volksmenge, welche sich aus Fanatismus und Furcht vor den Römern in der Stadt zusammengedrängt hatte, soll 600,000 Seelen betragen haben. Titus hielt nebst seinem Vater Vespasian einen glänzenden Triumphzug in Rom, wobei auch Johannes von Giscala vorgeführt wurde; das herrliche Monument des Titusbogens in Rom erinnert bekanntlich an diesen Sieg, durch welchen Jerusalem für immer seine politische Bedeutung verlor.

Erst der baulustige Kaiser Hadrian (117—138) liess an der Stelle von Jerusalem wieder eine Stadt bauen (130), die er *Aelia Capitolina* oder auch kurzweg *Aelia* nannte. Wir wissen vom Ende des 4. Jahrhunderts, dass auf der Stelle des heiligen Grabes eine Statue des Jupiter (oder der Venus?) stand. Auf dem Platze des jüdischen Tempels hingegen wurde ein Jupitertempel mit den Statuen Jupiter's und Hadrian's errichtet (?). Auch die Mauern wurden von Hadrian wieder aufgebaut und zwar in dem Laufe der alten Mauer, nur nach Süden etwas enger, sodass der grössere Theil des westlichen Berges und des Ophel ausserhalb der Stadt blieb, wie er es auch heute noch ist. Noch einmal flammte die Wuth der Juden unter Bar Kochba auf, dann aber lagert sich für Jahrhunderte tiefes Dunkel über die Geschichte der Stadt. Den Juden wurde der Eintritt in dieselbe streng verboten.

Mit der Anerkennung des Christenthums als Staatsreligion beginnt die neue Geschichte der Stadt. Constantin erlaubte den Juden wieder, sich Jerusalem zu nähern; sie machten selbst wieder einen Versuch, gegen die Römer die Waffen zu ergreifen (339). Der heidnische Kaiser Julian begünstigte sie gegenüber den Christen und erlaubte ihnen sogar, den Tempel wieder aufzubauen, wozu aber nur ein schwacher Versuch gemacht wurde; später wurden sie wieder ausgeschlossen.

Als Bischofssitz stand Jerusalem unter Caesarea; erst nach vielen Streitigkeiten wurde auf dem Concil von Chalcedon 451 ein unabhängiges Patriarchat für die drei Palästina in Jerusalem gegründet. Die Pilgerreisen nach Jerusalem's heiligen Stätten nahmen überhand; der Kaiser Justinian errichtete, wie es heisst, ausser manchen Kirchen und 10—11 Klöstern in und um Jerusalem auch bereits ein Hospiz für Fremde. Auch der Papst Gregor, sowie verschiedene abendländische Staaten sorgten schon damals durch Erbauung solcher Gebäude für die Pilger; gleichzeitig begann in Jerusalem der Handel mit Reliquien jeglicher Art zu blühen.

Bevor Jerusalem aus den Händen der Christen in die der Muslimen überging, wurde es noch von den Persern 614 erstürmt und die Kirchen zerstört, aber bald darauf, namentlich mit ägyptischem Beistande, wieder aufgebaut. Der byzant. Kaiser Heraclius eroberte 628 Syrien wieder. Schon wenige Jahre später zog ein arabisches Heer unter Abu 'Ubeida gegen Jerusalem, aber die 12,000 belagerten Griechen hielten sich tapfer; 'Omar selbst führte darauf Hülfstruppen herzu und eroberte 637 die Stadt. Die Einwohner wurden sehr milde behandelt, und man liess sie gegen Entrichtung der Kopfsteuer in der Stadt wohnen; es sollen 50,000 Seelen gewesen sein. Der Chalîfe Harûn er-Raschîd soll sogar Karl dem Grossen die Schlüssel zum heiligen Grabe übersandt haben. Von den römisch-deutschen Kaisern wurden stets Unterstützungsgelder für die Pilger nach Jerusalem geschickt. Erst später begannen die Bedrückungen der Christen durch die Muslimen. Die Stadt wurde von den Arabern *Bêt el-Makdis* (Haus des Heiligthums) oder kurzweg *el-Kuds* (das Heiligthum) genannt.

Im Jahre 969 kam Jerusalem in den Besitz der ägyptischen Fâtimiden; in der zweiten Hälfte des 11. Jahrhunderts wurde es in die Kämpfe der Turkomanen hineingezogen; die Charesmier plünderten die Stadt 1077. Unter der Herrschaft der Türken hatten die Christen viel zu leiden. Den Pilgern wurde Geld abgefordert; die wilden Schaaren Ortoks, der türkischen Emire von Jerusalem, drangen bisweilen in die Kirchen und misshandelten daselbst die Christen während des Gottesdienstes. Unter den vielen Pilgern, welche diese Beschimpfungen zu erdulden hatten, war auch Peter von Amiens, welchem es nach seiner Rückkehr gelang, den ersten Kreuzzug ins Werk zu setzen. Die Stadt war in den Händen des Iftichâr ed-daule (abhängig von Aegypten), als das Kreuzfahrerheer am 7. Juni 1099 vor ihre Mauern rückte. Die Belagerer litten Hunger und Durst; ohne Maschinen konnten sie der Stadt nicht beikommen. Als diese gebaut waren, griff Gottfried die Stadt hauptsächlich von Süden und Osten an; Tankred stürmte von Norden her, und das Damascusthor wurde ihm von innen geöffnet; auch durch das Zionsthor drangen die Franken ein (15. Juli). Der grösste Theil der muslimischen und jüdischen Bevölkerung wurde niedergemacht, die Moscheen in Kirchen verwandelt. Von den Gebäuden, welche die Kreuzfahrer während der 88 Jahre ihrer Herrschaft in Jerusalem errichteten, werden wir später zu reden haben.

Im Jahre 1187 (am 2. October) eroberte Saladin die Stadt und verfuhr gegen die Christen, deren viele aus den umliegenden Orten sich hingeflüchtet hatten, sehr glimpflich; er gestattete ihnen gegen ein Lösegeld freien Abzug und schützte sie gegen die Rohheit der Soldaten. Als Jerusalem drei Jahre später wieder von den Franken bedroht wurde (dritter Kreuzzug), liess Saladin Mauern, Befestigungswerke und Schutzgräben herstellen, wodurch Jerusalem zu einer starken Festung wurde. Aber im Jahre 1219 liess der Sultan Melik el-Mu'aẓẓam von Damaskus die meisten Bollwerke wieder schleifen, da er fürchtete, die Franken möchten die Stadt einnehmen und sich darin festsetzen. Durch Vertrag wurde Jerusalem 1229 dem Kaiser Friedrich II. übergeben, unter der Bedingung, dass die Mauern nicht wieder aufgebaut würden; doch übertraten die fränkischen Ritter diese Clausel. Im Jahre 1239 eroberte der Emir David von Kerak die Stadt; vier Jahre später wurde sie durch Vertrag wieder den Christen übergeben. Im Jahre 1244 bestürmten die Charesmier die Stadt und bald darauf kam sie unter die Herrschaft der Eyyubiden (Nachfolger Saladin's) von Aegypten. Seit dieser Zeit ist Jerusalem eine muslimische Stadt geblieben. Im Jahre 1517 fiel die Stadt in die Hände der Osmanen. Napoleon hatte im Jahre 1800 den Plan, Jerusalem zu erobern, gab ihn aber auf. Im Jahre 1825 machten die Einwohner von Jerusalem einen Aufstand gegen den Pascha wegen der Steuern; die Stadt wurde in Folge dessen eine Zeit lang von den Türken bombardirt, bis ein Vergleich zu Stande kam. Im Jahre 1831 unterwarf sich Jerusalem dem Pascha von Aegypten, Moḥammed 'Ali, ohne grossen Widerstand; ein Aufstand der Beduinen 1834 wurde unterdrückt. 1840 fiel Jerusalem wieder in die Hände des Sultans 'Abdul-Medjid.

## Zur Topographie, Bevölkerung etc.

Jerusalem liegt auf einem wenig fruchtbaren, wasserarmen Kalkplateau, das im Norden mit der Hauptkette des palästinensischen Gebirgsrückens zusammenhängt, an der Strasse, welche durch das hohe Centrum des Landes, ungefähr der Wasserscheide folgend, von Süden nach Norden führt. Die Stadt liegt unter dem 31° 47′ N. Breite, 35° 15′ O. Länge von Greenwich, 7 deutsche Meilen vom Ufer des Mittelmeeres und 3 deutsche Meilen vom Todten Meere entfernt. Die Höhe des Tempelberges beträgt 744m, die des Hügels nördlich davon 770m, die der alten Oberstadt 777m, die Höhe bei der nordwestlichen Ecke der heutigen Stadtmauer 784m über dem Niveau des Mittelmeeres. Die Stadt hat eine 12m hohe Ringmauer mit 34 Thürmen; diese Mauer bildet ein verschobenes Viereck von circa 4 Kilom. oder 5400 Schritten Umfang und ist in einer Stunde bequem zu umgehen. Vom Oelberg und vom Scopus gesehen, macht Jerusalem einen stattlichen Eindruck. Jerusalem hat wenige freie Plätze; die Gassen sind winkelig, viele darunter Sackgassen und bei Regenwetter äusserst schmutzig; das Pflaster ist mangelhaft. Einige Marktgassen sind überwölbt. Die Hauptstrassen trennen auch die Hauptquartiere: die von N. kommende Damascus- und Bazarstrasse zunächst das muslimische Quartier (O.) vom christlichen (W.); ebenso die südliche Fortsetzung dieser Strasse das jüdische Quartier (O.) vom armenischen (W.). Die vom Yâfathor gegen O. zum Ḥarâm laufende Hauptstrasse trennt anfänglich das Christenquartier (N.) vom armenischen (S.), dann das muslimische (N.) vom jüdischen (S.).

Sieben *Thore* befinden sich in der Ringmauer, zwei davon sind aber gegenwärtig vermauert. Diese Thore heissen: 1. Das *Yâfa-Thor* (S. 244), das einzige an der Westseite der Stadt (von den Arabern *Bâb Chalîl*, Hebronthor, genannt, weil die Strasse l. nach Hebron führt). An der Nordseite: 2. das *Damascus-Thor (Bâb el-'Amûd*, Säulenthor, S. 250); 3. das seit mehr als 25 Jahren geschlossene *Herodes-Thor* (*Bâb ez-Zâhiri*, S. 231), von einem Thurm überragt. An der Ostseite: 4. das *Stephan's-Thor (Bâb Sitti Maryam*, Marienthor, weil hier die Strasse zum Grab Maria's führt), so benannt als der Ort, an welchem die Steinigung des Stephanus stattfand (vgl. S. 216); 5. das seit langer Zeit vermauerte *Goldene Thor* (S. 188). An der Südseite: 6. das *Moghrebiner* oder *Mist-Thor* (*Bâb el-Maghâribe*, S. 195); 7. das *Zions-Thor*, von den Arabern *Bâb en-Nebi Dâûd* genannt, wegen der Nähe von David's Grab (S. 243), im SO.-Winkel der Stadt.

Jerusalem hat kein Quellwasser; die Einwohner sind auf die Cisternen angewiesen. Selbst der Bau der Häuser richtet sich nach diesem Bedürfniss; alle Oberflächen des Bodens, die unter freiem Himmel sind, leiten das Regenwasser in die Cisternen. Der Holzmangel bringt es mit sich, dass die Häuser ganz aus Stein gebaut sind. Der Hof mit der Cisterne bildet den Mittelpunkt der Zimmergruppen. Ein echtes Jerusalemer Wohnhaus besteht aus einer Anzahl einzelner Zimmer, von denen jedes seinen besonderen Eingang und sein besonderes Kuppeldach hat. Die Zimmer sind ungleich hoch und ganz unregelmässig gruppirt; zwischen ihnen laufen Gänge und Treppen im Freien hin, was bei Regenwetter unbequem ist, wesshalb die Frauen stets mit kleinen Holzstelzen versehen sind. Es gibt auch Häuser mit flachen Dächern, unter denen aber die Kuppel nur verdeckt ist. Die Kuppel beginnt nicht auf der Kante der Umfassungsmauer, sondern ist eingerückt; man kann daher oben um sie herumgehen. Auf den Dächern sieht man öfters Brustwehren von thönernen Röhren, triangelförmig aufgebaut. Sowohl auf den Dächern als in den Höfen werden von den Baumeistern Blumentöpfe und Tröge für Pflanzen eingemauert. Diese überwölbten Zimmer sind im Sommer kühl; an den Wänden finden sich Nischen an der Stelle von Schränken. Nicht in allen Häusern finden sich Glasfenster; auch Schornsteine gibt es nicht überall, und der Rauch der Holzkohlen entweicht dann aus den Luken der Zimmer. Oefen gibt es nur in einigen europäisch eingerichteten Wohnungen; im Winter werden zur Erwärmung meistens bloss Kohlenbecken *(mankal)* in die Zimmer gestellt. Der Zimmerboden besteht aus einer Mörtelmasse, die fest wird wie Marmor. — Das schlechte Wasser zusammen mit den Miasmen der Schuttablagerungen erzeugt im Sommer Fieber, Dysenterien etc. Der Unreinlichkeit ist indessen im Vergleich mit früheren Zuständen etwas Einhalt gethan worden.

Ausser von dem Pascha, der über dem Gesammtbezirk von Palästina steht und seinen Sitz in Jerusalem hat, wird Jerusalem von einer Art Bürgermeister und Rath (Medjlis) regiert. Im Rath sitzen 4 Muslimen, 3 Christen und 1 Jude, bisweilen selbst Europäer.

Die Mitteltemperatur stellt sich in Jerusalem wie folgt in Graden Celsius:

| | | | | | |
|---|---|---|---|---|---|
| Januar | $8^{0}_{3}$, | Februar | $9^{0}_{3}$, | März | $14^{0}_{1}$. |
| April | $15^{0}_{4}$, | Mai | $21^{0}$, | Juni | $22^{0}_{7}$. |
| Juli | $23^{0}_{7}$, | August | $24^{0}_{5}$. | September | $22^{0}_{3}$. |
| October | $21^{0}_{0}$, | November | $16^{0}_{1}$, | December | $9^{0}_{9}$. |

In Jerusalem schneit und friert es bisweilen.

Die Bevölkerung beträgt nach gewöhnlicher Schätzung gegen 24,000 (nach Liévin 20,938) Seelen; davon sind etwa 13,000 (L. 7565) Muslimen, 7000 (L. 5373) Christen und 4000 (L. 8000) Juden. Die türkische Statistik des Jahres 1871 gibt noch geringere Zahlen an, nämlich 1025 muslimische, 299 griechisch-orthod., 18 griechisch-kath., 175 armenische, 7 syrische, 179 lateinische, 16 protestantische, 44 koptische, 630 jüdische Häuser (Familien), insgesammt 2393. Die verschiedenen Nationalitäten unterscheiden sich auch in Bezug auf die Tracht (vergl. S. 93). Unter den muslimischen Arabern ist auch eine Colonie Afrikaner (Moghrebiner).

Die *Juden* (S. 93) leben meist von der Mildthätigkeit ihrer europäischen Brüder; die meisten erhalten ihre *chalûka*, ihren Antheil. Viele Juden reisen von Europa nach der heiligen Stadt, um im Gebiete derselben begraben zu werden. Montefiore, Rothschild und ähnliche Judenfreunde haben durch grossartige Schenkungen und Stiftungen versucht, das Loos ihrer Glaubensgenossen zu erleichtern. Das Rothschild'sche 1855 gegründete Hospital (Pl. 48) ist eine segensreiche Stiftung. Auch die von der Londoner 'Society for promoting Christianity among the Jews' gegründete Arbeitsschule (house of industry, S. 149) ist auf Juden berechnet. Viele Aschkenazim (S. 93) stehen unter deutschem oder österreichischem Schutze.

Die *griechische Kirche* ist heute die mächtigste in Jerusalem; ihr Patriarch heisst Procopius und hat hier seinen Sitz. Die Griechen haben folgende Klöster und Institute: Convent von Helena und Constantin 100 Mönche; Abraham-Convent 30 Mönche; Gethsemanekloster für Pilger 30 Zimmer; die Convente St. Basil mit 10 Diaconissen; St. Theodor für 200 Pilger; St. Georg für 200 Pilger; St. Michael für 200 Pilger; St. Katharina für 200 Pilger; Euthymius mit 30 Diaconissen; Seetnagia mit 30 Diaconissen; Spiridon für 100 Pilger; Caralombos für 500 Pilger; Johannes des Täufers für 500 Pilger; Nativität Maria's mit 40 Diaconissen; St. Georg (II.) für 50 Pilger; Demetrius für 200 Pilger; Nicolaus (mit Druckerei) für 300 Pilger.

Ferner haben die Griechen eine Mädchenschule mit 60 Kindern und 2 Lehrerinnen, eine Knabenschule mit 120 Kindern und 3 Lehrern, Hospital etc. — Die griechischen Priester tragen schwarze runde Barette.

Die *alt-armenische Kirche* ist in Jerusalem stark vertreten, obgleich Armenier sich erst seit der Mitte des vorigen Jahrhunderts in grösserer Menge hier angesiedelt haben; man rühmt ihnen Duldsamkeit nach. Griechen und Armenier zeigen sich den Protestanten geneigter als den römischen Katholiken, ihren nächsten Gegnern. Der armenische Patriarch (Jesaias) wohnt in dem grossen Convent beim Zionsthor (S. 222) mit 180 Mönchen und Brüdern, in welchem Platz für einige Tausend Pilger sein soll. Im Kloster befindet sich eine Druckerei, ein Seminar mit etwa 40 Schülern, ein kleines Museum und ein photographisches Atelier. In der Nähe liegt ein armenisches Nonnenkloster (30 Nonnen) *Dêr ez-Zêtûn* (Pl. 54), in dem angebl. Hause des Hanna (Schwiegervaters des Kaiphas). — Beim Coenaculum liegt das armenische *Zionsbergkloster* (S. 243) mit acht Mönchen. Die armenischen Mönche tragen eine oben kegelförmig zugespitzte schwarze Kapuze.

Die andern Kirchen des Orients sind schwach vertreten. Das *Koptische Kloster* (S. 212) beherbergt einen Bischof; ausserdem haben die Kopten noch ein zweites, ein Georgskloster. Die *Syrer der alten Kirche (Jakobiten)* haben einen Bischof und einige Priester; die *Abessinier* (75 Seelen) ein Kloster (S. 211).

Die *Lateiner* (d. h. *römische Katholiken*) sollen 1500 Seelen zählen. Nachkommen der Kreuzfahrer sind nicht nachweisbar, obwohl die Einwanderung der „Franken" im Mittelalter eine starke war. Die lateinischen Christen bestanden 1483 nur aus wenigen Gliedern; erst seit der Niederlassung der Franciscaner, die zugleich eifrig Propaganda für ihren Glauben machten, entwickelte sich die stattliche Gemeinde, die wir heute sehen. Im Jahre 1847 wurde das lateinische Patriarchat, das seit 1291 erloschen war, in der Person Valerga's neu besetzt; 1851 trat Valerga diese Stellung an; nach seinem Tode 1873 ist ihm Vincentius Bracco nachgefolgt. Die wichtigste Anstalt der Lateiner ist das *Salvatorkloster* der Franciscaner (Pl. 77). Schon im 13. Jahrhundert gab es Minoriten in Palästina und 1333 bauten sie das Zionskloster; 1561 von dort vertrieben, siedelten sie sich in dem neuen Kloster an. In demselben ist eine schöne Druckerei, woselbst auch arabisch gedruckt wird (besonders Schulbücher). In der mit dem Kloster verbundenen Schule werden 170 Knaben unterrichtet und die ärmeren auch beköstigt. Ausserdem haben die Lateiner eine Arbeitsschule, ein Spital für Männer und Frauen (Arzt Dr. Carpani) und zwei Mädcheninstitute: das der Zionsschwestern (S. 218) für 120 Mädchen und das der Josephsschwestern (12—14 Schwestern) für 200 Mädchen, die beköstigt und theilweise auch beherbergt werden.

Die den Lateinern affiliirten orientalischen Kirchen sind die *griechischen Katholiken* (30 Seelen) unter Pater Elias und die wenigen *unirten Armenier* (16 Seelen).

Die *protestantische Gemeinde* in Jerusalem ist wenig zahlreich. Friedrich Wilhelm IV. regte den Gedanken an, ein protestantisches Bisthum in Jerusalem zu gründen; dasselbe wird zur einen Hälfte von Preussen, zur andern von England unterhalten; der erste Bischof hiess Alexander, der jetzige heisst Gobat. Die bischöfliche Mission hat ihre Knabenschule (Pl. 29) ausserhalb der Stadt am Hinnomthal (60 Kinder), die Church Mission eine arabische Kirche und Schule östlich vom Russenbau (Pl. 3). Von deutschen Instituten sind zu nennen: das Hospital der Diaconissen von Kaiserswerth mit 43 Betten (Arzt Dr. Sandreczki); das Mädchenwaisenhaus Talitha kumi (S. 246) und das für Knaben bestimmte sog. syrische Waisenhaus von Schneller (S. 246); das Kinderspital, das der unermüdliche Dr. Sandreczki auf Kosten des Grossh. von Mecklenburg-Schwerin eingerichtet hat, mit vorläufig 8 Betten; das Aussätzigenhaus (S. 244) und das Johanniter-Hospiz (S. 149).

Jerusalem ist nicht eine Stadt, in welcher der Fremde sich belustigen kann, denn hier nimmt, wie gesagt, Alles einen religiösen Anstrich an. Es existirt eine literarische Gesellschaft unter dem Patronat des Prinzen von Wales und dem Praesidium des engl. Consuls M. Moore (literary and scientific society) mit Bibliothek im brit. Consulat, offen täglich von 10—4 Uhr; man kann monatweise abonniren.

Die besten Bücher über Jerusalem sind: *Tobler* Denkblätter; 2 Bücher Topographie, erstes Buch Jerusalem; die Siloaquelle und der Oelberg; Golgotha; *Barclay* the city of the great king; *Besant and Palmer* the city of Herod and Saladin. Wir verdanken den Werken von Tobler sehr viele unserer Angaben über Jerusalem.

## Das Ḥarâm esch-Scherîf.

*Geschichtliches.* Wir stehen hier auf einem der interessantesten Punkte der Welt. Die Sagen, welche sich an den Stein „eṣ-ṣachra“ knüpfen, der das Centrum des Heiligthums bildet, reichen wohl in die ältesten Zeiten hinauf, und wir haben daher hierauf dem höchsten Punkte des Berges Zion-Moria (S. 152) eine uralte Cultusstätte anzunehmen. Schon Abraham wird bei Gelegenheit der Opferung

Isaak's mit dieser Stätte in Verbindung gebracht (1 Mos. 22, 2), und hier ungefähr stand der Altar, welchen David erbaute (II Sam. 24, 28; 1 Chron. 22, 1 †). Dieselbe Stelle wurde dann von Salomo zum Bau des Tempels ausersehen. Zu diesem Zwecke mussten an dem Abhange des Berges, vornehmlich gegen Osten (Thal Josaphat), Süden (Thal Hinnom) und Westen (Thal Tyropoeon) Unterbauten vorgenommen werden, um ein ebenes Areal zu gewinnen. Schon wegen der äusseren Bodengestaltung ist anzunehmen, dass manche Theile der heutigen Umfassungsmauern ihrem Laufe nach denen des alten salomonischen Tempels entsprechen. Ueber den Platz des alten Tempels jedoch wird gestritten; es gibt noch Gelehrte, welche ihn mit allen möglichen Gründen in den SW.-Winkel dieses Areals zu verlegen suchen. In der SO.-Ecke hat man auf tief im Boden liegenden Quadersteinen phönicische Zeichen gefunden, und so müsste man also doch wieder zu jener älteren Ansicht zurückkehren, nach welcher wirklich noch Ueberreste salomonischer Bauten vorhanden wären. In der Mitte der Area auf einer zweiten Terrasse stand der salomonische Tempel; sein Platz entspricht ungefähr der heutigen oberen Plattform; der Fels war wohl in das Heiligthum eingeschlossen. Salomo baute hauptsächlich das eigentliche innere Tempelhaus mit dem „Heiligen" und dem dahinter liegenden „Allerheiligsten", letzteres jedenfalls westlich von ersterem, in Gestalt eines Würfels. Vor dem „Heiligen" war eine Vorhalle, und vor derselben im Priesterhof, noch auf der Basis des Tempels, stand der Brandopferaltar, das „eherne Meer" (ein grosses Becken) und die „ehernen Fahrgestühle mit Wassergefässen"; dann folgte der grosse Vorhof, später mit Gebäuden, namentlich auch Priesterwohnungen, umgeben. An dem Tempel bauten Salomo's Nachfolger noch Jahrzehnte lang. Im Ganzen hat man das Vorbild des salomonischen Tempels, obwohl die Details mit Hülfe von phönicischen Werkleuten ausgeführt wurden, in der ägyptischen und assyrischen Kunst zu suchen, so namentlich die Cherûbgestalten u. A. Der Gottesdienst bestand in Räucheropfern im Innern des Tempels, Auflegung der 12 Brode (für die 12 Stämme) und Brandopfern. In den Vorhöfen hielten die Propheten bisweilen Ansprachen an das Volk.

Der *zweite* Tempel, welchen die Juden unter grossem äussern Druck nach ihrer Rückkehr aus dem Exil aufrichteten, erreichte bei weitem nicht die Pracht und Grösse des früheren Baues. Dagegen ist von dem *dritten* Tempel, dem des Herodes, noch Vieles erhalten. Dieser prachtliebende Fürst begann 20 v. Chr. den Neubau des Tempels. An dem grossartigen Werke wurde selbst zu Christi Zeit noch gearbeitet, ja es wurde nie in der Weise vollendet, wie es projectirt war. Ueber diesen Tempel haben wir den Bericht des jüdischen Schriftstellers Josephus, der aber sein Buch erst in spä-

† Und David sprach: Hier soll das Haus Gottes, des Herrn, sein und dieses der Altar zum Brandopfer Israels.

teren Jahren und zwar in Rom schrieb, daher ihm oft Deutlichkeit und Anschaulichkeit mangelt.

Dieser Zeit gehören vor allem die grossartigen Unterbauten auf der Südseite an; nach dieser Richtung hin wurde damals die Tempelarea bedeutend vergrössert, während die Hasmonaeer sie im Norden erweitert hatten. Auch die noch sichtbaren Umfassungsmauern mit den riesigen Bausteinen sind wohl das Werk des Herodes, das er vielleicht theilweise mit altem Material zu Stande gebracht hat. Durch die Ausgrabungen Warren's, dieses so verdienstvollen Ingenieurs des Exploration Fund (S. 130), ist erwiesen, dass die Umfassungsmauern überall tief im Boden stecken. Wir werden später diese Substructionen uns vergegenwärtigen. Auf den Rändern der grossartigen Plattform wurden Colonnaden aus einer Doppelreihe von Monolith-Säulen erbaut, welche den ganzen Raum wie Hallen umgaben. Die Halle Salomo's, in welcher Christus wandelte (Joh. 10, 23), verlegen Einige an die Südseite, Andere richtiger auf die Ostseite; auf ersterer war die Colonnade vierfach und bestand aus 162 Säulen. An der Westseite waren 4, an der Südseite 2 Thore; Treppen führten durch Corridore in die Vorhallen hinauf. Ob die Ostseite ein Thor hatte, ist nicht sicher. Die Hallen schlossen den grossen Heidenvorhof ein, in welchem ein stets reges Leben herrschte. Eine Brustwehr umschloss einen zweiten höher gelegenen Hof; hier waren Warnungstafeln angebracht, welche den Nicht-Israeliten den Eintritt in den nun folgenden inneren Vorhof untersagten (eine solche Warnungstafel in griechischer Sprache, fast wörtlich mit den Angaben des Josephus übereinstimmend, ist vor einigen Jahren wieder aufgefunden worden). Hierauf betrat man den Vorhof der Israeliten (die Frauen waren abgesondert), darauf den der Priester mit dem grossen Brandopferaltar (15 Ellen hoch und 50 Ellen im Quadrat). Wiederum trat man durch eine tiefe, reich ausgeschmückte Halle, 12 Stufen aufwärts, in das eigentliche „Heilige" des auf dem höchsten Punkte der Tempelarea erbauten Tempels. Hinter dem Thore hing der Vorhang; innen stand der Räucheraltar, der Tisch mit den Schaubroden, der goldene Leuchter. Drei Stockwerke von Zimmern liefen ringsum. Im Hintergrunde des Heiligen führte eine Thüre in das finstere kleine „Allerheiligste". — Das Material des Tempels war überaus prächtig, und Goldplatten waren nicht gespart. Die Hauptfront des Gebäudes war nach Osten gerichtet. Im Norden führten zwei Gänge aus den Hallen des Tempels zu der ihn schützenden Burg. Von hier sah Titus im J. 70 n. Chr. dem Brande des schönen Gebäudes zu. Die Hallen waren von den Juden selbst schon vorher verbrannt und zerstört worden; aber die grossen Quadermauern, welche den Tempel trugen, konnten nicht zerstört werden.

Auf der Stelle des alten Tempels baute Hadrian einen grossen Jupitertempel mit seiner und Jupiter's Statue (vgl. S. 163). Wie wir aus Darstellungen auf Münzen wissen, war es ein Zwölfsäulenbau. Der älteste Pilger fand noch den Tempel und die Reiterstatue des Kaisers neben dem „durchlöcherten Stein" vor. Ueber die später auf diesem Platz errichteten Gebäude hat sich unter den Gelehrten ein grosser Streit erhoben. Wir wissen aus arabischen Berichten, dass 'Omar sich vom christlichen Patriarchen an diesen Platz, den des salomonischen Tempels, führen liess; er fand ihn bedeckt mit vielem Unrath, welchen die Christen zur Beschimpfung der Juden hier aufgehäuft hatten.

Bis vor 20 Jahren war der ganze Tempelplatz mit geringen Ausnahmen nur den Muslimen zugänglich. Mit Lebensgefahr unternahmen 1833 Catherwood und Arundale die ersten genaueren Vermessungen. 14 Jahre später entwickelte der Engländer Fergusson seine Theorie, dass der Felsendom und das goldene Thor als Reste der Bauten Constantin's anzusehen seien, und dass dieser Bau über dem damals traditionellen Grabe Jesu stehe. Ausser Tobler, der dieser von einigen Gelehrten gebilligten Ansicht entgegentrat, hat vor allem der Graf Vogüé in seinem Prachtwerke „Le Temple de Jérusalem" (Paris 1864) nachgewiesen, dass der Felsendom ein Bauwerk aus arabischer Zeit sei. Im Innern des Gebäudes findet sich eine Inschrift in der ältesten arabischen Schrift (kufisch), welche lautet: „Es baute diese Kuppel 'Abdallah el-Imâm el-Mâmûn, der Fürst der Gläubigen, im Jahre 72." Da aber Mâmûn erst im J. 170 d. Flucht geboren worden ist, so müssen wir mit Vogüé annehmen, dass „el-Mâmûn", wie übrigens auch aus der Farbe dieses Theiles der Inschrift erhellt, in späterer Zeit statt „el-Melik" eingesetzt worden ist; diesem prachtliebenden omayyadischen Chalifen schreiben in der That die arabischen Historiker die Erbauung des Gebäudes zu. Dass der Styl an byzantinische Formen erinnert, ist für uns nicht auffallend, denn die Araber verstanden damals noch nicht zu bauen; es wäre im Gegentheil befremdend, wenn sie auf die Griechen in dieser Beziehung *nicht* zurückgegriffen hätten. Auf der andern Seite ist es begreiflich, wie schon die politischen Verhältnisse den 'Abd el-Melik zur Erbauung eines Heiligthums an diesem Platze drängten. Die 'Omayyaden, hervorgegangen aus der alten mekkanischen Aristokratie, waren die ersten, welche die politischen Vortheile der neuen Religion so recht begriffen; als daher Aufstände unter dem Deckmantel religiöser Ideen gegen sie ausbrachen, als damals selbst Mekka unter Moḥammed ibn Zubêr sich gegen den Chalifen wehrte und ihm den Eintritt verweigerte, suchte man ein Concurrenz-Heiligthum zur Ka'ba auszuschmücken, und fand die Stätte dazu in Jerusalem.

Bereits Moḥammed legte Verehrung für den alten „Tempel" an den Tag. Bevor er mit den Juden definitiv gebrochen hatte, befahl er sogar den Gläubigen, sich beim Gebet nach Jerusalem zu richten. Schon im Ḳorân findet sich die Mesdjid el-Aḳṣa erwähnt (d. h. die von Mekka entfernteste Moschee) an der berühmten Stelle Sûre XVII, 1: „Lob sei ihm (Gott), welcher seinen Knecht des Nachts in

Gerichtsplatz Davids

Kubbet es-Sachra
(Felsendom.)

Moschee el-Aksa.

nächtlicher Reise von dem Tempel al-Ḥarâm (der Ka'ba in Mekka) zum entferntesten Tempel brachte, dessen Umgebung wir gesegnet, um ihn einige von unsern Wundern schauen zu lassen.“ Man sieht, Moḥammed behauptet selbst hier gewesen zu sein. Noch heute ist das Ḥarâm von Jerusalem nach Mekka der heiligste Platz der Muslimen; daher haben sie sich auch so lange gesträubt, Christen die Betretung desselben zu gestatten. Die Juden verzichten heut zu Tage von vornherein auf diese Vergünstigung, weil sie fürchten, irgendwo auf die Stelle des Allerheiligsten zu treten, was eine Sünde wäre.

Kein Besucher Jerusalem's sollte unterlassen, das Ḥarâm, das nun seit dem Krimkriege den Fremden offen steht (ausser an hohen Festen), zu besuchen. Am besten ist es, wenn sich eine kleine Gesellschaft zu diesem Zwecke zusammenfindet. Man wende sich an das Consulat; dieses besorgt eine Erlaubniss von Seiten der türkischen Behörde, welche zugleich einen oder mehrere Soldaten zum Geleit mitgibt; auch der Kawass des Consulats begleitet die Gesellschaft. Dem letzteren sind vorerst von jeder Person 5 fr. einzuhändigen; so viel hat er dem Wächter des Harâm zu bezahlen. Man nehme Pantoffeln mit und einen Jungen, den das Hôtel besorgen kann, um diese, eventuell dann auch die Schuhe zu tragen; mit 1—2 Piastern von jeder Person ist dieser ganz befriedigt. Dem begleitenden Soldaten gebe man für eine Gesellschaft 3—4, dem Kawassen des Consulats 3, bei einer grösseren Gesellschaft 7—8 fr. Trinkgeld, natürlich erst am Schluss der Besichtigung. Man wähle zu dieser Tour einen Tag mit heiterem Himmel, da das Innere der Gebäude ohnehin etwas dunkel ist. An gewissen Tagen spazieren die muslimischen Weiber im Tempelhofe und sind dem Beschauer hinderlich.

Wir betrachten das ****Ḥarâm esch-Scherîf**, den geheiligten Bezirk, zuerst von Innen. Das ganze Tempelareal nimmt das südöstliche Viertel der heutigen Stadt ein. Auf der Westseite führen 8 Thore aus der Stadt in den Tempel: von Süden anfangend das *Bâb el-Maghâribe* (Moghrebinerthor), *Bâb es-Silsele* (Kettenthor), *Bâb el-Mutawaḍḍe* oder *Maṭara* (Bet- oder Regenthor), *Bâb el-Ḳaṭṭânîn* (Thor der Leinwandhändler), *Bâb el-Ḥadîd* (Eisenthor), *Bâb en-Nâẓir* (Aufseherthor), *Bâb es-Serâi* (Seraithor), beim alten Serai (S. 191), und ganz im Norden *Bâb el-Ghawânime*. Wir rathen durch das Kettenthor einzutreten; dieses ist das Hauptthor des Tempels (vergl. S. 192). Sobald wir eingetreten sind, befinden wir uns auf einer grossen mit Gebäuden übersäten Fläche. Diese ist nicht genau quadratisch; die Westseite misst 488, die Ostseite 466, die Nordseite 317, die Südseite 281 Meter. Die Oberfläche der Area ist auch nicht ganz wagerecht; die Nordwestecke ist um 3m höher als die Nordostecke und die Südecken. Die Westseite des Platzes ist theilweise von Häusern eingefasst, welche unten offene Hallen haben, die Ostseite von einer Umfassungsmauer. Zunächst fallen die beiden grossen Gebäude in die Augen, links die Kuppel des „Felsendoms“, rechts das lang gezogene Gebäude der Aḳṣa-Moschee.

Der ***Felsendom, Ḳubbet eṣ-Ṣachrâ**, steht auf einer unregelmässigen 3m hohen Plattform, auf welche von drei Seiten aus Treppen hinaufführen, von Westen her 3, von Süden 2, von Osten

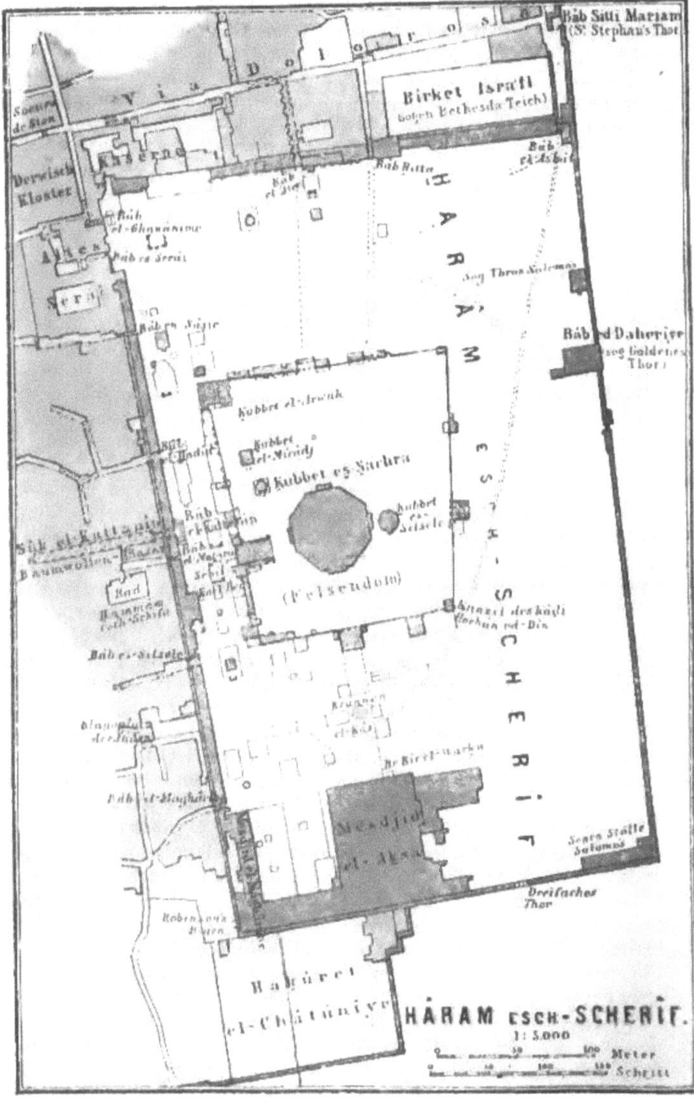
Bâb Sitti Mariam
(St. Stephan's Thor)
Via Dolorosa
Birket Isrâ'îl
Derwisch Kloster
Kaserne
Bâb Hitta
Bâb el-Ghawânime
Bâb es-Serâi
Serâi
Bâb en-Nâẓir
Bâb ed-Daherîye
Kubbet es-Sachra
(Felsendom)
Kubbet es-Silsele
Bâb es-Silsele
Bâb el-Kaṭṭânîn
Sûk el-Kaṭṭânîn
Baumwollen-Bazar
Bad
Hammâm esch-Schifa
Bâb el-Maghâribe
Mesdjid el-Aksa
Dreifaches Thor
Robinson's Bogen
Hâram esch-Scherîf
Haram esch-Scherîf
1: 5.000
Meter
Schritt

eine. Die Treppen endigen in eleganten Arcaden (arabisch *mawâzîn*, Waagen, weil darin beim jüngsten Gericht die Wagschalen aufgehangen werden sollen), welche die Schönheit der Perspective wesentlich erhöhen; diese Arcaden sind dem alten Tempelvorhof nachgebildet, insofern sie gewissermassen bereits den Eintritt in das Heiligthum bezeichnen. Diese mit schönen Steinplatten bedeckte obere Plattform darf daher bereits nicht mehr mit beschuhten Füssen betreten werden. Hier überblicken wir die ganze Anlage des Ḥarâm. Ausser den grossen Gebäuden finden wir eine Menge kleinere auf der weiten Fläche zerstreut; der Boden ist braunroth und nur im Frühling nach dem Regen grün, jedoch mit vielen Bäumen, besonders Cypressen, unregelmässig bepflanzt.

Die Ḳubbet eṣ-Ṣachrâ ist ein grosses stattliches Octogon. Die 8 Seiten haben jede eine Länge von 20,4m und sind nach aussen bis auf den Sockel mit Fayence-Platten belegt, von hier an abwärts aber mit Marmorplatten. Früher war das ganze Gebäude in letzterer Art verziert; die Porcellankacheln sind erst von Solimân dem Prächtigen angefügt worden (im Jahre 1561). Durch Zusammenstellung dieser Fayence-Platten, die nach persischer Art (*ḳâschâni*) gefertigt sind, hat man sehr schöne Wirkungen erzielt, besonders durch den matten Glanz des Blau gegenüber dem Weiss und die grünen und weissen Quadrate an den Kanten. Sehr schön sind auch die grossen Inschriften, welche in verschlungenen Zügen wie ein Fries ringsumlaufen. Es sind Sprüche aus dem Ḳorân; jede Kachel musste besonders beschrieben und gebrannt werden. Auf jeder thürlosen Seite des Octogons sind sieben, an den andern sechs Fenster mit flach gespitztem Bogen angebracht, wovon jedesmal die beiden äusseren vermauert sind. Da die Bekleidung der Aussenmauer an der Westseite sehr gelitten, hat man angefangen, sie ganz herunterzunehmen, um sie durch eine neue zu ersetzen. Hierbei sind alte Rundbogen zum Vorschein gekommen.

Es ist wohl unzweifelhaft, dass die ganze Disposition des Gebäudes byzantinisch ist. Sepp findet darin eine alte christliche Kirche Justinian's, eine zweite Hagia Sofia; aber wir sind durch seine Beweisführung nicht überzeugt worden. Der polygonale Bau oder der Rundbau findet sich schon in S. Stefano rotondo in Rom am Ende des 5. Jahrhunderts. Aber die vor uns liegende Moschee unterscheidet sich dennoch wesentlich, da der Bau keine Apsis zu haben brauchte, sondern sich nach dem in der Mitte befindlichen heiligen Felsen richten musste, wie die Grabeskirche nach dem Christusgrabe; der Unterschied ist nur der, dass wir hier ein Polygon, bei letzterer eine Rotunde haben. Die Grabeskirche kann dennoch als Vorbild der Moschee gelten. — Alles Hauptsächliche datirt noch von 'Abd el-Melik (S. 172). Die Bausteine sind, wie man auf der Westseite beobachten kann, klein, unregelmässig und nicht besonders gut gefügt. Die Fenster waren ursprünglich Rundbogen, ihre jetzige Form haben sie erst im 16. Jahrhundert erhalten.

Die Thore sind nach den vier Himmelsgegenden gerichtet; sie sind viereckig und haben je einen Gewölbbogen über sich; vor dem Eingang war eine offene, doch überwölbte Halle, die ursprünglich von vier Säulen getragen wurde; später wurden noch Säulen hinzugefügt, und die Zwischenräume zwischen denselben

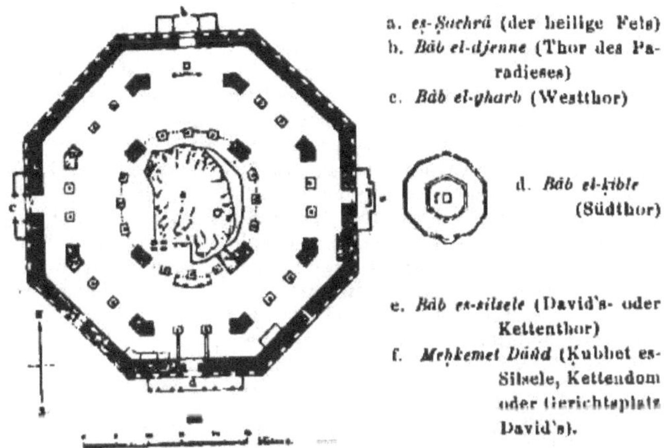


vermauert. Eine Ausnahme bildet das *südliche* Portal, wo ein wirklicher Porticus von acht verbundenen Säulen vorgesetzt wurde. Der Westeingang ist ein Neubau aus dem Anfang unseres Jahrhunderts. Das nördliche Portal führt den Namen *Bâb el-djenne* (Thor des Paradieses), das westliche *Bâb el-gharb* (Westthor), das südliche *Bâb el-kible* (Südthor), das östliche *Bâb dâûd* oder *Bâb es-silsele* (David's- oder Kettenthor). An der Oberschwelle der Thüren steht eine Inschrift, die in die Regierungszeit Mamûn's und zwar ins Jahr 831 (216 der Flucht) zurück datirt. Die Thüren, welche gewöhnlich offen stehen, stammen aus der Zeit Solimân's (S. 175); sie sind aus Holz, aber mit Bronzeplatten überzogen, die mit zierlich gearbeiteten Nägeln befestigt sind, und haben kunstreich gearbeitete Schlösser.

Das Innere des Gebäudes hat einen Durchmesser von 53m und ist durch zwei concentrische Reihen von Stützen in drei Theile getheilt. Die erste Reihe, welche das äussere achteckige Schiff abschliesst, besteht aus 8 Pfeilern und 16 Säulen; zwischen je zwei der sechseckigen geächselten Pfeiler stehen zwei Säulen. Die Säulenschäfte sind Monolithe aus Marmor, von verschiedenen Farben, Formen und Höhen; sie sind sämmtlich älteren Gebäuden entnommen, theilweise vielleicht dem oben erwähnten Jupitertempel. So zeigen auch die aufgesetzten Capitäle ganz verschiedene Formen; auch sie entstammen spät-römischer oder früh-byzantinischer Kunst;

eines trägt sogar ein Kreuz. Oben auf die Capitäle sind grosse kubische Aufsätze gelegt, und auf diesen ruhen kleine Bogen. Diese Aufsätze sind durch sogenannte Anker mit einander verbunden, d. h. unter den Bogen läuft zwischen je zweien ein breites Gebälk aus Holz; darin liegt ein Beweis, dass sie von den Arabern angebracht sind, denn die Byzantiner fertigten schon damals solche Gebälke aus Eisen. Unter dem Balkeneinsatz ist ein Blätterwerk aus Bronze angebracht. Während die Pilaster mit Marmorplatten bekleidet sind, die aus Solimân's Zeit datiren, ist die von Bogen durchbrochene Mauer oben mit Mosaiken geschmückt, die mit geringen Ausnahmen vom ersten Erbauer herrühren. Wir können diese reichen bunten Linien, wie sie in jenen Mosaiken zu Tage treten, nicht beschreiben; es sind Phantasielinien kühnster Art, häufig auch Guirlanden von Blumen; wir staunen über die Feinheit der Ausführung dieser kunstgeschichtlich höchst wichtigen Mosaiken und über die Schönheit ihrer Linien. Ueber ihnen ist ein breites blaues Band, auf welchem in Goldlettern uralte kufische Inschriften stehen. Sie enthalten Korânverse, welche auf Jesus Bezug haben, als ob der Erbauer den neuen muslimischen Standpunkt den damaligen Christen gegenüber an diesem heiligen Orte hätte betonen wollen. Sie lauten:

Sûr XVII, 111. Sage: Lob sei Gott, der keinen Sohn noch einen Genossen in seinem Regiment gehabt hat und keinen Helfer braucht, der ihn von der Schmach errette; preise ihn. Sûr LVII, 2. Er regiert Himmel und Erde, er macht lebendig und lässt sterben, denn er ist allmächtig. Sûr IV, 169. O ihr, die ihr schriftliche Offenbarungen erhalten habt, überhebet euch nicht mit eurer Religion, und sagt von Gott nur Wahrhaftiges aus; der Messias Jesus ist nur der Sohn der Maria, der Gesandte Gottes und sein Wort, das er in Maria gelegt hat; so glaubt denn an Gott und seinen Gesandten und behauptet nicht, es wären drei (Trinität). Wenn ihr euch dessen enthaltet, so ist es besser für euch. Gott ist nur ein Einziger, und fern sei es von ihm, dass er einen Sohn gehabt hätte; ihm gehört was im Himmel und auf Erden ist, und er ist sich in sich selbst vollkommen genügend. Sûr XIX, 34 ff. . . . . . Jesus spricht: „Heil sei über mich am Tage meiner Geburt und meines Todes und meiner Auferstehung zum Leben.“ Das ist Jesus der Sohn der Maria, das Wort der Wahrheit, worüber sie in Zweifel sind; Gott ist nicht so beschaffen, dass er einen Sohn haben könnte, ferne sei es von ihm; wenn er eine Sache beschlossen hat, so sagt er nur „Sei“, so ist es da; und Gott ist mein Herr und euer Herr; betet ihn also an, das ist der richtige Weg.

Hier befindet sich ebenfalls jene geschichtlich höchst wichtige Inschrift, von welcher wir schon S. 172 gesprochen haben.

Ein zweites Schiff wird durch eine zweite Reihe von Stützen gebildet, welche zugleich die Kuppel tragen. Es sind vier grosse Pilaster und 12 Säulen; die Säulen sind im Kreise aufgestellt. Auch sie sind antik; ihre Basen sind gleichmässig attisch und sind im 16. Jahrhundert mit Marmor überzogen worden; die Bogen über ihnen ruhen unmittelbar auf den Capitälen. Die Kuppel ruht zunächst noch auf einer sogenannten Trommel, die reich mit Mosaik ausgeschmückt ist. Das Mosaik der Trommel ist durch einen Kranz in zwei Felder getheilt, in deren oberem Fenster angebracht sind. Das Mosaik ist aus verschiedener Zeit; es sind meistens Blumenvasen dargestellt, aus denen auf Goldgrund Trauben und Aehren hervorquellen; die byzantinischen Künstler, welche dies ausgeführt haben, mögen dabei an die Elemente des Abendmahls gedacht haben, da sie wegen der Gesetze des Islâm keine Figuren anbringen durften. Alle diese Mosaiken bestehen aus kleinen gefärbten Glasstückchen; sie stammen aus dem 10. und 11. Jahrhundert, einer Zeit, in welcher diese Kunst im Orient wahrscheinlich eine Neugestaltung erfahren hat.

Die Kuppel, welche sich nun über diesen Stützen erhebt, ist ungefähr 30m hoch und hat 20m Durchmesser; sie besteht aus Holz und ist aussen mit Blei belegt. Innen sind schindelartige Holzstücke an den Dachstuhl genagelt und reich mit gemalter und vergoldeter Stuccatur geschmückt; die Grundfarbe ist blau. Nach den Inschriften ist der Kuppelbau aus dem Jahre 1022 (Ḥâkim, S. 72); sechs Jahre vorher war die alte Kuppel eingestürzt. Die Verzierungen im Innern sind aus der Zeit Saladin's, der unmittelbar, nachdem er den Franken die heilige Stadt abgenommen hatte, dieselben wieder herzustellen befahl (1189). Später wurden sie zweimal restaurirt (1318 und 1830), oder vielmehr nur die Farben aufgefrischt. Die bunten Glasscheiben, sowohl im Octogon als in der Trommel, lassen leider sehr wenig Licht in das Innere der Moschee dringen. Sie stammen aus dem 16. Jahrhundert; ihre Farbenpracht ist staunenswerth. Die Scheiben sind nicht etwa gemalt, sondern sie sind aus lauter einfarbigen Glasstückchen zusammengesetzt und diese nicht wie bei uns in Blei, sondern in Gyps eingesetzt und mit eisernen Klämmerchen verbunden. Diese Fenster erhöhen noch das ergreifende Halbdunkel, zumal sie nach aussen durch ein Fayencegitter vor der Einwirkung des Regens geschützt sind. Die Inschriften der unteren Fenster tragen den Namen Solimân's und die Jahreszahl 935 (= 1528). Die Wände zwischen den Fenstern waren ursprünglich mit Mosaiken bedeckt (in der Art wie die Trommel); die Kreuzfahrer brachten an deren Stelle Malereien an, deren Beschreibung wir noch haben. Saladin liess die Wände mit Marmor bekleiden, Solimân sie restauriren. Im Innern der Kuppel findet sich ein Umgang; man kann zu demselben mittelst einer Leiter emporsteigen.

Der Fussboden des Gebäudes besteht aus Marmormosaik; an einigen Stellen sind Strohmatten darüber gelegt. Die Kreuzfahrer hatten aus dem Felsendom ein „templum domini“, Tempel des Herrn, gemacht, ihn mit Heiligenbildern ausgeschmückt und auf der Spitze ein grosses vergoldetes Kreuz befestigt. In der Mitte auf dem heiligen Stein stand der Altar; die Oberfläche des Felsens war mit Marmor gepflastert und eine Anzahl Stufen in den Felsen gehauen, die zu dem Altar hinaufführten; deutliche Spuren davon sind noch sichtbar, und wäre nicht der grosse damastene Baldachin, so würde man alles noch genauer unterscheiden können. Zwei

Mauern bildeten den Chor; auf der Südwestseite ist ein Stück der einen Mauer noch erhalten. Ein Andenken an die Kreuzfahrerzeit bietet uns auch das grosse, mit vier Thüren versehene Gitter aus Schmiedeeisen, welches, zwischen die Säulen des innern Umgangs eingesetzt, noch heute den heiligen Felsen einschliesst. Dieses Gitter datirt nach Vogüé aus dem Ende des 12. Jahrhunderts und ist französische Arbeit; auf den Spitzen wurden einst Kerzen aufgesteckt. Gegenwärtig ist der Felsen ausserdem noch mit einer bunten hölzernen Einfassung umgeben.

Endlich gelangen wir zu dem HEILIGEN FELSEN selbst. Er ist 17,7m lang und 13,5m breit und erhebt sich ungefähr 2m über den Boden. Was ist nun dieser heilige Fels? Im alten Testament wird er nirgendwo ausdrücklich erwähnt; erst die spätere jüdische Tradition, der Talmud, welcher immerhin viele seiner Nachrichten aus alter Ueberlieferung schöpfte, weiss plötzlich von diesem Felsen zu erzählen. Auch in den jüdischen Erklärungen (Targumen) des alten Testaments wird er erwähnt. Wie in andern Heiligthümern des Alterthums (z. B. zu Delphi) der Abgrund, in welchem man noch die Wässer der Fluth brausen hörte, durch einen Stein verschlossen war, so angeblich auch hier. Die jüdische Ueberlieferung erzählt, dass Abraham und Melchisedek hier geopfert haben, dass Abraham hier den Isaak tödten wollte und Jakob diesen Felsen gesalbt habe. Weil er als der Mittelpunkt der Welt galt, war angeblich auch die Bundeslade auf ihn gestellt; Jeremias hat dieselbe hier verborgen, und es geht eine Sage unter den Juden, dass sie noch dort sei.

Auf eben demselben Stein war der „*schem*", der grosse unaussprechliche Name Gottes geschrieben; Jesus gelangte dazu, ihn zu lesen, und verrichtete mittelst desselben seine Heilungswunder. — Es entsteht nun die Frage: dürfen wir diesen „*eben schatyâ*", Stein der Gründung, unbedingt mit dem heute vor uns liegenden Felsen identificiren? Dass dies bereits im 3. und 4. Jahrhundert unserer Zeitrechnung geschah, würde nichts beweisen. Sepp bejaht obige Frage, Vogüé ist aus topographischen Gründen dagegen; er sei zu niedrig und stehe nicht an der Stelle, wo man sich das Allerheiligste zu denken habe. Andere wieder haben behauptet, dass hier der grosse Brandopferaltar gestanden habe, und haben auf dem Stein eine Rinne für den Abfluss des Blutes entdecken wollen. Diese Hypothese leidet aber ebenfalls noch an bedeutenden örtlichen Schwierigkeiten. Thatsache ist nur, dass die Muslimen mit so vielen anderen Traditionen auch die über diesen Stein in Umlauf befindlichen übernommen und weiter ausgebildet haben. Er schwebt nach ihnen ohne Stütze über dem Abgrund; wenn wir auf der Südseite nun die 11 Stufen in die unter dem Fels befindliche Höhle hinuntersteigen, so sehen wir zwar Stützen, aber der Boden klingt an verschiedenen Stellen hohl. Der Cicerone zeigt unten in der Höhle Betplätze von David und Salomo (kleine Schemel), Abraham

12*

(links), Elias (N.); auch Moḥammed hat an der Decke des Felsens den Eindruck seines Kopfes hinterlassen. Die Muslimen behaupten, unter dieser Höhle sei der *bîr el-arwâḥ*, Seelenbrunnen, woselbst sich zweimal in der Woche die Seelen der Gestorbenen versammeln, um zu beten. Einige sagen, der Felsen stamme aus dem Paradies und ruhe auf einer Palme, die mit einem Paradiesesbach in Verbindung stehe; unter der Palme befinden sich Asia, die Gemahlin Pharao's, und Maria; Andere sagen, darunter befinde sich die Mitte des Leibes des Weltfisches; noch Andere, hier seien die Pforten der Hölle. Am jüngsten Tage wird die Ka'ba von Mekka zur Sachrâ kommen; denn hier wird der Posaunenstoss erschallen, der das Gericht einleitet. Der Thron Gottes wird auf dem Felsen aufgepflanzt werden. Der Prophet hat gesagt: *Ein* Gebet bei diesem Felsen ist besser als 1000 Gebete anderswo. Er selber hat hier gebetet, *rechts* vom heiligen Fels, und von hier wurde er in den Himmel entrückt auf dem Wunderpferde Buraḳ; sein Körper hat das runde Loch durch die Decke der Höhle gebohrt, das wir noch heute sehen. Der Stein hat bei dieser Gelegenheit auch seinen Mund geöffnet, wie er auch den 'Omar begrüsst hat, daher hat er eine „Zunge" über dem Eingang in die Höhle. Da der Fels den Moḥammed gen Himmel begleiten wollte, musste der Engel Gabriel ihn zurückhalten; an der Westseite des Felsens werden noch die Spuren der Engelshand gezeigt. Ebenso liegen südlich am Gitter einige Gewölbsteine aus Marmor, angeblich der Sattel des geflügelten Rosses Buraḳ. — Das runde Loch gibt uns den erwünschten Aufschluss über die Grotte. Wir haben in dieser Höhle nicht etwa, wie Fergusson meinte, das Grab Jesu zu suchen, sondern die natürliche Höhle würde, wenn Nachforschungen an dieser Stelle gestattet wären, wohl noch tiefer in den Boden hinein verfolgt und wahrscheinlich als Cisterne erkannt werden können.

Noch andere wunderbare Einzelheiten zeigt der dienstfertige Cicerone. Vor dem nördlichen Eingang ist im Boden eine Jaspisplatte eingelegt, in welche Moḥammed 19 goldene Nägel gesteckt hat; am Ende einer gewissen Zeit sollte immer ein Nagel herausfallen, und wenn alle weggefallen wären, das Ende der Welt eintreten. Eines Tages gelang es dem Teufel, alle Nägel bis auf $3^1/_2$ zu zerstören; durch den Engel Gabriel wurde er glücklicherweise an der Fortsetzung seiner Arbeit gehindert. — In der Südwestecke zeigt man unter einem vergoldeten Thürmchen die Fussspur des Propheten, die man im Mittelalter als die Jesu bezeichnete; auch Barthaare Moḥammed's werden dort aufbewahrt, sowie, im Süden, die Fahnen Moḥammed's und 'Omar's und der Schild von 'Omar's Onkel Hamza. — Bei der Gebetsnische neben der Südthüre sind einzelne grosse Ḳorâne von hohem Alter aufgelegt; der Aufseher sieht es indess sehr ungern, wenn Franken dieselben berühren. — An der Südostseite führt im Innern eine Treppe auf das Pultdach und von dort eine Leiter aussen über die Trommel hinaus in die

Gallerie der Kuppel; aber die Aussicht von oben ist durch den an Stricken hängenden bunt-seidenen Baldachin versperrt. Eine bedeutende Anzahl Lampen hängt gleichfalls an Stricken.

Treten wir nun zur östlichen Thüre aus der Moschee heraus. Diese Thüre heisst, wie oben bemerkt wurde, *Bâb es-Silsele, Kettenthor,* und ist von dem gleichnamigen Eingangsthor (S. 192) zu unterscheiden. Die muslimische Sage berichtet, dass Salomo hier eine Kette gespannt hatte, oder dass sie von Gott dorthin gebracht worden sei: der Zeuge, welcher die Wahrheit sprach, konnte sie erfassen; wenn ein meineidiger Zeuge sie erfassen wollte, löste sich ein Ring ab. Daher führt das vor dem Ostportal sich erhebende Gebäude den Namen: *Meḥkemet Dâûd*, Gerichtsplatz David's, oder *Ḳubbet es-Silsele*, Kettendom. Die Muslimen behaupten, dieses Gebäude sei ursprünglich ein Modell zum Felsendom gewesen, was unmöglich ist. Das kleine niedliche Gebäude gleicht einer modernen Trinkhalle; es besteht aus zwei Reihen von Säulen, von denen die inneren ein Fünfeck, die äusseren ein Elfeck bilden. Die Säulenschäfte, Basen und Capitäle sind durchaus älteren Monumenten entnommen und meist byzantinischen Styls, doch unter sich sehr verschieden. Der Boden ist schön mit Mosaik gepflastert und auf der Südseite (gegen Mekka hin) eine grosse Gebetsnische angebracht. Ueber dem Dach in der Mitte erhebt sich eine sechseckige Trommel, die ziemlich flach überwölbt ist; auf die Spitze ist ein Mond aufgesetzt, wie auch auf die Spitze der Ṣachrâ. Die Mosaiken rühren aus derselben Zeit her, wie die des grossen Gebäudes; die ganze Anlage des Baues scheint eben so hoch hinaufzureichen, wie die der Ṣachrâ.

Gehen wir von hier nach Norden, so stossen wir auf einen Brunnen. In der Nordostecke der oberen Plattform, auf der wir uns befinden, hat man vor einigen Jahren Hallen entdeckt, wohl aus Herodianischer Zeit: ein neuer Beweis, dass das Areal an verschiedenen Punkten künstlich durch Unterbauten zur Ebene hergestellt werden musste, wenn auch rings um die Plattform der Fels, der sich zum Gipfel unter der Kuppel hinzieht, fast überall nackt zu Tage tritt. Man kann jedoch in diese Gewölbe nicht hineingehen. Nordwestlich von der Ṣachrâ steht die *Ḳubbet el-Mi'râdj*, Himmelfahrtskuppel, zum Andenken an die berühmte nächtliche Reise Moḥammed's. Das Gebäude entstand, laut Inschrift aus dem Jahre 1200 (597 der Flucht), sieben Jahre nach der Wiedereroberung Jerusalems durch die Muslimen. Interessant ist der starke gothische Einfluss, den die Fensternischen mit ihren zurücktretenden, von Säulen getragenen Spitzbogen zeigen. Noch weiter nordwestlich liegt ein ganz kleines Gebäude, die *Geisterkuppel (Ḳubbet el-Arwâḥ)*, die nur deswegen interessant ist, weil unter ihr der blosse Fels zu Tage tritt.

Treten wir an die mittlere Treppe, welche von Westen hinaufführt, so sehen wir unten zwischen uns und den um das ganze

Harâm laufenden Häusern ein elegantes Brunnengebäude, den *Sebîl Kaït Bei*, laut Inschrift im Jahre 1445 (849 d. Fl.) durch den Mamelukensultan Melik el-Aschraf Abu'n-Naser Kaït-Bei gebaut. Ueber einem kleinen Würfel erhebt sich eine achteckige Trommel mit einer steinernen Kuppel, die aussen ganz mit Arabesken in Relief geschmückt ist. Ebenso befindet sich links vom südlichen Porticus, der von der Sachrâ-Terrasse hinunterführt, eine zierliche *Kanzel* aus Marmor; sie stammt aus dem 16. Jahrhundert und ist erst vor kurzem restaurirt worden. Sie führt nicht den Namen Kanzel 'Omar's, sondern *Kanzel des Borhân ed-Dîn Kâdi*; während des Fastenmonats Ramadân wird jeden Freitag hier gepredigt. Die Hufeisenbogen, welche das Kanzelhäuschen tragen, sowie dieses selbst mit seinen schlanken Säulchen, über welchen sich kleeblattförmige Bogen erheben, geben ein schönes Bild ächt arabischen Geschmackes.

Die andern Gebäude, welche sich noch auf der Terrasse befinden, sind unbedeutend; es sind Korânschulen, theilweise verlassen, und Wohnungen. Wichtiger sind die tief in den Felsen gehauenen Cisternen, von denen der Boden ganz unterhöhlt ist; besonders in SW. Richtung vom Tempel aus findet sich eine grosse Menge solcher Brunnen aus uralter Zeit, theils in der Tiefe unter sich zusammenhängend, theils ohne Verbindung. Dem Auge des Touristen sind sie nicht sichtbar; nur die vielen Löcher, in welche man heute noch die Eimer hinunterlässt, sind auffällig.

Blicken wir noch einmal nach der Sachrâ zurück. Das reiche Gebäude machte auf die Franken des Mittelalters einen grossen Eindruck; sie glaubten darin den alten salomonischen Tempel vor sich zu haben. Daher nannte sich die hier gestiftete Ritterschaft: Templerorden und nahm das Abbild der Felsenkuppel in ihr Wappen. Aber die Templer verbreiteten auch die Form des Gebäudes und verpflanzten sie über den Orient hinaus nach Europa. In London, Laon, Metz und an verschiedenen anderen Orten stehen noch heute solche Kirchen, deren Vorbild der Felsendom 'Abd el-Melik's gewesen ist. Ja wir erblicken auf dem berühmten Bilde Raphael's „die Verlobung Mariae" (in der Brera zu Mailand) im Hintergrunde noch den Polygonalbau dieser Moschee.

An der Kanzel vorüber steigen wir nun eine Treppe von 21 Stufen hinunter nach Süden. Bald gelangen wir zu einem grossen runden Wasserbecken, in welchem einige Säulenstücke liegen; sein Zufluss kam aus der Leitung von den salomonischen Teichen her und wurde zum Kettenthore hereingeführt (S. 192). — Oestlich davon vor der Aksa finden sich sehr schöne und tiefe unterirdische Cisternen, die in den Felsen gehauen sind; man nennt sie das *Meer* oder auch *Königscisterne*; sie wurden wohl ebenfalls aus den salomonischen Teichen gefüllt. Schon Tacitus, sowie auch die ältesten Pilger wissen von diesen Cisternen. Sie reichen 13m tief in den Felsboden hinein und haben einen Umfang von 224m; im

Sommer haben sie wenig Wasser, und nur wenige Cisternenlöcher befinden sich jetzt auf der Oberfläche. Eine in den Fels gehauene Treppe führt in diese erstaunlich grossen, von Felsenpfeilern getragenen unterirdischen Gewölbe. Die Anlage dieser Bassins reicht wohl in sehr frühe Zeit hinauf. Gerade vor dem Portal der Aḳṣamoschee ist noch eine andere Cisterne, der *Blattbrunnen, bîr el-waraḳa*. Hier liess einst ein Mann vom Stamme Temim, Gefährte 'Omar's, seinen Eimer hinunterfallen, stieg hinab, ihn zu holen, und fand ein Thor, welches zu Baumgärten führte; er pflückte ein Blatt und steckte es hinter's Ohr; darauf stieg er wieder hinauf und zeigte seinen Fund an. Das Blatt stammte aus dem Paradiese und blieb stets grün; andere Leute, die nach ihm hinunter gelassen wurden, fanden nichts.

In der Periode der Laufbahn Moḥammed's, in welcher er den grössten Theil seiner Offenbarungen aus jüdischen Quellen schöpfte, erklärte er die Aḳṣa, das entfernteste Heiligthum, für eine Stätte des Proto-Islâm's, und nach einer Tradition soll er gesagt haben, ihre Gründung falle nur 40 Jahre später, als die der Ka'ba (durch Abraham). Die arabischen Autoren berichten, dass der Chalife 'Omar, vom Platz des salomonischen Tempels hinuntersteigend, in der nahe dabei liegenden „Marienkirche" sein Gebet verrichtet habe.

Die Moschee ***el-Aḳṣa** ist heute ein grosser Complex von Gebäuden; die Hauptaxe derselben fällt senkrecht auf die südliche Umfassungsmauer des ganzen Tempelbezirks. Die erste Anlage des Gebäudes rührt von dem oströmischen Kaiser Justinian her; es war eine Basilica zu Ehren der heiligen Jungfrau. Schon Prokop, welcher die Bauten Justinian's beschrieben hat, weiss, dass man zum Behuf dieses Baues künstliche Unterbauten anlegen musste; namentlich das Mittelschiff ruht auf unterirdischen Gewölben. Das Gebäude war sehr breit, sodass man Mühe hatte, Balken für die Decke zu finden. Die Decke war von zwei Reihen übereinandergestellter Säulen getragen. Vor der Kirche befanden sich Vorhallen und zwei Hospize, die den Eingang zur Kirche im Halbkreis umgaben. 'Omar weihte die Kirche dem muslimischen Glauben; der schon oben angeführten Korânstelle gemäss erhielt sie den Namen *Mesdjid el-Aḳṣa*. Am Ende des 7. Jahrhunderts liess 'Abd el-Melik, der Erbauer der Ṣachrâ, die Thore der Aḳṣa mit Gold- und Silberplatten überziehen. Unter dem Chalifat des Abu Dja'far el-Manṣûr (758—775) wurde die Ost- und Westseite durch ein Erdbeben beschädigt; um sie wieder herzustellen, liess man aus den Zierathen der Moschee Münzen schlagen. Manṣûr's Nachfolger el-Mehdi (775—785) fand die Moschee wieder in Ruinen in Folge eines Erdbebens; er liess sie in veränderter Gestalt, in etwas geringerer Länge und grösserer Breite, wieder aufbauen. Im Jahre 1060 stürzte das Dach zusammen, wurde aber sogleich wieder hergestellt. — So lauten die Berichte der Araber. Man kann hieraus schliessen, dass von dem ursprünglichen Gebäude wenig mehr erhalten ist.

Die Vorhalle (Pl. 1), wie wir sie jetzt sehen, besteht aus sieben Arcaden, die in die sieben Schiffe des Gebäudes führen. Sie ist von einem Neffen Saladin's, Melik el-Mu'aẓẓam 'Isâ, 1236 erbaut. Die mittleren Arcaden wollen fränkische abendländische

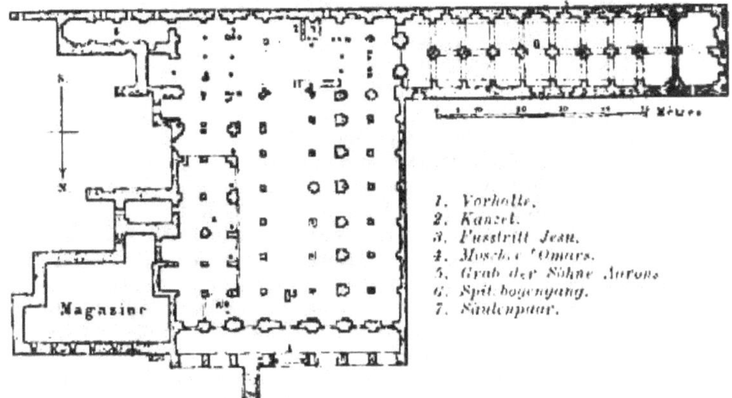


Gothik nachahmen; aber Säulen, Capitäle und Basen harmoniren nicht, da sie verschiedenartigen alten Gebäuden entnommen sind. Uebrigens ist die Vorhalle später restaurirt worden; ihr Dach stammt frühestens aus dem 15. Jahrhundert. Das Innere der Moschee wirkt immer noch durch seine ursprüngliche Anlage überraschend. Aelteren Ursprungs sind eigentlich nur die drei Mittelschiffe, in denen man den Plan der alten Basilica leicht erkennt. Im Alterthum war das westliche Schiff wahrscheinlich vermauert, und auf der östlichen Seite der Basilica lag der Moscheehof, wie in Fostat in Aegypten und in Damaskus (R. 29). In dem grossen Querschiff mit der Kuppel haben wir vielleicht die Restauration el-Mehdi's zu erblicken; durch sie wurde die Kreuzesform hergestellt. Er war es wohl auch, der, um diese Kreuzesform zu zerstören, je zwei niedrigere Schiffe auf der Ost- und Westseite der Moschee anfügte; zu diesem Behuf mussten die Seitenwände der Moschee durchbrochen werden. So wie wir indess jetzt diese vier Aussenschiffe sehen, sind sie keineswegs so alt, sondern sind später restaurirt worden; die Pfeiler sind viereckig formlos, die Gewölbebogen laufen spitz zu.

Die drei *Mittelschiffe* stechen, was Eleganz betrifft, bedeutend von den eben erwähnten ab. Sie sind viel eigenartiger und einheitlicher; die Capitäle, theilweise noch Nachbildungen von Acanthusblättern, sind byzantinisch und können wohl aus dem 7. Jahrhundert stammen. Die sieben Bogen, welche über den Säulen hinlaufen, sind weite Spitzbogen und müssen als solche aus späterer Zeit stammen; auch hier finden wir wieder die specifisch arabischen Holzanker, die Verbindungsbalken zwischen den Bogen. Ueber den Bogen ist eine doppelte Reihe von Fenstern; die höheren gehen nach aussen, die niedrigeren nach den Seitenschiffen. Die drei Mittelschiffe sind noch mit Balken bedeckt, wie in den Basiliken, ebenso das Querschiff. Die ganze Länge des Gebäudes beträgt 82m, die Breite gegen 60m.

Das *Querschiff* ist ebenfalls aus älteren Werkstücken gebaut. Die Säulen sind antik und keineswegs einheitlich, wie die des Langschiffes, sondern weichen in Bezug auf Material, Piedestale, Capitäle und selbst Höhe von einander ab. Dieser Theil des Gebäudes ist einer Inschrift zufolge von Saladin restaurirt im Jahre 1187 (583). Ebenso rührt das schöne Mosaik auf Goldgrund in der Trommel der Kuppel von Saladin her; nach arabischen Berichten hat er es aus Constantinopel kommen lassen. Aus derselben Zeit stammt die von eleganten Marmorsäulchen flankirte Gebetsnische im Süden. Das bunte Band, welches in diesem Theile des Gebäudes in Mannshöhe an der Mauer herumläuft, besteht aus Laubwerk, das an Gothik erinnert; den Inhalt der kufischen Inschriften bilden Ḳoransprüche.

Die *Kuppel* selbst besteht aus Holz und ist aussen mit Bleiplatten überdeckt; innen ist sie ähnlich geschmückt wie die Kuppel der Ṣachrâ. Eine Inschrift nennt als Wiederhersteller (oder Stifter?) dieser Verzierungen den Mamlukensultan Moḥammed ibn Ḳelâûn 1327 (728). Einige Fenster der Moschee haben bunte Glasscheiben, die aber weniger schön sind, als die der Ṣachrâ, obwohl sie aus derselben Zeit stammen wie jene (16. Jahrhundert). Sehr hässlich sind die Malereien des grossen Bogens des Querschiffes, von einem italienischen Maler in unserm Jahrhundert angefertigt. Das Querschiff verlängert sich gegen Westen in einen langen doppelt gegliederten Gang mit Spitzbogengewölben (Pl. 6); die Pilaster sind indess ziemlich plump. Diese ganze Partie rührt von den Tempelrittern her; hier befand sich wohl ihr Waffensaal oder etwas ähnliches. Die Aḳṣa war speciell den Templern zugetheilt worden; sie hiess bei ihnen *Palatium Domini*; die Ritter wohnten hier und in den Unterbauten dieser Ecke des Ḥarâm, deren Fenster nach Süden auf den Bergabhang hinausschauen.

Wenden wir uns wieder nach Osten, so finden wir neben der Gebetsnische eine wunderschöne aus Holz geschnitzte *Kanzel* (Pl. 2). Die Detailverzierungen derselben sind herrlich; sowohl der Aufgang zur Kanzel als das spitzige Häuschen selbst ist mit Elfenbein und Perlmutter eingelegt; sie wurde im Jahre 1168 (564) auf Befehl Nûreddîn's von einem Künstler in Aleppo verfertigt und von Saladin bei der Restaurirung der Aḳṣa hierher gestellt. Hinter dieser Kanzel zeigt man den *Fusstritt Jesu* in Stein (Pl. 3); nicht weit von hier wurde er bereits einem der ältesten Pilger, Antonius von Piacenza, vorgewiesen. Weiter nach Osten gehend, sehen wir links zwei nahe bei einander stehende Säulen (Pl. 7); der Cicerone erklärt, dass nur ein ehelich Geborener zwischen ihnen hindurchschlüpfen könne; andere sagen, es komme Niemand in den Himmel, der hier durchschlüpfen könne (ein ähnliches Säulenpaar befindet sich in der 'Amru-Moschee in Alt-Cairo). Noch weiter O. gelangen wir in einen südöstlichen Anbau der Moschee, ein kahles uninteressantes Gebäude mit einer Gebetsnische (Pl. 4); hier soll die eigentliche *Moschee 'Omar's* gestanden haben, denn die Bezeichnung des „Felsendoms" als 'Omarmoschee ist falsch und erst von den Franken aufgebracht worden. Ein ähnlicher grosser Anbau, ebenfalls durchaus modern, steht nördlich davon, und zwar zum Andenken an Zacharias (S. 233), der hier getödtet worden sein soll. Man betrachte, bevor man die Moschee verlässt, noch die schöne Steinplatte, welche im Mittelschiff nicht weit vom Ausgang im Boden liegt; sie gleicht dem Grabmonument eines fränkischen Ritters, die Muslimen jedoch behaupten, hier sei das Grab der Söhne Aaron's (Pl. 5). — Die beiden alten Seitenschiffe sind dadurch merkwürdig, dass ihre Dachbedeckung aussen nicht nur der Breite nach, sondern auch der Länge nach einen Bogen bildet.

Aus dem Mittelportal hinaustretend, finden wir rechts eine Treppe. 18 Stufen führen in ein Souterrain hinab, das sich unter der Akṣa hinzieht. Es wird durch eine doppelte Reihe von Gewölbebogen gebildet, die auf viereckigen, mit Bogen überspannten Pilastern ruhen; die Mittelreihe steht gerade unter den die Ostseite des Mittelschiffes der Basilica bildenden Arcaden, vielleicht ein Beweis, dass die ursprüngliche Basilica nur bis hierher reichte. Die Substructionen in ihrer jetzigen Form sind zwar nicht alt; sie stehen jedoch an der Stelle alter byzantinischer Unterbauten, und westlich davon würde man wahrscheinlich noch grössere Anlagen ähnlicher Art finden, wenn man die Erlaubniss erhielte, den Boden zu untersuchen. Gegen das Südende hin steigt man noch 8 Stufen hinab und findet einen überwölbten Raum, dessen Bogen sich in der Mitte auf eine mit Kalk überzogene kurze und dicke Säule stützen; das Capitäl derselben mit seinen steifen Acanthusblättern ist entschieden byzantinisch. Neben dem Aufgang schaut eine entsprechende Säule aus der Mauer heraus; ihre Basis steht nur etwas höher. Nördlich davon findet sich noch eine dritte Säule dieser Art. Dieser Raum war eine zu dem nun vermauerten *Doppelthor* gehörige Halle, wurde aber in byzantinischer Weise umgebaut und überwölbt, wahrscheinlich zur Zeit der Erbauung der Marienkirche. Das Bruchstück eines verkehrt in die Mauer eingefügten Steines trägt eine Inschrift mit dem Namen des römischen Kaisers Antoninus. Die antiken Säulenschäfte, welche das alte nach Süden gerichtete Doppelthor stützen sollten, sind erst später von Muslimen hierher gesetzt worden. In diesem doppelten Thore hat man die „*Huldapforte*" erblicken wollen, und da diese Annahme viel für sich hat, so dürfen wir voraussetzen, dass Jesus öfters und besonders mit den Festprocessionen hier durch in den Tempel gegangen ist. Heute befindet sich hier ein muslimischer Betplatz, daher die Strohmatten.

Von hier ins Freie gelangt, dürfen wir nun unsere Schuhe wieder anziehen. Auch die ganze Südostecke des Harâm ist von künstlichen Unterbauten getragen, welche keinen andern Zweck hatten, als den, eine ebene Fläche herzustellen. Der Eingang zu denselben befindet sich bei einer kleinen Halle ganz im Südostwinkel des Tempelplatzes. Auf 32 Stufen hinabsteigend, gelangen wir in ein kleines muslimisches Bethaus. Merkwürdiger Weise wird hier die *Wiege Jesu* gezeigt, eine muschelförmige überwölbte Nische; schon im Mittelalter war dieser Platz bekannt. Diese sonderbare Sage scheint daher zu stammen, dass hebräische Frauen im Alterthum in diesem Gebäude ihrer Entbindung entgegensahen. Die Legende behauptet, der alte Simeon habe hier gewohnt, und die heilige Jungfrau habe hier nach der Darbringung Jesu im Tempel einige Tage zugebracht.

Von hier steigt man in die geräumigen Unterbauten hinab. Dieselben gelten bei den Arabern als Werk der Dämonen, sind aber in Wirklichkeit in ihrer jetzigen Gestalt nicht alt. Es sind Halbbogengewölbe, getragen von viereckigen Pilastern. Die Materialien allerdings, welche zur Erbauung dieser Pilaster gedient haben, meistens geränderte Quadern, stammen aus alter Zeit her. Die ganze Anlage, wie wir sie jetzt sehen, ist erst eine (wahrscheinlich arabische) Nachbildung ähnlicher älterer Substructionen auf dieser selben Stelle. Auch in der heutigen Benennung dieser etwa 9m hohen Gewölbe mag eine richtige Tradition liegen; man nennt sie nämlich noch heute die *„Ställe Salomo's“*, und wir haben gesehen, dass der Palast dieses Königs hier in der Nähe zu suchen ist. In den unterirdischen Gewölben des Tempelhofes suchten während des Kampfes gegen die Römer viele Juden Zuflucht; auch sonst sind mehrfach Zeugnisse vorhanden, dass solche künstliche Terrassirungen schon früh in dieser Ecke bestanden. Im Mittelalter waren hier die Ställe der fränkischen Könige und der Templer; man findet noch die Ringe, an welchen ihre Thiere angebunden waren. Die Zahl der Pilaster beläuft sich auf hundert. Etwa 100 Schritte von der Ostecke entfernt sieht man eine kleine vermauerte Thüre in der Südmauer, das sogen. *„einfache Thor“* (dabei die sog. Wiege David's); wenn man aber ganz im Westen durch ein Loch durchschlüpft, gelangt man in eine fernere Reihe von Unterbauten, welche nach Süden durch ein *dreifaches Thor* verschlossen sind. Von diesem antiken Tempelthore, das ganz in der Art des oben beschriebenen Doppelthores gebaut war, sind nur noch die Unterbauten erhalten. Die Thore selbst sind verrammelt, die Bogen mehr elliptisch; das Ganze ist $15,_8$m breit, $7,_7$m hoch. Man bemerkt auch Säulenstücke, die in die Mauern eingesetzt sind (vgl. S. 126). Ebenso sieht man $18,_6$m vom Thore entfernt gegen Norden eine alte Säule in der Mauer. Weiterhin 120m von der südlichen Mauer an beginnt die Bauart der Gallerie sich zu verändern, und der obere Theil wird moderner. Wir werden später noch die Aussenseite zu betrachten haben (s. S. 195).

Wir steigen nun wieder zur Ḥarâm-Area hinauf und verfolgen unsern Weg nach Norden. Die **Mauer,** welche rechter Hand den heutigen Tempelbezirk einfasst, ist durchaus modern. Etwas weiterhin finden wir rechts eine Treppe, mittelst welcher wir auf die Mauer hinaufsteigen können. Die Aussicht über das Josaphatthal, welches mit seinen Gräbern zu unsern Füssen liegt, und auf den Oelberg gegenüber ist herrlich. Wir finden hier einen Säulenstrunk, der horizontal gelegt über die Mauer hinausragt. Wenn beim jüngsten Gericht die Posaune ertönt, so versammeln sich nach muslimischer Sage (S. 223) die Menschen hier im Thal Josaphat. Von diesem Säulenstrunk aus wird dann ein dünnes Drahtseil gespannt und am gegenüberliegenden Oelberg befestigt. Hier wird Jesus, dort gegenüber Moḥammed zu Gericht sitzen. Ueber dieses Seil muss jeder Mensch gehen: die Frommen werden von ihren Engeln vor dem Fall behütet und können schnell wie ein Blitz darüber hinwegeilen, die Bösen aber fallen in den Abgrund, in den Höllenschlund (vgl. S. 99). Diese Brücke kommt übrigens schon in der altpersischen Religionslehre vor als Brücke *Chinwat.*

Weiter nach Norden fortschreitend, gelangen wir zum **goldenen Thore,** das von jeher das einzige der Ostseite gewesen zu sein scheint. Aus Ezechiel 44, 1, 2 könnte man beinahe schliessen, dass das Thor der Ostseite schon in alter Zeit stets geschlossen war. Wir haben ferner aus der Apostelgeschichte 3, 2 Kunde von einer θύρα ὡραία, porta speciosa, schöne Pforte, nach welcher die Heilung des Lahmen verlegt wird. Jedenfalls hat die Tradition sich der Sache bemächtigt, und man verlegte diese Wunderthat hierher, weil dieses wohl das einzige noch sichtbare alte Thor im Osten des Tempels war; später wurde durch Missverständniss aus ὡραία im Lateinischen aurea; daher der Name „goldenes Thor". Die Anlage des Thores, wie wir es jetzt vor uns haben, datirt frühestens aus dem 5., wahrscheinlich erst aus dem 6. Jahrhundert nach Christus, und es ist überhaupt noch fraglich, ob das Thor je als solches gedient hat, oder nicht bloss in dieser Form zum Andenken an jenes Wunder so gebaut worden ist. In der Aussenmauer südlich ist ein ganz kleines Thürchen, das wohl den Fussgängern diente und durch einen nun verschütteten Gang (man sieht noch den Eingang) in das Innere des Thorwegs einmündete. Anderseits hat aber die goldene Pforte viel Aehnlichkeit mit dem Doppelthor der Südseite (S. 186), und wir dürfen ungefähr hierhin die Pforte „Susan" des alten Tempels setzen. Noch von Heraclius wird berichtet, dass er 629 hier eingezogen sei. Die Araber vermauerten später das Thor, und noch heute geht die Sage, dass einstmals an einem Freitag ein christlicher Eroberer durch dieses Thor einziehen und den Muslimen Jerusalem wegnehmen werde. Zu den Zeiten der Kreuzfahrer wurde das Thor am Palmsonntag und am Feste der Kreuzeserhöhung für einige Stunden geöffnet. Am Palmsonntag bewegte sich die grosse Procession mit Palmen vom Oelberge her durch dieses Thor. Der Patriarch ritt dann auf einem Esel, das Volk breitete Kleider auf seinen Weg aus u. s. f., wie es seinerzeit Jesu geschah. Die Araber nennen heut zu Tage das ganze Thor *Bâb ed-Daherîye*, das ewige Thor, den nördlichen Bogen *Bâb et-Tôbe*, Reuethor, den südlichen *Bâb er-Rahme*, Gnadenthor; das Innere haben sie in einen Betort umgewandelt. Die grossen monolithischen Thürpforten wurden in Pfeiler verwandelt, die nun 2m über den Mauerlauf hinausragen; zwischen beide setzte man einen grossen Pfeiler, dessen beide Seiten man mit heraussteheuden Säulchen schmückte; darüber wurden dann die Bogengewölbe gelegt. In Folge der Vermauerung ist der Mittelpfeiler nicht mehr sichtbar. Im Innern des Portals ist eine Halle mit sechs Gewölben, deren platte Bogen sich einestheils auf einen Fries über den Pilastern der Seitenwände, anderntheils auf zwei in die Mitte gestellte Säulen stützen; beim Westausgang nach dem Innern hin wurde die oben erwähnte Anlage der Ostpforte einfach wiederholt. Alle architectonischen Details des Gebäudes, das sehr reich geschmückt ist, weisen auf byzantinische Zeit hin. Die platten Gewölbe, die Gedrücktheit der Gesimse, die ausgeschnittene Form des Laubwerks, die platte Umbiegung der Acanthusblätter an den Capitälen sind Zeichen späterer Kunst, und ebenso die Capitäle der Mittelsäulen mit ihren wulstigen Schnörkeln, welche die ionische Säulenordnung nachahmen sollen. Aufsätze, wie wir sie über diesen Säulen sehen, kommen erst im 6. Jahrhundert vor. Auch die Vertiefungen unter den Kranzleisten an den Basen der Capitäle sprechen für eine späte Zeit. — Das Innere erhält durch Oeffnungen in den Kuppeln Licht. Ueber die tiefe Lage dieses Gebäudes werden wir sprechen, wenn wir die Ostmauer von der Aussenseite betrachten (s. S. 195). Noch ist zu bemerken, dass eine Treppe auf das Dach des goldenen Thores führt, von wo aus man den ganzen Tempelplatz, besonders die Aufgänge zum Felsendom schön übersieht.

Wenn wir unsern Weg nach Norden weiter verfolgen, finden wir rechts eine moderne Moschee. Sie führt den Namen *Thron Salomo's*; hier soll Salomo todt gefunden worden sein. Nach der Legende sollten die Dämonen seinen Tod nicht merken, daher stützte er sich, auf einem Sessel sitzend, auf seinen Stab; erst als ein Wurm den Stab zernagte und zusammenbrechen machte, merkten die Dämonen, dass sie nun von der Herrschaft des Königs befreit seien. Wie an allen Wallfahrtsorten finden sich auch hier an den Gitterfenstern Lumpen aufgehängt, welche die Besucher in Folge eines Gelübdes an den Heiligen sich aus dem Kleide gerissen haben.

Wir gelangen an die Nordmauer des Ḥarâm, die eine ganze Reihe von Thoren hat. Zunächst östlich sieht man das *Bâb el-Asbât*, das Thor der Stämme. (Uebrigens hielt man *asbât*, Stämme, bisweilen für den Namen eines einzelnen Mannes, eines Propheten.) Unter den Arcaden der Nordmauer erblicken wir Fenster; ein Blick aus einem derselben verlohnt sich, denn wir sehen hier tief unter uns den traditionellen Teich *Bethesda*. Vor Zeiten lief hier ein Thälchen seitwärts vom oberen Tyropoeon nach Osten, das man bei der Anlage dieses Teiches benutzen konnte. Der Teich misst 110m in der Länge, 40m in der Breite. Er liegt 21m unter dem Niveau der Tempelarea, und sein Boden ist 6m hoch mit Schutt bedeckt; selten findet sich heute etwas Regenwasser darin. Der Teich wurde von Osten gefüllt und konnte durch einen Ablauf, der sich in einem Thurm in seinem Südostwinkel befindet, regulirt und geleert werden. Die katholische Tradition und manche neuere Reisende haben in dem Teich den beim Schafthor gelegenen Bethesdateich erkennen wollen; da man dieses Thor an die Stelle des heutigen Stephansthores setzte (mit Unrecht, s. S. 156), so sprechen auch schon alte Pilger von der hier gelegenen *piscina probatica*, dem Schafteich. (Ueber den wirklichen Bethesdateich s. S. 191.) Heute führt der Teich den Namen *Birket Isra'în*, Israelsteich. Durch eine kleine Oeffnung in der Ḥarâmmauer ist Warren vom Teiche aus in Substructionen mit Gewölben eingedrungen. — Wenn wir die Nordseite des Ḥarâmbezirks entlang gehen, so haben wir links alte Gräber; bald kommen wir wieder an ein Thor rechts, das den Namen *Bâb Ḥiṭṭa* oder *Ḥoṭṭa* führt; dann folgt das *Bâb el-'Atem*, Thor der Dunkelheit, auch *Scherîf el-anbiâ*, Ehre der Propheten, oder von einer dort gelegenen Schule *Devadâr-Thor* genannt; es entspricht dem Thore Tôdi des Talmud. In der Nordwestecke des Tempelplatzes finden wir Felsboden; der Fels ist abgeschrotet, ja noch mehr, es ist ein senkrechter, 7m tiefer Einschnitt gemacht, und die Mauer erhebt sich über demselben. Die Unterbauten dieser Mauer scheinen ebenfalls alt, und es ist fraglich, ob sie nicht gar der Festung Antonia angehört haben könnten. Heute steht dort eine Caserne (Pl. 11); häufig hört man daselbst die Militärmusik ihre ohrzerreissenden Töne hervorbringen. In der NW.-Ecke steht eines der höchsten Minarets des Ḥarâm.

Von der Beschreibung des Inneren dieses ganzen grossen Bezirkes gehen wir nun über zu einem **Gang um die Umfassungsmauer** desselben, wobei wir uns am bequemsten die ganze Anlage der Unterbauten vergegenwärtigen können. Was wir bis jetzt als grosse ebene Fläche betrachtet haben, war ursprünglich keineswegs eine solche, sondern ein Hügelrücken, dessen beide Seiten künstlich erhöht und dessen überragende Theile im Nordwestwinkel abgetragen wurden. In der Mitte der Area zieht sich der Höhenzug bis unter die Akṣa fort. Das westliche Thal, das Tyropoeon, ist heutzutage beinahe ganz zugeschüttet.

Um die Unterbauten gehörig zu würdigen, müssen wir zuvor über das angewendete Material reden. Bei den an der Aussenmauer des Tempels verwendeten Bausteinen lassen sich fünf Arten unterscheiden, von denen wohl jede einem besonderen Zeitalter des Bauens entspricht: 1) geränderte Quadern mit rauher, unbehauener Aussenseite; 2) geränderte Quadern mit glatter Aussenseite; 3) grosse glatt behauene, aber nicht geränderte Steine; 4) kleinere Steine derselben Art; 5) gewöhnliches Mauerwerk aus unregelmässigen Steinen. Die erste Art von Steinquadern findet sich *unter* dem Boden fast ganz um die Tempelarea herum (wir basiren unsere Angaben durchweg auf die Resultate der Ausgrabungen des engl. Exploration-Fund); der Theil der Mauer, welcher mit solchen Steinen gebaut ist, beginnt 11—18m unter der jetzigen Oberfläche des Bodens. Diese Quadern sind auf allen Seiten glatt behauen, ausser auf der herausstehenden Aussenseite, an welcher sie „geändert" sind (vgl. S. 123); sie sind ohne Mörtel und Cement, aber so genau auf einander gefügt, dass in die Ritzen kein Messer hineingesteckt werden kann. Die Mauer ist nicht senkrecht gebaut, sondern jede Lage der Quadern ist im Verhältniss zu der unter ihr befindlichen etwas eingerückt.

Wir gehen von der Westseite aus; dieselbe ist fast ganz mit Gebäuden eingefasst, so dass wir ihr nur in beträchtlicher Entfernung folgen können. Wenn wir zum Nordwestthor des Ḥarâm hinaustreten und unsere Begleiter hier als fernerhin unnöthig entlassen, so lassen wir links das *alte Serai* (Pl. 95; man beachte, wie schön die Steine hier mit Bleiverband gefügt sind), und biegen in die erste Strasse links wieder nach Süden um, indem wir uns der Ḥarâmmauer so nahe als möglich halten. Statt also rechts die Via Dolorosa hinaufzugehen, gehen wir nach Süden gerade aus (r. das jetzige *Serai*, die Wohnung des Pascha, Pl. 96) und lassen zwei Gassen, welche zu Ḥarâmthoren führen, links liegen. Das dritte dieser Thore, *Bâb el-Ḳattânîn*, ist der Besichtigung werth. Es hat seinen Namen von dem langen überwölbten Bazar der Leinwandhändler. Wenn wir denselben durchschreiten, biegt rechts ($^2/_3$ Wegs zur Tempelarea) ein Seitenweg zum *Ḥammâm esch-Schifâ*, dem Heilbade (Pl. 35), ab. Man nimmt an, dass hier jene intermittirende Quelle zu suchen ist, welche den „*Bethesdateich*" des neuen Testaments speiste. Man steigt auf Treppen $10{,}_4$m hoch zu der mit einem Thürmchen überbauten Brunnenöffnung; der Brunnenschacht ist hier 30m tief (also 20m unter dem Boden). Verschiedene Forscher haben sich an Stricken hinuntergelassen, um ihn zu untersuchen. Man gelangt in ein Bassin, das zum grössten Theil ausgemauert ist; am Südende der Westmauer desselben läuft ein gemauerter Kanal von 31m Länge, $1{,}_2$ Höhe und $0{,}_9$m Breite in ungefähr SW. Richtung weiter. Das Wasser, welches sich hier vorfindet, hat einen schlechten Geschmack, da es durch unreinen Boden durchgesickertes Regenwasser ist, doch rühmt man noch jetzt seine heilkräftigen Wirkungen.

Das nächste Thor ist das *Kettenthor, Bâb es-Silsele* (S. 173), in der Nähe eines hübschen Brunnens gelegen. Es steht auf einem grossen Brückenbogen, der nach seinem Entdecker „*Wilson's Bogen*" heisst; über denselben hinweg und über andere Bogen weiter führte eine Strasse nach der Oberstadt, denn der ursprüngliche Thalboden liegt hier tief unter der jetzigen Oberfläche. Der wohl erhaltene Bogen hat 6,7m Höhe und 15m Spannung. Unter ihm befindet sich der sogenannte *Burakteich*, benannt nach Burak, dem geflügelten Pferd Moḥammed's, das überhaupt der ganzen Westseite des Ḥarâm den Namen gegeben hat, da der Prophet es hier angebunden haben soll. Von dem Thor aus tritt man rechts in das sogenannte „*Meḥkeme*" oder *Gerishtshaus* (Pl. 84), eine Halle mit Spitzbogengewölben, die im Jahre 1483 als Moschee erbaut wurde; daneben stand damals das Haus des Ḳâḍi. Noch heute sieht man im Meḥkeme eine Gebetsnische. Ein steinerner Sarg, der früher hier stand und angeblich aus den Königsgräbern herstammt, ist nach Paris geschafft worden. In der Mitte befindet sich ein Springbrunnen, der in früherer Zeit von der Bethlehemer Wasserleitung gespeist wurde. Ein Fenster geht gegen das Moghrebinerquartier südlich, ein Ausgang in den Ḥarâmplatz. Warren fand durch Nachgrabungen unter dem südlichen Ende des Wilson'schen Bogens bei 7,3m Tiefe Stücke von Gewölbesteinen, bei 13,4m einen Wasserlauf, ein Beweis, dass durch das ehemalige Thal immer noch Wasser sickert; erst bei mehr als 15m Tiefgrabung fand er die Mauer des Tempels in den Felsen eingefügt. Ein unterirdischer Gang lief in gleicher Richtung mit dem Viaduct (s. oben) von der Tempelarea zur Citadelle; Warren ging ca. 80m in demselben vorwärts, konnte aber das Ende nicht erreichen.

Von hier müssen wir nach Westen abbiegen und in der sogenannten *Davidstrasse* (S. 220) so weit gehen, bis wir wieder eine kleine Gasse links finden. Dies ist der Fall bei zwei schönen alten Häusern; das Haus rechts mit dem Stalactitenportal war zur Kreuzfahrerzeit eine Knabenschule; das Haus links war eine Mädchenschule und dient seit Saladin als Knabenschule (es heisst *'Adjemîye*). Hier also gehen wir ein kleines Gässchen hinunter und gelangen nach 4 Min., indem wir uns fortwährend links halten, an den ***Klageplatz der Juden,** hinter den elenden Wohnungen der Moghrebiner (Juden aus dem Nordwesten Afrika's). Die unter diesem Namen berühmte Mauer hat 48m Länge und 18m Höhe; die unteren neun Steinlagen bestehen aus grossen Quadern, von denen jedoch nicht alle gerändert sind; weiter oben sind 15 Lagen von kleineren Steinen. Obgleich einige Archaeologen aus der Art der Quadern, welche hier die Substructionsmauern bilden, schliessen, dass diese westliche Aussenmauer in ihren Fundamenten aus ganz alter Zeit stamme, so glauben doch Andere aus der schlechten Fügung der Steine nachweisen zu können, dass die Mauer nicht so sehr alt sei. Immerhin finden sich Werkstücke von bedeutender Grösse darin,

Klageplatz der Juden.

Via dolorosa.

so im nördlichen Theil ein Stein von 5m, im südlichen einer von 4m Länge. Wahrscheinlich haben die Juden schon im Mittelalter hier über den Untergang Jerusalems geklagt. Es ist anzurathen, den Besuch dieses Platzes zu wiederholen und namentlich am Freitag Nachmittag nach 4 Uhr oder an hohen jüdischen Festen hierher zu kommen. Es macht einen merkwürdigen, ja ergreifenden Eindruck, diese Gestalten hier an der verwitterten Mauer lehnen, weinen und die Steine küssen zu sehen. Die Männer sitzen oft Stunden lang dort, indem sie in abgegriffenen hebräischen Gebetbüchern lesen. Manche sind barfuss. Der spanische Jude unterscheidet sich durch ein gepflegteres und freieres Aeussere vortheilhaft von dem schmutzigen polnischen. Am Freitag gegen Abend wird folgende Litanei gebetet:

Der Vorsänger singt: *Wegen des Palastes, der wüste liegt* — Volk: *Sitzen wir einsam und weinen.*

Vors.: *Wegen des Palastes, der zerstört ist* — Volk: *Sitzen wir ....*

Vors.: *Wegen der Mauern, die zerrissen sind* — Volk: *Sitzen wir ....*

Vors.: *Wegen unsrer Majestät, die dahin ist* — Volk: *Sitzen wir ....*

Vors.: *Wegen unsrer grossen Männer, die darniederliegen* — Volk: *Sitzen wir ....*

Vors.: *Wegen der kostbaren Steine, die verbrannt sind* — Volk: *Sitzen wir ....*

Vors.: *Wegen der Priester, die gestrauchelt haben* — Volk: *Sitzen wir ....*

Vors.: *Wegen unsrer Könige, die ihn verachtet haben* — Volk: *Sitzen wir ....*

Eine andere Antiphonie lautet folgendermassen:

Vors.: *Wir bitten dich, erbarme dich Zion's.* — Volk: *Sammle die Kinder Jerusalems.*

Vors.: *Eile, eile, Zion's Erlöser.* — Volk: *Sprich zum Herzen Jerusalems.*

Vors.: *Schönheit und Majestät mögen Zion umgeben.* — Volk: *Ach wende dich gnädig zu Jerusalem.*

Vors.: *Möge bald das Königreich über Zion wieder erscheinen.* — Volk: *Tröste, die trauern über Jerusalem.*

Vors.: *Möge Friede und Wonne einkehren in Zion.* — Volk: *Und der Zweig (Jesse) aufsprossen zu Jerusalem.*

Jedermann wird bei diesem Anblick die Zähigkeit bewundern, mit welcher dieses Volk an seinen alten Traditionen hängt und noch immer die Aufrichtung eines zweiten davidischen Reiches ersehnt und erwartet.

Weiter südl. vom Klageplatz folgt ein antikes Thor, das wegen des notorisch fanatischen Charakters der Moghrebiner für Fremde unzugänglich ist. Um den oberen Theil desselben zu sehen, einen riesigen Quader von 2m Höhe und wenigstens 6m Länge, der 3m über dem jetzigen Boden liegt, muss mit einzelnen Moghrebinern unterhandelt werden, da der Weg durch ihre Hütten geht. Der Reisende verliert nicht viel dabei, denn das Interessanteste sieht er doch nicht; die Schwelle des Thores liegt 15m unter der Bodenfläche; ein Treppenweg ist durch Ausgrabungen zu Tage gefördert worden. Dies ist das sogenannte *Thor des Propheten* oder nach dem Entdecker *Barclay's Thor*. Da Josephus von vier Thoren auf der Westseite spricht, sind wir immer noch weit davon entfernt, nun alle Schwierigkeiten gelöst zu haben; wir dürfen aber annehmen, dass ein *viertes* Thor *nördlich* vom Wilsonbogen lag.

Vom Klageplatz aus gehen wir wieder denselben Weg zurück, aber nun statt rechts, durch die Hauptgasse des schmutzigen Moghrebinerquartiers links, bis die Häuser aufhören. Hier befinden wir uns auf einem grossen Platz, der theilweise mit Cactushecken bepflanzt ist; rechts steigt eine Wand steil auf, südlich aus Schutt, nördlich aus Fels bestehend, links erhebt sich die Tempelmauer ca. 18m hoch. Unweit der Südwestecke treten wir noch einmal an die Tempelmauer näher hinan; schon die Riesenquadern — einer hat 8m Länge, 0,8m Höhe, der Quader an der Ecke 8,5m Länge — sind höchst bewunderungswürdig, obgleich die eingetretene Zerbröckelung es bisweilen schwer macht, durch Verwitterung entstandene Risse von wirklichen Fugen zu unterscheiden. Ungefähr 12m von der Südwestecke entfernt treffen wir auf jenen Brückenansatz, der den Namen *Robinson's Bogen* führt, da er von diesem Forscher entdeckt worden ist. Die Breite des Bogens beträgt 15,5m; Steine von 6m und 8m Länge finden sich daran; man sieht etwa noch drei Lagen. Die ganze Südwestecke ist in herodianischer Zeit gebaut worden. Wir haben hier den Ansatz zu einem Brückengang, der aus dem Tempel über das Tyropoeon hinweg nach dem Xystus führte und an der Stelle einer älteren Thalüberbrückung stand, die den Palast Salomo's mit dem unteren Theil der Oberstadt verband. Die Entfernung bis zum jenseitigen Hügel beträgt 91m. Es ist noch nicht gelungen, durch Nachgrabungen am westlichen Hügel einen entsprechenden Bogenansatz zu finden. Am westlichen Hügel fand Warren in der Tiefe von 6,7m Fels und einen Wasserlauf; durch andere Schachte, die er in der Richtung auf den Bogenansatz hin in den Boden trieb, kamen Ueberreste einer Colonnade (Xystus?) an den Tag. Bei dem Brückenansatz fand man einen Pfeiler in ziemlicher Entfernung (12,5m) vom Bogen und in 6,7m Tiefe eine gepflasterte Stelle; auf dieser lagen die Gewölbsteine des Brückenbogens. Indem man durch Schutt hindurch bis in eine Tiefe von 13,7m vordrang, fand man Felsengrund und nahe bei der Tempelmauer einen von Norden nach Süden laufenden in den Felsen gehauenen Kanal. Ueber dem Kanal lagen die Gewölbsteine des *älteren* Brückenbogens.

An der Südwestecke der Tempelmauer liegt der Felsboden 18m unter der heutigen Bodenfläche. Die grosse Mauer, welche die ganze Westseite entlang noch heute tief im Boden steckt, war einst dem Auge sichtbar. Sie diente bloss dazu, um eine ebene Fläche für die Tempelarea herzustellen, und nahm sich als riesenhaftes Postament gewiss einst sehr grossartig aus.

Die Südseite der Tempelmauer können wir erst wieder erblicken, wenn wir zum *Mistthor* (auch *Moghrebinerthor* genannt) hinausgehen und uns links um die moderne Mauer herum wenden. Aus den Nachgrabungen ergibt sich, dass der Fels hier gegen O. hin von 18m Tiefe sehr rasch zu 27m abfällt; bis zu dieser Tiefe steckt an dieser Stelle die herodische Tempelmauer in der Erde. Dann steigt der Fels wieder gegen Osten an. Mit anderen Worten: unter der Südwestecke der Tempelarea läuft das Tyropoeonthal durch, und die Südwestecke des heutigen sowohl als des antiken Tempels steht eigentlich bereits nicht mehr auf dem Tempelberg, sondern auf dem gegenüberliegenden Abhang.

An der tiefsten Stelle dieser jetzt nicht mehr sichtbaren Thalsenkung hat Warren einen unterirdischen Kanal entdeckt, in einer Tiefe von 7m aber ein Steinpflaster, das wohl aus spätrömischer Zeit, und in der Tiefe von 12m ein anderes, das vielleicht aus herodischer Zeit stammt; die noch tiefer im Boden steckende Mauer besteht aus Quadern mit rauher Oberfläche. Von dem schon S. 186 besprochenen *Doppelthor* an, das also von Süden direct unter die Aḳṣa hineinführt, ist die Mauer älter. Der Felsen steigt bis zur dreifachen Pforte aufwärts und liegt bei derselben kaum einige Fuss unter dem jetzigen Boden, worauf er rasch nach Osten gegen das Kidronthal abfällt. Unter dem ebenfalls vermauerten „einfachen Thore“ (S. 187), das aus später Zeit stammt, ist ein alter Wasserlauf gefunden worden. Während die Bodenoberfläche vom dreifachen Thor bis zum Südostwinkel der Mauer um 7m fällt, senkt sich das ursprüngliche Felsenterrain um etwa 30m; in der Tiefe ist ein Krug und an den Quadern Zeichen in rother Farbe und eingehauene Buchstaben gefunden worden. Diese Zeichen scheinen phönicisch zu sein. Haben wir hier eine Mauer aus althebräischer Zeit? Diese Frage ist noch ungelöst, aber man dürfte wohl zu einer bejahenden Antwort sich hinneigen müssen. In welchem Jahrhundert aber die Riesenquadern, welche hier am Südostwinkel *über* dem heutigen Boden unsere Aufmerksamkeit auf sich ziehen, an ihre Stelle gerückt worden sind, ist sehr ungewiss; einzelne Steine in den oberen Lagen sind 5—7m lang und bis zu 1m dick. Im Ganzen ist die Mauer 23m hoch. — Bei seinen Nachgrabungen hat Warren gegen Süden eine zweite Mauer tief im Boden gefunden.

Auf der Ostseite der Harâmmauer liegt viel Schutt; der Felsboden fiel einst steiler gegen das Kidronthal ab, als die heutige Bodenoberfläche. Das goldene Thor (S. 188) steht mit seiner Aussenseite auf der Mauer, innen aber auf Schutt; die Mauer reicht hier noch

13*

9—12m unter den Boden hinab. Ausserhalb, *vor* der Harâmmauer hat Warren eine zweite Mauer (eine alte Stadtmauer?) tief im Schutte entdeckt. Die Untersuchung der Nordostecke des Harâm kostete viel Mühe und Aufopferung, da die Beschaffenheit des Schuttes es schwer machte, Schachte zu graben. Die ganze Nordostecke des Tempelareals ist sowohl innerhalb, als ausserhalb der Umfassungsmauer mit enormen Schuttmassen ausgefüllt; theilweise ist dazu wohl auch das Terrain benutzt worden, das man von der allzu hohen Nordwestecke abtrug. Das Thälchen, welches zur Anlegung des Birket Isra'in (S. 190) verwendet worden ist, läuft (wie das Tyropoeon in der Südwestecke) unter der Nordostecke der Mauer hindurch, die hier, wo das Thälchen gegen den Kidron abfällt, bis zu 36m unter der Oberfläche des Bodens reicht. Die Senkung des Felsens von der Nordwestecke der Harâm-Area bis hierher ist demnach eine sehr starke und die Auffüllung zum Behuf der Ausebnung entsprechend.

Warren hat auch den Abfluss des Birket Isra'în unter dem Boden entdeckt und in der Nordostecke Ruinen eines grossen Thurmes, der augenscheinlich ebenfalls eine alte Anlage ist, und in dessen Nähe wieder phönicische Zeichen, wie in der Südostecke, zum Vorschein kamen. Auch wir glauben, dass, wenn irgendwo, so hier im Osten, für die Unterbauten des Harâm eine alte Bauperiode, ja die Zeit der Könige Juda's in Anspruch genommen werden darf.

Man betrachte noch einmal die schönen Bogen des goldenen Thores von aussen; die Anlage desselben hoch auf dem Schutt spricht, wie die Details der Verzierungen, auch von hier aus entschieden für eine späte byzantinische Zeit. Der ganzen Mauer entlang finden sich muslimische Grabsteine (vgl. S. 223). Den Rückweg nach der Stadt treten wir am besten durch das *Stephansthor* (S. 216) an.

## Die Grabeskirche.

Nach dem Wortlaut der Bibel muss *Golgotha* ausserhalb der Stadtmauer gelegen haben (Joh. 19, 17. 20†; Hebr. 13, 12††). Eine Bodenerhebung, oder mehr nur eine niedrige Felsbank hatte ihrer Form wegen den hebräischen Namen „gulgôlet" (Schädel) erhalten, woraus Golgotha entstanden ist. Bis jetzt ist noch nicht ausgemacht, ob die Erhöhung des traditionellen Golgotha, welches übrigens gewiss ein vielfach begangener Platz war, eine natürliche oder eine künstliche ist; südlich und nördlich von ihr fällt das Terrain sanft ab. Bekanntlich dreht sich unter den Gelehrten,

† 17. Und er trug sein Kreuz, und ging hinaus zur Stätte, die da heisst Schädelstätte, welche heisst auf Ebräisch Golgatha. — 20. Diese Ueberschrift lasen viele Juden; denn die Stätte war nahe bei der Stadt, da Jesus gekreuziget ist.

†† Darum auch Jesus, auf dass er heiligte das Volk durch sein eigenes Blut, hat er gelitten aussen vor dem Thor.

die sich mit der Topographie von Jerusalem beschäftigt haben, zunächst der Streit hauptsächlich um die *Möglichkeit* der Aechtheit des heutigen Platzes (vgl. S. 159 †). Einige neuere Forscher suchen Golgotha im Norden der Stadt bei der Jeremiasgrotte (S. 249). Bevor der Boden im Zusammenhang untersucht ist, kann nichts Sicheres aufgestellt werden. Gewiss ist, dass westlich von der Grabeskirche viel weniger Schutt liegt, als östlich davon; danach würde der jetzige Platz der Grabeskirche ausserhalb der zweiten Mauer liegen und somit nicht gegen die Ueberlieferung der Bibel verstossen. Die Tradition leidet freilich an ziemlichen Schwierigkeiten. Es wird uns nirgends bezeugt, dass in den ersten Jahrhunderten des Christenthums der Platz besonders verehrt wurde, ja auch nur bekannt war. Die alten Autoren stimmen keineswegs darin überein, was für ein Gebäude von Hadrian auf dem Platze Golgotha gebaut worden sei, ein Venustempel oder ein Jupitertempel. Ueberhaupt weist die ganze Art, wie die Auffindung der heiligen Stätte unter Constantin erzählt wird, die Zugabe der Wunder etc. darauf hin, dass keine lebendige Tradition sich erhalten hatte. Sehr begreiflich hingegen ist es, dass man in der Zeit, wo das Christenthum im römischen Reiche Staatsreligion geworden war, nach der Lage des Grabes Christi fragte. Der Bischof Eusebius (geb. um 264 n. Chr. in Cäsarea) ist der älteste Historiker, der darüber Auskunft gibt; er berichtet, dass bei den Nachgrabungen unter Constantin die allerheiligste Höhle des Heilandes, die augenscheinlich aus dem Felsen gehauen war, oder ein auf ebenem Grund aufragender, alleinstehender Fels mit einer einzigen Höhle darin zum Vorschein kam. Erst spätere Geschichtschreiber fügen bei, dass Constantin's Mutter Helena in Folge göttlicher Eingebung nach Jerusalem pilgerte und ausser dem heiligen Grab auch das Kreuz Jesu entdeckte; andere nennen auch einen Bischof Macarius als hauptsächlich bei diesem Ereigniss betheiligt. Das Kreuz wurde zerstückelt und nur ein Theil davon blieb in Jerusalem, wo es den Pilgern der folgenden Jahrhunderte gezeigt wurde. Geschichtlich fest steht nur, dass über der aufgefundenen Stätte, derselben, auf welcher wir heute stehen, eine prachtvoll ausgeschmückte Kirche gebaut wurde (im J. 336 eingeweiht) und zwar bestehend aus einem Gebäude über dem heiligen Grab und aus der eigentlichen Basilica, die dem Zeichen des Kreuzes gewidmet war. Die Grabeskirche, auch Anastasis genannt, weil Jesus hier aus dem Grabe auferstand, bestand aus einer Rotunde, in deren Mitte sich, umgeben von den 12 Apostelsäulen, das Grab befand. Von dieser

† Es kann und soll nicht der Zweck dieses Reisehandbuchs sein zu untersuchen, inwiefern alle die Traditionen, die sich in so grosser Anzahl gerade an die Grabeskirche mit ihren vielen Kapellen und Winkeln heften, ihre Begründung haben, oder solche entbehren; wer sich in dieses Studium vertiefen, sich darüber nähere Aufklärung verschaffen will, den müssen wir auf die diese Fragen eingehend behandelnden Werke von *Tobler*, *Sepp*, *de Vogüé* etc. verweisen (vergl. S. 130, 169.)

Rotunde, deren Form auch bei Erbauung der Sachrâmoschee massgebend war (S. 175), ist wenigstens die äussere Form erhalten geblieben. Oestlich schloss sich ein freier Platz mit Säulenhallen an (der Umfang desselben ist unbestimmbar), noch weiter östlich die Basilica, mit Höfen zu beiden Seiten und vorn gegen Osten mit drei Portalen, einem Vorplatz und Propyläen mit Treppen. Von den Propyläen sind noch einige Säulenstücke erhalten. Der Anblick des Ganzen muss von Osten, zum Beispiel vom Oelberg aus, herrlich gewesen sein.

Schon früh unterschied man die Kreuzfindungsstätte vom eigentlichen Golgotha; die Distanz beider wird verschieden angegeben. Im Juni 614 wurden die Gebäude durch die Perser verbrannt; mit Hülfe der Christen von Syrien und Alexandrien baute Modestus, Abt des Theodosiusklosters, zwischen 616—626 die Kirche wieder auf, und zwar dreitheilig, als Auferstehungskirche (Anastasis), Kreuzkirche (Martyrion) und Calvarienkirche; doch erreichte der Bau den Glanz des früheren nicht. Der Chalife 'Omar behandelte (637) die Christen milde und liess ihnen auch ihre Kirchen. Aus dem Jahre 670 haben wir von Arculf eine Beschreibung der Grabeskirche, aus der hervorgeht, dass im Süden ein neuer Theil zu den alten heiligen Stätten hinzugefügt worden war, nämlich eine Marienkirche. Zur Zeit des Chalifen Mamûn (813—833) verbesserte und erweiterte der Patriarch Thomas von Jerusalem die Kuppel über der Anastasis. Im Jahre 936 sowohl als 969 wurde die Kirche durch Feuer theilweise zerstört; eine fernere Zerstörung und Schändung der Grabstätte bewerkstelligten die Muslimen im Jahre 1010. Im Jahre 1055 war wieder eine Kirche vorhanden; 1099 wallten die Kreuzfahrer barfuss unter Lobgesängen in die Kirche, d. h. eben hauptsächlich in den Grabdom. Aber die vorhandenen Baulichkeiten schienen den Kreuzfahrern viel zu unbedeutend; sie bauten daher eine grosse Kirche, welche alle heiligen Stätten und Capellen umfasste. Doch geschah dies erst später, als sie einigermassen festen Fuss in Jerusalem gefasst hatten, d. h. im Anfang des 12. Jahrhunderts, wie auch der romanische Styl, der den grossen Bauten jener Zeit entspricht, beweist. Die Bauten der Kreuzfahrer haben sich durch die Jahrhunderte hindurch bis auf unsere Zeit erhalten, nur lassen die zahlreichen späteren Anfügungen es nicht sofort erkennen, dass wir in der That eine Kirche aus jener Zeit vor uns haben.

Oestlich von der Grabesrotunde wurde damals eine dreischiffige Kirche mit 3 gegen Osten gerichteten Apsiden gebaut; dahinter weiter gegen Osten lag bereits die Helenacapelle. Im Jahre 1187 wurde von den Arabern die Schädelstätte zerstört. Im Jahre 1192 durften die Kreuzfahrer (III. Kreuzzug) in Abtheilungen Jerusalem besuchen; der Bischof von Salisbury erlangte von Saladin, dass zwei lateinische Priester speciell dem Dienste in der Grabeskirche obliegen durften. Im Jahre 1244 wurde das Grab von den Charesmiern zerstört, aber 1310 finden wir schon wieder eine schöne Kirche mit vielen und prächtigen Altären, und im Jahre 1400 zwei Kuppeln.

In den nächsten Jahrhunderten wird oft über die Baufälligkeit der Grabeskuppel geklagt. 1719 wurde sie endlich nebst einem grossen Theil der Kirche neu gebaut, trotz mancher Störungen von Seite der Muslimen. Im Jahre 1808 traf die Grabeskirche ein grosses Unglück: sie brannte beinahe ganz ab, die Kuppel stürzte ein und zerdrückte die Grabkapelle, die Säulen sprangen und das Blei des Daches floss in das Innere. Verschont blieb hauptsächlich nur der östliche Theil des Gebäudes. Bei dieser Gelegenheit verschwanden die Särge der fränkischen Könige von Jerusalem, welche unter der Leidensstätte hinter dem Salbungsstein gestanden hatten, so der Sarg Gottfried's von Bouillon u. a., indem nun die Griechen das Hauptrecht an den Gebäulichkeiten an sich zu reissen verstanden; sie spendeten nebst den Armeniern das meiste Geld zu dem nun erfolgenden Neubau 1810. Die Pläne zu diesem Neubau verfertigte ein gewisser Komnenos Kalfa aus Constantinopel (S. 205). Aber durch die modernen Gebäude hindurch gewahrt man doch noch genug Spuren von der alten Kirche.

Die Grabeskirche wird gewöhnlich von 10½ Uhr Vorm. bis 3 Uhr Nachm. geschlossen; vermittelst eines Bachschîsch (1 fr.) an den muslimischen Wächter kann der Fremde sich aber länger als bis 10½ U. dort aufhalten. Nachmittags findet sich oft kein Wächter, sodass ein Morgenbesuch anzurathen ist; auch muss der Himmel heiter sein, da viele Abtheilungen des Gebäudes sehr dunkel sind. — Der Anblick der muslimischen Wächter, welche, von der türkischen Regierung bestellt, in der Vorhalle sitzen, um, besonders bei den Osterfeierlichkeiten, die Ordnung unter den aus allen Welttheilen herbeigeströmten Pilgern aufrecht zu erhalten, ist für den gebildeten Christen natürlich ein höchst fataler, doch sind dieselben als unparteiische Aufseher und Schlüsselbewahrer nothwendig.

Ein grosses von Baurath Schick in Jerusalem verfertigtes Modell der Grabeskirche, das dem Beschauer den Zusammenhang der Gebäude trefflich klar macht, ist in einem Buchladen neben der Wohnung des preussisch-anglicanischen Bischofs zu sehen (ebendaselbst auch die Stiftshütte).

Die Hauptfaçade der Grabeskirche liegt heute auf der Südseite; früher befand sich der Haupteingang auf der Ostseite; der freie Platz vor dem jetzigen Portal stammt aus den Zeiten der Kreuzzüge. Er ist mit grossen, weissgelblichen Steinplatten gepflastert und immer von einer Menge Verkäufern und Verkäuferinnen, auch Bettlern besetzt.

Dieser Vorplatz *a* liegt 3½ Stufen unter dem Niveau der Gasse; er ist nicht ganz eben. Rechts und links neben der Treppe sind Säulen in die anschliessenden Gebäude eingemauert; doch ist nur die westliche (l.) gut erhalten und trägt sogar noch ein Stück eines Bogens über der nach Westen führenden Gasse. Es stand hier augenscheinlich eine Art *Vorhalle;* dies beweisen auch die

Säulenbasen, deren Ueberreste man noch zwischen den beiden Ecksäulen am Boden wahrnimmt.

Der Platz ist auf beiden Seiten von ziemlich unbedeutenden Kapellen umgeben. Durch die südlichste Pforte rechts eintretend, gelangen wir auf 18 Stufen, neben Küche und Pilgerkammern der Griechen vorbei, ganz am Ende eines langen Ganges zu einer kleinen Kapelle (Pl. 1). Sie stösst an die innerhalb der Grabeskirche befindliche Kreuzannagelungskapelle (S. 209). Eine runde Vertiefung in der Mitte des Bodens der Kapelle deutet den Ort an, wo Abraham den Isaak opfern wollte; diese Sage ist zwar neu und widersinnig (vgl. S. 152), aber schon im Jahre 600 wurde hier in der Nähe ein Opferplatz Abrahams gezeigt.

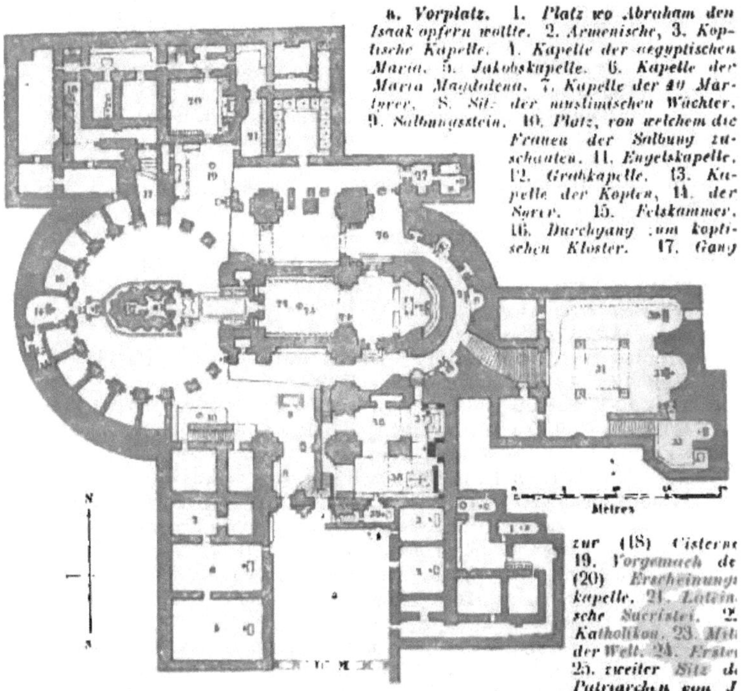

*a. Vorplatz.* 1. *Platz wo Abraham den Isaak opfern wollte.* 2. *Armenische*, 3. *Koptische Kapelle.* 4. *Kapelle der aegyptischen Maria.* 5. *Jakobskapelle.* 6. *Kapelle der Maria Magdalena.* 7. *Kapelle der 40 Märtyrer.* 8. *Sitz der muslimischen Wächter.* 9. *Salbungsstein.* 10. *Platz, von welchem die Frauen der Salbung zuschauten.* 11. *Engelskapelle.* 12. *Grabkapelle.* 13. *Kapelle der Kopten*, 14. *der Syrer.* 15. *Felskammer.* 16. *Durchgang zum koptischen Kloster.* 17. *Gang zur* (18) *Cisterne.* 19. *Vorgemach der* (20) *Erscheinungskapelle.* 21. *Lateinische Sacristei.* 22. *Katholikon.* 23. *Mitte der Welt.* 24. *Erster* 25. *zweiter Sitz des Patriarchen von Jerusalem.* 26. *Seitenschiff der Kreuzfahrerkirche.* 27. *Kapelle (Gefängniss Jesu).* 28. *Kapelle des h. Longinus.* 29. *Kapelle der Kleidervertheilung.* 30. *Kapelle der Verspottung.* 31. *Helenakapelle.* 32. *Altar des guten Schächers.* 33. *Altar*, 34. *Sitz der Kaiserin Helena.* 35. *Kreuzfindungskapelle.* 36. *Kapelle der Kreuzerhöhung.* 37. *Loch des Kreuzes.* 38. *Kapelle der Kreuzannagelung.* 39. *Schmerzenskapelle.*

Wir müssen wieder auf den Vorplatz zurückkehren. Die nächstfolgenden Kapellen Nr. 2 und 3 sind die *armenische* und *koptische Engelskapelle*, finstere Räume ohne Interesse. Daneben gegen Norden führt ein Gang in die *Kapelle der ägyptischen Maria* (Pl. 4), die im Besitz der Abessinier ist. Diese Maria wurde der Sage nach im Jahre 374 durch unsichtbare Gewalt von der Thüre der Grabeskirche zurückgedrängt, bis sie das Bild der Mutter Jesu anrief.

Folgende Kapellen westlich vom Vorplatz sind im Besitze der Griechen: die *Jakobskapelle* (Pl. 5) zum Andenken an den Bruder Jesu, eine gut ausgestattete Kapelle; daneben die *Kapelle der Maria Magdalena* (Pl. 6), der hier nach der Ueberlieferung der Griechen unter anderen Traditionen Jesus zum drittenmal erschienen sein soll; weiter die *Kapelle der 40 Märtyrer* (Pl. 7), ursprünglich an der Stelle des Klosters der heil. Dreieinigkeit. Diese Kapelle, in welcher früher die Patriarchen von Jerusalem begraben wurden, bildet eigentlich das unterste Stockwerk des *Glockenthurms*. Dieser ist nach gut romanischer Sitte neben die Kirche gestellt, jetzt aber auf ungleicher Fläche innen in die alte Johanniskapelle und die Rotunde hineingebaut. Auf den vier Seiten sind grosse gothische Fensterbogen und an den Kanten des Thurmes Strebepfeiler. Oben an den Fensterbogen befinden sich zwei Reihen gothischer Doppelfensterchen, von denen jedoch nur noch die untere erhalten ist. Die Spitze des Thurmes ist abgebrochen; aus alten Zeichnungen wissen wir, dass oben Blindbogen mit je einem Mittelfenster standen, darauf Zinnen und eine octogonale Kuppel. Dieser Glockenthurm ist zwischen 1160—1180 gebaut, stammt also sicher von den Kreuzfahrern.

Man kann nicht sagen, dass der Anblick der Südfaçade der Kirche auf den Beschauer einen angenehmen Eindruck macht; doch sind die Kunstdetails daran bemerkenswerth. Wir haben zwei Portale mit zwei Fenstern darüber. Ueberall sehen wir etwas platte Spitzbogen, die sich sogar der Hufeisenform nähern. Der Bogen über den Portalen ist mit einem Kranz von tiefen Zahnschnitten (Kehlrinnen) verziert, die senkrecht auf die Curve fallen. Es wird behauptet, dass diese Verzierungen spätrömischen Ursprungs seien. Die Thürleisten bestehen aus einer Reihenfolge von fein ausgeführten Schneckenlinien. Die Säulen neben den Thüren, wahrscheinlich einem antiken Tempel entnommen, sind aus Marmor; ihre Capitäle sind byzantinisch, aber von schöner Ausführung, und die Piedestale vollständig nach antikem Muster. Die Säulen haben einen gemeinsamen Bindebalken, der mit Eichenlaub und anderm mehr verziert ist. Das Feld über der Thüre links ist mit einem geometrischen Dessin von Sechsecken in arabischer Weise geschmückt; früher war es mit Mosaik überzogen. Unterhalb dieser Felder sind *Basreliefs* von hohem Werthe; Vogüé meint, dass dieselben in der zweiten Hälfte des 12. Jahrhunderts in Frankreich gearbeitet seien.

Auf dem Basrelief, das über dem linken Portal angebracht ist, findet sich eine Reihe von Darstellungen aus der biblischen Geschichte (man vergesse nicht ein Opernglas mitzunehmen). Im ersten Felde links sieht man die Auferweckung des Lazarus innerhalb eines Gewölbes: Jesus mit dem Evangelium, Maria ihm zu Füssen; Lazarus steigt aus dem Grabe; im Hintergrund stehen Zuschauer, von denen sich einige die Nase zuhalten. Im zweiten Felde von links an bittet Maria Jesum, wegen Lazarus zu ihnen zu kommen. Vom dritten Felde an beginnt eine Darstellung des Einzugs Jesu in Jerusalem. Zuerst schickt Jesus die Jünger aus, ihm ein Reitthier zu holen, darunter sind zwei Hirten mit Schafen dargestellt. Hierauf bringen die Jünger die Esel'n und breiten die Kleider aus; im Hintergrund erscheint der Oelberg. Dann folgt der Einzug in Jerusalem; leider ist hier die Hauptfigur ausser dem Kopfe und die Eselin zerstört. Ganz nett sind die kleinen Figürchen, welche ihre Kleider auf den Weg ausbreiten: ein Mann schneidet Palmenzweige ab; eine Frau trägt ihr Kind auf der Achsel, wie wir es heute noch in Aegypten sehen; im Vordergrund ein Lahmer mit der Krücke. Das lezte Feld stellt das Abendmahl dar: Johannes an der Brust Jesu; Judas, diesseit des Tisches von den Aposteln getrennt, ist in dem Momente aufgefasst, wo er den Bissen erhält. Die Ausführung des Ganzen ist ungemein lebendig. — Das zweite Basrelief, das über dem Portal rechts angebracht ist, stellt verwickeltes Laubwerk dar. Zwischen den Blättern, Früchten und Blumen sieht man eine Menge Figuren, nackte Menschen, Vögel und sonstige Gestalten sich hindurch winden; in der Mitte ist ein Centaur, mit dem Bogen in der Hand: das Ganze hat eine symbolische Bedeutung, auf die wir nicht näher eingehen können; die Thiere, welche das Böse vorstellen, lauern von unten dem Guten auf. Auch die Ausführung dieses Basreliefs ist höchst sorgfältig.

Das zweite Portal ist vermauert; vor demselben beginnt eine Treppe, welche von aussen in die Calvarienkapelle (S. 210) führt. Die Treppe mündet zunächst in eine kleine Halle aus, deren Styl dem der ganzen Façade entspricht. Das Vorgebäude, im nordöstlichen Winkel des Vorplatzes, hat ebenfalls zwei Stockwerke, von denen jedes durch vier grosse Spitzbogen gebildet wird; man hat später eine Kapelle daraus gemacht.

Durch das grosse Portal treten wir nun in das Innere der Grabeskirche selbst. Um uns zu orientiren, müssen wir bedenken, dass die ganze Anlage des Gebäudes von Osten nach Westen geht; indem wir von Süden eintreten, befinden wir uns zunächst in einem Seitenschiff des Kreuzfahrerbaues. Wir treffen zunächst links auf einer Bank (Pl. 8) die muslimischen Wächter, rauchend und Kaffe trinkend; wenn die Kirche gerade geöffnet ist, haben sie keinen Anspruch auf ein Bachschisch zu erheben. In früheren Jahrhunderten jedoch, sogar noch bis in unser Jahrhundert hinein, musste hier von jedem Pilger ein hohes Kopfgeld entrichtet werden. Schreiten wir an diesen Wächtern vorbei gerade aus, so stossen wir auf einen grossen Stein: dies ist der „Salbungsstein" (Pl. 9); hier soll der Leichnam Jesu gelegen haben, als Nicodemus ihn salbte (Joh. 19, 38—40†). In älterer Zeit, vor den Kreuzzügen, stand

† 38. Darnach bat Pilatum Joseph von Arimathia, der ein Jünger Jesu war, doch heimlich, aus Furcht vor den Juden, dass er möchte abnehmen den Leichnam Jesu. Und Pilatus erlaubte es. Derowegen kam er, und nahm den Leichnam Jesu herab. 39. Es kam aber auch Nicodemus, der vormals bei der Nacht zu Jesu gekommen war, und brachte

Südfaçade der Grabeskirche, Haupteingang.

Inneres der Grabeskirche.

über dem Ort der Salbung eine besondere „Marienkirche", doch etwas südlich von der jetzigen Stelle; als die Franken alle heiligen Orte in *ein* Gebäude hineinzogen, wurde der Ort der Salbung ungefähr an die jetzige Stelle versetzt. Der Stein wurde oft gewechselt und durchlief den Besitz der verschiedensten Religionsgemeinschaften. Im 15. Jahrhundert gehörte er den Kopten, im 16. den Georgiern; die Lateiner erkauften von diesen die Erlaubniss, darüber Kerzen brennen zu dürfen, mit 5000 Piastern; dann kam er in die Hände der Griechen. Heute haben Armenier, Lateiner, Griechen und Kopten das Recht, darüber Lampen zu brennen; auch stehen Leuchter von colossaler Grösse daneben. Die jetzige gelblich-röthliche Marmorplatte, 2,7m l., 1,3m b., ist im Jahre 1808 hierher gesetzt worden. Früher sah man Pilger die Länge des Steines messen, um sich danach ein Todtenhemd machen zu lassen.

Gehen wir von hier links, so treffen wir in einer Entfernung von 16 Schritten ein kleines neugebautes rundes Gehäuse um einen Stein herum, der den Ort (Pl. 10) bezeichnet, an welchem die Frauen während der Salbung gestanden und zugeschaut haben sollen; südlich dahinter liegt der Aufgang zur armenischen Kapelle.

Wir gehen jetzt einige Schritte rechts und befinden uns in dem Haupttheil des Gebäudes, der Grabrotunde; in der Mitte derselben ist das Grab. Die Rotunde war ursprünglich derjenigen der Sachrâ ähnlich, aus 12 grossen Säulen gebildet und wahrscheinlich durch zwischengesetzte Pilaster in Gruppen von je drei Säulen getheilt; darüber war eine Trommel und eine Kuppel, die oben offen war. Die Grundpfeiler von heute rühren noch von dem alten Bau her. Um die heilige Kapelle lief eine doppelte Halle. Die Umfassungsmauer hatte drei Apsiden (gegen Norden, Westen und Süden) mit drei Altären, und einen Altar vor dem Grabe. Rotunde und Kuppel waren mit Mosaiken geschmückt. Seit dem Neubau 1810 wird die letztere von 18 Pilastern getragen; oben an denselben befinden sich zwei Reihen von Arcaden, die sich über der Hohlkehle als Nischen fortsetzen. Unter den Arcaden läuft ein vormals offener, jetzt durch Quermauern abgetheilter Umgang. Die Kuppel, oben offen, hat 20m Durchmesser. Sie drohte lange Zeit einzustürzen, bis es Napoleon III. gelang, wegen Ausbesserung derselben eine Verständigung mit Russland unter Zustimmung des Sultans zu erzielen; so wurde durch Baumeister verschiedener Nationalität die heutige Kuppel 1868 vollendet. Das dazu nöthige Holz wurde zu Schiff von Marseille gebracht und dann von Yâfa zu Kamel nach Jerusalem geschafft. Die Pfosten und Gallerien mussten verstärkt werden, um für das neue, durch eiserne Rippen getragene Gewölbe eine hinreichend feste Grundlage zu bieten.

---

Myrrhen und Aloe untereinander, bei hundert Pfunden. 40. Da nahmen sie den Leichnam Jesu, und banden ihn in leinene Tücher mit Specereien: wie die Juden pflegen zu begraben.

Mitten unter der Kuppel steht nun das HEILIGE GRAB, der Hauptandachtsort (Joh. 19, 41. 42 †). Als Constantin dem heiligen Grabe nachforschte, fand man hier eine Höhle im Felsen, über die bald eine Kapelle gebaut wurde. Zur Kreuzfahrerzeit hatte das Grabgebäude noch eine runde Form und ein rundes Thürmchen. Es erscheinen bereits zu dieser Zeit zwei Höhlen, eine vordere als Engelskapelle, eine hintere mit dem Grabtrog. Marmortafeln waren um das Gebäude her angebracht. Wenig später ist von einem vieleckigen Gebäude die Rede, das innen künstlich erhellt war. Nach der Zerstörung im Jahre 1555 wurde das Grab blossgelegt und eine Inschrift mit dem Namen der Helena (?), sowie ein Stück Holz, angeblich vom Kreuze, darin gefunden. Das Grab wurde neu verziert und mit drei Löchern in der Decke versehen, aus denen der Rauch der Lampen entweichen sollte. 1719 wurde Alles neu gebaut. Der Brand von 1808 drückte bloss das Thürmchen der Grabkapelle ein, der Rest wurde nur wenig beschädigt, aber dennoch das Ganze in dem barocken Styl, in dem wir es heute noch vor Augen haben, umgebaut. Eigentlich ist die Kapelle sechseckig; an den Seiten des 7,9m langen und 5,5m breiten Gebäudes sind Pilaster angebracht.

Vor dem niedrigen Thürchen auf der östlichen Seite befindet sich ein von zwei Steinbänken und grossen Leuchtern umgebener Vorplatz; hier lassen die orientalischen Christen ihre Schuhe (was wir jedoch nicht nachzunahmen brauchen). Man tritt zuerst in den Vorraum, die sogenannte *Engelskapelle* (Pl. 11), 5m lang, 3m breit. Ihre Mauern sind sehr dick; aussen und innen deckt sie eine Bekleidung von Marmorplatten. In der Mitte liegt ein mit Marmor eingefasster Stein; es heisst, dieser habe vor dem Grabe gelegen und der Engel habe sich, nachdem er ihn weggewälzt habe, darauf gesetzt. Ein Theil dieses Steines soll in den Altar auf der Kreuzigungsstätte eingefügt sein. Schon im 4. Jahrh. wird erwähnt, dass ein solcher Stein vor der Grabhöhle gelegen habe, doch scheint es in den späteren Jahrhunderten nicht immer der gleiche Stein gewesen zu sein; bisweilen ist auch von mehreren Bruchstücken die Rede. In dieser Kapelle brennen 15 Lampen, wovon 5 den Griechen gehören, 5 den Lateinern, 4 den Armeniern und 1 den Kopten.

Durch ein noch niedrigeres Pförtchen gelangt man von hier in die eigentliche GRABKAPELLE (Pl. 12), die nur 2m Länge auf 1,8m Breite hat; nur drei bis vier Personen haben zu gleicher Zeit darin Platz, auch ist sie sehr niedrig. Von der Decke hängen 43 kostbare Lampen herab; jeder der oben genannten Religionsgemeinschaften gehören 13, den Kopten nur 4 an. Die Mitte der Nordwand nimmt

† 41. Es war aber an der Stätte, da er gekreuziget ward, ein Garten, und im Garten ein neues Grab, in welches niemand je geleget war. 42. Daselbst hin legten sie Jesum, um des Rüsttags willen der Juden, dieweil das Grab nahe war.

ein Relief in weissem Marmor ein, den vom Grabe erstehenden Heiland darstellend; dieses gehört den Griechen, das Bild rechts davon den Armeniern, das links den Lateinern. An der Eingangsthüre innen stehen griechisch die Worte: „Herr, gedenke deines Knechtes, des kaiserlichen Maurermeisters Kalfa Komnenos von Mitylene 1810" (S. 199). Das Dach der Zelle ist von Marmorsäulen getragen; an der Nordseite, also rechts vom Eingang, ist der marmorne Grabstein. Die mit Marmorplatten belegte Bank ist $1{,}_{93}$m l., $0{,}_{64}$m br., $0{,}_{94}$m h.; die gespaltene Marmortafel wird auch als Altar benutzt. Täglich wird hier Messe gelesen. Dass das Grab Jesu ein Felsengrab war, wissen wir aus Luc. 23, 53 †. Ursprünglich ist dort von einer Grabhöhle, und in noch späterer Zeit von einem aus dem Felsen gehauenen Häuschen die Rede. Wir haben uns einen mit einem Bogen überwölbten Grabtrog vorzustellen, alles in den Felsen gehauen, wie wir solche Gräber bald kennen lernen werden. Schon im Mittelalter war jedoch Alles mit Marmor bekleidet; nur eine genauere Untersuchung könnte ergeben, ob hier wirklich Felsengräber gewesen sind.

Gerade hinter dem heiligen Grabe (also gegen Westen) ist eine kleine Kapelle (Pl. 13), welche seit dem 16. Jahrhundert den Kopten gehört.

Gehen wir nun um die Rotunde herum. Von den dunkeln Recessen im Umkreis ist nur der gerade hinter der Koptenkapelle befindliche interessant. Man tritt zuerst in die schmucklose *Kapelle der Syrer* (Jakobiten, Pl. 14), in deren Hintergrunde man eine alte Apsis sieht. Eine Thür führt aus dieser Kapelle l. gegen S. durch einen schmalen, kurzen Gang eine Stufe hinab in eine Felskammer (Pl. 15, Licht mitbringen). An den Wänden der Felskammer sieht man zunächst zwei „Senkgräber" (vgl. Einleitung S. 122); das eine ist $0{,}_{70}$m, das andere $1{,}_{10}$m lang, also nur für Kinder bestimmt; sie sind 1m tief im Boden. In dem Felsen südlich sind Spuren von Schiebgräbern, von $1{,}_{70}$m Länge, $0{,}_{45}$m Breite, $0{,}_{76}$m Höhe. Seit dem 16. Jahrh. hat die Tradition die Gräber des Joseph von Arimathia und des Nicodemus hieher verlegt.

In dem Recess (Pl. 16) nördlich von der Syrerkapelle, durch welchen man bisweilen in letztere, wenn ihre eigene Thüre verschlossen ist, eintreten muss, ist eine Treppe, welche in das koptische Kloster hinaufführt.

Der letzte Recess (Pl. 17) im Norden des Grabes ist wiederum eine der ursprünglichen Apsiden der Rotunde; durch denselben hindurchgehend, gelangen wir in einen Gang zwischen Dienstwohnungen und hierauf zu einer tiefen Cisterne (Pl. 18). Wenn wir den Eimer an der eisernen Kette hinunterfallen lassen, können wir gutes frisches Wasser heraufziehen.

Nach der Rotunde zurückgekehrt, treten wir nördlich in ein Vorgemach (Pl. 19) der Auferstehungskapelle. Die Tradition be-

† Und nahm ihn ab, wickelte ihn in eine Leinwand, und legte ihn in ein gehauen Grab, darinnen niemand je geleget war.

zeichnet diesen Ort als denjenigen, wo Jesus in der Gestalt des Gärtners der Maria Magdalena erschien (Joh. 20, 14 ff.†); den Standort Jesu bezeichnet ein Marmorring in der Mitte, den der Magdalena ein ähnlicher gegen den nördlichen Ausgang des Gemaches. Im Besitz dieses heiligen Ortes sind die Lateiner; ihre Hauptkapelle, in die wir vermittelst vier runder Stufen hinaufsteigen, lehnt sich nördlich daran an. Sie heisst die *Erscheinungskapelle* (Pl. 20), denn hier soll Jesus nach seiner Auferstehung seiner Mutter erschienen sein; die Entstehung dieser Kapelle fällt in das 14. Jahrhundert. Gleich rechts beim Eintritt (also O.) steht ein Altar, in welchem ein Stück von der *Geisselungssäule* aufbewahrt wird; es ist bei der herrschenden Dunkelheit schwer, dasselbe wahrzunehmen. Die Geschichte der Kapelle ist eng mit der dieses Säulenstückes verflochten, mehr als mit der Erscheinung Jesu oder der Sage, dass hier das Haus des Garteneigenthümers Joseph von Arimathia gestanden habe. Die Säule wurde früher im Hause des Kaiphas gezeigt; erst seit der Zeit der Kreuzfahrer ist sie hier zu treffen; nach den Berichten der Pilger muss sie ziemlich oft ihre Farbe und ihre Grösse gewechselt haben, abgesehen davon, dass eine ähnliche Säule in Rom gezeigt wird. Auf der Nordseite befindet sich ein Eingang für die Lateiner.

Wenn wir die Kapelle verlassen, haben wir linker Hand den Eingang in die *lateinische Sacristei* (Pl. 21); dort werden noch der Degen und die Sporen Gottfried's von Bouillon gezeigt, ebenso sein Kreuz, Alterthümer von zweifelhafter Aechtheit, die bei der Aufnahme von Rittern in den seit den Kreuzzügen bestehenden Orden des heil. Grabes verwandt werden. Die Sporen sind $0{,}_{20}$, das Schwert ist $0{,}_{80}$m lang und hat einen $0{,}_{13}$m langen Griff von einfacher Kreuzform.

Indem wir nun wieder nach Süden gehen, haben wir uns klar zu machen, dass wir zur Linken die Kreuzfahrerkirche haben, d. h. ein von der Grabeskirche ursprünglich getrenntes Gebäude. Die Kirche hat einen halbrunden Chor mit Umgang gegen Osten. Die spitzbogigen Fenster und Arcaden, Bündelpfeiler und Kreuzgewölbe tragen alle Kennzeichen des französischen Uebergangsstyls unter Einfügung arabischer Details. Der Bau ist von einem Meister Jourdain zwischen 1140—1149 aufgeführt; die einfache edle Anlage des Chors (ähnlich dem Chor der Abtei Heisterbach bei Bonn) ist jedoch durch den Restaurationsbau von 1808 gestört worden.

---

† 14. Und als sie das sagte, wandte sie sich zurück, und siehet Jesum stehen, und weiss nicht, dass es Jesus ist. 15. Spricht Jesus zu ihr: Weib, was weinest du? wen suchest du? Sie meinet, es sei der Gärtner, und spricht zu ihm: Herr, hast du ihn weggetragen, so sage mir, wo hast du ihn hingelegt? so will ich ihn holen. 16. Spricht Jesus zu ihr: Maria! Da wandte sie sich um, und spricht zu ihm: Rabbuni; das heisst, Meister. 17. Spricht Jesus zu ihr: Rühre mich nicht an, denn ich bin noch nicht aufgefahren zu meinem Vater. Gehe aber hin zu meinen Brüdern, und sage ihnen: Ich fahre auf zu meinem Vater, und zu eurem Vater, zu meinem Gott, und zu eurem Gott.

Wir treten nun von der Grabrotunde aus in das Innere dieser Kirche. Gerade gegenüber der Thüre zum h. Grabe steht der grosse *Kaiserbogen*, unter welchem sich der Haupteingang in diese Kapelle befindet. Sie gehört den Griechen und heisst *Katholikon* (Pl. 22); sie hat ca. 36m Länge; in der Breite ist sie ungleich. An Pracht fehlt es nicht; alles strahlt von Gold und Malereien. Das Gebäude war nach der Tradition über dem Garten des Joseph von Arimathia errichtet; im Mittelalter war hier der Chor für die Domherren. Die vier grossen Mittelpfeiler tragen vier grosse Spitzbogen; darüber erhebt sich eine Trommel und eine beinahe halbrunde Kuppel. Zwischen dem Eingang und dem Chor wird ein Säulenstück gezeigt, das die *Mitte der Welt* einnehmen soll (Pl. 23), eine Fabel, die aus sehr alter Zeit herrührt. Auf beiden Seiten der Kapelle befinden sich Bischofsstühle; ein Sitz des Patriarchen von Jerusalem ist bei Nr. 24 des Planes, ein anderer ganz hinten im Chor (Pl. 25). Dieser Chor mit dem Hochaltar ist nach griechischer Weise durch eine Mauer abgeschlossen und so ein sogenanntes Iconoclaustrum hergestellt.

An dieser Scheidewand vorbei gelangen wir l. nach N. in das Seitenschiff (Pl. 26). Dasselbe wird gegen N. durch zwei grosse Pilaster gebildet, zwischen welchen noch Ueberreste der ehemals hier befindlichen „sieben Bogen der h. Jungfrau" zu sehen sind. Seit der Kreuzfahrerzeit sind sie ganz in die Pfeiler hineingesetzt worden; im alten Bau bildeten sie die eine Seite des offenen Hofes, der zwischen der Grabeskirche und der Basilica lag. In der Nordostecke dieser Mauer ist eine dunkle Kapelle (Pl. 27). Rechts von dem Eintritt in dieselbe steht ein Altar, woselbst die Griechen durch zwei runde Löcher zwei längliche Eindrücke im Steine zeigen, welche angeblich von den Füssen Jesu herrühren; vor Ende des 15. Jahrhunderts wusste man nichts davon. Die dahinter befindliche Kapelle, ebenfalls im Besitz der Griechen, ist dreitheilig; schon im Anfang des 12. Jahrhunderts zeigte man hier das *Gefängniss Jesu*, wo auch seine Leidensgenossen mit ihm angebunden waren, während man das Kreuz zurecht machte. Die Sage hat seitdem so viele Schattirungen erhalten, dass sie sich nicht mehr genau verfolgen lässt.

Gegen das Katholikon zurückkehrend, umgehen wir den Chor desselben und finden in der Aussenmauer l. Apsiden, die dem alten fränkischen Chore angehörten. Die erste trägt den Namen *Kapelle des h. Longinus* (Pl. 28). Longinus, dessen Name im 5. Jahrh. erwähnt wird, war der Soldat, welcher in Jesu Seite stach; er war auf einem Auge blind; etwas Blut und Wasser spritzte in sein Auge, und er wurde sehend. Darauf bereute er und wurde Christ. Die Kapelle des h. Longinus wird erst seit Ende des 16. Jahrhunderts genannt. Sie gehört den Griechen; noch heute bleibt die Procession der Lateiner nicht vor ihr stehen, erkennt sie also nicht ganz an. — Die nächste Kapelle, ganz im Hintergrund des Chores, ist die der *Kleidervertheilung* (Pl. 29) und gehört den Armeniern; der Ort wurde schon im 12. Jahrhundert gezeigt. Zwischen dieser Kapelle und der vorher besprochenen befindet sich eine geschlossene Thüre, durch welche die Domherren vormals in die Kirche gekommen sein sollen. Weiter vorwärts gehend, finden wir links eine Treppe, dann noch eine Kapelle, die der *Verspottung* oder der *Dornenkrönung* (Pl. 30); sie gehört den Griechen und hat keine Fenster. Ziemlich in der Mitte steht ein kastenförmiger Altar, welcher die sogenannte *Säule der Verspottung* enthält. Diese hat verschiedene Eigenthümer gehabt, und ihre Grösse und Farbe hat seit dem Jahre 1384, wo ihrer zuerst Erwähnung geschieht, die verschiedensten Phasen durchlaufen; heute ist sie ein dickes, weisslichgraues Steinfragment, $0{,}_{33}$m hoch.

Wir gehen nun die Treppe hinunter, an der wir eben erst vorbeigeschritten sind. 29 Stufen bringen uns in eine Kapelle von 20m Länge auf 13m Breite, 5m unterhalb des Niveau's der Grabeskirche. Dies ist die *Helenakapelle* (Pl. 31), und hier stand einst die Basilica Constantin's. Im 7. Jahrh. wurde von Modestus hier ein kleines Heiligthum im byzantinischen Styl gebaut; die heutigen Unterbauten datiren noch aus dieser Zeit. Im Osten befinden sich 3 Apsiden, in der Mitte 4 cylindrische Säulen, die eine Kuppel tragen; letztere hat 6 Seitenfenster, die auf den Platz des abessinischen Klosters gehen. Die Säulenschäfte sind antike Monolithen von röthlicher Farbe; sowohl ihre Dicke, als die unverhältnissmässige Grösse der cubischen Capitäle geben dem Ganzen ein plumpes Aussehen. Die Spitzbogengewölbe stammen aus der Kreuzfahrerzeit (12. Jahrh.). Die Kapelle gehört eigentlich den Abessiniern, sie vermiethen sie jedoch an die Armenier. Aus den Angaben mittelalterlicher Pilger ergibt sich, dass man diese Kapelle als den Ort der Kreuzfindung betrachtete; von einer oberen und einer unteren Abtheilung ist erst seit 1400 die Rede. Der Altar in der nördlichen Apsis (Pl. 32) ist dem Andenken des guten Schächers, der mittlere (Pl. 33) dem der Kaiserin Helena gewidmet. Rechts neben dem Altar (Pl. 34) zeigt man den Sitz, den Helena eingenommen haben soll, während nach dem Kreuze gegraben wurde; diese Sage ist jedoch erst im 15. Jahrhundert aufgetaucht. Im 17. Jahrhundert beklagt sich der armenische Patriarch, der zum Andenken an Helena hier zu sitzen pflegte, dass die Pilger den Stuhl zerbröckelten und er stets einen neuen hinsetzen müsse. Bis auf Chateaubriand (1806) erhielt sich die alte Sage, dass die Säulen dieser Kapelle Thränen vergössen.

13 weitere Stufen führen nun noch tiefer hinab in die eigentliche *Kreuzfindungskapelle* (Pl. 35); bei den letzten 3 Stufen kommt der Fels zum Vorschein. Die Kapelle ist ca. $7{,}_{5}$m lang, fast eben so breit, 5m hoch. Der Boden ist mit Steinplatten belegt, doch haben wir hier wirklich eine Felsenhöhle vor uns; an der Westseite und Südseite finden wir steinerne Bänke. Der Platz rechts gehört den Griechen; hier befindet sich eine Marmorplatte, in welche ein Kreuz

schön eingelegt ist. Links besitzen die Lateiner einen Altar, der von dem österreichischen Erzherzog Ferdinand Max gestiftet ist; da der Raum dunkel ist, so kaufe man ein Kerzchen (1 Piaster). Ein Bronzestandbild der Kaiserin Helena in Lebensgrösse umfasst das Kreuz; das Postament ahmt den Fels nach und ruht auf einer Unterlage von grünem Serpentin; an der Hinterwand steht eine lateinische Inschrift, die den Stifter nennt. Am 3. Juni 1857 wurde hier die erste Messe gelesen. — Diese unterirdische Kapelle ist neueren Datums.

Es bleibt uns nun noch übrig, **Golgotha**, die sogen. Calvarienstätte, zu besuchen. Dazu müssen wir wieder die Treppen hinaufsteigen und uns sodann l. wenden, südlich um den Griechenchor herum, von wo ein Gang nach Golgotha hinaufführt. Der Boden dieser Kapellen liegt $4,_5$m über dem Niveau der Grabeskirche. Ob jedoch diese Erhöhung aus natürlichem Fels besteht, ist noch nicht erwiesen, ja man möchte, nach den Unterbauten zu schliessen, sogar das Gegentheil vermuthen; denn von einem „*Hügel*" ist überhaupt erst beim Pilger von Bordeaux die Rede, dann wieder eine Zeit lang nicht mehr. Die Calvarienstätte (die vorliegende?) war in den Bau der Constantinischen Basilica eingeschlossen; später, im 7. Jahrhundert, erhob sich eine besondere Kapelle über dem heiligen Platze, nach welchem man übrigens auch die beabsichtigte Opferung Isaaks durch Abraham verlegte (vgl. S. 200). Zur Kreuzfahrerzeit wurde der Platz trotz seiner Höhe in das Seitenschiff der Kirche hineingezogen. Bei dem Brande 1808 wurden die Kapellen erweitert und auch der östlichere von den beiden S. 202 erwähnten Eingängen der Kirche von Innen durch eine Treppe verbaut. Die erste Kapelle, in welche wir gelangen, die nördliche (Pl. 36), ist von der zweiten nur durch zwei Pfeiler getrennt; sie gehört den Griechen und ist die eigentliche *Kapelle der Kreuzeserhöhung*. Sie hat 13m Länge, $4,_5$m Breite; an ihrer östlichen Apsis (Pl. 37) wird eine in Silber gefasste Oeffnung gezeigt, wo das Kreuz im Felsen gesteckt haben soll. Der Ort der Schächerkreuze wird in den Winkeln des Altarraums gezeigt, je $1,_6$m vom Kreuze Jesu entfernt (sehr nah!); sie werden erst im Mittelalter erwähnt. In noch neuerer Zeit hat man die Unterscheidung gemacht, dass rechts (N.) das Kreuz des *guten* Schächers gestanden habe. $1,_{40}$m südlich vom Kreuze Jesu ist der berühmte *Felsenspalt* (nach Matth. 27, 51); der Riss ist durch eine Marmorplatte verdeckt. Wenn man dieselbe auf die Seite schiebt, sieht man auf anderes Gestein hinab; einen halben Fuss weiter unten berühren sich die Steine. Früher zeigte man einen grösseren Spalt, auch war der Stein von anderer Farbe. Der Riss soll nach Einigen bis in den Mittelpunkt der Erde hinabreichen. — Die Kapelle ist übrigens mit Gemälden und kostbarer Mosaik reich geschmückt.

Die daranstossende südliche Kapelle (Pl. 38) gehört den Lateinern und ist viel einfacher ausgestattet. Hier soll Christus ans

Kreuz genagelt worden sein; die Stelle wird durch in den Boden eingelegte Marmorstücke bezeichnet, und ein Altargemälde stellt die Scene dar. Ebenfalls den Lateinern gehört die weiter südlich gelegene *Kapelle Mariae* oder *Schmerzenskapelle* auf Golgotha (Pl. 39), zu welcher auch eine Treppe rechts ausserhalb des Portals der Kirche hinaufführt. Sie ist nur 3,9m lang und 2,9m breit, aber reich verziert. Das Altargemälde stellt Jesu Leichnam im Schosse seiner Mutter dar; man kann jetzt gewöhnlich nur durch ein Gitter vom Calvarienberge aus hineinsehen.

Wir steigen nun wieder die Treppe hinunter. Gerade unter der Kapelle der Kreuzannagelung liegt das *Refectorium der Griechen*, unter der Kreuzerhöhungskapelle aber die sogenannte *Adamskapelle*. Eine schon früh bezweifelte Sage meldet, dass hier Adam begraben gewesen und das Blut Jesu durch den Felsenriss auf sein Haupt geflossen sei; dadurch wurde er wieder belebt. Es wird behauptet, dass wegen dieser Sage gewöhnlich ein Todtenkopf unter dem Kreuze abgebildet werde. Die morgenländische Kirche nimmt an, dass in derselben Kapelle Melchisedek begraben liege. Die Kapelle gehört den Griechen, ist aber nicht alt. Rechts vom Altar kann man den Felsenriss sehen, der dem in der oberen Kapelle befindlichen entspricht. Bevor wir zur westlichen Thüre der Kapelle gelangen, sehen wir rechts und links zwei steinerne Bänke mit hervorragender Steinplatte und Strohmatten darüber. Als die Griechen nach dem Brande 1808 sich in den Besitz dieser Kapelle setzten, warfen sie die hier befindlichen Grabmäler fränkischer Könige von Jerusalem, obwohl diese nicht beschädigt worden waren, einfach hinaus. Die Gräber standen damals ausserhalb der Kapelle; letztere wurde nun erweitert. Auf der Bank l. befand sich das *Grabmal Gottfried's von Bouillon*; die Inschrift, welche man noch kennt, stand auf einem dreieckigen Prisma, das auf vier kurzen Säulen ruhte; r. (nördl.) lag das ähnliche *Grabdenkmal König Balduin's I.* Schon die Charesmier nahmen die Gebeine dieser Könige heraus; aber erst der Vandalismus der Griechen hat jene ehrwürdigen Denkmäler zerstört, sowie noch eine Anzahl anderer, alles um den Ansprüchen der Lateiner auf diese Stätten vorzubeugen.

In den Ostertagen ist die Grabeskirche von Pilgern aller Nationen überfüllt; ein wildes Treiben, das unangenehm berührt, herrscht alsdann dort, sowie in ganz Jerusalem. Die hier stattfindenden Feierlichkeiten können indess mit denen in Rom nicht verglichen werden.

In früheren Zeiten, namentlich unter der Kreuzfahrerherrschaft, stellten die Lateiner den Einzug Jesu auf einer Eselin von Bethphage aus dar; später geschah dies nur im Innern der Grabeskirche: Palm- und Oelzweige wurden umhergestreut; noch heute lassen die Lateiner dazu Palmzweige von Ghazza kommen, die am Palmsonntag geweiht und an die Menge vertheilt werden. Am grünen Donnerstag halten die Lateiner grosse Messe und Procession um die Grabkapelle; darauf folgt die Fusswaschung an der Thüre der Grabkapelle. Die Griechen haben die Fusswaschung auch; doch trifft ihr Fest nicht immer mit dem der Lateiner zusammen. Auch der Charfreitag wurde von den Franciscanern, wenigstens früher, dramatisch gefeiert und zuletzt eine Figur an ein Kreuz genagelt; ähnliches thun die Griechen. Der grösste Missbrauch, der getrieben wird, ist das

Fest des *heiligen Feuers*, an dem früher auch die Lateiner Theil nahmen (bis ins 16. Jahrhundert); jetzt wird das Wunder nur noch von den Griechen besorgt und lockt jährlich eine grosse Anzahl schaulustiger Pilger in die Grabeskirche. Von den Griechen wird das Wunder ins apostolische Zeitalter hinauf versetzt; thatsächlich spricht der Mönch Bernhard im 9. Jahrhundert schon davon. Dem Chalifen Ḥâkim wurde erzählt, dass die Priester den eisernen Draht, an welchem der Leuchter über dem Grabe aufgehängt sei, mit Balsamöl bestrichen und ihn sodann vom Dache aus anzündeten. Grosse Summen werden den Priestern von denjenigen bezahlt, welche zuerst ihre Kerze an der heiligen vom Himmel gesandten Flamme anzünden dürfen. Armenier, Kopten und Abessinier nehmen an der Ceremonie Theil. Ein wilder Lärm beginnt schon am Charfreitag; die Menge übernachtet in der Kirche, um sich Plätze zu sichern; einige binden sich zu diesem Zwecke an das heilige Grab an, andere rennen um das Grab herum. Am Sonnabend vor Ostern, um 2 Uhr Nachmittag, geht eine Procession der hohen Geistlichkeit um das Grab herum, nachdem alle Lampen vor den Augen des Volks ausgelöscht worden sind. Der Patriarch begibt sich in die Grabkapelle; das Volk ist in Spannung, die Priester beten; endlich schlägt das vom Himmel gefallene Licht aus der Grabesöffnung hervor, die Priester treten mit einem Bündel brennender Kerzen heraus und nun gibt es einen unbeschreiblichen Tumult, da Jedermann der erste sein will, seine Kerze anzuzünden. Selbst von der Gallerie werden Kerzen herunter gelassen und angezündet. Im Nu ist alles erleuchtet; aber es geht dabei nie ohne Balgerei ab, und bei dem Gedränge ereignet sich gewöhnlich ein Unfall. Man lässt sich die schreckliche Katastrophe von 1834 nicht zur Warnung gereichen; damals waren über 6000 Leute in der Kirche versammelt, als ein plötzlicher Tumult entstand; die türkischen Wächter glaubten, man greife sie an und hieben auf die Pilger ein; durch das Gedränge, welches hierdurch entstand, wurden gegen 300 Pilger erstickt oder zu Tode getreten. — In der Nacht auf Ostern ist grosser Gottesdienst; die Pilger mit Fackeln rufen Halleluja, während die Priester, Hymnen singend, das heilige Grab umkreisen.

**Die Ostseite der Grabeskirche.** Um die Grabeskirche auch noch von der Ostseite zu sehen, verfolgen wir die kleine Gasse, welche vom Vorplatz der Grabeskirche am *Mûristân* (S. 212) vorbei nach O. führt und gelangen so in die *Bazarstrasse* (S. 220); hier wenden wir uns links; bevor wir unter die Ueberwölbung treten, führt ein Weg l. (W.) auf das Dach. Daselbst finden sich einige Säulen im Boden; auf der Südseite ist ein Pilaster, dann folgen vier Säulen von grauem ägyptischen Granit. Dies sind die einzigen Ueberreste des Vorhofes der alten *Basilica Constantin's* (S. 197).

Ueber die Dächer verfolgen wir unsern Weg durch einen Gang. Bei der Biegung des Weges nach Westen sehen wir rechts in einen Hofraum; hier ist die Armenschule der lateinischen Mönche. Gegen das Ende der Sackgasse gelangen wir zu einer Säule (rechts) und zu drei Thüren hin und erblicken hier die Grabeskirche auch von Osten.

Durch die Thüre linker Hand treten wir in einen grossen zum **abessinischen Kloster** (Pl. 52) gehörigen Hofraum, in dessen Mitte eine Kuppel steht; man kann durch dieselbe in die Helenakapelle (S. 208) hinunterblicken. Um den Hof herum sind einzelne Wohnungen; der grösste Theil der abessinischen Colonie wohnt aber in elenden Hütten im Südosttheil des Hofes. Mönche, die meistens Neger sind, lesen ihre altaethiopischen Gebete und zeigen an einem

14*

keineswegs alten Oelbaum den Ort, wo Abraham den Widder bei der Opferung des Isaak (die nach ihrer Meinung hier in der Nähe vor sich gehen sollte) angebunden fand. Im Hintergrunde südlich wird hier eine Mauerseite der ehemaligen Kirche *Maria Latina* (vergl. S. 213) sichtbar. Die Abessinier zeigen dem Fremden auch ihre besondere Kapelle, die indess neueren Ursprungs ist. Ein Durchgang führt von derselben in die Grabeskirche. Die gutmüthigen Abessinier führen ein sehr erbärmliches Leben, daher man ihnen gern eine kleine Spende an Geld verabreichen wird.

Indem man den Hof der Abessinier verlässt, hat man zur Linken die zweite der oben genannten Thüren, ein grosses eisernes Portal, das in das viel glänzendere **Kloster der Kopten**, Namens *Dêr es-Sultân*, Sultans-Kloster führt. Dasselbe ist europäisch eingerichtet und enthält eine Reihe Zellen zur Beherbergung von Pilgern. Die Kirche, deren Fundamente übrigens alt sind, ist so eingetheilt, dass der Raum für die (kleine) Gemeinde sich zu beiden Seiten des mit einem Gitter umgebenen Altars befindet. In diesem Kloster wird der Schlüssel zur *Helenacisterne* aufbewahrt; man erhält denselben an der Thüre l. beim Herausgehen. Man bringt am besten selbst Licht mit, da der Pförtner des Klosters nur kleine Kerzchen, und diese nicht zu jeder Zeit bei der Hand hat. Eine gewundene Treppe von 43 Stufen, die zum Theil in schlechtem Zustande sind, führt in die Tiefe. Beim Hinabgehen erblickt man l. eine Oeffnung, welche in den Felsen hineingeht; unten ist ein schönes, aus dem Felsen gehauenes Treppengeländer. Es ist schwer, den Umfang des Wasserspiegels, dessen Tiefe übrigens sehr schwankt, zu erkennen; doch ist ersichtlich, dass das Ganze in den Felsen gehauen ist. Von den Bewohnern des lateinischen Armenhauses wird hier vermittelst eines Eimers Wasser geschöpft, doch wird die Güte desselben nicht gerade gerühmt. Vielleicht reicht das Alter der Cisterne über die Zeit Constantin's hinauf. Der älteste Pilger redet bereits von hier in der Nähe befindlichen Cisternen und meint wohl die vorliegende; später wird sie Jahrhunderte hindurch nicht mehr erwähnt. (Trinkgeld für eine Person ½, für eine Gesellschaft 1 fr.)

### Gänge innerhalb der Stadt.

**Der Mûristân.** In der Gasse, welche vom Vorplatz der Grabeskirche aus nach Osten läuft, erreicht man nach wenigen Schritten ein schönes Portal (r.) mit dem preussischen Adler darüber; dies ist der Eingang in den Mûristân, welcher 1869, bei dem Besuche des Kronprinzen von Preussen in Constantinopel, vom Sultan der Krone Preussen als Geschenk überlassen wurde.

*Geschichte des Platzes.* Man hat angenommen, dass das Kloster, welches Karl der Grosse in Jerusalem gestiftet hat, an dem Orte gelegen habe, wo zwei Jahrhunderte später die Kaufleute aus Amalfi, welche grosse Handelsprivilegien im Orient genossen, eine Kirche und ein Kloster errichteten (1048). Dies war die Kirche *Maria Latina* und das *Monasterium de Latina*; von der Kirche sind zwischen den Gebäuden *nördlich* von der Strasse, auf der wir uns befinden, noch Ueberreste vorhanden (s. S. 212). Im Laufe der Zeit wurde ein besonderes Pilgerhaus für Frauen erbaut, welches man *St. Maria die*

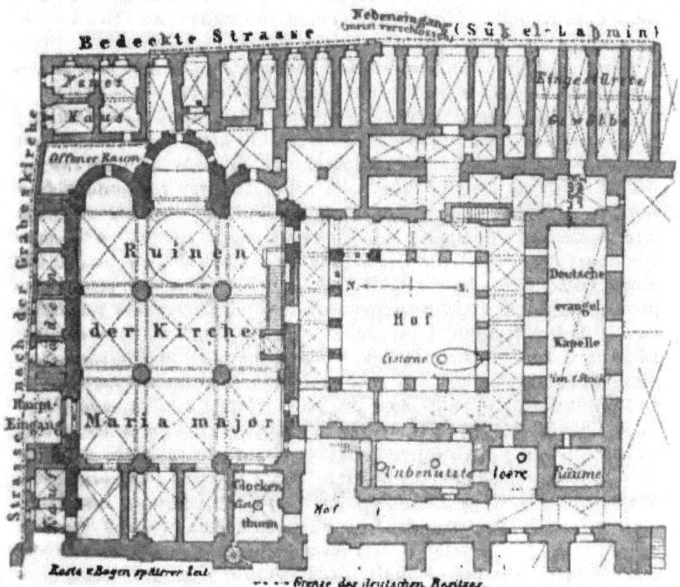


*Kleine* nannte. Als auch dieses nicht mehr ausreichte, erbaute man ein Hospiz und eine Kapelle des *St. Johannes Eleemon* (des Barmherzigen) östlich von dem eben genannten Gebäude St. Maria der Kleinen; dieses Hospiz war vom Marienkloster abhängig, bis ein Dienender desselben mit mehreren frommen Männern einen eigenen Ordenszweig zu gründen beschloss. So wurde der Orden der Hospital- oder Johanniterbrüder gestiftet, die sich zunächst der Pilgerpflege, dann aber auch der Bekämpfung der Ungläubigen widmeten und zuletzt sich auch in die Politik mischten. Ihr Hospiz erhielt grosse Güter; die Hauptbaulichkeiten wurden zwischen 1130—1140 unter Raymond du Puy errichtet. Es lag südlich gegenüber der Grabeskirche und war ein prächtiges Gebäude, wohl in der Art eines Chân's; es wurde von 124 Säulen und 54 Pfeilern getragen. Das Hospiz dehnte sich bis an die Davidstrasse aus, woselbst man noch eine Anzahl Arcaden mit Spitzbogen aus jener Zeit findet; hier waren Magazine und Verkaufsläden. Im Jahre 1187 verliessen die Johanniter Jerusalem; mehr als ein Jahrhundert später siedelten sie nach Rhodus über. Auch ein Frauenkloster war mit der Johanniteransiedlung verbunden gewesen; es lag östlich vom Johanniterhospiz und führte den Namen *St. Maria die Grosse*. Diesem Kloster und der dazu gehörigen Kirche gehören die Ruinen an, welche wir heute noch finden. Die Bauten datiren wohl ebenfalls aus den Jahren 1130—1140 und hatten ihren Namen zum Unterschied von der älteren ihnen nördlich gegenüberliegenden Stiftung erhalten. Die Haupteingangspforte für die Menge schaute gegen Norden; das Kloster lag hinter der Kirche. Als Saladin im Jahre 1187 Jerusalem eroberte, kehrte er im „Hospitale" ein; das Eigenthum der Johanniter wurde als fromme Stiftung (waḳf) der 'Omarmoschee übergeben, ein Verhältniss, das noch bis vor wenigen Jahren zu Recht bestand. Es wurden grossartige Gebäude darauf errichtet, sowohl Schulen als Klöster; auch eine Herberge liess man hier fortbestehen, in welcher noch im Anfang des 14. Jahrh. tausend Personen Unterkommen finden konnten. Aus dieser spätern Zeit datirt der Name *Mûristân* (= Hospital). Die Verwaltung der Stiftung war der Familie el-'Alemi übergeben, und das Grundstück konnte, wie alle frommen Stiftungen dieser Art, erst dann veräussert werden, wenn das Ganze zu einer völligen Wüstenei geworden war; daher liess man alle Gebäulichkeiten zerfallen. Der jetzt an Preussen abgetretene Platz nimmt nur einen Theil des ursprünglichen Areals ein. Im NW.-Winkel befindet sich eine Moschee Namens *'Abd es-Ṣâmit*, gestiftet 1193 von Saladin's Sohn; das hohe viereckige Minaret, das dem Glockenthurme der Grabeskirche gegenüber liegt, ist im Jahre 1417 erbaut; das Ganze geht rasch dem Ruin entgegen. Oestlich daneben liegt ein kleines griechisches Kloster (*Gethsemane-Kloster*, Pl. 65); hier lag ehemals die Wohnung des Ordensgrossmeisters. An der Westseite des Areals liegt das *Patriarchenbad* (S. 220), in der SW.-Ecke das *griechische Kloster Johannes des Täufers* (S. 220). Der übriggebliebene Mittelraum ist immerhin noch von beträchtlichem Umfang.

Der Ueberrest des Gebändes heisst heute *Dêr Mar Ḥanna* (Johannes-Kloster). Man klopfe entweder an dem Portal an, oder wende sich, wenn niemand aufschliessen sollte, an das deutsche Consulat. Das Eingangsportal ist namentlich von Innen, also von der Südseite, sehenswerth; es besteht aus einem grossen Rundbogen über zwei kleineren Bogen. Von den letzteren sind nur noch wenige Reste vorhanden; das Feld über den beiden Bogen war mit einem Relief geschmückt, das zum grössten Theil herausgefallen ist; nur wenige Figuren sind noch sichtbar. Die beiden Rundbogen ruhen einestheils auf einem Mittelpfeiler, anderntheils auf dem Gesimsband der Seitencolonetten des Portals. Darüber wölbt sich ein grösserer Bogen, der auf einem neben dem Portal befindlichen Widerlager ruht. Jetzt ist freilich der untere Theil des ganzen Portals mit Mauerstücken verbaut. Noch geht aber um den ganzen Thorbogen eine breite mit Sculpturen geschmückte

Leiste herum. Auf derselben sind die zwölf Monate des Jahres durch Figuren dargestellt: der Januar 1. ist verschwunden; dann folgt „Feb“: Mann, der Zweige eines Baumes abschneidet; „Ma“ undeutlich; „Aprilis“: sitzende Figur; „Majus“: knieender Mann, der den Boden bebaut; (Ju)„nius“ verstümmelt; (Ju)„lius“: ein Schnitter; „Augustus“: Drescher; (S)„epten“(ber): Winzer; (Octob)„er“: Mann mit einem Fass, darüber wohl ein Scorpion; (November): aufrechtstehende Frau, die Hand in der Schürze, wohl Symbol der Ruhe. Oben zwischen Juni und Juli ist die Sonne (Ueberschrift „sol“) durch eine Halbfigur dargestellt, die eine Scheibe über ihrem Kopf hält; daneben der Mond („luna“) durch eine Frauenfigur mit einem Mond im zunehmenden Viertel. Auch der Carnies, der darüber hinläuft, ist mit Medaillons verziert, welche Blätter, Greifen u. s. w. darstellen. Das Ganze erinnert an die abendländische Kunst des 12. Jahrhunderts. — Neben dem Portal ist ein schönes Fenster im gleichen Styl noch beinahe vollständig erhalten. Von Norden gesehen, ist die Disposition des Portals ähnlich, nur nicht so reich. Eine steinerne Bank befindet sich im Thorweg.

Von der *Kirche* ist ausser den Grundmauern nur eine Seitenapsis, und zwar die südliche, gut erhalten, das Uebrige zum grössten Theil verschwunden. Es war ein dreischiffiges Gebäude mit einer Hauptapsis in der Mitte und zwei kleineren daneben. Die Südmauer nebst der Treppe und dem Vorbau mit Spitzbogenfenstern stammt aus muslimischer Zeit. Im ehemaligen Refectorium des Klosters, in welches die Treppe hinaufführt, ist gegenwärtig auf Kosten des Deutschen Kaisers eine *deutsche evangelische Kapelle* eingerichtet worden. Der viereckige Hofraum, welchen die noch bestehenden Gebäude umgeben, wird auf jeder Seite von fünf Säulenpilastern gebildet; es sind dort noch einige interessante cannelirte Säulenstücke aus Marmor zu sehen. Hinter diesem Hofraum liegt ein Terrain, welches mit grosser Mühe und vielen Kosten von den Schuttlagen befreit worden ist, die es klafterhoch bedeckten; mehrere hunderttausend Eselladungen sind von hier nach dem Platz vor dem Yâfathor geschafft worden, der dadurch eine wesentliche Verbreiterung erfahren hat. Man bemerkt mit Erstaunen, wie hoch die umgebenden Häuser über dem freigelegten Boden stehen, auf dem jetzt Säulen von unverwüstlicher Festigkeit zum Vorschein gekommen sind. Man hat auch mehrere sehr tiefe schön gewölbte Cisternen freigelegt; die Bogen derselben sind gegen 15m hoch. An verschiedenen Stellen kann man in dieselben hinunterblicken und durch Gefälligkeit des Aufsehers vielleicht auch jetzt noch ins Innere gelangen. Das ganze jetzt abgeräumte Areal wird demnächst wieder vollständig bebaut werden mit Anstalten zum Besten der Jerusalemer deutschen Gemeinde (Pfarrhaus, Schule etc.); die Kirche aber soll, gleichfalls auf Kosten des Deutschen Kaisers, in ihrer früheren Gestalt wieder hergestellt werden.

**Via Dolorosa.** Die Via Dolorosa kann im Anschluss an den Besuch des Harâm durchschritten werden. Wir sind damals ausserhalb des STEPHANSTHORES stehen geblieben (S. 196). Dieses Thor stammt in seiner jetzigen Gestalt wohl aus der Zeit Solimân's (S. 250); die Eingebornen nennen es *Bâb Hotta*, *Bâb el-Asbât*, die Christen *Bâb Sitti Maryam* (Marienthor, die Ursache s. S. 222). Aussen schräg über dem Eingang sind auf jeder Seite zwei Löwen halb erhaben in Stein ausgehauen. Das Thor ist, wie die meisten Thore Jerusalems, in einem Winkel gebaut, die Thürflügel sind mit Eisen beschlagen. Die Thorwächter zeigen im Wachtzimmer einen Eindruck vom Fusse Jesu. Eine Kirche, die dem Andenken an die Steinigung des Stephanus gewidmet war, von welcher das Thor seinen gewöhnlichen Namen erhalten hat, lag früher im Norden der Stadt vor dem Damascusthor (S. 250), nicht hier.

Innerhalb des Thores gleich rechts führt ein Weg zur **St. Annenkirche** (Pl. 2). Der Platz dieser Kirche wurde im Jahre 1856 nach Beendigung des Krimkrieges von Sultan 'Abdul-Medjîd an Napoleon III. abgetreten; seitdem steht die wiederhergestellte Kirche unter französischem Schutz, und der Fremde ist genöthigt, sich eine besondere Erlaubniss zum Besuch derselben auf der Kanzlei des französischen Consulates zu holen. Schon im 7. Jahrhundert wird eine Kirche der in hoher Verehrung stehenden h. Anna, der Mutter Maria's, erwähnt. Später befand sich in der Nähe ein Frauenkloster, das aber erst zur Kreuzfahrerzeit durch den Eintritt mehrerer fürstlichen Frauen zu blühen begann: damals, gegen die Mitte des 12. Jahrhunderts, wurde auch die Annenkirche umgebaut. Saladin stiftete hier eine grosse Schule mit guten Einkünften; der Eintritt in das Gebäude war dadurch für die Christen sehr erschwert, bis obige Schenkung stattfand. Das Gebäude heisst noch heute bei den Arabern *Salahîye* zum Andenken an Saladin (S. 73). Wesentliche Veränderungen sind an demselben seit der Kreuzfahrerzeit nicht gemacht worden; die Franzosen haben eine Mauer aufgeführt, um ihr Besitzthum abzugrenzen. Das Kloster lag südlich von der Kirche. Der Haupteingang der Kirche befindet sich auf der Westseite und besteht aus drei Spitzbogenportalen, welche in drei entsprechende Langschiffe führen. Die Länge des Gebäudes beträgt 37m, die Breite 19,5m, wovon auf das Mittelschiff 8,5m kommen. Die drei Schiffe der Kirche werden durch zwei Reihen von Pilastern gebildet, welche vier Spitzbogen tragen. Die Höhe dieser Spitzbogen, in welchen kleine Fenster angebracht sind, beträgt 13m; die Höhe der drei Bogen, welche die Seitenschiffe bilden, 7,5m. Auch die Wände der Seitenschiffe haben kleine Spitzbogenfensterchen. In der Mitte des Querschiffes erhebt sich eine Kuppel, die wahrscheinlich in arabischer Zeit ausgebessert worden ist; sie ist leicht zugespitzt. Die Apsiden sind aussen polygonal, innen abgerundet. Die Hauptapsis hat drei, die Nebenapsiden je ein Fenster. Man sah hier früher Reste von Fresken; dieselben sind bei dem Neubau verschwunden. In der Südostecke gelangt man vermittelst einer Treppe von 21 Stufen in eine Krypta. Diese ist grösstentheils in den Fels gehauen und besteht aus zwei Theilen, von denen der zweite einer Cisterne gleicht. Früher war hier ein Heiligthum mit Altären; die Tradition versetzt die Wohnung der heil. Anna und den Ort der Geburt Maria's hierher. Vogüé hat hier Spuren von alten Gemälden entdeckt. Beim Herausgehen aus der Kirche, die als wohlerhaltenes Bauwerk der Kreuzfahrerzeit Interesse erweckt, betrachte man noch eine niedrige Thüre im südlichen Seitenschiffe wegen der merkwürdigen Kragsteine, die ihre Oberschwelle tragen.

Wir gehen nun in die Gasse *Ṭarîḳ Bâb Sitti Maryam* zurück und verfolgen unsern Weg nach Westen. Bald darauf passiren wir einen Kreuzweg, der links zum Bâb Ḥoṭṭa des Ḥarâm (S. 190) führt. Bevor wir zum eigentlichen Anfang der Via Dolorosa gelangen, bemerken wir rechts eine kleine Kapelle (Pl. 31), die *Geisselungskapelle*. Dem Besucher (anklopfen!) wird durch einen Franciscaner geöffnet. Den Platz der Geisselung hat man seit Jahrhunderten an verschiedenen Orten gezeigt, erst im sogenannten Hause des Pilatus u. s. w. Im Jahre 1838 schenkte Ibrâhim Pascha den vorliegenden Platz den Franciscanern, aber erst durch die Munificenz des Herzog Maximilian von Bayern wurden die pecuniären Schwierigkeiten beseitigt, sodass 1839 die neue Kapelle erbaut werden konnte. Dieselbe ist klein und bietet nicht viel Bemerkenswerthes; unter dem Altar ist das Loch, in welchem die Geisselungssäule (S. 206) gestanden haben soll.

Einige Schritte weiter bringen uns zum Aufgang in die Kaserne und hiermit an den Beginn der **Via Dolorosa**, des Schmerzensweges, auf welchem Jesus das Kreuz nach Golgotha getragen haben soll. Die heutige Kaserne (Pl. 11), an der Stelle der alten Festung Antonia gelegen, gilt nämlich als der Platz des alten Praetoriums, der Wohnung des Pilatus. Schon im 4. Jahrhundert zeigte man den Ort, ungefähr beim Bâb el-Ḳattânîn (S. 191). Im 6. Jahrhundert stand über dem Platze des Praetoriums die Basilica St. Sophia. Im Beginn der Frankenherrschaft hatte man noch das richtige Gefühl, dass das Praetorium auf dem W.-Hügel (in der Oberstadt) zu suchen sei; damals stand an dem Platze eine Peterskirche. Erst gegen das Ende der Kreuzfahrerzeit verlegte man die heilige Stätte an den Ort, wo sie jetzt noch verehrt wird. Die sog. heil. Stiege wurde damals nach Rom in die Kirche von S. Giovanni in Laterano gebracht. Die katholische Kirche beharrt aber auf der Aechtheit einer kleinen Kapelle in der türkischen Kaserne als erster Station. Es versteht sich von selbst, dass mit der Lage des Praetoriums die Richtung der Via Dolorosa eng verknüpft ist; die jetzige Via Dolorosa kommt erst im 16. Jahrhundert ausdrücklich als solche vor.

Der traditionelle *Schmerzensweg* oder wie er auch heisst *Kreuzesweg* folgt also zunächst der Gasse Ṭarîḳ Sitti Maryam (s. oben) gegen Westen. Die Zahl der Stationen beläuft sich auf vierzehn. Die *erste* befindet sich nach dem Gesagten in der Kaserne; die *zweite*, der Platz, wo Jesu das Kreuz aufgeladen wurde, unterhalb der Treppe, welche in die Kaserne hinaufführt. Hierauf treffen wir r. ein grosses Gebäude, das ein sehr stattliches Aussehen hat, mit einer auffallend gut gepflasterten Gasse davor. Hier haben die katholischen *Zionsschwestern* ihr schönes Institut (Pl. 82) und wirken für Erziehung von Kindern in sehr anerkennenswerther Weise. Das Gebäude ist von dem vortrefflichen P. Ratisbonne erbaut und wird durch Sammlungen unterhalten; 16 Schwestern erziehen etwa 120 junge Mädchen. Sie verfertigen hübsche Bilder aus aufgeklebten getrockneten Blumen, die man ihnen als Andenken abkaufen kann. Ein Bogen greift hier über die Strasse; wir stehen hier vor dem sogenannten *Ecce-Homo-Bogen* oder *Bogen des Pilatus*, wo dieser, auf Jesus deutend, gesprochen haben soll: „Sehet, welch ein Mensch!" (Joh. 19, 5). Der Bogen ist vor kurzem ausgebessert worden; er wird seit dem 15. Jahrhundert gezeigt, hat aber seitdem verschiedene Formen angenommen. Die *Kirche* daneben (r.) ist theilweise in den Felsen hineingebaut; sie ist einfach, die Capitäle vergoldet. Die Gewölbe unter der Kirche sind nur an gewissen Tagen geöffnet. Unter dem Kloster der Zionsschwestern hat man tiefe Felsengänge und Gewölbe entdeckt die gegen das Harâm zu laufen (Oberer Teich? Jes. 7, 3). Gegenüber der Kirche auf der l. Seite der Strasse liegt eine Moschee.

Gehen wir nun ins Thal hinunter bis zu dem Punkt, wo die Strasse vom Damascusthore her einmündet; hier haben wir noch einen Ueberrest der Senkung des ehemaligen Tyropœonthales (S. 152) vor uns. Rechts liegt das *österreichische Pilgerhaus* (S. 149); gegenüber ein Gebäude mit drei vermauerten Bogen, das *Sultansbad*; dabei eine zerbrochene Säule, die *dritte* Station, bei welcher Jesus unter der Kreuzeslast fiel (wurde früher anderwärts gezeigt). Von hier läuft die Via Dolorosa eine Strecke weit nach Süden. Rechts in der Mitte des Weges, bevor man eine Gasse links (nach O.) antrifft, ist das traditionelle *Haus des armen Mannes* (Lazarus); hierauf, gegenüber dem Ort, wo diese Gasse von l. einmündet, die *vierte* Station; hier soll Jesus seine Mutter angetroffen haben. Bei der nächsten Strasse rechts biegt die Via Dolorosa wieder nach Westen um und mündet nun in den eigentlichen Schmerzensweg *Tarîk el-Alâm* ein. Links an der Ecke wird, ebenfalls seit dem 15. Jahrhundert, das *Haus des reichen Mannes* gezeigt; es hat ein hübsches Stalactitenthor. Hier ist die *fünfte* Station, woselbst Simon von Kyrene Jesu das Kreuz abnahm. In dem Hause l. ist ein Stein mit einer Vertiefung eingemauert, die von dem Drucke der Hand Jesu herrühren soll. Man geht hierauf die Gasse etwa 110 Schritte weit hinan und findet bei einem Bogen die *sechste* Station. Man kriecht l. durch ein enges Pförtchen in ein Souterrain, woselbst das *Grab der h. Veronica* gezeigt wird, auf welchem ihre Büste in Stein ausgemeisselt ist. Sie soll hier Jesu den Schweiss abgewischt haben, dabei blieb das Bild Jesu auf ihrem Tuche haften.

Bevor wir durch die Ueberwölbung in den Sûḳ es-Sem'âni gelangen, sehen wir l. das Haus, an welchem Jesus sich angelehnt haben oder wiederum gefallen sein soll. Dabei die *siebente* Station: die sogenannte *Gerichtspforte (porta judiciaria)*, am Ende dieser Strasse, oder, nach einer kleinen Biegung, im Beginn der ebenfalls nach Westen führenden Ḥâret el-Chânke gelegen. Nun geht man am Eingang des Johanniterhospizes vorbei und findet etwa 30 Schritte weiter l. in der Mauer des griechischen Klosters *St. Caralombos* (Pl. 61) ein Loch in einem Stein: hier ist die *achte* Station, woselbst Jesus die ihn begleitenden Frauen angeredet haben soll. Hier endigt die Via Dolorosa; die *neunte* Station liegt vor dem koptischen Kloster (S. 212), daselbst soll Jesus noch einmal mit dem Kreuze gefallen sein (trotz Simon von Kyrene). Die fünf letzten Stationen befinden sich in der Grabeskirche: die *zehnte* in der Golgothakapelle der Lateiner (S. 209) bei einem in den Boden eingesenkten Steinkranz; hier soll Jesus entkleidet worden sein; die *elfte*, wo er ans Kreuz genagelt wurde, vor dem Altar (S. 210); die *zwölfte* in der daneben liegenden griechischen Kapelle der Kreuzerhöhung (S. 209); die *dreizehnte*, wo er vom Kreuz genommen wurde, bei einem Altar zwischen den beiden Stationen 11 und 12; die *vierzehnte* beim heiligen Grabe (S. 204). — Dass übrigens auch die Traditionen in Betreff der Stationen stark gewechselt haben, ist aus allen Pilgerreisen ersichtlich.

**Christenstrasse, Bazar, Citadelle etc.** Von der Grabeskirche aus steigen wir gegen Westen die Treppen hinauf und gehen unter einer Ueberwölbung hindurch in die sogenannte **Christenstrasse** *(Ḥâret en-Naṣâra)*, eine Haupt-Bazargasse von Jerusalem. Die Kaufläden sind hier schon ein wenig mehr europäisch eingerichtet, doch ist die Gasse keineswegs breit. Hier concentrirt sich hauptsächlich das Gedränge der Pilger. Auf der W.-Seite der Christenstrasse liegt hier das **griechische Kloster** (Pl. 57), ein Gebäude von beträchtlichem Umfang; der Eingang zu demselben befindet sich im Norden von der Strasse Ḥâret Dêr er-Rûm aus. Das Kloster ist reich und auch als Beispiel der jerusalemischen Bauart interessant. Man findet es zuerst um 1400 als Kloster der heil. Thekla erwähnt. Es wird von etwa 100 Mönchen bewohnt, ist seit 1845 Sitz des griechischen Patriarchen und enthält heute fünf Kirchen, wovon drei Parochialkirchen. Die wichtigste derselben ist noch immer die der heil. Thekla; leider ist sie mit Schmuck überladen. Oestlich davon, an die Grabesrotunde anstossend, stehen die Kirchen Constantin's und Helena's. Das Kloster beherbergt auch Fremde und ist berühmt durch seine reiche Bibliothek mit schönen Handschriften. Es führt den Namen: das grosse griechische Kloster *(dêr er-rûm el-kebîr)* oder Patriarcheion.

Ungefähr in der Mitte des Weges, den wir bis zum südlichen

Ende der Christenstrasse zurückzulegen haben, befindet sich rechts ein grosses arabisches Kaffehaus. Dieses gibt uns die beste Gelegenheit, den sogenannten **Patriarchenteich** zu besichtigen (Tässchen Kaffe à 30 Para bis 1 Piaster); ein anderes Kaffehaus, von welchem aus man den Teich aber nicht so gut übersieht, liegt weiter oben in dem Theile der Strasse, welchen wir bereits passirt haben. Der Teich ist ein grosses künstlich angelegtes Wasserreservoir, 73m lang (NS.) und 44m breit (OW.). Der Boden des Teiches liegt nur 3m unter dem Niveau der Christenstrasse; er ist felsig und zum Theil mit kleinen Steinen bedeckt. An der Westseite ist der Felsen behufs Herstellung einer ebenen Fläche künstlich abgetragen. Im Sommer hat der Teich gewöhnlich kein oder höchstens schlammiges Wasser. Der Teich erhält sein Wasser aus dem Mamillateich (S. 245); dasselbe wird hauptsächlich dazu benutzt, um das grosse Bad zu speisen, das am Südostende der Christenstrasse liegt, das sog. *Patriarchenbad* (Pl. 34), nach welchem auch der Teich heute „Teich des Patriarchenbades" *(birket ḥammâm el-baṭraḳ)* heisst. Gegen N. begrenzt ihn r. der sog. *koptische Chân* (Pl. k); in der Südostecke zeigt die Mauer grosse behauene Bausteine. Gegen Südwesten liegt die Hinterseite des Mediterranean Hotel (S. 149), von dessen Dach man übrigens den ganzen Teich gut übersieht. Der Teich hat sich in früherer Zeit weiter nach Norden ausgedehnt bis zu einer Mauer, welche man unter dem koptischen Chân gefunden hat. Man schreibt die Anlage des Teiches dem König Hiskia zu, wesshalb man ihn auch *Hiskiateich* nennt; ob mit Recht, ist kaum zu entscheiden. Josephus nennt ihn *Amygdalon*, was nicht mit „Mandel"-, sondern mit „Thurm"-teich zu übersetzen ist.

Wenn wir hierauf die Christenstrasse bis zu ihrem südlichen Ende verfolgen, so treffen wir an der Ecke der Strasse links das *griechische Johanniskloster* (Pl. 67), das zur Festzeit bisweilen 500 Pilger beherbergt. Wir können nun links die *Ḥâret el-bizâr* (die sog. *Davidstrasse)* hinuntergehen, den Getreide- und Fruchtmarkt: wir sehen grosse Haufen von Getreide aufgeschüttet und überall runde Bastkörbe mit Sämereien aufgestellt. So gelangen wir auf den **Haupt-Bazar** (l.). Derselbe umfasst drei Gassen. Eine Verlängerung der Mittelgasse nach S. (rechts) bringt uns nach einigen Schritten zu einem Bogen, in welchem man das alte *Gennatthor* (S. 156) hat finden wollen; die angestellten Nachgrabungen sind indessen ohne Resultat geblieben.

Gehen wir in die Bazarhallen zurück. Diese nehmen die Mitte der Stadt ein, sind aber im Vergleich mit den Bazarstrassen von Cairo oder Damascus höchst unbedeutend und haben nichts Originelles, da Industrie und Grosshandel hier fast durchaus fehlen. Daher finden sich auch nur wenige grosse Châne (Karawanserai's); der grösste liegt in der ersten Strasse r. bevor wir zum Bazar gelangen. Man findet auf dem Bazar eine Anzahl Kaffehäuser; wer Lust hat das Bazarleben zu beobachten, kann sich dorthin setzen.

Die Verlängerung der östlichen Bazargasse führt uns, wenn wir ihr nach Süden folgen, in das **Judenquartier.** Diese etwas schmutzige Strasse ist mit Trödelbuden besetzt; auch Zinngeräthe werden hier von den Juden verfertigt; ferner finden sich mehrere nicht sehr einladende Weinschenken. Wenn wir dem Ende der Strasse nahe sind, biegen wir links ab und finden die *Synagogen* der Juden (Pl. 8). Besonderes Interesse erweckt keine derselben, auch nicht die grosse neue Synagoge der Aschkenazim. Die Sephardim (vgl. S. 93) haben ihre besonderen Synagogen rechts von der Strasse.

Bevor man vom Mediterranean Hotel aus ans Yâfathor kommt, gehen der Citadelle gegenüber zwei Wege r. ab. Der erste derselben führt an der Handlung Spittler (S. 149) vorbei zur *Casa Nova* (S. 149); unterwegs trifft man l. das *griechische Hospital* (Pl. 47). Der zweite Weg r. führt zur *Wohnung* und *Kirche des lateinischen Patriarchen* (Pl. 91). Die Kirche ist nach Angaben des Patriarchen Valerga (S. 168) vor circa neun Jahren durch Maurer von Bethlehem aufgeführt worden und ist nebst den sie umgebenden Corridoren sehenswerth. Das Patriarchat enthält eine reichhaltige Bibliothek.

Gegenüber dem Yâfathor liegt die **Citadelle**, auch *Davidsburg* genannt. Diese bildet eine unregelmässige Vereinigung von fünf viereckigen Thürmen, die ursprünglich von einem Graben ganz umschlossen waren, welcher jetzt nur zum Theil noch erhalten ist. Die Unterbauten der Thürme bestehen aus einer dicken Mauer, die aus dem Grunde des Festungsgrabens unter einem Winkel von circa 45° aufsteigt; übrigens liegt in dem Graben tiefer Schutt. Der bedeutendste Thurm des Gebäudes ist der Nordwestthurm; bis auf 12m Höhe, von der Tiefe des Grabens gerechnet, ist das Gebäude mit grossen geränderten, jedoch an der Oberfläche rauhen Quadern aufgeführt. Schon aus der Form dieser Werkstücke im Vergleich zu der der oberhalb befindlichen Steine (noch 12m höher) geht hervor, dass diese Fundamente alt sind. Die Lage des Gebäudes passt trefflich zu der Beschreibung, die uns Josephus vom sog. *Hippicusthurm* (S. 158) hinterlassen hat; er gibt an, es seien grosse Quadern verwendet worden, und in der That finden wir solche von 3m Länge. Titus liess den Thurm stehen, als er die Stadt zerstörte. Dennoch ist er wohl etwas später als die Ḥarâmmauer gebaut worden. Bei der Eroberung Jerusalems durch die Franken leistete diese Burg am längsten Widerstand. Schon damals nannte man sie „Davidsburg", weil David hier gewohnt haben sollte. In der Form, wie wir es jetzt sehen, datirt das Castell aus dem Anfang des 14. Jahrhunderts, die Ausbesserung aus dem 16. Dasselbe ist dem Fremden nach eingeholter Erlaubniss zugänglich (Eingang von der Ostseite), bietet aber im Innern wenig Interessantes. Auf den Zinnen liegen ein paar alte Kanonen. Der Blick, den man von oben über die Stadt geniesst, ist lohnend, man erblickt ausser den Bergen des Ostjordanlandes tief unten ein gutes Stück vom Todten Meer; aus den Bergen im NW. ragt Nebi Samwîl hervor.

Oestlich der Burg gegenüber steht die *englische Christuskirche* (Pl. 25), der sog. Judenmission gehörig. Südlich liegt ein freier Platz, auf dem Baracken stehen; hierauf folgt der grosse Garten des **armenischen Klosters**. Dieses Kloster selbst (dem Garten gegenüber, Pl. 53) ist besuchenswerth: der sog. Patriarchensaal (r. oberhalb der Treppe) ist sehr reich möblirt; die Kirche (an der Mittelthüre anklopfen), dem heil. Jakobus geweiht (hier liess nach der Tradition Herodes den älteren Jakobus enthaupten), ist mit Fayence getäfelt und enthält Gemälde, die theilweise eher einen komischen Eindruck machen. Die Leute sehen es nicht gern, wenn der Fremde mit staubigen Schuhen auf ihre Teppiche tritt. Der schöne Klostergarten ist leider schwer zugänglich; er bietet einen interessanten Blick ins Thal hinunter.

## 4. Nähere Umgebungen von Jerusalem.

**1. Der Oelberg.** Ein Gang nach dem Oelberg ist am besten gegen Abend zu unternehmen, da die Aussicht gegen Sonnenuntergang am klarsten ist (vgl. S. 228); doch beachte man, dass alle Stadtthore, das Yâfathor ausgenommen, mit Sonnenuntergang geschlossen werden (S. 149).

Wir beginnen unsern Weg am *Stephansthor* (S. 216). Ausserhalb des Thores sehen wir r. (gegen S.) die Tempelmauer mit muslimischen Gräbern davor. Einige Schritte l. oben liegt ein kleiner Teich, 29m lang, 23m breit und 4m tief; in den Ecken desselben sind Oeffnungen zur Aufnahme des Regenwassers und Ueberreste von Treppen; in der Südwestecke sieht man eine Nische; hier wird das Wasser in einen Kanal geschöpft, der zu einem Bade läuft. Von diesem sogenannten *„Marienbade“ (Hammâm Sitti Maryam)* hat auch das Reservoir den Namen *Birket Sitti Maryam*. Die ganze Anlage weist auf eine neuere Zeit, vielleicht das Mittelalter. Der Teich trägt auch die Namen *Birket el-Asbât*, *Drachenbrunnen* und *Hezekiacisterne* (doch ohne Berechtigung). Der Oelberg liegt uns gegenüber, durch das tiefe Kidronthal von uns getrennt. Die neue, gutgebaute Strasse macht zuerst einen Winkel gegen NO.; ein Fussweg, der r. abgeht, ist näher, jedoch steil und steinig. Bei dem Vereinigungspunkt beider Wege befindet sich ein Felsen, wo nach der Tradition die Steinigung des Stephanus vor sich gegangen sein soll (vgl. S. 216). In 5 Min. erreicht man den Thalgrund.

Das *Thal des Kidron* (= Schwarzbach), von den Christen auch *Marienthal (Wâdi Sitti Maryam)* genannt, ist die Bodensenkung, welche Jerusalem im Osten begrenzt. Die Sohle des Thales vertieft sich ziemlich rasch. Während sie im oberen Theil breit und mit Oelbäumen bewachsen ist, verengert sie sich weiter unten. Schon zu Jesu Zeit hiess der Kidron „Winterbach“; auch heute hat er oberhalb der bald zu besprechenden Quellen nie Wasser. Das Thal galt im Gegensatz zum Tempelberg für eine unreine Gegend. Schon der Pilger von Bordeaux nennt jedoch das Kidron-

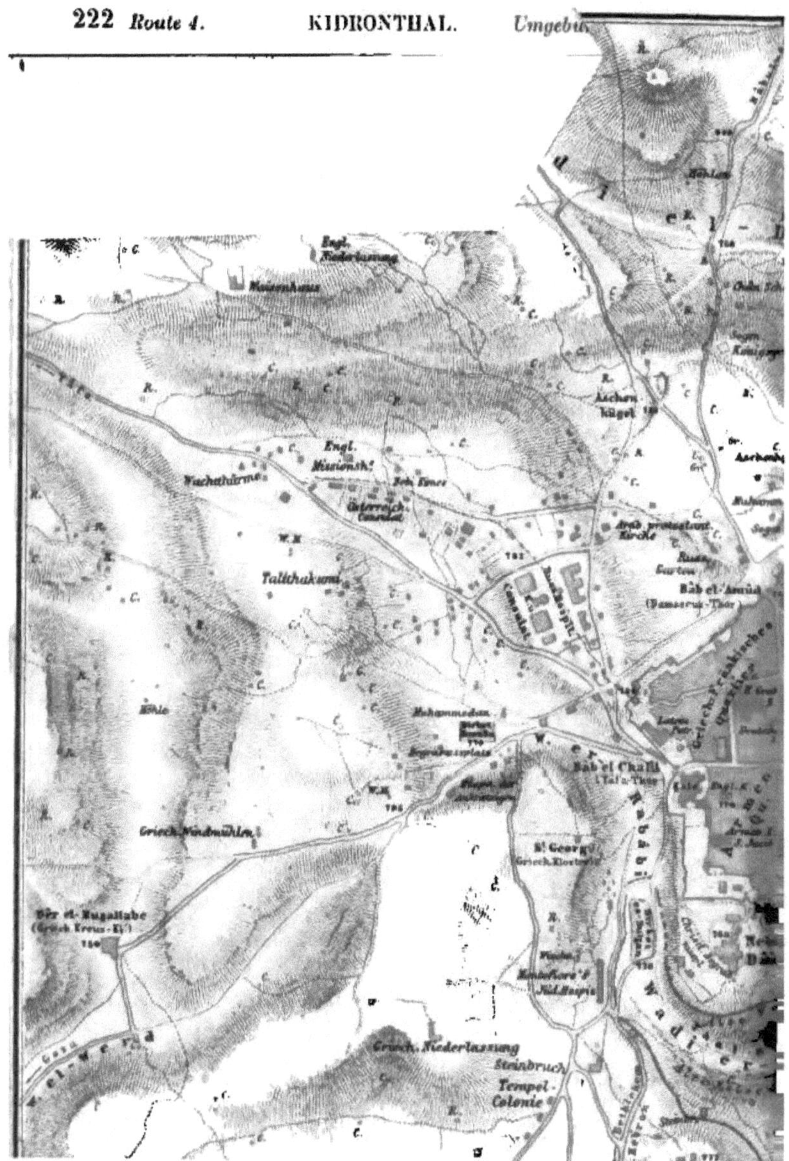
Engl. Niederlassung
Engl. Missionsh.
Österreich. Consulat
Talithakumi
Griech. Windmühlen
Mohammedan. Begräbnissplatz
Bâb el-Chalîl
St. George
Griech. Niederlassung
Steinbruch
Tempel-Colonie
Bâb el-'Amûd
Höhle

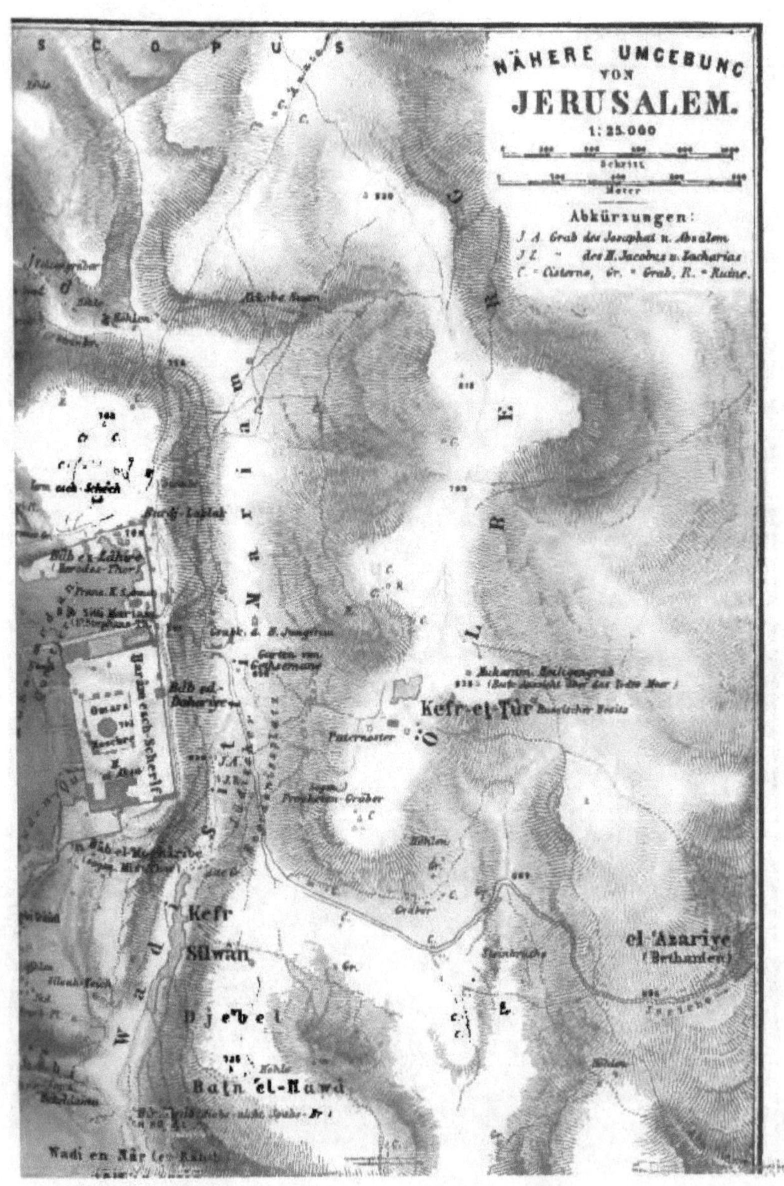
NÄHERE UMGEBUNG VON JERUSALEM.
1: 25.000
Schritt
Meter
Abkürzungen:
J. A. Grab des Josaphat u. Absalom
J. Z. " des H. Jacobus u. Zacharias
C. = Cisterne, Gr. = Grab, R. = Ruine.
S C O P U S
Kefr-et-Tûr
Paternoster
Gethsemane
Harâm esch-Scherîf
Kefr Silwân
Djebel
Batn el-Hawâ
el-'Azarîye (Bethanien)
Wadi en Nâr

thal *„Thal Josaphat"*. Die Tradition, welche sich an eine falsche Erklärung der Stelle Joël 3, 7 knüpft und in dieser Schlucht den Ort des zukünftigen Weltgerichtes sieht (s. S. 188), ist wohl bereits vor-christlich: ausser den Christen haben auch die Muslimen sie von den Juden übernommen, daher die Muslimen ihre Todten an der Ostseite des Ḥarâm, die Juden die ihrigen an dem Westabhang des Oelberges begraben. Es geht die Sage, dass bei der Auferstehung die Berge aus einander treten werden, damit für die Menge der Menschen Raum entstehe.

Höchst merkwürdig ist das Ergebniss der Ausgrabungen Warren's in Bezug auf das Kidronthal. Es stellte sich nämlich heraus, dass am Ostabhange des Tempelberges sehr tiefer Schutt liegt, und dass der Berg einst viel steiler abfiel als heute. Das alte Bachbett des Kidron liegt etwa 9m westlich von der heutigen Thalsohle und gegenüber der SO.-Ecke des Tempelareals noch um 11,6m tiefer als das heutige Bett. Wasser, welches man zu finden hoffte, wurde nirgends entdeckt, wohl aber war der Boden im alten Thalgrunde feucht, ja sogar beinahe schlammig.

In der Thalsohle angelangt, befinden wir uns bei der *„oberen Brücke"*. Dieselbe besteht aus *einem* Bogen und liegt 5m über dem Thalbett. An der Nordseite des Bogens treten zwei unterirdische Kanäle zu Tage, die von oben hineingeleitet sind; der eine kommt von dem Hofe der nahen Marienkapelle, der andere etwa 140 Schritt weit von Norden. Die Anlage in ihrer jetzigen Gestalt ist modern.

Jenseit der Brücke l. vom Weg liegt die Kapelle mit dem **Mariengrab**, wohin nach der Legende die Apostel den Leichnam der Maria trugen und begruben, und wo die Heilige bis zu ihrer Himmelfahrt lag.

*Geschichte der Kirche.* Die Nachrichten, welche den Bau einer an diesem Platze gelegenen Kirche der Helena zuschreiben, entbehren aller Begründung, obwohl Vogüé diesen Bau aus dem 1. Jahrhundert stammen lässt. Sicher ist, dass zu Anfang des 5. Jahrhunderts eine Kirche über dem Grabe existirte; die Perser zerstörten sie, 'Omar aber fand wieder eine „Gethsemane-Kirche" vor. Später erfahren wir, dass die Kirche aus einem Oberbau und einem in der Erde befindlichen Unterbau bestand. Die Kreuzfahrer fanden nur Ruinen; Melisendis († 1161), die Tochter Balduins II. und Gemahlin von Fulko von Anjou, viertem König von Jerusalem, baute die Kirche neu; ein Kloster stand damals in der Nähe. Das Gebäude ist aus dieser Zeit ziemlich wohl erhalten bis auf uns gekommen. Die Kirche hat öfters ihre Besitzer gewechselt; sie gehört jetzt den Griechen, doch haben auch die Lateiner einen spärlichen Antheil daran.

Etwa 45 Schritte östlich von der Brücke führen drei Stiegen zum Vorplatz der Kirche hinunter; dieser Platz hat einen Abzugskanal nach dem Kidronbett (s. oben). Was von der Kirche aus dem Boden hervorragt, ist nur eine Vorhalle. Die Hauptfaçade liegt an der durch zwei Strebepfeiler eingefassten Südseite, in deren Mitte sich ein Portal mit schönem Spitzbogen befindet, in welches eine Mauer mit kleinerer Thüre hineingebaut ist. Die Bogen ruhen auf vier Marmorsäulen. Die eiserne Thür ist nicht immer offen; in diesem Fall klopfe man an. Eine grosse Marmortreppe, oben mehr als 6m breit, 47 Stufen lang, führt gleich innerhalb des Portals in eine Tiefe von 10,8m (unter dem Vorplatz). Man sieht beim Hinuntersteigen zuerst rechts eine zugemauerte Thür; diese führte ehemals in die Höhle, in welcher Jesus Blut geschwitzt haben soll,

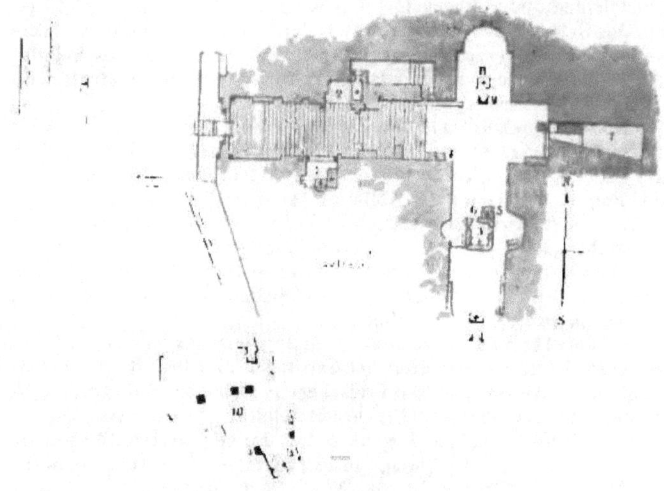

1. Grabmal der Eltern Mariae. 2. Joseph's Grab. 3. Sarg Mariae. 4. Altar der Griechen. 5. Altar der Armenier. 6. Gebetsnische der Muslimen. 7. Gewölbe. 8. Altar der Abessinier. 9. Cisterne. 10. Höhle der Todesangst.

oder vielleicht zum Grabmal der Melisendis, was mit den alten Beschreibungen übereinstimmen würde. Hierauf folgen ungefähr in der Hälfte der Tiefe (21 Stufen) zwei Seitenkapellen; die rechts (Pl. 1) enthält zwei Altäre und die Grabmäler von Joachim und Anna, den Aeltern Maria's. Die traditionelle Verlegung dieser Grabmäler aus der St. Annenkirche hierher scheint im 15. Jahrhundert stattgefunden zu haben, die Sage variirt aber auch später noch bedeutend. In der Kapelle links (Pl. 2) steht ein Altar an der Stelle des Grabes Joseph's, des Mannes der Maria. Ein anderes Gewölbe befindet sich ebenfalls noch l. von der Treppe. Die eigentliche Kirche in der Tiefe hat eine Länge von 29m von O. nach W. und eine Breite von 6m; im Ostflügel, der viel länger ist als der Westflügel, ist ein Fenster nach oben angebracht. Lampen sind in grosser Anzahl vorhanden. In der Mitte des Ostflügels steht der sog. *Sarg Mariä* (Pl. 3); während sowohl am Boden als an den Wänden dieser Ostseite der Kirche in der That überall der Fels zu Tage tritt, ist dies doch beim Grab keineswegs der Fall; es besteht aus einem hohen Sarcophag in einer kleinen viereckigen Kapelle.

ähnlich wie in der Grabeskirche; auch hier *soll* früher ein Felsengrab gewesen sein. Noch einige andere Altäre stehen in der Kirche: östlich der Altar der Griechen (Pl. 4), nördlich der Altar der Armenier (nach Liévin: Jacobiten; Pl. 5); südlich vom Grab ist eine Gebetsnische (Pl. 6) der Muslimen, welche auch eine Zeit lang Theil an dem Heiligthum hatten. Schon 'Omar soll hier in „*Djesmânîye*" gebetet haben. Gegenüber der Treppe nördlich sind Gewölbe ohne besondere Bedeutung (Pl. 7), im westlichen Flügel ein Altar der Abessinier (Pl. 8) und davor eine Cisterne (Pl. 9) mit gutem Wasser.

In dem oberen Vorhof wieder angelangt, erblicken wir l. (O.) einen Gang (Pl. c), der zu einer Höhle führt; vor derselben ist eine eisenbeschlagene kleine Thür. Man steigt sechs Stufen hinunter und gelangt in die sogenannte *Höhle der Todesangst* („antrum agoniae", Pl. 10); sie ist etwa 17m lang, 9m breit, 3,5m hoch. Das Licht dringt durch eine Oeffnung von oben ein. Wir stehen in einer wirklichen Felsenhöhle, obwohl der Fels an manchen Stellen übertüncht ist. Die Decke, an der noch (namentlich im Osten) Ueberreste von alten Fresken hervorschimmern, wird theils durch natürliche, theils durch gemauerte Pfeiler getragen; die Höhle enthält drei Altäre, die verschiedenen christlichen Confessionen gehören, und südlich und westlich einige grosse Bänke von breiten Steinen. Wir möchten diese Grotte wegen des Loches in der Decke am ehesten für eine alte Cisterne oder eine Oelkelter halten.

Nur einige Schritte davon entfernt, gegen S., jenseit des Weges, der auf den Oelberg führt, liegt nun, von einer Mauer eingefasst, der **Gethsemanegarten.** Gethsemane bedeutet eigentlich Oelkelter. Die Tradition stimmt hier mit den Angaben der Bibel überein; das Festgewühl mochte sich am wenigsten bis in das steilwandige Thal hinunterziehen: somit lag der Baumgarten in einsamer Stille, wie noch heute. Die ersten Nachrichten von diesem Orte haben wir aus dem 4. Jahrhundert; ehemals hatte die Anlage einen grösseren Umfang und verschiedene Kirchen und Kapellen. Den Ort der Gefangennehmung zeigte man im Mittelalter in der heutigen *Schweisshöhle;* überhaupt schwankt die Tradition über verschiedene hier gelegene heilige Orte. In der heutigen Mauer, welche die Franciscaner, die Besitzer des Gartens, im Jahre 1847 aufführten, befindet sich der Eingang SO., also gegen den Oelberg zu. Ein Felsen unmittelbar O. von dieser Thüre bezeichnet den Ort, wo Petrus, Johannes und Jacobus trotz der entgegengesetzten Aufforderung Jesu schliefen. 10 bis 12 Schritte südlich von dieser Stelle, ebenfalls noch ausserhalb der Gartenmauer, bezeichnet ein Säulenfragment den traditionellen Ort, wo Judas Jesus küsste, was früher ebenfalls in die Grotte verlegt wurde.

Der heutige Gethsemanegarten ist ein unregelmässiges Quadrat von etwa 70 Schritt ins Geviert. Um in das Innere zu gelangen, klopfe man an der kleinen Pforte an; gewöhnlich ist ein freundlicher Franciscaner bereit, die Reisenden herumzuführen und das Gärtchen aufzuschliessen. Dasselbe ist durch eine Hecke eingefriedigt, weil die Pilger die darin befindlichen Oelbäume zu beschädigen pflegten. Hier stehen ungefähr sieben alte Oelbäume, vor Alter geborsten und mit Steinen umdämmt, damit sie nicht aus einander fallen. Die Tradition behauptet, dass diese Oelbäume aus Jesu Zeit stammen. Einige sind in der That von grossem Umfang (circa 6m); aber erst im 16. Jahrhundert ist von alten Oelbäumen, die hier stehen sollen, die Rede; zudem sind die Nachrichten, dass Titus und Hadrian alle Bäume um Jerusalem umgehauen und die Kreuzfahrer weit und breit kein Holz gefunden hätten, wohl verbürgt; doch kann man die Möglichkeit einer weitläufigen Descendenz von Bäumen, welche früher hier gestanden haben, zugeben. Auch jüngere Oelbäume und ein Dutzend Cypressen finden sich. Der Mönch bindet den Reisenden ein Blumensträusschen zum Andenken, Rosmarin, Rosen, Levkoyen (man gibt ihm $1/2$—1 fr. für die Erhaltung des Gartens). Das aus den Oelbäumen des Gethsemanegartens gewonnene Oel wird um hohen Preis verkauft, die Kerne der Oliven zu Rosenkränzen verarbeitet. An der Innenseite der Mauer ist ein von dem Gärtchen abgeschlossener Gang mit 14 Stationsbildern. Die Griechen haben weiter oben an dem noch heute seines Namens würdigen Oelberg einen Gethsemanegarten eingerichtet.

Drei Wege führen von hier auf den Oelberg, einer von der SO., einer von der NO.-Ecke des heutigen Gethsemanegartens. Bevor sich dieser letztere Weg theilt, 30 Schritte von Gethsemane entfernt, liegt r. vom Wege ein weisslich grauer Fels, welchen seit dem 14. Jahrhundert die Tradition als den Ort bezeichnet, wo Maria auf ihrer Himmelfahrt ihren Gürtel zu Händen des Thomas habe fallen lassen. Der mittlere Weg, welcher hierauf rechts abgeht, ist der steilste. Man findet etwa halbwegs eine Ruine l. vom Wege; hier hat die Tradition seit dem 14. Jahrhundert die Bibelstelle Luc. 19, 41 localisirt. („Und als er nahe hinzu kam, sah er die Stadt an, und weinete über sie.") In der That ist der Platz mit seiner schönen Aussicht auf Jerusalem völlig dazu geschaffen. Selbst die Muslimen haben diesen *Ort des Weinens Jesu* heilig gehalten; im 17. Jahrhundert stand hier eine Moschee. Heute ist dieses Gebäude, das aus zwei quadratischen Räumen bestand, verfallen und verödet.

Von Gethsemane aus wird man eine kleine Viertelstunde gebrauchen, um den Gipfel des Oelberges zu erreichen. Der Abhang des Berges wird angebaut, doch ist die Vegetation nicht dicht. Man findet Feigen- und Johannisbrod-, selbst einige Aprikosenbäume; ausserdem einige Terebinthen und Hagedorn. Die Wege sind steinig und am Nachmittage brennt die Sonne heiss.

Der **Oelberg** *(mons oliveti*, arab. *Djebel et-Ṭûr)*, auch *Lichtberg* genannt, ist ein mit dem Tempelberg parallel laufender, nur etwas höherer Gebirgszug; er besteht aus verschiedenen Schichten Kreidekalks, auf dem an einzelnen Stellen auch neuere Gebilde lagern. Der Bergrücken wird durch flache Einsattelungen in mehrere Kuppen zertheilt; die höchste derselben im N. erhebt sich 830m, die mittlere, dem Tempel gegenüberliegende 804m ü. M.; letztere liegt also 60m höher als die Tempelarea. Auf dem mittleren Gipfel, dem eigentlichen Oelberg, liegt das Dorf *Kefr eṭ-Ṭûr*, „Oelbergdorf“, das von Jerusalem aus nicht gesehen werden kann, weil es hinter einigen grösseren Gebäuden liegt. Von dem Dorf ist erst im 15. Jahrh. die Rede; heute besteht es aus etwa 10—12 ärmlichen viereckigen Steinhäuschen, deren Bewohner sich gegen die Fremden bisweilen ungezogen und zudringlich benehmen.

*Geschichte und Bedeutung des Oelbergs.* Die Tradition, welche den Ort der Himmelfahrt auf den Oelberg verlegt, steht im Widerspruch mit dem klaren Wortlaut der Bibel Luc. 24, 50 („er führte sie hinaus bis gen Bethanien“); zudem war der Gipfel des Oelbergs in jener Zeit mit Baulichkeiten bedeckt. Aber schon im Jahre 315 wird dieser Gipfel als Stelle der Himmelfahrt genannt, und Constantin baute hier eine Basilica, doch ohne Dach; auf dem Boden zeigte man damals schon die Fussspuren Jesu. Ums Jahr 600 gab es auf dem Oelberg viele Klöster. Im 7. Jahrh. sah man hier eine runde Kirche, die von Modestus (S. 198) gebaut war; im 11. Jahrhundert wurde sie wieder zerstört. Die Kreuzfahrer bauten „nur ein Thürmchen mit Säulen in der Mitte eines mit Marmor gepflasterten Hofes; der Hauptaltar stand innen auf dem Felsen“. Im Jahre 1130 stand dort eine grosse Kirche, in deren Mitte durch eine breite Vertiefung die Stelle der Himmelfahrt bezeichnet war; unterhalb derselben war eine Kapelle. Nach Saladin's Zeit finden wir eine achteckige Ringmauer um die Kapelle. Im 16. Jahrhundert war die Kirche ganz zerstört. Das Innere der Kapelle wurde im Jahre 1617 von den Muslimen nach dem Muster des früheren Baues erneuert; der jetzige Bau ist im Jahre 1834—5 nach dem alten Grundrisse aufgeführt worden. Bei dem Minaret klopfe man an eine gegen Westen schauende Thüre an; ein Muslim öffnet. Man tritt durch

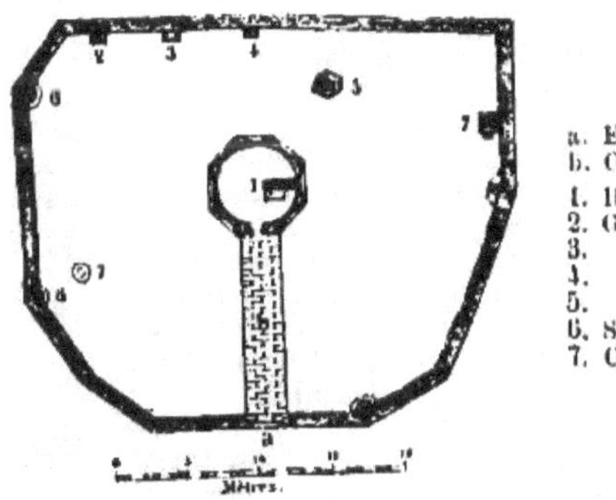

a. Eingang.
b. Gepflasterter Weg.
1. Himmelfahrtskapelle.
2. Gebetsnische der Armenier.
3. „ „ Kopten.
4. „ „ Syrer.
5. „ „ Griechen.
6. Säulenreste.
7. Cisternen.

ein schönes Portal in einen Hof; in der Mitte desselben steht eine kleine achteckige Kapelle, deren Seiten aber einander nicht

15*

gleich sind. Einst waren die Spitzbogen über den Eckpilastern offen, jetzt sind sie vermauert. Die Capitäle und Basen der Säulen sind von weissem Marmor und rühren wohl von älteren Gebäuden her. In der Mitte der Kapelle, die 6,5m Durchmesser hat, erhebt sich eine cylindrische Trommel und eine kleine Kuppel über der Stelle, von wo aus Jesus sich gen Himmel erhoben haben soll; sie gehört den Muslimen und wird auch von ihnen heilig gehalten, doch dürfen die Christen an gewissen Tagen Messe darin lesen. In einem länglichen Marmorviereck zeigt man den Abdruck des rechten Fusses Jesu, gegen Süden gerichtet; seit der Zeit des fränkischen Königreichs ist jedoch diese Fussspur, was Farbe, Richtung, Grösse, überhaupt ihr gesammtes Wesen betrifft, so verschiedenartig gesehen und beschrieben worden, dass man nur zahlreiche Unterschiebungen annehmen kann.*

Wenn man den Hof der Auffahrtskapelle wieder verlässt, klopft man an einer daneben liegenden Thüre l. an. Das Derwischkloster, welches sich jetzt hier befindet, steht an der Stelle einer ehemaligen Augustinerabtei. Man wird auf das Minaret hinaufgeführt und hier entfaltet sich die herrlichste *Rundsicht. Unser Panorama zeigt uns den Blick gegen *Westen;* für *diese* Aussicht ist die Morgenbeleuchtung, für das Gesammtbild aber die Abendbeleuchtung vorzuziehen; manche werden gern mehrmals hinaufsteigen. Jenseit des Kidronthales dehnt sich die geräumige Fläche des Harâm esch-Scherif aus; die Kuppel des Felsendoms und die Akṣa nehmen sich von hier besonders prächtig aus. Man beobachte die Richtung des Tempelberges, die höhere Lage des alten Betzeta nördlich vom Tempel, und den deutlichen Thallauf des nun stark verschütteten Tyropœon zwischen dem Tempelhügel und der Oberstadt. Ein ganz eigenthümliches Gepräge geben der Stadt die Kuppeldächer.

Gegen Norden bemerkt man jenseit des Olivenwäldchens vor dem Damaskusthor den oberen westlichen Lauf des Kidronthales, im Frühling mit reichem Grün geschmückt, dann die Anhöhe des Scopus jenseit dieses Thales. Ueberraschend ist der Blick gegen Osten. Hier sehen wir zum erstenmal diese einzigartige merkwürdige Senkung, welche fast jeder unterschätzt; über 1200m liegen jene blauen Streifen (des Todten Meeres), die man vor den Bergen am östl. Gesichtskreis schimmern sieht, unter unserm Standpunkt, während man meint, die Senkung könne kaum einige hundert Meter betragen. Auch die Durchsichtigkeit der Luft ist so gross, dass die Entfernung äusserst gering erscheint, aber man braucht sieben Stunden Ritt durch lange kahle, menschenleere Höhenzüge, bis man an jenen wunderbaren Tiefsee gelangt. Die bläulichen Gebirge jenseit der tiefen Kluft steigen wieder zur Höhe unseres Standpunktes empor; es sind die Berge des Stammes Ruben, und dort ist auch der Berg Nebo zu suchen. Ganz im Süden jenes Gebirgszuges ist bei hellem Wetter eine kleine Kuppe mit dem Dorfe Kerak erkennbar; am Ostrande des Todten Meeres erscheinen zwei breite

o c h e
ascus-Thor
Consulat
Magdalenenk
(K i d

Thalrisse, südlich der des Flusses Arnon (Môdjib), nördlicher der des Zerḳa Ma'in. Weiter nördlich liegt der Djebel Djil'ad (Gilead), einst Besitzthum des Stammes Gad. Herwärts liegt das Jordanthal (el-Ghôr); ein grüner Streif auf weisslichem Grunde bezeichnet den Flusslauf (diesen Theil der Aussicht geniesst man am besten circa 300 Schritt östlich vom Minaret bei dem Weli auf dem Wege nach Bethanien). Gegen Südost sehen wir den Lauf des Kidron- oder Feuerthales und oben links das Dorf Abu Dis auf einem Hügelplateau; Bethanien ist verdeckt. Ganz in unserer Nähe erhebt sich der Berg des Aergernisses, jenseit des Kidron der des bösen Rathes und weiter ab im Süden die Kuppe des Franken- oder Paradiesberges nebst den Höhen von Bethlehem und Thekoa; im Südwesten auf dem Hügelsaum, der die Ebene Rephaim südlich begrenzt, das Kloster Mar Elyâs; dort vorbei schlängelt sich der Weg nach Bethlehem, das jedoch von hier aus nicht sichtbar ist, während man das grosse Dorf Bêt Djâla und einige andere Dörfer südlich von Jerusalem, wie Bêt Sufâfa, esch-Scherâfât u. s. w. deutlich erkennt.

Im südwestlichen Theile der Gebäude, welche sich südlich an die Auffahrtskapelle anschliessen, ist eine Thüre, die zur *Gruft der heil. Pelagia* führt (arab. *râhibet bint ḥassan)*. Die Juden verlegen hierher das Grab der Prophetin *Hulda* (II Könige 22, 14 ff.), die Christen den Wohnort der heil. Pelagia aus Antiochien, die im 5. Jahrhundert hier ihre Sünden abbüsste und noch nach ihrem Tode Wunder wirkte; erst seit der Kreuzfahrerzeit erfahren wir gewiss, dass damals dieser Ort als der Bussort der Pelagia galt. Man tritt zuerst in eine Vorkammer, dann gelangt man, weitere 12 Stufen hinuntersteigend, in eine Grabkammer. Das Ganze, heute ein muslimischer Betort, bietet wenig Interesse und ist gewöhnlich verschlossen.

Vom Oelberg aus kann man verschiedene Wege einschlagen.

*a.* Der *südliche* Weg ins Thal. Südlich von dem Minaret weist die Tradition die Stelle, wo Jesus seine Jünger das *Vaterunser* lehrte. Auch diese Erzählung ist nach Vorangang unbestimmter Ueberlieferungen erst zur Kreuzfahrerzeit hier localisirt worden; Peter von Amiens hielt hier eine Predigt, und eine Kirche wurde hier gebaut. Im Jahre 1868 liess eine reiche Dame, die Fürstin Latour d'Auvergne, Comtesse de Bouillon, eine Verwandte Napoleon's III., hier eine neue Kirche in der Art eines Campo santo erbauen. Um eingelassen zu werden, klopfte man an der Hofthür an. Um den schönen Hofraum herum laufen bedeckte Gänge, an deren Innenseite 31 Tafeln angebracht sind, auf welchen das Vaterunser in 31 verschiedenen Sprachen steht. An der Südseite hat sich die (gegenwärtig noch lebende) Fürstin selber ein Grabmal setzen lassen; ihr Wohnhaus steht neben der Kirche. Hinter der Kirche ist ein Gemach, in welchem Alterthümer, die bei dem Legen der Fundamente gefunden worden sind, aufbewahrt werden, vor allem ein bleierner Sarg und sehr viele Fragmente von Mosaiken.

45 Schritte W. von dieser Kirche befindet sich der Ort, wo die Jünger das apostolische *Glaubensbekenntniss* verfasst haben sollen; ein Weg führt hier rechts zum Gethsemanegarten hinunter. Die Tradition über die Stelle des Credo ist im 14. Jahrhundert von der Stadt hierhergewandert; im 15. Jahrhundert fand sich eine „Markuskirche" über dieser Stätte. Heute sieht man nur einen tiefliegenden, gemauerten Kirchplatz mit der Richtung von Süd nach Nord, zur Seite Nischen, welche einst 12 Bogen trugen; an der nördlichen Schmalseite sind noch zwei Spitzbogen erhalten.

Wir steigen von hier auf dem südlichsten Wege (gegen SW. zu) ins Thal hinunter. An dem Punkte angelangt, wo die Strasse eine Biegung nach NW. macht, gehen wir 50 Schritte südwestlich vom Wege ab und finden die sogenannten **Prophetengräber** oder das *kleine Labyrinth*. Der Eingang (Pl. a) fällt wenig auf; man tritt zuerst in eine Rotunde (Pl. 1), die von oben erleuchtet ist. Drei Gänge von 12—18m Länge werden durch einen 14m langen halbrunden Quergang durchschnitten, sodass grosse natürliche Felsenpfeiler bis auf 30m Umfang gebildet werden.

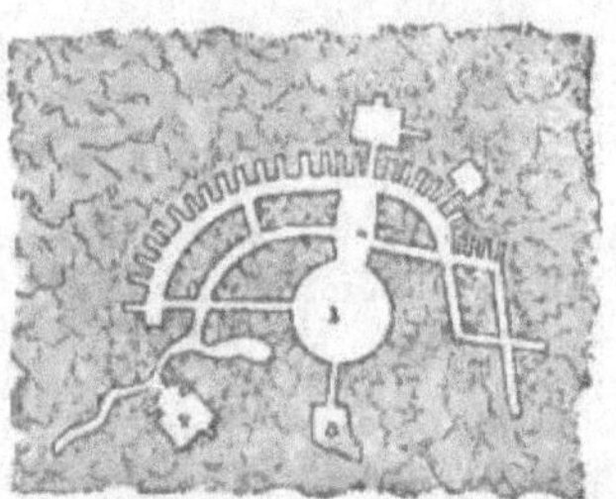

Die Gänge sind theilweise verschüttet und uneben. In der Wand des äussersten dieser Gänge sind gegen zwei Dutzend Schiebgräber (S. 122) angebracht. Im Südwesten führt ein Gang durch Stufen zu einer Nebenkammer (Pl. 2); man kann aber nicht an das Ende des Ganges gelangen (man bringe Licht mit). Wir haben hier ein sehr schönes Beispiel von antiken Felsgräbern vor uns. Die rohe Ausführung lässt ein hohes Alter dieser Gräber vermuthen; dafür, dass gerade Propheten darin begraben sein sollen, ist jedoch nirgends ein historischer Anhaltspunkt vorhanden. Dass die Anlage aus jüdischer Zeit stammt, beweist die Form der Schiebgräber *(kôkim)*. Die Juden halten diese Gräber in grosser Verehrung.

Von der Biegung des Weges wenige Schritte südwärts kommt man zu einer engen Felsenöffnung, und durch diese hindurch in eine kleine Todtenkammer mit einer Reihe von Troggräbern; westwärts ist noch eine rundliche, roh in den Felsen gehauene Kammer, in welcher dicht neben einander neun Senkgräber liegen. Weiter östlich daneben befindet sich noch eine andere schöne Grabkammer.

*b.* Vom Gipfel des Oelbergs *nordwärts*. Hier liegt in der Entfernung einer kleinen Viertelstunde ein Nebengipfel des Oelbergs, l. von dem Wege, welcher auf dem Rücken des Berges nach dem Dorfe *'Isawîye* (S. 336) führt. Die Kuppe heisst heute **Karem es-Sayyâd** (Weinberg des Jägers), oder *Galilaea*, auch *Viri Galilaei*. Letzteren Namen hat sie davon, dass die Tradition die Anrede der weissgekleideten Männer (Apostelgesch. 1, 11 †) hier fixirt hat; diese Tradition taucht schon im 13. Jahrhundert auf, ist aber erst seit dem 16. Jahrhundert stetig geworden. Auch die Stelle Matth. 16, 32 wurde so erklärt, dass Jesus hier erschienen sei; an diesem Punkte sollen die Galilaeer Zusammenkünfte gehalten haben. Früher sah man hier grössere Ruinen, einige Pilger erwähnen sogar ein Dorf. Eine elende Ruine auf dem Gipfel des Hügels gehört heute den Griechen. Der Blick auf Jerusalem ist hier noch schöner, als von dem oben beschriebenen Punkte aus.

Wir können nun, immer dem Hügelrücken folgend, um das Kidronthal herumgehen. Das Thal erweitert sich nach und nach, der Abfall des Bergrückens gegen dasselbe wird steiler; an dem Punkte, wo der Berg gegen NW. umbiegt, heisst er *'Akabet eṣ-Ṣuwân*. So gelangen wir auf die Strasse, die von Jerusalem nach 'Anata führt (R. 13). Der ganze Absturz des Hügelplateau's im N. der Stadt heisst **Scopus**; hier lagerte Titus mit seinen Legionen. Die Aussicht auf die Stadt ist von hier aus insofern interessant, als ihre Lage auf einem Felsrücken sich von hier am besten darlegt und die zackige Nordmauer, gleich der einer mittelalterlichen Festung, die Thürme und die vielen Minarete und Moscheen der Stadt sehr schön hervortreten; viele Einzelheiten indessen und namentlich das Ḥarâm sind schon allzusehr in die Ferne gerückt. — Man erreicht in einer kleinen halben Stunde die Nordostecke der Stadtmauer, indem man einen Weg, der im fruchtbaren Josaphatthal hinunterführt, l. lässt. In einem herausstehenden Thurme zwischen der NO.-Ecke der Mauer und dem Damaskusthor sieht man ein vermauertes Thor, das die Christen seit 200 Jahren *Herodesthor* nennen; arabisch heisst es Blumenthor *(Bâb ez-Zâhiri)*. — Damaskusthor und Alterthümer s. S. 250.

*c.* Zwei Wege führen vom Oelberg *östlich* nach dem nahen *Bethanien* (S. 270). Man erreicht das Dorf in etwa 15 Min.; der Rückweg nach Jerusalem beträgt 40 Min. (s. Route 7).

**2. Das Kidronthal.** Westlich von Gethsemane führt ein Weg das Thal hinunter; bald darauf theilt er sich: der Weg l. führt zu den jüdischen Gräbern (S. 233), der r. zu der unteren Brücke. Zu dieser letzteren gelangen wir auch, wenn wir vom Stephansthor aus der Ḥarâmmauer bis zur goldenen Pforte folgen und dann l. hinunter ins Thal abschwenken. Das erste Grab, welches uns l. vom Wege begegnet, ist das sogenannte **Absalomsgrab** (arab. heisst es *Ṭanṭûr Fir'aun*, Mütze Pharao's). Dieses Denkmal ist ein grosser Würfel von 6m ins Geviert und 6,5m Höhe, der aus der Felswand ausgehauen worden ist; er steht nach 3 Seiten frei im Felsen, von diesem durch einen ausgehauenen Gang von 2,6 bis 2,9m Breite getrennt, steckt jedoch östlich tief im Schutt. Da

† Ihr Männer von Galiläa, was stehet ihr und sehet gen Himmel? Dieser Jesus, welcher von euch ist aufgenommen gen Himmel, wird kommen, wie ihr ihn gesehen habt gen Himmel fahren.

der umgebende Felsen nicht hoch genug war, um das Ganze aus *einem* Stück zu fertigen, wurde über dem massiven Unterbau ein viereckiger Aufsatz von grossen Steinen aufgeführt. Darüber liegt eine Trommel und diese läuft in einen niedrigen Spitzthurm aus, welcher sich ganz oben ein wenig aus einander breitet, wie eine sich öffnende Blume. Das Ganze ist vom Schutt an gerechnet 14,6m hoch und hat ein fremdartiges Aussehen. An den Seiten des Felsenwürfels befinden sich je vier Halbsäulen mit stark vorspringenden Capitälen ionischer Ordnung, die an der Westfront am besten erhalten sind; sie tragen mitsammt den Eckpilastern einen Fries und Architrav von dorischer Ordnung. Der eigentliche Eingang in das Innere des Gebäudes ist verschüttet, doch kann man durch ein Loch von Norden aus hineinkriechen. Das Gebäude trägt den Namen Absalomsgrab von II Sam. 18, 18†; der Monolith wird zuerst im J. 334 erwähnt. Die Meinungen über die richtigen Namen dieses und der anderen hier befindlichen Grabmonumente sind jedoch noch bis ins 16. Jahrhundert getheilt. Die Ornamente, namentlich die ionischen Capitäle, sprechen dafür, dass das Grab aus griechisch-römischer Zeit stammt; vielleicht aber ist die Kammer älter und die Verzierungen erst später hinzugefügt. Zum Andenken an Absalom und dessen Ungehorsam gegen seinen Vater pflegte man dieses Monument früher mit Steinen zu bewerfen.

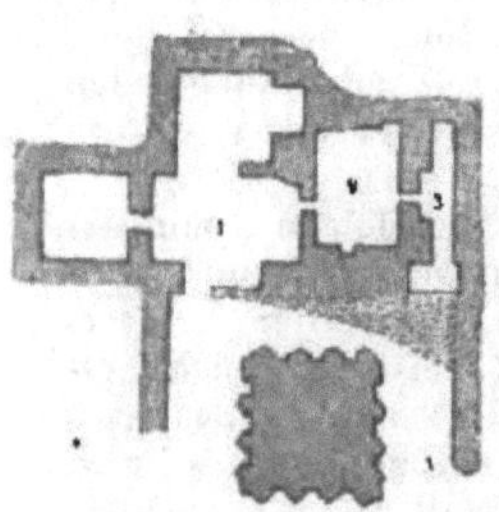

An der östlichen, senkrecht abfallenden Felswand hinter dem Absalomsgrab liegt die **Grabhöhle Josaphat's**. Der Eingang zu derselben ist breit, aber grösstentheils verschüttet, darüber sieht man eine Art Giebel. Das Innere ist unregelmässig. Von der ersten Kammer (Pl. 1) aus führen drei Eingänge in Nebenkammern; die südlichste (Pl. 2) derselben hat noch eine doppelt gegliederte Nebenzelle (Pl. 3). Aus den Spuren von Mörtelbekleidung und Frescomalerei darf man schliessen, dass die Hauptkammer einst als christliche Kapelle diente. Vielleicht ist es die Kapelle, welche zur Frankenzeit das Jakobsgrab umfasste. In der hintersten Höhle fand Tobler jüdische Gebetriemen.

Von hier gehen wir nach S. weiter und gelangen in die **Jakobshöhle**, die der Südostecke der Tempelarea gerade gegenüberliegt. Der schmale Eingang schaut gegen S.; man kommt in einen langen Gang, dann in eine Halle, welche vorn gegen W. 5m weit offen ist

† Absalom aber hatte sich eine Säule aufgerichtet, da er noch lebte, die stehet im Königsgrunde. Denn er sprach: Ich habe keinen Sohn, darum soll dies meines Namens Gedächtniss sein; und hiess die Säule nach seinem Namen, und heisst auch bis auf diesen Tag: Absaloms Mal.

(Pl. 1). Vorn gegen das Thal hin (Pl. a) ist die Decke von 2 Capitälen mit dorischen 2,3m hohen Säulen getragen, welche neben sich zwei in den Felsen übergehende Seitenpfeiler haben. Darüber läuft ein dorischer Fries mit Triglyphen; über dem Carnies ist eine hebräische Inschrift. Man tritt hierauf in eine zweite Halle gegen O. (Pl. 2), von der aus man nach O. in eine Kammer (Pl. 3) mit drei Schiebgräbern von verschiedener Länge gelangt, und darauf nach NO. vermittelst Stufen in ein kleines Gemach (Pl. 4). Von der Kammer 2 kommt man nördlich in eine Kammer (Pl. 5) mit drei Schiebgräbern, südlich in einen Gang (Pl. 6) mit einer Felsenbank, auf welche Stufen hinaufführen; oberhalb der Bank sind vier Schiebgräber. Ein anderer Gang führt von der Vorhalle südwärts zum Zachariasgrab (Pl. 7). Die „Jakobshöhle" ist namentlich den Christen heilig, weil Jakobus sich hier nach Jesu Gefangennehmung verborgen gehalten und bis zur Auferstehung Jesu nichts mehr gegessen haben soll. Diese Sage geht ins 6. Jahrh. zurück, ebenso die, dass er am Oelberg begraben sei; der Bericht, dass *hier* sein Grab sei, datirt erst aus dem 15. Jahrh. Eine Zeit lang sollen hier Predigermönche gewohnt haben; später diente die Höhle als Schafstall.

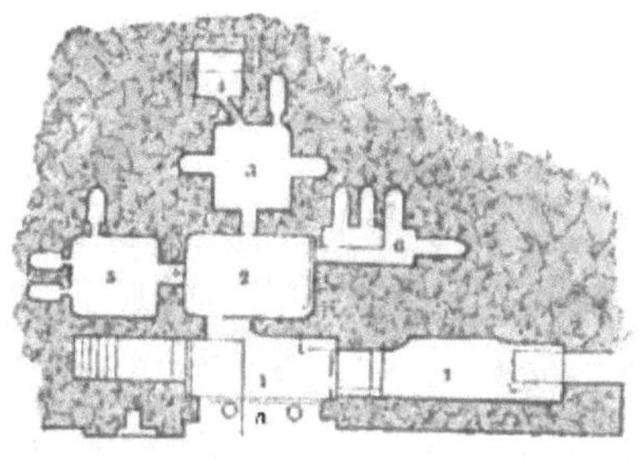

Noch weiter südlich liegt das vierte Grabmal: die **Pyramide des Zacharias**, nach den Christen des Matth. 23, 35, nach den Juden des II Chron. 24, 19 ff. erwähnten Zacharias. Das Denkmal gleicht dem Absalomsgrabe, nur ist es weniger hoch (9m) und ganz aus dem festen Felsen gehauen. Dieser Ausschnitt des Felsens ist höchst merkwürdig; an der Südwand desselben sieht man noch Löcher, in welche wohl das Gerüst für die Steinmetzen eingefügt war. Das Denkmal misst 5,2m ins Geviert, und seine Seiten sind mit ionischen Säulen und Halbsäulen verziert; an den Ecken stehen viereckige Pfeiler. Darüber läuft ein kahler Carnies, über welchem sich eine abgestumpfte Pyramide erhebt. Nirgends ist ein Eingang zu entdecken. Eine Menge hebräischer Namen sind an dem Monument angeschrieben. Die Tradition über alle diese Gräber schwankt; ihre Entstehung möchten wir in die griechisch-römische Zeit setzen.

Oestlich über diesen Denkmälern ist der ganze Berg mit jüdischen Grabsteinen bedeckt; ebenso finden sich noch solche, wenn wir den Weg südlich gegen das Dorf **Siloa** (arab. *Silwân*) einschlagen, das wir in 4 Min. erreichen. Es liegt wie an die Bergwand angeklebt; von jenseits gesehen, wird es leicht unbeachtet gelassen, da die Farbe der Häuser und des Gesteins dieselbe ist. Eine Längsgasse durchschneidet das Dorf von N. nach S.; im Ganzen besteht es aus etwa 80 Häusern, und so elend diese dem Fremden vorkommen mögen, so gibt es doch in Palästina viele, die noch schlechter aussehen. Da viele alte Höhlen der ehemals hier befindlichen jüdischen Necropole jetzt als Wohnungen für Menschen oder Vieh benutzt werden, so ist die genauere Untersuchung gehemmt. Am Eingang des Dorfes findet sich in der Felsenwand rechts noch ein Pyramidenmonolith wie das Zachariasgrab, vorn durch eine Mauer eingeschlossen, von oben am besten sichtbar. Unten an der Felswand sieht man eine Reihe von theilweis schön behauenen Eingängen zu Grabkammern. Dass wir hier Ueberreste von Gräbern vor uns sehen, und zwar meistens deren Hinterseite, geht auch aus den dort angebrachten Nischen für Lampen hervor. Auch im Innern des Dorfes bemerkt man noch Grabhöhlen, und selbst weiter im Süden finden wir, wenn wir gegen den Hiobsbrunnen hinuntersteigen, fortwährend Ueberreste von Gräbern links am Berge. Die Bewohner von Silwân sind übrigens als räuberisch berüchtigt; es sind lauter Muslimen. Durch ein kleines Bachschîsch lassen sie sich leicht bewegen, dem Fremden die Höhlen zu zeigen. Sie leben von Ackerbau und Viehzucht; manche bringen auch Wasser von der Siloa- oder Hiobsquelle auf Eseln in die Stadt zum Verkauf. Früher wohnten in den Grabhöhlen Einsiedler; das arabische Dorf ist erst seit einigen Jahrhunderten vorhanden.

Das Dorf liegt am Abhange der Südkuppe des Oelberges, welche *Baṭen el-Hawâ* oder auch **Berg des Aergernisses,** *mons offensionis* oder *scandali*, nach 1 Kön. 11, 7 heisst; ob jedoch mit dem dort genannten Berg des Verderbens, dem Ort, wo Salomo den fremden Götzen Altäre baute, dieser gemeint sei, ist fraglich, denn erst zur Zeit des fränkischen Königreiches wurde jene Erzählung hier localisirt. Man ersteigt den Berg in 5—7 Min. Die Aussicht ist lange nicht so lohnend als die vom Oelberg, doch immerhin interessant. Oestlich liegt das Wâdi Kattûn, westlich das Josaphatthal, südlich das Kidron- oder Feuerthal.

Vom nördlichen Theile des Dorfes führt ein Weg zu der nahe gelegenen Marienquelle (4 Min.), vom südlichen Theil ein anderer gegen W. zur Siloaquelle (4 Min.) hinab, ein dritter südlich zum Hiobsbrunnen (5 Min.).

Der Eingang zur **Marienquelle**, arab. *'Ain Sitti Maryam* oder *'Ain Umm ed-Deredj* (Stufenquelle) genannt, befindet sich westlich von den Ueberresten einer kleinen Moschee; über der Treppe ist ein merkwürdiges Steinmetzzeichen erhalten. Die Quelle läuft unter der westlichen Wand des Josaphatthales im Innern des Felsens. Man steigt erst 16 Stufen unter einem Gewölbe durch auf einen ebenen Platz, dann weitere 14 Stufen bis zum Wasser hinunter. Das Becken ist $3{,}_5$m lang und $1{,}_8$m breit; der Boden ist mit Steinchen bedeckt; ein Abfluss geht gegen die tiefer liegende Siloaquelle (S. 236). Robinson, Tobler u. a. schlüpften durch den Verbindungsgang zur Siloaquelle hinunter; derselbe ist sehr roh gearbeitet und von ganz ungleicher Höhe, sodass man bisweilen auf allen Vieren durchkriechen muss. Merkwürdiger Weise läuft der Gang nicht in gerader Richtung, sondern macht Windungen; selbst kleine Sackgassen finden sich darin, sodass es den Anschein hat, als ob die Arbeiter öfters die Richtung verloren hätten. Die Entfernung beträgt in gerader Richtung 335m, die Länge des Felsencanals 533m. Sollte ein Tourist Lust haben, das Wagstück zu wiederholen, so versehe er sich mit einer Laterne und entkleide sich.

Warren hat im Innern dieser Höhlung einen Schacht nach oben entdeckt, der sich erweitert und gegen den Westen des Ophelrückens hin in einem überwölbten Gemach von 12m Weite endet; dort fanden sich Töpfe, Glaslampen u. a. Dieser Gang bot wohl einst den vor den Römern flüchtenden Juden eine Zufluchtsstätte.

Die Marienquelle ist intermittirend; im Winter zur Regenzeit strömt das Wasser drei bis fünfmal des Tages, im Sommer zwei, im Herbst nur ein einzigesmal. Diese Erscheinung erklärt sich so: Im Innern des Felsens befindet sich ein tiefes natürliches Bassin, welches die von vielen kleinen Adern ihm zulaufenden Wasser aufnimmt, um sie durch einen engen, fest umschlossenen Canal weiter zu leiten. Der Canal beginnt etwas über dem Boden des Bassins und steigt dann bis über die Fläche desselben empor, um sich bis zur Ausflussöffnung wieder beträchtlich zu senken; bei der Entleerung kommt daher das Gesetz des Hebers zur Anwendung, vermöge dessen das Bassin, wenn es bis zur Höhe der Biegung des Abflusscanals sich gefüllt hat, bis zur Höhe des Eingangs desselben ausläuft. Man hat viel und oft darüber gestritten, welche Quelle des Alterthums der „Marienquelle“ entspricht. Einer Begründung der letzteren Bezeichnung begegnet man erst im 14. Jahrhundert in der Legende, dass Maria hier die Windeln ihres Söhnleins wusch oder aus der Quelle schöpfte. Sie hiess auch *Drachenbrunnen* oder *Sonnenquelle*, und man hat sie mit den verschiedensten alten Quellen identificirt. Wir sind (mit Furrer) geneigt, sie für identisch mit der Quelle *Gichon* zu halten (I Kön. 1, 33). Man hat den Gichon im NNW. und W. der Stadt gesucht (S. 245), aber wohl mit Unrecht. Der Gichon konnte nicht in den Bereich der Mauern gezogen werden; um das Wasser dem Feinde abzuschneiden und für die Stadt nutzbar zu machen, liess Hiskia den Canal gegen das Tyropœon hin graben, dort einen Teich anlegen und die obere Quelle verstopfen (II Chron. 32, 30; II Kön. 20, 20). Das Becken beim Gichon nannte man auch *Königsteich* (Neh. 2, 14). Die Quelle berieselte übrigens auch die Baumgärten, welche schon zu Salomo's Zeit (wie heute noch) in diesem Theile des Thales einen erquickenden Anblick darboten. — Ein Weg führt von der Marienquelle nordwärts hinauf gegen die SO.-Ecke der Tempelmauer.

Die sogenannte **Siloaquelle** (arab. *'Ain Silwân)* liegt also weiter unten am Auslauf des Tyropœonthales; sie lag innerhalb des alten Mauerlaufes am Quell- oder Wasserthore (S. 156). Auch von hier führt ein Weg zur Stadt hinauf, erst im Tyropœonthale hin, an dessen Seiten man Spuren von Terrassencultur wahrnimmt, dann l. zum Zionsthor, r. zum Mistthor. Eigentlich lag nur der eine kleinere Teich der Siloaquelle innerhalb der Mauer. Derselbe ist 16m lang, 5,6m breit; nördlich davon stehen wie Strebemauern mehrere Säulen, und auch aus der Mitte des Bassins schaut ein Säulenstumpf hervor: alles Ueberreste ehemaliger Gebäude. Der Platz war wegen Joh. 9, 7† heilig; im Jahre 600 stand eine Basilica mit Badeeinrichtung über der Siloaquelle, im 12. Jahrhundert ein klosterähnliches Gebäude. — In der Südostecke des Teiches befindet sich ein Abzugscanal. Das Wasser schmeckt übrigens nicht gut; es ist salzig, aber nicht immer in gleichem Grade, was von den zersetzten Bodenstoffen herrühren mag, durch welche das Wasser sickert; auch wird es von Wäscherinnen und Gerbern, die man stets hier trifft, verunreinigt. Es verliert sich in den Gärten unterhalb im Thal, und füllt jetzt auch den grossen *Unterteich Siloa* nicht mehr an. Das Bächlein fliesst schon seit Jahrhunderten an ihm vorbei, und der Boden dieses ausserhalb der alten Stadtmauer gelegenen Teiches (östlich vom oberen Siloa) ist mit Bäumen bewachsen. Die Araber nennen ihn *Birket el-Hamra*, den rothen Teich. Südlich davon steht ein alter Maulbeerbaum, heute zum Schutze mit einem Steinhaufen umgeben; hier soll der Prophet Jesaias vor den Augen des Königs Manasse zersägt worden sein. Die Sage über dieses Martyrium wird von Kirchenvätern erwähnt; vom Maulbeerbaum ist seit dem 16. Jahrh. die Rede.

Ein Weg führt weiter das Thal hinunter; in einigen Minuten gelangt man an den Vereinigungspunkt der Thäler Josaphat und Hinnom. Wir befinden uns hier auf der Strasse nach Mar Sâba (S. 287) und verfolgen dieselbe noch 2 Min. bis zum sogenannten **Hiobsbrunnen** *(Bîr Eyyûb)*. Die Thalsohle des Kidronbettes hat sich hier schon bis 106m unterhalb der Tempelarea gesenkt (bei Gethsemane um 45m); NW. steigt der Zion steil auf. Das Gebäude bei dem Brunnen ist eine alte Moschee, die nun aber ganz verfallen ist. Neben der Stelle, wo Wasser geschöpft wird, stehen steinerne Tröge zum Tränken des Viehs. Der Brunnen ist ausgemauert und 38m tief; der Stand des Wassers ist sehr wechselnd und steigt bisweilen nach längerem Regen so hoch, dass der Brunnen überfliesst; das Wasser versiegt höchst selten ganz und ist wegen seiner Güte berühmt. In dem nassen Winter 1873—74 floss eine Zeit lang ein ständiger Bach von hier aus das Kidronthal hinab. — Die Benennung „Hiobsbrunnen“ stammt von den Arabern; die fränkischen

† Und sprach zu ihm: Gehe hin zu dem Teich Siloha (das ist verdolmetschet, gesandt) und wasche dich. Da ging er hin, und wusch sich, und kam sehend.

Christen nennen ihn seit dem 16. Jahrhundert „Brunnen des Nehemia“: in diesem Brunnen soll während des Exils das heilige Feuer verborgen gewesen sein, bis es durch Nehemia, den Führer der Exilirten, wieder aufgefunden wurde. Historisch richtig und im Grunde einzig von Interesse ist, dass wir hier den Brunnen *Rogel* (Walkerquelle) der Bibel vor uns haben, der schon Josua 15, 7 ff. als Grenze der Stämme Juda und Benjamin erwähnt wird. Als Adonia sich zum König ausrufen liess, veranstaltete er hier neben diesem Brunnen seinen Freunden ein Fest (1 Kön. 1). Man hat in neuester Zeit auch den dort (Vers 9) genannten Stein *Soheleth* unter der heutigen Benennung *ez-Zehwele* wiederfinden wollen, müsste dann aber annehmen, dass die Walkerquelle beim Marienbrunnen lag.

Wenn wir von hier den Weg das Thal hinunter verfolgen, so erblicken wir l. am Felsen Spuren von Höhlen. Nach 9 Min. biegen wir nach rechts ab und steigen zum Dorfe **Bêt Sâḥûr el-'atîka** hinauf (8 Min.). Wir finden daselbst einige elende Hütten, aber auch Felshöhlen und einen Taubenthurm. Wir verfolgen den Weg nach Osten weiter; unterhalb desselben am Abhang liegt eine Reihe von Felshöhlen, die Auflegegräber enthalten. Einige dieser Höhlen haben Eingangsthüren, Nischen und Bogen und einige schliessen mit einer Ausrundung ab. Mehr an der NO.-Seite des Hügels befinden sich grössere Grabkammern; die Eingänge in die tiefer im Berg liegenden Gemächer sind des Viehes wegen gewöhnlich mit Steinen ausgefüllt; man trifft jedoch in der Regel einige Hirtenjungen an, welche die Steine wegwälzen. Weiter gegen das Thälchen im O. sieht man am Boden Spuren von Oelkeltern und findet eine grosse Grabhöhle. Die ganze Nordseite des Hügels von Bêt Sâḥûr entlang liegen Felsengräber. Wir finden zuerst ein Grab mit Vorhalle und schönem Portal; daneben eine Höhle, deren Portal grossentheils verschüttet ist. Darunter befindet sich ein bedeutendes Grab (von den Arabern *Maghâret er-Rabȇ* genannt). Die Vorkammer führt in verschiedene Grabgewölbe. Westlich davon ist ein schönes Felsengrab mit Vorgewölbe, 21 Schritte lang, mit Bänken zu beiden Seiten. Von der zweiten Kammer aus gehen drei weitere Eingänge ins Innere der Grabhöhlen (überwölbte Troggräber). Noch eine Menge ähnlicher Felsengräber befinden sich hier in der Nähe; mit einem guten geometrischen und topographischen Plan derselben wäre der Wissenschaft entschieden ein Dienst geleistet. Man kann annehmen, dass die meisten dieser Gräber aus der jüdischen Zeit stammen. Wir sind hier ganz nahe an die Strasse nach Mar Sâba gelangt bei einem Thal, das gegenüber vom Berge des Aergernisses herunterkommt. Nach einem Marsch von 15 Min. erreichen wir wieder den Punkt, von welchem aus der Weg nach dem Dorfe Siloa rechts abgeht.

**3. Das Hinnomthal.** Vom Hiobsbrunnen wenden wir uns westlich gegen das Hinnomthal zu. Dieses Thal wird südlich (l.) begrenzt vom *Djebel Abu Tôr*. Derselbe heisst auch *Gräberberg*, *Berg des Blutackers*, bei den Franken am gewöhnlichsten *Berg des bösen Rathes* und ist am besten vom Bethlehemer Wege aus zu besteigen (vgl. S. 251), da er gegen N. am steilsten ist. Den letzteren Namen hat er von einer im 14. Jahrhundert bei den Christen aufgekommenen Sage, dass Kaiphas hier ein Landhaus besass und darin mit den Juden rathschlagte, wie er Jesu tödten könne.

Das *Hinnomthal* trennt diesen Berg vom Zion; von Westen kommend, legt es sich um die Südwest- und Südseite der Stadt herum. Es führt niemals Wasser. Der Boden ist an einigen Stellen schön angebaut, obwohl er mit vielen kleinen Steinchen bedeckt ist. Der Name Hinnomthal kommt bei der Beschreibung der Grenze zwischen Juda und Benjamin (Jos. 25, 7) vor. Eigentlich heisst es das „Thal der Nachkommen Hinnom's"; noch genauer ist *„ge bene hinnom"* = Thal der Kinder des Gestöhns; vorzugsweise haftete dieser Name an der unteren Hälfte des Thales (heute *Wâdi er-Rebâbi).* In dieser Gegend wurden im Alterthum dem Götzen Moloch Kinderopfer gebracht, wobei die Könige Ahas und Manasse selbst ihre eigenen Söhne nicht schonten (II Kön. 23, 10). Die Stelle, wo dies stattfand, hiess *Tophet* (Brandstätte). Jeremia bekämpfte diese Abscheulichkeiten. Josia liess den Ort verunreinigen, damit er nie mehr Schauplatz solcher Opfer werden könnte. Noch in späterer Zeit war das Thal den Juden Gegenstand des Abscheu's, daher das neutest. Wort *Gehenna*, aus obiger vollen Form abgekürzt, Hölle bedeutet. Ob auch der heutige Name des unteren Kidronthales, „Feuerthal" *(Wâdi en-Nâr)* damit zusammenhängt, ist unentscheidbar. Das Thal Hinnom wurde früher mit dem oberen Kidronthal verwechselt; man nennt es auch „Gichonthal", aber mit Unrecht (S. 235).

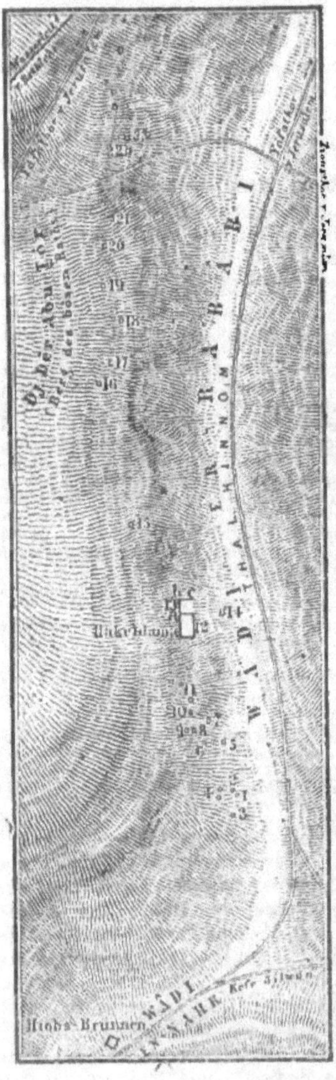


Statt im Thalgrunde der Strasse zu folgen, steigen wir

an dem Abhang des Berges l. zur alten *Necropole* empor. Kurz nachdem wir den Vereinigungspunkt der Thäler verlassen haben, finden wir l. Gräber am Berge. Eigentlich liegen diese Gräber an zwei Felswänden übereinander. Sie sind alle in den Felsen gehauen und haben niedrige Eingänge; man behauptet, sie hätten alle steinerne Thüren gehabt. Im Innern finden sich mehrere Kammern für Familien; von der frühen christlichen Zeit an bis ins Mittelalter hinab dienten diese Höhlen auch frommen Einsiedlern als Aufenthaltsort, später armen Familien und dem Vieh.

Die Eingänge zu diesen alten Felsengräbern, zu welchen hier und da Felstreppen hinaufführen, sind öfters schön verziert; ihren Inhalt haben die Gräber wohl zu verschiedenen Zeiten gewechselt. Wir geben den Plan nach Tobler.

1. Kammergruppe, innen von Rauch geschwärzt, vormals Anachoretenwohnung.

2. Felsenkammer mit 4 Schiebgräbern.

3. Trümmer eines Portals; in der zweiten Kammer gegen Süd war einst eine schöne gewölbte Kapelle; weiter gegen Süd Todtenkammer.

4. Verschüttete Kammer mit 10 Schiebgräbern.

5. Die östlichste Höhle, früher Einsiedlerwohnung; die mittlere hat eine Nebenkammer und Zellen, daneben gegen N. Höhle mit unleserlicher griechischer Inschrift.

6. Grabkammer.

7. Kammer mit 3 Nischen, Kreuz über dem Eingang.

8. Besonders schön ausgemeisselte Kammer; vor dem mit Leisten und Giebel verzierten Portal führen einige Stufen hinunter und über dem Eingang liegt ein beweglicher Stein. Das obere Stockwerk hat eine grosse Vorkammer mit 6 schön verzierten Thüren, und im Ganzen finden sich 14 Troggräber. Das untere Stockwerk ist unbedeutend, enthält aber Gebeine.

9. Grabhöhlen und Kapelle, mit Malereien.

10. Die sogenannte *Apostelhöhle*, worin sich laut einer Tradition, die aus dem 16. Jahrh. stammt, die Apostel verbargen, als Jesus gefangen und gekreuzigt wurde. Ueber dem Eingang befindet sich ein Fries mit 10 Feldern. Auf dem Vorplatz sind zwei Lagen von Frescomalereien übereinander, nebst Monogrammen des Namens Jesus Christus, Kreuzen etc. Die erste Kammer war eine Kapelle; an der Decke und an den Seiten sind Malereien angebracht. Der grosse Raum hinter der Kapelle diente wohl einst als Einsiedlerwohnung; hinter demselben ist noch eine Kammer mit Gräbern, wie auch auf der Ostseite.

11. besteht aus drei Kammergruppen; über der Eingangsthüre steht die griechische Inschrift „der heiligen Zion"; wahrscheinlich liegen hier Gräber, die der Zionskirche angehörten.

Aufwärts steigend gelangen wir nun zum eigentlichen **Blutacker** *(Hakeldama)*-**Gebäude**, arab. *el-ferdûs* (Paradies) genannt. Es liegt mitten in den Gräbern (Pl. 12) nahe einem Orte, wo Thon gegraben wird. Man kann von oben (O.) in einige Gewölbe hinunterblicken. Die Länge des Gebäudes beträgt 9m, die Breite 6m; die Gewölbe sind $10,_6$m hoch und werden von einem soliden Mittelpfeiler gestützt. Der untere Theil des Gebäudes besteht aus Fels, der obere aus geränderten Quadern. In den Felswänden sind Schiebgräber; das Ganze ist nur eine Vorhalle zu Gräbern. Die Eingänge zu den Grabhöhlen sind theilweise verschüttet. In dem platten Dach sind runde Oeffnungen, durch welche früher Leichname an Seilen hinuntergelassen wurden; an der Westmauer des Innern finden sich Kreuze und armenische Inschriften.

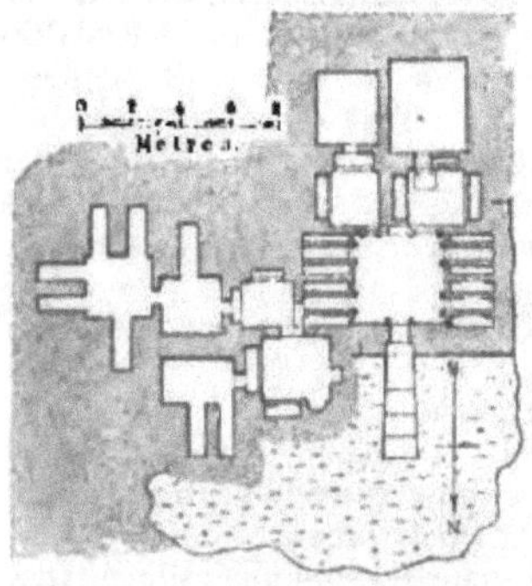


Wir erfahren aus der Bibel nicht, wo der Blutacker der Apostelgesch. 1, 19 lag; die Benennung war wohl damals schon älter, und später hefteten sich christliche Erzählungen daran. Im Laufe der Jahrhunderte wurde der Blutacker an verschiedenen Orten der Umgebungen von Jerusalem gezeigt, sowie Kirchen und Klöster dabei gebaut; das Hakeldama wurde von den Christen stets verehrt und von den Pilgern besucht; manche wurden auch dort begraben; man glaubt, dass die Leichname in diesem Boden ausserordentlich schnell verwesen.

13a. Westlich von Hakeldama ist eine bedeutende Höhle schön ausgehauen, die Kammern mit Mörtel beworfen; die Gräber, die sich in den Seitenkammern finden, sind Troggräber; die Griechen nennen die Höhle *ferdûs er-rûm*, Paradies der Griechen, oder die Höhle des Riesenheiligen Onophrius.

13b und c können übergangen werden.

14. Nördl. unterhalb Hakeldama und 20 Schritt davon entfernt sind zwei Grabkammern mit Schieb- und Troggräbern.

15. Unbedeutend.

16. Höhle mit einem unteren Stock mit Schiebgräbern; der weisse Kalkfels des mittleren Gemaches ist wegen seiner rothen Adern bemerkenswerth.

17. Grabhöhle mit alten griechischen Inschriften.

18. Weiter unten, Grab mit griechischer Inschrift: „Grabstätte der heiligen Zionskirche für Verschiedene von Rom“.

19—21. Unbedeutend.

22. Grab mit Inschrift wie 11; hier ist eine Cisterne.

23. Höhle, zu welcher zehn Felsenstufen hinaufführen; über dem Eingang in die Kammer griechische Inschrift: „Das vortreffliche Denkmal ist das Grab Amarulfs aus Deutschland“.

Gegen das W.-Ende der alten Gräber hin läuft ein Weg r. quer über das Hinnomthal. Statt aber gegen Norden zum Zionsthor hinaufzusteigen, wandern wir das Thal hinauf weiter; das von Montefiore gestiftete grosse *jüdische Hospiz* (Armenhaus, Pl. f) nimmt sich von hier ganz grossartig aus, obwohl es eine sehr geringe Tiefe hat. Dahinter liegen einige Windmühlen. Nach ungefähr 4 Min. erreichen wir unterhalb der SW.-Ecke der Stadtmauer ein grosses in das Thal hineingebautes Wasserbassin, das heutige **Birket es-Sultân** *(Sultansteich)*. Dasselbe ist von N. nach S. 169m lang und von O. nach W. 67m breit; seine Nordmauer ist zerfallen. Im Norden ist der Teich den Schutt eingerechnet 10,9m tief, im Süden 13m. Zur Anlage dieses grossartigen Beckens ist das Thal so benutzt worden, dass querdurch zwei starke Mauern gezogen und der Zwischenraum zwischen beiden bis auf den Felsen abgegraben wurde. Wahrscheinlich waren ursprünglich zwei Teiche vorhanden. Der nun wasserlose Boden des unteren Theiles besteht aus Felsen; der höhere Theil auf der Ostseite wird heute als Garten benutzt. Mitten auf der Brücke S. vom Teich befindet sich ein alter Brunnen, der nun ohne Wasser ist. — Auch die Anlage dieses Behälters stammt wohl aus altjüdischer Zeit. Einige meinen, dass bei Jesaia 22, 9 unter dem Namen „unterer Teich" das vorliegende Wasserbecken gemeint sei. Zur Zeit der Franken hiess er *Germanus*, zum Andenken an den Kreuzfahrer, welcher den Brunnen des Hiob auffand; damals wurde er umgebaut und später, im zweiten Viertel des 16. Jahrhunderts, von Sultan Solimân restaurirt (daher der Name). Später zeigte man hier den Ort, wo David die Bathseba erblickte.

Nördlich vom Teiche läuft die von den salomon. Teichen (S. 264) kommende Wasserleitung durch das Thal und jenseits wieder gegen S. Von hier führt der Weg das Thal hinauf in etwa 5 Min. zum Yâfathor. Statt dessen können wir vom Südende des Teiches auch *direct* zur Stadt hinansteigen (nach O. zu). Das erste Gebäude, welches uns auffällt, ist die dem jüdischen Hospital gegenüberliegende *englische Schule* des Bischof Gobat (Pl. 29), in welcher meistens arabische Waisenkinder protestantisch erzogen werden. Vormals stand hier ein altes Gebäude Namens *Bîr el-Yehûdi*, Judencisterne, das man wohl auch für David's Wohnung ansah; noch steht die nördliche Abtheilung des Schulhauses auf einem merkwürdigen Felswürfel. Dahinter liegt ein Garten und der Begräbnissplatz der engl. u. deutschen Protestanten. Beim Bau der Schule und beim Ebnen des Todtenfeldes traf man auf geränderte Quadern und künstlich abgeschrofftc Felswände, deren Lauf beweist, dass sie die erste und älteste Stadtmauer getragen haben müssen. Etwa 160 Schritt SW. von der Schule hat man eine alte Felsentreppe gefunden, die aus 36 Stufen von je 0,30m Höhe besteht; man hält sie der rohen Ausführung wegen für uralt.

Um von hier zum **Coenaculum** zu gelangen, gehen wir am besten bis zur SW.-Ecke der Stadtmauer hinauf und wenden uns dort wieder rechts. Das sog. Coenaculum liegt inmitten eines grossen dorfähnlichen Complexes von Gebäulichkeiten, dem die Muslimen den Namen *Nebi Dâûd* („Prophet David") geben; das Thor befindet sich an der Nordseite. Früher war der Platz in den Händen der Christen, heute ist er in denen der Muslimen. Hier wird das *Abendmahlszimmer* gezeigt. Ein muslimischer Wächter (Trinkgeld 2—5 Piaster) führt den Besucher in ein Zimmer des ersten Stockes. Dasselbe wird durch zwei in der Mitte stehende Säulen in zwei Schiffe getheilt. In die Mauern sind Halbpilaster eingefügt; die Decke besteht aus Spitzbogengewölben, die aus dem 14. Jahrhundert stammen. Drei Fenster gehen auf den Hof. In der Mitte des Saales wird der Platz gezeigt, wo der Tisch (*sufra*) des Herrn gestanden haben soll. Hinter einer kleinen Erhöhung ist ein Seitengemach, worin man durch ein Gitter einen langen überdeckten, jedenfalls modernen Sarg erblickt. Dies ist der vermeintliche *Sarg David's*, um dessen willen die Muslimen hier eine Moschee eingerichtet haben.

Die Kirche auf Zion datirt aus früher christlicher Zeit; schon im 4. Jahrhundert, noch vor der Erbauung der Grabeskirche, ist von ihr die Rede. Im Zeitalter der Helena stand auf dem Platze der Ausgiessung des h. Geistes eine „*Apostelkirche*", die *hier* gesucht werden muss; auch die Geisselungssäule (S. 206) stand wahrscheinlich hier. Erst im 7. Jahrhundert combinirte die Tradition den Platz des Abendmahls mit dem der Ausgiessung des h. Geistes, wozu sie in den Ausdrücken der Bibel weder Hinderniss noch Fingerzeig fand. Später wurde noch der Sterbeort der Maria hierher verlegt. Zur Zeit der Franken wurde die Kirche *Zionskirche* oder *Marienkirche* genannt. Die Kirche der Kreuzfahrer bestand aus zwei Geschossen; das untere hatte 3 Apsiden, einen Altar auf dem Sterbeplatz Maria's und einen auf dem Platz, wo Jesus „in Galilaea" erschienen war; hier wurde auch der Ort der Fusswaschung gezeigt. Das obere Geschoss galt als eigentlicher Abendmahlssaal. Eine Augustinerabtei stand in Verbindung mit der Zionskirche. Im Jahre 1333 siedelten sich die Franciscaner auf Zion an; von ihnen erhielt das Gebäude die Form, die es noch heute hat. Neben dem Kloster lag ein grosses Spital, 1354 von einer florentinischen Dame gegründet und der Obhut der Brüder übergeben. Noch heute heisst der Superior der Franciscaner „Guardian des Berges Zion". Die Muslimen suchten Jahrhunderte hindurch mit allen Mitteln in den Besitz dieser Gebäude zu gelangen; schon im Jahre 1479 gestatteten sie den Pilgern nicht mehr, die Stelle der Geistesausgiessung zu betreten, weil sie dort die Gräber David's und Salomo's verehrten. Im J. 1547 hatten sie den Franciscanern Alles abgenommen und Jahrhunderte hindurch konnten Christen nur mit grosser Mühe Zutritt zu diesen Orten finden. Das *Grab David's* gehörte schon in der Kreuzfahrerzeit zu den Heiligthümern der Zionskirche und est ist fraglich, ob nicht alte

Gräber in einem Souterrain unter derselben sich vorfinden möchten; das, was heute gezeigt wird, lohnt der Mühe des Besuches kaum. Da David mit seinen Nachkommen in der „Stadt David's“ begraben wurde (1 Kön. 2, 10 u. a.), so zeigte man vom 3. bis 6. Jahrhundert die Gräber in der Nähe von Bethlehem. Zur Zeit der Evangelisten war man sich der Lage des Davidsgrabes wenigstens noch bewusst und verlegte es nach Apostelgesch. 2, 29 † nach Jerusalem. Hyrcanus und Herodes hatten aber bereits die Gräber ihres Schmuckes und ihrer Kostbarkeiten beraubt. Nach Neh. 3, 16 sind wir allerdings berechtigt, die Gräber der Könige am „Zion“ zu suchen, aber wohl eher oberhalb der Quelle Siloa am Tempelberg, als hier am Abhang der Oberstadt.

Von hier nordwärts der Stadt zu gehend, kommen wir bald an einen Scheideweg. Das Gebäude, welches die Ecke bildet, ist das *armenische Zionsbergkloster*, nach der Legende das *Haus des Hohenpriesters Kaiphas* (Pl. 55); die Araber nennen es *ḥabs el-mesîḥ*, Gefängniss Jesu. Die kleine eiserne Eingangspforte zum Kloster liegt auf der Nordostseite. Im Klosterhofe betrachte man die grosse Rebe und die Grabmäler der armenischen Patriarchen von Jerusalem. In der kleinen, mit Malereien geschmückten *Kirche* steht ein Altar, der den Stein einschliesst, womit das h. Grab geschlossen gewesen sein soll. Die Pilger küssen ihn. Eine Thür führt südlich in ein Gemach, das für das Gefängniss Jesu gilt; auch zeigt man den Platz der Verleugnung Petri und den Hof, in welchem der Hahn gekräht hat. — Der genannte Stein *(Engelsstein)* wird erst im 14. Jahrhundert erwähnt und später verschieden beschrieben, so dass es sehr fraglich ist, ob er auch bloss seitdem immer derselbe geblieben ist. Die Tradition über die Verleugnungsstelle datirt aus der zweiten Hälfte des 15. Jahrhunderts. Auch die Tradition über das Haus des Kaiphas schwankt: aus dem J. 334 gibt es eine Nachricht, dass das Haus zwischen Siloa und Zion gestanden habe; dann verlegte man das Gefängniss lange Zeit in das Praetorium (vgl. S. 217); vielleicht stand das Praetorium der Kreuzfahrer hier. Im Anfang des 14. Jahrh. zeigte man den Kerker Jesu in der Erlöserkirche, als dem ehemaligen Wohnhause des Kaiphas; seit dem Anfang des 15. Jahrhunderts am selben Orte, wie heute. Die Armenier, welche diese Stätte schon längst innehaben, erlauben den Katholiken bisweilen, hier Messe zu lesen.

Der Weg nördlich führt uns nach einigen Schritten zum **Zionsthor** (arab. *Bâb en-Nebi Dâûd*, Thor des Propheten David). Das Zionsthor liegt in einem Thurme der Stadtmauer. Es hat zwei mit Eisen beschlagene Thürflügel und ist laut Inschrift im Jahre 947 gebaut. Auf die Zinne des Thores gelangt man vermittelst eines kleinen

† Ihr Männer, lieben Brüder, lasst mich frei reden zu euch von dem Erzvater David: Er ist gestorben und begraben, und sein Grab ist bei uns bis auf diesen Tag.

16*

Bachschisch; man geniesst oben eine schöne Aussicht bis auf die Berge jenseit des Jordanthales. Innerhalb des Thores wende man sich r., und dann l., um in den *Bazar* (S. 220) zu kommen; oder l. und dann r., um zum *Yâfathor* (S. 166) zu gelangen.

Vom Yâfathor aus kann man dem **Aussätzigenhause** einen Besuch abstatten. Man gehe die zweite Strasse l. hinunter; in 5 Min. gelangt man zu einem von Bäumen beschatteten griechischen Kaffehaus r.; dann folgen Gräber r., hierauf l. eine eiserne Thüre mit drei Stufen aufwärts; sie führt durch einen Garten in die genannte Anstalt. Dieselbe ist seit 7 Jahren eingerichtet und steht unter der Leitung eines deutschen Hausvaters. Ansteckung ist durchaus nicht zu befürchten; die Abschliessung der Kranken ist jedoch nöthig, weil dadurch die Kranken gehindert werden sich zu verheirathen. Man trifft freilich an der Yâfastrasse noch Schauder erregende, mit Aussatz behaftete Bettlergestalten, da besonders die Juden sich gegen die Aufnahme in das Institut sträuben; aber es ist zu hoffen, dass die totale Absperrung sich mit der Zeit werde durchführen lassen, denn diese bietet das einzige Mittel, den Aussatz allmählich verschwinden zu machen. Die Krankheit ist so gut als unheilbar; die Kinder der mit derselben behafteten Leute werden meistens erst in späterem Alter ebenfalls von ihr befallen, denn sie ist erblich. Im Jahre 1873 fanden wir 13 Individuen im Hospital.

Der Aussatz war unter den Israeliten eine ziemlich verbreitete Krankheit. Die Aegypter nannten die sich ihrer Herrschaft entziehenden Hebräer einen Haufen Aussätziger. Die biblischen Verordnungen, welche den Aussatz betreffen, stammen aus früher Zeit. Jeder, auf dessen Haut weisse Flecken oder geschwulstartige Anschwellungen vorkamen, musste sich dem Priester zeigen, sich sieben Tage einschliessen lassen, und, wenn er aussätzig erfunden wurde, ausserhalb der Stadt wohnen (vgl. II Kön. 7, 3; 15, 5). Ein Beispiel der ärgsten Leiden, welche diese schreckliche Krankheit mit sich führt, stellt sich uns in der Erzählung von Hiob dar. Die Genesung, durch eine Reaction des Körpers hervorgerufen, war eine grosse Seltenheit (IV Mos. 12, 12 u. 19, 18), auch dann waren Ceremonien und Opfer nöthig, damit der Genesene wieder in die Gemeinde aufgenommen würde. Der Aussatz tritt in Folge abnormer Blutmischung ein. Der Kranke fühlt sich Monate lang vor Ausbruch der Krankheit matt und leidet an Frostanfällen, Kribbeln in den Gliedern und Fieberschauern. Zuerst stellen sich röthliche Flecken auf der Haut ein, dann verschiebbare dunkelrothe Knoten unter derselben. Besonders im Gesicht vereinigen sich diese Knoten zu traubenförmigen Knollen; Mund und Lippen schwellen auf, die Augen triefen, und oft belästigt den Kranken ein furchtbares Jucken durch den ganzen Körper. Die Schleimhäute beginnen zerstört zu werden; im Innern des Körpers setzen sich auch Knötchen an; die Sprachorgane werden afficirt, Seh- und Hörkraft nehmen ab. Endlich springen die Knollen auf, werden zu schauderhaften Geschwüren und heilen wieder zu, um immer von Neuem hervorzutreten; die Finger werden gekrümmt, und einzelne Glieder faulen nach und nach ab. Von diesem Knollenaussatz unterscheidet sich der glatte Aussatz, bei welchem schmerzhafte glatte Hitzblattern sich auf der Haut bilden und Geschwüre hinterlassen. Gewöhnlich treten infolge des Aussatzes noch andere Krankheiten hinzu, um dem Leben, bisweilen erst nach 20jährigen Leiden, ein Ende zu machen. Es ist ein Bild des tiefsten menschlichen Elends, welches sich dem Beschauer in dem Aussätzigenasyl vor Augen stellt; aber dem humanen Bestreben, diesen hoffnungslos Unglücklichen, diesen wahren Hiobsgestalten, die ohne ihr Verschulden in diesen Zustand gerathen sind, alle möglichen Erleichterungen zu bieten, dem Umsichgreifen dieser schrecklichen Krankheit Einhalt zu thun, werden gewiss wenige, die die Anstalt besuchen, ihre innige Theilnahme versagen.

Dem Hause der Aussätzigen gegenüber, einige Schritte N. von der Strasse und beinahe am Ende des Hinnomthales, liegt der **Mamillateich**, und zwar inmitten eines muslimischen Begräbnissplatzes. Der Teich hat von O. nach W. eine Länge von 89m, NS. eine Breite von 59m; die Tiefe beträgt 6m. In den Südecken sieht man Spuren von Treppen. Der Teich ist wohl theilweise in den Felsen gehauen, aber seine Wände sind ausserdem mit einer doppelten Mauer gefüttert; an der S. und W.-Wand bemerkt man Strebepfeiler. Der Teich füllt sich zur Winterzeit mit Regenwasser; im Sommer und Herbst ist er leer. Der gemauerte Abflusscanal befindet sich unten in der Mitte an der O.-Seite und läuft von hier in Windungen gegen die Stadt hin; dort tritt er etwas südlich vom Yâfathor durch die Einsattelung in dieselbe ein und liefert sein überflüssiges Wasser (wenn er welches hat) in den Patriarchenteich (S. 220) ab. Es liegt scheinbar sehr nahe, anzunehmen, dass wir in diesem Teiche den „oberen Gichon" oder wenigstens den „oberen Teich" (Jes. 7, 3) vor uns haben; bisher ist jedoch nirgends eine Quelle westlich von Jerusalem gefunden worden, die dem Gichon entsprechen könnte. Den „oberen Teich" scheint man nach dem Zusammenhange der Stellen auf der Nordseite der Stadt suchen zu müssen (vgl. S. 235); dem vorliegenden Reservoir entspricht hingegen wohl der von Josephus genannte „*Schlangenteich*", bis zu welchem Titus den Boden des bessern Angriffs wegen ebnen liess (V, 3, 2). — Weg zum *Kreuzkloster* und Beschreibung desselben siehe R. 8. — Wir wenden uns von dem Teiche gegen N., indem wir den Weg, auf welchem wir gekommen sind, rechts lassen. So gelangen wir auf die Yâfastrasse.

**4. NW.-Seite der Stadt. Russenbau, Gräber der Könige etc.** — Die **Yâfastrasse**, die zunächst der Stadtmauer entlang läuft, ist gewöhnlich durch Züge ankommender und abziehender Pilger und, da sie die beste Strasse in der Umgebung von Jerusalem ist, durch Spaziergänger belebt; auch die Maulthiertreiber resp. Pferdevermiether halten sich meistens vor dem Yâfathore auf, stehen umher oder sitzen in einem der zahlreichen arabischen Kaffehäuser. Hier an der Nordwestecke der Stadt sind noch Reste von zwei Thürmen, aber nur von innen zugänglich; der Araber nennt sie *Kal'at Djâlûd* (Goliathsburg, Pl. 32). Man sieht noch ein Stück Mauer von circa 6m Höhe in Form eines Würfels, 30 Schritte lang und 24 Schritte breit. Die Aussicht, die man oben geniesst, ist sehr lohnend. Auf der Längsseite, die gegen die Stadtmauer gerichtet ist, befindet sich ein Gewölbe; man beachte die grossen geränderten Steine. Die Decke bilden fünf Bogen. An der Basis der Südwestecke sind, von aussen gesehen, vier Lagen grosser geränderter Quadern, jedenfalls Reste einer alten Mauer. Robinson identificirt diesen Thurm mit dem

*Tancredsthurm* des Mittelalters, obwohl dieser heute von der Tradition an der NO.-Ecke der Stadtmauer gezeigt wird.

Ausserhalb der Stadtmauer an der Yâfastrasse finden wir bereits das erste Wachthaus (S. 145). Etwas weiter fällt der grosse mauerumschlossene Platz des **Russenbaues** in die Augen. Man kann von SW. in den Hof hineingehen. Das erste Gebäude l. ist das trefflich eingerichtete Spital mit der Apotheke und den Wohnungen des Arztes, der Priester und des Archimandriten, r. unten das Gebäude mit der Flaggenstange das russische Consulat, hinter welchem nördlich das grosse Gebäude für die weiblichen Pilger liegt. Die stattliche *Kathedrale* steht in der Mitte des Hofes l. zwischen dem Gebäude, das für die vornehmeren, und dem, welches für die ärmeren Pilger bestimmt ist. Die Zellen für letztere sind freilich etwas roh und ohne Betten, doch ist das Etablissement immerhin eine grosse Wohlthat; es können darin über 1000 Pilger gleichzeitig beherbergt werden. Die Kirche ist geräumig und im Innern prächtig ausgeschmückt; den von schönem Gesang begleiteten Gottesdienst (gewöhnlich gegen 5 Uhr Nachm.) betrachtet man am besten von der Gallerie aus. Das Gebäude, 1860 begonnen, wurde 1864 vollendet; man hat beim Graben der Fundamente einige alte Säulenstücke gefunden.

Etwas weiter fällt l. an der Yâfastrasse das grosse Gebäude des vom rheinisch-westphälischen Diaconissenverein gestifteten Mädchen-Waisenhauses **Talitha kumi** (Marcus 5, 41 †) in die Augen. In dem schön gehaltenen Gebäude erziehen sieben Diaconissen unter Vorstand der Schwester Charlotte Pilz etwas über 100 arabische Mädchen. — Eine ähnliche Anstalt (nördl. hinter dem Russenbau) ist das von Schneller gegründete *syrische Waisenhaus* für Knaben, woselbst 70 Knaben von zwei Lehrern und drei Handwerksmeistern unterrichtet werden.

Oestlich von der Mauer des Russenbaues führt ein Weg nach N.; man schreitet durch das Olivenwäldchen im N. der Stadt und kreuzt den Weg vom Damascusthor nach Nebi Samwîl (S. 148). In 10 Min. gelangt man zu den sogenannten **Gräbern der Könige** (arab. *Kubûr es-Salâṭîn*). Dieselben befinden sich einige Schritte östlich von einem Kreuzwege, an dessen Knotenpunkt eine Cisterne liegt. Man blickt zuerst in eine grosse aus dem Felsen gehauene viereckige Grube hinunter; der Eingang in dieselbe liegt auf der Südseite gegen die Stadt hin. Von hier führt ein theilweise verschütteter Durchgang durch die 1,5m dicke Felswand in einen offenen aus dem Felsen gehauenen Hof von 28m Länge, 25,3 Breite (an der Ostseite des Eingangs eine Cisterne). Nun erst erblicken wir im W. das reich ausgehauene Portal der eigentlichen Felsengrabhöhle. Das Portal ist gegenwärtig auf 12m Breite erweitert;

† Und er griff das Kind bei der Hand, und sprach zu ihr: Talitha kumi; das ist verdolmetschet: Mägdlein, stehe auf.

es wurde ehemals, wie das Jakobusgrab (S. 232), von zwei Säulen unterbrochen und getragen. Das Kranzgesims des Portals ist zum Theil noch schön erhalten und besteht aus einem breiten Band von Blumengewinden, Früchten und Laubwerk. Hierauf treten wir in

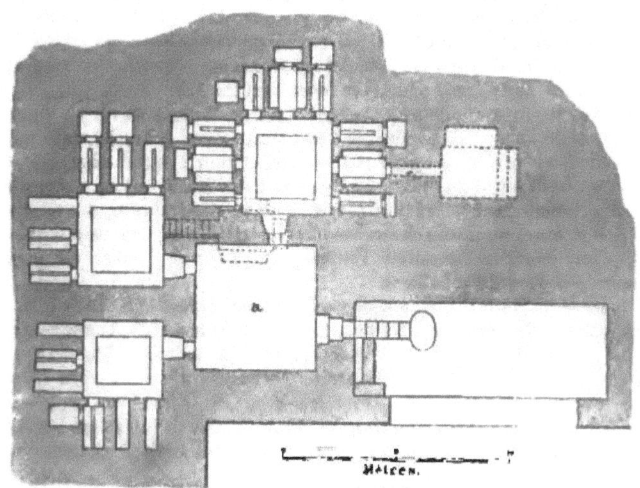


eine Vorhalle und zünden daselbst das mitgebrachte Licht an; der Eingang zu den Grabkammern ist auf der Südseite (über demselben hat man in letzter Zeit einen merkwürdigen, schon früher entdeckt gewesenen Rollstein wieder gefunden, welcher den Eingang zu einer Cisterne und vielleicht zu noch weiter dahinter liegenden Gräbern verdeckt). Durch einen niedrigen Gang gelangt man zunächst in eine Kammer von etwa 6m ins Geviert; aus derselben führen drei Eingänge, zwei gegen S., einer gegen W., in Grabkammern. Die südöstl. Kammer hat auf drei Seiten Felsenbänke und auf zwei Seiten Schiebgräber. Die zweite Kammer hat eine Vertiefung in der Mitte und je drei Schiebgräber gegen S. und W.; gleich rechts vom Eingang in diese Kammer führt ein Gang zu einem tiefer liegenden Gemach nordwärts; auf dem Boden liegt ein schöner Sargdeckel. Das Gemach westlich von der Vorkammer enthält drei Bänke mit je drei Schiebgräbern; an der Seite r. vom Eingang führt in der Mitte ein Gang in eine viereckige Oeffnung und weiterhin in ein grösseres Gemach mit zwei überwölbten Auflegräbern und einer Nische im Hintergrund. — Die einzelnen Kammern waren, deutlichen Spuren nach, durch eingesetzte steinerne Thüren abgesperrt. Man fand früher in diesen Gräbern reich verzierte Sarkophage, heute sieht man nur noch wenige Ueberreste derselben.

Die Juden verehren diese Katakomben, deren sorgfältige Ausführung vermuthen lässt, dass vornehme Leute hier begraben lagen. Sie nennen das Mausoleum schon seit frühen Zeiten *Höhle Zedekia's* oder *Grab des reichen Kalba Sabua*, der um die Zeit der Belagerung lebte. Am meisten Wahrscheinlichkeit hat es, hier das *Grab der Königin Helena von Adiabene* zu suchen, das laut Angabe des Josephus hier lag. Diese Königin war nebst ihrem Sohn Izates bereits in ihrer Heimath für das Judenthum gewonnen worden und siedelte nach dem Tode ihres Gemahls Mumbaz im Jahre 48 n. Chr. nach Jerusalem über. Später kehrte sie in ihre Heimat zurück, wurde aber nach ihrem Tode wieder nach Jerusalem gebracht und drei Stadien von der Stadt entfernt in einem Pyramidengrabe beigesetzt. Izates allein hatte 24 Söhne, daher wohl die Ausdehnung des Grabmals. Schon im 14. Jahrhundert war diese Bestimmung der Gräber erkannt worden; doch schwankte die Ueberlieferung und man schrieb die Gräber sogar den alten Königen von Juda zu, daher sie noch heute Königsgräber heissen.

15 Min. weiter NW. am Wege nach Nebi Samwil (S. 148) liegen die sogen. **Gräber der Richter**, die einen besondern Ausflug verdienen. In den Felsen ist ein Vorplatz 2,4m ostwärts eingehauen; man tritt in eine beinahe 4m breite Vorhalle, die nach vorn offen ist und einen Giebel hat; im Giebelfeld ein Ring, von welchem Spitzblätter sich strahlenförmig ausbreiten. Auch über dem Portal, welches in die Grabkammer führt, ist ein Giebel angebracht.

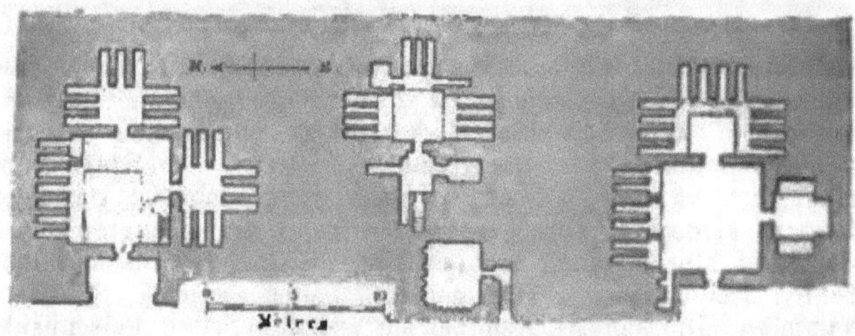


Das Portal konnte früher von innen verschlossen werden. Die SO. und NW.-Ecken der ersten Grabkammer sind verschüttet; l. (N.) liegen sieben Schiebgräber, über diesen in unregelmässigen Abständen drei überwölbte Aufleggräber, und hinter jedem derselben wieder ein Paar Schiebgräber. An der W.-Wand befindet sich eine Nische. Neben dieser ersten Kammer liegen zwei andere ungefähr auf gleicher Höhe O. und S., und zwei tiefer gelegene Kammern. In der O.-Kammer sind auf drei Seiten unten je drei Schiebgräber und darüber 1m vom Boden je vier Schiebgräber. Die S.-Kammer hat drei Schiebgräber auf jeder der drei Seiten und über diesen je ein langes überwölbtes Auflegrab. Von der ersten

Kammer geht man hinunter durch einen Gang, der drei Schiebgräber hat, in die NO.-Kammer; sie hat nach N. und S. je fünf, nach O. drei Schiebgräber. Das andere Nebengemach hat keine Gräber, wahrscheinlich ist es unfertig; es erhielt einst Licht von oben. — Die Tradition, dass hier die „jüdischen Richter" begraben lägen, stammt aus neuerer Zeit; man nannte die Grabhöhlen auch Prophetengräber. Andere reden davon, dass hier Mitglieder des jüdischen Gerichtshofes begraben liegen. In der Nähe sind noch einige Gräber im Felsen, aber keine von ähnlicher Ausdehnung.

Von den Königsgräbern steigt der Weg in das obere Kidronthal, arab. *Wâdi el-djôz* (Nussthal) hinab, durch welches die grosse Karawanenstrasse nach Nâbulus (S. 339) führt; auf dieser gehen wir, einen Weg l. lassend, welcher bei den Königsgräbern l. nach SO. läuft, südwärts gegen die Stadt zurück. Hier auf dem nördlichen Plateau befanden sich in der jüdischen Zeit Landhäuser und Baumgärten, wie aus den Steinhaufen und der Menge der Cisternen und Reservoirs, die man noch findet, hervorgeht. In 10 Min. gelangen wir, einen Hügel hinabsteigend, vor das Damaskusthor, biegen aber vor demselben l. ab und erreichen in 2—3 Min. (l.) die sogenannte **Jeremiasgrotte.** Der Eintritt in die Höhle ist durch eine quer vorgebaute Mauer versperrt. Der muslimische Hüter des Heiligthums macht öfters unverschämte Forderungen, bevor er die Thüre öffnet; man wende sich zum Fortgehen, worauf er sich eines Besseren besinnt (1 fr.). Man gelangt zuerst in einen kleinen mit Fruchtbäumen bepflanzten offenen Hof, in den man auch von dem Berge aus hinunterblicken kann. Man sieht Säulenfragmente umherliegen. Durch eine Art Moschee hindurch wird man O. in eine Höhle geführt, dann in eine zweite runde Höhle von 40 Schritt Länge und 35 Schritt Breite; in der Mitte ist die Wölbung von einem Pfeiler gestützt. SW. zeigt man das Grab des Sultan Ibrâhim und weiter hinten eine hohe Felsbank mit dem Grabe des Baruch ed-dîn; seit dem 15. Jahrhundert wurde dieses als das Grab des Jeremias ausgegeben. Jeremias soll hier auch seine Klagelieder abgefasst haben. Die Höhlen waren einst von muslimischen Santons (heil. Mönchen) bewohnt. — Auf dem Vorplatz befindet sich ein Eingang (5 Stufen) in ein unterirdisches Gewölbe, das von einer dünnen Säule mit zierlichem Knauf gestützt ist; dann schreitet man nordwärts und hierauf noch 11 Stufen SW. hinab. Hier finden wir eine grosse schöne Cisterne, deren Wölbung von einem umfangreichen Pfeiler gestützt wird; durch eine Oeffnung von oben fällt Licht hinein. Die Cisterne ist das Sehenswertheste. In den Höhlen erblicken wir alte Steinbrüche, die wohl später zu Gräbern benutzt wurden. Es ist möglich, dass vormals ein Felsrücken von hier bis zur Stadtmauer lief, aber dann weggesprengt wurde, um die Vertheidigungsfähigkeit der Stadt zu vermehren.

Vor dem nördl. Theile der Stadtmauer, welche hier auf dem Felsen ruht, läuft ein Graben, vor welchem diesseits ein Schuttberg aufgehäuft liegt, der zumeist von den Ausräumungen beim Bau des österr. Hospizes herrührt. An dieser Stelle, etwa 100 Schritt östlich vom Damascusthor und gerade gegenüber der Jeremiasgrotte, befindet sich im Felsen, 6m unter der Mauer, der Eingang in die sogenannte **Baumwollengrotte**, welche seit 1852 neu entdeckt wurde. Die Höhle ist uns aus muslimischen Autoren unter diesem Namen (oder vielmehr genauer unter dem Namen Leinwandgrotte, *maghâret el-kettân*) bekannt; gegenwärtig ist es allgemein zugegeben, dass wir hier nichts als einen sehr ausgedehnten Steinbruch vor uns haben, der sich tief unter den Boden der Stadt hineinzieht und sich nach Süden hin stark senkt. Man sieht an den Seiten noch Wandnischen für die Lampen der Steinmetzen. Colossale Pfeiler stützen die Felsendecke; die Quadern wurden mittelst Holzkeilen, die man eintrieb und benetzte (sodass sie auseinander gingen), vom Felsen losgelöst, von welcher Bearbeitungsart noch deutliche Spuren vorhanden sind. Es ist nicht auszumachen, in welcher Zeit diese Steinbrüche ausgebeutet worden sind. In gerader Linie erstreckt sich die Höhle 196m weit nach S. Man nehme Licht und Compass oder Bindfaden, besser noch einen Führer mit; Hauptregel: sich immer rechts an der Wand halten, oder immer links, man wird dann sicher wieder herauskommen. Der Boden ist sehr uneben, besonders an einigen Stellen, wo Felsstücke hinuntergestürzt sind. Hinten r. findet sich eine tröpfelnde Quelle mit schlechtem Wasser.

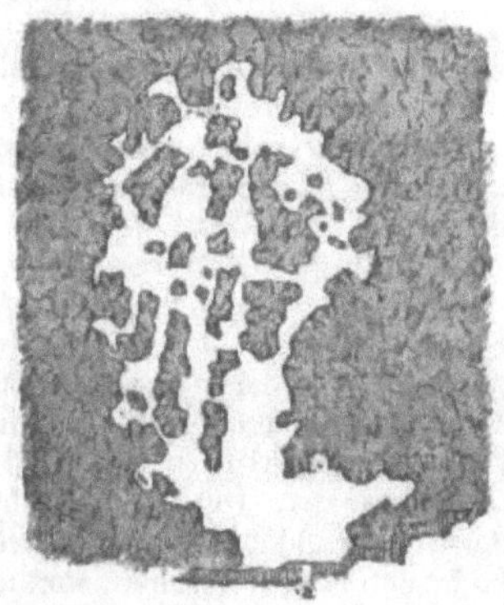

Gehen wir nun über den Schutthügel zum **Damascusthore**. Auch dieses Thor ist in Winkeln gebaut und hat zwei grosse eisenbeschlagene Thürflügel. Es ist das stattlichste Thor von Jerusalem und mit seinen Zinnen ein schönes Muster der Baukunst des 16. Jahrhunderts. Laut der Inschrift liess es Solimân im Jahre 944 erbauen oder wenigstens renoviren. Zur Seite der Thorflügel stehen aussen dünne Säulen, darüber ein Spitzbogenfeld mit Inschrift; nach diesen Säulen führt das Thor den Namen „Säulenthor“, *bâb el-ʿamûd.* Die Aussicht von dem Thorthurm aus wird gerühmt. Im 12. Jahrhundert hiess das Thor Stephansthor, weil hier die Stephanskirche in der Nähe stand (vgl. S. 216). Die Ausgrabungen bei diesem Thore haben das unzweifelhafte Resultat geliefert, dass es an der Stelle eines *alten* Thores steht, denn man hat hier ausser einem Wasserreservoir auch einen Mauerlauf (von O. nach W.) gefunden, der aus geränderten Quadern besteht. Es ist

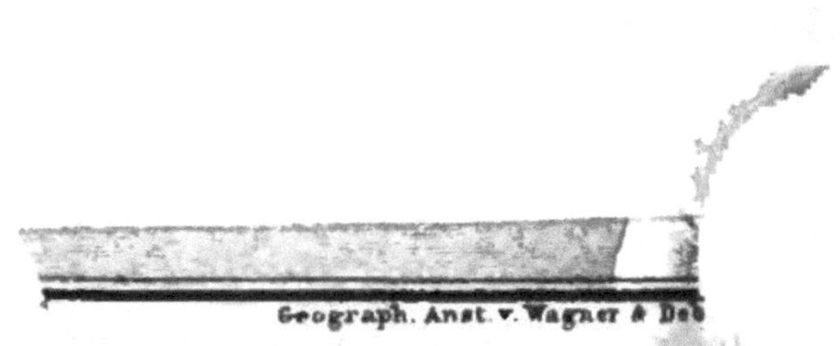
Geograph. Anst. v. Wagner & Deb

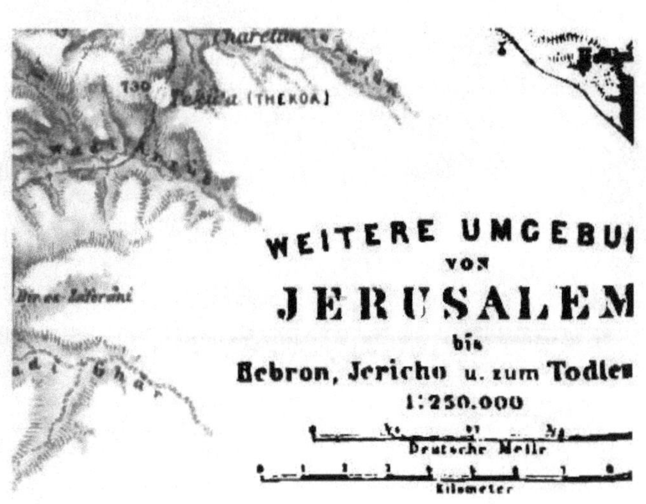
(THEKOA)
WEITERE UMGEBU
VON
JERUSALEM
bis
Hebron, Jericho u. zum Todten
1:250.000
Deutsche Meile
Kilometer

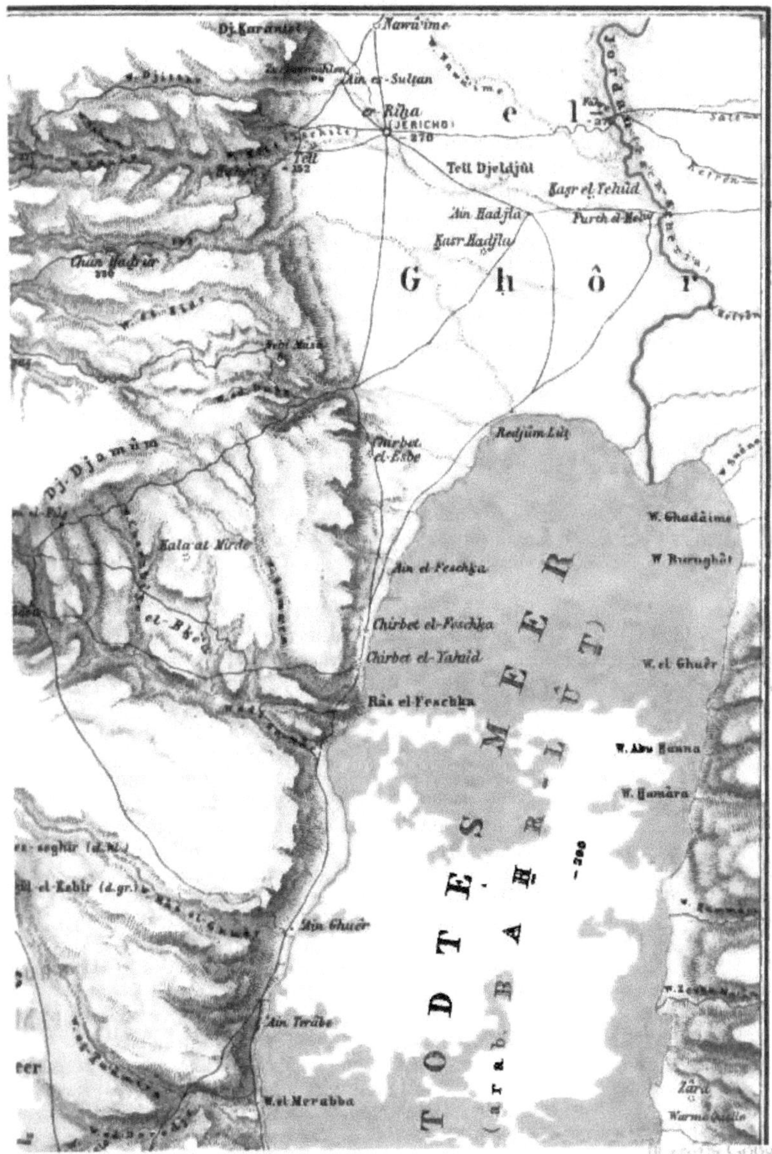

Dj. Karantal
Nawâ'ime
'Ain es-Sultan
er Rîha
(JERICHO)
270
Tell
Tell Djeldjûl
Kasr el-Jehûd
'Ain Hadjla
Kasr Hadjla
Chân Hadrûr
G h ô r
Nebi Mûsa
Redjûm Lût
Chirbet el-Esbe
Dj. Djamûm
Kala'at Mirde
'Ain el-Feschka
Chirbet el-Feschka
Chirbet el-Yahûd
Râs el-Feschka
W. Ghadâime
W. Burughât
W. el Ghuêr
W. Abu Hanna
W. Hamâra
'Ain Ghuêr
'Ain Terâbe
W. el Merabba
Zâra
TODTES MEER
(arab. BAHR LÛT)

jedoch zweifelhaft, ob diese Mauer nicht erst von den Kreuzfahrern aus altem Material gebaut worden ist. Das Damascusthor besteht eigentlich aus zwei Thorthürmen; in der Mitte derselben sieht man noch deutlich die Reste eines alten, vermuthlich ehemals in der dritten Mauer (S. 161) befindlichen Thores, wenigstens den oberen Theil des Thorbogens. Unter den Thürmen sind noch Kammern vorhanden; die im Ost-Thurm befindliche ist 15 Schritt lang, 9 Schritt breit und aus grossen Quadern gebaut. Man will am Damascusthor öfters das Rauschen eines Wasserlaufes in der Tiefe gehört haben; es wäre nicht undenkbar, dass ein solcher vorhanden wäre.

## 5. Von Jerusalem nach Bethlehem.

1 St. 20 Min. Vom Yâfathor aus führt der Weg (auch zu einer Fusswanderung geeignet) gleich links den Berg hinunter ins obere Hinnomthal; wegen ihrer geringeren Steilheit ist für den Reiter indessen eine zweite Strasse, die beim Mamillateich (S. 245) l. abliegt, die angenehmere. An der rechten Thalseite entlang gehend, haben wir das Birket es-Sultân (S. 241) links unten, und lassen bald darauf das Haus der Montefiore'schen Stiftung mit der Windmühle r. oben. Wo das Thal die Krümmung nach O. macht, geht unser Weg, statt l., gerade aus über Felsplatten in die Höhe. Die Aussicht über Jerusalem von dieser Seite geniesst man am besten, wenn man, unmittelbar bevor man die Hochebene erreicht, l. abschwenkt und in einigen Min. den Gipfel des *Berges des bösen Rathes* (S. 237) ersteigt. Man sieht von dem kahlen Berggipfel aus besonders gut die Südseite von Jerusalem, gegenüber das Dorf Silwân und den Oelberg, gegen S. die Dörfer Bêt Sufâfâ, esch-Scherâfât und das Kloster Mar Elyâs. Die Ruinen auf dem Gipfel rühren wahrscheinlich von einem arabischen Dorf her; die Tradition erblickt in denselben das *Landhaus des Kaiphas* (S. 237).

Die Hochebene, welche sich von hier nach S. ausdehnt und auf welcher wir unsern Weg verfolgen, heisst *Bekâ'a*; seit dem 16. Jahrh. hat man hier das Thal *Rephaim* finden wollen, durch welches nach Josua 15, 8 u. a. O. die Grenze zwischen Juda und Benjamin lief. Seinen alten Namen hatte das Thal von der Urbevölkerung (S. 57). Hier lagerten die Philister öfters und David schlug sie hier (II Sam. 5, 18 etc.). In neuerer Zeit will Tobler das Thal Rephaim im *Wâdi Dêr Yâsîn* WNW. von Jerusalem gefunden haben, was freilich mit dem deutlichen Bericht des Josephus in Widerspruch steht.

Die Ebene senkt sich gegen W. zum *Wâdi el-Werd* (Rosenthal, S. 335) hin. Im Eingang zu diesem Thale r. sieht man erst das Dorf *Bêt Sufâfâ*, dann *esch-Scherâfât* in einiger Entfernung von der Strasse liegen. Auch auf dieser Ebene, die heute ziemlich gut angebaut ist, bezeichnet die Tradition einige heil. Stätten; eine Ruine r. in einiger Entfernung soll das *Haus Simeon's* (Luc. 2, 25) sein; darauf zeigt man bei einigen auf dem Weg herumliegenden Steinen den *Magierbrunnen*, wo diese den Stern wieder erblickten (Matth. 2,

9†). Am Ende der Ebene kommen wir r. zum Landhaus des griech. Patriarchen und einen Hügel hinaufsteigend zum Kloster **Mar Elyâs** (l.), 3/4 St. von Jerusalem. Die Lage dieses Eliasklosters auf dem Sattel des Bergrückens ist sehr anmuthig. Wenn man von der Strasse aus gegen das Kloster abbiegt, so findet man einen *Brunnen*, aus dem die heilige Familie getrunken haben soll. Die Aussicht, welche man von der Terrasse des Klosters hat, geniesst man von dem nahe gelegenen Bergrücken r. eben so gut. Man erblickt gegen SO. Bethlehem, im N. Jerusalem und darüber hinaus Nebi Samwîl; die langgestreckte bläuliche Gebirgskette des Ostjordanlandes nimmt sich herrlich aus. Das Kloster, nur von wenigen griechischen Mönchen bewohnt, ist ein festes Gebäude. Es wurde — wann ist unsicher — von einem Metropoliten Elias gebaut, dessen Grab man noch im 17. Jahrh. in der Klosterkirche zeigte; zur Frankenzeit (1160) wurde das damals zerstörte Kloster wieder aufgebaut. Bald nachher bildete sich die Tradition, welche das Kloster an den alttestamentl. Elias knüpfte, die sich sogar so weit verstieg, dass sie die Scene I Kön. 19, 3 ff. in einer in dem Felsen befindlichen Vertiefung, der Fussspur des Elias (rechts vom Wege gegenüber der Klosterthüre) localisirte.

Jenseit des Klosters Mar Elyâs führt der Weg r. um ein östlich hier beginnendes Thal herum, das zum Todten Meere läuft. Die Felder sind angebaut; vor uns jenseit des Thales im SO. erscheint nun die runde Kuppe des Frankenberges (S. 267); r. (SSW.) das grosse Dorf *Bêt Djâla* (S. 264) mit seinen weissen Gebäuden. Nach 13 Min. haben wir r. in schöner Lage das „*Tantûr*“ genannte Landhaus des österr. Generalconsuls Grafen Caboga, das vom Malteserorden zur Aufnahme von kranken Pilgern eingerichtet werden soll. Bei einem zerstörten Thurme, der r. vom Wege liegt, zeigt man den *Erbsenacker*, wo Jesus einen Mann fragte; „Was säest du?“ Er antwortete: „Steine“. Daher trug der Acker Erbsen aus Stein, wie man deren noch hier findet.

Nach 9 Min. zweigt ein Weg r. ab, der nach Hebron und zu den salomonischen Teichen (S. 264) führt. Hier liegt r. ein unansehnliches Gebäude, das sog. **Grab der Rachel** *(kubbet râhîl)*. Die heutige Grabkuppel, völlig in der Art der unzähligen muslimischen Weli's (S. 38) gebaut, bietet nichts besonders Interessantes; auch der Sarkophag scheint modern und ist geweisst. Der Eingang ist auf der Nordseite. Das Grab steht bei Muslimen, Christen und Juden in grosser Verehrung; namentlich die letzteren pilgern schaarenweise hierher. Die Mauern sind mit Namen von Pilgern beschrieben. In der That stimmt hier die Tradition scheinbar mit dem Wortlaut der Bibel überein: Rachel starb auf dem Wege nach Ephrata (Bethlehem), als sie den Benjamin gebar, und wurde an

† Als sie nun den König gehöret hatten, zogen sie hin. Und siehe, der Stern, den sie im Morgenlande gesehen hatten, ging vor ihnen hin, bis dass er kam und stand oben über, da das Kindlein war.

dem Orte begraben (1 Mos. 35, 19). Während der ganzen christlichen Zeit haftete die Tradition stets an demselben Platze; Jahrhunderte hindurch fand man eine steinerne Pyramide über dem Grabe, angeblich aus 12 Steinen nach der Zahl der israelitischen Stämme bestehend. Das Grabmal scheint im 15. Jahrh. umgebaut worden zu sein und hat seitdem noch einigemal bedeutende bauliche Veränderungen erfahren. Als einzige aber bedeutende Schwierigkeit bleibt nach I Sam. 10, 2, dass die Grenzlinie zwischen den Stämmen Juda und Benjamin über diesen Punkt führen müsste, was aus vielen Gründen unmöglich ist. Das Grab lag wahrscheinlich im Norden von Jerusalem.

Wir ziehen auf der grossen Pilgerstrasse weiter und erreichen in 13 Min. die Höhe gegenüber von Bethlehem. Links von der Höhe führt ein Weg zwischen Mauern in 1—2 Min. zum sogenannten **Davidsbrunnen.** Hier finden sich drei in den Felsen gehauene Cisternen, von denen die südlichste die wichtigste ist. Es stand einst ein Gebäude hier, vielleicht ein Kloster. Nach der Tradition sind hier die Cisternen „am Thore Bethlehems" zu suchen, aus welchen drei kühne Männer, indem sie sich durch das Lager der Philister schlichen, dem David Wasser holten (II Sam. 23, 14—17). Nach mancherlei Schwankungen wurden seit dem Ende des 15. Jahrh. stets diese Cisternen als Schauplatz der dort erzählten Begebenheit gezeigt. Die Frage, ob unter jenen Cisternen die auf der Nordseite von Bethlehem gelegenen gemeint seien, lässt sich erst dann beantworten, wenn festgestellt sein wird, wo Adullam zu suchen ist (vgl. S. 267). Die Cisternen haben heute wenig Wasser. Die Aussicht auf Bethlehem, das jenseit des *Johannisbrotthales (Wâdi el-Charrûbe)* liegt, ist von hier aus malerisch. Dem Fremden fällt beim ersten Blick die sorgfältige, auf Terrassen betriebene Bodencultur auf; der Pflanzen- und Baumwuchs ist hier, theilweise in Folge grösseren Fleisses der Bewohner, üppiger als in den näheren Umgebungen von Jerusalem.

**Bethlehem.** *Geschichtliches.* In dem Namen der Stadt liegt eine gesunde Volkstradition vor, da er sich durch Jahrtausende hindurch bis heute stets gleich erhalten hat (arab. *bêt lahem*). Im Hebräischen bezeichnet der Name „Brotort", oder allgemeiner „Speiseort" und rührt wohl daher, dass die Gegend um Bethlehem sich schon im Alterthum gegenüber den umliegenden Einöden (Wüsten, I Sam. 17, 28) durch Fruchtbarkeit auszeichnete. Daher hatte es auch den gleichbedeutenden Beinamen *Ephrata* (Micha 5, 1†). Wir erfahren aus den Berichten der Bibel, dass die Bewohner Getreidefelder und Weinberge besassen, dass sie Schaf- und Ziegenheerden hatten und Käse fertigten (I Sam. 16, 20; 17, 18). In Bethlehem spielt die liebliche Idylle des Buches Ruth, welches die Einleitung zur Geschichte David's bildet. Diesem Könige, den namentlich die späteren Zeiten zu einer idealen Gestalt machten, verdankt die früher unbedeutende Ortschaft recht eigentlich ihre Berühmtheit und Grösse. Den Propheten war Bethlehem besonders als Heimath der davidischen Familie ein geweihter Ort; auch die andern berühmt gewordenen Glieder

† Und du Bethlehem Ephrata, die du klein bist unter den Tausenden in Juda, aus dir soll mir der kommen, der in Israel Herr sei, welches Ausgang von Anfang und von Ewigkeit her gewesen ist.

derselben hatten dort gewohnt: Joab, Asahel, Abisai. Rehabeam befestigte den Ort (II Chron. 11, 6). Aber erst in christlicher Zeit, durch die Pilgerfahrten zur Geburtsstätte Jesu, kam Bethlehem in Aufschwung. Noch im 4. Jahrh. war es nicht bedeutend; Justinian jedoch liess die Mauern des Städtchens wieder aufbauen, Klöster und Kirchen wurden errichtet, und um das Jahr 600 wird es ein „glänzender Ort" genannt, dessen Kirche namentlich berühmt war. Als die Kreuzfahrer heranrückten, zerstörten die Araber Bethlehem; bald aber bauten die Franken wieder ein Städtchen auf und gründeten daselbst beim Kloster ein Schloss. Im Jahre 1244 wurde Bethlehem von den Charesmiern verwüstet, im Jahre 1489 die Festung geschleift, die Mauern und das Kloster zerstört; der Ort büsste viel an Bedeutung ein, und hat sich erst in den letzten Jahrhunderten wieder erholt. Streitigkeiten der Christen mit den Muslimen von Hebron und andern Nachbarn führten öfters Blutvergiessen herbei; auch Streifzüge von Beduinen wagten sich bisweilen hierher und beunruhigten die Bewohner. Die Muslimen, welche in Bethlehem ein besonderes Quartier inne hatten, wurden von den Christen 1831 während eines wegen neuer Steuern ausgebrochenen Aufruhrs aus der Stadt vertrieben und ihr Quartier nach einer Empörung 1834 auf Befehl Ibrâhîm Pascha's zerstört; seit dieser Zeit ist der Ort beinahe nur von Christen bewohnt.

Bethlehem liegt 772m ü. M. und zwar auf zwei Hügelrücken, einem östlichen und einem westlichen, die durch einen kurzen Sattel mit einander verbunden sind. Südlich von der Stadt liegt das *Wâdi er-Rahîb*, nördlich das *Wâdi el-Charrûbe*, dessen schön bebaute Terrassen wir schon oben erwähnt haben. Die Abdachung der Hügel gegen O. und W. ist sanfter als die gegen N. und S. Die Lage Bethlehems und der umliegenden Thäler hat einige Aehnlichkeit mit der von Jerusalem. — Der Wein von Bethlehem wird dem von Jerusalem vorgezogen. Ein Deutscher Namens *Schäfer* hält in der Nähe des protest. Instituts (s. unten) eine Art Locanda.

Die Zahl der in verschiedene Quartiere vertheilten Bewohner Bethlehems beläuft sich auf gegen 5000 Seelen. Von diesen sind etwa 300 Muslimen und einige 50 Protestanten. Die Lateiner haben hier ein grosses Kloster mit etwa 15 Franciscanermönchen; die Pilger werden hier 3 Tage lang verpflegt. Das Kloster liegt am Abhang des Berges hinter der grossen Kirche; eine Schule für Knaben und eine für Mädchen, von Josephsschwestern geleitet, steht damit in Verbindung. Die Griechen haben hier ebenfalls ihr Nativitätskloster, zwei Kirchen (St. Helena und St. Georg) und eine Knaben- und eine Mädchenschule. Das armenische Kloster beherbergt 15—18 Mönche und Brüder. Die drei Klöster zusammen bilden das grosse festungsartige Gebäude, welches am SO.-Ende der Stadt die Aufmerksamkeit auf sich zieht. Von deutscher protestantischer Seite endlich besteht in Bethlehem (am andern Ende der Stadt) eine von dem Jerusalemsverein zu Berlin gestiftete, mit einem Betsaal verbundene Anstalt, in welcher gegen 18 Kinder erzogen werden; der Missionär Prediger Müller steht demselben vor und leitet ausser diesem Hause noch zwei Schulen, die von ungefähr 40 Knaben und 15 Mädchen besucht werden.

Die Einwohner Bethlehems, die oft Zeugniss ihrer Unerschrockenheit in den Kämpfen gegen ihre Nachbarn gegeben haben (s. oben), leben hauptsächlich von Ackerbau und Viehzucht;

ausserdem beschäftigen sie sich schon seit mehreren Jahrhunderten auch mit der Heiligenbilder- und Rosenkranz-Industrie, und zwar sind sie namentlich geschickt in Perlmutterarbeiten: Kreuzen, Rosenkränzen, Darstellungen von Scenen aus der bibl. Geschichte etc. Auch Korallen und Stinkstein vom Todten Meere verarbeiten sie; die Gefässe, welche aus letzterem Stoff gemacht werden, sind aber leicht zerbrechlich. Nächstdem spielt Bethlehem auch eine Rolle als Markt für die Bauern und Beduinen der Umgegend. So kommen z. B. die Beduinen aus der Gegend des Todten Meeres fleissig hierher.

Die grosse **Marienkirche**, über der traditionellen Geburtsstätte Jesu, liegt im westlichen Theile des Städtchens oberhalb des Charrûbethales und ist im Besitz der Griechen, Lateiner und Armenier.

Die Tradition, welche die Geburt Christi in eine *Höhle* bei Bethlehem verlegt, reicht bis ins 2. Jahrh. (Justin d. Märtyrer) hinauf, doch erwähnen die Evangelisten diese Sage nicht. Hadrian soll zur Beschimpfung der Christen eine über der Geburtsstätte liegende Kirche zerstört und an deren Stelle einen Adonistempel errichtet haben, doch entbehrt dieser Bericht der Glaubwürdigkeit. Die erste sichere Thatsache ist, dass hier auf dem Platze der heutigen Kirche im Jahre 330 auf Befehl des Kaisers Constantin eine schöne Basilica gebaut wurde. Vogüé stützt seine Behauptung, dass wir in dem jetzigen Gebäude noch völlig die ursprüngliche Anlage des Constantinischen Zeitalters vor uns haben, auf die Einheit des Styls und auf das Fehlen der besonderen Merkmale späterer Justinianischer Bauten. In der That ermangeln die erst in späterer Zeit auftauchenden Nachrichten über Bauten Justinian's in Bethlehem aller Sicherheit, und man darf dem Urtheil Vogüé's daher wohl beistimmen. Wir haben somit ein ehrwürdiges Gebäude vor uns, das uns als Probe ältesten christlichen Kirchenbaus hohes Interesse einflösst. Im Jahre 1010 entging die Kirche, nach den Berichten, auf wunderbare Weise der Zerstörung durch die Muslimen (Hâkim). Die Franken, durch die christliche Bevölkerung nach Bethlehem geladen, fanden die Kirche unversehrt. In den Berichten aller Pilger des Mittelalters herrscht eine auffallende Uebereinstimmung in Betreff der Lage und Bauart der Kirche, sodass wir annehmen dürfen, dass sie sich stets gleichgeblieben ist. Am Weihnachtstage 1101 wurde Balduin hier zum Könige gekrönt, im Jahre 1110 Bethlehem zum Bischofssitz erhoben. Noch in der Kreuzfahrerzeit fand eine durchgreifende Ausbesserung und Verschönerung der Kirche statt; die Freigebigkeit des byzantinischen Kaisers Manuel Comnenos (1143—1180) schmückte ihre Wände mit vergoldeten Mosaiken. Ein Baumeister Efrem leitete die Ausführung derselben und liess das Bild des Kaisers an verschiedenen Stellen anbringen. Die Kirche war mit Blei gedeckt. Im Jahre 1482 wurde das stark beschädigte Dach wieder ausgebessert; Eduard IV., König von England, gab das Blei, Philipp von Burgund das Fichtenholz dazu; das letztere wurde in Venedig von Handwerkern fertig zugerüstet, auf Schiffen nach Yâfa und dann auf Kameelen hierher gebracht. Schon damals begannen die Mosaiken zu zerfallen, und auch über die Bedachung hörte man bald wieder neue Klagen. Gegen Ende des 17. Jahrh. nahmen die Türken das Blei des Daches weg, um Kugeln daraus zu giessen. Bei Anlass einer Restauration im J. 1672 verstanden es die Griechen, sich in den Besitz der Kirche zu setzen. In unserm Jahrhundert wurde der Dachstuhl noch einmal ausgebessert. Die Lateiner, die lange zurückgedrängt waren, konnten sich 1852 durch Intervention Napoleon's III. wieder ein Anrecht an der Kirche verschaffen.

Vor dem Haupteingang (Pl. 1), der gegen Westen gerichtet ist, befindet sich ein grosser gepflasterter Platz, auf dem man noch Spuren des ehemaligen Atriums der Basilica entdeckt, eines viereckigen von Säulenreihen umgebenen Platzes, in dessen Mitte sich einige Cisternen zum Gebrauche bei Waschungen und Taufen befanden. Vom Atrium führten drei Thüren in das Vestibulum (Vorgemach) der Kirche; von diesen dreien ist nur die mittlere erhalten, aber aus Furcht vor den Muslimen schon seit langer Zeit bis auf ein niedriges Pförtchen verrammelt. Das Portal ist viereckig, und die einfach verzierte Oberschwelle wird von zwei Consolen getragen; die Fenster auf jeder Seite sind vermauert. Die Vorhalle ist ebenso breit als das Hauptschiff der Kirche, erreicht aber nur die Höhe der Seitenschiffe, sodass ihr Dach von dem zugespitzten Giebel der Kirche weit überragt wird. Die Vorhalle ist dunkel und durch Mauern in verschiedene Räume getheilt. Einst führten drei Thüren von hier aus in die Kirche, heute bloss eine.

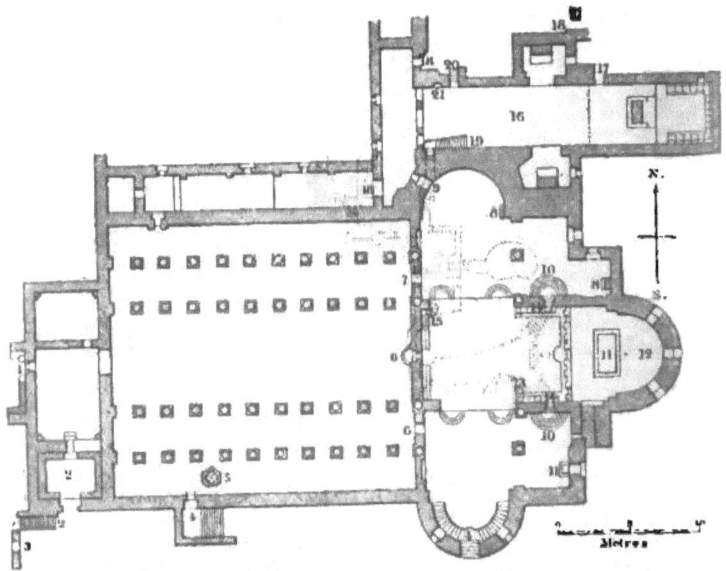


1. *Haupteingang.* 2. *Eingang zum armenischen Kloster.* 3. *Eingang zur Schule des h. Hieronymus.* 4. *Eingang zum griechischen Kloster.* 5. *Taufbecken der Griechen.* 6. *Eingang der Griechen zum Chor.* 7. *Gemeinsamer Eingang der Griechen und Armenier zum Chor.* 8. *Armenischer Altar.* 9. *Eingang zur lateinischen Kirche.* 10. *Treppen die zur Geburtsgrotte führen* (vgl. den Pl. S. 259). 11. *Griechischer Altar.* 12. *Griech. Chor.* 13. *Sessel des griech. Patriarchen.* 14. *Sitze der griech. Geistlichen.* 15. *Kanzel.* 16. *St. Catharinen-Kirche der Lateiner.* 17. *Sacristei der Lateiner.* 18. *Eingang zum latein. Kloster.* 19. *Treppe zu den unterirdischen Grotten.* 20. *Treppe zur Cisterne der h. Catharina.* 21. *Latein. Kloster.*

Die punctirten Linien in diesem Plane geben die Lage der darunter liegenden Grotten (vgl. den Pl. S. 259) an.

Beim Eintritt in das Innere überrascht uns die grossartige Einfachheit des Baues; leider sind das Querschiff und die Apsis durch Mauerwerk, welches die Griechen 1842 aufgeführt haben, abgegrenzt und verdeckt. Die Kirche ist fünfschiffig; das Mittelschiff ist aber breiter ($10,_{40}$m) als je zwei Seitenschiffe zusammen ($4,_{20}$m und $3,_{75}$m). Der Fussboden ist mit grossen Steinplatten belegt. Die Seitenschiffe werden von je zwei Reihen von 11 Säulen gebildet. Diese Säulen bestehen aus röthlichem Kalkstein mit weissen Adern und sind Monolithe. Die Basis der Säulen ruht auf einer viereckigen Platte; die Capitäle sind korinthisch, aber schon von etwas gesunkenem Styl und oben an ihnen ist ein kleines Kreuz vertieft ausgemeisselt. Die Höhe der Säulen mit Basis und Capitäl beträgt 6m. Die Architrave, welche sich über den Säulenreihen hinziehen, erinnern an die classische Kunst. In den Seitenschiffen tragen diese Architrave die hölzernen Deckbalken. Die Seitenschiffe wurden nicht wie anderwärts durch eine Obergallerie dem Hauptschiff an Höhe gleich gemacht, sondern nur über den Architraven der inneren Säulenreihen Mauern von 9 bis 10m Höhe errichtet, auf denen die Balkendecke des Hauptschiffes ruht. Diese bildet ein spitzes Dach und datirt aus dem Ende des 17. Jahrhunderts; ursprünglich war sie reich bemalt und vergoldet. Luft dringt nur durch die Fenster der Obermauer ein, deren jedes einem Säulenzwischenraum entspricht. Die glatte Mauer zwischen Architrav und Fenstern wurde im 12. Jahrh. mit Marmorstücken verkleidet und mit Mosaiken bedeckt. Diese fünffach gegliederten Mosaiken stellten von unten nach oben Folgendes vor: 1) Eine Reihe von Halbfiguren, die Vorfahren Jesu; 2) eine Reihe der wichtigsten Concile, dazwischen Gruppen von phantastischem Blätterwerk; 3) einen Fries aus Laubwerk mit Reihen von Perlen; zwischen den Fenstern 4) Engelsgestalten, 5) einen Fries wie Nr. 3. Von diesen Mosaiken ist leider sehr wenig mehr erhalten. Auf der südlichen Seite (r.) sind nur noch ungefähr sieben Büsten, welche die letzten Vorfahren Josephs vorstellen, sichtbar; darüber noch Arcaden, die verhangene Altäre enthalten, auf welche Evangelienbücher gelegt sind. Die Inschrift darüber enthält einen Auszug aus den Beschlüssen des Concils von Constantinopel; darüber stehen zwei Kreuze. Neben den Arcaden ist ein grosses phantastisches Gewächs abgebildet. Das Material zu dieser Darstellung bilden farbige Glaswürfel, die auf Goldgrund aufgesetzt sind. Die erhaltenen Bruchstücke auf der Nordseite (l.) sind bedeutender. Auch hier finden wir wieder in den Zwischenräumen die phantastischen Gewächse mit Vasen oder Kreuzen, aber statt der Arcaden Darstellungen der Durchschnitte von Kirchen und darin Altäre mit Evangelienbüchern. Zwei solcher Kirchen sind noch ganz vorhanden, die von Antiochien und von Sardike, von einer dritten nur die Hälfte. Die Zeichnung ist naiv, ohne Perspective. Auch hier sind griechische Inschriften, welche sich auf die Beschlüsse der Concilien beziehen, angebracht. Die Reihenfolge, in welcher die Concile dargestellt waren, nebst den betreffenden Inschriften ist uns aus früheren Pilgerberichten bekannt. Ueber diesen Kirchen zwischen den Fenstern erblickt man noch Reste von zwei Engelsfiguren.

Dies die Disposition des Vordertheils der Basilica. Durch einen Durchgang treten wir nun vom r. oder l. Seitenschiff aus in das Querschiff. Dieses letztere ist ebenso breit wie das Mittelschiff der Kirche und bildet mit demselben die Figur eines Kreuzes. Die vier Winkel, an welchen die Seiten des Querschiffes sich mit denen des Mittelschiffes berühren, werden von vier grossen Pilastern gebildet; in diese sind Halbsäulen, welche den Säulen des Schiffes entsprechen, eingefügt. Die Enden des Querschiffes haben halbrunde Apsiden. Jenseit des Querschiffes setzt sich das Langschiff noch fort, doch sind hier die Seitenschiffe von ungleicher Länge, und endigen in einer geraden Mauer, während das Mittelschiff in eine runde Apsis ausläuft, die den Apsiden des Querschiffes entspricht. Auch dieser Theil der Kirche war mit Mosaiken geschmückt, welche namentlich die Lebensgeschichte Jesu darstellten. Erhalten ist nur noch die der südlichen Apsis des Querschiffes, eine höchst originelle Darstellung des Einzugs in Jerusalem. Jesus, von einem Apostel begleitet (die andern sind nicht mehr sichtbar), reitet auf einem Esel. Das Volk kommt ihm aus Jerusalem entgegen; man bemerkt eine Frau mit einem Kinde, das ihr auf der l. Schulter sitzt. Kleinere (unbedeutendere) Figuren breiten Hemden auf den Weg; ein Mann steigt auf einen Baum, um Zweige abzuschneiden. In der nördl. Apsis des Querschiffes sieht man noch die Scene, wie Jesus den Thomas auffordert, seinen Finger in die Wundmale zu legen; die Apostel sind ohne Heiligenschein; im Hintergrund sieht man eine geschlossene Thüre, davor Arcaden mit Blättercapitälen; der mittlere Bogen ist ein spitzer. Das dritte Bruchstück stellt die Himmelfahrt dar; der obere Theil fehlt. Man sieht die Apostel ebenfalls wieder ohne Heiligenschein dastehen, in ihrer Mitte Maria zwischen den beiden Engeln. Andere kleine Fragmente übergehen wir.

Im südlichen Theile der Vorhalle (Pl. 2) ist der Eingang in das *armenische Kloster*, in der südlichen Apsis des Querschiffes (Pl. 4) der Eingang in das *griechische;* in der Nähe liegt das *Taufbecken der Griechen* (Pl. 5) und der *Altar der Beschneidung.*

Steigen wir nun in die Krypta hinunter. Dieselbe liegt unter dem grossen Chor der Kirche; sie hat drei Eingänge, zwei neben und gegen einander vom Chore aus (Pl. a); die Nordtreppe hat 16, die Südtreppe 13 Stufen; der dritte 1479 von den Minoriten angelegte Eingang (Pl. b) befindet sich in der Katharinenkirche. Der Eingang Pl. c, welcher aus dem Kreuzgang hinunterführte, ist jetzt vermauert. Die beiden Treppen *a* (10) führen durch Thüren direct in den wichtigsten Theil der Krypta, in die **Geburtskapelle.** Diese ist durch 32 Lampen erhellt; sie misst $12,_4$m in der Länge (von O.

nach W.) und 3,9m in der Breite und ihre Höhe beträgt 3m; der Boden ist mit Marmor belegt, ebenso die Wände, welche übrigens gemauert sind. In der Nische gegen Osten ist unter dem Altar ein silberner Stern (Pl. d) am Boden eingelegt und die Inschrift: „*hic*

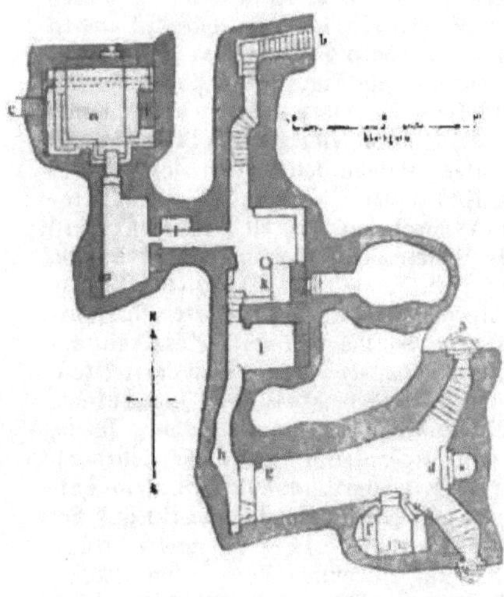

a. *Treppe zur Krypta*, aus dem griech. Chor der Marienkirche (s. Pl. S. 256) hinunterführend. b. *Treppe zur Krypta*, aus der Katharinenkirche der Lateiner. c. *Vermauerte Treppe.* d. *Geburtsstelle.* e. *Krippe der Lateiner.* f. *Altar der Anbetung der Weisen.* g. *Quelle der h. Familie.* h. *Felsengang.* i. *Befehl zur Flucht nach Aegypten.* k. *Kapelle der unschuldigen Kinder.* l. *Grab des Eusebius.* m. *Grab des h. Hieronymus.* n. *Kapelle des h. Hieronymus.*

*de virgine Maria Jesus Christus natus est.*" Um die Nische herum brennen 15 Lampen, 6 derselben gehören den Griechen, 5 den Armeniern, 4 den Lateinern. In der Nische bemerkt man ebenfalls noch einige Spuren von Mosaiken. Die Stätte wurde bereits zu Constantins Zeit reich ausgeschmückt; sogar bei den Muslimen genoss sie später hohen Ruf.

Gegenüber (Pl. e) steigt man auf drei Stufen in die *Kapelle der Krippe* hinunter. Die Krippe, in welche der Sage nach Jesus gelegt wurde, ist von Marmor, ihr Boden von weissem, die vordere Wand von braunem Stein; eine Wachspuppe soll das Jesuskind versinnbildlichen. Der Fund der „echten" Krippe, die nach Rom gebracht wurde, wird der Helena zugeschrieben; im Laufe der Jahrhunderte machten Krippe und Kapelle die verschiedenartigsten Wandlungen durch.

In derselben Kapelle östlich ist der *Altar der Anbetung der Weisen* (Pl. f). Der Platz gehört den Lateinern und ist mit einem nicht übeln Gemälde (von Maello, Ende des vorigen Jahrhunderts) geschmückt, welches jene Scene veranschaulicht.

Wir verfolgen nun den unterirdischen Gang gegen W. Bevor er nach N. (r.) umbiegt, sieht man r. ein rundes Loch (Pl. g), aus dem für die heil. Familie eine Quelle hervorgesprudelt sein soll.

17*

Im 15. Jahrh. bildete sich die Tradition, dass der Stern, welcher die Weisen geleitet hatte und danach über dem Hause stehen geblieben war, in diesen Brunnen gefallen sei, wo ihn aber bloss Jungfrauen sehen konnten. Vermittelst einer Thüre gelangt man nach rechts umbiegend in einen engen Felsengang (Pl. h) (dieser Verbindungsgang ist wahrscheinlich zwischen 1476—1479 von den Franciscanern ausgehauen worden) und zu Pl. i; hier soll Joseph vom Engel den Befehl zur Flucht nach Aegypten erhalten haben. Auch andere Scenen wurden hieher verlegt; die Kapelle wurde im Jahre 1621 eingerichtet. 5 Stufen führen von hier hinunter in die *Kapelle der unschuldigen Kinder* (Pl. k), den Platz, an welchem einer Tradition aus dem 15. Jahrh. zufolge Herodes verschiedene Kinder, welche ihre Mütter hieher geflüchtet hatten, umbringen liess; die Felsenwölbung wird von einer dicken Säule gestützt. Unter dem Altar ist eine eiserne Gitterthür (gewöhnlich geschlossen), die in eine kleine leere natürliche Höhle führt.

Geradeaus gehend gelangen wir zu der Treppe, welche in die Katharinenkirche hinaufführt; wenn wir uns aber statt dessen l. wenden, kommen wir zum Altar und Grab des *Eusebius von Cremona* (Pl. l), das zuerst 1556 hier erwähnt wird. Dieser war ein Schüler des Hieronymus und verkaufte seine Güter, um seinen Lehrer bei der Begründung eines Klosters in Bethlehem zu unterstützen; er starb 422. Weiter schreitend kommen wir in die *Grabkapelle des heil. Hieronymus* (Pl. m). Sie ist in den Felsen gehauen; das Grab des Hieronymus liegt auf der Westseite; es wird erst seit etwa 300 Jahren an dieser Stelle gezeigt, obwohl schon früh berichtet wird, dass sich Hieronymus nahe bei der *Geburtsstätte* habe beisetzen lassen.

Der Kirchenvater Hieronymus wurde im Jahre 331 zu Stridon als Heide geboren und empfing erst später in Rom die Taufe. Auf einer Reise in den Orient begriffen, hatte er in Antiochien ein Traumgesicht, welches ihm befahl, dem Studium der heidnischen Schriftsteller zu entsagen. Er wurde Ascet; dann begab er sich wieder nach Constantinopel, später nach Rom, wo sich um den gelehrten Mann ein Kreis christlicher Frauen sammelte, denen er die Bibel erklärte. Die Römerin Paula und ihre Tochter schlossen sich ihm an, um mit ihm zu den heiligen Stätten zu wallfahrten. Er zog sich dann in eine Zelle bei Bethlehem zurück und stand hier einer Art Kloster vor; 420 starb er. Hieronymus ist namentlich als Gelehrter berühmt; als Dogmatiker suchte er ängstlich den Ruf der Orthodoxie durch Unterwürfigkeit gegen den römischen Stuhl zu wahren. Er lernte bei Juden das Hebräische, verbesserte eine alte lateinische Bibelübersetzung (die Itala) und übersetzte hernach die ganze Bibel selbständig aus dem Original (Vulgata). Er unterschied nach dem Vorgange griechischer Kirchenlehrer zwischen kanonischen und nicht kanonischen Büchern, welche letzteren er apokryphische nannte. Auch interessante Briefe sind von ihm vorhanden.

Seine Schülerin Paula und ihre Tochter Eustochium waren gelehrte Matronen. Paula stand einem Frauenstift in Bethlehem vor und starb daselbst. Ihr Grab lag früher an der Südseite der Kirche; seit dem Jahre 1566 zeigt man es östlich dem Grabe des Hieronymus gegenüber. — Etwas weiter nördlich liegt die *Kapelle des heil. Hieronymus* (Pl. n), in welcher er gewohnt und geschrieben haben soll. Dieselbe ist gross und überall, ausser auf der Nordseite, aus dem Felsen gehauen; ein Fenster geht nach dem Kreuzgang; ein Gemälde stellt den Hieronymus mit der Bibel in der Hand dar. Die Kapelle wird erst 1449 erwähnt; früher wurde hier auch das Grab des Heiligen gezeigt.

Wir verlassen nun die weitläufige Krypta und gehen zurück, um auf der Treppe Pl. b in die *Katharinenkirche* hinauf zu steigen. Diese gehört den Lateinern und ist von der Basilica durch eine Mauer getrennt. Sie ist reich ausgestattet; wahrscheinlich ist sie identisch mit der Nicolauskapelle des 14. Jahrhunderts. Im 16. Jahrh. wurde sie erweitert und später zu verschiedenen Malen ausgebessert. Eine Thüre führt von hier ins Freie, eine andere ins *Kloster der Franciscaner*, welches das Wâdi el-Charrûbe überragt und mit seinen dicken Mauern wie ein Castell aussieht; im Innern finden sich zahlreiche Räume zur Bewirthung und Beherbergung der Reisenden, sowie schöne Baumgärten. — Das *armenische Kloster* ist sehenswerth, weil man von dem Dache desselben die schönste Aussicht über Bethlehem und Umgegend geniesst. Während man vom lateinischen Kloster aus mehr nach W. und N. sieht, also Mar Elyâs, Bêt Sâḥûr u. s. w., aber auch einen Theil des Todten Meeres erblickt, reicht der Blick vom Dach des armenischen Klosters nach S. und O. ins Wâdi er-Rahîb, gegen Thekoa und den Frankenberg hin.

Südlich von der Basilica führt ein Weg vom Vorplatze aus zwischen Häusern, dem *griechischen Kloster* und seinen Nebenbauten hindurch ins Freie. Der Hügelrücken setzt sich hier noch eine Strecke fort, bevor man zum Absturz ins Thal kommt. Nach 5 Min. erreicht man r. die „*Milchgrotte*“ oder *Frauenhöhle*. Man tritt in einen grossen offenen überwölbten Eingang und steigt auf 13 Stufen in die eigentliche Felsenhöhle hinunter, die etwa 5m lang, 3m breit, $2,_{6}$m hoch ist; sie gehört nebst dem hier befindlichen Altar den Lateinern. Die Tradition über diese Grotte lautet sehr verschieden. Die heil. Familie soll sich hier aufgehalten oder verborgen haben; ein Tropfen der Muttermilch Maria's soll auf die Erde gespritzt sein; daher der Name. Jahrhunderte hindurch bis auf den heutigen Tag hat bei Christen und Muslimen der Glaube bestanden, dass ein Aufguss auf den Kalkstein dieser Höhle den Frauen (ja selbst dem Vieh) die Milch vermehre. Noch heute werden an die Pilger runde Kuchen verkauft, die aus dem Pulver dieses Steines verfertigt sind.

Um Bêt Sâḥûr und das sog. Feld der Hirten zu besuchen, können wir den Weg, den wir nach der Milchgrotte eingeschlagen haben, weiter verfolgen; aber der Abhang ist so steil, dass wir gut thun, die Pferde auf einem anderen Weg hinunter führen und uns erwarten zu lassen. In 7 Min. von der Milchhöhle an (gegen O.) sehen wir etwas r. vom Wege eine kleine Ruine, auf dem Platz wo das

*Haus Joseph's* gestanden und er den Traum gehabt haben soll; die Tradition reicht bis ins Mittelalter zurück. Bald darauf erreicht man den Fuss des Berges, in 4 Min. das Dorf **Bêt Sâḥûr**. Dasselbe heisst zum Unterschied von dem S. 237 genannten wohl auch *Bêt Sâḥûr en-Naṣâra*, d. i. der Christen. Es besteht aus etwa 50 Häusern und wird von orthodoxen Griechen und einigen wenigen Lateinern bewohnt. Sepp hat den Namen des Dorfes mit *Eschchûr* (1 Chron. 2, 24; 4, 5) zusammengestellt. Man findet Grotten und Cisternen; von den letzteren ist die am höchsten in der Mitte des Dorfes gelegene dadurch berühmt, dass die Tradition hierher ein Wunder verlegt: die Einwohner des Dorfes hätten der Maria Wasser zu geben verweigert, da sei das Wasser von selber aus der Cisterne herausgekommen. Jetzt verlegt man den Wohnplatz der Hirten (Luc. 2, 8) hierher. Das Dorf wird übrigens erst im 16. Jahrhundert von Pilgern genannt.

Um die Grotte der Hirten zu sehen, muss man hier vom griechischen Kloster (*dêr er-rûm*) den Schlüssel mitnehmen. Darauf reitet man weiter gegen O. in eine kleine gut bebaute Ebene; die Tradition weist hier das aus dem Buch Ruth bekannte *Feld des Boas* (ohne sonstigen Anhaltspunkt). Nach 10 Min. (NO.) erreicht man die **Grotte der Hirten**, die inmitten einer eingefriedigten Gruppe von Olivenbäumen liegt. Eine Ueberlieferung, welche bis zum Jahre 670, ja vielleicht bis zur Zeit der Römerin Paula (S. 260) hinaufreicht, besagt, dass hier bei der Geburt Jesu die Engel den Hirten erschienen seien. Eine Kirche und ein Kloster standen Jahrhunderte hindurch auf dem Platze; aber von der *Höhle* ist erst zur Kreuzfahrerzeit die Rede. Die unterirdische Kapelle, in welche man auf 21 Stufen hinabsteigt, gehört den Griechen und enthält nur noch wenige Spuren eines Mosaikbodens aus dem Mittelalter, ausserdem einige Malereien und Säulenschäfte. Ringsum finden sich Ruinen, die wahrscheinlich der mittelalterlichen Kirche *„gloria in excelsis"* angehören. Man hat in neuester Zeit versucht, den Standort dieser Kirche einen Kilometer nördlich von hier nachzuweisen; dann würde man auch mit dem *„Heerdenthum"*, dem *Thurm Eder*, dorthin auswandern müssen. Schon Paula findet auf dem Felde der Hirten diesen Thurm (1 Mos. 35, 21); während er dann im Mittelalter gegen Thekoa hin verlegt wurde, zeigt man ihn seit dem 16. Jahrhundert wieder hier.

Beim Zurückkehren nach Bethlehem lässt man den Weg nach dem Dorf Bêt Sâḥûr links liegen; die Steigung nach Bethlehem von NO. ist weniger steil als die von O.; man gelangt auf diesem Wege direct zum Franciscanerkloster.

Von Bethlehem nach den Salomons-Teichen über *Artâs* s. S. 266.

Von Bethlehem nach 'Ain Kârim (2 St. 20 Min.). In 25 Min. erreicht man *Bêt Djâla* (S. 264), in weiteren 13 Min. *Bîr Ḥauna*; hierauf steigt man das enge, aber gut mit Reben und Olivenbäumen bepflanzte *Wâdi Aḥmed* hinunter und kreuzt nach 46 Min. das *Rosenthal* (S. 335).

Gegenüber der Einmündung des Wâdi Ahmed führt ein anderer Weg den Berg hinauf; nach 25 Min. NW. durchkreuzt man ein kleines Thal, reitet auf der rechten Seite desselben weiter und kommt an einigen Grabhügeln vorbei auf eine grössere Strasse. Nach 4 Min. erreicht man die Höhe, wo man eine schöne Aussicht über 'Ain Kârim, Kulôniye, Nebi Samwil u. s. w. hat. Nach 30 Min. steilen Hinabsteigens in dem engen aber fruchtbaren Thal erreicht man das Dorf *'Ain Kârim* (S. 288).

Von Bethlehem nach Engeddi über Thekoa (8—9 Stunden). Es muss für die ganze Judäische Wüste eine Escorte (vgl. Bemerkung S. 296) von den Ta'âmire-Bduinen, die man, um die nöthigen Verabredungen zu treffen, nach Bethlehem oder nach Jerusalem bestellt, mitgenommen werden (Schêch 'Uwêḍa zu empfehlen). Wer ohne Zelt reist und nicht in einem Tag nach Engeddi gelangt, findet Schutz in einer der vielen Zeltniederlassungen dieses Stammes. In Engeddi lässt sich die Nacht schon im Freien zubringen. Von Engeddi nach Hebron (S. 296) oder Jericho (S. 283) ebenfalls ein anstrengender Tagesmarsch.

Man folgt zuerst dem Wege zum (1 St. 20 Min.) *Frankenberg* (S. 267). Bevor man denselben erreicht, führt rechts ab der Weg nach (3/4 St.) *Chirbet Tekû'a*, auf dem Gipfel eines länglichen Hügels 730m ü. M. gelegen, an dessen Fuss eine Quelle. Die Ruinen entsprechen der alten Stadt **Thekoa**, welche bereits Jos. 15, 60 erwähnt ist. Von Jerobeam wurde der Ort befestigt; er wurde besonders berühmt als Vaterstadt des Propheten Amos, der ursprünglich ein Hirt war (Amos 1, 1). Die Gegend von Thekoa war von jeher Wüste (II Chron. 20, 30), wie ja auch der ganze Landstrich des Stammgebietes Juda, welcher sich westl. längs des Todten Meeres ausdehnte, eine wenig bevölkerte Wüste war (Jos. 15, 61). — Die Ruinen sind formlos; man erkennt noch die Reste einer christlichen Kirche (im Mittelalter stand hier ein Kloster). Der Blick, welchen man nach O. geniesst, ist lohnend; man erblickt durch einige Bergeinschnitte das Todte Meer. 3 St. SO. von Tekû'a trifft man die Cisterne *Mime* im *Wâdi Hasâse*; in ca. 3 weiteren Stunden erreicht man die Passhöhe von *Engeddi* (S. 296).

Von Bethlehem nach Engeddi durch das Wâdi-et-Ta'âmire führt ein ebenfalls schwieriger Weg (8—9 St.), der an einzelnen Stellen (z. B. am Thal ed-Dêredje) selbst nicht unbedenklich ist. Von Bethlehem bis zum Fuss des Frankenbergs 1 St. 20 Min. Von hier steigt man östl. in 20 Min. in's *Wâdi el-Me'allik* hinab. Im O. sieht man den *Djebel Halhûl*, eine Kuppe wie der Frankenberg, der hinter uns noch sichtbar bleibt. Nach 50 Min. liegt r. über dem Thal das *Weli Hmêd*; bald darauf läuft r. ein wildes Thal ein. Der Weg führt l. durch ein kleines Thal *Djôfet el-'Ursche*, das vom kleinen Ḥalḥûl kommt. Der grosse Ḥalḥûl liegt SO. vom kleinen; nach 35 Min. umgeht man den Gipfel des grossen Ḥalḥûl an der Südseite; r. unten liegt das tiefe Thal *el-Bhêhiye*. Von hier beginnt ein sehr steiler und schwieriger Weg abwärts zu dem durch Regengüsse tief ausgehöhlten Thal *ed-Dêredje* (Treppenthal), dessen Sohle man in 1 St. 15 Min. erreicht. In SO.-Richtung steigt man wieder in die Höhe und gelangt auf das S. 284 genannte Plateauland *Hasâse*. Nach 40 Min. kreuzt man das Thal *el-Muwassele*, das zum Wâdi Dêredje geht; nach 1/2 St. findet man Wasser im *Wâdi el-Kesâs*. Nach weiteren 1 St. 45 Min. erreicht man das *Wâdi Schekîf*, dann *Wâdi Emchaum*; nach 1 St. das *Wâdi ed-Dowâ'ire*, wo viele Gräber sind; Beduinen sollen im Kampfe gegen die Regierung hier den Tod gefunden haben. Nach 40 Min. hat die Ebene ein Ende; man wendet sich zur Passhöhe von Engeddi, die man nach 12 Min. erreicht (s. S. 296).

## 6. Von Jerusalem nach den Salomonischen Teichen, Chareitûn, dem Frankenberg und Bethlehem.

Von Jerusalem nach den Salomon. Teichen 2 St., Chareitûn 1 3/4 St., Frankenberg 40 Min., Bethlehem 1 1/2 St. — Der Reisende, welcher zeitig von Jerusalem nach den Teichen aufgebrochen ist, kann am nämlichen Tage noch die traditionelle Höhle Adullam und den Frankenberg besuchen; wer Thekoa (s. oben) auch noch besichtigen will, muss 1 1/2 Tag auf die Tour verwenden und in Bethlehem oder Artâs übernachten, um von hier aus früh aufzubrechen, was auch zur Vermeidung der grössten Hitze empfehlenswerth ist.

Von dem S. 252 erwähnten sog. Grab Rachels (1 St. von Jerusalem) geht r. ab die Strasse nach Hebron (Route 8), welcher folgend man nach etwa 1 St. zu den *Burak*, den sogen. Salomonischen Teichen kommt. Man reitet zunächst das Thal entlang, an dessen jenseitigem Abhang (rechter Hand) *Bêt Djâla* liegt, oder steigt nach diesem hinauf, obwohl daselbst wenig Bemerkenswerthes zu sehen ist. Vielleicht entspricht es dem antiken *Gilo*, welches Jos. 15, 21 und II Kön. 15, 12, an letzterer Stelle auch als Vaterstadt Ahitophel's genannt wird. Heute ist das grosse, ziemlich saubere Dorf nur von Christen bewohnt (circa 3000); die meisten derselben sind Griechen, ihre grosse Kirche ist 1863 neu gebaut worden. Der lateinische Patriarch Valerga (S. 168) errichtete hier ein Seminar (1858 vollendet) mit Schulen; auch die Protestanten haben hier eine Schule.

Der Weg nach den Teichen ist sehr steinig und der Ritt etwas beschwerlich. Niedrige Hügel versperren die Aussicht; erst nach 50 Min. wird in der Einöde ein Haus oberhalb der Teiche sichtbar, und r. das Elias-Kloster. Das *Castell*, welches bei den Teichen steht, bildet ein grosses Viereck mit Eckthürmen; es sieht aus wie ein grosser Chân und stammt in seiner jetzigen Gestalt aus dem 17. Jahrhundert. Es wurde damals zum Schutze gegen die Beduinen aufgeführt und ist noch heute mit einigen Soldaten besetzt; im Innern des Hofes sieht man eine Reihe von Thoncylindern, die zahme Bienen beherbergen. 180 Schritte westlich davon erblickt man mitten in den unbebauten Feldern, die sich am Hügel hinaufziehen, eine enge Thür, innerhalb welcher eine Treppe zu der sog. *versiegelten Quelle* hinabführt (Licht mitnehmen). Zuerst gelangt man in ein gewölbtes Zimmer, dann rechts in eine kleinere Kammer, an deren Ende die Quelle hervorsprudelt. Die verschiedenen Wasserläufe vereinigen sich in einem Bassin schönen klaren Wassers. Dieses wird nun durch einen Canal zu einem Brunnenthurm geführt, der oberhalb des ersten Teiches steht; ein Theil strömt schon von hier aus in die alte Wasserleitung, die an den Teichen entlang führt. Die Araber nennen die Quelle *'Ain Ṣâliḥ*; die Christen suchen hier seit drei Jahrhunderten die versiegelte Quelle, von welcher Hohes Lied 4, 12 † die Rede ist. — Uebrigens wurden die Teiche ausser von dieser Quelle auch durch Regenwasser gespeist.

Die sog. **Salomonischen Teiche** nun, drei an der Zahl, liegen in einem nach Osten hin abfallenden Thälchen hinter dem Castell. Der oberste Teich grenzt mit seiner Westseite an die Strasse, welche von Jerusalem nach Hebron führt. Da das Thal gegen Osten steil

† Meine Schwester, liebe Braut, du bist ein verschlossener Garten, eine verschlossene Quelle, ein versiegelter Born.

abfällt, mussten die Wasserbehälter in Stufen angelegt werden, weil eine ein einziges Wasserreservoir abschliessende Mauer zu gross hätte werden müssen. Von den drei Wasserreservoirs wurde erst das untere gefüllt, dann der Reihe nach die beiden oberen; hierauf bei der Benutzung ebenfalls das untere zuerst geleert, dann das Wasser aus dem mittleren in das untere gelassen. Die drei Teiche liegen nicht in ganz gerader Linie über einander. Der zweite ist vom obersten 49m, der dritte vom mittleren 48m entfernt; jeder Teich liegt ungefähr 6m tiefer, als der unmittelbar über ihm befindliche. Am untern (O.) Ende jedes Teiches ist eine Mauer quer über das Thal gezogen, wie beim Sultansteich (S. 241). Der *obere* Teich ist 116m lang, oben $69,_{7}$m, unten $71,_{8}$m breit; am untern (O.) Ende ist er $7,_{6}$m tief. Er ist theils in den Felsen gehauen, theils gemauert; an den Wänden sind Strebepfeiler angebracht. Eine Treppe führt in der SW.-Ecke hinab. Der zweite, *mittlere* Teich ist 129m lang, oben $48,_{8}$, unten 76m breit und 12m tief. Er ist zum grössten Theil in den Fels gehauen; Felsentreppen führen in der NO.- und in der NW.-Ecke hinunter. In der NO.-Ecke mündet ein Wassercanal, der von ʿAin Ṣâliḥ (s. oben) kommt. Die Ostmauer des Reservoirs ist sehr dick und durch eine zweite Mauer mit stufenförmiger Böschung gestützt. Der *unterste* Teich, der schönste der drei, ist 177m lang, oben 45, unten 63m breit; er ist bis 15m tief und theils in den Fels gehauen, theils gemauert. Im SO.- und NO.-Winkel sind Treppen. Die Innenwände sind mit zahlreichen Strebepfeilern gestützt; auf der Südseite ist ein Einfluss für das Regenwasser. Die untere Mauer (O.) ist stufenförmig aus grossen Blöcken aufgebaut; in der Dicke derselben befindet sich ein offener Gang, der in ein Gemach führt. Solche Gemächer, aber unzugänglich, finden sich auch an der Untermauer der übrigen Teiche. Von diesem untersten Gemache aus fliesst das Wasser in den Jerusalemer Aquaeduct. Etwas südlich unten an diesem Teiche läuft ein zweiter Canal neben demjenigen, der aus dem erwähnten Gemache kommt und führt in eine gemauerte Quellstube; es ist wahrscheinlich, dass wir hier eine von den Teichen unabhängige Quelle vor uns haben.

Wer hat diese Teiche gebaut? Die untere Quelle ist wohl mit Recht mit der Quelle *Etam* identificirt worden, von welcher aus nach dem Talmud der Tempel zu Jerusalem mit Wasser versorgt wurde. Die Benennung „salomonische Teiche" beruht auf der Auslegung von Pred. 2, 6; die Stelle beweist aber in der That nicht im geringsten, dass man in diesem Thale die Gärten Salomo's zu suchen habe. Jetzt freilich ist der Thalgrund, wo er von den Teichen und Quellen her bewässert wird, durch seine Fruchtbarkeit ausgezeichnet. Mit eben so wenig Recht kann man die Leitung des Wassers nach Jerusalem dem Salomo zuschreiben. Josephus berichtet, dass Pontius Pilatus anfing von dem Tempelgelde eine Wasserleitung zu bauen, indem er das Wasser aus einer Entfernung von

200 Stadien nach Jerusalem führen wollte; dies rief einen Aufruhr unter dem Volke hervor. Nun sind 200 Stadien = circa 8 Stunden; es könnte dabei eine Uebertreibung vorliegen; aber es laufen auch noch Quellen von andern Seiten in diese Wasserleitung, und Wilson hat noch einen zweiten Aquaeduct entdeckt, der aus dem *Wâdi Biâr* (Brunnenthal), 1/2 St. weiter S. (S. 290) kommt. (Merkwürdig ist bei diesem Aquaeduct, dass man auch schon im Alterthum das Gesetz vom Steigen und Fallen des Wassers in geschlossenen Röhren zur Anwendung brachte: südlich vom sogen. Grab der Rachel z. B. senkt sich die Leitung, um dann wieder 30m in die Höhe zu steigen.) Dieser Aquaeduct liegt höher als der von „Etam“ kommende und versorgte wahrscheinlich die Oberstadt mit Wasser. Die Reservoirs sind jedenfalls nicht sowohl zur Bewässerung des Etamthales, als zum Behuf der Weiterführung des Wassers angelegt worden. Es ist ihnen jedenfalls ein bedeutendes, wenn auch nicht salomonisches Alter zuzuschreiben; von den Pilgern sind sie erst spät entdeckt worden.

Die Teiche entlang im *Wâdi Artâs* gegen Osten hinuntersteigend, finden wir am Wege die Wasserleitung bisweilen offen, sodass Wasser daraus geschöpft werden kann. Die umgebenden Berge sind kahl, nur der Thalgrund einigermassen grün. In 15 Min. erblicken wir r. unten das heutige Dorf *Artâs (= Etam)*, welches dem Thal den Namen gegeben hat. Es liegt am Abhang des Berges und wird grösstentheils von Muslimen bewohnt; die Häuser sind elend. Seit 1849 besteht dort eine kleine fränkische Colonie, und jetzt lebt ein Deutscher (Baldensperger) im Orte, der Früchte und Gemüse für Jerusalem pflanzt und eine Art Gastwirthschaft hält; Eier, Brod und Wein sowie einfaches Nachtquartier sind bei ihm zu finden.

Der Weg von Artâs nach Bethlehem führt längs der Wasserleitung weiter. Nach 8 Min. erblickt man den Ort vor sich, nach weiteren 7 Min. lässt man einen Weg r., nach 3 Min. einen Weg l. liegen; in 5 Min. gelangt man an den Fuss des Berges und in 10 Min. zur Stadt empor (S. 253).

Vom Dorfe Artâs aus führt der Weg das Thal hinunter nach der traditionellen Höhle Adullam und dem sog. Frankenberge. Bald versiegt das Wasser, zugleich hören die Gärten auf. Nach 20 Min. kommt ein kleines Seitenthal l. von Bethlehem herunter. Unser Weg durchkreuzt öfters das steinige und wasserleere Bachbett und zieht sich zwischen niedrigen Höhenzügen in der Einöde thalabwärts. Nach 15 Min. sehen wir Gemäuer rechts am Felsen; nach 20 Min. ein Seitenthal rechts; nach 30 Min. verlassen wir das Thal bei einer Biegung nach S. und steigen zwischen zwei Thälern den Berg gegen O. steil hinan. Auf der Höhe erblicken wir Bethlehem wieder und geniessen eine schöne Aussicht auf die Berge des Ostjordanlandes. In 15 Min. steigen wir zu der Quelle von Chareitûn hinab; gegenüber liegt am Felsen das Dorf **Chareitûn**, und vor uns eine tiefe Schlucht; die Scenerie ist grossartig. Man trifft bei dem Brunnen gewöhnlich einige Leute. Wir steigen nun (zu Fuss) einen Pfad r. am Berge hinunter (1 Min.). Der Zugang (es sind deren zwei) zu der Höhle ist durch heruntergefallene Felsblöcke erschwert; l. gähnt der Abgrund; bei dem Klettern über die Felsen ist daher Vorsicht anzurathen. Seit dem 12. Jahrhundert hat die Tradition diese Höhle mit **Adullam** identificirt, wohin David sich flüchtete (I Sam. 22, 1; II Sam. 23, 13, 14). Nach Josua 15, 35; 12, 15 und andern Stellen liegt freilich die Ortschaft Adullam weit südlicher (vgl. S. 325); ebenso nach Eusebius. Der Name *Maghâret Chareitûn* rührt von dem heil. Chariton her, der, nachdem er auf dem Wege nach Jerusalem von Räubern gefangen worden war, eine sogenannte Laura (Mönchs-Colonie) bei Thekoa (d. h. beim Dorfe Chareitûn) stiftete und sich in diese Höhle zurückzog, wo er um das J. 410 starb. Die geschilderte Lage entspricht vorliegender Höhle; noch später wohnten Einsiedler in dieser schwer zugänglichen Wildniss. Die Höhle selbst ist eine labyrinthartige Naturhöhle. Man kann sich in den Gängen leicht verirren und nehme daher eine Schnur von genügender Länge, besser einen Führer mit. Wer in das Innere der Höhle eindringen will, ziehe Rock und Weste aus, da die Temperatur derselben ziemlich hoch ist. Die Höhle besteht aus einer Reihe fortlaufender Gänge mit Seitengängen, die bisweilen so niedrig sind, dass man auf dem Bauche durchkriechen muss, bisweilen aber sich wieder zu grossen Räumen entfalten. An vielen Stellen tönt der Boden hohl, denn verschiedene Stockwerke von Höhlengängen laufen über einander. Durch einen kurzen Felsengang erreicht man einen grossen Raum von etwa 36m Länge; hier münden verschiedene Seitengänge ein. Geradeaus gelangt man durch einen langen Gang zu einer zweiten Höhle, in die man 3m tief steil hinunterklettern muss. Eine weitere sehr enge Oeffnung führt in eine dritte Kammer. In den hintersten Gängen sind Nischen im Felsen angebracht; Scherben von Aschenkrügen, sowie Bruchstücke von Sarkophagen, die man hier findet, deuten darauf hin, dass die Höhle früher zu Beerdigungen benutzt wurde. Die Inschriften, welche Tobler weit hinten in den Höhlen gefunden hat, sind unleserlich.

Ein Weg, der aber in diesen Wildnissen ohne Führer nicht zu finden ist, führt von hier direct nach Bethlehem zurück, indem man wieder ins Thal von Artâs zurückkehrt, dann nach einer Stunde Marsch rechts hinauf abbiegt; in einer ferneren Stunde erreicht man Bethlehem. Auch von einem andern Wege direct nach Mar Elyâs (S. 252) hörten wir; derselbe soll aber sehr rauh sein.

Vom Wâdi Artâs aus, ungefähr von dem Punkte, wo wir von Chareitûn aus wieder in dasselbe zurückgelangt sind, führt ein Weg r. aufwärts zum (40 Min.) **Frankenberge,** arab. *Djebel Ferdîs* (813m ü. M.).

*Geschichtliches.* Nach ziemlich sicherer Annahme haben wir hier die Reste der von Herodes dem Grossen gegründeten Stadt *Herodia* und der Burg *Herodium* vor uns; sie lag an der Stelle, wo er die Parteigänger des Antigonus besiegt hatte. Wenn Josephus sagt, dass Herodium 60 Stadien von Jerusalem entfernt sei, so liegt wohl eine einfache Irrung vor; es sind deren mehr als 80. Seine Beschreibung stimmt sonst trefflich zu dem jetzigen Thatbestand (Alterth. 15, 9, 4), nur behauptet er, dass eine Marmortreppe von 200 Stufen auf die Acropolis geführt habe, was sicher zu wenig ist, und dass der Hügel von Menschenhand errichtet sei. Unter letzterer Angabe haben wir wohl nur die Ebnung des Gipfels zu einer Plattform zu verstehen, durch die der Berg wohl erst seine fast regelmässig runde Form erhalten hat. Auch berichtet Josephus, dass Herodes Wasser aus der Ferne mit vielem Kostenaufwand hieher geleitet habe (Spuren dieser Wasserleitung sind noch von Artâs her zu verfolgen) und schliesslich hier begraben worden sei (s. S. 273). — Einige Reisende haben versucht, die Ortslage mit dem alten *Beth Hakkerem* (Jerem. 6, 1) zu identificiren, das auf einem Berg zwischen Jerusalem und Thekoa gelegen haben soll, aber es ist kein sicherer Beweis dafür beizubringen, dass dieser Gipfel gemeint sei. — Herodium war der Sitz einer Toparchie; nach der Eroberung Jerusalems ergab es sich ohne Widerstand dem Legaten Lucilius Bassus.

Heute führt der Berg den Namen *Ferdîs* oder *Fureidîs* (Paradies = Baumgarten) und nur bei den Europäern den Namen „*Frankenberg*". Die Tradition, dass hier oben die Franken den Muslimen im Zeitalter der Kreuzzüge noch lange Zeit Stand gehalten hätten, tauchte erst gegen Ende des 15. Jahrhunderts auf. Am Fusse des Berges (W.-Seite) erblickt man einige Ruinen, welche die Eingeborenen *stabl* (Stall, stabulum) nennen; ebenso ein grosses viereckiges Wasserreservoir (*birket bint es-sultân*, Teich der Sultanstochter) von ungefähr 60m ins Geviert, jetzt trocken. In der Mitte desselben befindet sich ein viereckiger Aufbau, wie eine Insel; wir haben hier entweder die Ruinen eines Lusthäuschens vor uns oder, nach einer Hypothese de Saulcy's, die Ueberreste vom Grabmal des Herodes. Die Spitze des nach allen Seiten steil aufsteigenden, gegen 120m hohen Bergkegels wird in etwa 7 Min. erstiegen. Auch oben am Rande der Plattform von ungefähr 300m Umfang liegen Ruinen. Die Plattform ist nicht eben, sondern kraterähnlich eingesenkt. Die Burg, welche hier stand, ist bis auf die Umfassungsmauer, von welcher hauptsächlich noch einzelne Thurmreste vorhanden sind, verschwunden. Im Ostthurme befindet sich eine gewölbte Kammer mit Mosaikboden; die Quadern, die man sowohl oben auf dem Plateau des Berges, als auch unterhalb am Abhang findet, sind gross, regelmässig und schön behauen.

Die Aussicht ist sehr lohnend. Der Blick umfasst zunächst die Einöden, welche sich gegen das Todte Meer hinunterziehen, mit einer Menge wilder Klippen, zwischen denen ein grosses Stück des blauen Wasserspiegels hervorschaut. Im Süden ist die Aussicht durch nahe Berge versperrt; man sieht gegen SW. die Ruinen von Thekoa, ebenso Chareitûn; gegen NW. ein Weli Abu Nedjêm bei Bethlehem, r. davon Bêt Saḥûr und in unserer Nähe Bêt Ta'mar; auf dem Hügelrücken Mar Elyâs, gegen N. Nebi Samwil und das Dorf Abu Dîs. Weiter entfernt dehnt sich die Bergkette der Gegend nördlich von Jerusalem aus.

Wir wenden uns nun nach Bethlehem zurück. Im Thalgrund treffen wir einige Olivenbäume. In 15 Min. erreichen wir (WNW.) das kleine Dorf *Bêt Ta'mar*, das wir rechts lassen; es liegt auf einer

Anhöhe und zeigt Spuren von alten Bauten, kann aber dennoch nicht mit dem Betamar des Eusebius zusammengestellt werden. Unsere Strasse läuft nach NW. zur Rechten des *Wâdi ed-Dîya'* (Thal der Landgüter). Nach 20 Min. steigen wir den Berg hinunter; l. ist ein kleines Thal und in der Ferne (S.) das Weli Abu Nedjêm. Nach 5 Min. schlägt man den Weg rechts ein neben einem andern Thal. Bethlehem liegt bereits vor uns, aber wir befinden uns noch in unbebautem Land, und erst gegen die Ortschaft hin, wenn wir nach 30 Min. ins Thal hinunter gestiegen sind, zeigen sich wieder Pflanzungen; in 17 Min. erreichen wir die Höhe von Bethlehem.

## 7. Von Jerusalem nach Jericho, der Jordanfurt, dem Todten Meer, und über Mar Sâba nach Jerusalem zurück.

Jericho 6 St., Todtes Meer $2\frac{1}{2}$ St., Mar Sâba 5 St. 20 Min., Jerusalem $3\frac{1}{2}$ St. (Bethlehem ca. 3 St.). — Für diese Tour muss zweierlei beschafft werden: 1) ein Beduine als Begleiter ins Jordanthal (Escorte) und 2) ein Empfehlungsbrief für Mar Sâba. Die Regierung verpachtet das Recht, die Reisenden nach Jericho zu escortiren, und schon seit einiger Zeit liegt dasselbe in den Händen des Schêchs von Abu Dis (S. 270); derselbe hat gewöhnlich zur Reisesaison einen Bevollmächtigten in Jerusalem (oft einen seiner Söhne), der in den Hôtels zu erfragen ist. In gewöhnlichen Zeiten genügt für eine Gesellschaft ein einziger Begleiter. Es ist Sitte, dem Schêch dafür 5 fr. per Tag zu vergüten; ausserdem gibt man dem Begleiter selbst, wenn er sich ordentlich betragen hat, am Schluss der Tour einige Francs Trinkgeld. — Einen Empfehlungsbrief für Mar Sâba verschafft man sich durch Vermittelung des Gastwirths, des Consulats oder des Dragomans in dem grossen griechischen Kloster in Jerusalem (S. 219), da man sonst in das Kloster nicht eingelassen wird. Uebrigens ist ein Dragoman für diese Tour entbehrlich, denn in Jericho existirt eine Art Gasthaus. Man nehme daher nur etwas Mundvorrath, einige Flaschen Wein und ein Gefäss für Wasser mit, ausserdem Tabak für die Begleiter und die Beduinen, die man antrifft. Die Dragomane fordern oft hohe Preise für die Tour; in Gesellschaft von mehreren Personen genügen 60 fr. pro Person für die 3 Tage durchaus, ausgenommen, wenn Zelte mitgenommen werden sollen. Die Tour kann in beiden Richtungen ausgeführt werden; es ist aber zu empfehlen, zuerst nach Jericho zu gehen, um die Pferde auf dem besseren Wege bergab steigen zu lassen. Wegen des heissen Klima's des Jordanthals mache man die Tour im Frühjahr so zeitig, im Herbst so spät als möglich.

Wir gehen vom *Stephansthore* (*Bâb Sitti Maryam*, S. 216) aus. Der Weg nach Jericho ist vor einigen Jahren durch das griechische Kloster auf Kosten einer rumänischen Dame geebnet und ziemlich gut hergestellt worden. Wir reiten ins Kidronthal hinunter und lassen Gethsemane l. liegen. Der Weg führt längs dem Oelberg der Stadt gegenüber langsam in die Höhe. 8 Min. hinter dem Gethsemanegarten biegen wir um die Ecke. Etwas oberhalb derselben zeigt man die Stelle, wo sich Judas erhängt haben soll; nach manchen Schwankungen ist die Stelle im 15. Jahrhundert von der Tradition hier fixirt worden. Den Berg des Aergernisses lassen wir r., den Oelberg l. Der Weg zieht sich längs des letzteren um eine Schlucht herum; in der Mitte dieses Bogens zeigt man die Stelle des Feigenbaums, den Jesus verflucht hat (6 Min.); das Dorf in der Ferne r. oben heisst *Abu Dis.* In 18 Minuten gelangen wir nach **Bethanien.** Die Ortschaft führt nur bei den Franken diesen Namen: heute heisst sie *el-'Azarîye* (von Lazarus resp. Lazarium abzuleiten, da die Araber das „l" als Artikel aufgefasst haben). Es ist aber wohl nicht zu bezweifeln, dass ihre Lage in der That dem alten Bethanien entspricht; die Entfernung, 15 Stadien (Joh. 11, 18), stimmt mit der von uns zurückgelegten Strecke von 40 Min. Den Namen „Haus der Armuth" (= Bethanien) führte das Dorf wohl von seiner stillen abgelegenen Lage gegen die Wüste hin; Aussätzige (die noch heute der Volksmund „arm" nennt) fanden hier ihre Zufluchtsstätte (Marc. 14, 3†). Auch Jesus zog sich aus dem überfüllten Jerusalem hierher zu Freunden zurück. Schon früh wurden hier Klöster und Kirchen erbaut und den Pilgern merkwürdige Stellen gezeigt. Melisendis, die Gemahlin Fulco's, des vierten Königs von Jerusalem (S. 223), stiftete 1138 ein Nonnenkloster bei der Lazaruskirche; 1259 kam dasselbe an die Hospitalbrüder.

Das heutige el-'Azarîye liegt an einem Vorhügel im SO. des Oelbergs, dessen Höhen spärlich bebaut sind, sodass sich das frische Grün, in welchem das Dorf liegt, vortheilhaft von der Umgebung abhebt. Das Dorf besteht aus einigen 40 Hütten und zählt nur muslimische Bewohner. Es hat gutes Wasser; man sieht viele Feigen-, Oel-, Mandel- und Johannisbrodbäume. Von den Merkwürdigkeiten des Ortes fällt zuerst eine *Thurmruine* auf; nach den grossen geränderten Steinen zu schliessen, reicht das Gebäude über die Kreuzfahrerzeit hinaus (ist also nicht der Thurm, welchen Melisendis zum Schutze des Klosters hier erbauen liess). Etwa 20 Schritte NO. von diesem sog. „Schloss des Lazarus" liegt das *Lazarusgrab.* Schon die Römerin Paula besuchte eine Kirche über dem Grabe des Lazarus (arab. *Kabr el-'Azar*). Die Thüre schaut nach N.; eine Moschee, an ihrem weissen Kuppeldach kenntlich, liegt östlich von dem Grabgewölbe, denn die Muslimen halten Lazarus ebenfalls für heilig und nahmen das Gebäude in Besitz; da sie die Pilger hinderten, den Ort zu besuchen, liessen die Christen im 16 Jahrhundert eine Treppe von aussen anlegen, theilweise durch den Felsen. Man steigt 26 Stufen hinab in eine viereckige ziemlich enge Vorkammer, in welcher einst eine Kapelle gewesen sein soll; auch die Muslimen beten hier. Nach O. weiter gehend, gelangt man 3 hohe Stufen hinunter in die sog. Grabkammer des Lazarus. Auf der O.-Seite ist ein vermauerter Eingang. Die dürftig aussehende Kammer ist gemauert; das Ganze entspricht also keineswegs einer jüdischen Grabanlage. Früher zeigte man das Grab in der Kirche oben, und hier

† Und da er zu Bethanien war in Simons, des Aussätzigen, Hause, und sass zu Tische, da kam ein Weib, die hatte ein Glas mit ungefälschtem und köstlichem Nardenwasser, und sie zerbrach das Glas, und goss es auf sein Haupt.

unten wahrscheinlich die Busskapelle der Maria Magdalena. Die Lateiner lesen in diesen Kapellen bisweilen Messe.

Bei den übrigen Merkwürdigkeiten Bethaniens brauchen wir uns kaum aufzuhalten. 40m südlich vom Lazarusgrab zeigt die Tradition die Stelle des Hauses der Maria und Martha. Ausser dem Umstand, dass dasselbe in verschiedenen Jahrhunderten an verschiedenen Stellen gezeigt wurde, ist auch zu erwähnen, dass einige Zeit lang die Häuser der beiden getrennt wurden. Man muss dem Texte der Bibel Gewalt anthun, um diese Trennung aus Joh. 11 oder Luc. 10, 38 ff. † zu folgern. Die gleiche Unsicherheit der Tradition betrifft das Haus Simons des Aussätzigen (Matth. 26, 7). Wir bemerken zum Schlusse nur noch einmal, dass wir keine Anhaltspunkte haben, an welchen bestimmten Stellen Jesus gewesen sei; sicher aber ist, dass er diese nämliche Strasse von Jericho hinaufzog.

Unser Weg führt hinter Bethanien eine Anhöhe hinan. Hier ging nach dem biblischen Berichte (Joh. 11, 20 ff.) Martha Jesu entgegen. Die Tradition hat sich bemüht, den Ort zu fixiren; auf dem Plateau, von wo man Bethanien hübsch in der Tiefe liegen sieht, 7 Min. vom Dorfe entfernt, findet man einen Stein von 1m Länge, den man den *Stein der Rast* nennt; die Pilger küssen ihn. Nach weiteren 7 Min. steigen wir in das *Wâdi el-Ḥôḍ*, „Thal des Tränkplatzes“, hinab; dieses hat seinen Namen von dem Brunnen *Ḥôḍ el-'Azirîye*, den wir in 15 Min. erreichen, der einzige Brunnen von hier bis zum Jordanthal. Das kleine Becken enthält Blutegel, das Wasser ist jedoch gut. Einst war hier ein schönes Brunnengebäude vorhanden, und ein Chân gegenüber der Quelle jenseit des Weges, wahrscheinlich beide im 16. Jahrhundert gebaut. Seit dem 15. Jahrhundert wird die Quelle als „*Apostelquelle*“ erwähnt, da man annahm, dass die Apostel hier auf ihrem Marsch sich erfrischt haben möchten; auch stellt man sie mit der „Sonnenquelle“ *En-Schemesch* (Jos. 15, 7) nicht ohne Wahrscheinlichkeit zusammen.

Von hier geht der Weg das Wâdi el-Ḥôḍ, ein aussichtsloses ziemlich kahles Thal hinunter. In dieser Gegend etwa muss die Stelle gelegen haben, wo Simei dem David, der sich vor Absalom nach Jericho hinab flüchtete, noch Steine und Verwünschungen nachsandte (II Sam. 16). Nach 25 Min. bleibt rechts das kleine *Wâdi el-Djemel* (Kamelthal); nach 52 Min. müssen wir einen niedrigen Bergrücken übersteigen, um ins *Wâdi es-Sidr* zu gelangen. (Der Sidrbaum gehört zu den Rhamneen und ist in verschiedenen Arten verbreitet; vgl. S. 274.) Nach 12 Min. l. ein Thälchen Namens *Ṣa'b el-Meschaḳ*. Nach 23 Min. gelangen wir zum Chân *Ḥaḍrûr*.

† 38. Es begab sich aber, da sie wandelten, ging er in einen Markt. Da war ein Weib, mit Namen Martha, die nahm ihn auf in ihr Haus. 39. Und sie hatte eine Schwester, die hiess Maria; die setzte sich zu Jesu Füssen, und hörte seiner Rede zu.

der ungefähr die Mitte des Weges bezeichnet. Einige zerfallene Gebäude sind hier, doch wohnt niemand darin und es ist nichts zu bekommen; Proviant sowie auch Wasser muss mitgebracht werden (in den Cisternen ist nur schlechtes Wasser). Immerhin kann man wenigstens im Schatten sitzen. Die Gegend ist ganz menschenleer; die Tradition verlegt daher die Erzählung vom barmherzigen Samariter (Luc. 10) hierher. Nach 20 Min. findet man einen Weg, der r. zum Chân *el-Aḥmar* führt, früher wahrscheinlich ein Castell zum Schutz der Strasse. Das Thal rechts heisst *Wâdi er-Rummâni* (Granatäpfel-Thal). Nach weiteren 20 Min. eröffnet sich ein Blick auf eine Ebene r. Dieser Theil des Weges heisst *'Akbet el-Djerâd*; die Berge bilden ein grosses Amphitheater. Nach $^1/_2$ Stunde haben wir l. einen Blick in das tiefe *Wâdi el-Kelt*. Dasselbe hat seine Hauptzuflüsse im *Wâdi Fâra* nördl. von Jerusalem (S. 336). Es hat nur zur Regenzeit Wasser und windet sich durch tiefe Schluchten nach dem Jordan. Man hat es wohl mit Recht mit dem I Kön. 17, 3, 5 erwähnten Bache *Krith* zusammengestellt. Darauf kommen wir zu einem Hause Namens *Bêt esch-Scherîf*. Allmählich entrollt sich die Aussicht; endlich erblicken wir das Todte Meer mit seiner dunkelblauen Wasserfläche. Nach einer Stunde haben wir wieder das Wâdi el-Kelt in der Tiefe neben uns; nach 20 Min. öffnet sich der volle Ausblick in die grosse Jordanebene. Wir kommen an zwei Häuserruinen vorbei, *Bêt Djeber* (das obere und das untere), vielleicht an der Stelle der alten Castelle *Thrax* und *Tauros*, die im Alterthum den Engpass beschützten; weiter liegt r. (10 Min.) die zerfallene Ruine *Chirbet el-Kakûn* am Fusse einer Anhöhe. So kommen wir in die Ebene des Jordanthales, das sogenannte *Ghôr* (Höhlung). Rechts vom Wege östlich von Kakûn finden wir einen alten Teich Namens *Birket Mûsa* (des Moses). Die Mauern desselben bestehen aus kleinen unbehauenen Steinen; er ist 171m lang und 143m breit und stand mit dem Bewässerungssystem und den vielen alten Leitungen in Verbindung, welche in früherer Zeit diese Gegend zu einem Paradies machten. Vielleicht haben wir darin einen Rest des Teiches vor uns, welchen Herodes in der Nähe seines Palastes anlegte, denn wir müssen annehmen, dass hier der Platz des neutest. *Jericho* war. Der Hügel, den wir aus der Ebene wie künstlich angelegt hervorragen sehen, heisst *Tell Abu 'Alâiḳ* (Blutsaugerhügel). Nach 15 Min. setzen wir über ein kleines Thal hinüber bei Spuren einer Wasserleitung und verfolgen das Wâdi el-Kelt abwärts; nach 9 Min. führt der Weg unter einer schönen Wasserleitung von 10 Spitzbogen hindurch; hier überschreiten wir das Wâdi el-Kelt. Der Reisende, welcher Zelte bei sich hat, biegt von hier direct nach Norden zur Sultansquelle (S. 274) ab, ohne das moderne Jericho *(er-Rîḥa)* zu berühren; unterwegs sieht man einen künstlichen Hügel *Tell es-Sâmerât*; auch anderen Reisenden ist der Abstecher dorthin zu empfehlen. Die Vegetation ist hier schon sehr üppig geworden. In 7 Min. stehen wir vor dem Dorf.

**Jericho.** Die kaum empfehlenswerthe Locanda ist gleich l. bevor man zum Dorf kommt, ein zwischen Hecken einzeln stehendes Haus resp. Lehmhütte. Die Betten sind schlecht, die Kämmerchen dumpfig und an Ungeziefer kein Mangel. Der Wirth verlangt für Abendessen, Nachtquartier und Frühstück $^1/_2$ engl. Pfund. Uebrigens ist nicht anzurathen, ohne Zelte (die am besten bei der Sultansquelle aufgeschlagen werden) die Nacht im Freien zuzubringen; die Abkühlung ist gross, der Thau stark. Es ist dringend zu empfehlen, noch bei Tage ins Quartier zu kommen, damit man nicht im Dunkeln in die vielen dornigen Hecken und Gesträuche (vgl. S. 274) geräth.

*Geschichtliches.* Von dem jetzigen Dorfe er-Riḥa ist das antike Jericho genau zu unterscheiden; letzteres lag bei den Quellen am Fusse des Berges Ḳarantel, also westlich vom heutigen Jericho und nördlich vom Jericho der römischen Zeit; dies beweist ausser der Bibel auch Josephus. Moses schaute vom Nebo, einem der Gipfel südöstlich jenseit des Jordans, auf die Ebene von Jericho (V Mos. 34, 3). Die Stadt war ehemals ziemlich gross und mit Mauern umgeben, die Vegetation sehr reich. Sie wird einigemal „Stadt der Palmen" genannt, und noch in später Zeit, im 7. christl. Jahrhundert, waren Dattelbäume vorhanden, die erst in neuerer Zeit fast gänzlich verschwunden sind. Um die Stadt herum lag eine grosse blühende Oase mit Getreide- und Hanffeldern. Die Einwohner waren in jener ältesten Zeit reich an Gold und Silber. Die Israeliten eroberten die Stadt (Josua 6) und Josua sprach den Fluch über denjenigen aus, der sie wieder aufbaue (Jos. 6, 26). Doch finden wir während der ganzen späteren Periode an Stelle der alten heidnischen eine israelitische Stadt, die anfänglich dem Stamme Benjamin, später dem südlichen Reiche Juda gehörte. Trotz mancher Eroberung blieb Jericho blühend. Besonders berühmt war es durch seine Balsamgärten; wahrscheinlich rührt die Cultur der Balsamstaude aus der Zeit her, wo Salomo dieses Product aus Südarabien erhalten hatte (I Kön. 10, 10). Die Pflanze ist jetzt wieder vollständig verschwunden, obgleich das sehr heisse Klima südarabische und indische Gewächse noch heute zur Reife bringen könnte. Ebenso blühte hier die Henna (Lawsonia inermis), die rothen Schminkstoff liefert. Zu Jesu Zeit standen schattige Sycomoren am Wege (Luc. 19, 4). Antonius schenkte das Gebiet von Jericho der Cleopatra; diese verkaufte es an Herodes, der die Stadt mit Palästen schmückte und zu einer Winterresidenz erhob, wie er sie nirgends schöner finden konnte. Er starb hier, liess sich aber in Herodium begraben (S. 268). — In Jericho sammelten sich die jüdischen Pilgerschaaren aus Peraea (dem Ostjordanland) und Galilaea zur Fahrt nach dem Tempel; auch Jesus trat von hier aus seine letzte Reise nach Jerusalem an (Luc. 19, 1). — Bereits im 4. Jahrhundert erscheinen Bischöfe von Jericho auf den Concilen. Kaiser Justinian liess eine „Kirche der Gottesgebärerin" in Jericho wieder herstellen und ein Pilgerhaus erbauen. Um das Jahr 810 finden wir bei Jericho ein Kloster St. Stephan. *Neu-Jericho*, auf dem Platze des jetzigen Fleckens, entstand erst zur Zeit der Kreuzfahrer; letztere erbauten hier ein Schloss und eine „Kirche zur heil. Dreieinigkeit". In späterer Zeit war der Ort von Muslimen bewohnt und sank mehr und mehr. Im Jahre 1840 wurde er von den Soldaten Ibrâhim Pascha's geplündert und vor wenigen Jahren durch eine Feuersbrunst grösstentheils zerstört.

Das heutige Jericho besteht aus einer Anzahl elender Hütten, in welchem etwa 60 Familien wohnen. Wie die Bewohner des südlichen Jordanthals überhaupt, so erscheinen auch die von Jericho als eine verkommene Race, da das heisse und ungesunde Klima einen entnervenden Einfluss ausübt. Die Frauen von Jericho stehen nicht im besten Ruf. Die Einwohner drängen sich gewöhnlich an die Reisenden heran, um ihnen eine sogenannte „Fantasîa", Tanz mit Gesang, anzubieten; doch sind die Musik und der Gesang ermüdend und langweilig. Die Leute klatschen dazu in die Hände, entweder sich selbst oder einer dem andern, und improvisiren Strophen nach einer eintönigen Weise. Vor Diebereien hat man sich in Acht zu nehmen.

Das Dorf enthält von Bemerkenswerthem nur ein thurmähnliches Gebäude im SO. Dasselbe datirt wahrscheinlich aus der Zeit des fränkischen Königreiches, wo es als Castell diente, um die Saatfelder vor den Einbrüchen der Beduinen zu beschützen. Die Uebersicht über Dorf und Jordanthal, welche man von der Zinne des Castells geniesst, ist interessant. Erst im 15. Jahrhundert kam die Tradition so weit, zu behaupten, dass hier das *Haus des Zachaeus* gestanden habe (Luc. 19). Im 4. Jahrhundert zeigte man die Sycomore, auf welche dieser gestiegen war. Man bemerkt in den Gärten im Dorf grosse Weinreben, die im Sommer viele Trauben tragen sollen. Ringsum ist der Boden mit dornigen Gesträuchen bewachsen, die sich bisweilen auch in Baumform finden, namentlich die Arten Zizyphus Lotus und Z. Spina Christi (*Nebk* und *Sidr* der Araber), deren Aepfelchen, unsere Jujuben (ar. *dôm*), zur Zeit der Reife sehr wohlschmeckend sind; aus den furchtbaren Dornen dieser Rhamneen, die von den Beduinen zur Herstellung fast unnahbarer Zäune benutzt werden, soll der Volkssage nach die Dornenkrone Jesu geflochten worden sein. Ferner findet sich hier der *Zakkûmbaum* (Balanites aegyptiaca), auch falscher Balsambaum und Balsam von Gilead genannt, mit kleinen buchsbaumartigen Blättern und Früchten von Gestalt und Farbe kleiner unreifer Wallnüsse, aus denen die Araber den sogenannten unechten Balsam bereiten, das Zachaeusöl, das noch jetzt in Menge an die Pilger verkauft wird. Die sog. Jerichorose (Anastatica Hierochuntica) findet sich hier nicht mehr, sondern nur noch weiter südl. an den Ufern des Todten Meeres (S. 297). Dagegen wächst in den Hecken Solanum sanctum (arab. *Hadak*), sehr ästig, 1—1,5m hoch, mit breiten auf der Unterseite wolligen Blättern; die Frucht sieht aus wie ein Apfel, erst gelb, später roth mit schwarzen Kernen: dies ist der unechte Sodomsapfel, der fälschlicherweise mit dem I Mos. 19, 32 genannten Wein von Sodom zusammengebracht wird. Alle diese Sträucher verdanken ihr Dasein dem heissen Klima, denn wir befinden uns hier bereits circa 270m unter der Oberfläche des Mittelmeeres und die Ernte des Getreides fällt hier auf Mitte Mai.

In 25. Min. erreichen wir **'Ain es-Sultan**, die *Sultansquelle*. Dies war die Quelle, welche Jericho einst mit Wasser versorgte. Sie sprudelt in Fülle aus dem Boden hervor und läuft in ein Becken aus alten, behauenen Steinen, das 12m lang und 7,6m breit ist. Viele kleine Fische schwimmen darin umher, und mancherlei fremdartige Vögel beleben die umliegenden Gebüsche. Das Wasser hat 23,4° C. Schon die ältesten Pilger fanden die Tradition vor, dass Elisa dieses Wasser durch hineingeworfenes Salz verbessert und trinkbar gemacht habe (II Kön. 2, 19—22), daher die Quelle bei den Christen *Elisa's Brunnen* heisst. In der Nähe hat man Reste einer gepflasterten Römerstrasse gefunden; oberhalb der Quelle zeigte man früher, wenigstens mit dem richtigen Gefühl, dass die alte Stadt hier gestanden habe, den Platz des *Hauses der Rahab*, welche die Kundschafter Josua's in ihr Haus aufgenommen hatte (Jos. 2).

Indem wir uns von hier nach Norden wenden, gelangen wir in 10 Min. zu Ruinen von Gebäuden (l.) mit Resten einer Wasserleitung. Der Volksmund nennt sie *Tawâḥîn es-Sukkar* (Zuckermühlen), ebenfalls wieder mit richtiger Erinnerung an die Cultur des Zuckerrohrs, welche bis in die Zeit der Kreuzfahrer hier betrieben wurde und noch heute betrieben werden könnte. Nach NW. gehend kommen wir in 5 Min. auf einen Vorhügel des Quarantanaberges; das Thal l. heisst *Wâdi Dênûn*. Wenn wir unsern Weg weiter nach NW. verfolgen, so gelangen wir zur Quelle *'Ain Dûk*, die das Thal mit Wasser versorgt. Bei dieser Quelle lag wahrscheinlich das alte Castell *Doch* (1 Macc. 16, 15), woselbst Simon Maccabaeus von seinem Schwiegersohne ermordet wurde. Von hier aus zieht sich das wasserreiche *Wâdi en-Nawâ'ime* als schöne grüne Fläche bis weit in die Berge hinein.

Der Besuch der Einsiedlerhöhlen auf dem **Djebel Ḳarantel** ist sehr interessant, aber beschwerlich (nicht ohne Führer!) und Damen sowie allen zu Schwindel Geneigten abzurathen. Man klettert über Steinplatten etwa 20 Min. aufwärts, und gelangt so zu grossen Höhlen. Wir fanden oben zwei abessinische Einsiedler; unsere Begleiter behaupteten, diese wohnten stets hier oben und nährten sich von Kräutern. Nach andern Berichten halten sie hier oben nur die Fastenzeit aus. Sie lasen in äthiopischen Gebetbüchern. Es findet sich hier auch eine kleine aus Stein gehauene alte Kirche. Weiter oben in den Klippen hat Tristram noch verschiedene Reihen von Einsiedlerwohnungen entdeckt, einige sogar mit Fresken; aber nur geübte und mit Seilen versehene Bergsteiger können es wagen, hinaufzuklimmen. Die Einsiedlerwohnungen auf diesem Berge sind uralt; die schauerliche Abgeschlossenheit der Gegend zog schon früh Anachoreten an. So soll der heil. Chariton (S. 267) hier gewohnt haben; Elpidius erweiterte die Wohnungen. Der Name des Berges *Quarantana* (arab. *Karantel*) wird erst zur Kreuzfahrerzeit (1112) erwähnt, da die Legende bereits damals die Versuchung Jesu (Matth. 4, 1 ff) sowie sein vierzigtägiges Fasten hieher verlegte. Zur Kreuzfahrerzeit war das Kloster auf Quarantana von Jerusalem abhängig.

Der eigentliche Gipfel des Berges kann nur von Westen aus erstiegen werden (Führer nothwendig). Die Aussicht, welche man von oben geniesst, ist prachtvoll. Im Osten jenseit der breiten Jordanebene erhebt sich der bewaldete Rücken des Nebi 'Oscha (S. 351); S. davon der Djebel et-Tiniye. Im Norden steigt der Sartabe empor. Unten im Thal (N.) liegen zwei schöne Wiesen. Im S. ist der Karantel durch das tiefe Wâdi Dênûn von dem Berg Nḳêb el-chêl getrennt.

In der Jericho-Ebene sind verschiedene Punkte, welche das Interesse des Reisenden in Anspruch nehmen können; wer aber in *einem* Tage von Jericho aus an die Jordanfurt, ans Todte Meer und nach Mar Sâba zu kommen wünscht, wird kaum Zeit für Umwege übrig haben. Der directe Weg an die berühmte *Jordanfurt* führt OSO. und kann in $1^1/_2$ Stunde zurückgelegt werden. Ein kleiner Umweg nördlich führt über folgende Punkte: in 25 Min. zum *Chirbet el-etle* bei einem grossen viereckigen Teiche. Von hier in 20 Min. nach *Tell Djeldjûl*, nördl. vom Wâdi el-Kelt. Der Entdecker dieses kleinen Hügels, Zschokke, plaidirt nicht ohne Geschick dafür, dass wir hier in der That das alte **Gilgal**, östlich von Jericho, vor uns haben, wo die Israeliten die 12 Denksteine zum Andenken an ihren Uebergang über den Jordan aufrichteten (Jos. 4, 19†) und das erste Beschneidungsfest feierten. Im J. 723 traf Willibald hier eine hölzerne Kirche. Ob hingegen hier (und nicht vielmehr NW. von Jericho) auch das Gilgal zu suchen ist, wo Samuel richtete (I Sam. 7, 16) und Saul zum König gewählt wurde (ib. 11, 14 ff.), ist immerhin fraglich; wir müssten dann auch annehmen, dass Juda dem aus dem Ostjordanlande zurückkehrenden David bis hieher entgegen kam (II Kön. 14, 15. 40). Uebrigens sah man in der Kreuzfahrerzeit jene 12 Steine und eine Kirche darüber; wenigstens war der Ort damals unter dem Namen Gilgal bekannt; aber gerade die Erhaltung der 12 Steine flösst Verdacht gegen die Echtheit der Ortslage ein. Gilgal lag an der Grenze von Juda und Benjamin. — Ungefähr 50 Min. O. von diesem Punkte gelangt man nach *Kaṣr el-Yehûdi* (Judenschloss), gerade nördlich vom Wâdi el-Kelt, 15—20 Min. westl. von dessen Einmündung in den Jordan. Es ist ein grosses Viereck von gehauenen Steinen mit Gewölben und zerfallenen Bogengängen. Ein längliches Gewölbe mit einer Nische gegen Osten scheint als Kirche gedient zu haben; es finden sich Inschriften griechischer Pilger. Durch eine Oeffnung blickt man in eine Cisterne hinab; zwischen den Steinquadern sieht man Mosaikwürfel. Man nennt die Ruinen auch *Dêr Mar Yuḥanna*, Johanneskloster. Die Gründung einer Kirche an diesem Orte (und zwar über der Grotte, wo Johannes der Täufer gelebt haben soll) wird der Kaiserin Helena zugeschrieben. Justinian soll hier einen Brunnen haben graben lassen; ein Kloster hat sich hier lange erhalten. — Von hier wenden wir uns südöstlich, um zur Badestelle zu gelangen; in einer halben Stunde erreichen wir dieselbe und steigen über den hohen Damm, den der Jordan hier gebildet hat, zu dem baumumsäumten Strom hinab.

Der **Jordan** ist der wichtigste Fluss Palästina's (vgl. Einl. S. 45 und über seine Quellen S. 398). Seine Wassermassen werden oberhalb des Todten Meeres durch zwei Seen, den Ḥûle und den See von Tiberias regulirt. In gerader Richtung durchläuft er von seinen Quellen bis zum Ausfluss eine Strecke von höchstens 30 Meilen Länge, aber seine mäandrischen Windungen, die bald auf diese, bald auf jene Seite des breiten Thales hinübergreifen, machen, dass der Fluss allein zwischen dem See von Tiberias und dem Todten Meer statt der directen Linie von 14 Meilen den dreifachen Weg zurücklegt. Der Jordan, im Arab. gewöhnlich bloss *esch-Scherî'a*,

† 19. Es war aber der zehnte Tag des ersten Monats, da das Volk aus dem Jordan herauf stieg; und lagerten sich in Gilgal, gegen den Morgen der Stadt Jericho. 20. Und die 12 Steine, die sie aus dem Jordan genommen hatten, richtete Josua auf zu Gilgal.

der Tränkplatz, genannt, hat seinen hebr. Namen *Yardên* von seinem raschen Fall: vom Fusse des Hermon bis zum Ḥûle fällt er 437m, von da bis zum See von Tiberias 274m, von da bis zum Todten Meere 203m, im Ganzen also 914m, wovon nur 520m über dem Spiegel des Mittelmeeres liegen. Das Thal des Jordan nennen die Araber *el-Ghôr*, die Senkung, Aushöhlung; die Hebräer nannten es vom Südende des Tiberiassee's bis zum Rothen Meere *'Araba*, Wüste, Steppe, Wildniss. Im nördlichen Theile ist das Thal meist fruchtbar, und vom Ḳarn Sartabe, beim Wege zwischen Nâbulus und es-Salṭ, ziehen sich auch südwärts eine Anzahl grüner, durch dürre Strecken unterbrochener Oasen. Viele Bäche fallen von beiden Seiten des Thales in den Jordan, aber nur wenige führen das ganze Jahr hindurch Wasser, wie z. B. der Yarmûk und der Nahr ez-Zerḳa, beide auf dem Ostufer mündend. Die Länderstrecken zu beiden Seiten des Flusses sind ihrem Character nach wesentlich von einander verschieden; das Ostjordanland ist wasserreicher, bis es sich weiter nach O. hin in die Wüste verliert; von jeher ist es politisch vom Westjordanland getrennt gewesen, denn das tiefe Flussthal war die natürliche Grenze, durch welche das jüdische Volk von den heidnischen isolirt werden sollte (vergl. schon I Mos. 32, 10), obschon einige Stämme jenseit des Jordans sitzen blieben (s. S. 62). Beinah von allen Seiten steigt man auf wilden und beschwerlichen Pfaden ins Jordanthal hinunter. Die Breite des Thales ist sehr verschieden; zwischen Jericho und Nimrîn ist sie am grössten und beträgt gegen drei Stunden. Die Geologen nehmen an, dass wir im Ghôr das ehemalige Becken eines grossen weit hinaufziehenden Binnensee's vor uns haben. Aber dieser See hat nie, ebensowenig wie sein Ueberrest, das Todte Meer, mit dem Rothen Meere zusammengehangen, seit der Continent seine jetzige Form erhalten hat, denn nirgends findet man Meerfossilien, selbst nicht in den ältesten Schichten. Zudem macht es der Querrücken, welcher südlich vom Todten Meere über das 'Arabathal läuft (S. 310), unmöglich, an eine solche Verbindung zu denken. In diesem grossen Seethale hat sich der im Durchschnitt 30m breite Fluss nun zwei Betten ausgehöhlt, ein älteres breites und flaches, und in diesem später ein engeres, steilwandiges, in welchem der Jordan jetzt noch fliesst. Zu diesem Jordanthal im engeren Sinne, das eine Breite von einer guten Viertelstunde hat, steigt man über eine vielfach zerrissene, etwa 15m hohe Terrasse aus weisslichem, ganz pflanzenlosen Mergelboden hinunter. Zur Zeit des Regens und der Schneeschmelze tritt der Fluss bisweilen aus seinem jetzigen niedrigeren Bett heraus. In dem Dickicht, das die Aussicht auf den Fluss hemmt, hausten im Alterthum Löwen (Jer. 49, 19). Der Jordan enthält viele Fische, die aber, je nach der Jahreszeit, nach verschiedenen Stellen wandern; sein Wasser, das beim Ausfluss aus dem Tiberiassee klar ist, wird bald darauf gelb, weil der Fluss durch seinen raschen Lauf den lettigen Boden aufwühlt. Uebrigens ist das Wasser nicht ungesund zu trinken und meistens nur durch seine hohe Temperatur unangenehm. Die Tiefe des Wassers wechselt beträchtlich, je nach der Jahreszeit; im Herbst findet man eine Menge Furten. Eine der berühmtesten ist die bei *Kaṣr el-Yehûdi*, dem Pilger- und Badeplatz der Griechen. Weiter südlich ist der Badeplatz der Lateiner; er heisst *makṭaʿ*, Uebergangsort, was der Bedeutung nach gut mit dem älteren *„beth ʿabara"* (Ev. Joh. 1, 28) stimmen würde, wenn wir anders überhaupt einen Anhaltspunkt für die bez. Stelle hätten. Was übrigens das Wunder betrifft, unter dessen Schutze die Israeliten den Fluss überschritten (Jos. 3), so kann sich leicht oberhalb des Sartabe (des alten Zarthan?) der Fluss, dessen Bett ohnehin schon sehr verengt ist, durch ein Naturereigniss zeitweilig gestaut haben; übrigens will man den Namen der Vers 16 gen. Stadt *Adam* in *Tell Dâmiye* wiedergefunden haben. Von Brücken über den Jordan wissen wir aus der Bibel wenig; man passirte den Jordan stets bei den Furten, so I Sam. 13, 7, II Sam. 10, 17; doch setzte David bei seiner Rückkehr mit Barsillai in einer Fähre wieder auf sein Gebiet über (II Sam. 19, 18). Auch das Wunder des Elia, wie er mit seinem Mantel das Wasser schlägt, so dass es sich zertheilt (II Kön. 2, 8), verlegt die Tradition an diese Jordanfurt. Der heilige Christoph soll das Jesuskind hier irgendwo über den Fluss getragen haben.

Den Hauptanlass zu den Pilgerfahrten an den Jordan gab der Aufenthalt des Johannes und die damit verbundene *Taufe Jesu* (Marc. 1, 5—11 †). Das oben erwähnte Johanneskloster beweist, dass man schon früh diese Stelle hier suchte. Zum Andenken an die Taufe Jesu wurde bereits in Constantins Zeit die Jordantaufe als etwas besonders Heilsames angesehen. Im 6. Jahrh. fand Antonin einen grossen Zusammenfluss von Pilgern hier; er berichtet, beide Ufer seien mit Marmor belegt gewesen; in der Mitte des Stromes wurde ein Holzkreuz aufgestellt, und nachdem der Priester das Wasser gesegnet hatte, gingen die Pilger hinein, jeder mit einem leinenen Gewand, das sorgfältig aufbewahrt wurde, um später als Sterbekleid zu dienen. Auch im Mittelalter kamen Taufen im Jordan vor, doch war die Tauf- und Badestelle weiter oben, in der

† 5. Und es ging zu ihm hinaus das ganze jüdische Land, und die von Jerusalem, und liessen sich alle von ihm taufen im Jordan, und bekannten ihre Sünden. 6. Johannes aber war bekleidet mit Kameels-Haaren, und mit einem ledernen Gürtel um seine Lenden, und ass Heuschrecken und wilden Honig; 7. Und predigte und sprach: Es kommt einer nach mir, der ist stärker, denn ich, dem ich nicht genugsam bin, dass ich mich vor ihm bücke, und die Riemen seiner Schuhe auflöse. 8. Ich taufe euch mit Wasser; aber Er wird euch mit dem heiligen Geist taufen. 9. Und es begab sich zu derselbigen Zeit, dass Jesus aus Galiläa von Nazareth kam, und liess sich taufen von Johanne im Jordan. 10. Und alsobald stieg er aus dem Wasser, und sahe, dass sich der Himmel aufthat, und den Geist, gleichwie eine Taube, herab kommen auf ihn. 11. Und da geschah eine Stimme vom Himmel: Du bist mein lieber Sohn, an dem ich Wohlgefallen habe.

Nähe des Klosters. Seit dem 16. Jahrh. verschob man das Jordanbad auf eine angenehmere Jahreszeit, vom Dreikönigstag auf Ostern. Es gab übrigens öfters unordentliche Scenen. Schon in älteren Zeiten wurden die Pilger von beduinischen Führern (bisweilen selbst in Begleitung des Pascha) nicht sowohl geleitet, als vielmehr wie eine Heerde Schafe zum Jordanbad getrieben, und häufig genug gab es Zank zwischen den Christen. Die Griechen halten bis auf die neueste Zeit sehr grosse Stücke auf das Jordanbad als Abschluss der Pilgerfahrt. Die grosse Karawane, welche nach den Osterfeierlichkeiten zum Jordan aufbricht, bietet, sowie das Lager unten am Jordan, das durch Pechfackeln erhellt wird, einen befremdenden und interessanten Anblick; die Popen waten bis an die Brust ins Wasser und tauchen Männer, Weiber und Kinder, die in weissen Kleidern in den Strom hinein gehen; manche füllen ihre Krüge mit Jordanwasser für Taufen in der Heimath. Auch zu anderen Zeiten begegnet man oft Pilgerschaaren an dem Badeplatz. Uebrigens ist bei dem Baden Vorsicht anzurathen, denn das Wasser ist sehr reissend und nur $^2/_3$ des diesseitigen Ufers sind flach; darüber hinaus bis zum jenseitigen Ufer werden sich nur Schwimmer sicher fühlen. Einige Schritte oberhalb der Badestelle hat man den schönsten Ueberblick: die Pilger, ihre Wäsche trocknend und mit Begeisterung trinkend und badend; im Hintergrunde die Gebirge westlich vom Todten Meer, vor allem das Vorgebirge Râs el-Feschka. Tarfabäume und Weiden fassen das Ufer ein. — Auch ein südlicher Weg kann von Jericho aus nach dem Badeplatze (der Lateiner) eingeschlagen werden. Derselbe führt SW. zuerst nach *Umm Ghafer*, Zollstätte, die man aber nicht mit der des Zachaeus zusammen bringen darf. 1 Stunde weiter gegen SW. liegt die Quelle *'Ain Hadjla* mit lauem Wasser; 10 Min. WSW. davon die Ruine *Ḳaṣr el-Hadjla*. Die Ortslage entspricht sicher dem antiken *Beth Hagla*, das als Grenzort zwischen Juda und Benjamin genannt wird (Josua 15, 6). Dass die Ruine einem ehemaligen Kloster angehört, ist noch aus den Mauern und den Malereien zu erkennen; auch nennen die Eingeborenen das Gebäude *Dêr Mar Yuḥanna Hadjla*, Johanneskloster.

Ein Abstecher nach der Ausmündung des Jordan in das Todte Meer bietet wenig Interesse. Der Punkt ist von der Badestelle $1^1/_2$ Stunde entfernt. Der Fluss verläuft in zwei Armen ins Meer und zwar ganz flach, sodass das Salzwasser sich mit dem Flusswasser schon weit oben mischt. Fische, die in das Wasser des Todten Meeres gerathen, sterben und treiben dann an den Strand. Die Ufer des Jordan sind auch auf dieser untersten Strecke bewachsen; das höhere Ufer aber bildet mergelige, nackte, in groteske Formen zerrissene Erdwände, zu nahe an deren Rand zu treten wegen des Einstürzens nicht rathsam ist; man findet in dem Mergel öfters Salzkrusten und Schwefelknollen.

Der gerade Weg nach dem Todten Meer und Mar Sâba führt von

der Badestelle erst eine Strecke weit den Fluss entlang durch die Büsche, dann aber vom Ufer ab durch das offene baumlose Feld. Auf dem mit Salz- und Gypsschichten überzogenen Mergelboden wächst geradezu gar nichts. Die leere trostlose Ebene setzt sich fort, bis man nach Verlauf von 25 Min. das obere Flussthal wieder erreicht. Die Aussicht über die Ebene ist übrigens herrlich, zumal auch nach den blauen Berghängen zu beiden Seiten des See's hin, mit dem tiefen Thaleinschnitt des Zerḳa Ma'în links im Süden; leider wird sie gegen die Mitte des Tages gewöhnlich durch einen Dunstschleier getrübt. Nach 40 Min. (SW.) erreicht man das Ufer des Todten Meeres gegenüber einer kleinen Insel.

Das **Todte Meer** heisst im hebräischen Alterthum *Salzmeer*, bei den Propheten auch das *östliche Meer*. Später nannte man es *Asphaltsee* und bereits bei griechischen Schriftstellern „*Todtes Meer*". Auch die Araber nennen es so, doch gewöhnlicher *Bahr Lûṭ*, Lot-See, denn die Erzählung von Lot hat Moḥammed in den Ḳorân aufgenommen. Die früheren Berichte über das Todte Meer beruhen theilweise auf Uebertreibungen; deshalb war es der Expedition, welche die Regierung der Vereinigten Staaten Mitte dieses Jahrhunderts (1848) dorthin sandte, vorbehalten, manche Zweifel zu lösen und manche nun für immer sichere Resultate zu gewinnen (vgl. Bericht über die Expedition der vereinigten Staaten nach dem Jordan und dem todten Meere von W. F. Lynch; deutsch bearb. von W. Meissner. Leipzig 1850).

Das Todte Meer ist 10 deutsche Meilen lang (also wie der Genfer See); die grösste Breite S. vom Wâdi Môdjib beträgt $2^1/_8$ Meilen; bei der Halbinsel ist die Meerenge $^5/_8$ Meilen breit; gegen N. verengert sich der See erst bei Râs Mersed zu $1^3/_4$ Meil., dann bei Râs el-Feschka zu $1^1/_2$ Meil. Breite. Im Osten und Westen ist das Meer von steilen Bergen umgeben, sodass öfters nur ein schmaler, bisweilen gar kein Uferrand daneben bleibt. Die flache Südbucht des Sees, zu welcher jedoch der Blick von N. nicht hinabreicht, wird durch eine niedrige Halbinsel (arab. *el-lisân* = Zunge, vgl. Jos. 15, 2) abgegrenzt. Am SW.-Ende des See's liegt ein Salzberg (S. 301).

Erst im Jahre 1837 begann man zu ahnen, dass dieser See unter dem Niveau der Meeresfläche liege; in neuerer Zeit hat man durch genauere Messungen folgendes Resultat gefunden:

| | |
|---|---|
| Einsenkung des Todten Meeres unter dem Mittelmeer | 394m |
| Grösste Tiefe des Todten Meeres . . . . . . . . | 399m |
| Jerusalem über dem Mittelmeer . . . . . . . . | 760m |
| Jerusalem über dem Todten Meere . . . . . . . | 1154m |

Die amerikanische Expedition hatte mit vieler Mühe zwei Metallboote über 'Akka nach Tiberias transportirt und war von dort aus den Jordan hinabgefahren. Auf dem Todten Meere brachte sie 22 Tage zu, indem sie Kreuz- und Querfahrten machte und überall das Senkblei auswarf. Als Durchschnittstiefe fand man 180 Faden

= 329m, in der Südbucht nirgends mehr als 3,6m, zwischen 'Ain Terâbe (W.) und der Mündung des Zerka Ma'în (O.) aber als grösste Tiefe 218 Faden oder 399m; also beträgt die Gesammttiefe dieser nur bis zu 394m unter der Meeresfläche von dem Salzsee ausgefüllten Erdspalte 793m. Uebrigens ändert sich das Niveau je nach den Jahreszeiten, was an den angeschwemmten Holzstücken, die, mit Salz überzogen, an manchen Stellen des Ufers liegen, ersichtlich ist. Der See ist von jeher das Becken gewesen, in welchem sich die Gewässer des Jordans und der umliegenden Berge gestaut haben; er ist einer der ältesten Seen der Erde. Am Ende der Tertiärperiode stand das Wasser bedeutend höher, als heute; Ablagerungen von Mergel finden sich längs der Gebirge bis zur Höhe von 106m über dem jetzigen Niveau. Der Wasserzufluss war früher grösser; man beobachte, wie tief die Bäche die Schluchten im O. und W. des See's ausgewaschen haben. Es ist wahrscheinlich, dass trotz des immerhin noch starken Zuflusses das Niveau des Meeres sich langsam senkt. Man hat berechnet, dass der Jordan täglich 6 Millionen Tonnen Wasser in das Todte Meer ergiesst; diese ungeheure Quantität muss also täglich verdampfen, da ein Abfluss bei der tiefen Lage des See's undenkbar ist. In der That kann die heisse trockene Luft dieser in ihrer Art einzigen Senkung ungeheure Mengen Wasserdampf aufnehmen. Die Folge der starken Verdunstung ist die Sättigung der zurückbleibenden Wassermasse mit mineralischen Stoffen, die ausserdem noch in Menge aus den salzhaltigen Mergelschichten an den Ufern ausgelangt werden. Die specifische Schwere des Wassers ist nicht an allen Stellen gleich, sie schwankt zwischen 1,021—1,256 (im Durchschnitt 1,166); in der Nähe der Jordanmündung und in der Verlängerung der Linie, in welcher sich der Jordan in den See ergiesst, ist das Wasser leichter, in der Tiefe des Meeres schwerer, d. h. mehr mit mineralischen Stoffen versetzt. Ein frisches Ei schwimmt darin, indem es mit einem Drittel seines Volumens hervorragt. Der menschliche Körper kann nur mit Mühe tauchen und sich ohne Bewegung über dem Wasser halten; doch ist das Schwimmen unangenehm, weil die Extremitäten des Körpers, vor allem die Füsse von dem Wasser leicht in die Höhe gehoben werden. Einige Leute haben nach dem Bade ein Jucken am Körper verspürt; es ist fraglich, ob dies nicht daher kommt, dass der Badende gewöhnlich seinen Körper den brennenden Sonnenstrahlen zu lange aussetzt. Uebrigens behält die Haut nach dem Bade ein öliges Gefühl, und wer baden will, wird vielleicht vorziehen, nachher im Jordan ein zweites Bad zu nehmen (respective die Reise in umgekehrter Richtung zu machen); aber durchaus nöthig ist diese zweite Abwaschung keineswegs. — Man scheint von dem Wasser früher ärztlichen Gebrauch gemacht zu haben.

Im Durchschnitt enthält das Wasser 25 % feste Bestandtheile, wovon ungefähr die Hälfte Kochsalz (Chlornatrium) ist. Das gleichfalls in Menge aufgelöste Chlormagnesium gibt dem Wasser den ekelhaft bittern Geschmack; das Chlorcalcium bewirkt, dass es sich ölig und schlüpfrig anfühlt. Ausserdem enthält es eine Reihe von anderen Stoffen in geringeren Mengen; sein Siedepunkt ist bei 105°C. Das Salz des Todten Meeres und der benachbarten Mergelschichten wird (wie von jeher) ausgebeutet und nach Jerusalem gebracht; man hält es sogar für besonders kräftig. Asphalt (Judenpech) soll in Massen auf dem Grunde des See's sitzen; gewöhnlich ist keiner sichtbar und nur durch Erdbeben oder Stürme werden Stücke in der Tiefe losgelöst und auf die Oberfläche gebracht. Nach Anderen stammt indessen der Asphalt von einer Breccie (aus kalkigen Steinen mit Erdpech als Bindemittel), die sich am Westufer des See's findet und von hier aus in die Tiefe gelangt; sind die Steinchen herausgespült, so steigt das leichte Harz aus der Fluth empor. Der Asphalt des Todten Meeres war schon im Alterthum vor anderen Sorten geschätzt.

Es ist nun durchaus festgestellt, dass im Wasser des Todten Meeres keine lebenden Wesen vorkommen; keine Muschel, keine Koralle ist darin gefunden worden, und selbst Meerfische sterben in kürzester Frist, wenn man sie in dieses laugenartige Wasser bringt. Die Behauptung jedoch, dass kein lebendes Wesen am Ufer des See's existiren und kein Vogel darüber hinfliegen könne, ist eine Fabel. Allerdings ist die Fauna nicht reich, was jedoch eher dem Mangel an süssem Wasser und der dadurch bedingten Pflanzenarmuth zuzuschreiben ist; wo Wasser sich findet, entwickelt sich eine üppige tropische Vegetation (vgl. Engeddi, S. 297). Die Ufer des See's wurden früher bewohnt (namentlich von Einsiedlern), wie aus Ruinen hervorgeht. Während man jetzt nie mehr ein Schiff erblickt, wurde noch zu Josephus' Zeit der See befahren; ebenso geschah dies im Mittelalter und noch später. Wenn ein Sturm durch den Felsenkessel dahinbraust, so schlagen (nach Lynch) die Wellen wie Hammerschläge an die Bootwände; aber die Schwere des Wassers bringt es mit sich, dass die Wogen sich in kurzer Zeit beruhigen, nachdem der Wind aufgehört hat.

Die Aussicht auf Berge und See ist übrigens bei hellem Wetter herrlich; das Vorgebirge r. heisst Râs el-Feschka; weiter südlich Râs Mersed, hinter welchem Engeddi liegt; l. sieht man in einiger Entfernung die Schlucht des Zerḳa Ma'în, die von den 1060m hohen Gebirgsrücken herabkommt. Selten indess sieht man die Gebirge des Todten Meeres klar, meist liegt ein nebliger Schleier darauf (vgl. S. 280); aber von weitem, namentlich von oben gesehen, scheint es als ob die Luft ganz rein wäre; das Wasser hat dann eine tiefblaue Farbe. In der Nähe spielt es oft mehr ins Grünliche; wenn man in den See hinein blickt, so hat man den Eindruck, als ob man durch Oel hindurchsähe.

Man vernachlässige keinesfalls, von Jericho oder vom Jordan aus eine genügende Quantität süssen Wassers mitzunehmen; solches ist auf dieser ganzen Route nirgends zu finden. Von dem ausgeworfenen Holz sind am Ufer des See's einige Gestelle gebaut, über welche man zum Schutz gegen Hitze und Blendung Teppiche breiten kann.

Von Jericho nach 'Ain Feschka und Engeddi (10–12 St.). Bei 'Ain Feschka ist nichts zu sehen, der Weg bis dahin eben und gut. Von 'Ain Feschka bis Engeddi mühsamer, wasserloser Weg, doch nicht ohne Interesse und lohnend, wenn man über Hebron nach Jerusalem zurückkehren will. Man lernt dabei die Ufer des Todten Meeres und die von tiefen Schluchten zerrissene Judäische Wüste näher kennen. Beduinenbegleitung (vgl. S. 296) ist erforderlich, ebenso natürlich Proviant.

Von Jericho reitet man auf der Westseite der breiten spärlich bewachsenen Thalsohle südwärts; hin und wieder sieht man flüchtige Gazellen. Vom Beginn des Todten Meeres verengt sich die Ebene mehr und mehr und endet schliesslich in einem spitzen Winkel bei *'Ain Feschka*, einer reichhaltigen Quelle, die von hohen Rohrgebüschen umwachsen, nahe beim Ufer des Meeres hervorsprudelt; das Wasser ist klar, aber etwas warm, brackig und schwefelig, welche Eigenschaften durch Einfüllung in poröse Krüge und Beimischung von etwas Wein schnell beseitigt werden (für die Tour nach Engeddi nehme man von hier Wasser mit). Einige kaum bemerkbare Ruinen liegen bei der Quelle. Das Vorgebirge *Râs el-Feschka*, welches sich hier weit in das Meer hinein erstreckt, ist nur für geübte Kletterer zu passiren. Wir müssen daher mit unsern Pferden rechts dem steinigen, steilen Zickzackweg folgen und oben auf nicht minder unangenehmem, bergauf bergab führenden Pfad einen grossen Winkel nach Westen machen (einen Umweg von gut 2½ St.), um jenseit des Vorgebirges am südl. Abhang des *Wâdi en-Nâr* (des untern Kidronthals) hinab die Ufer des Todten Meeres wieder zu erreichen. Es ist dies eine böse Tour, doch wegen des Ueberblicks über das Nordende des Todten Meeres und den untern Theil des Jordanthals nicht ohne Interesse. Im S. ragt das felsige Vorgebirge Mersed (s. unten) in das Meer hinein; die hohen Berge im O. mit ihren tiefen Thaleinschnitten geben dem Bilde den schönsten Rahmen. Inzwischen haben die Strahlen der Sonne an Intensität zugenommen; sobald man sich wieder dem See nähert, macht sich die Ausdunstung einiger dort befindlicher Schwefelquellen in unangenehmer Weise fühlbar; der feine aber durchdringende Schwefelgeruch verfolgt uns bis nahezu nach Engeddi. Den Stinkstein (S. 150) findet man hier häufig. Bis etwas über das *Wâdi Husâse* (ca.2 St.) hinaus bleibt nun der Weg, der an verschiedenen Thalmündungen, *Wâdi el-Ghuwêr*, *et-Ta'âmire*, *ed-Dêredje* vorbeiführt, leidlich, wird aber dann, um das (1 St.) *Râs Mersed* herum, für Menschen und Pferde wieder recht beschwerlich; oft glaubt man kaum, das Vorgebirge passiren zu können. Engeddi (S. 296) erreicht man, zuletzt nochmals ansteigend, in 1½ Stunde. Nach Masada s. S. 297; nach Hebron s. S. 296.

Ein zweiter Weg nach Engeddi führt von der Höhe des Râs el-Feschka, jenseit der oben erw. Schlucht des Wâdi en-Nâr, oben auf den Bergkämmen, über Schluchten etc. hin; derselbe dürfte zwar noch schlimmer sein als der erste, doch ist die Aussicht natürlich schöner.

Der Uebergang über die Thäler, besonders das *Wâdi el-Ghuwêr* (s. oben), ist mit ziemlichen Schwierigkeiten verbunden. Die Abgründe nöthigen öfters zu bedeutenden Umwegen. Nach 15 Min. gelangt man wieder zu einem Thal; nach 40 Min. zum *Râs Nekb et-Terâbe* (einem schroffen Felsvorsprung über der Quelle gl. N.), woselbst man eine grossartige ungehinderte Aussicht über das Todte Meer und dessen Umgebung geniesst. Im SO. ragt Kerak hervor, im NO. ist die Landmarke der hohe Djebel 'Oscha (S. 351). Nach 40 Min. kommt man zu dem Punkte, wo l. ein schlechter Weg nach *'Ain Terâbe* hinunterführt; nach weiteren 15 Min. nahe an den Zusammenfluss des *Wâdi et-Ta'âmire* mit dem W. Deredje (l. unten). 20 Min. erreicht man das Wâdi et-Ta'âmire (es kommt von Bethlehem), in 35 Min. das *Wâdi ed-Dêredje*, den untern Lauf des Wâdi Chareitûn. Die fast senkrechten Wände der beiden Thäler erschweren den Durchgang sehr; in 20 Min.

erreicht man die jenseitige Höhe. Nach 40 Min. schneidet man das *Wâdi el-Hasâse*, das von Tekû'a kommt (S. 263), und steigt nun in die Höhe. Nach 40 Min. kommt man zu der ausgedehnten Hochebene *Hasâse*, einer von kleinen Trockenrinnen durchsetzten Fläche, die nur an einzelnen Stellen mit etwas Gestrüpp bewachsen ist; öfters lagern hier Raschâidebeduinen. Nach 40 Min. überschreitet man das kleine *Wâdi Schekîf*; l. der *Djebel Schekîf*, von dem das Râs Mersed (s. oben) ins Meer vorspringt. Nach 1 St. 10 Min. setzen wir über das *Wâdi Sudêr*, eine kleine Trockenrinne. Nach 20 Min. gelangen wir endlich an den Scheidepunkt des Jerusalemer Weges (S. 263) und nach 30 Min. auf die Höhe von Engeddi (S. 296).

Der Weg von NW.-Ende des Todten Meeres nach Mar Sâba folgt zuerst einige Zeit dem Ufer des See's; die Hitze ist hier um Mittag sengend. Nach 18 Min. lässt man eine Quelle (*'Ain el-Djehayyir*) l. liegen; sie enthält brackiges Wasser, das nur zur Noth trinkbar ist. Dann trennt man sich vom See und steigt das vom Wasser tief ausgewühlte *Wâdi ed-Dabr* hinauf; dasselbe ist theilweise mit Gestrüpp bedeckt und soll reich an Wild sein (Rebhühner, Wildtauben, Hasen etc.). Nach 35 Min. hat man eine schöne Aussicht über das Jordanthal und das Todte Meer; dann reitet man l. eine tiefe Schlucht entlang aufwärts und gelangt immer wieder zu Aussichtspunkten. Bald darauf erblickt man rechts den Pass *Nekb Wâdi Mûsa*; nach 35 Min. kommt man in das *Wâdi el-Kenêtera*; NW. auf dem Berge erblickt man den im 13. Jahrh. zuerst erwähnten muslimischen Wallfahrtsort *Nebi Mûsa* (Grab des Moses). Die Nachrichten über den Tod Mose's im Ostjordanland sind freilich so gut verbürgt, dass Niemand es der Mühe werth halten wird, diesen Ort zu besuchen; alljährlich (an einem Tage des April zwischen 1—2 Uhr Mittags) findet eine grosse Pilgerfahrt der Muslimen dorthin statt, an der eine Menge fanatisirter Derwische, die den ganzen Morgen schon halbnackt mit ihren Fahnen und ihrem „la ilâha ill allâh" durch die Strassen Jerusalems ziehen, Theil nimmt.

Wir reiten im Thale weiter. Nach 40 Min. haben wir den *Djebel Djamûm* r. und erreichen nun die Hochebene *Bkê'a*, die sich gegen SSW. hinaufzieht. Diese Ebene ist im Frühling mit Weide bedeckt und von Beduinen des Stammes Ḥtêm besucht. Nach 42 Min. kreuzt man das *Wâdi Cherabîye*, das wie alle diese Thäler gegen O. hinunterläuft. In dem *Wâdi Bkê'a* unten l. gewahrt man Beduinenlager; der Blick auf das Todte Meer tief unterhalb der Vorberge ist grossartig schön. ½ Stunde weiter ein Reservoir mit Regenwasser Namens *Umm el-fûṣ*. Nach 20 Min. findet man Steinhaufen am Wege, um die Reisenden zu benachrichtigen, dass sie hier nahe an Nebi Mûsa sind (s. oben). Bald darauf (nach 35 Min.) muss man der Aussicht auf das Todte Meer entsagen und auf schlechtem Wege in das *Wâdi en-Nâr*, das Kidronthal, hinunter steigen, dessen Sohle man nach 28 Min. erreicht. Hier umgibt uns eine kahle Wildniss. Der Weg führt vom Kidronthal über Stufen hinauf; in 20 Min. erreichen wir die Höhe bei einem Wachtthurm und erblicken unser Ziel, das Kloster **Mar Sâba**, vor uns. Man muss tüchtig an die kleine fest verriegelte Thür klopfen, um Gehör zu finden und seinen Brief abgeben zu können. Nach Sonnenuntergang wird Niemand, trotz des Briefes, mehr eingelassen. Frauen werden nicht in das Klostergebäude eingelassen, sondern müssen in dem ausserhalb stehenden Thurme übernachten. Ein zweiter Thurm steht über der Pforte; von der Höhe desselben aus reicht der Blick des Thorwächters weit über die Berge und Thäler, um zu erspähen, ob dem Kloster von irgend welcher Seite Gefahr droht.

Im Innern des Klosters steigt man auf einigen 50 Stufen zu einer zweiten Thüre hinunter; dann führt eine zweite Treppe in einen gepflasterten Hof und von diesem eine dritte zum Gastzimmer für Fremde; die Diwans enthalten öfters eine bedenkliche Zahl hüpfender Insassen. Die Bewirthung ist mangelhaft, doch bekommt man wenigstens Brod und Wein; für Fremde, die ihren Dragoman und Koch mitbringen, sind Küchen bereit. Für ein Nachtlager von 3 Personen zahlt man 10 fr., ausserdem dem Diener 2 fr., dem Pförtner $^1/_2$—1 fr.

Wer zufällig eine Mondnacht im Kloster zubringt, wird den stärksten Eindruck von der schauerlichen Einöde davontragen. Man trete dann auf die Terrasse und schaue in das Thal hinunter. Senkrecht stürzt der Felsen ab, sodass die gewaltigsten Strebemauern gebaut werden mussten, um eine enge Fläche für den Klosterbau zu gewinnen. Die kahlen Höhen jenseit des Thales enthalten eine Menge ehemaliger Einsiedlerwohnungen, die heute Schakalen zum Aufenthalt dienen. Der Boden der ziemlich engen Thalschlucht liegt etwa 180m unterhalb des Klosters, ungefähr in der Höhe des Mittelmeer-Spiegels.

*Geschichtliches.* Im 5. Jahrhundert stiftete der heilige Euthymius hier eine Laura (Mönchsansiedelung). Sein Lieblingsschüler Sabas war um 439 in Kappadocien geboren; kaum 8 Jahre alt, entsagte er dem Besitz irdischer Güter und trat in ein Kloster. 10 Jahre später ging er nach Jerusalem und liess sich dann in dieser Einöde bei Euthymius nieder. Als der Ruf seiner Heiligkeit sich verbreitete, schlossen sich ihm mehrere Anachoreten an, mit denen er in einer von ihm gegründeten Laura nach der Regel des heil. Basilius lebte. Im Jahre 484 weihte ihn der Bischof von Jerusalem, Sallustius, zum Priester und erhob ihn zum Abt des nach ihm genannten Ordens der Sabaiten. Er starb 531 oder 532, nachdem er in den theologischen Streitigkeiten gegen die Monophysiten eine bedeutende Rolle gespielt und auch anderwärts Mönchscolonien angelegt hatte. Im Jahre 614 wurde das Kloster von den persischen Schaaren des Chosroës geplündert und auch in den folgenden Jahrhunderten zogen die Reichthümer desselben wiederholt Verheerungen herbei (796 und 842), weshalb man das Kloster wie eine Festung aufbauen musste. Die letzten Plünderungen fanden in den Jahren 1832 und 1834 statt. Im Jahre 1840 wurde das Kloster von den Russen hergestellt und vergrössert. — Zur Osterzeit kommen viele Pilger über Mar Sâba vom Jordan her.

Ein Gang durch das Kloster wird unter Führung eines Mönches oder dienstthuenden Bruders gemacht. Das Kloster besteht aus einer Menge neben und über einander liegender Terrassen. Wo nur ein Plätzchen dazu übrig war, haben die Mönche ihre Gärtchen angelegt; die Sonnenstrahlen prallen hier heiss auf die Felsen, daher die Feigen hier viel früher reifen, als in Jerusalem. In der Mitte des gepflasterten Hofes steht ein Kuppelgebäude, innen mehr reich als geschmackvoll verziert, mit dem leeren Grab des heil. Sabas. Dies ist das Hauptheiligthum für die Pilger; die Ueberreste des Heiligen sind nach Venedig gebracht worden. NW. hinter dieser freistehenden Kapelle befindet sich die Kirche des heil. Nicolaus, zum grössten Theil eine Felshöhle, die vielleicht ursprünglich Eremitenwohnung war. Hier zeigt man hinter einem Gitter die Schädel der unter Chosroës getödteten Märtyrer. Die basilikenartige Klosterkirche im O. bietet wenig Interessantes. Einige alte Bilder auf Goldgrund sind noch vorhanden; andere sind von den Russen gegen neuere umgetauscht worden. Man zeigt ferner das Grab des Johannes Damascenus, auch Chrysorrhoas genannt. Die Bedeutung dieses Mannes, der im 8. Jahrhundert schrieb, besteht darin, dass er, ohne gerade durch wissenschaftliches Genie hervorzuragen, als einer der letzten namhafteren Theologen der alten griechischen Kirche deren dogmatische Entwickelung abschloss. — Hinter dieser Kirche dehnen sich die Räume für die Pilger aus und die Zellen der Mönche. Letztere führen nach ihren Ordensregeln ein strenges Leben, indem sie fast nur Gemüse geniessen und viel fasten. Sie ziehen die Vögel der Umgebung an und füttern sie, sodass sie ihnen aus der Hand fressen. Sie überladen sich keineswegs mit Wissenschaft, und verwehren auch dem Fremden den Einblick in ihre Bibliothek, in welcher Tischendorf schöne Handschriften entdeckt hat. Seinen Unterhalt bestreitet das Kloster aus Geschenken von auswärts und aus dem Ertrag einiger wenigen Ländereien. Es sind jetzt 65 Mönche hier und dazu einige Verrückte in Verpflegung. In einem der Klostergärtchen steht ein Palmbaum, den der heil. Sabas gepflanzt haben soll. Es wird behauptet, dass er kernlose Datteln trage. — Die Haupterinnerung an den Heiligen ist seine Grotte, welche ganz auf der Südseite des Klosters gezeigt wird, oben an dem Fremdenzimmer. Durch den Felsen hindurch läuft ein Gang, der bis in eine Höhle reicht; ein kleineres anstossendes Gemach ist die sog. Höhle des Löwen; der Heilige fand nämlich, als er einst in seine Höhle zurückkehrte, einen Löwen in derselben, begann aber ohne Furcht seine Gebete herzusagen und schlief hierauf ein. Zweimal zerrte ihn der Löwe aus der Höhle, bis der Heilige ihm einen Winkel anwies, wo er wohnen sollte; hierauf lebten die Beiden friedlich mit einander. Diese Legende hat wohl auf den Namen des Heiligen Einfluss gehabt, da *sab'a* im Arab. Löwe bedeutet.

Von Mar Sâba nach Jerusalem ($3^1/_2$ St.) führt der Weg das Kidronthal aufwärts. Man lässt das Thal anfänglich rechter Hand und geht nach 20 Min. über das Bachbett. In den Kalkfelsen findet sich viel Feuerstein in bandförmigen Schichten. Nach 7 Min. schlägt man den Weg l. ein. Man sieht auf der Route zuweilen Niederlassungen von Beduinen. Nach weiteren 7 Min. bemerkt man l. vom Wege (S.) eine in den Felsen gehauene Höhlung mit schlechtem Wasser. Nach 50 Min. verlässt man das hier nach S. herumlaufende Kidronthal und biegt nach W. fortschreitend in das *Wâdi el-Leben* (Milchthal) ab, obwohl es zuerst etwas nach N. führt. Nach 40 Min. angestrengten Steigens erreicht man die Wasserscheide, wo sich eine überraschende Aussicht auf Jerusalem öffnet; herwärts liegt Bêt Sâḥûr el-'Atiḳa (S. 237). Im SO. sieht man den Frankenberg, SW. das Dorf Sûr Baḥer. Westwärts hinab gelangt man nach 35 Min. wieder ins Kidronthal; links liegt Bét Sâḥûr. Nach 28 Min. kommt r. das *Wâdi Kattûn* vom Oelberg herunter. In 10 Min. gelangt man zum Hiobsbrunnen (S. 236), in 15 Min. zum Yâfathor.

Von Mar Sâba nach Bethlehem (2 St. 50 Min.) führt ein leidlich bequemer Weg. Erst steigt man von dem oberen Klosterthurme nordwärts den Berg hinauf. Von Zeit zu Zeit hat man schöne Rückblicke auf das Todte Meer und die öde Bergwildniss der Umgebung. Nach 25 Min. verliert man den Thurm des Klosters aus den Augen. Im Frühling sind alle diese Höhen voll guter Weide. Weit unten im Wâdi en-Nâr (S. 284) sieht man die Hütten der Schutzleute des Klosters. Nach 20 Min. kommt r. der Oelberg zum Vorschein; der Weg, welcher hier rechts abgeht, führt nach einer Klosterruine, *Dêr ibn 'Obêd*, auch *Mar Theodosius* (mit Ueberresten von zwei Kirchen). Nach 10 Min. erreicht man die Höhe des Berges, woselbst man eine schöne Aussicht hat; auch der Frankenberg (S. 267) wird im S. sichtbar. Hierauf steigt man nach 4 Min. hinunter in's *Wâdi el-'Arâis*. Nach 10 Min. ist man unten im Thal; der Weg ist überall gut. Nach 15 Min., während welcher man wieder etwas hinauf gestiegen ist, gelangt man in eine kleine Thalrinne, auf deren l. Seite man wieder in die Höhe steigt. Nach 17 Min. hat man eine Aussicht in ein grosses Thalbecken; gegenüber kommt Bethlehem zum Vorschein, r. Mar Elyâs. Nach 40 Min. beginnen die Felder und Baumgärten von Bethlehem; auch das Kloster Mar Sâba hat hier Grundbesitz. Die überall in den Gärten sichtbaren Wachtthürme stammen aus der Zeit Ibrâhîm Pascha's, sind aber eine bereits den alten Juden bekannte Einrichtung. Nach 10 Min. lassen wir das Dorf Bêt Sâḥûr (S. 262) einige hundert Schritt l. liegen, ebenso nach 6 Min. einen Weg l. und langen in 10 Min. beim lateinischen Kloster, nach 2 Min. auf dem Platz vor der Marienkirche in Bethlehem an (S. 253).

## 8. Von Jerusalem nach dem Kreuzkloster, 'Ain Kârim und 'Ain el-Ḥabis.

$2^1/_2$ St. Vom Yâfathore aus schlägt man die zweite Strasse l. zum Birket Mamilla und Aussätzigenhause (S. 244) ein; man lässt hierauf den Weg nach 'Ain Yâlo (S. 336) l. und dann die Strasse nach 'Ain Kârim r. und steigt das Thal hinunter in 20 Min. zum **Kreuzkloster**, arab. *Dêr el-Muṣallabe*. Diese Strasse ist erst in neuester Zeit von den Griechen und Russen geebnet und das Land umher von Steinen gereinigt und bepflanzt worden. Das Kloster besteht aus einem grossen unregelmässigen Viereck und zieht sich, von fensterlosen Mauern umgeben, gegen S. hinunter, indem es die Ostseite des Thalbodens einnimmt. Es gehört den orthodoxen Griechen; der Vorsteher (Archimandrit) Prof. Dr. Hieronymos Myriantheus hat in Leipzig studirt und spricht Deutsch.

Die Stiftung des Klosters wird der Kaiserin Helena zugeschrieben; doch ist dies nicht näher bezeugt. Eine andere Ueberlieferung berichtet, dass die Kirche im 5. Jahrh. von Tatian (König der Georgier) gestiftet worden sei. Aus dem Umstande, dass die Kreuzfahrer 1099 das Kloster schon vorfanden, ist zu schliessen, dass seine Stiftung in der That in die vorislâmische Zeit zurückreicht. Das Kloster gehörte damals den Georgiern. Später scheinen andere Religionsgemeinschaften das Kloster innegehabt zu haben, doch nie Lateiner. Das Kloster hatte viel von den Arabern zu leiden; mehr als einmal wurde es geplündert und Mönche ermordet. In neuerer Zeit ist es schön hergestellt worden, doch sind Mauern zum Schutze der Gartenanlagen noch nothwendig. Man findet auch hier das bekannte eisenbeschlagene Pförtchen, welches allen Klöstern des Orients aus alter Zeit her eigenthümlich ist. Die Gebäude umfassen verschiedene weitläufige und unregelmässige Hofräume und sind theilweise nach europäischem Muster eingerichtet. Das Kloster beherbergt ein grosses Priesterseminar mit 6 Professoren und 60 Schülern. Ausser in den Specialfächern wird Unterricht in Griechisch, Latein, Französisch, Hebräisch, Arabisch und Musik ertheilt. Die Bibliothek enthält eine Anzahl schöner Werke, auch Handschriften. Die Grundform der Klosterkirche scheint die Vermuthung zu bestätigen, dass sie aus byzantinischer Zeit stamme. Sie ist dreischiffig; die Kuppel wird von vier grossen Pfeilern getragen und ist mit Fensterchen versehen. Die Gewölbe und Bogen laufen spitz zu, was auf eine Herstellung im Mittelalter schliessen lässt. Auch die theilweise rohen Gemälde an den Mauern sind in neuerer Zeit (vor 200 Jahren) wieder übermalt worden. Der schöne Mosaikschmuck des Bodens dürfte auf ein höheres Alter Anspruch haben. Das Haupttheiligthum des Klosters liegt hinter dem Hochaltar: eine runde Oeffnung, die heute in Marmor eingefasst ist, zeigt hier die Stelle an, wo das Holz des Kreuzes Christi gewachsen sein soll; daher rührt auch der Name des Klosters (eig. „Kloster des Kreuzortes"). Die Tradition ist wahrscheinlich sehr alt, wenn man auch erst um die Zeit der Kreuzfahrer von ihr Kunde erhalten hat und die Lateiner sie nie völlig anerkannt haben. Die weiteren Ausschmückungen der Tradition, z. B. dass Adam hier begraben liege und Loth hier gewohnt habe, seien hier nur erwähnt.

Vom Kloster geht man wieder 3 Min. zurück, um dann den Weg l. nach 'Ain Kârim einzuschlagen. Man durchschneidet das Thal des Kreuzklosters und gelangt in 18 Min. in das *Wâdi Medîne*; dann steigt man über einen Hügel in 13 Min. nach dem *Wâdi el-Bedawîye*; r. liegt *Chirbet Nahle*; auf der Höhe *(Djebel 'Ali)*, welche man ersteigt, sieht man das mittelländische Meer, den Oelberg und einen Theil von Jerusalem. Nach 22 Min. kommt man zu den Ruinen von *Bêt Esmîr*; r. liegen die Ruinen von *Dêr Yâsîn* und weiterhin auf einem Berge *Nebi Samwîl* (S. 148); im NW. jenseit des Thales *el-'Akûd* auf einem Hügel. In 15 Min. steigt man von hier nach dem Dorf **'Ain Kârim** hinunter.

*Historisches.* 'Ain Kârim entspricht vielleicht dem alten *Karem* der Septuaginta (Jos. 15, 60), obwohl der Name, welcher Weinberg bedeutet, viel zu allgemein ist, als dass sich etwas Sicheres ausmachen liesse. Eine Tradition, welche zur Kreuzfahrerzeit auftritt, sieht in 'Ain Kârim den Ort Juda (Luc. 1, 39), das aber vielmehr dem heutigen Yâta bei Hebron (S. 300) entspricht.

Das Dorf 'Ain Kârim liegt in sehr schöner fruchtbarer Gegend am östlichen Hügel oberhalb des weiten Thalkessels; es hat ungefähr 600 Einwohner, wovon 100 Lateiner, die übrigen aber Muslimen sind. Alle bebauen das Land, sie haben namentlich Oliven- und Weinpflanzungen, bewässert von der etwas S. liegenden Quelle *'Ain Kârim*, die schon im 14. Jahrh. mit Maria in Verbindung gebracht und Marienquelle genannt wurde. Etwa 4 Min. W. von dieser Quelle steht eine Kapelle, die im Jahre 1860 aus Trümmern von Mauern und Gewölben wieder hergestellt worden ist; hier soll das Haus oder die Sommerwohnung des Vaters Johannes des Täufers, Zacharias, gestanden und also Maria die Elisabeth besucht haben. In der Kapelle beim Eingang zeigt man ein Stück des Steines, der nachgab, als Elisabeth aus Furcht vor Herodes den Johannes versteckte.

Im O. liegt das grosse festungsähnliche lateinische *Johanneskloster*, in welchem auch Gäste aufgenommen werden. Es ist vor kurzer Zeit wieder hergestellt und vergrössert worden. Die Mönche und Brüder sind meistens Spanier. Der Klostergarten mit seinen weit hervorragenden Cypressen liegt innerhalb der festen Ummauerung. Vom Kloster auf drei Seiten eingefasst, schaut die Johanneskirche mit ihrer Kuppel lieblich hervor. Nachdem die Kirche früher Jahrhunderte hindurch von den Arabern als Viehstall benutzt worden war, erlangte der Marquis de Nointel, Gesandter Ludwigs XIV. beim Sultan, dass den Franciscanern das Besitzrecht wieder zugesprochen wurde. In den folgenden Jahrzehnten gelang es den unverdrossenen Bemühungen dieser Männer, sich dort festzusetzen, das Kloster neu zu bauen und die Kirche zu reinigen und wiederherzustellen, so dass sie wegen ihrer Kuppel und ihres Mosaikbodens zu den schönsten neueren Kirchen Palästina's gezählt werden konnte. Vermuthlich reicht der ältere Bau nicht über die Zeit der Kreuzfahrer hinaus, da wohl erst damals die Geburt Johannes des Täufers hierher verlegt wurde. Die Kirche ist dreischiffig, die hübsche Kuppel wird von vier Pfeilern getragen; den Boden schmücken noch Mosaiken. Der Hochaltar ist dem Vater des Täufers, Zacharias, gewidmet, die südliche Kapelle dem Besuche Maria's bei Elisabeth. Neben der Orgel ist ein Bild, das den Johannes in der Wüste vorstellt und von Murillo herrühren soll; l. (N.) vom Altar führen sieben Stufen in eine Krypta zur Geburtsstätte Johannes des Täufers; fünf hübsche Basreliefs aus weissem Marmor, die den Lebenslauf des Johannes darstellen, sind in die schwarze Wand eingelassen. Eigentlich soll diese Kapelle eine Felshöhle sein, wie die in Bethlehem (S. 258). Ausser den Franciscanern wohnen in 'Ain Kârim auch Zionsschwestern und leiten eine Schule nebst einem Waisenhause. Viele Pilger kommen nach 'Ain Kârim.

Von 'Ain Kârim wendet man sich westwärts gegen das sog. *Terebinthenthal*, den unteren Lauf des *Wâdi Hanîna* oder *Wâdi Kulôniye* (S. 145). Theilweise ist das Thal bepflanzt, theilweise mit Gesträuch bewachsen. Es führt den Namen Terebinthenthal nach I Sam. 17 mit Unrecht (vgl. S. 333). In 1 St. erreicht man die Quelle **'Ain el-Ḥabis.** Die *Johannisgrotte*, zu welcher in den Stein gehauene Stufen hinaufführen, liegt unmittelbar bei der Quelle; sie gehört den Lateinern, und ein Altar ist darin errichtet worden. Gegen das Thal hin sind zwei Oeffnungen in der Felswand, die zu einer Art offenen Balcons führen; hier übersieht man das nach dem gegenüberliegenden Dorf benannte *Wâdi Ṣâṭâf*, sowie die Dörfer Ṣôba, im N. Kulôniye und Nebi Samwil. Der Ort heisst bei den Christen die *Johanniswüste*, obwohl er seiner Bepflanzung nach den Namen Wüste weder verdient, noch, den Spuren von Terrassenanlagen nach zu urtheilen, jemals verdient hat. Der Altar soll über dem Lager des Johannes (Matth. 3, 1 ff.; Luc. 1, 80 u. a.) errichtet sein, der in der Grotte gewohnt haben soll. Nach andern Stellen (Luc. 3, 3) ist es freilich unzweifelhaft, dass unter der „Wüste Juda" die Jordangegend zu verstehen ist; auch hat sich erst ums Jahr 1500 die Tradition auf die Quelle 'Ain el-Ḥabis gerichtet.

Wer nicht auf demselben Wege nach Jerusalem zurückkehren will, kann von 'Ain el-Ḥabis in circa 1 St. durch das Wâdi Hanîna die Yâfastrasse bei Kulôniye (S. 145) erreichen. Oder man kann von der Quelle sich zuerst rechts wenden und dann südl. über die Anhöhe nach dem Dorf *Weledje* (S. 335) hinunter steigen, von hier weiter hinunter nach *'Ain Yâlo* und durch das *Wâdi el-Werd* (Rosenthal) nach Jerusalem gelangen (2 St.; vgl. S. 335).

## 9. Von Jerusalem nach Hebron.

6 St. 40 Min. Bis zu den *Salomonischen Teichen* s. S. 264. An dem oberen Teiche vorbei führt der Weg nach S. auf einen Hügel, 15 Min.; man bemerkt eine Wasserleitung, welche sich in den untersten Teich ergiesst. Von dem Hügelrücken, den man hierauf überschreitet, sieht man r. das kleine Dorf *el-Chiḍr*, bald darauf l. die Ruinen von *Dêr el-Benât*. Das tiefe *Wâdi el-Fuhêmisch* oder *Wâdi el-Biâr* (nach den zahlreichen Cisternen so benannt) bleibt erst l. unten, dann gelangt man nach 15 Min. in die Tiefe und geht nun das lange gerade Thal aufwärts. Man steigt hierauf wieder hinunter; nach 30 Min. hat man einen verfallenen Thurm r. Nach 30 Min. kommt man zu den Ruinen eines Dorfes *Abu Fîd*. Man kreuzt ein Thal; die Hügel sind theilweise bewaldet. Nach 1 St. erreicht man die Quelle *'Ain ed-Dirwe*, deren Fassung aus schönen regelmässigen Quadern erbaut ist. Darüber ist eine Platt-

form mit Spuren einer alten christlichen Kirche. In geringer Entfernung nach O. bemerkt man Grabgrotten an dem künstlich behauenen und geebneten Felsenband. Im W. liegt ein mit Gesträuch bewachsener Hügel, an welchem ebenfalls einige Gräber liegen. Auf dem Gipfel des Hügels sind Ruinen Namens *Burdj Sûr*, die dem alten *Beth-Zur* (Josua 15, 58) entsprechen. Nach der Rückkehr aus dem Exil halfen die Leute von Bethzur an dem Bau der Mauern von Jerusalem (Esra 3, 16); später, in den Zeiten der Maccabäer, spielte der Platz eine bedeutende Rolle. Zur Zeit des Eusebius wurde bei Bethzur die Quelle gezeigt, bei welcher Philippus den Kämmerer taufte (Apost. 8, 26 ff., vgl. S. 335), sodass man annehmen müsste, dass die alte Strasse von Jerusalem nach Ghazza hier vorüber geführt hätte.

In 5 Min. haben wir einen verfallenen Thurm r.; nach 20 Min. wird auf dem Hügelrücken l. die Ruine einer Moschee Namens *Nebi Yûnus* (Jonas) sichtbar, die von den Ruinen des Dorfes *Ḥalḥûl* umgeben ist. Dieses Dorf wird schon Jos. 15, 58 erwähnt (*Gedor* ist *Djedûr*, das r. von unserer Strasse lag). In späteren jüdischen Schriften findet sich die Tradition, dass der Prophet Gad (II Sam. 24, 11) hier begraben sei. In der That finden sich Felsengräber. Auf das Grab des Jonas erhebt man indessen auch andernorts Ansprüche (S. 454).

Nach einem Marsch von 35 Min. durch eine theilweise angebaute Gegend liegt l. vom Wege etwa 300 Schritte entfernt ein grosses Gebäude Namens *Ḥarâm Râmet el-Chalîl*, das Heiligthum von R. Abraham's. Nur die Süd- und Westmauern sind erhalten, und zwei bis drei Lagen von Steinen, die eine 80, die andere 55 Schritt lang, schauen noch aus dem Boden heraus; die Blöcke sind ganz flach, aber theilweise von bedeutender Länge (3—5m), und ganz ohne Mörtel aufeinandergesetzt. Im NW.-Winkel des Inneren ist eine Cisterne. Wozu das Gebäude gedient hat, und ob es überhaupt je fertig gebaut war, ist nicht auszumachen. Die jüdische Tradition nimmt an, dass hier der *Hain Mamre's* gewesen sei; noch heute heisst das Thal *Terebinthenthal* (vgl. S. 290 u. 333). Der Bericht, dass Constantin eine Basilica in Hebron erbaut habe, kann schwerlich mit dieser Ruine in Verbindung gebracht werden, denn die Bausteine weisen auf eine frühere Zeit hin. Etwa 80 Schritt entfernt bemerkt man Ruinen eines Gebäudes, das eher eine Basilica gewesen sein könnte, und dabei 2 Oelkeltern im Felsen. Nach 15 Min. die Ruinen eines Dorfes *Chirbet en-Naṣâra*, Christenruine, oder *Rudjûm Sebzîn*, nach 5 Min. Cisterne *Bîr en-Naṣâra*; hierauf kommt man in das mit vielen Reben bepflanzte Thal *Wâdi Sebta* und erreicht in 50 Min. das Städtchen *el-Chalîl* (Hebron).

**Hebron.** Leidliche Unterkunft findet man in einigen Judenhäusern, u. a. gegenüber dem Eingang zum Ḥâret esch-Schêch; auch der Schêch *Ḥamza* nimmt gegen Vergütung Fremde auf, doch ist es gerathen den Preis vorher festzustellen, auch für eine etwaige Führung (nicht nöthig) durch die Stadt (1 Shilling genügt). Für die Touren nach Engeddi,

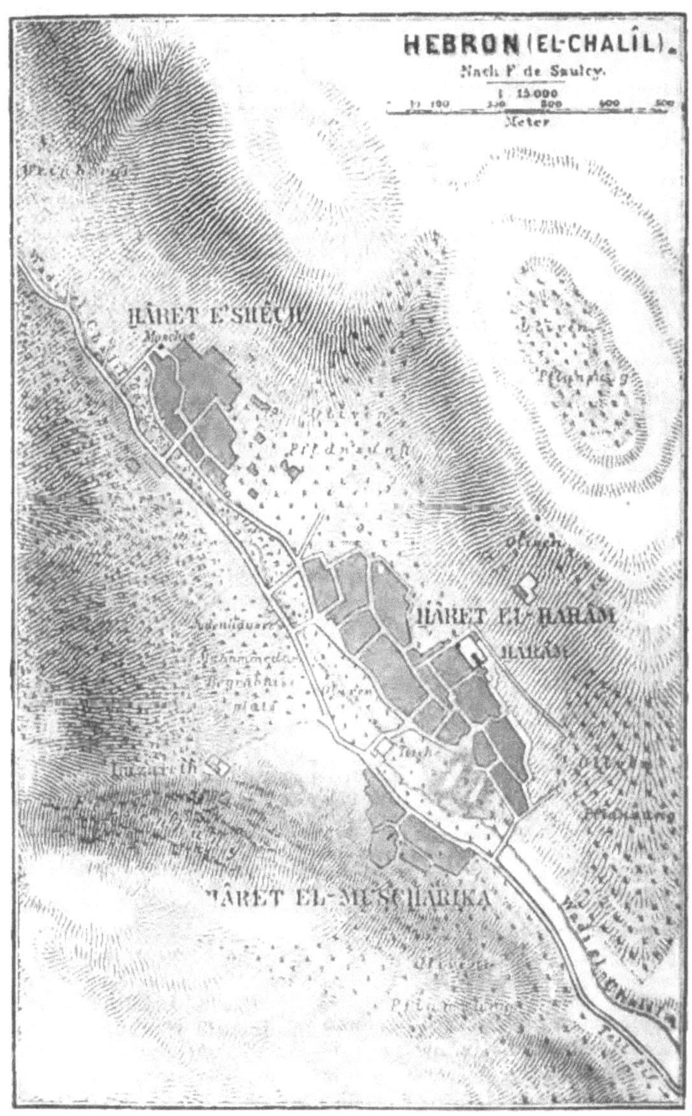
HEBRON (EL-CHALÎL).
Nach F. de Saulcy.
1 : 15 000
Meter
HÂRET E'SHÊCH
HÂRET EL-HARÂM
HARÂM
HÂRET EL-MUSCHARIKA

Masada etc. vergl. Bemerkung auf S. 296. Die Muslimen von Hebron sind wegen ihres Fanatismus (s. unten) berüchtigt, man vermeide daher jede Herausforderung; die Kinder rufen dem „Franken" einen bekannten arab. Fluch nach, wovon man natürlich keine Notiz nimmt.

*Historisches.* Hebron ist eine uralte Stadt. Die Tradition des Mittelalters verlegte die Erschaffung Adam's in ihre Nähe; schon sehr früh war aus Missverstand der Stelle Josua 14, 15, wo es sich um den grössten *Mann* der Enakim (Riesen) handelt, *Adam's* Tod hier fixirt worden. Aus eben derselben Stelle geht hervor, dass der alte Name von Hebron *Kiriat Arba* lautete. Ob wir nun der Ueberlieferung folgen dürfen, welche aus Arba einen Stammvater macht (Jos. 15, 13), oder nicht eher an die Bedeutung „Vierstadt" denken dürften, ist schwer auszumachen. Der letztere Namen könnte von der Vierzahl ihrer Quartiere herrühren, die sich bis heute, wenn auch etwas verschieden, erhalten hat. Vielleicht wären diese Quartiere auf vier Familien zurückzuführen, die sich hier anfänglich in getrennten Höfen zusammenfanden. Jedenfalls galt die Stadt als uralt; man glaubte nach IV Mos. 13, 22, dass sie sieben Jahre früher als Tanis, die Hauptstadt von Unteraegypten, erbaut sei. Es wird berichtet (I Mos. 13, 18), dass Abraham sein Zelt unter den Eichen des Amoriters Mamre aufschlug; dieser Platz lag in der Nähe von Hebron, gegenüber der Höhle Machpela. Als Sara starb (I Mos. 23), kaufte Abraham von Ephron, dem Hethiter, die Doppelhöhle *Machpela* als Erbbegräbniss; es liegt im Sinne der Erzählung, dass durch diesen Kauf für Abraham's Nachkommen ein Anrecht auf den Boden Palästina's erworben wurde. In der Folge wurde auch Isaak dort begraben und später Jacob auf seinen Wunsch von Aegypten dorthin geführt und an der Seite seiner Gattin Lea beigesetzt. Josua vernichtete Hebron (Jos. 10, 37). Wegen der besonderen Verdienste, welche sich Kaleb als Kundschafter des Moses erworben hatte, wurde diese fruchtbare Gegend, die er gefunden hatte, seinen Nachkommen überlassen. Hebron wurde ein Hauptort des Stammes Juda, sowie auch Freistadt und Levitenstadt. David verweilte lange in der Gegend von Hebron; erst als er sich hier nicht mehr gegen Saul halten konnte, bot er Achis, dem Philisterfürsten von Gath, seine Dienste an (I Sam. 21, 10). Nachdem Saul umgekommen war, kehrte er zurück und regierte nun Juda $7^1/_2$ Jahre lang von Hebron aus. An den Thoren Hebron's wurde Abner durch Joab's Hand ermordet, und die Mörder Isboseth's, des Sohnes Saul's, liess David an dem Wasserbecken von Hebron aufhängen. Hebron wurde später Ausgangspunkt für den Prätendenten Absalom; von dieser Zeit an wird es aber selten mehr erwähnt. Es wurde von Rehabeam befestigt, nach dem Exil neu colonisirt. Judas Maccabäus aber musste es von den Edomitern zurückerobern, und Josephus rechnet es zu Idumäa. Die Römer zerstörten Hebron. Noch in muslimischer Zeit bewahrte die Stadt einen Theil ihrer Bedeutung, theils durch den Handel, theils als heilige Stadt, da Abraham von Mohammed als grosser Prophet dargestellt ist. Die Araber nennen ihn „Freund Gottes" (Jacob. 2, 23) = *chalîl allâh;* daher Hebron eig. die Stadt des Freundes Gottes, kurzweg *el-Chalîl* heisst. Auch die Kreuzfahrer nannten Hebron *castellum* oder *praesidium ad sanctum Abraham.* Gottfried von Bouillon gab die Stadt dem Ritter Gerhard von Avesnes zum Lehen; im Jahre 1167 wurde Hebron Sitz eines lateinischen Bisthums, fiel aber 1187 an Saladin. Seit dieser Zeit ist es in den Händen der Muslimen.

Das heutige Hebron liegt in der Verengung eines von NW. kommenden Thalgrundes, und ist, wenn wir nicht annehmen, dass die alte Stadt sich mehr an dem Ostberge hinaugezogen habe, eine der wenigen Städte Palästina's, die nicht auf dem Hügelrücken erbaut sind. Der SW.-Hügel liegt mehr als 900m über dem Meer. Die Umgebung ist äusserst fruchtbar, und im Frühling von saftigem Grün; der Weinstock gedeiht hier vortrefflich; man sucht daher in dieser Gegend das Thal *Eschkol* (Traubenthal), woher die Kundschafter des Moses die grosse Traube, Granaten und Feigen holten (IV Mos. 13); doch hat man in neuerer Zeit geltend gemacht, dass dieses Thal wohl südlicher bei den *tuleilât el-'inab*, den Traubenhügeln um Beerseba zu suchen sei, und dass die Tradition Hebron nur deswegen bezeichnet habe, weil dieser Ort der südlichste Punkt des Palästinensischen Hochlandes sei, bei welchem Trauben gedeihen. Ausserdem trifft man hier Mandel- und Aprikosenbäume und die Umgebung ist reich an Quellen.

Die heutige Stadt theilt sich in verschiedene von einander getrennte Quartiere. Das NO.-Quartier heisst *Hâret esch-Schêch* und hat seinen Namen von der schönen, wahrscheinlich aus der Mamlukenzeit stammenden *Moschee des Schêch 'Ali Baka*, deren Minaret die vorzüglichste neuere architectonische Zierde der Stadt ist. Oberhalb dieses Quartiers ist der Aquäduct der Quelle *Kaschkala*, in deren Nachbarschaft sich alte Felsengräber und Grotten finden, und von welcher ein tief in den Kalkstein des Gebirges getretener Weg auf die Höhe des Hügels *Hobâl er-Riâh* führt. Das NW.-Quartier heisst *Hâret Bâb ez-Zâwiye*, das SO. *Hâret el-Harâm*; S. davon liegt *Hâret el-Muschârika*. Das grosse Gebäude am Berge *Kubb el-Djânib* im S. ist die *Quarantaine*. Die Häuser sind meistens weitläufig und zwar aus Stein gebaut; manche haben Kuppeln, wie in Jerusalem. Die Bevölkerung beträgt zwischen 8—10,000 Seelen, darunter 500 Juden. Die Kaufleute von Hebron treiben viel Zwischenhandel mit den Beduinen und ziehen oft mit ihren Waaren im Lande herum. Von Industriezweigen sind zu nennen: die Bearbeitung von Ziegenfellen zu Wasserschläuchen N. vom Harâm und die Glasöfen ebenfalls beim Nordende dieses Quartiers. Schon im Mittelalter wurde hier Glas bereitet, ausser Lampen besonders bunte Glasringe, die als Frauenschmuck dienen.

Ausserhalb dieses Quartiers N. im Thalbett, liegt ein Wasserreservoir von 26m Länge, 17m Breite und 6,7m Tiefe. Weiter gegen S. im Thalboden liegt ein noch grösseres Becken von behauenen Steinen, viereckig, an jeder Seite 40m lang. Die Teiche sind entschieden alt, und vielleicht steht einer derselben wenigstens noch an der Stelle, wo David jene Mörder aufhängen liess (s. oben); die Tradition hat sich für den letzteren entschieden. Im Innern der Stadt zeigt man das Grabmal Abner's und Isboseth's im Hofraume eines türkischen Hauses; es verlohnt sich jedoch nicht der Mühe sich danach umzusehen.

Das wichtigste und einzig interessante Gebäude in Hebron ist die *grosse Moschee (Harâm)*, welche nach alter Tradition die Höhle *Machpela* umschliesst. Sie liegt in der Unterabtheilung des nach ihr benannten Quartiers, welches auch *Hâret el-Kal'a*, Burgquartier heisst. Die Burg liegt jetzt halb in Trümmern; nördlich wird sie von der an sie stossenden Mauer des Harâm überragt, welches, wie es scheint, vor Zeiten ebenfalls befestigt war. Die Umfassungsmauer ist von sehr grossen Quadern erbaut, die alle geränderl und glatt gehauen sind; die Fugenränderung ist jedoch nicht so tief, wie beim Harâm von Jerusalem. Die Mauern sind von aussen mit viereckigen Wandpfeilern versehen, von welchen 16 an jeder Längsseite und je 8 in der Breite angebracht sind. Sie sind ohne Capitäle, und eine Art von Carnies zieht sich längs des ganzen Gebäudes hin. Eine moderne Mauer ist von den Muslimen über diese alte 15—18m hohe Umfassungsmauer aufgeführt und Minarete (noch zwei sind vorhanden) hineingebaut worden. An den beiden nördlichen Ecken finden sich sanft ansteigende Treppen, welche in den inneren Hofraum führen. Bis zu dessen Eingangsthüren wird der Fremde geführt; muslimischer Fanatismus schliesst ihm die Pforten dieses Hofes. Die Umfassungsmauern tragen die Spuren des Alterthums. Wir sind keineswegs der Ansicht, dass sie der salomonischen Zeit angehören, da ja die Mauern des Jerusalemer Harâm, welche von Herodes gebaut sind, die schönsten geränderten Steine zeigen; aber erst eine genaue Detailuntersuchung wird die Erbauungszeit dieser Mauer endgültig feststellen können.

Wie wir aus den Berichten der ersten Pilger erfahren, und wie man noch heute von der Höhe aus, die das Harâm überragt, beobachten kann, steht im Innern des Hofraumes eine Basilica, die in eine Moschee umgewandelt worden ist. Diese Basilica ist von den Kreuzfahrern restaurirt worden; vier Pilaster mit korinthischen Capitälen theilen die Moschee heute in drei Schiffe. Durch besondern Ferman des Sultan wurde der Besuch der Moschee 1862 dem Prinzen von Wales, 1866 dem Marquis von Bute und 1869 den Kronprinzen von Preussen gestattet. Aus den Berichten ihrer Begleiter (Stanley, Pierotti) erfahren wir, dass in der That ausser den Kenotaphen, die man über dem Boden zeigt, auch noch eine Felsenkrypta, und zwar mit Marmorsärgen (?) vorhanden ist; ältere Reisende sprechen von einem Gitter, hinter welchem die Särge sich befinden. Hoffen wir, dass die Zeit nicht fern sein möge, in der man die Alterthümer dieses geheimnissvollen Ortes wird untersuchen können.

Das Gebäude ist mit Wohnungen von Derwischen, Heiligen und Moscheewächtern umgeben; diese Leute beziehen ihren Unterhalt aus sechs Dörfern der Saron- und Philisterebene.

Um zur traditionellen **Eiche von Mamre** (1/2 St.) zu gelangen, lässt man vor der Stadt die Strasse nach Jerusalem rechts liegen und reitet auf einem gepflasterten Wege zwischen Mauern, die Weingärten einschliessen, nach NW. Nach 17 Min. trifft man r. einen Brunnen. Nach 5 Min. geht ein Weg r. ab und man erblickt die Eiche vor sich; nach 8 Min. geht man durch ein Thor in eine jetzt den Russen gehörige Gartenanlage, in welcher gegenwärtig ein Hospiz für russische Pilger gebaut wird. Die Eiche, welche hier als *Eiche Abraham's* gezeigt wird und schon im 16. Jahrh. in hoher Verehrung stand, ist jedenfalls von bedeutendem Alter. Die Tradition zeigte früher den Hain von Mamre beim heutigen *Râmet el-Chalîl* (s. S. 291); in der That aber liegt der Platz, an welchem wir stehen, besser dem Städtchen Hebron „gegenüber“, als jener. Der Stamm der Eiche hat unten einen Umfang von ca. 10m; in einer Höhe von ungefähr 6m theilt er sich in vier ungeheure Aeste, die zusammen eine majestätische Krone, oben von 95 Schritt Umfang, bilden. Im Westjordanland entwickelt sich die Eiche *el-ballûṭ* (Quercus ilex pseudococcifera) nicht wie jenseit des Jordans zu einem grossen Baum, sondern, weil die Ziegen die Schösslinge abfressen, nur zum Gebüsch. Einzelne Baumriesen wurden wohl aus abergläubischer Verehrung geschont; die israelitische Volksgemeinde versammelte sich unter solchen (Richter 9, 6) und man begrub unter ihnen.

Von der Eiche führt ein Weg direct nach *Chirbet en-Naṣâra* (S. 291) und auf den Jerusalemer Weg hinüber ($1/_2$ St.).

---

Ausflüge an das südliche Ende des Todten Meeres werden verhältnissmässig selten gemacht, obwohl der Reisende erst dort einen vollen Einblick in die Wildnisse jener Gegenden bekommt. Vom südlichen Theile des Todten Meeres aus kann Petra besucht werden. Alle diese Touren sind nur unter Escorte und mit guten Wegweisern ausführbar und daher ziemlich kostspielig. Wenn die Beduinen jener Gegenden mit einander Krieg führen, so ist das Reisen dort überhaupt unmöglich. Wer nur bis Engeddi, Masada und Djebel Usdum geht, muss mit den Beduinen vom Stamm der Ta'âmire unterhandeln; wer bis Petra reisen will, nehme Djehâlîn und weiterhin Huwêtât zu Begleitern. Um nach Moab zu gehen, verständige man sich mit den Djehâlîn (besser als Ta'âmire), dann mit den Beni Ṣachr selbst. Für die Reise nach Petra taugen Kamele besser als Pferde, sind aber nicht durchaus nothwendig. Der Dragoman hat alle Contracte mit Beduinen abzuschliessen; auf solchen Routen sei der Reisende bei der Wahl eines Dragomans doppelt vorsichtig. Der Dragoman einer englischen Gesellschaft von 6 Personen erhielt voriges Jahr täglich 44 fr. für die Person (zu viel).

Von Hebron nach Engeddi (7—8 St.), interessanter doch mühsamer Weg. Führer und Begleitung (vgl. S. 263) in Hebron zu haben, doch stellt der Schêch unverschämte Forderungen, besonders wenn er merkt, dass dem Reisenden viel daran liegt, die Tour zu machen. Die nachstehenden Angaben sind nicht ganz genau; verschiedene Umstände verhinderten den Herausgeber, auf seiner Tour genaue Notizen zu machen, und er bittet um eingehendere Mittheilungen hierüber.

Gleich hinter Hebron verlassen wir die in südlicher Richtung im Thal weiterführende Strasse nach Petra (S. 313) und steigen SO. an den Abhängen des *Djebel Djobar* hinauf. Nach 1 St. 20 M. sieht man auf einem kleinen Hügel l. am Wege ein niedriges, thurmähnliches Gebäude mit Spitzbogen (also aus späterer Zeit), *Tell Zîf*, das *Siph* des alten Testaments, in dessen Nachbarschaft David sich verbarg (I Sam. 23, 24); der Ort wurde von Rehabeam befestigt. In der Nähe weitere Mauerüberreste. Der Blick auf die umliegenden Berge ist schön. Von hier gelangen wir in 40 Min. zu ausgedehnten Cisternen r. am Wege, aus welchen Wasser zu schöpfen jedoch sehr schwierig ist. ($1/_2$ St. S. auf dem Wege nach Masada liegen die S. 301 genannten Ruinen des alten *Karmel*). Hier wenden wir uns östl. und erreichen in 1 St. das *Wâdi Chabra*, den Anfang der grossen, von trockenen und zerklüfteten Wâdi's durchzogenen Judäischen Wüste, die sich bis zum Todten Meer hin erstreckt; nur an einer einzigen Stelle, 2 St. von den oben erw. Cisternen, ist rechts am Wege in einem ausgehöhlten Felsen etwas Wasser für die Thiere zu finden. Wir folgen nun weitere 2 Stunden den Krümmungen des Wâdi Chabra; da wo wir es verlassen, ist dasselbe tief in den braunen Felsboden eingerissen; eine grossartige wilde Einöde umgibt uns. Auf dem nun folgenden breiten Plateau findet man häufig Beduinenlager. In ca. $1^1/_2$ St. entfaltet sich auf der Passhöhe von Engeddi ein überraschend grossartiger Blick auf die blaue Fläche des Todten Meeres und die jenseitigen Berge Moab's, um so wirkungsvoller, als das Auge nach der eintönigen Wüste, die man hinter sich hat, einer Erfrischung bedurfte. Das diesseitige Ufer mit Engeddi sieht man erst, wenn man begonnen hat, von der Klippe den eigentlichen Pass hinunterzusteigen. Der Weg windet sich treppenartig an dem äusserst steilen Felsen hinunter und ist für Lastthiere schwer zu passiren; auch der Reiter muss hier absteigen. Der untere Theil des Weges ist etwas besser; in 35 Min. erreicht man die Quelle von Engeddi.

Es ist kein Zweifel, dass das heutige *'Ain Djidi* dem alten **Engeddi** entspricht; beides bedeutet „Ziegenquelle". Der ältere amoritische Name der hier gelegenen Ortschaft war *Hazezon Thamar* (1 Mos. 14, 7). In die

Wüste Engeddi, zum Gebiet von Juda gehörig, zog sich David zurück (I Sam. 24, 1 ff.). Nach Josephus gab es hier schöne Palmenhaine; zu den Zeiten des Eusebius war Engeddi noch ein bedeutender Ort. Im Mittelalter war die Gegend nicht genau bekannt. Das Wasser der Quelle ist warm (27° C.), kalkig und süss; eine Menge kleiner schwarzer Schnecken findet sich darin. Die Eingebornen behaupten, das Wasser komme unter dem Berg durch von Se'îr (?) bei Hebron. Von Bäumen findet man hier die schon bei Jericho genannten Zizyphusarten; dann den 'Oschr (Calotropis procera), der sonst nur in Nubien, Südarabien etc. wächst. Dieser trägt den echten Sodomsapfel, wie Josephus ihn beschrieben hat: die Frucht ist gelb und gleicht einem Apfel; wenn man sie drückt, springt sie auf und nur Fasern und Fetzen der dünnen Schale bleiben in der Hand zurück. Der hier vorkommende Seyâlbaum (Acacia Seyal), von dem das arabische Gummi gewonnen wird, ist besonders auch auf dem Sinai verbreitet. Unter den Gesträuchen ist viel Nachtschatten (Solanum melongena).

An der Quelle und östlich von derselben befinden sich einige Ueberreste von alten Bauten. Das in der Bibel genannte Dorf lag jedenfalls unterhalb der Quelle; der allmählige Abfall gegen das Meer hin war terrassirt und in Gärten verwandelt. Die Senkung bis zum Meeresufer beträgt noch über 100m, die man in 20–25 Min. zurücklegt.

Den schönsten Eindruck macht Engeddi bei einer Mondnacht. Die steilen Klippen auf der einen Seite und der See auf der andern, die milde Temperatur und die fremdartigen Gewächse versetzen den Reisenden gleichsam nach südlicheren Landstrichen. Auch am Morgen färbt die Sonne, die im Frühjahr gerade in dem Ausschnitt der gegenüberliegenden Berge (Wâdi Heidân) aufgeht, die Felsen eigenthümlich roth und bringt die Nebelmassen, die öfters über dem See liegen, in Bewegung.

Von Engeddi nach Jericho s. S. 283; nach Bethlehem s. S. 263.

Von Engeddi nach Masada ($4^3/_4$ St.). Von dem Punkte 20 Min. unterhalb der Quelle wendet man sich nach Süden. In 7 Min. hört alle Vegetation auf; man reitet durch eine trostlose Steinwüste, bemerkt aber an den Seiten des Berges r. Spuren alter Terrassenanlagen. Nach 5 Min. kreuzt man das *Wâdi el-'Orêdje*, das von Bêt Ummar herunterkommt. Die Festung Masada wird im S. sichtbar. Der Abhang des Gebirges zur Rechten ist nur etwa 5 Min. vom Wege entfernt, der Boden ist kahl, uncultivirt; nur einzelne Salzpflanzen kommen hier fort. In erster Linie die Salsola Kali, arab. *hubêbe*, ein Kraut mit glattem glänzenden röthlichen Halm und kleinen glasartigen Blättern; die Araber brennen es und nennen das Product *al-kali* (S. 51). Hier kann auch die sog. *Jerichorose* gepflückt werden. Diese Pflanze gehört weder zu den Rosen, noch wächst sie jetzt mehr in der Gegend von Jericho; sie ist eine Conifere, die erst flach wie ein Teller auf dem Boden ausgebreitet wächst, später aber holzartig wird und sich zusammenzieht, sodass sie eine entfernte Aehnlichkeit mit einer Rosenknospe erhält. Ihren Namen Anastatica (die Aufstehende) hat sie von der Eigenthümlichkeit, dass die Stengel einige Zeit nach dem Eintauchen in Wasser anfangen auseinanderzugehen und später sich mehr und mehr flach zu legen; wenn sie aus dem Wasser genommen werden, schliessen sie sich wieder. Es knüpfte sich an diese Erscheinung eine Art Aberglaube, wesshalb die Pflanze noch heute massenweise nach Jerusalem gebracht und dort an die Pilger verkauft wird. Schöne grosse Exemplare findet man erst südlich von Masada.

Nach 1 Stunde nähern sich die Berge mehr dem Strand; man umgeht ein Vorgebirge. Links liegen einige kleine Hügel; hier wird das Meerwasser abgeleitet und Salz gewonnen. Abraham soll, mit einem Maulthier des Weges kommend, die Leute gefragt haben, was sie aufluden. Sie belogen ihn und sagten: „Erde"; seitdem muss das Salz hier mühsam durch künstliche Anlage von kleinen Seen gewonnen werden. Von Pflanzen findet sich hier eine Art gelber Strohblume und wilde Gerste. Nach 20 Min. kreuzt man das Bachbett des *Wâdi Chabra* (s. S. 296). Die Strandebene wird nun wieder ausgedehnter; am Ufer sieht man Salzlaken. Nach 32 Min. setzt man über ein Thälchen *Umm el-fâs*, das in die Berge tief eingeschnitten ist. Aus dem Meere taucht immer deutlicher die grosse Halbinsel *el-lisân* auf. Nach 18 Min. folgt das Bachbett *Wâdi Seyâl;* nach 15 Min. ersteigt man ein etwas höheres Plateau. Rechts bricht das grosse *Wâdi Nemriye* aus dem abschüssigen Gebirgszug hervor; in 29 Min. erreicht man den Thalboden desselben, in welchem eine Anzahl Akazien wachsen, aber kein Wasser vorhanden ist. In 10 Min. gelangt man jenseits auf die Höhe und wendet sich direct gegen den Berg von Masada hin; auf dem Wege passirt man noch zwei kleine Thälchen *Zenât* und *Gallâr*

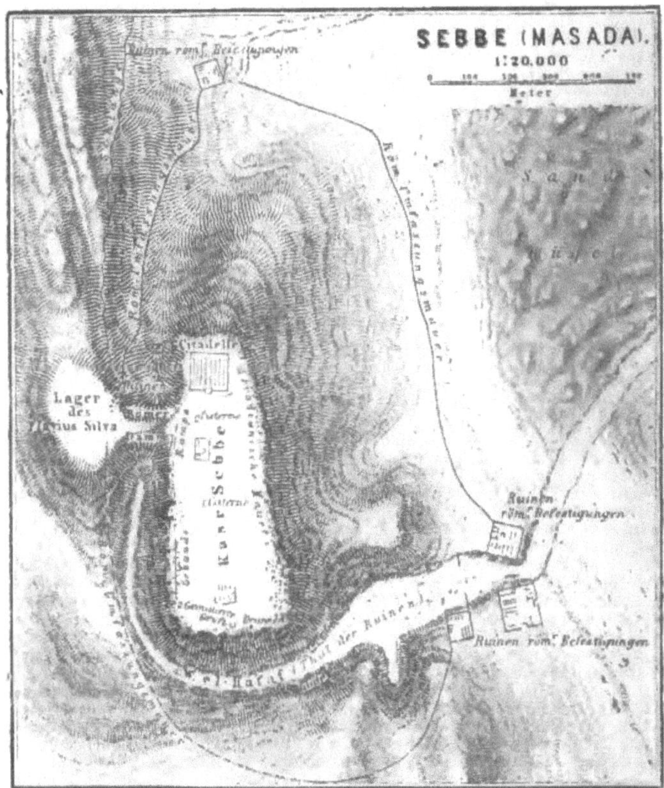


und langt in 50 Min. am Fusse des Bergkegels an. Um die Mittagszeit herrscht hier eine schreckliche Hitze, und der Reisende sucht vergebens nach Schatten und Wasser.

**Masada.** *Historisches.* Die auf dem Berge liegende Burg, heute *es-Sebbe* genannt, ist identisch mit dem alten *Masada.* Es war dies eine von den Maccabäern gegründete Bergfeste. Später baute besonders Herodes der Grosse sie sich als Zufluchtsort aus und machte sie unüberwindlich, theils aus Furcht vor den Juden, theils weil ihm ein Angriff von Seiten der Cleopatra drohte. Josephus erzählt: Herodes führte eine Mauer um die ganze Fläche des Gipfels, sieben Stadien im Umfang, aus weissem Gestein, 12 Ellen hoch, 8 breit; darauf setzte er 37 je 50 Ellen hohe Thürme, durch welche man in das Innere der Festung gelangte. Den eigentlichen Gipfel, der fettes Erdreich hatte, verwendete der König zum Anbau. Sodann erbaute er einen Palast, am westlichen Abhang innerhalb der Mauer, mit der Front nach N. Auch die Mauer des Palastes war hoch und dick; derselbe hatte 4 Eckthürme von je 60 Ellen Höhe. Die Einrichtung der Gemächer, Hallen und Bäder in dem Palaste war mannigfaltig und kostbar, überall sah man monolithische Säulen, sowie Wände und Böden aus Mosaik. Da der östliche Bergabhang, an welchem nur eine künstliche Freitreppe, die Schlange genannt, emporführte, so gut als unzugänglich war, überbaute Herodes den westlichen an der engsten Stelle mit einem grossen Thurme, der nicht umgangen werden konnte. — Die grösste Rolle spielte Masada nach der Zerstörung Jerusalems. Eleazar bemächtigte sich mit seiner Sicarier-Rotte durch List des Platzes und fand darin von den Zeiten des Herodes her noch bedeutende Vorräthe an Lebensmitteln und Waffen vor. Die Römer unter Flavius Silva bauten von dem westlich von der Burg gelegenen Felsen aus einen 200 Ellen hohen Damm, auf welchem sie nun ihre Belagerungsmaschinen an die Mauer heranrückten. Die Vertheidiger aber errichteten innerhalb der ersten Mauer eine zweite von Holzbalken, zwischen denen Erde aufgeschüttet wurde. Es gelang den Römern dieses Holz anzuzünden, und die ganze Mauer brannte nieder. Als Eleazar dies sah, beredete er seine Parteigenossen, zuerst ihre Weiber und Kinder, hierauf sich selber zu tödten. Dies geschah; nur zwei Weiber und fünf Knaben retteten sich, indem sie sich versteckten. Als die Römer Tags darauf einzogen, fanden sie nur Leichen und rauchende Trümmer. Sie liessen eine Besatzung dort.

Man ersteigt den Gipfel zu Fuss; der Weg ist für Pferde nicht gangbar. Die Oberfläche des Berges besteht grösstentheils aus Geröll; an verschiedenen Stellen bemerkt man die Reste der römischen Mauer, mit der Masada umgeben wurde, damit kein Sicarier entfliehe. Nach 25 Min. kommt man zu Trümmern von Thürmen, welche wohl ebenfalls ein Werk der Römer sind, und überschreitet darauf ein kleines Thälchen. Am Berg gegenüber l. sieht man einige Felshöhlen in unzugänglicher Lage, vielleicht Grabkammern. Nach 10 Min. bleibt noch ein letztes hartes Stück des Weges zu überwinden, ein Geröllberg, der von dem grossen Belagerungsdamm der Römer herrührt. Durch ein wohlerhaltenes Thor, das merkwürdiger Weise aus einem Spitzbogen besteht, betritt man die grosse Hochebene des Berges. Sie hat eine Länge von 550m, eine Breite von 180—230m und ist beinahe nach allen Seiten von senkrechten 360m hohen Felsen umgeben. Um den Rand des Felsens herum geht die Umfassungsmauer, die noch an manchen Stellen wohl erhalten ist. Die sonstigen baulichen Ueberreste sind nicht gerade bedeutend. Im Norden des Berges liegt zunächst ein viereckiger Thurm, 12m höher ein runder Thurm, der aber immer noch 6m unterhalb der Plattform steht. Von der Nordmauer zweigen sich eine grosse Anzahl Seitenmauern ab, die vielleicht für die letzte Vertheidigung gebaut wurden. Westl. davon ist eine grosse Cisterne, weiter S. eine zweite. In der Mitte der Plattform stehen die Reste eines Gebäudes, das einer byzantinischen Kapelle gleicht und dessen Wände mit Mosaiks geschmückt sind. Obgleich keine geschichtlichen Berichte darüber vorliegen, dass Masada auch noch nach jener Catastrophe bewohnt war, möchte man es doch nach den Ueberresten der Bauten vermuthen. Man möchte den Thorbogen im W., der auf den römischen Damm hinabschaut, am liebsten der Kreuzfahrerzeit zuschreiben. Jedoch scheinen die Ruinen N. und W. von diesem Thorbogen dem ehemaligen Palast des Herodes anzugehören. Die Ruinen auf der Südseite der Plattform sind formlos. — Das Interessanteste aber ist die Aussicht. Je mehr man sich dem Südende des Todten Meeres nähert, desto schauerlicher wird die Einöde und Wildniss. Man sieht auf eine colossale Bergwelt, aber nirgends ist eine Spur von menschlichen Wohnungen zu entdecken. Die Färbungen des Sees und der Gebirge sind, wenn nicht die Mittagsgluth alles mit weissem Schleier überzogen hat, von wunderbarer Lebhaftigkeit. Man überblickt das Südende des Sees wie aus derVogelperspective. Die spitze Landzunge (S. 298) liegt uns gerade gegenüber; im Süden dringt der Blick bis zum Salzberge Djebel Usdum mit seinen phantastischen Formen. Gegenüber erhebt sich Kerak und die ganze Reihe der Berge Moab's. Unmittelbar unter der Burg sind noch deutlich die Wälle, welche die römischen Belagerer aufwarfen, zu unterscheiden.

Von Masada nach Hebron (10 St.). Der Weg führt nach dem *Wâdi Nemriye* (S. 298) zurück, doch wendet man sich mehr dem Gebirge zu. Nach 45 Min. beginnt der Aufstieg an der rechten Seite des wilden und steilen Thales; zugleich verlässt man das Ufer des Todten Meeres und vertieft sich in das zerrissene Gebirge. Der Steinbock des Sinai kommt hier vor, dann der Klippschliefer (Hyrax syriacus), ein höchst eigenthümliches Thierchen, das zur Gattung der Vielhufer gehört (vgl. S. 55); es hat ein braunes Fell und sein Fleisch ist geschätzt, war aber den Israeliten verboten (III Mos. 11, 5). Der Psalmendichter (Ps. 54, 18) kennt es auch schon als Bewohner der Felsen; arab. heisst das Thierchen *wabr*, hebr. *schafan*.

Nach 25 Min. hat man rechts gegenüber die Quelle *'Ain el-Hschiba*; nachdem man um eine tiefe Schlucht herumgeritten ist, erreicht man nach 10 Min. eine Quelle *'Orêbe*. Der Weg führt nun das Thal hinauf; man hat einen beschränkten Ausblick auf das Todte Meer und die N. Spitze der Halbinsel. In 1½ Stunde ist die Höhe erreicht, und man blickt noch einmal mit Staunen auf die erklommenen Felswände. Rechts ist das tiefe *Wâdi Seyâl* (oder *Seferiye*). Nach 50 Min. steigt man steil hinunter; nach 20 Min. lässt man einen Weg l., das Seferîyethal r.; erst nach weiteren 20 Min. erreicht man die Tiefe des Seferîyethals. Hier findet sich Regenwasser. Beduinen vom Stamm der Djehâlîn haben Lager in dieser Gegend. Westlich hinaufsteigend erreicht man die Höhe in 30 Min.; in 13 Min. gelangt man in ein kleines Thal *Abu Marâghît*, oder eigentlich zwei Thäler, die sich hier vereinigen. In 10 Min. wieder ein Thälchen; nun nach NW. hinauf. In 25 Min. oben angekommen, liegt das Thal *el-Mghâra* vor. Der Weg führt von hier nun etwas aufwärts; nach 1 St. 15 Min. Berg *Ridjm el-Bakara* mit Aussicht, nach 45 Min. das kleine *Wâdi el-Hathîre*, nach 30 Min. das Thal *Lghêf el-Ilêm*, nach 1 St. *Chirbet el-Melassafa*, ein von Halbbeduinen in Zeiten bewohnter Ort. Die Leute sind berüchtigte Diebe. Hier befindet man sich bereits im Mittelland in angebauter Gegend. Nach einer Stunde sieht man das Dorf *Yâta*, die alte Levitenstadt *Juta* (Jos. 15, 55) und wohl auch das neutest. *Juda* (Luc. 1, 39), Wohnort des Priesters Zacharias; *Semû'a* (S. 313) lässt man weit im S. Man biegt mehr nach N. ab; nach 45 Min. bei einer Höhle r. sieht man l. das Dorf *Chirbet Regh'a*, das nur im Sommer von Bauern bewohnt wird. Der Boden ist fruchtbar, die Gegend mit ihren niedrigen Höhenzügen jedoch uninteressant. Nach 20 Min. erblickt man *Tell Zif* (S. 296). In 40 Min. erreicht man von hier *Hebron* (S. 291).

---

Von Masada nach Djebel Usdum (6¾ St.). Von dem Platze unten am Masadaweg südwärts gelangt man in 35 Min. über die Ebene zu einem Thal, das *Wâdi Sebbe* genannt wird; an beiden Seiten desselben sind ausgedehnte Ruinen von den Mauern und den Thürmen, welche Silva gegen die Sicarier erbaute. Rechts steigen die Höhenzüge senkrecht auf, l. liegen einige Hügel zwischen uns und dem Todten Meere. Ueberall trifft man Massen von ausgewaschenen Hügeln mit Horizontallagen von gypshaltigem Mergel. Die Berge ziehen sich immer näher ans Ufer heran. Ein Ritt von beinahe 3 Stunden (2 St. 50 Min.) bringt uns zu dem trockenen Bett des *Wâdi el-Bedûn* (Steinbockthal), das ebenfalls wieder tief in die Mergelschichten eingeschnitten ist. Ueberall findet man noch Seyâl-Akazien. Hierauf verlässt man den Weg an der Küste; in 20 Min. übersteigt man einen Hügel, dann führt ein schlechter Weg über eine gegen 60m hohe Klippe, welche unmittelbar in das Wasser abfällt. In 1 St. 15 Min. erreicht man das zerstörte Fort *Umm Baghek* auf der Nordseite eines Thales; hier befinden sich zwei Reservoirs, welche einst durch eine Wasserleitung von den Bergen her gespeist wurden. Die ganze südliche Bucht des Todten Meeres hat nur eine geringe Wassertiefe (1,8—3,6, ja oft nur 1—1,2m). In 1 St. 40 Min. erreicht man von hier das Nordende des **Djebel Usdum.**

*Geschichtliches.* In dem Namen Usdum ist die alte Benennung von *Sodom* erhalten (I Mos. 18 u. 19). Der Erzählung vom Untergang von Sodom und Gomorra liegt wahrscheinlich ein Naturphänomen zu Grunde, das sich mit der Beschaffenheit des südlichen Theiles des Todten Meeres wohl in Einklang bringen lässt. Erdbeben haben die Gegend des Todten Meeres zu verschiedenen Malen heimgesucht, und wenn man in Anschlag bringt, dass das Thal *Siddim*, in welchem jene Städte lagen, voll Asphaltgruben war, so kann sich in Folge eines Erdstosses leicht die unterhöhlte Oberfläche des Bodens gesenkt und Dörfer verschlungen haben. Mit dem Vorkommen von Asphalt sind in der Regel Petroleumquellen verbunden; auf irgend eine Weise können diese (so gut wie in Baku am kaspischen Meere) in Brand gerathen sein, und hätten wir somit eine Erklärung für das vom Himmel gefallene Feuer. — Der Versuch, das Thal Siddim n die Gegend N. vom Todten Meer zu verlegen, scheint uns vorläufig verfehlt.

Der Djebel Usdum ist ein isolirter Rücken von etwa 45m Höhe, dessen höchster Punkt circa 120m über dem Niveau des Todten Meeres liegt. Die Seiten sind so steil und gespalten, dass eine Besteigung schwierig ist. Der grösste Theil des Gebirges besteht aus reinem crystallisirten Salz; überall hat sich dieses in Zacken und Nadeln geformt und ist vom Regen theilweise ausgewaschen worden. Daher rührt auch die schon von Josephus erwähnte Sage, dass dort die Statue von Lot's Frau zu sehen sei. An manchen Stellen ist der Berg mit Schichten von kreidigem Kalkstein oder Mergel bedeckt. Viele Salzblöcke sind von der Höhe abgebrochen und hinuntergestürzt; dieselben sind eher dunkel und nicht durchsichtig. Im Jahre 1855 zahlte man in Jerusalem 60 Piaster für die Kamelslast dieses Salzes à 500 Pfund, wozu noch 15 Piaster Taxen kamen. Die Länge dieses höchst merkwürdigen Rückens beträgt circa $2^1/_2$ Stunden.

Von Hebron nach Djebel Usdum ($14^1/_2$ St.). Der Weg führt zunächst südwärts das Thal hinunter, welches sich bald mehr nach SWS. biegt; an diesem Punkte lässt man es r. liegen, um schräg über den östlichen Berg zu gehen. Es folgt ein felsiger Strich Landes; man steigt allmählich hinunter und überschreitet das grosse Thal, in welches das Thal von Hebron einmündet. In 1 St. 45 Min. erreicht man das offene Land und nach 10 Min. den Hügel von *Tell Zif* (s. S. 296). Die Ebene auf unserm Wege nach Süden gehört zu den best angebauten des alten Juda; sie senkt sich nach O. gegen das Todte Meer zu, liegt aber noch 670m bis 730m über dem Mittelmeer. Nach 30 Min. liegt l. auf einem niedrigen Berge der Ort *Umm el-'Amûd;* die Ueberreste einiger plumpen Säulen, die einer Kirche angehörten, haben dem Ort den Namen „Säulenmutter" gegeben. Im Weitergehen erblickt man in SW. den Thurm von *Semû'a* (S. 313); nach 45 Min. gelangt man zu den Ruinen von *Karmel.* Dies ist der Josua 15, 55 genannte Ort, wohin Saul nach dem Siege über die Amalekiter ging (I Sam. 15, 12), in dessen Nähe Nabal, der Mann der Abigail, seine reichen Besitzungen hatte (I Sam. 25, 2). Die Ruinen steigen amphitheatralisch an einem Hügel in die Höhe; ausser einer Menge von behauenen Steinen bemerkt man zwei runde Thürme und drei kleine Kirchen, die, ihren zerstörten Säulenstellungen und Apsiden nach zu urtheilen, sämmtlich der byzantinischen Epoche angehören. Die Hauptruine ist ein grosses Fort mit sehr dicken Mauern, dessen Unterbau aus einem weiten gewölbten Saal besteht; auf dem ersten Stockwerk finden sich Spitzbogengewölbe und Fenster, welche beweisen, dass das Ganze verhältnissmässig spät gebaut worden ist. Der Blick von der Terrasse beherrscht die Umgebung. In dem Thälchen befindet sich ein grosses altes Wasserreservoir. Das naheliegende Dorf *Ma'in*, an dem wir (l. oder r.) vorbeiziehen, hat ungefähr dieselbe Geschichte und Schicksale wie Karmel gehabt. Die Ruinen zeigen gebuckelte Quadern und man bemerkt unterirdische Felswohnungen. Indem man dem Wege r. vom Tell Ma'in folgt, erreicht man nach einstündigem Marsch (von Karmel an gerechnet) die Höhe eines Bergrückens. Hinuntersteigend sieht man die Einsenkung des Todten Meeres vor sich und kommt in ein Weideland, das den Djehâlin-Beduinen gehört. Das Gebiet dieses kleinen Stammes leidet an Wassermangel; im Hochsommer muss Wasser von Karmel herbeigeschafft werden, doch findet man wohl irgendwo bei den Zelten dieser Halbnomaden ein Nachtlager.

Der Weg geht von hier mehr südwärts durch die wellenförmige Ebene die Ortsruinen r. heissen, von N. anfangend, *Djembe*, *Karyatên* und *el-Beyûḍ*. Nach Verlauf einer Stunde kommt man nahe an *Tayyibe* vorbei, dessen Mauern aus runden Steinen gebaut sind. Im SW. erblickt man, etwa eine Stunde entfernt, den Hügel *Tell 'Arad*, so benannt nach der alten kana'anitischen Königsstadt (IV Mos. 21, 1; Richter 1, 16). Nach einer Stunde gelangt man nach *Tell Ehdeib* (?), welches ebenfalls noch an dem Rande des Thälchens liegt, dem man bis jetzt gefolgt ist. Nach einer Viertelstunde wendet sich dasselbe nach O., weiter unten heisst das Thal *Wâdi Seyâl* (S. 300). Nach 35 Min. findet man l. die Ruine *el-Milk*. Allmählich ansteigend gelangt man nach 45 Min. auf die Höhe des breiten Rückens, bei einem Hügel mit Ruinen Namens *Rudjêm Selâme*. Die Aussicht ist umfassend; man sieht weithin über die Hochebenen; im W. liegt der *Tell Milḥ* (S. 312). Nach SO. weiter ziehend, gelangt man in 10 Min. nach *Sudeid*; die Umgebung verwandelt sich immer mehr in eine Wüste. Nach 40 Min. erreicht man den ersten Absturz der Berge gegen das Todte Meer hin; rohe Grundmauern Namens *Zuwêra el-fôka* (das obere Z.) zeigen die Lage eines ehemaligen Dorfes an. Bei den Ruinen eines viereckigen Thurmes r. vom Wege überblicken wir den südlichen Theil des Todten Meeres. Am Rande des Sees wird der Rücken des Djebel Usdum und jenseits die Halbinsel sichtbar; südlich davon liegt das *Ghôr*, ein breites sandiges Thal (s. unten); im fernen Süden der Berg *Hôr* (S. 311). Hinuntersteigend passirt man nach 20 Min. das Bett des *Wâdi el-Djerrâḥ*. Nach 2 St. 50 Min. gelangt man an den Rand des zweiten Bergabsturzes; ein Pass führt das *Wâdi ez-Zuwêra* hinunter; am Fusse desselben ändert sich die Bodenbeschaffenheit, statt Kalkstein tritt weiche Kreide oder weisslicher, verhärteter Mergel in horizontalen Lagen hervor. In 50 Min. erreicht man die Tiefe bei einem kleinen Fort *ez-Zuwêra*, das auf einer Klippe von bröckeliger Kreideerde steht; in der senkrechten Wand, beinahe dem Fort gegenüber, ist eine Kammer mit Schiesslöchern in den weichen Felsen in einiger Höhe über dem Boden ausgehöhlt. Man verfolgt das Thal abwärts (im Ausschnitt beständig das Todte Meer). Nach einer halben Stunde kommt man in die breite von Akazien und Tamariskenbäumen bedeckte Uferebene hinunter. Rechts läuft das breite *Wâdi el-Mahauwat* in die Ebene ein. Ueber die nach dem Meere sich senkende Ebene in SO. Richtung einherziehend, gelangt man in 25 Min. an das Nordende des Djebel Usdum.

Von Djebel Usdum nach Kerak (16½ St.). Längs dem sandigen Strande reitend, gelangt man nach 1 St. 15 Min. zu einer unten am Djebel Usdum befindlichen Höhle, deren Mündung 3—3,5m hoch und ebenso breit ist. Man kann in die Höhle (mit Licht) eindringen. Die Salzblöcke sind vielfach mit einer Schicht Mergel überzogen, und von der Decke hängen Stalactiten; ein starker Luftzug durchströmt die Höhle. Nach 20 Min. erreicht man das SW.-Ende des Todten Meeres; der Djebel Usdum wendet sich hier ein wenig westlich. Das S.-Ende des Meeres ist sehr seicht, die Küste besteht aus einer marschartigen Niederung, die zeitweise vom Wasser überfluthet wird, wie an den weit verstreuten Treibhölzern zu erkennen ist. In der Nähe des Ufers ist der röthliche Boden viel zu weich, als dass man darauf gehen könnte. Man sieht die Rinnen, welche das Wasser bildet, indem es zurücktritt. Man erhält hier die Aussicht auf die weissen Klippen, welche südlich das Jordanthal (Ghôr) abschliessen. Jenseits beginnt das 'Arabathal, das bis 'Aḳaba reicht, aber nach den neusten Untersuchungen nie eine Verbindung des Rothen Meeres mit dem Jordanthal gebildet hat (s. S. 310). Das im alten Test. erwähnte *Salzthal*, in welchem David und Amazia die Edomiter schlugen (II Sam. 8, 13; I Chron. 18, 12) ist in dieser salzgeschwängerten Ebene, jetzt *es-Sebcha* genannt, zu suchen. Im Norden erblickt man das Vorgebirge Râs Mersed und sogar Râs el-Feschka (S. 283). Nach einem Marsch von 1 St. 50 Min. über die von Bachrinnen durchsetzte kahle Ebene gelangt man zu Rohrdickicht, dem Anfang des sog. *Ghôr es-Sâfiye.* Ausser Rohr bemerkt man auch den ʿOschrbaum (S. 297) und die Salvadora Persica, einen Baum von ca. 8m Höhe. Nach 1 Stunde gelangt man zu einem Bache *ʿAin el-Aschka.* Nach einer weiteren ½ St. erreicht man die elenden Rohrhütten der Ghawârine. Am Gebirge sieht man eine Ruine, *Kaṣr el-Aswad.* Von hier nähert man sich wieder dem Seeufer. Nach 2 St. erreicht man das Nordende einer Bucht; hier wachsen viele Sträucher, auf einer Landzunge l. auch Bäume, besonders Akazien. Hierauf folgt eine andere Bucht; die Klippen, von seltsamen Färbungen, treten dicht an das Ufer heran. Nach 1 St. reitet man über einen zweiten bewachsenen Vorsprung, auf dem einige Ruinen stehen; ein Grabmal des *Schêch Ṣâleḥ*, den die Beduinen um Gelingen ihrer Raubzüge anrufen, liegt ebenfalls hier. In den Bachbetten findet man Wasser. Nach 1 Stunde gelangt man an das Südende der Halbinsel; hier wurde Ibrâhîm Pascha von den Beduinen des Ostjordanlandes geschlagen. Hierauf kommt man zu dem Brunnen und grossen ausgemauerten Wasserreservoir *el-Ketme;* dabei befinden sich Ruinen. Ueber einen Boden, der Schwefel zu enthalten scheint, reitet man nordwärts und gelangt nach 1 St. 15 Min. zu dem *Wâdi ed-Derâʿa* (oder *W. Kerak*), das öfters Wasser enthält. Man findet Ruinen, die der Volksmund Zuckermühlen nennt, daneben in der schönen und ausgedehnten Oase *Mezraʿa* Ansiedelungen von Ghôr-Arabern. Die Halbinsel selbst ist eine flache, über 30m hohe Mergelebene, auf welcher kaum ein Grashalm gedeiht, daher auch kein Thierleben. Man sieht gegenüber Sebbe, el-Mersed u. s. w.; sogar der Frankenberg ragt hervor, auf der Ostseite die Mündung des Môdjib (Arnon) und des Zerḳa Maʿîn (Callirrhoë).

Das *Wâdi Kerak*, welches man nun aufwärts steigt, ist wild und grossartig und der Pfad steil und beschwerlich. Nach etwa 3 Stunden passirt man einen kleinen Fluss. Nach ½ Stunde findet man eine schöne Quelle. Der Weg führt von hier auf einer weiten Terrasse über dem Thal hin. Nach 1¾ Stunde zeigen sich Spuren von Bodencultur und Olivenpflanzungen, die weiterhin immer zunehmen, später auch Feigenbäume. Nach 1 St. 10 Min. erreicht man den Gipfel eines Berges (914m über dem mittell. Meer) und zugleich die nordöstliche Ecke der Stadt *Kerak*, in die man durch einen Bogengang, der 6,4m hoch, 9m breit in den Felsen gehauen ist, eintritt (s. S. 314).

## 10. Petra.

Der Landstrich südlich vom Todten Meere ist wissenschaftlich noch nicht genügend durchforscht worden, da die Gegend durch die verschiedensten Beduinenhorden, deren Grenzgebiet hier liegt, unsicher gemacht wird. Der Besuch von Petra, das ziemlich in der Mitte zwischen dem Südende des Todten Meeres und dem Golf von ʿAḳaba, dem Nordende des Rothen Meeres, liegt, in einer Gegend, welche eigentlich bereits zu Arabien gehört, und deren Einwohner die türkische Regierung nicht anerkennen und keineswegs sehr vertrauenswerth sind, erfordert eine mühsame, kostspielige (vgl. unten) und, von den Ruinen von Petra selbst abgesehen, kaum lohnende Reise, die am zweckmässigsten mit der grossen, aber nur sehr vereinzelt gemachten Rundtour Cairo-Suez-Sinai-Jerusalem verbunden wird. Dieselbe ist nicht ohne Zelt zu machen und sollte nur mit einem wohl empfohlenen und womöglich schon erprobten Dragoman unternommen werden.

Man wird von ʿAḳaba bis Petra 4 Tage, für den Aufenthalt in Petra 2—3 Tage, und von Petra bis Hebron (auf dem directen Weg) 6—7 Tage (über Djebel Usdum, Masada und Engeddi noch weitere 3—4 Tage) gebrauchen, also eine mindestens 14tägige Tour, die am besten zu Kamel (vgl. S. 16 u. R. 32) unternommen wird. Unerlässlich ist es, vorher auf dem Consulat (in Jerusalem, Suez oder Cairo) über die jeweilige Lage der Dinge, die Sicherheit des Weges etc. genaue Erkundigungen einzuziehen, und keinesfalls ohne zuverlässige Bedeckung zu reisen. Führer und Escorte nimmt man am besten aus dem Stamm der ʿAlawîn (Moḥammed Djad wird besonders empfohlen). Uebrigens werden die Führer, je nach den Umständen und Jahreszeiten sich richtend, in den Wüsteneien der dortigen Gegend nicht immer den nämlichen Weg einschlagen, daher wir nur im Allgemeinen Richtung und Routen hier anführen.

Ueber Preise lässt sich für diese Tour gar nichts festsetzen; 1873 zahlten vier Engländer den hohen Betrag von täglich 4 Lst. jeder. In dem Contract muss besonders betont werden, dass der Dragoman alle Unterhandlungen mit den Arabern nicht allein zu führen hat, sondern auch die diesen zu zahlenden Abgaben in dem ausgemachten Preise einbegriffen sind.

Das beste Buch über diese Gegenden ist das des *Duc de Luynes*, Voyage aux bords de la mer morte etc. (Paris); sodann das von *Palmer*, the Desert of the Exodus (Cambridge 1871). Da die hier folgenden Angaben nicht auf eigener Anschauung des Verf. dieses Handbuchs beruhen, so richtet er die Bitte an Reisende, ihm besonders für diese Route Ergänzungen und Berichtigungen freundlichst einzusenden.

**Petra.** *Geschichtliches.* Seit uralten Zeiten scheint die Stadt, die an der Stelle der heutigen Ruinen lag, eine Rolle als Handelsstadt gespielt zu haben. Sie lag im Gebiete der Edomiter; unter der Stadt *Sela* (Fels), welche Amazia eroberte (II Kön. 14, 7), ist wohl Petra gemeint, da letzteres nur der spätere griechische Name ist und dieselbe Bedeutung wie Petra hat. Wir wissen, dass schon in früher Zeit (I Mos. 37, 28) Midjaniter und Ismaeliten in Karawanen nach Aegypten zogen. Sie brachten die Producte Arabiens, vor allem auch Südarabiens nach Aegypten und Phönicien, und tauschten dagegen Industrie-Erzeugnisse etc. ein. Die Waaren wurden wie heute auf Kamelen durch Vermittlung von Spediteuren von einem Orte zum andern geschafft; die Kaufleute reisten dann wohl auch öfters in Person mit. Die Israeliten nahmen vor Salomo wenig Antheil am Handel; die grosse Ausdehnung der Herrschaft David's, der auch nach Edom Garnisonen legte, bereitete diesen Aufschwung vor. Nach Salomo's Tode wurde Edom wieder unabhängig. Die Lage von Petra war ausserordentlich günstig, da die Stadt so schwer zugänglich und daher den Raubzügen der umwohnenden Beduinenstämme der 'Araba, des Sinai und der östlichen Wüste weniger ausgesetzt war. Die ansässige Bevölkerung jener Gegenden bestand seit einigen Jahrhunderten vor Christus aus Nabatäern (= Nebajot, I Mos. 25, 13); die arabischen Schriftsteller rühmen die hohe Cultur und den trefflichen Landbau dieses Volkes. Die Hebräer nannten die Beduinen der östlichen Wüsten „benē kedem“ Söhne des Ostens, was ganz dem späteren Ausdruck „Sarazenen“ (von schark, Osten) entspricht. Diese Nomaden waren theilweise der Stadt Petra unterworfen, sodass von den classischen Autoren ein grosses Gebiet nach der blühenden Hauptstadt den Namen *Arabia petraea* erhielt (Strabo). Cultus und Cultur der ansässigen Bevölkerung war jedenfalls arabisch. Antigonus schickte im Jahre 310 v. Chr. ein Heer unter Athenaeus gegen Petra; dieser nahm die Stadt durch Ueberfall ein, während die Männer auf einem benachbarten Markte sich befanden; aber durch einen nächtlichen Angriff vernichteten sie bei ihrer Rückkehr das Heer der Griechen. Auch ein zweiter Einfall unter Demetrius missglückte, da die Bewohner gerüstet waren. Strabo beschreibt die Lage Petra's als Hauptstadt der Nabatäer genau und berichtet, dass sich viele Römer dort niedergelassen hatten. Augustus schickte den Aelius Gallus ab, um Petra zu plündern; Petra stand damals unter einem König; ein Nomadenschêch Aretas (arab. Hârit) verband sich aus Unzufriedenheit mit den Römern, verrieth diese aber dennoch, indem er sie in die Irre führte. Im Jahre 105 finden wir das peträische Arabien als römische Provinz unter Trajan; viele Römer hatten sich dort niedergelassen. Hadrian scheint den Bürgern Petra's Privilegien verliehen zu haben; sein Bild findet sich auf Münzen der Stadt. Das Christenthum bahnte sich frühzeitig Eingang daselbst; Bischöfe von Petra werden bei Gelegenheit der Concile erwähnt. Im vierten Jahrh. war aber der Glanz Petra's dahin; der Handel hatte theilweise andere Wege gefunden, und die Araber der Wüste begannen sich hervorzudrängen. Bei der endlichen Eroberung des Landes durch die Araber ist gar nicht mehr von Petra die

Wagner & Debes, Leipzig

Rede; die Stadt muss damals schon ganz unbedeutend oder verschwunden gewesen sein. Seetzen war der erste, der wieder Mittheilungen darüber brachte; hierauf besuchte Burckhardt den Ort, dann Irby und Mangles. Das Hauptwerk über Petra ist: Voyage dans l'Arabie Pétrée par Léon de Laborde et Linant etc., Paris 1830, gross Folio mit vielen Kupfern, eig. ein Anhang zu desselben Verfassers Voyage en Syrie, Paris, Didot, 1812 vollendet.

Der allgemeine Character der Bauten in Petra ist der des gesunkenen römischen Baustyls des 3. und 4. christlichen Jahrhunderts (vgl. S. 124). Die Architectur arbeitete damals bereits nicht mehr auf schöne Linien hin, sondern auf theatralischen äusserlichen Effect; Ueberladung und Schwulst sind daher unverkennbar. Es ist merkwürdig, wie der Styl in Petra bisweilen an spätere Barockbauten des 17. und 18. Jahrh. erinnert. Dennoch machen die Monumente von Petra einen höchst grossartigen Eindruck, da sie beinah sämmtlich in den Felsen eingehauen sind. Es ist eine Höhlenstadt, als ob sie aus jenen unvordenklichen Zeiten stammte, da die Urbewohner des Landes noch keinen Häuserbau kannten. Dies ist wohl der Antheil inländischer Cultur; zur Verschönerung der Stadt aber borgten die reichen Kaufleute die äusseren Formen von den Fremden, den Römern.

Den Namen *Wâdi Mûsa* verdankt das Thal von Petra dem Umstand, dass hieher der Schauplatz der im Korân erzählten Geschichte verlegt wird, nach welcher Moses den *Stein* (Petra?) schlug oder warf, worauf 12 Quellen hervorsprudelten. So Yâkût, der arab. Geograph; bereits Eusebius deutet auf eine ähnliche Sage hin. Die heutige *Mosesquelle* entspringt beim Dorf *Eldji* (S. 313) und bildet, westwärts das Thal hinunterlaufend und sich mit einem andern Thale vereinigend, den Bach von Wâdi Mûsa, an dessen Ufer Oleanderbüsche wachsen.

Der Schêch des Dorfes Eldji ist bisweilen in seinen Forderungen höchst anmassend; man trete seinem Geschrei um Bachschisch mit Festigkeit entgegen. Seit Kerak militärische Besatzung hat, sind die Leute nothgedrungen zahmer geworden.

Das eigentliche Thal von Petra ist von N. nach S. gegen 1370m lang, im N. ungefähr 460m breit, im S. bloss 230m. Der Thalgrund ist nicht ganz eben; kegelförmige Hügel ragen an dem Bachlauf *'Ain Mûsa*, welcher von S. kommend quer hindurchläuft, hervor. Sehr merkwürdig ist die Einschliessung des Thales von allen Seiten durch beinahe senkrechte Felsen, die im O. und W. ziemlich hoch sind. Diese Felsen bestehen aus Sandstein der verschiedensten Färbungen (vgl. S. 47) und enthalten viel Salpeter. Das ganze Terrain ist sicher der Boden eines ehemaligen See's; die Gewässer haben sich tiefe Ein- und Ausgänge durch die Felsen gebahnt. Dieses von der Natur so wundervoll ausgestattete abgeschlossene Becken ist nun nebst den kleinen Schluchten seiner Umgebung durch die merkwürdigste Kunst verschönert und enthält vor allem eine höchst interessante Gräberstadt.

Von den Bauten der alten Stadt ist wenig Kenntliches mehr vorhanden. Von W. aus dem l. Bachufer nachgehend, kommt man zu den Resten eines grossen Gebäudes, die der Volksmund *Kasr Fir'aun*, Pharao's Schloss nennt. Die Architectur dieses aus Mauerwerk bestehenden Monumentes spricht für eine späte Erbauungszeit. Die Umfassungsmauern mit Balkeneinsätzen sind beinahe vollständig erhalten, die Säulen der nördlichen Façade jedoch verschwunden. Während Laborde darin die Reste eines Tempels erkennt, schliesst Robinson aus dem Vorhandensein verschiedener Stockwerke, dass es wohl eher ein öffentliches Gebäude oder ein Palast gewesen sei. Oestlich davon steht ein *Triumphbogen*; ein Weg mit noch gut erhaltener Pflasterung führt von hier zu dem eben erwähnten Gebäude. Die architectonischen Verzierungen beider Monumente stammen aus ein und derselben späten Epoche, wie aus den Facetten des Triumphbogens verglichen mit dem Friese des Palastes hervorgeht. Der Blick durch den zerstörten Bogen hindurch auf die überall mit Grabdenkmälern und Grabhöhlen bedeckten Felsen ist sehr malerisch. — Von dem Bogen gegen O. am Bachufer entlang weitergehend, sieht man die Unterbauten einer Brücke, r. davon die Ueberreste eines *Tempels* Auch unter den andern auf der Ebene verstreuten Ruinen und Haufen behauener Steine bemerkt man noch manche Trümmer, die von öffentlichen Gebäuden herrühren, so z. B. eine einsame Säule (neben verschiedenen umgeworfenen) im S.; sie besteht aus vielen Stücken und scheint zu einem Kirchenbau gehört zu haben, dessen Apsis heute noch östlich davon zu sehen ist. Gerade westlich davon auf einem hohen vereinzelten Hügel liegen Ruinen, die Laborde einer *Burg (Acropolis)* von Petra zuschreiben möchte.

Aus der grossen Zahl von Gräbern können wir nur die wichtigsten hervorheben. Es ist in der That höchst merkwürdig, mit welcher Beharrlichkeit und Eleganz zugleich die allerdings weichen Felsen überall ausgemeisselt worden sind. Hoch oben an den Felsen entdeckt man, wohin man auch blickt, Eingänge zu Grabkammern, die heute unzugänglich sind. Wir müssen annehmen, dass die Steinhauer ihre Arbeit vermittelst Leitern verrichtet haben. Die steilen Wände im O. und W. des Hauptthales sind natürlich am meisten benutzt worden; jedoch sind auch die Klippen der zahlreichen Seitenthäler und Felsvorsprünge in gleicher Weise behauen.

Geht man an der vorhin erwähnten Säule zuerst der SW.-Schlucht zu, so findet man an der Felswand ein merkwürdiges unvollendetes Grab, das deswegen interessant ist, weil es uns die Art verräth, wie die Peträer ihre Felsengräber von oben nach unten ausmeisselten, wahrscheinlich nachdem sie erst den Plan an die Felswand gezeichnet hatten. Nur einige plumpe Capitäle sind in der Wand sichtbar. In der SW.-Schlucht bemerkt man einige ganz vom Felsen losgelöste Monumente, welche an die jüdischen Gräber des Josaphatthales erinnern (S. 232). Auch hier ist die umgebende Felswand glatt ausgehauen. Je mehr wir uns überhaupt in die Gräberwelt Petra's vertiefen, desto klarer wird uns, dass wir hier keine rein römische, geschweige denn griechische Kunst vor uns haben, sondern dass die fremden Stylarten mit der einheimischen orientalischen Kunst sich gepaart haben. Wir sehen dies sowohl an den abgestumpften Pyramiden, als auch an der Form der Giebel, welche die runden oder viereckigen Eingänge in die Grabkammern überragen; letztere gleichen ihrer ganzen Anlage nach denen in

Jerusalem. Charakteristisch für Petra sind auch die immer wiederkehrenden kleinen Urnenverzierungen oben und an den Seiten der Grabthüren. Die Capitäle der Pilaster sind meistens roh und erinnern beinahe an ägyptische Motive. Sehr schön erhalten sind die kleinen Felsentreppen, welche bisweilen an den Wänden zu hochgelegenen Graböffnungen hinaufführen.

Auch das SO.-Thälchen bietet einige Grabmäler, dabei auch eine Felsentreppe. Am merkwürdigsten ist aber die vom Bache *'Ain Mûsa* durchströmte Schlucht. Von Norden hineingehend, findet man zuerst Gräber l., dann bei der Biegung des Thales nach O., wo dasselbe schmäler wird, ein wundervolles *Amphitheater*, den Stolz von Petra. Der Durchmesser dieses ganz aus dem Felsen gehauenen Theaters beträgt 36m; 33 Reihen von Sitzen erheben sich eine über der andern in der dahinter liegenden Klippe; das Theater konnte wohl 3000—4000 Zuschauer fassen. Oberhalb der Sitze sind kleine Kammern wie Bogen in den Felsen eingehauen. Die Aussicht von der obersten Sitzreihe auf das Thal nach N. ist herrlich; überall erblickt man Gräber. Heute fliesst der Bach durch die Bühne des Theaters. — Die Felsen treten nun enger zusammen, die Klippen werden steiler. Die Façaden der Gräber leisten an Mannigfaltigkeit das Mögliche. Gegenüber dem Theater findet sich eine grosse Façade, vor welcher, augenscheinlich mit grosser Mühe, der ansteigende Fels ausgehauen worden ist. Ueber dem Giebel der grossen viereckigen Thüre sind Stufen angebracht, die von dem Mittelpunkte aus nach den Ecken laufen. Oft sieht man verschiedene Grabmäler über einander, einige einfacher, andere mit Säulen und Giebeln verziert. Weiter vordringend gelangt man zu einem Punkt, wo kleinere Thälchen von l. und r. einlaufen, und nach O. zu das *Sîk*, der eigentliche Engpass beginnt. Plötzlich springt an der westlichen Klippe die sogenannte *Chazne Fir'aun*, Schatzkammer Pharao's hervor. Es ist fraglich, ob diese ca. 26m hohe Façade nur einem Grabe, und nicht vielmehr einem Tempel angehört hat. Gerade das Detail ist bei diesem Monument vorzüglich und, geschützt durch den überhängenden Felsen, der nicht einmal fertig ausgemeisselt ist, wohl erhalten. Dazu kommt die schöne röthliche Farbe des Steins und die höchst malerische Lage. Die Capitäle der Vorhalle, von welcher noch 5 (von 6) Säulen aufrecht stehen, das darüber hinweg laufende Gesims und der mit einem römischen Adler geschmückte Giebel zeugen von sorgfältiger Arbeit. Das zweite Stockwerk ruht ebenfalls auf Säulen, hat aber einen gebrochenen Giebel. Dazwischen erhebt sich ein schlanker, gerundeter, auf Säulen ruhender Thurm mit reich verziertem Architrav, der eine Kuppel trägt; auf dem Schlussstein der letzteren steht eine mächtige Steinurne; die Beduinen glauben, in dieser Urne sei der Schatz Pharao's enthalten. Die Nischen und Wandfüllungen sind mit herrlichen Sculpturen meist weiblicher Gestalten ausgestattet, die Enden der Giebel mit Adlern. Die Sculpturen des unteren

20*

Stockwerks sind durch den Vandalismus der Beduinen beschädigt. — Durch das Portal tritt man in eine geräumige Felsenkammer von 16 Schritt im Geviert und 8m Höhe; die Felswände sind glatt und ohne Ornamente, ebenso die drei Nebenkammern.

Das Sîk bildete in alter Zeit den einzigen Zugang der Stadt Petra. Es ist eine enge Kluft, zu beiden Seiten von 45—60m, weiter hinten von 25—30m hohen Klippen eingefasst, die theilweise von Menschenhand bearbeitet sind. Der Thalboden ist mit Oleanderbüschen besetzt; aus den Felsritzen wachsen wilde Feigen und Tamarisken hervor. Das Wasser wurde in Leitungen zur Seite des Bachbettes zur Stadt geführt, wovon noch viele Spuren vorhanden sind. Der Boden des Durchgangs war gepflastert. Gegen das Ende dieses Engpasses überspannt ein malerischer Bogen die Kluft; unter demselben sind mit zwei Pfeilern verzierte Nischen in den Felsen gehauen. Weiter aufwärts im Thal liegen r. zwei Grabmäler, von denen das obere mit vier schlanken aus dem Gestein herausgearbeiteten Pyramiden versehen ist; die Front des unteren besteht aus sechs ionischen Säulen. Noch weiter oben sieht man l. einige Gräber nach der Art des Absalomsgrabes (S. 231), vereinzelte Felsmassen von $4,_5$—6m ins Geviert, die aus den Klippen mit Freilassung eines ringsum laufenden Raumes von über 1m Breite ausgehauen sind, aber mit flachen Dächern und nicht ganz senkrechten Seitenwänden.

Wir kehren zum Ausgang der Schlucht zurück. R. erhebt sich ein der Chazne ähnliches Denkmal, das *Grab mit der Urne* (Laborde). Auf die viereckige Terrasse vor dem Monument stieg man vermittelst Stufen. Zwei Reihen von je 5 ionischen Pilastern bilden eine Art Porticus. Ueber der Thüre ist ein Fenster, darüber noch drei andere. Die Urne steht auf einem Gestell über dem Fries. Im Innern befindet sich ein viereckiger, wohl 15m langer Raum. Nördlich hiervon, indem wir einige weniger bedeutende Gräber überspringen, finden wir das *korinthische Grab* (Lab.), getragen durch einen Unterbau von acht korinthischen Säulen, das aber im Ganzen weniger fein ausgeführt ist und mehr der Zerstörung ausgesetzt war; sein Inneres enthält eine grosse und zwei kleine Kammern. Die Felswand an der Ostseite der Stadt zeichnet sich überhaupt durch eine Fülle von Monumenten aus. Das grossartigste ist die daneben liegende Façade von drei Stockwerken (Pl. g), von denen die beiden oberen mit Reihen von je 18 korinthischen Säulen geschmückt sind; ein Theil dieser Façade war gemauert, da er über den Felsen hinausragte; unten befinden sich vier Portale. Im Innern dieser Felsenkammern ist in der Regel wenig Schmuck; in einigen bemerkt man Altarnischen, die beweisen, dass diese Räume auch zu christlichem Gottesdienst verwendet worden sind. Nach N. zu liegt das *Grab mit der lateinischen Inschrift* von Quintus Praetextus Florentinus. Auf der Nordseite des Thalbeckens sind Grabhöhlen ohne architectonische Verzierungen.

In dem WNW.-Winkel der Stadtarea läuft eine Schlucht aus, welche dem Sîk ähnlich ist; nur läuft sie stark aufwärts ins Innere des Gebirges hinein. Auch ist sie sehr steil und schroff; an manchen Stellen sind Stufen in die Felsen oder längs der Seiten eingehauen. Nach vielen Krümmungen des Weges (Führer rathsam) erreicht man in $^1/_2$ Stunde das *Dêr* (Kloster) hoch unter den obersten Felszacken. Dieses Monument ist in der senkrechten Wand einer Klippe ausgehauen, die zu den aus dem hohen Flachland hervorragenden Felsgruppen gehört. Der Berg Hôr thürmt sich in vereinzelter Majestät ihr gegenüber empor. Die Verhältnisse des Denkmals sind noch grösser, als die der Chazne, der Styl jedoch ist schwülstig; die concave Schweifung unter dem convex hervorstehenden Rondel ist ein Kunstgriff, der in der Neuzeit öfters angewendet worden ist. Die Capitäle sehen aus, als ob ehemals Metallverzierungen daran befestigt gewesen wären. Nur die wilde Umgebung bewirkt, dass sich das Monument dennoch gut heraushebt. Eine grosse künstlich geebnete Area liegt davor. Man kann kaum glauben, dass wir auch hier nur ein Grab vor uns haben, da der Weg mit so vieler Mühe gebahnt ist. Im Innern des Monumentes sind nur nackte Wände mit einer Nische, wie für einen Altar bestimmt. In die anstossenden Klippen sind an verschiedenen Stellen nach oben hin führende Treppen eingehauen; der hohe Felsen dem Dêr gegenüber hat auf seinem Gipfel eine geebnete Fläche mit einer Säulenreihe.

Dies sind die hauptsächlichsten Monumente von Petra. Ihre Lage inmitten der Wildniss erhöht entschieden den Eindruck der Grossartigkeit dieser Bauten, die sonst, was Reinheit des Styls betrifft, nicht gerade hoch zu stellen sind. Die Ausdehnung der Felsengräber ist allerdings staunenswerth. Die gänzliche Zerstörung und Vereinsamung macht den Eindruck, als ob die Voraussagungen des Propheten, die ursprünglich aus dem jüdischen Nationalhass gegen Edom entsprangen, hier wirklich in Erfüllung gegangen seien (Jer. 49, 16†).

Auch in der Umgebung von Petra sind manche interessante Punkte mit Alterthümern. So hat Palmer in *el-Beiḍa* und *el-Bârid* (3 St. N. von Petra) ein Sîk und bedeutende Felshöhlen gefunden, die denen von Petra gleichen.

Laborde hat im *Wâdi Sabra* S. von Petra die Trümmer einer Ortschaft entdeckt, die wohl als Filiale der Hauptstadt die Luxusbauten derselben wenigstens nachzuahmen strebte. Man trifft daselbst die Ruinen eines Theaters, oder wie er es betitelt, einer Naumachie. Oestlich von Petra liegen die ersten Städte Arabiens, so *Ma'ân*; bereits unter dem König Usia werden unter den Arabern die Ma'oniter erwähnt (II Chron. 26, 7). Noch heute spielt die Stadt eine Rolle, da sie auf der Pilgerroute von Damascus nach Medîna und Mekka liegt.

† Dein Trotz und deines Herzens Hochmuth hat dich betrogen, weil du in Felsenklüften wohnest und hohe Gebirge innen hast. Wenn du denn gleich dein Nest so hoch machtest, als der Adler, dennoch will ich dich von dannen herunter stürzen, spricht der Herr. — Also soll Edom wüste werden, dass Alle die, so vorübergehen, sich wundern und pfeifen werden über alle ihre Plage.

## *Wege nach Petra.*

Von 'Akaba nach Petra. Von 'Akaba, das an der Stelle des alten Elath, in der Nähe von Eziongeber liegt, geht man in 4 Tagen die 'Araba hinauf nach Petra (Führer etc. s. S. 303). Eine interessantere Route, als die der 'Araba entlang führende, streift mehr östlich. Durch *Wâdi Ḥitem*, in welchem man am ersten Tag etwa 6 St. hinaufsteigt, gelangt man auf die grosse Ebene *Kûra*, woselbst Reste einer Römerstrasse nach N. führen. Am zweiten Tag ($6^1/_2$ St.) sieht man das Fort *Kuwêra* in der Ebene; am Ende derselben findet man Lager der Sbê'beduinen. Am dritten Tag erreicht man das *Wâdi Umm Aḥmed* mit vielen alten Terrassen, und *'Ain er-resâs*; nach 6 St. römischer Aquaeduct und zwei Festungswerke. Am vierten Tag geht man das Wâdi Umm Aḥmed hinauf nach *'Ain rudjaf* und *'Ain Ghazâle*, und gelangt endlich nach Wâdi Mûsa.

Von Djebel Usdum nach Petra (18—20 St.). Den SW.-Winkel des Todten Meeres verlassend, reitet man am Fusse des Djebel Usdum und am Rande der *Sebcha* (S. 302) gegen SW. Nach einer Stunde erreicht man das Südende des Rückens; selbst hier noch liegt Treibholz. Nach 10 Min. zeigen sich wieder Spuren von Vegetation. Nach 20 Min. hat man r. eine salzige Quelle *'Ain el-Bêda* zwischen Rohrgebüsch. Nach 20 Min. überschreitet man das von W. herunterkommende *Ziegenthal (Wâdi el-Em'âz)*; man trifft hier einen niedrigen buschigen Dornstrauch, arab. *gharked*, der auf dem Salzboden wächst und im Juni saftige rothe Beeren trägt.

Rechts biegen sich die Kreideberge weit herum, um der im Süden liegenden Klippenreihe zu begegnen. Von SW. kommt das *Wâdi el-Fikre* herunter, ein breites mit Steinen übersätes Bachbett (S. 312). Nach 45 Min. erreicht man eine abschüssige Klippe, welche den Anfang des quer über das Thal laufenden Höhenzugs bildet. Diese ausgewaschenen Hügel von 15—45m Höhe, welche man nun nach SO. verfolgt, bestehen ebenfalls aus weicher Kreide oder verhärtetem Mergel. Die etwas salzhaltigen Quellen befördern eine reiche Vegetation von Tamarisken, Nebkbäumen und verkruppelten Palmen. Nach 45 Min. kommt man zu einem ziemlich salzfreien Bach, der von der *Brautquelle ('Ain el-'Arûs)* ausgeht. Jenseit des Ghôr sieht man das *Wâdi et-Tafîle* und *Wâdi Gharendel*, welches letztere seinen Namen von den bedeutenden Ruinen mit Säulenreihen der alten Bischofsstadt *Arindela* (S. 313) erhalten hat.

Der Hügelkette in SSO.-Richtung weiter folgend, gelangt man zu der Oeffnung des grossen *Wâdi el-Djêb*, das von Süden her zwischen Klippen einherlaufend, der einzige Ableiter der Gewässer des untern Ghôr ('Arabathales) ist. Nach 1 St. gelangt man zu dem Punkt, wo die Klippenreihe l. nach O. zu über das etwa 1 St. breite Thal hinüberläuft; es ist dies die Höhe *Akrabbim*, welche die SO.-Grenze von Juda bildete (Josua 15, 2. 3). Die Uferränder des Wâdi el-Djêb fallen fast senkrecht ab, und die Thalsohle steigt langsam bergan. Im Beginn des Thales trifft man Tamariskensträuche. Nach 1 St. wendet sich das Thal nach S.; man erblickt in der Ferne den Berg Hôr bei Petra. Nach 10 Min. läuft von Westen (r.) das *Wâdi Ḥasb* ein. Zwischen den östlichen Hügeln sieht man das *Wâdi Ghuwêr* von den Bergen des alten Edom herunterkommen. Die Ufer des Wâdi el-Djêb werden nach S. zu niedriger, besonders das östliche. Indem wir nach SW. weiter ziehen, tritt der Hôr mehr und mehr im SO. hervor. Nach 3 St. gelangt man in die wellenförmige *'Araba*, eine ausgedehnte kahle Wüste, nur spärlich mit einzelnen Sträuchern *(ghaḍa)* bedeckt; der Boden besteht aus losem Kies und Steinen und ist von Bachbetten durchfurcht; nur bei den Quellen (im W. *'Ain el-Weibe*, S. 312; im N. *'Ain el-Ghuwêre*) ist etliches Grün. Die abschüssigen Gebirge im O. sind gleichfalls kahl und todt. Nach 2 St. 40 Min. erreicht man das *Wâdi el-Buwêride*; die Ebene ist von niedrigen Kieshügeln bedeckt; nur hier und da wächst ein Strauch oder eine Akazie. Man biegt nun mehr nach SO. ab; nach 1 St. 40 Min. kommt man zu Quellen mit Vegetation.

Man kreuzt nun die 'Araba in der Richtung nach O. Die Wasserscheide, welche hier in der Nähe von Petra das Thal schneidet, ist nach den neuesten Untersuchungen (Luynes) an ihrer niedrigsten Stelle 240m

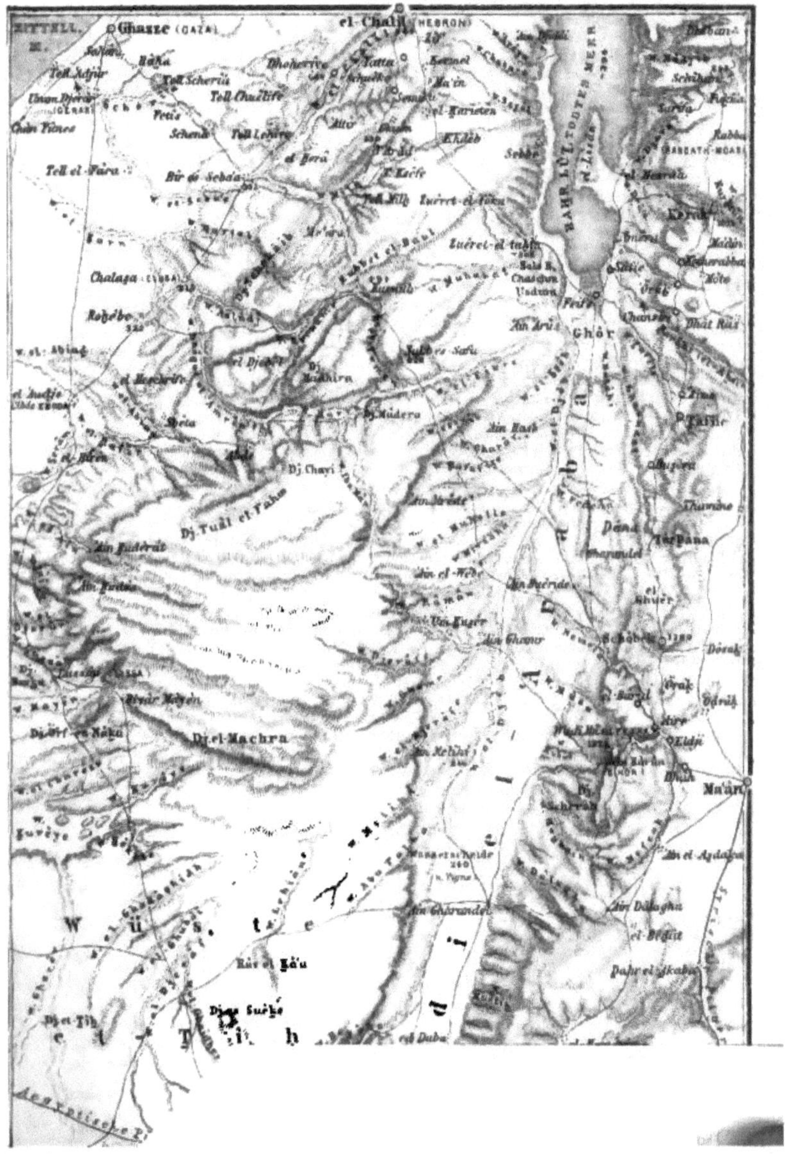
Ghazze (GAZA)
el-Chalil (HEBRON)
Tell el-Fara
Bir es Sebaa
Chalasa (ELUSA)
Dj. Mudera
Dj. Chayi
Dj. Tuāl el-Fahm
Dj. el-Machra
Ghôr
Kerak
Tafile
Dāna
Schōbek
Ain Gharandel
Wasserscheide
Ma'ān

über den Spiegel des Mittelmeeres erhaben, sodass der Gedanke an eine vormalige Verbindung des Todten Meeres mit dem Rothen Meere vollständig dahinfallen muss. Jedoch hat das Thal ohne Zweifel als Verkehrsweg gedient, zu der Zeit, als die alte Stadt Eziongeber in der Nähe des heutigen 'Akaba der Ausgangspunkt des edomitischen und israelitischen Seehandels war. Im Westen liegen die Züge des *Djebel et-Tîh*, im O. vor uns die Gebirge *esch-Scherâ* (S. 313). In 3 St. durchschreitet man das Thal der 'Araba, gegen SO. ansteigend. An manchen Stellen liegen Steinhaufen; die Beduinen, wenn sie gelobt haben, dem Andenken Aaron's ein Schaf zu schlachten, führen ihr Opfer nur so weit, bis sie Aaron's Grab auf dem Berge Hôr erblicken; dann schlachten und essen sie es und verbergen das Blut unter Steinen. Die Ostseite des Thales ist bei weitem nicht so grün als die Westseite. — Man vertieft sich nun, den Hôr südlich umgehend, in das gewundene *Wâdi Rubâ'i*. Dasselbe ist von Hügelketten eingefasst, die aus buntem Sandstein und Kreidekalk bestehen, und enthält manche Höhlen; in der Thalrinne wachsen Tamariskenbüsche, ebenso der Capernstrauch und eine prachtvolle Orobanche mit grossen gelb und blauen Blüthen.

Der Berg **Hôr** besteht aus einem bunten Sandstein, in welchem hellere und dunklere, braungelbe und röthliche Streifen wechseln. Aus der körnigen Hauptmasse stehen kleinere und grössere Kegel hervor, in deren Innerem die bunten Lagen sich concentrisch fügen. Das Gebirge ist von senkrechten Klüften durchschnitten. Der Gipfel des Hôr, welchen man auf äusserst steilem Wege ersteigt ist ein doppelter: auf dem O.-Gipfel, 1329m über dem Mittelmeer, steht das (bewallfahrtete) *Grab Aaron's (Kabr Hârûn)*. Der Fusssteig wendet sich erst nördlich, dann westlich, zuletzt wieder östlich um den Berg herum. Nahe am Gipfel kommt man zu einer Schlucht, in welcher Stufen hinaufführen; auch finden sich einzelne Ruinen, die wohl einem ehemaligen Klostergebäude angehören mögen. Das Grabmal Aaron's ist ein modernes muslimisches Heiligthum, ein elendes viereckiges Gebäude; ebenso ist auch der Sarg ganz modern. Doch bemerkt man in der Mauer Säulenstücke und im NW.-Winkel führt ein Gang aus der Kapelle in ein unterirdisches Gewölbe hinunter; ein eisernes Gitter hat früher das Grab abgesperrt (Licht mitnehmen). Die Tradition, dass Aaron hier begraben sei (IV Mos. 20, 28 etc.), ist jedenfalls alt; schon Josephus spricht davon. Viele arabische und hebräische Inschriften rühren von den Pilgern her. Sehr merkwürdig ist die Aussicht, namentlich auf die Gräberstadt Petra und in die Schluchten und Spalten der Gebirge, westlich auf die kahle Wüste der 'Araba. Das Begraben auf dem Gipfel der Berge ist noch heute eine von den Wanderstämmen der Wüste aus dem Alterthum her bewahrte Sitte. — Von dem Beginn der 'Araba bis nach Petra beträgt der Weg gegen 3 Stunden (man steigt vom Hôr nach SO. hinab und findet bald an den Thalseiten Höhlen). Man gelangt an der NW.-Ecke von Petra in die Stadt hinein.

Von Petra nach Hebron (42 St.). Die Rückreise von Petra wird auf demselben Wege gemacht, den wir für die Hinreise beschrieben haben, nur dass man direct über die 'Araba hinüber nach 'Ain el-Weibe reitet (s. unten), ein Weg von etwa 14 St. Ein Umweg, wobei man statt eines der von NNO. einlaufenden Wâdi's auch das Sîk noch einmal durchreiten kann, führt über den Pass Nemela. In ungefähr 3 St. erreicht man die Ebene *Sutûh Bêda;* in ferneren 3 St. die Höhe des Passes *Nemela*, mit schöner Aussicht: man erblickt das grosse Wâdi el-Djêb und das breite Wâdi el-Djerâfe, das, von SW. herunterlaufend, sich mit dem ersteren vereinigt; darüber die Klippe el-Mukra, in der Nähe den Kegel des Hôr. In 45 Min. ist der Fuss des Berges erreicht; an die Stelle des Porphyrs, aus dem derselbe besteht, tritt wieder Kalkstein. Ueber steinige Abhänge führt der Weg in die 'Araba hinunter (2 St.). Verschiedene Thäler werden gekreuzt; nach 2 St. 20 Min. gelangt man zu dem grossen *Wâdi es-Sekâkîn*, dessen Bett man eine Weile verfolgt bis an den Punkt, wo es einige quer über die 'Araba laufende Kieshügel durchbricht. Immer in der Richtung WNW. über die wellenförmige Kieswüste marschirend, gelangt man in 2 St. 45 Min. zum *Wâdi el-Djêb* an der Westseite der

'Araba und steigt etwa 30m tief in dasselbe hinunter. Das Thal ist hier 3/4 St. breit; wo es sich wieder an den W.-Bergen hebt, liegt *'Ain el-Weibe* mit drei Quellen. Diese bringen etwas Vegetation hervor, auch einige Palmbäume wachsen hier. Das Wasser ist etwas schwefelhaltig und warm; die südlichste Quelle ist die beste. Wenn wir rückwärts blicken, so sehen wir den Hôr in vereinzelter Majestät aus den Höhenzügen der edomitischen Berge hervorragen. Robinson glaubte in 'Ain el-Weibe das alte *Kades Barnea* wiedergefunden zu haben; doch bestätigt sich dies nicht, da diese alte Stadt 15 Stunden westwärts noch unter ihrem alten Namen entdeckt worden ist.

Von 'Ain el-Weibe nach Hebron verfolgt die Escorte nicht immer die nämliche Strasse. Bald führt man den Reisenden das *Wâdi Mirzâba* hinauf zum langwierigen Passe *Mirzâba*, dessen Höhe man erst nach 2 1/2 St. erreicht. Von hier sind 7 1/2 St. bis zum *Wâdi Fikre*, r. vom *Djebel Mâdara*; dann übersteigt man den Pass *es-Safâ* (s. unten). — Ein anderer Weg weiter östlich führt zwischen wüsten Kalksteinhöhen zum *Wâdi el-Charâr*, wo eine Quelle ist, dann in etwa 6 St. hinauf zum Pass von *el-Charâr*, der ersten Höhenstufe, die sich über die 'Araba erhebt. Das Hauptthal dieses Landstriches ist das *Wâdi Fikre* (S. 310), das rechts nach dem Ghôr hinabläuft, und welches man nach 2 St. erreicht. Links erhebt sich der Berg *Mâdara*, eine vereinzelte Spitze; die Beduinen erzählen, hier habe eine Stadt gestanden, sie sei aber durch Steine, die vom Himmel herabfielen, zerstört worden. Der Bergrücken *es-Safâ*, welcher nun quer vorliegt, kann auf drei Wegen überschritten werden: ein mittlerer Pass heisst *es-Safâ*, der l. *el-Yemen* (hat Wasser) und der r. *es-Sufei*. Der mittlere ist wohl der kürzeste; von Wâdi Fikre bis an den Fuss des Passes sind 35 Min. Der Weg ist rauh, an manchen Stellen aber auch glatt und schlüpferig; man bemerkt Spuren eines alten in den Felsen gehauenen Pfades. Fussgänger können einen geraderen Weg einschlagen als Reitthiere. Wenn wir in 'Ain el-Weibe das antike Kades nicht erblicken können, so ist es auch unmöglich der Conjectur zu folgen, dass der Name dieses Berges dem Namen der alten kana'anitischen Königsstadt *Zefath* (Richter I, 17), später *Harma* entspreche (IV Mos. 21, 3; Jos. 12, 14). In 1 Stunde erreicht man den Gipfel des Passes. Er gewährt Aussicht auf die unübersehbare Wüste, die sich zu beiden Seiten der 'Araba erstreckt, bis zum Todten Meere hin. Die Gegend ist von furchtbarer Wildheit. Die Wegrichtung bleibt stets NNW. Eine Strecke weit geht man zwischen zwei tiefen Schluchten, dann r. in ein Thal hinunter. Dann erreicht man wieder eine Art Ebene, die zweite Abstufung des Gebirges gegen die 'Araba. Der ebene Strich Landes, den man nach 2 St. erreicht, heisst *el-Tarâibe*. Nach weiteren 2 St. durchzieht man einen Arm des *Wâdi el-Yemen* und ersteigt in 30 Min. ein wiederum höheres Flachland. Links liegen die Ruinen des Dorfes *Kurnub* auf einem Hügel; sie sind ohne Interesse, da die versuchte Identification mit dem alten *Thamar* (Ezech. 47, 19; I Kön. 9, 18; II Chron. 8, 4; vgl. S. 543) unsicher ist. Jenseit des Bergrückens (2 St. 15 Min.) ersteigt man wieder einen Höhenzug *Kubbet el-Baul* und steigt in das Becken von *'Ar'âra* hinab; es werden Spuren ehemaligen Landbaus sichtbar (1/2 St.). Nach 35 Min. trifft man die Ruinen eines Dorfes *el-Kusêr*; nach 10 Min. läuft ein Weg direct nördlich nach *Tell Milh* (1 1/2 St.).

[Der Umweg über 'Ar'âra ist gering. Nach 30 Min. hat man von der Höhe eines Hügelrückens eine weite Aussicht über die Gegend der Südgrenze Juda's. Nach 1 St. trifft man wieder das Wâdi 'Ar'âra; im Thal sind Gruben für Wasser. Hier sind Spuren einer ehemaligen Ortslage: des alten *Aroër* (I Sam. 30, 28; I Chron. 11, 44), wohin David von Ziklag aus einen Theil der Beute sandte. Wir sind nicht nur in der Gegend der Kämpfe David's, sondern hier im Süden Palästina's trieben auch die Ureltern der späteren Israeliten ihre Heerden auf die Weide. Der Charakter der Gegend ist viel sanfter geworden, die wasserlose Wüste liegt hinter uns. In 2 St. erreicht man die Cisternen von *el-Milh*.]

In der Ebene sieht man Ruinen mit Umfassungsmauern; hier lag das alte *Molada* (Jos. 15, 26; Nehem. 11, 26); welches auch von Josephus erwähnt wird. Nach 1 St. 50 M. liegt r. eine Ruine *Mak'hul;* der Weg wendet sich 15 Min. bergan. Im O. erblickt man *Tell 'Arad* (S. 302). Ein Thal hinaufsteigend erreicht man in $^{3}/_{4}$ St. eine neue Stufe der Bodenerhebung. Nach 1 St. 10 Min. sieht man l. die Ruinen eines Dorfes *el-Ghuwein*, in der Entfernung *'Attir*, das alte *Jattir*, eine Priesterstadt (Jos. 21, 13, 14) mit unbedeutenden Ruinen. Hier beginnt wieder Landbau. Nach 1 St. liegt l. auf einem Hügel *Râfât* mit ausgedehnten Ruinen; eine Menge unterirdischer Magazine und Cisternen sind vorhanden; einige Gewölbe stehen noch, unter anderm ein Gebäude, das wohl eine Kirche gewesen sein könnte. Nach 20 Min. erreicht man *Semû'a*, den ersten bewohnten Ort auf dem Wege von S. her. Das Dorf liegt auf einem die Umgebung beherrschenden Hügel. Zwischen den modernen Häusern sind Ruinen und alte Bausteine von beträchtlicher Grösse. Ueber der Thüre einer kleinen Moschee ist ein Stück eines antiken Frieses eingemauert. Die Castellruine ist wohl arabischen Ursprungs. Unter vielen Häusern befinden sich in den Felsen eingehauene Kellerräume. Semû'a hat heute circa 200 Einwohner. Schon dem Namen nach entspricht es dem antiken *Eschtemoa* (Jos. 15, 50; I Sam. 30, 28). Auf einem Hügel 5 Min. SW. vom Dorfe bemerkt man die Reste eines römischen Gebäudes. Von hier steigt man in ein tiefes Thal hinunter, dann wieder hinauf; nach 45 Min. liegt *Yâta* r. (S. 300); nach 1 St. erreicht man den Boden des *Wâdi el-Chalîl* (Hebronthales); nach 15 Min. passirt man das Dorf *Kirkis*, verlässt aber das Wâdi Kirkis wieder, um r. die Höhe zu ersteigen (45 Min.). Hier beginnen die Felder und bald auch die herrlichen Baumgärten von *Hebron* (S. 291), das man nach $1^{1}/_{4}$ St. erreicht.

### *Von Petra nach Jericho über Kerak und 'Ammân.*

Von Petra nach Kerak (28 St.), nur unter starker Bedeckung zu machen. Von Petra führt der Weg nordwärts das Thal hinauf nach *Eldji*, weiter in die Nähe des verlassenen Dorfes *Badabde*, dann zur *Mosesquelle* (S. 305); überall findet man Steinhaufen (S. 311). Von hier nach NNO. ziehend, trifft man gewöhnlich einzelne Beduinenlager; in $6^{1}/_{2}$ St. erreicht man *Schôbek*. Balduin I. überschritt von Jerusalem aus den Jordan, durchzog das südlich gelegene Ostjordanland, damals Palaestina secunda, in seiner ganzen Länge und gründete zum Schutze der Christen ein Castrum mit Garnison, das zu Ehren des Gründers *Mons regalis* oder *Mont royal* genannt wurde; Saladin belagerte es 1181. Heute ist dieses Schôbek der Hauptort des *Djebel esch-Scherâ;* es liegt auf der Spitze eines Hügels, unter welcher zwei Quellen die zum Orte gehörigen Baumpflanzungen bewässern. Das schön erhaltene Castell ist arabischen Ursprungs; einzelne Inschriften nennen den Namen des Melik eḍ-Dâhir (Bibars, S. 74). Ausserdem liegen hier die Ruinen einer schönen Kirche, die aus dem Mittelalter stammt. Die Aussicht von dem Hügel ist ausgedehnt.

Oestlich von Schôbek sind im Thal Spuren einer römischen Militairstrasse. Nach $6^{1}/_{2}$ St. erreicht man die Ruinen von *Gharendel* (S. 310), an der Seite von drei vulcanischen Höhen; die Römerstrasse zieht sich hier entlang, mit schwarzem Stein regelmässig gepflastert und wohl erhalten. Weiter östlich bezeichnet ein weisser Streif den *Derb el-Hadj*, die Pilgerstrasse nach Mekka. Nach 3 St. erreicht man, das tiefe Thal von *Dâna* l. lassend, das Dorf *Buṣêra* (Klein-Boṣra), im heutigen District *Djebâl* (=Gebalene). Die Ortschaft entspricht einer bedeutenden edomitischen Stadt *Bozra*, die I Mos. 36, 33 und bei den Propheten (z. B. Jerem. 49) erwähnt wird. Die Ruinen sind unbedeutend; heute sind etwa 50 Häuser bewohnt.

Von hier nach *Tafile* sind $2^{1}/_{4}$ St. Weges. Tafîle ist ein grosses Dorf mit ungefähr 600 Häusern, dessen Schêch dem Namen nach Häuptling des Districtes Djebâl ist. Die Umgebung ist sehr wasserreich und fruchtbar. Tafîle ist wahrscheinlich das V Mos. 1 gemeinte *Tophel*. Von hier gelangt man in 1 St. NW. nach dem Dorf *Aime*, das am Fusse hoher Felsen liegt. Ein Wâdi hinaufsteigend, kommt man weiterhin zu ausgedehnten Ruinen *el-Kerr;* dann hinuntersteigend zur Quelle *'Ain el-Kaṣrên* und in $2^{1}/_{4}$ St. nach dem tiefen Bette des *Wâdi el-Aḥsa*, das in seinem untern Lauf *Kurahi* heisst und sich ins *Ghôr es-Sâfiye* (S. 303) ergiesst. Hier beginnt der District von Kerak, das Gebiet des alten Moab. Auf der N.-Seite des Thales führt der Weg wieder bergan; man gelangt in $2^3/_4$ St. nach *Chanzire*, das ebenfalls wasserreich ist, dann in 1 St. zu dem romantisch gelegenen Dorfe *'Orâk*, in 1 ferneren St. nach *Ketherabba*, einem Dorf von circa 80 Häusern. Hier und in dem $^1/_2$ St. nördlich davon gelegenen Dorfe 'Ain Ter'aîn entspringt der *Wâdi 'Asal*. Nach $^3/_4$ St. hat man auf dem Gipfel des Hügelrückens eine schöne Aussicht über das Südende des Todten Meeres. Dann steigt man in das Thal *'Ain Frandji* hinunter und erreicht jenseit desselben Kerak in $1^1/_4$ St. — Die Dorfbewohner dieser Gegend stehen in Kleidung, Sitte und Sprache den Beduinen viel näher, als die westlich vom Jordan wohnenden Bauern. Auch findet sich in jedem Dorf eine Medâfe, ein öffentliches Gasthaus, in welchem der Fremde mit beduinischer Gastfreiheit unentgeltlich bewirthet wird (von den Europäern erwartet man indess Bezahlung).

**Kerak** hiess im Alterthum *Kir Moab* und gehörte zu den zahlreichen Städten der Moabiter. Nach allen Berichten dürfen wir uns dieses Volk den Israeliten sehr ähnlich denken, wie ja auch die Stammsage 1 Mos. 19 zeigt; sie erscheinen als ein kriegerisches Volk. Die Israeliten umgingen das Land Moab bei ihrem Zuge nach Kana'an. Zur Richterzeit machte Moab die Israeliten tributpflichtig (Richt. 3); Saul kämpfte gegen Moab, wie nach ihm auch David, dessen Urgrossmutter aus Moab stammte. Nach Salomo's Tode fiel Moab ans nördliche Reich. Nach dem Tode Ahab's verweigerten die Moabiter den Tribut. Damals war Mesa König von Moab; seine Gedenktafel die wohl aus den Jahren 897—6 stammt, ist im Jahre 1868 in Dibân (S. 316) aufgefunden worden. Joram verbündete sich mit Josaphat von Juda und drang von S. durch Edom ins Land ein; aber die Festung Kir Hareset (Kir Moab) leistete ihnen Widerstand. Mesa opferte seinen erstgeborenen Sohn auf der Mauer dem Ba'al Kamosch als Brandopfer, worauf die Israeliten in ihr Land zurückzogen. In den späteren Zeiten war Moab bald abhängig, bald unabhängig; wir haben uns die Verhältnisse den heutigen ähnlich zu denken, wobei es von dem Dasein einer militärischen Besatzung abhängt, ob Tribut bezahlt wird, oder nicht. Als Volk gingen die Moabiter wohl erst bei dem Vordringen südarabischer Horden im dritten Jahrh. n. Chr. unter. Das Land Moab wird im Alterthum als gesegnet beschrieben (Jer. 16) und muss, nach den vielen Ruinen zu schliessen, stark bevölkert gewesen sein.

Kerak war später der Sitz eines Erzbischofs; aber der Titel desselben lautete auf den Namen Petra deserti, wie auch noch bis heute. Mit Schôbek ist es oft verwechselt worden. Als die Kreuzfahrer sich im Ostjordanland festsetzten, war Kerak der Schlüssel jenes Landes, denn es beherrschte den Karawanenverkehr von Aegypten und Arabien nach Syrien; daher war es auch eine vielfach bestrittene Feste. Die Sarazenen suchten es um jeden Preis einzunehmen, da die Franken von hier aus ihre Züge bis gegen Aila ('Aḳaba) hinunter ausdehnten. Im Jahre 1183 ff. erfolgten die furchtbaren Angriffe Saladin's gegen Kerak, welches durch Rainald von Châtillon gehalten wurde, bis Saladin 1188 sowohl Kerak als Schôbek in seine Gewalt brachte. Die Eyyubiden machten Kerak zu einer starken Festung und residirten öfters hier; auch verlegten sie ihr Schatzhaus und ihr Staatsgefängniss hieher. Der Ort blühte damals auf. Noch in späterer Zeit war er ein Zankapfel zwischen den Beherrschern Aegyptens und Syriens. Doch konnten die Bewohner bei der festen Lage ihrer Stadt sich ziemliche Unabhängigkeit bewahren. Ihr Verkehr mit der Wüste ist bis heute ein bedeutender geblieben. Besonders die Kaufleute von Hebron besuchen den Markt von Kerak. Vor einigen Jahren gelang es dem Pascha von Jerusalem, hier wieder eine Garnison hinzulegen, trotzdem aber ist man gegen die Angriffe der Einwohner nicht sicher gestellt. Wie die Beduinen, tragen auch die Leute von Kerak die gestreifte 'Abâye (Mantel); jedermann geht bewaffnet umher. Die Umgebung ist sehr fruchtbar; „Butterverkäufer" gilt als Schimpfwort, weil der Einzelne gehalten ist, die von seinen Heerden gewonnene Butter für sich und besonders für seine Gäste zu verbrauchen. Der Zufluss europäischer Reisender und die grossen Summen, welche von ihnen erwartet werden, weil sie bezahlt worden sind, haben die Leute bereits demoralisirt und ihre angeborene Habgier entflammt. Daher sind die Leute von Kerak nicht mit Unrecht in Verruf gekommen; nur Lynch hat sich trefflich aus der Schlinge gezogen, indem er den muslimischen Schêch von Kerak, der Drohungen ausstiess, umringen und als Geissel zum Todten Meere mit hinabführen liess. Die Fremden werden noch heute unverschämt bedrückt. — Kerak zählt etwa 600 Häuser, von denen ein Viertel von Christen bewohnt ist. Die Häuser sind Lehm(Pisé-)bauten mit flachen Dächern; die Querbalken der Zimmer ruhen auf zwei Bogen. Jedes Bauernhaus enthält einen oder mehrere Kuwûr, grosse Vorrathstruhen aus Lehm. — Wer keine Zelte bei sich hat, lasse sich in die Meḍâfe, das allgemeine Gasthaus, führen und gebe unmittelbar vor der Abreise ein Geschenk, ohne sich um das Geschrei zu bekümmern, denn dasselbe Geschrei würde erfolgen, wenn man das Vierfache gegeben hätte. Die Einwohner, Christen (Griechen) sowohl als Muslimen, sind sehr abergläubisch; doch wende man sich an die Christen, die im Ganzen zuverlässiger sind; sie stehen unter einem besonderen Schêch. In neuester Zeit hat sich sogar die protestantische Mission in Kerak Eingang zu verschaffen gesucht.

Die Aussicht von Kerak, das circa 970m über dem mittelländischen Meere liegt, umfasst, besonders von der Höhe des Castells, das Todte Meer und die umgebenden Gebirge. In der Ferne sieht man den Oelberg und hinter demselben sogar den Russenbau. Das Jordanthal übersieht man bis zu den Höhen von Jericho hinauf. Obgleich die umliegenden Berge theilweise die Stadt überragen, so ist die Lage doch sehr fest; auch ist Kerak von einer jetzt an mehreren Stellen eingefallenen Mauer mit fünf Thürmen umgeben. Der nördlichste Thurm ist am besten erhalten und zeigt ausser einer Inschrift (auch Löwenfiguren, wie sie uns von arabischen Denkmälern der Kreuzfahrerzeit bekannt sind; die unteren Theile der Mauer sind, den Bausteinen nach zu urtheilen, wohl älter. Ursprünglich hatte die Stadt nur zwei Eingänge, beide aus Felsentunnels bestehend; doch kann man jetzt auch von NW. über Mauerbreschen in die Stadt gelangen. Der Tunnel an der NW.-Seite hat einen Eingangsbogen, der in die Römerzeit zurückreicht (trotz der arabischen Inschrift). Durch diesen ungefähr 80 Schritt langen Gang kommt man in die Nähe des Thurmes von Bibars (NW.), welcher Name auf einer Inschrift neben zwei Löwen steht. Die Mauern sind sehr dick und massiv und haben Gucklöcher. Heute dienen die Gewölbe als Vorrathskammern.

Das interessanteste Gebäude von Kerak ist das mächtige *Castell* an der Südseite. Von dem anstossenden Hügel S. ist es durch einen grossen künstlichen Graben getrennt, und ein Wasserreservoir daselbst angelegt; ebenso läuft ein Graben an der N.-Seite der Festung, und gegen O. ist eine bedeutende Böschung. Auf diese Weise ist die Burg von dem Städtchen getrennt. Die Mauern sind von bedeutender Dicke und wohl erhalten. Die weitläufigen Gallerien, Corridore, Hallen geben ein prächtiges Bild eines Kreuzfahrerschlosses. Die oberen Stockwerke sind zerfallen; ihre Zugänge sind dagegen noch wohl erhalten. Durch eine Treppe steigt man in eine unterirdische Capelle hinab, woselbst noch Spuren von Fresken sichtbar sind. Im Innern der Festung befinden sich viele Cisternen. Obwohl die Quellen in unmittelbarer Nähe unterhalb der Stadt liegen, so sind innerhalb derselben grosse Wasserbehälter angelegt (namentlich beim Bibarsthurm). — Die heutige *Moschee* von Kerak war ursprünglich eine christliche Kirche; die Pfeiler und Bogen derselben sind noch vorhanden. Das Eingangsthor besteht aus einem Spitzbogen; von den christlichen Symbolen, welche die Muslimen nicht zerstört haben, ist noch die Sculptur eines Kelches zu sehen. — Die christliche Kirche ist dem heiligen Georg (*el-Chiḍr*, S. 98) geweiht und enthält Bilder im byzantinischen Styl. Die Griechen haben hier auch eine Schule; der griechische Schulmeister kann dem Fremden ein Haus zeigen, in welchem sich Ueberreste eines prächtigen römischen Bades, besonders ein schöner Marmorboden erhalten haben.

Von Kerak nach 'Ammân (ca. 33 St.). Von Kerak führt die Strasse nordwärts in circa 4 Stunden nach **Rabba**, über eine Ebene, die mit Hügeln und Dörfern weniger bedeckt ist, als die südlich von Kerak befindliche. Man trifft unterwegs Dorfruinen, *Suweiniye*, *Duweine*, *Mecherschit*. Auch in Rabba haben wir wieder eine moabitische Stadt vor uns: *Rabbat Moab*, später mit *Ar Moab* verwechselt und darum *Areopolis* genannt. Die Ruinen haben einen Umfang von $^1/_2$ St. Man findet viele Trümmer, aber wenig gut Erhaltenes, z. B. Ueberreste eines Tempels (Westseite), einige Wasserbehälter. Auch zwei korinthische Säulen von verschiedener Grösse stehen neben einander nicht weit vom Tempel.

Die Römerstrasse durchschneidet die Stadt und führt durch eine fruchtbare Landschaft weiter nach N. Nach 20 Min. steht l. von der Strasse ein kleiner römischer Tempel, theilweise zerstört. Nach $^1/_2$ St. liegen r. die Ruinen eines alten Thurmes *Misde* und dabei die Ruinen von *Hemêmât*, vielleicht der Platz *Ham* (I Mos. 14, 5). Nach 15 Min. gelangt man zu den Ruinen *Bêt el-Karm*, in deren Nähe die Ruinen eines Tempels (*Kasr Rabba*). Die Säulen sind wie durch Erdbeben umgeworfen; grosse Quadern liegen umher. In 1 St. erreicht man das zerfallene Dorf *er-Riha*, immer der Römerstrasse folgend, deren Meilensteine meistens erhalten sind. R. erheben sich die Hügel *et-Tarfûye*, l. eine einzelne Bergkuppe *Djebel Schihân* mit dem gleichnamigen Dorf. Ein Umweg von ungefähr 1 St. bringt uns von Rabba aus dorthin. Auf dem südlichen Theile und unten am Hügel sieht man eine Menge Einzäunungen von Basaltstein, wohl aus vorrömischer Zeit. Der Ortsname erinnert an jenen amoritischen König Sichon (IV Mos. 21), dessen Reich sich, als die Israeliten heranzogen, vom Arnon bis zum Jabbok erstreckte; Sichon wurde von den Israeliten geschlagen und sein Land ging an die Stämme Ruben und Gad über. Noch I Kön. 4, 19 ist vom Lande Sichon die Rede, Jerem. 48, 45 sogar von einer Stadt. — Heute findet sich oben ein Begräbnissplatz der Beni Hamîde und Ruinen eines Tempels. Die Aussicht ist sehr umfassend; man sieht zwei Stücke des Todten Meeres, in der Ferne die Gebirge Juda's, im N. die Schlucht des Môdjib.

In 2 St. von Riha erreicht man die Ruinen von *Mehâtet el-Hadj*, von wo man nach der Môdjibschlucht hinabsteigt. Der obere Theil des Berges ist mit porösem Basalt bedeckt. Auch hier sind die Spuren der Römerstrasse sichtbar, sowie Ueberreste der Brücke. Die Tiefe, welche man in circa $1^1/_2$ St. erreicht (man passirt einige Ruinen), beträgt 655m, die Hügel der Nordseite jenseit dieser Schlucht sind 60m niedriger. Die Vegetation des Thalgrundes ist herrlich; über der Brücke liegen einige Ruinen.

Jenseit des *Môdjib (Arnon)* beginnt der heutige District *el-Belka*. Von hier bis zum Jabbok wohnten ehemals die Ammoniter (Richt. 11, 13); später gründeten die Amoriter hier einen Staat. Die Ammoniter befehdeten die Israeliten, welche das Land in Besitz genommen hatten, besonders den Stamm Gad, unaufhörlich. Jephta drängte sie in ihre Grenzen zurück, Saul bekämpfte sie und David, der anfänglich mit ihrem König Nachas auf gutem Fusse stand, brach später ihre Macht (II Sam. 10). Sie schädigten die Israeliten bei jeder Gelegenheit und verschwinden erst nach Chr. Geb. aus der Geschichte. Als ihre Götter werden in der Bibel Milkom und Molech erwähnt.

Der Weg jenseit des Flusses (viele Rebhühner) ist wegen seiner grossen Steilheit beschwerlich und ohne gute Führung nicht zu finden. In 1 St. erreicht man die Ebene; dort liegt ein Ruinenhaufe *'Ar'âir = Aroër* (Jos. 12, 2; 13, 9), das später dem Stamme Ruben gehörte (ib. 16). Von hier erreicht man *Dibân* in $^1/_2$ St. über die Ebene. Dibân ist das alte *Dibon*, das von den Israeliten erobert (IV Mos. 21, 30) und später von Gad wieder hergestellt wurde (ib. 32, 34). Nach Jes. 15, 2 fiel es in die Hände der Moabiter und hier ist die Siegessäule des Königs Mesa (S. 65) gefunden worden.

Die Beduinen, welche diese Gegend inne haben, sind die Beni Sacher. — Von Dibân aus besuchte Tristram *Umm er-Resâs* ($2^1/_2$ St.), einen grossen Ruinenhaufen. Eine Menge halbrunder Bogen sind noch vorhanden, sowie

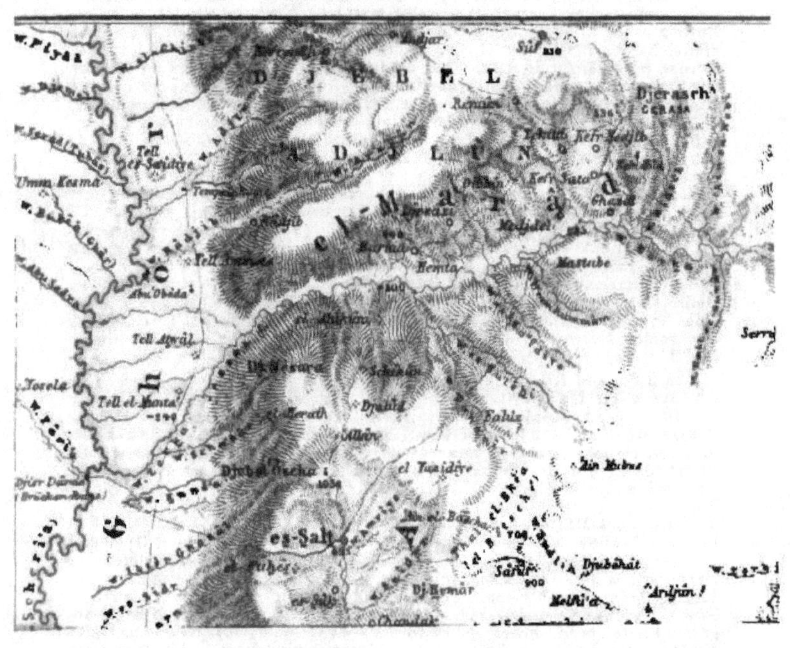
D J E B E L
A D J L U N
el-Ma'arâd
Djerasch
GERASA
Ṣûf 830
Umm Kesma
Tell es-Saidiye
Tell Ammata
Abu'Obêda
Tell Adwâl
Tell el-Ḥammâ
Tell el-Ḥammâ
-249
Hemta
Mastabe
Kefr Sâta
Kefr Ḥeddjâ
Ghazâl
Dj. Ḥesâra
Djel'ad
Fahis
el Tunaidiye
'Ain Ḥubus
es-Salt
Djubâhât
Ṣafût
900
Dj. Ḥumâr
Dj. Umm ed-Dâmiye
Djisr Dâmiye
(Brücken-Ruine)
Serry
Ard el-Bḳe'a
Arkûb
'Arâk el-Emir
1036
el-Ḥaraḳ
el-Fuḥêṣ
'Allân

[illegible]. Eine Menge halbrunder Bögen sind noch vorhanden, sowie

Ruinen von einigen Kirchen. Sehr merkwürdig ist circa ½ St. nördlich von der Stadt ein Thurm, den man beinahe für einen Grabthurm im palmyrenischen Styl (S. 554) halten möchte. Von hier nach der Hadjroute ist es noch 3 St. Wegs; dort liegt *Chân Zebîb*, augenscheinlich an der Stelle einer alten Ortschaft, da in und ausserhalb des jetzigen Gebäudes viele Architecturreste sich finden.

Von Dibân aus die Römerstrasse und das *Wâdi Heidân* kreuzend (in NW.-Richtung) gelangt man in 2¼ St. nach *Karêyât*, einem grossen Ruinenhaufen, der dem alten *Kirjathaim* entspricht. Hier schlug Kedorlaomer die Emim (1 Mos. 14, 5); später gehörte der Ort dem Stamm Ruben und fiel dann an Moab. Aehnliche Schicksale hatte *Attarûs* (1 St. NO.), das alte *Ataroth*, welches zu Gad gehörte. Auf dem Berge N. liegen nur Ruinen eines Castells bei einer grossen Terebinthe. Die Aussicht von den Stadtruinen ist vorzuziehen; sie umfasst Bethlehem, Jerusalem, den Garizim, ostwärts die Ebene. Die Berge sind theilweise mit Terebinthen, Mandelbäumen etc. bewachsen, theilweise auch angebaut.

1½ St. NW. von hier liegt **Mkaur**, das dem alten *Machaerus* entspricht. Zuerst soll Alexander Jannaeus hier gebaut haben. In den Pompejuskriegen wurde die Burg zerstört, aber später von Herodes d. Gr. neu aufgebaut, die Feste mit Mauern umzogen und durch Thürme geschützt. Herodes gründete hier eine Stadt, in deren Mitte er sich einen Palast erbaute. Von hier bis Pella im Norden reichte das Gebiet von Peraea. Josephus erzählt, dass Herodes Antipas, Tetrarch von Galilaea und Peraea, Johannes den Täufer in Folge seiner Vorwürfe (Matth. 14, 3) in die Festung Machaerus werfen liess; er wurde also auch hier enthauptet. Nach dem Untergange Jerusalems flohen unglückliche Ueberreste des Judenvolkes auch in diese Festung; aber der Procurator Lucilius Bassus eroberte sie durch List und liess die ganze Besatzung tödten. Von Interesse ist die sehr grosse Citadelle, die den ganzen Hügelrücken bedeckt; eine grosse Cisterne und ein Thurm sind noch vorhanden. Die Aussicht von Mkaur umfasst das Westufer des Todten Meeres, im SW. Engeddi und darüber das ganze Gebirge Juda, wie es sich von Hebron über Jerusalem nach N. zieht und ins Jordanthal hinunter senkt. Der Punkt liegt 1158m über dem Spiegel des Todten Meeres, also 764m über dem Mitteländ. Meer.

Ein Ritt von circa 3 St. in nördl. Richtung über bergiges Terrain mit Umgehung des *Wâdi Zghara*, einer tiefen kurzen Schlucht, bringt uns an den Rand des tiefen Thales des *Zerka Ma'in*, in der Gegend von *Callirrhoe;* von der Terrasse hat man noch 267m zum Flussbett hinunterzusteigen. Der Boden der Schlucht und die Abhänge sind reich bewachsen (auch Palmbäume kommen wieder vor) und bieten besonders dem Botaniker reiche Ausbeute. Die Flora hat viele Aehnlichkeit mit der Südarabiens und Nubiens. Unten im Thale tritt der rothe Sandstein zu Tage, darüber lagern Kalkstein und Basalt (S.). Ein stark strömender Wasserlauf hat diese Schlucht ausgehöhlt. Aus den Seitenthälchen kommen auf der Strecke einer Stunde eine Anzahl heisser Quellen hervor, alle mehr oder weniger kalkhaltig und alle auf der Linie hervortretend, wo sich der Sandstein mit dem Kalk berührt. Die heisseste dieser Quellen, die einen gewaltigen Dampf ausströmen und ihre mineralischen Bestandtheile stark ablagern, hat eine Temperatur von 61,5° C.; die Araber schreiben diese Quellen einem Knechte des Königs Salomo zu und benutzen die Heilkraft derselben noch heute vielfach. Auch im Alterthume waren sie berühmt und auch Herodes der Grosse suchte hier in seiner letzten Krankheit Genesung, doch sind keine Ruinen von Badeeinrichtungen vorhanden.

Um von Callirrhoe nach Ma'in zu gelangen, verfolgt man das Thal gegen 6 St. aufwärts auf sehr beschwerlichen Wegen. Die Aussicht ist grossartig und die sonderbaren Formen der Felsen setzen oft in Erstaunen; der Bachlauf ist von Oleandergebüschen verdeckt. Wo das *Wâdi Habis* von NO. in den Zerka läuft, geht der Weg l. ab beim *Djebel Husne*. Wir kommen jetzt aus dem Gebiet der Ḥamîdebeduinen, welche grossentheils von den Beni Ṣacher abhängig sind, in das eigentliche Gebiet dieser letzteren. Nachdem der Berg erstiegen ist, kommt man wieder auf eine Hochebene und erreicht in circa 1½ St. die Ruinenfelder von **Ma'in**. Auf der Hochebene findet man eine Menge Steinhaufen, die künstlich aus 3—4 grösseren Steinen gebildet sind, wohl aus ältester Zeit stammend, sogenannte Dolmen. Ma'în entspricht dem alten *Ba'al Me'ôn*, eigentl. Wohnung des Ba'al Me'ôn (Jos. 13, 17); es gehörte zu Ruben, später zu Moab (Ezech. 25, 9). Eusebius sagt, sie sei der Geburtsort des Elisa gewesen. Die Ruinen sind ausgedehnt; überall sind Cisternen zerstreut.

Ein Ritt von $1^1/_2$ St. eine Römerstrasse entlang über die Ebene führt nach **Mâdeba**, einer andern ausgedehnten und besser als Ma'în erhaltenen Ruinenstadt. Im westlichen Theil stehen Ueberreste eines Tempels; im Osten führte eine gepflasterte Strasse zu einem grossen Thorweg, dessen drei Bogen aber eingefallen sind. Hierauf folgt ein Platz mit einer Colonnade. Die hauptsächlichsten der öffentlichen Gebäude befinden sich im nördlichen Quartier. Im NO.-Winkel ist ein sehr grosses Wasserreservoir; jede Seite des Vierecks misst gegen 110m.

Mâdeba ist das alte *Medba*, ursprünglich eine moabitische Stadt (Jos. 13, 9. 16); von den Amoritern eroberten sie die Israeliten und übergaben sie dem Stamme Ruben. David schlug vor Medba die Ammoniter und ihre syrischen Hilfsvölker (I Chron. 20). Von der Mitte des 9. Jahrh. an kam die Stadt wieder in die Gewalt der Moabiter; später heisst sie eine Stadt der Nabatäer (Araber). Hyrcanus eroberte die Stadt nach einer Belagerung von 6 Monaten. In der christlichen Zeit war sie Sitz eines Bischofs.

In den Bergen nordwestlich von Mâdeba und Hesbân wird der Berg **Nebo** gesucht, von welchem aus Moses (V Mos. 34) vor seinem Tode das ganze verheissene Land überblickte. De Saulcy glaubt den Berg (*Djebel Nebâ*) N. von der Mosesquelle gefunden zu haben, Tristram S. von der Mosesquelle, wo eine Ruinenstätte *Nebbe* sich befindet. Ueber bebaute Felder gelangt man in circa $1^1/_2$ St. nach diesem Nebbe. Die Aussicht ist umfassend; man übersieht die Berge von Hebron bis nach Galiläa, das Todte Meer von Engeddi nordwärts, das ganze Jordanthal und dahinter sogar den Karmel und Hermon. Eine Ruine *Zidra* 1 St. W. wird mit *Zoar* identificirt (?); nordwärts blickt man in das *Wâdi 'Uyûn-Mûsa*. Die Vegetation dieses Thales ist ebenfalls herrlich, jedoch der Weg hinabwärts steil. Man kann von dort nach Hesbân zurückkehren. Den directen Weg von Mâdeba nach Hesbân über die Ebene kann man in $1^1/_2$—2 St. zurücklegen; man tritt nun in das Gebiet der 'Adwânbeduinen und hat für eine Escorte aus diesem Stamme zu sorgen. Der Schêch Gobelân (S. 350) escortirt gewöhnlich die Fremden; seine Macht reicht von hier bis nach Djerasch.

**Hesbân**, das alte *Cheschbôn*, war zur Zeit der Einwanderung der Israeliten eine blühende Stadt und zwar die Residenz des Amoriterkönigs Sichon (IV Mos. 21). Sie fiel dem Stamme Ruben zu, obwohl sie auch eine Stadt Gad's genannt wird und ihre Einkünfte den Leviten zuflossen. Später kam sie in die Gewalt der Moabiter (Jerem. Cap. 48). Zur Zeit der Maccabäer gehörte sie von neuem zum jüdischen Staate.

Die Lage von Hesbân (900m ü. M.) beherrscht die Ebene. Die Ruinen bieten wenig Interessantes; sie liegen auf zwei Hügeln, die im Westen vom Wâdi Hesbân, im O. vom Wâdi Ma'în eingefasst werden. Viele Cisternenöffnungen finden sich und in der Mitte des nördl. Hügels eine viereckige Einfriedigung aus grossen Quadern; auf dem SW.-Hügel sieht man Spuren eines Tempels, 70 Schritte O. einen viereckigen Thurm und zwischen beiden eine grosse umgestürzte Säule von grober Arbeit. Im O. der Stadt ist ein Wasserreservoir.

In 20 Min. erreicht man *Chirbet el-'Al*, das alte *Eleale*, dessen Schicksale denen von Hesbân gleich waren. In $^1/_2$ St. gelangt man in NO.-Richtung über die Ebene nach *Na'ûr*; nach 1 St. liegt l. *Chirbet Sekka*: 25 Min. *Chirbet el-Djehara*; 20 Min. *Chirbet esch-Schedjara* und *Rudjem el-Wast*; nach 30 Min. *'Abdûn*; nach 45 Min. die Ruinen von **'Ammân**.

*Historisches.* 'Ammân entspricht dem alten *Rabbat 'Ammon*, der ehem. Hauptstadt der Ammoniter. Hier wurde der Sarg des amoritischen Riesenkönigs Og aufbewahrt. Die Stadt zerfiel in eine Unterstadt und in eine Oberstadt; sie wurde in Folge einer den Israelitischen Gesandten zugefügten Beleidigung durch David's Feldherrn Joab belagert und erobert (II Sam. 11 ff.); doch erscheint sie später wieder als ammonitisch, (Jer. 49). Ptolemäus II. Philadelphus von Aegypten baute sie neu und legte ihr den Namen *Philadelphia* bei. Jahrhunderte hindurch blieb sie eine bedeutende Stadt; sie wurde als solche zur Decapolis von Peraea gerechnet. Ihren einheimischen Namen verlor sie nie ganz, sodass er auch unter den Arabern wieder allein gültig wurde. Die Zerstörung 'Ammân's ist

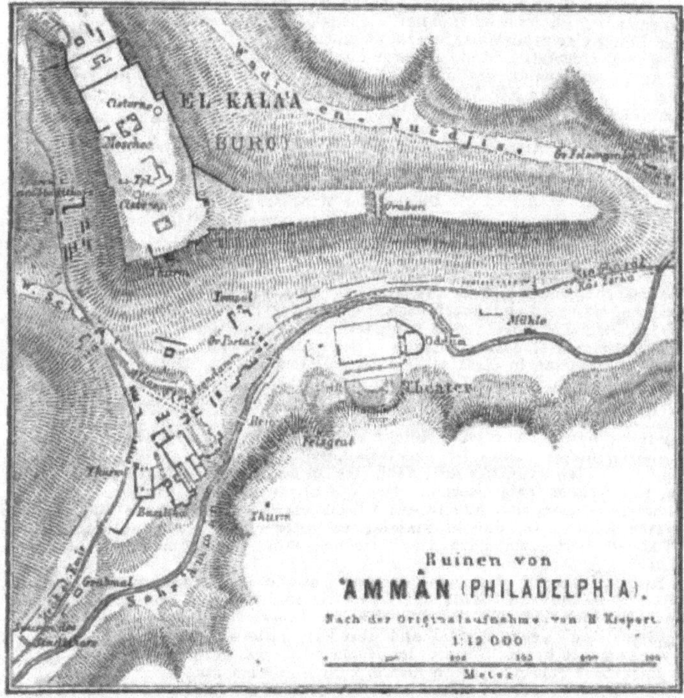


zum grössten Theil Erdbeben zuzuschreiben; 'Ammân gehört aber trotz aller Verwüstung noch zu den schönsten Ruinen des Ostjordanlandes; am besten ist es von de Saulcy beschrieben (Voyage de la t. s., Paris 1865). Die Stadt liegt in einer fruchtbaren Thalsenkung, überragt von den Ruinen einer Burg.

Auf der rechten Seite des fischreichen Baches, welcher die Stadt durchschneidet, liegt nur das Theater, gelehnt an den Hügel und herrlich erhalten, vor dem Theater ein viereckiger, mit Säulen umgebener Platz; noch zwölf (acht und vier) korinthische Säulen stehen aufrecht von ursprünglich über 50. Die Scene ist ganz zerstört; man sieht noch in ein mit Steinen gefülltes Gemach, wohl eine Ausgangspforte. Die Sitzreihen des Theaters sind von Treppen durchschnitten, aber auch durch Parallelhalbkreise in drei Abtheilungen getheilt. Der erste Rang besteht aus 14, der zweite aus 16, der dritte aus 18 Stufen. Zwischen dem zweiten und dritten Rang, namentlich aber oberhalb des dritten, obersten Ranges sind Logen angebracht. Der Gesammteindruck ist gewaltig; was auf der Scene gesprochen wird, dringt trefflich bis zur obersten Sitzreihe. Das Theater war auf etwa 6000 Zuschauer berechnet. — Schräg vor dem Theater r. in der Biegung des Flusses stehen die Ruinen eines kleinen bedeckten Theaters oder Odeums. An der Front desselben sind viele Löcher für Klammern, welche Ornamente hielten. Ueber der Seitenthüre ist ein Gesims angebracht, auf dem sich unter anderm die Wölfin mit Romulus und Remus findet.

Am Bache hinuntergehend, kommen wir zu der Ruine einer Mühle. Die Ufer des Baches sind auf eine Strecke von circa 300m mit schönen römischen Mauern bedeckt; der Bach war hier im Alterthum überwölbt. Das Wasser kann mit Hülfe der darin liegenden Steinblöcke leicht überschritten werden. Wo der Hügel nahe an den Fluss herantritt und jenseits ein trockenes Bachbett herunterläuft, sind auf dem rechten Ufer Ueberreste von Thermen: besonders eine schöne Apsis, mit zwei andern Seitenapsiden verbunden, ist erhalten; an den Mauern stehen noch Säulen, aber ohne Capitäle, aufrecht; die reich verzierten Nischen liegen sehr hoch; Löcher für Klammern weisen auf einstige Bronzeverzierungen hin. Jenseit des Bachbettes sind die Reste eines arabischen Bazar und beim Fluss die einer Basilica. Etwas weiter entfernt sieht man Reste einer Moschee; weiter westlich auf der l. Seite des Flusses liegt ein viereckiges Gebäude, das man am ehesten für ein Grabmonument halten möchte. An den Ecken desselben stehen schöne korinthische Pilaster; auch die Decke des Gemachs ist noch theilweise erhalten, und enthält einige Facettenverzierungen. Hier beginnt die Säulenreihe, welche die Stadt durchlief. Am Bachbett weiter aufwärts gehend findet man Mauern von alten Tempeln; weiter oben auf dem l. Ufer Ruinen eines umfangreichen Baues. Geht man an den Thermen den Fluss entlang abwärts, so sieht man bald ein Fragment des Quai's; l. liegen Reste von Wohngebäuden. Ebenfalls am Flusse weiter unten liegt ein schöner Porticus; hierauf folgt eine gut erhaltene Brücke, aus einem Bogen bestehend. Gegenüber der Brücke scheint ein Tempel gelegen zu haben; Stufen sind noch vorhanden, und die Fenstergiebel erinnern an Ba'albek (also spätrömische Zeit). — Die Säulenreihe setzt sich im Innern der Stadt mit dem Flusse gleichlaufend fort und macht hier dem Theater gegenüber eine Biegung gegen ein Thor hin.

Die Citadelle von 'Ammân liegt auf dem nördlichen Hügel, der gegen SW. eine Ecke bildet und gegen O. durch einen künstlichen Graben begrenzt ist. Das Thor befindet sich auf der Mitte der S.-Seite der Stadt gegenüber. Die Umfassungsmauern stehen etwas unter dem Kamm des Hügels und scheinen nicht weit über die Spitze desselben hinaus geragt zu haben; sie sind dick und aus grossen Steinblöcken ohne allen Cement gefügt und machen den Eindruck hohen Alterthums. — Das Innere der Festung besteht fast nur aus formlosen Ruinen.

Von 'Ammân nach 'Arâḳ el-Emîr (3 St. 20 Min.) führt der Weg auf der l. Seite des Baches zur Quelle aufwärts, wo einige Reste von Gebäuden liegen. Ein Aquäduct führt von hier Trinkwasser nach der Stadt (17 Min.). Die Menge der Dorfruinen l. und r. lässt auf die frühere reiche Cultur dieses Landstriches schliessen. Zuerst sieht man r. *Ḳaṣr el-Melfûf* (Kohlschloss), dann l. *'Abdûn* (S. 318); r. *Umm ed-Deba*; dann auf dem Plateau 1 St. l. *Tabuka*, r. *Sueifiye*; weiter l. *ed-Demên*. Nun kommt man in das herrlich bewaldete und grüne *Wâdi esch-Schita*, Regenthal. R. liegt die Ruine *Sdr*, dann die Quelle *'Ain el-Baḥal*. Im Ausgang des Thales (1 St.) steht l. eine zerstörte Mühle, r. eine Ruine *el-Areme*. Von hier gelangt man in 1 St. nach **'Arâḳ el-Emîr** (446m ü. M.). Das Thal hat hier die Form eines Amphitheaters, die niedrige Höhe der Hügelreihe ist mit Eichen bewachsen.

*Historisches.* Josephus giebt einen weitläufigen Bericht, wie der Maccabäer Hyrcanus, von seinen neidischen Brüdern verfolgt, sich nach dem Ostjordanland zurückzog und hier, gegen die Araber kämpfend, eine Burg errichtete. Die Beschreibung dieser Bauten und Felsenhöhlen passt im Grossen, wenn auch nicht im Detail, zu den heute noch sichtbaren

Ueberresten; auch der alte Name der Burg, *Tyros*, findet sich im heutigen *Wâdi es-Sîr*, welcher unten vorbeifliesst, wieder. Es ist jedoch fraglich, ob Hyrcanus wirklich der Begründer dieses festen Platzes gewesen ist oder ob er nicht bloss ältere Bauten und Felshöhlen benutzt hat. Als die Macht des Antiochus V. Eupator von Syrien nach dem Tode des Ptolemäus V. Epiphanes von Aegypten (181 v. Chr.) im Wachsen begriffen war, brachte sich Hyrcanus aus Furcht vor den Syrern in seinem Schlosse selber um. Der Palast zerfiel und wurde nicht wieder aufgebaut.

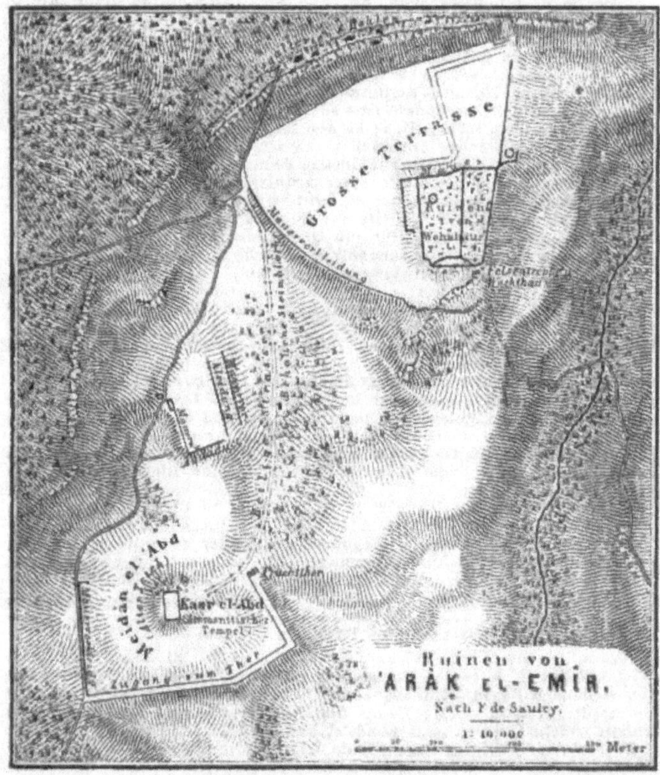


Das Hauptgebäude liegt auf der SW.-Seite des Felsenamphitheaters; es heisst *Kasr el-'Abd*, Burg der Sklaven, und steht wie auf einer Halbinsel inmitten einer Plattform. An vielen Stellen bildet eine Mauer mit Böschungen den Unterbau. Die Blöcke, aus denen diese Böschungen bestehen, sind ungeheuer. Der Dammweg, welcher zu der Burg führt, ist auf beiden Seiten von grossen Steinblöcken eingefasst, die in bedeutenden Zwischenräumen von einander abstehen und durchbohrt sind, als ob Holzbarrieren an ihnen befestigt gewesen wären. Auf diese Weise setzt sich der Weg einige hundert Schritte weit fort. Das Kasr ist ebenfalls aus gewaltigen, wenn auch nicht so dicken Blöcken erbaut; der obere

Theil ist mit einem Fries in Basrelief geschmückt, welcher grosse, etwas rohe Thiergestalten darstellt. De Saulcy hält das aus mächtigen Steinen gebaute Parallelogramm mit seinen Fenstern für einen alten ammonitischen Tempel und behauptet, derselbe habe ein Peristyl und Seitengallerien gehabt; die grosse Verschiedenheit der Bausteine im Inneren lasse erkennen, dass Hyrcan eine ältere Mauer als Schutzmauer benutzt habe. — Der freie Platz um die Burg herum, einst wohl in der That ein Wassergraben, heisst heute *Meidân el-'Abd*.

Auf dem Wege nach N. fortschreitend, findet man l. am Berge Reste von Gebäuden und einen Aquaeduct, und gelangt zuletzt auf die grosse nördliche Plattform, wo eine Reihe von Gebäuden mit Mauern eingefasst standen. Am Berge, welcher sich hinter dieser Plattform ausdehnt, läuft nun jene merkwürdige Felsengallerie, die entschieden künstlich erweitert ist. Von dieser aus gelangt man durch Portale in eine Anzahl Höhlen, die theilweise als Ställe gedient zu haben scheinen, wenigstens könnte man sich sonst die Ringe in den Wänden kaum erklären. Haben wir hier alte Höhlenwohnungen vor uns, oder, wie de Saulcy meint, Grabstätten? Die Inschriften zeigen althebräische Charactere. Uebrigens spricht bereits Josephus von solchen Höhlen, die sich hier befinden sollen.

Von 'Arâk el-Emîr nach Jericho ($5^1/_2$ St.) führt der directe Weg NW. in 15 Min. zu einem wenig höhern Pass, dann über ein flaches, theilweise beackertes Plateau; 30 Min. *Wâdi en-Nâr*, in das man ziemlich steil in 5 Min. hinabsteigt; dann langsam steigend (die Ruine *Sûr* bleibt südl.) auf die Höhe des *Djenân es-Sur;* nach 30 Min. eine steile Felswand hinab (nach 10 Min. unten), und durch das *Wâdi Djeri'a*, ein Nebenthal des *Wâdi Nimrîn*, in 1 St. nach *Chirbet Nimrîn* (S. 405) beim Austritt des Thals aus dem Gebirge. Das Wâdi Nimrîn kommt von Salt (S. 406) und heisst weiter oben *Wâdi Scha'ib*. Weiter, den Wasserlauf des Wâdi Nimrîn überschreitend, W. quer durch das ebene Jordanthal in $1^1/_2$ St. zur *Jordanfähre*, 1 St. nördlich von der Furt (s. unten); Ueberfahrt pro Mann und Pferd 1 Piaster; von hier nach Jericho $1^1/_2$ St.

Ein etwas weiterer Weg (6 St.) führt von 'Arâk el-Emîr durch das *Wâdi el-Bahat*, das weiter unten in das *Wâdi Kefrên* mündet, hinab nach (3 St.) *Chirbet Nasla*, wo das Thal ins Jordanthal ausläuft. Von hier gelangt man (r. der *Tell Kefrên*) entweder direct W. in $1^1/_2$ St. zur *Mahadet el-Ghoraniye* (Jordanfurt), woselbst man sich von den Arabern über den Fluss tragen lässt und von wo man in $1^1/_2$ St. Jericho erreicht; oder NW. (r.) in 2 St. zur *Jordanfähre* (s. oben).

## 11. Von Hebron nach Bêt Djibrîn und Ghazza.

Von Hebron nach Bêt Djibrîn ($4^3/_4$ St.). 22 Min. von Hebron biegt man vom Wege zur trad. Eiche (S. 295) r. ab und trifft, zwischen Gartenmauern hinreitend, nach 8 Min schöne Reste einer Wasserleitung; nach 5 Min. lässt man einen Weg r. liegen und gelangt nun aus dem bebauten Lande heraus. Nach 15 Min. steigt man in ein Thal *'Ain el-Uff* oder *Wâdi el-Frandj* (Frankenthal) hinunter. Nach 40 Min. gelangt man zu einer Quelle; bald darauf führt ein Weg l. hinauf nach dem grossen Dorfe *Dôra*. Man zeigt dort ein grosses Grab, in welchem der Erzvater Noah begraben sein soll. Bausteine und einzelne Säulenfragmente beweisen, dass Dôra an der Stelle einer antiken Ortschaft steht: in der That entspricht es dem antiken *Adoraim*, das Jerobeam befestigte (II Chron. 11, 9).

Im Thal hinabsteigend kommt man in 25 Min. zur Quelle *'Ain el-Uff*. Der Weg r. führt zum Dorf *Bêt Kahel* hinauf; alte Oelbäume stehen am Wege. Nach 15 Min. mündet von r. ein anderes Thal ein. Nach 20 Min. kommt man in eine breite grüne Thalebene; l. oben zwischen Oelbäumen liegt das Dorf *Terkûmîye*, das einige geringe Ueberreste aus dem Alterthum aufweist (es entspricht dem alten *Trikomias*). Nach 1 St. 40 Min. liegt l. das Dorf *Bêt Dechân* auf dem Hügel. Man umgeht das Dorf, indem man einen Weg r. lässt. Dann reitet man ein kleines Thal WSW. hinauf und erreicht nach 12 Min. die Olivenwälder von **Bêt Djibrin** und nach 20 Min. die Ruine vor dem Dorfe.

*Historisches.* Robinson hat die Identität von Bêt Djibrîn mit dem alten *Betogabra* nachgewiesen. Eine Stadt dieses Namens wird zuerst von Josephus erwähnt, bei dem allerdings der Name im Text verdorben ist; Ptolemäus nennt den Ort bei seinem rechten Namen. Robinson hat dieses alte Betogabra auch für identisch mit *Eleutheropolis* erklärt. Es ist leicht zu verstehen, dass der griechische Name sich nicht erhalten hat. Dieser bedeutet „Freistadt“ und rührt vermuthlich von den Gerechtsamen her, welche der römische Kaiser Septimius Severus im Jahre 202, als er den Orient bereiste, auch dieser Stadt, einem grossen Centralpunkte, verlieh. In Eleutheropolis soll früh das Christenthum gepredigt worden sein; die Namen der dortigen Bischöfe sind theilweise bekannt. Die Kreuzfahrer fanden den Ort zerstört. Unter Fulco von Anjou 1134 wurde hier eine Citadelle erbaut und deren Vertheidigung den Johanniterrittern übertragen. Die Franken nannten den Ort *Gibelin;* von Bibars wurde er im Jahre 1244 definitiv erobert. Die Festung wurde im Jahre 1551 hergestellt.

Das Dorf hat heute an 900 Einwohner (Muslimen) und eine kleine türkische Besatzung. Es nimmt ungefähr ein Drittel des Raumes der alten Stadt ein. In den meisten Häusern sind Trümmer alter Gebäude eingemauert. Sehr viele Münzen, theilweise auch solche mit der Inschrift Eleutheropolis, werden dem Fremden zum Kauf angeboten. Der Lauf der alten Stadtmauer kann nicht mehr an allen Punkten verfolgt werden. Im N. existirt noch ein Theil derselben; an der Mauer lief ein Graben entlang. Im W. und O. waren zwei Forts; das östliche Fort ist unter dem muslimischen Begräbnissplatz verschwunden; Säulenstücke, ein grosses schönes Portal und ein Wasserreservoir sind noch vorhanden. Das Fort im NW. stand auf einer Erhöhung des Terrains: die älteren Unterbauten sind von dem späteren Bau leicht zu unterscheiden. Ueber der Hauptthüre ist eine Inschrift vom Jahre 1551 (958 d. Fl.). An jeder Ecke war die Festung von einem Thurme flankirt. Heute tritt man durch verschiedene Breschen in das Innere, woselbst ausser einer schönen Cisterne viele gewölbte Räume vorhanden sind, die als Wohnungen für Menschen und Vieh benutzt werden. Im S. läuft von O. nach W. eine Gallerie, die ursprünglich Seitenschiff einer Kirche war. Links und rechts stehen 5 Pfeiler, ehemals mit weissen Marmorsäulen. Sechs derselben, mit korinthischen Capitälen versehen, sind noch an ihrer Stelle; die Arcaden bestehen aus Spitzbogen. Ausserhalb der Umfassungsmauer stehen noch zwei entsprechende Säulen. Einige Familien wohnen jetzt im Schlosse, bei dessen Besichtigung ein kleines Trinkgeld unvermeidlich ist.

Das grösste Interesse nehmen die Felshöhlen in Anspruch, deren Gebiet hier bei Bêt Djibrîn beginnt und sich weit in der Umgebung fortsetzt; dasselbe ist noch keineswegs gehörig untersucht. Der Kirchenvater Hieronymus sagt, dass in dieser Gegend einst die

*Hôrîm*, die Berg- oder Höhlenbewohner gelebt hätten, und dass auch die Idumäer, mit welchen als ihren Besiegern die Horiter sich später mischten, von hier bis nach Petra wegen der grossen Hitze in Höhlen gewohnt hätten. Es ist kaum zu bezweifeln, dass die Höhlen dieses Districtes uralt sind; ihre Menge und ihre gleichmässige Ausführung lassen schliessen, dass sie als Wohnungen gedient haben. Obwohl der Stein, eine Art grauer Kreide, ziemlich weich ist, so ist doch die Kunstfertigkeit zu bewundern, mit welcher die oft 12m hohen glockenförmigen Gewölbe in langen Reihen neben einander eingehauen sind. Sie erhalten Luft und Licht von oben; übrigens fallen manche derselben nach und nach ein. Arabisch nennt man sie *'ôrak* (vgl. S. 334); in Nordsyrien trifft man Grabhöhlen von ähnlicher Form, nur kleiner. In vielen Höhlen sucht das Vieh eine Zuflucht, und zwar nicht bloss Ziegen, sondern namentlich auch Rinder, denn auf der alten Ebene Philistäa's wird die Rindviehzucht noch heute, wie im Alterthum, stark betrieben.

Folgender Spaziergang ist der lohnendste. Man gehe von dem Platze vor der Festung nach SO. über die Gräber und steige ein kleines Bachbett hinauf; bereits nach 5 Min. sieht man, oberhalb eines Thälchens stehend, Höhlen unter sich. Diese Höhlen sind, nach den eingehauenen Nischen (fünf hinten, drei an der Seite) zu urtheilen, später als Grabstätten benutzt worden. Die Nischen liegen 0,60m über dem Boden; hoch oben findet sich eine grosse Anzahl eingehauener Dreiecke. Die runden Oeffnungen oben sind theilweise im Laufe der Zeit erweitert; auch haben sich nach dem Einsturz von Höhlen Vorhöfe gebildet, innerhalb welcher die Pilaster der Höhlengruppen sich noch erhalten haben. — Weiter nach S. trifft man eine zweite Gruppe höherer Höhlen, in denen viele wilde Tauben nisten; in einer derselben ist ein Brunnen, und an mehreren Stellen tönt der Boden hohl. Die Felswände sind sehr glatt und von der Feuchtigkeit grün. Man bemerkt bisweilen roh eingemeisselte Kreuze und merkwürdiger Weise auch Inschriften aus den ersten Zeiten des Islâm (in kufischer Schrift). Von Höhle zu Höhle schreitend gelangt man so das Thal hinauf bis zu einer zerfallenen Kirche, die in gerader Linie 20 Min. vom Dorfe entfernt ist. Noch heute nennen sie die Einwohner *Mar Hannâ* oder *Sandehan* (von santo). Die dreischiffige Kirche stammt wohl aus der Kreuzfahrerzeit, wenn auch vielleicht einzelne Theile einem älteren byzantinischen Bau angehören könnten; die Hauptapsis und eine Nebenapsis sind gut erhalten; die Fenster haben Rundbogen. Die Steine sind schön gehauen. Die Mauern sind dick; auf beiden Seiten des Eingangs stehen Pilaster und unter dem nördlichen Seitenschiff befindet sich eine Crypta mit Gewölben. Die Aussicht von dem Hügel aus beherrscht die von sanften Höhenzügen eingefassten grünen Thäler.

20 Min. direct S. von Bêt Djibrîn durch ein grünes Thal mit Oelbäumen gelangt man nach *Merâsch*, dessen Ruinen aber ganz zerfallen sind. Merâsch ist das alte *Marescha* (Jos. 15, 44), hauptsächlich berühmt durch den Sieg, welchen König Asa hier gegen ein heranrückendes äthiopisches Heer unter Serach davontrug (II Chron. 14, 9 ff.). Der ganze Hügelzug von Mar Hannâ ist von Felshöhlen durchsetzt, bes. auf der S.- und W.-Seite des Hügels. Die Wände einiger Höhlen sind voll kleiner Nischen (Columbarien), die in regelmässigen Reihen an den Wänden der einzelnen Felsgemächer angebracht sind; wozu diese gedient haben, ist nicht ersichtlich, da die Höhe, in welcher sie angebracht sind, den Gedanken ausschliesst, dass es bloss Aufbewahrungsorte für Geräthe u. a. gewesen seien. — Ausserdem findet man auf diesem Hügel eine grosse Menge schöner alter Cisternen, mit theilweise erhaltenen Wendeltreppen. Solche sind auch in einigen Höhlen vorhanden.

VON BÊT DJIBRÎN NACH GHAZZA (ca. 7 St.). Führer angenehm; Bedeckung unnöthig, wenn unter den Beduinen der Niederung Friede herrscht (in den letzten Jahren ein seltener Fall).

Wenn man von dem Dorfe aus an den westlichen Höhenzug herangetreten ist, wähle man den mittleren Weg; die Höhe ersteigt man in 15 Min. und hat hier noch einen Rückblick gegen das Dorf hin; nach 10 Min. überblickt man die Ebene im W. Der Weg führt über ein grasiges Plateau; nach 25 Min. sieht man r. im Felde das Weli des *Schêch 'Amer*, in der Ferne *Tell eṣ-Ṣâfiye* (S. 333). Die Gebirge Juda's lässt man nun hinter sich und steigt über die letzten Ausläufer derselben allmählich in die Ebene hinunter, stets nach W. Nach 30 Min. liegt l. der *Tell el-Manṣûra* mit einigen Ruinen. 30 Min. weiter erreicht man *Tell el-Lâdje*, woselbst einige eingefallene Höhlen (*'Arâḳ el-Menschîye*); das dazu gehörige Dorf liegt 1/4 St. N. Von hier gelangt man quer durch die Ebene in SW. Richtung nach *'Adjlân* (1 3/4 St.).

Von Bêt Djibrîn schlug Robinson einen andern Weg ein: er ging in SW.-Richtung 50 Min. gegen *Tell el-Kubêbe*, das er l. 10 Min. entfernt liegen liess, von hier in 2 St. nach *es-Sukkariye*, wo einige Gewölbe erhalten sind und Stücke von Marmorsäulen umherliegen; dann in westl. Richtung in 55 Min. nach 'Adjlân.

'Adjlân ist das antike *Eglon*; es wurde von Josua vernichtet (10, 34) und war später eine der Städte Juda's in der Niederung. Bereits in der griechischen Uebersetzung der Septuaginta wird Eglon mit Adullam verwechselt; Eusebius verlegt beide 4 St. O. von Bêt Djibrîn. Wenn er W. statt O. geschrieben hätte, so würde die Entfernung ungefähr stimmen; die Höhle Adullam kann jedoch unmöglich in einer so offenen Gegend gelegen haben (s. S. 267).

Nach 45 Min. kommt man zu einem Bachbett, das S. gegen das grosse *Wâdi el-Haṣi* abfliesst; auf einem Hügel r. liegen die unförmlichen Steinhaufen von *Umm Lâkis*, nebst vielen Cisternen. Dies sind die Ruinen der alten Stadt *Lachis*, die mit Eglon ein und dasselbe Schicksal hatte.

*Historisches.* Amasia von Juda flüchtete in Folge einer Verschwörung hierher und wurde hier ermordet, 809 v. Chr. (II Chron. 25). Lachis scheint eine wichtige Grenzfestung gegen Aegypten gewesen zu sein, nach Mich. 1, 13 auch eine Wagenstadt, woselbst, in der grasreichen Ebene, die jüdischen Könige die aus Aegypten bezogenen Pferde stationirt hatten. Es wurde von Sanherib belagert; man will den Namen der Stadt auf assyrischen Denkmälern gelesen haben. Nach Jerem. 34, 7 war es eine der letzten Städte, welche den Juden bei der Eroberung durch Nebucadnezar abgenommen wurden. Dass von allen diesen Städten der philistäischen Ebene nur noch unbedeutende Ruinen übrig sind, rührt wohl daher, dass die Bauten aus Backsteinen aufgeführt waren.

Nach 47 Min. erreicht man *Burêr*, ein von Cactushecken umzogenes Dorf, dessen Häuserdächer überwachsen sind. Hier kommen bereits Palmen vor. Bei der Quelle liegen Säulenstücke. Nun gelangt man in das *Wâdi Simsim*, das von grünen Höhenzügen begrenzt wird; nach 40 Min. sieht man r. das Dorf *Simsim* in einem Olivenwäldchen. Es wird hier viel Tabak und Sesam gepflanzt. Man überschreitet bald darauf das Wâdi el-Haṣi, indem man der Richtung SW. folgt. Nach 15 Min. sieht man links das Dorf *Nedjd*, r. in der Ferne die Sandhügel gegen das Meer hin, nach 25 Min. r. das Dorf *Dimre*, nach 45 Min. *Bêt Hanûn* mit ausgedehnten Cactuspflanzungen. Nach 35 Min. gelangt man auf einen Hügelrücken bei einem schönen Eichbaume neben einer Ruine; hier beginnen wieder Haine von Olivenbäumen. Der Weg ist breit und sandig; nach 40 Min. erreicht man Baumgärten mit Palmen, nach 10 Min. die Stadt **Ghazza.** Zelte werden am besten beim Serai aufgeschlagen; leidliche Unterkunft bietet das griechische Kloster, doch ist eine Empfehlung von Jerusalem wünschenswerth. Der Medjidi gilt hier 41 Piaster (vgl. S. 8), der Beschlik 10 P.

*Historisches.* Die **Philister** wohnten in der grossen Niederung, von 'Akka bis zur ägyptischen Grenze. Die Bibel bringt sie mit den Hamiten in Verbindung. Man hat jetzt erkannt, dass ihre Heimath, das Land Kaftor (*Kaft* ist dasselbe Wort wie *Gypt* in Aegypten) im Nildelta (nicht in Kreta) zu suchen ist. Es ist jedoch ungewiss, welche Sprache sie gesprochen haben. Wir begegnen schon in frühester Zeit einem philistäischen Reiche zu Gerar (1 Mos. 10, 19; 20, 21). Zu Moses Zeit erscheinen die Ph. als kriegerisches Volk, daher die Israeliten ihr Land zu umgehen gezwungen waren. Sie hatten feste Staatseinrichtungen, namentlich einen Bund der 5 Hauptstädte Gaza, Asdod, Askalon, Gath und Ekron. Erst in der zweiten Hälfte der Richterzeit traten die Philister, damals wahrscheinlich durch eine neue Einwanderung verstärkt, als ein Volk auf, das den Israeliten lange Zeit die Hegemonie in Palästina streitig machte. Sie vertrieben zunächst den Stamm Dan, so dass er sich andere Wohnsitze in Nordpalästina suchen musste. Immer weiter vordringend, beherrschten die Philister Israel 40 Jahre lang (Richter 13; 1 Sam. 4 ff.). Damals suchte Simson die Philister zu schädigen; aber diese eroberten selbst die Bundeslade. Samuel siegte zwar über die Philister, konnte sie aber aus den festen Plätzen, welche sie inne hatten, nicht vertreiben. Alle Nachrichten weisen darauf hin, dass die Philister an Cultur die Hebräer weit überragten. Schon dem Philisterkönig Abimelech zu Gerar steht ein Feldherr zur Seite; die Philister hatten Streitwagen und Reiterei vor den Hebräern voraus (vgl. 1 Sam. 13, 5, wo aber die Zahlen übertrieben scheinen). Die Schwerbewaffneten trugen einen runden Helm von Kupfer, einen Kettenpanzer, eherne Beinschienen, einen Wurfspiess und eine grosse Lanze; jeder hatte einen Waffen- und Schildträger, wie die Griechen in den homerischen Berichten. Die Leichtbewaffneten waren Bogenschützen. Die Philister hatten feste Lager; ihre Städte wussten sie mit hohen Mauern uneinnehmbar zu machen, und in das Land der Unterworfenen legten sie Garnisonen. Da sie auch kaufmännischen Sinn hatten und ausserdem dass sie mit den Phöniciern zur See concurrirten, auch den Binnen- und Karawanenhandel zu beherrschen strebten, mussten sie die grosse Verkehrsstrasse von Damascus her offen halten. Sie nahmen ihre Götzenbilder auch ins Feld mit: ihre Hauptgottheit war Dagon (Marnas), der wie die weibliche Gottheit Derketo (Atergatis) Fischgestalt hatte. Ba'alzebûb, der Fliegengott in Ekron, genoss Ruf als Orakelgott. Ihre Wahrsager oder Propheten scheinen einen eigenen Stand gebildet zu haben.

Die Kämpfe mit den Philistern kräftigten und einigten die israelitischen Stämme, und die endliche Befreiung von der Fremdherrschaft, durch Saul und David herbeigeführt, hatte das Aufblühen eines festen jüdischen Staates zur Folge. Noch die späteren Könige hatten wiederholt mit den Philistern zu kämpfen. Bei dem Weltkriege zwischen Aegypten und Assyrien wurde die philistäische Ebene strategisch wichtig, daher sie auch als Zankapfel dieser Reiche viel zu leiden hatte. Auch die Philister wurden wohl (theilweise) ins Exil geführt; nach dem Exil ist der philistäische Staat verschwunden und nur noch die Städte haben einzeln ihre Bedeutung gewahrt; vollends nach Alexander haben sie keine

Macht mehr. Philistaea wurde in den Kriegen der syrischen und ägyptischen Diadochen wiederum der Schauplatz heftiger Kämpfe. Noch unter den Maccabäern zeichneten sich die philistäisch-hellenischen Küstenstädte durch Feindschaft gegen die Juden aus; doch konnten die Maccabäer die philistäische Ebene dauernd unter ihre Gewalt bringen. Aber der Nationalhass der Einwohner war unauslöschlich: bei der Zerstörung Jerusalems wirkten sie, wie die anderen Feinde der Israeliten, mit.

**Ghazza** (Gaza) war die südlichste der philistäischen Pentapolis (Bundesstädte). Hierher verlegt die Erzählung des Richterbuchs Cap. 15 einen Theil der Thaten Simson's. Unter der „Höhe des Berges vor Hebron", wohin Simson die ausgehobenen Thorflügel trug, ist vielleicht die Anhöhe des Berges *Muntâr* im SO. von Ghazza gemeint. Die Israeliten scheinen die Stadt nur kurze Zeit besetzt gehalten zu haben (I Kön. 4, 24). Die Stadt war gross und wohl vorzugsweise als Handelsstadt bedeutend; einige Autoren sprechen davon, dass sie eine Hafenstadt *Majumas* noch im 6. christl. Jahrh. gehabt habe. Herodot nennt die Stadt *Kadytis*; Alexander d. Gr. eroberte sie nach heftigem Widerstand. Alexander Jannäus nahm sie im Jahre 96 v. Chr., da sie sich mit den Feinden der Juden verbündet hatte, ein und zerstörte sie. Kaiser Augustus schenkte sie dem Herodes; nach dessen Tode fiel sie wiederum an die römische Provinz Syrien. Als römische Stadt genoss Ghazza eine ruhige Entwicklung; das Christenthum fand spät Eingang, obwohl Philemon (an welchen Paulus schrieb) der Sage nach erster Bischof von Ghazza war. Noch in der Zeit Constantin's war die Stadt ein Hauptbollwerk des Heidenthums und hing an ihrem Gott Marnas, dessen Statuen und Tempel erst im Jahre 400 auf kaiserliches Edict hin zerstört wurden. An Stelle des Haupttempels wurde auf Kosten der Kaiserin Eudoxia, Gemahlin des Arcadius, eine grosse christliche Kirche in Kreuzesform erbaut. Im Jahre 634 fiel die Stadt den Arabern unter 'Omar anheim. Sie war den Muslimen eine wichtige Stadt, weil Mohammed's Grossvater Hâschim, der seine Handelsreisen bis hierher ausgedehnt hatte, hier gestorben und begraben war. Die Kreuzfahrer fanden Ghazza in Trümmern. Balduin II. erbaute hier 1149 eine Festung, deren Vertheidigung er den Tempelrittern anvertraute. Im Jahre 1170 plünderte Saladin die Stadt, ohne die Festung erobern zu können; 1187 aber fiel Alles in seine Hände, und nur vorübergehend konnte sich Richard Löwenherz dort festsetzen. Im Jahre 1244 wurden die Christen und Muslimen in der Nähe von Ghazza durch die Charesmier geschlagen. Seitdem hat Ghazza keine Bedeutung mehr gehabt. Napoleon eroberte es im Jahre 1799.

Das heutige Ghazza war im Jahre 1871 von 2690 muslimischen und 65 christlichen (griech.-orth.) Familien bewohnt, die eine Bevölkerung von etwa 16,000 Seelen bildeten. Es ist eine halb ägyptische Stadt; der Schleier der muslimischen Frauen z. B. ist beinahe dem ägyptischen gleich. Seit unvordenklichen Zeiten hat Ghazza als Bindeglied zwischen Aegypten und Syrien gedient; noch heutzutage ist der Markt, obwohl der Karawanenverkehr grösstentheils aufgehört hat, nicht unbedeutend, und hauptsächlich reich mit allerlei Lebensmitteln, z. B. Datteln, Feigen, Oliven und Hülsenfrüchten versehen; auch der Bazar kann sein ägyptisches Gepräge nicht verleugnen. Die Stadt liegt mitten in Baumgärten, so dass man eigentlich kaum weiss, wo sie beginnt. Die Vegetation ist, in Folge der Fülle von Grundwasser, sehr reich. Ghazza hat heute weder Mauern noch Thore. Es zerfällt in 4 Quartiere: *Ḥâret et-Tufen* N., *Ḥâret es-Sedjîye* O., *Ḥâret ez-Zêtûn* S., *Ḥâret ed-Daredj* W. Zu dem letzteren steigt man mittelst Treppen hinauf, wie schon der Name besagt.

Von bemerkenswerthen Gebäuden ist zu nennen: das *Serai* im O. der Stadt, das als Wohnung des türkischen Gouverneurs dient, aber zum grossen Theil zerfallen ist. Es stammt aus dem Anfang des 13. Jahrh.; die Steine sind schön gefügt. Beim Hineintreten in den Hof des Serai erblickt man Käfige für die Gefangenen. Die gegenüberliegende Front besteht aus eingelegter Arbeit; zwischen den Steinen sind Fayenceplatten angebracht. — Im O. der Stadt, nicht weit vom Serai, liegt die grosse Moschee *Djâmi' el-Kebîr*. Schon die Façade präsentirt sich gut; über der Thür steht eine arabische Inschrift vom Jahre 677 d. Fl. (1279). Man kann frei hineingehen. wenn man die Schuhe auszieht. Der Hof ist mit Marmorplatten belegt. Um den Hof herum liegen Schulen, auf der W.-Seite eine Art Kanzel. Die eigentliche Moschee war ursprünglich eine dreischiffige christliche Kirche; erst die Muslimen haben im S. ein viertes Schiff angebaut und, um das Minaret zu errichten, die Apsiden verbaut. Das Mittelschiff der Kirche war höher als die Seitenschiffe. Ueber den drei viereckigen Pilastern und zwei Halbpilastern, welche das Mittelschiff begrenzen, wölben sich Spitzbogen-Arcaden. Die Säulen, welche dem Mittelschiff gegenüberstehen, bestehen aus einem Schaft mit Knauf; darüber steht noch eine Reihe Säulen mit schönen korinthischen Capitälen. Die Kirche wird von vergitterten Spitzbogenfensterchen erhellt.

SW. von dieser Moschee liegt ein schönes Karawanserai. *Chân ez-Zêt* (Oelchan). Von hier geht man SW. durch die *Hâret ez-Zêtûn*, woselbst eine Moschee mit schön behauenen Steinen liegt; durch diese Strasse ziehen die Karawanen von und nach Aegypten. Die Häuser der Vorstädte bestehen aus Lehm, die der inneren Stadt theilweise aus Steinen.

Im SW. der Stadt zeigt die Tradition den Ort, wo Simson die Thore der Philister weggenommen haben soll. Ueber Gräber westlich um die Stadt herumgehend, kommt man am Weli *Schêch Scha'bân* vorbei zu der ziemlich alten Moschee, in welcher *Hâschim*, der Grossvater Mohammed's, begraben ist. Sie ist in unserm Jahrh. restaurirt worden, doch theilweise aus altem Material. Von hier kehrt man über die Friedhöfe zu der Ostseite der Stadt zurück. Die Wege sind sandig und mit schönen Akazienbäumen und Cactushecken besetzt. Hinter dem Serai (O.) ist ein kleines Gebäude, in welchem sich das *Grab Simson's* (Samsûn) befinden soll. Wir fanden es geschlossen; es ist sicher modern.

SO. von Ghazza liegt, 15 Min. Reitens entfernt, der mit Gräbern bedeckte Hügel *Muntâr* (Muntâr war ein muslim. Heiliger; unter seinem Weli findet man Schatten). Die Aussicht ist lohnend: im S. sieht man jenseit des bebauten Landes die Sandwüste, im O. jenseit der Ebene die Höhenzüge Judaea's, gegen W. jenseit der breiten gelben Sanddünen das Meer; vor allem aber nimmt sich die Stadt, die wie aus einem grünen Kleide herausschaut, von hier oben gesehen, trefflich aus.

Der Weg von Ghazza nach Ismailia (circa 40 St.; bis el-'Arisch 13 St.) durch die Wüste *et-Tih* ist nicht lohnend und von Touristen nun beinahe ganz verlassen. Von Ghazza gelangt man in 1 St. 5 Min. nach *Tell el-'Adjûl*, beim *Wâdi Ghazza* (SO. eine gute Stunde entfernt hat man in den unbedeutenden Ruinen von *Umm Djerâr* das alte *Gerar* wiedergefunden), in 1 St. 15 Min. nach *Dêr el-Belûḥ*, das man mit dem aus den Kreuzzügen bekannten *Dârûn* zu identificiren versucht hat, von hier in 1 St. 37 Min. nach *Chân Yûnas* mit einer schönen Moschee aus der Zeit des Sultan Barkuk. Nur bei den Ortschaften sieht man etwas Grün. Dann erreicht man in 1 St. 17 Min. *Bir Refâ* (= *Raphia*), in 2 St. 15 Min. *Schêch Zuwêd*, in 2 St. 45 Min. *Chirbet el-Bordj*, in 2 St. 25 Min. die ersten Palmen von el-'Arisch und bald darauf das breite Thalbett von *el-'Arisch*, dem biblischen „Bach Aegyptens" (IV Mos. 4; Jes. 27, 12). In 20 Min. erreicht man die Festung und Quarantaine. El-'Arîsch steht auf dem Platze des alten *Rhinocolura*. Manche Säulenstücke sind noch vorhanden; im Innern des Hofes bei der Cisterne dient ein kleiner ägyptischer Tempel (Granitmonolith) jetzt als Trog. Auf zwei Seiten sind Hieroglyphen, die wohl noch Niemand abgeklatscht hat (?). — Die Stadt soll ursprünglich von einem äthiopisch-ägyptischen König als Verbannungsort gegründet worden sein; in den ersten Jahrh. unsrer Zeitrechnung war hier ein Bischofssitz *Laris*. Balduin I. König von Jerusalem starb hier 1118, er wurde einbalsamirt, seine Eingeweide hier begraben; noch zeigt man den *Hadjar Berdawil* (Stein Balduins). Napoleon eroberte el-'Arisch am 18. Febr. 1799 und kehrte am 2. Juni über el-'Arîsch nach Aegypten zurück. Am 24. Januar 1800 wurde der Vertrag von el-'Arîsch geschlossen, wonach die Franzosen Aegypten räumen mussten.

## 12. Von Ghazza nach Jerusalem über 'Askalân.

Von Ghazza nach Askalon (circa 3 St.). Von Ghazza nach N. auf demselben Wege zurück reitend, der S. 326 beschrieben ist, gelangt man in 1 St. an den Scheideweg und verfolgt nun die sandige Strasse l. dem Telegraphen nach. In 20 Min. hört der Olivenwald auf, bald wird r. in einiger Entfernung das Dorf *Bêt Hanûn* sichtbar, l. wüste Sandhügel; das Land ist gut angebaut. Nach 25 Min. überschreitet man das wasserreiche *Wâdi Sâfia*, darauf *Wâdi el-Djisr* (das untere *Wâdi Simsim*, s. S. 325), über welches eine alte Brücke führt; r. liegt das Dorf *Dêr Esnêd* (20 Min.). Nach 30 Min. sieht man r. das Dorf *Herbie*, nach 22 Min. *Bêt Djirdji*; nach 15 Min. erreicht man *Barbâra*, das von vielen Oelbäumen umgeben ist. In 35 Min. gelangt man, von der grossen Strasse hier l. abschwenkend, nach *Na'lia*, in 35 Min. nach **'Askalân.**

*Historisches.* Askalon war eine der fünf Hauptstädte der Philister. Hier wurde die Gottheit Derketo verehrt, der die Fische heilig waren; solche wurden daher eigens in Wasserbehältern gepflegt und nicht gegessen. An den Cultus der Derketo schloss sich der ihrer Tochter an, die unter dem Namen Semiramis verehrt wurde und der Aphrodite Urania entspricht. Dieser Cultus der auch Astarte genannten Göttin ist wohl aus dem Osten eingeführt, zugleich mit den der Göttin heiligen Tauben. Die Scythenschaaren, welche im Jahre 625 v. Ch. Asien bis zur ägyptischen Grenze durchzogen, plünderten auch den Tempel der Astarte zu Askalon. Die Stadt war schon im hohen Alterthum sehr fest; ihre Glanzperiode durchlebte sie aber erst unter den Römern. In Askalon war Herodes der Grosse geboren; obwohl die Stadt nicht ihm gehörte, liess er sie dennoch verschönern. Im Jahre 1815 verschaffte sich die überspannte Lady Esther Stanhope, Nichte Pitt's (S. 477), von den türk. Behörden einen Firman, um in den Ruinen von Askalon nach Schätzen suchen zu können; bei den

Ausgrabungen wurde die Colossalstatue eines römischen Kaisers gefunden; da die Sculpturarbeit aus der besten Zeit war, so lässt sich vermuthen, dass es eine Statue des Augustus war, die der knechtische Herodes dort hatte aufstellen lassen. Die Statue wurde zerschlagen, weil das aufgeregte Volk glaubte, es seien Schätze darin verborgen. Es wird berichtet, das Herodes in Askalon Bäder und Brunnen anlegte und sie mit Säulenhallen und prächtigen Gartenanlagen umgeben liess. Im Kriege gegen die Römer machten die Juden einen vergeblichen Versuch, sich der Stadt Askalon zu bemächtigen. Askalon war damals eine Art freier Republik unter römischem Protectorat; wie in Ghazza, so stritt auch hier das Heidenthum erbittert gegen das aufkommende Christenthum. Als die Kreuzfahrer heranrückten, war Askalon im Besitz der Fâtimiden von Aegypten. Die Eifersucht ihrer Führer hinderte die Franken, den glänzenden Sieg, welchen sie am 12. August 1099 unter den Mauern Askalon's erfochten, zur Einnahme der Festung zu benutzen. Die muslimische Besatzung von Askalon fuhr fort, die Kreuzfahrer zu beunruhigen; endlich gelang es den letzteren nach einer fünfmonatlichen Belagerung von der See- und Landseite, nachdem eine ägyptische Flotte schon ihre Schiffe vertrieben hatte, den Platz zur Capitulation zu zwingen. Noch einmal trug Balduin IV. im Jahre 1177 vor Askalon einen glänzenden Sieg über Saladin davon; aber nach der Schlacht von Ḥattîn musste sich Askalon dem Sieger ergeben. Vor Beginn des dritten Kreuzzugs liess Saladin Askalon theilweise schleifen; Richard Löwenherz suchte es zwar 1192 wieder aufzubauen, aber die Eifersucht der Fürsten hinderte ihn daran, und im Waffenstillstand mit den Muslimen wurde festgestellt, dass es zerstört bleiben sollte. Bibars liess die Festungswerke im Jahre 1270 gänzlich niederreissen. Seit dieser Zeit ist Askalon Ruine. Im Anfange dieses Jahrh. liess der übermächtige Djezzâr Pascha viele antike Bausteine und Säulen auf Schiffen von Askalon in seine Residenz 'Akka bringen, wo er sie zu seinen Bauten verwandte (s. S. 370).

Schon Wilhelm von Tyrus, der Historiker der Kreuzzüge, sagt ganz richtig, Askalon liege innerhalb eines Halbkreises von Wällen, dessen Durchmesser im W. das Meeresufer bilde, in einer Art Höhlung, die sich gegen das Meer hinsenke. Der Halbkreis mit den Mauern ist theilweise natürlich, theilweise auch künstlich. Er bietet eine interessante Aussicht auf die Ortslage der alten Stadt. In der SW.-Ecke ungefähr lag der kleine Hafen von Askalon; derselbe war jedoch schlecht und verdiente kaum den Namen. Zu den Hafendämmen war eine grosse Menge grauer Granitsäulen verwendet worden. Von den Bastionen, welche den Hafen schützten, sind noch einige Reste vorhanden. Gegen das Meer hin war ein Thor, dessen Platz die Einwohner des Dorfes *Djôra* (man nehme von dort einen Führer) noch kennen und *Bâb el-Bahr* (Meerthor) nennen. Die Westmauer setzt sich auf den niedrigen Klippen am Meere entlang fort; bisweilen sind grosse Stücke hinuntergestürzt, und man bewundert die Festigkeit des Cements, mit welchem die Steine verkittet sind. — In dem südl. Theil der Umfassungsmauer Askalons ist ebenfalls noch ein Thor, das Thor von Ghazza genannt, sichtbar, ausserdem Reste von Thürmen. Von Süden her ist viel Sand geweht worden. Am stärksten befestigt war der Ostwall; die Mauern sind mehr als 2m dick und sehr fest; bisweilen ragen Säulenfragmente, die eingemauert sind, hervor. Oben an dem von Sycomoren beschatteten *Weli Mohammed* sind die noch ziemlich wohl erhaltenen festen Thürme sichtbar, welche das

Hauptthor, das von Jerusalem, schützten, doch ist Alles mit Sand überdeckt. Der Ausgang nach der Strasse hin ist mit einer Dornhecke versperrt. — Die Nordseite der Wälle ist schwer zu begehen, da sie (sowie das Innere) mit Baumgärten überwachsen ist. Diese sind sehr üppig; man findet in denselben noch manche Säulenreste, auch Spuren von christlichen Kirchen, vor allem aber eine Menge Cisternen, die noch heute treffliches Wasser enthalten. „So viel Trümmer, schier so viel Fragezeichen" bemerkt Tobler. Die Baumgärten sind von stachligen Cactushecken oder Dorngebüschen umgeben; sie gehören zum Dorfe *Djōra* (300 Einwohner, die viele Antiken verkaufen), das östl. von dem alten Askalon liegt. Die Gegend ist reich an Sycomoren. Man findet Reben, Oliven und viele Sorten Fruchtbäume, besonders aber eine vortreffliche Art Zwiebeln mit massenhaften Blätterbüscheln. Diese wächst hier im Sande überall wild; im Alterthum schon galt sie als Leckerbissen und wurde von hier nach allen Gegenden ausgeführt; von den Römern, bei denen sie Ascalonia hiess, ist sie zu den Galliern und unter dem Namen échalotte, Schalotte auch zu uns gekommen.

*Von 'Askalân nach Yâfa* (7 St. 40 Min.). Wer von 'Askalân nach Esdûd reiten will, kann von Djōra aus oder vielmehr von der Hälfte Weges zwischen Djōra und Medjdel einen directeren Weg nach *Hamâme* einschlagen (NO., 50 Min.), von Hamâme nach Esdûd 45 Min.; von Medjdel nach Esdûd reitet man in 1 St. 20 Min.

*Historisches.* **Esdûd**, das alte *Asdod* (griechisch *Azotos*), scheint die wichtigste Rolle in der philistäischen Pentapolis gespielt zu haben. Die Bundeslade, welche den Israeliten abgenommen worden war, wurde zuerst hieher gebracht und im Tempel des Gottes Dagon aufgestellt (1 Sam. 5). Die Israeliten konnten den Ort bis auf die Zeit des Königs Usia (II Chron. 26, 6) nicht einnehmen. Tartan, der Feldherr des Königs Sargon von Assyrien, belagerte und eroberte sie (circa 715), Psammetich nahm sie 100 Jahre später den Assyrern nach langer Belagerung wieder ab. Die Maccabäer eroberten Asdod. Der Apostel Philippus predigte hier das Evangelium (Apostelg. 8, 40); später sind Bischöfe von Azotos bekannt. Die Stadt hatte am Meere (1 St.) einen Hafenort, der heute gänzlich zerstört ist. Nicht viel besser ist es dem alten Asdod selber gegangen. Das heutige Dorf steht am Abhang eines Hügels, der von einer noch höheren Bodenerhebung überragt wird, auf der wohl die Acropolis stand. Im Eingang des Dorfes (S.) liegt die Ruine eines grossen mittelalterlichen Chân mit Gallerien, Höfen u. s. w. Auch an den Häusern und Moscheen sind antike Baureste und Säulenfragmente sichtbar. Die Umgebung ist grün und reich an Baumgärten.

Von Esdûd nach Ramle führt der Weg N. nach Yebna; nach 5 Min. überschreitet man das *Wâdi Esdûd;* von hier gelangt man in 2 St. 30 Min. nach *Yebna;* bei der Hälfte des Weges trifft man den zerfallenen Chân *Sûk cheir.*

*Historisches.* Yebna ist das alte *Jabne*, auch *Jabneel*, und von der gleichnamigen Hafenstadt zu unterscheiden, deren Trümmer 1 St. NW. am Ausfluss des *Nahr Rûbîn* liegen. Sie heisst griechisch *Jamnia.* Erst die Maccabäer eroberten sie dauernd, damals muss sie eine bedeutende und volkreiche Stadt gewesen sein. Als Hafenstadt war sie bedeutender als Joppe. Schon vor der Zerstörung Jerusalems wurde Jamnia Sitz des jüdischen Hohen Rathes (Synedrium), auch blühte dort eine berühmte rabbinische Schule und die Stadt war der geistige Mittelpunkt der Empörung gegen Trajan 117 n. Chr. Zur Kreuzfahrerzeit glaubte man, dass die alte Philisterstadt *Gath* hier gelegen habe, die noch nirgends sicher hat nachgewiesen werden können. Das antike *Ekron*, jetzt *'Akir*, das fast gar keine Spuren von Alterthümern mehr enthält, liegt von hier eine gute Stunde ostwärts. Die Kreuzfahrer bauten in Yebna, ihrem *Ibelin*, ein grosses Festungswerk, um die feindlichen Angriffe der Besatzung von Askalon abzuwehren. Diese Festung lag auf dem Hügel, ist aber heute nicht mehr zu erkennen. — Das heutige Dorf ist von ziemlicher Grösse.

Die Entfernung von Yebna nach Yâfa (N.) beträgt 3½ St., von Yebna nach Ramle (NO.) 2¼ St.

Von 'Askalân nach Jerusalem (15 St. 35 Min.). Vom Dorfe Djôra (S. 331) führt ein Weg über die Ebene direct nach Medjdel. Man sieht ein grosses Gebäude, *Weli 'Awad*, vor sich. Nach 35 Min. erreicht man die zu Medjdel gehörigen Olivengärten; auch hier wachsen wie in Askalon einzelne Palmen, und man sieht viele Schöpfräder in Thätigkeit. Nach 10 Min. kommt man in das Dorf *Medjdel*, das 1500 Einwohner haben soll; ein Christ, der Goldschmied ist, treibt Handel mit Antiken. Die Moschee ist theilweise aus altem Material erbaut, das Minaret elegant. Wir fanden die Strassen schmutzig, die Häuser aber wohlgebaut. Wasser ist im Ueberfluss vorhanden. Im N. des Städtchens ist ein guter Platz zum Aufschlagen der Zelte. Im Buche Josua 15, 37 ist von einem *Migdal Gad* die Rede, das vielleicht hier zu suchen ist.

Beim Hinausreiten aus Medjdel (nach N.) verlässt man nach 7 Min. die grosse Strasse und wendet sich gegen O. Nach 10 Min. kommt man ans Ende des Olivenwaldes und kreuzt bald darauf den Lauf des Telegraphen (SO.) r.; in weiter Entfernung liegt das Dorf *Bêt Tîma* im Felde. Nach 40 Min. kreuzt man das Bachbett von *Wâdi Makkûs*; 10 Min. weiter lässt man das Dorf *Djôlis* r. (S.) liegen. Es gibt in dieser Gegend ausserordentlich viele Fliegen und Hornissen: sie mahnen an den Dienst des Fliegengottes (S. 326), der im Alterthume hier zu Hause war. Aus der Ebene schauen kleine rundliche Hügel hervor. Nach 55 Min. erreicht man das Dorf *es-Sawâfîr* und nach 5 Min. ein anderes Dorf gleichen Namens. Einige Säulenfragmente sind auch hier, wie beinahe in jedem Dorfe, zerstreut; vielleicht entspricht eines dieser Sawâfîr, zu welchen noch ein drittes mehr nördlich kommt, dem Micha 1, 11 genannten *Schaphir*. Stets durch die Kornfelder nach O. reitend, gelangt man in 30 Min. zu dem wasserreichen Bachbett des *Wâdi eṣ-Ṣâfiye*. Bald erscheint der **Tell eṣ-Ṣâfiye** in der Ferne als weissglänzender Streif. Nach 1 St. trifft man ein Bachbett und nach 45 Min. erreicht man wieder das Wâdi eṣ-Ṣâfiye, das man jedoch nicht überschreitet. In 20 Min. gelangt man an den Fuss des Hügels und kann sich daselbst im Schatten schöner Bäume lagern. Die Ebene ist nach einem Regen stets morastig.

*Historisches.* Tell eṣ-Ṣâfiye ist von den Einen mit dem antiken *Mizpa* des Stammes Juda (Josua 15, 38), von Andern mit *Libna* (Josua 10, 29) zusammengestellt worden; die letztere Annahme hat nicht viel Wahrscheinlichkeit. Der König Fulco von Anjou erbaute im Jahre 1138 hier eine Burg, welche den Festungsgürtel gegen Askalon schliessen sollte. Diese hiess *Blanca guarda*, lateinisch *Specula alba*, weil der hellglänzende Felsen aus Kreidekalk von weitem in die Augen fällt. Im Jahre 1191 wurde die Burg von Saladin erobert und zerstört. Richard Löwenherz machte kühne Streifzüge bis hieher.

Von den mittelalterlichen Bauten ist so gut wie nichts mehr erhalten. Wenn man den Hügel von W. aus ersteigt, so bemerkt man eine Höhle (wohl ein alter Steinbruch), dann folgt das elende moderne Dorf, weiter ein Heiligengrab aus altem Material; in 10 Min. erreicht man die Höhe. Nur noch einige Fundamente aus schön behauenen Steinen fallen ins Auge. Die Aussicht umfasst im W. die grüne Ebene zwischen Ghazza und Ramle bis zu den Dünen und das Meer, im O. die ansteigenden Berge Juda's. Man erblickt eine Unzahl von Dörfern.

Von Tell eṣ-Ṣâfiye nach O. reitend gelangt man in 1 St. nach *'Adjûr*. Man tritt hier wieder in das Gebiet jener Felsenhöhlen, wie wir sie bei Bêt Djibrîn (S. 324) kennen gelernt haben. Es gibt deren in *Dêr el-Buṭûm*, 20 Min. SO. von Tell eṣ-Ṣâfiye, und in *Dêr Dubbân*, 15 Min. weiter. Ueberall sind Spuren vorhanden, dass die Gegend, wenn sie auch heute noch grün und fruchtbar ist, im Alterthum doch viel stärker bewohnt und bebaut war. Die Felshöhlen von Dêr Dubbân liegen an der O.-Seite eines Hügels, den man ersteigt, bevor man zum Dorfe kommt. Schöne alte Cisternen sind in Menge auf diesen Hügeln vorhanden. Die Hauptgruppe von Felshöhlen besteht aus ungefähr einem Dutzend, von denen einige eingestürzt sind. Sie enthalten dieselben Nischenverzierungen wie die Höhlen von Bêt Djibrîn; in einigen Höhlen spitzt sich die Wölbung in verschiedenen Absätzen zu. Bisweilen glaubt man eine Apsis oder ähnliches zu erkennen. Einige Höhlen tragen Inschriften in altarabischen Characteren; eine derselben enthält die Worte allâhu akbar, Gott ist gross, andere bloss Personennamen. Auch einige Kreuze sind im Innern der Höhlen eingemeisselt. Aehnliche Höhlen finden sich in *Chirbet Dakar*, $1/2$ St. W. von Dêr Dubbân.

Von Dêr Dubbân gelangt man durch ein grünes Thal in 15 Min. nach dem kleinen Dorfe *Ra'nâ*, von Ra'nâ in 25 Min. nach **Dhikrîn**. Jenseit des Thälchens von Dhikrîn ist ein felsiges Terrain N. vom heutigen Dorf; in den Felsen sind eine grosse Zahl sehr schöner Cisternen eingehauen, die treffliches Wasser enthalten. W. und bes. NW. vom Dorf sind Felshöhlen (*'ôrdk*). Einige Geographen haben, die Nachrichten des Eusebius interpretirend, die den Grenzen Israels nächst gelegene Philisterstadt *Gath* (woher Goliath stammte) hier zu finden geglaubt, aber es lässt sich wohl nichts mit Sicherheit erweisen.

Von Bêt Djibrîn gibt es einen Weg über Dhikrîn nach Tell eṣ-Ṣâfiye; nach ersterem 1 St. 25 Min., nach letzterem 1 St. 5 Min. Von Ra'nâ nach 'Adjûr 1 St. 15 Min.

Das Dorf *'Adjûr* lässt man r. oben auf dem mit Obstbäumen bedeckten Berge liegen; bald darauf hat man eine schöne Aussicht auf das grosse *Wâdi es-Sumṭ* gegen O.; die Berge sind mit Eichsträuchen bewaldet (Wâdi es-Sumṭ ist wahrscheinlich das *Terebinthenthal* in I Sam. 17; vgl. S. 290). Nach 15 Min. sieht man l. (N.) *Zakârîye*; auch auf diesem Hügel hat man die Philisterstadt Gath gesucht. Wo man in das Thal hinuntersteigt, macht dasselbe eine Biegung nach N., dann nach NO. Der breite Thalboden ist grün, mit Weizen bebaut; die sanften Abhänge der Hügel, die gegen O.

höher werden, bewaldet. Nach 1 St. hat man ein Thälchen und einen Brunnen *Bîr es-Sûfsûf* r.; dann liegen r. oben unter Oelbäumen Ruinen eines vor kurzer Zeit zerstörten Dorfes, l. oben zeigt sich *Bêt Nettîf.* Man reitet nun entweder unten um den Vorsprung, auf welchem dieses Dorf liegt, herum oder setzt nach 12 Min. über das Bachbett (das Gepäck kann unten bleiben) und steigt in $^1/_2$ St. nach dem Dorfe hinauf. Der Abhang ist sehr schön grün, einzelne grosse Eichbäume fallen auf. Das Dorf enthält gegen 1000 Einwohner; es ist ein Chân vorhanden, dessen Thüre Spuren von Alterthum zeigt. Ob man das Dorf mit dem alten *Netopha* (Esra 2, 22 u. a.) zusammenstellen darf, ist mehr als zweifelhaft. Die Hauptsache bleibt die umfassende Aussicht, welche man von oben geniesst. Unterhalb des Dorfes trifft das *Wâdi es-Sûr*, von S. kommend, mit dem *Wâdi el-Mesarr*, das von NO. kommt, zusammen. Im S. liegt *Dahr el-Djuwê'id* und etwas gegen W. die grosse Ruinenstätte *Schuwêke* mit alten Höhlen und vielen Resten von Gebäuden aus späterer Zeit, entsprechend dem antiken *Socho* (Jos. 15, 35; I Sam. 17, 1 ff.); weiter *Tibne* = *Timna* (Richter 14, 5) und *'Ain Schems* = *Beth schemesch* (I Sam. 6; I Kön. 4, 9). Im W. liegt *Dêr 'Asfûr;* im NW. *Chirbet esch-Schmêli*, im N. *Zanû'a*, etwas gegen O. das kleine Dorf *Chirbet Djerasch*, im O. *Nidhyad* und in der Ferne *Bêt 'Atab*, sämmtlich auf einem schönen grünen Hügelland.

Von Bêt Nettîf aus steigt man in 25 Min. zum Ausgang des Wâdi el-Mesarr hinunter; nach 15 Min. trifft man die Ruine eines Châns. Statt das Wâdi el-Mesarr weiter zu verfolgen, biegt man l. in ein kleines Seitenthal *Wâdi el-Lehâm* ab. Die Fülle von Bäumen, Sträuchern und Blumen im Frühjahr ist herrlich, der kleine Pfad ist ganz überwachsen. Nach 1 St. erreicht man den Kamm des Gebirges; das Meer wird sichtbar; im W. erblickt man die grosse Ebene, im S. den Lauf eines Thales, das man uns *Wâdi es-Senê'* nannte; es läuft wie das noch südlicher gelegene Wâdi el-Mesarr gegen Bêt Nettîf hinunter. Nach 20 Min. findet man eine Ruine *Chirbet el-Chân*; jenseit des *Wâdi et-Tannûr* l. liegt der Ort *Bêt 'Atab*, im NO. zeigt sich *'Allâr el-fôka*. Man hält sich nun stets auf dem Gebirgsrücken und geniesst die herrlichste Aussicht auf das Gebirgsland, theilweise auch auf die Ebene W.; doch nimmt die Bewaldung ab: allmählich kommt man in eine Steinwüste. Nach 1 St. 10 Min. gelangt man auf eine Wasserscheide; nach $^1/_2$ St. beginnt der Abstieg ins Thal: man geht l. (W.) am Dorfe *el-Abu* vorbei; hier ist eine gute Quelle. Am r. Ufer des Thälchens hinabsteigend, erreicht man in 55 Min. die Tiefe und lenkt r. in das grosse Hauptthal *Wâdi Bittîr* ein. Man folgt dem steinigen Bachbett aufwärts; l. und r. sind Spuren von alter Terrassencultur: statt in dem steinigen Bachbette reitet man besser auf der untersten Terrasse. Nach 25 Min. sieht man bei einer Thalbiegung das Dorf **Bittîr** vor sich; in 10 Min. erreicht man dasselbe.

Es ist möglich, dass der Ort Bittîr dem *Bethar* von Josua 15, 59 der Septuaginta entspricht. Wahrscheinlich ist Bittîr das Bether oder Bethar, welches im Aufruhr des Bar Kochba gegen die Römer eine grosse Rolle spielte, und welches die Römer erst nach $3^1/_2$jähr. Belagerung (i. J. 136) erobern konnten, was freilich von Josephus wohl eben so übertrieben geschildert wird, als die talmudische Angabe, dass das Blut der getödteten Juden von hier bis in das Meer hinabfloss, unglaublich erscheint. Das heutige Bittîr wird von Muslimen bewohnt und liegt auf einer Terrasse mitten im Grünen zwischen dem Wâdi Bittîr und einem kleineren Thal; es hat viel und gutes Quellwasser. Von dem Brunnen aus nach W., dann nach NW. sich wendend, ersteigt man auf einem sehr steilen und steinigen Pfade in $^1/_4$ St. eine zweite Terrasse; Spuren von Mauerumfassung zeigen, dass hier eine Burg gestanden hat; die spärlichen Ruinen sind jedoch heute überwachsen. Der Ort heisst *Chirbet el-Yehûd*, Judenruine. Auf der Ostseite befinden sich einige Felsenkammern und alte Cisternen, zwischen denselben sind merkwürdige Nischen im Felsen.

*Von Bittîr nach Bethlehem* ($1^3/_4$ St.). Von Bittîr führt ein Weg direct nach Bêt Djâla und Bethlehem hinüber, das Wâdi Bittîr hinauf. Nach 30 Min. gelangt man zu *Kal'at Sabâh el-Chêr*, wo in einem Felsblock eine Höhle, wahrscheinlich eine Einsiedlerwohnung, eingehauen ist. Nach 20 Min. beginnt man vom Grunde des Wâdi Bittîr aufzusteigen; nach 8 Min. kommt man zu einer Quelle *'Ain Handesch*; nach 15 Min. sieht man r. einen Weg nach el-Chidr (S. 290) liegen; nach 6 Min. erreicht man Bêt Djâla (S. 264) und von hier Bethlehem in 25 Min.

Von Bittîr nach Jerusalem. Von Bittîr aufwärts steigend lässt man das Wâdi Bittîr r. und gelangt in das *Wâdi el-Werd*, das Rosenthal. Nach 20 Min. liegt l. das Dorf *el-Weledje* mit seinen prächtigen Wein- und Gemüse-Gärten (von hier nach 'Ain Kârim 1 St., s. S. 290), nach 15 Min. kommt man zu der wasserreichen Quelle *'Ain el-Hanîye*, die aus einer apsisähnlichen Mauerwand hervorsprudelt; zu beiden Seiten stehen korinthische Säulen. Hinten ist ein kleines nun vermauertes Bogenfenster. Das Gebäude ist verfallen, aber Ueberreste von Säulen und Bausteine liegen umher. Die Tradition, welche in 'Ain el-Haniye den Brunnen sieht, bei welchem Philippus den Kämmerer aus Mohrenland taufte, tritt erst im Jahre 1483 auf; in früheren Jahrhunderten verlegte man den Schauplatz dieser Erzählung in die Nähe von Hebron (S. 291). Nun geht der Weg r. am Thalbett hinauf; nach 10 Min. liegt r. eine Höhle mit eingemeisseltem Kreuz, nach 5 Min. überschreitet man das Bachbett; die Terrassenspuren hören auf. Nach 10 Min. geht r. das *Wâdi Ahmed* (S. 262) in die Höhe. Nach 5 Min. kommt man zum Dorf *'Ain Yâlo*, das einem alten *Ajalon* (nicht dem berühmten, S. 146) entspricht; bei der Quelle finden sich einige Reste von Marmorsäulen. Zwischen den Oelbäumen im Thal zeigen sich Spuren einer alten Strasse; nach 10 Min. wird r. oben zwischen den Klippen das kleine Dorf *esch-Scherâfât* (S. 251), bald darauf auch l. das grössere Dorf *Mâliha* sichtbar; die Einwohner dieser beiden Dörfer müssen von 'Ain Yâlo Wasser holen. Darauf zeigt sich r.

nach 15 Min. das Dorf *es-Sufâfâ* und das Kloster *Mar Elyâs* (S. 252). Wenn man zurücksieht, so überblickt man eine grosse Strecke des Rosenthals (s. oben). Nach 30 Min. erreicht man das *Kreuzkloster* (*Dêr el-Musallabe*, S. 287); dann kommt man zu einer Windmühle l. Bald wird der Russenbau und die Stadt Jerusalem sichtbar; nach 20 Min. steht man am Yâfathor (s. S. 149).

## 13. Von Jerusalem nach 'Anata, Michmâsch, Dêr Diwân und Bêtîn.

5 St. Vom Damascusthor geht man r. den Stadtmauern nach; an der NO.-Ecke führt ein Weg l. in 12 Min. ins Thal hinab. Beim Aufsteigen nach dem *Scopus* (S. 231) sieht man l. vom Wege Steinbrüche, die mit Thüröffnungen versehen sind, wie Grabhöhlen. In 8 Min. ersteigt man die Höhe des Bergrückens; rechts geht ein Weg nach dem Dorf *el-'Isâwîye* ab; dieses Dorf ist vermuthungsweise mit dem alten *Nob* (Jes. 10, 32) identificirt worden. Von hier steigt man in den grünen Thalgrund von *Wâdi Sulêm* hinunter, jenseits wieder hinauf zum (28 Min.) Dorf **'Anata.**

*Historisches.* 'Anata entspricht dem antiken *Anatôt*, das im Gebiet des Stammes Benjamin lag und Priesterstadt war. Die Tradition verlegt Anatôt zwar nach Abu Gôsch (S. 144), aber der wirkliche Geburtsort des Propheten Jeremia (11), in welchem er freilich keinen Glauben fand (11, 21 ff.), ist hier zu suchen. Von der hier vor Augen liegenden Gegend ist Jes. 10, 28 bei der Beschreibung des Heranzugs der Assyrer unter Sanherib die Rede. Das Dorf wurde nach dem Exil wieder bevölkert (Esra 2, 23).

'Anata scheint im Alterthum befestigt gewesen zu sein; Stücke von Säulen sind in die Hütten des heutigen Dorfes (20 Familien) eingemauert. Die Aussicht von dem Gipfel des breiten Bergrückens, auf dem das Dorf liegt, umfasst gegen O. die Gebirge des alten Benjamins, die sich gegen das Jordanthal senken; auch ein Stück vom Todten Meere ist sichtbar. Gegen W. und N. liegen eine Anzahl Dörfer auf den Hügeln, so Tuleil el-Fûl (S. 339) u. a.

Auf steilem Wege steigt man gegen N. ins *Wâdi Selâm* hinunter (10 Min.), kreuzt das Thal und steigt direct nach *el-Hizme* in die Höhe (20 Min.). Auch hier wieder ist die Aussicht umfassend; W. vom Dorf sind viele Cisternen und Höhlen. In 10 Min. steigt man nun wieder N. hinunter in das *Wâdi Fâra*, das schön grün ist und herrliche Quellen besitzt. Den nächsten Rücken ersteigt man in 25 Min. und findet hier das Dorf **Djeb'a**, das wir verlassen trafen. Die Aussicht ist ebenfalls umfassend, besonders nach N., wo die Dörfer Burka, Dêr Diwân, Tayyibe liegen; im NO. ist Rammûn sichtbar. Das Heiligthum in Djeb'a heisst *Nebi Ya'kûb* (Prophet Jakob).

*Historisches.* Djeb'a ist das antike *Geb'a*, eine Levitenstadt im Stamme Benjamin, in der Nähe von Gibe'a Benjamin (I Sam. 13, 2), aber mit diesem nicht zu verwechseln. Dieses hat Robinson als identisch mit Tuleil el-Fûl (S. 339) nachgewiesen. Nun aber findet sich auch ein Gibe'a Saul's als Geburtsstadt oder wenigstens als Wohnort dieses Mannes erwähnt (I Sam. 15, 34). Als Saul gegangen war, die Eselinnen zu suchen, und von Samuel, der in Râma (dem heutigen Râm?) wohnte, zum König gesalbt worden war, ging er bis „Gibe'a Gottes" (I Sam. 10), woselbst Propheten sich aufhielten, wo aber auch Verwandte Saul's wohnten. Es scheint also, als ob das Gibe'a Gottes mit dem Gibe'a Saul's identificirt werden dürfte. Die Denk- oder Siegessäule der Philister, wie I Sam. 10, 5 zu übersetzen ist, stand in Gibe'a Gottes, dasselbe wird von Geb'a berichtet (I Sam. 13, 3); man kann sich wohl denken, dass Jonathan von Gibe'a Benjamin dorthin zog, um diese Säule zu zerstören. Die Oertlichkeit von Djeb'a veranschaulicht allerdings, da sie den Pass von Michmâsch beherrscht, die Heldenthat Jonathan's (I Sam. 14); aber Vers 16 versetzt uns plötzlich wieder nach Gibe'a Benjamin, dem die flüchtigen Philister doch kaum werden zugelaufen sein, wenn sie einen andern Ausweg hatten. Es scheint beinah, dass schon früh Verwechselungen zwischen Geb'a und Gibe'a vorgekommen sind. Im Ganzen dürften wir, gestützt auf Stellen wie Jes. 10, 29, annehmen, dass Geb'a von Gibe'a Saul's und Benjamin's zu trennen sei. „Geb'a bis Berseba" bezeichnet II Kön. 23, 8 die Ausdehnung der Grenzen des Reiches Juda.

Von Djeb'a steigt man nun l. hinunter in das *Wâdi Suweinît* (35 Min.); auch von N. mündet hier ein Thal ein. Die Wände des Wâdi Suweinît sind in der That steil, wie sie I Sam. 14, 13 beschrieben sind; hier war der alte *Engpass von Michmas*. Das Dorf *Michmâsch* liegt 1/4 St. NO. auf einer Anhöhe; es ist heute beinahe verlassen und enthält keine Merkwürdigkeiten ausser einer rundgewölbten Höhle mit Columbarien, wie in Bêt Djibrîn (S. 324).

Wer von hier nach Jerusalem zurückkehren will, kann wieder auf das Plateau von Djeb'a südostwärts hinaufsteigen. Man hat hier oben einen prächtigen Blick auf das Jordanthal und das N.-Ende des Todten Meeres.

Man kann auch den Rückweg über das *Wâdi Fâra* nehmen. Von Michmâsch bis auf die Höhe in 25 Min. Die Gegend ist wüst. Nach 30 Min. erreicht man SO. eine Ruine Namens *Châli el-Hai*, dabei Grabhöhlen. L. ist ein grosses Amphitheater von Bergen. Bald sieht man in das *Wâdi Fâra* hinunter; nach 20 Min. beginnt man in dasselbe hinabzusteigen. Man braucht 25 Min. um zu einem Punkte des Thales zu gelangen, wo oberhalb des schönen Baches eine Höhle ist. Die Vegetation ist hier noch im Sommer frisch und herrlich. Der Weg das Thal hinauf geht durch Gebüsch und über Steinplatten; der Bach läuft an einigen Stellen unter dem Boden durch. Nach 20 Min. biegt man vom Thal l. hinauf nach S. ab; auf der Höhe angelangt (30 Min.) hat man eine herrliche Aussicht über die Bergsenkung zum Todten Meer, Oelberg u. s. w. Nach 35 Min. lässt man eine Ruine *'Almît* r. liegen, passirt ein kleines Thal und gelangt nach 20 Min. zur O.-Seite des Dorfes 'Anata (s. S. 336).

Von Michmâsch ersteigt man N. die Hochebene an der östlichen Seite eines schmalen aber tiefen Thales, das in das Wâdi Suweinît läuft. Wo man das Thal erblickt, befinden sich an der westlichen Felswand einige Felsengräber; darüber liegen die Ruinen von *Makrûn* (= *Migron*, Jes. 10, 28). Allmählich kommt man dem Thalgrund näher. Nach 35 Min. liegt WNW. das Dorf *Burka* gegenüber, weiter nach N. das Dorf *Kudêra*. Nach 15 Min. zeigen sich in dem flacher gewordenen Thal Gräber und Steinbrüche: 15 Min. weiter erreicht man das grosse Dorf **Dêr Diwân**. Dasselbe liegt von Bergen eingeschlossen, doch hoch; im N. läuft das tiefe *Wâdi Matyâ* zum Jordan hinab. Oliven- und Feigenbäume bedecken die Abhänge um das Dorf.

Auch von Jericho (S. 273) führt ein Weg nach Dêr Diwân hinauf; die Escorte schlägt ihn zwar nur ungern ein. Man geht um den Südabhang des Karantel herum, steigt dann in die Höhe und erreicht in 2 1/2 St. *Bir el-*

*Chazne* im *Wâdi Hârit;* von hier in 1 St. die Dorfruine *Abu Seba* und in 30 Min. *Dêr Diwân.*

In der Nähe von Dêr Diwân ist die Stadt *'Ai* zu suchen. Van de Velde findet dieselbe in *Tell el-Ḥadjar* (die „Steinhügel"), einer sonst unbedeutenden Ruine 20 Min. NW. von Dêr Diwân. Robinson und Guérin vermuthen, dass diese Stadt südl. von Dêr Diwân in den heutigen Gärten dieses Dorfes bei Kudêra lag. Auf einer weiten Plattform, die in der Mitte zwischen zwei Thälchen (O. und W.) liegt, finden sich vier in den Felsen gehauene Wasserreservoirs; das grösste (N.) derselben ist 33m lang, 9,7m breit; sie sind theilweise trefflich gemauert, und Stufen führen hinunter. In der Nähe liegen Felsenhöhlen, theilweise offen, mit Auflegegräbern im Innern (S. 122). Die Gartenmauern sind zum Theil mit altem *Material* gebaut und in den Gärten findet sich eine grosse Anzahl alter Cisternen; allerorts liegen Mosaikwürfel umher.

*Historisches.* 'Ai wird I Mos. 12, 8 genannt als östlich von Bethel gelegen; Abraham zeltete zwischen diesen beiden Orten. Später war 'Ai kana'anitische Königsstadt. Josua (Cap. 7 ff.) schickte von Jericho aus eine Abtheilung von 3000 Mann, um 'Ai zu erobern; diese wurden geschlagen. Josua eroberte die Stadt, indem er deren Vertheidigern einen Hinterhalt legte; den König liess er hängen, die Stadt zerstören. Die Stadt wird dennoch später wieder genannt; Jes. 10, 28 nennt sie 'Ajja; nach dem Exil wohnten wieder Benjaminiten daselbst.

Von Dêr Diwân erreicht man in 20 Min. durch einen Hohlweg den Gipfel von Tell 'el-Ḥadjar; dann reitet man auf der schönen Hochebene weiter. Von hier aus sieht man im NO. den Hügel *Rimmon*, heute *Rammûn;* hier fanden die Reste des Stammes Benjamin nach der Niederlage bei Gibe'a Zuflucht (Richter 20, 45 ff.). Hierauf zeigen sich die Ruinen von *Burdj Bêtîn* am Wege; man erblickt jenseit eines fruchtbaren Thales das Dorf **Bêtîn** und erreicht dasselbe in 20 Min.

*Historisches.* Bêtîn ist identisch mit dem alten *Bethel.* Ursprünglich hiess der Ort *Lus* und war Sitz eines kana'anitischen Königs (Josua 12, 16; Richter 1, 23, 26). Der Name wurde aber wohl dadurch, dass ein „Gotteshaus" (dies ist die Bedeutung des Namens) dort errichtet wurde, verdrängt; die Heiligkeit der Stätte wurde in die Zeit der Patriarchen zurückverlegt (I Mos. 13, 3). Josua theilte die Stadt dem Stamm Benjamin als Grenzstadt gegen Ephraim zu (Jos. 18, 13. 22); aber die Ephraimiten besassen sie nie ganz (Richter 1, 22 ff.). In Bethel war während der Richterzeit eine „bâmâ" (Altar) Jahve's; die Stiftshütte stand eine Zeit lang hier (Richter 20, 26 ff.). Samuel hielt in Bethel von Zeit zu Zeit Gericht (1 Sam. 7, 16). Bethel fiel dem nördlichen Reiche zu und wurde Sitz des von Jerobeam eingeführten Bilderdienstes (I Kön. 12, 32) und der damit verbundenen Festlichkeiten; Abia eroberte Bethel vorübergehend für Juda zurück (II Chron. 13, 19); Josia von Juda zerstörte den Götzenaltar ausserhalb seines Reiches (II Chron. 34, 6), auch im Gebiet von Ephraim. Nach dem Exil wurde Bethel wieder von Benjaminiten bewohnt und zur Zeit der Maccabaeer von dem Syrer Bacchides befestigt. Vespasian nahm es ein.

Bêtîn liegt auf einem Hügel und besteht aus einer Reihe elender Hütten mit circa 400 Einwohnern. Unter den Steinen, aus welchen die Häuser gebaut sind, bemerkt man antikes Material. Im NW. auf dem höchsten Punkte des Dorfs liegen die Ruinen eines Thurmes, dessen Grundmauern alt sind; etwas unterhalb

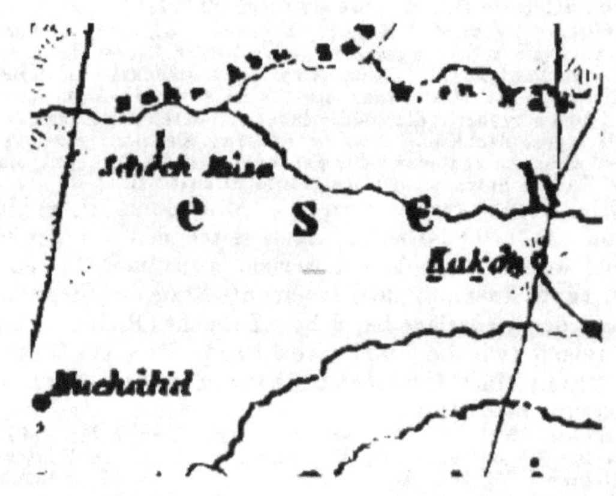
Schech Musa

Nâsira
Dj. et Tûr
Umm el-Ghanim
el-Mesra'a
Tamra
Kefra
el-Afûle
Zer'în
Mukêbele
Arrabûne
Tell Besân
Besân
Djenîn
Dj. Abu
Kabâṭie
Tell Fâr'a
Zebâbde
Djedîde
Tûbâs
Burdj Fâr'a
Tammûn
Berdela
Tûbâs
Tulluze
Nâbulus
Beṭ Dedjân
Thala
Ramâh
Schûne
Kerâwa
Kurn Sarṭabe
'Akrabe
Zâmin
Phasaëlis
Fasaïl
Teyâsîr
Chirbet Mâliḥ
Yerza
Muktafa
Suêda
es-Samra
el-Bîre
Kefra
Tell Ûmm
T. Hamra
Mâliḥ

finden sich Reste einer Kirche und im Thale W. ein schönes Wasserreservoir, in dessen Mitte die Quelle vermittelst eines runden Bassins gefasst ist; der Teich ist 96m lang (NW.—SO.) und 66m breit, die Mauern sind massiv. Die Aussicht von Bêtîn auf das grüne Thal im O. ist hübsch. (Von Bêtîn nach Nâbulus s. S. 341.)

## 14. Von Jerusalem nach Nâbulus.

11½ St.; ohne Zelt übernachtet man am besten in Bîre, wo eine Art Locanda, oder im latein. Kloster in Râmallah.

Man reitet zum Damascusthor hinaus; jenseit der sogenannten Gräber der Könige (7 Min.) steigt man in das obere Kidronthal hinunter. Auf dem *Scopushügel* (20 Min.) hat man den bekannten Ueberblick über Jerusalem (S. 231). Der grosse Karawanenweg setzt sich auf der Hochebene in direct nördlicher Richtung fort. Nach 20 Min. hat man das Dorf *Schafât* l. (5 Min.). Nach den alten Materialien, woraus es gebaut ist, ist auf eine antike Ortslage zu schliessen; aber Mizpa, womit man es hat zusammenbringen wollen, scheint eher bei Nebi Samwîl (S. 148) gelegen zu haben. Auch Ueberreste einer Kirche und ein kleines in den Felsen gehauenes Wasserreservoir finden sich in Schafât. Rechter Hand liegt der Hügel *Tuleil el-Fûl* etwa 7 Min. von der Strasse ab. Die Ruinen oben sind unbedeutend, die Aussicht aber umfassend. Robinson identificirt diese Ortslage mit dem alten *Gibe'a Benjamin*, wo die schreckliche Unthat begangen wurde, die dem Stamme Benjamin verderblich wurde (Richter 19 u. 20). Nach S. 337 würde Gibe'a Benjamin auch mit Gibe'a Saul's identisch sein und demnach hier die von David gestattete Ermordung der Nachkommen Saul's stattgefunden haben. W. (l.) sieht man die Dörfer *Bêt Iksa* (S. 145), *Bêt Hanîna*, *Bîr Nebâla* (S. 148). Nach 25 Min. sieht man antike Grundmauern. In 32 Min. gelangt man zu dem verfallenen Chân *el-Charâib*, am W.-Fusse des Hügels, auf welchem das Dorf *er-Râm* liegt; der Hügel kann in 12—15 Min. erstiegen werden. Er-Râm entspricht dem alten *Rama Benjamin*. Nach 1 Kön. 15, 17 war es eine Art Grenzfeste zwischen dem nördlichen und südlichen Reich; es war auch nach dem Exil wieder bewohnt. Heute leben dort nur etwa 15 Familien. Die Aussicht ist sehr umfassend: SW. Bêt Hanîna, S. Tuleil el-Fûl, 'Anata, NO. Burka, Dêr Diwân, Ṭayyibe, Rammûn. Von er-Râm kann man den Hügelrücken gegen O. verfolgen und in 35 Min. das Dorf Djeb'a erreichen (S. 336).

Von Chân el-Charâib weiter ziehend sieht man l. (W.) das Dorf *Kalandia*, dann *Chirbet el-'Atâra* (50 Min.), eine Dorfruine mit zwei alten Teichen, die dem alten *Ataroth Addar* (Jos. 16, 5) entspricht. [Von hier führt ein Weg nach dem von vielen Christen bewohnten Dorf *Râmallah*, 45 Min.; neben griech. Anstalten wurde auch ein latein. Kloster (gleich das erste Haus rechts) 1873 dort gegründet, das zur Aufnahme von Reisenden eingerichtet ist, und früher schon eine kleine protestant. Schule.] Nach 20 Min. erreicht man den Rücken der Wasserscheide; man umgeht das hier beginnende *Wâdi es-Suweinît* (S. 337), das nach dem Jordan läuft, und erreicht in 5 Min. **el-Bîre** (die bescheidene Locanda befindet sich bei der Quelle am Beginn des Dorfes).

*Historisches.* El-Bîre verdankt seinen Namen (die Cisterne) dem Wasserreichthum; es entspricht vielleicht dem gleichbedeutenden antiken *Beeroth*. Diese Stadt war, als die Israeliten heranzogen, nach Jos. 9, 17 im Bunde mit Gibeon. Nach II Sam. 4, 23 waren die ursprünglichen Einwohner von Beeroth ausgewandert. Die Stadt gehörte zu Benjamin.

Das Dorf hat ungefähr 800 Einwohner, die Umgegend ist wenig fruchtbar. Die schönste Quelle befindet sich SW. unterhalb des Dorfes; in der Nähe Ueberreste von antiken Reservoirs. Nicht weit davon entfernt liegen die Ruinen eines Chân's, der theilweise aus altem Material erbaut ist. Auf dem höchsten Punkte des Dorfes sieht man Ruinen einer christlichen *Kirche*. Es ist fraglich, ob die Tradition, dass hier Maria und Joseph das Zurückbleiben ihres Sohnes Jesus bemerkten (Luc. 2, 43 ff.), im Mittelalter schon bestanden hat, denn sie tritt erst im 16. Jahrh. in den Pilgerberichten auf. Die Kirche ist sicher in den Zeiten der Kreuzfahrer gebaut worden und schliesst sich ihrem Styl nach eng an die St. Annenkirche in Jerusalem (S. 216) an; jetzt sind nur noch die 3 Apsiden und die Nordmauer erhalten. Die Kirche war im Jahre 1146 fertig gebaut; ein Hospiz war damit verbunden. Bei diesen Ruinen liegt heute ein muslimisches Weli; die Oberschwelle der Thüre dürfte dem fränkischen Bau entnommen sein.

10 Min. N. von Bîre theilt sich der Weg. Die Strasse l. (zugleich die alte Römerstrasse) führt nach Djifna, in N. Richtung; die Strasse r. nach Bêtîn und 'Ain Yebrûd (s. unten). — Nach 25 Min. reitet man an der Seite eines kleinen Teiches *el-Balû'a*, der oft trocken ist. Nach 15 Min. sieht man r. eine Ruine *Kefr Murr* und vor sich das Thal von Djifna. (Wer dieses nicht besuchen will, bleibt auf der grossen Strasse, die von Bîre in 1 St. 45 Min. nach Yebrûd, von hier in 1 St. nach 'Ain el-Ḥaramîye führt.) Nach 15 Min. liegt eine Ruine *Arnutîye* r., dann steigt man über ein Seitenthal in das Wâdi von Djifna hinab; dasselbe läuft erst NO., dann biegt es bei (30 Min.) **Djifna**, zu einer kleinen Ebene erweitert, nach NW. um.

*Historisches.* Djifna ist das alte *Gophna*, welches eine ziemlich bedeutende Stadt war; es wurde Hauptort einer der zehn Toparchien, in welche Judaea von den Römern getheilt ward. Vespasian nahm es ein; während des Krieges liefen eine Anzahl Juden zu den Römern nach Gophna über.

Heute ist das Dorf von Christen bewohnt, unter welchen auch einige Katholiken sind. Von Alterthümern bemerkt man nur die Reste einer byzantinischen Georgskirche und die Mauern eines alten Schlosses.

Von Djifna aus reitet man dem schönen Thale nach in NO.

Richtung. In 25 Min. erreicht man das Dorf *'Ain Sînia;* nach 6 Min. geht man auf die rechte Thalseite über. In 12 Min. beginnt man steil aufwärts zu steigen. R. sieht man Yebrûd, l. Aṭâra. In 16 Min. erreicht man die Höhe. Bald darauf steigt man wieder hinab durch Olivenpflanzungen (erster Weg l.); in 20 Min. kreuzt man ein Bachbett und gelangt in das *Wâdi el-Ḥaramîye*; nach 5 Min. erreicht man **'Ain el-Haramîye** (die Räuberquelle).

*Von el-Bîre nach 'Ain el-Haramîye über Bêtîn und 'Ain Yebrûd.* Nach 10 Min. lässt man den Weg nach Djifna (s. oben) l., nach 5 Min. einen anderen Weg l.; nach 16 Min. kommt man zu einer Höhle, die ehemals als Wasserreservoir diente und deren Decke von zwei Säulen gestützt ist; nach 9 Min. findet man r. eine Quelle *'Ain el-'Aḳabe;* nach 5 Min. erreicht man *Bêtîn* (S. 338). Von Bêtîn aus führt der Weg auf dem Höhenrücken nordwärts. Man erblickt l. Bir Zeit, r. das Dorf Ṭayyibe. Nach 42 Min. erreicht man das Dorf *'Ain Yebrûd* auf dem Hügel l. Die Rebengelände, Feigen und Oelbaumhaine erinnern daran, dass man sich hier in dem gesegneten Stammgebiet von Ephraim befindet. Im Weitergehen sieht man Djifna und 'Ain Sinia (s. oben) l.; nach 35 Min. das Dorf *Yebrûd* l. Die Wege sind schlecht. An einer Höhe vorbei, auf welcher eine Ruine Namens *Ḳaṣr Berdawîl* „Balduinsschloss" steht, erreicht man in 32 Min. eine Thalkreuzung; man wählt den Weg direct nördlich und gelangt ins *Wâdi el-Ḥaramîye*, nach 15 Min. an die Quelle.

Die Enge der Thalsohle und die Einsamkeit der Gegend machen den Eindruck, dass der Ort seinen Namen „Räuberquelle" wohl verdienen könnte. Das Wasser tröpfelt am Fuss einer Felswand hervor. Daneben liegen Höhlen und Ruinen eines Chân's. In dem Thallauf nordwärts ansteigend sieht man nach 15 Min. l. die Ruine *et-Tell;* nach 30 Min. öffnet sich r. eine breite wohlangebaute Ebene mit dem Dorfe *Turmus Aya* (s. unten); links auf der Höhe das Dorf *Sindjîl.* Nun an der östl. Thalwand entlang (r. ein Weli *Abu 'Auf*, l. jenseit des Thals die Ruine *el-Burdj*), erreicht man die Passhöhe in 30 Min. und hat den grünen Thalkessel von el-Lubban vor sich; man steigt steil hinunter und erreicht in 15 Min. den ausgedehnten, jetzt zerfallenen Chân *el-Lubban*, bei welchem eine schöne Quelle entspringt.

Von der oben gen. Ebene kann man auf einem kleinen Umweg Seilûn besuchen. Der Weg führt NO. über die Ebene; nach 15 Min. lässt man das Dorf *Turmus Aya*, umgeben von Fruchtbäumen, r. liegen. Die Ebene ist schön angebaut. Man steigt hierauf ein kleines Thal NNO. hinauf, passirt die niedrige Wasserscheide und erreicht (1/2 St.) die Ruinen von **Seilûn.**

*Historisches.* Es ist unzweifelhaft, dass wir hier die biblische Ortschaft *Silo* vor uns haben. In Silo wurde die Vertheilung des eroberten Landes vorgenommen (Jos. 18) und die Stiftshütte aufgestellt. Diese blieb während der Richterperiode hier; ihrethalben wurde hier jährlich dem Herrn ein Fest gefeiert, wobei die Mädchen von Silo einen Tanz aufführten (Richter 21, 19 ff.). Hier lebte der Hohepriester Eli, und unter dessen Obhut der junge Samuel (I Sam. 4 ff). Nachdem die Philister die Lade, die zum Heere gebracht worden war (I Sam. 4), weggenommen hatten, wurde sie später nicht mehr nach Silo gebracht, und damit scheint auch die Bedeutung des Ortes für immer vorbei gewesen zu sein (Jerem. 7, 12, 14; 26, 6). Zu Hieronymus Zeit lag der Ort ganz in Ruinen; im Mittelalter suchte man Silo bei Nebi Samwîl. Die Ruinen des Dorfes auf dem Hügel zeigen einige Spuren von alten Bausteinen; 15 Min. NNO. im Thal sieht man eine schöne Quelle, und an den Thalseiten Spuren alter Felsgräber. Im S. des Orts liegt unter den Aesten einer Eiche eine

Ruine, die die Araber Moschee nennen. Der innere Raum war gewölbt; das Material passt nicht zum Ganzen und ist älteren Bauten entnommen. Eine Treppe führt von aussen auf das Dach. Im S. sieht man die Ebene von Turmus Aya, im W. das Wâdi Chamân.

Von Seilûn aus steigt man abwärts dem Laufe des *Wâdi el-Lubban* nach, in WNW. Richtung. Nach 20 Min. wendet sich das Thal nach O. und wird eben und fruchtbar; man findet Brunnen. Nach 50 Min. sieht man den Chân el-Lubban (s. oben); man lässt ihn 5 Min. SW. liegen. Die Ebene setzt sich noch etwas N. fort; in 10 Min. befindet man sich dem Dorfe Lubban gegenüber, das auf dem NW. Abhang beträchtlich über der Ebene liegt.

In 5 Min. sieht man l. das Dorf *Lubban*, welches dem alten *Libna* (Richter 21, 19) entspricht. Es ist bewohnt; einige Grabhöhlen sind dort zu sehen. Im NO. Winkel der Ebene, die man der Länge nach durchreitet, biegt man r. in ein breites ebenes Thal, das allmählich ansteigt und in einem rauhen Gebirgsrücken endet. Nach $^1/_2$ St. lässt man l. das Dorf *es-Sâwiye*; 20 Min. weiter erreicht man den zerfallenen *Chân es-Sâwiye* auf der Wasserscheide. Man kann hier (3 Min.) bei einem Eichbaum und einer Quelle rasten.

Von Chân es-Sâwiye steigt man steil hinab in das *Wâdi Yetma*, dessen Grund (an der S.-Seite des Thales) man in 15 Min. erreicht: r. von der Strasse liegt das Dorf *Kabelân*, an der N.-Seite *Yetma*. Auf der N.-Seite des Thales führt der Weg wieder steil bergan; oben auf dem Rücken des Gebirges (35 Min.) erblickt man die grosse Ebene *Machna*, eingefasst von den Bergen Samariens; man sieht vor sich den Ebal und Garizim, und weit im N. den Djebel esch-Schêch, den grossen Hermon (S. 472). In 20 Min. steigt man auf sehr schlechtem Wege zur südlichen Spitze der Thalebene hinunter. Nach $^1/_2$ St. kreuzt man ein Trockenbett; l. weiter unten das Dorf *Kûza*, r. das Dorf *Beita*. Nach 10 Min. l. das grosse Dorf *Hawâra*, das am Fuss der Kette des Garizim liegt; die fruchtbare Machnaebene ist hier am breitesten. Nach 10 Min. sieht man r. am Berge das Dorf *'Audallah*, nach 15 Min. das Dorf *Awerta*, wo die Gräber von Elieser und Abischu'a, Sohn des Pinehas, gezeigt werden; am Garizim das Weli *Abu Isma'în* (Ismael), wo ehemals ein Dorf *Machna* gestanden haben soll. Nach 30 Min. sieht man l. *Kefr Kullîn*, r. das Dorf *Rûdjib* jenseit der Ebene.

Der Weg führt um die NO.-Ecke des Garizim (s. unten) herum; nach 35 Min. liegt r. etwas abseit vom Wege, unmittelbar bei der Thalmündung, der sog. **Jakobsbrunnen**; daneben unter Schutthügeln die Ruinen einer alten Kirche.

Juden, Christen und Muslimen stimmen darin überein, dass wir hier den Brunnen Jakob's (1 Mos. 19) vor uns haben; die betr. Tradition reicht bis ins 4. Jahrh. zurück. Im Anfang des 5. Jahrh. stand hier eine Kirche, die aber zur Zeit der Kreuzfahrer schon zerstört war. Inwiefern die Ueberlieferung Recht hat, wird nicht zu erweisen sein. Es erscheint immerhin befremdend, dass eine Frau von Sichem (Nâbulus), woselbst Wasser in Ueberfluss ist, zu dieser Cisterne hinausgehen sollte; man müsste mit Robinson annehmen, dass sie hier in der Nähe gewohnt oder gearbeitet habe; vielleicht in *Sichar*, wie einige Manuscr. lauten, das man wohl mit dem heutigen 'Asker (S. 351) identificiren möchte. Hingegen liegt die Cisterne an der grossen Strasse von Jerusalem nach Galilaea; die Oertlichkeit stimmt also sehr gut mit der Evang. Joh. 4 ff. beschriebenen überein. Der Berg Garizim lag hier vor Augen. Die Cisterne ist sehr tief, sodass nur mit einem langen Seil Wasser heraufgeholt werden kann; im Sommer ist sie oft trocken. Ihre Tiefe war früher beträchtlicher, als heute (23m); sie hat einen Durchmesser von 2,3m und ist innen überall gemauert. Die Trümmer der darüber erbaut gewesenen Kirche und die vielen hineingefallenen und geworfenen Steine mögen den

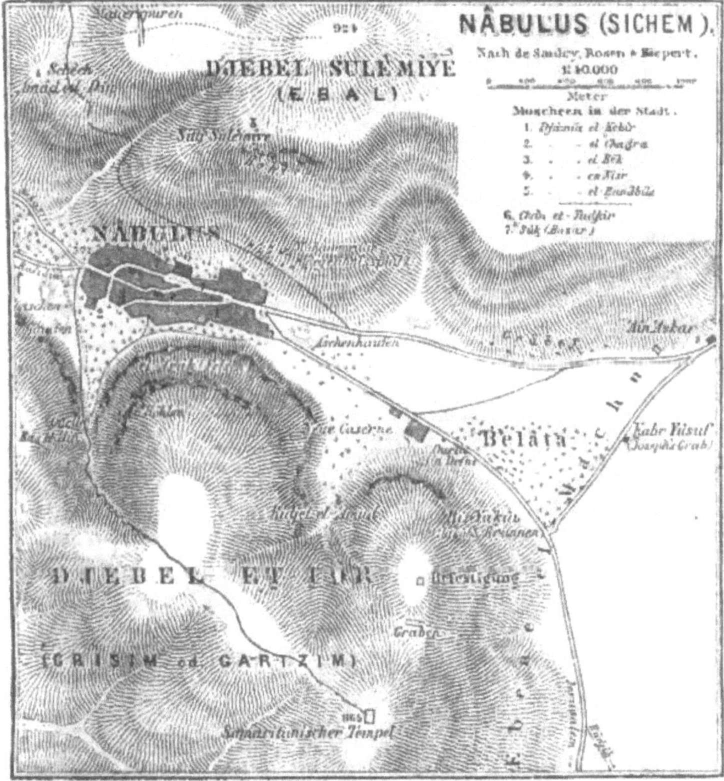


Boden der Cisterne erhöht haben. Schon zu Jesu Zeiten war also, wenn diese Cisterne, wie doch immerhin wahrscheinlich, der Schauplatz des Gespräches mit der Samariterin ist, die Tradition vorhanden (Joh. 4, 5, 6), dass hier Jakob's Brunnen und das Feld war, welches er kaufte und woselbst er später begraben wurde. Auch wird das Grab noch heute in einem Heiligthum in der Nähe des Brunnens gezeigt, das aber ganz modern ist.

Vom Jakobsbrunnen aus schwenkt man westwärts in das Thal von Nâbulus ein; l. erhebt sich der Berg Garizim, r. der Ebal mit seinen kahlen nackten Schichten. Der Thalboden ist gut bebaut. Nach 7 Min. hat man r. das Dorf *Balâṭ*; nach 4 Min. bemerkt man am Ebal Felsgräber. Bald darauf beginnen Olivenhaine. L. liegt die Kapelle der *Ridjâl el-'Amûd* (Säulenmänner), woselbst 40 israelitische Propheten begraben sein sollen und wo man vielleicht den Pfeiler des Abimelech (Richter 10, 8) vermuthen darf (von hier führt ein alter Weg nach dem Garizim hinauf). Nach 12 Min. erreicht man das Thor der Stadt **Nâbulus**, die früher weiter nach O. sich ausdehnte als heute, vielleicht bis 'Ain Defna.

Der beste Platz (er heisst Suwêtera) für Zelte ist an der Westseite der Stadt; man thut daher am besten, bevor man ans Thor kommt, r. abzuschwenken und um das Städtchen, dessen Pflaster wenn möglich noch schlechter ist als das in Jerusalem, herumzureiten; man erreicht den Platz in 13 Min. Einzelne Reisende ohne Zelt finden bei dem Missionär *Fallscheer* (Würtemberger) freundliche Aufnahme. In der Stadt befindet sich ein türk. Telegraphenbureau. Ein Samaritaner Jakob Tschelebi sucht, angeblich zur Unterstützung seiner Gemeinde, von den Reisenden Geld zu sammeln, man weise ihn aber ab.

*Historisches.* a. Samarien und die Samaritaner. Die Landschaft Samarien hat ihren Namen von Samaria, dem alten Schomron (I Kön. 16, 24; S. 355) erhalten. Erst in den späteren Büchern des alten Test. ist von „Städten Samariens" die Rede; von der maccabaeischen Zeit an kommt der Name „Samarien" als Bezeichnung für Mittelpalästina vor. Nachdem ein Theil der Bevölkerung des nördlichen Reiches durch die Assyrer nach O. weggeführt worden war, breiteten sich fremde Colonisten im Lande aus (II Kön. 17, 24). Diese Einwanderung bewirkte, dass der Charakter des Volks von Samarien der eines Mischvolks wurde. Daher trat nach der Rückkehr aus dem Exil, wo überhaupt das echte Judenthum seine Starrheit erprobt hatte, der Gegensatz zu den Samaritanern scharf hervor. Aus dem Streben sich abzuschliessen, ging die Weigerung der Juden hervor, die angebotene Hilfleistung der Samaritaner beim Mauer- und Tempelbau in Jerusalem zu benützen. Da die Juden die Samaritaner von ihrem Cultus ausschlossen, wurde der Riss immer klaffender. Zu Nehemia's Zeit brach der Groll los. Als die Samaritaner die Juden am Aufbau ihrer Mauern nicht hindern konnten und die Juden die nichtisraelitischen Weiber vertrieben, gründeten sich die Samaritaner eine eigene heilige Stadt und ein Heiligthum. Dies geschah nach Einigen schon zur Zeit Nehemia's (Nehem. 13, 18) unter Anführung eines gewissen Sanballât. Zur Cultusstätte wurde der Garizim erhoben; dadurch gewann der an seinem Fusse gelegene Ort Sichem an Bedeutung, während die Stadt Samaria Einbusse erlitt. Häufig brach zwischen den Juden und den Samaritanern Streit aus. Johannes Hyrcanus soll nach Josephus im Jahre 129 v. Chr. den Tempel auf Garizim (nach 200jährigem Bestande desselben) zerstört haben. Zur Zeit des Pilatus erregte ein Abenteurer einen grossen Aufstand der Samaritaner; gegen Vespasian stellte sich eine Schaar auf Garizim auf; er kam ihnen zuvor und 11,600 Mann wurden erschlagen. Der Name Samaritaner war bei den Juden ein Spottname (Joh. 8, 48), auch gingen die Jünger Jesu anfänglich nicht nach Samarien um zu predigen (Matth. 10, 5; vgl. jedoch bereits Apostelgesch. 8, 5 ff.). Fortwährend hielten die Samaritaner streng an ihren Satzungen und kamen mehrfach in Collision mit dem Christenthum und mit den römischen Kaisern, bes. i. J. 529. Sie marterten Christen und verbrannten viele Kirchen; in Neapolis tödteten sie den Bischof und erhoben einen ihrer Führer Julian zum König. Justinian schickte Truppen ab; die Samaritaner wurden geschlagen und eine grosse Zahl getödtet. Ihre Synagogen wurden ihnen genommen; eine Anzahl floh zu den Persern, andere wurden Christen. Später spielten sie keine Rolle mehr, die Schriftsteller der Kreuzfahrerzeit erwähnen sie nicht. Im 12. Jahrh. fand Benjamin von Tudela noch gegen 1000 Angehörige der Samaritaner-Secte in Nâbulus, einzelne auch in Ascalon, Caesarea, Damascus. Seit einigen Jahrh. sind sie auf Nâbulus beschränkt, während sie früher auch noch kleine Gemeinden in Kairo, Ghazza und Damascus hatten; ihre Zahl nimmt stetig ab, und es mögen jetzt noch etwa 40—50 Familien vorhanden sein, die in einem besondern Quartier (SW.) wohnen.

Was ihren Glauben anbetrifft, so sind die Samaritaner strenge Monotheisten, Feinde aller Bilder und aller Ausdrücke für Gott, welche diesem menschliche Eigenschaften beilegen. Sie glauben an gute und böse Geister, an Auferstehung und jüngstes Gericht; den Messias erwarten sie 6000 Jahre nach Erschaffung der Welt, jedoch halten sie ihn nicht für grösser, als Moses. Von den Büchern des alten Test. haben sie nur den Pentateuch in einer von der unsrigen etwas abweichenden Redaction. Derselbe ist mit althebräischen (sog. samaritanischen) Lettern geschrieben; ausserdem besitzen sie aus dem 12. Jahrh. auch eine Uebersetzung des Pentateuch in ihrer Sprache. Ihre Literatur besteht meistens aus Gebeten und Hymnen. Dreimal im Jahr pilgern sie auf den heil. Berg Garizim, am Fest der ungesäuerten Brote, am Wochen- und am Laubhüttenfest. Sie feiern die sämmtlichen mosaischen Feste; Opfer werden nur am Passah dargebracht. Doppelehen sind bei den Samaritanern im Fall der Kinderlosigkeit erlaubt; die Leviratsehe haben sie in der Form, dass zwar nicht der Bruder, wohl aber der nächste Freund des Verstorbenen verpflichtet ist, die Wittwe zu heirathen, u. s. w.

b. Der Name Nâbulus ist eine Corruption aus „*Neapolis*"; eigentlich heisst die Stadt *Flavia Neapolis*, zum Andenken dass Titus Flavius Vespasianus sie wieder herstellen liess. Hier haben wir eines der seltenen Beispiele, dass eine Ortschaft ihren altsemitischen Namen gegenüber dem späteren römischen eingebüsst hat. Nâbulus führte früher auch den Namen *Mamortha*, besser *Mabortha*, was „Pass, Durchgangsort" bedeutet. Der eigentliche alte Name aber war **Sichem** (d. h. „Rücken"). Mit richtigem Gefühl spricht der Verfasser von I Mos. 12, 6 bloss von der „Stätte Sichem's", da damals wohl noch keine Stadt bestand. Nachdem Jakob über Sichem nach Hebron gezogen war, blieben seine Söhne als Nomaden noch in der Gegend von Sichem. Nach V Mos. 27, 4 sollte zu Sichem eine grosse Feier stattfinden. Die Samaritaner beschuldigen die Juden der Textesfälschung, da der dort erwähnte Altar nach ihrer Meinung nicht auf dem Ebal, sondern auf dem Garizim erbaut worden ist. Sichem fiel bei der Theilung des Landes dem Stamm Ephraim zu, und war Levitenstadt, Freistadt und Vereinigungspunkt der Stämme (Jos. 24, 1 ff.). Hier spielte in der Richterzeit die Episode Abimelechs (Richter 9). Unter Rehabeam fand hier die Volksversammlung statt (I Kön. 12), bei welcher die nördlichen Stämme sich definitiv von den südlichen trennten. Jerobeam wählte Sichem zu seiner Residenz. Nach dem Exil wurde Sichem als Mittelpunkt des samaritanischen Cultus wichtig. — Unter dem Christenthum wurde Neapolis Bischofssitz. Die Kreuzfahrer unter Tancred nahmen bald nach der Eroberung Jerusalems auch Nâbulus ein: im Jahr 1120 hielt Balduin II. einen grossen Landtag an diesem Orte. Nâbulus wurde öfters erobert und litt während der Kreuzfahrerzeit viel. In der späteren Geschichte zeichnete sich die Gegend von Samarien und speciell von Nâbulus durch Unsicherheit aus. Die Einwohner sind als unruhig und händelsüchtig bekannt und haben sich diesen Ruf zusammen mit dem grosser Unduldsamkeit bis in die neueste Zeit erhalten.

Das heutige Nâbulus (570m ü. M.) liegt langgestreckt in der Thalsohle zwischen Ebal und Garizim. Die Gegend ist herrlich grün und ausserordentlich fruchtbar; Wasser ist im Ueberfluss vorhanden und rauscht durch alle Strassen. Die Stadt hat etwa 13,000 Einwohner, worunter 140 Samaritaner, einige Juden und 600 Christen, meistens der griechisch-orthodoxen Kirche angehörig, doch auch einige Katholiken und Protestanten. Nâbulus hat noch immer einen ziemlich bedeutenden Markt und treibt viel Handel mit dem Ostjordanland, besonders in Wolle und Baumwolle. Es existiren 22 Seifenfabriken hier; die Seife wird aus Olivenöl bereitet. Ausser dem Bazar enthält die Stadt wenig Merkwürdigkeiten; sie gleicht im Innern Jerusalem. Im Osttheil der Stadt liegt die *Djâmi' el-Kebîr* (Pl. 1), die grosse Moschee, ursprünglich eine Kirche der Kreuzfahrer und dem h. Johannes geweiht; später gehörte sie wahrscheinlich den Johannitern. Das Portal, das gut erhalten ist und dem der Grabeskirche gleicht, besteht aus drei zurücktretenden Bogen, die auf drei Halbsäulchen gestützt sind. Der äusserste Bogen ist mit Sculpturen romanischen Styls verziert. Im Hofraum der Moschee ist ein Wasserbassin, von antiken Säulen umgeben; auch das Gebäude scheint noch wohl erhalten. Die Kirche wurde von den Chorherren des heil. Grabes auf einem Stück Landes gebaut, das der König Amalrich ihnen abgetreten hatte, und im J. 1167 vollendet, wenn diese Notiz nicht vielleicht sich auf die Geiermoschee (*Djâmi' en-Nisr*, Pl. 4) bezieht, die ebenfalls früher eine fränkische Kirche war.

Ferner findet sich im SW. der Stadt eine alte Kirche, welche ebenfalls aus der Kreuzfahrerzeit stammt (jetzt *Djâmi' el-Chadra*, Pl. 2); hier soll Jacob gesessen haben, als man ihm den Tod Josephs ankündigte. Bei der Kirche steht eine Art Glockenthurm im Styl des Thurmes von Ramle, an welchem vorn eine Platte mit samaritanischer Schrift eingefügt ist; die Samaritaner behaupten, sie hätten hier eine Synagoge gehabt. Im Thurm ist eine Wendeltreppe; man kann nur mit Mühe von aussen hinaufsteigen. Das Ganze liegt in einem Winkel, von Gärten umgeben. — Gleich westl. davon erhebt sich ein ansehnlicher Aschenhügel, von welchem man einen prächtigen Blick auf die Stadt, die Ebene und nach Osten auf die dunkeln Berge jenseit des Jordans hat.

Das Quartier der Samaritaner liegt im SW.-Theil der Stadt; ihre *Synagoge (Kenîset es-Sâmire)* besteht aus einem kleinen, einfach geweissten Raum, dessen Boden mit Strohmatten belegt ist, auf welche man aber nicht mit beschuhten Füssen treten darf. Es ist interessant, dem Gottesdienst beizuwohnen. Die Gebete werden samaritanisch recitirt, während sonst die Umgangssprache der Leute arabisch ist. Die Männer sind in weisse Kleider gehüllt und tragen um den Kopf rothe Turbane. Es wird bei ihnen sehr viel auf Reinlichkeit gehalten. Die Würde des Hohenpriesters — der jetzige heisst *'Amrân* — ist erblich und sein Geschlecht aus dem Stamm Levi; der Hohepriester ist Leiter der Gemeinde und Mitglied der Bezirksbehörde. Er erhält von der Gemeinde den Zehnten. Es fällt auf, wie wenig die Samaritaner den jüdischen Typus haben. Wenn bei dem Gottesdienst der altsamaritanische Codex aus dem Kasten hinter dem Vorhang hervorgeholt wird, drängen sich alle Anwesenden vor, ihn zu küssen. Der Codex ist sehr alt, aber dass er von dem Enkel oder Urenkel Aaron's geschrieben ist, eine Fabel, da er sicher nicht aus vorchristlicher Zeit stammt.

Um eine schöne Aussicht über Nâbulus zu geniessen, steige man am Garizim empor; die weissen Häuser inmitten des üppigen Grüns gewähren ein schönes Bild. Bei der obersten Gartenreihe biege man l. (nach O.) ab und gehe auf einer Terrasse die Felswand entlang. Hier sind grosse Höhlen, wohl ehemals Steinbrüche. Hier irgendwo hat man auch den Platz von Richter 9 zu suchen; von hier konnte Jotham leicht entfliehen. Von der Terrasse gelangt man endlich auf eine Plattform; aus dieser ragt ein dreieckiges Felsstück von etwa 3m im Durchmesser hervor. Kein Ort passt so gut wie dieser als Schauplätz der Erzählung in Josua 8, 30 ff.

Die Besteigung des **Garizim** (bis zum Gipfel 1 St.) geschieht am besten von der westl. Ecke der Stadt aus (vergl. den Plan) durch das hier südl. ansteigende Thälchen, in welchem (10 Min. von der Stadt) eine starke Quelle *(Râs el-'Ain)* entspringt. Nach 25 Min. steilen Steigens erreicht man die Hochebene, und sich links wendend in 15 Min. den Platz, wo am grossen Passah die Zelte der Samaritaner stehen. Von hier bis zum Gipfel sind es weitere 10 Min.

Am griechischen Palmsonntag 1869 hatte Verfasser Gelegenheit, Augenzeuge dieser interessanten Feier zu sein. Schon sieben Tage vorher waren die Samaritaner sämmtlich hier hinaufgezogen und hatten sich in dieser Mulde ein Zeltlager errichtet. Nun war alles in buntem Festschmuck. Im Zelte des Oberpriesters, wo wir erst unsern Kaffe nahmen, war die Frau mit Herrichtung der „bitteren Speise" beschäftigt; sie wickelte ein abgekochtes bitteres Kraut in den Mazzenteig. Gegen Sonnenuntergang gingen wir zur Opferstätte, etwas gegen den Gipfel zu. Auf einem sorgsam unterhaltenen Reisigfeuer standen grosse mit Wasser gefüllte Kessel; einige Schritte aufwärts brannte in einer tiefen Grube ein anderes Feuer, gleich emsig behütet. Zur Rechten des ersten Feuers in einem mit niederen Steinen eingefriedigten Raume standen nach der Zahl der Stämme Israels zwölf Männer in weissen Turbanen und Mänteln, das Angesicht gegen den Gipfel des Berges gerichtet, Schriftstellen und Gebete in einförmigem Tone singend. Vor ihnen auf einem Steinblock stand ein junger Priester, der untergehenden Sonne zugekehrt; hinter ihm, doch ausserhalb des Steinkranzes standen die Zuschauer. Die ältesten Glieder der Gemeinde traten herzu und setzten sich abseits zum Kôhen 'Amrân, am Gebet der Zwölfe stillen Antheil nehmend; um die Feuerstätte stellten sich weissgekleidete Männer und Knaben auf, sieben weisse Lämmer festhaltend; hinter ihnen drängten sich die Weiber und Kinder herzu.

Als der letzte Strahl der Sonne im Meere verglommen war, sang der Priester einen dreimal wiederholten Segensspruch und sprach die Stelle II Mos. 12, 6: „Und ein jegliches Häuflein soll es schlachten zwischen Abend", mit lauttönender Stimme. Alsbald fielen die Schächter, die zuvor die Schärfe der Messer an der Zungenspitze geprüft hatten, über die Thiere her und schnitten ihnen unter Rufen einer Gebetsformel mit Blitzesschnelle die Kehle durch. Die Zwölfe traten zur Opferstätte hinzu, laut weiter lesend; bei der Stelle vom Streichen des Blutes an die Thürpfosten tauchten die Väter den Zeigefinger in das warme Blut und zeichneten ihre Kinder damit über die Stirn bis zur Nasenspitze. Ununterbrochen ging der Gesang weiter, bis der Strohteller mit der bittern Speise vor den Hohenpriester gesetzt ward, welcher jedem Einzelnen seinen Bissen überreichte. Ehrerbietig küssten die Männer die Hand ihres Hohenpriesters und erwiesen den Aeltesten dieselbe Ehrenbezeugung; unter sich umarmten und küssten sie sich, einander fröhliches Fest wünschend. Den Schächtern, welche ihre Arbeit nicht unterbrechen durften, steckte der Priester den Bissen in den Mund; nach den Männern und Knaben durften die Weiber die Ueberbleibsel geniessen. Zur Beschleunigung des Abwollens wurde heisses Wasser auf die Thiere gegossen. Sobald ein Lamm abgewollt war, wurde ein Querholz durch die Hinterfüsse gesteckt; zwei Jünglinge hoben dieses Holz auf die Schultern und trugen es so während des Ausweidens. Die Thiere wurden genau untersucht und mit Aengstlichkeit wurde darüber gewacht, dass nicht ein zu nahes Hinzutreten der Fremdlinge das Opfer verunreinige.

Ein Lamm erwies sich nach dem Ausspruch des Hohenpriesters als fehlerhaft; sofort wurde es sammt der Wolle, den Eingeweiden und den rechten Vorderfüssen der andern Thiere ins Feuer geworfen und verbrannt. Nachdem die Lämmer mit Salz eingerieben waren, wurden sie auf lange Stangen gesteckt und unter Gebeten zur Grube getragen; bei einer bestimmten Stelle des Gebetes wurden sie mit einemmal hinein gesetzt, schnell ward ein Reisigrost auf den Mund der Grube geworfen und mit Rasenstücken verschlossen.

Die zwölf Männer kehrten zum Betplatz zurück und lasen unermüdlich bis Mitternacht weiter. Alsdann ward die Grube geöffnet, die gebratenen Lämmer wurden herausgehoben und in neuen Strohkörben auf den Platz getragen: auf dem Boden kauernd, mit der linken Hand einen Stecken haltend, verzehrten die Männer das Osterlamm. Es war eine eigenthümlich ergreifende Scene: die weiss gekleideten Männer in tiefem Schweigen die „Bundesmahlzeit" haltend. Als das vierstündige Morgengebet angestimmt wurde, entfernten wir uns.

Der Garizim erhebt sich 870m ü. M.; er besteht beinahe ganz aus Nummulitenkalk (Tertiär-Formation). Den Gipfel des Berges bildet eine grosse Plattform, die sich von N. nach S. erstreckt. An dem N.-Ende derselben sind die Ruinen einer Festung, die als solche wahrscheinlich aus der Zeit des Kaisers Justinian stammt, obwohl die $1{,}5$—3m dicken Mauern mit geränderten Quadern älter sein mögen. Die Burg bildet ein grosses Quadrat und ist von Thürmen flankirt; an der Ostseite finden sich Ueberreste einiger Gemächer und über der Thür eines derselben ein griechisches Kreuz. Bei einem Begräbnissplatz NO. liegt das muslimische Weli *Schêch Ghânim*, auf der Nordseite der Burg ein grosses Wasserreservoir. Von der *Kirche* sind nur die untersten Fundamente erhalten: sie war achteckig, hatte auf der Ostseite eine Apsis, ihren Haupteingang von N. und auf 5 Seiten Nebenkapellen. Die Kirche soll von Justinian etwa im Jahre 533 gebaut worden sein. S. von der Burg liegen Mauern und Cisternen; ein gepflasterter Weg läuft von N. nach S. Einige massive Grundmauern, etwas S. unterhalb der Burg, werden als die Steine gezeigt, welche Josua hier aufgerichtet haben soll (Jos. 8, 32). In der Mitte der Plattform zeigen die Samaritaner einen erhöhten Felsen und behaupten, dass hier der Altar ihres Tempels gestanden habe. — Auf der ganzen Bergfläche sind viele Cisternen und kleinere gepflasterte Plattformen zerstreut; letztere gleichen denen, die auf der Area des Ḥarâm in Jerusalem als Betplätze angebracht sind. Die ganze Fläche war, wie aus vielen Spuren hervorgeht, einst mit Häusern bedeckt; gegen O. liegen einige gepflasterte Terrassen. Im SO.-Winkel zeigt man den Platz wo Abraham den Isaak opfern sollte; in der Nähe desselben (NW.) liegen einige merkwürdige runde Stufen. — Die Aussicht vom Garizim ist herrlich: gegen O. überblickt man die Ebene el-Machna, von sanften Höhen begrenzt, darin N. das Dorf 'Asker, S. Kefr Ḳullîn; weiter im O. Rûdjib. Das Thal im S. ist das Wâdi 'Awarte. Im fernen O. liegt das Gebirge Gilead, aus welchem der Nebi 'Oscha (S. 351) hervorragt. Im N. versperrt der Ebal die Aussicht; doch sieht man den grossen Hermon. Im W. senken sich die Thäler und Gebirge bis zu dem bläulichen Streifen des Mittelmeeres. — Von der Burg steigt man in 25 Min. N. auf steilem Wege ins Thal; bei der S. 344 erwähnten Kapelle mündet der Weg aus.

Die Besteigung des **Ebal**, arab. *Djebel Sulêmîye* (1 St.) ist schwieriger und wird seltener unternommen, als die des Garizim; die Aussicht ist aber lohnender, der Standpunkt etwas höher, 920m über dem Mittelmeer (350m über Nâbulus). Der Weg schlängelt sich über Terrassen, die mit Cactus eingehegt sind, den Berg hinauf. Beinahe oben liegt ein besuchtes muslimisches Weli. Der höchste Theil des Bergrückens liegt gegen O.; einige Trümmer von Gebäuden Namens *Chirbet Kenîse* (Kirchenruine) liegen dort. Der Blick umfasst hier ungehindert den Bergkranz Galilaea's von Karmel über die Ebene Jesreel nach Gilboa, den Taborkegel, Ṣafed in weiter Ferne neben dem Hermon, gegen W. die Küstenebene, gegen O. die fernen Gebirge des Ḥaurân. — Nicht weit N. lag auf einem Hügel die Stadt *Thirza*, eine Zeit lang Hauptstadt des nördlichen Reiches (I Könige 16, 8 u. a. O.), heute *Ṭalûsa*.

### a. Von Lydda nach Nâbulus.

10¼ St. Von Lydda (S. 141) nordwärts passirt man nach 20 Min. eine schöne Brücke über *Wâdi Djindâs*; nach 15 Min. hat man l. das Dorf *Yehûdiye*, r. *Djimzo;* nach 10 Min. Ruine *el-Kenîse* (Kirche) in Cactushecken, r. oben *Dêr Tarif* und *el-Haditha;* dann *et-Tire;* nach 20 Min. *Wâdi es-Samṭa* mit einer Brücke von zwei Bogen. Nach 30 Min. r. am Berg das Dorf *Kûle;* nach 10 Min. auf unserer Strasse das Dorf *er-Renthiye*. R. in der Ferne *Medjdel Yâba*, das man nach ½ St. schräg gegenüber sieht. Nach 37 Min. *Wâdi Abu'l-Lidje;* im NW. *el-Mîr*, Dorf mit Mühlen, herwärts *Râs el-'Ain*. Nach 40 Min. kommt man zu einem grossen Schloss mit vier Eckthürmen. Das Portal ist aus schön behauenen Steinen; auf der S.-Seite sind zwölf Fenster durch die dicken Mauern gebrochen; auf der N.-Seite ist eine grosse Bresche. Die Gelasse werden theilweise als Ställe benutzt. In der Mitte des beackerten Hofraumes steht ein altes Gebäude mit Säulenresten. Hinter dem Castell liegt ein Sumpf, aus dem der *Nahr el-'Audje* (S. 365) abfliesst. — Nach 50 Min. liegt l. das Dorf *Kefr Saba;* dasselbe hatte schon zu Josephus' Zeit diesen Namen, später den griechischen *Antipatris;* letzteres ist aus der Geschichte des Paulus (Apostelgesch. 23, 31) bekannt. Andere suchen Antipatris auf dem Hügel bei Râs el-'Ain, und hier läuft auch die Römerstrasse, welche über Djifna (Gophna), Tibne (Thamna) und Antipatris nach Caesarea führte (vgl. S. 366). Nach 10 Min. erreicht man *Djeldjûlia*, dabei das Weli *Schems eddin;* im Dorfe ist eine schön gebaute Moschee, nun zerfallen; besonders die Kuppel mit 12 Fensterchen und die Gebetsnische mit kleinen Marmorsäulen sind beachtenswerth. Auch ein Chân ist hier: wir befinden uns auf der ehemals belebten Karawanenstrasse von Aegypten nach Mittelsyrien. NW. vom Dorfe mündet der Weg von Yâfa ein, das von hier 4¼ St. entfernt ist.

Nach 20 Min. lässt man das Weli *Salḥa* r., dabei das Dorf *Hable* (10 Min.); l. in der Ferne das Dorf *Kerkilia*. Von hier an wird der Boden steinig; man folgt der Linie des Telegraphen. Nach 9 Min. lässt man einen Weg l. und tritt nach 7 Min. in das mit Eichen bewaldete *Wâdi*

*'Assûn*, das man nun nach O. hinauf verfolgt, indem man die kleinen Nebenthäler r. und l. liegen lässt; das Hauptthal wird immer enger, bis es sich nach 1 St. 5 Min. wieder erweitert. Nach 25 Min. trifft man viele Oelbäume; ein Weg l. führt nach dem grossen Dorfe *'Assûn*, das man bald darauf in der Entfernung von 1/4 Stunde l. auf dem Berge liegen sieht. Nach 15 Min. verlässt man das Hauptthal und wählt den Weg l. Ein Dorf *Kefr Lâkif* liegt N. Die Thalsenkung wendet sich von NO. nach O.; S. liegt ein tiefes bewaldetes Thal. Nach 40 Min. sieht man *Dêr Sâfût* und *Karâwa* fern l. im S.; das *Wâdi Ghâna*, bekannt aus Jos. 16, 8, läuft hier nach W. ins Hauptthal hinunter. Während der Telegraph direct über den Berg nach O. geht, umgeht man in NNO. Richtung den Hügel; dann wendet man sich wieder nach O. Nach 43 Min. hat man auf der Höhe eine schöne Aussicht gegen W. *Djins Sâfût* liegt r. vom Weg, man biegt mehr nach NO. ab in ein Thälchen hinunter und erreicht in 30 Min. das Dorf *Funduk*. (Funduk ist das griechische *pandocheion*, Wirthshaus.) In dem Orte ist NO. eine kleine Moschee mit alten monolithischen Marmorsäulen, die so gelegt sind, dass sie auch statt der Basen Capitäle haben. Von hier sieht man O. und NO. *Kariet Djît* (s. u.) und *Fer'ata (Pirathon*, Richter 12, 15).

Dem Telegraphen nach NNO. folgend, gelangt man von dem *Wâdi et-Tannûr* in das *Wâdi Suwêda* (30 Min.), das man nach NO. hinauf verfolgt. Nach 25 Min. lässt man das Dorf *Kariet Djît* etwas r. oben liegen. Dieses Dorf entspricht dem alten *Gitta* und ist der angebliche Geburtsort des Zauberers Simon (Apostelg. 8, 9). In 15 Min. steigt man langsam ins Thal hinunter; im NO. sieht man *Schêch Edjnêb*. Man durchsetzt nach 15 Min. den Grund des *Wâdi esch-Scherek*; SO. oben liegt das Dorf *Sarra* mit dem Weli *Schêch Ibrâhîm*. Im NW. liegt *Kîsîn*. Nach 20 Min. kommt man zu einer Quelle *'Ain el-Bayâda*; man kann zu ihr hinuntersteigen. Das grosse Thal (nach 15 Min.) l. unten nannte man uns nach einem Dorfe *Wâdi Dêr Scheref*. Im Thal liegen auch die Dörfer *Bêt Iba* und *Bêt Uzîn*. Auf der Höhe r. sieht man die Ruine *Chirbet el-Djenêd*. Nun liegt das Thal von Nâbulus vor uns. Nach 40 Min. gelangt man nach dem Dorf *Rafîdîye*, das von Christen bewohnt ist; die Protestanten haben hier eine Schule mit 20 Knaben. Nach 15 Min. blickt durch das Grün Nâbulus hervor; in weiteren 15 Min. gelangt man auf den Platz Suwêtera (S. 341).

### b. Von Nâbulus nach es-Salṭ und Djerasch.

Bis es-Salṭ 13 St. Zu dieser Tour gehört eine Bedeckung. Der Schêch Gobelân von den 'Adwânbeduinen begleitet gewöhnlich die Reisenden; in ruhigen Zeiten begnügt er sich mit 200—250 fr. als Preis der Bedeckung. Gobelân hat eine wilde kriegerische Vergangenheit.

Man kreuzt zuerst die Ebene *Machna* in SO. Richtung (den Jakobsbrunnen, S. 342, r. lassend). Die Gegend ist bebaut, aber baumlos und schwach bevölkert. Nach 1 St. 35 Min. erreicht man das Dorf *Bêt Fûrik*. Nachdem man noch den Gipfel von *Djebel Djedî'a* überschritten hat, beginnt man in einem engen Thal auf immer rauher werdendem Wege hinabzusteigen. Nach 35 Min. sieht man Ruinen Namens *Yanûn*, von wo ein Weg r. in das *Wâdi Machfûriye* nach *'Akrabe* geht. Das Thal (*Wâdi Zakaska*) wird steiniger; die Berge r. heissen *Iffîm*. Das *Wâdi el-Ahmar* lässt man r. Nach 2 3/4 St. findet man einen Brunnen; bald darauf kommt man zu der letzten Passhöhe, von wo man eine herrliche Aussicht über die Jordanebene hat. In 1 1/4 St. steigt man in die reiche Oase von *Kerâwa* (Beduinen) hinab; hier ist Wasser im Ueberfluss vorhanden; dasselbe kommt vom grossen *Wâdi el-Fâri'a* (S. 354) und bewässert üppige Gärten.

Hier wächst wieder Tarfa und Nebk (S. 274) und eine Menge stachliger Gesträuche; der Oleander blüht hier von Mitte bis Ende April, und zu derselben Zeit ist auch das Getreide reif. Die Berge des Westjordanlandes, auch der Kegel des Karn Sartabe (S. 354) sind kahl, während man an den Gebirgen des Djebel 'Adjlûn jenseit des Jordan schon die Bewaldung unterscheiden kann. Nach 1 St. 15 Minuten kommt man zu der etwa 10m hohen ersten Jordanstufe; hierauf folgt noch eine kleine Ebene und nun steigt man über eine zweite Stufe zum eigentlichen Jordanbett hinunter.

Hier befindet sich eine Fähre und eine Art Chân, in welchem man zur Noth Unterkommen und einige Nahrung findet. Der Verkehr, welcher hier durchgeht, ist bedeutend; viele Kamele und Schafe werden übergeführt. Auch hier ist das Flussufer mit Bäumen besetzt.

Der gerade Weg nach es-Salṭ (5 St.) führt unterhalb des Berges **Nebi 'Oscha** vorbei; die Besteigung desselben ist aber sehr zu empfehlen. Jenseit des Jordan beginnt ein Terrain von Mergelhügeln, zwischen welchen kleine Bächlein rinnen, einige derselben sind salzig. Dann folgt guter lehmiger Ackerboden, der aber nicht mit Bäumen bedeckt ist, wie das westliche Ufer. Die obere Thalsohle ist auch hier etwa 1¼ Stunde breit. Schon im April ist hier alles verdorrt und schwarz; wilder Hafer findet sich hier. Beim Beginn des Steigens wird die Vegetation reicher; je weiter man in die Höhe kommt, desto dichter stehen die Eichbäume. Man erreicht den Gipfel (1058m ü. M.) in ca. 4 St. vom Fusse des Gebirges gerechnet; die Wege sind gut. Der Berg ist hoch und gewährt eine herrliche Rundsicht über einen grossen Theil von Palästina. Das Jordanthal liegt hier in weiter Ausdehnung wie ein Teppich ausgebreitet; durch die gelbliche Ebene zieht der nur an wenigen Punkten sichtbare Fluss einen dünnen weissen Streifen bis zum Todten Meer (letzteres war während des Heraufsteigens sichtbar). Im SO. soll der Oelberg sichtbar sein; am schönsten sieht man Ebal und Garizim gegenüber, dann den Tabor und die Berge um den See von Tiberias; der grosse Hermon im N. schliesst das Panorama. Doch fehlt dem ganzen Bilde Leben; man sieht kaum einige Nomadenzelte, und von Dörfern nur Jericho.

Ein schöner Eichbaum ladet zur Rast auf dem Gipfel des Berges ein. Nicht weit davon das Weli des Propheten 'Oscha ('Oscha ist die arabische Aussprache von Hosea). Wie weit die Tradition zurück reicht, kann nicht bestimmt werden; wahrscheinlich ist sie jüdisch. Der Prophet Hosea gehört dem nördlichen Reich an, kann also ebenso gut auch aus dem Ostjordanland gebürtig gewesen sein; Cap. 12, 12 spricht er von Gilead. Das Gebäude kann höchstens ein Alter von 300 Jahren haben; im Innern ist ein langer offener Trog, circa 5m lang; hier soll das Grab des Hosea sein. Burckhardt berichtet, dass die Beduinen zu Ehren des Hosea hier Schafe schlachten (vergl. S. 311). Neben dem Gebäude tröpfelt schlechtes Wasser hervor.

Der Weg S. nach es-Salṭ hinunter ist erst steinig, führt aber weiterhin durch wohlbestellte Weingärten; in einer kleinen Stunde erreicht man *es-Salṭ* (S. 406); von hier nach (8 St.) Djerasch s. R. 22.

### c. Von Nâbulus nach Beisân und Tiberias.

*Von Nâbulus nach Beisan* (9 St.) läuft die grosse Karawanenstrasse nach Damascus. Man reitet vom Ostthor von Nâbulus um die Ostseite des Ebal herum; in 25 Min. erreicht man das Dorf *'Asker*, das man vermuthungsweise mit dem neutestam. *Sichar* (S. 342) zusammengestellt hat. In weiteren 25 Min. hat man gegenüber in einer Reihe die Dörfer *Azmût*, *Dêr el-'Atab* und *Sâlim;* von hier kommt man in 2 St. durch die Schlucht des *Wâdi Bidân* nach *Burdj el-Fâr'a*, nach dem grossen Thale so benannt, das von hier SO. zum Jordan hinabläuft; sodann durch ein Seitenthal über einen Höhenrücken in 1 St. 10 Min. nach dem stattlichen Dorf *Tûbâs*, das am Westabhang eines Thalbeckens mitten im Grünen liegt, dem *Thebes* von Richter 9, 50 u. II Sam. 11, 21.

Jenseits führt der Weg über einen flachen Rücken; darauf geht man ein offenes Thal hinunter. 5 Min. bevor man das Dorf *Yasîr* erreicht, (1 St. 10 Min.) liegt am Wege r. ein Sarcophag und ein kleines viereckiges Gebäude von antiker Structur, wahrscheinlich ein Grabmal; nach N. zu hat es ein verziertes Marmorportal und an den Ecken und Seiten vorspringende viereckige Pfeiler. Das Dorf Yasir liegt an der O.-Seite des Wâdi und hat, wie Tûbâs, keine Quelle; von hier läuft das *Wâdi Mâliḥ* zum Jordan hinunter, ebenso das *Wâdi Chazne* nach NO. Letzteres hinuntersteigend, gelangt man in 2 St. 50 Min. zu der Ruine *Ka'ûn* im

Jordanthal. Die westliche Seite des Ghôr ist hier sehr breit; als letzte Ausläufer der Berge ragen einige Hügel in der Ebene hervor. Nordwärts gelangt man von Ka'ûn in 1 St. nach *Tell Umm el-'Aschera* (vielleicht = Mutter der Astarte). Von hier reitet man, indem man verschiedene kleine Trockenrinnen passirt, in 1 St. nach **Beisân** (— 120m).

*Historisches.* Beisân entspricht dem alten *Bethschean*, das im Stammgebiet von Manasse lag (Jos. 17, 11). Während der Richterzeit war die Stadt im Besitz der Kana'aniter (Richter 1, 27 ff.) und auch noch während der Regierung Saul's wenigstens nicht von Israeliten bewohnt. Der Leichnam Saul's wurde an die Mauer von Bethschean ‚geschlagen (I Sam. 31, 10). David scheint B. erobert zu haben. Einer der Amtmänner Salomo's residirte hier (1 Kön. 4, 12), doch wurde B. nie eine jüdische Stadt (vgl. II Macc. 12, 30 und ebenso noch in viel späterer Zeit). Die Stadt hat später, seit dem von Herodot erwähnten Einfall der Scythen, den Namen *Scythopolis* erhalten, wohl aus dem Grunde, weil Angehörige dieses Volkes sich hier für längere Zeit festsetzten. Aber der ursprüngliche Name wurde erhalten, wenn auch in etwas modificirter Form. Scythopolis gehörte zum Zehn-Städtebund (Decapolis); Alexander Jannaeus kam hier mit Cleopatra zusammen. Pompejus marschirte über Scythopolis nach Judaea, Gabinius baute die Stadt wieder auf und befestigte sie. In christlicher Zeit war sie der Sitz eines Bischofs; sie war Geburtsort des Basilides und des Cyrillus. Zur Zeit der Kreuzzüge war sie unter ihren beiden Namen bekannt. Saladin eroberte die Stadt mit Mühe und übergab sie den Flammen. Von den zahlreichen Palmbäumen, die hier gestanden haben sollen, sah Yâkût im Anfang des 13. Jahrh. noch zwei.

Das Dorf und die Ruinen von Beisân liegen in einer Bucht am Rande der grossen Thalebene *Jesreel*, wo diese in etwa 100m hoher Abdachung gegen das Ghôr abfällt. Durch das breite Thal fliesst an den nördlichen Hügeln der Bach *Djâlûd*, nördlich vom Tell Beisân. Die Gebirgsformation ist vulcanisch, das Gestein Basalt. Das heutige Dorf liegt S. vom Hügel, von verschiedenen Bächen umgeben. Der Umfang der alten Stadt reichte, nach den Ueberresten zu schliessen, weit über den des jetzigen Dorfes hinaus. Das „Kasr" (Schloss) ist modern arabisch. Auf der S. und SW.-Seite des Tell stehen verschiedene Ueberreste von Tempeln, alles aus Basalt, nur die Säulen nicht; von den letzteren stehen etwa zwei Dutzend. Ebenfalls bei dem niedrigen Platze S. vom Tell liegt ein grosses, von Gras überwuchertes Theater von 55m Durchmesser; es scheinen 12 Reihen von Bänken vorhanden gewesen zu sein. Die inneren Verbindungsgänge und Ausgänge sind noch erhalten. Etwas unterhalb des Theaters ist über den Nahr Djâlûd ein schöner römischer Bogen gezogen, vielleicht ein Stück der Umfassungsmauer der Stadt. Der Tell wird von der W.-Seite bestiegen; oben sind noch Spuren der dicken Mauer, die den Gipfel umgab, sichtbar, so wie ein halb erhaltenes Portal. Die Aussicht reicht bis nach Zer'in im Thal Jesreel hinauf; gegen S. und O. sieht man in das Ghôr, jenseits im O. auf Kal'at er-Rubûd u. a. — NO. vom Tell in der Felswand finden sich eine Reihe alter Felsgräber, theilweise mit Thüren, die sich in steinernen Angeln drehen. Einige Gräber enthalten Sarcophage.

*Von Beisân nach Zer'in* (3 St. 50 Min.) führt ein bequemer Weg längs des Baches Djâlûd aufwärts zwischen dem *Djebel Fakû'a* (Gebirge Gilbo'a, S. 359) l. S. und den Abhängen des *Djebel Dahi* (553m), des sog. *kleinen Hermon* r. N. (mit einem Weli). Das Thal hat reichlich Wasser. Nach 15 Min. sieht man Ruinen r.; nach 55 Min. erreicht man einen runden Hügel, der Tabor liegt fast direct N.; nach 38 Min. kommt man zu den Ruinen von *Bêt Ilfa*, nach 35 Min. zu *Tell Schêch Hasan* mit Ruinen und Quellen. In 50 Min. erreicht man das schöne Reservoir, welches die reiche Quelle *'Ain Djâlûd* bildet, am NO.-Ende des Gilboa-Gebirges. Von hier reitet man in 35 Min. nach dem *Tell Zer'in* (S. 359).

---

*Von Beisân nach Tabariye* (ca. 7½ St.), ein sehr heisser Weg, da man in einer Senkung von etwa 180m unter dem Meeresspiegel dahinreitet. Erst steigt man durch Gebüsch nach NNO. hinunter; dann folgt man eine

Zeit lang der grossen Strasse nach Damascus. Nach 22 Min. passirt man einen starken Bach mit felsigem Bett und kreuzt eine Wasserleitung, der man dann folgt; weiterhin durchsetzt man noch eine grosse Zahl kleiner Trockenrinnen. Das Jordanthal verengert sich allmählich. Nach 40 Min. kreuzt man auf der baumlosen Ebene einen Querweg, bei welchem das grosse *Wâdi 'Osche* von W. herunter kommt; von Zeit zu Zeit trifft man Beduinenlager der Beni Ṣachr. Nach 1 St. sieht man l. oben das Dorf *Kôkeb el-Hawa*. Dieser Punkt entspricht dem von fränkischen Schriftstellern beschriebenen Castell *Belvoir*, das von König Fulko um 1140 gleichzeitig mit Ṣafed gebaut und von Saladin im Jahre 1188 eingenommen wurde; die Aussicht von oben ist prachtvoll. Nach 17 Min. erreicht man das mit Oleander besetzte *Wâdi Bire*. Nach 27 Min. kommt man dem Fluss nahe bei der zerfallenen Brücke *Djisr el-Medjâmi'a*; dicht dabei ist eine ziemlich gut erhaltene Brücke mit einem grossen und mehreren kleinen Bogen. Oberhalb der Brücke, über welche der Weg nach Damascus führt (s. S. 423), ist eine Stromschnelle. Nach 16 Min. folgt ein Erdhügel zwischen dem Wege und dem Jordan; man setzt übe verschiedene Thäler. Nach 18 Min. kommt man zur Einmündung des *Wâdi Yarmûk (Hieromax)*; dieser Fluss (S. 416), der im spitzen Winkel einmündet, hat eben so viel Wasser wie der Jordan. Bald darauf geht man über einen niedrigen Rücken und sieht (10 Min.) gegenüber das Dorf *ed-Delhabiye*. Der Fluss ist von Tamarisken und Schilf eingefasst; die Anhöhen treten bisweilen nahe an ihn heran. Nach 45 Min. erreicht man das Dorf *el-'Abadiye*; nach 37 Min. sieht man ein anderes Dorf, dabei eine Mühle und Pflanzungen. Nach 17 Min. das Dorf *Yâne*, 200 Schritte r. auf steilem Ufer; nach 3 Min. Wasserleitung l. und eine alte Brücke über den Jordan; nach 7 Min. eine fernere Brückenruine; von hier in 8 Min. zur Südspitze des Sees von Tiberias (S. 385).

Der *Jordan* fliesst am SW.-Ende des Sees aus; verschiedene Brückenüberreste sind noch vorhanden und noch heute führt hier eine Strasse nach dem Ostjordanland (S. 410), die aber wegen der räuberischen Beduinen gefährlich ist. Eine Stadt und Burg beherrschte im Alterthum diese Strasse. Sie hiess wahrscheinlich *Sennabris* (sie wurde fälschlich mit Tarichaea identificirt) und lag auf einem 9m hohen Hügel, auf drei Seiten von Wasser umgeben. Auf der vierten Seite war ein breiter Graben, der wohl ebenfalls mit Wasser gefüllt werden konnte. Diese eigenthümlich geschützte Lage verdankt die Stadt der Wendung nach NO., welche der Fluss bei seinem Austritt aus dem See macht.

Noch sieht man hier im S. den Karn Sartabe (s. unten); im N. wird das Landschaftsbild durch den grossen Hermon geschlossen, im Osten durch spärlich bewaldete Berge. Auf dem von Gebüschen umsäumten Flusse treiben Möven und Fischreiher ihr Spiel. Von der Jordanfurt nach den Ruinen sind 15 Min., bis zu den Bädern (S. 386) auf einem schmalen Pfade 1 St. 20 Min. (Tiberias 20 Min.). Der Weg ist auch als Spazierritt von Tiberias aus zu empfehlen; doch vermeide man die Mittagsstunden.

### d. Von Jericho nach Beisân.

15 St. Diese Tour, zu der eine Escorte durchaus nothwendig ist, kann nur in früher Jahreszeit (März) gemacht werden, da die Hitze später sehr stark wird. Der untere Theil des Jordanthals ist breit und grösstentheils unbebaut, weil er nur wenig Wasser hat; es kommen zwar eine Menge Thäler von Westen herab, doch sind dieselben meist wasserleer. Nach 55 Min. passirt man das *Wâdi Nawâ'ime*, das aus dem breiten Thalwinkel hinter dem Djebel Karantel kommt; nach 50 Min. durchschneidet man das grüne *Wâdi el-'Audje*, nach 35 Min. *Wâdi el-Abyaḍ*, nach 45 Min. *Wâdi Reschasch*, nach 1 St. *Wâdi Fasâil* oder *Mudahdire*. Am Fusse des Gebirges liegen die Ruinen von *Fasâil* = dem antiken *Phasaelis*, einer Stadt, welche Herodes der Grosse nach seinem jüngeren Bruder Phasaelus benannte und seiner Schwester Salome schenkte; diese vermachte sie der Julia Livia, der Gemahlin des Kaisers Augustus. Es war hier grosse Palmencultur: eine begangene Hauptstrasse ging über Phasaelis das Jordanthal hinauf bis nach Caesarea Philippi (S. 399).

Nach 40 Min. folgt das *Wâdi el-Aḥmar* (auch *Abyaḍ* genannt). Hierauf verengt sich das Jordanthal durch einige Berge, die in die Ebene eintreten; der zweite Gipfel l. ist der hohe **Ḳarn Sartabe,** die grosse Landmarke des Jordanthales. Nach dem Talmud gehörte der Sartabe zu der Linie von Bergen, auf welchen der Eintritt des Neumondes durch Feuersignale verkündet wurde, besonders um den Beginn des grossen Ernte- und Dankfestes anzuzeigen. Es wird behauptet, auf dem Gipfel des Sartabe sei noch ein grosser eiserner Ring zu sehen. Der Gipfel des Berges liegt 310m über dem Mittelmeere, 610m über dem Jordanthale. Beim Hinaufsteigen von S. findet man einen alten Zickzackpfad und sieht Ueberreste einer Wasserleitung. Die Ruinen, welche den Gipfel bedecken, bestehen aus grossen geränderten Rustica-Quadern.

Nördlich vom Sartabe ändert sich der Character der Gegend: das Jordanthal wird enger, aber wasserreicher und viel besser angebaut. Hierauf kreuzt man die Route Nâbulus—Salṭ (s. oben) und sieht in die schöne Ebene des *Wâdi Fâri'a* hinauf (s. S. 351). An diesem Wâdi liegt *Kerâwa* und weiter oben die Ruinen *el-Basaliye*, das dem alten *Archelais* entspricht, welches Herodes Archelaus, Herodes des Grossen Sohn, erbauen liess.

Nach 2 St. 10 Min. erreicht man die Höhlen von *Machrûd* nördl. vom Wâdi el-Fâri'a, in 1 St. 20 Min. das *Wâdi Abu Sedra*, in 45 Min. das *Wâdi Buḳê'a;* etwas weiter nördlich mündet von O. der *Zerḳa* (S. 407), aus einem tief eingeschnittenen Thale kommend, in den Jordan; in 55 Min. schneidet man das *Wâdi Tubâs*, in 30 Min. *Wâdi Djemel*, in 40 Min. *Wâdi Fiyyâḍ*, einen Zweig des *Wâdi Mâliḥ;* hierauf über verschiedene andere Zweige dieses grossen Thales, in 50 Min. nach *'Ain Fer'ûn*, bei den Ruinen von *Sâkût;* in diesem Ruinenhaufen hat man das alte *Sukkot* (1 Mos. 33) finden wollen, wohin Jakob ging, nachdem er seinem Bruder Esau begegnet war. In 1 St. gelangt man, den *Tell Ḥuma* r. lassend, nach der reichen Quelle *'Ain el-Beiḍa.* Nach 35 Min. erreicht man den Bach *el-Chazne* bei Ruinen einer Ortschaft *Berdela*, in 20 Min. die Quelle *Mâchûs*, von hier in 1 St. *Tell Umm el-'Aschera* (S. 352) und in einer weitern Stunde *Beisan* (S. 352).

## 15. Von Nâbulus nach Djenin und Nazareth.

12—13 St. Die directe Route, welche gewöhnlich von den Maulthiertreibern mit dem Gepäck eingeschlagen wird, führt von Nâbulus N. den Berg hinauf und durch verschiedene grüne Thäler über das Dorf *Bêt Imrîn* nach *Djeb'a* (S. 357); der Reisende jedoch wird den Weg über ($2^1/_2$ St.) Sebasṭîye vorziehen.

Die Gewässer östlich von Nâbulus laufen zum Jordan, die westlich von der Stadt zum Mittelmeer hinab. Der Weg nach Sebasṭîye führt WNW. das Thal hinunter. *Râfidîye* bleibt $^1/_4$ St. l. liegen (23 Min.); hierauf erblickt man *Zawâta* am Berge oben r. Nach 20 Min. liegt das Dorf *Bêt Uzîn* l.; hierauf *Bêt Iba* ebenfalls l. Nach 7 Min. sieht man eine Wasserleitung über das Thal hin zu einer Mühle laufen und schwenkt hier r. hinauf (NW.) vom Thale ab. Im SW. kommt nach 10 Min. das Dorf *Keisîn* zum Vorschein. Aufsteigend sieht man das Dorf *Dêr esch-Scheraf* unten im Thal liegen und jenseits den Hügel von Sebasṭîye aufsteigen. Nach 30 Min. hat man r. oben das Dorf *en-Nâḳûra* und steigt in das Thal abwärts. Nach 10 Min. führt der Weg unter einer Wasserleitung hindurch, r. oben ist ein Weli. Nun wieder ansteigend gelangt man in 17 Min. auf den vereinzelt im Thal stehenden runden Hügel von **Sebasṭîye.**

*Historisches.* Omri, König des nördlichen Reiches, kaufte nach I Kön. 16, 24, nachdem sein Palast zu Thirza verbrannt war, einen Berg von einem gewissen Schemer und erbaute darauf eine neue Residenz Namens *Schomron.* Dieses *Samaria* war während einer langen Periode der Hauptsitz des Götzendienstes, gegen welchen die Propheten so viel und in harten Ausdrücken eiferten (Jer. 9, 8 u. a.); hier spielt auch die Geschichte mit Elias (I Kön. 18 ff.). Die Stadt blieb längere Zeit die Hauptstadt des nördlichen Reiches, bis Salmanassar sie im J. 720 v. Chr. nach dreijähriger Belagerung eroberte. Die Stadt wurde ohne Zweifel verwüstet, aber zu den Zeiten der Maccabäer war sie wieder ansehnlich und fest. Durch Hyrcanus wurde sie nach einjähriger Belagerung erobert und gänzlich zerstört. Nicht lange nachher wird Samaria als den Juden gehörig wieder genannt. Pompejus schlug Samaria zur Provinz Syrien; der Feldherr Gabinius liess es neu aufbauen. Augustus schenkte die Stadt Herodes dem Grossen; dieser liess sie prächtig aufbauen und befestigen; zu Ehren des Augustus benannte er sie *Sebaste.* Eine starke Colonie von Soldaten und Bauern wurde darin angesiedelt. Allmählich jedoch wurde Sebaste durch Neapolis (Sichem) überflügelt. In Samarien predigte Philippus das Evangelium nach Apostelgesch. 8, 5. Später kennt man Samaria noch als Bischofssitz; auch die Kreuzfahrer gründeten hier wieder ein Bisthum. Noch heute gibt es einen griechischen Titularbischof von Sebaste (Sebasṭiye).

Das wichtigste Baudenkmal von Sebasṭiye ist die heute in eine Moschee verwandelte, halb zerstörte **Johanneskirche.* Hieronymus ist der erste Schriftsteller, welcher die Tradition erwähnt, dass Johannes der Täufer hier begraben sei; die Behauptung, dass er hier enthauptet worden sei, tritt in noch späterer Zeit auf (vgl. S. 317). Im 6. Jahrhundert stand hier eine Basilica. Die Kirche, deren Ueberreste heute vorliegen, stammt aus der zweiten Hälfte des 12. Jahrhunderts; sie ist ein Werk der Kreuzfahrer. Sie steht unterhalb des jetzigen Dorfes und ihre Apsis ragt noch über den Rand des steilen Abfalls hervor. Von Aussen bewundert man die schöne Fügung der glatten Mauern mit wenig hervortretenden Strebepfeilern. Man kann um die Apsis herum über die Ruinen auf die Mauer der Kirche steigen. Sobald man das Innere sieht, wird man lebhaft an die Kirche von Abu Gôsch (S. 140), oder an die Annenkirche in Jerusalem (S. 216) und ähnliche Gebäude der Kreuzfahrer erinnert. Auch hier sind deutlich drei Schiffe zu erkennen, von denen das mittlere das höchste war; die Apsis des Mittelschiffes springt über die beiden Nebenapsiden vor. Zwischen dem Querschiff und den Apsiden befindet sich noch ein Bogen. Das Hauptschiff wird von den Seitenschiffen durch viereckige Pilaster mit Säulen getrennt, welche die Spitzbogen tragen. Die Capitäle dieser Säulen haben Palmenverzierungen und gehören ebenso wie die Rundbogenfenster noch dem romanischen Styl an; in der Apsis laufen die Bogen spitz zu. Die Fenster bestehen aus kleinen Rundbogen und sind verziert. Die Länge der Kirche nebst der Vorhalle beträgt 50m, die Breite 23m. Die Hauptfaçade der Kirche schaut nach W. und ist sehr einfach. Neben der Spitzbogenthür liegen zwei Fenster, welche den Nebenschiffen entsprechen. Ueber dem Portal war wohl ursprünglich eine Rosette oder ein Fenster angebracht. Die Mauern des Gebäudes, die an verschiedenen Stellen

23*

halb zerstörte Johanniterkreuze zeigen, sind ausser an der S.-Seite leider nur bis zu einer gewissen Höhe erhalten; heutzutage umschliessen sie einen offenen Hofraum. In der Mitte dieses Hofes steht eine moderne Kuppel über dem sogenannten *Grab des Johannes (Nebi Yahya).* Dieses Grab bildet die Krypta; man wird von dem muslimischen Wächter auf 21 Stufen in eine kleine, tief in den Felsen ausgehöhlte Kammer hinabgeführt, an deren Thüre ein zerbrochenes Kreuz sichtbar ist. Luftlöcher stehen in Verbindung mit der in der Mitte des Hofraumes befindlichen Kuppel. Ausser dem Grab des Johannes, das man unter einer Steinplatte zeigt, soll hier auch die Ruhestätte des Obadja (I Könige 18, 3) und des Elisa sein. — Nördlich von der Kirche liegen die Ruinen eines grossen Gebäudes, an dessen Ecken viereckige Thürme standen; dies war entweder das Haus des Bischofs oder das der Johanniter.

In und zwischen den Häusern des heutigen Dorfes finden sich viele antike Baureste verstreut: Steinquadern, Säulenschäfte, Capitäle, Gesimsstücke u. a.; die Einwohner bringen den Fremden Münzen und sonstige Alterthümer zum Kauf. Oberhalb des Dorfes (W.) ist eine grosse künstlich geebnete Terrasse, die jetzt als Dreschtenne benutzt wird. W. davon stehen mehr als ein Dutzend Säulen ohne Capitäle in der Form eines länglichen Vierecks bei einander. Hier stand wahrscheinlich der Tempel, welchen Herodes zu Ehren des Augustus „auf einem grossen freien Platz inmitten der Stadt" erbauen liess. Von dieser Terrasse aus erreicht man in kurzer Zeit die Kuppe des Hügels (470m ü. M.), von welcher aus man eine ungehinderte Aussicht geniesst; im W. sieht man ein grosses Stück des Mittelmeeres. Sanfte Hügelreihen umgeben Sebasṭîye nach allen Seiten. Eine bedeutende Anzahl von Dörfern ist sichtbar, doch ist keines von antiquarischem Interesse darunter. Um diesen übrigens bepflügten Hügel herum ziehen sich an mehreren Stellen Terrassen. Auf der Terrasse im S. läuft in der Höhe des Dorfes die Säulenreihe, mit der Herodes die Stadt verschönerte. Die Breite derselben beträgt 15m; die Säulen, übrigens jetzt sämmtlich ohne Capitäle, sind 5m hoch. Die Colonnade war ungefähr 900m lang; sie zieht sich um den Berg herum, ist aber oft unterbrochen oder steckt in dem Ackerboden. Unter den Säulen bemerkt man auch einzelne Monolithe.

Um von Sebasṭîye nach Djenîn zu gelangen, reitet man (in N. Richtung) in 10 Min. in das *Wâdi esch-Scha'îr* (Gerstenthal) hinunter, wobei man l. noch einige Säulenreste sieht. Jenseit des Thales beginnt man gleich wieder zu steigen; in 15 Min erreicht man den nördl. Thalrand (schöner Rückblick) und in 10 Min. das Dorf *Burḳa* zwischen Oelbäumen. Die Häuser dieses Dorfes sind aus Stein gebaut; in der Mitte des Dorfes scheint ein Schloss gelegen zu haben. Von hier weiter ansteigend gelangt man in 20 Min. auf die Höhe, woselbst man einen ausgedehnten Ueberblick über die Landschaft geniesst; r. oben (O.) liegt das Weli *Chêmet eḍ-Ḍehûr.* Nach N.

sieht man das Dorf *Sîle*, etwas weiter entfernt *Râme* und *'Anza* einander gegenüber jenseit einer schönen Ebene. Hierauf beginnt man nach ONO. hinabzusteigen. Nach 35 Min. sieht man oben r. das Dorf *Fendekûmîye* (sicher ein altes *Pentecomia*). Nach 20 Min. befindet man sich unten an dem Dorf *Djeb'a* (die Quelle etwas weiter); hier kommt man auf den Weg, der direct von Nâbulus nach Djenîn (S. 354) führt. Man reitet im Thale weiter, das sich an seinem oberen Ende verengt, und kommt dann in eine Ebene. Nach 20 Min. bleibt das Dorf *Sânûr* auf einem Hügel oben l. liegen. Die Festung von Sânûr wurde im Jahre 1830 von 'Abdallah, Pascha von 'Akka, belagert, da sich der Häuptling von Sânûr unabhängig gemacht hatte, und unter Zuziehung der Hülfstruppen des Emîr Beschîr (S. 477) nur mit Mühe erobert. Ibrâhîm Pascha von Aegypten zerstörte die Festung total. Im O. dehnt sich die schöne, 15 Min. lange Ebene *Merdj el-Gharrak* mit fruchtbarem Ackerboden aus; im Winter bildet sich hier ein Sumpf. Am Westsaum dieser Ebene schreitet man weiter; r. sieht man nach 30 Min. das Dorf *Misilye*, etwas N. *Kufêr*, r. die Häuser von *Djerba'*.

Wer die Ruinen von Dôthân besuchen will, biegt hier vom Wege l. ab, sodass er das Dorf Djerba' r. liegen lässt; zuerst nach NW. aufsteigend, dann nach W. hinunter, in einer ziemlich engen Schlucht, findet man nach 22 Min. einen Fussweg r., der in 15 Min. nach *Tell Dôthân* führt. Man sieht nur wenige Ruinen bei einigen Terebinthen auf dem Hügel; am S. Fusse desselben ist eine Quelle *el-Hafîre*. Es ist nicht daran zu zweifeln, dass diese Ortslage dem alten *Dothain* entspricht, in dessen Nähe die Geschichte vom Verkauf des Joseph spielt (I Mos. 37, 17 ff.). Zur Zeit des Elisa scheint ein Flecken hier gestanden zu haben (II Kön. 6). NW. von Dôthân liegt der grosse *Tell Ya'bâd* mit Dorf. Von Dôthân kann man ostwärts in 22 Min. auf die gewöhnliche Route nach Kabâtiye zurückkehren, oder auch auf einem Wege, der einige Min. W. von Dôthân vorbeiführt, direct nach Djenîn reiten.

Bevor man hierauf in ein kleines Thal NO. hinuntersteigt, steht r. vom Wege ein mit Weihgeschenken, besonders Tuchstückchen behangener heiliger Baum, bei welchem sich eine Aussicht auf die Ebene Esdrelon öffnet; nach 25 Min. erreicht man *Kabâtîye*, ein grosses Dorf aus festen steinernen Häusern. Nach 9 Min. lässt man einen Weg r. liegen, nach 18 Min. einen andern Weg l. Man marschirt in einem kleinen engen Thälchen und bemerkt einige Felsengräber. Das Thal läuft direct gegen Djenîn aus (30 Min.). Die Ortschaft **Djenîn**, an der Grenze der Berge Samariens und der Ebene Esdrelon, ist ziemlich bedeutend; sie hat gegen 3000 Einwohner, darunter einige Christen. Die schöne Quelle, welche O. von Djenîn entspringt, ist mitten durch das Dorf geleitet; fruchtbare Gärten umgeben dasselbe; selbst einige Palmen finden sich hier wieder. In zwei Häusern findet man Obdach; das eine liegt in der Nähe der Quelle.

*Historisches.* Djenîn wird mit dem antiken *Ginea* des Josephus zusammengestellt; Ginea wiederum scheint dem antiken *'Engannim*, Gartenquelle (Jos. 29, 2 u. a.) zu entsprechen. Dies war eine Levitenstadt, im Stamm Issaschar gelegen. Die Strasse von Nazareth nach Jerusalem ging wohl jeder Zeit über diesen Ort.

Die Ebene *Esdrelon*, an deren Saum man hier steht, entspricht der antiken Ebene *Jesreel*. Das Thal Jesreel ist eigentlich nur die Niederung, das Thal bei dem Ort Jesreel, dem heutigen Zer'in, das sich dann gegen Beisân hinunterzieht (S. 352). In zweiter Linie umfasst aber die Benennung auch die Ebene W. vom Gilboagebirge, welche im alten Testament unter der Bezeichnung „grosse Ebene“ oder Niederung von *Megiddo* vorkommt. Diese grosse Ebene ist ein Dreieck, dessen Grundlinie von Djenîn 8 St. weit nach NW. läuft, während die kürzeste Seite die östliche ist, von Djenîn nordwärts nach Iksâl. Diese Ebene heisst bei den Arabern heute *Merdj ibn 'Amir*, Wiese des Sohnes des 'Amir. Auf verschiedenen Seiten erstrecken sich einige Ausbuchtungen in die Gebirge hinein. Der Boden dieser grossen Niederung, die beiläufig 120—150m über dem Meeresspiegel liegt, ist zwar an einigen Orten sumpfig, aber im allgemeinen ausnehmend fruchtbar; er ist schwärzlich und besteht grösstentheils aus zersetztem vulcanischen Gestein; zur Frühlingszeit sieht die Ebene, von den Bergen aus betrachtet, wie ein grosser grüner See aus. Sie war der Schauplatz vieler Kämpfe (s. S. 361). Das Land wurde bis in die letzte Zeit nur zum geringen Theil bebaut, weil die Beduinen des Stammes der Beni Sachr das Weiderecht beanspruchten; seit 5—6 Jahren dürfen diese aber die Ebene nicht mehr betreten. Man sieht grosse Schwärme von Kranichen und Störchen.

Von Djenîn nach Nazareth kann man auf zwei Wegen gelangen: a. direct auf dem Karawanenweg in 6 St.; — b. diesen etwas links lassend an den Abhängen des Djebel Fakû'a und Djebel Dahi entlang, über Zer'în, Sûlem und Nain in $6^1/_2$—7 Stunden. — (Von Djenîn nach *Haifa* s. R. 16.)

Auf der grossen Karawanenstrasse, welche die Ebene von Esdrelon nordwärts durchschneidet, gelangt man in 1 St. 20 Min. nach *Mukêbele*, woselbst einige wenige Spuren von Alterthümern sich finden. Im Frühjahr gewährt die stellenweise sumpfige Ebene dem Botaniker manche Beute. Von hier kommt man in 2 St. 15 Min. nach *'Afûle* (r. davon *Fûle*, S. 359), in 1 St. nach *el-Mezra'a*, und von hier in 30 Min. zur Oeffnung des Thales; dann ansteigend führt der Weg oben durch eine kleine Schlucht und bald zeigt sich l. am Bergabhang (ca. 1 St.) *Nazareth* (S. 373).

Diese Route überlässt der Tourist den Lastthieren und schlägt den dieser Strasse zwar ziemlich parallel, doch etwas östl. näher am Fusse des Gebirges laufenden Seitenweg ein. Schon beim Ausgang von Djenîn lässt man die Moschee links und reitet auf die Ausläufer des *Djebel Fakû'a* zu. Die Bäche (meist ausgetrocknet), welche diesen Winkel der Ebene durchziehen, fliessen nach Westen. R. auf dem Höhenzug liegen die Dörfer *Djelbon* und *Fakû'a*, davor *Bêt Kad*. W. am Fuss des Gebirges, an der Strasse nach Megiddo, sieht man die S. 361 genannten Dörfer Yâmôn, Sile etc. Nach

50 Min. (von Djenîn) liegt $^{1}/_{4}$ St. rechts vom Wege das Dorf *'Arâne*, weiter oben *'Arabône;* nach 10 Min. l. *el-Djeleme*, dahinter zeigt sich der Tell von Muḳébele (s. oben) an der directen Route.

Der **Djebel Faḳû'a** (523m), dem man jetzt ganz nahe gerückt ist, entspricht dem antiken *Gilbo'a-Gebirge*, welche Bezeichnung auch heute noch in dem obengenannten Dorf Djelbon erhalten ist; hier war das Gebiet von Issaschar. Während heutzutage dieser von OSO. nach WNW. laufende Gebirgszug ein kahles Aussehen hat und nur im S. bebaut oder abgeweidet wird, war er früher wahrscheinlich mit Wald bedeckt. Die Nordseite gegen das Thal Jesreel ist steil und felsig; im O. des Gebirges liegt das Ghôr (Jordanthal).

Am Wege trifft man verschiedene in den Felsen gehauene Cisternen; nach 45 Min. sieht man r. oben am Gebirge *Nebi Mezâr*, einen muslimischen Wallfahrtsort; nach 25 Min. erreicht man **Zer'în**, auf einer nordwestlichen Vorstufe des Gilbo'agebirges. Der Boden senkt sich auch gegen NO.: man steht also auf einem Hügel, der fast von allen Seiten gleichmässig ansteigt. Man sieht in das Thal von Zer'în, das nach Beisân (S. 352) läuft, hinunter; in demselben erblickt man die Quelle *'Ain Djâlûd* (Goliathsquelle), unten den Tell von Beisân, darüber die Berge des Ostjordanlandes ('Adjlûn). Man steht in Zer'în auf der Wasserscheide und hat eine schöne Aussicht auf die Ebene Esdrelon bis zum Karmelrücken. Im N. im Ausschnitt der Berge liegt Nazareth.

*Historisches.* Das heutige Zer'în entspricht dem alten *Jesreel*, einer zum Stamme Issaschar gehörigen Ortschaft. Hier war der Schauplatz der grossen Schlacht gegen die Philister und Saul tödtete sich hier. Um Jesreel waren die Israeliten postirt (I Sam. 29, 1), bei Sûnem gegenüber am Djebel Dahi die Philister. Die Israeliten wurden geschlagen und flohen gegen Gilboa hin, wo ihrer viele getödtet wurden, daher (II Sam. 1, 21) David klagt: „Berge Gilboa's, nicht Thau, nicht Regen sei auf euch" etc. Jesreel blieb in den Händen Isboseth's, des Sohnes Saul's (II Sam. 2, 9). Im Anfang des 9. Jahrh. war Jesreel die Residenz des Königs Ahab und der Isebel, welcher hier einen Palast hatte. Am Hügel lagen Weinberge, worunter auch der des Naboth. Ahab's zweiter Sohn Joram wurde auf dem Acker Naboth's von dem Aufrührer Jehu durchbohrt, Isebel aus dem Fenster des Palastes gestürzt; die ganze Familie Ahab's wurde vernichtet. Im Buche Judith heist Jesreel *Esdrelom*. Auch in der Kreuzfahrerzeit wird es wieder erwähnt als *Parvum Gerinum*.

Von Zer'în führt ein Seitenweg in $1^{1}/_{2}$ St. nach 'Afûle (S. 358) an der directen Nazarethstrasse. 20 Min. bevor man dieses erreicht, trifft man auf die Hütten von **Fûle**. Fûle bedeutet Bohne. Zur Kreuzfahrerzeit stand hier das fränkische Castell *Faba*, das im gemeinsamen Besitz der Tempel- und Johanniterritter war; es wurde nach der Schlacht bei Hattin durch Saladin erobert. Am 16. April 1799 fand hier eine grosse Schlacht zwischen den Franzosen und Türken statt; Kleber war hier postirt und hielt mit einem Corps von circa 1500 Mann die ganze syrische Armee, mindestens 25.000 Mann in Schach. Die Franzosen, im Quarré aufgestellt, fochten von Sonnenaufgang bis Mittag. Bonaparte eilte ihnen mit 600 Mann zu Hilfe; die Türken, in der Meinung, ein grosses Heer rücke heran, ergriffen die Flucht; viele wurden getödtet, manche ertranken, da gerade ein kleiner Fluss die Gegend überschwemmt hatte. Nach dieser „Schlacht am Tabor" ass Bonaparte in Nazareth zu Abend.

Unser Weg nach Sûlem führt von Zer'in nordwärts über die Thalsohle hin, zu den Höhen des *Djebel Daḥi*. Nach 15 Min. erreicht man eine Cisterne *Bîr es-Swêd*; nach 15 Min. ein Bachbett; hier geht ein Weg l. nach Nazareth; mehr in NO. Richtung erreicht man das am SW.-Abhang des Djebel Daḥi gelegene kleine Dorf **Sûlem.**

*Historisches.* Sûlem, schon in früher christlicher Zeit mit l geschrieben, entspricht dem antiken *Sunem*, einer Stadt des Stammes Issachar. Hier schlugen die Philister Saul gegenüber das Lager auf (I Sam. 28, 4). Wahrscheinlich stand hier auch das Haus der Sunamitin, bei welcher der Prophet Elisa einkehrte und deren Sohn er erweckte (II Kön. 4, 8). Der Berg, an welchem das Dorf liegt, kommt bei Hieronymus zuerst unter dem Namen Hermon vor; man nennt ihn daher den „*kleinen Hermon*". Es ist anzunehmen, dass unter dem Hügel *More*, nördlich von welchem die Midianiter lagerten, bevor sie von Gideon geschlagen wurden (Richter 7, 1), dieser Gebirgszug gemeint ist; heute heisst er nach einem nahe dem Gipfel (558m hoch) gelegenen Dorf *Djebel ed-Daḥi*. Die Aussicht von Sûlem aus umfasst die westliche Ebene.

Wir folgen nun NNW. dem nach Nazareth führenden Weg. Zuerst geht man dem Westabhang des Gebirges nach, bis sich ein Arm der grossen Ebene öffnet. Nach 1/2 St. erblickt man den Tabor im NO., und kreuzt die grosse Karawanenstrasse von Aegypten nach Damaskus; dann überschreitet man in der Ebene einige Bachbetten. Nach 20 Min. liegt r. das Dorf *Iksâl*, das *Chesulloth* des Buches Josua, an der Grenze von Sebulon und Issaschar; im N. fallen die Felsen steil ab: hier liegt der sog. *Berg des Herabsturzes* (S. 378). O. von diesem Berg mündet ein steiles Wâdi aus, das man aber nicht hinaufgeht; man wendet sich mehr l. dem Berge nach, bis man nach 10 Min. auf steilem Wege bergan zu steigen beginnt. Nach 15 Min. kommt man in ein Thälchen, das man nordwärts verfolgt: nach 5 Min. findet man einen Brunnen (*Bîr Abu Yîse*), r. das Dorf *Yâfa*, das *Japhia* Jos. 19, 12, an der Grenze von Sebulon. Im Mittelalter ist die Tradition aufgekommen, dass hier die Heimath des Zebedaeus und seiner Söhne Jacobus und Johannes gewesen sei. Josephus befestigte den Ort; doch übertreibt er, indem er behauptet, dass 15,000 von den Bewohnern Japhia's durch die Römer getödtet, 2130 gefangen genommen worden seien. Nach 10 Min. sieht man oben Nazareth (S. 373) und erreicht es in 20 Min.

Mit einem kleinen Umwege kann von Sûlem aus das Dorf *Nain* besucht werden. Man reitet um den steinigen Abhang des Djebel Daḥi herum nach NO., zuerst auf dem eben beschriebenen directen Wege nach Nazareth, bis man diesen nach 35 Min. l. lässt. Von hier dem Fusse des Berges weiter folgend, erreicht man in 1/2 St. **Nain.** Dieses kleine Dorf ist berühmt durch die Erzählung von der Erweckung des Sohnes der Wittwe (Ev. Luc. 7, 11 ff.). Auch von hier führt ein Weg nach Nazareth. Nach 30 Min. lässt man Iksâl r. liegen; nach 25 Min. gelangt man zum Berg des Herabsturzes (s. oben).

Ein weiterer Umweg führt von Nain nach **'Endûr**, wiederum um den Fuss des Hügels herum; die Entfernung beträgt eine kleine Stunde. Ausser einigen Höhlen ist daselbst nichts von Alterthümern zu bemerken; das Dorf ist klein und schmutzig. 'Endûr ist das alte *Endor*, eine Stadt, die zu Manasse gehörte. Besonders berühmt ist es durch den Besuch Sauls bei der hier wohnenden Todtenbeschwörerin am Vorabend der unglücklichen Schlacht bei Gilboa (I Sam. 28, 7 ff.). Noch in den Tagen des Eusebius war 'Endûr ein grosses Dorf.

Auf dem Rückwege von 'Endûr aus muss das Thal wieder gekreuzt werden, und zwar in NW.-Richtung; nach $1^1/_2$ St. bleibt Iksâl r. liegen, und man folgt der oben beschriebenen Route nach Nazareth.

## 16. Von Djenîn nach Ḥaifa und 'Akka. Der Karmel.

$12^1/_2$ St. Der Weg führt in NW.-Richtung dem Rande der Berge entlang; man behält stets die Aussicht über die Berge Galilaea's. In 1 St. 5 Min. hat man l. *Yâmôn*, in 30 Min. das Dorf *Sîle*, bald darauf (35 Min.) l. den Tell mit den Ruinen von *Ta'anuk*. Dieses Dorf entspricht dem antiken *Thaanach*, einer Stadt der Kana'aniter, dann dem Stamme Manasse zugehörig und von Leviten bewohnt, und ist auch in dem uralten Deboralied erwähnt (Richter 5, 19). Nach 25 Min. kommt man zu einem kleinen Thal zwischen den Dörfern *Selâfe* und *Salîm*, nach 50 Min. zu dem zerstörten Chân **el-Ledjûn**, wo ein grosser Kreuzweg die Strasse schneidet; ebendaselbst ist eine Brücke über einen Hauptarm des Baches *Mukaṭṭa'* (*Kischon*). Die Baureste auf der Höhe im N. des Baches sind unbedeutend. Bei dem Chân liegt ein Hügel Namens *Tell el-Mutesellim*.

*Historisches*. Der heutige Chân Ledjûn steht ohne Zweifel an der Stelle des alten *Legio* des Eusebius; diese römische Benennung hat die ältere *Megiddo* verdrängt. Megiddo wird sehr oft mit dem nahegelegenen Thaanach zusammen erwähnt. Der schon in alter Zeit befestigte Ort wurde dem Stamm Manasse zugetheilt (Jos. 17, 11), doch blieben die Kana'aniter in der Stadt sesshaft (Richter 1, 27). Auf dem runden Hügel, Tell el-Mutesellim, stand wohl einst eine Burg. Die Stadt war so wichtig, dass die „grosse Ebene" wiederholt auch Ebene von Megiddo, der Kischon auch Bach von Megiddo genannt wird (Richter 5, 19). Hier in der Nähe von Megiddo entbrannte der Kampf der Heere, welche die heldenmüthige Richterin Debora aus den nördlichen Stämmen, Naphtali an der Spitze, zusammengebracht hatte: hier wurden die kana'anitischen Häuptlinge definitiv geschlagen, ihre Truppen in den Kischon geworfen. Als ein beherrschender Punkt wurde Megiddo später von Salomo befestigt und zum Sitz eines Amtmanns gemacht (I Kön. 4, 12; 9, 15). Hier starb Ahasja, König von Juda, tödtlich verwundet (II Kön. 9, 27). Einige Jahrhunderte später suchte Josia in dieser Ebene das ägyptische Heer des Pharao Necho auf seinem Marsch gegen die Babylonier aufzuhalten, wurde aber geschlagen und starb in Megiddo (II Kön. 23, 29).

Bei Ledjûn ist eine Quelle mit schlechtem Wasser. Nun verfolgt man die Strasse in NW. Richtung weiter. Nach 40 Min. sieht man Reste einer Wasserleitung und eine Quelle in einem Thälchen. In der Ferne kommt die runde Kuppe des Tabor hervor, im O. die Berge des Ostjordanlandes (des Djebel 'Adjlûn), im NW. der Karmel. Von der Ferne, über die grüngelbe Ebene gesehen, nehmen sich diese Gebirge besser aus als aus der Nähe. Links oben an den nahen Hügelketten liegen einige unbedeutende Ruinen und Dörfer; nach 1 St. 10 Min. erreicht man *Abu Schûsche*. Nach 25 Min. hat man l. wieder ein kleines Thal mit Wasserleitung. 20 Min. darauf Felsengräber, nach 15 Min. l. den Eingang ins *Wâdi el-milḥ* (Salzthal). *Tell Kaimûn* l. bezeichnet wahrscheinlich die Lage der kana'anitischen Königsstadt *Jokneam*, die später Levitenstadt und dem Stamm Sebulon zugetheilt war (Jos. 12, 22 u. a.). Nach 25 Min. thut sich wieder ein Nebenthal l. auf mit einer Strasse und der Telegraphenleitung, die von 'Akka über Nâbulus und Jerusalem nach Yâfa führt; nach 5 Min. hat man r. ein Dorf *Obrîk*, l. oben die *Miḥraka* (s. unten); nach 25 Min. erreicht man den **Tell el-Ḳasîs** („Priesterhügel"), einen kahlen Hügel am r. Ufer des Kischon, der die Ebene gegen W. schliesst. Der obere Theil des Kischon hat im Hochsommer kein Wasser; erst die Quellen von Sa'adiye liefern einen perennirenden Bach.

Wer von hier aus die **Miḥraka** (die SO.-Spitze des Karmel) ersteigen will, geht direct S. den Berg hinauf; der Weg ist gut, doch halte man sich eher l., da r. steile Abhänge sind. Man kann den Gipfel auf angenehmem Waldwege in circa 1½ St. ersteigen. Die Vegetation ist im Frühjahr üppig; Eichbäume, wilde Mandel- und Birnbäume wachsen hier in Fülle. Auf dem Rücken des Berges ist die Aussicht besonders gegen N. sehr schön; man überblickt die gelbgrüne Ebene, darüber die Berge von Nazareth, den Tabor, den kleinen Hermon sowie den grossen; gegen SW. sieht man das grosse Dorf Iksim und das Meer in der Gegend von Caesarea. Auf dem Berge oben im Gehölz versteckt, stehen Ruinen eines Gebäudes, vielleicht Ueberreste einer Burg. Hier soll der Platz *el-Miḥraka* sein, wo Elias die Baalspfaffen vom Volke umbringen liess und eine Zeit lang dem Götzendienst des Ahab und der Isebel Widerpart hielt. Die Lage des Ortes, die Einsenkung 90m unter dem Gipfel, veranschaulicht mit dem „Priesterhügel" (Tell el-Ḳasîs, s. oben) am Kischon unten jene Erzählung vortrefflich. In den Klüften des Karmel wohnte Elias (1 Kön. 18). — Auf directem Wege erreicht man Tell el-Ḳasîs in 1 St. (zu steil für Pferde).

Von Tell el-Ḳasîs führt der Weg stets im Thalgrund weiter; der Kischon-Bach ist mit Gebüsch, besonders Oleander umsäumt. Nach 35 Min. hat man l. *Chirbet el-Asafne*; das Thal erweitert sich zur Ebene; jenseit des Wassers (rechte Seite) führt ein Weg direct nach 'Akka. Nach 45 Min sieht man r. das Dorf *el-Charbedj*, nach 20 Min. l. *Yadjûr* mit einigen Palmen. Rechts hat man die Aussicht auf die schöne Ebene, l. malerische Berge. Nach 20 Min. l. das Dorf *Bilâd esch-Schêch*. Die Gegend ist voll Olivenhaine. Von hier gelangt man in 1 St. nach Ḥaifa.

Es gibt auch einen Fussweg auf dem Karmelrücken. Von Miḥraka aus geht man in NW. Richtung bergab, dann über eine niedrige Kuppe, die sich in ein Waldthal senkt. Die Gegend ist bebaut. In 2 St. erreicht man das Drusendorf *Esfiye*, wo der Karmel seine höchste Höhe erreicht (527m). Hier ist besonders die Aussicht auf den Meeresstrand im N. mit den beiden Städten Haifa und 'Akka sehr schön. Die reiche Vegetation des Karmel aber hört gegen W. zu mehr und mehr auf. Die Hochfläche, welche man ununterbrochen verfolgt, ist nur mit Strauchwerk bedeckt. Nach 2stündigem Marsch wird der Weg uneben und der Berg zusehends öder; auf dem dürren steinigen Boden wachsen Dornen und Salbei, nur in einzelnen Schluchten steht noch etwas Wald; ein guter Führer ist nöthig. Nach 3–4 St. erreicht man das Karmelkloster.

**Haifa.** Das *Hôtel Carmel in der neuen Ansiedelung (S. 364), 10 Min. östl. ausserhalb der Stadt, links das Eckhaus an der Strasse, Eigenthümer *Kraft*, entspricht allen billigen Anforderungen; gute Betten u. Verpflegung, pro Tag 10 fr.; Wein und Bier. Kloster auf dem Karmel s. S. 364.

**Europäische Artikel**, zur Ergänzung auf der Reise, bei *Otto Fischer*, ebenfalls in der Ansiedelung.

Die österreichische **Post** hat in Ḥaifa eine Agentur; Telegraphenstation dagegen ist in 'Akka, nicht in Ḥaifa.

**Vice-Consuln**: für Deutschland *E. Ziffos*, ein in München gebildeter Grieche; ausserdem sind hier solche nur für Frankreich und für Amerika.

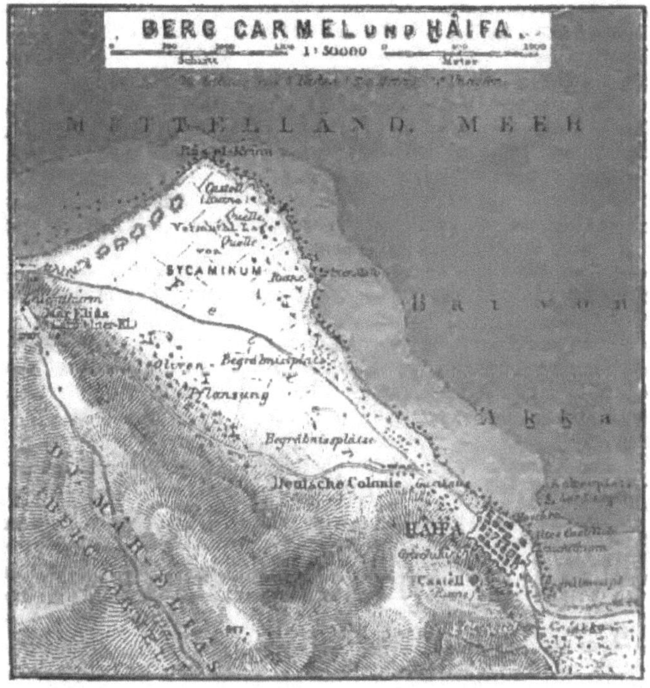


*Historisches.* Ḥaifa entspricht dem *Sycaminum* der griechisch-römischen Schriftsteller; im Talmud kommt es unter beiden Namen vor. Im Jahre 1100 wurde Ḥaifa von Tancred belagert und mit Sturm genommen; nach der Schlacht bei Ḥattin fiel es in die Hand Saladin's. Ḥaifa dehnte sich noch im vorigen Jahrh. mehr nach dem Karmelvorgebirge zu aus; es wurde 1761 von Zâhir el-'Omar, Pascha von 'Akka zerstört und die neue Stadt mehr nach O. verlegt; aus dieser Zeit datiren die Festungswerke im SO. der Stadt.

Seitdem die Dampfboote (vgl. S. 10) in Ḥaifa halten, hat das Städtchen auch in commercieller Hinsicht Bedeutung und gewinnt sie immer mehr, obwohl der Hafen nicht besser ist, als der von Yâfa; die Dampfer werfen weit draussen Anker, und selbst nach und aus den Booten muss man sich durch das Wasser tragen lassen.

Haifa hat heute gegen 4000 Einwohner, wovon weniger als die Hälfte Muslimen sind, die anderen Christen und Juden.

Die Lage von Haifa im Südwinkel der Bucht von 'Akka hart am Fusse des Karmel ist schön. Zwischen dem Ufer und dem Gebirge ist nur ein schmaler Küstensaum, der entweder mit Häusern oder mit Gärten, gegen W. besonders mit Oelbäumen bedeckt ist, zwischen welchen einzelne Palmen hervorschauen. Jenseit der herrlichen Bucht am Strande schimmert 'Akka herüber; die Gebirge, überragt vom Hermon, ziehen sich in sanften Linien ostwärts hinauf. Das Städtchen enthält keine Alterthümer; der Bazar ist besucht.

Seit einigen Jahren haben hier wie in Yâfa die Mitglieder der Tempelgenossenschaft (S. 136) eine Ansiedelung gegründet, die durch ihre Ordnung und Reinlichkeit gegenüber dem oriental. Schmutze einen wohlthuenden Eindruck macht. Ihre freundlichen Häuser im O. der Stadt sind ganz europäisch. Im Ganzen gedeiht diese Colonie; sie zählt jetzt über 250 Seelen. Am Karmel sind von ihnen Weinberge angelegt worden.

Vom Westthore von Haifa reitet man, die Häuser der deutschen Colonie r. liegen lassend, am Fusse des Gebirges zwischen alten Oelbaumpflanzungen westwärts und beginnt nach 25 Min. am Berge steil aufzusteigen; der Weg ist treppenartig gebahnt, aber sehr steinig und bisweilen etwas schlüpfrig; in 12 Min. erreicht man die Höhe und das Karmelkloster, in welchem für Unterkunft ebenfalls bestens gesorgt ist, und das sich zu einem Ruhetag trefflich eignet.

**Der Karmel.** *Historisches.* Der Bergrücken des Karmel, welcher sich von den Bergen Samariens abzweigt und in lang gestreckter Linie nach NW. zu gegen das Meer hinausläuft, lag an der S.-Grenze des Stammes Ascher und wird in der Bibel öfters erwähnt. Der Gebirgszug besteht aus Kalk mit eingesprengtem Hornstein; er hat eine schöne Flora (das Wort Karmel bedeutet Baumgarten). Die üppige Vegetation rührt von dem Reichthum an Wasser her. Gegen das Meer hin senkt sich der Karmelrücken zu einem abschüssigen Vorgebirge; hier liegt das Kloster 149m über dem Meer; besonders dieses Vorgebirge ist aus grosser Ferne sichtbar. Da es auch im Sommer grün bleibt, nimmt es eine bemerkenswerthe Ausnahmsstellung in Palästina ein. Das Gebirge war bereits den Ureinwohnern heilig und galt schon in ältester Zeit als „Berg Gottes", nach Micha 7, 14 u. a. auch als Sitz Jahve's. Elias berief das Volk nach dem Karmel und baute daselbst den Altar wieder auf, den Jahve früher dort gehabt hatte (I Kön. 18, 30). Die Schönheit des Karmel wird gerühmt (Jes. 35, 2; Hohe Lied 5, 6). Es scheint jedoch nicht, dass er im Alterthum stark bewohnt gewesen sei. Er diente auch Verfolgten als Zufluchtsort (II Kön. 2, 25; 4, 25; Amos 9, 3). Auf der W.-Seite des Gebirges sind sehr viele natürliche Höhlen, die früh von Einsiedlern bewohnt waren; schon Pythagoras soll, aus Aegypten kommend, sich einige Zeit hier aufgehalten haben. Zur Zeit des Tacitus stand hier auf dem Berge noch ein Altar des „Gottes Karmel" ohne Tempel und Bildsäule, und Vespasian liess das Orakel bei dem Priester dieses Gottes befragen.

Schon in den ersten christlichen Jahrhunderten sammelten sich Einsiedler in den Höhlen des Karmel; in einigen dieser Höhlen sind griechische Inschriften noch vorhanden. Im 12. Jahrh. begann sich ein Orden zu bilden, der im Jahre 1207 vom Papst Honorius III. bestätigt wurde. Diese „Karmeliter" siedelten im Jahre 1238 auch nach Europa über. Im Jahre 1252 besuchte Ludwig der Heilige das Kloster. In der Folge der Zeiten hatten die Mönche viel zu leiden. Im Jahre 1291 wurden viele getödtet, ebenso 1635; in letzterem Jahre wurde die Kirche in eine Moschee umgewandelt, doch setzten sich später die Mönche wieder fest. Im Jahre 1775 wurde Kirche und Kloster geplündert u. s. w. Als Napoleon 1799 'Akka belagerte, diente das Klostergebäude den Franken als Lazareth. Nach Napoleon's Rückzug wurden die Verwundeten von den Türken ermordet; sie sind vor der Pforte des Klosters unter einer kleinen Pyramide begraben. Die Griechen bauten nicht weit vom Kloster eine Kapelle; im Jahre 1821, bei Gelegenheit des Griechenaufstandes, liess 'Abdallah Pascha von 'Akka unter dem Vorwand, das Kloster könnte die Feinde der Türken begünstigen, Kloster und Kirche total zerstören. Der Neubau ist den unablässigen eifrigen Bemühungen des Bruders Giovanni Battista von Frascati zu verdanken. Er brachte das nöthige Geld zusammen, und schon sieben Jahre nach der Zerstörung wurde der Grundstein zum Neubau gelegt. Heute steht ein grosses, reinliches, luftiges Klostergebäude und wird von 18 Mönchen bewohnt. Fremde werden verpflegt (S. 362; 28 Betten).

Die Kirche mit ihrer weithin sichtbaren Kuppel ist im modernen italienischen Styl erbaut; an der Hinterwand sind schöne Fayenceplatten. Unter dem Hauptaltar befindet sich eine Grotte, in welche man vermittelst fünf Stufen hinabsteigt: hier soll Elias gewohnt haben; die Stelle wird auch von den Muslimen verehrt. Die schönste Aussicht geniesst man auf der Terrasse des Klosters. Der Horizont des Meeres auf drei Seiten macht einen gewaltigen Eindruck; nach N. sieht man über 'Akka hinaus das Vorgebirge Râs en-Naḳûra hervorragen, im S. an der Küste 'Athlît und Caesarea. — Nördlich vom Kloster steht ein Gebäude, das 'Abdallah Pascha sich aus den Ueberresten der Zerstörung als Landhaus eingerichtet hatte; jetzt dient es eingebornen Pilgern zur Herberge, und ein Leuchtthürmchen erhebt sich darüber.

Aus dem Klosterhofe herausgehend und sich erst l., dann r. wendend, gelangt man in 5 Min. zu einer Kapelle, die dem Andenken des St. Simon Stoch, eines Engländers, gewidmet ist, der im 13. Jahrh. General des Karmeliter-Ordens in Rom wurde, nachdem er hier einige Zeit gelebt hatte. Von hier immer r. hinuntersteigend, kommt man zu einem muslimischen Friedhof; jenseit desselben tritt man in eine Umzäunung; zwischen dem Hause und dem Felsen vorbei kommt man zur Thüre der sogenannten *Prophetenschule*, einer grossen, theilweise von Menschenhand erweiterten Höhle. Hier soll auch die heilige Familie bei ihrer Rückkunft aus Aegypten geruht haben. Die Mauern sind mit Namen von Pilgern bedeckt.

### Von Yâfa nach Ḥaifa.

20 St. Die Tour ist lang und nicht gerade lohnend. Die Saronebene wird von Beduinen durchzogen; man thut daher gut, von Yâfa wenigstens einen Reiter als Bedeckung mitzunehmen. Der ganze Küstenweg ist baumlos und schon Anfangs Mai heiss; wenn man die Tour von N. nach S. macht, so hat man den ganzen Tag die Sonne im Gesicht.

Von Yâfa führt der Weg durch die Gärten in NO.-Richtung zum *Nahr el-'Audje* ($1^1/_2$ St.). Dies ist der grösste Bach der Küstenebene *Saron;* wenn auch die Bäche des Gebirges im Sommer ihm kein Wasser mehr zuführen, so hat er noch immer einen kleinen Strom von Râs el-'Ain

(S. 364) her. Man setzt auf einer alten Brücke über den Fluss. Hierauf verfolgt man den Weg, der vom Meere durch einige Sanddünen getrennt ist, nordwärts. In 2 St. lässt man das *Harâm 'Ali Ibn 'Alêm* l. liegen. Ein Derwisch soll hier begraben sein, der das benachbarte Arsûf lange Zeit gegen Sultan Bibars vertheidigte; Bibars selbst soll ihm dieses Denkmal gesetzt haben. In 15 Min. lässt man die Ruinen von *Arsûf* l. liegen. Im Mittelalter hielt man diesen Ort für das alte *Antipatris* (S. 349), während er dem von Josephus erwähnten *Apollonia* entspricht. In der Nähe sind Marschen, in welchen Büffel weiden. In der Ebene von Arsûf fand am 7. Sept. 1191 eine grosse Schlacht zwischen den Kreuzfahrern (Richard) und den Saracenen (Saladin) statt, wobei viele der letzteren getödtet wurden. Nach 1 St. 40 M. gelangt man nach *Chirbet Faldîl*, nach 25 Min. zum Bache gleichen Namens, von hier durch eine öde Gegend in 1³/₄ St. nach *Muchâlid*, einem grossen Dorfe, das auf der O.-Seite der Hügelkette zwischen dem Meer und der Ebene liegt. Auf letzterer weiden zahlreiche Schafheerden. Von hier bis zum Bachbett von *Abu Zabûra* gelangt man in 1³/₄ St., nach *Nahr Achḍar* in 1 St. 50 M., nach Ḳaisarîye in 35 Min.

*Historisches. Caesarea* wurde von Herodes an der Stelle, wo vorher bloss ein Ort „Straton's Thurm" lag, prachtvoll aufgebaut und zu Ehren des Augustus Caesarea, auch *Kaisaria Sebaste* genannt. Josephus beschreibt den Bau der Stadt ausführlich; die Vollendung desselben wurde im Jahre 13 v. Chr. mit glänzenden Spielen gefeiert. Caesarea wurde bald die bedeutendste Stadt Palästina's und war schon vor der Zerstörung Jerusalems Sitz der römischen Procuratoren Judaea's. Durch Vespasian u. Titus erhielt sie die Immunitäten einer römischen Colonie. Schon vor dem jüdischen Krieg gab es hier blutige Streitigkeiten um das Vorrecht, in der Stadt zu wohnen. Paulus, Philippus und Petrus besuchten den Ort öfters auf ihren Missionsreisen; ersterer sass hier zwei Jahre gefangen. Es scheint früh eine Christengemeinde hier bestanden zu haben. Um 200 n. Chr. war Caesarea Bischofssitz und fortan als Metropole von Palästina prima auch dem Bisthum zu Jerusalem übergeordnet (bis 451). Schon im 3. Jahrh. war hier eine gelehrte Schule, an welcher unter Anderen auch Origenes wirkte, und aus welcher Eusebius, später Bischof von Caesarea, hervorging († 340). Einige Concilien wurden hier abgehalten. Die Stadt soll 7 Jahre lang von den Muslimen belagert worden und am Ende durch Capitulation gefallen sein; damals war sie noch reich; ebenso machte Balduin I. reiche Beute, als er die Stadt im J. 1101 nach 15tägiger Belagerung eroberte. Unter anderm fand sich auch ein sechseckiges grünes Glasgefäss, das man für die Abendmahlsschüssel hielt, jetzt im Kirchenschatz von St. Lorenzo in Genua. Als heiliger Gral spielt dieses Gefäss eine grosse Rolle in der Poesie des Mittelalters. Die Muslimen wurden damals niedergemetzelt, Caesarea wurde wieder Sitz eines Erzbisthums. Während der Kreuzzüge wurde die Stadt noch zweimal von den Christen wieder aufgebaut, zuletzt von Ludwig IX. im J. 1251 befestigt.

Caesarea ist von der Ebene aus nicht sichtbar, da es von Sandhügeln verdeckt wird. Von den Bauten der Stadt ist nicht viel übrig geblieben; einen Theil der Steine liess Ibrâhîm Pascha zu neuen Festungsbauten in 'Akka verwenden. Die mittelalterliche Stadt war in einem grossen Rechteck gebaut, das von N. nach S. 540 Schritte, von O. nach W. 350 Schritte misst. Die Mauern, mit Böschungen, sind 1,5m dick und noch 6—9m hoch; ein gegen 12m breiter Graben, der ausgemauert ist, läuft aussen herum. An der Ostmauer zählt man noch 10 Thürme, an der Nordseite 3, an der Südseite 4, an der Westseite 3; den NW.-Winkel nimmt eine Art Bollwerk ein. Die Thürme stehen je 15—27m von einander entfernt. Alles ist aus Sandstein gebaut; die umherliegenden Säulenstücke jedoch (manche gewaltigen Umfangs) bestehen aus grauem oder röthlichem Granit. Von den drei Thoren der Landseite ist nur das Südthor erhalten. Inmitten der Trümmer stehen die Reste einer grossen Kirche aus der Kreuzfahrerzeit; man kann noch die 3 Apsiden unterscheiden und einige Strebepfeiler, die noch aufrecht stehen; die Grundbauten sind älter und rühren von einem heidnischen Tempel her; später war die Kirche Moschee. In der Nähe N. sieht man auch die Reste einer kleineren Kirche. — Im SW. springt ein Felsriff, den kleinen Hafen abschliessend, circa 400 Schritte weit in die See vor; dieser natürliche Damm wurde von Herodes vergrössert. Hier stand der Drususthurm des Herodes; grosse Granitblöcke liegen im Wasser. Von dem Tempel Caesars sind nur die Grundmauern vorhanden; die weissen Steine bewahrheiten den Bericht des Josephus, dass das Material aus weiter Ferne herbeigeholt wurde. Auf dem äussersten Ende des Riffes stand wohl einst der sogen. Stratonsthurm. Heute sind dort noch die Reste eines mittelalterlichen Castells vorhanden, 18m im Quadrat; in die Mauern sind Säulenstücke eingefügt. Man hat von der Spitze dieses Gebäudes eine weite Fernsicht. Im Innern des Schlosses finden sich einige Gewölbe.

Der Umfang der *römischen* Stadt ging weit über das Viereck der mittelalterlichen Stadt hinaus, besonders gegen O. Im S. der Stadt sind die Reste des sehr grossen gegen das Meer gerichteten Amphitheaters des Herodes erkennbar, was genau mit dem Bericht des Josephus übereinstimmt. Das Amphitheater ist aus Erde gebaut, mit einem Graben umgeben; in der Mitte sind Reste eines halbkreisförmigen Gebäudes, wohl eines Theaters. — Die Stadt wurde durch zwei Aquaeducte mit Wasser versorgt; ein Tunnel kommt vom Zerka N., eine Mauer zwang die Gewässer des Marschlandes sich in diesen Fluss zu ergiessen. Ein anderer Aquaeduct mit Bogen, die noch theilweise sichtbar sind, kommt von *Miamas* (im NO.) aus den Quellen bei *Sindiâne*. Die erwähnte Mauer wurde von diesem Aquaeduct gekreuzt. In Miamas sieht man eine saracenische Festung über den Rest eines römischen Theaters gebaut.

Von Kaisarîye nordwärts kommt man in 30 Min. an den Ruinen einer alten Wasserleitung, die hier über eine kleine Bucht des Meeres setzt, vorbei zum *Nahr Zerka*†; l. am Meere liegen die Ruinen eines Castelles *el-Meldt*. Weiter oben am Flusse sieht man eine Reihe von Mühlen, theilweise noch im Gang; auch eine zerfallene römische Brücke. Der Fluss Zerka war im Alterthum als *Crocodilfluss* (besonders bei Plinius) bekannt. Strabo redet auch von einer Stadt *Crocodilon*. Da das Klima dieses Landstriches dem des ägyptischen Delta ähnlich ist, so würde nichts Auffallendes in dem Vorkommen dieser Thiere liegen; glaubwürdige Reisende behaupten noch in neuerer Zeit deren gesehen zu haben (oder wenigstens Skelette). Vom Nahr Zerka zum *Nahr Keradji* gelangt man in $1^1/_2$ St.; 15 Min. weiter liegt das Dorf **Ṭanṭûra**.

*Historisches.* Ṭanṭûra ist das antike *Dôr* (Jos. 17, 11), eine kana'anitische Königsstadt, die von den Israeliten nicht zerstört, sondern nur zinspflichtig gemacht werden konnte (Richter 1, 27). Später unter Salomo wurde sie der Sitz eines Amtmanns. Die classischen Autoren reden von ihr als von einer phönicischen Niederlassung; an dem klippenreichen Gestade hier wurde ganz besonders der Fang der Purpurmuschel betrieben. Dadurch scheint die Stadt zu einiger Bedeutung gekommen zu sein. Die Hafenstadt scheinen die Israeliten nie ganz besessen zu haben, sondern nur die obere Stadt *Nafat Dôr*. In den Kriegen der Diadochen wurde Dôr belagert und zum Theil zerstört. Der römische Feldherr Gabinius stellte Stadt und Hafen wieder her; zur Zeit des Hieronymus wurden die Ruinen der einst sehr mächtigen Stadt noch bewundert.

Der heutige Ort besteht aus einigen elenden Hütten. Zwischen ihr und den O.-Hügeln liegt ein Sumpf. Nördlich davon, an einer kleinen, von vielen Felsriffen eingeengten Bucht, auf der Spitze eines Felsenvorsprungs stehen die Ruinen eines Castells, dessen Unterbauten über das Mittelalter hinausreichen. An der Südseite des Felsens finden sich Höhlen, an der Nordseite Reste eines Gebäudes. Der ganze gegen N. sich hinziehende Höhenzug ist mit den formlosen Trümmern der ehemaligen Stadt bedeckt. Gegenüber von Ṭanṭûra liegen einige kleine Inseln.

Von hier nordwärts sieht man erst *Haddra*, dann nach 45 Min. auf dem Höhenzuge das kleine Dorf *Kefr Lâm*; von hier gelangt man in 17 Min. in die Nähe von **'Athlît**.

† Zerka bedeutetet „blau“ und ist der Name vieler Bäche in Palästina.

*Historisches.* Es ist nicht bekannt, wie die Stadt geheissen hat, die zweifelsohne schon im Alterthume hier stand. Erst zur Zeit der Kreuzfahrer wird die Ortslage unter dem Namen *Castellum Peregrinorum*, *Château des Pèlerins* berühmt; im Anfang des 13. Jahrh. trug es den Namen *Petra incisa* (behauener Stein), vielleicht wegen des Felsenpasses im O. Im Jahre 1218 stellten die Tempelritter das Schloss wieder her und machten es zum Hauptsitz ihres Ordens; bei dem Neubau fand man eine Menge „fremder unbekannter Münzen." Die Burg galt als die Vormauer von 'Akka. Im Jahre 1220 wurde die Festung durch Muazzam, Sultan von Aegypten, vergeblich belagert und berannt; sie fiel erst im Jahre 1291 als letzte Besitzung der Franken in Palästina und wurde durch Sultan Melik el-Aschraf zerstört.

Die grosse Strasse läuft etwa 10 Min. O. von 'Athlit vorbei; ein Abstecher dorthin ist lohnend. Eine Felsenmauer, auf welcher Reste von Befestigungen liegen, sperrt den Strand von der Strasse ab. Den Zugang bildet ein wohlbeschütztes Felsenthor. An der inneren Seite der Felsenmauer erhob sich ausserdem noch eine viereckige Mauer aus grossen Quadern, von welchen viele nach 'Akka geführt worden sind. Innerhalb des vielfach ausgehöhlten Felsenwalles stand die ehemalige Ortschaft. Heute sind nur wenige Hütten bewohnt. Auf einem Vorgebirge liegt das Castell, das wohl künstlich durch einen Graben vom Festland abgeschnitten worden war.

Am Fusse der Berge, 'Athlit O. gegenüber, 1 St. entfernt, liegen die Ruinen von *'Ain Ḥauḍ*. Von den Ruinen aus gewinnt man nordostwärts die Strasse wieder; nach 25 Min. hat man r. die Ruinen von *ed-Dustrên*; immer mehr verengt der Karmel die schöne und reich angebaute Ebene. Nach 1 St. 6 Min. kommt man zu den Ruinen *Bir el-Kuneise*, und in circa 1 St. zu einem Brunnen, der sogenannten *Eliasquelle*, von der aus man auf einem Fusspfad nach dem Karmelkloster (S. 364) hinaufsteigen kann. In 30 Min. vom Brunnen erreicht man *Tell es-Semek*, einen kleinen mit Ruinen bedeckten Hügel; nach 10 Min. lässt man einen Fussweg nach dem Karmelkloster r. liegen und gelangt, um das Vorgebirge herumbiegend, auf der Hauptstrasse in 55 Min. zum Thore von Ḥaifa.

---

*Von Haifa nach 'Akka* ($2^1/_2$ St.) geht der Weg dem Meeresufer entlang. Bei ruhigem Wetter ist eine Meerfahrt angenehm; je nach dem Winde segelt man in 1—$1^1/_2$ St. über die herrliche Bucht. Doch ist auch der Landweg um der schönen Aussicht willen, besonders rückwärts auf den Karmel, sehr lohnend. Die Luft ist oft so klar, dass man in weiter Ferne die Gegenstände unterscheidet. Vom O.-Thore von Ḥaifa aus erreicht man, r. die schönsten Baumgärten im Auge behaltend und öfters durch das Wasser reitend, in 20 Min. den 6m breiten Ausfluss des *Kischon;* dann kommt man in die grosse Ebene von 'Akka. Am Meeresufer liegen eine Menge schöner Muscheln; an diesem Strande kommt noch heute die Purpurschnecke vor, ein stachliges Schalthier (Murex brandaris und Murex trunculus), aus welchem die Phönicier den im Alterthum so hochgeschätzten Farbstoff, der in einem Gefäss der Kehle des Thieres sitzt, auszuziehen wussten. Besonders berühmt als Fundort dieser Thiere war der Fluss *Belus*, heute *Nahr Na'mân* genannt, den man nach circa 2 St. erreicht. Aus dem feinen Sand dieses Flusses wurde nach Plinius Glas bereitet; an eben demselben Fluss soll nach Plinius ein grosses Grabmal eines Memnon gewesen sein. Hierauf hat man zur Rechten die Höhe, auf welcher Napoleon

1799 seine Batterien aufpflanzte, l. am Hafen die Ruinen eines alten Thurmes aus der Kreuzfahrerzeit; nach 10 Min. steht man am Thore von **'Akka.**

Beschränkte Unterkunft findet man im *Latein. Convent* (*Dêr latin*, Pl. 4), in der Ecke eines grossen Châns gelegen; von der Terrasse schöner Blick aufs Meer, in das im Süden der Karmelrücken weit vorspringt, mit der Stadt Haifa an seinem Fusse; im Osten erheben sich die Berge von Galilaea; im Norden ragt über das nahe Cap von Nâkûra noch das weisse Cap, Râs el-abyaḍ, ins Meer hinein, an dem entlang der Weg nach Ṣûr führt. — 'Akka hat eine *Telegraphenstation*.

*Historisches.* Der Stamm Ascher vertrieb die Einwohner von *Akko* nicht (Richter I, 31). Es gab zwar später eine jüdische Colonie in der Stadt; aber die Mehrzahl der Einwohner war und blieb heidnisch. Von den Griechen ward Akko zu Phönicien gerechnet. Ihren späteren Namen *Ptolemais*, der seit der Eroberung durch die Araber wieder ganz verschwunden ist, erhielt sie durch einen Ptolemäer von Aegypten, vielleicht durch Ptolemäus Lagi; Genaueres wissen wir darüber nicht. Die Stadt war früher als Hafenort bedeutend: schon bei den Kriegen der Perser gegen die Aegypter, und später wieder bei denen der Diadochen. Bei den röm. Autoren und auf Münzen wird sie als Colonie des Kaisers Claudius aufgeführt. Paulus besuchte die Stadt bei seiner Durchreise (Apost. 21,7);

aus späteren Zeiten kennt man die Namen einiger ihrer Bischöfe (von den Concilien her). Im Jahre 638 wurde die Stadt von den Arabern erobert; ihre Hauptbedeutung gewann sie zur Zeit der Kreuzzüge. Zwar hielten sich die ersten Kreuzfahrer bei ihrem Anmarsch gegen Jerusalem mit der Belagerung dieser Stadt nicht auf; im Jahre 1103 jedoch belagerte sie Balduin I. und eroberte sie im Jahre 1104 mit Hilfe einer genuesischen Flotte; er fand reiche Beute darin. Für die Kreuzfahrer war 'Akka als Landungsplatz ein sehr wichtiger Ort; als Jerusalem wieder in die Gewalt der Muslimen kam, wurde sie der Sitz des fränkischen Königreiches. Auch als Handelsplatz war 'Akka zu jener Zeit bedeutend; hier landeten die Flotten der Genuesen, Venetianer, Pisaner; Hospitien wurden gebaut, die Stadt stark befestigt. Im Jahre 1148 fand hier eine grosse Rathsversammlung der Vasallen des Königreichs Jerusalem statt; aber im Jahre 1187 nach der Schlacht von Ḥattîn musste sich auch 'Akka an Saladin ergeben, worauf es wieder befestigt wurde. Im Jahre 1189 schlug König Guido von Lusignan mit kaum 10,000 Mann sein Lager vor 'Akka auf; eine Pisanerflotte belagerte es zur See. Richard Löwenherz landete hier am 5. Juni 1191. Kraft der Unterstützung dieses Zuzuges musste sich die Stadt, welche Saladin vergebens zu retten versucht hatte, am 12. Juli den Franken ergeben. Als die Summe, welche Saladin als Lösegeld für die Gefangenen zahlen sollte, nicht zusammenkam, liess Richard 2500 derselben auf einer Wiese bei 'Akka niedermetzeln. Es ist bekannt, dass der Erfolg des III. Kreuzzuges durch die Misshelligkeiten der europäischen Fürsten vereitelt wurde. 'Akka blieb laut Vertrag in den Händen der Franken. Im Jahre 1229 wurde 'Akka ihr Hauptsitz; auch die Hauptquartiere der Ritterorden wurden hieher verlegt; von den Johannitern, die bereits kurz nach der Eroberung Jerusalem's durch Saladin nach 'Akka übergesiedelt waren (S. 213), erhielt die Stadt den Namen *St. Jean d'Acre*. Auch die Deutschritter besassen grosse Güter in der Umgegend der Stadt. Doch neben dem Luxus, der hier getrieben wurde, nahmen auch Misshelligkeiten unter den Bewohnern 'Akka's überhand. Im Jahre 1291 nahm der Sultan Melik el-Aschraf trotz tapferer Gegenwehr, die aber durch Uneinigkeit wirkungslos gemacht wurde, 'Akka ein und machte damit der fränkischen Herrschaft ein Ende. Die Stadt wurde verwüstet; nur eine kleine Besatzung wurde hinein gelegt. In der Mitte des vorigen Jahrh. machte sich ein gewisser Schêch Ẓâhir el-'Omar zum Herrn von Mittelpalästina und wählte 'Akka zu seiner Residenz; rasch blühte die Stadt auf. Sein Nachfolger war der berüchtigte Djezzâr Pascha (Djezzâr =Schlächter); dieser schuf sich eine grosse unabhängige Herrschaft, die N. bis zum Hundsfluss und Ba'albek, S. bis Caesarea reichte. Besonders berühmt wurde er durch seine Bauten; er liess zu diesem Zwecke antikes Material aus allen Gegenden herbeischleppen. Am 20. März 1799 begann die Belagerung 'Akka's durch die Franzosen; die Belagerten wurden durch Engländer unterstützt; nach acht mörderischen Stürmen war Napoleon gezwungen, von der Eroberung des Platzes abzustehen. Der grausame und gewaltthätige Djezzâr Pascha starb im Jahre 1804; unter seinem Sohne Solimân wurde das Land ruhiger und friedlicher regiert. Im Jahre 1820 kam 'Abdallah als Pascha nach 'Akka. Ende 1831 legte sich Ibrâhîm Pascha mit einem ägyptischen Heere vor 'Akka; er soll 35,000 Bomben in die Stadt geworfen haben, die indess erst mit Hilfe eines italienischen Ingenieurs im Mai 1832 erobert wurde; sie wurde geplündert und zerstört. Doch stets erhob die Stadt sich wieder. Im Jahre 1840 brachte die Intervention der Westmächte zu Gunsten der Türkei es mit sich, dass 'Akka von den vereinigten Flotten Englands, Oestreichs und der Türkei kurze Zeit bombardirt wurde; ein Pulvermagazin sprang in die Luft und tödtete 2000 Aegypter; die übrigen zogen sich zurück. Dass bei solchen vielfachen Verwüstungen fast keine Spuren höheren Alterthums mehr sichtbar sind, ist begreiflich. In Folge des vielen Schuttes scheint das Terrain von 'Akka stark erhöht worden zu sein.

'Akka liegt auf einer kleinen Landzunge, an deren SO.-Spitze man im Wasser noch Reste eines Molo sieht. Das einzige Thor liegt auf der O.-Seite. Die Wälle sind schlecht wieder hergestellt; zer-

GALILÄA.
1:500.000
Deutsche Meilen
Kilometer
MITTELÄND. MEER
Sûr
TYRUS
el-Ma'schûk
Râs el-Abyaḍ
Iskanderûna
Râs en-Nâkûra
(TYRISCHE TREPPE)
N. Herdawil
Zîb ACHSIB (EKDIPPA)
el-Bḥâr
el-Ghâbsiye
es-Semiriye
Bachdji
'Akka
ACCO (PTOLEMAÏS)
Tell Dâ'ûk
Tell Kurdâni
Ḥaifa
Bir Djedru
Djebel Mâr-Eliâs
SEPPHORIS
DIOCÆSAREA
en-Nâṣira
Djebâta
Tell Kaimûn

Bahr
Tabarîye
GENEZARETH
Tabarîye
TIBERIAS
B. Hûle
MEROM
Ard el-Hûle
Tell Hûm
CAPERNAUM
TARICHEA
Medjdel
Irbid
Kedes
Tell Hazûr
HAZOR
JULIAS
et-Tell
Akbara
Bet Djenn
TABOR
Ma'dera
Tell Samak
HIPPOS
Abedîye

brochene Laffetten, verrostete Kanonen und Kugeln liegen umher, doch bedarf es trotzdem einer besonderen Erlaubniss zum Betreten dieser Wälle. Die Mauer längs des Meeres ist mit unterirdischen Magazinen versehen, von welchen indessen viele eingestürzt sind. Der Marktverkehr ist ziemlich lebhaft und hat seinen Mittelpunkt in einem gut überdeckten Bazar. Noch immer wird auch viel Ausfuhr-Handel hier getrieben, obwohl der Hafen sehr versandet ist. Die Einwohnerzahl beträgt an 8000 Seelen, wovon etwa 2400 Nicht-Muslimen sind. Die meisten öffentlichen Gebäude liegen im N.-Theil der Stadt. Zunächst ragt bei einem freien Platz, etwas erhöht, die Moschee mit ihrer Kuppel hervor. Sie ist aus zusammen gelesenem antiken Material durch Djezzâr Pascha erbaut; die Säulen stammen aus Caesarea etc. Die Moschee ist gross, aber trotz der Marmorbekleidung geschmacklos; um ihren Hof herum laufen Gallerien, die mit kleinen Kuppeln bedeckt sind. Djezzâr liegt in der Moschee begraben. Das jetzige Militärhospital soll einst die Wohnung der Johanniterritter gewesen sein. In der NW.-Ecke des Platzes befindet sich die Citadelle, in der eine starke Besatzung liegt. — Im NO. der Stadt sieht man eine schöne Wasserleitung (S. 441), ein Werk des Djezzâr Pascha.

## 17. Von Ḥaifa (*ʿAkka*) nach Nazareth.

6 St. (Ein 1874 begonnener Fahrweg von Ḥaifa nach Nazareth konnte nicht vollendet werden, da alle Arbeiter am Fieber erkrankten.) 15 Min. nach der Ueberschreitung des *Kischon* (S. 368), also 45 Min. vom Thore von Ḥaifa, verlässt man den Strand und reitet durch Sanddünen ostwärts. Nach 42 Min. sieht man Ueberreste einer Brücke; 8 Min. später erreicht man die Häuser von *Djudra*, in Mauern eingeschlossen, bei einem Brunnen; r. in der Ebene liegt ein Dorf *Kefr Tai*. Nach 20 Min. beginnen die ersten Hügel r.; nach 5 Min. liegt l. im Feld eine kleine Ruine; bei dem nun folgenden Kreuzweg geht man r. ein grünes Thälchen hinan; nach 35 Min. kommt ein Weg von r.; nach 15 Min. bei einem Brunnen l. mündet der Weg von 'Akka (S. 373) ein; nach 15 Min. erreicht man das hochgelegene Dorf **Schefâ 'Amr.**

Die arabischen Geographen führen dieses Dorf unter dem Namen *Schefra'amm* an; ob es also mit dem Namen 'Amr etwas zu thun hat (schefâ bedeutet „Heilung") ist zweifelhaft; vielleicht ist es nur ein altes hebräisches *Kephraim* (Doppeldorf); ein solches soll nach Eusebius 6 Meilen N. von Legio gelegen haben. Die Felsengräber der Umgegend sprechen für ein hohes Alter. Das Dorf hat heute an 2000 Einwohner, Muslimen, Christen, Drusen und Juden; auch ein lateinisches Nonnenkloster befindet sich hier; diesem gegenüber liegt das Haus des lateinischen Priesters. Das interessanteste Gebäude ist die alte *Burg*, welche das Dorf überragt. Der Eingang liegt auf der S.-Seite; die Nordfront ist am schönsten erhalten. Es war ein grosses Schloss mit dicken Mauern, angeblich von einem gewissen 'Amr erbaut, und zwar von dem S. 370 genannten Usurpator Ẓâhir el-'Omar. Nach Yâḳût hätte Saladin's Lager hier gestanden, während er die Franken beunruhigte, welche 'Akka belagerten. ¼ St. S. vom Dorfe liegt auf einem Hügel, an dessen Abhang viele Cisternen und Höhlen sich befinden, der sogenannte *burdj* (πύργος), gleichfalls Ruinen eines mittelalterlichen Schlosses mit dicken Mauern. Oben hübsche Aussicht auf die grüne Umgebung und die bewaldeten Höhen, welche sich gegen die Ebene hinunterziehen; in der Ferne sieht man den Karmel und Haifa.

Von Schefâ 'Amr geht man auf dem Bergrücken weiter ostwärts. Nach 15 Min. steigt man in ein kleines Thal hinunter und lässt nach weiteren 15 Min. einen Weg r. liegen. Die sanften Höhenzüge, über und an welchen man vorbeikommt, sind bewaldet. Nach 30 Min. hat man einen schönen Blick l. auf die Ebene *Buttauf*. Diese fruchtbare Ebene, welche nach verschiedenen Richtungen in die Gebirge eingreift, entspricht der alten *Ebene Sebulon's;* denn hier hatte dieser Stamm seine Wohnsitze. Bei Griechen und Römern hiess sie *Asochis*. Nun wendet man sich r. in ein kleines Thal, in welchem einzelne dicke Eichen stehen. Nach 45 Min. lässt man die Strasse r. und biegt l. nach **Sefûrîye** ab; in 10 Min. erreicht man die Höhe.

*Historisches.* Sefûrîye entspricht dem *Sepphoris* des Josephus und dem *Sippori* der Rabbinen; bei den Römern hiess der Ort *Diocaesarea*. Die Stadt wurde von Herodes dem Grossen erobert; von Herodes Antipas wieder aufgebaut, wurde sie die grösste und festeste Stadt von Galilaea. Sepphoris wurde von den arabischen Hülfstruppen des Varus verbrannt; später war es Sitz der 5 Synedrien des Gabinius. Um das Jahr 180 n. Chr. wurde von Rabbi Juda Nasi das grosse Synedrium hierher verlegt. Hierauf wurde die Stadt Sitz eines Bischofs (Palaestina secunda). Im Jahre 339 wurde Sepphoris zerstört, da die Juden, die noch immer in Menge hier wohnten, einen Aufstand gegen die Römer erregten. Am Ende des 6. Jahrhunderts stand eine Basilica hier über dem Platz, wo Maria den Gruss des Engels empfing. In der Geschichte der Kreuzzüge wird der Ort wieder erwähnt; S. von Sepphoris an der Strasse nach Nazareth sind verschiedene wasserreiche Quellen, die im Winter selbst Mühlen treiben. Hier versammelten sich die Heere oft; so die Kreuzfahrer vor der Schlacht bei Hattin. Erst zur Zeit der Kreuzfahrer gewann die Tradition, dass hier der Wohnort des Joachim und der Anna, der Eltern Maria's gewesen sei, festen Bestand. Noch in den späteren Jahrhunderten stand hier das „schöne Castell“.

Das heutige Dorf liegt an der SW.-Seite des Hügels. Im N. des Dorfes sind die Ruinen der *Kreuzfahrerkirche* über der Stelle, wo die genannten heiligen Personen gelebt haben sollen. Die Kirche war dreischiffig; von den Apsiden ist indess nur die Hauptapsis und die nördliche Nebenapsis erhalten. Die Seitenpfeiler, welche die Bogen tragen, waren fünffach gegliedert; gegen N. und S. ist noch ein schräges Fensterchen erhalten. Vor der Kirche liegt eine grosse Säule am Boden. — Um von der Kirche auf die Anhöhe zu gelangen, auf der die *Burg* stand, hält man sich etwas r. Das Portal der Burg schaut gegen S. und ist gut erhalten; nach den Rundbogen und Rosetten zu schliessen, stammt es ebenfalls aus der Kreuzfahrerzeit. Jedoch sind die unteren Lagen der grossen Quadern, aus welchen das etwa 16m ins Geviert messende Castell erbaut ist, geändert und stammen wohl aus römisch-jüdischer Zeit. Die Mauern sind sehr dick. Im Innern führt eine schadhafte Treppe hinauf in einen Raum mit Spitzbogengewölben und kleinen Fensterchen; die Aussicht von oben auf die grüne Umgebung ist herrlich.

Von Sefûriye führt der Weg nach Nazareth südwärts nach 15 Min. in ein Thälchen. Nach 30 Min. sieht man l. das Dorf *er-Reine* und gelangt beim Weli *Isma'în* (Ismael) auf die Anhöhe, von welcher aus die Ebene Esdrelon (S. 358) sichtbar ist; in einem ziemlich grünen Bergkessel liegt *Nazareth*, das man in 10 Min. erreicht.

*Von 'Akka nach Nazareth* ($6^{1}/_{2}$ St.). Man durchreitet die Ebene nach SO., indem man die Strasse nach Ṣafed l., die nach Haifa r. liegen lässt. In circa 1 St. 40 Min. setzt man über den *Nahr Na'mân* (S. 368); den Hügel *Tell el-Kurdâni* lässt man r. liegen. Von hier gelangt man in 1 St. 55 Min. nach *Schefâ 'Amr* (S. 371).

Von 'Akka nach Nazareth, beziehungsweise Sefûriye, kann auch folgender Weg ($8^{1}/_{2}$ St.) eingeschlagen werden (Robinson), wozu aber ein Führer nöthig ist. In 1 St. 45 Min. nach *Tell Kisôn;* S. erblickt man *Tell Da'ûk, Tell Kurdâni* und das Dorf *Schefâ 'Amr;* in 30 Min. kommt man nach *Bir Tire*, nördlich vom Dorf *Tire*. In 30 Min. sieht man *Tumra* gegenüber; nun beginnt allmählich die Steigung. Nach 35 Min. hat man auf der ersten Höhe einen herrlichen Rückblick. Nach 20 Min. gelangt man auf ein fruchtbares Tafelland. Nach 25 Min. kommt man zum Dorfe *Kaukab*, das auf einem Hügel im SO. dieses Tafellandes liegt. Weiter SO. erblickt man das Weli über Nazareth; im O. liegt Djêfât (s. u.). Von Kaukab steigt man in das schöne Thalbecken voller Olivenbäume, das N. und O. vom Dorfe liegt, hinab; hier ist der Anfang des *Wâdi Abilîn*. Nun reitet man ein kurzes Seitenthal hinauf, steigt über einen Rücken in ein anderes Thälchen und erreicht in 45 Min. den **Tell Djêfât.** Der Hügel ist hoch und rund und nur mit den nördlichen Bergen durch einen niederen Bergrücken verbunden, obwohl er von Bergen fast ganz umschlossen ist. Auf dem nördlichen Theil des Bergrückens liegen Ueberreste einer Ortschaft. Der Hügel selbst besteht oben aus plattem nackten Felsen; einige Cisternen finden sich und rund um den Tell, gerade unter dem Scheitel, überall, ausser im N., zahlreiche Höhlen. Nirgends findet sich ein Rest von Mauerwerk.

*Historisches.* Auf dem Tell Djêfât stand die Festung *Jotapata*, welche der jüd. Feldherr und Historiker Josephus lange Zeit gegen Vespasian vertheidigte, bis er sich endlich ergeben musste. In seiner Beschreibung des Ortes übertreibt er; die Abgründe um den Hügel sind nirgends so tief wie er sie darstellt; doch passt sein Bericht sonst trefflich. Den Hügel im Norden, den einzigen Zugang zur Stadt, hatte er in die Mauer mit einschliessen lassen; doch trat Wassermangel ein, da nur Cisternen vorhanden waren.

Von Djêfât geht man ohne Weg das östliche Thal hinunter und erreicht in 40 Min. die Ruinen von *Kâna el-Djelîl*. Dies ist nach der älteren Tradition das Kana, woselbst die Geschichte Joh. 2, 11 spielte (vgl. S. 382); Nathanael stammte aus diesem Orte. Von hier ging Robinson in 40 Min. südwestwärts nach *Kefr Menda*, und in $1^{1}/_{2}$ St. nach Sefûriye über die Ebene. Sicher kann man von Kâna el-Djelîl auch quer über die Ebene gehen und eine halbe Stunde abkürzen. Hierbei sieht man l. am Berge das Dorf *Rommâne*, das dem *Rimmon* des Stammes Sebulon (Jos. 19, 13) entspricht. Das Dorf *Rûme*, welches auf dem directen Wege berührt wird, kommt auch schon bei Josephus vor.

## 18. Nazareth.

Gutes Unterkommen findet man im Pilgerhaus des lateinischen Klosters (*casa nuova foresteria*) im S. des Städtchens (Pl. 1); hinreichend Betten (Zahlung nicht unter 10 fr.). Zelte werden am besten im N. von Nazareth in den Baumgärten aufgeschlagen. Empfehlenswerth der Nazarener Muker *'Isa el-Hakîm;* derselbe kennt Wege und Leute in Palästina gut, ist bescheiden und zuverlässig und hat auch leidliche Pferde.

Ein englischer Arzt Dr. *Vartan* wohnt hier. Herr *Huber* von der protest. Gemeinde ertheilt seinen deutschen Landsleuten gerne Auskunft und Rath.

*Historisches.* Es ist versucht worden, den Namen der Stadt von dem hebr. *nâṣâr* Spross (Jes. 11, 1) abzuleiten; im Mittelalter wurde diese Deutung mystisch verwendet. Andere Ableitungen sind ebenso unsicher wie diese. Im alten Testament wird die Stadt nicht erwähnt. Zur Zeit Jesu war sie eine unbedeutende Ortschaft Galilaea's (Joh. 1, 47). Die Benennung Nazarener ging von Jesu spottweise auch auf seine Jünger über (Matth. 2, 23; Apostelg. 24, 5) und hat sich bis heute im Orient erhalten, da die orientalischen Christen sich selber heute nasâra (Sing. naṣrâni) nennen. Auch der Ortsname hat sich in der Form *en-Nâṣira* bis heute erhalten. Erst von Eusebius und Hieronymus wird der Ort wieder genannt. Bis zu Constantin's Zeiten wohnten nur Juden (Samaritaner) in Nazareth. Gegen das Jahr 600 stand dort eine grosse Basilica, doch war noch kein Bisthum gegründet. Durch die muslimische Eroberung sank Nazareth zu einem Dorf herab. Im Jahre 970 wurde es von dem griechischen Kaiser Zimisces erobert. Noch vor der fränkischen Eroberung wurde es von den Arabern zerstört. Im Jahre 1109 erhielt Tancred Galilaea als Lehen; die Kreuzfahrer bauten später hier Kirchen und verlegten das Bisthum von Scythopolis hierher. Doch auch unter den Christen brachen von Zeit zu Zeit Streitigkeiten aus. Nach der Schlacht bei Hattin nahm Saladin (Juli 1187) auch Nazareth ein. Nazareth wurde seit dem Mittelalter häufig von Pilgern besucht, doch meistens von 'Akka aus, da der Weg von Jerusalem über Nâbulus zu gefährlich war. Kaiser Friedrich II. baute Nazareth 1229 wieder auf; 1250 kam Ludwig IX. von Frankreich hierher. Als aber die Franken Palästina für immer räumen mussten, verlor Nazareth viel von seiner Bedeutung und wurde in den folgenden Zeiten selten besucht. Nach der Eroberung Palästina's durch die Türken 1517 mussten die Christen den Ort verlassen. Erst seit dem Jahre 1620, da die Franciscaner mit Hilfe des grossen Drusenhäuptlings Fachreddin (S. 458) in Nazareth einzogen, hat sich die Ortschaft wieder gehoben, obschon sie während des 17. Jahrh. immer noch ein elendes Dorf blieb, das unter den Streitigkeiten der arabischen Häuptlinge und den Raubanfällen der Beduinen oft zu leiden hatte. Erst der arabische Schêch Ẓâhir el-'Omar (S. 370) brachte um die Mitte des 18. Jahrh. Nazareth wieder empor. Bei Nazareth campirten 1799 die Franzosen; nach ihrem Abzuge wollte Djezzâr Pascha alle Christen in seinem Gebiet umbringen lassen, wurde aber durch die Drohungen des engl. Admirals Sidney Smith davon abgehalten; jedoch bedrückte Djezzâr die Christen sehr.

Das heutige *en-Nâṣira* liegt in einer Thalmulde am südlichen Abhang des *Djebel es-Sîch* an der Stelle des alten Nazareth. Der Anblick des Städtchens, besonders im Frühjahr, wenn die blendend weissen Mauern aus der grünen Umgebung von Cactushecken, Feigen- und Oelbäumen hervorglänzen, ist sehr freundlich. Die Einwohnerzahl wird verschieden angegeben. Die türk. Beamten behaupten, es habe 10,000 Seelen; andere sprechen von 5—6000, nämlich 2000 Muslimen, 2500 orthodoxen Griechen, 180 unirten Griechen, 800 Lateinern, 80 Maroniten, 100 Protestanten. Die christliche Bevölkerung von Nazareth ist im Zunehmen begriffen. Von den lateinischen Christen verstehen manche etwas italienisch. Die meisten Einwohner beschäftigen sich mit Acker- und Gartenbau und Viehzucht, einige treiben auch Gewerbe und Handel mit Baumwolle und Getreide. — In der Kleidung und ihrem ganzen Aeusseren haben die Nazarener viel Eigenthümliches bewahrt, was an Festtagen besonders hervortritt. An Hochzeiten tragen die Weiber ge-

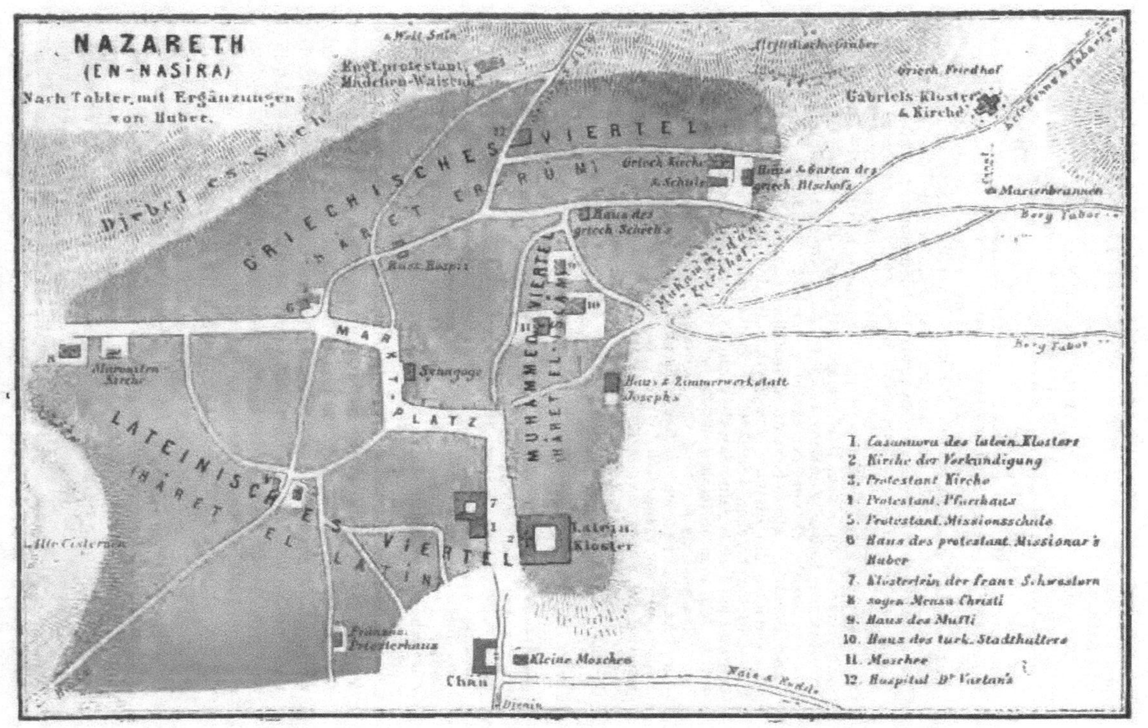
NAZARETH
(EN-NASIRA)
Nach Tobler, mit Ergänzungen von Huber.
GRIECHISCHES VIERTEL
MUHAMMED. VIERTEL
LATEINISCHES VIERTEL
MARKT-PLATZ
Synagoge
Gabriels Kloster & Kirche
Griech. Friedhof
Marienbrunnen
Berg Tabor
Griech. Kirche & Schule
Haus & Garten des griech. Bischofs
Haus des griech. Scheich's
Haus & Zimmerwerkstatt Josephs
Latein. Kloster
Kleine Moschee
Chân
Alte Cisternen
1. Casanuova des latein. Klosters
2. Kirche der Verkündigung
3. Protestant. Kirche
4. Protestant. Pfarrhaus
5. Protestant. Missionsschule
6. Haus des protestant. Missionar's Huber
7. Klösterlein der franz. Schwestern
8. sogen. Mensa Christi
9. Haus des Mufti
10. Haus des türk. Stadthalters
11. Moschee
12. Hospital Dr Vartan's

schmückte bunte Jacken und sind an Stirn und Brust mit Münzen beladen; auch das Reitkamel, das bei einem solchen Aufzug nicht fehlen darf, ist dann mit vielen Tüchern und Geldschnüren behangen.

Die Stadt Nazareth bildet den Mittelpunkt eines Districtes im Paschalik 'Akka und ist in drei Quartiere getheilt, im W. das lateinische *Ḥâret el-Latîn*, im N. das griechische *Ḥâret er-Rûm* und im O. das moḥammedanische *Ḥâret el-Islâm*. Die Christen stehen unter besonderen Oberhäuptern. Auch hier wünschen sie die aegyptische Regierung zurück, für welche sie 1839 die Waffen ergriffen.

Die Griechen haben in Nazareth seit etwa 16 Jahren einen Metropoliten und eine Kirche des Engels Gabriel, die Lateiner ein Franciscanerkloster und eines der Zionsschwestern, die protestantische Mission eine Schule und Kirche der Church Mission unter Leitung des Rev. Zeller (eines Deutschen). Ferner hat neuerdings die Female Education Society in London ein schönes Mädchenwaisenhaus auf dem SO. Bergabhange gebaut, das von drei protest. Lehrerinnen geleitet wird.

Ein Gang durch Nazareth beginnt am besten vom *lateinischen Kloster* aus. Wenn man von S. in die breite Marktgasse des Städtchens hineinkommt, liegt das lateinische Pilgerhaus l., das Kloster r. vom Wege. Die **Kirche der Verkündigung** (*ecclesia annunciationis*, Pl. 2) im Innern des von hohen Mauern eingeschlossenen Klosters ist in ihrer jetzigen Gestalt im Jahre 1730 vollendet worden; sie ist 21m lang und 15m breit und architectonisch hübsch verziert. Die Kirche ist dreischiffig, das Mittelgewölbe ruht auf vier grossen Bogen, welche von vier massiven Pfeilern gestützt sind. Auf jeder Seite befinden sich zwei Altäre. Der Hochaltar, zu welchem auf zwei Seiten Marmortreppen hinaufführen, ist dem Engel Gabriel geweiht; hinter dem Altar liegt der geräumige, aber etwas dunkle Chor. Die Kirche hat eine Orgel und auch einige ganz gute Gemälde (eine Verkündigung und eine Mater Dolorosa) angeblich von einem spanischen Maler *Ant. Terallio*. Die *Krypta* liegt unter dem Hochaltar; auf 15 Stufen einer schönen Marmortreppe (Pl. a) steigt man zuerst in eine Vorhalle, die sogenannte *Engelskapelle* hinunter; r. östlich steht der Altar des heiligen Joachim (Pl. b), l. der des heiligen Gabriel (Pl. c). Zwischen beiden Altären ist der Eingang in die *Verkündigungskapelle*, in welche zwei

Stufen hinabführen. Diese Kapelle war ursprünglich grösser als die Engelskapelle, ist jetzt aber durch eine Mauer in zwei Theile getheilt. In der ersten Kapelle, der jetzt sog. Verkündigungskapelle steht der *Altar der Verkündigung* (Pl. f), mit der Inschrift dahinter: „hic verbum caro factum est", hier ist das Wort Fleisch geworden. Gleich l. vom Eingang sind zwei Säulen: die runde aufrecht stehende *Gabrielsäule* (Pl. d) zeigt den Standort des Engels; $0{,}_{45}$m davon entfernt hängt von der Decke ein Säulenfragment herab, das als Standort der Maria bei der Verkündigung angesehen wird (*Mariensäule*, Pl. e). Dem Säulenstück, welches frei schweben soll, werden übernatürliche Kräfte zugeschrieben, und es wurde sogar von den Muslimen verehrt. Uebrigens wird die Säule in früheren Jahrhunderten sehr verschiedenartig beschrieben. — Hier nun auf dem Felsen, den man aber wegen der reichen Marmorbekleidung nicht sieht, soll die *Wohnung der Jungfrau* gestanden haben. Es ist bekannt, dass diese heilige Wohnung am 10. Mai 1291 auf Befehl Gottes von den Engeln fortgetragen wurde, um sie dem Bereich der Muslimen zu entziehen. Zuerst wurde das Haus nach Tersato bei Fiume in Dalmatien gebracht, dann nach nochmaliger Wanderung nach Loreto, wo sie heute noch viele Wallfahrer anzieht. Uebrigens konnte die Sanctionirung dieses Wunders erst circa 200 Jahre später, im Jahre 1471 unter Papst Paul II. durchdringen, und die ganze Sage hat sich erst in dem an Traditionen so fruchtbaren 15. Jahrh. ausgebildet.

Von dieser Kapelle gelangt man in eine zweite dunkle Hinterkapelle, die des *heiligen Joseph*, in welcher ein Altar steht mit der Inschrift „hic erat subditus illis", hier war er ihnen unterworfen (Pl. g). Von diesem Raume führt eine Treppe (Pl. h) ins Kloster hinaus; unterwegs mag man eine ehemalige Cisterne betrachten, die als *Küche Maria's* (das Mundloch als Kamin derselben) bezeichnet wird. Da der Umbau von 1730 die ältere Anlage der Kirche vollständig missachtet hat, so ist es hier nicht am Platze, über dieselbe zu reden. Im Kloster befinden sich jetzt etwa 25 Mönche, meist Italiener und Spanier; die Gärten des Klosters sind schön und wohl angelegt. — Etwas weiter nördl. vom Kloster liegt von hohen Cypressen umgeben die *Moschee* der Stadt mit einem hübschen Minaret und einer Kuppel.

Ebenfalls im Besitz der Lateiner ist das *Haus* oder die *Zimmerwerkstätte Joseph's (bottega di Giuseppe)*, im muslimischen Quartier. Durch eine kleine Thüre tritt man in einen ummauerten Hof; die Kapelle ist 1858—59 gebaut; an dem Altar ein leidliches Gemälde. Die Franciscaner gelangten in der Mitte des vorigen Jahrhunderts in den Besitz dieser Stätte; die Tradition stammt aus dem Anfang des 17. Jahrhunderts. — Höher hinauf (570) geht das Vorweisen der *Synagoge*, in welcher Jesus Unterricht erhalten haben soll. Dieses Gebäude durchlebte eine Reihe von Schicksalen. Im 13. Jahrh. zeigte man die Synagoge in eine Kirche verwandelt und gab ihr später zu verschiedenen Zeiten verschiedene Lagen. Heute ist die „Synagoge“ in den Händen der unirten Griechen. — Ueber den Markt geht man nun nach dem W. des Städtchens zum *Tisch Christi* (Pl. 8); das jetzige Gebäude wurde 1861 aufgeführt und gehört den Lateinern. Der Tisch Christi ist ein grosser 3,6m langer, 3m breiter Steinblock aus harter Kreide; auf diesem Tisch soll Jesus vor und nach seiner Auferstehung mit den Jüngern gespeist haben. Schon die abendländische Anschauung, dass man im Orient damals an solchen Tischen gespeist habe, erregt berechtigte Zweifel, auch kann die Tradition dieses Tisches überhaupt nicht weiter, als zwei Jahrhunderte zurück verfolgt werden, sodass die lateinische Inschrift, welche von ununterbrochener Ueberlieferung redet, keine Berechtigung hat.

Ebenso ist die Tradition über den Ort des *Herabsturzes* (Luc. 4, 28 ff.) sehr schwankend. Der Berg in der Nähe W. von der maronitischen Kirche würde jedenfalls besser passen, als der (spät erwähnte) Felsen 1 St. S. von Nazareth (S. 360).

Die neue *protestantische Kirche* (Pl. 3), durch die Bemühungen der Herren Zeller und Huber zu Stande gekommen und von dem Architecten Herrn Stadler erbaut, erhebt sich auf einem terrassenartigen Vorsprung im Westen der Stadt. Von dem Vorplatz guter Ueberblick über die Stadt.

Die Besteigung des *Djebel es-Sîch*, des Hügels NW. von Nazareth (545m ü. M.) ist wegen der Aussicht sehr lohnend. Die Entfernung bis zum *Nebi Sa'în* (auch *Weli Sim'ûn* genannt, beträgt) 20 Min. Das Thal von Nazareth nimmt sich von hier gut aus; über die Vorberge schaut im O. der grüne bewachsene Tabor herüber; südlich davon der Djebel Daḥi (der kleine Hermon), 'Endûr und Nain. Zer'in und ein grosser Theil der Ebene Esdrelon (bis Djenîn). Im SW. ragt der Karmel in das Meer hinein; nördlich davon ist die Bucht von 'Akka sichtbar, die Stadt selbst aber nicht. Im Norden breitet sich die schöne Ebene el-Buttauf aus; an ihrem S.-Ende erhebt sich die Ruine von Sefûrîye. Im N. erblickt man Safed auf dem Berge in einem Gewirr von Höhenzügen; dahinter den Hermon. Im O. jenseit des Beckens von Tiberias die fernen blauen Höhenzüge von Djôlân.

Ueber die theilweise steilen Klippen ostwärts hinuntersteigend, kann man nun noch den *Marienbrunnen* besuchen. Derselbe liegt bei der *Gabrielskirche* oder der *Verkündigungskirche* der orthodoxen Griechen. Die Kirche ist gegen Ende des vorigen Jahrhunderts erbaut und seither öfters renovirt worden; sie steckt halb in der Erde, ist aber nicht unschön. Die berühmte Quelle liegt N. von der Kirche und rinnt dann in einem Kanal l. am Altar vorbei. Hier ist eine Oeffnung, durch die man an einer Kette ein kleines Gefäss hinablässt, um Wasser zu schöpfen. Die griechischen Pilger benetzen damit die Augen und den Kopf. Durch den Kanal läuft das Wasser zum eigentlichen „Marienbrunnen“, woselbst man stets wasserholende Frauen mit ihren eleganten Krügen antrifft. Das Wasser dieser guten und reichlichen Quelle wird zur Bewässerung der Gärten gebraucht. Die Marienquelle wird auch *Brunnen Jesu* oder *Brunnen Gabriel's* genannt; eine gute Anzahl Traditionen haften an dem Brunnen. Da diese Quelle die einzige des Städtchens ist, so hat man hier einen Ort vor sich, an welchem sich Maria und Jesus, wenn es irgendwo sicher ist, öfters aufgehalten haben können. Man wird mit Vergnügen die bunte Menge betrachten, die sich besonders zur Abendzeit um den grossen alterthümlich geformten Marmortrog drängt. Die Quelle ist 4 Min. NO. von Nazareth entfernt.

## 19. Von Nazareth nach Tiberias.

### *a. Ueber den Berg Tabor.*

6½ St. Das Gepäck kann auf dem directen Wege nach Tiberias geschickt werden.

Von der Marienquelle aus (4 Min.) wendet man sich r.; beim Ansteigen ist der Blick über Nazareth lohnend. Nach 40 Min. steigt man NO. in ein Thal hinunter, dessen Abhänge mit Eichengestrüpp bedeckt sind. Nach 20 Min. kommt man in ein Thal vor dem **Tabor**; nach 17 Min. steht man am Fusse des Berges. Auf einem engen Pfade beginnt man an demselben hinanzusteigen; nach 3 Min. kreuzt man einen Weg, der durch das Gehölz läuft. Nach 10 Min. sieht man r. unten im Thal das Dorf *Dabûrîye* liegen. Dieses Dorf ist das alte *Dabrath*, das an der Grenze von Sebulon und Issaschar lag (Jos. 19, 12) und den Leviten zugetheilt war. Es sind dort Ruinen einer christlichen Kirche. Der Weg schlängelt sich im Zickzack in die Höhe, ohne besonders steil zu sein. Ueberall finden sich Ruinen und Steinhaufen. Nach 22 Min. sieht man r. Höhlen wie Felsengräber, nach 7 Min. l. in der Mauer eine arabische Inschrift. Oben auf dem Plateau kann man zwischen dem griechischen Kloster (N.) und dem lateinischen (S.) hindurchreiten, und gelangt in 9 Min. zu den Trümmern einer Burg (?), wo sich die Aussicht gegen O. aufthut. Der spitze Thorbogen, durch den man das Grundstück des lat. Klosters betritt, stammt aus dem arabischen Mittelalter und führt heute den Namen *Bâb el-Hawa*.

*Historisches* Der Berg Tabor lag an der Grenze der Stämme Issaschar und Sebulon. Die Richterin Debora liess hier durch Barak ein Heer sammeln; von hier zogen die Israeliten in die Ebene und schlugen daselbst Sisera, dem Feldhauptmann des Königs Jabin von Hazor (Richter 4). In der Psalmstelle 89, 13 wird Tabor und Hermon neben einander gepriesen. Später heisst der Berg *Itabyrion* oder *Atabyrion*. Antiochus der Grosse fand 218 v. Chr. eine Stadt gleichen Namens auf dem Gipfel des Berges. Im Jahre 53 n. Chr. wurde hier von den Römern unter Gabinius den Juden eine Schlacht geliefert; später liess Josephus den Ort befestigen und die Ebene auf dem Gipfel mit einer Mauer umschliessen. Vespasian schickte Placidus gegen die Juden, welche sich dorthin geflüchtet hatten; dieser lockte sie auf die Ebene hinaus und erschlug viele; die andern ergaben sich wegen Wassermangels. Schon bei Origenes und Hieronymus gilt der Tabor als Berg der Verklärung (Marc. 9), was er um so weniger sein kann, als der Gipfel zu Jesu Zeit sicher noch mit Wohnungen bedeckt war; aber die Legende setzte sich auf diesem hervorragendsten Berge Galilaea's fest, sodass schon am Ende des 6. Jahrhunderts drei Kirchen zum Andenken an die drei Hütten, welche Petrus zu bauen vorgeschlagen, hier errichtet waren.

Auch die Kreuzfahrer bauten auf Tabor eine Kirche und ein Kloster, das aber in den Kriegen mit den Muslimen viel zu leiden hatte. Im Jahre 1212 befestigte Melik el-'Adil, der Bruder und Nachfolger Saladin's, den Tabor; die Christen belagerten fünf Jahre später diese Festung vergeblich; schliesslich wurde sie von den Muslimen selber wieder geschleift und die Kirche zerstört. Die beiden heutzutage dort befindlichen Klöster sind nicht alt.

Der Tabor heisst arab. *Djebel et-Ṭûr* (vgl. S. 226); er hat, von SW. gesehen, die Form einer Halbkugel, von WNW. gesehen die eines abgestumpften Kegels. Er erhebt sich über dem Tafelland ringsum zur Höhe von etwa 321m (615m über dem Mittelmeer). Die Abhänge des Berges sind bewaldet; überall ist guter Boden mit üppigem Graswuchse; Eichbäume (Quercus ilex und aegilops) und Buṭm (Pistacia terebinthus), die früher auch den Gipfel bedeckten, sind unter der Axt der griech. und latein. Mönche grösstentheils gefallen. Es gibt hier eine Menge Wild, besonders Rebhühner, Hasen und Füchse. Die Ruinen auf dem Tabor gehören verschiedenen Zeiten an. Die Fundamente der ganz um den Gipfel herumgehenden Mauer, welche eine Fläche von etwa einer halben Quadratstunde einschliesst, bestehen aus grossen Quadern, die theilweise geländert sind und somit zum mindesten in die römische Zeit zurückreichen, besonders auf der SO.-Seite. Das Castell, welches auf dem höchsten Punkte des Plateau's lag und gegen O. ausserdem durch einen Graben geschützt war, besteht jetzt nur noch aus grossen Haufen von Bausteinen; es stammt aus dem Mittelalter. Grosse Ausgrabungen finden gegenwärtig statt, um eine Kirche auf den alten Fundamenten zu bauen. Im *lateinischen Kloster* sind noch die Ruinen einer Kreuzfahrerkirche aus dem 12. Jahrh. zu sehen; dieselbe hatte drei Schiffe und drei Kapellen zum Andenken an die drei Hütten, die Petrus bauen wollte, und gehörte zum Salvatorkloster der Mönche von Anny. 1873 ward der Neubau des Klosters begonnen. Eine andere Kirche (vom ehem. Eliaskloster abhängig) gehört nach Vogüé dem christlichen Alterthum (dem 4. bis 5. Jahrh.) an; sie bestand aus einem viereckigen Gebäude und war nur 4m breit, 5—6m lang. Der Boden ist mit Mosaik von weissen und schwarzen Steinwürfeln bedeckt.

Griechen und Lateiner sind auch hier auf dem Tabor zweierlei Meinung in Betreff der wahren Stelle der Verklärung: beide nehmen dieselbe für ihre Kirche in Anspruch und es ist daher unrathsam, beide Klöster zu besuchen, da man von einer der beiden Parteien unter allen Umständen als Ungläubiger empfangen bez. nicht eingelassen wird; neuerdings soll sich dieses unerquickliche Verhältniss gebessert haben. Das lateinische Kloster bietet die schönste Aussicht, somit kehrt man am besten in diesem ein. — An gewissen Tagen kommen die fränkischen Mönche von Nazareth nach dem Tabor, um daselbst eine Messe zu lesen.

Die *Aussicht vom Tabor ist sehr umfassend. Im O. ist das Nordende des Tiberiassee's sichtbar und in weiter Ferne die bläuliche Kette des Ḥaurângebirges im alten Basan; S. vom Tiberiassee der tiefe Einschnitt des Yarmukthales (Hieromax), dann der Djebel 'Adjlûn, das Gebirge von Gilead. Nach S. und N. ist die Aussicht derjenigen von dem Punkte oberhalb Nazareth ähnlich (S. 378); am Djebel Daḥi liegen die Dörfer 'Endûr, Nain u. s. w. Im SW. überblickt man das Schlachtfeld Barak's bis Megiddo und Thaanach. im W. sieht man den Karmel; zwischenstehende Höhenzüge benehmen die Aussicht auf das Meer fast gänzlich. Im N. sieht man die Berge ez-Zêbûd und Djermak; dabei die Stadt Ṣafed. Der grosse Hermon ragt gewaltig über Alles hervor. In der Nähe N. unten liegt Chân et-Tudjâr und Lûbiye.

Man steigt auf demselben Wege den Berg hinunter, auf welchem man heraufgestiegen ist. Nach 40 Min. schlägt man einen Weg r. ein; nach 4 Min. sieht man r. vom Wege eine Cisterne mit Gewölbe und kommt in ein schönes grünes Thal; man kreuzt hier zwei Querwege und lässt nach 25 Min. das Thal liegen, immer die grosse Strasse verfolgend; die Abhänge sind mit grossen Eichbäumen besetzt. Nach 20 Min kommt man nach *Chân et-Tudjâr*. Hier wird jeden Montag Markt abgehalten, daher der Name „Chân der Kaufleute". Die Gebäude sind zerfallen; in den Mauerresten bemerkt man manche alte Bausteine; eine Quelle ist in der Nähe, desgleichen Beduinen-Ansiedelungen. Der Baumwuchs hört hier auf. Nach 42 Min. kommt man zu dem Dorf *Kefr Sabt*, das 1870 von der türk. Regierung algerischen Auswanderern zur Ansiedelung überlassen wurde, mit der Vergünstigung einer 8jähr. Steuerfreiheit. Dann steigt man in eine steile Thalrinne hinunter und gelangt nach 38 Min. in ein weites fruchtbares Thalbecken; N. eine gute Stunde entfernt sieht man den *Ḳarn Ḥattîn*, einen runden Felshügel. Hier auf der Ebene bei diesem Hügel brach Saladin am 3.—4. Juli 1187 durch einen grossen Sieg die Macht der Kreuzfahrer für immer. Der König Guido von Lusignan wurde mit vielen Anderen gefangen genommen, die Ritter als Sklaven verkauft, die Templer und Hospitaliter aber hingerichtet; den Grossmeister der ersteren hieb Saladin wegen seines wiederholten Wortbruches mit eigener Hand zusammen. In der späteren Kreuzfahrerzeit hatten die Lateiner die Tradition aufgebracht, dass der Ḳarn Ḥattîn der *Berg der Seligkeiten*, d. h. der Ort der Bergpredigt oder auch der Speisung der 5000 gewesen sei. — Nach 25 Min. durchschreitet man ein Bachbett; dabei steht ein Sidrbaum. Nach 30 Min öffnet sich die *Aussicht auf den nördlichen Theil des See's von Tiberias; im N. sieht man den Libanon, im W. ragt der Tabor hoch empor. Die Ebene, welche man nach 10 Min. verlässt, um ins Thal hinabzusteigen, heisst *Arḍ el-Ḥammâ*. In 22 Min. erreicht man auf nicht allzu steilem Wege den Strand bei der Stadt *Tiberias*.

*b. Ueber Kefr Kenna.*

5 St. 50 Min. Wer den Tabor nicht besuchen will, kann von Nazareth einen näheren Weg nach Tiberias einschlagen, der freilich landschaftlich von wenig Interesse ist. Mittelst eines kleinen Umweges könnte hierbei der Ḳarn Ḥattîn (s. oben) bestiegen werden, doch ist die Aussicht von dort weniger lohnend, als die vom Tabor aus. Von der Marienquelle aus ersteigt man die nördliche Anhöhe in 12 Min.; hier hat man noch einen Rückblick über Nazareth. Nach einem Marsch von 22 Min. auf steinigem Wege sieht man das Dorf *er-Reine* l. Nach 9 Min. gelangt man zu einer kleinen Quelle, die vielleicht die „Kressenquelle" ist, bei welcher die Franken am 1. Mai 1187 einen Sieg über die Muslimen erfochten. Nach 12 Min. sieht man in der Nähe des Weges NW. das Dorf *el-Meschhed*, das antike *Gath hepher*, Stadt im Gebiete von Sebulon und Geburtsort des Propheten Jonas (II Kön. 14, 25); noch heute wird sein Grab dort verehrt, obwohl auch andere Orte Anspruch darauf machen (S. 454). Von der Anhöhe hinuntersteigend geht man nordostwärts einem Thalbett nach, dann ostwärts und gelangt so in 20 Min. zu der Quelle von **Kefr Kenna** (ein Sarcophag als Brunnentrog) und nach 5 Min. zum Dorfe selbst. Die kirchliche Tradition erblickt in Kefr Kenna das biblische *Kana* (Joh. 2). Früher wurde letzteres in die Nähe von Sepphoris verlegt, doch sind die Distanzangaben in Betreff desselben etwas zweideutig. Dort bei Sepphoris liegt noch heute das Dorf Kâna el-Djelîl (S. 373), was der biblischen Benennung „Kana in Galilaea" viel besser entspricht. Im heutigen Dorf Kefr Kenna laufen die Kinder unter Geschrei (ḥadji, ḥadji = Pilger) dem Fremden nach, indem sie ihm Wasser anbieten. Das Dorf hat etwa 600 Einwohner, wovon die Hälfte griechische Christen, die andern Muslimen sind. In der griechischen Kirche wird noch ein Steinkrug gezeigt, welcher von der Hochzeit, bei welcher Wasser in Wein verwandelt wurde, herrühren soll. Auch im Mittelalter zeigte man derartige Krüge.

Von Kefr Kenna führt der Weg ostwärts in einem Seitenthal der Ebene *Buttauf* (S. 372) hin; nach 50 Min. sieht man l. das Dorf *Tûran*; nach 45 Min. passirt man die Ruinen von *Meskara*; r. liegt das Dorf *esch-Schadjara*. Die Gegend ist sehr fruchtbar, doch nur mässig angebaut. Zwischen el-Meskara und *Lûbiye* (20 Min.) verlässt man die Ebene. Bei Lûbiye fochten im April 1799 die Franzosen unter General Junot heroisch gegen eine Uebermacht von Türken. Von hier nach *Chân Lûbiye* (Ruinen) gelangt man in 23 Min.; man kreuzt nun die grosse Karawanenstrasse (N. der *Ḳarn Ḥattîn*, s. oben) und geht direct ostwärts über ein hügeliges Terrain; nach 1 St. 25 Min. erreicht man die Höhe über Tiberias, dann dieses selbst in 45 Min.

**Tiberias.** Unterkommen findet man im *lateinischen Kloster* (2 Mönche, 4 Zimmer; es soll vergrössert werden), im Nothfall auch in der Locanda *Weismann*, bei dem Juden Chayyâm el-Ḥakim. Zelte werden am besten am Seeufer S. vom Städtchen aufgeschlagen. Der Wein bei den Juden ist zwar billig, aber auch schlecht. Tiberias ist wegen seiner Flöhe in ganz Syrien berüchtigt. Der See bietet gute Badegelegenheit.

*Historisches.* *a.* Der Name Galilaea bedeutet ursprünglich Kreis, District. Da sich in dieser Gegend neben den Juden stets eine zahlreiche heidnische Bevölkerung hielt, so hiess sie „Kreis der Heiden“ (Jes. 9, 1). Ursprünglich haftete dieser Name nur an dem Hochland, das sich nördlich vom See Gennesaret gegen W. hinzieht. Die Stämme Ascher, Sebulon und Issaschar, welche hier wohnten, wurden gleich den anderen ins Exil geführt; nach dem Exil colonisirten die Juden von S. aus die Gegend aufs neue, doch behielt die Bevölkerung einen gemischten Character, und der Name konnte sich auf die ganze Provinz ausdehnen, welche zwischen der Ebene Jesreel und dem Fluss Litâni liegt. Man unterschied ein Obergalilaea und südlich davon ein Untergalilaea (s. S. 59). Die Fruchtbarkeit des Landes war berühmt; fetter Weideboden wechselte mit üppigem Baumwuchs. Die Krone der Gegend war die Landschaft, welche westlich vom See liegt. Zur römischen Zeit bildete Galilaea eine besondere Provinz mit einer dicht gedrängten Bevölkerung, wenn auch die Zahlen des Josephus (4—5 Millionen Einwohner) stark übertrieben sind. Das jüdische Element war zwar vorherrschend, aber doch mehr als in Judäa mit fremden Bestandtheilen untermischt. Indessen scheinen die Juden hier weniger streng und weniger gesetzeskundig gewesen zu sein, daher sie von den Judäern verachtet wurden. Der Aufstand gegen die Römer i. J. 67 bewies, dass sie wenigstens in Betreff der nationaljüdischen Gesinnung hinter ihren Stammgenossen im Süden nicht zurückstanden.

Die Blüthe von Galilaea fällt in die Zeit Jesu. Die Hauptstadt war eine Zeit lang Sepphoris gewesen; nun wurde von Herodes Antipas, der eben so prachtliebend war, wie sein Vater Herodes der Grosse, der Bau einer glänzenden Hauptstadt unternommen. Das Gebiet dieses Fürsten erstreckte sich über Galilaea und Peraea; allerdings lag die Decapolis zwischen diesen beiden Provinzen.

*b.* Die Rabbinen behaupten, dass Tiberias an der Stelle eines Ortes *Rakka* liege, doch ist dies sehr unsicher. Ihr Neubegründer Herodes benannte sie nach dem römischen Kaiser Tiberius; der Name hat sich in dem heutigen *Ṭabarîye* erhalten und auch dem See mitgetheilt. Die Wahl des Platzes war insofern keine glückliche, als man beim Graben der Fundamente auf eine Begräbnissstätte stiess. Da die Berührung mit Gräbern die Juden laut dem Gesetz auf 7 Tage verunreinigte, so musste Herodes, um Bewohner für die Stadt zu bekommen, viele Fremde, Abenteurer und Bettler zwangsweise ansiedeln, wodurch eine sehr gemischte Bevölkerung entstand. Auch wurde die Stadt ganz nach griechisch-römischem Geschmack ausgestattet, sogar was die städtische Verfassung betraf. Sie hatte eine Rennbahn und einen Palast mit Thierbildern, wohl in der Art von 'Arâķ el-Emîr (S. 321). Diese fremdartigen Kunstbauten waren den meistens zäh-conservativen Juden ein Gräuel; daher kommt es auch, dass die eben erst aufblühende Stadt im neuen Testament kaum erwähnt, und von Jesus wohl kaum besucht worden ist, denn das fremde Wesen war auch ihm zuwider, und von Herodes Antipas, der häufig hier residirte, hatte er sich nichts Gutes zu versehen. Als Josephus im jüdischen Kriege Oberbefehlshaber von Galilaea wurde, befestigte er auch Tiberias. Beim Heranzug der Römer unterwarfen sich jedoch die Einwohner von Tiberias dem Vespasian freiwillig, wesshalb die Juden auch später hier wohnen durften. Das Hauptquartier der Römer war bei den Bädern; von hier aus wurde Tarichaea belagert und die jüdische Flotte in einer Seeschlacht besiegt. Nach der Zerstörung Jerusalems wurde Galilaea, das ziemlich unversehrt geblieben war, und speciell Tiberias der Centralsitz der jüdischen Nation. Das Synedrium wurde von Sepphoris bald nach Tiberias verlegt; die talmudische Schule entwickelte sich hier im Gegensatz zum dem daneben aufblühenden Christenthum. Auch viele Scenen aus der Patriarchengeschichte verlegte man nun hieher in die Nähe nach Galilaea. Die jüdische Gelehrsamkeit brachte hier um das Jahr 200 n. Chr. die Abfassung des traditionellen

Gesetzes, welches unter dem Namen Mischna bekannt ist, durch den berühmten Rabbi Juda hak-Kadôsch zu Stande. Noch Hieronymus (S. 260) liess sich von einem Rabbi aus Tiberias im Hebräischen unterrichten. Das Christenthum scheint hier nur langsam Eingang gefunden zu haben, doch werden im 5. Jahrh. Bischöfe von Tiberias genannt. Die Araber eroberten die Stadt im Jahre 637 ohne Mühe. Unter den Kreuzfahrern wurde das Bisthum wieder hergestellt und dem Erzbisthum Nazareth untergeordnet. Die Stadt war lange Zeit im Besitz der Christen; der Angriff Saladins auf Tiberias wurde die Veranlassung zu dem Kampf bei Hattin: den Tag nach der Schlacht musste die Gräfin von Tripolis auch das Castell von Tiberias übergeben. Uebrigens war Tiberias ein kleiner Ort, wie er es bis heute geblieben ist. Um die Mitte des vorigen Jahrh. wurde es von dem Gewalthaber Zâhir el-ʿOmar wieder befestigt.

Das heutige Tiberias liegt auf dem schmalen Streifen einer Ebene zwischen dem See und dem Bergabhang; die ursprüngliche Stadt dehnte sich mehr gegen S. aus. Auf der Landseite ist Tiberias durch eine dicke Mauer, die mit Thürmen versehen ist, gedeckt. Durch das grosse Erdbeben am 1. Jan. 1837 wurden die Mauern und Häuser hart mitgenommen und wohl die Hälfte der damaligen Bevölkerung getödtet. Noch heute macht das Innere der Ortschaft, da sie noch immer in Ruinen liegt und sehr schmutzig ist, einen jämmerlichen Eindruck. Auch gilt Tiberias für ungesund und besonders Fieber sind herrschend. Doch ist die Gegend fruchtbar; man sieht viele Palmen. Die Zahl der Einwohner beträgt an 3000. Vor etwa 20 Jahren wurde die jüdische Bevölkerung auf 1514 geschätzt (881 Aschkenazim mit 5 Synagogen; 633 Sefardim mit 2 Synagogen). Auch einige griechisch-katholische Christen wohnen hier; ihre Kirche ist in den Händen der fränkischen Franciscaner und liegt im nördlichen Theile der Stadt, nahe am Seeufer; sie stammt aus der Kreuzfahrerzeit, ist aber im Jahre 1869 ganz umgebaut worden. Die Tradition, dass hier der Fischzug des Petrus (Ev. Joh. 21) stattgefunden habe (daher der Name Peterskirche), kam wohl auch erst bei Erbauung der Kirche auf.

Bei einem Gang durch Tiberias fällt das Ueberwiegen der jüdischen Bevölkerung auf. Viele sind aus Polen eingewandert; manche sprechen noch Deutsch. Ihre grossen schwarzen Hüte machen einen eigenen Eindruck. Die Synagoge am Seeufer, gewölbt und von Säulen gestützt, gleicht einem griechischen Tempel und ist entschieden alt. Gelehrsamkeit ist unter den heutigen Juden nicht mehr zu suchen; auch hier leben die meisten von Almosen, die aus Europa kommen (vgl. S. 167).

Die Stadt ist auf der Südseite offen. Um die ansehnlichen Burgruinen im N. der Stadt zu besuchen, geht man entweder innen durch den Bazar, oder aussen herum an dem einzigen Stadtthor vorbei und an der Stadtmauer entlang, die hier an der N.-Seite am besten erhalten ist (auch zwei wohl erhaltene Thürme stehen hier). In der Nähe findet sich eine zerfallene Moschee mit einigen Palmen. Die jetzt verlassene *Burg* ist sehr weitläufig, hat aber von dem Erdbeben gelitten. Doch sind die Corridore, welche in mehreren Stockwerken um den Hof herumlaufen, noch erhalten; auf dem Dach.

woselbst eine alte Kanone liegt, hat man eine herrliche Aussicht auf das Städtchen, den blauen Seespiegel und die Berge jenseits bis weit nach N. Man trifft hier zum erstenmal Bauten aus dem schwarzen Basaltstein, der jenseit des Jordans überall als Baustein verwendet worden ist; die Basaltformation greift in der Gegend von Tiberias, Beisân und Ṣafed über die Thalsohle des Jordan herüber.

Eine kleine halbe Stunde W. von der Stadt auf einer mässigen Anhöhe liegt der *Begräbnissplatz der Juden.* Dort sind Grabmäler der berühmtesten Talmudisten: bei zwei Säulen die des Rav Ami und Rav Asche, 20 Schritte davon entfernt der erhöhte Sarcophag des grossen jüdischen Philosophen Maimonides († 1204), noch weiter oben das Grab des berühmten Rabbi Akîba, der beim Aufruhr des Bar Kochba (S. 68) eine so hervorragende Rolle gespielt hat.

Der **See von Tiberias** führte im Alterthum den Namen *Kinneret* oder *Kinnerôt*, eine Benennung, die von seiner Form herrührte, welche man mit einer Laute (Kinnor) verglich. In den Zeiten der Maccabaeer erhielt er den Namen *See Gennezar*, oder *Gennesaret*, von der an seinem NW.-Ende liegenden Ebene gleichen Namens. Der See ist 191m unter dem Spiegel des Mittelmeeres eingesenkt; seine grösste Tiefe beträgt nach Lynch 50m. Der Wasserstand ist jedoch je nach den Jahreszeiten verschieden. Die Form des See's ist ein unregelmässiges Oval; die Breite wechselt zwischen $1^1/_2$—$2^1/_2$ St., die Länge beträgt $5^1/_2$ St. Die Ufer des See's sind im Frühjahr schön grün; die grosse Hitze, welche in Folge der immer noch bedeutenden Depression hier herrscht, bringt dann eine subtropische Vegetation hervor, freilich nur für eine kurze Zeit. Die Berge, welche den See umgeben, sind nicht besonders hoch, sodass die Landschaft nicht den wilden Character des Todten Meeres hat, sondern einen ruhigen und friedlichen Anblick gewährt. Das schöne blaue Becken mit den umgebenden Höhenzügen und wenigen Dörfern macht einen freundlichen Eindruck, wobei man aber von aller Vergleichung z. B. mit den Seen der Schweiz von vornherein Abstand nehmen muss. Durch das Thal brausen bisweilen heftige Stürme. Im Alterthum wurde der See von vielen Booten befahren, wir wir auch aus den Evangelien wissen; jetzt gibt es nur drei elende Fischerbarken; schon ein einzelnes Segel, das man über die Wasserfläche streichen sieht, belebt die Gegend beträchtlich. Die Fischerei wird meist nur vom Ufer aus betrieben; heute noch ist der See reich an guten Fischarten. Man sieht oft sehr grosse Schaaren von Fischen; verschiedene Arten derselben kommen sonst nur in den Gewässern der Tropenländer vor. Das Wasser des See's hat einen gelinden salzigen Beigeschmack, ist aber gesund und wird von den Uferbewohnern allgemein getrunken: um es zu kühlen, füllt man es in poröse Krüge und lässt es darin über Nacht stehen. Ein Bad im See ist sehr angenehm; der Seeboden ist meistentheils mit groben oder feineren Lavabrocken bedeckt.

In der Nähe von Tiberias liegen berühmte *heisse Bäder*. Um diese zu besuchen, geht man südwärts dem Strande nach, zugleich mit schöner Aussicht auf den See. Auf dem Wege sieht man allenthalben Ruinen der alten Stadt, Ueberreste einer dicken Mauer, r. gegen den Berg hin Reste von Gebäuden und einem schönen Aquaeduct und viele Säulenstücke. Man erreicht die Bäder zu Pferd in 20 Min. Sie liegen etwas erhöht. Es existirt ein altes Badehaus; ein neueres, welches Ibrâhîm Pascha nach 1833 erbauen liess, wird von der Regierung verpachtet, geht aber schon stark dem Verfall entgegen. Die Badeeinrichtungen lassen viel zu wünschen übrig; die meisten Leute baden in einem gemeinsamen Bassin. Der Dunst, welcher dem heissen Wasser entsteigt, hindert den Besucher in den Badegemächern die Unsauberkeit zu erkennen. Die Heilkraft des Wassers für rheumatische Schmerzen wird gerühmt; das Bad wird besonders im Juli besucht. Schon Josephus erzählt von diesen Bädern. Die Temperatur der stärksten Quelle hat eine Wärme von 55—61° Cels.; andere Quellen laufen unbenutzt in den See hinab, indem sie auf den Steinen einen grünen Niederschlag zurücklassen. Zur Zeit des Erdbebens 1839 liessen die Quellen eine aussergewöhnliche Quantität von Wasser, das noch heisser war als gewöhnlich, hervorsprudeln. Das Wasser hat einen unangenehmen Schwefelgeruch und einen bittern und salzigen Geschmack.

Ausflüge nach dem jenseitigen Ufer des See's sind wegen der Beduinen gefährlich. Entweder muss man eine bedeutende Escorte mitnehmen, oder die Tour zu Schiff ausführen. Die Besitzer der Barken stellen unverschämt hohe Preise, 30—50 fr. für eine Fahrt; man biete ihnen 10 fr. und steige dann auf 15, je nach der Dauer der Fahrt. Auch macht es einen Unterschied, ob der Wind günstig ist, so dass gesegelt werden kann, oder ob gerudert werden muss. Von Tiberias schräg über den See fahrend, kann man in der Nähe der Ruine **Kal'at el-Ḥöṣn** landen.

*Historisches.* In Kal'at el-Ḥöṣn hat man höchst wahrscheinlich das alte *Gamala* zu suchen, dessen umliegendes Gebiet Gamalitis hiess. Alexander Jannaeus eroberte den Ort; später wurde hier Herodes von seinem Schwiegervater Aretas geschlagen. Vespasian eroberte und zerstörte Gamala. Die Lage der Stadt war sehr fest; Josephus vergleicht den Hügel, auf welchem sie steht, mit einem Kamelrücken. Das Plateau, auf welchem die Stadt und Festung lag, fällt nach drei Seiten hin steil ab und ist nur von O. zugänglich; die Mauern gingen um den Rand der Gipfelfläche herum. Der Platz scheint auch noch nach der Zerstörung durch die Römer bewohnt gewesen zu sein. Die Ruinen sind jetzt formlos.

Von hier fährt oder reitet man nordwärts nach *Kersa*, auf dem l. Ufer des *Wâdi Semach*, wo die Hügel aufhören und die Ebene längs des See's beginnt. Die Ruinen von Kersa sind von einer Mauer umschlossen. Etwa ¼ Stunde S. ist ein ziemlich steiler Abhang, wie sonst nirgends am Seeufer. Man hat daher versucht Kersa mit *Gergesa* zu identificiren (Matth. 8, 28), sodass also über diesen Abhang hinunter sich die von Dämonen besessenen Säue in den See gestürzt hätten; die andere Leseart „Gadarener", so gut sie zu den in Gadara befindlichen Felswohnungen passen würde (Luc. 8, 26), beweist, wenn sie richtig ist, nur, dass der Verfasser mit den Localitäten nicht bekannt war. — Von hier kann man nach dem N.-Ende des See's, nach der Ebene *el-Batiha* fahren. Am N.-Ende dieser Ebene liegen die Ruinen von *Julias*, dem alten *Bethsaida* (Luc. 9, 10), welche Philippus, Sohn des Herodes, nach römischer Weise umbaute und zu Ehren der Tochter des Augustus Julias nannte. Die Ruinen, ¾ St. vom See entfernt, sind leichter zu erreichen, wenn man zu Schiff noch eine

Strecke weit den Jordan hinauffährt. Sie liegen am Abhang der Hügel, bieten aber wenig Interessantes; nur einige wenige Bruchstücke von Alterthümern sind sichtbar, die Bausteine Basalt. Von hier fährt man am Westufer des Sees nach Tell Ḥûm (S. 389).

Von Tiberias nach Beisân s. S. 353.

## 20. Von Tiberias nach Tell Ḥûm und Ṣafed.

5 St. 40 Min. Für diese Route breche man früh auf, da der Ritt am Seeufer entlang sehr heiss ist. Der Weg führt zuerst 9—12m hoch über dem Strande fort, daher bleibt die Aussicht stets frei, obwohl Tiberias selbst nach kurzer Zeit hinter einem Felsvorsprung verschwindet. Nach 35 Min. sieht man r. unten Feigenbäume und Ruinen dazwischen mit einigen Quellen (*'Ain el-Bâride*), deren Wasser lau und schwach salzig ist. Einige der Quellenarme haben eine steinerne Einfassung, durch welche das Wasser in die Höhe getrieben wurde. Nahe bei diesem Ort kommt l. ein Thälchen herunter. Oben am Berg l. liegen Felsengräber. Nach 25 Min. öffnet sich eine kleine Ebene am Strande; hier liegt ein armseliges Dorf Namens *Medjdel*, dabei einige Sidrbäume mit einem Grab. Dieser Ort ist das hauptsächlich als Geburtsort der Maria Magdalena bekannte *Magdala;* vielleicht ist er auch mit dem Jos. 19, 38 erwähnten *Migdal-El* des Stammes Naphtali identisch. Die Aussicht über den See ist immer noch schön; gegenüber O. mündet das Wâdi Semâch ein.

Bei Medjdel treten die Berge westwärts zurück. Das *Wâdi Ḥamâm* kommt hier von Chân Lûbiye (S. 382) herunter; durch dasselbe läuft die Karawanenstrasse, welche von Nazareth nach Damascus führt (S. 391). Eine halbe Stunde westlich von Medjdel auf der l. Seite des Thales liegen die Ruinen *Ḳal'at ibn Ma'ân*, gegenüber auf der andern Seite *Irbid*, das alte *Arbela.* Die Felsklippen haben eine Höhe von etwa 360m. Die erstgenannte Burg besteht aus Felshöhlen, die durch Gänge miteinander verbunden und durch vorgezogene Mauern geschützt sind; mehrere Cisternen finden sich dort. An diesem unzugänglichen Schlupfwinkel hausten Räuberbanden; Herodes der Grosse belagerte sie daselbst, nachdem er sie in einem Treffen geschlagen hatte, konnte ihnen aber nur beikommen, indem er Soldaten in Kasten, die an Seilen befestigt waren, vor die Oeffnungen der Höhlen hinunterliess, um die Räuber mit Haken und Feuer zu bekriegen. Später wurden diese Höhlen von Einsiedlern bewohnt.

Bei Irbid stehen noch die Ruinen einer auch im Talmud erwähnten Synagoge, ganz nahe beim Abhang des Wâdi Ḥamâm.

Bei Medjdel beginnt die Ebene *el-Ghuwêr*, die antike *Gennesar;* sie ist etwa 20 Min. breit und 1 St. lang. Der Boden dieser Niederung ist sehr fruchtbar, aber von Cultur kaum eine Spur, trotzdem dass mehrere reichliche Quellen sich vorfinden. Am Ufer des See's und der Bäche wachsen Oleander *(difle):* auch Nebkbäume

(S. 274) trifft man. Der Geschichtschreiber Josephus entwirft von der Fruchtbarkeit dieser Ebene eine begeisterte Schilderung. In den Bächen findet man viele Schildkröten und Krabben, am Seeufer zahlreiche Muscheln. Die bedeutendste Quelle ist *'Ain el-Mudawwera* (die runde Quelle); wenn man von Medjdel aus von der Strasse, die am See entlang führt, gegen den Hügelsaum abbiegt. kann man über das Bachbett des Wâdi Ḥamâm diese Quelle in 25 Min. erreichen. Das von einer runden Mauer umgebene Becken ist ganz im Gebüsch versteckt und hat etwa 30m im Durchmesser; das Wasser, $0{,}_6$m tief, ist klar und süss; es quillt mächtig hervor und fliesst in die Ebene ab. Verschiedene Reisende haben in dieser Quelle die von Josephus genannte *Quelle Kapherna'um* finden wollen, weil (nach Tristram) sich der Nilfisch Coracinus. von dem Josephus redet, in der That noch hier findet; doch müssten dann auch Ruinen der alten Stadt in der Nähe vorhanden sein. was nicht zutrifft.

10 Min. weiter nach N. fliesst auch der Bach *er-Rubudîye* in die Ebene hinunter und zwar mit einem reichlichen Strom. Auch bei dem Dorf *Abu Schûsche* l. oben ist keine Spur von Alterthümern.

Von 'Ain el-Mudawwera kehrt man am besten schräg durch die Ebene an den Strand zurück (30 Min). Von Medjdel aus kreuzt man. wenn man die Quelle nicht besuchen will. nach 15 Min. das Wâdi Ḥamâm; nach 10 Min. den Bach von 'Ain el-Mudawwera. Schon von hier hat man einen schönen Rückblick auf Medjdel und die darüber liegenden Felsen. Nach 30 Min. kommt man zum Ausgang von *Wâdi el-'Amûd;* nach 5 Min. findet man einige Mauerreste und 2 Min. später, etwas vom Ufer entfernt, den **Chân Minye.** Dieser Chân reicht bis in das Zeitalter Saladins hinauf. Es ist viel darüber gestritten worden, ob nicht hier etwa *Kapherna'um* zu suchen sei. Manche Geographen haben sich indess übereinstimmend mit der Tradition dahin entschieden, dass bei Chân Minye das Fischerdorf *Beth Saida* gestanden habe. Bei Kapherna'um lag eine Zollstätte und Garnison; diese muss an dem Orte gelegen haben, welcher der Tetrarchie des Philippus, d. h. der Grenze am nächsten lag; also bei Chân Minye? Allerdings könnte man dies nach der Richtung der Römerstrasse vermuthen, wenn nicht wahrscheinlich wäre, dass zu jener Zeit auch ein begangener Weg von der Jordanmündung am Seeufer entlang ging. Josephus liess sich nach einem siegreichen Kampf auf der Ebene Baticha nach Kapherna'um bringen, da er sich durch einen Sturz vom Pferde beschädigt hatte. Damit muss wohl der nächste Ort gemeint sein, also nicht Chân Minye. Als Jesus zu Schiff von Kapherna'um aus ans jenseitige Ufer übersetzte (Marc. 6. 30 ff.), lief die Menge um das Nordende des Sees herum; dass dies wenigstens leichter von Tell Ḥûm (S. 389), als von Chân Minye aus zu denken sei, zeigt ein Blick auf die Karte. Immerhin sind damit noch lange nicht alle Einwendungen zum Schweigen gebracht. Wenn Marcus 6, 45, 53 berichtet, dass die Jünger nach der Ebene

Gennesaret, Johannes 6, 24 hingegen, dass sie nach Kapherna'um gefahren seien, so liegt in dieser Abweichung schwerlich ein endgültiger Beweis vor, dass Kapherna'um auf der Ebene Gennesaret zu suchen sei. Wenn bei Chân Minye auch nur die Lage des Fischerdorfes Beth Saida (von Beth Saida Julias, S. 386, wohl zu unterscheiden) zu suchen ist, so ist anzunehmen, dass sich Jesus oft hier aufhielt; in Beth Saida war die Heimath von Petrus, Andreas und Philippus (Joh. 1, 44). Später siedelte Petrus nach Kapherna'um über, und Jesus wohnte dort bei ihm (vgl. z. B. Matth. 17, 24 ff.).

Von Chân Minye oder bereits noch früher kann man die Lastthiere auf einem näheren Wege nach Ṣafed zum Nachtquartier schicken. Die heutige Karawanenstrasse (zugleich eine alte Römerstrasse) führt von Chân Minye aus direct nordwärts in 1 St. 25 Min. nach *Chân Djubb Yûsef* (S. 390).

Der Weg nach Tell Ḥûm führt r. über die Felsen in einiger Höhe über dem See. Der Pfad ist eng und war es wohl von jeher; er sieht mehr wie eine alte Wasserleitung aus, als wie ein Weg. Die Aussicht von hier reicht bis Tiberias. Bald darauf sieht man r. unten *'Ain et-Tîn*, die Feigenquelle. Nach 17 Min. gelangt man zu der schönen Quelle *'Ain et-Tâbigha;* der Bach, welcher hier mit grosser Gewalt hervorsprudelt, treibt eine Mühle. Das Wasser der Quelle ist brackig und lau; 2 Min. von der Strasse entfernt l. ist die eigentliche Fassung der Quelle in einem grossen Zehneck. R. vom Wege gegen die Mühle hin entspringt eine andere kleine Quelle. Man sieht ausserdem einzelne Ruinenreste und hat daher gefragt, ob nicht hier Beth Saida gelegen habe; es wäre dies möglich, trotzdem dass nach Marc. 6, 53 (vgl. 45) die Jünger bei der Ebene anlegten. Auch bleibt die Frage offen, ob man nun hier in dieser Quelle die alte Quelle Kapherna'um (S. 388) zu suchen hat. Von 'Ain et-Tâbigha verfolgt man einen schmalen Weg am Seeufer hin, längs welchem man noch verschiedene Quellen und Baureste wahrnimmt, und gelangt in 35 Min. zu den Ruinen von **Tell Ḥûm.**

*Historisches.* Tell Ḥûm ist von Manchen mit *Kapherna'um* identificirt worden; doch ist die Untersuchung über diese Frage noch nicht geschlossen. Die Berichte einiger Pilger des 6. und 7. Jahrhunderts scheinen Kapherna'um hierher zu verlegen. Die jüdischen Schriftsteller kennen einen Ort *Kafar Tanchum* oder *Nachum;* „Kaphar" Dorf kann leicht mit dem arabischen „Tell" = Hügel vertauscht und Nachûm zuletzt in *Ḥûm* verkürzt worden sein. Anderseits sucht Sepp zu beweisen, dass der Name der „*Minim*" (Judenchristen), die notorisch bis zu den Zeiten Constantins in Kapherna'um wohnten, sich in Chân Minye erhalten hätte. Hingegen spricht die Beschaffenheit und Ausdehnung der Ruinen von Tell Ḥûm für eine alte Ortslage von einiger Bedeutung, wie sie einem Zoll- und Garnisonflecken wohl zukam. Die umherliegenden Steine von Wohnhäusern bestehen alle aus Basalt, weshalb die Ruinen düster aussehen.

Am See unten liegt das einzige Gebäude, das sich noch erhalten hat; bei näherem Zusehen bemerkt man, dass es aus Material einer früheren Zeit erbaut ist. Wahrscheinlich ist es eine christliche Kirche gewesen. Nach alten Hafenbauten sieht man sich vergeblich um. Hingegen ragen mitten unter dem schwarzen Trümmerfeld die Reste eines herrlichen antiken Gebäudes aus weissem

Marmorkalk um ein weniges hervor. Das Gebäude ist theilweise aus sehr grossen Quadern erbaut gewesen; es war etwa 23m lang und 17m breit; im S.-Theile hatte es drei Eingänge. Im Innern sieht man noch die Basen der Säulen; schöne Bruchstücke, besonders von korinthischen Capitälen, liegen in wilder Unordnung umher. Es wird behauptet, dass das vorliegende Gebäude nur Rest einer Synagoge sein könne. Daneben liegen allerdings auch Ruinen aus späterer Zeit, vielleicht Ueberreste der Basilica, welche um 600 über dem Hause des Petrus stand. Wenn Tell Ḥûm wirklich dem alten Kapherna'um entspricht, so ist die Synagoge vielleicht die von dem römischen Hauptmann erbaute Schule (Lucas 7, 5 ff.), und dann hat sich Jesus sicherlich sehr oft auf diesem Punkte aufgehalten. Am Nordende der Stadt sind zwei Gräber, das eine aus Kalkstein unterirdisch gebaut, das andere ein viereckiges Gebäude, das sicher eine grosse Anzahl von Leichnamen fasste. Vom Trümmerfeld der tief erniedrigten Stadt (Matth. 11, 23) schweift das Auge gern über den See, der von Anhöhen mit sanftgerundeten Linien eingefasst und bis weit nach S. sichtbar ist; wenigstens das Landschaftsbild ist, bei aller sonstigen Ungewissheit über die Stätten, dasselbe geblieben, wie es zu Jesu Zeit war.

Von Tell Ḥûm am N.-Ufer des See's zur Jordaneinmündung s. S. 386.

*Von Tell Ḥûm nach Ṣafed* (2¾ St.). Entweder reitet man etwas südwärts zurück und dann r. hinauf, mit schöner Aussicht über den See; nach 35 Min. liegen einige Ruinen r., ein Thälchen l. unten. Nach 40 Min. gelangt man zu dem verfallenen Chân *Djubb Yûsef* (s. unten) in einer kleinen angebauten Ebene. — Oder man erreicht diesen Chân mit einem kleinen Umweg nordwärts, indem man dem Bachbett von Tell Ḥûm folgt. Nach 1 St. liegen am l. Ufer dieses Bachbettes die Ruinen von *Kerâze*, das wahrscheinlich dem antiken *Chorazin* entspricht; auch diese antike Ortslage ist übrigens noch nicht endgültig festgestellt. Das Städtchen scheint bedeutend gewesen zu sein; die Einwohner erkannten ebenfalls Jesum nicht an (Matth. 11, 21 ff.). Die Ruinen sind zum mindesten ebenso ausgedehnt, als die von Tell Ḥûm; sie liegen theils im Bachbett, theils auf einem Vorsprung über der Thalschlucht. Viele Mauern von Häusern sind erhalten; meistens sind es viereckige Gebäude (die breitesten messen 9m), in der Mitte stützen 1 oder 2 Säulen das Dach, das flach gewesen zu sein scheint. Die Wände sind 0,6m dick, von Basaltblöcken oder Mauerwerk. Von dem Felsenvorsprung geniesst man eine schöne Aussicht über den See; hier stehen auch die Ruinen einer grossen schönen Synagoge, die aus Basaltstein gebaut ist. In der Mitte der antiken Stadt ist eine Quelle bei einem Baum; nördlich von der Stadt eine Strassenanlage nach N. Von Kerâze kann man in 1 St. nach **Chân Djubb Yûsef** gelangen.

*Historisches.* Dieser Chân hat seinen Namen davon, dass nach einer Tradition, welche bis in das Zeitalter der Kreuzzüge hinaufreicht, hier der Brunnen gewesen sein soll, in welchen Joseph von seinen Brüdern geworfen wurde; die Grube wird hier gezeigt. Die Tradition geht wahrscheinlich davon aus, dass man in dem benachbarten Ṣafed das Dôthân der Schrift vermuthete; in jener frühen Zeit, in welcher Joseph lebte, nomadisirten aber die Hebräer meistentheils im Süden Palästina's, nicht hier.

Von Chân Djubb Yûsef direct nach Bânias (10 St.). Bei dem Chân Djubb Yûsef geht die Karawanenstrasse vorbei, die von 'Akka direct über Djisr Benât Ya'kûb nach Damascus führt (s. R. 21,b). Der Weg nach 'Ain Mellâḥa läuft zuerst direct nordwärts mit dieser Route zusammen; nachdem man das *Wâdi Naschif* überschritten hat, biegt man nach 18 Min. l. ab und geht längs der Berge von Ṣafed l. Der Strich Landes heisst *Arḍ el-Chaiṭ.* Der Blick auf das obere Ghôr öffnet sich; nach $1^1/_2$ St. erreicht man den Thalboden desselben, l. oben liegt das Dorf *Djaûne;* man überschreitet das *Wâdi Fir'im;* nach $^1/_2$ St. sieht man l. *el-Moghar.* Von hier an wird l. neben dem Hermon auch der beschneite Gipfel des Ṣannin (S. 522) sichtbar. Die Ebene ist wenig angebaut. Nach 25 Min. erreicht man das Dorf *el-Wukas;* nach 45 Min. den Bach *Nahr Hendâdj.* Oben l. an den Abhängen liegen die Ruinen von *Kasyûn*, worunter die Ueberreste eines Tempels (oder einer Synagoge) bei zwei Reservoirs. Von Nahr Hendâdj erreicht man *'Ain Mellâha* in 1 St. Hier ist eine schöne Quelle. Die Maulthiertreiber pflegen auf der Wiese bei der Mühle zu übernachten. der Boden ist aber feucht und ungesund und man übernachtet viel besser in einem Dorf, auf der Anhöhe l., bevor man nach 'Ain Mellâḥa kommt. in *Kebâ'a* oder *Marûs*, von wo man den Ḥûle-See übersieht.

*Historisches.* Der See Ḥûle ist mit dem aramaeischen *Chûl* (I Mos. 10,23) zusammengestellt worden, was aber fraglich scheint. Josephus nennt (Alterth. XV, 10, 3) die ganze Gegend *Ulatha*, den See *Samachonitis.* In althebräischer Zeit hiess er „Wasser *Merom*" (Jos. 11, 5, 7); hier schlug Josua die mit Jabin von Hazor verbündeten Kana'aniter.

Der See Ḥûle ist ein dreieckiges Becken von 6—9m Tiefe und liegt 83m über dem Spiegel des Mittelmeeres. Eine Menge Wasservögel, besonders auch Pelicane. Enten etc. beleben die umliegenden Sümpfe, doch machen letztere es unmöglich, sich von N. dem eigentlichen Seebecken zu nahen; auf den andern Seiten sind die Ufer hingegen nicht bewachsen. Im N. bildet das Dickicht der Papyrusstaude (arab. *babir*) förmlich undurchdringliche Mauern. Erst in neuester Zeit ist der See vermittelst einer Barke genauer untersucht worden (the Rob Roy on the Jordan etc. by Macgregor, 3rd ed., London 1870).

Die Ebene N. vom Ḥûlesee bildet ein ziemlich regelmässiges Becken von etwa 2 St. Breite; die östlichen Berge sind weniger steil, als die westlichen, steigen aber höher empor. Die breite Mitte des Thals ist grösstentheils mit Sümpfen bedeckt; Büffel, den hier hausenden Beduinen gehörig, wälzen sich darin herum. Diese Beduinen (Ghawârine) sind in der Regel harmlos; sie beschäftigen sich mit Jagd, Fischfang und Viehzucht. Die Thalseiten haben einen guten Boden; wenn die Sümpfe canalisirt würden, so könnte ein viel bedeutenderer Bodenertrag erzielt werden, als jetzt der Fall ist. — Um die Sümpfe zu vermeiden, führt die Strasse den W. Bergen entlang, bisweilen ganz nahe am Abhang; nach circa 1 St. 10 Min. liegt l. *'Ain el-Belâta;* nach 2 St. 15 Min. kreuzt man unterhalb der Festung Hunîn (S. 397) l. den *Nahr Derdâra*, einen Zufluss des Jordan, der von Merdj 'Iyûn (S. 469) herabkommt. Bei einer Ruine *el-Chân* r. hat man das antike Hazor gesucht (vgl. S. 397). Man biegt nun gegen NO. ab; in einer guten Stunde erreicht man *Djisr el-Ghadjâr* (S. 398).

Am Chân Djubb Yûsef läuft die Römerstrasse nach N. vorbei. Hier beginnt statt des Basalts wieder Kalkgestein zu Tage zu treten. In NW. Richtung aufwärts steigend erreicht man nach 55 Min. einige Ruinen; nach 15 Min. kommt man zu einer schönen von

Gärten umgebenen Quelle *'Ain el-Ḥamra*. Von hier wendet man sich l. den Berg hinauf und gelangt in 15 Min. auf die Höhe. Nach 5 Min. steht man beim Castell von **Ṣafed.**

*Historisches.* Vor den Zeiten der Kreuzzüge wird der Name von Ṣafed nirgends genannt; es scheint hier damals von den Franken ein Castell erbaut worden zu sein. Von einzelnen Reisenden wird Ṣafed als der Ort genannt, an den bei dem Gleichniss von „der Stadt die auf einem Berge liegt" gedacht worden sei; aber es ist nicht nachzuweisen, dass zu Jesu Zeiten schon eine solche hier gestanden hat. Saladin eroberte Ṣafed nur mit grosser Mühe. Im Jahre 1220 wurde die Festung von Ṣafed aus Furcht, die Christen möchten sich wieder darin festsetzen, auf Befehl des Sultans von Damascus geschleift, später von den Tempelrittern wieder hergestellt; die Besatzung capitulirte gegenüber Bibars i. J. 1266, der sie aber ermorden und dann die Befestigungen wieder herstellen liess. Später war Ṣafed die Hauptstadt einer Provinz; im Jahre 1759 wurde es durch ein Erdbeben zerstört; im Jahre 1799 besetzten es die Franzosen für kurze Zeit. — Die Judencolonie, welche sich in Ṣafed findet, hat sich erst im Anfang des 16. Jahrh. n. Chr. hier angesiedelt; bald darauf entwickelte sich hier eine angesehene Rabbinenschule; die berühmtesten Lehrer waren ursprünglich spanische Juden (manche Juden reden noch deutsch). Neben den Schulen waren hier 18 Synagogen und eine Druckerei. Heute wird Ṣafed zur Hälfte etwa von Juden bewohnt; aber die Blüthe des Städtchens hat durch das grosse Erdbeben am 1. Jan. 1837 sehr gelitten. Da die Häuser terrassenförmig an den Hügeln aufgebaut sind, so warf die Wucht der Stösse die oberen Häuser auf die unteren: die Berichte von Augenzeugen, besonders des noch lebenden amerikanischen Missionärs Thomson, der sich bald darauf an Ort und Stelle verfügte, sind erschütternd. Die Erde hatte grosse Risse bekommen und überall sah man nur Ruinen, unter welchen Leichen grässlich verstümmelt hervorgezogen wurden; manche Verstümmelte waren verschüttet worden und Hungers gestorben; die türkische Regierung war rathlos und that Nichts, desto mehr die hilfreichen Protestanten. Zu Ṣafed kamen durch das Erdbeben von 9000 Juden und Christen (letztere wohnen in geringer Zahl hier) 4000 ums Leben und nicht viel unter 1000 Muslimen.

Die heutigen Juden sind meistens aus Polen eingewandert (Aschkenazim). Sie stehen jetzt unter österreichischem Schutze. Die Juden sind auch hier in einer von ihnen heilig gehaltenen Stadt; die wenigsten arbeiten. Bei den Sephardim-Juden (S. 93) findet sich hier noch Vielweiberei.

Das muslimische Quartier liegt N. von dem jüdischen und ist vollständig von diesem getrennt. Die schönste Aussicht geniesst man von der Burgruine (der Templer?) aus. Das Städtchen liegt in einer grünen Niederung; im W. erhebt sich der schön bewaldete *Djebel Zebûd* (1114m) und *Djebel Djermak* (1220m; die Besteigung dieses letzteren soll sehr lohnend sein). Unten läuft das *Wadi eṭ-Ṭawâḥîn* (Mühlenthal) ostwärts gegen die Ebene hinab. Im S. erblickt man den Tabor und fern im SW. den Karmelrücken. Während ein grosser Theil des Jordanthales dem Blicke entzogen ist, sieht man doch die Berge jenseit des Tiberias-Sees und weit im O. die Gebirgszüge von Djôlân und Ḥaurân mit dem Gipfel des Klêb (S. 431).

Der Bazar von Ṣafed ist unbedeutend; die Stadt enthält keine Alterthümer. In den jüdischen Häusern ist viel Schmutz; der Wein, den die Juden bereiten, ist schlecht (4—5 P. die Flasche).

Man kann übrigens in den Judenhäusern übernachten. Das Klima ist wegen der hohen Lage (845m ü. M.), der höchsten in Galilaea, sehr gesund.

### a. Von Ṣafed nach Meirôn und Kefr Bir'im.

Von Ṣafed nach **Meirôn** ist ein Weg von $1^1/_2$ St. WNW. Das Dorf Meirôn, übrigens schon im Talmud genannt, ist der berühmteste und verehrteste Wallfahrtsort der Juden. Es findet sich dort die Ruine einer alten Synagoge, von der besonders die aus grossen Quadern erbaute Südmauer erhalten ist; die beiden Thürpfosten bestehen aus beinahe 3m hohen Monolithen. Bei dieser Synagoge, deren N.-Seite am Rande eines Abhangs steht, liegt das Grab von Rabbi Jochanan Sandelar (Schuhmacher); in der Einfriedigung des Begräbnissplatzes das Grab von Rabbi Simeon ben Jochai, welcher das Buch Zohar geschrieben haben soll, und das seines Sohnes Rabbi Eleazar. Auf den Pfeilern sind kleine Becken, in welchen man an Festtagen Oel verbrennt. Etwas weiter unten am Hügel ist das Grab des Rabbi Hillel und „36 seiner Schüler" in einem grossen Felsengemach mit 7 Gewölben. Alle diese Rabbis gehören zu den ältesten und berühmtesten jüdischen Lehrern, und ihre im Talmud erhaltenen Sprüche haben die höchste Autorität. Das Dorf Meirôn ist muslimisch.

NW. von Meirôn, etwa 2 St. entfernt, liegt *Kefr Bir'im.* Zuerst geht man steil ins Thal hinunter; nach 30 Min. sieht man das kleine Dorf *Sifsâf* r. In 10 Min. gelangt man zu einem niedrigen Kamme, der von der höchsten Kuppe des *Djebel Djermak* (s. oben) ausläuft. Dann steigt man in das *Wâdi Chilâl* hinunter, lässt den Weg nach *Sa'sa'* (S. 396) l. liegen und passirt das *Wâdi Nâsir* (45 Min.); wieder ansteigend gelangt man auf dem Rücken des Gebirges und der Wasserscheide zu einem schönen Aussichtspunkt, und nach 35 Min. nach **Kefr Bir'im.** Auch dieser Ort war früher ein bedeutender jüdischer Wallfahrtsort (am Purimfeste) und berühmt als Grabstätte des Richters Barak und des Propheten Obadjah; von den Synagogen, die hier standen, sind noch einige Trümmer erhalten. Die eine Ruine liegt im NO.-Theile des Dorfes. Vor der Façade bildeten zwei Reihen von Säulen einen Porticus; er ist wie in Schutt versunken, aber die Säulen der Vorderreihe stehen noch grossentheils. Die Capitäle bestehen aus Reifen, die gegen den Schaft zu immer kleiner werden. Die Mauer besteht aus glatten Quadern, die theilweise von beträchtlicher Grösse sind. Das in der Mitte befindliche Portal ist reich verziert; über dem Carnies ein Bogen mit Guirlanden. Kleinere Thüren sind an der Seite des Portals angebracht; über jeder ist ein Fenster. Das Innere des Gebäudes ist zum Theil in einen Schuppen verwandelt; einige Säulenreste sind auch innen noch sichtbar. — Die andere Ruine steht 5 Min. NO. in den Feldern: das Gebäude war dem eben beschriebenen ähnlich, doch ist nur noch das ebenfalls reich verzierte Portal erhalten, über welchem eine hebräische Inschrift steht, aber ohne ein Datum zu enthalten. Der ganzen Ausführung nach kann man schliessen, dass diese Synagogen aus den ersten Jahrhunderten des Christenthums, als Galilaea der Hauptsitz der Juden war, stammen. — Das Dorf Kefr Bir'im wird von Maroniten bewohnt.

Von Kefr Bir'im nach *el-Djisch* (s. unten) ist ein Weg von circa 1 St.; ebensoweit von Kefr Bir'im nach *Yarûn* (S. 394).

### b. Von Ṣafed nach Tyrus über Tibnîn.

Von Ṣafed nach Tibnîn (ca. 7 St.). Der Weg scheidet sich von dem nach Bânias (S. 396) bei *'Ain ez-Zeitûn* (20 Min.). Darauf passirt man zwei niedrige Landwellen zwischen zwei kleineren Wâdi's; l. sieht man Meirôn (s. oben). Dann beginnt man in einem engen von NW. kommenden Seitenthal hinaufzusteigen. Nach 45 Min. hat man l. das Dorf *Kadita*, r. *Ṭaiyeba* (S. 396). Auch hier findet man vulcanisches Gestein, je weiter man vorschreitet, desto mehr. Nach 25 Min. kommt man zu einem grossen kraterähnlichen Becken Namens *Birket el-Djisch*, das bisweilen Wasser enthält. Nach 20 Min. erreicht man das Ende der Hochebene und hat ein schönes flaches Thal, bepflanzt und von buschigen Hügeln umgeben, vor sich. L. liegt *Sa'sa'* (S. 396); nach 10 Min. kommt man an den Fuss der kegelförmigen Anhöhe, auf welcher **el-Djisch** liegt. Dies ist das *Giscala* des Josephus, *Gusch Halab* des Talmud. Josephus hatte es befestigt; es war die letzte Festung in Galilaea, welche gegen die Römer Stand hielt. Hieronymus berichtet, dass die Eltern des Apostels Paulus hier gewohnt hätten, bevor sie nach Tarsus gezogen seien. Beim Erdbeben von Ṣafed wurde das ganze Dorf vernichtet und die Christen, welche gerade in der Kirche waren, 135 Personen an der Zahl, kamen um.

Von el-Djisch aus wendet man sich in die Schlucht, welche sich O. am Hügel hinzieht, und verfolgt das grüne, von Wasser durchströmte Thal abwärts nach NW., ohne Aussicht zu haben, 1 St. lang; die Thalwände r. und l. sind steinig und öde. Hierauf wird die Landschaft wieder etwas freier; man bekommt das Dorf *Yarûn* am Hügelabhang zu Gesicht. NO. davon, auf einer kleinen vereinzelten Anhöhe, liegen die Ruinen *ed-Dêr* (das Kloster); in der That beweist das griechische Kreuz an einem der korinthischen Capitäle, dass hier ein Kloster gestanden hat; aber ebenso sicher ist es, dass das Gebäude ursprünglich eine Synagoge und der Synagoge in Kefr Bir'im ähnlich war. Auch hier findet sich vor dem Haupteingang gegen S. ein Porticus. Die drei Thore, deren 2,4m hohe Pfosten wiederum Monolithe sind, liegen an der W.-Seite. Im Inneren lief eine Doppelreihe von Säulen von den Thoren aus gegen den Altar hin. — Am Hügel liegen ausserdem grosse Quadern und Sarcophage zerstreut. Der Ort ist wahrscheinlich als *Jereon* schon Josua 19, 38 genannt. Heutzutage beginnt hier der District *Bilâd Beschâra*, in welchem viele Metâwile wohnen (S. 104).

Von hier führt der Weg über eine wellenförmige Ebene, die theils angebaut, theils mit Gebüsch bedeckt ist. An dem Punkte, wo man dieselbe verlässt, bekommt man den Flecken *Bint Djebêl* und im Hintergrunde das Schneegebirge wieder zu Gesicht. Man reitet am Ostabhang eines breiten Thales weiter, bis man das Dorf nach etwa 2 St. erreicht. Es ist von Metâwile bewohnt, welche aus der Umgegend Holz an die Küste, bes. auch nach Beirût bringen. Bald nachdem man Bint Djebêl verlassen hat, wird man durch den Anblick der noch 2 St. entfernten Festung **Tibnîn** überrascht. Hierauf führt der Weg in ein von steilen Hügeln umgebenes Thal hinunter. Zur Festung, die auf der jäh nach allen Seiten abfallenden NO.-Spitze des Hügels steht, führt ein steiler Weg hinauf; das von Metâwile und Christen bewohnte Dorf liegt auf einem Sattel ihr gegenüber.

*Historisches.* Einige Quadern von alter Arbeit auf der O.-Seite und die Masse Cisternenhöhlungen beweisen, dass schon vor dem Mittelalter hier ein befestigter Punkt lag. Die Festung Tibnîn wurde im Jahre 1107 durch Hugo von St. Omer, den Herrn von Tiberias, errichtet, um von hier aus Einfälle in das Gebiet von Tyrus zu machen; die Festung hiess *Toron* und ihre Besitzer nannten sich nach ihrem Namen. Nach der Schlacht von Ḥaṭṭîn wurde das Verhältniss umgekehrt; die Saracenen machten von hier aus Raubzüge gegen die Christen in Tyrus; eine Belagerung im Jahre 1197—8 blieb ohne Resultat, weil die Christen unter sich zu uneinig waren, und endete mit einem schimpflichen Rückzug. Später wurde Tibnîn von Sultan el-Muazzam geschleift; in unserm Jahrh. vollendete Djezzâr Pascha die Zerstörung, weil er die kleinen Häuptlinge dieser Gegenden fürchtete, wie deren jetzt wieder einer dort sitzt (ein hochadeliger Mutewâli).

Die Aussicht vom Schloss ist herrlich; man überblickt eine weite Gebirgsgegend mit vielen Schluchten. Im W. sieht man das Meer bis Tyrus, im NO. die Schneegebirge. Bei dem Dorfe *Biraschît* ostwärts ist eine gewaltige Eiche, der sog. *Messiasbaum*, sichtbar.

[*Von Tibnîn nach Kal'at esch-Schekîf* (und Sidon). Von Tibnîn aus führt ein Weg direct nordwärts durch den District *el-Beschâra* an den Lîtâni. *Ṣafed el-Buṭṭa* r. oben lassend, reitet man in circa $1/2$ St. zu dem Eingang des *Wâdi Hadjeir*, dessen Lauf man gegen 4 St. abwärts verfolgt, ohne viel von der umliegenden Gegend zu sehen. Nach 40 Min. r. oben das Dorf *Suweini*; nach 1 St. 25 Min. l. *Chirbet Sâlim*. Nach 25 Min. einige

Quellen, die Mühlen treiben; nach $1^1/_2$ St. kommt man zum *Lîtâni* bei der Brücke *Ka'ka'iye*; das dazu gehörige Dorf liegt N. von der Brücke; l. *Wâdi Yarûn*. Die Brücke Ka'ka'îye ist über eine kleine Insel gebaut; die nördlichsten Bogen sind antik. Einige Häuser und Mühlen stehen an der Brücke. Um von hier nach Kal'at esch-Schekîf zu gelangen, wendet man sich gleich r. und steigt das *Wâdi 'Ain 'Abd el-'Al* hinauf, die Kluft des Lîtâni r. behaltend. In circa $^1/_2$ St. erreicht man das Dorf *Zautar*, in 10 Min. das östlichere Dorf gleichen Namens. Von hier erreicht man über Felder in circa 1 St. das Dorf *el-Hamra*; das Thal ez-Zaherâni und Djebel Rîhân liegen im N. In $^1/_2$ St. ist *'Arnûn* erreicht (S. 467).

Von der Brücke Ka'ka'îye führt ein Weg direct nach Sidon (ca. 10 St.). Das Dorf *Ka'ka'iye* erreicht man in 50 Min. 20 Min. weiter auf einem Hügelrücken hat man eine ausgedehnte Fernsicht; $3^1/_2$ St. Metâwiledorf *Nazâr* (Aussicht); von hier nach Sidon in circa 5 St.]

Von Tibnîn nach Tyrus (ca. $4^1/_2$ St.). Man reitet um das südl. Seitenthal herum und gelangt in 30 Min. auf die Höhe des *Wâdi el-md*. Hier hat man eine schöne Aussicht über die Thäler, die gegen das Meer hin laufen; noch erblickt man Tibnîn auf der Anhöhe; im NO. schliesst der Hermon das Bild. In 25 Min. steigt man durch das *Wâdi el-Djedûn* in das *Wâdi el-'Aschûr* hinab, welches Thal man verfolgt, indem man *Wâdi Hârith*, *Djebel Hârith* und *Djebel Kafra* l. liegen lässt und sich fortwährend r. hält. Der Name des Thales erinnert an das ehemals hier gelegene Stammgebiet von Ascher (?). Nach 1 St. erreicht man den Ausgang des Thales; in der Thalwand r. liegt ein Felsengrab. Man gelangt l. auf ein kleines Plateau *Merdj Safra*; nach 15 Min. steigt man stets westwärts bergab und erreicht in 5 Min. das Dorf *Kâna* (S. 396); vorher überschreitet man noch das *Wâdi esch-Schemâli*, in welchem ein Brunnen und schöne Oelbäume zur Rast einladen. Durch das Dorf hindurchreitend, kommt man auf eine sogenannte Sultanstrasse; an dem *Wâdi Ab* erreicht man in 40 Min. das Dorf *Hanawaye*, wo grosse zugehauene Felsblöcke und zerbrochene Sarcophage umherliegen. Aus den vielen Ueberresten schliesst Renan, dass hier eine bedeutende Ortschaft gestanden habe, vielleicht die „Grenzfestung" des tyrischen Gebietes, die Josua 19, 29 und II Sam. 24, 7 genannt ist.

In 10 Min. etwa erreicht man von hier r. von der Strasse nach Tyrus das sogenannte **Grab Hiram's**, *Kabr Hiram* (andere haben es *Kabr Hairân* nennen hören). Die Tradition scheint jung, wenigstens ist sie erst seit 1833 bekannt. Das Bauwerk, das den Eindruck des Unvollendeten macht, besteht aus einer Basis von mächtigen Steinen, jeder 0,9m dick, 4m lang und circa 2,7m breit; darüber liegt eine an allen Seiten überragende noch dickere Felsplatte; diese trägt den mächtigen Sarcophag, welchen ein starker, unregelmässig pyramidaler Felsdeckel schliesst. Das Monument, etwa 6,4m hoch, kann leicht erstiegen und durch eine Oeffnung im Deckel das Innere betrachtet werden. Renan hat durch Nachgrabungen unter dem Grabe eine Felsenkammer gefunden, in welche eine Treppe hinabführt; es scheint, dass ein Theil derselben (N.) erst mit dem Bau des Mausoleums ausgeführt wurde. Ohne Zweifel ist das Monument phönicisch, aber es ist ohne Inschrift, und daher nicht auszumachen, aus welcher Zeit es stammt; möglicherweise ist es älter, als die griechische Zeit; in römischer würde sicher eine Inschrift beigefügt worden sein. In der Umgebung finden sich kleinere umgestürzte Sarcophage und Bruchstücke von solchen. In dem Thälchen s. von der Strasse ist eine andere kleine Necropole; Sarcophage sind in den Felsen gehauen, die Deckel bestehen aus prismatischen Blöcken. Auf der Strasse nach Tyrus, 300m von Kabr Hiram, entdeckte Renan die Reste einer byzantinischen Kirche mit einem schönen Mosaikboden (5. Jahrh.), den er nach Paris schaffen liess. Auf dem kleinen Hügel r. von der Strasse sind ebenfalls Gräber und Sarcophage, unter anderem auch doppelte mit einfachem Deckel (vergl. S. 123).

Von Hiram's Grab nach Tyrus ist ein Weg von 1 St. 15 Min. WNW.; indem man geradezu nach W. reitet, kommt man nach $^1/_2$ St. zu einer

Wegkreuzung und nach 20 Min. unter einer Wasserleitung hindurch nach *Râs el-'Ain* (S. 447).

*Von Ṣafed nach Tyrus über Yâthir* (ca. 11 St.). Ausser dem Wege über Tibnîn gibt es noch eine directere Strasse von Safed nach Tyrus. Man erreicht *Ṣa'sa'* in 3 St., die Ruinen von *Rumêsch* in 1 St. (hier mündet ein Weg von Kefr Bir'im, S. 391, das 1½ St. entfernt ist, ein). Von Rumêsch erreicht man in 30 Min. den oberen Theil des *Wâdi Ḥûra* bei einer gleichnamigen Ruine; nach einer kleinen halben Stunde kommt man zu Ruinen Namens *Ḥazûr* oder *Ḥaziri* mit vielen Grabgewölben; ¼ St. später tritt man in ein neues Thal. Nach 2 St. erreicht man das Dorf *Yâthir*. Von hier kommt man in das *Wâdi Ntâra;* nach ½ St. findet man eine Grotte, 20 Min. später das Dorf *Sedakîn;* im S. davon liegt das Dorf *Aiye*. Nach 50 Min kommt man in das Christendorf *Ḳâna* (S. 395). ¼ St. seitwärts von Kâna sind in einem Felsen verschiedene phönicische Figuren eingehauen. ½ St. von Kâna liegen die Ruinen von *el-Chusne* mit weiter Aussicht auf das Hügelland und auf Tyrus. Ueberall sprechen Reste von Gebäuden von der ehemals starken Bevölkerung dieses Theiles von Phönicien. Nach 50 Min. erreicht man das *Grabmal Hiram's* (S. 395).

## 21. Von Ṣafed nach Damascus.

### a. Ueber Bânias.

Von Ṣafed bis Bânias 9 St.; Bânias-Damascus 13½ St. Der Weg von Tiberias nach Bânias kann in zwei Tagen zurückgelegt werden, wenn der Reisende den ersten Tag über Ṣafed hinausmarschirt. Entweder kann man von Ṣafed ins Thal hinuntersteigen und wieder auf den directen Weg von Chân Djubb Yûsef (S. 391) nach 'Ain Mellâḥa gelangen, oder die viel lohnendere Route über den Kamm des Gebirges nach N. einschlagen.

Man steigt NNW. ins Thal hinunter nach (20 Min.) *'Ain ez-Zeitûn*, von wo man Ṣafed hoch oben hinter sich liegen sieht. Hierauf kreuzt man verschiedene kleine Thäler. Nach 25 Min. trifft man einige Ruinen; im NO. sieht man das Dorf *Belûta*. Nach 20 Min. kommt man nach *Ṭaiṭeba*. Die Aussicht gegen W. umfasst die grünen Hügel von Ober-Galilaea; auf dem Djermak steht an der N.-Seite ein kleines Gebäude; im O. sieht man die Gebirgszüge von Djôlân. Im O. des Dorfes liegt ein Wasserbassin; ein anderes findet sich 20 Min. später bei einer Ruine am Wege. Bald darauf geniesst man von der Höhe einen herrlichen Blick auf das Jordanthal und das Becken des See's Ḥûle. Der Weg von Ṭaiṭeba bis zu diesem Aussichtspunkte geht in NO. Richtung, biegt nun aber wieder nach N. und durchschneidet das *Wâdi el-Meschêredje*, bei einem bewaldeten runden Berge. Nach 40 Min. gelangt man zum Dorf *'Alma;* l. sieht man das Dorf *Fâra*. Nach 10 Min. liegen r. vom Wege ausgedehnte, aber namenlose Ruinen mit Resten von Säulen. Nach 20 Min. steigt man in das tiefe Thal *'Uba* hinab; nach 15 Min. jenseits wieder hinauf. L. oben liegt das Dorf *Dîschun* in pittoresker Lage über dem Thal; man erreicht es in 15 Min. Die Steinhäuser dieses Dorfes sehen wegen ihrer schrägen Dächer ganz europäisch aus.

R. liegt der mit Gestrüpp bedeckte *Tell Chureibe*, von dessen Gipfeln man eine schöne Aussicht auf das tiefe *Wâdi Hendâdj*, die Ebene des Ḥûle und die Hochfläche von Ḳedes hat. Ausser formlosen Ruinen findet man oben auch einige Oelkeltern und am Fusse des Hügels Gräber. In dieser Ortslage hat Robinson das antike *Hazor* (Jos. 11) finden wollen, was aber keineswegs sicher ist. Hazor war der Sitz des kana'anitischen Königs Jabin, der mit seinen Nachbarn gegen Josua ins Feld zog, aber am See Merom geschlagen wurde; die Stadt Hazor wurde verbrannt. In späterer Zeit bedrückte ein anderer Jabin Israel, wurde aber durch Debora besiegt. Der Reihenfolge der Städte nach zu urtheilen, wie sie II Kön. 15, 29 beim Zuge des Tiglat Pileser erwähnt werden, müsste die Stadt hier in der Nähe von Ḳedes gelegen haben.

Die Richtung des Weges ist fortwährend nördlich. Nach 45 Min. erreicht man das Dorf **Ḳedes.**

*Historisches.* *Kedesch* war ebenfalls der Sitz eines kana'anitischen Fürsten, wurde aber später dem Stamm Naphtali zugetheilt und war zugleich Leviten- und Freistadt. Aus Kedesch stammte Barak, der Feldherr der Debora; Tiglat Pileser nahm die Stadt ein und entvölkerte sie. Die Ortschaft gewann nie mehr Bedeutung; später zeigte man hier die Gräber des Barak, der Debora u. s. w. Sie heisst *Kedesch in Galilaea*, um sie von anderen Ortschaften gleichen Namens zu unterscheiden.

Die Ueberreste von Bauten, welche sich hier erhalten haben, stammen aus späterer jüdischer Zeit. Unten an dem Dorfe bei der Quelle finden sich einige grosse Sarcophage; theilweise dienen sie als Brunnentröge. Nordöstlich von der Quelle steht ein kleines Gebäude aus grossen Quadern; zwei Bogen sind noch erhalten. theilweise auch die Thür, welche gegen S. schaut. Weiter gegen O. finden sich mehrere Sarcophage, die auf einer erhöhten Plattform bei einander stehen. Auf den Seiten sind Rosetten ausgehauen; anderes hat die Zeit zerstört; die Sarcophagdeckel, von denen einige je zwei Behälter bedecken, sind schön gearbeitet. In der Nähe dieser Gräber kann man einen alten Mauerlauf, vielleicht die Einfriedigung eines Begräbnissplatzes, deutlich verfolgen. Weiter nach O. liegen die Trümmer eines grossen Gebäudes, wohl einer Synagoge. Die Mauern stehen noch; an der Ostfronte befindet sich ein grosses Portal mit zwei Seitenportalen. Viele Architecturreste, namentlich Capitäle, finden sich in dem Dorfe, das trotz der fruchtbaren Lage schwach bewohnt ist; besonders merkwürdig ist eine achteckige Säule.

Nach 26 Min. trifft man in einem Thale einen Wasserbehälter; das Dorf *Blêda* lässt man l. oben liegen. Nach 15 Min. sieht man Bauüberreste in der Nähe einiger mächtigen Terebinthen *(buṭm)*. Nach 10 Min. liegt der Ort *Umm Ḥabîb* l. oben; nach 15 Min. erreicht man das grosse Dorf *Mês*. Bald darauf findet man Reste einer Römerstrasse. Der Weg führt durch Gebüsch; nach 40 Min. sieht man r. oben Ruinen eines Castells *Menâra*. Hier auf der Anhöhe hat man eine schöne Aussicht auf das Thal des Jordans und den See Ḥûle, den grossartigen Gebirgszug des Hermon, im O. ferne blaue Berge, im W. die Festung Tibnîn, im N. Hunîn.

Nach 35 Min. kommt man zu den Ruinen der grossen Festung **Hunîn**, bei einem kleinen Dorfe gleichen Namens. Das Erdbeben von Ṣafed hat auch diese Festung hart mitgenommen. Die Unterbauten derselben stammen sicher aus alter Zeit her, wie man nach den fugengeränderten Quadern schliesst, die sich z. B. an der Ost- und Südseite (und an einem Portal im Dorfe) zeigen. An der Nordseite ist Felsgrund; ein 6m breiter und ebenso tiefer Graben diente zur Vertheidigung. Die runden Thürme stammen von der späteren türkischen Festung, die viel kleiner war als die alte Feste, welche sich weiter gegen S. und O. ausdehnte. Die Aussicht von Hunîn aus ist herrlich; aus der Ferne blickt Bânias herüber. Welcher alten Ortslage Hunîn entspricht, ist nicht ausgemacht.

Von Hunîn führt der Weg ziemlich steil ins Thal hinab, zuerst durch Gebüsch. In der Ebene unten liegt das von Christen bewohnte Dorf *Abîl*, das alte *Abel Beth Maacha* (Grenzstadt), II Sam. 20, 14; weiter nördlich *Mutelli*, das erste Drusendorf (S. 105) von Süden her. Man lässt beide l. liegen; in 55 Min. erreicht man die Ebene an dem Punkte, wo von l. der directe Weg von Ṣaida (S. 468) einmündet. Man befindet sich hier in der Niederung, in welcher alle Quellbäche des Jordans zusammenlaufen, um sich zuerst in den Hûle-See oder in die grossen Sümpfe in dessen Umgebung zu ergiessen. Nach 8 Min. überschreitet man den *Derdâra* auf einer Brücke von *einem* Bogen; auf der l. Seite sind einige Ruinen. Die Aussicht thalabwärts ist prächtig; einst war diese Gegend reich bebaut, wird jetzt aber fast nur von Beduinen durchzogen, welche hier und in Merdj 'Iyûn (Ijon des alten Test., vgl. S. 469) die schönsten Weideplätze finden. Nach 10 Min. durchreitet man ein trockenes Flussbett, nach 25 Min. erreicht man die Brücke *el-Ghadjâr* über den *Ḥasbânifluss*, den nördlichen Zufluss und eigentlichen Quellbach des Jordan.

Von hier kann man auf der O.-Seite des Flusses schräg r. (OSO.) hinabreitend, einen Abstecher nach Tell el-Ḳâḍi unternehmen; nach 25 Min. durchwatet man einen Bach, nach 22 Min. erreicht man Tell el-Ḳaḍi.

**Tell el-Ḳâḍi** ist ein grosser Hügel von 330 Schritt Länge und 270 Schritt Breite, 9—12m über der Ebene. Auf seinem Gipfel befindet sich ein muslimisches Grab unter einem prächtigen Eichbaum. Auf der Westseite des Hügels hört man das Rauschen eines grossen Wassers; wenn man sich durch die dichten Oleandergebüsche hindurcharbeitet, kommt man über einen felsigen Abhang zu einem 60 Schritt breiten Becken, aus welchem das Wasser als Strom ausläuft. Ueberall liegen Basaltsteine herum. Am SW.-Ende des Hügels ist eine kleinere Quelle, die sich mit der eben beschriebenen in einem grossen Becken vereinigt und als *el-Leddân* weiterfliesst. Das Volk sieht diese Quelle, welche Josephus den *kleinen Jordan* nennt, als die Hauptquelle des Jordans an, weil sie die grösste ist; sie enthält zweimal so viel Wasser, als der Strom von Bânias, mit dem sie sich $^1/_2$ St. weiter unten vereinigt, und dreimal soviel als der Ḥasbâni, der noch $^1/_4$ St. weiter unten einfliesst. Dort ist der Jordan 14m breit und fliesst in einem Bett von 27m Breite, 8m unter dem Niveau der Ebene.

Die Wörter Ḳâḍi (arab.) und Dan (hebr.) sind gleichbedeutend. Auf dem Hügel Tell el-Ḳâḍi muss die alte Stadt *Dan*, die Nordgrenze des israelitischen Reiches gestanden haben; daher der so oft vorkommende Ausdruck „von Dan bis Berseba." Bevor die Stadt von den Daniten erobert wurde (Richter 18, 27 ff.), hiess sie *Lais* und gehörte zu dem Gebiet von Sidon, doch wird sie schon in der Geschichte Abrahams unter ihrem späteren

Namen erwähnt (I Mos. 14, 14). Unter Jerobeam war sie Hauptsitz des Götzendienstes (I Kön. 12, 28). Der König Benhadad von Syrien eroberte sie (I Kön. 15, 20).

Wieder auf die Hauptstrasse zurückgekehrt, verfolgt man den Weg gegen den Fuss des östlichen Gebirges hin. SO. rechts oben am Berge liegt das *Nebi Seyyid Yehûda*. Nach und nach beginnt man auf Waldwegen, zwischen welchen Bäche rauschen, bergan zu steigen; nach 3/4 St. Marsches wird die Steigung stärker; in 25 Min. gelangt man nach **Bânias**.

*Historisches.* Der heutige Name Bânias entspricht einem antiken griechischen *Paneas*, welches nach Josephus auch Name einer Landschaft gewesen zu sein scheint. In der Nähe war ein Heiligthum des Pan (Paneion) bei der Höhle, in welcher die Quelle (besser eine der Quellen) des Jordan entspringt. Ueber der Quelle baute Herodes dem Augustus zu Ehren, als er von ihm das Gebiet des Zenodorus, die Tetrarchie N. und NO. vom Tiberiassee mit Paneas erhielt, einen Tempel. Der Sohn des Herodes, Philippus, der das Gebiet von Batanaea, Trachonitis, Auranitis, Gaulanitis und Paneas (nach Luc. 3, 1 auch Ituraea) ererbte, baute Paneas aus und nannte es *Caesarea*; zur Unterscheidung von Caesarea Palaestina (S. 366) erhielt es den Namen *Caesarea Philippi*. Der Ort ist wohl der nördlichste Punkt, welchen Jesus besuchte (Matth. 16, 13; Marc. 18, 27). Der ältere Name der Stadt verschwand nie ganz. Vorübergehend gab ihr Herodes Agrippa II. einmal den Namen *Neronias*, indem er sie erweiterte. Titus feierte hier die Einnahme von Jerusalem mit Kampfspielen, wobei viele jüdische Gefangene auftreten und als Gladiatoren oder mit wilden Thieren kämpfen mussten. Eine alte christliche Sage verlegt die Heilung der Blutflüssigen (Matth. 9, 21 ff.) hierher. Seit dem 4. Jahrhundert war Bânias Bisthum unter dem Patriarchat von Antiochien. Schon vor der arabischen Herrschaft kam der ältere Name wieder zur Geltung. — Zu den Zeiten der Kreuzzüge wurde Bânias wiederholt erobert. Zuerst wurde es sammt der oben gelegenen Festung es-Subêbe (S. 400) den Christen im Jahre 1129 oder 1130 nach ihrem verfehlten Angriff auf Damascus übergeben. Der Ritter Rainer Brus erhielt Stadt und Castell als Lehen. Im Jahre 1132 wurde Bânias vom Sultan Ismael von Damascus eingenommen, 1139 zurückerobert; das damals dort gegründete lateinische Bisthum stand unter dem Erzbischof von Tyrus. Später kam Bânias in den Besitz des Connetable Honfroy. Nûreddîn eroberte die Stadt 1157, aber nicht die Festung. Von Balduin III. entsetzt, wurde sie 1165 von Nûreddîn endlich erobert und kam nun nie mehr in den Besitz der Franken. Sultan el-Muazzam liess die Festungswerke von Bânias schleifen.

Die Lage von Bânias ist sehr schön; es liegt eingeschmiegt am Nordende einer dreieckigen Terrasse in einem Winkel des Hermongebirges, 350m über dem Meer, 150m über Tell el-Ḳâḍi, zwischen zwei von O. herabkommenden Thälern, *Wâdi Chaschâbe* und *Wâdi Za'ûre* (S.). Ein anderes Thal *Wâdi el-'Asal* tritt etwas N. aus einer tiefen Waldschlucht des Gebirges hervor. Ueberall strömt Wasser in Fülle und ruft eine ausserordentlich üppige Vegetation hervor; bis in die Ebene hinunter wird das Wasser zur Bewässerung der Felder verwendet. Das heutige Dorf besteht aus einigen 50 Häusern, die meist innerhalb der ehemaligen Burgmauer stehen. An der S.-Seite dieser Burgmauer fliesst der Bach des Wâdi Za'ûre und vereinigt sich etwas weiter unten mit dem grossen Jordanquellfluss. Ueberreste von Säulen beweisen, dass sich die alte Stadt weit südwärts über das Wâdi Za'ûre hinaus erstreckt hat. Die Burg im N.-Theile der Stadt war ein gewaltiges Gebäude; im N.

war ihre Mauer durch das Gewässer der Bâniasquelle gedeckt. Die Werkstücke sind äusserst massiv; die Eckthürme der Mauern waren rund und aus grossen fugengeränderten Steinen erbaut (drei der Thürme sind erhalten). In der Mitte der S.-Seite des Schlosses steht ein Portal, das antik ist, obwohl es jetzt eine arabische Inschrift trägt. Von hier führt eine Steinbrücke, ebenfalls theilweise alt, über das Wâdi; in der Mauer bemerkt man Granitsäulen.

Unter dem W.-Ende des hohen Schlossberges, S. von dem Wâdi el-Chaschâbe, kommt ein grosser Strom, die grösste Merkwürdigkeit von Bânias, hervor. Der Bergrücken endigt hier in einer steilen Kalksteinfelswand (neben dem Kalk findet sich auch Basalt) und scheint durch Naturereignisse so abgebrochen, dass eine grosse Höhle, die einst hier bestand, beinahe zerstört worden ist. Unter der Masse von Felsstücken und Steinen, welche den Eingang der Höhle ausfüllen und die jetzige Höhle beinahe verbergen, bricht ein grosser Strom schönen klaren Wassers hervor, der ebenfalls als eine Hauptquelle des Jordan gilt. Hier bei der Quelle lag das alte *Panium;* hier baute Herodes dem Augustus zu Ehren einen Tempel. Vorn an der Felswand, S. von der Höhle, sind noch einige Votivnischen zu erkennen, die einst viel höher über dem Boden waren als jetzt. Die nördlichste Nische ist gross und tief, darüber eine kleinere; einige Nischen sind in Form einer Muschel ausgehöhlt. Ueber der kleinen Nische im S. steht die griechische Inschrift: „Priester des Pan". — Auf dem Felsen liegt ein kleines Weli (*Schêch Chiḍr* oder St. Georg), von welchem aus man einen guten Ueberblick über die Lage von Bânias erhält; auch hat man einen schönen Blick auf die Gebirgszüge im W.

Eine viel schönere Aussicht aber gewährt das grosse *Schloss* oberhalb Bânias. Man kann die Pferde mit einem Führer mitnehmen oder auch auf dem Wege nach Damascus an einen bestimmten Punkt vorausschicken; die Ersteigung des Schlossberges (1 St.) ist als Morgenspaziergang sehr zu empfehlen.

Man verfolgt einen kleinen Weg ostwärts, nicht durch den Olivenhain im Schlosse, sondern r. davon aufwärts; in 10 Min. steht man am Fusse des Berges. Durch Unterholz steigt man stets in derselben Richtung aufwärts und erreicht das Schloss in 1 St. Das Schloss, früher *Kal'at eṣ-Subêbe* genannt (welcher Name jetzt kaum mehr bekannt ist), ist von beträchtlicher Ausdehnung und eines der best erhaltenen in Syrien. Wie in Hunin, so lässt sich auch hier der Baustyl der verschiedensten Jahrhunderte verfolgen. Das Schloss liegt auf der unregelmässigen Spitze eines schmalen Bergrückens, der von der Flanke des Hermongebirges durch das Wâdi Chaschâbe getrennt ist. Das Castell folgt den Unregelmässigkeiten des Berges; es ist von O. nach W. 240—300m lang, an jedem Ende circa 90m breit, in der Mitte aber viel schmäler. Im Innern der Festung stehen heute ein paar ärmliche Hütten; die Leute bringen dem Fremden Wasser aus den grossen, aber etwas schlammigen Cisternen. Der südliche Theil des Schlosses ist am besten erhalten; ganz deutlich bemerkt man aber aus den Spitzbogen, dass die Bauten meistentheils aus dem Mittelalter stammen; wahrscheinlich ist älteres Material dabei benutzt worden. Die Unterbauten zeigen sämmtlich fugenrändrige Quadern von sehr schöner Arbeit. Ungefähr in der Mitte der Südseite ist ein Gebäude erhalten, das die Araber *el-Meḥkeme*, Gerichtshaus, nennen.

Nach aussen hat es sehr stattliche Spitzbogennischen, und in der sehr dicken Mauer sind kleinere bogenförmige Löcher wie Schiessscharten angebracht. Ein grosser Pfeiler trägt die Gewölbe. Merkwürdig sind die ohrenartigen Verzierungen an den Bogen. Mehrere ähnliche thurmartige Gebäude in mehr oder minder gutem Zustande sind an der Südseite erhalten. — Der südöstliche Theil der Burg ist mit Ruinen bedeckt. Leider sind die arabischen Inschriften noch nicht vollständig gesammelt, geschweige denn Nachgrabungen gemacht worden. Die Inschriften gehen, soviel wir deren in der Eile entziffert haben, auf den Anfang des 13. Jahrh. zurück, und betreffen wahrscheinlich eine durchgreifende Reparatur des Schlosses. Der Osttheil der Burg, in welchem sich einige Cisternen befinden, ist höher als der Westtheil und gewährt einen Ueberblick über die ganze Festung; er ist eigentlich als getrennte Citadelle aufgeführt und von dem Westtheil durch Mauer und Graben geschieden. Den grössten Eindruck macht das Schloss auf der Nordseite. Die Umfassungsmauer ist theilweise über den jähen senkrechten Abhang (180—210m) in das Wâdi el-Chaschâbe hinabgestürzt. Das waldige Thal unten und die jenseitigen Höhen des Hermongebirges geben ein prachtvolles Landschaftsbild. Ebenso ist der Absturz im SW.-Winkel schwindelerregend, obwohl hier im W. eine Felsentreppe hinabführt, die aber nicht mehr gangbar ist. Hier geniesst man die Aussicht auf Bânias, den See von Ḥûle und die jenseit des Jordans liegenden Höhen am besten; im NW. schaut Ḳal'at esch-Schekîf als Gegenstück herüber (S. 467), ebenso gegen W. Hunin. Im S. dehnt sich das sogenannte „Waldgebirge" Djebel el-Ḥêsch aus; man sieht das Dorf 'Anfit, darüber Za'dra; im SO. 'Ain Kanye; im O. die Dörfer Ḥazûri und weiter Djubbâta. Wir wagen zu behaupten, dass die Aussicht zu den schönsten in Syrien gehört. Der Ort liegt 700m über dem Mittelmeer.

Von der Festung kann man in OSO. Richtung, indem man steil in ein Thal hinab und jenseits wieder etwas hinaufsteigt, bei *'Ain er-Riḥân* in 30 Min. die Damascusstrasse erreichen; wer zu Fusse, wie wir angerathen haben, die Festung bestiegen hat, wird letzteren Punkt (1 St. von Bânias) wählen, um wieder zu Pferde zu steigen.

Um das Birket er-Râm zu besuchen, geht man von Bânias am *Wâdi Za'âre* vorbei nach *'Ain Kanye*, 1 St.; in 1 weiteren Stunde erreicht man den See; von *Schêch 'Othmân el-Hazûri* (s. u.) über den *Merdj Yafûri* braucht man circa $1^{1}/_{2}$ St. um dorthin zu gelangen; Führer nöthig. Das *Birket er-Râm* ist der von Josephus erwähnte See *Phiala*; hierher wurde die Quelle des Jordan verlegt, da die Sage ging, dass die Quelle von Bânias aus diesem Behälter gespeist werde. Die Unmöglichkeit dieser Behauptung ist längst erkannt. Der See Phiala, nach seiner Form benannt, liegt im Boden eines tiefen Kessels und ist augenscheinlich ein erloschener Krater; er hat die Gestalt eines unregelmässigen Kreises und ist 45 bis 60m unter den Boden des umliegenden Tafellandes eingesenkt; sein Wasser ist unrein; viele Frösche und Blutigel sind darin. Gegen Medjdel NNO. reitend, kommt man nach $1^{1}/_{2}$ St. wieder auf die Strasse nach Damascus (s. unten).

Von Bânias nach Djisr el-Chardeli *(Sidon)* s. S. 468; nach Ḥâsheyâ s. S. 400.

Von Bânias nach Damascus ($13^{1}/_{2}$ St.). Von Bânias nach *'Ain er-Riḥân* reitet man 1 St. bergan; in der Nähe dieser Quelle befindet sich das *Weli des Schêch 'Othmân el-Hazûri*. Die Abhänge des Hermon sind wasserreich, aber die Wege schlecht. Noch längere Zeit behält man, indem man aufwärts steigt, das Schloss im Auge, bis man nach 45 Min. über die Höhe hinüber in ein Hochthal gelangt. Nach 15 Min. kreuzt man ein Thälchen, das r. hinunterläuft; man trifft hier zwischen einer Pflanzung von jungen Weisspappeln eine Mühle; dieselbe gehört zu dem Drusendorfe *Medjdel* (oder *Medjdel esch-Schems*), das l. hinter dem Hügel liegt und das man nach 15 Min. zu Gesicht bekommt. Hier, wo man dem Massiv des steilen Hermongebirges näher kommt, beginnt vulcanische Formation überhand zu nehmen. Von Pflanzen treten hier Myrten zum ersten Mal auf.

Hierauf gelangt man wieder in ein Thälchen und, nachdem man weitere 45 Min. aufwärts gestiegen ist, zu einer neuen Hochebene Namens *Merdj el-Ḥaḍr*. Die Ebene wird theilweise bebaut; im Monat Mai entwickelt sich hier eine herrliche Flora. L. steigt der kahle Hermon auf; noch Ende Mai und Juni sind die Schneefelder ziemlich gross, besonders in den Rissen der Felsen. Nach 30 Min. hat man r. einige Steinhaufen, welche die Lage einer alten Ortschaft bezeichnen. Die Steine bestehen alle aus Basalt. Nach 30 Min. gelangt man zu einem schönen Aussichtspunkte: eine Menge einzelner Hügel ziehen sich gegen S. und O. hin, meist erloschene Krater. Hier hat man zum erstenmal einen Blick auf die grosse Ebene, die vom Antilibanus W. begrenzt ist; sie erscheint an sonnigen Tagen von hier gesehen wie ein ungeheures blaues Meer. Die Ebene von Damascus wird von der des Ḥaurân durch den *Djebel el-Aswad* (schwarzen Berg) getrennt, der von hier ostwärts liegt. Der Ḥaurân erhebt sich als grosse ausgedehnte Berglinie vor unseren Augen. In der Ebene unten erblickt man das Dorf *Kunêtera* (S. 404).

Nach 37 Min. beginnt man hinabzusteigen und erreicht in 13 Min. das grosse Dorf *Bêt Djenn*, das am Ausgang zweier Thäler zwischen steilen Felswänden liegt. An letzteren bemerkt man einige Grabhöhlen. Man folgt dem Lauf des schönen Baches durch Pappelpflanzungen: diese Weisspappeln sind für die Umgebungen von Damascus charakteristisch; sie werden fast ausschliesslich als Bauholz verwendet. Nach 10 Min. lässt man einen grossen Weg r. und folgt dem Bachlauf an den Mühlen vorbei. Der Bach heisst hier *Djennâni;* er bildet später einen Theil des A'wadj (Parpar). Nach 12 Min. verlässt man das Thal, um über einige Abhänge des Hermon über ein sanftes hügeliges Terrain mehr nach N. zu reiten; r. unten liegt das Dorf *Mezra'a;* fortwährend schaut l. der beschneite Gipfel des Hermon herüber, r. dehnt sich die schöne Ebene aus. Nach 40 Min. sieht man l. das Dorf *Hîni*, kreuzt nach 1 St. 5 Min. ein Thal, und erreicht nach 27 Min. **Kefr Ḥawâr**, das gewöhnliche Nachtlager zwischen Bânias und Damascus. Das Dorf hat seinen Namen von den vielen Weisspappeln, welche hier wachsen; es wird von Muslimen bewohnt und enthält keine Alterthümer. Bei dem Thurm auf der Höhe hat man eine schöne Aussicht auf die Ebene, besonders auf die Gegend von Sa'sa' (S. 404). Zwischen Kefr Ḥawâr und dem nächsten Dorf *Bêtîma*, bei welchem ein ähnlicher Wachtthurm (vielleicht ein früherer Drusentempel) steht, ist das *Wâdi Arni* zu überschreiten (in 10 Min. unten); das Dorf Bêtîma (10 Min.) bleibt l. oben liegen. Auf der ganzen Route überblickt man die Ebene, aber die Gegend ist nur theilweise angebaut. Die Karawanenstrasse geht über Ḳatana. In 1 St. setzt man über den *Nahr Barbar*; das Gebirge bleibt circa 1 St. links liegen. Nach 1 St. 20 Min. erreicht man *Ḳatana*, das von Baumgärten umgeben ist. Nach 1 St. 45 Min. hat man das Dorf *Mu'addamîye* r., und kommt in Rebenpflanzungen. Schon hier bemerkt man, was der Boden der Damascusebene zu leisten fähig ist, wenn er bewässert wird. L. von der Strasse liegen die Hügel von *Kalabat Mezze*. Nach ½ St. kommt man in die Baumgärten; nach 55 M. nach *Kefr Sûsa*, nach 20 M. zum Thor von Damascus (S. 479).

Von Bêtîma nach Damascus über Dârêya. Ein anderer Weg verlässt die grössere Strasse etwa 20 Min. hinter Bêtîma (s. oben) und wendet sich mehr ostwärts über die Ebene gegen das NW.-Ende des Djebel Aswad hin (Ḳatana bleibt l. liegen). Dort liegt das Dorf *'Artûz*, das man in 2½ St. erreicht; r. auf dem Berg die Ruinen einer Burg *Djûne*. Nach 22 Min. erreicht man ein anderes Dorf *el-Djedeide*, bei welchem Gartenanlagen beginnen; nach ½ St. sieht man l. das Dorf *Mu'addamîye* (s. o.), r. *'Ain Berdi* und *el-Aschrafîye*; nach 18 Min. erreicht man eine grosse Strasse nach *Dârêya* und diesen Ort selbst nach 15 Min. Dârêya ist heute noch ziemlich bedeutend, wie schon im Mittelalter; bis hierher nämlich dehnten die Franken ihre Plünderungszüge aus, konnten aber zwischen den Mauern, welche die Baumgärten um Damascus einfriedigen, nicht weiter vordringen. In der That kommt man nun aus den Lehmmauern nicht mehr heraus; überall sieht man Baumgärten, in welchen die vielen Canäle einen herrlichen Wiesenteppich hervorbringen. In 1 St. erreicht man das Dorf *el-Kâdem;* von hier schauen die Kuppeln von Damascus schon ziemlich nahe herüber. Nach 20 Min. steht man am *„Thore Gottes" Bauwâbel Allah* (S. 498); ausserhalb desselben ist eine neue Caserne; Mühlsteine aus Basalt liegen umher. Zum Hôtel Dimitri (S. 479) hat man einen Weg von ½ St. durch die Stadt zu reiten; angenehmer ist der Weg aussen herum. Auch Zelte werden gewöhnlich in der Nähe des Gasthofs im W. der Stadt aufgeschlagen.

## b. Ueber Kunêtera.

20—21 St. Vom Schlosse von *Safed* (S. 392) aus steigt man nach 20 Min. NO. hinab; dann wendet man sich O. und gelangt ins *Wâdi Furêm*. In 45 Min. steigt man in den unteren Theil dieses Wâdi hinab; S. sieht man das Dorf *el-Djaune;* nach 25 Min. theilt sich der Weg und man gelangt auf den geraden Weg von Chân Djubb Yûsef (S. 390) nach Damascus. Nach 15 Min. kommt man zu den Ruinen von *el-Katana;* von hier bis zu dem Abstieg ins tiefere Jordanthal 1 St.; nach **Djisr Benât Ya'ḳûb** 15 Min.

Diese „Brücke der Töchter Jakobs" hat ihren Namen wahrscheinlich in der Zeit erhalten, als die Juden bemüht waren, die Orte der heiligen Geschichte in Galilaea nachzuweisen, d. h. zur Zeit der späteren jüdischen Blüthe von Tiberias. Hier soll Jakob durchgezogen sein, entgegen dem Bericht I Mos. 2, 22. Von jeher war hier auf der grossen Karawanenstrasse, dem „Weg des Meeres" (*via maris*) des Mittelalters, eine Furt des Jordan; die Entstehungszeit der Brücke jedoch ist unbekannt. Doch war dieser Punkt, welcher Aegypten mit Damascus und den Euphratländern verband, nicht bloss für den Handel, sondern auch strategisch wichtig, so besonders zur Zeit der fränkischen Herrschaft; hier wurde König Balduin III., als er nach dem Entsatze von Bânias nach Tiberias zog, von Nûreddin überfallen und geschlagen. Balduin IV. baute im Jahre 1178 hier ein Brückencastell; die Vertheidigung desselben wurde den Tempelrittern anvertraut, aber schon im Jahre 1179 nahm Saladin diese Befestigung durch Sturm ein. Die geringen Ueberreste dieses fränkischen Castells sind ¼ Stunde unterhalb der Brücke zu sehen. Der Bau der Brücke und die Einrichtung der grossen Karawanserai's an der Handelsstrasse fällt wahrscheinlich vor die Mitte des 15. Jahrhunderts. Ein Chân steht auf dem l., eine Ruine auf dem r. Ufer des Flusses. Die Brücke, aus Basaltsteinen erbaut, besteht aus drei Bogen und wurde zuletzt von Djezzâr Pascha ausgebessert. Bis hierher kamen die Franzosen im Jahre 1799.

Der Jordan ist hier etwa 25m breit; er fliesst rasch und ist fischreich. Die Brücke liegt 27m über dem Spiegel des mittelländischen Meeres. Am Ufer des Flusses wachsen Oleander, Zaḳḳûm (S. 274), Papyrus u. a. Gesträuche und Schilfarten.

Jenseit des Jordans beginnt der District *Djôlân*, die alte *Gaulanitis*, nach der Levitenstadt *Golan* benannt, die zu Manasse gehörte (Jos. 20, 8; 1 Chron. 6, 56). Dieser Bezirk, der bis zum Hieromax (Scherî'at el-Manḍur, S. 416) reichte und ein Theil von Peraea war, gehörte zur Tetrarchie des Philippus. Auf dem steil ansteigenden Höhenrücken am l. Jordanufer (20 Min.) angekommen, hat man eine schöne Aussicht über das obere Jordanthal bis zum See von Tiberias hinunter, an dessen NO.-Ende man die Ebene Baṭîḥa sieht. Von hier steigt man auf wellenförmigem Terrain bergan, das theils treffliche Weide bietet, theils mit Bäumen besetzt ist. Nach 1 St. 15 Min. kommt man nach *Nawarân*, einem Dorfe in Ruinen. Man findet auf dieser Strasse ausser Beduinen auch Turkomanen, d. h. türkische Nomadenstämme (S. 88). Von Nawarân aus kommt man zu Quellen Namens *'Ayûn es-Semân* (1 St. 30 Min.). Man nähert sich dem *Tell Abu Chanzir* (Eberhügel) und lässt ihn nach 40 Min. zur R. liegen: dies ist der erste jener kegelförmigen Basalthügel, welche, von N. nach S. laufend, den *Djebel el-Hêsch* bilden. Bald nachher gelangt man auf den Rücken der Hochebene, welche das ganze Plateauland der syrischen Wüste bildet. Nach 40 Min. bemerkt man r. von der Strasse einen Wasserbehälter; l. sieht man die Hügel *Tell Yûsef* und *Tell Abu Nedi*. Nach einer guten Stunde gelangt man nach **el-Ḳunêtera**. Dieses Dorf liegt bereits 926m über dem Meeresspiegel; eine alte Römerstrasse führt von hier nach Bâniâs. Das Dorf besteht aus circa 80 Hütten; der Chân liegt zum grossen Theil in Ruinen. Dennoch ist der Ort das beste Nachtlager auf dieser Route. Man hüte sich im Freien zu übernachten; der Thau ist hier sehr stark, was wohl mit der Nachbarschaft des Hermon (Ps. 133, 3) zusammenhängt. Die Beduinen treiben in der heissen Jahreszeit gern ihre Heerden in diese Gegend.

Ḳunêtera ist der Mittelpunkt eines nach dieser Ortschaft benannten Bezirkes. Hier, auf der Ostseite des Djebel Hêsch, beginnt eigentlich das Land *Djêdûr*, das ebenfalls seiner Weideplätze wegen berühmt ist. Ob dieses Djêdûr mit der alten Landschaft *Ituraea* zusammenhängt, ist fraglich (S. 59); man ist über die Lage derselben noch im Unklaren: aus den Angaben der alten Schriftsteller geht nur hervor, dass sie am Libanon lag. Ihren Namen sollen die Ituraeer von Jetur, dem Sohne Ismael's (1 Mos. 25, 15) haben. Sie standen öfters im Kampfe mit den Israeliten; sie werden als raublustig geschildert und machten die Handelsstrasse nach Damascus unsicher. Ihr Land war grösstentheils Weideland. Aus allem diesen ist zu entnehmen, dass Ituraea wohl in einem Theil des heutigen Djêdûr, jedenfalls aber in der Nähe von Trachonitis (S. 417) zu suchen sein möchte; doch griffen die Ituraeer auch in den Libanon über und machten Raubzüge bis Tripolis. Der Hasmonaeer Aristobulos besiegte sie im J. 107 v. Chr. durch seinen Bruder Antigonos und zwang sie, das Judenthum anzunehmen. Pompejus trieb sie zu Paaren und zerstörte ihre Schlupfwinkel. Unter Ituraea scheint dann auch eine Landschaft zwischen Libanon und Antilibanus verstanden worden zu sein. In späterer Zeit findet man Ituräer unter den römischen Legionen selbst am Oberrhein, nachdem ihr Gebiet unter Kaiser Claudius an die Provinz Syrien gekommen war.

Von Ḳunêtera geht man durch eine offene Gegend mit fruchtbarem Boden und mehreren Quellen nordostwärts; r. in der Ferne sieht man den vereinzelten Hügel *Tell Hara*. Der zerfallene Chân *el-Kurêbe* bleibt nach circa 2½ St. l. liegen. Nach 25 Min. lässt man den Hügel *Tell Djubba* l. liegen und kommt dann in den Wald von *Schaḳḳâra*. In 2 St. gelangt man zur Brücke über den Bach *Mughanniye*; dann steigt man über die *Ebene von Sa'sa'* nach *Sa'sa'* hinunter (1 St.). Dieses Dorf mit einem grossen Chân liegt am Fusse eines einzeln stehenden Hügels, am Flussbett des *Wâdi el-Djennâni* (S. 402). Von hier geht man nach ½ St. über den *ʿArni* und erreicht in 1½ St. den *Chân esch-Schîh* (schîh ist die Benennung eines ästigen Wüstenkrautes). In 1½ St. gelangt man zu dem Dorfe *Kôkab*, das zwischen zwei Hügeln des *Djebel el-Aswad* liegt; von hier sieht man auf die Dörfer der *Ghûta* hinab und erreicht in 1½ St. *Dârêya* (S. 403) und von da in 1 St. 20 Min. Damascus.

## 22. Von Jericho nach es-Salṭ und Djerasch.

Um eine Escorte nach Djerasch zu erlangen, wendet man sich in Jerusalem an den Dragoman des Consulats. Gewöhnlich begleitet der S. 350 genannte Schêch Gobelân die Reisenden, und zwar in Friedenszeiten um den Preis von 200—250 fr.

*Historisches.* In weiterem Sinne bezeichnet *Gilead* die ganze Landschaft des Ostjordanlandes, soweit dieses von den Israeliten erobert wurde, d. h. vom Hermon bis zum Flusse Arnon; in engerer Bedeutung umfasst es aber nur die Gegend südlich vom Flusse Hieromax bis gegen den Arnon hin. Dieser gebirgige Landstrich wurde durch den Fluss Jabbok, heute Wâdi Zerka genannt, in zwei Hälften getheilt (vgl. Josua 12, 2). Im engsten Sinne haftete die Benennung „Gilead" an einigen der höchsten Höhenzüge des heutigen Djebel ʿAdjlûn, wie auch noch heute. — Gilead war ein Weideland und besass stattliche Heerden; auf dem Westabhang, bes. gegen NW. ist es mit Waldungen bedeckt; der Wasserreichthum und die starken Thauniederschläge machen das Land sehr fruchtbar. Zur Zeit der israelitischen Einwanderung war die Herrschaft über Gilead zwischen Og, dem König von Basan, und Sihon, dem König der Amoriter getheilt; der Fluss Jabbok bildete die Grenze (Richter 11, 22). Beide Könige wurden besiegt. Ruben, Gad und halb Manasse siedelten sich in Gilead an. Von den Amoritern (O. u. S.) wurden diese israelitischen Stämme hart bedrängt; Saul musste der Stadt Jabes zu Hilfe eilen (I Sam. 11). Andererseits suchten oft Flüchtlinge vom Westjordanland Schutz in dem Gebirge; Isboseth, Saul's Sohn, zog sich nach Gilead zurück; ebenso flüchtete David vor seinem Sohne Absalom hierher. — Die Gileaditer gehörten später dem nördlichen Reiche an; bei dem Kriegszug des Königs Hasael von Damascus (II Kön. 10, 32, 33) wurden sie hart mitgenommen. Nach der Rückkehr aus dem Exil lebten hier Juden inmitten einer überwiegend heidnischen Bevölkerung; Alexander Jannaeus führte wiederholt Krieg mit Gilead. Unter Herodes und seinem Nachfolger Herodes Antipas begann der römische Einfluss bereits zu erstarken; aus den zahlreichen römischen Ruinen geht hervor, dass römisches Wesen später in Gilead tiefe Wurzeln schlug. — Die Beduinen wissen das weidereiche Land wohl zu schätzen; sie haben es ganz besetzt und die Bodencultur bis auf ein Unbedeutendes zurückgedrängt.

*Von Jericho nach es-Salṭ* (7¼ St.). Bis zur Jordanfähre bei *Wâdi en-Nawâʿime* reitet man in 1½ St. (Ueberfahrt pro Mann und Pferd 1 Piaster; vgl. S. 322). Jenseits theilt sich der Weg; ONO. führt die Karawanenstrasse nach es-Salṭ, zuerst zwischen Tamarisken und Akazien. Nach 25 Min. verlässt man das breite Jordanbecken, erreicht nach 15 Min. bewässerten Boden und nach ½ St. den Hügel von *Nimrîn*. Dieses entspricht dem antiken *Beth Nimra* oder auch bloss *Nimra* des Stammes Gad (Jos. 13, 27; IV Mos. 32, 3, 36). Die „Wasser von Nimrim" Jes. 15, 6 in dem Ausspruch über Moab sind wahrscheinlich hier zu suchen. Zwischen den Ruinen liegt ein Grab, auf welchem ein Mann zu Pferde mit übergehängtem Schwerte abgebildet ist. (Von hier nach *ʿArâk el-Emîr* s. S. 322.) Unser Weg führt das *Wâdi Schaʿîb* oder *Wâdi*

*Nimrîn* hinauf; in 1 St. 20 Min. erreicht man eine Quelle; nach 25 Min. lässt man das Thal l. und geht über hügeliges Terrain nordostwärts; nach 1 St. liegt l. oben *Nebi Scha'ib* (Schu'aib, das Diminutivum von Scha'îb, ist der Name, welchen im Korân Jetro führt). Nach 45 Min. liegt l. die Quelle *'Ain Hazeir*, oben daran ein Chân. Von hier erreicht man in etwa 35 Min. **es-Salt**.

*Historisches.* Ob es-Salt mit *Ramoth Gile'ad* zusammenfällt, das nach Eusebius 15 röm. Meilen W. von Philadelphia ('Ammân, S. 318) lag, ist noch nicht bestimmt erwiesen. Als Stadt wird Salt unter den Bischofssitzen mit Petra etc. genannt. Ob der Name wirklich aus dem griechisch-lateinischen *Saltus hieraticus* = heiliges Waldgebirge herrührt, ist unsicher. Salt wurde erst zu den Zeiten der Kreuzzüge bekannter, als Saladin im Ostjordanland sich befestigte. Die Festung wurde durch die Mongolen zerstört, aber durch Sultan Bibars (13. Jahrhundert) wieder aufgebaut.

Es-Salt ist der Hauptort des Bezirkes Belkâ und als solcher Sitz eines türkischen Statthalters dritten Ranges (Kaimmakâm). Bis vor kurzer Zeit haben sich die Einwohner kraft ihres kriegerischen Muthes ziemlich unabhängig zu erhalten gewusst. Die muslimischen Araber (etwa 300—400 Familien) und die Christen (etwa 80 Familien, Griechen und einige Protestanten) leben in Eintracht und übereinstimmender Abneigung gegen die Türken. Wie in Kerak, so haben auch hier die Dorfbewohner in Sitten, Gebräuchen und Sprache vieles mit den Wanderstämmen gemein. Der Ort liegt 835m über dem Meer und hat ein gesundes Klima. Neben dem Ackerbau blüht auch etwas Industrie; Rosenkränze aus verschiedenen harten Holzarten werden hier verfertigt. Der Markt wird von den Beduinen viel besucht. Die Felder liegen weit vom Städtchen entfernt; viel Sumach wird gepflanzt und als Gerbmittel exportirt. Die Bewohner sind gastfrei. — Es-Salt liegt am Abhang eines Berges, der mit einer Burg gekrönt ist; letztere enthält ausser einigen alten Grundmauern nichts Interessantes. Auf der Südseite ganz unten am Fusse des felsigen Schlossberges entspringt eine Quelle in einer Grotte. Hier scheint eine in den Felsen gehauene Kirche gewesen zu sein; es sind noch einige Sculpturreste vorhanden nebst einem Gang, der in eine unterhalb befindliche künstliche Höhle führt. An den Bergen um Salt sind viele Spuren alter Felsgräber. Gegenüber jener Höhle am jenseitigen Hügel sprudelt die berühmte Quelle *Djedûr* und bewässert üppige Gärten von Feigen-, Granaten- und Olivenbäumen. Auf dem Gipfel des Hügels (S. dem Dorf gegenüber, 15 Min. ab) steht eine Wallfahrtskapelle; die Aussicht, welche man oben geniesst, erstreckt sich besonders nach S. auf die Gegend von 'Ammân (S. 318).

*Von 'Arâk el-Emîr* (S. 320) *nach es-Salt* (5 St. 40 Min.). Vom Bache *es-Sîr* (S. 321) geht man die östliche Anhöhe hinauf, hoch über *Wâdi el-Bahât* (S. 322) r. an Wassergräben entlang, die aus diesem Thal auf die Felder geleitet werden. Nach 1 St. 15 Min. Thaltheilung; Wâdi Bahât kommt von r.; man geht NO. das *Wâdi Eschta* hinauf, immer in Eichenwald (*ballût*); nach 15 Min. Quelle. Weiter oberhalb ist das Thal ein von bewaldeten Höhen eingefasstes, aber wasserloses Wiesenthal. In

1 St. ONO. kommt man zur Quelle *'Ain Nuṭafa*, dann l. (N.) aus dem Wâdi hinaus auf die Hochebene: nach 5 Min. sieht man alte Sarcophage, l. *Chirbet Sâr*, das vielleicht mit *Jaeser* in Gilead (IV Mos. 32, 1) zu identificiren ist. Dieses gehörte dem Stamm Gad und war Levitenstadt (Jos. 21, 30), später im Besitz der Moabiter (Jes. 14, 8), dann der Ammoniter (1 Mos. 5, 8); es wurde von Judas Maccabäus belagert. — Weiter in N.-Richtung durch die Ebene; nach 45 Min. r. Teich und *Chirbet Umm es-Semaḳ*, l. *Chirbet el-Kursi;* nach 5 Min r. *Birket Umm el-'Amûd.* Hierauf geht man das flache *Wâdi Dabûk* hinauf; nach $^1/_2$ St. auf der Höhe l. *Chirbet Dabûk;* nach 10 Min. verengt sich das Thal zwischen Waldhügeln *(Djebel Hemmâr);* nach 15 Min. erreicht man die höchste Stelle, nach 15 Min. den steilen Abstieg nach *'Ain Hemmâr.* Ueber die Hochebene gelangt man in 20 Min. auf einen Bergsattel und hat l. ein tiefes Thal, r. die Ebene *Betsché* (s. u.); längs derselben 15 Min. hingehend kommt man in 8 Min. zur Quelle *Sirru* und in 20 Min. zum Rande des *Wâdi Saidûn*, wo der Weg mit dem von 'Ammân nach es-Salṭ zusammenfällt, $^1/_4$ St. vor es-Salṭ.

*Von 'Ammân nach es-Salṭ* (5 St.). Von der Burg (S. 320) aufwärts nach N. kommt man in 10 Min. zu den Ruinen eines Gebäudes (hoher Eckpfeiler), nach 15 Min. zu *Ridjm el-An'bide;* dann reitet man längs dem westlichen Rande des *Wâdi en-Nuwêdjis* nordwestwärts; nach circa 30 Min. l. *Chirbet Brikke*, nach 5 Min. l. *Ridjm el-Mefû'a;* über einen niedrigen Sattel erreicht man in 30 Min. r. *Chirbet Djubêhât* (= *Jogbeha*, 4. Mos. 32, 35). Nach 15 Min. steigt man im Wâdi westlich abwärts; nach 10 Min. folgt *'Ain Ṣuêlih* beim gleichnamigen Wâdi l., nach 15 Min. *Chirbet es-Safût*, mit massiven Resten grosser Quadern eines alten Tempels. Nach 10 Min. Quelle, dann geht man das *Wâdi Harba* hinunter; nach 10 Min. gelangt man auf die grosse Ebene *Betsché* und durchschneidet den S. Theil derselben in $^1/_2$ St.; rechts bleibt *Chirbet 'Ain el-Bâscha* liegen, im N. ist der Bergrücken *el-Ḳamscha.* Die Ebene war ursprünglich ein Seebecken, dessen Abfluss im N. 1 St. entfernt durch das Wâdi Tananiye zum Zerḳa ging. Die Ebene liegt meistens brach (es gibt hier einen etwas kürzeren Weg NW.). In 10 Min. erreicht man die Höhe W.; nach 5 Min. sieht man r. vom Wege den kleinen Teich *Birket Ṭawla;* nach 2 Min. l. *Chirbet Abu Tin.* Weiter über die Hochebene reitend sieht man nach 27 Min. einen kleiner Teich; dann geht man hinab ins *Wâdi Saidûn* (10 Min.) und wieder steil hinauf (10 Min.), nach 25 Min. über felsige Höhen (links die Anfänge des *Wâdi Ezraḳ*); dann von *Djebel 'Amriye* in 13 Min. in ein enges Thal hinunter; nach 12 Min. erreicht man das Hauptthal *Wâdi Schu'ib* und in 5 Min. es-Salṭ.

*Von Nâbulus nach es-Salṭ* s. S. 350.

*Von es-Salṭ nach Djerasch* (8 St.) steigt man direct durch das Gebirge Gilead *(Djebel Djil'ad)* hinan auf steinigem Wege. Fast zu allen Jahreszeiten sind die Bergkessel schön grün, besonders wachsen viele Eichen und Pinien darin. Den Djebel 'Oscha (S. 351) lässt man l. liegen. In etwa 1 St. erreicht man *Chirbet Zei*, woselbst einige Bauwerke und gebrochene Säulen sich finden, in $1^1/_2$ St. *'Allân;* hier ist eine Quelle und eine Anzahl Felsengräber. Eine Ruine *Djilâd* bleibt l. liegen; nach $^1/_2$ St. lässt man in einiger Entfernung r. ebenso die Ruinen von *Schihân;* nach 45 Min. sieht man r. oben die Ruinen von *'Alakûni* und steigt dann zum Fluss *Zerḳa* hinunter ($^1/_2$ St.).

*Historisches.* Der Zerḳa (blauer Fluss) ist der *Jabbok* des alten Testaments; er wird bei der Einwanderung Jakobs in Palästina erwähnt (1 Mos. 32, 22). Der Fluss bildete die Nordgrenze der Ammoniter und später die Grenze des Reiches des amoritischen Königs Sihon (daher auch hier vielleicht die Ruine Schihân) gegen Og, den König von Basan. Es wird erwähnt, dass der Jabbok das Land Gilead in zwei Hälften theilte.

Im engsten Sinn war Gilead die Gegend um den Jabbok herum: heute noch führt ein kleiner District S. vom Jabbok den Namen Djebel Djil'ad (s. oben).

Die Ufer des Jabbok sind mit Oleander besetzt. Der Bach hat ziemlich viel Wasser und ist zur Regenzeit öfters schwer zu durchwaten. Jenseits aufwärts erreicht man *Hemta* in 1 St.; auch hier ist Wald; nach 1 weitern Stunde erreicht man *Dibbîn* und in 1 St. 45 Min. **Djerasch** (536m ü. M.).

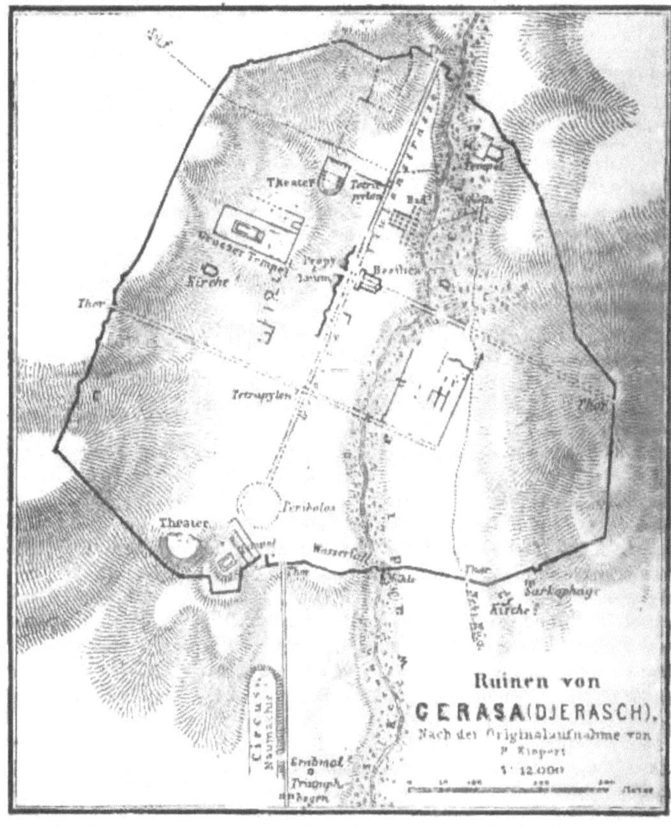


*Historisches.* Nach einer Sage des Alterthums soll die Stadt *Gerasa* ihren Namen davon haben, dass sie eine Gründung von Veteranen Alexanders des Grossen (γέροντες) war. Die meisten Geographen des Alterthums nennen die Stadt nicht. Nach Josephus war Gerasa eine zur Decapolis von Peraea gehörige Stadt, in welcher auch einige Juden wohnten. Alexander Jannaeus eroberte sie; später wird sie unter den „Städten Arabiens" genannt. Ihre

Blüthezeit fällt in die ersten christlichen Jahrhunderte; die Bauten stammen aus der Kaiserzeit des II. und III. Jahrh., denn wegen der Reinheit des Styls müssen wir sie sicher so weit hinaufsetzen. Noch im 4. Jahrh. wird Gerasa zu den grössten und festesten Städten Arabiens gezählt. Auch lief eine grosse römische Heerstrasse über Djerasch. Zu der Zeit der Kreuzfahrer ist von einem Zuge die Rede, den Balduin II. i. J. 1121 gegen Gerasa machte, wo der „König von Damascus" ein Castell hatte erbauen lassen. Der arabische Geograph Yâkût (Anf. des 13. Jahrh.) beschreibt Djerasch als verlassen: nur einige Mühlen standen damals am Flusse. Man wird nicht irre gehen, wenn man den Ruin der Stadt in die Zeit der arabischen Einwanderung verlegt. Nur Verwitterung und Erdbeben, schwerlich Menschenhand haben der Stadt ihre jetzige Gestalt gegeben. Wiederum werden wir hier mit Bewunderung erfüllt, wenn wir sehen, wie tief römischer Einfluss selbst in solchen sonst wenig bekannten Städten eingewirkt hat.

Ein Theil der Ruinenstätte ist von den Bauern des Dorfes *Sûf* (1 St. N.) und andern Halbbeduinen bebaut. Die genaue Besichtigung nimmt mehr als einen Tag in Anspruch. Zelte werden am besten im oberen Theile der Stadt aufgeschlagen.

Die Ruinen liegen in den Thälern *Wâdi ed-Dêr*, an beiden Ufern des wasserreichen Baches *Kerwân* oder des „Baches von Djerasch", der in den Zerka hinabläuft. Der Bach ist von Oleandern umsäumt, dem einzigen Grün, welches die Gegend bietet. Das r. Ufer des Baches ist höher und steiler und die ebene Fläche etwas grösser als auf dem l., daher stehen auf dem r. Ufer alle bemerkenswerthen Gebäude. Die Stadtmauern ziehen sich an den Abhängen der Berge hin und sind stellenweise erhalten; ihr Umfang beträgt ungefähr 1 Stunde. Das Thal scheint gegen N. geschlossen und öffnet sich gegen S., bietet aber keine Aussicht; nur ein Wallfahrtsort Namens *Mezâr Abu Bekr* ist auf einem der umgebenden Hügel zu erblicken.

Man beginnt die Besichtigung von S. aus. Die Trümmer von Gebäuden und Haufen grosser Bausteine erstrecken sich zwar weit über das südliche Vorthor hinaus (wohl $^1/_2$ Stunde), aber die Ruinen von Privatwohnungen und Gräbern, welche hier lagen, sind neben den erhaltenen öffentlichen Gebäuden kaum der Aufmerksamkeit werth. Die letzteren beginnen mit einem dreigegliederten *Prachtthor*, das wie ein Triumphbogen aussieht. Die ganze Frontlänge des Thores beträgt 25,3m, die Höhe des mittleren Bogens 9m. Oberhalb jeder der beiden kleinen Seitenpforten dieses wohl erhaltenen Thores ist eine viereckige fensterartige Nische über Consolen, die aus der Mauer hervorragen, angebracht. Die Thorhalle ist tief. Der mittlere Bogen wird sich nicht mehr lange halten können. Das Thor ist dadurch merkwürdig, dass unter den Säulen, welche die S.-Front einfassen, ein aus Acanthusblättern bestehender kelchartiger Aufsatz gleich über der Basis steht; dies, sowie die Dreitheiligkeit des Thorwegs sind Anzeichen, dass man diesen Bau nicht über die Zeit Trajan's hinaufsetzen darf. — Linker Hand von dem Vorthore liegt ein grosses Bassin von etwa 210m Länge und 90m Breite. Der Boden desselben ist durch Schutt erhöht, und wird als Feld bestellt. Dies war eine *Naumachie*, d. h. ein Theater für Kämpfe zu Schiff, wie auch noch deutlich aus den wohlerhaltenen Canälen, welche das Wasser aus dem Bache hieher leiteten, ersichtlich ist. Eine Anzahl von Sitzreihen finden sich. Das Mauerwerk des Bassins ist schön und hat am oberen Ende eine kranzförmige Verzierung. NW. von dieser Naumachie am Berge scheint ein Theil der *Necropolis* von Gerasa gelegen zu haben; man findet schön gearbeitete und verzierte Sarcophage aus schwarzem Basalt.

Alles bisher Beschriebene liegt ausserhalb des eigentlichen Stadtthores, das ziemlich zerstört ist, aber allem Anscheine nach dem Vorthore geglichen haben muss. Zu beiden Seiten des Stadtthores schliesst sich deutlich der Mauerlauf an. Einige Schritte westlich von dem Stadtthore an einem Hügel stehen die Ruinen eines **Tempels**. Seine Lage beherrscht die ganze Stadt. Die Mauern des Tempels sind $2,_4$m dick; in den Aussenseiten der Mauern sind Nischen und eine Reihe von Fenstern angebracht. Von dem Peristyl von Säulen ist nichts mehr vorhanden als eine Säule im SO.-Winkel; doch sind die Basen der $2,_4$m von der Cella abstehenden Säulen leicht zu verfolgen und die Stücke der umgeworfenen Säulen liegen in der Nähe. Auch die Säulen der doppelten korinthischen Colonnade, welche den Eingang zierten, liegen über den Abhang und die treppenartigen Stufen des Hügels zerstreut umher. Das Portal des Tempels ist $4,_5$m breit. Am schönsten erhalten ist die l. Seite der Cellamauer, während die r. und die vorderen und hinteren Wände meist zerstört sind; auch das Steindach ist heruntergestürzt. Die Wandpfeiler an der schön gefügten Quadermauer sind ihrer Capitäle beraubt; über der Wand springt ein einfaches Gesims nur schwach vor. Das Ganze ist in edlem Styl gehalten; die Langseiten waren etwa 21m, die Breitseiten 15m lang. In der NW.-Ecke bei dem korinthischen Eckpfeiler befindet sich eine Seitenpforte.

An die Westseite dieses Tempels schliesst sich ein grosses **Theater** an. Nach hinten lehnt sich dasselbe an die Stadtmauer, öffnet sich aber nach N., sodass die Zuschauer eine herrliche Aussicht über die öffentlichen Prachtbauten ihrer Stadt hatten. Die Zahl der Sitzreihen ist 28, doch wäre es wohl möglich, dass unten noch mehr Sitze unter dem Schutt vergraben lägen; sie sind durch eine halbkreisförmige Gallerie in zwei Theile getheilt. An dieser Gallerie liegt eine Reihe von acht Logen oder kleinen Zimmern. Von aussen liefen unter den oberen Sitzreihen gewölbte Gänge zu der Gallerie. In der unteren Sitzreihe führten drei Treppen zu den Bänken und zu den oberhalb der Gallerie befindlichen Sitzreihen sieben Treppen. Die oberste Gallerie bildete einen Halbkreis von 120 Schritt Umfang, ist aber nicht mehr ganz erhalten. Die Akustik des Theaters ist vortrefflich. Das Proscenium, welches einst mit grosser Pracht ausgestattet war, ist leider zerfallen. In der den Zuschauersitzen gegenüberliegenden Prosceniumsmauer befanden sich drei Portale (nun verschüttet); die Mittelthüre war viereckig, die andern Thüren waren überwölbt. Eine Reihe von korinthischen Säulen stand dem Innern dieser Mauer entlang zur Seite der Thüren; zwischen den

Säulen hindurch erblickte man die reich verzierten Nischen der Prosceniumsmauer. Es gab auch noch Seitengänge (die im W. sind erhalten) und Eingänge aus Corridoren, welche unter dem Theater hinliefen und wohl den Schauspielern dienten. Das Theater fasste gegen 5000 Zuschauer; es ist wegen der guten Erhaltung seiner Sitzreihen noch heute sehr bemerkenswerth.

Vom Theater aus geht man nordwärts auf den Halbkreis von Säulen zu; hier finden sich einige Wasserbassins bei Ruinen. Die Säulenreihe bildete hier ein ovales **Forum**, das vielleicht gegen S. offen war. Der Durchmesser der Ellipse beträgt etwa 120 Schritt; im Innern ist das Pflaster an manchen Stellen noch erhalten. Noch stehen in dem Halbkreise 58 Säulen aufrecht, grösstentheils noch durch Gebälk untereinander verbunden; der Anblick ist höchst grossartig und erinnert beinahe an den Platz vor der Peterskirche in Rom. L. im W. stehen 23 und 4, r. 18 und 13 Säulen; dazwischen sind einzelne Säulen umgestürzt. Die Säulen haben sämmtlich ionische Capitäle.

Nördlich von diesem Forum beginnt die **Säulenreihe**, welche mitten durch die Stadt führt. Wenn auch die Säulen, da ihre Basen fast nirgends sichtbar sind, noch in der Erde stecken, die Schäfte also auch etwas plump erscheinen, so ist der Eindruck der langgestreckten geraden Säulenreihe, welche der grossen Säulenreihe von Palmyra kaum nachsteht, dennoch ein gewaltiger. Auch hier sind manche Säulen zu Boden gestürzt, augenscheinlich bloss in Folge von Erderschütterungen. An manchen Orten ist dadurch das Gebälk, welches die Säulen tragen, von der Stelle gerückt, an andern die einzelnen Trommeln, aus welchen die Säulen zusammengesetzt sind, verschoben; an dritten sind diese einzelnen Stücke so zu Boden geworfen worden, dass sie in parallelen Reihen daliegen, und nur auf die Hand zu warten scheinen, welche sie wieder auf einander thürmt. Viele Säulen aber sind auch noch so vortrefflich erhalten, dass die Fugen zwischen den einzelnen Stücken nur bei scharfem Zusehen erkennbar sind. Die Entfernung der einzelnen Säulen von einander beträgt 4,5m, die Breite der Strasse, deren Pflaster noch an manchen Orten sichtbar ist, ungefähr ebensoviel. Ohne das Gebälk beträgt die Höhe der einzelnen Säulen durchschnittlich ebenfalls 4,5m, doch gibt es auch welche, die viel höher sind, sodass man gezwungen ist (wie bei Palmyra), sich oben an den Säulen eine offene Gallerie, *hinter* den Säulen aber einen Colonnadengang zu denken, an welchen sich die Eingänge zu den dahinter befindlichen Häusern anschlossen. Die Verschiedenheit des Styls an den Säulen weist darauf hin, dass die ganze Reihe in verhältnissmässig später Zeit aus vorhandenem Material zusammengestellt worden ist. An der Hauptstrasse stehen noch an 100 Säulen; von sehr vielen andern jedoch sind die unteren Theile, von den meisten wenigstens Bruchstücke erhalten.

Die Säulen bestehen wie alle Gebäude in Djerasch aus dem Kalkstein der Umgegend und man findet nur wenige Spuren von Basalt sowohl wie von kostbarerem Material.

Auf der l. Seite der Strasse sind mehr Säulen erhalten als auf der r. Nach der dreizehnten Säule links folgen einige höhere Säulen l. und r. Das Gesimsende der kleineren Säulen lehnt sich an den Schaft der grösseren an. Hinter den Säulen befinden sich an einigen Stellen Mauerreste. Bald kommt man zu einem kleinen Platze, wo vier mächtige Piedestale, die wohl einst als *Tetrapylon* (S. 124) überwölbt waren, noch erhalten sind. Diese Postamente, heute mit Gestrüpp überwachsen, sind 2m hoch und haben Nischen, die zur Aufnahme von Statuen bestimmt gewesen sein mögen. Die Querstrasse, welche hier durchlief, war ebenfalls mit Säulen besetzt; l. stehen in einiger Entfernung noch 1, dann 2 und 5 Säulen einander gegenüber; die Strasse führt r. hinunter (r. 11, l. 5 Säulen erhalten) zu einer breiten Treppe und zu einer *Brücke* über den Bach. Die Brücke besteht aus drei Bogen, von denen der mittlere der grösste ist; sie ist sehr fest, aber etwas beschädigt. Nahe bei dieser Brücke kreuzt ein Aquäduct den Bach.

Wiederum die Säulenstrasse nordwärts verfolgend, findet man r. 7 Säulen, dann l. auch 7, hierauf wieder grössere Säulen, 2 r., 3 l. Auf der l. Seite der Strasse ist hier ein Gebäude erhalten, das noch eine korinthische Säule aufweist. Sehr schön erhalten ist die Tribuna dieses Baues; über den drei runden und zwei viereckigen zugemauerten Fenstern läuft ein Gesims mit gebrochenen Giebeln von allerreichster Ausführung; das Innere ist mit grossen, wild durcheinander geworfenen Steinquadern gefüllt. L. läuft neben der Säulenstrasse eine Mauer, die zu Prachtgebäuden gehörte. Die nächste Säule l. trägt eine Inschrift; dann l. 3 und 1 Säule, hierauf l. 2 und r. 2 einander gegenüber. Von hier läuft r. eine Säulenreihe zwischen zwei Mauern. Hier lag ein Tempel, dessen Apsis noch erhalten ist, in einer Linie mit dem grossen Tempel (s. unten). Oben und hinter der Apsis führte ein Weg zu einer Brücke hinunter, die aber nicht mehr gangbar ist.

Auf der l. Seite der Strasse liegen die Ruinen grossartiger *Propylaeen*; aber nur der Vorbau derselben ist erhalten. Das grosse Portal, dessen Oberschwelle heruntergestürzt ist, steht zwischen zwei Fensternischen mit reichverzierten gebrochenen Giebeln. Nördlich davon scheint ein Palast gestanden zu haben.

Der **grosse Tempel**, welcher wahrscheinlich der Sonne geweiht war, nahm die erste Stelle unter den Bauten von Gerasa ein. Das Hauptgebäude desselben bildet ein längliches Viereck von 24m Länge, 20m Breite; dasselbe steht mit nach O. gerichteter Front auf dem Gipfel einer ziemlich grossen Terrasse. Das Innere der Cella ist eingefallen und verschüttet: auf drei Seiten sind die schmucklosen Mauern erhalten. An den Langseiten sind sechs Nischen von länglicher Gestalt; in der Hinterwand ein gewölbter

Gang mit einem kleinen finsteren Zimmer auf jeder Seite. An der Aussenseite der Vordermauer sieht man noch Reste einer Nische. Der Tempel war ein peripteros, d. h. von einer Säulenreihe umgeben. Zu dem Porticus führten Stufen hinauf; derselbe bestand aus drei Reihen colossaler korinthischer Säulen: in der vordersten Reihe fünf Säulen, wovon eine umgestürzt ist, in der zweiten Reihe vier, die noch erhalten sind, in der hinteren vier, zur Hälfte noch stehend. Diese Säulen, 12m hoch und $1,_{8}$m im Durchmesser, sind die grössten von Djerasch; sie erinnern, wie auch das ganze Gebäude, an den Sonnentempel in Palmyra. Sie stammen aus älterer Zeit, als die Säulen der Hauptstrasse, denn das Acanthuslaub der Capitäle ist vorzüglich schön und die Stücke, aus welchen die Säulen bestehen, trefflich aufeinander gefügt. Der Tempel stand in der Mitte eines weiten von Säulen eingefassten Hofes (Atrium), der von einer sehr grossen Menge Säulen umgeben war; eine ganze Reihe von Säulenbasen und Säulenfragmenten ist noch erhalten, sowie auch einige wenige ganze Säulen. Nicht weit entfernt W. läuft die Stadtmauer. Gegen SW. scheinen einige kleinere Tempelchen (auch eine Kirche?) gestanden zu haben; man findet jedoch nichts, als ein paar Säulen und Spuren von Gewölben, die tief im Boden liegen.

Von dem grossen Tempelgebäude aus hat man eine schöne Aussicht. Unten an diesem Tempel weiter nach N. liegt ein zweites *Theater*, das zwar kleiner, dessen Bühne aber breiter ist, als die des oben beschriebenen Theaters. Es schaut nach NO. und hat 16 Zuschauerreihen. Zwischen der zehnten und elften Sitzreihe von oben gezählt, sind sechs Bogen, zwischen je zwei derselben eine Nische. Die Sitzreihen haben einen grossen Umfang; unter der niedrigsten Reihe derselben befinden sich dunkle gewölbte Zimmer. Das Proscenium ist mit Schutt bedeckt und mit Gras überwachsen; es lag tief und war mit freistehenden Säulen geschmückt. Von der Bühne aus sieht man die Säulen des grossen Tempels über die höchsten Stufen des Theaters emporragen. Die ganze Anlage macht den Eindruck, als ob das Gebäude nicht für Schauspiele, sondern für Thier- und Gladiatorenkämpfe bestimmt gewesen wäre.

Von der Hauptstrasse führte ein mit Säulen besetzter Seitenweg (3 Säulen erhalten) zu dem Theater; auch hier war an dem Punkte, wo die Wege sich kreuzten, ein Tetrapylon; doch ist dieses im Innern rund und nur nach aussen viereckig und trägt eine flache Kuppel. Die Rotunde dieses Baues war einst mit Statuen geschmückt. Auch gegen den Fluss hin lief von hier aus ein Weg hinunter. Rechts (S.) stehen die Ruinen eines sehr grossen viereckigen Gebäudes (circa 60m ins Geviert), das ein Bad gewesen zu sein scheint; ein Aquaeduct läuft auf dasselbe zu. An der Vorderseite sind Spuren einer Säulenreihe erhalten. Der Haupteingang war gewölbt. Auf der N. und S. Seite standen viereckige überwölbte Flügel mit Seiteneingängen. Das Innere bestand aus einer Reihe grosser Gemächer.

Die Säulenstrasse setzt sich weiter nach N. fort; eine Reihe ionischer, Gebälk tragender Säulen sind besonders auf der linken (W.-) Seite erhalten, r. nur zwei Säulen. Die schönste Aussicht auf diesen N.-Theil der Säulenstrasse hat man vom N.-Thore der Stadt, das übrigens an und für sich ganz einfach ist; der Mauerlauf ist hier gut zu verfolgen, wie er über den Bach setzt. Ein längliches Gebäude, das W. innerhalb des Thores steht, scheint ein Wachthaus gewesen zu sein.

Auf der linken (O.) Seite des Baches stand nur eine kleine Anzahl öffentlicher Bauten. Der Hügel tritt hier weiter zurück und so ensteht längs des Baches eine breitere Niederung, die im Frühjahr mit Grün bedeckt ist. Das nördlichste Gebäude, welches hier noch besteht, war ein *Tempel* von 65 Schritt ins Geviert; aber nur ein Theil der Mauer, ein gewölbtes Thor und eine der inneren Säulen stehen noch; die Bildhauerarbeit scheint, nach den Resten zu schliessen, vorzüglich gewesen zu sein. Weiter S. bei einer *Quelle* scheint ebenfalls ein Prachtgebäude mit Altären gestanden zu haben. Ein Theil des Wassers dieser Quelle lief in den Bach, der andere wurde vermittelst einer grossen Wasserleitung nach der Naumachie geführt. Auch den Bach entlang finden sich noch Säulenreste. Jenseit der oberen Brücke liegen die Ruinen eines grossen Gebäudes, welches entweder ein *Bad* war, oder, was wahrscheinlicher ist, als *Karawanserai* diente. Auch hier liegen Säulenstücke zerstreut umher; einzelne derselben sind cannelirt, andere glatt. Die Stadtmauer läuft hier auf der östlichen Seite hoch an dem Hügel hinauf; dieser ist mit Trümmern von Privatwohnungen bedeckt. Weiter aussen befand sich ein Begräbnissplatz, bei welchem wir ein zerstörtes Gebäude mit einem Kreuz entdeckten. Die Mauer ist an der NO.-Ecke der Stadt am besten erhalten. Sie läuft von hier in grossem Bogen wieder an den Bach und zum südlichen Stadtthor hinab.

Um weiter nach N. zu reisen, übergibt Schêch Gobelân gewöhnlich die Reisenden dem Dorfoberhaupt von Sûf. Dieser Mann ist zudringlich, frech und gemein, wie man sich aus den Zeugnissen von Reisenden, die er mit vieler Ostentation vorweist, vergewissern kann. Auch sucht er gewöhnlich noch ein Extra-Bachschisch herauszupressen. Gobelân verlangte von uns in Djerasch die ganze Summe, welche ausbedungen war; er musste sich aber zufrieden geben, als wir erklärten, wir würden den Theil der Summe, welche er dem Schêch von Sûf zu bezahlen habe, diesem selbst am Ende unsrer Tour einhändigen.

*Von Djerasch nach Mzêrîb (Haurân)* (ca. 9 St.). Man setzt auf die l. Seite des Baches über und geht erst auf der r., dann auf der l. Seite des *Wâdi Medjêr* nach NO. Die Gegend wird zusehends waldiger. Von Djerasch nach Kafkafa laufen Spuren einer Römerstrasse, die direct nach Suwêda führen soll (S. 431). Viele blauweisse Vögel, doppelt so gross als eine Taube, nisten hier. In 2 St. erreicht man den Rücken des Berges *Slêm*; in $^3/_4$ St. den Gipfel des *Djebel Kafkafa*, unterhalb dessen einige unbedeutende Ruinen gleichen Namens liegen. Die Aussicht umfasst den herrlich grünen Djebel 'Adjlûn, und reicht im SSW.

bis Djerasch; im O. dehnt sich die Steppe *ez-Zuwît* aus, eine wasserlose rothgelbe Ebene, im NO. sieht man den Berg *Zumle* und die bläulichen Gipfel des Haurân. Zwischen bewaldeten Höhen (Eichen, wilde Pistazien, viele wilde Mandeln) geht man im *Wâdi Warrân* hinunter. Nach $2^3/_4$ St. kommt man zu den Ruinen von *Dehâma* und geht nun durch die Ebene *Hagu* in gleicher Richtung weiter. Links sieht man das Dorf *el-Husn*; r. in der Ferne *Kal'at el-Mefrak*, vor sich die langgezogenen Hügel der *Zumle* (es scheint, dass ein etwas näherer Weg über el-Husn nach Mzêrîb führt). Nach 2 St. erreicht man *er-Remthe* an der Mekkapilgerstrasse, ein grosses von fanatischen Bauern bewohntes Dorf. Nördlich vom Dorf kreuzt eine alte Wasserleitung den Weg. Von Remthe gelangt man über ($1^1/_2$ St.) *Turra* und (40 Min.) das meist wasserlose *Wâdi Zêdi* stets direct N. in 40 Min. nach *Mzêrîb* (S. 421); etwa 2 St. möchten nach *Der'ât* (S. 423) nöthig sein.

*Von Djerasch nach Umm Keis* (ca. 10 St.). Wer von Djerasch in einem Tage Umm Keis erreichen will, thut wohl daran, in *Sûf* ($1^1/_2$ St. NNW.) zu übernachten. Von hier nach *Tibne* $3^1/_2$ St., nach *Tayyibe* $2^3/_4$ St., nach **Umm Keis** $2^1/_2$ St.

*Historisches.* Umm Keis nimmt die Stelle des alten *Gadara* ein, welches eine Stadt der Decapolis war und als Hauptstadt von Peraea galt. Alexander Jannaeus eroberte sie nach einer Belagerung von zehn Monaten. Pompejus stellte sie seinem Freigelassenen Demetrius zu Liebe, welcher von dort gebürtig war, wieder her; hier war ein Synedrium. Augustus schenkte die Stadt Herodes dem Grossen, schlug sie aber nach dessen Tode zu Syrien. Die Stadt war meistens von Heiden bewohnt. Im jüdischen Krieg griffen Juden die Stadt an, und Vespasian eroberte sie. Man findet aus der römischen Kaiserzeit viele Stadtmünzen von Gadara. Später war sie ein Bischofssitz von Palästina II. Die Stadt war berühmt wegen ihrer trefflichen Bäder. Der antike Name Gadara ist in dem der Höhlen von „Djadûr" erhalten.

Umm Keis liegt 370m ü. M. auf der westlichen Spitze eines Gebirgskammes zwischen dem Thale des Yarmûk im N. und dem Wâdi 'Arab im S. Von O. kommend stösst man zuerst auf die Grabhöhlen. Viele schöne Sarcophage aus Basalt liegen an den Bergabhängen umher. Die Sarcophage sind mit Blumengewinden, Apollo- und Genienbüsten reich verziert, die Deckel an den Ecken abgeschrägt und nach oben scharf abgeböscht. Von den Sarcophagen sind etwa noch 200 erhalten, viele liegen zerstört da. Daneben finden sich Grabhöhlen mit verschiedenartigen Kammern und erhaltenen Steinthüren, bisweilen mit roh gearbeiteten Büsten an den Architraven. In einigen dieser Grabhöhlen stehen noch Sarcophage; solche werden jetzt von den Fellahen, welche die Häuser bewohnen, einem trägen Geschlechte aus dem Ghôr, als Behälter für Korn u. a. gebraucht. — Von diesen Grabhöhlen kommt man gegen W. zu einem Theater, dessen Anlage zwar noch erhalten, dessen obere Theile aber eingestürzt sind. Man hat von hier eine gute Uebersicht über die Ruinen und erblickt auch das grössere westliche Theater, das circa 360 Schritte entfernt ist. Dieses zweite Theater ist aus Basalt gebaut und im Ganzen wohl erhalten; die Bühne ist mit Schutt bedeckt. Auch hier läuft zwischen den Sitzen eine Reihe von Bogen, und unter denselben liegen tiefgewölbte Gemächer. Von den Theatern aus dehnte sich der vornehmste Theil der Stadt westlich am Fusse des Hügels auf einer ca. $^1/_2$ St. breiten Strecke ebenen Bodens aus. Viele Haufen von Quadern und Säulenüberresten liegen umher; die Capitäle der letzteren waren korinthisch. Auch Grundmauern von Gebäuden sind erkennbar; das Basaltpflaster ist an manchen Punkten, sogar noch mit den Wagenspuren erhalten. An einer Stelle, wo sich ein Haufe korinthischer Pfeiler befindet, scheint ein Tempel gestanden zu haben. Die architectonischen Verzierungen mancher Details scheinen hier weniger sorgfältig gewesen zu sein, als in Djerasch. — Noch weiter gegen W. liegt ein moderner Begräbnissplatz, und am Abhang des Hügels hat man eine herrliche Aussicht über das Jordanthal.

*Von Umm Keis nach dem Jordanthale* (W.) führen zwei Römerstrassen, die eine direct zur Brücke *Djisr Medjâmi'a* (Beisân), nach *Mzêd* in 1 St., nach der Brücke in ca. 40 Min. (S. 353). — Die gewöhnliche Route führt von Umm Keis zu den Bädern im Thal des *Scherî'at el-Mandûr* (1 St.). Der griechische Name dieses Flusses ist *Hieromax*, welches nur eine Verstümmelung des bereits im Talmud vorkommenden Namens *Yarmûk* ist. Seine heutige Benennung hat er von einem dort hausenden Beduinenstamm; er kommt aus dem Haurân und aus Djôlân, welches letztere er gegen den südlich gelegenen Djebel 'Adjlûn abgrenzt. Bevor er in den Jordan einfliesst, führt eine Brücke von 5 Bogen hinüber; er hat dort beinahe ebenso viel Wasser wie der Jordan. Das tiefe Thal, durch welches er fliesst, besteht eigentlich aus Kalkstein; erst nachdem dieses Bett ausgehöhlt war, hat sich darüber ein Strom vulcanischer Gesteine ergossen, der auch südwärts sich ausbreitete; der Fluss war daher genöthigt, sich durch dieses Gestein ein neues Bett zu bahnen.

Gegenüber dem Punkte, an welchem man den Yarmûk erreicht, liegen die berühmten *heissen Quellen von Gadara* oder *Amatha*, die von vielen Schriftstellern des Alterthums (Eusebius etc.) als äusserst heilkräftig beschrieben werden. Noch bis heute haben sie ihren Ruf bewahrt. Die Hauptquellen liegen auf einem kleinen offenen Platze am l. Flussufer. Um das grosse Becken herum, das zum Theil künstlich, zum Theil natürlich ist, sind Spuren von gewölbten Badehäusern und vielleicht auch von Wohnungen. Das Wasser hat eine Temperatur von 42° Cels. und lässt Dampf aufsteigen. Ausserdem riecht und schmeckt das Wasser nach Schwefel und lässt, so klar es im Bassin ist, einen Niederschlag auf den Steinen zurück, der medicinisch gebraucht wird. Bei den Beduinen gilt der Badeplatz als neutraler Boden.

Von den heissen Bädern aus reitet man das wilde Thal abwärts; die grüne Vegetation, der weisse Kalkstein und der schwarze darüber gelagerte Basalt bilden einen merkwürdigen Contrast. Nach 40 Min. öffnet sich das Thal; man kommt in das Jordanthal (Ghôr). Statt der Vegetation der Eichen sieht man hier wieder Nebkbäume, sowie viele dornige und ästige Gesträuche (vgl. S. 274); die Gegend wird durch die Beduinen Beni Sachr unsicher gemacht. In ungefähr 1 St. kann man die Jordanfurt bei der verfallenen Brücke von *es-Semak* erreichen (S. 353); der Uebergang ist aber unangenehm, da die Pferde bisweilen schwimmen müssen. Ein Umweg führt SW. zuerst dem l. Ufer des Yarmûk entlang, dann durch das Ghôr nach *Djisr el-Medjâmi'a* (S. 353). Diese Brücke ist gut erhalten, mit einem grossen und mehreren kleineren Bogen; sie ist massiv aus Basalt gebaut und stammt aus arabischer Zeit. Am Ostufer des Flusses steht ein grosser halb erhaltener Chân. Der Jordan ist hier ziemlich reissend. Von hier vergl. Route 14.

*Von Umm Keis nach Mezêrib* s. S. 420.

## 23. Der Haurân.

Der Haurân kann nur unter besonders günstigen Zeitverhältnissen bereist werden, am besten mit einer Escorte von Drusen. Sehr häufig sind die im Haurân sich abspielenden Fehden hinderlich. Eine Reise in den Haurân wird stets mehr Forschungs-, als Vergnügungstour sein. Noch können daselbst viele Inschriften gefunden werden, griechische, lateinische, nabatäische, arabische und solche in unentzifferten Characteren. Es wird sich empfehlen, eine oder mehrere Leitern mitzunehmen, da die Inschriften bisweilen hoch liegen; ein grosses Stemmeisen kann gleichfalls gute Dienste leisten. — Wir geben hier die *Literatur*. Was bis 1851 über den Haurân bekannt war, ist in Ritter's Erdkunde, XV. Theil, Berlin 1851, verwerthet. Seitdem sind die Tagebücher Seetzen's, Berlin 1854, erschienen. Dann erschien Porter's five years in Damascus, London 1855 (Bd. II, 1—275). In Band XXVIII des Journal of the Royal Geogr. Society, London 1858, p. 226—263 berichtet Graham über seine Tour im Haurân. Ohne Datum:

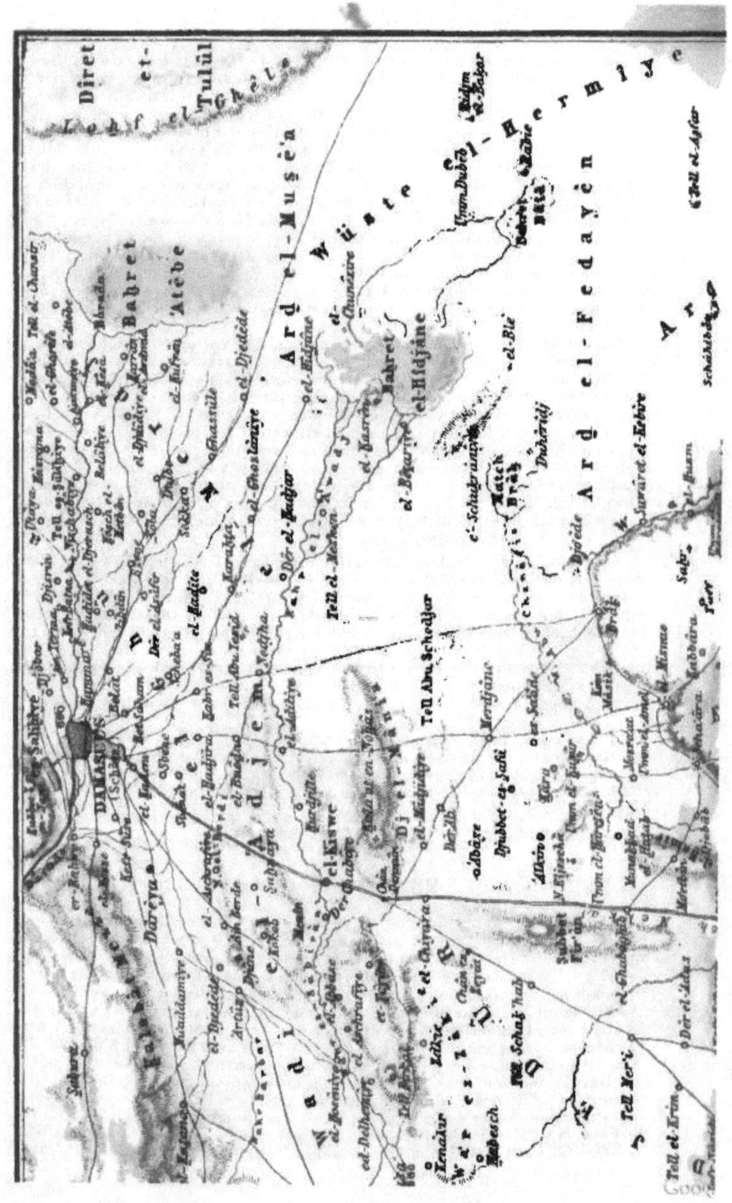

Diret
et-
Tulûl
Bahret
ʿAtêbe
DAMASCUS
Dârêya
el-Kiswe
Tell Abu Schedjar
Bahret
el-Hidjâne
Tell el-Asfar

ebig).
d die
d be-
n die
. 255
sind
it er-
d. I,

war
Wa
ht zu
hälfte
eliten
s Og,
1 ff.).
lchat.
fasste
irges.
und
Basan
Die
benso
raeli-
h der
*lamus*
]. In
und
wie
, und
alte
ân in
heute
, das
. Im
ügel-
hehen
e des
mit
rt so
lcher
wird
selbst
t und
acke.
ulich-
Diese
chene
in hi-
schen
ss zu
uräu-
unnen
haften
rten:
man
Der
Höhle
nerne
dieser
eitere
timmt

Voyage dans le Haouran par Rey, Paris, mit Atlas (wenig ausgiebig). Das wichtigste Werk ist Wetzstein, Reisebericht über den Haurân und die Trachonen, Berlin 1860, 150 S.; ein jeder, der überhaupt dieses Land bereist, wird wohl thun, dieses reichhaltige Büchlein mitzunehmen, dazu die Abhandlungen der kgl. Acad. d. Wissenschaften zu Berlin, 1863, S. 255 bis 368. In Vogüé's „Syrie centrale, Architecture civile et religieuse" sind viele Abbildungen von Gebäuden aus dem Haurân. In neuester Zeit erschienen: Unexplored Syria by Burton and Drake, London 1872 (Bd. I, S. 132–261).

*Historisches.* Das nördliche Gilead und die Landschaft Basan war den Israeliten weniger bekannt als das südlichere Ostjordangebiet. Wo die Landschaft Gilead aufhörte und N. davon Basan begann, ist nicht zu ermitteln; es scheint, dass unter Basan bisweilen auch die Nordhälfte Gileads bis an den Jabbok (S. 405) verstanden wurde. Als die Israeliten einwanderten, war das ganze Gebiet unter der Herrschaft des Königs Og, den die Israeliten bei Edre'i schlugen (IV Mos. 21, 33 ff.; V Mos. 3, 1 ff.). Der Stamm Manasse erhielt dieses Königreich bis Edre'i und Salchat. Edre'i (S. 423) war die Hauptstadt von Basan. Die Landschaft umfasste auch „Argob", den Abhang der Hügel des eigentlichen Haurângebirges. In Argob fanden die Israeliten 60 Städte mit festen Mauern, Thoren und Riegeln inmitten eines äusserst fruchtbaren Landstriches. Ganz Basan war von Amoritern bevölkert und muss hoch cultivirt gewesen sein. Die Weideplätze und die Heerden Basans waren berühmt (Ez. 39, 18). Ebenso machten die Eichenwälder Basans einen grossen Eindruck auf die Israeliten (Ez. 27, 2; Jes. 2, 13). In späterer Zeit (Ez. 47, 16 ff.) dehnt sich der Name Haurân, welcher eigentlich am Gebirge haftete (dem *Alsadamus Mons* der Alten), auf die Landschaft Basan aus (so noch heute). In römischer Zeit zerfiel die Landschaft in fünf Provinzen: *Ituraea* und *Gaulanitis* (S. 404), *Batanaea* O. davon (auch Benennung des Ganzen wie Basan); NO. *Trachonitis* und *Auranitis*, das eigentliche Haurângebirge, und die heutige Ebene *en-Nukra* (Nuḳra bedeutet „die Höhlung"). Der alte Name Batanaea haftet nur noch an einem Theile N. vom Djebel Ḥaurân in „Arḍ el-Bethenîye" (S. 438). Der Ḥaurân im weiteren Sinne wird heute begrenzt SW. von Djôlân, NW. von Djêdûr, N. vom Wâdi el-ʿAdjem, das zu Damascus gehört, S. von der Belḳâ und der Steppe (Ḥamâd). Im NO. dehnt sich jene seltsame und für Touristen unzugängliche „Hügelgegend" jenseit der *Wiesenseen* (S. 509) aus: ein erloschener Krater neben dem anderen; den Mittelpunkt bildet das *Safâ* (S. 509) mit der Ruine des „weissen Schlosses". S. und O. davon liegt die *Ḥarrâ*, eine wellige mit lauter einzelnen Lavasteinen bedeckte Ebene. Die Steine haben dort so scharfe Kanten, dass das Gehen und Reiten sehr beschwerlich ist. Solcher schauerlichen Wüsten giebt es in Arabien viele. Schon Jerem. 17, 6 wird mit dem Aufenthalt in den Ḥarrâ als Strafe gedroht. Der Ḥaurân selbst ist durchgängig Lavaformation. Das Gestein ist ein körniger Dolerit und eine bräunlich rothe oder schwärzlich grüne blasige und poröse Schlacke. Der Dolerit besteht aus dünnen, tafelartigen Krystallen von graulichweissem Labrador, mit kleinen Körnern von Olivin und Augit. Diese Formation geht durch den ganzen Ḥaurân: überall sieht man erloschene Krater und Spuren der gewaltigsten Ausbrüche. Ob letztere noch in historischer Zeit stattgefunden haben, ist nicht auszumachen; der korânischen Legende von einem Steinregen liegt vielleicht ein solches Ereigniss zu Grunde, wie Jerem. 51, 25 und vielleicht Ps. 18, 8, 9. Die Erde des Ḥaurângebietes ist äusserst fruchtbar; sie besteht aus einem lockeren rothbraunen Humus aus zersetzten Lavatheilchen. Vor allem aber sind die Ortschaften dieses Landes höchst merkwürdig. Wetzstein unterscheidet vier Arten: 1) die eigentlichen Troglodytenwohnungen. In eine Felswand grub man eine circa 6m breite, 9–12m lange Höhle, die etwa 3m hoch war. Der Eingang war 1,5m hoch, 1m breit; er hatte keine Thür, aber vor der Höhle wurde durch einen Vorbau ein kleiner Hof gebildet, aus dem eine steinerne Thüre ins Freie führte; bisweilen hatte der Vorbau Zimmer. Von dieser Höhle aus, die die Wohnstube der Familie ausmachte, grub man weitere Höhlen in den Berg hinein, die zu Futterkammern oder Ställen bestimmt waren. Grosse Höhlen wurden durch natürliche oder künstliche Säulen gestützt. 2) Man trieb an einem felsigen, hochgelegenen trockenen Orte einen Schacht schräg in die Erde und legte in einer Tiefe von ungefähr 50m 5—7m breite gerade Gassen an, an deren Seiten man die Wohnungen grub. In die Decke brach man Luftlöcher. Gewöhnlich hatte das unterirdische Dorf einen Ausgang an einer steilen Felswand. Diese Felswohnungen konnten nur mit grosser Mühe erobert werden. Wilhelm von Tyrus spricht von ihnen in seiner Geschichte der Kreuzfahrer. Sie kommen besonders im Djebel 'Adjlûn und im Landstrich ez-Zuwêt beim Zumle-Gebirge vor, das aus weissem Thon und massivem Feuerstein besteht. 3) Auf einem Felsplateau wurden Einschnitte von der Tiefe und Breite eines Zimmers gemacht und diese Einschnitte mit einem soliden steinernen Gewölbe bedeckt. — Diese Höhlenwohnungen reichen sicher in das graueste Alterthum hinauf, wo nach biblischen Berichten die Riesen Rephâim im Haurân wohnten. 4) Die grösste Zahl der Haurândörfer besteht aus Steinhäusern, aus schönen wohl behauenen Steinbalken (Dolerit) gebaut, welche ohne Cement wie gegossen aufeinander liegen. Nirgends wurde Holz zum Bau verwendet. Die Häuser sind nahe aneinander gebaut und haben hohe Mauern; nur grössere Ortschaften sind mit Ringmauern umgeben, und die Menge der Thürme in denselben fällt auf. Die Steinlagen der Thürme sind oft durch sogen. Schwalbenschwänze verbunden. Die in die Gassen oder ins Freie führenden Thüren der Häuser sind niedrig. Grössere Gebäude und Gassen haben hohe, mit Sculpturen von Weinlaub und Inschriften verzierte Thore. Die Thore und Thüren bestehen stets aus grossen Doleritplatten, ebenso die Fenster der Häuser (nur im Oberstock) aus schön durchbrochenen Steinplatten. — Von den Häusern sind oft nur die besterhaltenen bewohnt; daneben stehen andere in so gutem baulichen Zustande, dass sie nur auf neue Einwanderer zu warten scheinen. Bisweilen sind hinter die Thüren unbewohnter Häuser Steinblöcke gelegt: dies war ein symbolischer Act, den die Leute noch ausübten zum Zeichen, dass sie ruinirt waren. Im Erdgeschoss des Hauses haben alle Thüren steinerne Flügel; die Fensterläden drehen sich in steinernen Angeln; wie in heutigen Häusern führt eine Treppe im Hofe zur Gallerie des Oberstockes. Die Treppen und Gallerien bestehen aus einzelnen übereinander gelegten und in die Mauer eingefügten Platten; bisweilen waren wohl ursprünglich Geländer vorhanden. Die Fenster und Thüren des Oberstocks waren offen. In den Zimmern bemerkt man steinerne Wandschränke und Bänke zum Sitzen, alles aus Stein, selbst die viereckigen Leuchter. Die Zimmerdecken bestehen ebenfalls aus langen Steinplatten, die geglättet sind und eng an einander anschliessen; eine cementartige Masse wurde darauf gelegt. Sie ruhen auf schönen, weiten Bogen, aber nicht direct, sondern vermittelst einer Unterlage; an den ausgezeichneteren Bauten waren Decke und Träger verziert. Hier im Haurân kam namentlich der Rundbogen zur Geltung; über oft etwas gedrückten Bogen steigen die schmucklosen Mauern noch etwas empor.

Neben den Privatgebäuden finden sich aber auch viele öffentliche Bauten im Haurân. Eine Reihe von Tempeln ist erhalten, deren Styl jedoch nicht rein römisch, sondern durch die Hauranier modificirt worden ist, obwohl die Bauten aus der Zeit stammen, in welcher Syrien römische Provinz war. Die Mausoleen, meistens abseit von den Ortschaften stehend, erinnern an die Grabthürme Palmyra's, nur dass hier bloss die der Thüre gegenüberliegende Wand mit Fachwerk zur Aufnahme von Sarcophagen bedeckt ist. Eine Eigenthümlichkeit des Haurân bilden die grossen Wasserbehälter, entweder in den Felsen gehauene Cisternen mit engen Oeffnungen, oder tiefe künstlich überwölbte und überdeckte Bassins. Ebenso sind die offen daliegenden Wasserbehälter entweder natürliche, oder sorgfältig ausgemauerte künstliche Teiche, rund oder viereckig. Die Dammmauern sind sehr dick; meistens führen wohl erhaltene Treppen in die Teiche hinab. Diese füllen sich im Frühjahr und bieten das ganze Jahr hindurch Menschen und Heerden Trinkwasser. Die Anlage dieser Teiche ist sicher uralt; es wäre ein grosser Missgriff, sie zuzuschütten, wie schon einigemal von der Regierung beabsichtigt war.

Welche Völker haben hier gesessen und diese Bauten für die Ewigkeit errichtet? Sind etwa die „60 festen Städte" (S. 417) noch erhalten? Wetzstein antwortet mit Recht: nein! Seine Hypothese, der auch wir unsere Anerkennung nicht versagen können, ist die, dass Südaraber sich hier niedergelassen haben. Wegen der Uebervölkerung des Landes Yemen wurden südarabische Stämme (Kahtaniden) bald nach Christus (S. 69) zur theilweisen Auswanderung nach N. gezwungen. Der Character dieses Volkes ist ein anderer als der der nordarabischen Ismaeliten, denn sie waren an eine feste Regierung gewöhnt und zogen das Haus dem Zelte vor. Die einen liessen sich im Haurân, die anderen am mittleren Euphrat nieder; es entstanden an der Grenze der Wüste jene arabischen Reiche der Kuda'iden oder Selihiden im Haurân, der Nasriden in Hira, die einen unter römischer, die andern unter persischer Oberhoheit. So bildeten sie zum Vortheil des pers. und byzant. Reiches einen festen Damm gegen die Stämme der Wüste. — Nach einiger Zeit fand in Folge des Bruches der Dämme von Marib eine neue Einwanderung, ein Nachschub aus Südarabien statt; dieser setzte sich nach mehrjährigem Kampfe an die Stelle der Selihiden. Diese neuen Ankömmlinge, Djefniden oder Ghassaniden, blieben während fast 500 Jahren das herrschende Volk im Haurân; die Mehrzahl der Steinbauten stammen von ihnen. Sie zeichneten sich durch den Bau vieler Klöster aus. Vor allem aber sind die grossartigen Kanäle, durch welche sie ihre Dörfer mit Wasser versorgten, staunenswerth. Oft kämpften sie mit ihren jenseit der Wüste ansässigen Nachbarn von Hira, theils in eigenen Fehden, theils als Bundesgenossen der Byzantiner; sie setzten sich auch am Euphrat fest, und besassen einige Zeit hindurch Palmyra. Als aber die Wanderstämme des inneren Arabiens sich gegen Syrien ergossen, ging das Ghassanidenreich, von den Griechen ungenügend unterstützt, zu Grunde, und der letzte Ghassanidenkönig starb am griechischen Hofe in Constantinopel. Die Blüthe des Haurân war mit einem Schlage zu Ende, wenn sich auch vielleicht einige Städte etwas länger hielten. Aus der muslimischen Periode erfährt man wenig über dieses Gebiet. Nach arabischen Inschriften scheint der Haurân im 13. Jahrh. wieder zu einer Art Wohlstand gekommen zu sein, und viele Moscheen wurden damals gebaut. Erst in neuerer Zeit hat der Haurân wieder von sich reden machen, als Ibrâhim Pascha im Jahre 1838 vergeblich in das Ledjâ (S. 437) einzudringen suchte. Er konnte dieses rauhe Lavaplateau (das westliche „Trachon") nicht erobern, ebenso wenig Muhammed Kibrisly Pascha im Jahre 1850.

Die im Haurân angesessenen Araber waren ursprünglich Heiden; sie verehrten besonders den Dusarâ, welcher mit dem Dionysos zu identificiren ist. Früh jedoch nahmen sie das Christenthum an, und zwar wird aus dem Jahre 180 berichtet, dass schon von einem König 'Amr I. viele Klöster gebaut worden seien. Ebenso machte sich römisch-griechische Cultur bei ihnen geltend. Dies beweisen die zahlreichen griechischen Inschriften, welche zwar nicht immer orthographisch richtig geschrieben sind, aber, wie deutlich aus ihnen hervorgeht, mit der Errichtung der Bauten gleichzeitig entstanden, nicht erst später hinzugefügt wurden. Die Hauptstadt des Haurân war Bosra.

Wie das NW.-Gebiet des Haurân, so ist auch der eigentliche „Djebel" heute meistens von Beduinen bewohnt. An den Abhängen des Gebirges hingegen und in der Ebene sitzen die Bauern, der Kern der haurânischen Bevölkerung. Seit einigen Jahrhunderten haben die Drusen den Haurân colonisirt, besonders aber haben sich seit 1861 so viele Drusen (S. 106) aus dem Libanon in den Haurân geflüchtet, dass man das Hauràngebirge wohl auch *Drusengebirge* nennen hört. Christen (meist griechisch-orthodoxe) sind ebenfalls vertreten. Der Typus des Hauràniers ist eigenthümlich genug, dass man ihn, ganz abgesehen von allen religiösen Unterschieden, als einheitlichen fassen darf; auch weicht er sehr von dem des Beduinen ab. Der Haurânbauer ist grösser und kräftiger als der Nomade, hingegen gleicht er ihm was die Sitten betrifft; auch der Haurânier trägt als Kopfbedeckung meistens bloss ein Kopftuch (keffiye), wie die Beduinen. — Das Klima der Haurânhochebene, die mehr als 600m über dem Meere liegt, ist sehr gesund und auch nicht zu heiss, denn jeden Nachmittag streicht ein erquickender Westwind über das Land. Die Güte des halb durchscheinenden Hauránweizens macht, dass er auf dem Markte bedeutend mehr gilt, als andere Weizensorten und daher auch exportirt wird. Der Weizen soll durchschnittlich achtzigfältig, die Gerste hundertfältig tragen; Jahre des Misswachses in Folge von Heuschreckenverheerung oder Regenmangel bleiben freilich nicht aus. Ein Beweis für alte Cultur des Bodens ist das häufige Vorkommen von wildem Roggen, Gerste und Hafer. Der Boden wird nicht gedüngt, doch mit den Aeckern ein 3—4jähriger Fruchtwechsel eingehalten. Der Mist dient als Brennmaterial, da die „Eichen Basans", welche noch heute auf dem Gebirge wachsen, nach und nach ausgerottet und nicht ersetzt werden. In der Ebene wachsen keine Bäume, doch sind Spuren von einem früher vorhandenen Waldbestand vorhanden; der Nachwuchs von Bäumen, welcher auf das Klima und den Wassermangel sicher einen guten Einfluss haben würde, wird durch die Heerden der Beduinen verhindert. Wiesen gibt es nicht; die Thiere werden mit Gerste gefüttert, oder auch mit jungen grünen Gerstenhalmen. Die Bauernbevölkerung des Haurân hat öfters der vordringenden Beduinen wegen ein schweres Loos. Sie hat aber mit der Sprache der Beduinen auch viele Tugenden der Centralaraber geerbt; noch findet sich, wie in Centralarabien, in jedem Dorfe des Haurân ein öffentliches Gasthaus, in welchem der Durchreisende unentgeltlich bewirthet wird; es gilt dem Hauránier als Ehre, sich zum Halten dieser Herberge vorzudrängen und dabei zu verarmen. Dieses sogen. „menzûl" ist gewöhnlich eine offene Halle, bisweilen nur von Baumzweigen überdeckt, die über Stangen gelegt sind. Sobald der Fremde ankommt, klingt ihm das „Willkomm" („marhabâ" oder „ahlan wasahlan") entgegen. Er wird in die Halle geführt; ein Diener oder Sclave beginnt den Kaffe zu rösten; dann stösst er ihn mit eigenthümlicher Melodie im hölzernen Mörser. Dabei versammelt sich das ganze Dorf; nach dem Gast erhält jedermann eine Schale Kaffe. Oft wollten uns die Leute schon in aller Frühe nöthigen, den Tag und die folgende Nacht bei ihnen zuzubringen. Freilich ist durch die Menge der Reisenden die Einfachheit der Sitten bereits insofern untergraben, als man von dem Europäer ein Geschenk erwartet; dieses kann je nach der Bewirthung 10—20 Piaster betragen, welche man dem Diener, der den Steigbügel hält, zustellt. Die Verpflegung besteht aus frischem Brod, Eiern, saurer Milch, Rosinenhonig (dibs) und Abends aus Burghul, einem Gericht aus geschrotetem Weizen (S. 50), mit Schaffleisch.

*Von Umm Ḳeis nach Mzêrîb* (9 St. 40 Min.). Vom östlichen Theile der Ruinen aus (S. 415) steigt man (nicht steil) hinunter (15 Min.), dann das Thal hinauf (30 Min.); hierauf setzt man über den Yarmûk. Hier findet man eine starke schwefelhaltige Quelle (45° C.), perlend, klar, grün, dabei Ruinen eines alten Thurmgebäudes. Nach 15 Min. geht man wieder durch den Fluss; nach 15 Min. erreicht man das Dörfchen *Umm Chaibi*, bei dem noch einige Palmen wachsen und welches immer noch unter dem Niveau des Mittelmeeres liegt. Nach 25 Min. kommt man zu dem kleinen See *Birket el-'Arâis* r., nach 5 Min. über den kleinen südlichen Zufluss *Nahr Schêch el-Bârid*, nach 15 Min. setzt man wieder auf das Nordufer des Flusses hinüber. Nach 1½ St. fällt von N. der schöne klare Zufluss *Rekâd* in den trüben Scheri'at el-Manḍûr; nach 45 Min. reitet man über Aecker und durch Olivenpflanzungen des Dorfes *Debûsi;* nach 1¼ St. mündet von N. das *Wâdi Ziyâtên* ein. Der Weg im Thale wird hier schwierig, auch ist hier oft dichter Baumwuchs; bisweilen muss man eine höhere Thalstufe gewinnen, um vorwärts zu kommen. Gepäck wird besser auf einem oberen Wege vorausgeschickt. Die hier wohnenden Menâḍire-

Beduinen sind indess harmlos. Den Fluss passirt man sehr häufig. Nach $1^1/_2$ St. mündet von S. das grosse *Wâdi Schelâle*, von N. der kleine *Nahr 'Allân* ein. Nach 45 Min. trifft man das Dorf *Kôm el-Ḳaṣab*, das aus wenigen bewohnten Hütten und grossen Ruinenhaufen besteht. An der nördlichen Thalseite hinaufsteigend, kommt man nach $^1/_2$ St. auf die Höhe. Das Thal ist 120—150m tief, der Bach bildet hier einen hohen Wasserfall. Oben liegt das Dorf *Zezûn*. Man geht an einigen grossen und tiefen Teichen vorbei und erblickt nach 25 Min. r. auf dem Hügel das Dorf *Tell esch-Schehâb*. Der Boden ist steinig. Hier beginnt die rothbraune Ḥaurânerde. Eine grosse Anzahl Wassergräben, aus dem See von Mzêrîb (r.) abgeleitet, durchzieht die Hochfläche. Im W. sieht man in weiter Ferne den Tabor; nach 1 St. Weges in ö. Richtung langt man bei dem Castell von Mzêrîb an.

**Mzêrîb** ist der grosse Sammelplatz des Pilgerzuges (S. 498) bei seinem Gehen und Kommen; der Zug rastet hier einige Tage; dabei wird ein grosser Markt abgehalten. Zum Schutze der Pilger steht hier ein grosses Castell, das von Sultan Selîm († 1522) erbaut sein soll. Im Innern des Castells sind grosse Vorrathshäuser und einige elende Wohnungen nebst einer kleinen Moschee. Hinter dem Castell NO. ist eine Quelle; sie ergiesst sich in einiger Entfernung in einen grossen klaren fischreichen Teich *(el-Bedje)*; in der Mitte desselben liegt eine Insel. Im Teiche sind warme Quellen, am Westufer einige Ruinen. Der dem See entströmende Bach heisst *'Owêriḍ*.

*Von Mzêrîb nach Damascus* (16 St.). Die Pilgerstrasse *(Derb el-Ḥadj)* hat wenig Interesse und ist auch nicht immer sicher. Nach 15 Min. hat man r. *Djumḥa*, dann weiter entfernt *Chiḍr el-Ḥammâm;* nach $^3/_4$ St. überschreitet man das *Wâdi el-Ghâr* und sieht r. das Dorf *Ṭafs*, dann nach $^1/_2$ St. l. *Ta'le*, jenseit des *Wâdi Ḥorêr*, dem man folgt. Nach 1 St. 45 Min. erreicht man den grossen Ort *Schêchmiskîn*, früher Hauptort der Nuḳra (S. 50). Nach 1 St. 15 Min. kommt man nach *Djuwême;* östl. von diesem Dorf läuft die grosse Wasserleitung *Ḳanâtir Fir'aun* (Pharao'sbogen) gegen Der'ât hin (s. S. 423). Die Ḳanâtir Fir'aun sind ein Riesenwerk, laut arabischen Berichten von dem ghassanidischen König Djebele I. erbaut; die Wasserleitung ist 20 Stunden lang; alle Unebenheiten des Bodens sind überbrückt.

L. beginnt ein Sumpf. Nach $^1/_2$ St. sieht man l. das Dorf *Ṭerâya*, in der Ferne *Nawâ* (S. 423); r. (O.) liegt *Zor'a*. Nach 10 Min. passirt man *Dilli*, nach 15 Min. liegt l. *Tell Mikdâd*, nach $1^1/_2$ St. erreicht man *Ktêbe*. R. liegt *el-Maḥadje* und *Djassuwa*, l. *Inchil*. Nach 40 Min. hat man *Ḳnêye* r., nach 1 St. gelangt man zu dem grossen Dorfe *eṣ-Ṣanamên*, woselbst der Weg von Nawâ (S. 423) einläuft. Ṣanamên repräsentirt eine Ḥaurânortschaft besten Styls (S. 418) und enthält bedeutende antike Ruinen. Durch ein gewölbtes Thor tritt man von O. in ein viereckiges Gemach und mehrere Zimmer mit Vorhalle, korinthischen Säulen und mehreren Bogen. Daneben liegt an einer Plattform ein Wasserbecken; dabei ein Tempel aus gelblichem Kalkstein. Innerhalb desselben sind korinthische Säulen nebst einer Nische in Muschelform. Die Thüren und Fenster sind wohl erhalten, die Detailverzierungen sehr reich. Der eine der beiden hier befindlichen Tempel war laut Inschriften der Fortuna geweiht; nach einigen Nachrichten scheint der Ort mit *Aere*, der Station zwischen Damascus und Neve (S. 423), zu identificiren zu sein. In einiger Entfernung von den Tempeln stehen einige mehrstöckige hohe Thürme, aus gelben und schwarzen Steinen ohne Mörtel gebaut und ebenfalls reich verziert; wahrscheinlich waren es Grabthürme.

Westlich von eṣ-Ṣanamên dehnt sich die Ebene von *Djêdûr* (S. 404) aus, durch einige Hügel unterbrochen, dahinter der Hermon in seiner ganzen Breite. Die östlichen Hügel begrenzen das *Ledjâ* (S. 437). Nach 20 Min. hat man r. das Dorf *Dîdi*, dahinter den langgestreckten *Tell el-Ḥamîr*. Nach 1½ St. kommt man, indem man sich in die Hügel hinein begibt, nach *Ghabâghib*. Auch hier finden sich grosse Wasserbehälter. Nach 40 Min. sieht man r. oben *Mezâr Elischa'* (Kapelle des Elisa); nach ½ St. l. den Hügel *Subbet-Fir'aun*. Nach 1 St. 15 Min. kommt man nach *el-Chiyâra*; nach 25 Min. nach *Chân Denûn*; r. liegt die lange Linie des öden Bergrückens *Djebel Mâni'a* (der hindernde; S. 439). In ½ St. kommt man nach *el-Keswe*, einem bedeutenden Dorf am linken Ufer des Flusses *el-A'wadj*, welcher weiter oben *Saibarâni* heisst und aus Djêdûr kommt; er entspricht vielleicht dem *Parpar* der Bibel (S. 484). Man überschreitet ihn auf einer Brücke, bei welcher ein Castell liegt, und kommt nun aus dem Ḥaurângebiet hinaus in das zu Damascus gehörige *Wâdi el-'Adjem*. Nach 1 St. 20 Min. sieht man das Dorf *el-Aschrafîye* l. und überschreitet das *Wâdi el-Berdi*. Nach 1 St. gelangt man nach *el-Ḳâdem*, in 20 Min. zur *Bawwâbet Allâh* (S. 498).

In dem Theile von Djêdûr, welcher westl. von dem oben gen. Wâdi el-Ḥorêr liegt, befindet sich das *Hiobskloster*. In Mzêrîb biegt man etwas nach l. von der Pilgerstrasse ab, kreuzt nach 1 St. 15 Min. das Wâdi bei der antiken Brücke von *Ṣîra* (mit 9 Bogen), und erreicht nach 20 Min das unebene Thal *eṣ-Ṣîra*. Nach 25 Min. kreuzt man das *Wâdi Yâbis*, nach weiteren 20 Min. kommt man an das *Wâdi el-Lebwe*, von wo das **Hiobskloster** (*Dêr Eyyûb*) noch 7 Min. W. liegt. In der Landesbevölkerung lebt eine Tradition, dass der Ḥaurân das Vaterland Hiobs gewesen sei, und auch frühere arabische Schriftsteller verlegen seine Heimath in dieses Land, speciell in die Gegend von Nawâ. Bei den Christen des Mittelalters bestand ebenfalls diese Ueberlieferung, und ein grosses Hiobsfest wurde von ihnen gefeiert. Aus der grossen Verehrung, in welcher dies Heiligthum bei den Ḥaurâniern steht, geht sein vorislâmischer Ursprung hervor. Auch aus anderen Nachrichten lässt sich nachweisen, dass das Land Uṣ hier im O. des Jordan zu suchen sei, und die Verhältnisse, in denen Hiob lebte, stimmen am besten mit der Lage eines Ḥaurânhäuptlings überein. Nach den arabischen Autoren hat der Djefnide 'Amr I. das Kloster erbaut; wir dürfen es ungefähr in die Mitte des 3. Jahrh. setzen. Auf einer Kirchenthüre an der Ostseite des Klosters steht eine griechische Inschrift aus dem Jahre 536 „der Herrschaft Jesu Christi“ (*κυρίου Ἰοῦ Χοῦ βασιλεύοντος*), was dem Jahre 567 der gewöhnlichen Zeitrechnung entspricht. Früher wurde der Düngerhaufen, auf welchem Hiob lag, hier gezeigt. Das Erdgeschoss des Gebäudes steckt theilweise noch in einem Misthaufen. Das Kloster ist gross, viereckig, aus Doleritplatten gebaut; in der Umgebung finden sich keine andern Ruinen. ¼ St. N. davon liegt der *Maḳâm Eyyûb* (Standort Hiob's), der von einer Mauer umschlossen ist. Innerhalb derselben liegt ein grosses Becken, das mittelst einer Leitung aus der *Hiobsquelle* sich füllt. Das Gebäude ist nicht gross; es enthält u. A. einen steinernen Trog, worin sich Hiob nach dem Aufhören der Prüfung gebadet haben soll. Daran stösst das *Grab Hiob's*. Auch ein muslimischer Heiliger Sa'd liegt hier begraben, dessen Stiftung noch einige Einkünfte hat; einige Gemüsegärten liegen um den Maḳâm herum und er gilt den Beduinen für heilig und unverletzlich. Seit langer Zeit befindet sich hier ein Negerhospiz mit sehr dürftigen Wohnungen. Auf dem Hügel des Dorfes *Sa'diye* liegt der *Hiobsstein* (*Sachrat Eyyûb*) inmitten eines muslimischen Betorts. An diesen Stein soll sich Hiob gelehnt haben, als er vom Herrn heimgesucht wurde. Man gibt den Reisenden runde Steinchen und Schlacken als Würmer, welche aus den Wunden Hiobs auf die Erde fielen. Von es-Sâ'diye erreicht man nach 40 Min. in N. Richtung *Nawâ* (s. unten), dann in O. Richtung an *Dêr Lebwe* vorbei in 1 St. 45 Min. *Schêchmiskîn* (S. 421).

Die grosse Karawanenstrasse von Djisr el-Medjâmi'a (S. 353) über Nawâ nach Damascus wird selten von Touristen besucht und ist nicht besonders anziehend. Wir geben daher nur die Entfernungen nach Van de Velde:

| | St. | Min. |
|---|---|---|
| Von Djisr Medjâmi'a zur Yarmûkbrücke | 1 | 55 |
| Nach *Chân el-'Aḳaba* | 1 | — |
| *Kefr Hareb* | — | 45 |
| *Fiḳ*, das alte *Aphera* (I. Kön. 20, 23ff.), eine Hauptstation der Karawanen, reich an Wasser, mit wenig Alterthümern | 1 | 20 |
| Ruine *Redjûm el-Abhâr* | — | 30 |
| *Birket Nâm* | 1 | 15 |
| Ruine *Chastin* | — | 30 |
| *Wâdi Mu'akkar* | — | 41 |
| Ruinen *Umm el-Kabr* | — | 15 |
| *Wâdi Hami Sachr* | — | 30 |
| *'Ain Kêir* (Quelle) | — | 15 |
| *Wâdi 'Allân* | 1 | — |
| *Tseil*, eines der grössten Dörfer von Djôlân, mit ehem. christl. Kirche als Moschee | — | 30 |
| *Nawâ*, das alte *Nere*, mit ausgedehnten Ruinen | 1 | 45 |
| *Ohtei'a* | 1 | — |
| *Unchûl* (beides Dörfer mit alten Basalthäusern und Resten aus röm. Zeit) | 2 | — |
| *es-Sanamên* (S. 419) | 1 | — |

*Von Mzêrîb nach Bosra* (ca. 9 St.). Von Mzêrîb ist der Ort Der'ât 1 St. 20 Min. SO. entfernt; nach Verlauf der ersten Stunde passirt man das *Wâdi Zêdi*, den Hauptfluss der Nuḳra. **Der'ât** darf nicht mit Zor'a bei Schêchmiskîn (S. 421) verwechselt werden. Hier haben wir in der That das alte *Edre'i* vor uns, die Hauptstadt des Reiches Basan (S. 417), die dann dem Stamm Manasse zugetheilt wurde. In christlicher Zeit war der Ort Bischofssitz. — In der Einsenkung des Thales liegt ein grosses Wasserreservoir von 160 Schritt Länge, 65 Schritt Breite und circa 6m Tiefe; es wurde aus einer Wasserleitung gespeist, die von N. kommt und *Kanâtir Fir'aun*, Pharao'sbogen (S. 421) heisst. In das Mausoleum *Siknâni*, das am Rande dieses Teiches steht, scheint noch Niemand eingedrungen zu sein. Ein Gebäude bei dem Wasserreservoir nennen die Einwohner das *Bad (Hammâm)*. Am SO.-Ende der Stadt steht ein grosses Gebäude von 40m Länge und 29m Breite mit umlaufendem doppelten Säulengang. Laut Inschrift ist diese Gebetshalle *(Ruwâk)* im Jahre 650 (1253) von Saladin's Statthalter, Emîr Nâṣir ed-dîn 'Othmân ibn 'Ali errichtet; sie hatte 85 Säulen und 3 Thore. Die Säulen sind verschiedenartig; im Hofraum liegt ein Sarcophag mit zwei Löwenköpfen. An der einen Ecke der Kirche ist ein hoher Thurm. Sehr interessant sind die ausgedehnten unterirdischen labyrinthartigen Wohnungen, in die man hineinkriechen kann (am Wâdi Zêdi ist ein bequemer Eingang); sie gehören zur zweiten Art (S. 418).

Von Der'ât führt eine grosse Strasse OSO. nach Boṣra ($7^1/_2$ St.). Man setzt über das Wâdi Zêdi vermittelst einer Brücke von 5 Bogen, welche aus muslimischer Zeit stammt. Jenseit der Brücke kreuzt man (45 Min.) einen Theil der Wasserleitung; sie führt nach Umm Keis (S. 415). Nach 40 Min. hat man r. *Kôm Gharz*; im N. liegt das Dorf *No'ême*; bald darauf r. das Dorf *Gharz*. Nach $^1/_2$ St. an der Strasse das Dorf *Merke*; nach einer weiteren $^1/_2$ St. *Umm el-Mezâbil*; r. das grosse Dorf *Umm el-Meyâdaîn*; dann *Naṣîb*, *Djaîr*, und *eṭ-Ṭayyibe*. Nach 1 St. 45 Min. führt der Weg zwischen den beiden Dörfern *esch-Schirke* und *Djîze* hindurch; in ersterem die Ruinen einer grossen Kirche. Hier überschreitet man das Wâdi Zêdi aufs neue. Das Haurângebirge thürmt sich malerisch auf, im OSO. wird Boṣra und dahinter der Tell von Salchat sichtbar. Nach 40 Min. gelangt man zum Dorfe *el-Ḥarwâsi*; nach 45 Min., nachdem man ein Wâdi durchschritten hat, nach *Ghaṣm*. R. sieht man *Ṣuḥb*; nach 1 St. 15 Min. r. *Ḥammûs*, l. *el-Mu'arribe*, weiter entfernt im N. das Christendorf *Charaba*. Wir befinden uns auf einer alten Römerstrasse, die uns in 1 St. 15 Min. nach **Boṣra** führt.

*Historisches.* Das Bosra der Bibel (I Mos. 36, 31 u. a.) ist nicht hier, sondern im Gebiet des alten Edom zu suchen. Bosra ist verstümmelt aus *Bostra*, dieses wiederum aus *Be'eschtera* (Haus der Astarte?). Neben dieser Benennung kommt auch die Form *Astaroth* vor. Der König Og wohnte hier und in Edre'i (Josua 12, 7). Astaroth war Stadt der Rephaiter (V Mos. 1, 4) und wurde später Manasse zugetheilt; dabei war es Levitenstadt (I Chron. 7, 71; Josua 21, 27). In Folge der ausserordentlich günstigen, die ganze Gegend beherrschenden Lage mag der Ort schon damals bedeutend gewesen, scheint aber später in Verfall gerathen zu sein. In der Mitte des 2. Jahrh. wird die *Nova Trajana Bostra* als Grenzfeste genannt, und ein Praefectus Legionis hatte hier seinen Sitz. Im Jahre 105 n. Chr. war Cornelius Palma, der Feldherr Trajans, Präfect von Syrien. Von diesem Jahre an datirt die sogenannte Bostrenische Aera, nach welcher in den Städten Peraea's noch lange Zeit gerechnet wurde. Seine Blüthe verdankt der Ort wohl der südarabischen Einwanderung. Bostra war ausserdem auch ein grosser Mittelpunkt des Karawanenhandels: eine Strasse lief von hier direct nach dem persischen Meerbusen und man kann noch heute den zahlreichen von den Römern gebauten Strassen nachgehen. Viele Münzen aus der Zeit der röm. Kaiser, theilweise auch mit dem Namen der Stadt, werden hier gefunden. Die Schutzgottheit der Stadt war die bona fortuna Bostrenorum (das gute Glück der B.) und der Dusâr (Dionysos). Zur Zeit des Kaisers Alexander Severus (222—235) wurde eine römische Militärcolonie nach Bostra geführt, noch später als christliche Stadt wurde sie Sitz eines Consularis oder Praesidialis; dann wurde sie Haupt der Eparchie von Arabien und stand zu Constantins Zeiten in grosser Blüthe; auch war sie Bischofssitz. Besonders wichtig war Boṣra für den Karawanenhandel Arabiens; die arabischen Kaufleute, so z. B. später Moḥammed's Onkel, kamen öfters hierher (mit ihnen auch der Prophet, S. 91). Hier in Boṣra wohnte der Mönch Baḥîra, welcher Moḥammed als Propheten erkannt haben soll. Baḥîra soll später nach Mekka gekommen sein und grossen Einfluss auf die Redaction des Korân gewonnen haben. Noch im Mittealter war Boṣra ein hochwichtiger Platz als Markt und als Festung. Die Kreuzfahrer (Balduin III.) suchten die Stadt vergebens zu erobern. Saladin, welcher sich auf die Ostjordanländer stützen musste, um für seine Angriffe auf die Franken eine Basis zu haben, erkannte die Wichtigkeit von Boṣra. Erdbeben (besonders im Jahre 1151) und späterhin die Schwäche der türk. Regierung bewirkten den Verfall der Stadt. Der Syrer sagt, die Blüthe Boṣra's sei die Blüthe Haurân's und umgekehrt. Mit Recht: eine starke Besatzung in Boṣra hält die Beduinen ab, die Bauern zu brandschatzen und zu ruiniren. In den letzten 10 Jahren sind wiederholt Versuche gemacht worden, Besatzungen in Boṣra zu halten; aber die Sache scheiterte gewöhnlich an dem Eigensinn der Drusenfürsten. Boṣra führt heute auch den Namen *Eski Scham* = Altdamascus.

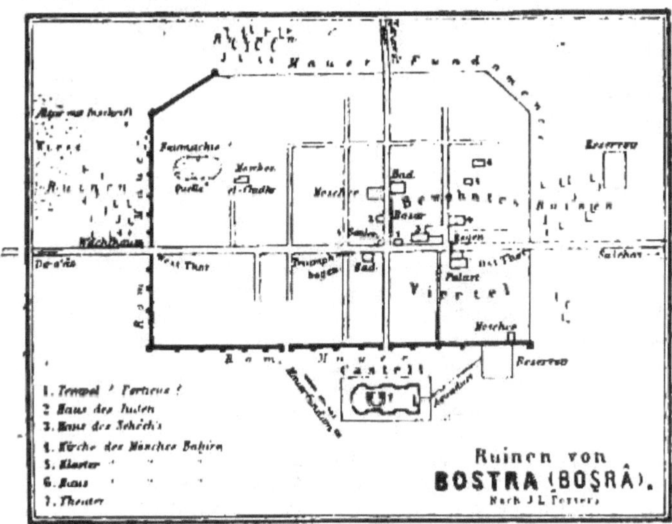


Boṣra macht heutzutage einen traurigen Eindruck, da es sehr spärlich (30—40 Familien) bewohnt ist. An der West- und theilweise auch an der Südseite sind die alten Stadtmauern erhalten. Zwei Hauptstrassen durchschneiden die Stadt, eine von O. nach W. und eine von N. nach S. Bevor man von W. her zu der Stadtmauer kommt, sieht man l. einige Ruinen; nahe bei der NW.-Ecke steht im freien Felde ein Altar mit Inschrift. Vor dem westl. Thore ist l. ein kleines Wachthaus. Das *Thor* ist wohl erhalten; es besteht aus zwei übereinandergesetzten Bogen; zur Seite des unteren Bogens sind in der Mauer kleine Muschelnischen angebracht und über diesen dreieckige Dächer. Innerhalb des Thores sieht man l. in einiger Entfernung eine Quelle, dabei eine tiefliegende Wiese, wohl ursprünglich eine Naumachie; daneben die kleine Moschee *el-Chiḍr*, dann ein altes Grab. Trotz der gräulichen Zerstörung kann der Lauf mancher Strassen noch erkannt werden. Vor der dritten Strasse, welche von der Hauptstrasse aus nach r. (S.) läuft, steht ein schön erhaltener *Triumphbogen*. Der mittlere der drei Bogen ist etwa 13m hoch; auch der Länge nach sind Bogen angebracht, sodass das Ganze auf einem 13m langen, 6,5m breiten Sockel gestanden zu haben scheint. Auf einem Pilaster steht eine lateinische Inschrift. Die Gasse, in welche das Portal führt, ist gänzlich zerstört. Die von W. nach O. laufende *Hauptstrasse* von Boṣra scheint eine Säulenstrasse gewesen zu sein; der Eindruck, den die Trümmer zu beiden Seiten machen, ist grossartig. Etwas weiter nach O. stehen r. die Ueberreste eines *Bades;* auf den Gewölben desselben hat man eine gute Uebersicht. Hierauf kommt man zum Kreuzpunkt der beiden Hauptstrassen. Biegt man in die Strasse nordwärts ab, so hat man l. vier grosse *Säulen*, welche die Strassenecke in schiefer Richtung abschneiden. Die Säulen sind gegen 14,5m hoch; die Capitäle sind korinthisch und von vorzüglicher Ausführung. Zwischen den beiden mittleren Säulen ist ein grösserer Raum. Es ist unsicher, zu was für einem Prachtgebäude diese Säulen ursprünglich gehört haben. — Gegenüber auf der r. Seite der Strasse sind Reste eines herrlichen *Gebäudes* (Pl. 1): zwei Säulen mit Basen von weissem Marmor sind erhalten; in der Mauer sind drei Reihen übereinandergesetzter Nischen. Ob das Gebäude ein Tempel war oder bloss ein Porticus, könnten bloss Nachgrabungen entscheiden. Weiter nach N. kommt man r. zu einer Reihe offener Gewölbe; hier war augenscheinlich der frühere *Basar* von Boṣra. L. steht ein Thorweg; eine Tradition verlegt hieher das *Haus eines Juden* (Pl. 2), der widerrechtlich seines Grundbesitzes beraubt worden war, aber vom Chalifen 'Omar das Niederreissen einer auf demselben gebauten Moschee und Herstellung seiner Wohnung erlangte.

Darauf folgt l. eine jetzt verlassene *Moschee*, deren Gründung dem Chalifen 'Omar zugeschrieben wird. Das Material des Gebäudes ist sicher alt; eine Säule trägt das Datum 383 (bostrenische Aera) = 489 n. Chr. Vor dem Eingang ist eine Art Vorhalle mit Säulen. Durch eine kleine Thür tritt man in einen viereckigen Hofraum, um welchen auf zwei Seiten ein offener doppelter Umgang läuft. Die Bogen ruhen auf antiken Säulen, von denen siebzehn Monolithe aus weissem Marmor sind, die übrigen aus Basalt. Die Capitäle sind verschiedenen Styls; zwei derselben sind ionisch. Ein schöner Fries aus Stuck läuft an den Wänden herum. An der Nordost-Ecke der Moschee steht ein Minaret mit schöner steinerner Thüre, dessen Besteigung sehr lohnend ist. Die Aussicht umfasst die Nuḳra, ein im Frühjahre grün wogendes Flachland; dann das Gebirge des eigentlichen Ḥaurân, auf welchem man die Bewaldung deutlich unterscheidet; im O. schaut der Hügel von Salchat hervor; im S. ist eine terra incognita für Liebhaber gefährlicher Expeditionen, obwohl Umm Djemâl nun wenigstens *einmal* besucht worden ist (von Graham). Gegen SW. schaut ein gelblicher Strich bei der Zumle hervor; daneben liegt der Djebel 'Adjlûn. Die grosse Ausdehnung der Stadtruinen wird am besten von hier überblickt. — Gegenüber der Moschee auf der andern Seite der Strasse liegen die Ruinen eines grossen Bades; man kann noch die Röhren der Wasserleitungen erkennen.

Vom Kreuzpunkt der beiden Strassen nach W. zu kommt man in das Quartier des modernen Boṣra. Bald darauf ist der Weg von einem römischen Bogen überspannt, r. (S.) davon liegen die Ruinen eines grossen Hauses mit verschiedenen Hofräumen und manchen Säulenfragmenten und Sculpturen. Durch die Strasse, welche hier l. abgeht, kommt man zu einer alten Kirche (Pl. 4); sie heisst „*Kirche des Mönches Baḥîra*" und ist nach aussen hin viereckig, bildet aber innen eine Rotunde, deren Kuppel eingefallen ist; die Nebennischen sind erhalten. Mehrere Friese sind in die Mauer eingefügt. Am Thore ist eine Inschrift angebracht, laut welcher die Erbauung in das Jahr 513 (407 bost. A.) fällt. An einem Gebäude gegen N. sieht man eine sehr schöne arabische Inschrift. Nahe bei der Kirche wird das *Kloster des Baḥîra* (Pl. 5) gezeigt; das Dach desselben ist eingefallen; auf den Mauern steht noch eine Reihe von Fenstern, an der N.-Seite findet sich eine gewölbte Nische, dabei eine lat. Inschrift. Noch weiter nach N. wird das *Haus (dâr) des Baḥîra* (Pl. 6) gezeigt; dasselbe trägt eine griechische Inschrift über der Thüre.

Von hier gelangt man nordwärts ausserhalb der Stadt zu der Moschee *el-Mebrak*. Der Name bedeutet „der Ort des Niederknieens"; hier soll nach der Tradition das Kamel 'Othmân's, welches den Ḳorân trug, nach andern Moḥammed's Kamelin niedergekniet sein; in einem kleinen Zimmer zeigt man auf einer Doleritplatte die Eindrücke, welche das Kamel hinterlassen hat. Die Kuppel der Moschee el-Mebrak wurde von den Wahhabiten zerstört, aber im Jahre 1859 durch Sa'îd Pascha von Aegypten wieder aufgebaut und zwar über dem Grabe des Sohnes seines Vorgängers 'Abbâs Pascha. Der junge Mann war nach altarabischem Gebrauche den Beduinen (hier den Ruwala) zur Erziehung übergeben worden und 1854 hier gestorben.

Auf der O.-Seite der Stadt ausserhalb der Mauer liegt ein grosses Wasserreservoir, dessen Fundamente leidlich erhalten sind. Ein noch grösseres Reservoir liegt nahe an der SO.-Ecke der Stadt und ist besser erhalten, als das erstgenannte. Eine Treppe führt hinunter; im NO.-Winkel des Reservoirs liegt eine Moschee in Ruinen.

Es bleibt noch das im S. der Stadt gelegene *Castell* zu besichtigen, ein gewaltiges Gebäude, das von den Eyyubiden-Sultanen in der ersten Hälfte des 13. Jahrh. erbaut worden ist. Die Form des

Schlosses richtete sich nach einem gegen S. halbrunden römischen Theater, welches den Kern des Gebäudes bildete. Das Gebäude hat wegen der hervorragenden Thürme eine unregelmässige Form; es ist von einem Graben umgeben. Ueber eine Brücke von sechs Bogen gelangt man an die eisenbeschlagene Thür der Festung und tritt in eine Menge von unterirdischen spitzbogig überwölbten Räumen. Das Ganze besteht aus einer Unzahl von winkligen Zimmern und ist drei Stockwerke hoch; bisweilen liegt ein Stockwerk, manchmal auch zwei derselben unter der Erde; grossartige Gewölbe, Vorrathskammern, Stallungen für Pferde und Kamele, Zimmer für die Garnison sind vorhanden; alles mit sehr dicken Mauern. Auf der Plattform im Innern des Schlosses sieht man noch die 6 Sitzreihen des *römischen Theaters* (Pl. 7). Da dieses Theater durch die arabischen Bauten und Gewölbe entstellt ist, ist es nicht so leicht, sich eine klare Vorstellung von der vormaligen Einrichtung zu machen. Die Scena, welche 12 Schritt tief ist, war von einer zwei Stockwerke hohen und 66 Schritt breiten Wand mit verschiedenartigen Nischen geschlossen; auf beiden Seiten führten (auf beiden Stockwerken) Thüren in einen Gang, der hinter der Scenenwand herumlief. Der Durchmesser des Theaters betrug etwa 72m. Die Stufensitze sind theilweise verbaut. Doppeltreppen führen auf einen Vorsprung, der vor den Treppen liegt, welche zu den Stufen hinaufführen. Zwischen den untersten Doppeltreppen führen Thüren in die Vomitorien (Zugänge) hinunter. Auf der obersten Stufe lief eine Säulenhalle rings herum, wovon einige Säulen noch erhalten sind. Auch unter die Treppenabsätze führten Gänge hinunter. — Das sehr umfangreiche Theater war an einem schönen Aussichtspunkte erbaut; hier wurden wohl die Spiele zu Ehren des Dusâr (S. 419), welche erwähnt werden, aufgeführt.

Eine Tour nach dem **östlichen Ḥaurân** können wir hier nur ganz kurz andeuten.

Von Boṣra ONO. nach *Krêye* ist ein Weg von 2 St. Ḳrêye ist von dem Ghassanidenkönig Djefne I. erbaut, der um 135 zu regieren begann. Die Stadt ist sehr gross, jedoch sind ausser einigen Thürmen nur wenige Bauwerke von Bedeutung erhalten. Eines der Gebäude hat einen dreifachen Säulengang von Säulen schlechter Ordnung. Ein grosses Wasserreservoir liegt mitten in dem nur schwach bewohnten Dorf. Von Ḳrêye kann man, gegen den von hier sichtbaren Ḳlêb zu reitend, in stark 1½ St. Ḥebrân (S. 430) erreichen, wobei man aber über tiefe Flussbetten setzen muss.

Von Ḳrêye nach **Salchat** sind starke 2 St. OSO. (halbwegs liegt das Dorf *Muṅedire*).

*Historisches.* Unter der Benennung *Salcha* kommt der Ort schon V Mos. 3, 10 und Jos. 12, 5 als Grenzstadt von Basan vor. Die Lage war, wie die von Boṣra, die einer dominirenden Grenzstadt: sie könnte und müsste unter einer guten Regierung noch heute eine solche sein. Es ist zweifelhaft, ob nicht die Kreuzfahrer bis hieher vordrangen. Noch im Mittelalter war Salchat bedeutend; damals wuchsen hier noch Reben.

In Folge des Wassermangels wohnen in den 800 Steinhäusern von Salchat heute nur wenige Familien. Viele Häuser, sowie einige Thürme sind jedoch trefflich erhalten. Das Castell reicht wohl über die Römerzeit hinaus. Es liegt auf der Spitze eines weit sichtbaren Hügels und ist von einem tiefen Graben umgeben, der theilweise durch heruntergefallene Bausteine angefüllt ist. Eine Bogenbrücke führt in das Castell. Man sieht noch römische Adler an einigen Portalen, aber auch Schiessscharten und arabische Inschriften; denn das Castell verdankt seine Wiederaufbauung im Mittelalter derselben Politik, wie die Citadelle von Boṣra (S. 427). Die Aussicht von der Citadelle umfasst eine ansehnliche Zahl zerstörter Städte. Die alte Römerstrasse von Boṣra nach Basra am Schaṭṭ el 'Arab beim persischen Meerbusen biegt hier nach SO. ab.

Von Salchat nach *'Ormân* sind $1^3/_4$ St. NO; wenn man um den Hügel *Sfêh* herumreitet, so kann man mit $^1/_2$ St. Umweg den Ort *'Iyûn* besuchen. Derselbe hat seinen Namen von den vielen Quellen, an welchen stets viele Beduinen lagern. Im Orte sind einige Ruinen schöner öffentlicher Gebäude. Von 'Iyûn aus erreicht man nordwärts in circa 2 St. die Ortschaft *Suhwet el-Chiḍr*, eine verfallene Stadt mit einem Castell und einer Kirche, wo alle Religionssecten den heil. Georg oder Chiḍr verehren. Die Gegend ist grün und theilweise bewaldet.

Von hier kann man nach Ḥebrân zurückkehren (circa 2 St.). Wer vorzieht, auf der O.-Seite des Gebirges zu bleiben, reitet nach *Sâla* ($2^1/_2$ St.), ehemals eine grosse Stadt; dann in circa 2 St. nach *Busân*, von wo man die östliche Wüste bis zu dem unzugänglichen Strich der Ḥarra übersieht. Die Steinhäuser der Stadt sind wohl erhalten; ebenso die von *Muschennef*, das man in 1 St. erreicht. Es hat einen Tempel und viele schöne Steinthüren. In 45 Min. kommt man nach *Umm er-Ruwâḳ*; in circa $1^1/_2$ St. über *Tarba* nach *Têmâ*; eine gute halbe Stunde N. davon liegt *Dûmâ*. Têmâ und Dûmâ sind zwei grosse Ortschaften; wenn die Tradition Recht hätte, die Heimath Hiobs in den Ḥaurân zu verlegen (S. 420), so könnte Têmâ wohl das biblische, Hiob. 2 u. 11, Jerem. 25, 23 u. a. genannte sein; *Bus* wäre = Busân. In Dûmâ sind Souterrains mit Steinsärgen. Von hier reitet man in $1^3/_4$ St. nach Schaḳḳa hinüber (S. 438).

Eine Tour weiter östlich führt von 'Ormân zu den interessanten Troglodytenstädten von *Hibikke* und *Tell Scha'f*.

Von Boṣra nach Damascus. Von Boṣra direct nordwärts führt eine Römerstrasse am W. Fuss des Ḥaurângebirges nach 'Ire und Suwêda. Nach 30 Min. erreicht man das Dorf *Djemarrîn*, das einige grössere Gebäude enthält; N. davon führt eine Brücke (dabei ein Wachtthurm) von drei Bogen über das *Wâdi ed-Deheb*, das weiter unten Wâdi Zêdi (S. 423) heisst und in welchem Wasser fliesst. Zwischen üppigen Feldern hindurch erreicht man in ferneren 30 Min. ein grosses viereckiges vereinzeltes Gebäude mit dicken Mauern, Namens *Dêr Zubêr*, wahrscheinlich ein altes Kloster, wie die Benennung sagt. Von hier hat man noch 1 St. nach 'Ire; r. abbiegend kann man den Tell und die Ruinen von *Weter* besuchen, von wo das Schloss von 'Ire bereits sichtbar ist. Auf einem nahen Hügel SO. sieht man (20 Min.) die Ruinen des Dorfes *Ghassân*. Dasselbe erinnert an die Könige, welche hier geherrscht haben (S. 419), ist aber heute nur ein elender Steinhaufen; auf manchen der zwischen üppigen Nesseln liegenden Quadern findet man architectonische Verzierungen, aber ausser den Ruinen einer Kirche und manchen dunkeln Souterrains weder Gebäude noch Inschriften. Die Aussicht von der Spitze des Hügels ist schön. Von Ghassân reitet man in einer kleinen Stunde über steinigen Boden direct nach 'Ire, von Weter über das Drusendorf *Mudjêmir* in 45 Min.

**'Ire** liegt zwischen zwei Bachbetten, die S. und N. vom Dorfe nach W. laufen, auf einem kleinen Hügel in der Ebene; die Ruinen sind ausgedehnt, aber unbedeutend. Der Ort ist als Sitz eines Drusenhauptes wichtig; das halb europäisch eingerichtete „Schloss" ist von dem Oberschêch der Ḥaurândrusen, *Isma'îl el-Aṭrasch*, erbaut.

Dieser merkwürdige Mann hatte sich kraft seiner Energie eine hervorragende Stellung verschafft. Er war sozusagen unabhängig von der türkischen Regierung; seine Verbindungen erstreckten sich bis nach dem Djôf und zu den Wahhabiten. Die Schêchs der Araber mussten ihm für die freie Passage nach Damascus Geschenke bringen. Er regelte die Verhältnisse der Bäche und zog bedeutende Summen aus den Abgaben für den Gebrauch des Wassers, das vom Gebirge in die Nuḳra fliesst. Unter seiner Regierung konnten die Beduinen die Dörfer der Nuḳra nicht brandschatzen. Die Türken legten eine Garnison nach Boṣra, ebensowohl um die Drusen zu überwachen, als gegen die Beduinen. Isma'îl, ein Mann von imposanter Gestalt, starb 1869; über seine Todesart wurde allerlei vermuthet. In 'Îre hatte Isma'îl viele Obstbäume gepflanzt.

Von 'Îre steigt man den Hügel nordwärts hinunter und passirt einen kleinen Bach; l. in der Ebene sieht man *Kenâkir*, r. oben das Dorf *Sahwet el-Blât* und näher *Reṣâṣ*. Hierauf kreuzt man noch ein Thälchen und gelangt in 1 St. nach dem schwach bevölkerten Dorfe *Mudjêdil*; in der Nähe l. liegt ein Gebäude *Dêr et-Trêf*. Man hat r. die Aussicht auf die Spitze des Ḥaurân, den *Ḳlêb* (s. unten); l. (NW.) hat man den beschneiten Hermon stets vor Augen. Nach 30 Min. beginnt man aus der Ebene aufzusteigen; hier liegt ein Gebäude *Dêr Senân* l. am Wege. Nach etwa 10 Min. erreicht man das grosse Dorf *Suwêda* (S. 431).

Ein Umweg, der aber interessanter ist als die gerade Strasse, führt von Boṣra über das Gebirge ebenfalls nach Suwêda; das Gepäck kann auf dem geraden Wege dorthin geschickt werden. Man reitet in NO.-Richtung, kreuzt das *Wâdi Abu Ḥamâka* und kommt nach 45 Min. zum *Wâdi Râs el-Bedr*; r. liegt das Dorf *Kêris*. Nachdem man das Wâdi überschritten, sieht man r. das Dorf *Maḍḥak*, l. an einem Hügel *Kirift*; hierauf nach 45 Min. l. *Ghassân* (S. 429), r. ¼ St. entfernt *Dêr el-'Abdd*, dann *Ḥuzḥuz*; man beginnt bergan zu steigen und gelangt in 1 St. nach *'Afîne*. Das Dorf ist von Drusen, aber nur zur Hälfte bewohnt; die Meḍâfe liegt am W.-Ende. Laut einer dort gefundenen griechischen Inschrift hat Trajan eine Wasserleitung von Kanawât hierher geführt; ausserhalb, östl. vom Dorf, sieht man die Bogen derselben neben einer Römerstrasse. Der Berg ist steinig, aber nicht steil; in 45 Min. erreicht man **Ḥebrân**. Dieses Drusendorf liegt auf der Spitze und an den Seiten eines Hügelrückens; von den Häusern sind nur wenige bewohnt. Die Höhe bietet eine schöne Aussicht, obwohl der nahe gerückte Klêb im N. und Höhenzüge im SO. sie beschränken. Die Hochfläche des Gebirges ist mit Bäumen, bes. Fruchtbäumen bedeckt. Auf einem kleinen Hügel südl. vom Dorf stehen die Ruinen einer Burg, daneben die Trümmer einer Kirche, die einst grossartig gewesen sein muss; ihre Lage ist höchst malerisch. Das Thor ist niedrig; ein Porticus, der hier stand, ist zerfallen. Oben sieht man auf einem Steine eine schöne griechische Inschrift (drei Wörter davon sind mangelhaft), wonach das Gebäude im Jahre 155 von Antoninus Pius errichtet, also ursprünglich noch heidnisch gewesen ist. Mitten im Dorf liegen die Ruinen einer andern kleinen Kirche.

Von Ḥebrân führt ein hübscher Weg mit schöner Aussicht durch wohlbewässerte Fluren in 40 Min. zu dem Dorf *el-Kefr*. Dasselbe hat eine schöne Meḍâfe mit Steinwänden, vorn offen; nur einige wenige Drusenfamilien wohnen hier. Die Häuser, ja sogar die engen Gassen mit ihren Gehwegen zur Seite sind trefflich erhalten; an der Westseite des ziemlich ausgedehnten Städtchens steht ein schönes Thor mit zwei 2,5m hohen Steinpfosten. In den Höfen mancher Hauser sieht man Maulbeerbäume; man kann über die Treppe auf die Dächer und von dort wieder in neue Hofräume hinabsteigen und dabei den haurânischen Baustyl genau studiren. Viele Eidechsen sonnen sich auf den theilweise mit Flechten überzogenen Steinen. Die Römerstrasse, welche von Boṣra hierher führte, ist auch noch weiterhin sichtbar.

Von el-Kefr aus geht man nordwärts und gelangt nach 10 Min. zu der reichen „*Mosesquelle*", *'Ain Mûsa*, welche das weiter unten (3/4 St.) liegende Dorf Sahwet el-Chiḍr (S. 429) bewässert. Von hier kann der **Klêb** bestiegen werden. Derselbe ist zwar nicht der allerhöchste Gipfel des Haurângebirges, aber er *erscheint* als der höchste; er erhebt sich 1720m über den Spiegel des Mittelmeeres. In dem Kegel dieses Berges ist ein grosser Riss; über eine mit Eruptivmassen bedeckte Ebene reitet man an jene Stelle und gelangt so zu dem Krater, der einen grossen bewaldeten Kessel bildet. Um den eigentlichen Gipfel zu ersteigen (von der Quelle aus in 1 St.), ist man genöthigt, zu Fuss zu gehen; bisweilen muss man sich an den Zweigen der Buṭmbäume halten, um hinaufzuklettern. Die äussere Seite dieses grossen Eruptionskegels ist kahl. Etwas unterhalb des Gipfels sind einige Höhlen, wahrscheinlich Regensammler; die kleine Höhe zur Linken trägt die Ruinen eines zerstörten Tempels. Die Kraterformationen, welche man von hier aus überblickt, sind höchst interessant, desgleichen auch die weitere Aussicht über die grünen Abhänge des Gebirges und die grosse Ebene bis zum Libanon; bei hellem Wetter soll man das Mittelmeer sehen können; nach O. ist der Blick durch nahe Höhenzüge etwas eingeschränkt.

Vom Fusse des Klêb bis nach Suwêda braucht man 2 starke Stunden. Die Hochebene, auf der man zuerst weiter reitet, ist theilweise bewaldet, im Frühjahr herrlich grün; zwischen den Wiesen rinnen kleine Bäche. Die hier hausenden Beduinen ('Agêlât) wie auch ihre Hunde sind zu gewissen Zeiten nicht ungefährlich. Man biegt nordwestwärts in das Thal von Suwêda ab; an dem Punkte, wo man die Nuḳra wieder erblickt, hört auch der Baumwuchs auf; der Boden besteht dort aus, man möchte sagen festem Lavasand.

**Suwêda** liegt auf einem bebauten und terrassirten Abhang des Haurângebirges und wird ausser von Drusen (gegen 500) auch von einigen Christen bewohnt. Man hat über den Ort nur spärliche historische Notizen; zur Römerzeit hatte die Stadt wahrscheinlich einen anderen Namen. Eine lateinische Inschrift aus dem Jahre 103 meldet, dass Nerva Trajanus Cäsar hier ein Nymphaeum und einen Aquaeduct gebaut habe. Nach den Ruinen zu schliessen, hatte die Stadt einen bedeutenden Umfang.

Von der Meḍâfe ausgehend, trifft man zuerst auf einen kleinen *Tempel;* von den 22 Säulen des Peristyls sind 13 erhalten, aber ihre korinthischen Capitäle sind steif und von schlechtem Geschmack, der Carnies ist armselig. Im Innern der Cella sind einige kleinere Säulen. Eine Strasse läuft von hier zu einem triumphbogenartigen *Thore.* Weiter unten gegen die Mitte des Städtchens liegen die Ruinen einer grossen *Basilica.* Die drei an der W.-Seite liegenden Eingänge führten in eine Vorhalle; an der N.-Seite waren ebenfalls drei Eingänge; in der N.-Mauer sind acht Bogenfenster erhalten. Das Schiff war 29m breit, 42m lang; auf jeder Seite des Hauptschiffes waren zwei kleinere, durch Säulen abgetrennte Nebenschiffe. Die Apsis bildet ein tiefes Halbrund, mit zwei ebenfalls tiefen aber schmäleren Nebenapsiden; die Hauptapsis hat drei halbrunde Fenster. Das Dach (von Stein?) ist eingefallen. Die Erbauung dieser Basilika fällt nach Vogüé ins 4. oder 5. Jahrh.

Hierauf kommt man zu einem *Moschee*, deren Mauern etwa 3,6m hoch erhalten sind; aus den Bauüberresten, Säulen und Inschriften geht hervor, dass sie an der Stelle eines älteren öffentlichen Gebäudes steht. Nahe dabei ist das sogen. „*Gerichtshaus*" *(meḥkeme)* ein ziemlich tief unter der jetzigen Bodenfläche liegendes Gebäude; über einem Thor im Innern ist eine griechische Inschrift, die den Namen des M. Aurelius zu enthalten scheint. Wenn man von der Moschee aus den Hügelrücken ersteigt, so gelangt man zu einem grossen halbrunden Wasserreservoir von 95m Durchmesser und 9—12m Tiefe; auf jeder Seite führt eine Treppe hinunter. Bei den Ruinen oben auf dem Hügelrücken gewinnt man eine schöne Uebersicht. — Es bleibt nur noch ein Gebäude jenseit des N.-Thales auf der Strasse nach Ḳanawât zu besichtigen; an einem kleineren Wasserbehälter vorbei passirt man das Thal mittelst einer antiken Brücke. Oben angelangt sieht man l. ein viereckiges Gebäude vor sich. Dasselbe misst etwa 11m auf jeder Seite und ist sehr solid gebaut. Es erhebt sich auf einem Sockel von 2 Stufen und war ursprünglich ca. 12,5m hoch. Auf jeder Seite stehen sechs ziemlich rohe dorische Halbsäulen, zwischen denen merkwürdige runde und ovale Buckel in die Mauer eingefügt sind. Der Carnies besteht aus einer Reihe von sog. Stäben. Eine Inschrift auf der N.-Seite beweist, dass wir hier ein *Grab* vor uns haben, welches ein gewisser Odenathus seiner Frau Chamra baute. Vogüé setzt das Monument in das 1. christl. Jahrh.

Von Suwêda aus führt eine Strasse NNW. über die mit niedrigem Wald, Eichen, Hagedorn und Mandelsträuchen bedeckten Ausläufer des Ḥaurângebirges. Bisweilen kommt man zu eigenthümlichen Umzäunungen, aus denen weisse Kuppelgebäude herausschauen; es sind dies Betstätten *(chalwa)* der Drusen. Die Entfernung bis Ḳanawât beträgt 1½ St. Ein kleiner Umweg, wobei man von Suwêda direct nach N. geht, führt über das Dorf *'Atîl* (1 St. 10 Min.). Dieses kleine Drusendorf liegt in der Mitte des Waldes. Auf der SO.-Seite des Dorfes steht ein kleiner, zierlich gebauter Tempel (jetzt Drusenwohnung), der auf einem hohen Sockel ruht. Der Porticus wird durch zwei korinthische Säulen und zwei Eckpfeiler gebildet, welche sämmtlich Träger für Statuen haben, wie bei der Säulenstrasse von Palmyra (S. 547). Neben dem einen noch erhaltenen Thürpfosten ist ein Bogenfenster in der Mauer; zur Seite liegt ein heruntergefallenes Basrelief, eine weibliche Büste und ein Pferd darstellend. Der Tempel stammt laut Inschrift aus dem 14. Regierungsjahr des Antoninus Pius (151). An einer alten Kirche mit Thurm vorbei gelangt man zu einem anderen Tempel *(el-Ḳaṣr)* N. vom Dorf. Stücke des mittleren Portales stehen noch, die Seitenportale sind theilweise durch den Schutt verdeckt; über dem einen ist eine Nische erhalten, ebenso auch in der Hinterwand. Ueber dem Mittelbogen erhebt sich ein flacher Giebel. — Von 'Atîl reitet man in 25 Min. nach **Ḳanawât**.

*Historisches.* Der Ort Ḳanawât kommt schon im alten Testament unter dem Namen *Kenat* vor (IV Mos. 32, 42). Der Name *Nobasch*, den ihr der Eroberer aus dem Stamm Manasse gab, ging bald wieder verloren (I Chron. 2, 32); bei Josephus heisst sie *Kanatha*. Herodes erlitt hier eine Niederlage durch aufständische Araber. Nach den Bauten und Inschriften zu schliessen, hat die Stadt zur Römerzeit noch *vor* Boṣra geblüht; vielleicht führte sie vorübergehend den Namen *Maximianopolis*. Sie war ein Bischofssitz. Man findet Münzen mit der Aufschrift „Kanatenôn" (d. h. der Kanatener); auf dem Revers ein verschleierter Isiskopf.

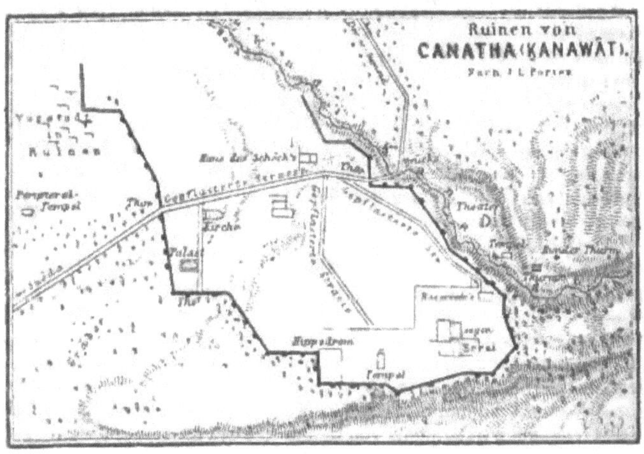


Wer von Suwêda (oder auch von N.) nach Ḳanawât kommt, kann sich der Verwunderung nicht enthalten, wenn er, aus dem Walde heraustretend, plötzlich auf einem Vorsprung in der Mitte eines sich nach SO. öffnenden Thälchens mitten im Grünen die Ruinen eines schönen kleinen *Tempels* erblickt. Diesor Peripteraltempel erhebt sich auf einer 3m hohen Terrasse, zu der von N. eine breite Treppe hinaufführt. Die Säulenreihe war vorn doppelt und bestand aus je 6 Säulen, an den Längsseiten standen, die Vorhalle abgerechnet, ebenfalls je 6 Säulen. Die Säulen sind korinthisch, $7{,}_0$m hoch und stehen auf einem gegen $1{,}_5$m hohen Sockel. Laut einer Inschrift war der Tempel dem Helios gewidmet; seine Lage, wie er weit in das Land hinausschaut, ist herrlich.

Von hier biegt man r. in das Thal ab und gelangt in die Gässchen der Unterstadt Ḳanawât. Die Stadt liegt auf dem linken Ufer des Baches, über welchen verschiedene Brücken führten. Die Strassen sind theilweise noch gut gepflastert, und zwar mit grossen quer gelegten Steinplatten. Die meisten Häuser sind unbewohnt, aber wohl erhalten, mit steinernen Thüren und Fenstern. — Wenn man das Thal nach oben verfolgt, so gelangt man bald zu einem schönen *Theater*. Um es näher zu betrachten, muss man weiter unten über den Bach gehen. Das Theater, das zum grössten Theil in den Felsen gehauen ist und dessen Durchmesser ungefähr 19m beträgt, besteht aus 9 Reihen von Sitzen, zu welchen Treppen hinaufführen und deren niedrigste 1,5m über der Arena liegt. In der Mitte der Arena ist eine Cisterne; die Eingänge waren auf den Seiten und in der Mitte des Postsceniums. Die Aussicht auf das Thälchen, die Prachtgebäude und im Hintergrunde den Hermon war jedenfalls (ähnlich wie in Boṣra) bei der Erbauung des Theaters massgebend. — Weiter oben auf derselben Seite des Baches sind die Ruinen eines kleinen *Tempels*, vielleicht eines *Nymphaeums*, das über einer Quelle liegt. Stufen, die in den Felsen gehauen sind, führen von hier zu einem massiven *Thurm*, der vielleicht zu militärischen Befestigungen über dem Engpass gehörte. Die Unterbauten gehen wohl über die römische Zeit hinaus; schöne Sculpturreste, Thüren etc. sind noch erhalten. Etwas östl. von diesem Gebäude steht ein grosser runder Thurm von 25m Umfang, vielleicht ein Grabthurm.

Der Haupttheil der Ruinen von Ḳanawât, ein grosses Trümmermeer, liegt in dem oberen Stadttheil auf der linken Seite des Flusses. Bei Ueberresten einer Mühle läuft eine schön erhaltene antike Wasserleitung ein; daneben finden sich Reste mächtiger Mauern, wohl aus vorrömischer Zeit. Das Hauptgebäude ist das sogen. *Serai*, ein Conglomerat verschiedener Bauten. Auf der W.-Seite liegt zuerst ein kleineres Gebäude, dessen N.-Mauer, vor welcher 4 Säulen einen Porticus bildeten, zerfallen ist. Dasselbe besteht aus zwei sich kreuzenden Gebäuden, von denen das ältere, zu welchem dieser Porticus gehört, eine dreibogige Apsis gegen S. hatte. Ein anderes Gebäude mit einer Apsis gegen O. wurde quer darüber gebaut; zu diesem gehört die grosse W.-Front mit ihren drei rebenumsponnenen Portalen. Zwischen den Rebengewinden des Hauptportales sieht man ein Kreuz nach der gewöhnlichen Form, darüber ein rundes Fenster neben zwei viereckigen auf jeder Seite; das Innere wurde von 8 Pfeilern getragen. — O. von diesem Gebäude ist ein langgestreckter Bau, gleichfalls mit einem schönen Porticus gegen N.; derselbe bestand ursprünglich aus acht ungefähr 9m hohen korinthischen Säulen, an welchen Postamente für Statuen angebracht sind, tritt aber gegen den des erst beschriebenen Gebäudes zurück und steht auf einem Sockel. Drei Thore führten in eine Vorhalle der eigentlichen *Kirche*. Die Vorhalle wurde von 18 Säulen getragen, die in einem Viereck, 3,3m von den Seitenwänden entfernt, aufgestellt waren. Die Capitäle der Säulen sind übrigens nicht schön. Auf jeder Seite dieser Halle ist eine kleine Gallerie, oben mit dreifachen Bogen bedeckt. Ein sehr schönes ausserordentlich reich behandeltes Mittelportal mit einem Kreuz führt in die 25m lange Kirche. Auch dieser Bau, gewissermassen das eigentliche Schiff, bildet ein Viereck mit 18 Säulen; an der S.-Seite liegt eine grosse 4,5m tiefe Apsis. In der W.-Mauer waren zwei Eingänge, in der O.-Mauer einer. Die S.-Mauer läuft gegen W. weit über das Gebäude hinaus; im SW. des Baues liegt ein grosser gepflasterter Platz. In der Nähe sieht man in tiefe Gewölbe hinunter, welche als Wasserbehälter dienten. — Hierauf kommt man über Ruinenhaufen zu einem *Tempel*. Derselbe war prostylos; die Vorhalle bildeten 4 colossale (noch aufrecht stehende) Säulen von etwa 10m Höhe. Vor dem Eingang stehen ausserdem zwei kleinere Säulen. Die Wände des Gebäudes sind zum Theil zerfallen; in der Hinterwand sieht man zwei Nischen über einander. Nahe bei diesem Tempel trifft man Fragmente von vielen roh gearbeiteten Statuen. Hier scheint ein *Hippodrom* gewesen zu sein. Wenn man über die gut erhaltene und mit Thürmen versehene südliche Stadtmauer hinausgeht, kommt man nach einigen Minuten zu *Grabthürmen* (S. 438), die zwischen den Eichen versteckt sind. Durch ein SW. gelegenes Stadtthor kehrt man zurück; l. von der Strasse liegt die Ruine eines schönen Hauses, das eine Säulenhalle hatte, r. die Ruinen einer Kirche aus später Zeit. So kommt man wieder auf die grosse gepflasterte Strasse, welche von Ḳanawât nach Suwêda führt.

Eine halbe Stunde von Kanawât entfernt erhebt sich zu *Siaḥ* einer der interessantesten Tempel des Ḥaurân, dessen Bauart die nächste Aehnlichkeit mit der des herodischen Tempels zu Jerusalem hat (auf Inschriften des Gebäudes sind in der That Herodes und Herodes Agrippa erwähnt). Die architectonischen Verzierungen, Gazellen, Löwenkopf, gesatteltes Pferd u. s. w., sowie die etwas steifen Capitäle sind sehr bemerkenswerth. Der Altar am Fusse der Tempeltreppe ist noch an seiner ursprünglichen Stelle. Das Heiligthum war dem Ba'al Samin (Gott des Himmels) geweiht.

Um von Ḳanawât nach Schobba zu gelangen, muss man das Gebirge nach W. umgehen. Man reitet in N. Richtung, das Thal verlassend, durch die wenig angebaute Ebene, auf welcher überall kleine Bodenerhebungen mit schwarzen Dörfern sichtbar sind, und erreicht nach 2 St. *'Ain Murduk*, eine Pfütze unterhalb des gleichnamigen Dorfes.

Ein Umweg führt von Ḳanawât einer alten Strasse folgend durch das Gebüsch westwärts zuerst nach einer Ruine *Dêr es-Sumeid*, am linken Ufer des Wâdi Kanawât. Dêr es-Sumeid ist ein ehemaliges Kloster, ein grosser viereckiger Bau; in der Mitte des von Säulengängen umgebenen Hofraumes liegen Unterbauten aus grossen Quadern. Am Thore finden sich schöne Reliefverzierungen von Weingewinden. — Von hier nach W. durch den nicht gerade dichten Eichenwald reitend, überschreitet man nach 10 Min. das Strombett und erreicht nach 30 Min. eine Höhe, wo man das Thal von Ḳanawât übersieht; nach und nach lichtet sich das Gebüsch, man kreuzt ein kleines Thal und kommt nach 30 Min. nach **Suleim**. Man kennt einen Bischofssitz *Neapolis*, der in der Nähe von Kanawât gelegen haben muss; eine griechische Inschrift in Suleim spricht von einem „Neopolites", daher hat man Suleim mit Neapolis identificirt. Der Ort ist von einigen Drusen bewohnt. Die Ruinen bestehen grossentheils aus formlosen Massen. Unweit derselben liegen die Ruinen eines kleinen Tempels, der, nach den herumliegenden Bauresten zu schliessen, ehemals prachtvoll ausgeschmückt war und später in eine christliche Kirche verwandelt wurde. In der Nähe sind grosse unterirdische Gewölbe, alte Wasserreservoirs; auch Ueberreste von Bädern finden sich.

Von Suleim nach Murduk führt der Weg in NNO. Richtung. Nach 1 St. kreuzt man das *Wâdi Mifʿâle*, das von einem O. gelegenen Orte desselben Namens herunter kommt. L. eine starke Stunde entfernt liegt das Dorf *Dêr el-Leben* (Milchkloster), weiter NW. *Rîmet el-Loḥf*. Nach 25 Min. kommt man nach Murduk, das man r. liegen lässt.

Von Murduk reitet man über einen kahlen Strich Landes nach NO. bergan. Die Aussicht über die Ebene, deren Farben vom Violett bis ins Dunkelblau spielen, ist stets schön. Im S. sieht man noch den Djebel ʿAdjlûn, im W. die Einsenkung des Jordanthals; im N. dagegen kommen nun die merkwürdigen abgestumpften Kegel der *Gharâra's* in Sicht. An der *Gharâret el-Ḳiblîye* (südliche) vorbei erreicht man in 40 Min. **Schohba.**

*Historisches.* Der alte Name der Stadt ist *Philippopolis* (Heimathsort des Kaisers Philippus Arabs). Aus dem Umfang der Ruinen wie aus den Inschriften geht hervor, dass sie bedeutend gewesen sein muss. Heute ist sie von Drusen bewohnt und liegt auf einer Hochebene inmitten einer Lavawüste. Das Gestein ist theilweise mit rothen Flechten überzogen. — Das Wort *Gharâra* bedeutet Getreidehaufen; die Legende erzählt, dass Pharao für die Bauleute an den Ḳanâtir (S. 423) Getreide gewaltsam genommen und hier aufgeschüttet habe. Als er aber ein grosses Kamel schickte, um den Haufen zu holen, verwandelte Gott denselben sammt dem Kamel in Stein. Die beiden „Gharâra's", die nördliche und die südliche, sind mit Fragmenten poröser Lava bedeckte Eruptionskegel. Die regelmässige Form ist merkwürdig, die Besteigung der Hügel interessant, da man oben noch die Krateröffnungen sieht.

Schohba hat sehr schön erhaltene Strassen, die breiter sind als irgendwo im Ḥaurân (bis 7,6m) und deren lange Steinplatten meistens offen zu Tage liegen. Die beiden *Hauptstrassen* (NS. und OW.) kreuzen sich in der Mitte der Stadt. Am Kreuzungspunkt sind noch grosse Reste der vier *Postamente* erhalten (vgl. Djerasch S. 412. Palmyra S. 550), und zwar schöner als in Djerasch. Aus Säulenüberresten möchte man sogar schliessen, dass der Länge der Stadt nach auch eine *Säulenstrasse* gelaufen sei. Die *Stadtmauern* sind an vielen Stellen erhalten. Die Hauptstrassen liefen an der Stadtmauer bei je einem Thore aus; nur an der S.-Seite der Stadt befanden sich zwei Thore. Die *Thore* bestehen aus 2 Bogen, die durch einen Pfeiler getrennt sind. Etwa 120 Schritte S. vom Kreuzungspunkte der Strassen liegen grosse *Thermen*. Im Innern derselben sind hohe, grössere und kleinere Gemächer; bei einigen sind die Gewölbe eingestürzt, doch entdeckt man noch herrliche Sculpturreste. Die Eingänge sind ebenfalls hoch. Man sieht noch die Rinnen des Wassers und die Thonröhren, durch welche dasselbe in die einzelnen Gemächer geleitet wurde; auch Haken an den Wänden, welche dazu bestimmt waren, die Marmorbekleidung zu halten. Das Wasser, welches dieses Bad speiste, wurde aus weiter Ferne hierher geführt (ca. 4 St.); noch sind von dem Aquaeduct, der auf das Bad zuläuft, fünf hohe Bogen erhalten. — Ungefähr 230 Schritt vom Kreuzungspunkte der Strassen gegen O. stehen 5 Säulen, Ueberreste des Porticus eines *Tempels*, von dem nur noch wenige

Mauerwände erhalten sind. In der Nähe sind die Reste des *Amphitheaters*, das nicht nach der Stadt, sondern gegen die Ebene schaute. Es ist an einem Abhang gebaut und die Aussenwände sind noch wohl erhalten; in Bezug auf seine Nischen und die Gänge zu den sieben Sitzstufen ist das Theater den sonstigen derartigen Bauten des Ḥaurân und der Belḳâ ähnlich. Zwischen dem Theater und der Hauptstrasse steht ein kleiner *Tempel* mit einer Art Krypta, die aber voll Schmutz ist. — Hierauf kommt man, in der Richtung auf die Wohnung des Schêchs hin, zu einem merkwürdigen, tief im Boden liegenden Bau. Man steigt 4,5m tief in den gepflasterten Hof eines alten Hauses hinunter. Indem man der Mauer folgt, geht man ostwärts, bis man auf eine moderne quer vorgebaute Mauer stösst. Im Centrum des Gebäudes ist eine runde Apsis von etwa 4m Breite, zu beiden Seiten derselben Nischen für Statuen; vor dem Bau ist ein grosser offener Raum. Wozu das ganze Gebäude gedient hat, ist nicht ersichtlich.

O. von Schohba läuft das grosse *Wâdi Nimre*, oder, wie es in seinem späteren Laufe nach N. heisst, *Wâdi el-Luwâ*. Der directe Weg nach Damascus führt dieses Thal entlang, welches auch zugleich die Grenze gegen das *Ledjâ* bildet. Man reitet von Schohba über die Trümmer nordwestwärts dem Thale nach. Die *Gharâret esch-Schemâlîye* (nördliche), einen interessanten Krater, lässt man l. liegen, und über das Wâdi setzend ebenso den *Tell Schîḥân* (1145m ü. M.), einen Hügel, auf dessen Gipfel das Weli Schîḥân sich erhebt. Dieser Hügel ist ebenfalls ein Eruptionskegel; nur ist er gegen W. ausgebrochen, sodass er wie ein Stuhl ohne Seitenlehnen aussieht. Aus diesem gewaltigen Krater sind die Lavaströme ausgeflossen, welche sich über das Ledjâ ergossen haben. In 50 Min. erreicht man das Dorf *Umm ez-Zeitûn;* allen Spuren nach war die Gegend früher viel besser angebaut, als jetzt. Hier in Umm ez-Zeitûn wurden im Jahre 1839 die hundert Reiter, welche Ibrâhîm Pascha zur Erzwingung der Conscription abgeschickt hatte, von den Drusen getödtet. Von Alterthümern finden sich nur unbedeutende Ruinen eines kleinen Tempels.

Der Weg längs des *Ledjâ* wird durch Beduinen unsicher gemacht. Man findet nur wenig Wasser und die Hitze ist oft drückend. Stellenweise sieht man Aecker und viele Spuren früherer Bodencultur. Die Dörfer r. und l. von der Strasse bieten kein besonderes Interesse: rechts sieht man *'Amra* und *Ḥît*, l. nach 25 Min. *es-Suwêmira;* nach 20 Min. l. *el-Muraṣraṣ;* nach 20 Min. *Umm el-Ḥâretên* und weiter W. *Tell Smêd;* nach 15 Min. *el-Imdûne;* nach 25 Min. *Ridjm el-'Is;* nach 10 Min. *el-Kusêfe;* nach 25 Min. *Lâhiṭe;* nach 25 Min. *Ḥadar;* nach 20 Min. *Radême;* nach 25 Min. *Suwâret eṣ-Ṣaghîre;* nach 30 Min. den grösseren Ort *Dhekîr;* nach 30 Min. *Dêr Nîle;* nach 40 Min. *Chulchûle* und *Umm el-Ḥâretên.* Nach 2 St. erreicht man *Suwâret el-Kebîre;* NO. liegt der grosse Landstrich *Arḍ el-Fedayên*, welcher sich S. von den Wiesenseen (S. 509) hinzieht. Nach $1/2$ St. durchsetzt man das *Wâdi el-Luwâ* (s. oben), in dessen Thalgrunde man gewöhnlich noch etwas Grün und einige Wasserpfützen findet. N. liegt *Djo'êde;* in 50 Min. erreicht man das grosse Dorf **Brâk.** Brâk war früher eine grosse Ortschaft, die aber jetzt nur von wenigen Familien bewohnt wird, da sie den Ueberfällen der Beduinen ausgesetzt ist. Sie liegt zwischen Felsen in der NO.-Ecke des Ledjâ. Viele alte Häuser im Haurânstyl sind gut erhalten, auch ein schönes Wasserreservoir vorhanden. Im Uebrigen sind keine Gebäude von besonderer Bedeutung mehr zu finden.

Von Schohba nach Brâk führt ein Umweg über Schakka. Man überschreitet zuerst das *Wâdi Nimre* und reitet dann nordostwärts. Nach 40 Min. sieht man l. das Dorf *el-'Asaliye;* r. oben (S.) liegt *Tafcha.* Nach weiteren 40 Min. erreicht man die grosse Ortschaft **Schakka.** Der Ort war im Alterthum unter dem Namen *Sakkaia* (Ptolemaeus) bekannt und war wahrscheinlich Sitz eines Bischofs. Unter den Ruinen sind einige Thürme, die aus verschiedenen Zeiten stammen, doch wenige Gebäude gut erhalten. Im NO. liegen die Ruinen einer Basilica aus dem 2.—3. Jahrh. Das Ostthor derselben besteht aus drei Portalen, über denen Carniesse angebracht sind. Neben dem Hauptthore sind, etwa 3m über dem Boden, zwei von Säulen getragene Bogenfenster mit Giebeln. An der Façade ragen 4 Postamente für Statuen aus der Mauer hervor. Das Innere wird durch zwei Reihen von je 7 Pfeilern in drei Schiffe getheilt. Ueber den Bogen der Seitenschiffe stehen noch kleinere Bogen; auch das Dach von grossen Steinplatten ist noch zum Theil erhalten. — Auf der O.-Seite des bewohnten Stadttheils finden sich Reste von Gebäuden, die nach Vogüé einem Kloster des 5. Jahrh. angehören (das Gebäude heisst arab. *Dêr esch-Scharkiye*). Der Thurm, welcher dabei steht, ist, nach der Anwendung des alten Baumaterials in seinen oberen Stockwerken zu urtheilen, nur in den unteren Theilen älteren Datums. Die unteren Eingänge des Thurmes sind mit Kreuzen versehen, liegen aber tief im Boden. Nur mit Mühe kann man noch die dazu gehörige Kirche herausfinden, deren Apsis halbkreisförmig war. Im Inneren sieht man noch Nischen und Postamente für Statuen an den Wänden. — Von andern Bauwerken sind einige *kuṣûr*, grosse Häuser zu erwähnen; dann *el-kaisarîye*, ein heidnischer Tempel mit einem alten Bazar; im N. die *Moschee* oder *Medrese*, in deren Nähe auch noch ein alter Grabthurm steht. — Im N. von Schakka, einige 100 Schritte entfernt, steht ein viereckiger Thurm, *el-Burdj* genannt. Derselbe ist 6m breit, steht auf einem Sockel von gutem Mauerwerk und hatte 3 Stockwerke; im Innern läuft ein Carnies herum, wie um die Steinbalken zu tragen. Die oberen Theile des Gebäudes sind neuer als die unteren. Hier sind Mumien und Schädel gefunden worden. Nach der Inschrift wurde der Grabthurm von einem gewissen Bassos im Jahre 70 der bostr. Aera (= 176) erbaut.

Von Schakka reitet man NW. in 45 Min. am *Tell 'Izrân* vorbei nach *Hît;* hier befinden wir uns in der *Arḍ el-Bethenîye* (S. 417). Im Dorfe stehen einige Thürme (Grab- oder Wachtthürme); ähnliche Thürme finden sich besonders im östlichen Haurân; sie sind öfters reich verziert und erinnern an Palmyra (S. 554). Im Dorfe ist ein Wasserreservoir; aber auch eine grosse unterirdische Leitung aus dem Wâdi Luwâ läuft hier von S. nach N. vorbei. — Von Hît erreicht man in $1/2$ St. NW. das Dorf *el-Hêyât* (katholische Christen); vorher liegt O. vom Wege ein grosses Gebäude mit Steinthüren und gut erhaltenen Zimmern, von dessen Terrasse man eine schöne Aussicht hat. In el-Hêyât sind keine hervorragenden Ruinen, nur auf der O.-Seite ein Wasserreservoir. Von hier erreicht man in 2 St. die oben beschriebene Strasse längs des Wâdi el-Luwâ bei Lâbiṭe (S. 437); auf näherem Wege gelangt man einer alten Römerstrasse nach in 7 St. nach Brâk.

Der gerade Weg von Brâk nach Damascus führt zuerst über eine nur wenig bebaute Ebene; dann schiebt sich ein ödes, trauriges Gebirge vor und man beginnt langsam bergan zu steigen. Auch diese Gegend wird öfters durch Beduinen unsicher gemacht. Die Hügelketten gehören zum *Djebel Mânïa*, welcher von Damascus aus so verlockend blau aussieht. Bezeichnend führt ein Hügel, den man nach 2 St. 15 Min. l. lässt, den Namen *Tell Abu Schadjara*, der Hügel des Baumes, von einer einsamen Terebinthe, welche hier auf dem mit Steinen übersäten Boden wächst; sonst sieht man kaum einen Halm. Jenseit des Passes, bis zu welchem immer noch der ferne Djebel Ḥaurân im Rücken sichtbar war, öffnet sich eine herrliche Aussicht auf die dunkelblaue Ebene von Damascus, vom Antilibanus überragt; ausser dem Hermon sind noch andere Schneekuppen sichtbar. Hierauf wieder abwärts steigend, erreicht man in 1 St. 45 Min. das grüne Thal des *Nahr el-A'wadj* (S. 420) und dabei das Dorf *Nedjha*, das als im sogen. *Wâdi el-'Adjem* (S. 420) gelegen, bereits nur noch halb den ḥaurânischen Character trägt und von Muslimen bewohnt wird. Die Aussicht auf das reich bewässerte grüne Thal, in dessen oberem Theile die Dörfer *el-'Adilîye* und *Hurdjille* liegen, contrastirt angenehm mit dem düsteren Gebirge. Hier tritt man in die Ebene des *Merdj-Landes* (S. 509); r. (O.) sieht man die Hügel des *Ṣafâ* (S. 509). Der *Djebel el-Aswad* (S. 402) bleibt l. liegen. Erst wenn der Reisende aus den öden Gegenden der letzten zwei Tagereisen kommt, kann er dem Orientalen das Entzücken über die Fruchtbarkeit der Damascusebene und die allerseits durch dieselbe rieselnden Bäche nachfühlen. Nach 1 St. 20 Min. erreicht man das Dorf *Ḳabr es-Sitt*, Grab der Herrin, so benannt, weil hier in einer Moschee *Zeinab*, die Enkelin Moḥammed's, begraben ist. Hier beginnt auch der Baumwuchs. Wer nicht zur *Bawwâbet Allâh* (S. 498) gelangen will, halte sich hier mehr nordwärts. Nach 35 Min. passirt man das Dorf *Babbîla*. Man kommt in Olivenpflanzungen hinein; nach 1/2 St. erreicht man, aus einer Nussbaumallee hervortretend, l. das *Bâb esch-Schaghûr* (S. 497), r. das *Bâb esch-Scherḳi* (S. 499).

Der schöne Tempel in **Musmîye** kann den Reisenden veranlassen, von Brâḳ aus W. abzubiegen. Die Entfernung beträgt etwa 2 St. Der Weg ist, da er über das Lavaplateau des Ledjâ oder am Rande desselben hinläuft, stellenweise sehr schlecht. Der Ort, heute menschenleer, war im Alterthum gross; es war das *Phaenos* der Römer, wie aus den griechischen Inschriften hervorgeht (und Bischofssitz?). Viele Häuser sind gut erhalten; von öffentlichen Gebäuden nur ein Tempel (Vogüé nennt dieses Gebäude Praetorium). Später war dasselbe christliche Kirche, dann Moschee, wie aus Kreuzen und Inschriften hervorgeht. Es gehört zu den schönsten Ruinen des Ḥaurân. Man kommt durch gepflasterte Strassen auf einen freien Platz; 6 Stufen führen zum Tempel hinauf. Von den 6 Säulen, welche die Vorhalle bildeten, sind nur noch drei an ihrer Stelle. Die Mittelthüre des Gebäudes, heute zugemauert, ist ohne Verzierung. Ueber den 2 Seitenthüren sind runde Nischen mit Säulchen und einem dreieckigen Dache. Das Dach des Inneren, welches sich über 4 grossen Bogen erhob, ist eingestürzt; die Bogen werden von 4 korinthischen Säulen getragen, die hohe Piedestale und unter dem Capitäl einen Ring haben. Im Hintergrunde des Gebäudes ist eine grosse halbkreisförmige Muschelnische zwischen zwei Nebengemächern; über den in diese hineinführenden Thüren sind ebenfalls Nischen, an den Wänden des Gebäudes Postamente für Statuen angebracht. Die Verhältnisse des Ganzen sind klein aber zierlich.

Von Musmîye aus führt der Weg NNW. in $2^{1}/_{2}$ St. nach dem Dorf *Merdjûne* in grüner Umgebung. Von hier geht man besser NW., statt direct nach N. den höchsten Rücken des Mâni'agebirges (s. oben) zu erklimmen. Nach $^{1}/_{2}$ St. erreicht man *Mezâr Za'ber*, nach 25 Min. *Dêr 'Ali*, nach 25 Min. *el-Medjdiye*, von hier mehr nach NNW. in circa $1^{1}/_{2}$ St. das Dorf *Kesue* (S. 420).

## 24. Von 'Akka nach Beirût über Saida.

**Phönicien.** Nach einstimmigen Berichten der classischen Autoren sind die Phönicier vom erythraeischen Meere (persischen Golf) her an die Ostküste des Mittelmeeres eingewandert. Eine solche Uebersiedelung könnte man sich nur als allmählich vor sich gegangen, zuerst durch blosse Handelsniederlassungen eingeleitet denken. Die Phönicier sind anderseits nach I Mos. 10, 15 Kana'aniter; ihre Sprache stand der hebräischen nahe. Es ist daher noch nicht ausgemacht, welche ethnographische Stellung die Phönicier einnehmen; am Ende sind sie bloss ein früher Niederschlag von Semiten. Der Name Phönicier (Punier) stammt erst von den Griechen und bezieht sich vielleicht auf die Hautfarbe. Phönicien hiess bei den Griechen der ganze Küstenstrich von 'Akka an nordwärts. In früherer Zeit hatten die Phönicier ihre Niederlassungen bis Ghazza ausgedehnt. Ihr Land war schmal, aber fruchtbar; die Besitzungen erstreckten sich an manchen Punkten eine Strecke weit ins Binnenland hinein; so hiess Lais (Dan, S. 398) eine „Stadt der Sidonier". Aber die Unmöglichkeit sich ausdehnen zu können brachte die Phönicier dazu, überseeische Colonien zu gründen, besonders in einer Zeit, wo sie durch die Einwanderung der Philister und Israeliten nach N. gedrängt wurden.

Die älteste Landesgeschichte, wie sie die Phönicier selber erzählen, ist durchaus mythisch, indem, wie bei den Griechen, die Reihen der Könige auf Götter zurückgeführt werden. Es gab verschiedene phönicische Stämme: Sidoniter, Arkiter, Siniter, Aradier, Semariter, Hamatiter. Schon in sehr früher Zeit hatten sich diese Stämme zu Staaten, deren Mittelpunkt Städte bildeten, constituirt, zuerst unabhängig von einander; hierauf gelang es dem mächtigsten dieser Staaten, Sidon, sich ein Uebergewicht zu verschaffen, sodass von nun an die Sidonier die Aristocratie bildeten und die andern Staaten in eine Art Abhängigkeitsverhältniss zu Sidon traten; daher die Israeliten Sidon den Erstgeborenen Kana'an's nannten (I Mos. 10, 15). Schon in diese Zeit der Blüthe Sidon's (circa 1600—1100 v. Chr.) fällt die Gründung mancher Colonie am Mittelmeere. Mit Sidon wetteiferte aber Tyrus, ebenfalls eine uralte Stadt (vgl. Jes. 23, 7). Besonders durch die Gründung von Colonien an vielen verschiedenen Punkten des Mittelmeerufers wurde Tyrus berühmt, sein Handel und seine Macht waren sehr ausgedehnt. In Folge von Parteikämpfen wurde im J. 761 von Sidon aus die Insel Aradus colonisirt und bald tritt Aradus als bedeutende Stadt neben Tyrus und Sidon auf.

Mit ganz Syrien theilten die Phönicier das Schicksal, unter die Herrschaft der grossen asiatischen Weltreiche zu kommen; den Aegyptern, wie später den Persern waren sie wegen ihrer Seefahrt und ihrer Schiffe von grossem Nutzen. Manche Eigenthümlichkeiten aegyptischer und assyrischer Kunst scheinen nach den vorhandenen Sarcophagen, Mumien, anderntheils auch Götterbildern zu schliessen, sich bei den Phöniciern eingebürgert zu haben. Ihre eigene städtische Verfassung behielten die Phönicier auch unter fremder Oberhoheit bei. Ueber der Aristocratie stand ein König, oder in Tyrus und dessen Colonien Sufeten (= hebr. schôfetîm, Richter). Der König hatte das Amt des obersten Richters und Heerführers. Auch der Hohepriester hatte grossen Einfluss. Der Senat, aus Priestern gebildet, stand über dem König; die Volksversammlung überwachte wiederum die Beschlüsse des Senats. — Ausserdem bildeten Abgeordnete der drei Staaten eine Bundesversammlung; diese war höchster Gerichtshof und entschied über Krieg und Frieden.

Die Religion der Phönicier bestand in dem Dienst von personificirten Naturkräften. Wie überall im Orient wurde eine active, schaffende aber auch zerstörende (Moloch) männliche Kraft (Baal) einer passiven, aber auch zeugenden weiblichen Naturkraft gegenübergestellt. Als Träger der ersteren Kraft wird die Sonne gedacht, als Träger der letzteren der Mond. Die Sonne wird in verschiedenen Beziehungen der Jahres- und Tageszeiten, z. B. als erweckende Kraft im Frühling (Adonis) gedacht; der Mond, die Astarte, empfängt das Licht und die Kraft der Sonne und lässt sie der Erde zuströmen. Die Gestirne, als Urheber alles Werdens und Vergehens, werden als die mächtigen (Kabiren) verehrt und gelten als Ordner aller Dinge. Oberster Leiter ist eigentlich der Saturn (Bel); gewöhnlich aber wird die Idee von ihm auf ein Wesen übertragen, das, ihm in Allem gleich gedacht, sein Verhältniss zur Welt vermittelt und mythisch als Kämpfer erscheint: dies ist Melcart = Kadmon, ein schaffender Gott, der die Zeichen des Thierkreises überwindet und die Sonne aus der Erdenferne immer wieder in die Erdennähe zur wohlthuenden Wirkung zurückführt; die Griechen identificirten ihn mit Heracles.

Für Verbreitung von *Cultur* und *Religion* waren die Handelsfahrten der Phönicier von grosser Bedeutung. Grosshandel und Kleinhandel blühte bei ihnen. Sie vermittelten den Transport der Waaren aus Arabien und aus den persischen Gegenden nach den fernsten Ländern des Westens und umgekehrt; grosse Messen wurden gehalten. Es ist jetzt wohl unzweifelhaft, dass es Phönicier gewesen sind, die nach Indien und um Africa herum, nach England und bis an die Küsten Nordeuropa's gefahren sind, doch hielten sie sich bei ihren Fahrten stets in der Nähe des Landes. Auch Sclavenhandel war stark im Schwunge. Unter einem „Phönicier" dachte man sich immer einen Kaufmann oder Krämer. Jahrhunderte hindurch hatten sie das Monopol des Seehandels; alle Kostbarkeiten aus fremden Ländern gingen durch ihre Hände. Aus ihrer eigenen Industrie gingen kostbare Geräthe hervor; die Mineralien stammten meist aus ihrem Lande selbst, aus eigenen Bergwerken. Es ist bekannt, dass man den Phöniciern die Erfindung des Glases u. a. zuschreibt. Ausserdem waren sie kunstliebend; sie verstanden den Schiffbau; die Katapulte und Balisten sollen phönicische Erfindung sein.

Die *Literatur* der Phönicier war reich; es ist aber bis auf einzelne ins Griechische übersetzte Fragmente (Sanchuniathon) nichts davon erhalten. Dagegen sind viele phönicische Inschriften und Münzen vorhanden; merkwürdigerweise war der Boden Phöniciens bis jetzt weniger fruchtbar an Inschriften, als der der phönicischen Colonien, bes. Nordafrica's; auch in Athen, Marseille etc. sind phönicische Steintafeln gefunden worden. Die Schrift steht der althebräischen sehr nahe. Die phönicische Sprache wurde aber, wie die hebräische, später durch die griechische verdrängt; doch hielt sie sich in Nordafrica bis in das 4.—5. Jahrh. n. Chr.

Literatur: Movers, die Phönicier I. II. 1. 2. 3. Bonn 1841—56, etwas veraltet; Duncker, Geschichte des Alterthums; Renan, Mission en Phénicie.

Von 'Akka nach Tyrus (ca. 7½ St.). Ausserhalb des Thores von 'Akka, nachdem man an der Festungsmauer vorbei ist, wendet man sich l., etwas ansteigend; zur Linken übersieht man einen Theil der Umwallung der Stadt und den Aquaeduct Djezzâr Pascha's (S. 371); r. gegen die Berge hin mehrere Dörfer, *Djedeide*, *el-Mekr*, *Kefr Yâsîf*. Nach 20 Min. lässt man das Dorf *Buḥdje* r. und geht unter einem Bogen des Aquaeductes durch; r. das Schloss von Djezzâr Pascha's Nachfolger 'Abdallah Pascha, der auch die schönen Baumgärten angelegt hat. Die Wasserleitung wendet sich nach NO.; viele Bogen sind erhalten. Nach ½ St. überschreitet man auf einer Brücke das *Wadi es-Semîrîye* und erreicht in 30 Min. das gleichnam. Dorf, wahrscheinlich das alte *Simron Meron* (Jos. 12, 20), das *Casale Somelaria Templi* der Kreuzfahrer, woselbst 1277 eine feierliche Versammlung stattfand. Die Gegend ist prächtig bebaut; man sieht r. die Dörfer *Ḳwêkât*, *'Amka*, *Schêch Damûn*, *Schêch Dâûd*, *el-Ḳahwe*, *el-Kabîre*, letzteres Anfangspunkt des Aquaeductes. Gegen N. treten die weissen Felsenmassen des Cap Naḳûra (s. unten) deutlicher hervor. Nach 15 Min. folgt das Bachbett *'Ain ed-Dîm*, dann (18 Min.) *Mafschûr*; das Dorf *Mezra'a* bleibt r. liegen; nach 37 Min. schlägt man den Weg l. ein und gelangt in einer kleinen $^1/_4$ St. nach *Zîb* (man kann dasselbe auch links liegen lassen und geradeaus reiten, da dort nichts zu sehen ist). Das Dorf steht auf einem Schutthügel und hiess im Alterthum *Achzib* (Josua 19, 27), bei den Classikern *Acdippa*. Von Zib nordwärts setzt man über einen Bach, nach 15 Min. über einen andern Namens *Nahr Herdawîl*, nach 20 Min. über den *Wâdi Kerkera*. Nach 10 Min. sieht man r. *'Ain Mescherfe*, welches vielleicht dem antiken *Misrefot Majim* (Jos. 11, 8) entspricht. Rechts liegt das Dorf *Bassa*; die Hügelkette *Djebel Muschaḳḳa* tritt an den Strand heran.

Auf neu gebahntem leidlichen Wege steigen wir nun die steilen Felsen des **Râs en-Naḳûra** hinan. Dieses Vorgebirge ist nach Josephus (J. K. II, 10, 2) mit der *Scala Tyriorum* (dem Treppenwege der Tyrier) zu identificiren. Die Ecke desselben (13 Min.) bietet einen prächtigen Standpunkt: nach S. haben wir einen letzten Blick auf die grosse Ebene von 'Akka und den Karmel; links unten am Meere die Reste eines alten Wacht- oder Zollthurms. Dann führt der Weg über die Klippe landeinwärts. Viele versteinerte Seesterne finden sich in den harten Felsen. Man erreicht eine alte Brücke (35 Min.); bald darauf kommt schon das noch 3 St. entfernte Tyrus in Sicht; r. oben *Ḳal'at esch-Scham'a*, ein festungsartiges Schloss, wahrscheinlich neueren Ursprungs (die dort befindlichen arab. Inschriften sind noch nicht bekannt). 30 Min. *Chân en-Naḳûra*, links unten zwischen Weg und Strand; dabei eine gute Quelle (auch arabische Speisen zu haben). Die Felsplatten am Meeresstrand sind scharf und rauh, zur Badestelle schlecht geeignet. Nach 22 Min. r. an einem Bachbett die Ruinen von *Umm el-'Amûd* (oder *'Awâmîd*): hier findet sich eine Art Acropolis mit Säulenresten, deren ionische Capitäle aus guter griechischer Zeit stammen; doch ist von antiken Bauten beinahe nichts mehr erhalten. Renan hat hier Sphinxe ausgegraben und rohe Figuren gefunden; der ältere Name der Ortschaft scheint *Turân* gelautet zu haben. Auch phönicische Inschriften sind hier entdeckt worden. Der Bach, welcher hier ins Meer fällt, kommt von *Hamûl*, das man mit dem alten *Hammon* (Jos. 19, 28) hat identificiren wollen. Nach 10 Min. sieht man am Wege eine Säule, r. Felsengräber; nach 32 Min. r. die Ruinen und Quelle von *Iskanderûna*. Hier soll eine von Alexander gegründete Stadt *Alexandroskene* gestanden und der Eroberer während der Belagerung von Tyrus sein Zelt gehabt haben. Tyrus ist von hier nicht sichtbar. Vielleicht war hier auch bloss die erste Etappe nach der Eroberung von Tyrus. Im Jahre 1116 baute Balduin I. die Festung wieder auf.

um Tyrus von hier anzugreifen; sie hiess *Scandarium* oder *Scandalium*. *Ḳal'at Scham'a* liegt 1 St. östl. auf dem Gebirge; näher liegen *Tell eḍ-Ḍaba'* und *Tell Irmid*, ein ganzer Kranz alter Befestigungen.

Hierauf übersteigt man das **Râs el-abyaḍ**, das *Promontorium album* der Kreuzfahrer, so benannt wegen des harten weissen Mergels, der nur mit einzelnen Lagen von dunklem Kiesel durchsetzt ist. Der Weg ist für etwa 1/4 St. in die vorspringende Klippe gehauen; r. erhebt sich der Fels, l. ist ein senkrechter Absturz von circa 60m zum Meere. Auf der Höhe des Passes liegt der *Chân el-Chamra*, wohl ein alter Wachtthurm. Man übersteigt das Vorgebirge in 40 Min. von Iskanderûna aus. Die Strasse ist alt, man findet sogar Geleise. Am Ausgang des Passes sind künstliche Felshöhlen im Niveau des Meeres. Die Ruinen r. auf einem Hügel heissen *Schiberîye*; weiter entfernt *Biyûd es-Seid* und *Asîye*. Nach 1/2 St. durchsetzt man den *Nahr el-Asîye* bei einer alten Brücke; hierauf sieht man r. das Dorf *Kleile*, überschreitet nach 20 Min. den *Nahr el-Manṣûra* beim Dorf *Dêr Kanûn* und erreicht nach 25 Min. *Râs el-'Ain* (S. 447); von hier bis Tyrus gelangt man in einer kleinen Stunde. Wer sich nicht zu müde fühlt, wird Râs el-'Ain, vielleicht auch Dêr Kanûn (vgl. S. 447 und Plan) gleich auf dem Wege nach Tyrus besuchen. Vor der Stadt (l.) einige Cafés. In dem stattlichen Thorweg lungern türkische Mauthbeamte, die um ihr Bachschîsch bitten.

**Tyrus.** Unterkommen findet man beim amerikan. Consular-Agenten, wie auch bei andern Christen; auf die Gastfreundschaft des latein. Klosters scheint man nicht immer rechnen zu können.

Consular-Agenten für Amerika, England und Frankreich sind im Ort; ebenso ein türk. Telegraphenbureau.

*Historisches.* Tyrus ist nach phönicischer und griechischer Ueberlieferung eine uralte Stadt. Alte Mythen knüpfen sich an sie; Astarte soll hier geboren sein, Melkart hier geherrscht haben; die wichtigsten Erfindungen, Ackerbau, Weinbau etc. werden hier localisirt. Tyrus ist schon Jos. 19, 29 erwähnt, wesshalb man annimmt, dass es sich bei der in den Berichten erwähnten Colonisation von Tyrus durch Sidonier nur um eine Neugründung gehandelt habe. Der alte wie der heutige Name lautet *Ṣûr;* noch zur Römerzeit hies die Purpurmuschel Sarranus murex. Tyrus war eine doppelte Stadt, ja sogar eine dreifache. Sie bestand aus der Stadtanlage auf dem Festland; diese galt als der älteste Theil *(Palaetyrus)*. Auf zwei nackten Felsinseln vor dieser Stadt am Ufer lag die Hafenstadt mit den Waarenlagern etc. Nach den Berichten liess Hiram, der Zeitgenosse Salomo's, den östlichen Theil der näher am Festland gelegenen Felsinsel aufschütten, und vom Festland Wassercanäle hinüberführen; auch verband er die kleinere westlichere Insel, auf welcher ein Tempel stand, durch einen Damm mit der grösseren Insel. Man behauptet, die kleinere Insel sei vom Meere weggespült worden. Noch im Mittelalter will Benjamin von Tudela die Trümmer und Ueberreste derselben W. im Meere gesehen haben. Renan hat jedoch durch Nachgrabungen wahrscheinlich gemacht, dass diese kleinere Insel, auf welcher der Tempel eines Gottes stand, den die Griechen mit ihrem Zeus identificirten, an dem SW.-Ende der grösseren Insel gelegen habe, und heute noch wie vor Alters mit dieser verbunden vorhanden sei. Die im Meere sichtbaren Ueberreste stammen bloss von eingestürzten mittelalterlichen Mauern her (vgl. S. 127). Auf der grösseren Insel war die sogenannte Altstadt mit der Königsburg, dem Heiligthum des Agenor Ba'al, dem Astartetempel, ein freier Platz Eurychoros, Forum und Bazar. Auf der höchsten Stelle (hinter dem jetzigen von Ibrâhîm

Pascha gebauten Serai) stand wahrscheinlich der Melkarttempel, das Centralheiligthum, zu welchem auch von den tyrischen Colonien aus Wallfahrten stattfanden. Auf diese Insel war Tyrus besonders stolz (vgl. Ezechiel 28, 2). Tyrus hatte eigene Fürsten, deren Herrschaft sich auf den Libanon erstreckte. Hiram, der Sohn des Abiba'al, lieferte zum Tempelbau Salomo's Cedern und Cypressen (I Kön. 5, 1), wie er schon zum Palastbau David's Steinmetzen und Zimmerleute geschickt hatte (II Kön. 5, 11). Salomo trat ihm dafür den galiläischen Bezirk Kabûl mit 20 Städten ab (I Kön. 9, 1 ff.). Das Gebiet von Tyrus grenzte an das des Stammes Ascher; die einfachen Verhältnisse der Israeliten brachten es mit sich, dass den Propheten das üppige Leben der grossen weltlich gesinnten Handelsstadt verderblich erschien, daher die Droh- und Strafreden bei Ezechiel 26—28, Jes. 13 und die Verkündigung des bevorstehenden Untergangs. Salmanassar konnte die Stadt nach 5jähriger Belagerung wahrscheinlich nicht erobern, trotzdem dass Sidon und Palaetyrus bei der Bekriegung der Inselstadt helfen mussten und man ihr das Wasser abschnitt, daher die Bewohner gezwungen waren, Cisternen zu graben. Nebucadnezar eroberte Tyrus nach 13jähriger Belagerung und zerstörte es um 592 v. Chr. Zu den Perserzeiten lieferten die Tyrer ihren Besiegern eine grosse Flotte; Alexander suchte daher vor allem die Macht von Tyrus zu brechen. Palaetyrus war damals noch sehr gross; einige sagen, es habe sich vom jetzigen Nahr Kâsimîye im N. bis nach Râs el-'Ain im S. ausgedehnt (eine Entfernung von circa 2 St.); doch war es damals schon in Verfall. Alexander soll es ganz zerstört und die Baumaterialen zur Aufschüttung des berühmten 60m breiten, 500 Schritte langen Dammes verwendet haben. So konnte er sich der Inselstadt nähern. Seit Ezechiel war Tyrus (wohl Palaetyrus) mit Mauern versehen; kurz vor dem Herannahen Alexanders war auch Insel-Tyrus befestigt worden. Die Belagerung dauerte trotz der Unterstützung, welche die Flotte den Angreifern leistete, doch 7 Monate. Die Stadt wurde nicht ganz zerstört; 7 Jahre später hielt sie sich unter den Ptolemaeern 15 Monate gegen Antigonus. — Jesus besuchte die Gegend von Tyrus und Sidon (Marc. 7, 24). Im jüdischen Kriege zeigten sich die Tyrer feindselig gegen die Juden. Früh war hier eine christliche Gemeinde und Paulus verweilte hier 7 Tage (Apost. 21, 3 ff.). Die Stadt wurde dann der Sitz eines Bischofs; Hieronymus nennt sie die erste und grösste Stadt Phöniciens.

Während der Römerzeit war die Stadt noch sehr bedeutend. Ja sogar noch im Mittelalter spielte Tyrus eine grosse Rolle und galt für beinahe uneinnehmbar. An der Seeseite hatte sie eine doppelte, an der Landseite eine dreifache Mauer. Durch innere Zerwürfnisse der arabischen Befehlshaber gelang den Kreuzfahrern unter Balduin II. mit Unterstützung der Flotte Venedigs die Eroberung von Tyrus 1124. Damals war Tyrus noch reich und Centralsitz des Küstenverkehrs; noch hatten sich hier Glasfabrikation und Zuckersiedereien erhalten. Saladin belagerte sie vergeblich; Friedrich Barbarossa wurde 1190 hier begraben (S. 446). Ein Jahr später zogen die Muslimen unter Melik el-Aschraf in die Stadt ein, denn nach dem Fall 'Akka's musste sie aufgegeben werden, trotz der vierfachen Thürme auf der Landseite. Die Franken eilten auf Schiffen davon, da sie die Unmöglichkeit sahen, sie zu halten. 167 Jahre war die Stadt in ihrem Besitz gewesen. Die Muslimen zerstörten sie. Die Stadt hat sich seither nie mehr erholt und nie mehr eine Rolle gespielt; Fachr ed-din suchte sie zwar zu heben, aber es gelang ihm nicht; sie fiel im vorigen Jahrh. in die Hände der Metâwile (S. 104).

Das heutige Tyrus ist ein Städtchen ohne jede Bedeutung, da Beirût den Handel fast ganz an sich gezogen hat. Noch werden etwas Baumwolle, Tabak und Mühlsteine aus dem Haurân exportirt. Die Einwohnerzahl beläuft sich auf etwa 5000 Seelen, von denen ungefähr die Hälfte Muslimen oder Metâwile (S. 104) sind, die andern Christen und einige wenige Juden. In Tyrus gibt es ein Kloster der Franciscaner und eines der franz. Josephsschwestern;

die englische Mission (Mott, S. 460) hat Schulen hier gegründet. — Die Strassen sind elend, die Häuser in Verfall. Einige Palmen, die hervorragen, sowie die schöne Aussicht auf die Abhänge des Gebirges geben der Gegend etwas Reiz. Von Alterthümern ist wenig mehr vorhanden. Viele antike Bausteine sind nach 'Akka und Beirût verschleppt worden und werden noch heute dorthin geführt. Im Jahre 1837 hat Tyrus durch ein Erdbeben stark gelitten.

Das moderne Tyrus liegt an der NW.-Ecke der ehemaligen Insel, die langgestreckt dem Festland parallel lief. Die Insel hat heute einen Flächeninhalt von 576,508 □ Metern, im Ganzen nicht viel weniger als im Alterthum, wo sie Raum für circa 25,000 Einwohner hatte. Die W. und S.-Seite der Insel werden nur zur Bodencultur und als Begräbnissstätten verwendet. Der grosse Damm, welchen Alexander aufschütten liess, ist durch die zunehmende Versandung breiter geworden. Der eigentliche Damm, zu dessen Aufschüttung übrigens eine Untiefe im Meer, vielleicht auch ein Vorgebirge am Lande benutzt wurde, liegt wohl in der Mitte dieser grossen Landzunge, die, wo sie von der Küstenlinie abbiegt, circa 2 Kilom., wo sie bei den alten Wällen die Insel erreicht, 600m breit ist. Von SO. kommend, gelangt man zu dem wohlgebauten sog. *algerischen Thurm*, der in einem Garten liegt und zu der noch theilweise erkennbaren Befestigungslinie der Kreuzfahrer gehörte. In dieser Gegend möchte Renan den südlichen (aegyptischen) Hafen von Tyrus suchen, der heute ganz im Sande begraben ist. Früher glaubte man denselben an der ganzen Südseite der Insel entlang nachweisen zu können, da ein alter Mauerlauf in dem seichten Meer von dem ehemaligen SO.-Ende der Insel nach einer Klippe im WSW. zu verfolgen ist; aber diese Mauer hat nirgends eine Lücke, die als Hafeneinfahrt betrachtet werden könnte, und so mag wohl einst auf der S.-Seite Land gelegen haben, das zur Insel gehört hat oder aufgeschüttet war. Der mittelalterliche Mauerlauf folgt dem jetzigen Ufer; Thurmreste sind noch vorhanden. Das Felsenconglomerat am Ufer enthält Glasstücke, die mit dem Sande zu einer festen Masse zusammengebacken sind. Hier im S. der Insel liegt eine Reihe von Zellen, die mit einem sehr harten Stuck bekleidet sind; vielleicht gehen diese Bauten über das Mittelalter hinaus; sind es Gräber, Werkstätten, oder wie man angenommen hat, Gemächer zur Bereitung des Purpurs, resp. zum Zerquetschen des Murex? Am SW.-Ende der Insel soll nach Renan die kleinere Insel gelegen haben. An der W.-Seite hin kann man den Trümmern der mittelalterlichen Befestigung folgen und im Meer Säulenstücke und andere Ueberreste derselben sehen. Einige Inseln und Halbinseln streichen auch nach N. Am äussersten N.-Ende der Stadt ist in der Mauer ein ungeheurer Baustein, nur bei ruhiger See zugänglich.

Das Innere des heutigen Städtchens Ṣûr enthält wenig Bemerkenswerthes. Von dem Fortleben alter Volkssitte zeugt das Fest des heiligen Mechlar (Melkart) im Juli, wobei an der W.-Küste, wo der Tempel einst stand, Purpurmuscheln gefischt, und das Fest der Barbara, an welchem Adonisgärtchen gerüstet werden. Der heutige Hafen liegt an der Stelle des alten, sog. sidonischen Nordhafens von Tyrus und ist nur wenig versandet; hier sind noch Spuren alter Hafenbauten. Der interessanteste Rest von Gebäuden ist die alte *Kreuzfahrerkirche* (s. den Plan), von den Venetianern gegründet und dem h. Marcus geweiht, deren Erbauung Vogüé in die zweite Hälfte des 12. Jahrh. setzt (1125 begonnen, Anf. des 13. Jahrh. vollendet). Bloss der O.-Theil derselben ist erhalten; die 3 Apsiden sind in die Mauern der modernen Ortschaft eingefügt. Die Fenster haben äusserlich eine Art Gesimsband mit rechtwinkligem Zickzack. Die Kirche war gegen 70m lang, 22m breit; die Kreuzschiffe springen über die Seitenschiffe 5m vor. Im Innern liegen schöne Säulen aus rosenrothem Granit umher, die zum Schmuck der Pfeiler dienten und vielleicht einem älteren Gebäude entnommen waren. Vielleicht steht die Kirche an der Stelle der Basilica des Paulinus, die im J. 323 durch eine Rede des Bischofs Eusebius eingeweiht wurde. Der Bischof Wilhelm von Tyrus erwähnt in seinem Werk über die Kreuzzüge die Kirche nicht, weil dieselbe ihm nicht untergeben war, sondern direct unter der Mutterkirche zu Venedig stand. Die Kirche ist besonders interessant, weil sie das Grab des deutschen Kaisers Friedrich Barbarossa († 1190) enthält; Gehirn und Eingeweide desselben waren in Antiochien beigesetzt worden, der Leib wurde in Tyrus begraben. Im Jahre 1874 liessen Sepp und Prutz hier Ausgrabungen machen, haben aber keine Inschriften gefunden, die mit Sicherheit die Lage des Grabes Barbarossa's ergäben. Auch Conrad von Monferrat liegt hier begraben; derselbe war in der Gasse von zwei Assassinen (S. 72) angefallen worden, wurde in die Kirche getragen und hier von dem einen der Mörder vollends getödtet (1192).

Auf dem Wege von Tyrus nach dem östlich gelegenen Hügel *el-Ma'schûk* hat Renan eine Anzahl Sarcophage gefunden. Der Felsen el-Ma'schûḳ war sicherlich das Centrum der auf dem Festland gelegenen Vorstädte von Tyrus. Das Wasser wurde von Râs el-'Ain und von andern Seiten hierhergeführt. Die über dem Boden befindlichen Wasserleitungen sind neueren, die unterirdischen Leitungen älteren Datums; von hier wurde das Wasser nach der Inselstadt geleitet. Am Fusse des Felsens gegen S. und SO. finden sich Ueberreste grosser Wasserreservoirs: hier war der Mittelpunkt der Wasserversorgungen von Tyrus. An der Stelle des modernen *Weli Ma'schûḳ* stand wohl einst ein Tempel und man hat versucht, Ma'schûḳ (Geliebte) als die „Astarte", die Geliebte des Heracles zu erklären, welcher er, von der Insel über das Meer kommend, den Purpur bringt. Die Abhänge des Hügels sind voll antiker Trümmer; an der N.-Seite ist eine Felsentreppe; auch Sarcophage und Oelkeltern hat man an dem Hügel gefunden. Hinter dem Hügel liegt eine kleine Necropole; die eigentliche Todtenstadt von Tyrus jedoch erstreckt sich über die ganze O.-Hügelkette und ist besonders interessant bei

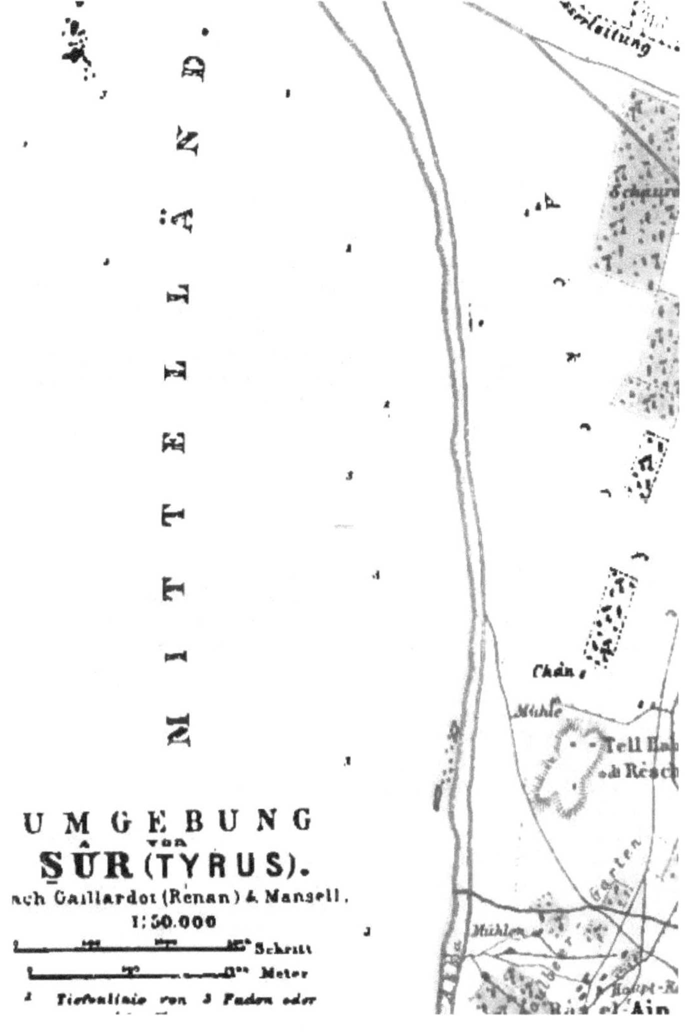
M I T T E L L Ä N D.
Chân
Mühle
Mühlen
UMGEBUNG
von
SÛR (TYRUS).
ach Gaillardot (Renan) & Mansell.
1:50.000
Schritt
Meter
Tiefenlinie von 3 Faden oder

*'Awwâtîn* an dem Punkte, wo eine Linie, von Tyrus über Ma'schûḳ gezogen, die Hügelkette schneidet. Viele Gewölbe der dort befindlichen Felsgräber sind eingestürzt, die Gräber leer und ohne Inschriften. Man geht auf dem Wege nach Ḳabr Hîram (S. 395), bis man r. Gräber findet, und steigt dann den Hügel hinan, woselbst man auf diese Todtenstadt stossen wird.

Die Leitungen bei Ma'schûḳ kommen von *Râs el-'Ain*, das 1 St. von Tyrus, 1/4 St. vom Meer entfernt liegt. Man geht dem Meeresufer nach; von el-Ma'schûḳ aus geht man auf der 'Akkastrasse nach W., dann nach S.; rechts hat man einige Gärten. Nach 35 Minuten erreicht man eine neuere Anlage, die *Reschîdîye*, eine Gründung von Reschîd Pascha. Hier finden sich zwei grosse Wasserbehälter, die etwas über den Boden emporragen und von denen eine Wasserleitung ausgeht; Ueberreste von Mühlen finden sich hier. Um das Wasser auf die Höhe des Aquaeductes zu heben, hat man hohe Reservoirs mit dicken Mauern um die Quelle herum gebaut. Der Aquaeduct mit den Bogen ist wahrscheinlich römisch und jüngeren Datums als die Wasserrinne, die aus grossen Quadern gebaut oder in den Felsen gehauen ist. In 10 Minuten erreicht man das achteckige Hauptreservoir von **Râs el-'Ain**. Die Langseiten desselben sind ungleich und nicht alle Seiten alt. Im Innern ist der Schacht auscementirt; die Wassersäule hat aber bereits den Tragkranz unterwühlt und überströmt ihn, um unbenutzt sich nach dem Meere hin zu ergiessen. Man kann bis zur Fläche des Wassers hinaufreiten. — Zwischen diesem Reservoir und den andern SW. gelegenen war eine Verbindung; der Aquaeduct ist an einzelnen Stellen 3—4,5m über dem Boden; wo das Wasser seine Rinne überfluthet hat, haben sich Stalactiten gebildet. Die südlichen Behälter sind zwei viereckige neben einander liegende Brunnen mit 4,5m hoher Fassung; der grössere ist 10m lang und ebenso breit, der kleinere nur 3,6m breit. Die Mauern bestehen theilweise aus grossen Quadern. Ein Aquaeduct mit Spitzbogen aus arabischer Zeit läuft von hier gegen das Meer hin. Die Behälter sind wohl alle aus römischer Zeit; im Mittelalter wurden sie Salomo zugeschrieben (Hohes Lied 9, 15). In der Umgebung wurde Zuckerrohr gepflanzt; noch heute ist die Gegend lieblich grün.

Auch nach SO. ist die Umgegend von Tyrus reich an Alterthümern. Bei dem Dorfe *Dêr Kânûn*, etwa 1/2 St. SO. von Râs el-'Ain, sind merkwürdige Figuren in den Felsen gehauen. Die Umgebung von Dêr Kânûn ist voll von Felshöhlen, weiterhin gegen Kleile zu finden sich Necropolen und Sarcophage, freilich ohne besondern Luxus; nirgendwo trifft man bedeutende architectonische Verzierungen oder gar Tempelruinen. Ueberall in der ganzen Umgegend waren es bloss reiche Bauerndörfer, welche ihre Felscisternen, Oelkeltern und Gräber hatten; so auch im angrenzenden jüdischen Gebiet, denn Ascher und ein Theil von Naphtali scheinen nach der babylon. Gefangenschaft ganz unter dem Einfluss von Tyrus gestanden zu haben.

Von 'Akka nach Tyrus über Kal'at Karn (2 Tage). Von 'Akka aus reitet man in etwa 2 St. NO. nach *'Amka;* von hier kann man in circa 3 St. Kal'at Karn erreichen (Führer nothwendig; ein rüstiger Fussgänger kann die Tour leicht zu Fuss machen und die Pferde nach el-Bassa schicken). Der Weg führt an einer unbedeutenden Ruine *Kal'at Djedin*, zur Kreuzfahrerzeit *Judin* genannt, vorbei; die Berge sind theilweise bewaldet. **Kal'at Karn** liegt am *Wâdi el-Karn (Herdawil);* es ist eine grosse Festung aus der Kreuzfahrerzeit, bisher wenig besucht. Der Bau des Schlosses (ehemals *Mons fortis* genannt) wurde im Jahre 1229 durch Hermann von Salza, Grossmeister des Deutschen Ordens begonnen. Montfort war das Hauptbesitzthum dieses Ordens in Syrien und wurde 1291 von Bibars zerstört. Die Lage ist grossartig. Das Schloss steht auf einer Felszunge zwischen zwei Thälern, die bis 180m tief sind. Der Zusammenhang des Felsens mit dem östlichen Berge ist durch einen künstlichen Graben, aus welchem man die Bausteine holte, unterbrochen. Die Felsabhänge sind an manchen Orten durch gemauerte Stützen unzugänglich gemacht. Das Material derselben bilden gewaltige fugenrändrige Quadern mit einer Neigung nach einwärts, um die Ersteigung unmöglich zu machen. An der NO.-Seite entlang laufen Gewölbe. Im NW. ist ein grosses Thor erhalten, ein anderes im SO.; bei dem letzteren findet sich eine Art Krypta oder Cisterne. Ueberall ist der Spitzbogen angewendet. Gegen NW. steht ein achteckiger Pfeiler von 1,8m Durchmesser, welcher durch 8 Bogen mit den Mauern verbunden war; hier befand sich eine Capelle oder eine Halle. — Das Innere des Schlosses ist theilweise mit Gestrüpp überwachsen. Die Aussicht umfasst gegen O. bewaldete Höhen, im W. das Meer in grosser Ausdehnung. — Der Weg das Wâdi el-Karn hinab führt in 2½—3 St. nach dem christlichen Dorf *el-Bassa*, nahe am *Râs en-Nakûra* (S. 442).

Von Tyrus nach Sidon (ca. 7 St.). Der Weg führt am Meeresufer entlang; nach 32 Min. entfernt man sich von demselben. Die Ebene ist fruchtbar; r. eine Anzahl Dörfer, *Nehari*, *Dibbal*, *Tûra*, *Bediâs*. Nach 10 Min. kommt man zu einer schönen Quelle *'Ain Babûk* l. In NNO.-Richtung erreicht man nach 55 Min. den verfallenen Chân *el-Kâsimîye;* 15 Min. oberhalb der Brücke am linken Flussufer finden sich Ruinen, *Burdj el-Hawâ*. Bei einem Gebäude von hohem Alterthum liegt ein colossaler, reich ausgeschmückter Sarcophag; daneben andere, worunter einer, der nicht vom Felsen losgelöst ist; die hier befindliche Necropole führt den Namen *Kubûr el-Mulûk* (Königsgräber). In 3 Min. steigt man zu der doppelbogigen Brücke über den *Litâni* hinunter, der hier *el-Kâsimîye* heisst (S. 468); der Fluss ist hier ziemlich tief und fliesst in grossen Krümmungen dem Meere zu.

Der Weg führt weiter über die wellige Küstenebene; die Dörfer liegen an den niedrigen Abhängen des Gebirges im O. Nach 25 Min. bei den Ruinen eines Chân wird ein weisser Felsen r. von der Strasse sichtbar. Hier liegen zwei merkwürdige Grotten; an den Wänden der kleineren sind Kreuze, in der andern eine griechische Inschrift; an der Wand neben der Höhle Dreiecke und Figuren, theilweise kindische, mit Inschriften in griechischer und phönicischer Sprache (Triangel und Palme sind wahrscheinlich Zeichen des Astartecultus). In 27 Min. passirt man den Bach *Abu'l Aswad;* bald beginnt eine Reihe von Ruinen. Nach 22 Min. sieht man r. das *Weli Nebi Seîr*, l. einige Säulen bei Felsengräbern; nach 18 Min. r. das Dorf **'Adlûn**. Diese Ortschaft, die wohl eigentlich *ad nonum*

Digitized by Google

A
B
C
D
Überreste alter Hafenbauten & Befestigungen
Bäder
Moscheen.
Chàne:
1. Ch. ed-Debbâgh D.2.
2. Ch. er-Russ C.D.2.
3. Ch. Bertrand D.2.
4. Ch. fransâwi C.3.
Gräber:
5. Familie Scheâb D.2.
6. Moḥammed es-Sâîd D.2.
7. Tulat Ulia, Drei Heilige D.2.
8. Kaserne D.2.
Kalaʿat el-Bahr
Hafen-Eingang
Hafen
Serai-Platz
Stelle von Fachr ed-Dîn's Palast
Kalaat el-Mezze
Alt-aegypt. Hafen
Kirchen:
9. Latein. Kloster C.3.
10. Maroniten K. B.5.
Moscheen:
11. Djâmat el-Kebîr A.B.4.
12. Djâmat Abu-Nachle B.C.3.
13. Serai & Telegraph C.3.
Thore:
14. ʿAkka Thor. C.5.
15. Beirût Thor D.2.
ṢAIDA (SIDON).
Nach Renan's Mission de Phénicie
1:7200
Meter
Schritt

(beim neunten Meilenstein) heisst, ist wahrscheinlich Strabo's Stadt *Ornithopolis.* In der abschüssigen Seite des hervortretenden Berges liegt eine grosse Necropole, meist Kammern von 2m ins Geviert mit Gräbern auf drei Seiten; Renan glaubt, dass die Gräber aus nachchristlicher Zeit stammen. Eine grössere Höhle, *Maghâret el-Bezêz*, liegt l. vom Wege, und etwas N. von derselben eine aegyptische Stele. 'Adlûn hat einige Sarcophage und ein schönes in den Felsen gehauenes Bassin beim Meere. Renan hat hier merkwürdige Figuren gefunden.

Hierauf sieht man r. das Dorf *el-Ansârîye*; nach 38 Min. überschreitet man den *Nahr Haisarâni.* Bei dem Dorfe *es-Seksekîye* finden sich Alterthümer, Höhlen mit Malereien etc. Nach 22 Min. liegen l. einige Ruinen, r. oben das kleine Dorf **Sarfend**. Dieser Ort ist das antike *Zarpat* (I Kön. 17, 9), das neutestamentliche *Sarepta* (Lucas 4, 26); die Kreuzfahrer erhoben es zum Bischofssitz. Es stand hier eine Kapelle über dem Ort, wo Elias gewohnt haben sollte, heute *Weli el-Chiḍr*; am ehemaligen Hafen sind Spuren alter Bauten, unter den Ruinen Sarcophage u. a.; N. davon viele Felsengräber.

Bald darauf erscheint Sidon; nach 18 Min. kommt man zu einer Quelle *'Ain el-Ḳanṭara*, nach weiteren 18 Min. über ein Bachbett *'Akbîye*; am Meere unten liegt ein alter Thurm *Burdj el-Chiḍr*; 13 Min. über den *Nahr el-Djesarîye*, bei einer zerstörten Brücke. In den Bachbetten wachsen Oleander. Nach 9 Min. *Nahr el-'Adasîye* bei *Tell* und *Chân el-Buraḳ* mit schöner Quelle. Nach 18 Min. über Sand erreicht man den Bach *ez-Zaherâni;* jenseits liegt ein römischer Meilenstein. 25 Min. *Wâdi et-Teisch*, bald darauf ein Meilenstein; r. das Dorf *el-Ghazîye;* die Ebene wird breiter. Nach 40 Min. durchschreitet man den grossen *Nahr Senîk* (S. 453) bei einem Chân, l. wieder ein Meilenstein; r. die Dörfer *Derb es-Sîn* und *Miâmîye.* Bald gelangt man in die Gärten von Sidon; nach 20 Min. setzt man über den Bach *Nahr el-Barghût* (S. 452) und erreicht in 5 Min. Sidon, das man von der SW.-Seite durch das Thor von 'Akka (Pl. 14) betritt.

**Sidon.** Unterkommen findet man bei den Consularagenten, wie auch bei anderen Christen, und zur Noth kann man es auch im grossen französ. Chân (S. 451) versuchen.

Viceconsulate und Agenturen. Deutsches Reich: *Eyyûb Abêla;* Oesterreich: *Iskender Catafago;* England und Spanien: *Habib Abêla;* Frankreich: *Durighello;* Amerika: *Schibli Abêla;* Italien: *Antûn Challât;* Belgien: *Djabûr Bek Rizḳallâh.* Sidon hat ein türkisches Telegraphenbureau (im Serai).

*Historisches.* In welchem Sinne die Benennung Sidons als Erstgeborenen Kana'ans zu fassen sei, ist S. 441 erwähnt. Im Buche Josua wird die Stadt Sidon die Grosse genannt, in den Homerischen Gesängen heisst Sidon die erzreiche, die Sidonier kunsterfahren. Doch wird in der einheimischen Ueberlieferung Berytos und Byblos noch vor Sidon erwähnt. Von Sidon aus wurde Tyrus (S. 443) neu colonisirt; eine zweite Auswanderung in Folge von Parteikämpfen gründete im Jahre 761 v. Chr. die Stadt Aradus neu. Die Stadt war so bedeutend, dass ihr Name für die Bezeichnung der Phönicier im Allgemeinen gebraucht wurde, z. B. Richter 3, 3. Obgleich Sidon früher Colonien ausgesendet hatte (z. B. Hippo, Alt-Carthago etc.), tritt es später in dieser Beziehung hinter Tyrus zurück und scheint sogar in einer Art Abhängigkeitsverhältniss zu Tyrus gestanden (1 Kön. 5, 6; Ezech. 17, 8), jedoch einige Selbständigkeit sich erhalten zu haben, da Könige von Sidon genannt werden (1 Kön. 16, 31; Jerem. 35, 22). Die Sidonier werden als Meister der Sternkunde, der Zahlenlehre und der Nachtschifffahrt genannt. Auch als Vasallin der asiatischen Reiche blieb Sidon eine bedeutende Handelsstadt. In Folge eines Aufstandes gegen Artaxerxes III. Ochus wurde Sidon im Jahre 351 zerstört; die Stadt wurde, nachdem sie mit Hilfe griechischer Söldner erst siegreich gekämpft hatte, durch den Befehlshaber ihres Heeres Tennes verrathen und von den Einwohnern selbst angezündet. 40,000 Menschen sollen dabei umgekommen sein. Sidon blieb von jetzt an Provinzialhauptstadt; den Griechen öffnete sie willig ihre Thore. Noch in römischer Zeit hatte die Stadt ihre eigenen Archonten, ihren Senat und Volksrath; später ist sie noch durch ihre Glasfabrikation berühmt. Sidon führt den Titel *Nauarchis* (Schiffsbefehlshaberin), dann auch *Colonia Augusta* und *Metropolis*. Das Christenthum scheint in Sidon früh Eingang gefunden zu haben (Apostelgesch. 27, 3); ein Bischof von Sidon tritt beim Nicaeischen Concil 325 auf. — Den Muslimen ergab sich die Stadt ohne Widerstand, da sie damals schon geschwächt war. In der Kreuzfahrerzeit wurde Sidon hart mitgenommen. Bei dem ersten Vorüberzug der Franken hatte sie aegyptische Besatzung. Im Jahre 1107 kaufte sie sich von einer drohenden Belagerung frei, wurde aber wegen Treulosigkeit 1111 dennoch belagert und von Balduin I mit Hilfe der normännischen und venetianischen Flotte nach 6 Wochen eingenommen. Nach der Schlacht von Hattîn liess Saladin 1187 die Stadt und ihre Festungswerke schleifen. Im Jahre 1197 gewannen die Kreuzfahrer die Stadt wieder; Melik el-'Adil zerstörte sie im gleichen Jahre. Nachdem die Franken Sidon 1228 wieder aufgebaut hatten, wurde sie 1249 von Eyyûb wieder zerstört, 1253 von Ludwig IX befestigt. Dann erkauften die Tempelritter die Stadt; 1260 wurde sie von den Mongolen verheert. Im Jahre 1291 fiel sie für immer in die Hände der Muslimen; Sultan Aschraf liess sie schleifen. Erst als Residenz des Drusen-Emîr's Fachr ed-dîn im Beginn des 17. Jahrh. (S. 458) kam Sidon wieder empor. Die Europäer wurden begünstigt, der Handel gehoben; der Fürst baute sich einen schönen Palast und Châne für die Kaufleute; der Seidenhandel führte grossen Reichthum herbei. Sidon war damals die Hafenstadt von Damascus. Selbst nach dem Sturze des Drusenfürsten blieb der Handel von Sidon, durch die europäischen Consulate unterstützt, bedeutend, bis er gegen Ende des vorigen Jahrh. durch die unvernünftigen Massregeln Djezzâr Pascha's vernichtet wurde. Hier hatte sich, nach dem Vorgange der Franzosen, das europäische Consulatswesen mit einer eigenen Jurisdiction herangebildet; Djezzâr Pascha verjagte jedoch die französischen Kaufleute. Unter aegyptischer Herrschaft hob sich Sidon wieder und wurde mit einer Mauer umzogen. Im Jahre 1840 wurde das Hafencastell von der alliirten europäischen Flotte in den Grund geschossen. Im Jahre 1860 wurden auch hier auf Anstiften des türkischen Befehlshabers die Christen verfolgt (S. 483); im Bezirk von Ṣaida sollen damals 1800 Christen niedergemetzelt worden sein.

Die heutige Stadt *Saida* liegt an der Stelle des alten Sidon, nur dass sich letzteres mehr gegen O. ausdehnte. Sidon lag wie fast alle phönicischen Städte auf einem Vorgebirge, vor welchem sich eine Insel befindet. Der nördliche Hafen, durch Klippen geschützt, ist heute noch vorhanden, der grössere südliche (ehemals „aegyptische") Hafen dagegen verlassen. Der Handel Sidon's wurde durch das Aufkommen Beirût's untergraben und ist jetzt unbedeutend; auch ist die Rhede sehr schlecht. Die Umgebungen sind fruchtbar; auch Bananen und Palmen wachsen in den Baumgärten. Die Lage der Stadt ist herrlich; jenseit der grünen Ebene ragen über die niedrigen Vorberge die beschneiten Höhen des Libanon, Djebel Riḥân und Tômât Niḥa (S. 465) empor. — Die Einwohnerzahl von

Saida beträgt gegen 10,000 Seelen, wovon ungefähr 7000 Muslimen und Metâwile sind; die Christen sind griechisch-katholischer und maronitischer Confession (die franz. Karte gibt für Saida folgende Statistik: 8000 Muslimen, 300 Metâwile, 1800 griechische Katholiken, 1000 Maroniten, 200 orthodoxe Griechen, 700 Juden). Ein Franciscanerkloster, eine Schule der Jesuiten und eine mit einem Waisenhaus verbundene Schule der Josephsschwestern bilden die katholischen Institute; auch die amerikanischen Missionäre (S. 460) haben in Sidon eine Station.

Das Städtchen enthält wenig Interessantes, doch manche grosse wohlgebaute Häuser, namentlich an der Westmauer; die Häuser bilden einen Theil der Mauer; oben hat man schöne Blicke auf das Meer. Von den neun Moscheen der Stadt war die eine, die grosse *Djâmi' el-Kebîr* (Pl. 11), ehemals eine Kirche der Johanniterritter. Auf dem Platze vor der Moschee stand einst Fachr ed-dîn's Palast; heute ist dort das Serai Solimân Pascha's. SO. von dem heutigen Hauptplatz steht das heutige *Serai* (Pl. 13); SW. die Moschee *Abu Nachle* (Pl. 12), ehemals eine Kirche des heil. Michael. N. davon der *Chân Fransâwi* (Pl. 4), ein schönes Gebäude, im Anfang des 17. Jahrh. von Fachr ed-dîn erbaut, in welchem sich seit der Expedition Renan's eine Sammlung sidonischer Alterthümer befindet. Ausser diesem hat die Stadt noch fünf andere grosse Châne.

Interessant ist der *Hafen*. Am NO.-Ende des Städtchens führt neben dem Chân *ed-Debâgh* (Pl. 13) ein Dammweg mit Bogen zu dem Inselchen *Kal'at el-Bahr* hinüber; hier befinden sich die Ruinen eines alten Schlosses aus dem 13. Jahrh., wenn nicht etwa die grossen fugenrändrigen Quadern auf einen noch älteren Bau hinweisen. Doch spricht der Styl der Mauern mit den eingefügten Säulenfragmenten, sowie die Spitzbogen für das Mittelalter.

Um die Insel herum, besonders auf ihrer SW.-Seite, sind Reste von Hafendämmen aus grossen Quadern, ebenso die ganze Reihe von Klippen entlang, welche gegen N. den Hafen bilden. Dieser konnte in alter Zeit geschlossen werden. Fachr ed-dîn liess jedoch die Einfahrt zuschütten, um den Hafen der türkischen Flotte unzugänglich zu machen. Die schönen Quadern der Hafendämme wurden als Bausteine weggeholt, daher das Meer, wenn es stürmisch ist, über die Klippen in den Hafen eindringt. Auf der breiten Landzunge, welche im W. den Hafen bildet, sind ebenfalls Ueberreste alter Mauern und, auf der O.-Seite, zwei künstliche viereckige Bassins (vgl. den Plan). Im SO. der Stadt ist noch die Citadelle *Kal'at el-Mezze* zu erwähnen, welche auf einem Schutthügel ruht; in dem Schutt sind Lager von Purpurmuscheln bemerklich.

Wichtiger sind die Umgebungen. Leider sind die sidonischen Necropolen von Schatzgräbern stark abgesucht und beschädigt worden. Dennoch hat Renan als Chef der franz. Expedition noch bedeutende Entdeckungen gemacht. Jedes Jahr werden in den Gärten eine Anzahl meist der christlichen Zeit angehöriger Alterthümer ausgegraben: Sarcophage, Cippen, Statuetten, Schmuckgegenstände und Thränenkrüge.

Die Necropole von Sidon liegt in den wenig über die Ebene hervorragenden Kalksteinfelsen, die einst vom Meere bespült wurden und heute mit einer Schicht Erde bedeckt sind. Einige Grabgewölbe sind eingestürzt, andere sind von Anfang an mit Erde gefüllt worden. Verschiedene Stellen, an welchen die Franzosen Nachgrabungen veranstaltet haben, sind später wieder zugeschüttet worden. Einigemal ist auch Gold gefunden worden, was natürlich den Eifer der Schatzgräber erregt hat.

Es finden sich verschiedene Arten von Grabhöhlen (nach Renan):

1) Rechtwinklige Grotten, die gegen die Oberfläche des Bodens hin einen viereckigen Schacht von 3—4m Länge auf 1—2m Breite haben; man steigt vermittelst Einschnitten, die sich in den Wänden des Schachtes befinden, hinunter und findet 2 Thüren, die in Gemächer ohne jegliche Ausschmückung führen. Selten stehen mehrere dieser Gemächer mit einander in Verbindung. Renan hält diese Gräber für die ältesten; in Aegypten finden sich ähnliche.

2) Gewölbte Grotten mit Seitennischen für die Sarcophage, oder auch bloss mit viereckigen Löchern im Boden. Treppen führen hinunter, an der Decke sind runde Luftlöcher gegen die Oberfläche des Bodens hin angebracht. Solche Grotten finden sich besonders im SO.-Winkel der sidonischen Necropole.

3) Bekalkte Grotten, innen nach griechisch-römischem Geschmack bemalt, meist mit griechischen Inschriften versehen; einige haben ebenfalls Luftlöcher. — Bisweilen sind Grotten älteren Styls in Grotten neueren Styls umgewandelt worden.

Auch die Sarcophage sind verschieden. In den Grotten 1 finden sich Marmorsarcophage speciell phönicischer Art, d. h. sog. anthropoïde Behälter, an denen alle Biegungen der Mumie — denn auch die Phönicier balsamirten ihre Todten ein — nachgeahmt sind; erst später wird der Behälter zum einfachen Kasten, an dem höchstens noch die Lage des Kopfes durch eine Einengung kenntlich ist. Auch Bleisarcophage und Behälter mit einfachen dreikantigen Deckeln kommen vor. In den Grotten 2 sind meist Lehm-, in den Grotten 3 wannenförmige, reich mit Guirlanden etc. verzierte Sarcophage (vgl. S. 122, 123).

a. Vom 'Akkathore aus lässt man die Strasse nach Tyrus r. liegen und schlägt den Weg nach Derb es-Sîn (S. 449) ein; nach 3 Min. erreicht man das *Weli Nebi Seidûn* r., in welcher Benennung der alte Stadtname erhalten ist. Die Juden nennen das Weli *Grab Sebulon's* und wallfahrten hierher. Die Umfassungsmauer ist aus grossen Steinen gebaut; Renan glaubt, dass Ausgrabungen an dieser Stelle erfolgreich sein würden. Nach 1 Min. lässt man zwei Wege l.; nach 3 Min. setzt man über den *Nahr Barghût* (*Asclepios* der Alten). Nach 2 Min. trifft man bedeutende Necropolen l. und r. vom Wege. Diese Grabgemächer heissen *Maghâret Ablûn*, was „Höhle des Apollo" übersetzt worden ist, eine Vermuthung, die um so mehr Wahrscheinlichkeit hat, als Renan bildliche Darstellungen Apollo's in der Necropole von Sidon aufgefunden hat. In den Grabgemächern sind noch einige Sarcophage und einige wenig kunstvolle Wandmalereien. Hier ist auch der Ort, wo im Jahre 1855 der Basaltsarg des sidonischen Königs Eschmunazar entdeckt wurde, auf dem — ein seltener Fall — eine grosse phönicische Inschrift steht. Es wird

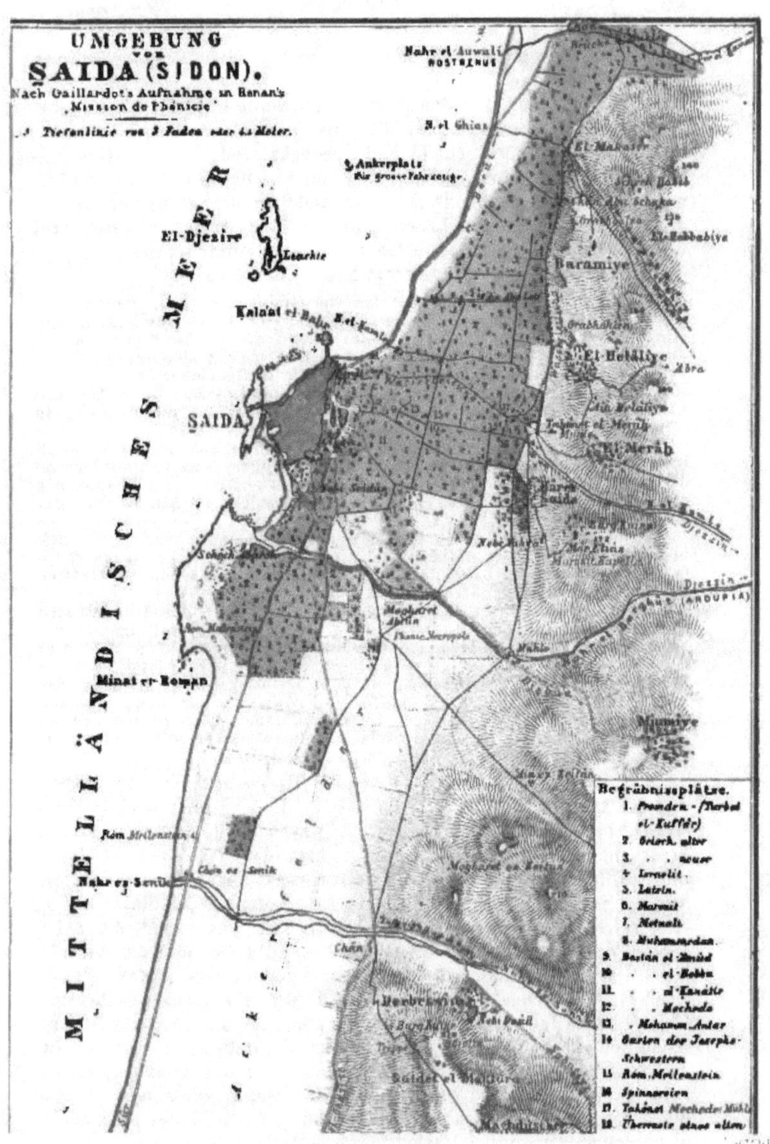
UMGEBUNG
von
SAIDA (SIDON).
Nach Gaillardot's Aufnahme in Renan's „Mission de Phénicie"
Tiefenlinie von 3 Faden oder 5,5 Meter.
Nahr el-Auwali
N. el Ghias
Ankerplatz für grosse Fahrzeuge.
El-Djezire
Leuchte
Kal'at el Bahr
SAIDA
MITTELLÄNDISCHES MEER
Minat er-Roman
Nahr es-Senik
Chân
El-Mahasir
Baramiye
El-Helaliye
El-Merâb
Djezzin
Mijmiye
Saidet el Mantura
Begräbnissplätze.
1. Fremden - (Turbet el-Kuffâr)
8. Muhammedan.
14 Garten der Joseph-Schwestern
15 Röm. Meilenstein
16 Spinnereien

darin ein Fluch über denjenigen ausgesprochen, der das Grab des Königs stört. Der Sarg befindet sich jetzt in Paris.

Von dieser Necropole aus kann man r. in ca. 18 Min. die Tyrusstrasse beim *Nahr Senîk* erreichen (S. 449). Wenn man den Weg weiter nach l. verfolgt, indem man bei dem Kreuzweg geradeaus geht, kommt man gleichfalls in 18 Min. zum Nahr Senik; jenseits ein Chân; 10 Min. *Seyyidet el-Mantara* (Aussicht), mit Ruinen eines Castells, vielleicht *Franche Garde* des Mittelalters; eine in den Felsen gehauene Treppe von etwa 100m Länge, 3—4m Breite führt auf eine Plattform vor dem Castell. Die etwas S. von den Ruinen gelegene Grotte, heute eine Marienkapelle, war wohl ein Astarte-Tempel. Ein ähnlicher Tempel liegt bei dem Dorf *Maghdûsche* 10 Min. S.; in der dort befindlichen Höhle, Namens *Maghâret el-Makdûra*, ist l. eine hässliche Frauenfigur ausgemeisselt. Auch bei *Maghâret ez-Zeitûn* ist eine Grotte mit einem Medaillon.

b. Wenn man vom 'Akkathore aus sich nach N. wendet, so kommt man am muslimischen Friedhof vorbei; hierauf schlägt man den Weg r. (O.) ein. In den Gärten sind viele Ueberreste von alten Gebäuden, Säulenreste, Gräber etc.; l. der *Garten der Josephsschwestern* (Pl. 14), dann *Bustân el-'Amûd* (Pl. 9). r. *Bustân el-Kanâtir* (Pl. 11) mit Gewölben; dann l. *Bustân Mohammed 'Antar* (Pl. 13); etwas weiter nach O. ein römischer Meilenstein (Pl. 15), dabei *Bustân el-Bobbu* (Pl. 10) mit einer griechisch-römischen Necropole; 4 Min. nach O. *Bustân Mechede* (Pl. 12), Grotten mit Schiebgräbern (S. 122). Ganz nahe dabei ist eine Wasserleitung, die von N. kommt. Man kann von hier nach S. gehend in 5 Min. die Ortschaft *el-Hara*, in weiteren 3 Min. *Nebi Yahya* erreichen. Dieses, so wie die weiter oben befindliche maronitische Capelle *Mar Elyâs* steht wahrscheinlich auf dem Platze eines phönicischen Tempels; schöne Aussicht. — Der Wasserleitung folgend, die hier von dem Bach *Kamle* gekreuzt wird, erreicht man in 10 Min. das Dorf *el-Halâlîye*. Hinter demselben beginnt eine Reihe Grabhöhlen, die sich bis gegen *Barannîye* hinziehen. Einige Grotten sind bemalt (die Psychegrotte ist die schönste); alle diese Grotten sind jedoch leider der Zerstörung ausgesetzt. Renan glaubt, dass das alte Sidon sich bis zu diesen Dörfern erstreckt habe.

Von Sidon nach Beirût (ca. 8 St. auf theilweise steinigem, sehr ermüdenden Wege; in den Chânen, die man unterwegs trifft, sind arabische Lebensmittel zu haben). Beim Herausreiten aus Sidon findet man eine kurze Strecke weit den Boden mit Mosaiks bedeckt. Schöner Rückblick auf die Stadt, die Citadelle und die vielen Felseninseln. Dem Strande folgend, erreicht man in 10 Min. den *Nahr el-'Awali*. Derselbe entspringt bei Bteddîn (S. 476) und hiess im Alterthum *Bostrenus* (das alte Sidon soll an diesem Flusse gelegen haben!). Heute scheidet er den Bezirk *Teffâh* im S. von dem Bezirk *Charnûb* im N. Eine Wasserleitung zweigt sich an dem Punkte ab, wo der Fluss die Berge verlässt. Wenn er viel Wasser enthält, so reitet man zu der 8 Min. oberhalb befindlichen schönen Brücke, welche von Fachr ed-dîn gebaut ist. Die Strasse wird rauh und steinig; die Ebene endigt hier. Nach ½ St., wieder an der Küste, lässt man das Dorf *Rumeile* r. liegen (unterhalb desselben ist eine Necropole) und setzt über den *Nahr el-Burdj*, nach 40 Min. über das *Wâdi es-Sekke* (r. ein Chân). Das Vorgebirge heisst **Râs Djedra**. Nach 45 Min. erreicht man den im Grünen liegenden *Chân Nebi Yûnus;* r. liegt das Dorf *el-Djiye*, etwas weiter entfernt *Bardja*. Nach der muslimischen Sage soll hier Jonas (*Dhu'nnûn* = Fischmann) von dem Fisch ausgespieen worden oder es soll hier sein Grab sein.

Unter dem Sande bei Nebi Yûnus ist ein schöner Mosaikboden, dem von Kabr Hiram ähnlich, gefunden worden. Im Alterthum muss in der Nähe die Stadt *Porphyreon* gestanden haben. Hier kämpften die Heere des Ptolemaeus IV. Philopater und Antiochus des Grossen 218 v. Chr. Die Aegypter waren bis zum Vorgebirge bei Platanon am Ras Damûr vorgeschoben; die Syrer lagerten am Damûr (Tamyras). Antiochus trieb die Aegypter nach Sidon zurück, indem er sie seitwärts von den Bergen her angreifen liess.

Nach 18 Min. setzt man über einen Bach, r. am Berge liegt das Dorf *Maksaba;* nach 10 Min. findet man einen Meilenstein im Sande. Man hat nun den Ausläufer des Vorgebirges **Râs Damûr** zu passiren; der Weg ist schlecht; es stand hier ein Wachtthurm, heute eine Ruine (25 Min.). Man erreicht das Ufer der jenseitigen Bucht nach 12 Min., in 9 Min. den Fluss *Damûr*. Da keine Brücke vorhanden, so ist der Fluss im Winter nach starken Regengüssen unpassirbar; viele Oleander. Hierauf folgen Pflanzungen von Maulbeerbäumen, das Dorf *Mu'alluka* bleibt r. liegen; nach 1 St. erreicht man *Chân el-Ghafar* (Zollchan) oder nach einem r. oben liegenden Dorf *Chân en-Nâ'ime* benannt; in 30 Min. auf einem mit Kies und Sand überdeckten Wege **Chân el-Chulda**. Im 4. Jahrh. hiess dieser Punkt *Heldua*; es scheint keine bedeutende Ortschaft hier gestanden zu haben. Doch findet sich eine ausgedehnte Necropole: an den Seiten des Berges oberhalb des Châns, besonders gegen Sidon zu, liegt eine grosse Anzahl von Sarcophagen der verschiedensten Form und Grösse; sie werden herausgezogen, um als Bausteine benutzt oder als Kalk verbrannt zu werden.

Nach ¼ St. beginnt der Weg die Küste zu verlassen; nach 35 Min. überschreitet man das *Wâdi Schuweifât*, nach dem gleichnamigen grossen Dorfe, das r. liegen bleibt, benannt; dabei der *Chân el-Kasîs*. Die Gegend belebt sich, der Blick auf die Abhänge des Libanon, an welchen man viele Häuser sieht, ist prächtig. Nach 10 Min. lässt man einen Weg r.; nach 22 Min. erreicht man den *Nahr el-Ghadîr;* ein Chân bleibt r. liegen. Nach 18 Min. schlägt man den Weg r. ein und gelangt in 17 Min. zu dem Brunnen *Bîr Huseini* (Capelle des heil. Josef). Nach 20 Min. betritt man die mit hohen Cactushecken umzäunten und gut bewässerten Gärten von Beirût, und erreicht, durch Pinienwälder (die Pineta, s. S. 461) hinreitend, in 40 Min. die Stadt (s. unten).

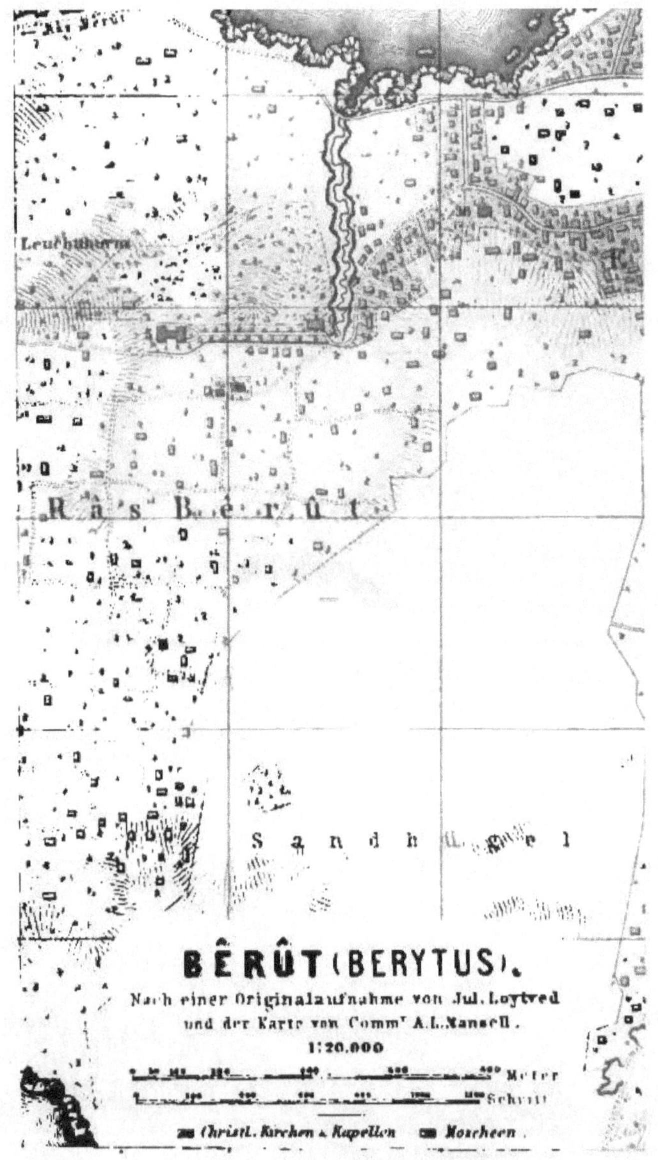
Leuchtthurm
Râs Bêrût
Sandhügel
BÊRÛT (BERYTUS).
Nach einer Originalaufnahme von Jul. Loytved
und der Karte von Commr A. L. Mansell.
1:20.000
Meter
Schritt
Christl. Kirchen u. Kapellen
Moscheen.

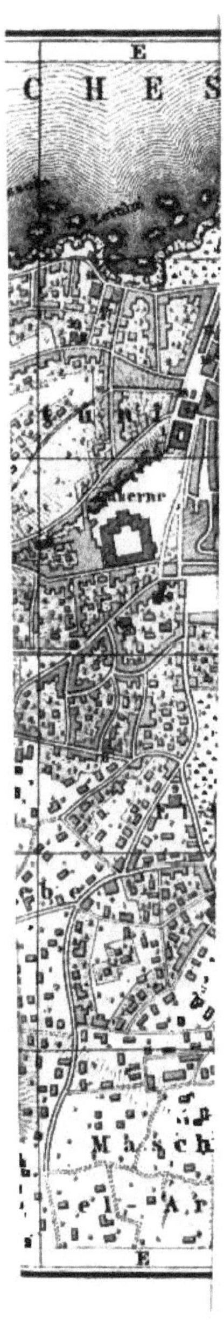
E
C H E S
M a s c h
e l - A r
E

## 25. Beirût.

**Ankunft.** Die Einfahrt in die Bucht von Beirût ist prachtvoll; im Hintergrund erhebt sich der Libanon mit dem schneebedeckten Şannîn (S. 522). Die Gasthöfe senden ihre Agenten an Bord, denen man auch am besten das Gepäck zur Zollvisitation (vergl. S. 9) überweist; das Landen geht mit grösserer Ordnung vor sich als in Yâfa. Von der Douane wendet man sich gleich rechts die Christenstrasse hinauf.

*Barken* von und nach den Dampfschiffen in Gesellschaft für den einzelnen höchstens 1 fr. und eine kleine Zulage für grösseres Gepäck; eine Barke für mehrere Personen 2½—4 fr. Die *Douane* ist von früh 6 Uhr bis Sonnenuntergang offen. Ein Trinkgeld von 1—2 fr. hilft über jede Gepäckrevision hinweg; auch das Abgeben des Passes lässt sich umgehen. Hat man das Gepäck bei Tage über die Douane an Bord gebracht, so kann man sich auch spät Nachts von jedem beliebigen Punkte aus einschiffen.

**Gasthöfe:** *Hôtel d'Orient (Pl. a), gehalten von *Niccolas Bassul*, einem freundlichen, zuvorkommenden Araber, der von allen Sprachen einige Worte versteht; *Hôtel Bellevue (Pl. b), von dem Griechen *Andrea Bucopulos* gehalten, beide am Meere am südl. Ende der Stadt, in schöner Lage und allen europ. Anforderungen entsprechend; Tagespreis 15 fr.; gute Weine. — 2. Ranges und von levant. Geschäftsreisenden besucht: Hôtel d'Europe (Pl. c), auch Restaurant, von *J. B. Derricadère*, einem Franzosen, gehalten, in der Stadt, im 2. Stock des sogen. Chân Fachri Bey. — 3. Ranges ist schliesslich das *Hôtel de Byzance* (Pl. d), von dem Araber Dimitri Jagundi gehalten, nur für den Nothfall hier angegeben.

**Bier- und Kaffehäuser** liegen meistens am Meere in der Nähe der Hôtels; sie sind meist von Griechen gehalten; das seichte Wesen der Beiruter Stutzer macht sich dort breit; nicht für Damen. Sehr oft spielen böhmische Musikbanden. In Betreff der Speisen und Getränke sind diese Locale nicht zu empfehlen. Der Oekonom des deutschen Vereins (s. u.), *Pross*, ein Würtemberger, hält in einem anstossenden Local eine Wein- und Bierwirthschaft, das beste Local dieser Art in Beirût.

Von *arabischen Kaffehäusern* sind ihrer Lage wegen zu nennen das Kaffehaus am Râs Beirût beim preussischen Hospital und die Café's bei der Douane. Eine Tasse 20—30 Para; Nargile ebenso. Besonders in den Café's bei der Douane lässt sich das Treiben der einheimischen Bevölkerung beobachten.

**Deutscher und schweizer. Verein** (Pl. 25), in welchen Fremde leicht Zutritt erhalten; viele Zeitungen; gutes Wiener Bier das Glas 50 c., andere Getränke nach Tarif.

**Geld-Verhältnisse. Banquiers.**

| | Piaster | Para | | Piaster | Para |
|---|---|---|---|---|---|
| 1 Livre Sterling | = 126. | 10 | 1 5Francstück | = 25. | — |
| 1 Livre turque | = 115. | — | 1 Silber-Medjîdi | = 22. | 30 |
| 1 Russ. Imperial | = 102. | — | 1 Silber-Rubel | = 19. | 30 |
| 1 Napoleond'or | = 100. | — | 1 Oesterr. Gulden | = 12. | 20 |
| 1 Ducat | = 59. | — | 1 Shilling | = 6. | — |
| 1 Colonnato | = 26. | 20 | 1 Franc | = 5. | — |

Auf den türkischen Scheidemünzen von 10, 20 Para und 5, 6 Piaster sind 10—12½% Agio, um damit auf das Niveau des Curses für europäische Münzen zu kommen; letztere sowie die türk. Silbermünzen haben einen um 14—15% höheren Curs als den gesetzlichen Regierungscurs (şagh).

Als Bankinstitut besteht die *Banque Ottomane* (Pl. 4); ausserdem befassen sich fast sämmtliche europäischen Häuser mit Bankgeschäften. Die grösseren deutschen und schweizerischen Häuser sind: *Amsler & Hülse*, *Weber & Co.*, *Lütticke & Co.*, *Kläsi Speich & Co.*, *F. Leithe*, *Fr. Wehner*. Beirût ist der Mittelpunkt des syrischen Handels, wesshalb man sich von hier aus leicht Geld in das Innere anweisen lassen kann.

**Consulate.** Beirût ist als wichtigste Handelsstadt von Syrien Sitz vieler *Generalconsulate* (vgl. S. 10).

Deutsches Reich (Pl. 14): Kanzler Dr. *Herzbruch*, Verweser.
Oesterreich-Ungarn (Pl. 20): *Zwiedinek v. Sydenhorst.*
Frankreich (Pl. 16): M. *Tricou.*
England (Pl. 15): *Eldrige*, Altersvorsitzender des Consulatscorps; *Jago*, VC.
Italien (Pl. 19): Sign. *Maccio.*
Russland (Pl. 22): *Petkowitsch.*
America (Pl. 11): *J. Fischer.*
Dänemark (Pl. 13): *J. Nixon.*
Belgien (Pl. 12): *A. Amsler.*
Spanien (Pl. 24): *Quintana.*
Portugal: *Laredo.*
Holland (Pl. 18): *A. G. Sayur.*
Griechenland (Pl. 17): *Metaxas.*
Schweden und Norwegen (Pl. 23): *J. Attina*, VC.

**Wagen und Pferde.** In neuester Zeit gibt es in Beirût eine Menge Wagen, aber freilich noch wenig fahrbare Strassen. Tarif: in der Stadt und bis zum Fuss des Gebirges 10 Piaster die Stunde; nach Baabda und Hadet 70 Piaster; weitere Fahrten nach Uebereinkunft. — Pferdevermiether gibt es in der Nähe der Gasthöfe; die Pferde sind in der Regel gut. Man bezahlt im Durchschnitt für 1 Tag 5 fr., für $^1/_2$ Tag 3 fr.; für längere Touren billigere Preise. Nach Beirûter Sitte kann der Pferdevermiether den Reisenden für allenfalsigen Schaden, den die Thiere nehmen, nicht belangen, sobald beim Miethen die Route angegeben und ein Betrag à Conto gezahlt worden ist. Ein Junge, den der Pferdevermiether mitgibt, erhält circa 1 fr. per Tag und Verköstigung.

**Dampfschiffe** siehe S. 10. In Beirût, als Hauptendpunkt für eine syrische Reise, ist die Zahl der Heimwärtsfahrenden oft so gross, dass schnell alle guten Plätze auf den Dampfern genommen sind; es ist daher rathsam, im voraus brieflich oder besser telegraphisch sich an das betreffende Bureau zu wenden, sobald man seine Abreise sicher vorher bestimmen kann. Für die Reise nach Smyrna und Constantinopel ist zu beachten, dass die Schiffe des Oesterreich. Lloyd, direct über Cypern, Smyrna in 4 Tagen erreichen, die der Messageries Maritimes, der Küstenlinie über Tripoli, Lattakiye, Alexandrette und Mersina folgend, dagegen erst in 8 Tagen. Auf der erstern Fahrt erspart man Zeit, doch sind die Boote häufig überfüllt (vergl. auch S. 11); auf der letzteren hat man Gelegenheit, die kleinen Küstenstädte kennen zu lernen, vor welchen am Tage Anker geworfen wird, wogegen der Aufenthalt in Smyrna nur kurz ist (vergl. S. 14). — Man bezahle (Preise s. S. 13, 15) bei den Messageries Maritimes mit französischem Gold, bei dem Oesterr. Lloyd mit franz. oder englischem Gold oder österreichischem Papier; auf alle andern Münzsorten wird eingebüsst.

**Post.** Die Briefablagen befinden sich in den Bureaux der Dampfschifffahrtsgesellschaften; die russische Post wird grösstentheils nur für den Localverkehr benutzt. Die Post wird allemal 1 Stunde vor der fahrplanmässigen Abfahrt der Dampfer geschlossen, für recommandirte Briefe 2 St. vor derselben. Noch bis auf die letzten Minuten vor Abgang der Postbarke können Briefe abgegeben, später müssen sie aufs Schiff gebracht werden. In letzterem Falle bleiben sie bis zur nächsten Station „ausser Post", werden aber stets sicher befördert. Porto s. S. 41.

**Reiseproviant und Wein.** In grosser Auswahl und billig bei **Charles Trouyet* (auf dem Wege nach Râs Beirût); **Ercole Belloni*, Ecke der Christenstrasse; andere sind am Quai: *Hanna Lyan*, *C. Berand*, *Rocco Camilleri*, *Farugia.*

**Dragomane** (vergl. S. 17) in Beirût: *Hâne*, *Nachle Scha'ya* (Anfänger), *Daibis*, *Gantiri*, *Amatori*, *Elyas Delhemi*, *'Abdulla Durzi*, *Tamolyan*, **Antonio*, *Yûsef Mesâle.*

**Bäder.** *Türkische Bäder* (vergl. S. 33) in der Nähe des Telegraphenbureau's (2 fr.; 1 fr. Trinkgeld wird unter die Aufwärter vertheilt). Für

*Meerbäder* gibt es eine kleine Einrichtung des Dr. Steliani in der Nähe des Hôtel Bellevue (50 c. per Bad, im Abonnement billiger): Wäsche bringe man womöglich selbst mit. Schwimmlustigen möge gesagt sein, dass Haifische auch die Bucht von Beirût besuchen.

**Barbiere** gibt es an der „Frankenstrasse" in Menge; sie kommen auch in die Hôtels (Rasiren 70 cts., Haarschneiden 1 fr.).

**Kaufläden.** Die Preise für europäische Artikel sind durch die Concurrenz und den im Verhältniss zum Verbrauch fast übertriebenen Import heruntergedrückt worden. Fertige Kleider sind (wenigstens billig) zu haben bei *Zizzias und Goldenberg.* Schneider: *Bianchi, Beck, Melki,* alle in der Christenstrasse; ebendaselbst sind Magazine für Kragen etc. Schuster: *Stefanski, Aubin.* Sattler: *Stefanski, Laufer.*

Von arabischen Artikeln kauft man in Beirût die seidenen Keffiyen (S. 493), die gestickten Tischdecken, Pantoffeln, Kissen, Tabaksbeutel. Sowohl auf dem Bazar als namentlich bei den Händlern, welche den Verschleiss dieser Waare in den Gasthöfen besorgen, ist Vorsicht und Markten am Platze. Arbeiten auf Commission werden in verhältnissmässig kurzer Zeit ausgeführt. — In Beirût wird in Filigran gearbeitet, welcher Artikel von hier selbst nach Aegypten exportirt wird. Die Verkaufsläden befinden sich oben in der Tawîle (Frankenstrasse). — Das Haus *Lütticke* (S. 455) hält ein Lager von Gegenständen, welche Fremde zu kaufen pflegen und besorgt zugleich auch Verpackung und Versendung. Unkundige werden sich am besten dort mit etwa mitzunehmenden Geschenken etc. versehen.

**Cigarren.** Am besten im Local des deutschen Vereins (S. 455). Sonst schwer erhältlich.

**Wäsche** kann im Hôtel abgegeben werden; der Preis für das Waschen beträgt 2 fr. per Dutzend Stück.

**Buchhandlungen.** Europäische Werke findet man nur in der französischen Buchhandlung von *Charlier Bézier fils* in der Christenstrasse (Tawîle). Beirût ist das Centrum des orientalischen Buchhandels in Syrien; in den letzten Jahrzehnten sind eine ganze Reihe von Druckereien entstanden, von denen die der Amerikaner und die der Jesuiten die besten sind, sich aber meistens mit dem Druck religiöser Bücher (viele Streitschriften) beschäftigen. Es zeugt für den regen Sinn des Volkes, dass eine Menge Privatdruckereien existiren und viele arabische Zeitungen Leser finden.

**Photographen.** **Bonfils, Dumas,* an der Strasse von den beiden aussenliegenden Hôtels nach der Stadt. Die Photographien sind gut und billig; sehr reiche Auswahl. Man kaufe in den Zimmern der Photographen, nicht bei den Händlern, welche die Fremden bei der Gasthofstafel umlagern. Wenn man die Photographien unaufgezogen kauft, wie Manche es des leichteren Transportes wegen vorziehen, so rollt man sie auf ein rundes Holz oder steckt sie in eine Blechbüchse, die man auf dem arabischen Bazar um einige Piaster kauft.

**Aerzte:** Dr. *Suquet* (Franzose), Dr. *Brigstock* (Engländer), Dr. *Wartabet*, Dr. *Post*, Dr. *Van Dyck*, der amerikanischen Mission angehörig. Dr. *Bassili*, Grieche. Zahnarzt: *Slama.* — Als *Apotheke* steht die preussische Pharmacie, nach preussischen Landesverordnungen eingerichtet, in erster Linie.

Das **Spital** des preussischen Johanniterordens (Pl. 36) am Râs Beirût (seit 1866) ist sehr schön gelegen und gut eingerichtet; es wird von den amerikanischen Aerzten bedient (Poliklinik abgesondert); die Pflege leiten Diaconissinnen aus Kaiserswerth. Es hat gegen 60 Betten und schöne Separatzimmer für Kranke; Deutsche bezahlen 5 fr., Fremde 10 fr. per Tag, alles inbegriffen, ausser etwa einer Erkenntlichkeit in die Armenbüchse. Unheilbar Kranke (z. B. Brustkranke) sollen nach den Statuten nicht aufgenommen werden. Die Anstalt verdient das höchste Lob.

Das französische *Lazaristenspital* (Pl. 35) (Arzt Dr. Suquet) wird durch die Schwestern von St. Vincent de Paul bedient. Die Einrichtungen sind ebenfalls vortrefflich. Preise nach Uebereinkunft.

---

*Historisches.* Zwischen den Staaten der Phönicier lagen die Stammsitze des kana'anitischen Volkes der „Gibliter" (Bergbewohner) mit den beiden Städten *Berytos* und *Byblos*. Die Gibliter hatten andere Götter als die Phönicier. Ihr oberster Gott war „El", daneben verehrten sie die Baaltis und den Adonis (Hadad). Ob die Stadt ihren Namen von den Brunnen (beerôt) hat, ist nicht sicher; hingegen ist sie nicht mit Berothai (II Sam. 8, 8; Ez 7, 16) zu verwechseln, da dieses der Ortschaft Brithên in der Beḳâ'a (S. 513) entspricht. Im hohen Alterthume scheint die Stadt unbedeutend gewesen zu sein; bei Alexanders Kriegszug wird sie nicht einmal erwähnt. Im 2. Jahrh. vor Chr. soll Berytos bei Gelegenheit einer Rebellion gegen Antiochus VII. gänzlich zerstört worden sein. Die Römer bauten es wieder auf und machten es zu einer Colonie, die nach Kaiser Augustus den Namen *Augusta Felix* erhielt. Herodes Agrippa verschönerte Beirût seinen Freunden, den Römern, zu Liebe durch Bauten von Bädern und Theatern und liess Gladiatorenspiele aufführen. So liess hier auch Titus nach der Zerstörung von Jerusalem viele Juden sich untereinander eine Schlacht liefern. In der Mitte des 3. Jahrh. begann hier eine römische Rechtsschule emporzukommen, die zu grosser Blüthe gelangte. Auch Handel wurde getrieben und schon damals das römische Reich von hier aus mit Seidengeweben versorgt. Die Seidenwebereien von Berytus und Tyrus waren schon in der römischen Zeit berühmt; von hier verpflanzte sich dieses Handwerk nach Griechenland, von dort nach Sicilien (12. Jahrh.). Hingegen ist durchaus unsicher, wann die Seidencultur, resp. die Anpflanzung von Maulbeerbäumen (Morus alba) in Syrien begann; im Mittelalter war sie längst vorhanden. Im Jahre 529 zerstörte ein Erdbeben die Stadt; sie wurde nie mehr in ihrem alten Glanze aufgebaut, auch die Rechtsschule nicht mehr eingerichtet. Im Jahre 600 lag die Stadt noch in Trümmern; 635 wurde sie von den Muslimen mit leichter Mühe erobert. Die Kreuzfahrer (Balduin) nahmen sie im Jahre 1125 ein; sie blieb mit geringen Unterbrechungen bis zur Schlacht von Hattîn (S. 381) in ihren Händen. Als Hafenstadt von Damascus und wegen ihrer ziemlich geschützten Rhede, der besten des syrischen Litterals, kam die Stadt stets wieder in Aufnahme.

Beirût war eine Zeit lang der Sitz des Drusenfürsten Fachr ed-dîn (1595—1634). Diesem genialen Manne gelang es, indem er das Zutrauen der Pforte missbrauchte, sich ein Reich zu gründen. Er verjagte die Beduinen und setzte sich in Verbindung mit den Venetianern, den natürlichen Feinden der Türken. Beirût war sein Lieblingssitz; die Umgebung dieser Stadt soll sein „Garten" gewesen sein. Er begünstigte die eingebornen Christen und hob den Handel. Er ging später nach Italien (an den Hof der Medici von Florenz), um hier Unterstützung gegen die Türken zu suchen. Er hielt sich 9 Jahre in Italien auf, während welcher Zeit sein Sohn 'Alî die Türken zurücktrieb. Als er zurückkehrte, brachte er durch seine Neuerungen und europäischen Bauten eine grosse Partei gegen sich auf. 'Alî wurde in Safed von den Türken geschlagen und getödtet, Beirût genommen. Bald darauf gerieth auch der Emîr in Gefangenschaft und wurde auf Befehl des Sultân Amurat in Stambul erdrosselt. Sein Geschlecht (Ma'aniden) wurde im Jahre 1694 abgesetzt und verjagt; hierauf kamen die Schehâbiden an die Herrschaft. Die allmählige Aufhebung der Gewalt dieser inländischen Fürsten war eine heilsame Politik der Türken. Abdallah Pascha (S. 370) nahm Beirût den Drusen ab (Emîr Beschîr, S. 477); dies schadete ihr nicht: Sidon und Tripolis verarmten, Beirût wurde eine grosse Hafenstadt. Auch die Beschiessung, wodurch im Jahre 1840 Beirût von den Engländern den Türken zurückerobert wurde, verursachte wenig Schaden. Besonders seit den Christenmetzeleien 1860 zogen viele Christen nach Beirût, das seitdem eine grosse Stadt (aber keine Grossstadt) geworden ist.

Beirût ist die wichtigste Handels- und Hafenstadt von Syrien. Die grosse gegen N. schauende Bucht ist die beste Rhede von Syrien; die Schiffe finden bei heftigen Winden im Innern der Bucht einigermassen Schutz. Die Stadt, an einer kleinen Uferhöhe gelegen, nimmt einen guten Theil der Südseite dieser Bucht ein. Die Lage ist herrlich; die jenseit der kurzen Uferebene rasch aufsteigenden Gebirge, aus welchen der breite schneebedeckte Rücken des Djebel Ṣannîn herüberschaut, sind von einigen tiefen Furchen zerrissen, aber bis weit oben angebaut; in der Abendbeleuchtung ist die röthliche Färbung des Gebirges im Gegensatz zu dem Tiefblau des Meeres wunderschön. Die Hôtels Bellevue und Europe haben, was Aussicht betrifft, eine treffliche Lage; man sieht die Küste bis zum Hundsfluss (S. 537).

Mit dieser an italienische Gegenden erinnernden Lage (33,50° n. Br.) ist auch ein mildes Klima verbunden. Zwar regnet es in Beirût im Winter viel, doch blühen diese ganze Jahreszeit hindurch Blumen, Crocus und Cyclamen, und man sieht in Beirût manche Palme aus den Gärten hervorragen. Mitteltemperatur und Regentage: Januar: 14,05° C., 11 R. Februar: 14,8° C., 11 R. März: 17,4° C., 9 R. April: 19,05° C., 5 R. Mai: 22,9° C., 2 R. Juni: 25,05° C., 1 R. Juli: 28,3° C., 0 R. August: 28,5° C., 1 R. September: 27,5° C., 1 R. October: 25,4° C., 3 R. November: 19,2° C., 7 R. December: 16,4° C., 12 R. Die Hitze ist wegen der stets frischen Seeluft erträglich; da die Abkühlung Nachts nur gering ist, so kann man unbedenklich bei offenen Fenstern schlafen. Der Monat September ist öfters wegen der dann eintretenden Windstille besonders heiss. Viele in Beirût ansässige Europäer ziehen nach den Anhöhen des Libanon in die Sommerfrische ('Aleih, Bhamdûn), und wohnen dort bisweilen in Zelten.

Die Stadt Beirût leidet sehr an Wassermangel. Im Alterthum existirte ein Aquaeduct, welcher Wasser von dem nahen Flusse herbeischaffte; noch sind einige Bogen desselben erhalten. In neuster Zeit hat die „British and Foreign Water and Gas Works Company" eine Anleihe gemacht und ihre Arbeiten begonnen, um die rasch aufblühende Stadt mit Wasser aus dem Hundsfluss (S. 537) zu versorgen.

Vor 25 Jahren hatte Beirût gegen 20,000 Einwohner, jetzt soll die Zahl bis auf 80,000 gestiegen sein. Die officielle Kalenderstatistik vom Jahre 1874 gibt für Beirût folgende Zahlen: Familien 5023, männliche Muslimen 5979, männliche Nichtmuslimen 7183, Moscheen und Betorte 22, muslimische Schulen 10, Schüler 1305, nicht-muslimische Schulen 25, Schüler 4562, höhere Schulen 18, Kirchen 27, Wachthäuser und Kasernen 45, Buchdruckereien und Gerbereien 29, Verkaufsläden 287, Fabriken 15, Karawanserai 36, Bäder 3, Châne und Kaffehäuser 77, Spitäler 4, muslimische Friedhöfe 1, nichtmuslimische 2.

Die Mauern der Altstadt sind bis auf geringe Reste in dem Oststadttheil gefallen; eine Menge von Vorstädten mit schönen Gartenanlagen und bisweilen ganz hübschen Landhäusern sind gebaut worden und dehnen sich jährlich weiter aus. Das muslimische Element tritt gegen das christliche zurück. Die Christen von Beirût sind sehr betriebsam; es ist, als ob noch etwas von dem altphönicischen Handelsgeist in ihnen steckte. Sie haben ihre Firmen bereits auch in England, Marseille u. s. w. und machen dadurch den im Lande angesessenen europäischen Kaufleuten Concurrenz. Das Italienische, welches früher hier neben dem Arabischen Hauptsprache war, wird durch das Französische verdrängt, da viele katholische Christen ihre Söhne in den trefflichen Anstalten der Lazaristen u. a. erziehen lassen. Der Procentsatz der Individuen, welche lesen und schreiben können, ist für orientalische Verhältnisse in Beirût sehr gross; ja man hat auch — das Nothwendigste von Allem — begonnen, das weibliche Geschlecht heranzubilden.

**Missionsanstalten.** Von *deutscher* Seite ist in Beirût ein grosses *Waisenhaus und Pensionat* gegründet (Oberin Louise von Trotha). Das schöne Gebäude (Pl. 39) liegt in der Nähe der Hôtels an der Strasse nach Râs Beirût (S. 462). Es können 130 (einheimische!) Waisenkinder Aufnahme finden, leider fliessen die Mittel aus Europa etwas spärlich. Das Pensionat kommt einer höheren Töchterschule in Europa gleich. Die Schule ist beliebt. Im Gebäude befindet sich die *protestantische Kapelle;* Gottesdienst Sonntags abwechselnd in deutscher und französischer Sprache, im Sommer um 9 Uhr, im Winter um 10 Uhr Vorm. Die Kirche nebst dem kürzlich vollendeten Glockenthurm ist durch Zuthun hoher Gönner ausgestattet.

Seit beinahe 50 Jahren wirkt die *amerikanische* Mission (Presbyterialkirche) in Syrien; Beirût ist der Mittelpunkt ihrer Bestrebungen. Im Jahre 1872 betrug die Zahl aller Kirchenglieder 320 Personen. Die *Missionskirche* steht an der Seite der Druckerei; es wird meistens in arabischer Sprache gepredigt. Die Mission hat seit ihrem Bestehen Männer aufzuweisen, die auch durch ihre wissenschaftlichen Verdienste berühmt geworden sind, so Eli Smith, Van Dyck, Thomson. Von richtiger Einsicht in die Bedürfnisse des Landes zeugt das theologische Seminar in 'Abeih, und die medicinische Facultät und die Realschule in Beirût. Die schönen neuen Gebäude (Pl. 5) stehen auf der Strasse nach Râs Beirût (S. 462). In der medicinischen Schule werden durch einen vierjährigen Cursus Aerzte gebildet, welche wenigstens den einheimischen Aerzten bei weitem überlegen sind. Die Presse hat in reichlichem Masse für Lehrbücher gesorgt. In einer grossen Anzahl von Ortschaften des Libanon haben die Amerikaner Volksschulen eingerichtet. — Eine Wochenschrift dient ganz besonders ihrer Propaganda.

Ein *protestantisches Knabeninstitut* in Beirût steht unter der Leitung von Butrus Bistâni. Dieser gelehrte Araber, welcher sich besonders durch ein umfangreiches arabisches Wörterbuch bekannt gemacht hat, gibt in seiner Druckerei auch die besten arabischen Zeitungen heraus.

Die *schottische* Kirche hat in Beirût eine Schule für Juden (Rev. Robertson). Auch für die von England aus unterstützten Schulen (*British Syrian Schools*) ist Beirût der Hauptsitz. Die Direction liegt in den Händen von Mr. und Mrs. Mott. Die Schulen sind vortrefflich. In dem Institut der Mrs. Mott sind nach dem letzten Bericht 89 Schüler (Waisen etc.). Daneben leitet sie in Beirût 10 verschiedene Schulen, worunter auch Blindenklassen, im Ganzen mit 671 Schülern. Im Libanon sind 6 Schulen mit 403 Schülern (vergl. auch Tyrus und Damascus).

Von *französischer* Seite existirt in Beirût ein Waisenhaus der *Soeurs de charité de St. Vincent de Paul*, eingerichtet zur Aufnahme von circa 600 Waisenkindern, mit welchem ebenfalls eine Schule mit Pensionat verbunden ist. Diese französischen Etablissements, die einen ganzen Häusercomplex bilden, sind von grossem Einfluss. Seit einiger Zeit haben die *Dames de Nazareth* für ihr Töchterpensionat ein grosses Haus SW. von der Damascusstrasse am Dimitrihügel gebaut; gegenwärtig sind 130 junge Mädchen dort. Die *Franciscaner* der Terra Sancta haben ein Kloster (Pl. 41) und eine schöne Kirche in der Nähe der Douane. Seit der

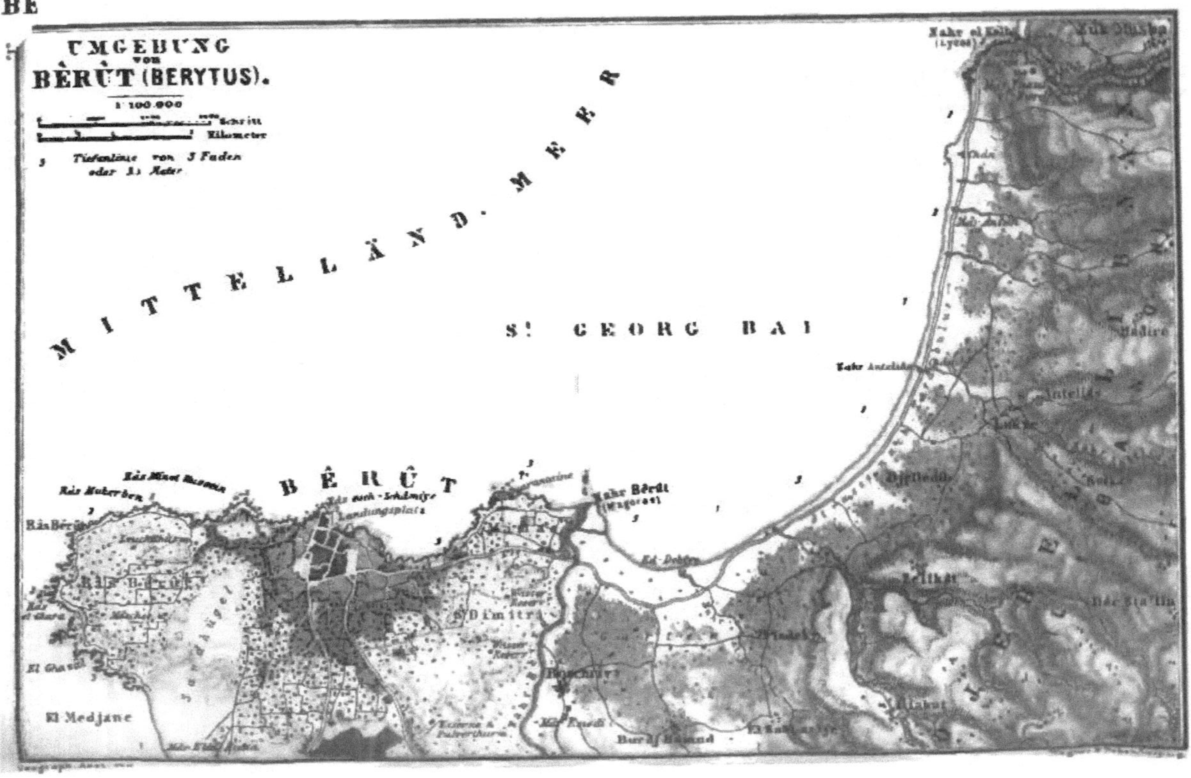
UMGEBUNG
von
BÊRÛT (BERYTUS).
1:100.000
Schritt
Kilometer
Tiefenlinie von 3 Faden
oder 5½ Meter
MITTELLÄND. MEER
S! GEORG BAI
BÊRÛT
Râs Minet Bustamin
Râs Muherben
Râs Bêrût
Râs esch-Schâmiye
Landungsplatz
Nahr Bêrût
(Magoras)
Ed-Dobêye
Nahr Antelias
Nahr el Kelb
(Lycos)
Djdêde
Antelias
Dimitri
El Ghazîl
El Medjane
Burdj Hamûd
Brummana
Djdêdiye
Mar Elias

Austreibung der *Jesuiten* aus Deutschland haben die schon früher blühenden Institute dieses Ordens im Orient noch zugenommen; besonders ist deren Druckerei in Beirût (Pl. 8) höchst beachtenswerth. Die italienische Regierung unterstützt eine *Scuola reale italiana elementare.* Das *Collége patriarcal grec catholique* (Pl. 7) ist die einzig nennenswerthe inländische Schule.

Beirût ist seiner Lage und seines Klima's wegen anziehend. Die eigentliche Altstadt bietet wenig Interesse und noch weniger Alterthümer. Die Strassen sind eng, schlecht gepflastert und kothig, mit Ausnahme der sogen. Frankenstrasse. Der **Bazar** (Pl. F, 3) ist, mit dem Bazar von Damascus verglichen, für den Fremden kaum interessant, da der europäische Einfluss bereits überwiegt. Am Bazar liegt die **Hauptmoschee** von Beirût. Es ist sehr schwierig, Zutritt in dieselbe zu erhalten. Das Gebäude ist eine christliche Kirche aus der Kreuzfahrerzeit; die Muslimen haben die inneren Wände mit groben Arabesken bemalt. Die Kirche zeigt zwar durchgängig den Spitzbogen, hat aber keine Kuppel, dagegen Gewölbebogen. Vogüé urtheilt, die Kirche sei unmittelbar nach der Eroberung der Stadt durch Balduin I. im Jahre 1108 von fränkischen Baumeistern, die noch nicht unter arabischem oder byzantinischem Einfluss standen, gebaut worden.

In der Stadt trifft man zerstreut Säulenstücke; ebenso sind solche zur Anlage des *Quai* verwendet worden. Man findet bei Ausgrabungen öfters Mosaik; ebenso kommen bisweilen Felsengräber und Sarcophage zu Tage (gegen das Vorgebirge hin), doch ist alles unbedeutend. Bei dem Hafen ist ein alter *Thurm*, dessen Unterbauten wohl aus der Kreuzfahrerzeit stammen könnten, eine Landmarke von Beirût.

Die Wege um die Stadt herum und in die Vorstädte sind breit und luftig. Man kann stundenlang sich zwischen Häusern und Gärten ergehen und dabei die herrliche Aussicht zwischen dem Grün der Orangen, Citronenbäume, Sycomoren und Palmen bewundern.

Ausflüge. Der beliebteste Spaziergang der Beirûter führt die Strasse der französischen Compagnie entlang zu den „**Pinien**" ($1/2$ St.). Der Weg ist von Landhäusern umsäumt; hier ist gewissermassen der Corso von Beirût, wo die elegante Welt in Wagen und zu Pferde sich tummelt; es befinden sich hier viele Kaffehäuser, das besuchteste bei den Pinien. Das ziemlich ausgedehnte Wäldchen von Pinus Halebensis begrenzt die Südseite der Stadt und bildet eine natürliche Wehr gegen die von Süden vordringenden Sanddünen. Der Drusenfürst Fachr ed-dîn soll diese „Pineta" angelegt haben, um die Versandung von dem Vorgebirge abzuhalten. Hier lagerten die französischen Truppen 1861. — Fortsetzung der *Damascusstrasse* s. R. 26.

Einen sehr schönen Spaziergang ($1/2$ St.) bietet die Anhöhe, welche sich vom Meere bei der Quarantaine bis zu den Pinien quer durch die Ebene zieht. Bei dem SO.-Ende des grossen Kanonenplatzes lässt man die Strasse nach Damascus r. liegen und geht in gerader Richtung gegen O. Den Weg, welcher l. nach 6 Min. bergan steigt, lässt man liegen; er führt zu einigen Landhäusern (auch zu dem des Pascha); man findet hierauf einen engen Weg zwischen Cactushecken, welcher direct auf die Höhe führt (10 Min.). Oben sind einige Häuser; man wendet sich l. Der Hügel ist angebaut und mit vielen Sträuchern und Bäumen bedeckt. Die Aussicht auf die Bucht von Beirût und die sich unten bis zum Vorgebirge ausbreitende grosse Stadt ist herrlich; auf der andern Seite hat man den Libanon. Besonders der nördlichste Punkt des Hügels, wo man bei einigen Pinien oben an einem Friedhof mehr ins Freie tritt (5 Min.), ist prachtvoll. Man kehrt auf der Strasse, die nach dem Flusse führt, nach Beirût zurück ($^1/_4$ St.).

Zum **Râs Beirût** führt westwärts am *deutschen Waisenhaus* (Pl. 39) vorbei eine anfangs fahrbare Strasse, die auf beiden Seiten mit Landhäusern besetzt ist und nach 12 Min. beim *Johanniterspital* (oberhalb der Strasse l., Pl. 36) aufhört. Statt hier r. zum Meer hinunter zu gehen, hält man sich l. und kommt in 10 Min. zu den neugebauten Häusern der *amerikan. Mission* (S. 460); von hier in NW. Richtung (r.) auf etwas steinigem Wege in 8 Min. zu dem kleinen aber wohleingerichteten *Leuchtthurm (fanâr)*. In SW.-Richtung weitergehend, gelangt man in 15 Min. zum Rande der Klippen, die sich ziemlich schroff ins Meer senken; unten am Strande sind hier, der kleinen Felseninsel gegenüber, einige Grotten, die sog. *Taubengrotten* (wer in dieselben eindringen will, muss in einer Barke hinfahren, was bei gutem Winde etwa $^1/_2$ St. erfordert: Preis 6 fr.). Die Aussicht auf das Meer von der Höhe oberhalb der Grotten ist herrlich.

Ausflug an den *Hundsfluss* (vergl. S. 537) vermittelst Barke in ca. $1^1/_2$ St.; Preis etwa 6 fr. Es findet sich dort ein bescheidenes arabisches Kaffehaus.

Die Gebirgswege in der weitern Umgegend von Beirût sind durchgängig sehr schlecht und steinig. Bei jeder Steigung aber öffnet sich die Aussicht über die grünen, terrassirten Abhänge, auf welchen Reben, Feigen- und Maulbeerbäume und Gruppen von Pinien von der hohen Cultur der Gegend zeugen; die Gebirgsthäler sind eng und malerisch, das Klima herrlich. Auf der nördlichen Thalseite des Beirûtflusses führt ein schlechter Weg nach einem Kloster *Dêr el-Kal'a*, das wegen seiner Ruinen berühmt ist. Starke 10 Min. von dem Beginn der Damascusstrasse zweigt sich ein Weg l. ab und überschreitet nach $^1/_2$ St. den Fluss; dann kommt man über zwei niedrige Rücken und beginnt zu steigen, das Flussthal r. unten lassend. Oefters passirt man glatte Felsen; überall sind Terrassen, im Thalgrund Reste einer Wasserleitung. Zuerst trifft man das Kloster *Mar Rokus;* dann das Dorf *Mezra'a*, weiter *el-Mansûriye;* in etwa $1^1/_2$ St. vom Flusse an gerechnet erreicht man **Dêr el-Kal'a**. Das Kloster liegt 670m über dem Meer auf dem Ende des schmalen Kammes eines Bergrückens, der die Schlucht des Nahr Beirût beherrscht. Die Aussicht umfasst die tief unten sich vereinigenden Flussthäler, im S. den bergigen District *el-Gharb*, im NO. den District *el-Metn*, über welchen der Sannin und Keneise hervorragen. Die Gegend ist reich an Dörfern. Im W. sieht man die Ebene von Beirût (District es-Sâḥil). Vom Dache der Klosterkirche ist die Aussicht am schönsten. Das Kloster gehört den Maroniten. In dem Gebäude und um dasselbe herum liegen viele Reste von Alter-

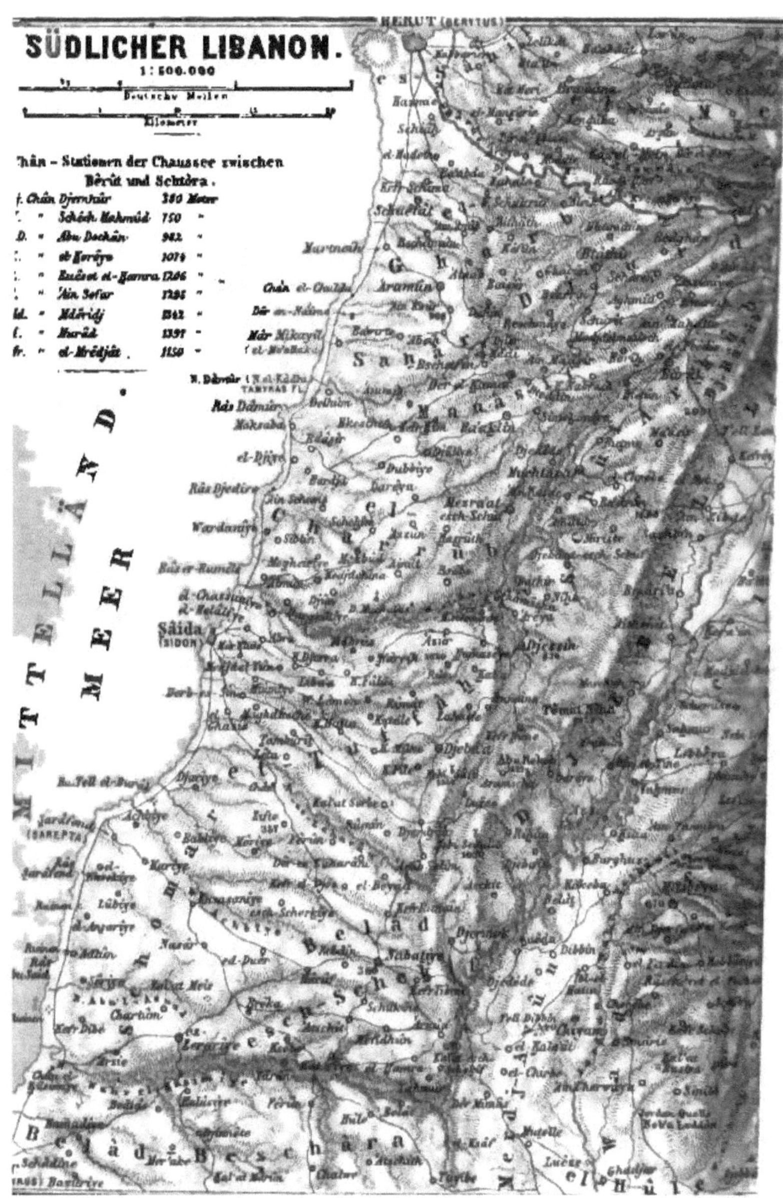

SÜDLICHER LIBANON.
1:500.000
Deutsche Meilen
Kilometer
Chân – Stationen der Chaussee zwischen Bêrût und Schtôra.
MITTELLÄND. MEER
Sâida
(SIDON)
Nabatîye
Djezzîn

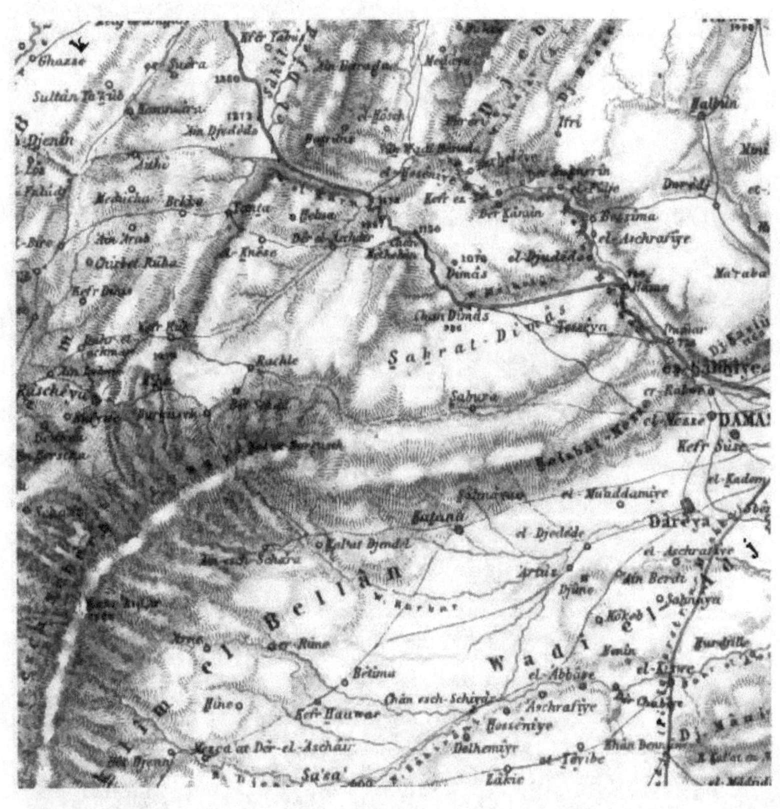

Ghazze
Sultân Ja'kûb
Medicha
Tanta
Rachle
Raschêya
Kefr Dûris
Ain 'Arab
Dêr el-'Aschâir
Chân Dîmâs
Dîmâs
el-Djdêde
Ṣahrat-Dîmâs
Sahura
Dummar
er-Rabwe
el-Mezze
DAMA
Kefr Sûse
el-Kadem
Muaddamîye
Dâreya
el-Djedêde
el-Aschrafîye
'Ain Berdi
Kokeb
Bellân
Betîma
Kefr Hauwar
Chân esch-Schîh
el-'Abbâde
'Aschrafîye
Dalhemîyr
Sa'sa'
et-Tayibe
Châbeb
el-Kiswe
Ifri
Halbûn

SÜDLICHER LIBANON.

thümern und Sarcophagen. Von dem antiken Tempel, der hier stand, sind noch die Fundamente erhalten, 32m lang, 16m breit. Die Froute war gegen die Ebene gerichtet; von dem grossen Porticus sind noch Säulenbruchstücke vorhanden. Grosse geränderte Steine sprechen für ein hohes Alterthum, wie auch eine Inschrift besagt, dass der Tempel einem „Jovi Balmarcodi" gewidmet war, was man übersetzt hat, „dem Herrn der Tanzfeste". — Wer nicht auf demselben Wege nach Beirût zurückkehren will, mag einen Umweg nordwärts über das grosse Dorf *Brummâna* machen.

## 26. Von Beirût nach Damascus.

Eine Frucht der französischen Expedition von 1860 ist die grosse 112 Kilom. lange Poststrasse von Beirût nach Damascus, die einzige ihrer Art in Syrien. Das Unternehmen wurde von einem Franzosen *Comte F. de Perthuis* gegründet und zum grössten Theil mit französischem Gelde gebaut. Die Strasse führt durch eine der unfruchtbarsten Gegenden des Libanon und meist dem alten Saumpfad entlang, der noch immer von den Arabern benutzt wird, da auf der neuen Strasse Chausséegeld erhoben wird. Der Postdienst ist prompt, und es wird sehr schnell gefahren; dagegen sind die Plätze unbequem, da man seine Beine nicht ausstrecken kann, und das daraus entstehende Missbehagen wird gegen Ende der Fahrt sehr fühlbar. Bei Schneefall ist die Route oft wochenlang unterbrochen, so im Winter 1873/4. Vor 6 Jahren geriethen wir Mitte Februar in den Schneefall; die Reisenden wurden angehalten, die Post schieben zu helfen etc. und mussten den andern Tag in tiefem Schnee nach der Bekâ'a hinunterwaten; das Gepäck blieb noch 14 Tage auf dem Berge nicht gerade in sicherer Umgebung liegen. In der Reisesaison sind die Plätze oft auf 4—5 Tage zum Voraus bestellt, namentlich von Damascus nach Beirût zu den Abfahrten der Dampfer; man thut wohl, sich bei Zeiten danach umzusehen. Eventuell kann man mit einem guten Pferde in 1½ Tag über den Libanon reiten. Die Nachtwagen haben nur fünf Plätze (NB. ein Platz beim Kutscher).

*Fahrpreise* von Beirût nach Damascus oder umgekehrt (Tagespost): Coupé 145, Intérieur oder Banquette 101 Piaster; für die Nachtpost jeder Platz 145 Piaster. Für die Zwischenstationen wird der Preis für das Coupé mit 1½, Intérieur oder Banquette mit 1 Piaster der Kilometer berechnet; die Aufnahme von Passagieren an den Zwischenstationen ist beschränkt und findet nur statt, wenn Platz vorhanden ist; Durchreisende erhalten vor allen Andern den Vorzug. Im Intérieur hat man gar keine Aussicht, im Coupé nur beschränkte und selbst auf dem Banquette ist solche, was den Rückblick betrifft, durch die enge Beschaffenheit der Sitze nur schwierig zu erlangen; immerhin ist es für Herren der angenehmste Platz; Damen können nur das Coupé benutzen. Mit der Nachtpost wird man nur im Nothfall fahren. — Mit der Tagespost hat man ca. 6 Kilogr. *Gepäck* frei (es ist rathsam, dasselbe am Tage vorher aufzugeben), mit der Nachtpost nur die Hälfte, ausserdem ist die Annahme des Uebergewichts beschränkt.

Der *Tarif der Münzen* bei der Compagnie ist folgender: 1 Napoleond'or 95, 1 Franc 4¾, 1 Silber-Medjidi 22½, 1 livre turque 108½, 1 engl. Pfund 119½ Piaster; türkische Scheide- und Kupfermünzen zum Nennwerth.

Die *Douane* lässt sich in Beirût wie in Damascus mit ½—1 fr. abfertigen.

Die nachstehende Tabelle gibt genaue Auskunft über Entfernung, Fahrzeit und Aufenthalt:

| Von Beirût nach: | Entfernung | Tagespost Abfahrt | Tagespost Fahrzeit | Tagespost Aufenth. | Nachtpost Abfahrt | Nachtpost Fahrzeit | Nachtpost Aufenth. |
|---|---|---|---|---|---|---|---|
| Beirût . . | | 4 Vm. | — | — | 6 Ab. | — | — |
| | Meter | | St. M. | M. | | St. M. | M. |
| Djemhûr . . . | 10.545 | 5,20 | 1 15 | 5 | 7,30 - | 1 20 | 10 |
| Bûdechân . . . . | 9.009 | 7.10 | 1 45 | 5 | 9,25 - | 1 45 | 10 |
| Sôfar . . . . . | 8.006 | 8,25 | 1 10 | 5 | 10.45 - | 1 10 | 10 |
| Chân Murâd | 9.976 | 9,40 | 1 10 | 5 | 12,15 Nts. | 1 20 | 10 |
| Schtôra . . . . . | 9.136 | 10.55 | - 45 | 30 | 1.25 Vm. | 50 | 20 |
| Cisterne . . . . | 14.813 | 12.20 | 1 20 | 5 | 2,55 - | 1 20 | 10 |
| Djedeide . . . . | 9.232 | 1.40 Nm. | 1 15 | 5 | 4.20 - | 1 15 | 10 |
| Chân Meiselûn | 13.360 | 3 - | 1 15 | 5 | 5.45 - | 1 15 | 10 |
| Chân Dîmas . | 8,123 | 3,50 - | — 45 | 5 | 6.40 - | — 45 | 10 |
| Hâme . . . . . . | 9.340 | 4.40 - | — 45 | 5 | 7.35 - | — 45 | 10 |
| Damascus . . . . | 10.557 | 5.30 | — 50 | — | 8.30 - | — 55 | — |

*Von Damascus nach Beirût.*

| | | | | | | | |
|---|---|---|---|---|---|---|---|
| **Damascus** . . . | — | 4,30 Vm. | — | — | 6 Nm. | — | — |
| **Hâme** . . . . . . | 10,557 | 5,35 - | 1 — | 5 | 7,10 - | 1 — | 10 |
| **Chân Dîmäs** . . | 9,340 | 6,35 - | — 55 | 5 | 8,20 - | 1 — | 10 |
| **Chân Meiselûn** . | 8,123 | 7,35 - | — 55 | 5 | 9,30 - | 1 — | 10 |
| **Djedeide** . . . . | 13,360 | 9 - | 1 20 | 5 | 11,10 - | 1 30 | 10 |
| **Cisterne** . . . . . | 9,232 | 9,50 - | — 45 | 5 | 12,15 Nts. | — 55 | 10 |
| **Schtôra** . . . . . | 14,813 | 11,30 - | 1 10 | 30 | 1,55 Vm. | 1 20 | 20 |
| **Chân Murâd** . . | 9,136 | 1,20 - | 1 45 | 5 | 4 - | 1 55 | 10 |
| **Sôfar** . . . . . . . | 9,976 | 2,25 - | 1 — | 5 | 5,20 - | 1 10 | 10 |
| **Bûdechân** . . . . | 8,006 | 3,20 - | — 50 | 5 | 6,20 - | — 50 | 10 |
| **Djemhûr** . . . . | 9,009 | 4.15 - | — 50 | 5 | 7,30 - | 1 — | 10 |
| **Beirût** . . . . . . | 10,545 | 5,20 - | — 55 | — | 8,30 - | 1 — | — |

Hierzu sei bemerkt, dass es nur auf der Station Schtôra (S. 465) eine leidliche Restauration gibt, auf den übrigen nur dürftige Café's, wesshalb es nicht unrathsam ist, einen kleinen Imbiss mitzunehmen, zumal man den jedesmaligen kurzen Aufenthalt gern zum Ausrecken seiner Glieder benutzen wird.

Ausser diesem regelmässigen Eilwagen sind 5plätzige *Extraposten*, für Gesellschaften empfehlenswerth, zu haben, doch müssen solche 36 Stunden vorher bei dem Chef de l'exploitation, im Bureau (Kanonenplatz) in Beirût oder auf der Agentur (Compagniegebäude) in Damascus bestellt werden; auch für Zwischenstationen kann man solche haben; der *Tarif des Voitures de la compagnie ottomane de la route de Beyrouth à Damas* enthält genaue Angaben über Preise etc. (u. a. von Beirût nach Schtôra 460, nach Damascus 1125 Piaster; von Damascus nach Schtôra 660, nach Beirût 1125 Piaster).

Die *Frachtwagen*, die aber für Reisende kaum in Betracht kommen, gebrauchen 3 Tage zwischen Damascus und Beirût. Ein Platz für die ganze Reise kostet auf denselben 52 Piaster; Waaren (Koffer) werden zum Mittelpreis von 85 Piaster für 115 Kilo berechnet und kommen in 3 Tagen ziemlich sicher an.

Von der Station auf dem Kanonenplatz (Pl. F, 3) fährt man in SO. Richtung zuerst zwischen hübschen Landhäusern und dann neben der Pineta (S. 461) vorbei; r. und l. grosse Maulbeerpflanzungen. Beim 8. Kil.-Stein die Reste eines alten Aquaeducts (ca. 1 St. Reitens von Beirût); am Ende der Ebene das Denkmal des verdienstvollen Franko Pascha's. Die Strasse steigt nun in Windungen die hier noch gut bepflanzten Abhänge des Libanon hinan und gewährt höher und höher steigend die prächtigsten **Blicke weithin auf das blaue Meer und den tief unten liegenden Küstenvorsprung mit seinen vielen Häusern; l. die tiefe Schlucht des *Nahr Beirût*, welche man aber erst später sieht. Etwas l. unterhalb von

(10,5 Kilom.) **Chân Djemhûr** liegt *'Arêya*, ein beliebter Sommeraufenthalt der Beirûter. Der Gebirgsdistrict heisst *el-Gharb*. Immer noch sieht man die Ebene und das Meer. Beim

(9 Kilom.) **Chân Bûdechân** geht r. ein Weg nach *'Aleih*, ebenfalls Sommerfrische, ab. *Chân Ruweisât;* dann (8 Kilom.) **Chân Sôfar** mit guter Quelle. Die Strasse ist theilweise in den Felsen gehauen. Bald darauf verlässt man die S.-Seite der grünen Thalschlucht *Wâdi Hammâna;* l. der Ort gleichen Namens mit einer Seidenspinnerei. Am Wege *Chân Mudêridj*. Die Vegetation hat aufgehört, die Gegend ist rauh; man erreicht (3/4 St. Fahrens von Chân Sôfar) die Höhe des *Libanonpasses* mit dem *Chân Mizhir* (1542m ü. M.). L. *Djebel Keneise* (2030m), r. *Djebel el-Bârûk*, beides kahle Berge. Rückwärts zeigt sich zum letzten Mal das Meer und dann öffnet sich schnell die Aussicht auf die breite Thalsohle der *Beḳâ'a* (s. unten). Jenseits erhebt sich der *Antilibanus*, im Süden der Schneegipfel des *Hermon*, *Djebel esch-Schêch* (2860m); im Norden reicht der Blick bis hinauf in die Gegend von Ba'albek (S. 515). Hierauf fährt man in das grosse Gehöft des

(10 Kilom.) **Chân Murâd** hinein, und in scharfem Trabe die Strasse, die sich in grossen Windungen zum Thale zieht, hinab. R. am Ausgange einer kleinen Thalöffnung *Ka'b Elyâs*, l. in gleicher Entfernung *Djedîde;* weiter an dem Dorfe *Mekse* vorbei in wenigen Minuten nach

(9 Kilom.) **Schtôra,** wo der einzige längere Aufenthalt (20 Min.) stattfindet.

Ein Franzose wirthet hier; leidliches Frühstück mit Wein 3 fr.; auch einige Betten zum Uebernachten. Er hält auch Pferde, doch fehlt den Herausgebern jeder Anhalt betreffs der Preise; von dem einen, der im Besitz eines Postbillets bis Damascus war, verlangte er 5 fr. für ein Pferd nach Ba'albek und zurück, von einem andern, der darauf hin sein Billet nur bis Schtôra nahm, 20 fr. für die gleiche Strecke.

Schtóra besteht aus mehreren stattlichen Oekonomiegebäuden; das grosse Gut r. von der Strasse (beim Weiterfahren) gehört den Jesuiten. Ba'albek (S. 515) ist von hier in 7 St. zu erreichen; nach Mu'allaḳa s. S. 523.

Die **Beḳâ'a** (Spalt), die wir jetzt betreten haben, die grosse hochebenartige Thalsohle zwischen Libanon und Antilibanus, ist im S. durch Ausläufer des *Tômât Nîḥa* (d. i. Zwillinge von Nîḥa) geschlossen, und nur mit Mühe bricht dort der *Lîtâni* seinen Lauf durch die Felsen. Im Alterthum hiess sie *Coelesyrien* = das hohle Syrien (S. 44); doch umfasst diese Benennung im Sprachgebrauch der klassischen Autoren, der Maccabäerbücher und des III. Buches Esra alles Land südlich von Seleucia bis zur Sinaiwüste; nur Phönicien wird davon abgetrennt. Die Beķâ'a ist heute nicht besonders angebaut, war es aber im Alterthum. Im Galopp fährt die Post über die Ebene (r. stets schöner Blick auf den schneebedeckten Hermon) und passirt auf einer Brücke (870m ü. M.) zuerst den Hauptstrom des Thals, den *Nahr el-Litâni* (S. 468), dessen Wasser trotz des Zuflusses von beiden Gebirgsketten in der trockenen Jahreszeit häufig kaum bemerkbar ist, dann ein kleines Nebenflüsschen desselben. Jenseit des letzteren wendet sich die Strasse noch mehr nach S. und erreicht die Station

(14,8 Kilom.) **Cisterne**, am Eingang des kleinen *Wâdi el-Harîri*; r. ein niedriger langgestreckter Bergrücken, l. gegen den Berg hin, 1/4 St. entfernt, die Ruinen von *'Andjar*, dessen heutige Ueberreste, Thürme, Mauern und einige Säulen, noch dafür sprechen, dass im Alterthum hier eine bedeutende Stadt und Festung gestanden haben muss. Josephus nennt sie *Chalcis*; östl. davon ist eine grosse Quelle. In ziemlich gleicher Entfernung, aber r. von der Station, liegt das ganz stattliche Dorf *Medjdel-'Andjar*.

10 Min. oberhalb desselben auf dem ca. 5 St. breiten, grünen Hügelrücken liegen die Reste eines Tempels; der nach NO. gerichtete Porticus ist verfallen, Stücke der Säulen und des Giebels liegen umher. Die westl. Seite ist am besten erhalten. Die Quadern sind fugenrändrig und einige derselben sehr gross. An der (W.) Mauer entlang zieht sich ein schmales Gesimsband unten am Boden und ein zweites in der Mitte der Höhe; das Portal ist 14,4m hoch, mit verzierten 7m hohen Seitenpforten; auf jeder Seite ein kleiner Thorweg. Die Höhe des Tempels bis zum Carnies, von welchem noch ein Theil erhalten ist, wird 12—13m betragen. Zwischen den Halbsäulen des Innern waren Nischen angebracht. — Die Aussicht von hier ist schön: N. der schneebedeckte *Djebel Ṣannin* (2608m), S. davon der *Djebel Keneise* (2030m), dann gerade gegen W. der *Djebel Bârûk* (S. 465); im S. der ganze Stock des Hermon (S. 472) und NO. der hohe Rücken des Antilibanus (*Djebel esch-Scherḳi*) mit seiner höchsten Spitze, dem *Dahr Abu'l-Hin* (2640m), davor die Höhen von Zebedâni (S. 512).

3/4 St. südl., bei dem Dorfe *Zekwe* liegt noch ein anderer Tempel, in dessen Umgebung sich Sarcophage und Felsengräber finden.

Unsere Strasse steigt nun in dem wenig anziehenden *Wâdi Harîri* hinauf, dessen Höhe (1350m ü. M.) zugleich Wasserscheide ist, und führt dann zwischen Gebüsch über die langgezogene schmale Ebene *el-Djedeide*, welche nördl. von dem Bergrücken von *Zebedâni* (S. 512) eingefasst ist. Hinter Station

(9,2 Kilom.) **el-Djedeide** (1272m) beginnt das anmuthige *Wâdi el-Karn*, das später einförmig wird; man verlässt es an dem Punkte, wo ein Thal von S. kommend sich mit demselben vereinigt, um noch einmal etwas bergan zu steigen.

(13,4 Kilom.) **Chân Meiselûn**, dann (8 Kilom.) **Chân Dimâs** (l. an dem kahlen Bergabhang das gleichnam. Dorf), am Anfang der *Ṣaḥret-Dîmâs*, eines öden Hochplateau's, auf dem einige Monate im Jahre abwechselnd ein Theil der Besatzung von Damascus campirt und manövrirt. Die Strasse führt in gerader Richtung O. darüber hin. Nach 35 Min. Fahrens ist das Ende erreicht und etwas r. biegend, betritt man plötzlich das *Wâdi Barada*, dessen Grund mit Bäumen, besonders Pappeln bewachsen ist, nach der Einöde ein überraschend wohlthuender Anblick, dessen Einfluss sich auf die Insassen der Post, den Kutscher und die Pferde bemerkbar macht. Alles gewinnt Leben, Freudejauchzen und Allahpreisungen steigen gen Himmel; die Lungen erquicken sich an der prächtigen Luft, die Vegetation wird stets üppiger und reicher; es beginnt ein wahrer Park von Culturbäumen, der soweit reicht als die Wasser des Barada dringen können; darüber hinaus behauptet die Wüste ihre Macht und bietet merkwürdige Contraste.

(9,3 Kilom.) Dorf (Stat.) **Hâme**; schöne Pferde mit besserem Geschirr werden vorgespannt. (20 Min. Fahrens) *Dumar* (S. 509), aus Villen bestehend; die erste r. jenseit der Brücke ist die eines reichen Damascener Juden, l. die eines Pascha's, dann die kleine auf der Anhöhe ebenfalls l. die 'Abd el-Kâder's, dessen Name in den Kämpfen der alger. Beduinen gegen die Franzosen so bekannt geworden ist; er verzehrt hier die ihm nach seiner Gefangennehmung von der franz. Regierung bewilligte Pension unter der Verpflichtung, den Bann von Damascus nicht zu verlassen (vergl. S. 483). Man beobachte die vielen Wasserleitungen. Bei einer Mühle (r.) werden die Bäume lichter; es folgt noch eine lange gerade Strecke zwischen Gärten hin, dann zeigen sich in der Ferne die Minarets von Damascus. Der Berg l. ist der *Djebel Kâsiûn* (S. 508). Das erste Gebäude geradeaus mit den vielen schwarzen Kuppeln und Minarets ist die *Tekkîye* (S. 509), ein chemal. Derwischkloster. Bevor die Post r. in den Compagniehof einlenkt, hat man zur Rechten den *Merdj* (S. 509), auf dem besonders Abends viel Leben und Treiben herrscht.

(10,5 Kilom.) **Damascus** (S. 479); das Hôtel Dimitri (S. 479) ist ganz in der Nähe des Halteplatzes.

## 27. Von Sidon nach Hâsbeyâ und Râscheyâ (*Damascus*). Der Hermon.

*Von Sidon nach Kal'at esch-Schekîf* (8¼ St.). Zum SO.-Thor von Sidon hinausreitend, gelangt man in 40 Min. zur Wegtheilung am Strand; hier l. in SO.-Richtung, in 55 Min zur Furt über den *Nahr ez-Zaherâni*, wo die Steigung beginnt; 50 Min. *Chân Mohammed 'Ali*, mit schöner Aussicht auf Djebel Rihân (S. 476). Weiter über ein steiniges Tafelland mit Spuren einer Römerstrasse, wo mehrfach Sarcophage gefunden wurden; das Dorf *Zifte* bleibt r. Dann hinab und, in ein anderes Thal einlenkend, wieder aufwärts in ca. 2½ St. nach dem Metâwiledorf *Nabatîye*; in 1 St. 25 Min. nach *'Arnûn*. 20 Min. südl. liegt auf steilem Fels über der tiefen Schlucht des *Litâni* das Schloss **Kal'at esch-Schekîf**.

*Historisches*. Das Schloss wird erst im Jahre 1179 als ein Castell der Christen erwähnt; aber es ist wohl möglich, dass die sehr günstige Orts-

30*

lage schon früher befestigt war, vielleicht schon in den Zeiten der Phönicier. Bei den Kreuzfahrern hiess es *Belfort*; die Truppen, die bei Bâniâs (S. 399) geschlagen waren, fanden hier Zuflucht. Saladin belagerte die Festung ein ganzes Jahr lang (1189—1190), bis sich die Besatzung, die unter Raynold von Sidon stand, ergeben musste. Im Jahre 1240 kam das Castell mit Sidon durch Kauf wieder in den Besitz der Tempelritter, wurde aber im Jahre 1280 von Sultan Bibars erstürmt und hierauf von den Muslimen wieder aufgebaut.

Das Schloss (670m ü. M.), welches durch seine Lage die ganze Umgegend, besonders den Gebirgspass von Sidon nach Damascus beherrscht, war sehr fest. Gegen S. und W. war es durch einen in den Fels gehauenen 15—36m tiefen Graben geschützt, in welchem Kammern und Cisternen ausgehauen sind; die Mauer steigt 18—24m über dem Graben empor. Nur im S. hängt das Schloss mit einem schmalen Bergrücken zusammen; von SO. ist ein Zugang über eine Brücke, welche über der grausigen 460m tiefen Schlucht des Litâni schwebt. Das Gebäude ist 120m lang (NS.) und 30m breit (OW.); am N.-Ende ist ein Vorsprung von 21m nach O. Der Hof im O. ist etwa 15m breit und die Aussenwerke ebenso; dazu kommt noch die Böschung der Mauer (6—9m). Die S.-Mauer des Schlosses war nicht so hoch als die der andern Seiten, wurde aber durch 2 halbkreisförmige Thürme geschützt. Es ist begreiflich, dass vor der Zeit der Feuerwaffen der Platz uneinnehmbar war oder nur durch Hunger bezwungen werden konnte, und dass, wer die Castelle Tibnîn (S. 394), Hunîn (S. 397), Bânias (S. 400) und Schekîf besass, Herr des Landes war. Es finden sich keine Spuren von älteren Bauten, als aus späterer Römerzeit. Die meisten Ueberreste sind saracenisch-mittelalterlich, wie aus den Bogen und Gewölben hervorgeht. In der Mitte der O.-Seite ist eine mittelalterliche Kapelle. — Die Aussicht ist prachtvoll. Tief unten der Litâni, ein wilder Bergstrom, dessen grüne Wasser schäumend über das felsige Bett dahinbrausen (die Identification desselben mit dem antiken *Leontes* ist unstatthaft). Der jenseitige Abhang ist nicht so steil als der diesseitige; einige Dörfer liegen an demselben, im Grünen zerstreut. Jenseit der Ebene 'Iyûn (s. u.) thürmt sich der Hermon auf; daneben das Schwesterschloss es-Subêbe (S. 400). Im S. liegt das Hügelland von Naphtali bis gegen Safed; r. der Djebel Djermak; auch Hunîn ist sichtbar. Im NO. sieht man das Thal hinauf, über welchem der Djebel Riḥân sich erhebt; gegenüber liegt das Wâdi et-Teim mit den Dörfern Râscheyât el-Fuchâr etc.; W. vom Schloss das Dörfchen el-Ḥamra (S. 395).

Von 'Arnûn steigt man in 40 Min. zur Litâni-Brücke *Djisr el-Chardeli* hinab, wo am besten die Zelte aufgeschlagen werden.

*Von Djisr el-Chardeli nach Bânias* reitet man südostwärts zu dem von griechischen Katholiken bewohnten Dorfe *Chirbe* in 1 St.; in die Nähe des Drusendorfes *Metelle* 1 St.; von hier quer über die Ebene, indem man *Abil el-ḳamḥ*, das alte Abel (S. 398) r. lässt, nach der Brücke el-Ghadjâr (S. 398).

*Von Djisr el-Chardeli nach Ḥâsbeyâ* (3½ St.). Man reitet zuerst nordwärts in 1¼ St. nach dem grossen Dorfe *Djedeide* (Schule der amerikanischen Mission). Von hier nach O. erreicht man in 1 St. *Sûk el-Chân;* Olivenwälder bedecken das breite schöne Thal. Man behält r. die grüne Gegend von *Merdj 'Iyûn* *Ijon* wird bei dem Kriegszug erwähnt, den König Benhadad gegen Baësa von Israel auf Anstiften Assa's von Juda durch die Beḳâ'a unternahm (1 Kön. 15, 20). In Sûḳ el-Chân wird ein regelmässiger Wochenmarkt abgehalten; besonders der Viehhandel ist belebt; daher die langen Reihen von kleinen Ställen in den Chânen.

Reisende, denen am Besuch von Ḥâsbeyâ nichts liegt, können von Sûḳ el-Chân aus den Weg über den Hasbâni-Fluss nach *Schebâ* einschlagen (circa 3 St. über *Râscheyat el-Fuchâr*, S. 470) und dort übernachten. Die Steigung des Weges auf den Hermon ist von Schebâ aus sanft.

Von Sûḳ el-Chân führt der Weg nordwärts dem Laufe des *Hasbâni* entlang in 45 Min. an die Brücke, von wo man in 30 Min. **Ḥâsbeyâ** erreicht. Das Städtchen (670m ü. M.) liegt an der W.-Seite eines Amphitheaters von Hügeln; ein Bach fällt zum Hasbâni hinunter. An beiden Seiten des Thales sind üppige Terrassen, mit Oelbäumen und anderen Früchten, wie auch Wein bepflanzt; aus den Trauben werden Rosinen oder Syrup *(dibs)* bereitet. In dem Städtchen sollen 5000 Einwohner sein, worunter 4000 Christen; auch eine protestantische Gemeinde, Schule und Kirche der Amerikaner (S. 460), ist am Orte. Im Jahre 1860 (s. S. 483) sollen hier an 1000 Christen von den Drusen hingemordet worden sein. Man sucht in Ḥâsbeyâ das alte *Ba'al Gad*, eine Stadt, die am Fusse des Hermon lag, und noch von den Israeliten erobert wurde (Jos. 11, 17 u. a.). In der Stelle I Chron. 5, 23 wird *Ba'al Hermon* vom *Berge* Hermon (Richter 3, 3) unterschieden. Vielleicht ist Ba'al Gad mit Ba'al Hermon identisch und beides wäre ursprünglich als „*Haus Ba'al's*" zu fassen, wie ja die Gegend noch heute eine Menge Tempel aufweist. Im ehemaligen Schlosse der Drusenemire aus der Familie Schehâb (S. 477) sitzen jetzt die türkischen Behörden. — In der Nähe von Ḥâsbeyâ sind viele Erdharzgruben, die ausgebeutet, d. h. von der Regierung verpachtet werden; bei der Quelle des Hasbâni $^1/_2$ St. N. von Ḥâsbeyâ ist der Boden theilweise vulcanisch.

Das *Wâdi et-Teim* war von Anfang an Hauptsitz der Drusensekte, indem der Stifter ed-Darazi (S. 104) hier gelebt haben soll. Etwa 20 Min. oberhalb des Städtchens liegt ein Centralheiligthum dieser Sekte Namens *Chalwet el-Biyâḍ*. Die dort aufbewahrten Religionsbücher wurden im Jahre 1838 durch die Aegypter geplündert und zerstreut. Der Punkt ist wegen seiner schönen Lage eines Besuches werth. Man übersieht das Wâdi et-Teim und den Lauf des Jordans bis gegen den Ḥûle hinunter; gegen W. Ḳal'at esch-Scheḳîf und den ganzen District bis fast zum Meere hin. — Die Drusenheiligthümer bilden einen ansehnlichen Complex von Gebäuden.

*Von Bânias nach Ḥâsbeyâ.* Der Weg läuft N. von dem nach *Tell el-Ḳâḍi* führenden (S. 398); in 15 Min. erreicht man den Westrand der Terrasse und steigt bergab, an kleinen Flüsschen vorbei, die zur Ebene geleitet sind. Nach 12 Min. überschreitet man das *Wâdi el-'Asal;* die Richtung ist NW. Nach 23 Min. wendet man sich mehr N. gegen das *Wâdi et-Teim* zu. Nach 20 Min. Quelle l.; nach 15 Min. erreicht man *'Ain el-Chirwa'a* bei einem kleinen Dorfe; schöne Aussicht. Oberhalb r. gegen 50 Min. entfernt liegen die Ruinen von *Kal'at Bustra*. 30 Min., nachdem man 'Ain Chirwa'a verlassen hat, beginnt man die Hügel des Wâdi et-Teim hinanzusteigen, an der O.-Seite desselben; nach 10 Min. *Wâdi Serayib*; über einen Bergrücken hinüber steigt man allmählich in das *Wâdi Chureibe* hinab: das Dorf bleibt l. liegen. Von hier geht der directe Weg nach Ḥâsbeyâ dem Flusse nach; in 1 St. überschreitet man das *Wâdi Schebâ*, und erreicht um den Berg herumgehend in einer andern Stunde Ḥâsbeyâ.

Ein interessanterer Weg führt über das Gebirge. In 1/2 St. überschreitet man das *Wâdi Chureibe* und steigt dann bergan zu dem grossen Dorf *Râschêyât el-Fuchâr* (35 Min.); hier sind, wie der Name schon besagt, viele Töpfereien; der Ort ist von Bergen umschlossen. Nach 25 Min. beginnt man die Höhe zu verlassen und in das *Wâdi Schebâ* hinunter zu steigen; das Dorf *Fardis* liegt tief unten l.; in 40 Min. erreicht man *Hibberîye*. Die Aussicht gegen S. und W. ist sehr schön; gegen O. sieht man in den Schlund des Wâdi Schebâ hinein. Unterhalb des Dorfes, im Felde, steht ein ziemlich wohl erhaltener Tempel (vgl. S. 124). Alle Mauern, ausser denen der N.-Seite, stehen noch. Der Tempel ruht auf einem 2,4m hohen Stylobat mit umlaufendem Carnies. Auf der N. u. W.-Seite des Gebäudes sind Eingänge, wohl in Gewölbe, durch welche man einst in die Cella hinaufgehen konnte. Der Tempel ist „in antis" und gegen O. gerichtet. Er ist 9m breit, 16,8m lang, von der Plattform bis zum Carnies 8,2m hoch. An den Ecken sind Wandpfeiler mit ionischen Capitälen; an der östlichen Seite bildeten zwischen denselben zwei Säulen den Porticus. Das 4,6m hohe Portal der Cella trägt ein Gesims und darüber einen Carnies. Auf jeder Seite des Portals sind zwei Nischen; die unteren sind Muschelnischen; der Bogen darüber wird von Pilastern getragen; die oberen Nischen haben Giebel. Das Innere des Tempels ist verschüttet; im SW.-Winkel der Cella führt eine Treppe durch die Mauer. Im Innern des Pronaos und der Cella läuft ein Gesims ringsherum. Auf der Aussenseite sind die Quadern fugenrändrig.

Von hier überschreitet man in 15 Min. den Bach von Wâdi Schebâ; nach 15 Min. erreicht man den Grund am Fusse des westlichen Hügels und steigt auf steilem und schlechtem Wege in 15 Min. zu dem Dorfe *'Ain Djurfa* hinauf. Dem Laufe des *Hasbâni-Thales* folgend, geht man bergan und kommt in 15 Min. auf das mit Weingärten besetzte Tafelland; *Chalwet el-Biyâḍ* (S. 169) bleibt l. liegen; nach 10 Min. beginnt man den steilen Abhang hinunterzusteigen und gelangt nach weiteren 10 Min. nach Ḥâsbeyâ.

*Von Ḥâsbeyâ nach Râscheyâ* (6 St.). Man passirt eine Brücke über ein kleines Thal N. und kommt auf die Höhe (15 Min.). Hierauf kreuzt man ein Thal und gelangt in 1 St. nach dem Dorfe *Mîmas*. Von hier erreicht man in 45 Min. das Dorf (und Chalwet) *Kufeir*. In 20 Min. ersteigt man die Höhe und geht r. dem Berge nach; l. unten sieht man das *Wâdi et-Teim* (40 Min.). Dann steigt man hinab (25 Min.) und lässt das Dorf *es-Sefîne* r. liegen. Hierauf geht man östl. in die Berge hinein gegen *Bêt Lâya* (1 St.).

Ein kleiner Abstecher südwärts führt nach dem Dorfe **'Ain Herscha** (40 Min. von Bêt Lâya); 20 Min. oberhalb desselben steht einer der best erhaltenen Tempel des Hermongebietes. Er ist „in antis", schaut gegen O. und ist sehr klein, nämlich 12m lang, 8m breit; die Höhe von der Plattform bis zum Carnies 5,9m, der Pronaos 2,8m und 5,8m, die Cella 7,5m und 5,2m. Der Westtheil der Cella ist um 1,4m höher. Hier stehen 4 Piedestale mit eingemauerten Säulen; die Basen sind attisch, die Capitäle ionisch. Der Carnies darüber läuft an der Wand der Cella herum. Das Dach des Tempels ist eingefallen. Der Tempel steht auf einem Stylobat, der im W. 2,4m hoch ist. Das Gebäude hat ein schön verziertes Thor (auf der einen Seite desselben eine Nische). Auf dem Carnies sind auf jeder Seite drei Köpfe, je zwei Löwen- und dazwischen ein Tigerkopf. Am W.-Ende auf dem Tympanum ist die Basreliefbüste einer Frau mit zwei kleinen Hörnern (wie eine cyprische Venus).

Von Bêt Lâya N. gelangt man in 30 Min. nach *Bekêyîfe* und in 35 Min. (auf schlechtem Wege) nach **Râscheyâ** (die Sicherheit soll hier zu wünschen übrig lassen). Der Ort hat an 3000 Einwohner (auch einige Protestanten) und ist terrassenförmig an dem steilen Berge emporgebaut, inmitten von Baumgärten. Ueber das hochgelegene Castell ragt gegen S. der Gipfel des Hermon empor. Die Leute sehen frisch und gesund aus.

*Von Djisr el-Chardeli nach Râscheyâ* (ca. 10 St.). Man folgt dem Laufe des Stromes aufwärts, ein sehr schöner Ritt (Führer nothwendig). Der Lîtâni hat sich hier in dem vom Libanon gegen O. abfallenden Hochlande ein steiles und tiefes Bett gewühlt; er läuft wie ein wilder Gebirgsbach, tosend, oft in grosser Tiefe (bis gegen 300m) zwischen steilen Abhängen. Diese sind meistens bewachsen mit Sycomoren, Myrten u. a. Sträuchern; Adler nisten an diesen unzugänglichen aber grossartigen Abgründen, auch Klippdachse (S. 300) kommen vor. In 1 St. 10 Min. erreicht man das Dorf *Buwêda*. Von hier wendet man sich nach *Beldt*, circa 1 St., woselbst (etwas W. vom Dorf) eine schöne Aussicht über das Thal sich öffnet; S. von Belât ist der Abgrund an einer Stelle, *el-Chatwa* (der Schritt), ganz schmal. Von hier nach *Burghuz* ist eine Entfernung von circa 1½ St. Hier hat man ebenfalls einen herrlichen Blick in den tiefen Abgrund des Flusses; über eine Brücke führt der Weg von Djezzîn (S. 476) nach Hâsbeyâ. Hierauf erreicht man über *Kilya* in circa 1½ St. *Yahmûr*, beides Metâwiledörfer. Man kann auch direct zu der Brücke *el-Kâwe* reiten; das Hinuntersteigen muss zu Fuss geschehen. Die dort befindliche *natürliche Brücke* wird von einer Anzahl heruntergefallener Felsen gebildet, die einen Canal für den etwa 33m tiefer fliessenden Strom übrig gelassen heben. Die Felsen sind mit Sträuchern und Gras überwachsen. Auch hier führt über die breite natürliche Brücke ein Weg in den Libanon hinauf. Der Anblick der Brücke ist sehr grossartig; im S. sieht man Kal'at esch-Schekîf. Hierauf reitet man NO. gegen *Sumûhr*, biegt aber 10 Min., nachdem man den Felsenrand verlassen hat, durch die Weingärten ab; man sieht von hier das Dorf Suhmûr und im N. den Bergrücken, der hier vom Libanon gegen den Antilibanus zieht. Ueber die niedrigen zerklüfteten Erdrücken hinreitend, immer nach NO., erreicht man die Höhe des *Djebel ed-Daher* in circa 1 St.; schöne Aussicht. Nach 10 Min. erreicht man einen zweiten Rücken und in 15 Min. das Dorf *Libbeya;* in 15 Min. (NO.) das Dorf *Nebi Safa* oder *Thelthatha* (1153m ü. M.). In der Nähe die malerischen Ruinen eines gegen O. gerichteten Tempels; er stand auf einer Plattform, zu welcher aber keine Stufen hinaufführten. Die Säulen des Porticus und der Eckpilaster waren ionischer Ordnung mit attischen Basen; an der erhaltenen NO.-Ecke mit Giebelstück kann man erkennen, dass die Wandpfeiler 2,1m hoch waren und aus 9 Lagen von Steinen bestanden; auch einige Trümmer des Giebels sind erhalten. Der ganze Tempel mass 10,7m in der Breite, 22m in der Länge. Das Innere war in Pronaos (Vortempel) und Cella getheilt. Der Altar stand auf einem 1,8m hohen Unterbau in dem SW.-Winkel der Cella. Unter der Cella sind Gemächer, zu welchen von der Seite ein Thor hineinführt. Innen sind Nischen und eine Treppe, die in den erhöhten Theil der Cella führt. In den Gemächern liegt Schutt.

Von Nebi Safa kommt man in ½ St. zu einem künstlichen Hügel *Tell Thatha;* dann steigt man nach dem *Wâdi et-Teim* hinab; in 30 Min. nach *Bêt Sahia*, in 15 Min. zu einer Quelle und ostwärts in 1 St. 10 Min. nach Râscheyâ.

## Der Hermon (*Djebel esch-Schêch*).

Eine Besteigung des Hermon wird am besten im Hochsommer oder Herbst ausgeführt, da man in dieser Jahreszeit keinen Schnee auf dem Wege antrifft; doch ist sie auch im Juni ausführbar. Sie nimmt einen ganzen Tag in Anspruch; wer mit Zelt oben übernachten will, vergesse nicht Feuerung mitzunehmen. Ausgangspunkte sind Hâsbeyâ (S. 469) oder Râscheyâ (S. 471).

Führer bieten sich genug an, mit 6—8 fr. sind sie ausreichend bezahlt. Rüstige Bergsteiger werden mit Vergnügen die Gelegenheit zur schönsten Alpentour in Syrien ergreifen und sich von dem orientalischen Vorurtheil, dass man stets beritten sein müsse, dispensiren. Aufwärts steigt man in 6 starken Stunden, abwärts in 4 Stunden. Proviant darf nicht vergessen werden, und wer nicht Schneewasser trinken will, ist genöthigt, von ungefähr der Hälfte des Weges aus Wasser mitzunehmen.

Wer vorzieht zu reiten, versäume nicht, am Abend vor der Besteigung sämmtliches Sattelzeug und den Hufbeschlag der Pferde gründlich zu untersuchen und darnach zu sehen, dass die Thiere für die strapaziöse Tour gut gefüttert werden und gehörig ausgeruht sind. Wer nicht auf dem Gipfel übernachtet, schickt das Gepäck an den Ort, wohin man hinuntersteigen will.

*Historisches.* Als Landmarke Palästina's, ja Syriens, wird das Hermongebirge schon im alten Testament vielfach erwähnt. Es bildete die Grenze des israelitischen Gebietes (Jos. 12, 1). Der Name kommt von demselben Stamme, wie das Wort „Harem", und bedeutet „der Unnahbare, Heilige". In dem apokryphischen Buche Henoch wird der Hermon als Schauplatz von I Mos. 6, 2 genannt. Der „heilige Berg" hiess er wahrscheinlich wegen des alten Bergcultus, der einst hier stattfand und von welchem die vielen in der Nähe und auf dem Berge gelegenen antiken Tempel noch Zeugniss ablegen. Doch scheint der Name *Ba'al Hermon* nach I Chron. 5, 23 etwas vom „Berg Hermon" Verschiedenes bezeichnet zu haben. Ebenso stimmt diese Stelle nicht genau zu V Mos. 3, 9; vielleicht bezeichnete der Name *Schenir* nur einen Theil des grossen Hermongebirges; bei den Sidoniern hiess der Hermon „*Sirion*". Die Hebräer nannten ihn auch *Sion* (V Mos. 4, 48) und bewunderten ihn wegen seiner majestätischen Höhe (Ps. 89, 13); sie schätzten ihn aber auch als Wolkensammler (Ps. 133, 3). Im Hohen Lied werden die wilden Thiere des Hermon erwähnt (4, 8); den Schnee, womit man schon im Alterthum die Getränke zu kühlen pflegte (Spr. Sal. 25, 13), holte man nach Hieronymus u. a., wie heute noch, vom Hermon. Im neuen Testament wird der Hermon nicht genannt, wahrscheinlich aber ist unter dem „hohen Berg" der Verklärungsscene (Marc. 8, 27; 9, 2) ein Abhang dieses Gebirges zu verstehen.

Der Hermon heisst arabisch *Djebel esch-Schêch*, Berg des „bejahrten" (weisshaarigen), oder *Djebel et-Teldj*, „Schneeberg". Er ist ein von SW. nach NO. circa 7 Stunden weit sich hinziehender Gebirgszug aus Kalkstein; an manchen Stellen ist der harte Kalkfels mit weicher Kreide bedeckt; von den südlichen Ausläufern und bei Hâsbeyâ brechen Basaltgänge hervor. Von dem Antilibanus ist der Hermon durch eine Schlucht im N. getrennt. Im Winter liegen mächtige Schneemassen auf dem Hermon und sogar den Sommer über halten sich einige Schneefelder in geschützten Thalmulden. Noch wird der Bär auf dem Hermon häufig gesehen; die Species wird von den Naturforschern als Ursus Syriacus unterschieden, gleicht aber sehr unserm braunen Bär. Auch sonst beherbergt das Gebirge viel Wild, Füchse, Wölfe u. s. w. Die *Flora* des Hermon hat Kotschy untersucht. Die Culturgewächse sind die des syrischen Berglandes überhaupt; ziemlich bedeutend ist der Weinbau, der oberhalb Râscheyâ bis 1440m steigt. Ueber dem Culturland sind sehr gelichtete und zerstreute Anflüge von Eichen (Quercus cenis, Look und Mellul). Etwa 150m über den Reben beginnen ausgedehnte Tragantsträuche mit stachligen Blättern, und in der Höhe von 1150—1650m trifft man auf eine sehr eigenthümliche und in dieser Weise seltere Vegetation wilder Obstarten mit geniessbaren Früchten. Die ächte Mandel ist so verbreitet, dass sie auf der ganzen

Westlehne des Berges in dieser beträchtlichen Höhe der häufigste Baum ist; daher diese Gegend auch *'Akabet el-lôzi* (Mandelberg) heisst; es scheint hier ein wahrer Heimathsbezirk dieses Baumes zu sein. Ausserdem kommen 2 andere Mandelarten, 2 grossfrüchtige Pflaumenarten, dann eine Kirsche und eine Birne vor. Diese Region wilder Obstbäume, die von Râscheyâ leicht zugänglich ist, wird Botanikern entweder zur Zeit der Blüthe im April, oder zur Zeit der Fruchtreife im Herbst empfohlen. Wenn man von Râscheyâ gegen Ḥâsbeyâ durch 'Akabet el-Djenîna bis zum Djebel Chân geht, so findet man einen dichten Waldbestand zweier für den Fachmann sehr interessanter Coniferen, des feinverästelten Juniperus excelsa M. Bieb, des zwergigen Baumwachholders, der durch den ganzen Orient in den Hochgebirgen vorkommt, und des Juniperus drupacea Labill, einer besonderen Seltenheit. Letzteres Bäumchen, arab. *Dufrân* genannt, trägt pflaumengrosse blau bereifte Früchte, die grössten dieser Gattung. Es findet sich ausserdem nur noch im cilicischen Taurus und im Peloponnes. — Ueber dieser im Ganzen sehr zerstreuten, aber hochinteressanten Baumvegetation breitet sich eine dürftige, unscheinbare Vegetation von niedrigen, meist stachligen Sträuchern aus, die alle der eigentlichen orientalischen Steppenflora angehören, aber zum Theil eigene Arten bilden, namentlich Astragalus Acantholimon, Cousinia etc. An den Schneefeldern fehlt der von Spanien bis hierher verbreitete Ranunculus demissus nicht. Auf der Südseite, die etwas grüner ist als die übrigen, tritt über weite Lehnen eine grosse Umbellifere, eine Ferula-Art, arab. *Sukerân*, gesellschaftlich auf.

Man bricht womöglich vor Sonnenaufgang auf. Von dem Halteplatze bei *Ḥâsbeyâ* ersteigt man die gegenüberliegende Thalwand; in 30 Min. erreicht man das Dorf *'Ain Kundja*; in weiteren 15 Min. das Dorf *Schwêya* und befindet sich nach ferneren 15 Min. auf der Wasserscheide der beiden Thäler *Wâdi Beni Ḥasan* l. und *Wâdi Ḥibberîye* r. Das erstgenannte Thal ist bewaldet. Der Weg, der hier an fünf mächtigen alten Eichen vorüber führt, ist breit und eben, der Blick in die umliegenden Thäler hübsch. Die Ruinen, welche man hierauf antrifft, heissen *Chirbet esch-Schwêya*; mächtige Felsblöcke sind über einander gethürmt; an einem einzeln stehenden Felsen ist eine Treppe kunstlos eingehauen. Nach 15 Min. liegt l. am Wege *Maghâret Schwêya*, alte Grabhöhlen. Die Ersteigung der Anhöhe, welche den Hermon verdeckt, ist beschwerlich; jenseit derselben reitet man in das Thal *Wâdi 'Ain 'Atâ* und hat nun die höchsten Erhebungen vor sich. In etwa 3 St. erreicht man den Kamm des Gebirges und folgt demselben in N. Richtung; in $1^1/_2$ St. erreicht man den kahlen Gipfel.

Der **Hermon** hat eigentlich 3 Gipfel; der nördliche und der südliche sind ungefähr von gleicher Höhe, 2860m ü. M., etwa 500 Schritt von einander entfernt; der westliche ca. 30m niedrigere ist durch ein kleines Thal getrennt und gegen 700 Schritt entfernt. Die Gipfel bestehen theilweise aus Geröll. — Die *Aussicht ist von unermesslicher Ausdehnung und umfasst einen grossen Theil von Syrien. Im S. erblickt man in der Ferne die Berge von 'Adjlûn, bis gegen Moab hin; dann den Lauf des Jordan mit den Seebecken von Tiberias und Ḥûle, W. davon Samarien und Galilaea bis gegen den Karmel hin, das mittelländische Meer vom Karmel bis Tyrus; daran schliesst sich in grossem Bogen die Kette des Libanon von Djebel Rîḥân und Djebel Keneise bis zu den hohen Gipfeln des Ṣannîn und des Machmal im N. (S. 525); dazwischen das Thal des Litâni von Ḳal'at esch-Scheḳîf aufwärts bis weit in die Beḳâ'a hinein; dann der Antilibanus; im NW. die Ebene von Damascus wie ein Meer ausgebreitet bis zu den Wiesenseen, südl. davon Djebel el-Aswad und el-Mâni'a; die Ḥaurânkette in ganzer Ausdehnung, davor das Ledjâ und Djêdûr. In nächster Umgebung liegt im W. das Wâdi 'Ain 'Atâ, im O. das Wâdi 'Arni, im SO. Wâdi Schebâ.

Auf dem S.-Gipfel befinden sich Ruinen. Hieronymus spricht von einem Tempel auf dem Hermon; in der That scheint ein solcher hier gestanden zu haben. Auf der höchsten Spitze des Berges findet sich eine Höhlung; diese ist von einem Oval von Steinen umringt, die einander berührend neben einander gelegt sind; die wohlbehauenen Quadern sind in Geröll oder Felsen auf unebenem Terrain eingesenkt (ein Stein mit griechischer Inschrift wurde 1869 von Reisenden weggenommen). S. von dieser Steinellipse stand ein Gebäude, das nun aber gänzlich zerstört ist; wahrscheinlich war es ein Sacellum, ein viereckiges Gebäude ohne Dach; der Eingang war von O.; der Fels, welcher die Grundlage bildet, ist zugehauen. Im NO. ist eine Felshöhle mit Spuren von Säulen. — Man findet auf dem Hermon Kalkspath-Crystalle.

Um vom Hermon nach Râscheyâ hinunterzusteigen (4 St.), ist ein Führer nothwendig, da zuerst kein rechter Pfad vorhanden ist. Man steigt über Geröll, aus welchem Felsen hervorschauen, die ersten 300m steil bergab. In 50 Min. kommt man zu einer Höhle; dann über steiniges Terrain hinunter in 1 St. 50 Min. zu Weinbergen und Gärten. In einem breiten Thale steigt man abwärts, und kommt nach 25 Min. zu einem Teich; von hier an hat man ebenes Terrain bis Râscheyâ (55 Min.).

Ein anderer Weg (ebenfalls nur mit Führer) führt nach *Ḳal'at Djendel* an der O.-Seite hinunter in ungefähr 4 St. In diesem Orte sind Ruinen eines Castells (in *'Arni*, 3 St. SSW. davon, Ruinen eines Tempels). Von Ḳal'at Djendel nach Ḳatana (S. 403) gelangt man in etwa 2½ St.

*Von Râscheyâ nach Damascus.* a. *Direct nach der Damascusstrasse.* Zuerst reitet man nach *Kefr Ḳûḳ* in 1 guten Stunde. Letzteres liegt an zwei Hügeln am O.-Ende einer kesselartigen Ebene, in welcher sich im Winter ein See ohne Abfluss bildet, während sie im Sommer bepflanzt wird. Im Orte sind Spuren von Alterthümern. Râscheyâ ist hoch oben sichtbar. Nach 10 Min. beginnt man steil bergan zu steigen, erreicht die Höhe in 20 Min., reitet auf dem hohen zerrissenen Plateau weiter und geht schräg gegen den Bergrücken r. hinüber, dessen Fuss man in 25 Min. erreicht. Nach 10 Min. erreicht man eine Art Wasserscheide und steigt in das Thal hinunter; in 20 Min. biegt das Thal nach NO. und führt in circa 1 St. nach **Dêr el-'Aschâ'ir.**

Dêr el-'Aschâir liegt an dem O.-Ende einer kleinen Ebene, auf welcher sich zeitweise ein kleiner See ohne Abfluss bildet. Das Dorf ist von Drusen und Christen bewohnt. Inmitten der Häuser steht ein antiker Tempel, dessen Wände erhalten sind. Er ruht auf einem 3m hohen Stylobat; derselbe steht noch auf einem Sims, der an einer Stelle 2m hoch ist. Aussen an der Plattform läuft ein Carnies und an der Basis ein Gesims herum; an dem Rand der Plattform ist eine Brustwehr; keine Treppe führt hinauf; wahrscheinlich sind Gewölbe im Innern. Die Säulen waren ionisch; der Pronaos war 3,4m breit, 9,9m lang; die Cella 14,3m gegen 9,9m

Am W.-Ende ist die Cella erhöht; im Innern sind Pilaster, auf denen wahrscheinlich die kleinen ionischen Säulen standen, welche herumliegen.

Von Dêr el-'Aschâ'ir reitet man ONO. in die Ebene hinunter; nach 25 Min. kommt man auf eine niedrige Wasserscheide; nach 25 Min. auf die Poststrasse zu Quelle und Chân Meiselûn (S. 466).

b. *Von Râscheyâ über Katana nach Damascus.* Von Râscheyâ reitet man (Führer nothwendig) W. über das schmale Plateau hinweg; nach 15 Min. blickt man in den tiefen Kessel der Ebene von Kefr Kûk und erreicht in 15 Min. am Abhang das Dorf *'Aiha*. Auch hier stand, nördlich vom Dorfe, ein Tempel, von dem aber nur geringe Reste vorhanden sind; die Steine sind zu Bauten verwendet worden.

Von 'Aiha aus wendet man sich nach NO. am Wâdi hinauf. Nach 1 St. 10 Min. erreicht man die Spitze von *Thughra* (Hohlweg), steigt etwas abwärts, kommt l. zwischen den Felsen und an einigen Ruinen vorüber, und erreicht **Rakle** nach 1 St. 15 Min. Das Dorf steht auf einer kleinen Ebene 1458m über dem Meer, nach allen Seiten von Ruinen umgeben. Zwei Tempel standen hier, der obere im Dorfe liegt ganz in Trümmern (griechische Inschriften). Der besser erhaltene Tempel liegt einige 100 Schritte nordöstl. unterhalb des Dorfes. Es ist sehr schwer, sich ein klares Bild von diesem Bau zu machen, da von den Mauern, die NW.-Ecke ausgenommen, nichts in situ zu sein scheint. Merkwürdig ist es, dass die Fronte des Tempels nach W. gegen den Hermon zu gerichtet ist, während die andern Tempel um den Hermon herum nach O. schauen. Im Innern waren Reihen von ionischen Säulen. An der Aussenseite der S.-Mauer, nahe bei der SO.-Ecke ist ein grosser Steinblock, auf welchem eine Art Medaillon mit einem menschlichen Antlitz in Relief; der obere Theil ist mit Pulver weggesprengt. Auf der Unterseite zweier Steine nahe am Thore ist die Gestalt eines Vogels mit ausgebreiteten Flügeln, wahrscheinlich vom Architrav des Tempels. — In Rakle finden sich auch einige Felsengräber.

Von Rakle kann man direct nach Dêr el-'Aschâ'ir reiten; nach 1/2 St. beginnt man in ein nach N. laufendes Thal hinabzusteigen, das sich dann in eine Ebene öffnet. Hier (15 Min.) öffnet sich die Aussicht auf die Ebene von Zebedâni (S. 512). Nach 1/2 St. wendet man sich nach NO. und gelangt in 1/2 St. nach Dêr el-'Aschâ'ir (S. 474).

Andere Ruinen, Namens **Burkusch**, liegen 1 St. 20 Min. SO. von Rakle, 1586m ü. M. Das Interessanteste sind die künstlichen Substructionen einer grossen Plattform, gegen 48m lang (NW. nach SO.) und 36m breit. Im S. ist die Mauer 12m hoch; im N. ist der Felsen künstlich geebnet. Eine grosse 16m breite Kammer läuft der ganzen Länge der Substructionen nach; darüber ist eine Reihe von Bogen, die an der inneren Seite segmentartig sind. Daneben sind Kammern, von welchen eine als Bad gedient zu haben scheint. Auf der Plattform scheint eine grosse byzantinische Basilica vielleicht an Stelle eines älteren Baues gestanden zu haben. Viele verschiedenartige Capitäle liegen herum. — 53m N. von diesem Gebäude liegen die Ruinen eines anderen Baues, dessen ursprüngliche Bestimmung nicht zu erkennen ist, der aber sicher als christliche Kirche gedient hat. Von hier kann man in die Ebene südöstl. hinuntersteigen und in 3 1/2 St. das Dorf Katana erreichen (S. 403). Führer nothwendig.

## 28. Von Kal'at esch-Schekîf nach Beirût über Djezzîn und Dêr el-Kamar.

Von Kal'at esch-Schekîf führt ein sehr schöner, aber beschwerlicher Weg über die Höhe des Gebirges nach Beirût. Die Tour kann frühestens Mitte Mai gemacht werden. Der Charakter der Gegend ist für Syrien durchaus eigenthümlich und erinnert an schweizerische Landschaften. Auch hier sind viele Metâwile sesshaft. Ein Führer ist nöthig.

Von der W.-Seite der Brücke *Djisr el-Chardeli* (S. 468) folgt man eine Strecke weit aufwärts über eine bebaute Ebene den Schlangenwindungen des *Litâni*, der von Sycomoren und Oleander umsäumt ist. Man gewinnt den Eingang in das *Wâdi Djermak* und erreicht das Drusendorf gleichen Namens in $1^1/_2$ St. R. vom Dorfe beginnt die Kette des *Riḥângebirges*, die bewaldet ist und an Grossartigkeit zunimmt, je weiter man bergan steigt. Die Wege sind wilde Bergpfade. In $^1/_2$ St. kommt man l. bei den Ruinen von *el-Medîne* vorbei; in 1 St. muss das Bett des Baches *Zaherâni* (S. 449) durchwatet werden; man steigt aufwärts und erreicht in 40 Min. das ziemlich grosse, unter Nussbäumen gelegene Christendorf *Djerdjû'a*. Es liegt sehr hoch und man sieht von hier aus im W. die Meeresküste mit Sidon und Tyrus, im S. über die wilde Schlucht des Zaherâni hinweg die Festung Scheḳîf, die Litânischlucht, Tibnîn und die Berge von Safed, in weiter Ferne den See von Tiberias und den Ḥaurân. Die Scenerie wird immer wilder; der Pfad geht an schwindelnden Tiefen vorbei; die steilen Abhänge r. sind bewaldet; dazwischen liegen wieder Terrassen mit üppiger Cultur, bes. Wein, Maulbeerbäumen, Pappeln und Wallnussbäumen. In den Bergkesseln tritt Sandstein zu Tage. In 1 St. erreicht man das sehr schön gelegene Dorf *Djebâ'a* mit einem Castell aus neuerer Zeit. Immer noch steigt man bergan; der Wald hört bald auf; in 1 St. 25 Min. folgt das Dörfchen *Zehalte;* von hier aus bleibt noch ein letztes steiles Stück bergan. Sidon ist noch immer sichtbar; dem kahlen Bergrücken folgend, erreicht man **Djezzîn** in circa 50 Min. Das Städtchen, jetzt Hauptort des gleichnamigen Districtes, hiess im Mittelalter *Casale de Gezin;* es liegt, von grünen Gärten umgeben, in einem Felsenkessel (830m ü. M.). Die hier angesessenen Christen treiben meist Seidenzucht. Die Häuser sind gut gebaut. Ein Bach fliesst durch das Dorf; er entspringt im SO. auf den hohen Gipfeln und stürzt sich an der NW.-Seite des Fleckens mit einem Fall von 73m in einen Abgrund, um sich mit dem von NO. kommenden Hauptstrom *el-'Awali* zu vereinigen.

Von Djezzîn steigt man in etwa 50 Min. am Bach hinunter bis gegen den Fluss 'Awali, an einer Menge von Dörfern vorbei. Der Fluss (S. 453) heisst in seinem oberen Lauf *Nahr Bârûk;* er entspricht wahrscheinlich dem alten *Bostrenus* und scheidet heute die Districte *Teffâḥ* und östl. davon *Djezzîn* von dem nördl. gelegenen District *Charnûb*. An seinen Quellen liegt der District *esch-Schûf*. Man überschreitet den 'Awali nicht, sondern hält sich auf dem linken Ufer. Ein kleines Thal wird umgangen; in etwa 25 Min. gelangt man nach *Bêter*, in 1 St. 10 Min. nach *Ḥâret el-Djenêdle*, dann r. in 50 Min. an *'Ain Matûr* und *'Ain Ḳanye* vorbei nach der grossen Ortschaft *Muchtâra*, die auf einem hohen Bergvorsprung zwischen der Vereinigung des 'Awali mit dem von O. kommenden *Charûbe* liegt. Hier in dem *Casale Maktara* der Kreuzfahrer hatte sich der Schêch Beschîr (s. unten) inmitten reicher Gartenanlagen einen Palast gebaut. Eine Brücke führt unterhalb der Ortschaft nach *Djedeide* (l.), dann in circa 1 St. 30 Min. an *'Ain es-Sûk* und *Sûḳanîye* vorbei nach *Bteddîn*, 15 Min. von *Dêr el-Ḳamar* (s. unten).

Von Djezzîn aus gibt es auch einen mehr westlichen Weg nach Dêr el-Kamar. Man reitet nach *Dêr el-Mischmûschi* abwärts, woselbst ein Maronitenkloster. Hier hielt sich eine Zeit lang die berühmte Lady Hester Stanhope, Nichte Pitt's, auf und führte ihren phantastischen Hofhalt, von den Eingebornen wie eine Fürstin geehrt und gefürchtet. — Dann setzt man über den 'Awali bei der Brücke *Djisr el-Djebel* bei *Betir*, woselbst einige Granitsäulen, und steigt auf Zickzackwegen am rechten Ufer des 'Awali empor durch wohlbebautes Land nach *Mezra'at esch-Schûf* und *Bteddîn* (4½—5 St. von Djezzîn).

Die *Geschichte der Drusen* in den letzten 2 Jahrh. besteht hauptsächlich aus einer Reihe von Parteikämpfen einiger hervorragender Adelsgeschlechter, der Djambelât, Schehâb etc. Gegen Ende des letzten Jahrh. (1789) wurde der Emîr Beschîr aus dem Hause Schehâb (S. 480) Oberschêch der Drusen. Der Beginn seiner Laufbahn war durch die gewöhnlichen Grausamkeiten orientalischer Herrscher befleckt; auch hatte er fortwährend Kämpfe mit seinen Antagonisten. Nach Djezzâr Pascha's Tode 1804 setzte er sich in Dêr el-Kamar mit Hülfe des englischen Flottencommandanten Sidney Smith fest. Da auch die Geldansprüche, welche Djezzâr Pascha an Beschîr hatte, von der Regierung auf ¼ herabgesetzt wurden, schloss sich Emîr Beschîr mehr den Türken an, im Gegensatz zu seinem Widersacher *Schêch Beschir* in Muchtâra, aus der Familie Djambelât. Er trat heimlich zur maronitischen Kirche über, um sich der Unterstützung des Clerus zu versichern, alles um den Einfluss des Schêch Beschîr zu brechen; der Uebertritt geschah nur aus politischen Gründen, auch wagte er nicht, die Christen offen zu begünstigen. Während der Schêch Beschir, ein reicher und schlauer Mann, ein Einkommen von circa 2000 Beuteln (cira 50,000 Pfd. St.) hatte und einen glänzenden Hofstaat führte, betrugen die Einkünfte des Emîr's nur den fünften Theil dieser Summe, auch galt er für geizig. Die Politik des Emîr war, sich von den Pascha's unabhängig zu machen und nur von Stambul abhängig zu sein; dies suchte er durch Verbindung mit Ibrâhîm Pascha von Aegypten zu erreichen. Er reiste daher nach Aegypten; aber als er nach seiner Rückkehr neue Taxen auf dem Gebirge erheben wollte, brach ein Aufstand, von Schêch Beschir in Scene gesetzt, los. Im Jahre 1824 gelang es dem Emîr, seinen Gegner zu vertreiben, seine Güter zu confisciren und ihn umzubringen. Als im Einverständniss mit Emir Beschir Ibrâhîm Pascha von Aegypten die Drusen entwaffnete und die Militärconscription einführte, konnten die Aegypter nur mit Mühe und durch Gräuelthaten des allgemeinen Widerstandes Herr werden; um die Drusen zu bekämpfen, wurden Waffen an die Maroniten ausgetheilt. Der Andrang der Drusen zu den amerikanischen Missionsschulen war damals gross, da sie Hülfe von den Protestanten, besonders von England hofften. Auch als die Drusen später von den zur Erhaltung der Türkei alliirten Mächten Waffen zum Aufstand gegen die Aegypter erhielten, blieb Emir Beschir den letzteren treu; er musste sich auf ein englisches Schiff flüchten und wurde 80jährig ins Exil nach Malta geführt. Die Anarchie im Gebirge kehrte zurück. Der maronitische Patriarch wandte die Gelder, die er von den Alliirten zur Unterstützung der Verunglückten erhielt, zu politischen Zwecken an; die Drusen machten 1841 einen Aufstand und schlugen das Heer der Maroniten. Die türkische Regierung sah es gern, dass sich die Parteien gegenseitig zerfleischten. Auf Antrag der europäischen Mächte wurde 1843 die Regierung so getheilt, dass die Maroniten und die Drusen jede ihren besonderen Schêch erwählten; aber diese Theilung führte nur zu fortwährenden Reibungen; die Schêchs (Kaimmaḳâm), von den Türken gewählt, verloren ihren Einfluss. Als im Jahre 1859 ein Aufstand unter den Maroniten losbrach, benutzte dies die Regierung in gewohnter Weise und rief die Gräuelscenen des Jahres 1860 in mehr oder minder directer Weise hervor (S. 483); es ist bekannt, wie die türkischen Soldaten überall die Christen des Libanon unter dem Vorwand der Ruhestiftung entwaffneten, um sie nachher wehrlos den mordenden Drusen zu überliefern. In dieser Weise kamen in Dêr el-Kamar 1200 Christen ums Leben, und das Städtchen hat sich seither nur langsam wieder erholt.

In **Bêteddîn** (*Bteddîn*) standen die Paläste des Drusenfürsten Emîr Beschîr (s. oben). Der grösste ist der unterste, welcher auf einem Vorsprung über dem tiefen Thale steht. Er war ganz im Geschmack damascenischer Häuser erbaut, die Böden mit Marmorfliesen belegt, an den Wänden Stuccatur und Holz mit Perlmutter eingelegt, überall Springbrunnen und an den Wänden arabische Inschriften in Gold. Das Wasser wurde aus weiter Ferne von 'Ain Zehalte hierher geführt. Der Palast ist leider schon sehr zerfallen und dient jetzt türkischem Militair als Aufenthaltsort. Noch immer kann man die Gartenterrassen mit der schönen Aussicht bewundern. Weiter oben am Hügel stehen noch zwei andere Gebäude, ehemals Paläste, die der Emîr für seine Mutter und für einen seiner Söhne hatte bauen lassen. — In Bteddîn befindet sich eine türk. *Telegraphenstation.*

Die grosse Ortschaft **Dêr el-Kamar** liegt im District *Menâsif*, einer Unterabtheilung von esch-Schûf, 900m ü. M. in sehr gesunder und schöner Lage, vom fruchtbarsten und trefflich bebauten Terrassenlande umgeben, auf welchem jeder Fleck Landes benutzt ist. Der Ort ist schwer zugänglich; daher eignet er sich vortrefflich als Centralsitz der mehr oder weniger unabhängigen Drusen. Ausser Weinbau und Seidenzucht werden, wie im ganzen District esch-Schûf, Seidengewebe und Stickereien verfertigt; der hier oben gewonnene Ertrag an Korn reicht zur Erhaltung der Bevölkerung nicht aus. Bei weitem der grösste Theil der 7—8000 Einwohner sind Maroniten. Hier im Gebirge kann man oft den eigenthümlichen hornartigen Kopfschmuck der Drusenfrauen *(tantûr)* bewundern. Die Bewohner gelten für intelligent und in der That trifft man, wie in Beirût, manche, die ein für Orientalen ungewöhnliches Wissen besitzen; Unterkommen ist leicht zu finden.

Von Dêr el-Kamar wird die Höhe westwärts erstiegen, welche vor der tiefen Schlucht des *Nahr el-Kâdi* liegt. Dann wendet man sich nördl. und erreicht über *Bschetfîn* die Brücke über genanntes Thal in 1 guten Stunde. Die Wege sind schlecht und von der Ausbesserung derselben durch Emîr Beschîr nichts mehr zu spüren. Die Aussicht ist herrlich. Man kann auf einem kleinen Umweg, indem man von der Brücke aus l. reitet, die grosse Erziehungsanstalt der Amerikaner in *'Abeih* besuchen; von hier lenkt man, östl. von *'Ain Ksûr*, wieder in den gewöhnlichen Weg ein. In etwa 1 St. von der Brücke erreicht man das schön gelegene Dorf *'Aineb*, in 30 Min. *'Ain 'Anab* (Palmen); dazwischen erblickt man r. oben *Schumlân*, wo sich eine Seidenfabrik befindet. In 30 Min. erreicht man *'Ain Bseba*; die Aussicht bleibt stets prachtvoll. Unten l. sieht man die Dörfer *Schuweifât* (S. 454) und *Kefr Schima*; von hier beginnt man immer mehr in die Ebene hinabzusteigen und erreicht Beirût in circa 2 St. auf der Damascusstrasse.

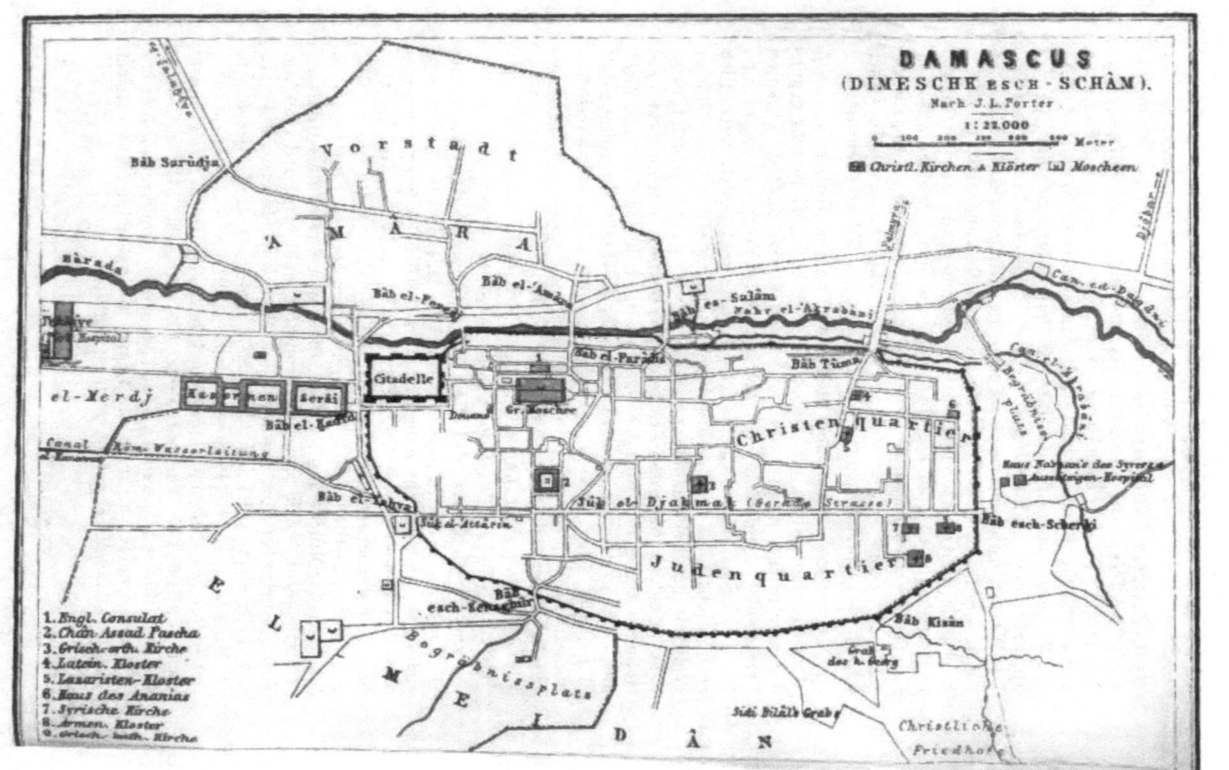
DAMASCUS
(DIMESCHK ESCH-SCHÂM).
Nach J. L. Porter
1 : 22.000
Meter
Christl. Kirchen & Klöster
Moscheen
Vorstadt
ʿAMÂRA
Bâb Surûdja
Bârada
Bâb el-ʿAmâra
Bâb es-Salâm
Bâb el-Farâdîs
Bâb Tûma
Citadelle
Serâi
el-Merdj
Gr. Moschee
Christenquartier
Judenquartier
Bâb esch-Scherki
Bâb Kisân
Bâb esch-Seghîr
Begräbnisplatz
Sidi Bilâl's Grab
Christliche Friedhöfe
Palmyra
ELMEIDÂN
1. Engl. Consulat
2. Chân Asʿad Pascha
3. Griech.-orth. Kirche
4. Latein. Kloster
5. Lazaristen-Kloster
6. Haus des Ananias
7. Syrische Kirche
8. Armen. Kloster

## 29. Damascus.

**Gasthöfe**: Hôtel Dimitri, ganz in der Nähe des Halteplatzes der französ. Messageries. Der Wirth *Dimitri*, ein Grieche, war früher Dragoman und spricht etwas englisch, überlässt aber die Führung des Hôtels ganz den Kellnern, gegen deren Unverschämtheit man gleich von vornherein auftreten muss. Preis 10—12 shilling den Tag; engl. Bier 2 sh. die Flasche. Das Haus, von einem reichen Damascener erbaut, hat einen stattlichen Hof und gibt ein gutes Bild des Innern derartiger Wohnungen (vergl. S. 492); das grosse Wasserbecken macht es etwas feucht. — Ein zweites Haus Hôtel des Voyageurs im Christenquartier (S. 500) sei hier nur für den Nothfall genannt. Der Wirth verlangt 8—10 fr. per Tag, lässt aber mit sich markten. Die Zimmer sind schlecht und heiss (Ungeziefer), der Tisch sehr mittelmässig, die Wirthschaft arabisch.

**Restauration Peter**, sehr einfacher Art, von einem französischen Schweizer gehalten, am Ende des Griechenbazars (S. 489) bei der Citadelle; hält viele Sorten Weine und Bier (bisweilen auch österreichisches).

Die **Café's** von Damascus sind die grössten im Orient und der Besuch des einen oder andern von Interesse. Bei den meisten grenzt die eine Seite an einen Wasserlauf; es sind grosse Hallen mit einer Menge kleiner Tischchen und noch kleinerer Stühlchen (in einigen werden etwas grössere für den Fremden bereit gehalten), an welchen der Damascener, neben sich sein Nargile, mit gekreuzten Beinen sitzt und sein Triktrak spielt.

**Geld.** Die *Banque Ottomane* hat eine Filiale in Damascus; ausserdem haben die Beiruter Kaufleute ihre Agenten daselbst.

**Post** auf dem Platz beim Serai (S. 489). Briefe nach Beirût 1 P.; arabische Adresse ist erwünscht. Telegramm nach Beirût 20 Worte 10 P.; man versehe sich mit Regierungsgeld (S. 7). *Messageries* nach Beirût s. R. 26.

**Consulate.** Das deutsche Consulat wird durch den ital. Consul *Cavaliere Enrico Colucci* (in der Nähe der Christenstrasse) verwaltet; England: *William Green*; Frankreich: *A. Guys*; Dänemark: *Sal. Levy Abdu*; Holland (Griechenland und Portugal): *Abdu Bey Kodzi*; Oesterreich: *Jean Bertrand*; Persien: *Abbas Kuly Khan*.

**Wäsche** das Dutzend Stück 2 fr.; gut und billig wird von den fränkischen Nonnen gewaschen.

**Schneider.** *Fary*, am W. Ende des Griechenbazars (S. 489), theuer.

**Photographien** bei *Rombeau* (Franzose) im Christenquartier.

**Bazar.** Die Mannigfaltigkeit der Waaren, welche auf dem Bazar von Damascus ausgestellt sind, ladet zu Käufen ein. Zwar können die Seidenzeuge u. a. ebensogut in Beirût, als in Damascus gekauft werden, aber die Auswahl dieser Gegenstände ist in Damascus grösser. Ueber Einkäufe vergl. S. 35. Da die Kaufleute in Damascus selten eine andere Sprache reden als die arabische, so wird der Fremde einen Lohndiener und Führer annehmen müssen. Die Dragomane und Führer, welche sich in den Gasthöfen anbieten, sind wenig zuverlässig: bei den Verkäufern erhalten sie sämmtlich ihre Procente. Am meisten zu empfehlen ist ein Deutsch-Oesterreicher Namens *Franz*, der schon lange in Damascus angesiedelt ist und über die dortigen Verhältnisse sehr gut Bescheid weiss. Nähere Angaben sind in dem Rundgang (S. 487 u. ff.) enthalten.

**Aerzte.** *Dr. Nicora*, franz. Sanitätsarzt, Derb el-Mustakim; *Meschâka Sohn*; *Dr. Biagini*; *Dr. Medana*; *Dr. Nicolaki*, Director des Mil.-Spitals.

**Apotheken.** Die besten im Christenquartier, l. am Derb el-Mustakîm und bei der maronitischen Kirche.

Die **Bäder** in Damascus, alle ausschliesslich von Muslimen gehalten, auch diejenigen die sich im Christenquartier befinden, sind wegen ihrer Pracht im ganzen Orient berühmt. Sie sind meistens mit Marmor vertäfelt und nach orientalischen Begriffen sehr bequem eingerichtet. Wir haben die Lage einiger solcher Anstalten (S. 488, 491) bei unserm Gang durch den Bazar angemerkt. Näheres über Bäder s. Einl. S. 33.

Das **Strassenleben** (vergl. S. 494, 497) in Damascus steht dem in Cairo, was Buntheit der Trachten und echt oriental. Scenen anlangt, in keiner Beziehung nach, daher Wanderungen durch die Strassen nicht genug empfohlen werden können (der Gebrauch der Esel oder Pferde hierzu ist weder üblich noch empfehlenswerth, da die Thiere schlecht sind und das Sattelzeug äusserst mangelhaft ist). Leider war es dem Herausgeber d. B. unmöglich, einen bessern Plan der Stadt zu beschaffen.

**Historisches.** Damascus ist sicher eine uralte Stadt, obwohl ihre Erwähnung im 1 Buch Mose, ganz abgesehen von dem sehr zweifelhaften Texte von Cap. 15, 3, hierüber durchaus nichts Bestimmtes an die Hand gibt. Ueber die Gründung der Stadt sind bei Juden, Christen und Muslimen eine Unzahl Fabeln verbreitet, die aber sämmtlich unglaubwürdig sind. Die Einwohner sollen nach Amos 9, 7 aus Kir (was wahrscheinlich nördlich von Aleppo lag), eingewandert sein; ebendahin sollten sie nach Amos 1, 5 u. II Kön. 16, 9 in die Verbannung geführt werden. Sicher dagegen ist, dass David die Stadt nach einem blutigen Kriege als Bundesgenossin des von ihm bedrängten Zoba eroberte und eine Besatzung hineinlegte (II Sam. 8, 5 ff.). Doch blieb sie nur kurze Zeit unter israelitischer Botmässigkeit, denn schon unter Salomo trat Reson mit einer Schaar Freibeuter als König von Damascus auf und stiftete dort ein Reich, mit welchem die Israeliten von nun an oft blutige Kämpfe, besonders um den Besitz des nördlichen Ostjordangebietes, führten. Die Berichte darüber sind dunkel. Die äussere Geschichte des nördlichen Reiches Israel dreht sich fast völlig um das Verhältniss zu Damascus; sogar Elias und Elisa haben nach den vorliegenden Berichten mehr Beziehungen zu Damascus als zu Juda. Die Politik des südlichen Reiches ging dahin, die Fürsten von Damascus gegen das nördliche Reich aufzureizen. Verschiedene dieser Könige führten den Namen Ben Hadad. I Kön. 15 wird der erste Einfall der Damascener erzählt; 1 Kön. 20 die Kämpfe Ahab's mit den Damascenern, Kämpfe, deren im Grunde locale Bedentung in diesen Berichten überschätzt und deren Umfang übertrieben ist; dasselbe gilt von II Kön. 6 u. 7. Der grösste Gegner Israels aber war Hasael, an dessen Erhebung Elia und Elisa Antheil gehabt hatten (II Kön. 8, 7). Durch die Zwistigkeiten zwischen beiden Reichen bekamen die Damascener freies Feld. Hasael verwüstete das Ostjordanland, zog über den Jordan und eroberte die Stadt Gath; der König von Juda erkaufte die Nichtbelagerung Jerusalems theuer (II Kön. 12, 18 ff.). Der Sohn Hasael's Benhadad III. war weniger glücklich (II Kön. 13, 25 ff.). Joas und besonders sein Sohn Jerobeam II. brachten das Reich Israel wieder empor, aber nur für kurze Zeit; Jerobeam eroberte sogar Damascus (II Kön. 14, 28). Bald darauf finden wir den König Pekach von Israel im Bunde mit Rezin von Damascus gegen Jotham von Juda (II Kön. 15, 37). Beide zogen sogar gegen Jerusalem, konnten aber dem Ahas, dem Nachfolger des Jotham, nicht viel anhaben; doch gab er den Hafen Elath am Rothen Meere den Edomitern zurück (I Kön. 22, 48). Ahas rief nun gegen die Syrer die Assyrer zu Hilfe. Diese erschienen; von den drei Staaten, welche sich hätten gegen sie vereinigen sollen, nahmen sie einen nach dem andern ein, zuerst Damascus, wohin Ahas zur Huldigung reiste, dann das nördliche Reich; später auch das südliche. In den assyrischen Berichten heisst das Reich Damascus *Imirisu*, die Stadt *Dimaski*.

Tiglath Pileser nahm das Reich Damascus, das sich schon früher einmal der assyrischen Botmässigkeit hatte fügen müssen, im J. 732 ein. Von nun an scheint Damascus im Alterthume keine selbständige Rolle mehr gespielt zu haben, denn die Zeit der kleinen Reiche, aus denen Syrien ehemals bestand, hatte dem Zeitalter der grossen Weltreiche Platz gemacht. Die Stadt freilich scheint sich schnell erholt zu haben, da schon Jeremias (49, 27) ihr wieder mit Strafe droht; aber Damascus wird von nun an in der israelitischen, sowie später in der griechischen und römischen Geschichte mehr nur gelegentlich erwähnt. Nach der Schlacht von Issus (333 v. Chr.) kam ganz Syrien unter die Herrschaft Alexanders, und Damascus, woselbst der Harem und die Schätze des Darius geblieben waren, wurde dem Parmenio durch Verrath überliefert. In den Kämpfen der Diadochen fiel Damascus und der Libanon bisweilen an die Ptolemäer. Im Jahre 111 theilten sich die Stiefbrüder Antiochus Grypus und Antiochus Cyzicenus in Syrien; letzterer regierte von Damascus aus Phönicien und die Bekâ'a (das Gebiet zwischen Libanon und Antilibanus). Während der Zwistigkeiten dieser Fürsten konnte Hyrcanus sein Gebiet vergrössern. Demetrius Eucaerus, der vierte Sohn des Grypus, von Aegypten unterstützt, wurde hierauf in Damascus König; von den Juden eingeladen, rückte er i. J. 88 v. Chr. in Palästina ein und schlug den Alexander Jannaeus bei Sichem. Demetrius, von seinem Bruder Philippus und den Parthern gestürzt, starb in der Gefangenschaft. Ein anderer Bruder, Antiochus Dionysos, herrschte nun 3 Jahre über Syrien, bis er in einer Schlacht gegen Aretas, König von Arabien, i. J. 84 v. Chr. fiel. Dieser wurde nun König über Damascus. Später finden wir Damascus in den Händen des Armenierkönigs Tigranes; hierauf wurde es von Metellus für die Römer erobert. Pompejus empfing hier im Jahre 64 Gesandte und Geschenke von den benachbarten Königen; im J. 63 wurde Syrien römische Provinz. Hier besuchte der junge Herodes den Proconsul Sextus Caesar und erhielt von ihm die Bekâ'a. In Damascus liess Herodes, obwohl die Stadt ausserhalb seines Herrschaftsgebietes lag, ein Theater und ein Gymnasium erbauen. Römische Provinzialstadt wurde Damascus erst 200 Jahre später unter Trajan.

Aus dem Erwähnten ergibt sich, dass die Landschaft Damascus Geschicke durchmachte, die vielfach mit denen der Juden identisch waren, wie ja gewöhnlich ganz Syrien in die grossen Weltereignisse verflochten wurde. Die einheimische Cultur mag in Damascus keine unbedeutende gewesen sein; gewiss ragte die Stadt durch Handel und Industrie hervor, da sie den Karawanenverkehr mit dem Osten, besonders Persien, vermittelte. Die Sprache war syrisch; die Religion wohl der Dienst der Astarte (S. 329) und ähnlicher Götter. Doch drang natürlich auch hier griechisch-römisches Wesen ein und war zu Jesu Zeit hier gewiss bereits tiefer eingebürgert als bei den conservativeren Juden. Von den letzteren wohnte übrigens eine bedeutende Colonie in Damascus. Sehr merkwürdig aber ist es, wie früh die Araber — Aretas ist = Ḥârith — sich in jener Gegend Einfluss zu verschaffen wussten. Die Verhältnisse der Wanderstämme in der syrischen Wüste, östlich von der Stadt, mögen damals schon ähnliche gewesen sein, wie heutzutage. Noch heute halten nur die dichten und verschlungenen Baumgärten, die von Lehmmauern umgeben sind, den Angriff und die Räubereien jener wilden Horden ab. — Als politische Grenzwacht gegen die Wüste blieb die Stadt auch den Byzantinern wichtig. Damascus wurde später Sitz eines christlichen Bischofs, der dem Range nach der zweite im Patriarchat von Antiochien war. Von den Bischöfen kennt man viele. Der Kaiser Theodosius, der die heidnischen Tempel in Syrien zerstörte, verwandelte auch den grossen Tempel von Damascus in eine christliche Kirche. Justinian baute dort eine neue Kirche. In den Kämpfen der Byzantiner und Perser hatte die Stadt viel zu leiden; unter Heraclius (610–641) wurde ein grosser Theil der Bewohner von Damascus nach Persien in die Sclaverei weggeführt. Nun aber begann mit dem Auftreten des Islâm für Damascus die dritte glänzendste Periode seiner Geschichte, in welcher zwar der Einfluss griechisch-römischer Bildung wieder rückgängig gemacht wurde.

Schon längst war Damascus von Arabern umgeben. Im Haurân, einige Tagereisen im S., hatten die mächtigen Ghassaniden, die Vorkämpfer der Byzantiner, ihren Sitz. Sie waren Christen, vertauschten aber ihre Religion ohne Schwierigkeit mit dem Islâm und erleichterten das Vordringen ihrer Stammesgenossen wesentlich. Dem jugendlichen Impuls dieser beutegierigen Schaaren konnten die morschen Zustände der byzantinischen Herrschaft in Syrien nicht widerstehen, da ausserdem das Reich noch durch Einfälle an der Nordgrenze bedroht war.

Nach der Schlacht beim Yarmûk fiel Damascus in die Hände der Araber. Die Angaben, wie lange Zeit die Stadt belagert worden sei, schwanken. Die muslimischen Feldherrn stellten mit grosser Umsicht ihre Heeresabtheilungen so auf, dass Entsatz unmöglich war. Der Hauptbefehlshaber der Araber war Abu 'Ubeida; Châlid Ibn Welid, der Sieger am Yarmûk, stand am östlichen Thore. Das wahrscheinlichste ist, dass Châlid, der sich überhaupt durch Kühnheit auszeichnete, mit Strickleitern die Wälle in einer Nacht, als die Griechen sorglos waren, erstieg, das Thor öffnete und seine Truppen einziehen liess. Als die Damascener dies merkten, capitulirten sie mit den Befehlshabern, die an den andern Thoren standen; auch hier rückten die Araber ein und trafen in der Mitte der Stadt auf die raubenden und sengenden Schaaren Châlid's. Die Stadt wurde daher zur Hälfte als eine eroberte, zur Hälfte als eine freiwillig übergebene betrachtet. Den Christen wurde der Besitz von 15 Kirchen verbrieft (Anfang 635).

Der Glanz von Damascus beginnt mit der Herrschaft der 'Omayyaden. Die 'Omayyaden (S. 70) waren ohne Zweifel die bedeutendsten Fürsten, welche die Araber je hervorgebracht haben. Zunächst verlegte Mu'âwiya den Sitz seiner Herrschaft nach Damascus. Die 'Omayyaden waren reich und vergnügungssüchtig, und die Araber begannen von ihren Besiegern sich Sinn für verfeinerten Lebensgenuss anzueignen, obwohl ihre Denkweise noch einfach blieb (über den Bau der grossen Moschee s. S. 502). Familienzwist untergrub die Dauer der 'omayyadischen Herrschaft und bahnte dem Aufkommen der Abbasiden den Weg; dadurch wurde der Schwerpunkt des Reiches wieder von Damascus weg nach O. verlegt. Die Damascener waren daher auch mit den 'Abbasiden nicht zufrieden. — In den folgenden Jahrhunderten gerieth Damascus in die Gewalt der Tuluniden von Aegypten; hierauf verheerten die Kämpfe der Karmatensecte Syrien bis vor die Thore der Stadt. Später (von 936 an) verwüsteten die Streitigkeiten der Ichschiden mit den im nördlichen Syrien und Mesopotamien residirenden Hamdaniden (S. 71) das Land. Hierauf kam Damascus in die Gewalt der Fâtimiden von Aegypten; aber diese Fürsten konnten die inneren Fehden und bisweilen selbst die Einfälle der Byzantiner nicht hindern. Im Jahre 1075/6 fiel Damascus in die Hände der Seldjuken (S. 72). — Im Jahre 1126 rückten die Kreuzfahrer unter Balduin von Tiberias aus gegen Damascus vor; sie errangen zwar südlich von der Stadt einen Sieg über Toghtekin, mussten sich aber dennoch wieder zurückziehen. Einige Jahre später traten die Assassinen, die in Damascus mächtig waren, mit den Franken in Verbindung und versprachen ihnen Damascus (gegen Tyrus) auszuliefern. Dies wurde aber durch den Fürsten Bûri verhindert; dieser überfiel die heranziehenden Franken und plünderte ihr Lager. Im Jahre 1148 belagerte Konrad III. Damascus; aber der Fürst von Mosul Seif ed-dîn Ghâzi und Nûr ed-dîn Mahmûd, der Bruder des Fürsten von Aleppo, kamen dem Fürsten von Damascus Mudjir ed-dîn Eibek zu Hilfe. Dieser Fürst lag fast beständig im Krieg mit den Franken, bis Nûreddîn ihm Damascus entriss (1153). Nûreddîn verschönerte Damascus; er umgab die Stadt mit neuen Befestigungen, liess viele Moscheen und Schulen erbauen und die Brunnen herstellen; er gründete ein Gerichtshaus, in welchem er selber zweimal in der Woche zu Gericht sass. Noch einmal bedrohten die Franken Damascus im J. 1177, und der Statthalter Saladins musste sich von ihnen loskaufen. Später wurde Damascus Mittelpunkt der kriegerischen Unternehmungen Saladins gegen die Franken. Wiederum hatte Damascus in den Kämpfen der Nachfolger Saladins mehrere Belagerungen auszuhalten. Im Jahre 1260 musste sich die Stadt den Mongolen unter Hûlagû (S. 74) ergeben. Von diesen wurden die Christen sehr begünstigt; aber das Blatt wandte sich, als der Mamelukenfürst von Aegypten, Kotuz, die Stadt zurück eroberte. Dessen Nachfolger war Bibars, der die Citadelle von Damascus neu baute. Im Jahre 1300 plünderten die Tataren unter Ghazzan Chân die Stadt wieder und verbrannten viele Gebäude. Im Jahre 1399 rückte Timûr gegen Damascus; die Stadt kaufte sich jedoch durch Zahlung einer Million Goldstücke von der Plünderung frei. Das Schloss ergab sich, nachdem die Tataren die oberhalb desselben befindliche Terrasse erobert hatten. Die berühmten Schwertschmiede wurden damals sämmtlich weggeführt und brachten das Geheimniss der Verfertigung von Damascenerklingen nach Samarkand und Chorasan, woselbst diese Kunst noch heute blüht, während sie in Damascus fast gänzlich in Vergessenheit gerathen ist. Im Jahre 1516 zog der türkische Sultan Selim in Damascus ein; seit dieser Zeit ist Damascus eine Provincialhauptstadt des türkischen Reiches.

Nicht unerwähnt dürfen schliesslich die blutigen Ereignisse und Greuelthaten des Jahres 1860 bleiben. Der Aufstand gegen die Engländer in Indien hatte die Gemüther der Muslimen entflammt. Der damalige Pascha Aḥmed hinderte aber nicht nur nicht die Drusen, welche zur Ermordung der Christen herbeiströmten, sondern soll selbst von einer nahen Caserne das Zeichen dazu haben geben lassen; die Soldaten fraternisirten mit den Drusen und dem Pöbel von Damascus, welche das Christenquartier verheerten. Die Gräuelscenen begannen am 9. Juli 1860. Das englische und das preussische Consulat nahmen viele Flüchtlinge auf; ebenso zogen sich Haufen von Christen in die Citadelle zurück. Bald war das ganze Christenquartier in einen Schutthaufen verwandelt. Auch die Consulatsgebäude wurden, mit Ausnahme des preussischen und des englischen, verbrannt; schauderhafte Gräuel wurden von der thierisch gewordenen Volksmasse verübt. Manche Christen hatten sich in muslimische Häuser geflüchtet; am 11. Juli begann man dieselben aus diesen Häusern herauszuschleppen und zu ermorden. Der ehemalige algerische Häuptling 'Abd el-Ḳâder (S. 467) bot seine Mauren auf und diese retteten vielen Christen das Leben. Der Pascha hingegen blieb vollständig unthätig. Man rechnet, dass in jenen Schreckenstagen gegen 6000 Christen in Damascus getödtet worden sind; die Leichen lagen in Haufen übereinander. Besonders viele Ordensgeistliche waren niedergemetzelt worden, theilweise an den Altären, wohin sie sich geflüchtet hatten. Bis heute noch sind im Christenquartier die Spuren der gräulichen Verwüstung sichtbar. Dieselbe Schlächterei wiederholte sich im Gebirge; hier machten die Drusen besonders ihrem alten Hass gegen die Maroniten Luft. Man schätzt die Zahl der Getödteten im Ganzen auf 14,000 Seelen. — Erst die allgemeine Entrüstung, welche sich bei allen Völkern des Abendlandes fühlbar machte, veranlasste die türkische Regierung zum Einschreiten. Eine Anzahl Rädelsführer sowie Aḥmed Pascha selbst wurden in Damascus festgenommen und enthauptet, auch Juden befanden sich darunter. Ein französisches Corps von 10,000 Mann wurde nach Syrien geschickt (vergl. S. 76). Eine Schaar Maroniten vereinigte sich mit den Franzosen; die Drusen wurden endlich zu Paaren getrieben. Viele Drusen wanderten damals aus dem Libanon aus und begaben sich nach dem Ḥaurân (vgl. S. 419); von den Christen siedelten viele nach Beirût über. — Die Parteiverhältnisse in Damascus haben sich seit jener Zeit nicht wesentlich gebessert.

Die Bevölkerungsstatistik von Damascus ist überaus schwierig und selbst eine Schätzung unmöglich. Der beste Bericht spricht von ungefähr 110,000 Einwohnern. Im Jahre 1840 wurden folgende Zahlen angegeben: 111,552 Einwohner, wovon 89,500 Muslimen, 500 Drusen, 4000 Metâwile und 150 Nosairier. Hierbei wären die vielen Beduinen, die sich stets in Damascus aufhalten, nicht mitgezählt. Die Juden werden in jener Tabelle zu 5000 angegeben, die Christen zu 11,772, wovon 5290 griechische Orthodoxe (unter einem Patriarchen), 190 armenische Orthodoxe, 70 Lateiner, 290 Maroniten, 5075 griechische Katholiken, 270 armenische Katholiken, 555 syrische Katholiken (Damascus ist Sitz des Patriarchen). Die Zahl der Christen hat sich nach dem Christenmorde wieder gehoben. Seit vielen Jahren arbeitet in Damascus auch die amerikanische Mission, hat jedoch noch keine grosse Gemeinde gesammelt. Der wichtigste Uebertritt, der aber ohne Zuthun der Mission erfolgte, war der des gelehrten Damascener Arztes Michael Meschâka (ehemals amerikanischer Consul). Die fränkische Colonie in Damascus ist unbedeutend.

Schon in früher Zeit erschien Damascus den Arabern als Abglanz des Paradieses, sodass alle Herrlichkeiten des Himmels ihr

31*

irdisches Prototyp in Damascus haben sollten. Der Araber denkt sich nach dem Ḳorân das Paradies — und dies ist auch die alte Bedeutung dieses Wortes — als Baumgarten, in welchem „Bäche fliessenden Wassers“ laufen und die Früchte ihm in den Mund hängen. Dieses auf der arabischen Halbinsel so selten erreichte Ideal schien den Arabern in Damascus verwirklicht. Daher sind die arabischen Dichter voll Lobes über Damascus und die die Stadt umgebenden Gartenhaine (die sogen. *Ghûṭa*). Vom europäischen Standpunkt aus kann nur bedingungsweise in dieses Lob eingestimmt werden. Die Ghûṭa, welche sich um Damascus herum nach S. und O. etwa 3 Stunden weit ausdehnt, macht auf den Europäer, der vielleicht an die fruchtbaren Thäler der Mittelschweiz oder Thüringens, an die Cultur der Normandie gewohnt ist, nicht den überwältigenden Eindruck, wie auf den Orientalen, der aus der Wüste kommt. Der Frühling tritt in Folge des Umstandes, dass die Stadt 690m über dem Mittelmeer liegt, erst im März ein, wenn auch Ende Februar schon wärmere Tage vorkommen. Erst im Mai, wenn die Nussbäume in vollem Laube stehen und der Wein, der sich in gewaltigen Ranken von Baum zu Baum schlingt, Blätter getrieben hat, oder später, wenn über dem saftigen Grasteppich die grossen Aprikosenbäume ihre unzähligen gelben Früchte tragen, wenn die Granaten in voller Blüthe stehen, dann sind die Gärten wirklich schön.

Damascus heisst bei den Eingebornen *esch-Schâm*, obwohl der Name *Dimischḳ* nicht ganz unbekannt ist. Die Stadt liegt am westlichen Rande der grossen syrischen Wüste, auf drei Seiten von Bergen umgeben. Im N. zieht sich der Antilibanus gegen NO. in die Wüste hinein und findet, wenigstens scheinbar, in dem runden Hügel 'Aḳabet eth-Theniye seinen Abschluss; im NW., in unmittelbarer Nähe, liegt der kahle Djebel Ḳâsiûn, an welchen sich dann mehr gegen W. der Hermon anschliesst; im S. sind die vulcanischen Hügelrücken des Djebel Aswad und des Djebel Mâni'a sichtbar. Die hohe Lage von Damascus bringt es mit sich, dass im Winter öfters Fröste eintreten. Oefen giebt es jedoch nicht. Aus den Gebirgsschluchten des Antilibanus strömen eine Anzahl Bäche in die Ghûṭa hinunter; der vorzüglichste derselben ist der *Bârada* (kalte), der bei den Griechen *Chrysorrhoas* (Goldstrom) hiess. Alle Bäche der Damascusebene laufen zuletzt in die sogenannten *Wiesenseen* ca. 6 St. östlich von Damascus (S. 509). Im Frühjahr und Sommer sind diese Seen ziemlich gross; dann kommen auch die Beduinen in grosser Anzahl dorthin. Im Herbst und Winter kann man sie höchstens als „Steppensümpfe“ bezeichnen. — Der Barada entspricht wahrscheinlich dem *Amana* oder *Abana*, der südliche Bach, *A'wadj*, dem *Parpar* von II Kön. 5, 12, „deren Wasser besser sein sollen, als die Wasser in Israel's Lande“. Schon am Ausgange der Schlucht, durch welche die franz. Strasse führt (S. 467), theilt sich der Barada — dessen Quellen wir unten beschreiben werden — in sieben

Damascus.

Ba'albek.

Arme, von welchen zwei für zahlreiche Leitungen *(kanât)* in der Stadt, die übrigen zur Bewässerung der Baumgärten verwendet werden. Der Barada ist reich an kleinen, wenig schmackhaften Fischen. Aufsicht über die Wasserleitungen im Innern der Stadt ist zwar vorhanden, wird aber mangelhaft gehandhabt, und manche öffentliche Brunnen sind versiegt. Die zahlreichen Springbrunnen im Innern der Häuser werden mit Baradawasser gespeist. Des Trinkens wegen haben viele Häuser statt oder neben diesem Wasser auch noch Senkbrunnen. So lange die letzteren eine bedeutende Quantität von Sammelwasser enthalten, ist das Wasser nicht ungesund, wird es jedoch im Herbst und besonders nach einem Winter, während dessen nur wenig Regen gefallen ist, weil der Boden von Damascus bis auf eine sehr beträchtliche Tiefe aus Schuttanhäufung besteht. — Im Sommer leben die meisten Einwohner fast nur von Früchten, und zwar häufig von unreifen; trotz des starken Thaues und der damit verbundenen Abkühlung schlafen sie auf den flachen Dächern; daher sind Ophtalmien, Wechselfieber, Dysenterie nicht selten. Man hüte sich in Damascus nach einem heissen Tage (37—40° C. ist die höchste vorkommende Temperatur) sich der Abkühlung und Nachtluft in einem Garten am Rande des Wassers auszusetzen. Selbst von den Eingeborenen erliegen manche dem Wechselfieber. In Krankheitsfällen ist Flucht ins Gebirge das rathsamste. Die in der Stadt herrschenden Miasmen sind im Hochsommer schrecklich; nur die sehr zahlreichen Hunde üben eine Art Sanitätspolizei, indem sie allen Unrath und selbst das Aas fressen; bösartig sind dieselben nur wenn sie gereizt werden (vgl. Einl. S. 31).

Die Stadt zerfällt in verschiedene Quartiere; das *jüdische Quartier* liegt wie bereits zur Zeit der Apostel bei der „*geraden Strasse*" (die heute noch „Derb el-Mustaḳîm" heisst, wie Apostelgesch. 9, 11), und zwar im SO.-Theil der Stadt. N. davon dehnt sich das grosse *Christenviertel* aus (S. 500); die übrigen Quartiere sind muslimisch. Ein Quartier, in welchem bloss Bauern und ihre bäuerlichen Gastfreunde wohnen, erstreckt sich mit einer einzigen Gasse gegen Süden (s. S. 497). Die heutige Gestalt von Damascus ist am besten mit der Form eines Löffels zu vergleichen, dessen Stiel letztgenanntes Quartier ist. Die Quartiere sind wieder in kleinere Viertel getheilt, deren jedes in der Nacht durch hölzerne Thore abgeschlossen wird. In den einzelnen Vierteln gibt es viele Sackgassen. Bei nächtlichen Ausgängen, wozu freilich kaum Anlass vorhanden ist, muss man mit einer angezündeten Laterne (*fânûs*, aus Papier oder Blech) versehen sein, da man sonst auf die Wache geführt werden kann. An jedem Thore eines Viertels ruft man: „*iftaḥ yâ ḥâris*", öffne o Wächter. Die Wächter sind meistens blind und auf die öffentliche Mildthätigkeit angewiesen; man gibt ihnen ein kleines Stück Geld (5—10 Para). Im Uebrigen trifft man wenig Bettler, da das Leben sehr billig ist. Von den Derwischen und

Verrückten, die durch ihren Mangel an Kleidung kenntlich sind, kauft man sich, wenn man von ihnen angesprochen werden sollte, am besten durch eine schnell gereichte Gabe los.

*Kirchen und Schulen.* Nach einer Culturstatistik Meschâḳa's aus dem Jahre 1848 beträgt die Gesammtzahl der Moscheen und Gelehrtenschulen in Damascus 284; darunter sind 71 Hauptmoscheen, in welchen am Freitag das Kanzelgebet gesprochen wird; 177 Kapellen und Schulen dienen bloss zur Verrichtung der kanonischen Gebete. Muthmasslich waren 100 der letzteren ursprünglich wirkliche Gelehrtenschulen. Die meisten dieser letzteren sind eingegangen, indem die Stiftungen, aus denen sie bestanden, absichtlich oder unabsichtlich in Vergessenheit gerathen sind. Nur fünf sog. Medresen sind erhalten, in welchen die Schüler noch Jahreszehnten aus den Stiftungen erhalten. Das Studium dreht sich hauptsächlich um Theologie, Erklärung des Ḳorân und der Ueberlieferung des Propheten; dann folgt Jurisprudenz; Philosophie (bes. Logik) und Grammatik hängen theilweise mit den theolog. Disciplinen zusammen und werden daher gleichfalls betrieben; die anderen Wissenschaften sind fast gänzlich in Verfall gerathen. Damascus, früher ein grosser Sammelpunkt der Gelehrten, beherbergt deren nur sehr wenige mehr, und ist von Cairo weit überflügelt worden. Elementarschulen sind viele vorhanden; in neuerer Zeit ist auch eine Militärschule gegründet worden. Die Juden sind in Damascus meistens von alter Zeit her angesessen, und nicht neuerdings eingewandert wie die in Palästina; sie halten sich zu den Sephardim und haben 10 Synagogen. Ihre Schule ist von der Alliance Israélitique gestiftet.

Die Christen haben in den letzten Jahrzehnten bedeutende Anstrengungen für Schulen gemacht, und besonders haben die orthodoxen Griechen angefangen, gute Schulen einzurichten (jetzt etwa 280 Schüler, von denen 20 Französisch, 20 Griechisch, 60 Türkisch lernen). Die franz. Lazaristen (Vorsteher Père Nageant) haben eine vortreffliche Schule mit 140 Schülern; die Pères de la terre sainte oder Franciscaner 46 Schüler. Die Soeurs de Charité haben 400 Schülerinnen, worunter 50 auch Französisch lernen. In neuester Zeit haben sich auch Jesuiten angesiedelt. Einige Geistliche der unirten Kirchen sind in Rom erzogen und sprechen Italienisch. — Die griechischen Katholiken haben eine Schule mit 60 Schülern, die syrischen Katholiken eine mit 80 Schülern, von denen 50 Türkisch lernen; die Maroniten eine Schule mit 12 Schülern. — Die Engländer unterhalten hier eine Schule der Presbyterian Mission (St. Paul's School), eine Blindenschule, zwei Schulen im Meidân etc.

Es wird viel Eifer auf die Kenntniss des Arabischen verwendet, was um so nöthiger ist, als die arabische Umgangssprache im Munde der Damascener Christen besonders hässlich klingt. Die Damascener halten sehr viel auf ihre Stadt. Sie sind, einerlei, welchem Religionsbekenntnisse sie angehören, wegen ihres Fanatismus berücksichtigt; es scheint bisweilen, als ob das Andenken an die Kämpfe der Kreuzfahrerzeit noch nicht verklungen sei. Auch der Character der Damascener steht als grob und übelwollend in Verruf. Der damascenische Muslim ist stolz und unwissend zugleich. Er fühlt die Ueberlegenheit des Abendlandes und lässt den Grimm darüber, dass er aus seinem ruhigen Conservativismus aufgestört wird, an den eingebornen Christen aus. Die europäische Industrie, durch abendländische Colonien und besonders durch Christen eingeführt, hat die inländischen Manufacturen fast ganz vernichtet; der Verkehr mit dem Abendlande, von der Regierung bisweilen begünstigt, hat neue Ideen ins Land gebracht. Der Widerspruch, der darin liegt, dass der Araber sich bisher als vor allen Völkern bevorzugt betrachtet hat und jetzt einer unläugbar höheren Cultur gegenübertritt, macht ihn, statt dass er ihn zu energischer Thätigkeit anspornt, fanatisch. Die Christen sehnen sich nach der gerechteren Herrschaft Moḥammed 'Ali's zurück.

Damascus ist der Sitz eines türkischen Statthalters ersten Ranges (Wâli). Das Wilâyet umfasste früher fast ganz Syrien bis nahe an Aleppo; vor kurzem ist Jerusalem als selbständiges Paschalik davon abgetrennt worden (S. 60). Das Regierungsgebäude, von den Aegyptern erbaut, ist sehr gross (S. 489). Die militärischen Angelegenheiten werden von einem Obercommandanten (Seraskier) geleitet; die Besatzung von Damascus ist in der Regel sehr bedeutend, und es finden sich unter ihr stets einige fremde Militärärzte, meist Oesterreicher. — Die städtischen Angelegenheiten werden von einem Municipalrathe geleitet, in welchem auch einige Christen und Juden sitzen. Die öffentliche Ordnung lässt in Betreff der Sicherheit des Eigenthums viel zu wünschen übrig. Die einzelnen Handwerke bilden, gleichwie sie auch auf dem Bazar in Gruppen vereinigt sind, eine Menge Gilden; sogar die Bettler sind zunftmässig organisirt.

Damascus ist die grösste Stadt Syriens: nirgends kann man die Eigenthümlichkeiten dieses Landes besser beobachten, als hier. In Damascus sind es weniger die Alterthümer und Bauten, welche anziehen, als das bunte Treiben auf der Strasse, die mannigfaltigen Trachten, die Landschaft. Es ist bei den Reisenden zwar Sitte, in Damascus nur sehr kurze Zeit, 1—2 Tage, zu verweilen, da der Contract mit dem Dragoman fortläuft; es ist aber gerathen, Damascus in Ruhe zu geniessen und sich zu diesem Zwecke von vornherein einen bedeutend ermässigten Preis für Ruhetage auszubedingen.

*a. Gang durch den Bazar.* Vom Hôtel Dimitri aus wendet man sich l. nach dem grossen Platz hin; dies ist der **Pferdemarkt.** Stets stehen hier Reitesel; aber das Reiten ist in Damascus nicht so beliebt, wie in Cairo; die Gassen sind schlecht gepflastert und uneben, die Sättel sehr schlecht. An gewissen Tagen sieht man hier Pferdemarkt halten und die Käufer auf den Thieren, welche sie zu prüfen wünschen, auf- und absprengen. Die besten Pferderassen heissen Keḥêli und Seglâwi. Besonders nach Ankunft der Pilger-Karawane (S. 498) ist der Pferdemarkt lebendig. Der grosse Baum, welcher am Nordende des Pferdemarktes steht, dient häufig noch als Galgen. Gleich am Ende der ersten Sackgasse links ist ein schönes Bad (vergl. S. 479).

Geht man schräg über den Platz an den offenen Läden vorbei, in welchen Hülsenfrüchte und Getreide, bes. Gerste verkauft werden, so kommt man in einen kleinen Bazar, der nach S. führt; hier sind einige Schuhmacher. Hierauf kommt man auf eine breite offene Strasse. R. geht ein Weg nach dem Serai und der Post (S. 479) hinunter, l. mündet ein überdeckter Bazar ein. Dieser Bazar ist der **Sattelmarkt** und es lohnt der Mühe, einen Augenblick in denselben einzutreten. Man sieht hier Sättel, die mehr bunt als schön verziert, theilweise mit kostbarem Tuch überzogen sind, daneben Schabraken, Stirnbänder für Pferde, Gurte, Riemen und Zäume, weiterhin auch die eigenthümlichen scharfen Gebisse, welche der Araber den Reitthieren in das Maul steckt, und die breiten plumpen Steigbügel, sowie viele Lederarbeiten, Pistolenhalfter mit aufgenähten Silberfäden u. s. w.

Zu beiden Seiten der eben genannten breiten Strasse, die sich etwas aufwärts zieht, treiben **Kupferarbeiter** mit vielem Geräusch ihr Geschäft. Hier stehen Tafelaufsätze, bisweilen mit Inschriften verziert, zum Verkauf aus; sie bilden den Esstisch der Eingeborenen und werden zu diesem Behufe auf einen kleinen hölzernen Untersatz gestellt; die Hauptschüssel findet ihren Platz in der Mitte. Diese Platten haben bis gegen 2m Durchmesser. Einen grossen Aufsatz dieser Art zu haben, gilt bei Bauern und Beduinen für ehrenvoll, weil es auf dem Umfang der Gastfreiheit des Besitzers schliessen lässt. Daneben finden sich Kochgeräthe, so besonders auch kleine langschnäbelige Kaffekannen aus verzinntem Kupfer oder Messing; der Kaffe wird darin ans Feuer gesetzt, bis er einigemal aufwallt.

Bald darauf geht r. eine Strasse ab, die in den **Trödelmarkt** (*Sûḳ el-Ḳumêle* = Läusemarkt) führt. Alte Kleider werden hier verhandelt; aber auch Waffen (worunter Luntenflinten) und sonstige Geräthe. Zu gewissen Zeiten herrscht hier ein grosses Gedränge. Der Ausrufer läuft, das Wort „*charâdj*" und den Preis, der ihm zuletzt geboten ist, ausrufend, mit dem zu versteigernden Gegenstand durch die Menge von Laden zu Laden. Der oder jener besieht sich den Gegenstand und bietet höher.

Von hier sieht man auf der andern Seite der Strasse die **Citadelle** die Verkaufsläden überragen. Die Festung bildet ein grosses Viereck und wurde im Jahre 580 d. Fl. (1219) von Melik el-Aschraf gebaut; sie ist 310 Schritt lang und 250 Schritt breit, und ringsum von einem 6m breiten und etwa 4,5m tiefen Graben umgeben, in welchem nun Schilf wächst. Die Mauern sind sehr stark und die Unterbauten derselben sind alt.. Das Hauptthor schaut gegen W., gegen O. ist ein kleines Ausfallthor. An den Ecken des Schlosses stehen vorspringende Thürme mit Erkern; im Ganzen sind 12 Thürme vorhanden. Unter dem Eingangsthor stehen vier antike Säulen. Oberhalb dieses Thores war ehemals ein grosses Staatszimmer mit Bogenfenstern; die Decke ist inzwischen eingestürzt. In den noch erhaltenen Gemächern befinden sich Sammlungen alter Waffen (auch Pfeile); das heilige Zelt, welches die Pilgerkarawane mit nach Mekka nimmt, wird hier aufbewahrt. — Die Aussicht von den Zinnen ist bemerkenswerth. Die Erlaubniss zum Betreten der Festung wird selten erlangt. Kurze Zeit bevor Ibrâhîm Pascha nach Syrien kam, wurde die Citadelle von dem wüthenden Pöbel ausgeplündert und zerstört, die Besatzung ermordet. Das heutige *Militärserai*, ein weitläufiger Bau, liegt der Citadelle schräg gegenüber auf der rechten Seite der Strasse.

Gegenüber dem Militärserai liegt etwas zurücktretend der Eingang zu einer der grössten Bazarhallen, dem sogen. **Griechenbazar** (*Sûk el-Arwâm*). Auch hier werden Waffen, Kleidungsstücke, Shawls, Teppiche, sowie auch Antiquitäten verkauft. Der Fremde wird gewöhnlich von den Händlern angerufen, ihm ein vorgeblicher Damascenerdolch angetragen u. a. m. Besonders zeichnet sich hierin ein ältlicher Mann aus, der von seinen Antiquitäten den Beinamen „*Abu antika*", „Vater der Alterthümer" führt. Er kramt wohl auch im Gasthof seine Schätze, Dolche, Harnische, sonstige Waffen, Pfeifen, Tabaksbeutel u. a. aus. Man kann ihm nicht zu wenig bieten; gewisse Objecte schlägt er dankend um ein Viertel des ursprünglich geforderten Preises los. Die Dolche sind meistens neuerer Arbeit und erinnern an Solinger Waare, die bekanntlich in grosser Menge nach dem Orient exportirt wird; vor dem Ankauf solcher „Damascener Klingen" zu warnen, wird kaum nöthig sein, trotz der mit Perlmutter und andern Zierathen eingelegten Griffe. Bisweilen sind hübsche Untertassen (*zarf*) zu den kleinen orientalischen Kaffetässchen hier zu finden. Auch Münzen und Gemmen kommen hier zum Verkauf. Ferner kann man hier jene langen Pfeifenröhren kaufen, die aus dem Holz der Korkeiche verfertigt sind und mit Silber- und Goldfäden umwunden werden. Die Farben der Fäden verbleichen jedoch in wenigen Monaten. Pfeifenspitzen und Mundstücke sind ebenfalls hier zu haben. In der Nähe eines Brunnens r. ist ein europäischer Laden mit feinen Ess- und Trinkwaaren, auch Weinen. In diesem Bazar sind hauptsächlich die (meist griechischen) Schneider, bes. die Verfertiger europäischer Kleidungsstücke, die unter den Christen leider mehr und mehr überhand nehmen, angesiedelt. Auch Kappen verschiedener Art sind hier ausgestellt: kleine sammtne Kinderkäppchen, der rothe Fez europäischen Fabricates, die Filzmütze für die Bauern, das weisse leinene Schweisskäppchen, welches der Eingeborne unter dem Fez trägt. Bunte persische Strümpfe hängen neben europäischen. Die überdeckten Bazarstrassen sind nicht gepflastert.

Beim Heraustritt aus diesem Bazar wendet man sich l. Hier sind Verkäufer von **Wasserpfeifen**, besonders der sogen. *Djôzen*, welche die Bauern rauchen. Die Cocosnussschalen (daher der Name) werden mit Gold- und Silberblech beschlagen, ein ebenfalls verzierter Stock hineingesteckt, auf den der Kopf aufgesetzt wird; die Nuss wird mit Wasser gefüllt und der Rauch durch das Wasser vermittelst eines Rohres, das in einem Winkel von 30—35° zu dem Pfeifenrohr steht, eingesogen.

Geradeaus geht der Weg zur Festung. Hier sieht man jenseit eines Grabens die Unterbauten derselben mit ihren grossen fugengeränderten Quadern von schöner Arbeit. An der Nordseite der Festung läuft der Hauptarm des Barada vorbei. Diese Nordseite ist am besten zu sehen, wenn man durch das alte Stadtthor *Bâb el-Feredj* hindurch in einen Bazar geht und in der Mitte desselben l. in ein Kaffehaus eintritt. Die mit Bäumen bepflanzte Terrasse dieses Kaffehauses nimmt sich Abends, wenn sie durch bunte Lampen erhellt ist, gut aus. (Der Bazar, an welchem dieses Kaffehaus liegt, führt in wenigen Schritten auf die oben genannte grosse Strasse.)

Statt nach der Festung hin geradeaus zu gehen, biegt man in ein kleines Gässchen r. ab: zu beiden Seiten sind Kaufläden, theilweise schon nach europäischer Art: hier wird Glas (fränkische Waare), Tisch- und Küchengeschirr verkauft. Auf einigen offenen Tischchen liegt die grünlich aussehende Henna, womit die arabischen Damen ihre Fingernägel roth färben; in kleinen Fläschchen wird Rosenöl feilgeboten (theuer). — In dem nächstfolgenden überdeckten Bazare beginnt die lange Reihe der **Ellenwaarenhändler**, welche ebenfalls bereits sehr viele europäische Fabrikate verkaufen. Bald macht die Strasse eine Biegung und man kommt zu einem Kreuzweg. Links läuft eine kleine Bazarstrasse in ein Gässchen aus; in gerader Richtung geht man einige Stufen hinunter in die Bazarstrasse der **Buchhändler** (und zur Moschee, S. 502); dieselben treiben ihren Fanatismus so weit, dass sie selbst das Geld des „Ungläubigen" verachten, ja ihn meist gar keiner Antwort würdigen.

Statt jene Stufen hinunterzugehen, wenden wir uns r. und schreiten auf einer wohlüberdeckten Strasse, in die nur von den Seitenwänden des Daches über den Verkaufsläden einiges Licht fällt, im Stoffbazare weiter. Besonders an Nachmittagen ist hier ein Gedränge von Weibern, die in ihre weissen Leintücher eingehüllt, den dünnen beblümten Schleier vor dem Gesicht, von Laden zu Laden watscheln, hundertmal probiren und lebhaft mit dem Kaufmann wegen einiger Piaster Differenz handeln. Bisweilen verschieben sie wohl den Schleier, um den Kaufmann zu bethören. Man erinnere sich, dass es unanständig, selbst gefährlich ist, die muslimischen Frauen allzu scharf anzusehen. Dazwischen reitet der türkische Effendi, oft von einigen Soldaten begleitet, auf reich aufgezäumtem Ross, durch das Getümmel; jeden Augenblick muss er innehalten und „*ḍahrak, ḍahrak*" (eigentlich „dein Rücken" = gib Acht) rufen.

Bei der nächsten Strassenecke sehen wir l. in ein grosses schönes Bad hinein.

Wenn wir geradeaus gehen, so gelangen wir in den **Tuchbazar**, in welchem wir sächsische und englische Fabrikate finden. Der Damascener hält sehr viel auf schöne Kleider; er liebt es, sich seinen langen Rock (*ḳumbâz*) aus feinem Zeuge verfertigen zu lassen. Wohin wir blicken ist reges Leben; wenn der Kaufmann gerade keine Kunden hat, so liest er wohl auch auf seiner *maṣṭaba* (S. 35) den Ḳorân, verrichtet sein Gebet, entleiht von einem der mit gefülltem Kohlenbecken herumziehenden Nargilevermiether eine Pfeife oder schwatzt mit seinem Nachbar, denn das Gefühl einer feindseligen Concurrenz ist bei dem Orientalen nicht so ausgebildet wie bei uns: er wartet ruhig ab, bis Allah, der seinem Nachbar einen guten Käufer geschickt hat, ihm ebenfalls einen sendet, hat er doch über seiner Bude mit goldener Schrift die Worte *yâ rezzâḳ* oder *yâ fettâḥ*, d. h. „O du, der du den Unterhalt gibst", angeschrieben. Am dicksten ist das Gewühl, wenn das grosse Beiramfest herannaht, weil sich dann jedermann mit neuen Kleidern versieht. Da der Orientale meistens auch in den Kleidern schläft, so braucht er deren sehr viele.

Gehen wir südwärts den Tuchbazar hinauf, so erblicken wir rechts ein **Mausoleum**, das Grab des berühmten *Nûreddîn*, des Herrschers von Syrien, des eifrigen Vorkämpfers gegen die Kreuzfahrer, der den 15. Mai 1174 starb; den Nichtmuslimen wird jedoch der Eintritt verwehrt. Ein Ausbau in diesem Bazare dient als Minaret. Der Weg läuft endlich in die grosse Bazarstrasse *Sûḳ el-Djaḳmaḳ* (S. 492) aus.

Von dem oben erwähnten grossen Bade aus führt auch ein Weg links in das Gebiet der **Châne**, wo sich der Grosshandel concentrirt. Zuerst kommt der *Chân el-Ḥarîr*, der Seidenchân. In demselben hat ein gewisser Dâûd Effendi ein schönes Lager von persischen Teppichen. Die Muster der ächten persischen Teppiche sind mehr bizarr als schön; dagegen sind die Farben unverwüstlich. Leider passt die Form der Teppiche (meistens lange schmale Streifen) wenig für unsere europäischen Zimmer. Die Preise schwanken je nach der Nachfrage bedeutend. Daneben etwas weiter liegt die *Medrese Sûḳ el-Ḥarîr*, die dazu gehörige Schule. Noch etwas weiter liegt der *Chân et-Tütün*, der Tabaksmarkt. Links führen zwei kleine Bazarstrassen gegen die grosse Moschee hin; hier sind die Läden der *Schuhmacher*. Eine Unzahl von gelbem und rothem Schnabelschuhwerk ist hier aufgehängt; alle Nüancen von dem kleinen mit Silberfäden besetzten Kinderschuh, dem weichen Damenschuh von gelbem Leder bis zu dem groben eisenbeschlagenen Stiefel, den die Bauern hier suchen, sind vertreten und billig zu haben. Gehen wir aber statt l. nach r. hinauf, so kommen wir an Tabaksverkäufern vorbei zu einem kleinen offenen Platz. Das Haus, welches l. etwas zurücktritt, ist eines der schönsten in Damascus. Zutritt erlangt man gegen ein Trinkgeld an den Pförtner, am besten aber durch Vermittlung eines Lohndieners. Das Haus gehört vier Brüdern, Nachkommen des unten genannten *Asad Pascha*. Die Häuser von Damascus stehen ihrer glänzenden Ausschmückung wegen in hohem Ruf. Die Höfe sind sehr geräumig, mit verschiedenfarbigen Steinen gepflastert; in der Mitte ist stets ein grosses Bassin mit einem Springbrunnen; Gruppen von Orangen-, Citronen-, Granatenbäumen, Jasminstöcken, auch Blumentöpfe stehen ringsum. Auf der Südseite, gegen N. geöffnet, ist meistens eine hohe offene Halle mit Spitzbogen, der sog. „*lîwân*", ein herrlicher Platz zum Sitzen; an den Mauern gehen Polster herum. Die Wände sind mit Stuccatur oder Mosaik (oft mit Korânsprüchen) verziert. Hinter dem ersten Hofe folgt ein ähnlich ausgestatteter zweiter und vielleicht noch ein dritter. Ueber die Einrichtung arabischer Wohnhäuser vgl. S. 39.

Vom Hause Asad Pascha's führt der Weg weiter in einen Bazar, in welchem Verkäufer von Süssigkeiten und Droguen ihren Sitz haben; auch Läden mit verschiedenen Sorten von Zwieback (*ka'k*), der für grössere Touren empfehlenswerth ist, finden sich hier. Nachdem wir erst eine kleine Strasse haben l. liegen lassen, kommen wir zu dem grössten und schönsten Chân der Stadt, dem *Chân Asad Pascha*. Das Eingangsthor desselben besteht aus einem hohen Stalactitengewölbe. Das Material des Baues bilden abwechselnd Lagen von schwarzem und von gelblichem Stein. Der Hofraum wird durch vier grosse Pfeiler, welche unter sich durch vier, mit den Seitenwänden durch acht hohe Bogen verbunden sind, in neun Quadrate getheilt, über welchen sich neun ringsum von hohen Fenstern durchbrochene und mit Arabesken verzierte Kuppeln erheben; einige derselben sind im vorigen Jahrhundert eingestürzt und nur mangelhaft ersetzt worden. Die Mitte des Hofraumes nimmt ein grosses rundes Wasserbassin ein. Sowohl unten um den Hof herum, als hinten an der im 1. Stock herumlaufenden Gallerie befinden sich Verkaufslocale; hier herrscht der Grosshandel vor. Die Hinterseite des Gebäudes begrenzen Höfe mit Niederlagen, Wohnungen und Stallungen.

Tritt man wieder aus dem Chân heraus, so geht nach wenigen Schritten eine Bazargasse l. ab. Hier werden Hülsenfrüchte, Kaffe, Reis, Zucker etc. verkauft; ferner Papier u. a. Biegt man, wenn man diese Strasse durchlaufen hat, gleich wieder rechts ein, so trifft man auf eine der längsten Strassen von Damascus. Wir werden sie auf unserm Gang in das Christenquartier verfolgen; für jetzt biegen wir wieder in den grossen Bazar r. ein. Hier haben die Verfertiger von blechernen und hölzernen Schachteln, meistens Juden, ihre Verkaufsläden. Sodann sieht man r. die Strasse zum Chân Asad Pascha hinunterlaufen und schreitet nun auf dem *Sûk el-Djakmak* geradeaus. Bald treten an die Stelle der Droguen wieder Stoffe; die Bazarstrasse, an der wir das Grab Nûreddin's (S. 491) fanden, läuft r. hinunter. Hier befinden wir uns auf dem

**Bazar der Seidenstoffe**, der von Interesse ist, weil man hier noch am meisten die Erzeugnisse inländischen Gewerbfleisses vor Augen hat. Vor allem ziehen die seidenen *Keffîyen* (Kopftücher) den Blick an. Der Beduine und Bauer liebt die mit grellen gelben und rothen Streifen; uns gefallen die weissen mit schmalen bunten Randstreifen am besten. Man hat solche auch in kleinerer Form, die als Halstücher dienen können; sie sind äusserst dauerhaft. Die grösseren kosten 70—80, die kleineren etwa 40 Piaster das Stück. Gewöhnlich werden die Franzen, welche daran hängen, erst gelöst und in Ordnung gebracht, wenn das Stück verkauft ist. Sehr schön sind die dünnen seidenen Ueberwürfe (*scherbe*) und die schweren Seidenzeuge. Eigenthümlich sind die Tischteppiche mit Stickereien von bunter Seide auf rothem oder schwarzem Wolltuche; die Buchstaben darauf haben indessen keine Bedeutung. Ein schöner Tischteppich kostet 40—70 fr. Die Stickereien oder vielmehr gewebten Stoffe wie Tabaksbeutel, Pantoffeln u. s. w. kommen alle aus dem Libanon und werden ebenso gut in Beirût gekauft als hier. Sehr hübsch sind bisweilen die Fantasieanzüge, z. B. die Kinderjacken. Auch in den Chânen, welche an diesem Bazar liegen, sind noch Detailverkäufer, die eine reiche Auswahl haben. Weiterhin sind *'Abayen*, die Wollmäntel für Bauern und Beduinen, aufgestapelt, von der gestreiften braun oder schwarzweissen Sorte bis zur fein verbrämten braunen Bagdader 'Abaye. Dann folgen Mützen u. a. In Damascus und Ḥôms wird auch Baumwolle verarbeitet; die Taschentücher mit eingelegten gelben oder weissen Seidenfäden, wie sie von den Muslimen als Turbane getragen werden, sind beachtenswerth. Die Frauenschleier freilich, welche hier verkauft werden, stammen fast sämmtlich aus dem Canton Glarus. — Hinter dieser Bazargasse (d. h. S. davon) liegt noch ein anderer Bazar: dort sitzen Matratzenmacher und Wollkrempler, die ihre Instrumente zum Zupfen der Wolle mit den Zehen fassen. — Von Zeit zu Zeit sieht man auch in eine Leseschule hinein, in welcher ein Lehrer die Jungen den Ḳorân im Chor recitiren lässt, wobei diese fortwährend den Oberkörper hin- und herbewegen (wie die Kinder in den Judenschulen). Einige schöne Bäder liegen an den Seitengassen dieses Bazars. Das Gedränge wird um so grösser, je weiter wir hier fortschreiten. Auch bemerken wir an dem Publikum, dass wir uns dem Beduinen- und Bauernquartier nähern. Scheu aber unverschleiert schleichen die kleinen tättowirten Beduinenweiber herum, bis sie ihr Auge an all den Herrlichkeiten gesättigt haben. Dazwischen zieht wohl auch ein Zug von Kamelen, mit Balken oder unbehauenen Pappelstämmen beladen, langsam durch den Bazar, oder eine Anzahl Esel schleppt, nach beiden Seiten anstossend, Baumaterialien herbei. Links sehen wir, wenn wir gerade eine Gebetsstunde treffen, in dem Hofe einer Moschee die lange Reihe der Gläubigen mit einem Vorbeter sich niederwerfen, nachdem sie erst die Waschungen vollzogen haben.

So gelangen wir endlich auf den *Sûk el-'Aṭṭârîn*; hier sind wieder Gewürze nud Droguen in einer unentwirrbaren Menge von Schachteln und Gläsern aufgestellt. Das grösste Gewühl herrscht stets an dem nun folgenden Kreuzweg: l. geht der Weg in die lange Vorstadt *Meidân* (S. 496), geradeaus in die Vorstadt *Ḳanawât* (wo man, wie der Name besagt, eine grosse Wasserleitung sieht) und zu einem Stadtthor gleichen Namens. Wenn man von dem Kreuzwege nur einige Schritte weiter geht, so sieht man ein berühmtes Minaret, das ganz mit grüner und blauer Glasur (*ḳâschâni*, S. 175) überzogen ist; das Geländer der Gallerie, welche um das Minaret herumläuft, ist aus spitzenartig durchbrochenen Steinen gearbeitet. Das Minaret gehört zu der grossen Moschee **es-Sinânîye**, die nach 3 Seiten hin freisteht. Der mit Marmor gepflasterte Hof derselben ist länglich viereckig; auf der Seite befindet sich ein Säulengang aus sechs schwarzen Säulen, aus dem man in das Innere gelangt. Die Kuppel ist mit Blei gedeckt. Das Hauptportal auf der O.-Seite ist wegen seiner reichen Stalactiten sehenswerth.

Am Kreuzungspunkt der beiden grossen Strassen sind viele Restaurants. Man trifft dieselben hier und da im Bazar an; am appetitlichsten sehen die grossen Röstmaschinen aus, an welcher das in kleine Stücke zerschnittene Fleisch am Spiesse langsam gebraten wird; Stückchen von dem fetten Hammelsschwanz sind zwischen die Fleischstückchen eingeschoben. Auch Bohnen und viele andere Gerichte werden in diesen Garküchen zubereitet und vor denselben auf freier Strasse verzehrt. Auf dem Griechenmarkt kann wohl auch der Fremde einmal das Fleisch der sogen. Kebâb versuchen; die Buden beginnen dort schon civilisirter zu werden; abgesonderte Hinterstübchen sind eingerichtet und dem Gaste werden zwei Schemelchen hingesetzt.

Indem wir langsam gegen das Hôtel hin zurückkehren, treten wir aus dem überdeckten Bazar hinaus und gelangen zu dem *Drechslermarkt, Sûḳ el-Charraṭîn*. Die grosse Moschee links, mit weiss-rothen Streifen, ist die *Djâmi' el-Charraṭîn*; dann folgt l. die schöne *Derwischîye*, welche auch der Fortsetzung der Strasse den Namen gibt. Die letztgenannte Moschee ist ungefähr 200 Jahre alt. Die Strasse wird hier von einigen Platanen beschattet. Hier sind auch einige Buden, woselbst in runden Formen die rothen Feze gebügelt werden. Nach wenigen Schritten steht man wieder vor dem Eingang des Griechenbazars und der Kaserne (S. 489).

Dies sind die Hauptbazare. Dem bunten Gewoge, sowie den Verkaufsgegenständen sieht man an, dass der Bergwall des Libanon immer noch das allzu hastige Vordringen abendländischen Wesens von Damascus abhält. Der grösste Theil des öffentlichen Lebens drängt sich auf diesen Bazaren zusammen; alles spielt sich auf der Strasse ab. Zwar sieht man jetzt seltener mehr auf der Strasse schlachten, seitdem im Meidân ein Schlachthaus gebaut worden ist; der Fleischer ladet die Schafe, nachdem er ihnen die Haut abgezogen und die Gedärme entfernt hat, auf die Schultern und trägt sie in sein Verkaufslocal. Die **Bäckerläden** sind interessant zu beobachten. Die dünnen Brodfladen werden an den *tannûr* (den Ofen) angeklebt. Das Brod isst der Orientale am liebsten warm; die Fladen werden nach dem Gewicht verkauft, oder auch einzeln zu 10 Para. Der Junge, welcher sie herumträgt, ruft beständig „*yâ rezzâk*", o Nahrungsspender (d. h. o Gott, der du mir dadurch, dass die Leute mir meine Waare abkaufen, meinen Unterhalt zukommen lässest), oder „*'abul'aschara*" = das von 10 Para. Man sieht etwa auch einen mildthätigen Muslim einige Brode für die Hunde kaufen und sie an diese vertheilen. Neben dem gewöhnlichen Brod wird feineres Gebäck herumgetragen: so die *berâzik*, dünne, mit Butter und Traubensyrup bestrichene und mit Sesam bestreute Weizenbrode. Der Verkäufer ruft: „*allâh er-râzik, yâ berâzik*", Gott ist der Ernährer, B.; oder „*akel es-snûnû*", Schwalbenspeise, d. h. Speise für zarte Mädchen. Während des Fastenmonats Ramadân wird besonders viel von feinem Gebäck und Süssigkeiten verzehrt. Es gibt in Damascus sehr viele **Pasteten- und Zuckerbäcker**; auf ihren langen Ladentischen sind Fläschchen, die statt des Korkes mit Citronen oder bunten Eiern zugedeckt sind und eine Menge gewürzige, süsse und pikante Tränkchen, Gelées und Fruchtsäfte enthalten, ausgestellt; die Limonaden werden mit Schnee aus dem Antilibanus gekühlt (20 Para das Glas). In den Läden der Esswaarenhändler bemerkt man häufig schöne kupferne Schüsseln mit verschlungenen Inschriften; diese Gefässe sollen alle aus der Zeit des Bibars stammen (S. 488). — Durch die Strassen bahnt sich der Träger von **Erfrischungen** den Weg; er trägt einen zweihenkligen weiten aber enghalsigen thönernen Krug oder ein Glasgefäss auf dem Rücken; in den Händen hält er messingene Tassen, mit denen er klappert; dazu ruft er seine Waare aus: „*berrid 'alâ kalbak*", erfrische dein Herz; „*itfi el-harâra*", lösche die Hitze; so der Limonaden- und Zuckerwasserverkäufer. Der Verkäufer des *djullâb* (Rosinenwasser) ruft: „*mu'allal, yâ weled*", gutgeklärt, mein Kind u. a. Der Verkäufer des *chuschâf*, eines aus Rosinen, Orangen, Aprikosen etc. bereiteten Getränks ruft, um die Kälte seiner Waare anzupreisen: „*bâlak snûnak*" nimm deine Zähne in Acht. Der Verkäufer des Süssholztrankes schenkt aus einem Ziegenschlauch, wie der Verkäufer des gewöhnlichen unvermischten Trinkwassers. Interessant ist der sogen. *sebîl*, wobei jemand, der ein gutes Werk thun will, dem Wasserträger den Preis des Inhalts seines Schlauches bezahlt, damit er denselben unentgeltlich vertheile. Man wählt dazu Leute, welche eine gute Stimme haben; diese rufen dann fortwährend „*yâ 'atschân, es-sebîl*", o Durstiger, die Spende.

Auch alle Arten **Früchte** werden auf solche Weise ausgerufen, d. h. selten beim Namen genannt, sondern höchst originell umschrieben. Viele Gemüse werden in Essig oder Salzwasser eingelegt und häufig in hölzernen Behältern zu Esel durch die Strassen getragen werden, so die rothe Rübe (*schawänder*), die weisse Rübe (*lift*), die Gurken (*chiyâr*) u. a. m. Die Gurken bilden die Hauptnahrung des gemeinen Volkes während gewisser Monate; eine Art derselben wird roh, die andere mit Fleisch gekocht gegessen; man hört die Verkäufer ausrufen: „*yâbu 'êle, chudhlak schêle, billâtin roțl el-chiyâr*", o Familienvater, kauf dir eine Last; um 30 Para das Roțl (5 Pfd.) Gurken. — Die Kresse wird etwa folgendermassen ausgerufen: „*'orra țarîye min 'ain ed-du'îye, tâkulha l'adjûz tișbiḥ ṣabîye*", zarte Kresse von der Quelle ed-D.; wenn die alte Frau sie isst, so ist sie am andern Morgen wieder jung. — Die Feige wird ausgerufen: „*sêdnâwi yâ ba'l*", von Sêdnâya (S. 560), o Baal (Baal ist heute nicht mehr der Gott, sondern dasjenige Land, das, ohne bewässert zu werden, Früchte trägt; diese sind die süssesten). — Sehr häufig werden neben den Pistacien („*fistik djedîd*", frische P.) die gerösteten Kichererbsen herumgetragen, mit dem Ruf: „*umm en-nârên*", die Mutter von zwei Feuern, um zu sagen, dass sie gut geröstet seien, oder: „*haya halli ma teḥmil el-isnân*", hier ist etwas, was die Zähne nicht beissen können, weil es so hart ist. — Blumensträusse werden feilgeboten, etwa mit dem Rufe: „*ṣâliḥ ḥamâtak*", d. h. besänftige deine Schwiegermutter (indem du ihr einen Strauss kaufst).

Auf dem Bazar ist daher fortdauernd viel Lärm und Geschrei. Man nehme nun noch die Bettler dazu, die laut singen, und die Gebetsrufer, die mit hoher Stimme von Minaret zu Minaret sich das Glaubensbekenntniss zurufen. Man trägt den Eindruck davon, dass besonders der Handwerker in Damascus seinem Geschäfte mit grossem Fleiss nachgeht; ebenso auch der (übrigens ganz geschickte) Barbier, der in seiner mit Spiegeln behangenen Bude fast unaufhörlich beschäftigt ist, die Köpfe zu rasiren, oder auch zu Ader zu lassen. Bis auf die kleinsten Geschäfte herunter sieht man alle Leute fleissig an der Arbeit: der öffentliche Schreiber, der an der Ecke der Strasse sitzt, wird von Bauern und Beduinen, oft auch von Frauen umlagert; der Verfertiger von Siegeln erfüllt hier ein wichtiges Geschäft, weil unter Documenten bloss das Siegel, nicht die Unterschrift gilt, und es sind als Siegelstecher und Kalligraphen besonders die Perser berühmt. Die Kaufleute hingegen öffnen ihre Buden erst um 8 Uhr und schliessen sie 1 oder 1/2 Stunde vor Sonnenuntergang.

*b.* *Gang durch den Meidân und um die Stadtmauern herum* (Christenquartier). Wir kehren zu dem grossen Knotenpunkt bei der Moschee Sinânîye (S. 494) zurück, um von hier einen längeren Gang in den *Meidân* zu machen. Der Bazar setzt sich r. nicht gerade, sondern gegen SW. zum *Bâb es-Serîdje* fort. Von der Sinânîye gehen zwei Strassen aus, die *Sikket Kașr el-Ḥadjâdj* rechtwinklig auf den grossen Bazar, und der *Sûķ es-Sinânîye* l. abbiegend gegen SSO. Der Sûķ es-Sinânîye ist ein sehr breiter Bazar und ganz bedeckt; von 10 zu 10 Schritten sind ca. 9m hohe steinerne

Bogen, 19 an der Zahl, und auf denselben ruht das Holzdach. In diesem Bazar kaufen die Beduinen nnd Bauern ihre Bedürfnisse: Kleider, Schafpelze, Stiefeln, Waffen, Pfeifen (sog. *sebîl's*, aus denen sie ohne Rohr rauchen), dann Melkkübel und andere Geräthe verschiedener Art, ferner auch bunte runde Strohmatten, welche ihnen als Esstisch dienen; Kaffemörser aus Eichenholz (diese gelten für die besten) u. a. — Wenn man aus dem Bazar heraustritt, so bemerkt man die schöne *Medreset es-Sinânîye* mit Stalactitenverzierungen an Thor und Fenstern; darauf folgt r. die ebenfalls aus weissen und schwarzen Steinen gebaute Moschee *Djâmi' es-Sabunîye* mit geschmackvollen Arabesken. Auf der linken Seite ist ein mit einer Kuppel überdecktes Grabmal, dabei ein Thor, das in das Quartier *esch-Schaghûr* führt. R. folgt noch eine Moschee *esch-Scheibânîye* und einige zerfallene Schulen (Medresen); l. dehnt sich der Begräbnissplatz *Makbaret Bâb es-Saghîr* aus. Wo die Strasse eine Biegung macht, steht r. die Moschee *Djâmi' el-Idên*; wir folgen der Biegung und sehen nun nach S. den Meidân vor uns.

Die Vorstadt **Meidân** ist reichlich 20 Min. lang. Ein Gang durch dieselbe ist deswegen empfehlenswerth, weil die Stadt hier ein ganz verändertes Aussehen gewinnt. Die ganze Vorstadt ist neueren Ursprungs; auch die vielen zerfallenen Moscheen, die man auf beiden Seiten trifft, sind höchstens einige 100 Jahre alt. Die Strasse ist breit, aber schlecht gepflastert. Der Bazar setzt sich zunächst noch fort; viele Schmiede wohnen hier, sodann Getreidehändler, deren Korn in offenen Scheunen aufgeschüttet ist. Die Häuser sind ärmlicher als im Innern der Stadt. — Hauptsächlich anziehend wird das Bild bei der Ankunft von Karawanen. In langem Zuge ziehen die Kamele einher, von zerlumpten Beduinen mit struppigem Haar und wildem Blick begleitet. Dazwischen bringt der Haurânier sein Getreide zu Markte, oder es treibt ein mit einem viereckigen Filzmantel bekleideter kurdischer Hirte seine Schafe zum Schlächter. Die Beduinen, so dürftig sie häufig aussehen, reiten bisweilen herrliche Pferde, die sie nur mit einer Halfter leiten, und sind gewöhnlich mit einer langen Lanze, seltener einer Flinte bewaffnet; in dem Geräusch der Stadt fühlen diese Halbwilden sich nicht behaglich. Es gibt Beduinenstämme, die fast nur von der Gazellenjagd leben, auch ihre Leiber in Gazellenhäute hüllen; sie heissen *Slêbi's*, kommen aber selten nach der Stadt. Dagegen macht ein vornehmer Druse (S. 105), wenn er an der Spitze einer bewaffneten Schaar einzieht, einen imposanten Eindruck; sein Turban ist blendend weiss; seine Rüstung besteht aus einer Lanze, schönen Pistolen, Schwert und vielleicht sogar noch einer Flinte; auch sein Pferd ist reich geschmückt. Es gibt zwei Tage im Jahr, an welchem man fast alle diese Typen mit einem Blick übersehen kann: dies ist der Tag des Auszugs der grossen Pilgerkarawane nach Mekka, in noch höherem Grade aber der der Rückkehr derselben. Die Pilgerfahrt (S. 102) fängt eigentlich bei Damascus an; seitdem freilich Dampfboote auf dem

Rothen Meer und dem persischen Meerbusen laufen, kommen wenige Perser und Nordafrikaner mehr nach Damascus, um von hier aus die beschwerliche Landreise (bis Medîna 27 Tage) zu unternehmen. Doch sieht man noch Tscherkessen, ja selbst Mittelasiaten durchreisen. Das Thor am Ausgang des Meidân führt den Namen Gottespforte, *Bawwabêt Allâh*, wegen seiner Prärogative für die Pilgerfahrt (S. 102). Im Jahre 1873 kam die Pilgerkarawane am 16. April zurück; jedes folgende Jahr wird sie um circa 12 Tage früher eintreffen. Bei dieser Gelegenheit sieht man jene wunderlichen Kamelsänften, ziemlich rohe hölzerne Gestelle, mit buntem Zeug überzogen und nach vorn offen, in welchen die Insassen jederseits je eine Person auf Betten kauern. Bisweilen wird die Sänfte von *zwei* Kamelen getragen, von denen dann das vordere und das hintere stets gleichen Schritt halten müssen. Die Kamele sind mit einer Haube aus Lederriemen geschmückt, auf welche Muscheln, Schellen und Geldstücke genäht werden. Ein edles, reich aufgezäumtes Kamel trägt eine grosse mit grünem goldgestickten Tuch behangene Sänfte, in welcher ein alter Ḳorân und die grüne Fahne des Propheten aufbewahrt werden. Die Pilger bringen Waaren aus Mekka mit; Damascener Kaufleute reisen ihnen daher in den Ḥaurân entgegen; so auch der Pascha. Viele Derwische in dürftigem Costüm ziehen mit; daneben die Escorte von Soldaten, Drusen und Beduinen.

Die theilweise zerfallenen Moscheen, welche im Meidân liegen, sind folgende: r. die *Djâmiʿ Sîdî Djumân*, dann r. die schöne *Djâmiʿ Mendjek* aus der Mitte des vor. Jahrh. (?); am Eingang und innen im Hof derselben stehen roth angestrichene Säulen. Links die *Djâmiʿ er-Rifâʿi*; l. liegt das Stadtviertel *Ḥukla*, in welchem sich noch schöne Häuser, sowie auch Webereien befinden. Gegenüber einem Wachtposten ist eine ziemlich neue Moschee *Ḳâʿat et-tâniye*. Dann folgt die *Mesdjid Saʿad ed-dîn* und r. die herrliche Moschee *Ḳâʿat el-ûla* mit schönen Arabesken und einem Stalactitenthor zwischen zwei Kuppeln. Leider ist viel davon zerstört, wie auch einige Minarete im Meidân schief geworden sind. Dann folgt l. die Moschee *Schihâb ed-dîn*; beim Thore liegt die Moschee *Mastabet Saʿad ed-dîn*. Das Thor selbst ist ärmlich; vor demselben liegt ein Friedhof, dann beginnen Olivenwälder.

Anstatt den weiten Weg aussen herum zu gehen, kehren wir zur *Djâmiʿ el-Idên* (S. 497) zurück und begeben uns auf den *Begräbnissplatz* (*Maḳburet Bâb eṣ-Ṣaghîr*). An gewissen Tagen sieht man die Frauen bei den Gräbern weinen. Die Tochter Fâtima und zwei Frauen des Propheten sind hier begraben; die Kuppel über ihrem Grabe besteht aus Lehm und ist modern. Von dem Grabe Muʿâwiya's, des Stammvaters der ʿOmayyaden, welcher hier begraben lag, ist keine Spur mehr vorhanden, dagegen soll sich in der jenseit dieses Platzes liegenden Moschee *Djâmiʿ el-djerâḥ* das Grab des Eroberers von Damascus, Abu ʿUbeida, befinden. Ein alterthümliches Thor führt von hier in das Quartier Schaghûr (S. 497), doch ist in demselben nichts Bemerkenswerthes; wir verfolgen daher den Weg aussen um die Mauern herum. Die *Stadtmauer* zeigt Bausteine von sehr verschiedener Art. Die unteren 2—3 Lagen sind römisch, ohne Mörtel gefügt, die mittleren aus arabischer, die oberen aus türkischer Zeit. Thürme, bald rund, bald viereckig, unterbrechen den Mauerlauf, sind aber meist in bedrohlichem Zustande. An einem derselben findet sich eine Inschrift, die den Namen Nûreddîn's und das Datum 664 (1171) enthält. Bald danach erblickt man r. im Felde ein Grab mit weisser Kuppel: hier soll *Bilâl el-Habeschi* (aus Aethiopien), Moḥammed's Gebetsrufer, begraben sein; dabei steht ein Minaret. Nach etwa 2 Min. sieht man ein vermauertes Thor in der Stadtmauer: das alte *Bâb Kisân*, welches zur Zeit Mu'âwiya's von einem gewissen Kisân an der Stelle eines älteren Thores erbaut worden sein soll. 50 Schritte gegenüber dem Thore ist ein *Grab des heil. Georg*, das bei den Christen in grosser Verehrung steht. Der Heilige soll dem Apostel Paulus bei seiner Flucht geholfen haben; in der That wurde hier am Bâb Kisân noch vor einigen Jahrzehnten das Fenster (oberhalb der *türkischen* Mauer!) gezeigt, aus welchem die Christen den Apostel Nachts in einem Korbe herunterliessen (Apostelgesch. 8, 25). Der Ort der Bekehrung des Paulus wurde im Mittelalter beim Dorf *Kaukaba*, etwa 2 St. SW. von der Stadt gezeigt; seit dem vorigen Jahrh. hat ihn die Tradition (zur Bequemlichkeit) näher heran zu den christlichen Begräbnissplätzen gerückt, die etwa 10 Min. östlich vom Bâb Kisân liegen. Auf dem dort befindlichen Friedhof liegt auch der berühmte englische Historiker Buckle begraben.

Ungefähr 450 Schritt weiter gelangt man zu der SO.-Ecke der Mauer. Hier erblickt man die Ueberreste eines alten Thurmes mit fugenrändrigen Steinen. Wir können von hier aus r. in die Gärten hinein abschwenken, doch hindern uns die Lehmmauern, in dieselben hineinzusehen. Schräg gegenüber dieser SO.-Mauerecke ist ein Platz, woselbst gewöhnlich die Karawanen von Bagdad lagern, die zwei bis dreimal des Jahres zwischen beiden Städten hin und hergehen; die Route führt über Palmyra. Sie bringen von Bagdad persische Teppiche und Tumbak (den Tabak für die Wasserpfeife, der nur in Persien wächst, s. S. 37) und führen europäische Waaren u. a. dorthin. Die Spedition ist meistens in den Händen von 'Agêlbeduinen (S. 540); schon öfters ist die Karawane unterwegs ausgeplündert worden. — Das grünliche übelriechende Kraut mit weissen Blüthen, welches überall vor den Thoren von Damascus wild wächst, ist Peganum harmala der Botaniker.

Nun biegt man l. ab und verfolgt die Mauer, bei welcher Seiler ihr Handwerk treiben; auch hier sind die Unterbauten antik; auf der Mauer oben stehen einzelne Häuser des Judenquartiers. So gelangt man vor das Ostthor der Stadt *(Bâb esch-Scherķi)*. Dieses Thor ist römischen Ursprungs; es bestand, wie aus dem Bogenansatz hervorgeht, aus einem grossen Thor, 11,6m hoch, 6,1m breit, und aus zwei kleineren halb so grossen Thoren, von denen das südliche wie auch das Hauptthor seit langer Zeit vermauert ist. Das nördliche kleine Thor dient heute als Stadtthor; die Mauer ist quer davor gezogen, sodass ein Thorweg mit zwei Thoren, die in rechtem Winkel zu einander liegen, entstanden ist. Ueber dem Thore ist ein Minaret erbaut worden, das man besteigen kann; doch hat man auf der Höhe desselben keine andere Aussicht als von dem grossen Schutthaufen aus, welcher vor dem Thore aufgehäuft ist: in der Nähe übersieht man die Kuppeln der Kirchen des Christenquartiers, l. die grosse Kirche der griechischen Katholiken; darüber schaut im W. der kahle Antilibanus bis zum Hermon herüber; gegen O. dehnt sich ein Wald von Gärten aus. — Die grosse Strasse, welche innerhalb dieses dreifachen Thores beginnt, war wahrscheinlich die „gerade Strasse" (vgl. S. 485). Sie war im Alterthum mit Säulen versehen; manche Ueberreste derselben sind noch an und in den Häusern zu entdecken und auch sonst in der Stadt zerstreut.

[Vom Ostthore nach dem Bazar zurück. Nicht weit innerhalb des Thores zeigt die Tradition das *Haus des Ananias;* dasselbe ist jetzt in eine kleine Kirche mit Krypta verwandelt und gehört den Lateinern. Hier im **Christenquartier** sind die Gässchen sehr eng und ärmlich und die Häuser gleichen Ruinen, theilweise noch in Folge der Ereignisse von 1860. Die zweite Strasse r. führt zu dem in diesem Quartier befindlichen *Aussätzigenhaus*, Namens *Hadîra* (4 Min. vom Thore), welches gegen ein Dutzend Kranker beherbergt. Man wird diesen Unglücklichen gern ein Almosen geben. Die *Kirchen* des Christenquartiers sind sämmtlich seit 1860 neu gebaut worden und enthalten nichts Interessantes.

Wieder auf die gerade Strasse zurückgekehrt, verfolgt man dieselbe nach W. bis zu einer *Caserne* l.: hier wurde 1860 das Signal zum Christenmord gegeben (S. 483). Eine Strasse r. führt von der Caserne nordwärts mitten durch das Christenquartier bis zum Thomasthor (S. 501); das grosse Gebäude, welches man nach der ersten Biegung der Strasse (Gasse l. lassen) zur Rechten hat, ist das *Kloster* und die *Schule der Lazaristen;* in dem schönen Hause l. gegenüber logirte der deutsche Kronprinz 1869. An der Fortsetzung dieser Strasse l. liegt das S. 479 genannte *Hôtel des Voyageurs.*

Von der Caserne aus hat man noch einen Weg von 10 Min. bis zum Bazar zurückzulegen; doch gehört diese ganze Hauptstrasse eigentlich zum Bazar. Linker Hand liegt das **Judenquartier.** Nach 5 Min. trifft man eine Querstrasse; in dem Gässchen l. kann man das Haus *(bêt) Schammai* erfragen, in welchem zwar nur ein einziges, aber sehr reich ausgestattetes Zimmer zu sehen ist. In der darauf folgenden Gasse, welche r. von der geraden Strasse abgeht, liegt das sehr grosse und luxuriös ausgestattete Haus des Juden *Josef 'Ambar;* man erkennt dasselbe an seinem grossen Thorbogen. Die Gemächer liegen um drei weite Hofräume herum; doch bemerkt man hier schon, dass die Reinheit des damascenischen Styls durch das Eindringen des fränkischen Luxus gefährdet ist. Auf der geraden Strasse weiter gehend, kommt man in einen Bazar, wo besonders Tischler wohnen; auch arabische Thürschlösser höchst einfacher aber sinnreicher Construction werden hier verfertigt. Man geht ein paar Schritte aufwärts und steigt dann zu dem Bazar der Schachtelmacher (S. 492) hinunter (3 Min.).]

Zwischen dem Bâb esch-Scherki und der NO.-Ecke der Stadtmauer sieht man r. bei den Gräbern ein zerfallenes Gebäude, in welchem ebenfalls Aussätzige wohnen: dies soll das *Haus Na'mân's des Syrers* (II Kön. 5) gewesen sein. Die Stadtmauer enthält auch hier ältere Bestandtheile. Der Eckthurm der Mauer ist von Melik eṣ-Ṣâliḥ Eyyûb, einem der letzten Eyyubiden (1249) erbaut. Wo die Strasse eine Biegung macht, ist ein grosses Grab, in welchem *Arslân*, ein berühmter Schêch aus der Zeit Nûreddîn's, begraben liegt. Die Strasse wendet sich nun l. dem Thomasthor zu, wobei man einen Arm des Barada überschreitet. Auch hier sind Häuser auf die Mauer hinaufgebaut. Das *Thomasthor*, arab. *Bâb Tûma*, 10 Jahre früher (?) als der eben besprochene Eckthurm gebaut, ist gut erhalten. Innerhalb des Thores liegt das *Christenquartier* (s. oben); die breite Strasse, welche vom Thore aus nach N. läuft, ist die grosse Karawanenstrasse nach Ḥômṣ, Palmyra u. s. w. Hier, jenseit des Flussarmes und an demselben liegen einige schöne Kaffehäuser und zwei öffentliche Gärten, die man besuchen kann. Sie werden namentlich von Christen frequentirt, und das am meisten genossene Getränk ist *Raki* d. h. Rosinenbranntwein. Auch Pikniks werden hier im Freien gehalten, und öfters hört man hier arabisch singen. (In neuerer Zeit verirren sich sogar böhmische Musikbanden hieher und lassen an den Ufern des Barada die „Wacht am Rhein" erklingen.) Der arabische Gesang behagt unserm Ohre nicht; er besteht aus recitativen Cadenzen, die mit aller Gewalt der Kopfstimme herausgestossen werden; bisweilen wird er von einer Art Zither oder Guitarre begleitet. — Die Besitzer der Gärten sind gegen Fremde unverschämt; englisches Bier kostet die Flasche 3 fr.

Innerhalb des Thomasthores führt ein Weg an der alten Stadtmauer und dem Canal des Barada, welcher hier den Namen *el-Akrabâni* trägt, entlang. Die Mauer ist hier aus grossen Quadern gebaut und stammt wohl aus der byzantinischen Zeit. Auf dem l. Ufer des Baches liegt das Viertel der Gerber und Kürschner *(Mahallet el-Farrâîn)*. Hierauf gelangt man zu dem Thore *Bâb es-Salâm*, das seinem Ansehen nach aus derselben Zeit stammt wie Bâb Tûma. Von hier führt ein Gässchen Namens *Bên es-Sûrên* (= zwischen den 2 Mauern) innerhalb der alten Mauer herum, so dass die Mauer r. durch die vorgebauten Häuser verdeckt ist; ob die Mauer l. noch existirt, ist unsicher. Sodann kommt man zu zwei Thoren: das innere heisst *Bâb el-Farâdîs*, das äussere *Bâb el-'Amâra*. Das enge Gässchen führt dann weiter und man gelangt zum *Bâb el-Feredj*, dem letzten antiken Thor (S. 490), denn weiter l.

liegt die Citadelle (S. 488), und an diese schloss sich die Mauer an. Durch den grossen Bazar, welcher r. liegt (s. S. 489) gelangt man zum Gasthof zurück. — Der besprochene Gang nimmt 2—2½ St. in Anspruch.

Die **grosse Moschee** ist seit einigen Jahren dem Publikum geöffnet. Eine Gesellschaft, die sich zusammen thut, bezahlt ein Eintrittsgeld von 20 fr. Man kann sich auch an das Consulat wenden, um sich von einem Kawassen begleiten zu lassen.

*Historisches.* Es ist wahrscheinlich, dass in den ersten christlichen Jahrhunderten an der Stelle der heutigen Moschee ein heidnischer Tempel gestanden hat. Der Bau wurde, wohl von Kaiser Arcadius (395—408), wieder hergestellt und in eine christliche Kirche verwandelt. Hier war der Schrein, in welchem das Haupt Johannes des Täufers gezeigt wurde, daher die Kirche den Namen *Johanneskirche* führte. Noch heute schwört der Damascener beim Haupte „Yahya's" (= Johannes). Bei dieser Kirche trafen Châlid und Abu 'Ubeida (S. 482) auf einander; daher wurde der östliche Theil derselben als erobert betrachtet, während den Christen der ungestörte Besitz des westlichen Theiles garantirt wurde. So frei von Fanatismus waren damals die Muslimen noch, dass sie selbst durch ein und dasselbe Thor wie die Christen sich zu ihrem Betorte verfügten. Erst Welid, der Sohn 'Abd el-Melik's, der sechste omayyadische Chalife, trat mit den Christen in Verhandlungen ein, um zu erreichen, dass sie ihm gegen Entschädigung das ganze Gebäude überlassen sollten. Die Christen jedoch weigerten sich. Entweder wurde ihnen nun ihr Antheil einfach weggenommen, oder nach anderem glaubwürdigerem Bericht der Besitz verschiedener Kirchen um und in Damascus, der ihnen früher nicht ausdrücklich garantirt worden war, als Ersatz verbrieft. Der Chalife selbst soll unter dem Jammern der Christen den ersten Hieb gegen den Altar der Kirche geführt haben. Er liess nun, aber ohne die alten Umfassungsmauern völlig niederzureissen, eine herrliche Moschee an diesem Platze erbauen, die von arabischen Schriftstellern als Weltwunder gepriesen wird. Genien sollen zum Bau geholfen haben, in Wirklichkeit aber waren eben die Baumeister Griechen; ja es sollen 1200 Künstler von Constantinopel verschrieben worden sein. Antike Säulen wurden in den Städten Syriens gesucht und zum Bau verwendet. Der Fussboden und die unteren Mauern waren mit den seltensten Marmorarten bekleidet, die oberen Theile der Mauern und die Kuppel mit Mosaiken bedeckt. In die Gebetsnischen waren kostbare Steine eingelegt und über die Bogen der Nischen schlangen sich goldene Weinreben. Die Decke war von Holz, in welches Gold eingelegt war; 600 goldene Lampen hingen von ihr hinunter. Die Summen, welche auf den Bau verwendet wurden, werden ins Ungeheuerliche angegeben; so wird z. B. berichtet, dass alle Rechnungen über die Moschee dem Welid auf 18 Maulthieren vorgeführt worden seien, und dass er befohlen habe, diese Dokumente zu verbrennen.

Schon 'Omar ibn 'Abd el-'Azîz (717—720) liess die goldenen Lampen durch einfachere ersetzen. Eine Feuersbrunst zerstörte im Jahre 461 (1069 n. Chr.) einen Theil der Moschee, und seit der Eroberung von Damascus durch Timûr hat sie nie wieder ihren alten Glanz erlangt.

Von den älteren Bauten ist an der Moschee noch manches erhalten, so vor allem der schöne *Triumphbogen* auf der W.-Seite. Um diesen, sowie die Capitäle der doppelten Säulenreihe, die von hier nach dem Tempel führte, zu erblicken, gehe man die Treppe zu dem Buchhändlerbazar (S. 490) hinunter; dann findet man gleich l. ein Thürchen, welches zu einer Treppe führt. Man kommt vermittelst derselben auf das Dach eines Hauses (dessen Bewohnern man eine Vergütung von einigen Piastern geben kann) und hat hier die Reste des herrlichen Triumphbogens vor sich. Auf drei korinthischen Capitälen ruht ein reich verzierter Architrav, an dessen einem Ende sich der Bogen ansetzt; derselbe muss eine Höhe von ca. 21m gehabt haben. Ueber dem Architrav ist ein grosses Stück eines Giebels erhalten, darin ein Fensterchen. Von der Strasse aus sieht man die Säulenschäfte dieses Triumphbogens; der grösste Theil des von hier auslaufenden Säulenganges ist jedoch zerstört.

Am Ende des Buchhändlerbazars sehen wir durch das *Bâb el-Berîd* (Postpforte) in den grossen Hofraum der Moschee hinein; doch tritt man besser durch die grosse südliche Hauptpforte direct in das Moscheegebäude ein; daher schwenken wir hier rechts ab und gelangen (r. die Latrinen der Moschee) durch den Bazar der Schuhmacher hindurch zum Südportal. Vor demselben laufen zwei parallele Reihen von Säulen südwärts. Das Thor heisst *Bâb ez-Zeyâde* (das Thor der Hinzufügung), wohl weil die Muslimen es neu bauten. Hier erscheint der Aufseher der Moschee mit Pantoffeln, die man anziehen muss. So ausgerüstet tritt man in das Innere der Moschee. Auf den ersten Blick erkennt man, dass das Gebäude ganz nach Art einer Basilica gebaut ist (vgl. Einl. S. 126). Durch zwei Reihen von Säulen werden 3 Langschiffe gebildet; der Bau ist jedoch gegen den Hof hin offen, wesshalb auch hier Säulen stehen, die jetzt aber in gemauerte Pilaster eingehüllt worden sind. Das Gebäude ist 131m lang und 38m breit, die Säulen sind 7m hoch; die Bedachung ruht auf hufeisenförmigen schwach eingeschweiften Bogengewölben. Von aussen sind diese zugespitzten hölzernen Dächer mit Blei bedeckt; im Innern hängen viele Lampen von der Decke herunter. An der westlichen Wand sind mit grossen Buchstaben die Namen der vier ersten Chalifen Abu Bekr, 'Omar, 'Othmân und 'Alî angeschrieben; an der südlichen Mauer läuft ein Streifen grosser dicker Schrift mit der Sure IX, 18 bis Schluss. Ebenso laufen an drei Seiten des Innern die Suren XXV und LXVI herum, und auch auf den Knäufen der Säulen stehen Koransprüche. An der südlichen Mauer ist eine Reihe von hohen Rundbogenfenstern mit schönen farbigen Glasscheiben; darunter sind an der Wand in der Richtung gegen Mekka die Gebetsnischen angebracht: die westlichste derselben (sowie noch drei andere Nischen) gehört den Schâfe'iten (S. 102), die bei der Kuppel den Hanefiten, der Hauptsecte in Damascus. Die östliche „Kible“ heisst auch *Miḥrâb eṣ-Ṣaḥâbe*, Gebetsnische der Genossen Moḥammed's.

Die *Kuppel* führt den Namen *Ḳubbet en-Nisr* (Geierkuppel), weil man sich von hier, von dem Querschiff aus, die Hallen wie die Flügel eines Geiers auseinandergehend denkt. Sie ruht auf einem achteckigen Unterbau; auf jeder Seite desselben sind zwei kleine Rundbogenfenster angebracht. Unter der Kuppel liegt eine schöne Gebetsnische. Die kleinen Nischen werden von schlanken spiralförmigen Säulchen getragen. In der Kuppel, sowie an einigen Theilen der Mauern finden sich noch Spuren schöner alter Mosaiks, meist Gesträuche darstellend.

Das *Querschiff* besteht aus vier massiven Pfeilern, die mit buntem Marmor belegt sind. Zwischen der dritten und vierten Säule vom Seitenschiff an gerechnet liegt ein hölzernes Kuppelgebäude, dessen Holz mit dicker Vergoldung überzogen ist. Ueber der Kuppel ist ein goldener Halbmond. Dieses Gebäude steht über dem *Haupt Johannes des Täufers*; schon der Eroberer Châlid fand hier eine Krypta mit der Reliquie vor. Einige Schritte r. von der Kuppel steht eine schöne Kanzel, gegen den Hof zu ein Brunnen. — Ueber den Marmorboden dieses ganzen Gebäudes sind Teppiche gelegt.

Wir treten jetzt in den grossen *Hof*. Auch dieser war ehemals mit kostbarem Marmor gepflastert. Der Hofraum ist auf einer Seite von der Moschee, auf den drei übrigen Seiten von Gängen umgeben. Die Pilaster derselben sind theilweise etwas plump; die Säulencapitäle erinnern beinahe an ägyptische Motive; sie sind aus rothem Stein gearbeitet und waren wohl ursprünglich vergoldet. Auf den hervorstehenden viereckigen Knäufen ruhen 47 Rundbogen, die leise hufeisenförmig geschweift sind; jedem dieser Bogen entsprechen in der Obergallerie zwei Rundbogen. Gegen diese Bauart stechen die wunderschönen antiken Marmorsäulen, auf welchen im W.-Theil des Hofes die *Kubbet el-Chazne* (Schatzkuppel) ruht, sehr vortheilhaft ab. Das kleine Gebäude soll nur alte Bücher und Kostbarkeiten enthalten und *nie* (?) geöffnet werden. — In der Mitte des Hofes steht die *Kubbet en-Naufara* (Springbrunnenkuppel); sie ruht ebenfalls auf Marmorsäulen, auf welchen wieder kleinere Säulen stehen. Darunter ist ein Platz für die religiösen Waschungen. Die dritte östlichste Kuppel heisst *Kubbet es-Sâ'a* (Stundenkuppel). — Hinter den Gängen, die den Hofraum umschliessen, liegen Zimmer für Gelehrte und Studenten.

Zum Schlusse besteige man noch eines der Minarete; am besten das *Brautminaret (Mâdinet el-'Arûs)* auf der N.-Seite; 159 Stufen führen hinauf. Dieses Minaret, heute frisch übertüncht, soll von Welîd gebaut sein, welcher zugleich eine Stiftung für zwei Schaaren von Gebetsrufern zu je 40 Mann gemacht haben soll. Von der Gallerie aus hat man einen schönen Ueberblick über die Moschee. Das Minaret im SW. heisst *Mâdinet el-Gharbîye*; es ist achteckig, mit drei Gallerien übereinander; oben verjüngt es sich und endigt in einem Knopf, auf welchem ein Halbmond ruht: das Ganze ist ein schönes Muster arab. Baukunst. — Das Minaret im SO. heisst *Mâdinet 'Isâ*, weil die Sage geht, dass Jesus ('Isâ) bei Anbruch des jüngsten Gerichts sich zuerst auf dieses Minaret herunter lassen werde. — Ueber die Moschee hinweg schweift der Blick von der Höhe aus weit über die Stadt hin. Die Citadelle ragt im W., die griechische Kirche im OSO. hervor. Das reiche Grün, das die Stadt wie ein Gürtel umgibt, lässt die Kahlheit der Gebirge nur noch schroffer hervortreten.

Neben dem Mâdinet el-'Arûs (s. oben) führt zwar ein Thor Namens *Bâb el-'Amâra* aus der Moschee hinaus; wir ziehen aber vor, zum Bâb ez-Zeyâde, durch welches wir eingetreten sind (S. 503), wieder hinauszugehen. Nachdem wir die Pantoffeln wieder ausgezogen haben, treten wir von hier l. durch ein Thor in den **Bazar der Schreiner.** Hier werden viele Holzarbeiten, mit Perlmutter eingelegt, verfertigt; die Arbeit ist theilweise etwas roh, sieht aber gut aus. Man findet hier Spiegel, *ḳabḳab* (die hohen Stelzschuhe, welche in den Bädern und bei den Frauen gebräuchlich sind), grosse Truhen, worin den Damascenerinnen ihre (vom Manne bezahlte) Aussteuer mitgegeben wird, Wiegen, kleine Tische und der vieleckige Stuhl (*ḳursi*), welcher den Eingebornen als Esstisch dient und auf den die grosse Kupferplatte (S. 488) gesetzt wird.

Durch einen kleinen Durchgang biegt man r. in den **Bazar der Goldschmiede,** ein grosses Gewölbe mit vielen Gängen. Man sieht wenig Erzeugnisse der Goldschmiedekunst ausgestellt, da ein Jeder seine Kostbarkeiten in einer Truhe verschlossen vor sich stehen hat; doch kann man sich leicht die Arbeiten zeigen lassen. Die Hals- und Armbänder, welche hier verfertigt werden, sind für unsern Geschmack zu massiv und zu plump; schöne Steine werden dem Fremden bisweilen angeboten, aber ebenso wie die Münzen zu unverschämten Preisen. Die Filigranarbeit kommt der italienischen an Feinheit nicht gleich; am hübschesten sind die „*zarf*", d. h. die Untertassen, in welchen die Kaffeschale gereicht zu werden pflegt. — In der Wand, welche diesen Bazar von dem Schreinerbazar scheidet, führt eine Treppe auf das Gewölbe, welches oben geebnet ist; man sieht durch die Lichtlöcher in die Strasse hinab. Man erblickt hier die ganze Reihe von Fenstern längs der südlichen Aussenseite der Moschee. Ungefähr am Ende des Querschiffs schauen die herrlichen Ueberreste eines Thores hervor, mit zwei kleineren Nebenthoren zu beiden Seiten. Dies ist wahrscheinlich das Thor, durch welches bis zur Zeit Welîd's Christen und Muslimen gemeinschaftlich in das Heiligthum eingetreten sind (s. S. 502). Die Verzierungen des Architravs sind sehr reich und bestehen aus Reihen von Guirlanden und Blättern. Auf dem oberen Thorbalken ist eine wohlerhaltene griechische Inschrift: „Dein Reich, o Christus, ist ein Reich für alle Jahrhunderte, und deine Herrschaft besteht von Geschlecht zu Geschlecht", aus Ps. 44, 13 mit Hinzufügung von „Christus".

Wir durchschreiten nun den ganzen Schreinerbazar und biegen am Ende desselben l. zum O.-Thor der Moschee ab. Dieses dreitheilige Thor ist eines der schönsten der Moschee; es heisst jetzt *Bâb Djêrûn.* Das Mittelportal besteht aus drei Thoren, die durch zwei schöne Säulen getrennt sind; über den Capitälen ist noch ein cubischer Aufsatz. Die Thore sind von eisenbeschlagenem Holz. Oberhalb derselben sind Felder mit Arabesken; das dem Thor entsprechende dreitheilige Rundbogenfenster ist ebenfalls von durchbrochener Arbeit. Das Thor ist von einer Vorhalle eingefasst;

im Alterthum führte hier ein breiter Säulengang zu dem Heiligthum; noch sind einzelne Säulen desselben sichtbar, andere sind in den Häusern versteckt. Der Springbrunnen mit dickem Strahle unterhalb der Treppe stammt aus dem Jahre 1020. Gegenüber liegt ein schönes Bad (S. 479).

Wenn man neben dem Springbrunnen vorbei in das nächste Gässchen l. abschwenkt und immer möglichst nahe bei der Moschee bleibt, so hat man zur linken Hand die Schulen, welche zu der Moschee gehören, die *Medreset es-Somêsatîye*, dann jenseit des Bâb el-'Amâra die *'Omarîye*, von 'Omar ibn 'Abd el-'Azîz gestiftet. Bei dem Kreuzweg, an den man zuletzt gelangt, liegt rechter Hand die Medrese des *Melik ed-Dâhir Bibars* (1260—1277). Die Mauern derselben bestehen aus fein polirtem röthlichen Sandstein. Das Portal mit Stalactiten nimmt die ganze Höhe des Baues ein. In der Inschrift ist als Jahr der Erbauung 676 (1279) genannt. Zu beiden Seiten des Portals sind zwei Fenster. Unter der Grabkuppel r. vom Eingang stehen in einem mit schwarz und weissem Marmor bekleideten Gemach zwei einfache Katafalke; in dem einen ruht Bibars, der grosse Vorkämpfer gegen die Kreuzfahrer, dessen Name und Thaten noch jetzt im Volksmunde leben (vergl. S. 74). Zwei hohe Thore führen in den Hof. Die letztgenannte Schule ist jetzt verlassen. — Auf der l. Seite der Strasse steht eine Moschee, die der Sohn des Bibars für sich bauen liess. Beide Gebäude sind bis in ihre Details schöne Proben arabischer Baukunst.

Das *Grab Saladin's* ist ein schönes Mausoleum in der unmittelbaren Nähe der Moschee; es ist jedoch sehr schwierig, Zutritt zu demselben zu erlangen.

### Gänge um die Stadt.

*Nach Djôbar.* Vom Hôtel Dimitri (S. 479) aus führt der Weg statt über den Pferdemarkt) gleich die erste Strasse l. direct östlich. Hier sind Buden, in welchen Zwiebeln, Butter, Ziegenkäse und andere Esswaaren verkauft werden. Die Strasse macht hierauf eine kleine Biegung nach r.; eine Strasse l. führt zum Zollhaus, woselbst sich auch viele Thiervermiether aufhalten. So gelangen wir auf eine grosse nach O. führende Strasse, auf welcher der *Fruchtmarkt* stattfindet. Im Mai gibt es besonders viel Aprikosen. Diese Früchte werden auch getrocknet, zu einer Masse verstampft und dünne rothbraune Tafeln daraus geformt, die man *kamr ed-dîn* nennt. Im Herbst gibt es verschiedene Sorten ausgezeichneter Trauben; die geschätzteste hat dünne Beeren, die 2—3 Cm. lang und sehr fleischig sind. Auch die Wassermelonen, die im Herbst reif werden, sind vorzüglich. Von Gemüsen werden hieher gebracht: Bâdindjân, Lûbiye (Bohnen), Bâmie u. a. — Dann folgt, bes. links, ein Bazar für Sattler und r. führt ein Weg in den eigentlichen Sattelmarkt (S. 488) hinein.

Djune
Kokeb
Sahnâya
e l - 'A d j e m
Hurdjille
Dêr Chabiye
el-Kiswe
el-'Abbâse

UMGEGEND
von
DAMASCUS.
1 : 250.000
Deutsche Meilen.
Kilometer.
Selîma
Kalamûn
Duma
Rihân
Adra
Medjara
Misraba
Schafûniye
'Arbîn
Zemelka
Hôsch el-Aschari
Bêt Saưa
Djisrîn
Bêt Naîm
Utâya
Medâ'a
el-Behêriye
Hazrama
el-Ghorêfe
el-'Atêbe
el-Djerba
Kefr Batna
Tell es-Sâlihiye
el-Kâsimiye
el Belâliye
Hôsch el-Methûn
Zibdîn
Bala
Hârestat el-Kantara
el-Dja'idiye
el-Meliha
Djermâna
Bzêne
Hôsch el-Odmal
Dêr Selmân
Harrân el 'Awâmid
el-Chiyâra
Nôla
en-Nohâsiye
Dulbe
el Kufrên
Hôsch el-Kokeb
Sekka
Ghassûle
el-Djedêde
Karahta
Tell Abu Yesid
Nedjha
el-Ghosîâniye
Dêr el-Hadjar
el-Hidjâne
Ard el-Mûsê'a
Tell el-Mesken
el-Chunêsire
el-Kasrên
Bahret
Bahret el-'Atêbe

Hierauf trifft man r. eine grosse mächtige Platane, deren Stamm 9m Umfang hat. Stets die breite Strasse verfolgend, kommt man zu dem Markt, wohin die Bewohner des Merdj-Landes, d. h. des ausserhalb des Bezirks der umfangreichen Baumgärten liegenden Wiesenlandes (S. 439), ihre Bauholzstämme zum Verkaufe bringen. L. liegt die Vorstadt *'Amûra*; die Moschee r. ist die *Djâmi' el-Mu'allak*. Die Strasse, welche man hierauf kreuzt, führt r. nach Bâb el-Farâdîs (S. 501), l. nach dem schönen Begräbnissplatz *ed-Dahdâh*, so benannt nach einem hier begrabenen Gefährten Moḥammed's. Die nächste Strasse r. führt nach Bâb es-Salâm (S. 501). Allmählich (20 Min.) kommt man aus den Häusern hinaus; hier liegt l. die schöne Besitzung der Lady Digby, Gattin des Beduinenschêchs Migwel. Bald darauf (25 Min. vom Gasthof) kommt man auf die Aleppostrasse; das Bâb Tûma lässt man in 1 Min. Entfernung r. liegen und kreuzt die Strasse bei einem Kaffehaus (S. 501). Nach 2 Min. sieht man r. eine kleine Wiese, durch welche ein Arm des Flusses strömt. An gewissen Tagen der Woche treffen hier viele Spaziergänger, bes. auch Frauen zusammen. Hier ist der Tummelplatz für Reiter, die auch Spiele aufführen. Der Weg über die Brücke r. führt zum Grab des Arslân (S. 501). Nach 2 Min. biegt man in eine Strasse ab, die nordwärts führt; man trifft unterwegs stets viele Bauern. Bis zum Dorfe **Djôbar** hat man 25 Min. zu gehen. Das Dorf ist gross, wird von Muslimen bewohnt und beherbergt nur einige wenige jüdische Familien. Letztere haben hier ihre alte *Synagoge (kenîse)*, welche im SO.-Theile des Dorfes steht und bei festlichen Gelegenheiten von vielen Juden aus Damascus besucht wird. Nahe am Eingang derselben ist ein durch ein Geländer abgegrenzter Raum, in welchem Elias den Elisa zum Propheten sowie den Hasael zum König von Syrien gesalbt haben soll. R. hinten führt eine Thüre in eine kleine Halle; dann kriecht man mühsam in eine Art Gemach hinunter, wo der Prophet Elias einige Zeit lang gelebt haben und von Raben gespeist worden sein soll (I Kön. 17, 6). Abgesehen davon, dass der Bach Krith dem Wâdi Kelt (S. 272) entspricht, so wird auch dieser Tradition im 12. Jahrh. von Rabbi Tudela, der sonst alles derartige sammelte, noch nicht erwähnt. In dem Schrank befinden sich einige ziemlich alte Thôrarollen. — Beim Rückweg nach Damascus kann man sich etwas mehr r. (W.) zur Aleppostrasse hin halten.

*Nach Ṣalaḥîye.* Um auf den Weg nach Ṣalaḥîye zu gelangen, geht man entweder vom Gasthof die Strasse nordwärts bis zum *Bâb Sarûdja*, oder man geht auf der l. Seite des Baches bis zu dem franz. Postgebäude und wendet sich dann r. An einem grossen Hause r. (der Besitzer heisst Amîn Effendi) vorbei kommt man zum Bâb Sarûdja. Das grosse Haus, welches dem Thore l. gegenüber liegt, ist das gut eingerichtete *Militärlazareth*. — Die Strasse nach Ṣalaḥîye ist gepflastert und mit Bäumen besetzt. Der Bach, den man nach 10 Min. auf einer Brücke überschreitet, ist der *Tôra*, der schon ziemlich weit oben in der Schlucht aus dem Barada abgeleitet wird. Das Dorf selbst erreicht man in weiteren 10 Minuten. Es liegt an dem Arm des Barada, welcher *Yezîd* heisst.

Das Dorf **Ṣalaḥîye** ist als Vorstadt von Damascus zu betrachten, mit dem es durch zahlreiche Landhäuser, welche längs der Strasse liegen, in Verbindung steht; es enthält gegen 7000 Einwohner. Das Dorf erhielt seinen Namen erst im 5. Jahrh. der Flucht; damals wurde es von Turkomanen bevölkert, zu welchen in späterer Zeit noch Kurden kamen. In älterer Zeit war Ṣalaḥîye ein durch seine Schulen und Moscheen ausgezeichneter Ort. Die alten Gebäude sind jedoch jetzt grossentheils zerfallen, so schön und fest sie auch gebaut waren. Es lohnt der Mühe, diese Bauten etwas näher anzusehen; an manchen sieht man noch reiche Stalactitengewölbe, sowie Wände und Kuppeln mit Arabesken verziert. Die schönste Moschee steht über dem Grabe des *Muḥi ed-dîn ibn el-'Arabi*; in neuerer Zeit sucht und bewallfahrtet man das Grab dieses Mannes in einem an die Moschee anstossenden Gemache. Ibn el-'Arabi war Philosoph, Mystiker und Dichter; er schrieb eine grosse Anzahl Bücher und machte viele Reisen; er starb im Jahre 1240. — Viele reiche Leute liessen sich hier aussen in Ṣalaḥîye begraben, und noch liegen manche schöne Grabmäler an dem Berg verstreut. An dem nördlichen Abhang desselben steht die *Ḳubbet el-'Arba'în*, woselbst 40 muslim. Propheten begraben sein sollen. Die Damascener besuchen Ṣalaḥîye häufig, besonders zur Zeit wenn die Myrtenbeeren (*ḥabb el-âs*), die gegessen werden, reif sind.

Der kahle Berg **Ḳâsiûn**, welcher sich hinter dem Dorfe erhebt, ist den Muslimen heilig, denn hier soll Abraham zur Erkenntniss der Einheit Gottes gekommen sein (S. 97). Hier soll schon Adam gewohnt haben, und bis hierher soll Moḥammed gelangt sein; Damascus aber soll er nicht betreten haben. Der Berg besteht theilweise aus röthlichem Gestein, und dies gab die Veranlassung, dass hier die Bluthöhle gezeigt wurde, in welche der erschlagene Leib Hâbîl's (Abel's) gelegt wurde. Auf dem Berge kommen viele Versteinerungen vor. — Vom westlichen Ende von Ṣalaḥîye, wo die *Djâmi' el-Efrem* neben einer zerstörten Medrese steht, wendet man sich l., schon hier mit herrlicher Aussicht. Nach 5 Min. beginnt man r. den Berg hinanzusteigen: dies war, bevor die Schlucht des Barada gangbar gemacht wurde, der alte Karawanenweg nach Beirût (S. 467). Auf der Höhe des Berges (25 Min.) ist der Weg durch den Felsen gehauen. Oben angelangt findet man, indem man einige Schritte von der Strasse abbiegt, ein kleines offenes Gebäude, Namens *Ḳubbet en-Naṣr* (Siegeskuppel) oder *Ḳubbet es-Seyyâr*. Wir stehen hier an der schönsten *Aussicht der Umgebung von Damascus, das ausgebreitet zu unsern Füssen liegt, umgeben von einem weiten grünen Gürtel. Im N. zieht sich der Antilibanus hin; im fernen O. erscheinen die Tulûl, die vulcanischen Kegel des Ṣafâ (vergl. S. 509); im S. in weiter Ferne sieht man die Gebirgszüge des

Ḥaurân, näher Djebel Mâniʿa und Djebel Aswad. Das Dorf beim Ausgang der Schlucht heisst *Mezze*. Wenn man etwas weiter nach S. geht, kann man in die Schlucht selbst hinabsehen. Die Höhen des Antilibanus im W. sind gänzlich kahl.

Vom Djebel Ḳâsiûn führt ein Weg westwärts nach *Dumar* hinunter (½ St.); von hier nach Damascus s. S. 467. Der Thalgrund längs des Wasserlaufs ist mit Bäumen bedeckt, die Vegetation herrlich, besonders fallen die gewaltigen Nussbäume auf. Auf dem sog. *Merdj* tummeln sich gewöhnlich die Reiter, auch trifft man viele Spaziergänger; manche sitzen am Ufer des Baches und rauchen eine Wasserpfeife, die ihnen der herumziehende Vermiether darreicht. Hier werden auch meistens die Pferde geschwemmt. Bei der sog. *Tekkîye* (7 Min.) jenseit der Brücke, von wo aus man den Gasthof in 7 Min. erreicht, ist die Wiese am breitesten. Die Tekkîye ist um das Jahr 1516 von Sultan Selim gebaut und zwar besonders zum Zwecke der Beherbergung von Pilgern, wozu sie auch jetzt noch dient. Es ist ein grosser viereckiger mit einer Mauer umgebener Bau. Der Zugang zu dieser Anstalt befindet sich im O.; man geht zwischen einzelnen ärmlichen Häusern hindurch, in welchen Derwische wohnen. Der Hofraum ist sehr schön, theilweise mit Nussbäumen bepflanzt, und enthält zwei grosse Wasserbehälter. Er ist gepflastert und von einer Säulenhalle umgeben; hinter der Halle sind Zimmer, die mit Kuppeln überwölbt und mit Blei gedeckt sind; im Ganzen sind 24 derartige Gemächer vorhanden. Sie dienen theilweise als Futterkammern, theilweise wohnen aber auch Tscherkessen und andere Fremde darin. Im Osttheile des Hofes ist eine alte Mühle. Die Moschee, auf der Südseite, hat eine Vorhalle mit Marmorsäulen und eine grosse Kuppel; auf jeder Seite steht ein schlankes Minaret. Das Ganze ist im Verfall begriffen. Gegen die Brücke hin ragt ein hübscher offner Vorbau mit Kuppel über die Mauer hervor.

Ein Ausflug von Damascus (1½ Tag) ostwärts an die sog. **Wiesenseen** (vgl. Karte S. 508) ist nur mit Führer zu unternehmen, da der Dorfwege im Gartenland (Ghûṭa) und der Canäle im Wiesenland (Merdj) unzählige sind. Der grosse See *Bahret el-ʿAtêbe* ist etwa 5 St. von Damascus entfernt. Man reitet auf der N.-Seite des Barada hinunter und erreicht in 2½ St. den runden Hügel von *eṣ-Ṣalaḥiye*. In anderen 2½ St. kann man *ʿAtêbe* erreichen, das auf einer Art Landzunge liegt. Jenseit der Sümpfe oder Seen sieht man die *Tulûl eṣ-Ṣafâ*, eine grosse Reihe von erloschenen Kratern. O. vom Baḥret el-ʿAtêbe liegt ein Strich Landes, der *Derb el-Ghazawât* (Strasse der Raubzüge) heisst, wegen der grossen Unsicherheit; drei interessante Ruinen *ed-Diyûra* liegen darin. Von ʿAtêbe erreicht man S. den Ausfluss des Barada in 40 Min. und *Ḥarrân el-ʿAwâmid* in 30 Min.; hier finden sich 3 ionische Säulen, die von einem antiken Tempel herrühren. In etwa 4 St. reitet man von hier nach Damascus zurück. Der Ausflug giebt einen Einblick in die berühmte Landschaft um Damascus (*Ager Damascenus* der Alten); eine uralt angesessene Bauernbevölkerung cultivirt hier den herrlichsten fruchtbarsten Boden; viele Ueberreste alter Prachtbauten finden sich vor.

## 30. Von Damascus nach Beirût über Ba'albek.

Von Damascus nach Ba'albek über Zebedâni 2 Tage, in Ba'albek 1 Tag, nach Schtôra 1 Tag und nach Beirût 1 Tag. In Zebedâni, Ba'albek und Schtôra findet man leidliches Unterkommen, sodass sich diese Tour ganz gut ohne Zelte machen lässt. In Ba'albek und Schtôra ist auch franz. Wein (allerdings zu hohen Preisen) zu haben, doch ist die Mitnahme von sonstigem Proviant empfehlenswerth. Wer mit Zeit reist und Zeit hat, kann bei 'Ain Fîdje und in Surghâya übernachten, wozu 2½ Tage erforderlich sind; mann kann in diesem Falle über Ṣâlaḥiye und den Berg Ḳâsiûn (S. 5[illegible]8) reiten, [illegible]tigen Rückblickes auf Damascus wegen.

Bis zur (1 St.) Poststation *Dumar* (S. 467) bleibt man auf der Strasse der französ. Compagnie.

[Man kann auch bis (35 Min.) Station *Häme* (S. 467) reiten und von hier über das (15 Min.) Dorf *Häme*, (30 Min.) *Djedeide*, (1 St. 30 Min.) *Dêr Kânûn*, (18 Min.) *el-Ḥuseinîye* nach (32 Min.) *Sûḳ Wâdi Barada* (s. unten) gelangen, indessen ist der nachstehende Weg interessanter.]

Hinter Dumar verlassen wir die Strasse und wenden uns r. an einigen weissen Kalkhügeln vorbei (45 Min.); die Baradaschlucht ist hier zu eng, als dass man ihr folgen könnte. Man reitet sodann eine Stunde über die kahle Ebene *Ṣaḥra* (S. 466), einen Lieblingsaufenthalt der Gazellen; r. oben liegen Felsengräber; im S. sieht man den Hermon. Hierauf wendet man sich in ein angebautes Thälchen l. hinunter und erreicht, am Dorfe *el-Aschrafîye* vorbei, in 25 Min. das Dorf *Bessîma* im Baradathal. Das saftige Grün der Bäume in der unmittelbaren Umgebung des Flusses sticht wohlthuend gegen die kahlen Berge ab. Ein merkwürdiger Felsengang verbindet heute Bessîma mit Aschrafîye; derselbe war ursprünglich wohl ein Wassercanal, hört aber am westlichen Ende spurlos auf. Führte er wohl das reine Wasser der Fîdjequellen nach Damascus? Der Gang ist durchschnittlich $0{,}_{80}$m breit, bald etwas höher, bald niedriger, stellenweise ist die Decke weggebrochen; dann folgen wieder Gallerien mit Ausblick auf das Thal. Das Gestein, durch welches der Canal läuft, ist ein Kalksteinconglomerat.

Das Thal, welchem man aufwärts folgt, ist zuerst eng; die kleine „Wiese von Bessîma" l. hat schönes Grün. Man trifft nach 15 Min. eine Quelle, und überall am Wasserlauf Pappeln und schöne Wallnussbäume; nach 20 Min. erreicht man das Dorf **el-Fîdje** und 5 Min. später die Quelle. El-Fîdje ist wahrscheinlich das griechische πηγη (Quelle). In der That gilt sie als Hauptquelle des Barada, wenn sie auch nicht die am weitesten entfernte ist; aber sie führt diesem Bach doppelt so viel Wasser zu, als er weiter oben besitzt. Eine gewaltige Wassermasse bricht unter einem alten Gemäuer hervor und rauscht zum Barada hinab. Das Wasser ist sehr schön klar. Ueber den Quellhöhlen erhebt sich eine Art Plattform, theils aus Felsen, theils aus Mauerwerk, mit den Trümmern eines kleinen, aber aus mächtigen Quadern gebauten Tempels. Einige

Schritte S. von der Quelle sind laufen parallele Mauern, jede 11,3m lang und 1,8m dick, hinten durch eine 8,2m lange, 1,2m dicke Mauer vereinigt. Nach den Ueberresten zu urtheilen, war das Ganze überwölbt. An der Aussenseite der Seitenmauern springen grosse Steine hervor; im Innern sind Nischen sichtbar. Gegen den Fluss zu befand sich ein Portal. Noch werden diese Reste ehem. Heiligthümer, die vielleicht bloss der Flussgottheit gewidmet waren, von einem Hain prächtiger Bäume beschattet, die zur Rast einladen.

Der Weg führt weiter im Thal zwischen 250—300m hohen kahlen Felsen den Windungen des Baches nach in die Höhe. Nach 25 Min. kommt man an *Dêr Muḳurrin* vorbei, in 15 Min. nach *Kefr Zêt*. Nach 10 Min. erblickt man gegenüber am r. Flussufer *Dêr Ḳânûn*, nach 15 Min. *el-Ḥuseiniye* (S. 510). Nach 15 Min. erreicht man *Kefr el-'Awâmid*; auf einem Vorsprung liegen die Ruinen eines kleinen griechischen Tempels; Stücke von Säulen, Capitälen, Giebelwerk sind noch vorhanden. Hierauf passirt man den Fluss mittelst einer Brücke und gelangt auf die directe Route (s. oben). Nach 25 Min. hat man rechter Hand unten das Dorf **Sûḳ Wâdi Barada**.

*Historisches.* Aus den Itinerarien etc. geht hervor, dass Sûḳ Wâdi Barada an der Stelle der antiken Stadt *Abila* steht. Das Gebiet dieser erst in nachchristlicher Zeit erwähnten Stadt hiess Abilene; ein Lysanias wird Lucas 3, 1 als Tetrarch von Abilene aufgeführt, im 15. Jahre des Tiberius. Die anderweitigen Nachrichten darüber, besonders bei Josephus, sind nicht ganz klar. Eine Tetrarchie Abilene kann erst im Jahre 4 bei der Theilung des Erbes Herodes des Grossen entstanden sein, und es ist wohl möglich, dass ein Lysanias, obwohl sonst nicht genannt, 11 Jahre später diesen District beherrschte. Man hat ihn aber wohl zu unterscheiden von einem früheren Lysanias, Sohn des Ptolemaeus Sohnes des Mennaeus; dieser Lysanias war Fürst von Chalcis (S. 466); ob er auch Abilene besessen hat, ist unsicher; er wurde 34 v. Chr. auf Anstiften der Cleopatra ermordet. — Die Tetrarchie Abilene fiel Herodes dem Grossen zu; später wurde sie von den römischen Kaisern dem Agrippa I. und Agrippa II. geschenkt.

Das Dorf *Sûḳ*, von Obstgärten umgeben, liegt an einer Biegung des Barada am Ausgang eines Passes, den sich der Fluss zwischen zwei steilen Klippen gebahnt hat. In den Klippen oberhalb der Ortschaft, jenseit des Stromes, bemerkt man eine Anzahl Felsengräber, die theilweise unzugänglich sind; zu einigen führen Stufen hinauf. Die Grabhöhlen bieten nichts Besonderes. Eine volksthümliche Ableitung hat den Namen Abîla in Verbindung mit „Abel" gebracht, und man zeigt auf dem westlichen Berge r. seit dem 16. Jahrh. das *Nebi Habîl*, wo Kain seinen Bruder erschlagen haben soll (nach dem Ḳorân). An dem Gebäude ist nichts Interessantes; daneben liegen die Ruinen eines Tempels, etwa 14m lang, 8m breit. Am östlichen Ende desselben ist ein Grabgewölbe; dabei Stufen in dem Felsen. — 10 Min. oberhalb der Ortschaft an der engsten Stelle der Schlucht erreicht man die Brücke. Jenseits auf dem l. Ufer oberhalb der Brücke etwas hinanklimmend, gelangt man zu einer alten Strasse, die etwa 30m über dem heutigen Weg der Felswand folgt. Die Strasse ist in den Felsen gehauen, 4—5m breit, gegen

300 Schritte lang; an einigen Stellen hat man einen Theil des Felsens als Brustwehr stehen lassen, an andern waren ursprünglich wohl Mauern. Am NO.-Ende bricht der Weg an einer Felswand ab; vielleicht war er als Viaduct auf Bogen weiter geführt. Aus lateinischen Inschriften, die an der Felswand bei der Strasse angebracht sind, ist ersichtlich, dass dieser Weg unter den Kaisern Marcus Aurelius und Lucius Verus durch den Legaten Julius Verus auf Kosten der Einwohner von Abila hergestellt wurde; also etwas nach der Mitte des 2. Jahrh. Einige Schritte unterhalb der Strasse läuft eine alte Wasserleitung, theils durch den Felsen gehauen und mit schräggelegten Steinen überdeckt; sie kann als Weg zu einigen der Felsengräber dienen.

Von der Brücke an verfolgt man den Lauf des Baches auf dem l. Ufer. Nach 10 Min. werden die Abhänge des Berges weniger steil, nach weiteren 10 Min. öffnet sich das Thal zu einer kleinen Ebene, der Bach bildet hier einen Wasserfall, etwas oberhalb desselben finden sich Brückenreste. Von SW. mündet hier aus einem Seitenthal der Abfluss des *Wâdi el-Karn* (S. 466) ein; die Compagniestrasse ist in dieser Richtung nur eine kleine Stunde entfernt; ein Weg führt hinüber. Nun biegt man, berganreitend, um den Hügel r. herum und kommt plötzlich auf den unteren Theil der *Ebene von Zebedâni*, die sich von N. nach S. zwischen ziemlich hohen Bergen hinzieht; der westliche steile Zug heisst *Djebel Zebedâni*. Die Ebene, früher wohl ein grosser See, ist beinahe 1 St. breit, schön angebaut und wasserreich, bedeckt mit Bäumen, Pappeln, Wallnuss-, Aprikosen- und besonders auch Apfelbäumen; die Gärten sind zum Theil mit grünen Hecken eingefasst. Durch diese herrliche Landschaft reitend, erreicht man in 2 St. 20 Min. das in üppigem Grün gelegene Dorf **Zebedâni** (Unterkommen bei Christen oder im Chân). Die Ortschaft hat an 3000 Einwohner, wovon die Hälfte Christen; sie leben vom Ertrag ihrer Baumgärten. Die Aepfel von Zebedâni sind berühmt; auch die Trauben mit den länglichen Beeren sind hier häufig. Die Ortschaft enthält keine Alterthümer.

Von Zebedâni führt der Weg das Thal hinauf; in 30 Min. mündet r. der Weg von *Blûdân* (S. 514) ein; nach 25 Min. liegt r. die Quelle *'Ain Ḥawar* bei dem gleichnam. Dorf; hierauf erreicht man die Wasserscheide und langt nach 1 St. im Dorfe *Surghâya* an; die Aussicht ist beschränkt, doch die Umgebung grün.

Oben am Dorfe Surghâya am östlichen Vorhügel sind Felsengräber sichtbar; beim Beginn der Steigung liegt am Wege eine schöne in den Felsen gehauene Wein- oder Oelkelter. Die Felsengräber zeigen innen sechs Bogen und Einsätze für die Särge; hinter dem Felsen sind unbedeutende Ruinen eines Dorfes; bei einer grossen Eiche einige andere Felsengräber.

In 28 Min. steigt man von der grossen mitten im Dorfe gelegenen Quelle nach dem *Wâdi Yafûfe* hinunter; dort liegt ein zerstörter Chân; eine Brücke Namens *Djisr er-Române* führt über das Wasser; die Thalwände sind sehr tief und steil.

Von dieser Brücke führen drei verschiedene Wege nach Ba'albek; der empfehlenswertheste ist der nachstehende:

Man folgt dem Thal l. abwärts auf dem r. Ufer; nach 16 Min. überschreitet man den Bach wieder. Der Thalgrund ist mit Eichen, Platanen, wilden Rosenbüschen bedeckt; nach 14 Min. trifft man eine dritte Brücke. Das Dorf *Yafûfe* liegt etwas weiter unten l. Hierauf steigt man den Berg hinan, ein Weg bleibt l. liegen. Oben entfaltet sich nach 23 Min. eine herrliche Aussicht auf Libanon und Beḳâ'a; im N. stechen die Schneegipfel des Sannîn von der rothen Erde des Thales, welches im NW. mit Wald bedeckt ist, ab. Ein Dorf mit dem *Nebi Schît* (Seth) bleibt l. liegen; die Aussicht ist stets schön. Man trifft viele Kreuzwege, geht aber geradeaus. Nach 1 St. 15 Min. liegt l. unten das Dorf *Chorṭâne*; man durchreitet ein tiefes Thalbett. Nach 28 Min. lässt man etwa 10 Min. weit l. das Dorf *Brithên* (wahrscheinlich das antike *Berothai*, II Sam. 8, 8), das hinter einem Hügel liegt. Nach 37 Min. folgt ein tief eingeschnittenes Thal *Wâdi eṭ-Ṭayyibe*; nach 35 Min. lässt man einen Weg r. und kommt zum Dorf *'Ain Berdai* (10 Min.); nach 4 Min. erblickt man die Gärten von *Ba'albek* und die Acropolis, besonders die grossen Säulen. Nach 11 Min. erreicht man die grosse Strasse, die von l. einmündet, und kommt nach 7 Min. zu den ersten Häusern der Ortschaft.

Die beiden andern Wege von der Brücke Djisr er-Române (s. oben) nach Ba'albek sind folgende:

a. Man steigt gleich jenseit der Brücke den Berg hinauf auf steilen Wegen und erreicht das Dorf *Chureibe* in 1 St. 20 Min.; von dort in die Nähe von *Brithên* (s. oben) in 1 St. 50 Min.; 15 Min. vor Brithên mündet der Weg in die oben angegebene Route.

b. Von der Brücke geht man am l. Ufer des Baches thalaufwärts 20 Min. bis zu den Ruinen eines kleinen Tempels; nach 15 Min. r. auf einem Hügel die Ruinen des Dorfes *Ma'rabûn* (Quelle). Die Thalwände r. sind sehr steil, doch etwas bewaldet, wie auch die Hügel l. Der Thalboden bildet hier eine kleine Ebene; darauf reitet man N. ein Thal *Wâdi Ma'rabûn* hinauf, indem man öfters das Bachbett kreuzt; nach 2 St. kommt man zum Thal von *Scha'ibe*; das Dorf bleibt r.; wilde Gegend. In 30 Min. kommt man zu einem Thal, das l. nach eṭ-Ṭayyibe hinunter geht. Nach 15 Min. Ruinen; nach 1 St. 10 Min. zur Quelle von Ba'albek (S. 521).

*Von Damascus über Helbûn nach Zebedâni (Ba'albek).* Von dem Kreuzweg vor *Bâb Tûma* (S. 501) reitet man die Aleppostrasse entlang nach N. Nach 11 Min. biegt man l. ab; immer noch zwischen Lehmmauern unter dem Schatten grosser Nussbäume einherreitend, lässt man nach 9 Min. einen Weg l. Nach 14 Min. kommt man bei einem Bache und einer Oelpresse aus den Gärten heraus; 1/4 St. entfernt r. liegt das Dorf *Kabûn*; der Antilibanus dehnt sich bis zu dem runden Hügel der *Theniye* aus; l. sind noch immer die steilen und kahlen Felsen des *Djebel Kâsiûn* (S. 508). Nach 9 Min. l. am Wege ein Wasserreservoir; nach 10 Min. erreicht man das Dorf *Berze*. Die muslimische Legende macht diese Ortschaft zum Geburtsort Abraham's, oder zu dem Punkte, bis wohin er mit seinen Knechten (I Mos. 14, 15) vorgedrungen sein soll. Bei Berze schlägt man den Weg l. ein und gelangt in 8 Min. zu dem Eingang einer Schlucht; die Vegetation hört hier auf; die Schlucht wird so eng, dass man meist im Bachbett reiten muss, welches indessen im Sommer nur wenig Wasser enthält, auch wohl völlig austrocknet. Nach 33 Min. kommt man aus der engen Schlucht hinaus und über eine Brücke nach 6 Min. l. oben das Dorf *Ma'raba.* Indem man dem Laufe des Hauptbaches aufwärts folgt, kann man durch das schöne und malerische, im Sommer wasserlose Thal von Ḥelbûn 'Ain eṣ-Ṣâḥib in $1^1|_2$ St. erreichen, Ḥelbûn in 40 Min. mehr (s. unten).

Ein schöner Umweg führt von Ma'raba durch das Seitenthal N. nach Menîn, ebenfalls dem üppigen Grün nach. Nach 27 Min. sieht man das Dorf *Herne* l.; darauf r. oben ein Weli und l. eine Mühle, von Bäumen umgeben. Nach 13 Min. passirt man das Dorf *et-Tell* (Hügel). Nach 27 Min. setzt man bei einem Pappelhain über einen Bach; hierauf folgt eine kleine Schlucht; in 15 Min. l. eine Mühle. Nach 15 Min. erreicht man das Dorf **Menîn**; bei der Quelle jenseit des Dorfes am Felsabhang ist ein hübscher schattiger Ruheplatz. Die Felsengräber oberhalb Menîn zeigen, dass die Ortslage antik ist; das Dorf ist heute nur von Muslimen bewohnt. Auf dem östlichen Hügel (15 Min. hinauf) sind Ueberreste alter Bauten und Felsenkammern. Vor diesen Höhlen, die wohl ebenfalls religiösen Zwecken dienten, sieht man Ueberreste eines Tempels. Die Aussicht umfasst einen Theil des Antilibanus und durch eine Lücke zwischen den kahlen Felsen ein Stück Ghûṭa (Ebene von Damascus, S. 484) bis zum Ḥaurângebirge.

Von Menîn nach Ḥelbûn führt der Weg bei der Quelle gleich westlich, nach 3 Min. l., nach 1 Min. r. Menîn präsentirt sich von hier gut. Nach 15 Min. sieht man l. in das *Wâdi Derêdj (Ḥelbûn)* hinunter; nach 20 Min. steigt man in dasselbe hinab und sieht l. das Dorf *Derêdj;* nach 12 Min. gelangt man auf den Weg, der von Ma'raba direct hinaufführt, und geht bei *'Ain eṣ-Ṣâḥib* r. zwischen den Felsen durch. Oben an diesem romantischen Engpass, durch welchen ein kleiner Bach läuft, erblickt man einige Felsengräber, darunter eines mit Säulen und Büste. Der Weg führt an der l. Seite des von bedeutenden Höhen eingefassten Thales hin; 28 Min. Quelle; nach 12 Min. erreicht man das Dorf **Helbûn.**

*Helbon* wird bei Ezech. 27, 18 als der Ort genannt, woher Tyrus durch Vermittlung von Damascus Wein bezog; damit ist die Notiz von Strabo (und Athenäus) zusammenzustellen, dass die Perserkönige ihren Wein von *Chalybon* bezogen hätten. Die Gegend ist wie geschaffen zum Weinbau: ungeheure schiefe Felder feinen Kreidegerölls ziehen sich an beiden Seiten des Thales hin. Noch sind sie zum Theil mit Reben bedeckt; aber es werden aus den Trauben bloss Rosinen bereitet. Ḥelbûn liegt an der Biegung des Thales, am Fusse steiler Höhen, die nur spärlich grün sind; ein kleines Seitenthal fällt von NW. in das Hauptthal. Der Boden des letzteren ist mit Bäumen bedeckt. Das Dorf ist muslimisch; in den Häusern und Gartenumzäumungen finden sich Säulenstücke und alte behauene Steine eingefügt. Die Moschee in der Mitte des Dorfes ist durch ihren alten Thurm kenntlich; davor steht eine Art Porticus aus alten Säulen, die aus vielen Stücken zusammengesetzt sind. Eine reiche Quelle sprudelt unter der Moschee hervor in ein Bassin. Man findet Fragmente griechischer Inschriften.

Von Ḥelbûn führt der Weg steil an der l. Thalseite hinan durch eine wilde Gegend. Nach 22 Min. sieht man l. oben am Berg felsengrabähnliche Höhlen und steigt dann in das Thal hinunter zu der reichen Quelle *'Ain Fachûch* (4 Min.). Man verfolgt das Hauptthal aufwärts (Weg r. lassen) und erreicht durch Anpflanzungen von Sumachsträuchen (Rhus coriaria) nach 26 Min. einen Scheideweg; man geht r. hinauf; auf den Hügeln wächst etwas Buschwerk. Nach 43 Min. hat man einen Ausblick auf die Ebene von Damascus; nach 17 Min. steigt man in ein Thal hinunter, dessen Boden (26 Min.) bepflanzt ist. Hierauf steigt man r. wieder hinauf und gelangt in 24 Min. auf eine kleine Hochebene; nach 12 Min. sieht man die Libanonkette, bald darauf Zebedâni im Thal, den Sannîn im N. Im S. wird der Hermon in seiner ganzen Pracht sichtbar. In 5 Min. steigt man zu dem Dorf *Blûdân* (1477m ü. M.) hinunter. Die hier befindlichen europäischen Häuser werden von dem englischen Consul in Damascus und den amerikanischen Missionairen als Sommeraufenthalt benutzt. Von Blûdân erreicht man Zebedâni in 40 Min. Um auf die Ba'albekstrasse zu gelangen, steigt man in N. Richtung hinunter und kommt nach 23 Min. an das Ende der Baumgärten; nach 30 Min. mündet von r. ein Weg ein; nach 5 Min. der von Zebedâni l.

**Ba'albek.** Ordentliches *Unterkommen* findet man gleich in den ersten Häusern rechts am Wege. Wer mit Zelt reist, lässt dasselbe in der Akropolis selbst aufschlagen.

*Historisches.* Ba'albek ist sicher mit dem *Heliopolis* der griechisch-römischen Autoren zu identificiren; doch hat man erst aus dem 3.—4. nachchristlichen Jahrh. schriftliche Nachrichten über diese Stadt. Der griechische Name deutet auf den Cultus der Sonne, und Ba'al entsprach ja auch hauptsächlich dem Sonnengott. Aus dem II. und III. Jahrh. sind Münzen von Heliopolis vorhanden, die berichten, dass die Stadt römische Colonie war. Münzen von Septimius Severus (193—211) zeigen aber statt der früheren Devise vom Colonisten mit dem Ochsen die Figur eines Tempels, oder vielmehr es kommen bereits beide Tempel, der grössere und der kleinere vor. Damit stimmt eine Nachricht aus dem 7. Jahrh. überein, dass Antoninus Pius zu Heliopolis in Phönicien dem Jupiter einen grossen Tempel, ein Weltwunder, errichtet habe. Auch die späteren Münzen zeigen Abbildungen der beiden Tempel; ob aber der grössere je vollendet worden, ist ungewiss. Aus einer der Votivinschriften des Antoninus Pius scheint hervorzugehen, dass der grössere Tempel ein allen Göttern von Heliopolis gewidmetes Heiligthum war; somit war der kleinere der Ba'altempel; beide Tempel stammen jedenfalls aus einer und derselben Zeit. In Heliopolis wurde neben Ba'al besonders die Venus verehrt; doch soll bereits Constantin hier eine Basilica gegründet haben. Vor und noch nach Constantin fanden hier Christenverfolgungen statt. Theodosius der Grosse (379—375) zerstörte den grossen „Trilithon" Tempel in Heliopolis und verwandelte ihn in eine christliche Kirche. Später werden Bischöfe von Heliopolis erwähnt. Ba'albek wurde von Abu 'Ubeida auf seinem Zuge von Damascus nach Höms erobert. Die Araber rühmen die Fruchtbarkeit der Umgebung und bringen die Alterthümer mit Salomo in Verbindung. Der arabische Name stimmt wohl auch mit der älteren syrischen Benennung überein. Die Araber erwähnen Ba'albek besonders als Festung; frühzeitig machten sie aus der Akropolis eine Citadelle. Als solche spielte sie eine Rolle in den Kriegen des Mittelalters: so in den Streitigkeiten der Seldjuken gegen die aegyptischen Sultane. Im Jahre 1139 eroberte Emir Zenghi die Stadt und die Burg; in demselben Jahrh. erlitt Ba'albek einige Erdbeben. Im Jahre 1175 kam die Gegend von Ba'albek in den Besitz Saladin's; das Jahr darauf machten die Kreuzfahrer unter Raymund von Tripolis eine Expedition bis in die Nähe von Ba'albek, schlugen die Saracenen und zogen sich mit Beute beladen zurück; ebenso Balduin IV. von Sidon aus. Im Jahre 1260 wurde Ba'albek durch Hûlagû zerstört, später von Timûr erobert. In der Mitte des 16. Jahrh. wurde Ba'albek's Ruinen von Europäern wieder neu entdeckt; seitdem haben sie durch Erderschütterungen, besonders 1759, noch stark gelitten.

*Ba'albek* (1170m ü. M.) liegt an der östl. Seite der hier sehr fruchtbaren Thalsohle des *Lîtâni* (S. 468); nicht weit entfernt ist die Wasserscheide zwischen diesem Fluss und dem *el-'Asi* (Orontes).

Die Akropolis von Ba'albek erhebt sich, von Baumgärten umgeben, westlich vom Städtchen; sie läuft in ihrer Längenrichtung von O. nach W. Eingänge: 1. durch eine Bresche (Pl. a) in der Mauer an der N.-Seite, zu der man über Geröll hinansteigt (der beste Eingang, weil man unmittelbar in den grossen Tempelhof eintritt); 2. durch das Souterrain (Pl. b) in der SO. Ecke. Eine Thüre (Pl. c), durch die man früher direct zum Sonnentempel hinanstieg, ist neuerdings vermauert.

Die Souterrains sind umfangreich; Seitenkammern derselben wurden wohl im Mittelalter als Ställe und Vorrathsräume benutzt,

33*

wie theilweise noch jetzt. Sie bestehen aus zwei langen parallelen, von einem Quergang durchschnittenen Gängen, die gewölbt sind und Reste lateinischer Inschriften enthalten. Letztere würden, was ohnehin wahrscheinlich ist, dafür sprechen, dass die Erbauung dieser Gänge ebenfalls schon in römische Zeit fällt.

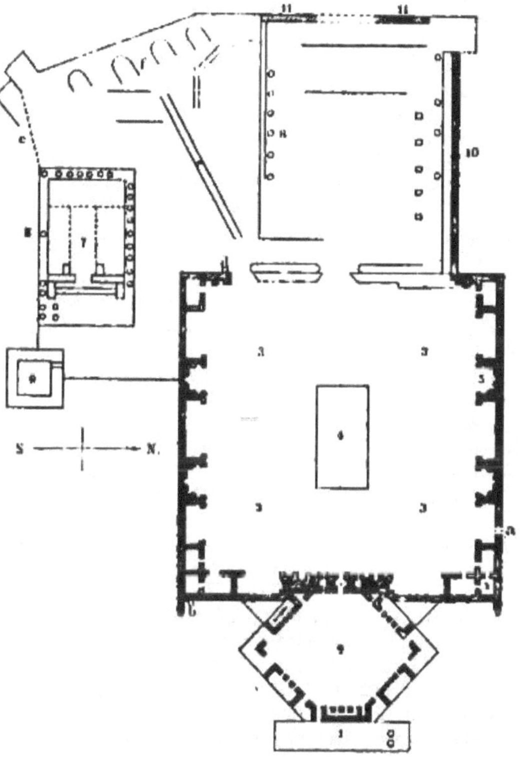


Man beginnt die Besichtigung des Innern, um den Plan des Ganzen zu verfolgen, am besten vom östl. Ende. Daher biege man, innen angelangt, von der erwähnten Bresche l. ab, gehe durch einen offenen Eingang in einen Vorhof, dann durch eine niedrige Thür in einen zweiten Vorhof. Hier erst steht man in dem eigentlichen *Porticus* (Pl. 1) des grossen Tempels. Der Boden desselben liegt etwa 6m über der Erde oberhalb eines grünen Baumgartens; man nimmt an, dass hier von O. ein grosser breiter Treppenaufgang hinaufgeführt habe; derselbe ist jedoch jetzt vollständig verschwunden und das Material wohl zum Bau der mittelalterlichen Citadelle und der heutigen O.-Mauer gebraucht worden. Der Porticus ist ein längliches Viereck von etwa 11m Tiefe; vorn hatte er 12 Säulen, von denen noch die Basen erhalten sind; an zweien derselben stehen lateinische Inschriften, aus welchen die Erbauung und Widmung des Tempels durch Antoninus Pius und Julia Domna hervorgeht. Zu beiden Seiten des Porticus sind thurmähnliche Gebäude, von aussen mit einem Gesims verziert, das in gleicher Höhe mit dem Porticus herumläuft; ebenso führen Thüren in viereckige Gemächer, die mit Pilastern, Nischen etc. reich verziort sind. Die oberen Theile dieser Gebäude sind im Mittelalter als Festungsthürme neu aufgebaut worden; der N.-Thurm ist besser erhalten, als der südliche.

In der reich geschmückten Hinterwand des Porticus befinden sich drei Portale, das mittlere grösste 7m, die kleineren 3m breit; nur das kleine Portal l. ist offen. Der *Hof* (Pl. 2), in welchen man eintritt, hat die Form eines Sechsecks. Er ist ungefähr 60m lang, von Winkel zu Winkel ungefähr 76m breit; aber nur die Grundmauern und einige Muschelnischen sind erhalten. Ursprünglich waren auf jeder der sechs Seiten (ausser der westlichen) viereckige Seitengemächer (exedrae), vor denen je 4 Säulen standen; in die östliche Exedra trat man vom Porticus aus; zwischen den Exedrae lagen kleinere unregelmässige Gemächer. — Von hier aus wird ersichtlich, welche Bauten die Saracenen an der O.-Seite ausgeführt haben.

Ein dreifaches Portal führte von dem Hexagon in den grossen, schönen *Vorhof* (Pl. 3) des Tempels. Nur das nördliche kleinere Portal ist erhalten (r.). Dieser Vorhof misst ungefähr 135m in der Länge O.-W., 113m in der Breite. Zu beiden Seiten des Hofes, sowie an der O.-Seite sind wiederum Exedrae (Gemächer). Dieselben sind zunächst am besten von der viereckigen Plattform (Pl. 4) in der Mitte des Hofes zu übersehen. Die Baureste, welche hier in der Mitte erhalten sind, gehörten wohl einer Basilica an. Der Hof gewährt einen schönen Anblick, doch weisen bei näherer Betrachtung die Barockbildungen in den Details der Verzierungen auf eine späte Zeit, das 3. Jahrh., hin. Dies gilt vorzüglich von den Exedrae. Durchgängig findet man in denselben zwei übereinanderstehende Reihen von Nischen, ebenso an den Scheidemauern der Exedrae. Diese Nischen sind durch korinthische Pilaster, deren Capitäle sehr reich sind, von einander getrennt; doch ist die Form der Nischen verschieden: bald sind sie in Muschelform, bald halbrund mit gebogenem Gebälk, oder die Giebel sind gekröpft. Am besten ist eine halbkreisförmige Exedra (Pl. 5) der N.-Seite erhalten; an den andern Seiten sind manche Nischen zerstört. Die Exedrae waren alle überdeckt, an einigen sind noch schöne Reste des Deckgesimses erhalten. *Vor* den Gemächern liefen Reihen von Säulen, theilweise aus Syenit, von denen einige noch umher liegen (im S.-Theil des Hofes). Die Gemächer der beiden Seiten entsprechen sich genau; wir beschreiben daher nur die eine Seite. Neben dem erhaltenen kleineren Eingangsportal r. finden wir zunächst eine grosse Nische, vielleicht für eine Colossalstatue bestimmt; darauf folgt ein rechtwinkliges Gemach. In der NO.-Ecke des Hofraums sind drei viereckige Gemächer; die Eckkammer ist nur von den Seitenkammern aus zugänglich. An der N.-Seite folgt ein viereckiges Gemach (ursprünglich mit vier Säulen); dann ein halbrundes (mit zwei Säulen); hierauf, die Mitte einnehmend, ein langes viereckiges, sodann ein Eckgemach; neben diesem ist auf der NW.-Seite noch eine Muschelnische erhalten, durch welche man wie durch ein Portal hindurchgehen kann.

Von dem **grossen Tempel** (Pl. 6), dessen Vorhöfe wir eben durchschritten haben, sind nur wenige Reste vorhanden. Die sechs gewaltigen **Säulen des Peristyls, die einzigen Reste des einst weltberühmten Tempels, haben sich dem Reisenden auf seinem Wege nach Ba'albek schon aus weiter Ferne gezeigt. Der gelbliche Stein nimmt sich besonders bei Abendbeleuchtung schön aus. Die sechs Säulen sind gegen 19m hoch; sie sind noch mit Stylobaten versehen; die Basis der Säulen ist wenig schwungvoll gebildet, ebenso auch die korinthischen Capitäle. Der Architrav ist dreitheilig; darüber ein Fries mit enggestellter Consolenreihe, die kleine Löwen zu tragen scheint; dann Zahnschnitt, korinthische Consolen und hoher Sims, im Ganzen $5{,}_{3}$m hoch. Die glatten Schäfte haben $2{,}_{2}$m Durchmesser und bestehen aus drei Stücken, die mit Eisen in einander gefügt sind. Die Barbarei der Araber und Türken hat an verschiedenen Stellen Einschnitte gemacht, um diese Eisenklammern herauszuholen; es ist zu fürchten, dass die Säulen, da sie unterminirt sind und auch oben stark gelitten haben, nicht lange mehr stehen werden. — Diese sechs Säulen bildeten einen Theil des Peristyls des grossen Tempels; an jeder Langseite desselben standen 19 Säulen, an den Breitseiten 10, schon im Jahre 1751 indess standen im Ganzen bloss noch 9 Säulen. Viele Säulen liegen jetzt zerstreut umher. Welcher Art das Innere des so eingeschlossenen Tempels gewesen ist, ob derselbe ein Dach hatte u. s. w., lässt sich nicht bestimmen. Der Tempel stand gegen O. gerichtet auf einem hohen Unterbau etwa 15m über der umliegenden Ebene. Die östliche Mauer dieses Stylobats lehnte an die Plattform des Vorhofes, die südliche ist theilweise unter dem Schutt verborgen. Die westliche Mauer ist von Mauerwerk überdeckt; gegen die Mitte dieser Mauer hin ist eine Bresche, durch welche man auf Gärten hinuntersieht. Die nördliche Mauer, über welcher noch einige Säulenfragmente eingefügt sind, ist frei; sie besteht aus 13 Lagen fugenrändriger Steine, jede Lage $1{,}_{15}$m hoch. Ausserhalb dieser Mauern, 9m von ihnen entfernt, läuft eine Umfassungsmauer aus grossen Werkstücken (S. 520).

Geht man nun von den 6 Säulen gegen SO., so bleibt l. der Eingang (Pl. d) zu dem oben erwähnten unterirdischen Gang und man gelangt zu dem kleineren Tempel, dem sog. ***Sonnentempel** (Pl. 7). Derselbe steht auf einem besonderen Unterbau, durchaus ohne Zusammenhang mit dem grösseren Tempel, und niedriger als derselbe. Er hat keinen Hof, sondern man stieg von O. auf einer Treppe unmittelbar zu dem Tempelportal hinauf; die Treppe war von Mauern eingefasst und existirt vielleicht noch theilweise unter den Mauern des vorgebauten türkischen Forts. — Dieser Tempel ist eines der best erhaltenen und schönsten antiken Bauwerke Syriens. Er ist von einem theilweise erhaltenen Peristyl umgeben; dieser hatte ursprünglich an den Langseiten je 15, an den Breitseiten je 8 Säulen. Vor dem Portal war eine doppelte Säulenreihe; bevor man hierauf zwischen die vorspringenden Tempelmauern, welche die Vorhalle bildeten, trat, stand l. und r. je noch eine cannelirte Säule. Von dieser östlichen Säulenreihe sind ausser an der S.-Seite nur noch die Basen erhalten; die türkischen Mauern verdecken das Uebrige. Der Zwischenraum zwischen den Säulen des Peristyls und der Mauer der Cella beträgt 3m. Die Höhe der Säulen einschliesslich der korinthischen Capitäle beträgt 14,2m; sie tragen ein hohes Gesims mit schönem doppelten Fries. Das Gesims ist mit der Cella durch grosse Steinplatten verbunden; diese bilden eine sehr kunstreich ausgeführte Felderdecke in Sechsecken, Rhomben, Dreiecken mit Mittelstücken; die Füllung bilden Brustbilder (von Kaisern, Göttern), die sich aus Blätterwerk erheben. Das Rankenwerk ist sehr zierlich gearbeitet und nähert sich byzantinischer Behandlungsweise.

An der S.-Seite sind vier verbundene Säulen erhalten, von den andern sieht man die Basen; die Schaftstücke sind grossentheils über den Stylobat hinuntergestürzt. Eine Säule (Pl. 8) ist gegen die Cella hin umgeworfen worden, und so stark sind die Eisenklammern, welche ihre Theile verbinden, dass die Säule einige Steine der Cellamauer eingedrückt, hat, ohne zu zerbrechen, doch „auch diese, schon geborsten, kann stürzen über Nacht“. Auch hier haben die Türken die Säulenschäfte und Basen ruinirt, um das Eisen herauszuholen. Auf der W.-Seite sind noch 3 Säulen aufrecht und miteinander verbunden; von den andern sind nur Bruchstücke vorhanden. Ungeheure Stücke der Felderdecke sind heruntergestürzt; besonders zeichnet sich eine Frauenbüste aus, die von 5 andern Büsten umgeben ist. Der Peristyl der N.-Seite ist fast vollständig erhalten; die Decke desselben besteht aus 13 mehr oder weniger gut erhaltenen Feldern mit schönen Büsten.

*Inneres.* Aus der Vorhalle, die 7,5m tief ist, kommt man zum *Portal* des Tempels. Dieses ist das Juwel des Ganzen, von allerreichster Ausführung. Zu beiden Seiten des rechtwinkligen Portals standen Säulen. Die Thürpfosten sind gewaltige Monolithe, verschwenderisch mit Reben und Blumengewinden, Genien u. s. w. ausgeschmückt. Die Oberschwelle besteht aus drei Steinen; auf der unteren Fläche derselben sieht man die Figur eines Adlers mit Federbusch, der in seinen Klauen einen Stab und im Schnabel

Schnüre langer Guirlanden hält, deren Enden von Genien gehalten werden. Der Adler war wohl ein Symbol der Sonne. Seit 1759 hat sich der mittlere Stein gesenkt und hat neuerdings gestützt werden müssen (der englische Consul Burton hatte 1870 darüber mit Reschîd Pascha schwierige Verhandlungen), was dem Eindruck des Ganzen schadet, aber durchaus nothwendig war. Gleich beim Eintreten sind l. und r. massive Pfeiler mit Wendeltreppen; der Eingang zu der einen ist vermauert; in dem andern Pfeiler kann man etwa 18 Stufen hinauf und einige hinunter steigen. Die Länge der Cella beträgt gegen 27m, die Breite $22,_5$m. Die Cella ist halb zerstört; über einem Carnies waren fünf Nischen angebracht, von denen noch drei erhalten sind. Die N.-Seite ist weniger verwittert, als die S.-Seite; an jeder Seite stehen je 8 cannelirte Halbsäulen mit vorgekröpftem Gebälk. Die verschiedenen Reihen des Architravs stehen stark über einander vor. Das Ganze war überwölbt. Der Fries ist durch eng aneinander gereihte Triglyphen gegliedert. Die leeren rechteckigen Nischen sind durch vorkragende kleine Giebel gekrönt; an der unteren Bogenstellung ist der gebogene ornamentirte Architrav bemerkenswerth. Am westlichen Ende war das erhöhte Sanctum, wo in christlicher Zeit der Altar stand; von der Scheidemauer sind noch Stücke vorhanden; eine Thür führte zu Gewölben hinunter. — Trotz der schönen Details macht das Ganze doch den Eindruck einer späten Kunstepoche.

Gegenüber der Façade dieses Tempels steht ein späteres arabisches Gebäude (Pl. 9) mit einem Stalactitenportal. Die Treppe, welche hinaufführt, ist zerfallen; das Gebäude enthält nur einige Souterrains und gewölbte Zimmer ohne Interesse.

Beim Hinausgehen aus der Acropolis gehe man um die *Umfassungsmauer* herum. Am NO.-Winkel überragt die Mauer des viereckigen Hofes die Umfassungsmauer um ca. 6m; ein grosses Portal führte unten an diesem Mauervorsprung in die Souterrains; über dem Portal liegt eine zweite, nun zugemauerte Thüre mit korinthischen Pfeilern. Die Nordmauer, die hier nur etwa 6m hoch ist, ist wohl unvollendet geblieben. Hier an der N.-Seite tritt man durch ein Thor in den Zwischenraum zwischen der Umfassungsmauer und der Mauer, welche die Unterlage des Peristyls des grossen Tempels bildet; hier liegen Säulenstücke vom Peristyl. Die äussere Mauer (Pl. 10) ist 3m dick und enthält 9 Steine von je ungefähr $9,_5$m Länge; doch sind diese noch klein im Vergleich zu den Riesenquadern (Pl. 11) der westlichen Mauer. Hier finden sich 3 Steine, einer von $19,_{52}$m, der andere von $19,_{45}$m, der dritte von $19,_{21}$m Länge, ungefähr 4m Höhe und wohl ebenso viel Dicke, wohl die grössten Bausteine, die es gibt: merkwürdiger Weise sind sie noch dazu auf eine Unterlage, die bereits gegen 6m hoch war, hinaufgehoben worden — von wem und mit welchen Transportmitteln, wird wohl stets ungewiss bleiben. Die unteren Steine sind von grauer, die grossen Quadern von gelblicher Farbe. Von diesen drei Blöcken führte wohl der Tempel den Namen *trilithon* (dreisteinig).

Oestlich von der Acropolis in dem heutigen Dorfe steht ein dritter wohl erhaltener kleinerer *Tempel*. Man geht die Strasse des Dorfes hinauf; bei einem hübschen Thürmchen, neben welchem Wasser fliesst, erblickt man eine Aussenseite des Tempels; um sie näher anzusehen, steigt man über eine Mauer von W. oder erkauft sich mittelst einiger Piaster den Durchgang durch ein nördl. vom Tempel gelegenes Haus. Die Aussenseite ist das Vorzüglichste an diesem Tempel. Die Cella ist halbkreisförmig; um sie herum läuft ein Peristyl von acht schönen korinthischen Monolithsäulen. Zwischen denselben sind in der Cellawand Muschelnischen mit gebogenem Architrav, der von kleinen korinthischen Pilastern getragen wird. An der Cellawand oben läuft ein Fries mit Laubgewinden herum. Der Architrav und das Gesims des Peristyls sind halbrund eingebogen und kröpfen von der Cellamauer über die Säulen des Peristyls vor. Das Gesims ist ausserordentlich reich mit Zahnschnitt etc. verziert. Die Pfosten des Portals bilden grosse Monolithe. Im Innern sind drei Nischen, zwei mit rundem, eine mit dreieckigem Architrav. Früher wurde das Gebäude als griechische Kapelle benutzt; leider geht es dem Verfall mit starken Schritten entgegen.

Umgebungen von Ba'albek. Gegen SO. liegen an den Hügeln, nahe an der Strasse nach Zebedâni 16 Min. von Ba'albek entfernt, die alten *Steinbrüche*. Hier sieht man noch einen Block *(hadjer el-kibla)*, der jedenfalls zum Bau der Umfassungsmauer bestimmt war; der Block ist auf der einen Seite noch nicht vom Boden losgelöst, sonst aber fertig zugehauen. Erst in der Nähe erkennt man die colossale Grösse: er ist $21{,}_{35}$m lang, $4{,}_{33}$m hoch, und 4m breit, hat also einen Inhalt von 370 Cubikmetern und würde an 30,000 Centner wiegen. Es bleibt unverständlich, wie eine solche Masse transportirt werden konnte. Auch noch andere Steine, welche man begonnen hat, aus dem Felsen herauszuhauen, finden sich in der Nähe. — Von hier ersteigt man den Hügel, welcher SO. von Ba'albek liegt. Oben öffnet sich eine herrliche Uebersicht über das Städtchen, die Acropolis, die weite schöne Ebene mit ihrer rothen Erde (Eisenoxyd), den Gipfel des Ṣannîn, nördlich davon den Bergrücken Munêtire, unten bewaldet; gegen O. in dem Thälchen, das den Vorberg vom Antilibanus trennt, die Quelle Râs el-'Ain. Auf dem Hügel befinden sich die Reste eines muslimischen Bethauses und weiter oben ein Grab von Säulenstücken umgeben; das zugehörige Capitäl liegt circa 80 Schritt unterhalb am W. Abhang. — Die alte Stadtmauer von Ba'albek zieht sich hier am Abhang des Berges hin. Dem Abhang nach NO. folgend, kommt man zu einem Haufen Säulenstücke und in einigen Minuten zu Felsengräbern (grosse Höhlen), die sich am NO.-Abhang des Hügels entlang ziehen und noch wenig untersucht worden sind. Von hier kann man durch das Städtchen zurückkehren; r. dem Hügelrücken folgend, erreicht man in 20 Min. *Râs el-'Ain*.

Ein starker Bach kommt hier aus dem Boden heraus und ist in ein Becken gefasst. Daneben liegen die Ruinen von zwei Moscheen: die kleinere ist von Melik eḍ-Ḍâhir gebaut, laut Inschrift i. J. 670 der Flucht = 1272, die grössere von dessen Sohn Melik el-As'ad; von der letzteren ist die Umfassungsmauer noch vorhanden.

Im NW. von Ba'albek steht eine grosse Caserne (*ḳischlaḳ*) aus Ibrâhîm Pascha's Zeit, dahinter noch einige verlassene Gebäude; zur Rechten öffnet sich ein felsiges Feld, auf welchem sich Steinbrüche in grosser Ausdehnung finden, dazwischen ausgehauene Felsentreppen; einige Höhlen wurden wohl auch als Grabstätten benutzt.

Von Ba'albek nach Schtôra (ca. 7 St.). Man reitet in SW.-Richtung von Ba'albek fort, indem man den Weg nach 'Ain Berdai und Ṭayyibe (S. 513) l. liegen lässt. Nach 30 Min. hat man r. eine Ruine, die von dem nahe gelegenen Dorfe *Dûris* den Namen *Ḳubbet Dûris* trägt. Es ist ein modernes Weli, mit altem Material gebaut, mit 8 schönen Granitsäulen, über welche ohne Kunstverständniss ein Architrav gelegt worden ist; ein aufrecht gestellter Sarcophag dient als Gebetsnische. In der Ebene der *Beḳâ'a* (S. 465), welche man in schräger Richtung durchzieht, fehlt der Baumwuchs, und die Steppe wird bloss von Heerden abgeweidet. Nach 1 St. 40 Min. erreicht man das Dorf *Tallîye* und nach 1 St. 10 Min. die Brücke über den *Lîtâni* bei *Tell esch-Scherîf*; nach 1 St. 10 Min. das Dorf *Temnin et-Taḥta* am Fusse des Libanon.

N. von diesen Dörfern in *Ḳasr Nebâ* (ca. 1 St.) sind Ruinen eines Tempels; ebenso westlich in *Nîḥa* (ca. 1 St.), gleichfalls grossentheils zerstört. Besser erhalten ist der Tempel *Ḥösn Nîḥa*, 1 St. oberhalb des Dorfes Nîḥa, 1280m ü. M., also 306m über der Ebene in einem Thälchen gelegen. Der Tempel schaut gegen O.; er steht auf einem 3,5m hohen Stylobat, der auf der O.-Seite 8,5m weit vortritt. Stufen führen hinauf. Der Tempel ist prostylos und korinthisch; er hat eine Länge von 28,5m, eine Breite von 12,5m. Das W.-Ende der Cella ist höher als die übrigen Theile des Innern.

Von Temnîn et-Taḥta gelangt man am Fusse des Gebirges, an welchem sich mehrere Dörfer zeigen, in 1 St. nach *Kerak Nûḥ*, wo das Grab des „Propheten Noah" gezeigt wird; dasselbe ist über 40m lang. In 7 Min. erreicht man auf neuangelegter Strasse das schöne und reinliche Dorf *Mu'allaḳa* (Locanda, auch zum Uebernachten), meist von Christen bewohnt. W. öffnet sich eine malerische Schlucht gegen das 20 Min. entfernte grosse Dorf *Zaḥle* hin.

**Zaḥle** (945m ü. M.) hat an 9000 Einwohner, meist Christen, worunter Maroniten wiederum die Mehrzahl bilden; auch eine englische Schule ist am Platze und ein türkisches Telegraphenbureau. Der Ort liegt schön im Grünen, theilweise am Bergabhang, von Baumgärten umgeben, und ist sehr gewerbreich. Der Bach *el-Berdûni* kommt durch einen Gebirgsspalt vom Ṣannîn herunter. Die Einwohner sind wegen ihres turbulenten Sinnes bekannt; sie hatten im Jahre 1860 viel zu leiden, denn hier concentrirte sich die Macht der Drusen, nachdem das Städtchen von denselben eingenommen worden war.

Die Besteigung des **Sannin** (2608m) ist mit guten Führern von Zahle aus zu unternehmen; der Weg ist steil und abschüssig; oben liegen die Ruinen eines Tempels. Gegen W. umfasst der Blick eine Menge zum Meer

NORDLICHER LIBANON.
Deutsche Meilen
Kilometer
Tarâbulus
(Tripoli)
MITTELÄND. MEER
Râs esch-Schakka
Batrûn
Djebêl
Nahr Ibrahîm
Nahr el-Kelb
BÊRÛT
Zahle

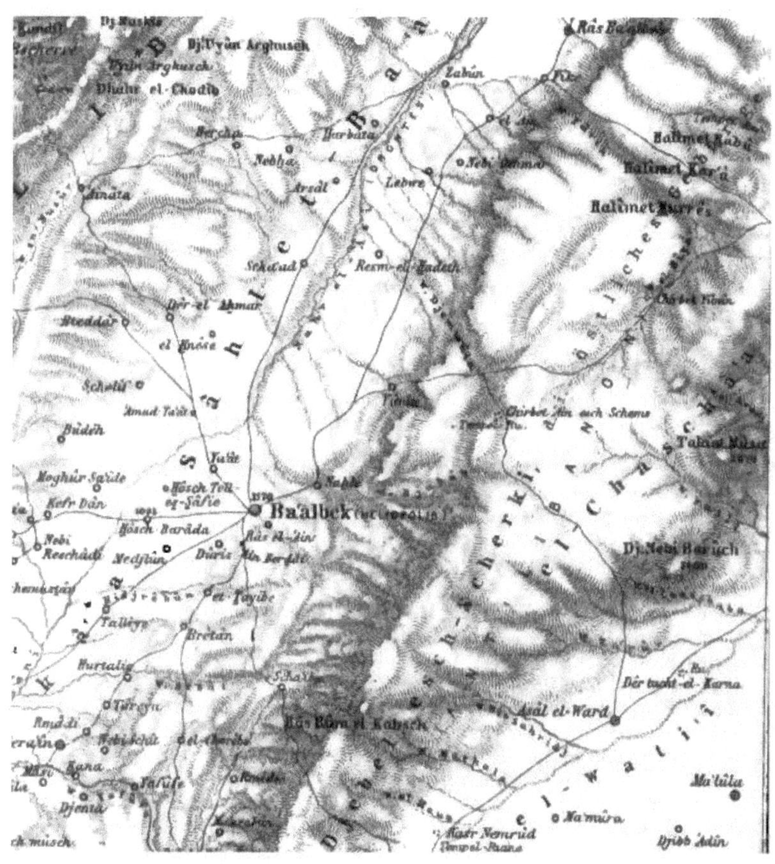

Dj. Uyûn Arghusch
Zabûn
Ḥurbata
Nebha
Arsâl
Lebwe
Halimet Kara
Resm el-Ḥadeth
Dêr-el Aḥmar
el Knêse
Budeh
Moghûr Saʿide
Ḥosch Tell eṣ-Ṣâfie
Kefr Dân
Baʿalbek
Nahle
Ḥosch Barâda
Nebi Reschâdi
Medjdlûn
Dûris
et-Tayibe
Talliye
Bretân
Tureyn
Nebi Schît
Ras Kûm el Kabsch
Dj. Nebi Barûch
Chirbet ʿAin esch Schems
ʿAsâl el-Ward
Maʿlûla
Maʿmûra
Kasr Nemrûd
Tempel-Ruine
Djibb ʿAdîn
Djenta

hinablaufender Thäler. — Oberhalb Zahle sind bedeutende Cedernwälder (S. 525) gefunden worden.

Von Mu'allaḳa reitet man zwischen Maulbeerbäumen in die Thalschlucht hinunter und erreicht auf ebener guter Strasse in ca. 1 Stunde **Schtôra** (s. S. 465); von hier nach **Beirût** s. S. 465 (Postdienst der Messageries S. 464).

## 31. Von Ba'albek nach Beirût über Tripolis. Die Cedern des Libanon.

Von Ba'albek bis zu den Cedern ca. 8 St., von hier nach Tripolis 10 St. Wer 3 Tage auf die Tour verwenden will, was vorzuziehen, bricht Nachmittags von Ba'albek auf und übernachtet in Dêr el-Aḥmar (3 St.) oder in 'Ainêta (1 St. weiter); beide Orte bieten nur sehr bescheidene Unterkunft. Für die zweite Nacht findet man in ($6\frac{1}{2}$ St.) Ehden Quartier; die dritte Nacht in Tripolis, sodass sich auch diese Tour ohne Zelte machen lässt. Von Tripolis nach Beirût sind es zwei starke Tagemärsche ($16\frac{1}{2}$ St.); das Unterkommen im Chân von Djebeil ist äusserst mangelhaft.

Von Tripolis nach Beirût und umgekehrt gehen alle 14 Tage französische Dampfer (vgl. S. 10).

Von Ba'albek nach den Cedern (ca. 8 St.). Der Weg führt in NW.-Richtung über die Ebene. Man lässt das Kischlak (S. 522) r.; nach 4 Min. schlägt man den Weg r. ein, nach 27 Min. ebenfalls einen Weg r.; l. sieht man das Dorf *Hôschet eṣ-Ṣâf*. Nach 5 Min. hat man l. das Dorf *Yâ'ât*, das von Metâwile bewohnt und sehr arm an Wasser ist; nach 28 Min. mündet ein Weg von l. ein. L. im Felde wird nun nach 17 Min. die grosse *Säule von Yâ'ât* sichtbar, welche man mit einem kleinen Umweg von 10 Min. erreichen kann; es ist eine einzelne Denksäule mit unleserlicher Inschrift (N.), die auf einem Sockel von circa 2m Höhe steht, zu welchem Stufen hinaufführen; sie ist im Ganzen circa 20m hoch; das korinthische Capitäl ist verwittert. — Nach einer guten Stunde erreicht man das Ende der Ebene; im S. ist der Hermon sichtbar. Man kommt an den bewaldeten Berg und reitet auf steinigem Wege nördlich um den Vorhügel herum. 32 Min. **Dêr el-Aḥmar**, ein weit ausgedehntes Dorf mit grosser Kirche. Hier beginnt das eigentliche Gebiet der Maroniten, aber die Leute sind etwas zudringlich. Das Wasser ist schlecht. Das Dorf hat seinen Namen („Rothkirch") von dem vielen rothen Gestein, welches hier zu Tage tritt.

Führer von Dêr el-Aḥmar nach 'Ainêta wünschenswerth. Zuerst kommt man in das kleine Thal SW. vom Dorfe und beginnt durch einen immer dichter werdenden Eichwald auf schlechtem Wege bergan zu steigen. Die Eichen sind niedrig, doch grossstämmig; dazwischen wachsen Juniperus und Berberitzen. Nach 40 Min. lässt man einen Weg r., nach 25 Min. steigt man in ein grünes Thal hinunter zwischen bewaldeten Höhen. 18 Min. darauf lässt man einen Weg r., und nach 11 Min. einen andern l.; das Thal mit der Ortschaft *Bschêtîye* bleibt l. oben liegen. Nach 25 Min. schlägt man den Weg l. ein und gelangt in 22 Min. in ein Hochthal; kahle Höhen, oben mit Schnee bedeckt, thürmen sich auf. Nach 6 Min. mündet ein Weg von r. ein und geht ein Weg nach r. ab; auf letzterem erreicht man in 20 Min. das armselige Maroniten-Dorf **'Ainêta.** Nahe bei dem Dorfe ist ein Thälchen mit Nussbäumen. 5 Min. jenseit des Dorfes erreicht man eine Quelle und 7 Min. später eine noch grös-

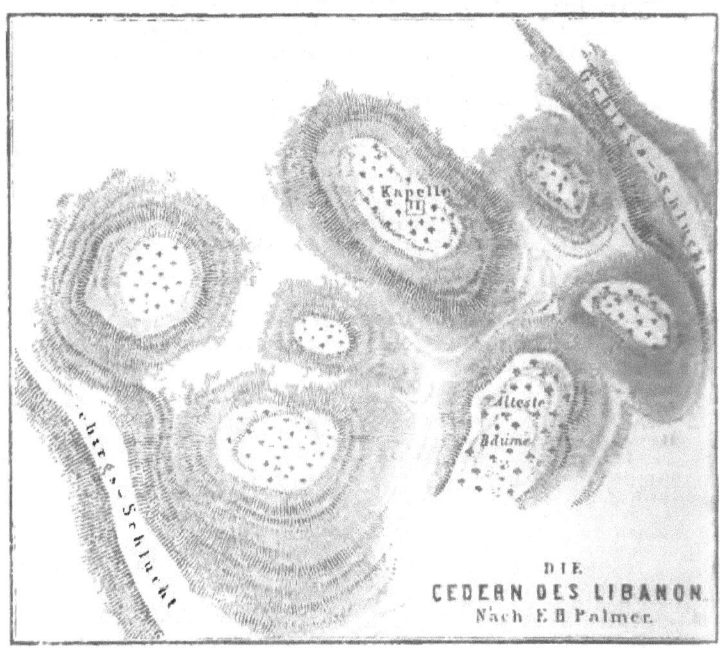


DIE CEDERN DES LIBANON
Nach E. H. Palmer.

sere. Nach 20 Min. lässt man eine Schlucht, die hinauf führt, r. liegen. Man steigt fortwährend in Windungen steil bergan, indem man das Dorf 'Ainêta im Gesicht behält; südlich erblickt man den Bergsee von *Yammûne*, gegenüber die grosse Kette des Antilibanus; in der röthlichen Beḳâ'a erscheint Ba'albek als grünbrauner Fleck. Der Boden besteht aus Geröll; hier und da stehen verkrüppelte cedernartige Nadelhölzer. Die Aussicht auf den Djebel Ṣannîn geht verloren, je mehr man sich in die Bergschlucht hinein vertieft. Nach 48 Min. mündet ein Weg von l. ein; nach 24 Min. geht man auf die linke Seite des Thales, dem man bisher gefolgt ist, über: ein Weg von r. mündet ein; nach 20 Min. erreicht man die Höhe des Gebirges, auf der im Mai häufig noch Schnee liegt.

Die Passhöhe des *„Cedernberges“ (Djebel el-Arz)* liegt 2348m ü. M. Der Libanonrücken zieht sich von SW. nach NO.; die höchsten

Erhebungen sind nordwärts vom Passe: *Dahr el-Koḍîb* (3063m), *Nab'a esch-Schemîla* oder *el-Miskîye* (3059m), *Djebel Machmal* (3052m), westlich davon *Timarûn* (3212m). Von dem Gipfel des Passhügels ist die Aussicht sehr umfassend; die ganze Landschaft erscheint blau in allen Stufen, vom Dunkelblau des Vordergrundes bis zum Hellblau des Horizontes. Das Thal der Beḳâ'a liegt wie eine Karte ausgebreitet zu Füssen; der lange Höhenzug des Antilibanus schliesst mit der Hermonspitze; r. davon sieht man bis in die Einsenkung des Jordanthales hinein. Im S. sieht man den Djebel Ṣannîn und den See von Yammûne; bei letzterem ist eine intermittirende Quelle. Im W. senken sich die Berge zum Meer; Tripolis mit seinem Hafen ist sichtbar, sowie ein grosses Stück des Mittelmeeres, im Vordergrund aber ein grosses Bergamphitheater mit dem Cedernwäldchen. Viel Geröll liegt rings umher.

Man steigt nun in das Thalbecken hinunter, in welchem die tief eingeschnittene Schlucht des *Nahr Ḳadîscha* (heiliger Fluss) ihren Anfang nimmt. Nach 20 Min. hat man den steilsten Theil des Weges hinter sich; nach 55 Min. kommt man zum Bachbett und erreicht nach 20 Min. die **Cedern.**

Die Ceder bedeckte wohl einst viele der jetzt so kahlen Rücken des Libanon; die vorliegende Baumgruppe ist eine der kleineren von denen, welche in der Höhe von 1600—1900m noch vorhanden sind, enthält aber sehr alte Bäume. Im hebräischen Alterthum wurde die Ceder besonders als Schmuck des Libanon gepriesen (Jes. 35, 2; Ps. 51, 16). Der beste Beweis dafür, dass im Lande Israel keine solche Bäume wuchsen, ist, dass Salomo zum Tempelbau die Cedern aus dem Libanon kommen liess (I Kön. 5, 6), wie man sie später auch zum zweiten Tempel brauchte (Esra 3, 7). Schon David hatte einen Palast von Cedernholz bauen lassen (II Sam. 5, 11). Der Stamm des Baumes wurde auch zu Schiffsmasten verwendet (Ezech. 27, 8), und man schnitzte Götzenbilder aus Cedernholz (Jes. 44, 14 ff.).

In allen das Pflanzenreich behandelnden Schriften der Alten wird die Ceder als der ehrwürdigste und bedeutsamste Baum der Welt genannt. Theophrast nennt ihn die „bewunderungswürdige Ceder Syriens“, Plinius „Cedrus magna“; seit Barreller ist die Benennung „Cedrus Libani“ die übliche geblieben. Der Baum reiht sich innerhalb der Coniferen am nächsten der Lärche an, unterscheidet sich jedoch von ihr durch die immergrünen, im Winter nicht abfallenden Nadeln, durch die schirmförmige horizontale Ausbreitung seiner Aeste und die bedeutende Grösse aller Theile, namentlich der Zapfen, die fast so gross als ein Gänseei sind. So flach dehnen sich die Aeste und Zweige der Cedern aus, dass, von oben gesehen, die Zapfen auf neben und über einander liegenden kleinen Wiesenflächen zu liegen scheinen. Die Verästung kommt der uralter Lärchen nahe, übertrifft sie aber an starken Exemplaren und erinnert dann eher an gewaltige Eichen. Das Holz ist weisslich und ziemlich weich; an Nutzwerth wird es von dem der Cypressen, die im Kadischathal Wälder bilden, weit übertroffen. Das grosse heutige Gebiet der Ceder ist der cilicische Taurus, wo die weite Gebirgsstrecke hinter Mersina, Tarsus und oberhalb der Engpässe herrliche Wälder von Cedern gemischt mit Schwarzföhren) trägt. Im Taurus wie im Libanon zeigen sich zwei Formen gemischt durcheinander, die dunkelgrüne, deren Nadeln glänzend grün, und die silberweisse, deren Nadeln bläulich bereift sind, in seltener Dimorphismus innerhalb derselben Art an gleicher Localität. Die Libanonceder wiederum ist (nach Hooker) nur eine locale Form einer weiter verbreiteten Species, deren zwei übrige Glieder die Ceder des Himalaya (Cedrus Deodara Roxburgh) und die Ceder des Atlas

(Cedrus atlantica Manetti) bilden. Specifische Merkmale sind an den einzelnen genannten Abarten nicht nachzuweisen, sie sind, entsprechend der Abstufung des Klima's von dem feuchten der indischen Gebirge zu dem trockenen Algeriens, nur an Grösse unterschieden. Die indische Ceder, das Götterholz (dèvadàru) des Sanscrit gehört zu den gewaltigsten Erscheinungen der Pflanzenwelt; sie erreicht eine Höhe von 50m, einen Umfang von 12m und ist in allen ihren Theilen, selbst in den Zapfen wohl doppelt so gross, als die Libanonceder; die Ceder des Atlas ist kleiner als die letztere, hat sehr kurze Nadeln, kleinere Zapfen und einen knorrigen Wuchs.

Man hat die Ceder vielfach in Europa angepflanzt. Sie gedeiht in England vorzüglich; die Exemplare des Jardin des plantes in Paris stammen von Samen, welche Tournefort am Anfang des 18. Jahrh. mitbrachte, und sind wohl die ältesten in Europa, aber weniger hoch, als eine Libanonceder bei Genf, welche 37m Höhe hat. Die Anforstung der Libanonceder wäre auf den Vogesen leicht und würde auch in Mitteldeutschland, wo die Himalayaceder nicht mehr fortkommen könnte, möglich sein.

Die Cederngruppe steht 1925m ü. M. am Fusse des *Dahr el-Kodib* (S. 525), eines kahlen steilen Schneeberges; westlich gegenüber liegt der Berg *Fum el-Mizâb*. Die Gruppe steht auf einem Hügelrücken mit 5 Bodenerhebungen, 2 grösseren und 3 kleineren; östlich und westlich davon ist ein Wasserlauf. Sie besteht aus über 350 Bäumen, von denen keiner über 24m hoch ist. Der Boden ist weisser Kalkstein; die Abfälle, Nadeln etc. haben einen dunkeln Humus gebildet. Die ältesten Bäume, ungefähr 9 an der Zahl, finden sich auf der südöstlichen Bodenerhebung; inmitten der NW.-Gruppe steht eine maronitische Kapelle. Leider wird keine Aufsicht über die Cedern geführt. Die Ziegen fressen alle jungen Schösslinge, welche aus dem Boden hervorsprossen, ab; Cedernzweige werden sogar als Brennholz verwendet, besonders bei einem jährlich im August sich wiederholenden Fest. Eine Unzahl Namen sind in die Bäume auf Täfelchen eingeschnitten. Die anwesenden Leute bieten gewöhnlich Cedernzapfen zum Verkauf aus, die man sich aber ebenso gut selbst abschneiden kann. — Bei schlechtem Wetter gewährt die dunkle Gruppe in der rauhen Umgebung ein düsteres Bild.

Von den Cedern nach Ehden (2 St. 40 Min.). Von den Cedern geht man wieder westwärts gegen die Strasse hinunter und verfolgt dieselbe gegen NW. Nach 20 Min. verliert man die Bäume aus dem Gesicht; l. unten liegt *Bscherre* (S. 527) im Grünen. Nach 8 Min. theilt sich der Weg; der rechts führt nach Ehden hinunter. Diesen verfolgt man und erreicht nach 20 Min. die grosse Quelle *'Ain en-Neb'a*. Man sieht immer wieder in das grosse Thal des Kadischa hinunter, das von Dörfern umgeben ist, und windet sich zwischen Hügeln hindurch. Nach 40 Min. kommt man an den Anfang eines grossen Thalbeckens und steigt in dasselbe hinunter, am Fusse eines ansehnlichen Rückens r. entlang. Nach 1 St. kreuzt man ein Thal mit einem Bach, der von dem Kloster *Mar Serkis* am Fusse der Berge r. herunter kommt. Am Rande der Schlucht bergansteigend, erreicht man **Ehden** in 15 Min. (Unterkommen im Hause des *Chûri Djibraîl*; Zelte werden oberhalb des Dorfes unter den Nussbäumen aufgeschlagen). Das Dorf liegt am äussersten Abhang des Gebirgsamphitheaters des Ķadîschathals, von Pinien, Maulbeer- und Feigenbäumen und Weinbergen umgeben; im O. ein grosser Bach. Gegen W. ist die Aussicht auf das Meer frei, der Hafen von Tripolis ist sichtbar. Im O. erhebt sich das kahle Schneegebirge. Der Ort liegt 1445m ü. M.; circa 450 maronitische (vgl. S. 92) Familien sollen hier wohnen. In der Mitte des Dorfes zeigen die Leute noch mit Stolz die Ruinen des Hauses von Yûsuf Karam, ihrem Anführer von 1860. Mit 300 bewaffneten Maroniten zog er gegen die Drusen, wurde aber von der Uebermacht der Türken zurückgedrängt.

*Von den Cedern nach Ehden über Bscherre und Ķannôbîn* (ca. 6½ St.). Von den Cedern aus kann man das Dorf Bscherre besuchen und den folgenden Tag nach Ehden hinaufsteigen. Wer schöne Naturscenen geniessen und zugleich einige interessante Klöster dieses Maronitendistricts besuchen will, mag von Bscherre aus, wegen der schwierigen Wege am besten zu Fuss, die folgende Tour ausführen, um am Abend nach Ehden zurückzukehren.

Von der Wegtheilung der Route (28 Min. von den Cedern, s. S. 526) aus führt ein sehr steiles Seitenthal nach **Bscherre** hinunter; das Wasser der Quelle 'Ain en-Neb'a fliesst durch die Schlucht; der Weg (40 Min.) ist mühsam und schlüpfrig. Die Lage von Bscherre ist sehr malerisch: es liegt auf einem Vorsprung über dem Thal Ķadîscha, in das hier von S. noch ein kleineres Thal mündet. Die Thalseiten sind terrassirt und überall mit Nuss-, Feigen-, Maulbeer- und Pappelbäumen bepflanzt; die Gegend ist sehr wasserreich. Das Ganze trägt das Gepräge von Fleiss und Wohlstand; das Dorf hat vier Kirchen; die grosse maronitische Kirche in der Mitte scheint alt zu sein. Die Statistik der französischen Karte weist dem District von Bscherre 30,000 Maroniten zu. Dieselben stehen unter eigenen Schêchs; jeder Einwohner zahlt 15 Piaster an die Regierung. Man logirt bei einem der Schêchs; die Leute sind freundlich.

Von hier (Führer angenehm) folgt man dem Thal abwärts gegen W. auf der r. S. Die Aussicht auf den Hintergrund des Thales, die bebauten Höhen und die im Grün versteckten Dörfer ist allerliebst, überall springen Bäche, die Mühlen treiben, ins Thal hinunter. Unten in geschützter Lage sieht man ein kleines Franciscanerkloster, gegenüber auf der Anhöhe das Dorf *Baķâfra*, dann *Bķarkâsche* (S. 528). Der Weg führt an schönen Nussbäumen vorbei; nach 16 Min. sieht man r. oben *Dêr Hamallah*, l. unten *Mar Djur-djus;* nach 6 Min. grösserer Bach; r. oben *Dêr Mâr Tedrus;* gegenüber auf der l. Thalseite das Dorf *Bezûn;* nach 7 Min. bekommt man das *Wâdi Hatschît* zu Gesicht, das wild von den Bergen r. herunterfällt, und überschreitetdas selbe nach 5 Min. Nach 11 Min. geht man unter den Bogen der Wasserleitung von Hatschît durch; gegenüber auf der andern Thalseite neben einem tiefen Seitenwâdi liegt *Hasrûn*. Nach 10 Min. lässt man einen Weg r., nach 4 Min. einen Weg l.; nach 20 Min. hat man gegenüber auf der andern Thalseite *Bdimân*, darüber *Hadeth* (S. 528); unten gegen das Thal liegt *Blôze*. Das Thal hinauf sieht man immer noch beschneite Berge. Nach 15 Min. blickt man in das sehr tiefe *Wâdi Ķannôbîn* hinunter. Beim Hinuntergehen (ausserordentlich steil) lässt man nach 15 Min. einen Weg r.; nach 10 Min. biegt man l. ab und gelangt in 17 Min. durch Rebenpflanzungen zum Kloster **Ķannôbîn** (freundliche Bewirthung, für die man „zum Besten des Klosters" einen entsprechenden Betrag zahlt).

Das Kloster Ķannôbîn liegt auf der r. Seite des Ķadîschathales etwa ...m über dem Grunde desselben, von steilen Bergen umschlossen, in ...r romantischer Lage, wie am Felsen angeklebt. In der Tiefe braust ... Fluss; in kleiner Entfernung mündet ein Thal von S. ein; im Hintergrunde des Hauptthales ist noch eine Partie des Hochgebirges sichtbar. ... den Bergen hängen Dörfer mit weiss herüberschimmernden Kirchen; ... Gegend ist trefflich angebaut und herrlich grün, überall Cypressen, ...ien etc. In den Schluchten sind zahlreiche Höhlen, die einst Eremiten zum Aufenthalt dienten. Das Kloster selbst, dessen Name von dem latein. *coenobium*, Kloster, abzuleiten ist, soll von Theodosius dem Gr. (379—395) gestiftet sein; es ist halb in den Felsen hineingebaut. Seit der Mitte des 15. Jahrh. ist es Sitz der maronitischen Patriarchen, deren Gräber in einer Höhle gezeigt werden. Die Patriarchen führen stets den Namen Butrus (Petrus) oder Bûlûs (Paulus); sie residiren jedoch nicht das ganze Jahr hindurch hier, sondern abwechselnd auch in Bdîmân.

Man steigt auf demselben Wege wieder den Berg hinauf; nach 23 Min. geht man l.; nach 9 Min. mündet ein Weg von r. ein; im Thal unten liegt das Dorf *Sib'il;* nach 15 Min. erreicht man das Dorf *Hauwar* l. auf einem Felsvorsprung; von r. mündet ein Thal ein, an dessen Abhang Ehden liegt; näher das Dorf *Bân*. Von hier aus ist das Meer sichtbar. Im NW. liegt *el-'Arbe* und weit oben das Kloster *Mar Sim'ân*. Ein schöner aber steiniger Weg führt nach dem Kloster *Eshaya* hinunter; nach 12 Min. setzt man über ein Thälchen, Bân bleibt r. oben. Die Pflanzungen, worunter auch Kartoffeln, gehören schon dem Kloster an, welches man bald unten im Thal erblickt und nach 35 Min. erreicht. Das Kloster **Eshaya** liegt abgeschieden in einem grünen Thal, von reicher Vegetation umgeben; es ist vor 15–20 Jahren neu gebaut worden und liegt unterhalb von Mar Antûn Eshaya. Es soll von beinahe 100 Mönchen bewohnt sein. Das schöne grosse Gebäude mit einer aus vielen Bogen bestehenden Veranda nach SW. enthält eine Druckerei; auch Zimmer für Fremde sind vorhanden. Die 1860 gebaute Kirche mit einer Anzahl Heiligenbilder ist nicht besonders schön.

Um von hier Ehden zu erreichen, geht man den Weg, auf welchem man gekommen ist, zurück über die Brücke l. aufwärts; nach 10 Min. l., um oberhalb des kleinen bewaldeten Thälchens hinaufzusteigen, mit wundervollem Rückblick auf das Kloster Eshaya. Nach 9 Min. unten im Thal eine Höhle mit Quelle. Nach 30 Min. erreicht man das grosse Dorf *Kefrsâb*, gegenüber *'Anturîn*; die Aussicht das Thal hinunter bleibt fortwährend sehr schön. Nach 20 Min. erreicht man die Brücke des Baches von Ehden; nach 15 Min. das Dorf Ehden.

*Von Bscherre über Afka nach Beirût* ($25^1/_2$ St.) führt ein schöner Weg mit manchen interessanten Gebirgsbildern über den Libanon. Man nehme Proviant und einen Führer (etwa 3 fr. per Tag) mit.

Man überschreitet den Kadischa 30 Min. oberhalb des Dorfes Bscherre und steigt westwärts am Thalabhang hinan, der mit steilen Wänden zur Tiefe fällt. Nach 20 Min. hat man l. das Dorf *Bakâfra;* nach 15 Min. *Bkarkâsche;* nach 15 Min. *Bezûn;* in 15 Min. erreicht man *Hasrûn*, ein grosses auf einem Felsenvorsprung gelegenes Dorf (gegenüber *Hatschit*, S. 527). Die Schlucht ist hier sehr tief, die Gegend trefflich angebaut. Von Hasrûn aus hält man sich westlich, doch mehr und mehr von der Kadischaschlucht abbiegend; die Aussicht über Thal und Hochgebirge bis zu den Cedern ist prachtvoll. Nach 1 St. hat man r. unten *Bdîmân* (S. 526); hoch oben auf dem Rücken liegt *Hadeth* (zwischen Hadeth und *Nîha* ist eine Cederngruppe). An der O.-Seite des Seitenthales hinaufgehend, kommt man in 10 Min. nach *Brâsit*, nach 35 Min. zur Höhe des Bergrückens, von hier über ein Tafelland nach 20 Min. zur Schlucht des *Wâdi ed-Duweir*, nach 10 Min. zum Bach unten, dann wieder 20 Min. lang bergan. Nach 40 Min. kreuzt man ein anderes Thal *Wâdi Harîsa*. Allmählich ansteigend überschreitet man 35 Min. danach einen kleinen Bach (man trifft hier Sandstein); in 35 Min. erreicht man die Höhe des Bergrückens, unmittelbar zur Linken erhebt sich das beschneite Hochgebirge. Man reitet über das Tafelland hinüber; r. unten die wilde Schlucht *Wâdi Tannûrîn;* nach 40 Min. kreuzt man das tiefe *Wâdi Buschrîch;* hierauf erreicht man in 10 Min. die Hochebene *Arḍ 'Aklûk* (Haib-Beduinen). Nach 45 Min. kommt man an den Fuss eines merkwürdigen pyramidenförmigen Hügels; nach 20 Min. zum höchsten Punkte des Weges, von wo man auf *'Akûra* in dem tiefen *Wâdi el-Mugheiriye* hinuntersieht. Man erreicht das Dorf 'Akûra in 1 St. 20 Min. Es liegt oben im Thale am Fusse steiler Felsen; in der Felsenmauer ist eine Spalte, durch welche ein Weg über

Yammûne nach Ba'albek führt. Die Umgegend ist wohl bebaut. In 35 Min. kreuzt man das Thal mittelst einer Naturbrücke; hierauf geht man auf einer Terrasse um den Berg herum und erreicht das Dorf **el-Muneitire** in 1 St. 20 Min. Muneitire wird bereits in der Geschichte der Kreuzzüge genannt, bei Anlass der Expedition, welche der Graf von Tripolis 1176 gegen Ba'albek machte. Nach 15 Min. kommt man, steil hinuntersteigend, nach dem Winkel des Thals, woselbst der Fluss sich sammelt. Die Hauptquelle entströmt einer tiefen Höhle; westlich davon sind noch zwei kleinere Giessbäche. Unterhalb der Brücke, die über das Becken führt, bilden sie drei schöne Wasserfälle. Auf einer Klippe der Höhle gegenüber liegen die Ruinen eines alten Tempels, von dem wenig mehr zu erkennen ist; er stand auf einer Plattform. — Die ganze Scenerie ist sehr pittoresk, besonders von dem nahen Dorfe (15 Min.) **Afka** aus. Das Amphitheater, in welchem die Wasserfälle liegen, ist mit Grün bedeckt; Pinien und Nussbäume wachsen hier. Afka war im Alterthum unter dem Namen *Apheca* bekannt; hier stand ein berühmter Venustempel, der auf Befehl Constantin's wegen des unzüchtigen Cultus zerstört wurde. Zugleich sind hier die Hauptquellen des Flusses *Adonis* (heute *Nahr Ibrâhîm*), daher die griechische Mythe von Venus und Adonis hier localisirt wird. Noch heute wird zu gewissen Zeiten der Fluss durch ein Mineral roth gefärbt; die Alten erblickten darin das vergossene Blut des Adonis, der von dem Eber zerrissen wurde (vergl. Djebeil, S. 535). Reisende ohne Zelte übernachten besser in Muneitire bei den Maroniten, als in Afka bei den Metâwile.

Der Weg von Afka nach Neb'a el-'Asal führt dem Berge nach auf einer schmalen Terrasse gegen WSW. mit schöner Aussicht ins Wâdi Ibrâhîm. Nach etwa 1 St. beginnt man l. den Berg zu ersteigen; in 50 Min. erreicht man die Höhe, gegenüber erhebt sich der Ṣannîn (S. 522). In 20 Min. wird der Grund des *Wâdi Schebrûh* erreicht; nach $^1/_2$ St., dem Thale folgend, mündet man in das Becken des *Nahr el-Kelb* ein. Das Dorf *Meirûba* liegt W. auf einer Terrasse. SO. gegen den Winkel des Berges einschwenkend, erreicht man die grosse Quelle *Neb'a el-'Asal* (Honigquelle). Das Becken ist wild und wüst. Von hier geht man westwärts in 30 Min. nach der Schlucht von *Neb'a el-Leben* (Milchquelle), die man mittelst einer gewaltigen Naturbrücke *(Djisr el-Hadjar)* überschreitet, 21—24m über dem Strom. Ueber einen niedrigen Rücken, über den eine Wasserleitung von Neb'a el-Leben läuft, kommt man in 25 Min. nach *Fukra*, zuerst zu der Ruine eines soliden Thurmes, vielleicht Grabmonumentes; das Portal trägt eine Inschrift mit dem Namen des Tiberius Claudius. Westlich vom Thurme sind senkrechte Schichten von Kalksteinfelsen mit den merkwürdigsten Formen, 5 Min. S. vom Thurme die Ruine eines grossen Tempels. Der Hof desselben wird theilweise von natürlichen Felsenmauern gebildet, die Vordermauer gegen O. und der Porticus waren künstlich hergestellt. Der Tempel steht weiter zurück zwischen den Felsen auf einer Terrasse, ist aber zerfallen. Beim Tempel und Einhegungen von grossen Steinen.

In 1 St. erreicht man, den Canal immer noch zur R., am Abhang des Hügels das Dorf *el-Mezra'a;* dann steigt man auf sehr steilem Wege zum ...gen Thalboden des *Nahr es-Salib* hinunter (1 St. 30 Min.). In $^1/_2$ St. ...reicht man die Höhe wieder; nach 15 Min. *Klei'at* l. Von hier trifft ...n fortwährend Pflanzungen von Maulbeerbäumen. Nach 40 Min. passirt ...n *Reifûn;* nach andern 40 Min. erreicht man das weit zerstreute Dorf *'Adjeltûn;* auch hier haben die Kalksteinfelsen phantastische Formen. ...n ist man in den District *Kesrawân* eingetreten, der von Dörfern be...kt und gut cultivirt ist. 'Adjeltûn gegenüber liegt *Bukfeya.* Unter...h 'Adjeltûn hat man eine schöne Aussicht auf das Meer und Beirût; ...Wege sind schlecht. Nach 1 St. 10 Min. erreicht man das Dorf *Bel-...;* l. liegt die Schlucht des Nahr el-Kelb, r. sieht man 'Antûra (S. 537); ...St. 35 Min. erreicht man die Brücke des Nahr el-Kelb (S. 537).

Von Ehden nach Tripolis (ca. 10 St.). Nachdem man westwärts Dorf verlassen hat, wird oben r. das Kloster *Sêdet el-Ḥizn* sichtbar.

Nach 15 Min. öffnet sich eine grossartige Aussicht auf das Meer; hier rechts. Der schlechte und steinige Weg tritt nach 45 Min. in das bewaldete *Wâdi Heirûna*, an dessen Ende (50 Min.) der grosse Kampf des Yûsuf Karam (S. 527) stattfand. Nach 25 Min. Wegtheilung (der Weg l. ist besser); nach 8 Min. unten *Murhef Kersâbîye;* nach 33 Min. erreicht man die Tiefe; in 21 Min. Thälchen mit Wasser; nach 23 Min. r. oben *Merschîne*. Man hat nun das Hügelland erreicht. Nach 10 Min. bleibt r. oben das Dorf *Iyal* mit Burg; im Hintergrund die Schneeberge. 18 Min. *Kefr Hatta;* nach 14 Min. schlägt man den Weg l. ein, durch die Olivenbäume: 4 Min. *Zegharta*, mit grosser Kirche; viele Einwohner von Ehden überwintern hier; Hütten von Gestrüpp. Hierauf steigt man in das Flussthal des Kadischa hinab, der hier ein starker Strom ist, und passirt die Brücke; nach 10 Min. r. auf dem Hügel das Weli *Ardât;* nach 10 Min. l. *Hâret Nedjdelâya*. Nach 8 Min. lässt man einen Weg r., nach 20 Min. kommt man in die Oelbaumpflanzungen, nach 10 Min. sieht man unten Ṭarâbulûs, dessen erste Häuser man in 3 Min. erreicht.

**Tripolis.** Unterkommen findet man zur Noth im „Casino“, ausserdem bei den Consuln (die auch in der Hafenstadt Quartier bieten können), oder im Kloster der Terra Sancta.

Viceconsulate. Deutsches (russisches und holländisches) Viceconsulat: *Iskender Katziflis*, schönes Haus. Frankreich: *Bertanes*. Oesterreich und Spanien: *Theodor Katziflis*. America und Belgien: *Antonius Weini*. England: *Hodon*. Schweden und Norwegen: *Djowani Katziflis*. Tripolis ist Station der französischen und der russischen Dampfer (S. 12, 15) und hat ein türkisches Telegraphenbureau.

*Historisches.* Der altphönicische Name von Tripolis ist unbekannt. Die Stadt wurde, wohl nicht vor 700 v. Chr., nach der Gründung von Aradus (S. 440) als phönicische Bundesstadt gebaut, scheint aber als solche keine grosse Rolle gespielt zu haben; die Sidonier, Tyrier und Aradier bewohnten in derselben abgetrennte Quartiere. Aus dem Alterthum weiss man sonst wenig von der Stadt; sie wurde wiederholt von Erdbeben heimgesucht. Von dem Palaste, den der Seleucidenfürst Demetrius I., Sohn des Seleucus IV. hier vorfand, von der Residenz dieses Fürsten, von den Prachtbauten, womit die Stadt zur Römerzeit ausgestattet war, ist nichts stehen geblieben. Die Stadt lag damals am Meere. Den Muslimen ergab sie sich ohne Widerstand. Als die Kreuzfahrer heranrückten, stand sie unter einem unabhängigen Emîr. Die Belagerung wurde durch den Provençalen Grafen Raymund von St. Giles im Jahre 1104 begonnen; um die Stadt abzuschneiden, wurde auf dem Berge ihr gegenüber ein Schloss angelegt, das die Franken Mons pellegrinus, die Muslimen Sandjîl (St. Giles) nannten. Die Zwistigkeiten unter den Christen verhinderten die Eroberung der Stadt; erst nach 5 Jahren wurde dieselbe erobert, wobei eine grosse arabische Bibliothek von mehr als 100,000 Bänden verbrannt sein soll. Es wurde dann eine Grafschaft gegründet, die bald darauf der Sohn jenes Raymund, Bertram, als Lehen erhielt. Unter den Franken war die Stadt 180 Jahre lang blühend, trotz vieler inneren Zwiste und furchtbarer Erdbeben. Im Jahre 1289 wurde sie durch Sultan Kilawun erobert, wobei viele Franken ums Leben kamen und grosse Beute gemacht wurde; es soll damals in Tripolis 4000 Seidenwebstühle gegeben haben. Die neue muslimische *Ṭarâbulus* wurde landeinwärts bei dem „Pilgerberge“ gebaut; im 16. Jahrh. war sie wieder gross und volkreich und bestand wie heute aus einer Hafenstadt *(el-Mina)* und einer Binnenstadt.

Tripolis ist der Hauptort eines Liwâ (Militärbezirks) mit 5 Districten: Sâfita, 'Akkar, Djebele, Tripoli, Latakiye (vgl. S. 89); die *beiden* letzten bildeten vor 1864 das Liwâ von Latakiye. Die Bevölkerung wird auf 214,000 Seelen geschätzt, wovon 7000 Maroniten (2 Bischöfe), 20,000 orthodoxe Griechen (3 Bischöfe), 62,000 Ansairier, 75,000 Muslimen. Die Einnahmen des Districtes beliefen sich 1869 auf 7,960,000 Piaster (wovon 3 Mill. auf die Douane fallen), die Ausgaben auf 2,444,000 Piaster. Die Districte stehen unter den Kaimmakâm (Statthaltern), die durch den Wâli von Damascus gewählt werden, aber dem Mutaṣerrif von Tripolis unterstellt *sind*.

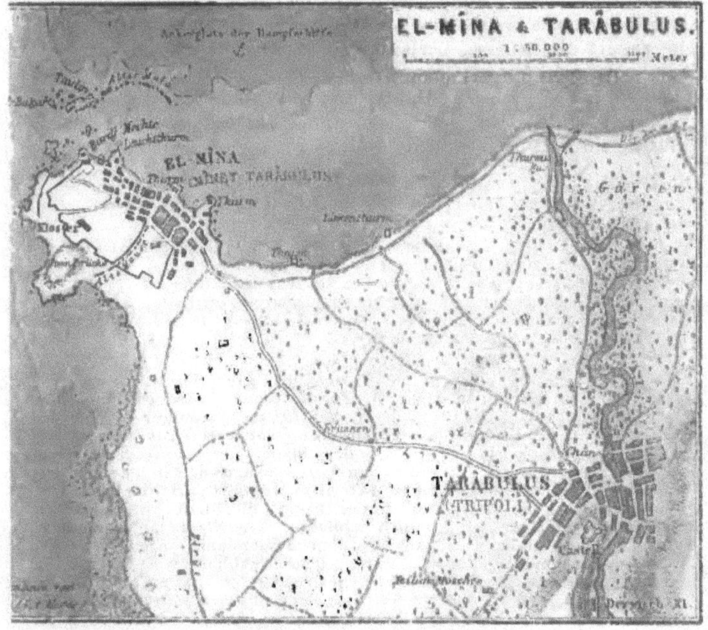


Die Stadt Tripolis hat 17,000, der Hafenort 7000 Einw. Die
eiche Anzahl specialisirt die Statistik der franz. Karte folgen-
rmassen: 18,000 Muslimen, 4800 orthodoxe Griechen, 1200 Maro-
ten, 25 griechische Katholiken, 60 Juden, zus. 24,085). Die Stadt
t 18 Kirchen, 5 griechische, 7 katholische (d. h. in den 2 Fran-
kanerklöstern, 2 Klöstern der Soeurs de St. Vincent de Paul (ein
isenhaus), 1 Lazaristen-, 1 Karmeliter-, 1 Kapuzinerkloster),
naronitische Kirchen, 2 (?) griechisch-katholische, 1 protestan-

34*

tische. Die Griechen haben keine Schule mehr. Die Muslimen sollen noch schöne Bibliotheken besitzen. Sie haben 20 Moscheen. Auch 1 Synagoge gibt es.

Tripolis ist als ungesund in Verruf; indess zeigen sich Fieber erst gegen den Herbst und sind selten gefährlich. Die Umgegend ist ausserordentlich fruchtbar. Viel Seide kommt auf den Markt. Die Cocons werden meist nach Frankreich verkauft (im Jahre 1872 8250 Centner); 275 Centner werden in Tripolis zu Seidengeweben versponnen. Von dem producirten Oel werden jährlich in 11 Seifensiedereien circa 40,000 Centner Seife gewonnen, wovon $^2/_3$ in's Ausland geht. Die Schwammfischerei wird stark betrieben, 1871 im Werthe von 400,000 fr.; $^1/_8$ der Schwämme geht nach Triest, das übrige nach Frankreich. Die Tabakkultur nimmt zu. Auch Orangen und Kartoffeln beginnt man zu exportiren.

Die Tripolitaner nennen ihre Stadt Klein-Damascus. Die Strassen von Tripolis sind ziemlich gut gepflastert und mit Trottoirs versehen; in den Strassen sind viele Bogengänge, wie in Jerusalem. Der Baustein ist ein poröses Conglomerat. Auf dem Bazar sind noch Erzeugnisse der einheimischen Seidenweberei zu finden. Man blickt in einzelne grosse Châne hinein, von denen *Chân eṣ-Ṣâgha* der schönste ist. Die Lage von Tripolis ist am besten von der Höhe des *Castells* aus zu übersehen; ein Weg von etwa 5 Min. führt auf die Terrasse vor demselben. Tripolis mit seinen blendend weissen Häusern, aus welchen besonders das Institut der franz. Schwestern hervorsticht, nimmt sich von hier gut aus; gegen S. sieht man die Moschee Tailân. Jenseit der Stadt dehnt sich ein grosser herrlich grüner Wald von Baumgärten aus, wovon die meisten den Muslimen gehören; auf der Landzunge liegt die Hafenstadt, dabei die alten Thürme, dann das Meer in grosser Ausdehnung, und im S. Berge. Etwas weiter oben sieht man, wie die Festung auf einem schmalen Bergrücken liegt, der im W. gegen die Stadt, im O. nach der tiefen Schlucht des Nahr Ḳadîscha abfällt. Unten am Fuss liegt die *Derwischîye*, ein Kloster tanzender Derwische. Weiter oberhalb im Thale wird das Wasser nach der Stadt geleitet. Der Blick auf das Gebirge ist sehr schön. — Zum Besuch des Schlosses bedarf es einer besonderen Erlaubniss des Mutaṣerrif. Es ist wenig Alterthümliches darin vorhanden. In die dicken Mauern sind Säulenstücke eingesetzt (S. 126). Das Innere ist im Verfall; auch die Kanonen sind kaum mehr brauchbar. Gegen S. findet sich ein Stück eines Gewölbes, das wie der Rest der Apsis einer Kreuzfahrerkirche aussieht. Es ist wohl möglich, dass einzelne Theile des Schlosses noch von dem ersten Bau unter Raymund herrühren. Einige Soldatenfamilien bewohnen die Burg. Die Aussicht auf die Ḳadîschaschlucht ist von dem innern Hofe aus besonders schön.

SW. von der Burg führt ein gepflasterter Weg r. hinunter; man kann von hier aus die *Moschee Tailân* besuchen. Dieselbe ist vor kurzem hergestellt; im Innern des Hofes ein Stalactitenportal. Interessant ist das Minaret, mit doppelter Wendeltreppe.

Der Weg zur Hafenstadt (25 Min.), eine grosse breite Strasse, führt in NW.-Richtung durch üppige Baumgärten; wenn man r. abbiegt, kommt man früher zum Meer. Um die alten Thürme zu sehen, welche die Strecke von der Hafenstadt bis zum Ausfluss des Kadîscha (hier *Abu 'Ali* genannt) schützten, folgt man von Tripolis aus dem l. Ufer des Flusses gegen N. und erreicht das Meer in 20 Min. Zuerst trifft man l. die Reste des *Burdj Râs en-Naher;* dem Meere entlang reitend, kommt man in 12 Min. zum *Burdj es-Sbâ'a* (Löwenthurm), dem besterhaltenen. Alle diese Thürme stammen aus dem Mittelalter und sind theilweise mit altem Material gebaut, d. h. mit geränderten Quadern und vielen Säulenstücken aus grauem Granit. Auf der S.-Seite des Löwenthurms oben sind 6 Fenster mit leisen Spitzbogen, in der Mitte ein grosser Bogen. Das Portal besteht aus einem Spitzbogen mit abwechselnd weissen und schwarzen Steinen; die Inschrifttafel ist ausgebrochen. — In 7 Min. gegen den Hafen zu erreicht man *Burdj et-Takîye* mit Stalactitenportal; in 8 Min. langt man am Thore der Hafenstadt an. Die Aussicht auf das Meer und das Gebirge ist hier wundervoll.

Die Hafenstadt *(el-Mîna)* ist als solche unbedeutend. Nach 5 Min. trifft man am Meer die Reste eines vierten Thurmes *Burdj el-Maghâribe* (der Moghrebiner), auch ein Leuchtthurm ist daselbst; man erblickt die Inseln, welche den Hafen bilden. Alterthümer kommen zuweilen zum Verkauf; schöne Schwämme, die noch an der Coralle sitzen, werden dem Fremden zum Kauf angeboten; man bezahlt sie 1—2 fr. das Stück. Die Dampfschiffagenturen liegen am Hafen, ebenso 2 halb europäische Kaffehäuser mit Billard und eine Art Locanda (Féris Arbid).

Vom Hafen aus den Weg nach S. verfolgend, erreicht man die Strasse nach Beirût und an derselben in 5 Min. einen modernen Thurm *Burdj esch-Schêch 'Affân;* hier liegen die Inseln gerade vor. In der Nähe die protest. Kirche, dann r. die griechische Kirche, weiter nach S. (8 Min.) das Kloster der *Terra Sancta* (letztes Haus). In 45 Min. erreicht man bei einem arabischen Café das Ende des Strandes.

Von Tripolis nach Beirût ($16^1/_2$ St.). In SW.-Richtung von Tripolis der Telegraphenleitung folgend, erreicht man in 22 Min. den Vereinigungspunkt mit dem Wege, der von der Hafenstadt nach S. führt; von hier ersteigt man den Hügel (8 Min.), mit schöner Aussicht. Oben l. auf dem Berge liegt eine alte Burg. Nach 17 Min. kommt man wieder auf den Strandweg, und erreicht in 20 Min. das von Grün umgebene Dorf *Kalamûn* (*Calamos* bei Plinius). Nun wird das Vorgebirge *Râs en-Natûr* gekreuzt; nach 10 Min. schlägt man einen Seitenweg l. ein, nach 37 Min. sieht man r. unten das Dorf *Natûr;* nach 11 Min. r. am Wege die Spuren eines alten Gebäudes, nach 12 Min. l. das Dorf *Zekrûn*, r. Hügel mit Ruine. Hierauf sieht man r. unten das Dorf *Enfe* („Nase") und vor sich

Râs Schaḳḳa. Nach 40 Min. l. oben am Abhang das Dorf *Sikka* mit Kirche. Nach 12 Min. am Wege ein Chân, nachdem man den *Nahr el-'Aṣfûr* übersetzt hat, ein zweiter Chân im Hintergrunde der malerischen Bucht von **Râs Schaḳḳa** (35 Min.). Dieses Vorgebirge hiess im Alterthum *Theouprosopon* (Gottesantlitz); viele griechische Klöster liegen auf dem Berge. Man umgeht die steil ins Meer abfallende Spitze, indem man nach OSO. ein Thälchen hinauf reitet; oben (40 Min.) liegt ein Chân. Gegen N. überblickt man hier die ziemlich kahlen Kreideberge, Râs en-Naṭûr und die Hafenstadt Tripolis; gegen SW. ein bewaldetes Thal, in das man hinuntersteigt. Unten (30 Min.) stösst man auf bebaute Felder bei dem Dorf *Mṣêlḥa*. Man verfolgt das Thal abwärts; in der Mitte desselben liegt auf einem steilen Felsen eine arabische Burg, welche den Pass beherrscht, und von welcher aus früher Metâwile die Reisenden brandschatzten. Nach 9 Min. Chân, nach 2 Min. Brücke über den *Nahr el-Djauz*; nach 5 Min. über einen Bach, der von S. kommt. Tabakpflanzungen. Nach 10 Min. kommt man aus dem Thal hinaus; am Abhang r. liegt das Dorf *Ḳubbe*, weiter gegen das Meer ein Schloss. Nach 7 Min. sieht man Baṭrûn und erreicht diesen Ort in 13 Min.

**Baṭrûn,** das antike *Botrys*, wurde von den Phöniciern (Itoba'al zur Zeit Nebucadnezar's) als Grenzfestung gegründet, um den Küstenweg zu beherrschen, und zwar noch vor der Gründung von Aradus; doch war die Stadt nie bedeutend und besass nie einen Hafen. Die Lage ist mit der von Tripolis nicht zu vergleichen; die Vorberge des Libanon sind spärlich grün. Baṭrûn ist Hauptsitz eines Districtes (franz. Karte 15000 Maroniten, 3450 orthodoxe Griechen, 300 kathol. Griechen, 320 Muslimen, 100 Metâwile); das Städtchen selbst hat wohl kaum mehr als 2000 Einwohner, meist Christen, und eine türkische Telegraphenstation. In der Mitte des Ortes liegt ein mittelalterliches Schloss. Der Hafen ist sehr klein und unbedeutend. Felsengräber mit Sarcophagen finden sich S. von Baṭrûn; wenn man von S. hineinkommt, tritt man nach 80 Schritten l. in eine Tabakpflanzung und findet daselbst einen schönen antiken Sarcophag.

S. von Baṭrûn treten die Felsen nahe an das Meeresufer; die Erosion der Klippen ist merkwürdig. Man folgt dem Strande und erreicht nach 33 Min. einen Chân (l. oben das Dorf *Kefr 'Abîda*); nach 16 Min. l. oben das Dorf *Ṭhum*; 12 Min. Chân und Brücke über das *Wâdi Medfûn*. Nach 22 Min. oben l. das Dorf *Berbâra*; 8 Min. kleiner Chân; man sieht die Bergkette im S., Baṭrûn aber nicht mehr. Nach 19 Min. oben l. *Monṣif*; nach 8 Min. über ein Thälchen; nach 4 Min. zerfallener Chân l. oben; nach 25 Min. *'Amkêd*, Flussbett und zwei Châne; nach 12 Min. anderer Chân; oben einige Häuser und Gärten mit Palmen; nach 7 Min. Aussicht auf die grosse Bucht bis Beirût; darüber die Libanonkette mit dem Ṣannin. Nach 15 Min. l. oben alte Kirche. Nach 13 Min. Chân und Bachbett; nach 10 Min. unten Felsengrab; nach 7 Min. an der

Stadtmauer vorbei zu dem grossen Chân im O. des Städtchens **Djebeil.**

*Historisches.* Djebeil hiess im Alterthum *Gebal*; die Einwohner der Stadt (Gibliter) werden I Kön. 5, 32 erwähnt als geschickt in der Bearbeitung von Bausteinen, Ezech. 27, 9, als des Schiffbau's kundig. Die Griechen änderten den Namen Gebal in *Byblos* um. Mit den Giblitern waren die Berytier verwandt. Die Gibliter gehörten nicht zu den kana'anitischen Völkerschaften und Phöniciern. Aus Byblos stammte Philo, welcher in seinen fragmentarisch erhaltenen Schriften (Sanchuniathon) wichtige, aber nicht ganz zuverlässige Nachrichten über Phönicien gibt; Byblos soll nach ihm eine der ältesten Städte der Welt und von Ba'alkronos selber gegründet sein. In Byblos war ganz besonders der Cultus des Adonis ausgebildet, wohl noch früher, als der des Ba'al Kronos (Êl); letzterer gilt auch als Landesbeherrscher Phöniciens und kam hier erst später von S. aus zur Geltung; er verschmolz mit dem Adonis. Der Cultus des Adonis war mit dem der syrischen Baaltis (Aphrodite, Venus) verbunden, auch mit der Mythe von Osiris und Isis verwandt. Die Leichenfeier des Adonis wurde im Hochsommer begangen und daher ist Adonis auch mit dem Thammûz (Ezech. 8, 14) zu identificiren. Ursprünglich bezeichnet er wohl nur die Tödtung der Natur durch die heisse Sommersonne. Adonis wird von einem Eber getödtet, sein Blut färbt den Fluss; dann wird er von Aphrodite gesucht und wieder erweckt. Dieser Cultus verbreitete sich von Byblos bis zu den Griechen und Römern; nach Byblos wurde gewallfahrtet. Auch im Frühjahr wurde ein Adonisfest begangen. — In der späteren Zeit war das Städtchen unbedeutend. Im J. 1103 wurde es von den Kreuzfahrern erobert (es hiess damals Giblet), 1188 von Saladin wieder genommen; dann fiel es wieder in den Besitz der Franken. In der Umgegend von Djebeil wächst der berühmte Djebelitabak. Die Ortschaft hat nur einige hundert Einwohner; der District zählt (fr. Karte) 17,500 Maroniten, 1500 orthod. Griechen, 200 Muslimen.

Viele Säulenstücke sind überall zerstreut. Das *Schloss* ist ein stattliches Gebäude. An dem Hauptthurme finden sich einzelne grosse Quadern (im SO. und SW.-Winkel). Im NO., gegen den Friedhof zu, ist eine Sculptur eingemauert mit zwei kleinen Säulen. Doch meint Renan aus dem Ganzen, ganz abgesehen von dem innen befindlichen Saale mit Spitzbogen, schliessen zu dürfen, dass das Schloss im Mittelalter, zur Kreuzfahrerzeit, mit Benutzung alten Materials gebaut sei. Man geht am besten von W. hinein und im N. durch Unterbauten heraus, die Treppe hinab. — Auch auf dem Bazar sieht man sehr viele Säulenreste. Im W.-Theil der Stadt liegt eine schöne Kirche aus dem Beginn des 12. Jahrh., die *St. Johanneskirche*, heute im Besitz der Maroniten. Auch hier wieder drei Schiffe: das Mittelschiff mit Gewölbebogen, die Capitäle desselben eine Art gothische Imitation; auf den Seiten oben an den Capitälen noch kleine Verzierungen. Die Arcaden sind Spitzbogen, die Fenster Rundbogen, aussen mit Säulchen verziert. Die Spitzbogenfenster an den Apsiden sind vermauert, das Portal restaurirt. Gegen N. stösst ein kleines Baptisterium an die Kirche. Die halbkreisförmige Kuppel desselben ruht auf vier Spitzbogen, von denen jeder verschiedenartig ornamentirt ist. Ein Carnies mit Sparrenköpfen geht oben daran herum. — Eine andere Kirche W. davon, der heil. Thekla gewidmet, hat elegante kleine Kuppeln, eine dritte in einem Hause stammt laut Inschrift aus dem Jahre 1264. —

Am Hafen im Meere sind Haufen von Säulen; der Hafen war durch Festungswerke, die auf den vorliegenden Inseln standen, geschützt.

In der Umgegend von Djebeil hat Renan sehr ausgedehnte Necropolen der verschiedensten Art, viele Sarcophage und auch ägyptische Alterthümer gefunden; Cippen mit stufenartigen Verzierungen sind speciell hier zu Hause. Die geflügelte Kugel mit Schwingen, ein phönicisches Motiv, hat Renan auch in Djebeil wieder entdeckt. Merkwürdig sind die besonders in der S.-Necropole häufigen in den Felsen gegrabenen runden Löcher, die weder Luft- noch Lichtlöcher sind, sondern sich verengend auslaufen. Gewöhnlich lieg. ein Stein über der Oeffnung solcher Löcher. Der Boden ist an einigen Stellen ganz davon bedeckt. Am Meere südlich von Djebeil liegt eine grosse Felshöhle; viele Gräber und Keltern finden sich 10 Min. östlich bei *Kassûba*. Die dort befindliche Kapelle ist aus altem Material erbaut; hinter Kassûba hat Renan die Grundmauern eines grossen Tempels ausgegraben, der höchst wahrscheinlich der alte Adonistempel war. Etwas weiter NO. liegen Höhlen, theilweise mit Grabtrögen; die Kapelle *Seyyidet Mar Nuhra* N. ist eine interessante Felshöhle mit Treppe. — 3 Min. vom Chân südwärts, r. und besonders l. von der Strasse nach Beirût liegt eine grosse Necropole, doch sind manche Gräber im Sande verschüttet.

Von Djebeil südwärts erreicht man in 12 Min. eine Brücke bei einer Ruine, nach 22 Min. wieder eine Brücke, l. oben das Dorf *Me'aite*; nach 4 Min. liegt ein Thurm r.; nach 26 Min. Chân, oben das Dorf *Hâlât*; nach 5 Min. Grabhöhlen l.; hierauf ein Chân, l. oben *Dêr Mar Djirdjis*. Dann kommt man zum *Nahr Ibrâhîm (Adonis*, S. 529), der aus einer wilden Schlucht herausströmt; nach 19 Min. führt der Weg über die hohe gepflasterte Brücke; hier sind viele Châne; 11 Min. *Mar Dubît*; 11 Min. Chân; 10 Min. Chân *Buwâr*; nach 2 Min. r. Felsengräber. Nach 15 Min. kommt man zum Dorf *Berdja* bei einer kleinen Bucht; nach 13 Min. Chân; hier öffnet sich die grosse Bucht von Djûne, oben erscheint das Dorf Ghazîr. Um den Berg herum führt eine in den Felsen gehauene und gepflasterte Römerstrasse. In 37 Min. erreicht man *Ma'amiltên*; von hier führt ein Weg nach Ghazîr hinauf; 20 Min. weiter eine unvollendete Fahrstrasse nach *Ghazîr*.

Ausflug über Ghazîr und 'Ain Warka nach dem Nahr el-Kelb. Auf steilem Wege erreicht man **Ghazîr** in 1 St. Die Aussicht auf die Bai von Djûne und Beirût erinnert an Neapel. Der Blick von der Terrasse bei der Kapuzinerkirche (Italiener) ist sehr schön; noch vorzuziehen die allgemeine Rundsicht, die man vom Dache des Jesuiteninstitutes aus geniesst, nach O. auf das Thal und die Gebirge. Von Ghazîr steigt man (Führer angenehm) SO. hinauf; oben liegt ein Wachthaus; nach 15 Min. steht man vor einem Thal; auf dem gegenüberliegenden Berg das armenische Kloster *Mar Antânius*, das man in 15 Min. erreicht, nach weiteren 15 Min. den Thalgrund, woselbst eine berühmte Quelle ist. Nach 8 Min. kommt man auf schlechtem Wege zum Dorf *Djnânîr*; nach 27 Min. sieht man das Maronitenkloster **'Ain Warka** in einer malerischen Schlucht voller Pinien und erreicht dasselbe in 13 Min. In 10 Min. erreicht man *Ghusta*; die Berge sind bis oben prachtvoll bebaut und grün; man geht der l. Seite des Thales entlang hinauf, dann eben. Nach 40 Min. biegt man um die Ecke, unten r. liegt das Dorf *'Alma;* nun wieder Aussicht auf Beirût; das Thal fällt steil ab. S. unten ist das Dorf *Dera'ûn;* bereits sieht man unten 'Anṭûra; in der Ebene liegt Dorf an Dorf: *Djûne*, *Ghadir*, *Sarba*, *Ḥâret Saḥen*. Nach 35 Min. geht man l. weiter hinunter dem Berg nach; in 18 Min sieht man *Bkurke*, ein schönes Kloster, wo sich der maronitische Patriarch bisweilen aufhält; daran vorbei erreicht man in 14 Min. den Thalgrund des *Wâdi 'Anṭûra* bei einer Mühle, und etwas hinaufsteigend das grosse Kloster **'Anṭûra** in 25 Min. 'Anṭûra wurde Ende des 17. Jahrh. von den Jesuiten gestiftet, ging aber später in die Hände der Lazaristen über; letztere leiten dort noch jetzt eine sehr ausgedehnte Erziehungsanstalt. Im NO. sieht man das Dorf *Bzummar*. In der Nähe S. von 'Anṭûra am Nahr el-Kelb sind interessante Grotten, grosse Höhlen und Hallen. Um sie zu erforschen, muss man Lichter und Seile mitnehmen. Sie liegen etwa 2 St. oberhalb des Ausflusses des Nahr el-Kelb. Von 'Anṭûra gegen W. hinuntersteigend, lässt man nach 15 Min. *Dêr el-'Asin* l., *Dêr el-Beschâra* r.; jenseit des Thales r. *Bkurke;* in 5 Min. erreicht man das grosse Dorf *Zûk;* nach 30 Min. kommt man auf die grosse Strasse nach Beirût; nun l. den Bach entlang reitet man in 20 Min. zu dem Chân am Nahr el-Kelb.

Von der antiken Brücke über den Nahr Ma'amiltên reitet man um die schöne Bucht von Djûne herum, die von einem grossen Bergamphitheater gebildet wird, l. am Wege liegen einige römische Meilensteine; das Dorf *Djûne*, mit einer Art Hafen, bleibt nach 28 Min. l. in herrlich grüner Umgebung liegen; hierauf folgen r. einige Häuser, auch l. am Bergabhang sind deren eine Menge zerstreut; später sieht man das Dorf *Zûḳ Mikâîl*, dann *Zûḳ Muṣbaḥ*; in 50 Min. erreicht man die Brücke des **Nahr el-Kelb**.

Der *Nahr el-Kelb* (Hundsfluss), welcher am Sannin entspringt, hiess bei den Griechen *Lycos* (Wolfsfluss). Der Sage nach stand hier ein grosser in Stein gehauener Hund, welcher bellte, wenn sich Feinde näherten; noch zeigt man an der höchsten Stelle des Passes eine Klippe im Meer, die ein Stück der heruntergestürzten Statue sein soll. Die Legende scheint aus der Furcht der Leute, welche diese enge Passage betraten, entsprungen zu sein.

Der Fluss ergiesst sich, aus einer engen grünen Schlucht heraustretend, hier ins Meer. Von N. kommend biegt man l. in das Flussthal ein, neben einer Wasserleitung, die, von Pflanzen überwuchert, das Thal hinunterläuft. Der Fluss kann im Sommer durchritten werden. Wohl seit uralter Zeit stand hier eine Brücke; aus einer arabischen Inschrift, die jenseits an ihrem Fusse auf einer grossen Tafel im Felsen ausgemeisselt ist, ergibt sich, dass sie zuletzt von Sultan Selim I (Sohn Bajasid's II.), dem Eroberer Syriens († 1520) gebaut wurde. Auf der andern Seite des Flusses gegen eine kleinere zerstörte Brücke zu findet sich eine schöne lateinische Inschrift, aus welcher erhellt, dass der hier beginnende Felsenpass auf Veranstaltung des römischen Kaisers Marcus Antoninus (161—180) ausgehauen worden ist; da dieser Kaiser als Besieger Germaniens aufgeführt ist, so kann das Werk nur in die 4 letzten Jahre seines Lebens fallen.

Auch bei dem Chân, der am Eingang des Passes steht, ist eine lateinische Inschrift. Die Römerstrasse, welche über den Berg führt, ist in den Felsen gehauen und war mit Steinplatten gepflastert; da diese sich gelöst haben, so ist der Weg jetzt schlecht. Der Felsen springt hier in das Meer vor; die Strasse liegt circa 30m über dem Niveau des Meeres; aufwärts ist sie steil. Ein älterer Weg läuft weiter oben am Felsen herum: hier finden sich merkwürdige *Sculpturen.*

Im Ganzen zählt man 9 in die Felswand eingehauene Tafeln, von welchen 3 als ägyptisch, 6 als assyrisch erkannt worden sind. Einige Tafeln haben ein Gesimswerk. Von N. beginnend, findet man zuerst, etwas über dem Chân, eine Tafel mit Carnies, ohne Figur noch Sculptur. No. 1 ist dem memphitischen Gotte Phtha gewidmet; auf No. 2, circa 6m r. (S.) davon, ist eine assyrische Figur mit aufgehobener rechter Hand deutlich zu erkennen; No. 3, circa 2m entfernt, Tafel mit assyrischer Figur, sehr undeutlich, nur der Kopf erkennbar. No. 4, circa 20m entfernt auf der Seite der alten hier aufwärts gehenden Strasse, eine oben abgerundete Tafel mit undeutlicher assyrischer Figur. No. 5, weiter in der Höhe und circa 33m entfernt, oben abgerundete Tafel; assyrische Figur. No. 6, unmittelbar daneben, Tafel mit Carnies; bei sehr günstigem Licht erblickt man den Kopf eines Gottes und r. davon einen König, der demselben ein Geschenk bringt. No. 7, circa 15m weiter S., auf einer oben abgerundeten Tafel lebensgrosse Figur eines assyrischen Königs, das am besten erhaltene Stück. No. 8, circa 33m weiter oben, grosse Tafel; man hat auf derselben oben zwei kleine Figuren und am Rande Hieroglyphen entdecken wollen. Daneben No. 9, oben abgerundete Tafel mit der Figur eines assyrischen Königs mit lockigem Bart, in langem Kleide, die Kidarismütze auf dem Kopf; die linke Hand hält ein Scepter und ist über die Brust gelegt; die rechte Hand ist, wie bei allen solchen assyrischen Figuren, ausgestreckt und scheint etwas darzureichen. Die Tafel ist mit Keilschrift bedeckt, doch enthält sie jetzt auch eine Inschrift von der französischen Expedition 1860. — Die ägyptischen Tafeln 1, 6, 8 haben oben Löcher für metallene Krampen; wozu, ist nicht ersichtlich. Nach Lepsius beziehen sich die ägyptischen Tafeln auf verschiedene Expeditionen des Sesostris (Ramses II), der in der letzten Hälfte des 14. Jahrh. v. Chr. lebte. No. 6 ist dem Sonnengott Ra, No. 8 dem thebanischen Ammon von Oberägypten gewidmet. Layard betrachtet die assyrischen Tafeln als Werk Sanheribs, und hat dessen Namen in den übrigens sehr zerstörten Inschriften gelesen. Sanherib's Einfall nach Syrien fällt ins Jahr 701 v. Chr. Genaueres wird schwerlich je ermittelt werden können.

Der „Hundsfluss“ kann von Beirût aus vermittelst Barke in circa $1\frac{1}{2}$ St. (à 6 fr.) besucht werden; in dem Chân sind arabische Speisen zu haben.

Von Nahr el-Kelb (Chân) übersteigt man den Pass auf schlechtem Wege, und kommt in 23 Min. zu einem Chân, von wo aus man dem Meeresstrand folgt; Beirût liegt stets vor Augen; schöner Weg. Auf dem Gebirge l. ist eine Unzahl von Dörfern zerstreut. Nach 37 Min. erreicht man den Ausfluss des *Nahr Antelias*, wahrscheinlich *St. Elias*, nach einem weiter oben liegenden Dorfe so benannt. Der Bach kommt vom Sannîn (S. 522); sein südlicher Uferrand springt gegen das Meer vor. Nach weiteren 37 Minuten verlässt man das sandige Ufer; das Küstenflüsschen im Winkel der Bucht heisst *Nahr el-Môt* (Todesfluss). Etwas landeinwärts reitend erreicht man die Hauptbrücke über den *Nahr Beirût* (*Magoras* der Alten) in 23 Min. Die Brücke wird von 7 hohen Bogen gebildet und soll von Fachr ed-dîn gebaut (oder wiederhergestellt) sein. Hier beginnen die Häuser (Cafés) von Beirût. In 15 Min. sieht man l. von der Strasse die Reste einer Kapelle des h. Georg. Die ganze grosse

Bucht von Beirût heisst *St. Georgs-Bai.* In weiteren 15 Min. gelangt man (von NO.) auf den Kanonenplatz in Beirût (S. 461); zu den westlich gelegenen Gasthöfen hat man noch eine gute Viertelstunde lang zu reiten.

## 32. Von Damascus nach Palmyra.

Der Besuch von Palmyra, früher mit unangenehmen, zeitraubenden Unterhandlungen mit den Beduinen vom Stamme Beni Saba, deren Forderungen für eine Escorte ins Lächerliche gingen, verbunden, ist seit 1870 durch das Hinausschieben des Militaircordons von Aleppo bis Palmyra, den ganzen Rand der syrischen Wüste entlang, wesentlich erleichtert worden, besonders auch in Bezug auf die Kosten. Man kann sich jetzt durch Soldaten der türkischen Regierung begleiten lassen und ist den Plackereien der habsüchtigen Beduinen nicht mehr ausgesetzt. Jedem berittenen Soldaten wird täglich etwa 2 Francs Trinkgeld berechnet, das man ihnen am besten persönlich einhändigt. Ist man mit ihnen zufrieden, so wird man ihnen gern Essen und Tabak zukommen lassen; man hüte sich indessen sie gleich von Anfang an zu verwöhnen (dem Reisenden wird auffallen wie wenig Nahrung die Leute bedürfen). Im J. 1873 konnte man bis zur Hälfte des Weges, d. h. bis zur Ortschaft Karyatên ohne alle Escorte reisen; dort erhielt man auf die durch's Consulat beim Pascha erwirkte Empfehlung hin einige berittene Soldaten.

*Reisezeit.* Von Mitte Mai bis Anfangs October ist in der Wüste die Hitze bedeutend; im Winter jedoch kann es in der hochliegenden syrischen Wüste sehr kalt werden, daher eigentlich nur der Monat April zu diesem Ausflug empfohlen werden kann. Ueber die syrische Wüste vgl. S. 43 der Einleitung.

Ohne Dragoman oder doch wenigstens einen Koch, und ohne Zelt lässt sich diese Tour nicht gut machen (Contract etc. s. S. 17). Hier ist noch besonders das Mitführen genügenden Trinkwassers nicht zu vergessen, denn auf der Strecke von Karyatên bis Palmyra findet sich kein Wasser, oder ist doch nur durch einen Umweg von 3 Stunden zur Quelle 'Ain el-Wu'ûl zu erlangen. Man bedinge sich daher in dem Contract besonders aus, dass der Dragoman auf seine Kosten in Karyatên Kamele zum Mitführen des Wassers miethet; wir bezahlten für ein Kamel auf 5½ Tage 20 fr. und für 3 Schläuche noch 25 Piaster extra. Die Leute sind gewohnt, direct aus dem Schlauch zu trinken, der Reisende wird daher gut thun, ein eigenes Gefäss zu seinem Privatgebrauch mitzunehmen. In Palmyra findet man nur eine 23° warme Quelle, deren Wasser stark nach Schwefel schmeckt; doch wird dasselbe geniessbarer, wenn es eine Zeit lang gestanden hat, auch ist es 10 Min. unterhalb der Quelle etwas besser. Mit Rücksicht hierauf versehe man sich daher mit genügendem Vorrath an geistigen Getränken, die ohnehin bei der zehrenden Wüstenluft sehr munden.

*Entfernung und Reitthiere.* Gewöhnlich reist man von *Damascus* aus nach Palmyra. Die neueste Karte von Burton und Drake giebt die Entfernung auf 150 englische Meilen an und rechnet 50 Stunden zu Pferd. Der Verfasser hat mit guten Pferden in *starken* Tagemärschen 44 St. gebraucht. Zu Kamel kann man Palmyra in 3—4 Tagen erreichen, zu Pferde muss man einen Tag mehr rechnen. Die gewöhnlichen Nachtquartiere sind: 8½ St. Djêrûd (S. 541), 12 St. Karyatên (S. 542), wo man zur Noth beim Churi, d. h. dem kath. Geistlichen einkehren kann; 13 St. Chân el-Leben (S. 542); 9½ St. Palmyra. Statt mit Pferden in Begleitung von Kamelen kann man auch die ganze Tour zu Kamel machen, vorausgesetzt, dass man gute Thiere mit guten Sätteln findet.

Die Art der Kamele, welche zum Reiten benutzt wird, ist eine ganz besondere; man nennt sie „*dhelûl*“ (d. h. fügsam.) Die eigentlichen Dhelûl's sind ausgewählte Thiere edler Race und entschieden schöner als das gewöhnliche Lastkamel der Karawanen. Die besten Dhelûl's kommen aus dem Nedjd, dem centralen Hochland Arabiens. In Damascus (und in Aleppo) erkundige man sich, ob Leute vom Stamme der 'Agêl anwesend sind. Dieser Stamm wurde vor Zeiten aus dem Nedjd nach Bagdad verpflanzt; es sind die berühmtesten Karawanenführer, Kameltreiber und Kamelreiter der syrischen Wüste. In Damascus logiren sie beim Bâb Schaghûr oder *vor* diesem Thore auf einem freien Platze (S. 497). Man schliesse einen Contract für die ganze Reise mit ihnen, bezeichne aber genau die Route und bedinge sich aus, über die Dauer des Aufenthalts an verschiedenen Orten ganz frei verfügen zu können. Man erreicht dies um so leichter, da diese Leute den Werth der Zeit nicht kennen, während die Pferdevermiether die Anzahl der Tage genau berechnen. Für *ein* Kamel nach Palmyra und zurück wird man etwa 100 fr. bezahlen; doch lässt sich darüber gar nichts sicheres aufstellen; sobald der 'Agêli merkt, dass man Kamele sucht, geht er mit seinen Forderungen in die Höhe.

Der Sattel, welcher auf den Höcker des Thieres gelegt wird, besteht aus einem Holzgerüst, aus welchem zwei hohe runde Knäufe hervorragen; auf dem Gerüst liegt ein Lederpolster (der Sitz), vor dem vordern Knauf befindet sich ein zweites Kissen. Der Reiter schlingt nach der Art, wie Damen zu Pferde sitzen, ein Bein um den Vorderknauf und legt die Ferse des einen Fusses auf den Rist des andern (abwechslungsweise). Man treibt das Thier mit dem Absatz des Fusses oder mit einer Gerte an. Die Kamele gehen gewöhnlich in langer Reihe hinter einander in bedächtigen aber weiten Schritten, immer rechts und links nach Kräutern haschend; man kann ihnen dies nicht wehren. Trab und Galopp sind unangenehm. Ein Kamel kann auch zwei Personen (und mehr) in einer Sänfte tragen, oder mit dem Gepäck des Reiters belastet werden. Das Aufsteigen macht dem Anfänger Mühe: man fasst die beiden hohen Knäufe an, und kniet mit einem Bein auf das Polster; mit dem andern Bein schwingt man sich über den hinteren Knauf in den Sattel. Das Kamel ist gewohnt, sich zu erheben, während der Reiter noch in den Bewegungen des Aufsteigens begriffen ist. Dies wird dadurch verhindert, dass der Kameltreiber den Fuss auf eines der zurückgeschlagenen Vorderbeine des Thieres legt. Die nun folgenden Bewegungen des Kamels sind immerhin noch heftig, und der Neuling muss sich dabei an den Sattelknäufen festhalten; da das Kamel zuerst mit den Hinterfüssen aufsteht, so lehne man sich erst nach hinten, hierauf nach vorn. Das Reiten ist sehr angenehm: wer einmal daran gewöhnt ist, wird für längere Reisen das Kamel immer dem Pferde vorziehen. Man kann zu Kamel bequem lesen; auch braucht man die Zügel nicht in der Hand zu halten.

Vom *Bâb Tûma* (Thomasthor, S. 501) reitet man auf der breiten gepflasterten Aleppostrasse zwischen Baumgärten. Herrliche Nussbäume überschatten den Weg. Nach 12 Min. gelangt man zur *Zênabîye*, einem Brunnen links, der das beste Wasser in Damascus liefern soll; ein Kaffewirth bietet hier den Abschiedstrunk. Nach 4 Min. geht ein Weg links ab; man gehe den Telegraphenstangen nach, die kahlen Berge links zwischen dem saftigen Grün der Baumgärten im Auge behaltend. Der Weg wird breiter und nach 14 Min. hört das Pflaster auf. Nach 48 Min. gelangt man zum Dorf *Hâristat el-basal* („Zwiebelwärterin"). Das grosse Lehmgebäude mit Kuppel ist eine Oelpresse. Die Olivenernte, die in diesen Gegenden im December stattfindet, ist sehr bedeutend. Nach 40 Min. sieht man r. vom Wege das grosse Dorf *Dûma*. Die Baumcultur nimmt hier ab, man kommt in das freie Feld. Nach 30 Min. gute Quelle mit reichlichem Wasser. Nach 17 Min. einige Häuser mit einem Schlösschen; nach 20 Min. Dorf *'Adhra* rechts unten im Grünen. Hier beginnt die Wüste; man wendet sich mehr links (nördlich) dem Gebirge zu. Die runde Bergkuppe, die man von weit her, auch von Damascus sieht, heisst *Thenîyet Abu'l-'Aṭâ*, Hügel des Abu'l-'Aṭâ. Nach einer Stunde erreicht man mehrere Karawanserai's; das grösste heisst *Chân el-'Aṣâfîr* (Sperlings-Chân) und stammt aus neuerer Zeit, doch findet sich kein Wasser. Der Weg steigt mehr bergan und wird steiniger. Nach 25 Min. Cisterne mit schlechtem Regenwasser links, Ruinen rechts. Nach 21 Min. einen Weg links lassen. Im Thalgrund ist noch eine Cisterne. Nach 33 Min. wiederum zerstörter Chân (*Mathnâ el-Ma'lûli*). Das Dorf *Ma'lûla* (s. S. 560) liegt im Nordwesten von hier $2^1/_2$ St. entfernt, jenseit der Ebene. In der Ferne sieht man die Dörfer *Aila* und *el-Kuṭêfe* vor sich; man erreicht letzteres in 1 St. 5 Min. (von Chân Mathnâ). Der schöne Chân, aus Quadersteinen gebaut, stammt aus dem Jahre 1000 der Flucht. Die Baumgärten um Kuṭêfe sind reich. Ausserhalb des Dorfes sind zerfallene Maue n; man lässt einen Weg links liegen (10 Min.) und erreicht nach 32 Min. das Dorf *Mu'addamîye*. Deutliche Spuren einer alten Mauer mit kleinen Thürmchen führen zu einem weiteren Dorf. Nach 1 St. findet man rechts Höhlungen im Boden, die Reste einer alten Wasserleitung, die am Fuss des Gebirges beginnt. Das System dieser Wasserleitung, die wir auch in der Nähe Palmyra's wieder finden, ist das persische; der Aquaeduct ist ganz unterirdisch; er ist ausgemauert, und man kann darin gehen; zur Reinhaltung des Canals sind von 15 zu 15m schachtartige Luftlöcher (mit Stufen) angebracht. In einer ferneren Stunde erreicht man **Djêrûd**, dessen Gärten schon längst vorher sichtbar waren; rechts in einiger Entfernung ein Salzsee, der bisweilen eintrocknet. Das Dorf Djêrûd ist gross, aber ganz modern; es hat drei Moscheen und sieht ziemlich sauber aus. Sprache und Sitten der Bewohner (es sollen deren ca. 2000 sein) sind denen der Wanderstämme ähnlich. Gewöhnlich übernachtet man hier.

Eine Route nach Palmyra geht von hier direct NO. ab, sie kann aber nur mit Kamelen benutzt werden, da sich auf der gesammten grossen Strecke von circa 37 Stunden kein Wasser findet.

Der Weg führt nun in einem breiten Thal zwischen zwei kahlen Höhenzügen weiter. Nach 25 Min. erreicht man das kleine Dorf *'Aṭni* (mit Quelle); von hier muss für den ganzen Tag Wasser mitgenommen werden, denn man verlässt hier den cultivirten Boden bereits für eine ansehnliche Strecke. Die Gegend sieht traurig aus; rechts gewahrt man Salzhügel, auf dem Boden nur dürre ästige Kräuter, die bloss dem Kamel einige Nahrung gewähren oder als Brennstoff dienen. Nach 2 St. 40 Min. lässt man rechts etwa 10 Min. entfernt den zerstörten *Chân el-abyaḍ* (weisser Chân); man nähert sich den Höhenzügen rechts etwas mehr. Nach 1 St. 50 Min. kommt man an Steinhaufen wie von Ruinen vorbei, nach 1 St. bei einem zerfallenen Chân links, aber ohne Wasser; die Hügel l. sind mit Salzkrusten bedeckt. Nach 2 St. 45 Min. verlässt man den Rand dieser Bergkette und gelangt auf ein etwas höheres Plateau;

im NW. wird ein neuer Höhenzug sichtbar, der das Thal zu schliessen scheint. Nach 3 St. 10 Min. (gut geritten) erreicht man das Dorf **Ḳaryatên**, erst Ruinen, dann Baumgärten, endlich das Dorf (das Zelt wird am besten im W. auf den Tennen aufgeschlagen). Die Bewohner des Dorfes sind Muslimen und Christen; letztere bestehen aus syrischen Katholiken, Maroniten und Griechen. Um das Dorf herum liegen reiche Gärten, in denen auch Wein gezogen wird. — Ḳaryatên geniesst unter den Beduinen einen Ruf als Heilort für Besessene. Die Kur ist allerdings sehr einfach: die Kranken werden in einem Zimmer über Nacht gefesselt gelassen; am andern Morgen findet man sie ohne Fesseln; sie verlangen zu essen und sind gesund; wenn sie aber ihre Cur nicht bezahlen, bekommen sie einen Rückfall!

15—20 Min. westl. liegt ein den Muslimen und Christen gleich werthes Heiligthum, Namens *Mar Elyân* (oder *Aḥmed*). Es scheint hier ehemals ein grosses Kloster gestanden zu haben. Von dem Hofraume aus gelangt man durch ein niedriges Thor in ein dunkles kleines Gemach (Kerze anstecken), worin unter einem Baldachin ein alter Sarkophag steht. Derselbe hat keine Verzierungen, trägt aber einige syrische Inschriften, wohl von Pilgern herrührend. Der hier begrabene Heilige soll im Nedjd geboren und sehr fromm gewesen sein; er befahl, seinen Leichnam auf einen Wagen zu legen und ihn zu beerdigen, wo die Zugthiere stehen bleiben würden. In einem andern Zimmer ist ein Betort mit schön aus Holz geschnitzter Thüre (Gazellen darstellend). Der Platz scheint alt zu sein: man bemerkt Capitäle und Säulenstücke, die über die Zeit des Islâm hinausreichen.

S. etwa 20 Min. von diesem Kloster in der Wüste gegen den Hügel zu ist eine *Masyada*, ein mit Mauern umgebenes längliches Gehege, wie sie von den Bauern zum Gazellenfang gebraucht werden (s. S. 55): in den Mauern sind Lücken gelassen und an der Aussenseite tiefe Gruben angebracht. Die Thiere in ihrer Angst springen an diesen Stellen über die Mauern und brechen sich die Beine.

3 Stunden nördlich von Ḳaryatên liegt ein sehr heilkräftiges natürliches Dampfbad für Gicht und Rheuma.

Von Ḳaryatên aus führt der Weg nach Palmyra nach ONO. in einem breiten Wüstenthal des *Djebel er-Ruâk*. Nach einer halben Stunde findet man in einem Thälchen noch etwas Wasser; nach einer ferneren halben Stunde Spuren von einer Strasse links. Die Route ist sehr einförmig; von Zeit zu Zeit unterbricht ein trockenes Bachbett die Ebene. Von Ḳaryatên gelangt man in etwas mehr als 7 St. nach einem alten Schloss Namens *Ḳaṣr el-Ḥêr*, dessen Thurm schon von grosser Ferne sichtbar ist. Es stehen noch grosse Mauern mit Fenstern; eine Unzahl Vögel nisten in denselben. Man will Malteserkreuze an den Wänden entdeckt haben; in der Nähe liegen viele Bausteine, auch von Marmor, am Boden. (Etwaiger Wassermangel nöthigt hier zu dem S. 539 erwähnten Umweg von 3 St. gegen die östl. Berge hin, zur Quelle *'Ain el-Wu'ûl*.) In 4 St. 15 Min. kreuzt man das kleine *Wâdi el-Muthera*, das als die Hälfte des Weges zwischen Ḳaryatên und Palmyra angegeben wird. In 1 St. 40 Min. erreicht man die Ruinen des verlassenen *Chân el-Leben*. Der Boden ist überall mit ästigen Kräutern bedeckt und manchmal ganz unterwühlt und durchlöchert durch die sog. Springmäuse, ar. *yerbû'* (S. 55); auch wimmelt er von Eidechsen und kleinen Schlangen, die sich sonnen.

Der Gebirgszug links heisst *Djebel el-abyad*; vor uns scheint eine Höhe das Thal zu schliessen. Nach etwa 7 St. langweiligen Reitens sieht man von ferne einen Wachtthurm von Palmyra und steht nach 2 St. 10 Min. demselben gegenüber. Spuren der Wasserleitung finden sich auch hier wieder. Auf dem Hügel links erblickt man Ruinen. Man zieht nun durch ein Thälchen mit Grabthürmen; nach 5 Min. erblickt man in der weiten Mulde den Sonnentempel und die Säulenreihe von **Palmyra**, auf dem Berge links die muslimische Burg. Auch die Thiere haben das Ziel der Reise erkannt und beschleunigen ihren Gang, um zum Wasser zu gelangen.

Zelte werden am besten in den Baumgärten oder vor dem Thore des Tempels bei der Moschee aufgeschlagen, da man hier die Soldaten in der Nähe hat, was auch wegen der Pferde von Vortheil ist. In Palmyra findet sich ein Metzger, sodass man Fleisch haben kann; der Krämer hält sogar Petroleum.

Die Leute von Tudmur (S. 545) sind, wie die Anwohner aller grossen Ruinenorte, schon etwas durch die Fremden verdorben (als Führer zu empfehlen ist ein gewisser *As'ad*). In Betreff der Alterthümer, welche sie anbieten, merke man, dass die Münzen meistens römisch, griechisch oder arabisch und durchgängig schlecht conservirt sind. Münzen mit palmyrenischer Schrift, derselben, die sich an den Grabmälern findet, sind werthvoll, ebenso Lampen und geschnittene Steine mit solcher Schrift. Die Leute bringen auch viele Büsten und Hautreliefköpfe von durchgängig etwas roher Arbeit zum Verkauf. Für eine Thonlampe bezahle man höchstens 6–7, für eine Büste 30–40 Piaster.

*Historisches.* Die Meinung, dass Salomo die Stadt *Tadmor* erbaut habe, gründet sich auf eine Stelle des alten Testaments, I Kön. 9, 18 (vergl. die Parallelstelle II Chron. 8, 4.): „Und Salomo baute Tadmor in der Wüste im Lande.“ Soviel Gewicht wir stets den gesunden Volkstraditionen einzuräumen bereit sind, so müssen wir in Betreff dieser Stelle doch den besten Kritikern folgend anerkennen, dass das *d* des Namens Tadmor an jener Stelle ausserordentlich schlecht bezeugt ist, und dass der Zusatz „im Lande“ dafür spricht, dass hier nicht von dem weit im östlichen Mittelsyrien gelegenen Tadmor die Rede sein kann, sondern dass wir *Tamar* zu lesen haben; wir kennen einen solchen Ort an der Südgrenze des Stammes Juda (Ezechiel 47, 19). Der ganze Zusammenhang obiger Stelle weist auf eine Grenzstadt in der Lage hin, in welcher wir dieses Tamar (S. 312) finden. Es ist allerdings wahrscheinlich, dass die Lage von Tadmor eine alte ist, dass der Ort weit in der Geschichte hinaufreicht. Es scheint nämlich, dass die Ausdehnung der syrischen Wüste im Alterthum dieselbe war wie heute, mit Ausnahme von einigen Stellen, wo die Cultur früher einmal entschieden weiter vorgedrungen war. In diesem Falle war Tadmor von jeher der natürliche Durchgangspunkt für die Karawanen, wegen seiner Quelle. Noch heute gehen die Karawanen von Damascus nach Bagdad über Palmyra, weil auf der directen Route sich zu wenig Wasser findet. Auch seinem Klima nach hatte Palmyra die Fähigkeit, sich zu einer bedeutenden Handelsstadt zu entwickeln, doch wird es als solche erst um den Anfang unserer Zeitrechnung genannt. Damals vermittelte es den Handel der Seide u. a. ostasiatischer und indischer Produkte mit dem Westen. Antonius machte im Jahre 34 v. Chr. einen Streif- oder Raubzug dorthin; aber die Einwohner brachten ihre Reichthümer jenseit des Euphrat in Sicherheit, woselbst sie an den Parthern gute Freunde hatten. Damals blühte auch jenseit des Euphrat, vier Tagereisen südlich vom alten Ninive, das antike Hatra, ebenfalls als Handelsstadt, in ähnlicher Lage wie Palmyra, zwischen mächtigen Nachbarn, gleich ausgezeichnet durch Monumente. Ins zweite christliche Jahrhundert fiel wohl die Blüthezeit von Palmyra. Es war damals, unter diesem neuen zur Griechenzeit aufgekommenen Namen, eine Republik unter römischem Protectorat, und stand an der Spitze einer nach ihm benannten Landschaft. Obwohl eigentlich einer römischen Provinz zugehörig, scheinen die Palmyrener eine kluge Politik gegenüber den Römern befolgt zu haben; hauptsächlich leistete Odenathus den Römern wesentliche Dienste im Kampf gegen den Perserkönig Sapor. In Folge davon erhielt er den Titel: Augustus; ebenso kämpfte er noch gegen andere Feinde als treuer Bundesgenosse der römischen Kaiser. Er wurde aber ermordet und hinterliess die Herrschaft seiner Frau Zenobia (267). Die grossen Eigenschaften dieser Frau sind weltberühmt: sie war kriegerisch und daneben fein gebildet. Ihre Regierung bezeichnet den Höhepunkt des Glanzes von Palmyra; unter ihr fand griechisch-römische Cultur Eingang, wie nie vorher. Das Volk sprach noch immer aramäisch, wie die meisten Inschriften beweisen; aber von den Angesehenen wurde Griechisch und Lateinisch studirt und verstanden. Die Ausdehnung der Herrschaft Zenobia's über Syrien, Mesopotamien und selbst einen Theil von Aegypten und ihr Ehrgeiz führte den Verfall herbei. Der Kaiser Aurelian zog gegen Zenobia zu Felde, schlug ihre Truppen bei Ḥōms und belagerte ihre Hauptstadt. Auf der Flucht wurde sie eingeholt (273); sie zierte den Triumphzug des Kaisers zu Rom. Die Palmyrener, welche sich übergeben und römische Besatzung erhalten hatten, revoltirten bald nachher, und nun wurde Palmyra von Aurelian zerstört; viele Einwohner wurden niedergemacht. Seitdem war Palmyra's Glanz vorbei. Die Mauer und der Sonnentempel wurden zwar restaurirt und wieder aufgebaut; aber wir müssen doch annehmen, dass die Monumente, deren Ueberreste wir noch heute bewundern, *vor* dieser Zerstörung durch die reichen Palmyrener errichtet worden sind; in späterer Zeit war Palmyra mehr eine blosse Grenzstadt gegen die Wüste.

Ein anderes Volk hatte sich schon längere Zeit hindurch nach Norden vorgedrängt, die Araber. Es ist erwähnenswerth, dass so viele Namen der griechischen Inschriften im Ḥaurân wie auch in Palmyra ächt arabisch sind. Die Araber verdangen sich den Palmyrenern wohl auch als Söldner, wie in Hatra. Die einfachen ungebildeten Söhne der Wüste sahen freilich in den grossen Bauten leicht das Werk von Djinnen (Genien) und so sind uns auch aus vormuslimischer Zeit merkwürdige Verse eines arabischen Dichters Nâbigha ed-Dubyâni erhalten, der sich viel in der syrischen Wüste aufgehalten hat. Die Stelle lautet in Rückert'scher Uebersetzung:

> Dem Hirsche gleich eilt mein Kameel, zu No'man mich zu tragen,
> Dem Fürsten, den ich nah und fern seh' über Alle ragen.
> Und wirken, wie der König wirkt, seh' ich von Allen keinen
> Und auszunehmen wüsst' ich von den Menschen auch nicht einen,
> Als Salomon den Einzigen, da Gott zu ihm geredet:
> Steh vor der Schöpfung, dass Du sie beschirmest unbefehdet,
> Und unterwirf die Djinnen Dir; ich aber will gestatten
> Denselben, Tadmor aufzubau'n mit Säulen und mit Platten.

Der Dichter mag solche Traditionen von den Einwohnern Palmyra's, unter welchen viele Juden waren, erhalten haben.

Die muslimische Eroberung ging ohne Schädigung an Palmyra vorüber; aber die Stadt litt 745 in den Kämpfen der 'Omayyaden und 'Abbasiden. Jedoch blieb sie noch ansehnlich, denn die Lage war allzu günstig. Im Jahre 1089 wurde sie durch ein Erdbeben heimgesucht, das wohl viele Bauten umwarf. Noch 1173 fand der Rabbi Benjamin von Tudela eine bedeutende Colonie Juden in Palmyra. In arabischer Zeit erhielt Palmyra wieder seinen alten Namen *Tadmor* (gewöhnlich *Tudmur*). Es musste von den Europäern förmlich wieder neu entdeckt werden; dies geschah zuerst durch Mitglieder der englischen Factorei in Aleppo im Jahre 1678. Das schönste Specialwerk über Palmyra ist: Les ruines de Palmyre autrement dite Tedmor au Désert, von Wood und Dawkins, Paris 1812 (sie reisten 1751; das Buch ist etwas veraltet). Damals stand, wie aus der Beschreibung und den schönen Tafeln hervorgeht, noch bedeutend mehr als heute; doch ist nun die Photographie in's Mittel getreten, um uns die treuesten Bilder von den noch erhaltenen Ruinen zu liefern. Vergl. noch: Dix jours en Palmyrène par R. Bernoville (Paris 1868).

*Die heutigen Ruinen.* Um dieselben mit etwas Musse zu besichtigen, sind zwei Tage kaum genügend.

a. Wir gehen von dem Hauptgebäude, dem **grossen Sonnentempel**, aus. Derselbe war dem Ba'al geweiht (vgl. S. 515). Zur Reparatur dieses Tempels wies Aurelian eine Summe Geldes aus der von ihm gemachten Beute an; welche Theile aber damals, also etwa im J. 273 hinzugefügt worden sind, lässt sich schwer bestimmen. Der ganze Tempel war von einer Umfassungsmauer umgeben und ruhte auf einer erhöhten Terrasse, einer sogenannten Krepis (κρηπίς). Jede Seite der 15—16m hohen Umfassungsmauer hatte eine Länge von 235m (Inneres). Nur *eine* dieser Seiten, die nördliche, ist noch grösstentheils erhalten. Der Unterbau steckt wohl an manchen Stellen noch tief im Boden; er ist ungefähr 3m hoch, aus schönen Quadern gebaut und 6—7m breiter als die Mauer. Diese ist durch 13 erhaltene Pilaster in Felder eingetheilt und von je drei vorspringenden 21m hohen Pilastern flankirt, die den Schein von Eckthürmen hervorriefen. Die Ecke auf der Nordostseite ist jedoch nicht mehr vorhanden. Dagegen ist das Mauergesims noch da; die viereckigen Fenster zwischen den Pilastern sind grösstentheils mit Steinen verrammelt, aber noch erhalten; man findet durch dieselben wohl noch einen Durchgang in das Innere. — Die übrigen drei Seiten der Umfassungsmauer sind nur in ihren Unterbauten antik und durch die Araber wieder hergestellt, weil sie den alten Tempel als Festung benutzten (wie die Acropolis von Ba'albek, S. 516). Sogar eine Art Festungsgraben ist angelegt worden. Die Mauern sind zwar meistens aus antiken Resten gebaut, aber ohne Sorgfalt und daher theilweise wieder zerfallen. Auf der Westseite liegt der Haupteingang, ein Vorbau ebenfalls aus muslimischer Zeit mit einem hohen Spitzbogenportal; aber heute führt nur ein kleines Thürchen ins Innere. Dieses Portal steht, wie aus deutlichen Spuren hervorgeht, an der Stelle des antiken Hauptportals, welches absichtlich zerstört worden war. Aus den aussen umherliegenden Säulenresten ergibt sich, dass eine grosse Treppe, wohl von 37m Breite, in eine Vorhalle führte, die von $3{,}_7$m hohen korinthischen Säulen gebildet war. Hierauf kam man zu einem grossen dreifachen Portal; die Pilaster, welche heute noch an dem modernen Thurme sichtbar sind, stehen kaum mehr an ihrer ursprünglichen Stelle. Innen sieht man noch schöne Ueberreste der antiken Vorhalle mit reichen Guirlanden.

Im Innern dieses grossen Hofraumes wird der Ueberblick jetzt durch die Häuser des modernen Dorfes *Tudmur* gehemmt. Dasselbe besteht aus circa 50 Hütten, und ist theilweise aus Säulentrümmern und antikem Material gebaut; lange Dorfgassen sind angelegt. In Tudmur sind zwei Dorfschêchs, Fâris und Djâr Allah. In die Häuser und auf die Dächer gehe man ohne Bedenken; die Bauernweiber sind nicht so schen wie die Stadtdamen.

Auf drei Seiten lief innerhalb der Umfassungsmauer eine doppelte Säulenreihe herum; auf der westlichen Seite, der Eingangsseite, war sie nur einfach. (Aehnlich war der Herodische Tempel in Jerusalem gebaut, vgl. S. 170.) Diese Säulenhallen waren mit der Umfassungsmauer durch ein Gebälk verbunden. Ausser den Eckpilastern stehen noch ganze Reihen von Säulen mit Gebälk

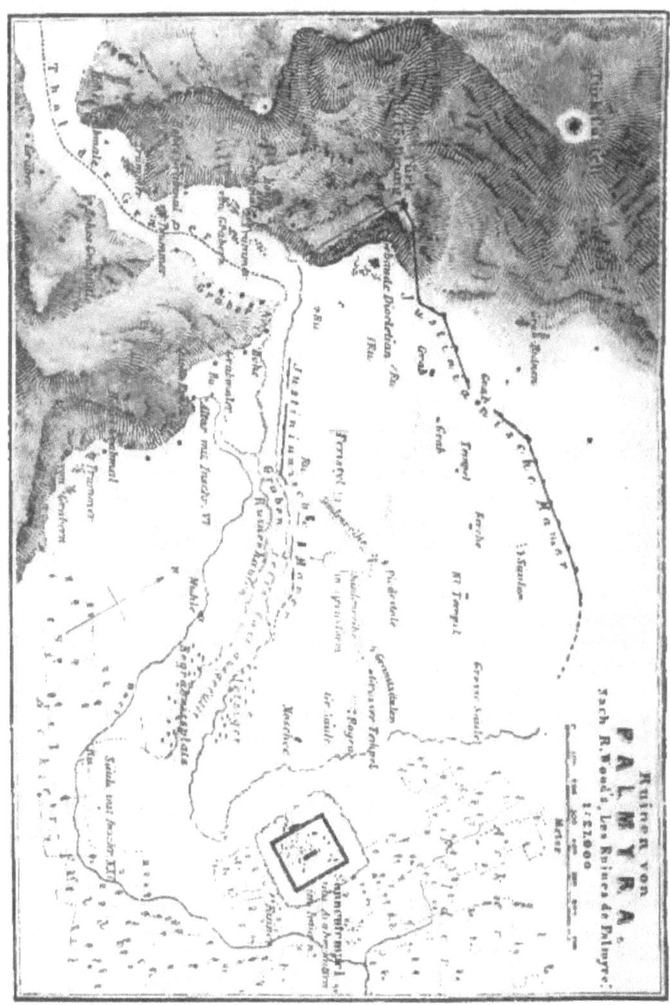

zwischen den Häusern zerstreut (über 50, allein an der Südseite 13); ursprünglich waren ihrer an 390. Wo die Umfassungsmauern erhalten sind, findet man sie auch von innen mit Nischen und Blenden reich verziert. Die Säulenhalle erhielt durch die Fenster Licht; auch waren Thürchen in der Umfassungsmauer angebracht; eines derselben, das sich in seinen steinernen Angeln dreht, ist noch erhalten. Durch ein solches Thürchen versuchte Zenobia zu fliehen (S. 544).

Fast jede Säule in Palmyra hat unter dem oberen Drittheil einen Einsatz und ein Postament, bisweilen auch zwei der letzteren; auf diese wurden Statuen oder ähnliche Votivgegenstände aufgestellt. Man kann nicht sagen, dass diese Postamente einem geläuterten Geschmacke entsprächen; vielmehr liegt in ihrem massenhaften Vorkommen ein Zeichen des Verfalls oder des Nichtverständnisses römischer Baukunst.

Die imposante Säulenhalle schloss einen grossen viereckigen Hofraum ein; Spuren der Pflasterung desselben mit grossen Steinplatten finden sich noch an einigen Stellen. Die grossen Wasserbehälter (*birke*), die man noch sieht, dienten im Alterthum zu religiösen Waschungen. In der Mitte dieses Hofes, etwas mehr nach S., erhob sich nun auf einer zweiten Plattform der eigentliche Tempel, der (in den Dimensionen von 60m auf 31,5m) von S. nach N. gerichtet und etwas erhöht war. Derselbe war ein peripteros, d. h. er hatte ein einfaches Peristyl von Säulen. Von diesen über 15m hohen Säulen sind nur noch wenige erhalten, hauptsächlich hinter dem Gebäude (Ostseite). Die Säulen waren cannelirt, sind aber jetzt ihrer Capitäle beraubt; letztere waren wahrscheinlich aus Bronze und wurden daher von gierigen Händen abgerissen. Dem alten Portal in der Umfassungsmauer (W.) gegenüber steht zwischen zwei Säulen ein reiches Portal, das in den Porticus führte. Von hier lässt sich der reiche Schmuck des Tempelfrieses mit seinen Figuren und Guirlanden am besten betrachten. Eine Prachtthüre führt in das Innere des Tempels, und zwar in die westliche Langseite desselben. Letztere enthält neben dem Portal vier Fenster, ebenso die Rückseite des Gebäudes; die Schmalseiten (N. u. S.) haben keine Fenster, sondern es ragen nur je zwei Halbsäulen mit ionischen Capitälen aus der Mauer hervor. Das Portal der Cella gehört zu den schönsten Bauüberresten von Palmyra; es ist gegen 10m hoch und überaus reich verziert. Die Decke der Thüre ist mit einem Relief geschmückt, das einen Adler mit ausgebreiteten Schwingen auf besterntem Grunde darstellt, zu beiden Seiten Genien. Ein grosses Stück des Gesimses ist heruntergefallen und kann in der Nähe betrachtet werden. Innerhalb des Portals liegt eine grosse etwas roh gearbeitete Figur aus Stein auf dem Boden. Die Decke der alten Cella ist eingefallen; das Dach der jetzt dort eingerichteten Moschee ruht auf schlechten Bogen. Eigentlich ist nur die nördliche Apsis des Tempels interessant: hier findet sich in einer Nische ein facettirtes Viereck aus Stein, in welchem ein Kreis mit den Zeichen des Thierkreises, und in dessen Mitte sieben Fünfecke mit Büsten in Hautrelief dargestellt sind; aber muslimischer Vandalismus hat Alles stark beschädigt. Die Tempelwände sind jedoch alle noch schön erhalten. Auf der südl. Seite befindet sich jetzt der Miḥrab (vgl. S. 38). Im nördlichen Theile führt eine reich verzierte Thüre zu einer Treppe; es ist nicht ganz leicht hinaufzusteigen, da einige Stufen ausgefallen sind; aber die Aussicht von oben ist höchst lohnend; man übersieht den Tempel, das Dorf, und im Norden erblickt man auf dem Berge die Burg. Was für ein Anblick muss es gewesen sein, als der grosse, von Säulenhallen umringte Hof den Tempel einfasste!

b. Jenseit des Platzes, welcher sich vor der westlichen Front des alten Tempels befindet, steht ein modernes kleines Gebäude: eine Moschee ohne Interesse, wohl aus antikem Material gebaut. Sie heisst *Djâmi' el-faḍel;* man beachte, wie merkwürdig das Minaret auf quer gelegte Säulenstücke gebaut ist.

Gehen wir nun der Säulenreihe zu, die ungefähr 150m von der Nordwestecke des Tempels beginnt. Auf diesem Platze finden sich viele Spuren von Prachtgebäuden und Säulen. Besonders eine grosse Säule, die nun umgestürzt ist, erregt durch ihre Dimensionen unser Erstaunen. Riesige Capitäle liegen auf dem Boden umher, so z. B. ein sehr schönes zwischen der Moschee und dem Porticus der Säulenreihe. Links sieht man Reste eines Mauerlaufes. Es dürfte hier wohl der *Marktplatz* gewesen sein; auf einer Säule hat man hier, vor dem Porticus, eine Votivinschrift des Führers einer Handelskarawane gefunden. Rings um den Porticus standen jedenfalls Prachtgebäude: hier war wohl der Mittelpunkt der palmyrenischen City, und wir müssen uns vorstellen, dass eine Menge Strassen hier zusammenliefen. Da die Säulenreihe nicht nach derselben Richtung lief, sondern wie das Hauptportal sich nach dem davor liegenden freien Platze hin präsentiren sollte, so musste die Ungleichheit nach vorliegendem Plane maskirt werden. Von diesem Conglomerat sind erhalten:

1) Pfeiler 1 und 2 mit Halbsäulen und Bogen b, über welchem Ueberreste eines grossen viereckigen Fensters. Dieser Bogen b ist von NW. gesehen noch sehr reich verziert; besonders die abgeschrägten Eckpilaster und die Festons, die um den Bogen herumlaufen. 2) Bogen c mit bedachter Nische darüber und Bogen d. Ferner Bogen e mit Pfeiler 7. Vor allem schön erhalten ist aber Bogen a, von der Säulenreihe aus betrachtet. Die korinthischen Pfeiler (Pl. 2, 3) an der Seite sind sehr grossartig, der Bogen, der etwa 10,5m hoch ist, reich verziert; leider hat sich der Schlussstein oben gesenkt, sodass auch dieser herrliche Porticus zusammenzustürzen droht. Man beachte auch an Pfeiler 1 die merkwürdige Erosion, wodurch der Stein wie von unten angefressen ist. Der gelbliche Kalkstein, den nahen Bergen entnommen, ist zu weich; er hat nicht die Widerstandsfähigkeit des Bausteins von Jerusalem oder gar des Haurânbasalts.

Von dem mittleren, dem grossen Porticus geht die jetzt noch erhaltene grosse **Säulenreihe** (Pl. f) aus. Das Gebälk, welches oberhalb der Säulen noch vorhanden ist, hat dieselbe Höhe, wie die Mauerreste der kleinen Nebenportiken. An einzelnen Stellen werden wir im Verlauf der Säulenreihe finden, dass über dem Gebälk sich noch eine zweite kleinere Säulenreihe erhob. Wir dürfen also wohl annehmen, dass die grosse Hauptstrasse auf beiden Seiten von einer Säulen*halle* eingefasst war, die an ihrer Rückseite gegen Osten und Westen von Häusern abgeschlossen wurde; zwischen den Säulen waren Thüren, die wohl auch zu Kaufläden führten. Auf der Säulenhalle oben lief, wenigstens an mehreren Stellen, noch

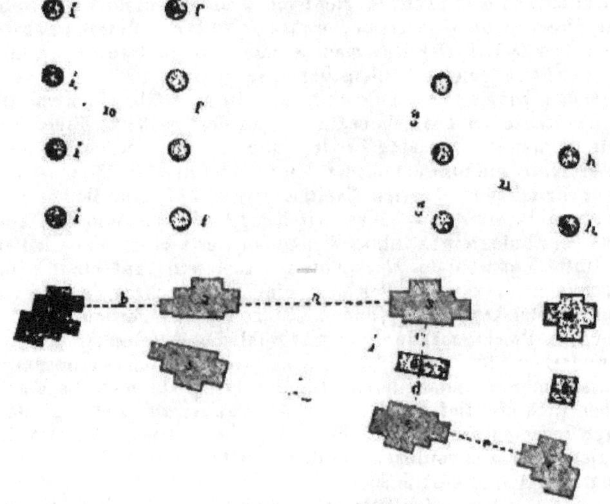

eine zweite kleinere, ebenfalls überdeckte Säulenhalle; dort spazierend, konnte man auf das Getreibe in der grossen Hauptstrasse hinabblicken. Wenn wir diese Erklärung gelten lassen, so widersprechen wir damit den Angaben Wood's (nach welchen der obige Plan angefertigt ist), der annimmt, dass die Säulenreihe ursprünglich vierfach gewesen sei; wir glauben, dass an der Stelle der Säulenreihen *i*, *i* und *h*, *h*, die von Seitenportalen ausgehen, Häuser, namentlich Prachtgebäude standen, dass wir also zu beiden Seiten der Strasse die bedeckten Hallen 10 und 11 anzunehmen haben. — Die Säulenreihe (von 17m hohen Säulen gebildet) war ca. 1135m lang und enthielt nach unserer Ansicht ca. 750, nach der von Wood u. a. 1500 Säulen. Von diesen sind noch etwa 150 ganz oder theilweise vorhanden; zunächst dem Porticus eine

Reihe Säulen mit Gebälk. Alle Säulen haben unterhalb des oberen Drittels jene besprochenen Consolen, welche nach der Hauptstrasse hin hervorragen. Unter einigen dieser Postamente sieht man noch Inschriften, Namen von Personen wohlverdienter Bürger, deren Statuen hier aufgestellt waren; doch sind keine Ueberreste dieser Statuen mehr vorhanden und es ist sogar fraglich, ob alle Plätze besetzt waren. Von der Pflasterung der grossen Mittelstrasse haben sich noch viele Spuren erhalten, jedoch ist der Weg heute durch Säulenstücke und Capitäle oft versperrt. Die Piedestale der Säulen sind manchen Orts im Sande vergraben, der sonst in der syrischen Wüste selten ist.

Die Säulenreihe wird nun zunächst durch ein *Tetrapylon* (S. 124) unterbrochen, d. h. sie wurde von einer Querstrasse gekreuzt und war an diesem Punkte wahrscheinlich überwölbt. Hier finden sich statt der Säulen hohe Pilaster, neben welchen vier Säulen in die Strasse vorragten. Von diesen vier Säulen steht nur noch *eine*, ein gewaltiger Monolith von blau gesprenkeltem Granit, wohl aus Aegypten hierher gebracht; eine zweite liegt am Boden und hat 8,9m Länge, an der Basis einen Durchmesser von etwas mehr, an der Spitze von etwas weniger als 1m. Links sind die Postamente solcher Granitsäulen noch vorhanden; *eine* Säule liegt zerbrochen am Boden. Rechts an der Rückseite der weit auseinanderstehenden Pilaster sind Bogenansätze bemerklich und man kann einen Strassenlauf verfolgen; eine Säulenstrasse führte zu einem Tempelchen, von dessen Peristyl zehn schöne korinthische Säulen (Monolithe) erhalten sind, die zwar nicht so hoch sind als die der Colonnade, aber etwas tiefer im Boden stecken dürften. Die westliche Front dieses Säulenperistyls ist erhalten; ausserdem steht südwestlich ein Pilaster, nordwestlich eine Säule. — Von dem besprochenen Tetrapylon aus beginnt nun eine wunderschön erhaltene Säulenreihe links von der Strasse, bestehend aus 11 durch Gebälk verbundenen Säulen; hierauf folgt ein Porticus zwischen den Säulen; der Bogen desselben ruht auf Pilastern, deren Höhe mit der der Consolen an den Säulen gleich ist. Auch dieses Portal war gegen Westen ein doppeltes. Bis zu einem zweiten Portal zählt man in der grossen Säulenreihe 25 Säulen, die ebenfalls durch Gebälk noch verbunden sind; zwei von diesen Säulen haben auch Statuenpostamente nach Westen. Die W. Seite der Capitäle hat durch den Einfluss der Witterung sehr gelitten. Bei der siebenten Säule (jener 25) findet man mitten auf der Hauptstrasse eine grosse runde Oeffnung wie von einer Cisterne, sicher einer alten Wasserleitung angehörend.

Links auf der Hinterseite der Säulenreihe stösst man auf ein ziemlich grosses Gebäude, nahe an der Strasse. Dasselbe führt heute den Namen *Dâr 'Adle*; über dem Portal im Innern ist eine schöne Nische. Von hier ging eine etwas gebogene Säulenreihe nach links ab. Ob wir hierin ein „stadion", eine Art Rennbahn, sehen dürfen? Der Raum wäre klein; anderseits wissen wir, dass die Palmyrener Reiterspiele pflegten. 10 Säulen sind noch erhalten und führen auf einen grossen Tempel, vielleicht auch einen Palast zu, das sogenannte *Serai*. Die ganze Anlage ist wegen der Sandanhäufung nicht deutlich wiederzuerkennen; man bemerkt nur ein Conglomerat von Gebäuden, die um einen grossen Hof gruppirt waren. NO. von diesem Serai läuft nun eine schön erhaltene Säulenreihe, die aber einfach ist und aus 20 Säulen besteht, gegen die Säulenstrasse zu. Nicht weit von dem Anfang derselben, einige Schritte gegen N., steht der gut erhaltene Peristyl eines kleineren Tempels.

Gehen wir in die grosse Säulenstrasse nach Dûr 'Adle zurück, so ist zunächst die Säulenreihe linker Hand erhalten. Es folgt ein schönes Portal von 9 Schritt Breite; dasselbe führt gerade zur grossen Thüre des Gebäudes links. Hierauf geht die Reihe der erhaltenen Säulen links noch weiter; merkwürdiger Weise sind die nun folgenden Säulen höher als die bisherigen, und rechts finden wir vier Säulen, wovon die erste noch eine andere kleinere Säule trägt. So gelangen wir zu einem kleinen offenen Platze, an dessen Ecken sich vier massive Postamente aus grossen Quadern befinden (ähnlich wie in Djerasch, S. 412). Der Zwischenraum zwischen diesen Postamenten beträgt 13 Schritt. Hier war ein bedeutender Kreuzweg und Angelpunkt der Stadt, wohl ebenfalls wieder ein überwölbtes Tetrapylon. Die Säulenstrasse, die von hier nach links lief, ist, wie bereits bemerkt, noch in 20 Säulen erhalten. Merkwürdiger Weise läuft nun die Hauptstrasse von hier in einem kleinen *Winkel* gegen die bisherige Säulenreihe weiter, wodurch wohl nur die Schönheit der Perspective erhöht werden sollte. Noch finden wir, wenn wir nach Nordwesten weiter gehen, bald links, bald rechts Säulen oder wenigstens Ueberreste von solchen am Boden, und zwar erst 6 Säulen rechts, dann 7 links, 2 links entfernter, dann 7 rechts, dann wieder 2 rechts, dann 6 links, wovon die dritte umgestürzt ist. Hierauf beginnt ein Chaos von Säulentrümmern, die augenscheinlich durch Erdbeben so zusammengeworfen worden sind; etwas NW. stehen zwei schöne Sarcophage. Dann bemerkt man Spuren einer Säulenstrasse, die nach links führte, nebst Grundmauern eines Gebäudes, weiterhin links 7 Säulen, rechts etwas entfernt, aber parallel mit der Strassenlinie 2 Säulen; dann links einen Pilaster und 2 Säulen. Weiter folgen r. 7 verbundene Säulen, links nur Säulenstümpfe; darauf rechts ein Gebäude mit 3 Säulen parallel der Strasse u. s. w. So gelangen wir an den Punkt, wo die Säulenhallen mit einem quer vorgeschobenen Gebäude abschlossen. Dasselbe war wahrscheinlich ein Grabmal; auf etwas erhöhtem Boden erhebt sich noch die Front desselben, 6 monolithische Säulen, auf wohlerhaltenen Basen; auch ein Theil des Giebels ist erhalten, sowie dahinter ein prachtvoller Pilaster, welcher eine Ecke des Gebäudes bildete. Eine Menge grosser Quadern, theilweise mit reicher Ornamentirung, füllen und umgeben die Ueberreste dieses Bauwerks. Ganz in der Nähe steht ein zweites ähnliches Grabmal. Man unterlasse nicht hier einen Rückblick auf die durchwanderten

Säulenhallen zu werfen, um das Bild dieser grossartigen Anlage auch von dieser Seite sich einzuprägen.

c. Zu beiden Seiten der Säulenreihe dehnte sich nun die Stadt aus. Die südöstliche und nordöstliche Seite der Säulenreihe müssen wir uns mit Gebäuden, vornehmlich Palästen überdeckt denken. Ueberall, wohin das Auge reicht, sehen wir Spuren von Prachtgebäuden, die mehr oder weniger erhalten sind. Die Strassenläufe freilich sind dem Auge entzogen, obwohl der Schutt nirgends tief liegen kann, und nur aus der Stellung der Gebäude können wir uns einen Begriff machen, wie etwa die Nebenstrassen liefen.

Wenn wir den nordöstl. Stadttheil, der von unserem jetzigen Standpunkte aus zur Linken liegt, betrachten, so finden wir eine Anzahl grösserer Gebäude erhalten und dürfen wohl annehmen, das dieselben durch eine Strasse verbunden waren, umsomehr als der Boden überall mit Bauüberresten, auch Terracotten, bedeckt ist. Bevor wir jedoch wieder den Weg gegen den Tempel hin einschlagen, wenden wir uns noch etwas nördlich gegen den Berg und stossen dabei auf die Reste einer alten *Stadtmauer*, deren Thürme noch deutlich erkennbar sind. Die ganze Anlage ist römisch und stammt wohl erst aus der Zeit Justinians (✝565), der die damals schon sehr verkleinerte Stadt gegen die Araber schützen wollte. Die Wohnhäuser des alten Palmyra müssen sich sehr weit gegen O. und S. ausgedehnt haben, denn die Araber des benachbarten Dorfes erzählen von alten Mauerresten weit draussen. Die Mauer Justinians läuft bis zum SO. Winkel des Sonnentempels (S. 545). Ausserhalb derselben gegen den Abhang des Berges hin (N.) erblickt man noch eine Reihe von zerstörten *Grabthürmen* (S. 554), ebenso läuft in der Nähe der Mauer eine *Wasserleitung*.

Statt dem Mauerlauf zu folgen, wenden wir uns dem ersten *Tempel* zu, der auf dieser Seite der Säulenreihe noch erhalten ist. Es ist ein kleiner viereckiger Bau aus stattlichen Quadern mit je einem Pilaster auf jeder Ecke. Das Gebälk ist heruntergestürzt, ebenso das Dach. Das Gebäude ist auf jeder Seite sieben Schritt lang; das Portal schaut gegen Osten und beweist in seinem jetzigen Zustande, dass das Ganze ziemlich tief im Boden stecken muss; die westliche Cellamauer ist zerstört.

Von hier gegen OSO. vorwärts schreitend, gelangen wir ebenfalls wieder zu den Ueberresten eines kleinen Tempels (oder einer Kirche). Auf jeder Seite stehen noch drei Säulen; aber bei fünfen ist das Capitäl heruntergefallen. Wenn wir wiederum in gerader Richtung vorwärts gehen, treffen wir einen schön erhaltenen *Tempel*, dessen Vorhalle aus sechs Säulen besteht, von welchen vier in der Front stehen. Das Ganze ruht sicher auf einem Unterbau, und auch die nur $0,_{50}$m über dem Boden erhabenen Statuenpostamente an den Säulen beweisen, dass die Basen viel tiefer zu suchen sind; die Säulen machen jetzt einen entschieden plumpen Eindruck. Das Portal ist verwittert; die überdachten Fenster an den Seiten sind besser erhalten.

Während das Gesims über der Vorhalle und den Wänden noch besteht, ist das Dach des Gebäudes eingestürzt, und von Innen hat man nur den Anblick nackter Wände.

Von hier gehen wir wieder östlich über einen mit Trümmern und Säulenstücken besäten Boden der grossen einzeln stehenden Säule zu, etwa 300 Schritt weit. Im NO. läuft die alte Mauer herum. Diese fast 18m hohe Riesensäule steht noch auf einem Piedestal und trägt auf der Südseite eine *bilingue* (griechische und palmyrenische) Inschrift vom Jahre 450 der seleucidischen Aera (138 n. Chr.). Es ist eine Ehrensäule für die Familie eines gewissen Alilamos.

Gehen wir nun geradeaus den Baumgärten zu, so kommen wir an einen Wasserlauf und finden eine Menge antiker Fragmente in den Lehmmauern und zwischen den Bäumen zerstreut. Der Boden ist fruchtbar, wo er nur immer bewässert wird: wir erblicken Granaten- und Aprikosenbäume, selbst einzelne Palmen. Wenn wir durch die Gärten hinten um den Sonnentempel herumgehen, so gelangen wir zu dem Bach, der von der Schwefelquelle herkommt, und treffen, dem Bachbette folgend, in $1/4$ St. eine ähnliche Säule, wie die oben beschriebene: doch lohnt es sich kaum, diesen Umweg zu machen.

d. Eine dritte Excursion führt uns vom Sonnentempel aus westwärts. Unter den muslimischen Gräbern, die hier am Rande eines Bachbettes zerstreut liegen, erblicken wir einige Steine, die statt arabischer palmyrenische Inschriften haben und augenscheinlich der Bequemlichkeit wegen zu neuem Gebrauche hergerichtet sind. Unser Ziel ist die Quelle an den westlichen Hügeln; wir steigen, den Bachlauf im Auge, zu der kleinen arabischen Mühle hinunter, die wir schon von weitem als solche erkennen. In der Nähe derselben überschreiten wir das dampfende Bachbett und gelangen so bis zur Quelle (S. 539). Ein Bad in diesem herrlichen klaren warmen Wasser ist sehr angenehm. Durch eine enge Oeffnung des Felsens kann man watend in eine Höhle vordringen, in welcher die Quelle hervorsprudelt. Etwas unterhalb derselben auf dem rechten Ufer des Baches findet sich ein antiker Altar mit Inschrift.

Am ganzen Abhang des Berges sieht man thurmähnliche Gebäude in mehr oder weniger gut erhaltenem Zustande zerstreut. In der Ebene etwas südlich von der Quelle liegt ebenfalls noch eine Necropole; aber die meisten Gräber derselben sind mit Erde bedeckt und bekunden ihr Dasein nur durch eine geringe Erhebung des Bodens. Die Gräber sind in den Felsen gehauen und meistens überwölbt, einige aber auch offen. Die in Menge vorhandenen Sculpturen sind zwar theilweise roh, und edle Gesichtszüge finden sich selten; aber gerade das Anklingen orientalischer Motive in die griechische Kunst hinein verleiht ihnen Interesse, abgesehen davon, dass einzig sie, sowie die sie begleitenden Inschriften im Stande sind, über Geschichte und Lebensverhältnisse der Palmyrener Aufschluss zu geben. Daher ist eine genaue Erforschung der Gräber von höchstem Interesse. Will man hier Ausgrabungen veranstalten, so versehe man sich mit einer Erlaubniss von Seiten des Pascha's von Damascus.

Wenn die Palmyrener sonst in ihren Prachtbauten den römischen Styl mit mehr oder weniger Geschmack copirten, so beruht die Anlage der *Grabthürme* wesentlich auf asiatischen Vorbildern. Diese Grabthürme sind wohl als Familiengrüfte anzusehen; nur die Reichsten konnten sich solche kostbare Monumente errichten. Bei den Reichen ist wohl auch der Schwerpunkt abendländischer Cultur zu suchen: in der That finden wir durchweg bilingue Inschriften aussen an den Grabthürmen angebracht. Innen sind Namen wohl auch bloss palmyrenisch geschrieben.

Von den über die ganze Ebene zerstreuten Grabthürmen brauchen wir nur einige der besterhaltenen zu besuchen. Diese liegen am rechten Ufer des von W. kommenden Bachbettes, das südlich durch den Berg der *Sitt Belkîs* (Königin von Saba), nördlich vom Berg *Hesêni* begrenzt ist und häufig, wie man aus den Spuren erkennt, grosse Wassermassen führt, im Sommer aber trocken ist. Vor dem zweiten Grab auf dieser Seite liegt ein Stein mit langer palmyrenischer Inschrift; die Thüre ist verschüttet; man gelangt durch eine Oeffnung in einen langen Gang, wie wir ihn in dem danebenliegenden grossen Grabthurm finden. Man tritt durch ein schönes Portal in eine Kammer; links und rechts findet man tiefe aber schmale Recesse. Hinten scheint das Gemach weiter in den Berg hineingegangen zu sein. In den einzelnen Recessen, die lebhaft an jüdische Schiebgräber (S. 122) erinnern, sind noch herausstehende Leisten zu bemerken, auf welche vermuthlich die Bahren gelegt wurden. Steinsärge wären für die Tragfähigkeit dieser Leisten sicher zu schwer gewesen, Holzsärge hier in der Wüste sehr theuer; wir denken uns, dass die Leichen auf Bahren von Holz oder Stein in die Recesse hineingeschoben wurden. In dem Staub und Schutt, welcher das Innere der Grabmäler füllt, liegen Mumienreste, zerfetzte Leichentücher, die mit Pech getränkt sind, Knochen, Ueberreste von Büsten und durch muslimischen Vandalismus zerschlagene Reliefs, die wohl auch von den Facetten der Decke heruntergefallen sind. Gleich links vom Eingang führt eine Treppe in ein ähnlich angelegtes Obergemach; das Gebäude hatte vier Stockwerke.

Das nächste Grab gegen Westen ist aus grossen Quadern gebaut und enthält eine Doppelbüste mit zerstörten Köpfen; im Innern ist ein mächtiger Sarcophag und vor allem die wohlerhaltene Zimmerdecke des ersten Stockwerks höchst bemerkenswerth. — An einem ganz verschütteten Grabe vorbeigehend gelangen wir zu einem andern, dessen Unterstock in der Erde steckt, aber dessen Höhlungen in den Berg hineinzureichen scheinen. Vorn am Gebäude sieht man Statuen und eine Büste ohne Kopf, in der Hand einen Zweig haltend. Wiederum ein Monument bei Seite lassend, gelangen wir zu dem besterhaltenen Thurme. Er steigt, nach oben sich verjüngend, zur Höhe von wohl 18m empor. Ueber dem Portal (gegen N.) ist ein kleines Dach. Etwa in halber Thurmhöhe ist eine Tafel mit bilinguer Inschrift eingemauert, darüber eine Console mit zwei geflügelten Figuren; auf der Console ruhte, wie noch aus deutlichen Spuren hervorgeht, die Büste des Hauptheros, und darüber ist ein Schutzdach angebracht. Auch das Innere des Grabes ist sehr reich; das Grabzimmer ist $8,_{2}$m lang und 6m hoch; korinthische Pilaster trennen die Leichenrecesse. Im Hintergrunde des Gemaches befanden sich zwei Reihen von je 5 Büsten, darüber eine ruhende Figur in Hochrelief. Namentlich schön ist die Decke mit ihren Facettirungen, obschon ein ansehnliches Stück heruntergestürzt und an den Reliefs manches zerstört worden ist; man erkennt noch die blauen und rothen Farben, womit die Stuck-Facetten übermalt waren. Aehnlich ist die Decke des oberen Stockwerks ausgeschmückt; doch bemerkt man, dass häufig die oberen Stockwerke dieser Gebäude nie ausgebaut worden sind. In diesem Grabe liegen viele Mumienüberreste.

Wir überschreiten jetzt das Thälchen, indem wir die andern zerstörten Grabmonumente, die noch weiter oben liegen, als unwichtig übergehen. Jenseits auf dem linken Ufer des Bachbettes fällt uns hauptsächlich noch ein Grab auf, welches den arabischen Namen *Kaṣr- el-'adbâ'* trägt, mit der Büste einer Frau, die sich bei der Schulter greift, und einer Inschrift darunter. NO. finden sich noch einige Höhlen; vor einer derselben liegt ein Sarkophag mit Büsten und Guirlanden. — Der Boden ist mit schönen Bauresten bedeckt.

Wenn wir nun wieder in O. Richtung auf der linken Seite des Bachbetts das Thälchen verlassen, so treffen wir die schon oben besprochene Mauer wieder an: sie macht hier, etwas an der Berganhöhe hinauflaufend, einen Winkel. Innerhalb desselben stehen auf stark erhöhter Terrasse, zu welcher Treppen hinaufführen, die Reste eines bedeutenden Gebäudes, das einer Basilika gleicht. Eine grosse Apsis ist noch vorhanden und mit Blenden und bedachten Fenstern versehen. Daneben auf der Terrasse sind noch viele Postamente von Säulen; auch stehen noch einige Säulen (3), sind aber stark verwittert, und die reichen Acanthuscapitäle sind heruntergefallen; auf einem grossen Quaderstein findet sich eine lateinische Inschrift, welche den Namen Diocletian's († 313) enthält. Vor diesem Gebäude liegen in wildem Durcheinander Reste von andern Prachtbauten, namentlich von reich verzierten Portalen.

Zum Schluss ersteigen wir die *Burg* auf dem Hügel im Norden. In 10 Min. sind wir oben, sehen uns aber von dem Gebäude durch einen tiefen Festungsgraben getrennt. Es nützt nichts, die Burg zu umgehen, was auf der Nordseite ausserdem noch schwierig ist. Auch die Brücke, die gegen Osten auf schönen

Stützpfeilern über den Felsengraben (12m tief) führt, ist nicht zu passiren, denn sie besteht nur aus zwei Palmstämmen. Ein rüstiger Kletterer kann am leichtesten an der Südwest-Ecke durch ein Seitenpförtchen ins Innere gelangen; es ist rathsam, zu dieser Expedition einige Leute mitzunehmen. Das Schloss stammt entschieden aus dem Mittelalter, wenn nicht aus noch jüngerer Zeit; man erzählt, ein Drusenfürst habe es erbaut, um sich hierher zurückzuziehen. Es enthält eine Menge Gänge und Zimmer, darunter im Norden eines mit einer Cisterne, sowie auch manche mit Schiessscharten. Man gehe durch die Gänge hindurch auf die höchste Zinne, um die *Rundsicht zu geniessen. Hier versuchen wir noch einmal die Pracht des alten Palmyra uns zu vergegenwärtigen: unter uns liegt die Säulenreihe mit ihren verschiedenen Abzweigungen, dahinter der Sonnentempel und an den westlichen Hügeln die Gräberstadt. Nach Norden und Westen dehnt sich die Wüste aus, von kahlen Höhenzügen umsäumt; nur gegen Osten kann sich das Auge an einigem Grün erquicken, rechts vom Sonnentempel an den Baumgärten, links an den Saatfeldern; dahinter dehnt sich ein grosser Strich gelben Sandes, weiterhin die Steppe aus, in welcher als weisse Streifen einige Salzlaken hervorschimmern. Doch soll es im Osten noch einige Dörfer in der Steppe geben. *Beled Arak* mit 10 Häusern und zwei Stunden weiter *Suhne*. Auf den Höhenzügen im NO. sollen bei einem Dorf *Duwara* Terebinthen wachsen. — Der Weg zum Euphrat nach O. kann nur zu Kamel in fünf starken Tagereisen zurückgelegt werden.

*Von Palmyra nach Ba'albek über Ḥômṣ und Ribla* (circa 53 St.). Die directe Strasse nach **Ḥômṣ** (ca. 32 St.) führt über *Beida* und *Karnein*.

*Historisches.* Der Staat *Aram Zoba* (II Sam. Kap. 8 u. 10) wird von einigen in der Gegend von Ḥômṣ, von anderen in der Beḳâ'a gesucht. Ḥômṣ ist das alte *Emesa*, das zuerst von Ptolemäus erwähnt wird; doch schon früher werden unter den „Sceniten" (Zeltbewohnern), mit denen die Römer zu kämpfen hatten, Emesener genannt. Berühmt wurde Emesa erst durch den aus dieser Stadt stammenden Heliogabal oder Bassianus, der im J. 217 zum römischen Kaiser ausgerufen wurde, und welchem 222 sein Vetter Alexander Severus folgte. In Emesa stand damals ein berühmter Tempel des Sonnengottes (Ba'al). Hier schlug Aurelian die Palmyrener i. J. 272 und verfolgte sie durch die Wüste nach ihrer Hauptstadt. Unter den Arabern war Ḥômṣ eine bedeutende Stadt mit einer festen Burg. Die Kreuzfahrer eroberten sie 1099.

Ḥômṣ liegt in schöner fruchtbarer Umgebung; die Stadt ist aus Basaltsteinen erbaut und ziemlich gut gepflastert; sie enthält an 20,000 Einw., worunter viele Christen (orthodoxe Griechen, auch eine protestant. Gemeinde und Schule). Immer noch ist hier ein Hauptmarkt für die umwohnenden Stämme; auch hat sich noch etwas Industrie erhalten. Die Stadt ist von Mauern und Graben im Umfang von fast ½ St. umgeben. Die Citadelle, welche im SW. den Ort überragt, ist sehr zerstört, da noch in unserm Jahrhundert Ibrâhîm Pascha wegen einer Rebellion der Ḥômser sie in die Luft sprengen liess. Schöne Aussicht auf Stadt und Ebene. In der Nähe W. finden sich Ueberreste eines thurmartigen antiken Grabmals.

¼ St. W. von Ḥômṣ fliesst der *el-'Aṣi*, der *Orontes* der Alten, nordwärts vorbei. Der Thalausgang des Orontesthales, d. h. der *Beḳâ'a* (S. 465), ist in der Bibel genannt, wo von den idealen Grenzen des israelitischen Reiches die Rede ist, unter der Bezeichnung: „bis man gen Ḥamat kommt" (Josua 13, 5. u. a. O.). Das Gebiet von Ḥamat selber wurde erst durch Jerobeam II. für kurze Zeit erobert. — Von Höms führt eine Karawanenstrasse in 4 Tagen nach Tripolis (vgl. S. 558).

*Von Höms nach Ribla* (ca. 7½ St.). An der in Ruinen liegenden Citadelle vorbei reitet man südwärts; nach 1 St. liegt r. das Dorf *Kuba 'Amer*, nach 25 Min. l. das kleine Dorf *Kefr 'Aya*. Bei dem (1 St.) Dorf *el-Ottine* übersieht man den 2 St. langen und 1 St. breiten *See von Höms* (im Mittelalter *See Kadas*). Nach 25 Min. erreicht man die Hütten von *Kemdn*; nach 1½ St. bleibt r. in einiger Entfernung der *Tell Mindau*, auf dessen Gipfel weisse Gebäude, vielleicht das alte *Laodicaea*. Im W. zeigt sich *Kal'at el-Hösn* (S. 559), das den Pass nach der Meeresküste beherrscht. Nach 45 Min. kommt man durch das von Muslimen bewohnte nicht unbedeutende Dorf *el-Kuseir* (Ôseir). Schöner Blick auf die Gebirgszüge des Libanon. Man passirt einen Zufluss des *el-'Asi*; bei (1 St. 15 Min.) **Ribla** führt über letztern eine Fähre.

*Historisches.* Ribla wird als Stadt der idealen Nordgrenze genannt (IV Mos. 34, 11). Pharao Necho lagerte hier auf seinem Zug gegen Assyrien und setzte Joahas ab (II Kön. 23, 33). Auch Nebucadnezar hielt sich in Ribla auf (II Kön. 25, 6 ff.; Jer. 39, 5).

*Von Ribla nach Ba'albek* (ca. 13½ St.). Von der Strasse r. abbiegend, kann man das interessante Monument *Kamû'at Harmel* besuchen. Man erreicht dasselbe in etwa 3 St. Es steht auf einem Hügel, von welchem aus man die Gegend von dem Castell von Höms bis zum Hermon überblickt. Das Dorf *Harmel* liegt kaum ½ St. jenseit des Flusses NW. Das Monument, aus weiter Ferne sichtbar, steht auf einem Piedestal aus Basalt mit drei Stufen, 1,3m hoch. Darauf ruht ein Stockwerk 9m ins Geviert, 7m hoch; oben läuft ein Carnies herum; darüber ein zweites Stockwerk, geringer an Umfang, 6m hoch. Darauf ruht eine aus kleineren Steinen gebaute Pyramide, circa 4,5m hoch. Dies alles ist aus Kalkstein aufgeführt; auf der SW.-Ecke sieht man, dass das Gebäude innen massiv ist. Die Seiten des unteren Stockes sind mit Sculpturarbeiten in Relief bedeckt, welche Jagdscenen darstellen; es ist schwer auszumachen, welche Thiere dargestellt sein sollen; auf der N.-Seite erkennt man 2 Hirsche.

In ½ St. SSW. kann man von hier am Flusse *Dêr Mar Marûn* erreichen. In einer senkrechten 90m hohen Klippe wird die Höhle gezeigt, wo dieser Stifter der Maronitensecte (S. 92) gelebt haben soll; man bemerkt kleine dunkle schmutzige Zellen. Der Fluss fliesst hier eine kurze Strecke ostwärts; 500 Schritt weiter SW. bricht eine grosse Quelle hervor, die als eine Hauptquelle des el-'Asi gilt; nur mit Mühe kann man zu derselben hinabsteigen.

Ueber eine felsige und wüste Ebene SW. kehrt man nach der grossen Strasse zurück, passirt in 2½ St. einen grossen Canal und erreicht in ½ St. *er-Râs* oder *Râs Ba'albek*. Dieser Ort ist von Christen (griechischen Katholiken) bewohnt und mit Baumgärten umgeben. Grundmauern verschiedener grosser alter Gebäude, besonders Kirchen, sind vorhanden. Im oberen Theil des Dorfes steht ein Kloster. Robinson will in dem Orte das alte *Conna* des Itinerarium Antonini erkannt haben.

Um nach Lebwe zu gelangen, geht man südwestwärts bergan (25 Min.); von oben sieht man Kamû'at Harmel und den See von Höms (s. oben). Hierauf kreuzt man das tiefe *Wâdi Fike* (1½ St.); das gleichnamige Dorf bleibt l. liegen. Von der jenseitigen Höhe hinuntersteigend, erreicht man in 35 Min. das Dörfchen *el-'Ain*; in 20 Min. bleibt *Weli 'Othmân* l.; in 30 Min. gelangt man zu einem Canal und nach *'Ain Lebwe*. Hier entspringt eine sehr grosse Quelle mit verschiedenen kleineren; doch ist dieselbe nicht die südlichste Quelle des Orontes. Das kleine Dorf entspricht einem antiken *Libo*. Allmählich SW. hinaufgehend, kommt man nach 1 St. auf die Anhöhe; hier hat man zum letztenmal einen freien Blick nach N. Wieder abwärts an einem Bach lässt man nach 55 Min. das Dorf *Resm el-Hadeth* 15 Min. r. liegen; nach 1 St. 20 Min. sieht man gegenüber das Dorf *Yûnîn*. Nachdem man 45 Min. südwärts den Abhang entlang geritten ist, steigt man bergab, geht über die Brücke und erreicht *Nahle* in 15 Min. Hier befinden sich die Ruinen eines aus grossen Steinen erbauten antiken Tempels. Dorf und Tempel liegen in einer tiefen Schlucht. Am Hügel O. vom Dorfe sind Felsengräber. Ueber wüstes Terrain SW. erreicht man Ba'albek in 1 St. 20 Min. — Eine andere Route führt mehr dem Flusse nach. Van de Velde gibt von der Brücke, die nach dem Dorf Harmel führt, folgende Distanzen: Nach den Ruinen von *Bûkdasch* 1 St.; nach *el-'Ain*, wo der *Nahr Fike* einmündet, 1 St. 45 Min. Dann dem Bachlauf nach aufwärts über bebauten Boden; nach 1 St. 50 Min. hat man r. das Dorf *Harbdi*, nach 1 St. einen Hügel mit Ruinen; in 1 St. 15 Min. erreicht man das Dorf *Schâ'ad*; in 1 St. 18 Min. setzt man über den *Nahr el-Mochna*, gelangt in 1 St. 37 Min. zu den Ruinen von Ba'albek (S. 515).

*Von Karyatên nach Tripolis über Ribla* (4—5 Tage). Von Karyatên (S. 542) NW. gelangt man in 3 St. nach dem muslimischen Dorf *Hawârîn*, woselbst einige Alterthümer, ein viereckiger Thurm und Bruchstücke; in 3 ferneren Stunden nach *Sadad*, wo jacobitische Christen wohnen, dem alten *Sedad* (IV Mos. 34, 8; Ez. 47, 15) an der idealen Nordgrenze der Israeliten. In 4 St. erreicht man *Hasyâ*, an der Karawanenstrasse von Höms nach Damascus, in 3 St. *Zarâ'a* und in 40 Min. *Ribla* (s. oben).

In Ribla setzt man über den Orontes; dann reitet man N.; nach 45 Min. wieder am Fluss, dann NW. über die Ebene; nach 45 Min. Quelle *'Ain et-Tannûr;* nach 20 Min. Meilenstein; nach 15 Min. Dorf *Buweida* (alles aus Basalt gebaut). Nach 25 Min. sieht man den See von Höms mit der Insel und das Castell von Höms; nach 35 Min. die Ruinen *Umm el-Hâretên;* nach 25 Min. Ruinen *el-Kuneyyise*, dabei ein grosses Gebäude. Nach 20 Min. Wasserbett; nach 10 Min. Dorf *Huneidir*; nach 15 Min. oben auf einem Plateau, Eichenbüsche; man sieht el-Hösn (s. unten). In 10 Min. Dorf *Harba'ana*, in 5 Min. bei einem merkwürdigen Grabthurm, denen in Palmyra ähnlich (S. 554), doch viel roher. Hier erblickt man das Hauptthal *Wâdi el-Kebîr*. Zwischen bebuschten Höhen hinabsteigend, kommt man in 10 Min. zu einer Mühle; das Thal öffnet sich. Nach ½ St. r. oben *Muscheirife;* das Thal läuft in eine Ebene *Bukei'a* aus, mit welcher der Libanon abschliesst, und die N. von dem Gebirge der Nosairier begrenzt ist. Der Fluss el-Kebîr fliesst durch diese wohlbebaute Ebene. Der gerade Weg führt W. den bewaldeten Ausläufern des Libanon nach in 40 Min. zur *Djisr el-aswad* (schwarze Brücke), dann in 2 St. 40 Min. zur *Djisr el-abyad* (weisse Brücke). Der Nahr el-Kebîr ist der *Eleutherus* der Alten. Ein sehr interessanter Umweg führt über die Mondsbrücke (*Djisr el-Kamar*) nach der bereits hier sichtbaren Festung el-Hösn. Die Ebene ist im Frühjahr sumpfig, so dass man sie dann nicht (2 St.) überschreiten kann, sondern dem Ostrand der Hügel folgen muss (3—3½ St.), um an den Fuss des Berges zu gelangen, auf welchem die Burg steht. Man steigt in etwa 1 St. zur Burg hinauf.

**Kal'at el-Hösn** oder *Hösn el-Akrâd* (Kurdenfestung) spielte eine grosse Rolle zu den Zeiten der Kreuzzüge; es fiel früh in die Hände der Franken; im Jahre 1180 ff. war es im Besitz der Hospitaliter. Im Jahre 1271 kam es jedoch durch Capitulation in die Gewalt des Bibars. Das Castell beherrschte den Pass, welcher von der Meeresküste nach Höms und Hama führte. Heute ist in dem Schlosse ein Dorf und der Sitz der Statthalterschaft eines Districts. Das Schloss ist sehr gut erhalten; über dem Portal der Westseite sind zwei Löwen eingemeisselt. Man sieht ein Stück des Mittelmeeres gegen NW., sowie den Nordabhang des Libanon. Eine Anzahl Dörfer liegen um das Castell herum.

Von el-Hösn reitet man NW. zu dem Pass hinunter; in 40 Min. erreicht man das Kloster *Mar Djirdjis* (Georg); die Mönche sind gastfrei. Nach 20 Min. thalabwärts trifft man die intermittirende Quelle *Fuwâr ed-Dêr*. Dies ist der *Sabbatfluss* der Alten, an welchem Titus vorbeizog (Jos., jüd. Kr. VII. 5. 1). Nach 15 Min. verlässt man das Thal, in 35 Min. Dorf *Schelûh* l., nach 25 Min. kommt man auf eine Bergzunge *Tell el-Hösch*; nach 15 Min. r. *Kefr Risch*; nach 15 Min. sieht man weit im NW. *Burdj Sâfita;* nach 10 Min. kommt man in eine fruchtbare Ebene, die von vielen Bächen durchströmt wird. Richtung SW.; nach 1 St. grösserer Bach; nach 20 Min. mündet der Weg von Höms ein; nach 30 Min. kommt man zu der Brücke *Djisr el-abyad*, auch *Djisr Schêch 'Ayyâsch* (nach einem Weli) oder *el-djedîd* (neue Brücke) genannt. Von hier ging Robinson nach *Schêch Muhammed* in 2 St. 45 Min., dann nach *Tell 'Arka;* von dieser altphönicischen Stadt der Arkiter (I Mos. 10, 17) und der ehemal. Festung zur Kreuzfahrerzeit ist jedoch so gut wie nichts mehr vorhanden. Die directe Karawanenstrasse von der weissen Brücke nach Tripolis überschreitet den *Nahr 'Akkar* nach etwa $1^1/_2$ St. bei *Tell el-Kerre*, nach weiteren $1^1/_2$ St. das *Wâdi Nahr el-'Arka;* nach etwa $1^1/_2$ St. den *Nahr el-Ferîd* bei *Arḍ Arthûsi*, dem alten *Orthosia*. Der Küste nach (l. der Berg *Turbul*) gelangt man von hier in circa 3 St. nach Tripolis (S. 531).

*Von Karyatên nach Damascus über Nebk und Sêdnâya* (25—26 St.). Dieser Weg ist interessanter, als der über Djêrûd.

30 Min. von Karyatên kreuzt man eine Wasserleitung mit Gruben (nach Palmyra?); nach 20 Min. ein Wâdi; nach 15 Min. steigt man etwas bergan. Der Weg ist steinig und führt an Salzlaken vorbei. Nach 1 St. 55 Min. kommt man zum Dorf *Mahîn; Hawwîn* bleibt $^1/_2$ St. r. liegen. Jenseit Mahîn findet man eine Quelle. Man reitet nach SW. über wüsten hügeligen Boden; vor sich sieht man die weissglänzenden Ausläufer des Antilibanus, und nach einigen Stunden auch Dêr 'Aṭîye, r. Ḥafar; bis zu dem Punkte, wo man ($5^1/_2$ St. von Mahîn aus) auf die Strasse von Ḥafar nach Dêr 'Aṭîye kommt, findet man nirgends Wasser. Nach 45 Min. erreicht man die Gärten des grossen von Christen und Muslimen bewohnten Dorfes **Dêr 'Aṭîye** (amerik. Missionsstation); wer hier nicht übernachten will, reitet aussen herum auf die grosse Strasse; bei einer Mühle r. schönes Wasser. Von hier nach **Nebk** sind $2^1/_2$ St. Das Dorf liegt in sehr fruchtbarer Gegend, von reichen wohlbewässerten Baumgärten umgeben, die man schon $^1/_2$ St. vorher erreicht; es hat an 2000 Einw., worunter viele Christen. Auch Nebk ist eine Station der Amerikaner. Das griechisch katholische Kloster ist sehr schön und sauber, wie überhaupt die Häuser in allen diesen Dörfern; in den Lehmwänden sind zur Verzierung häufig bunte Teller eingemauert. S. vom Dorfe liegen die Ruinen eines grossen Châns, SO. ein Hügel, von welchem aus man die Ausläufer des Antilibanus überblickt.

Von Nebk SW. der Telegraphenleitung folgend gelangt man nach 1 St. in die ausgedehnten Rebenpflanzungen von **Yabrûd** und erreicht dieses in weiteren 25 Min. Yabrûd wird schon von Ptolemäus unter dem Namen *Jebruda* erwähnt; ein Bischof von Yabrûd war am Concil von Nicaea anwesend. Der Ort soll 1000 Familien haben, wovon $^1/_3$ Christen sind; dieselben sind griechischer, einige auch protestanischer Confession. Die Kirche ist in den Händen der Griechen; sie soll durch die Kaiserin Helena erbaut sein. In der That ist ihr Inneres basilikenähnlich; die Holzdecke ist modern. Nach den verschiedenartigen Bausteinen der N.-Aussenseite zu schliessen, müsste das Gebäude in ein hohes Alterthum zurückreichen. Die verkehrt eingemauerte griechische Inschrift lag bis jetzt wohl allen Reisenden zum Entziffern zu hoch. N. vom Städtchen liegt ein Schloss *Kaṣr Berdawîl* (Balduin) mit antiken Resten; gegen O. ist ein Porticus halb erhalten.

Von Yabrûd reitet man südwärts hinauf; r. am Bach liegen Baumgärten, darüber ein kahles Gebirge mit einem tief eingeschnittenen Thale. Nach 27 Min. liegt jenseits der Wiese eine grosse Quelle; l. am Felsen eine lange Reihe von Felsengräbern: viereckige Gemächer mit je 3 Bogennischen; in einige der Gräber kann man hineinschlüpfen. Nun reitet man durch das bebaute Hochthal weiter; an der Strasse liegen Cisternen; nach 2 St. führt l. ein Weg nach dem muslimischen Dorf *Buch'a*. Nach 13 Min. Cisterne, nach 4 Min. lasse man das Gepäck den directen Weg nach Sêdnâya einschlagen, und steige l. in das grosse mit Reben bedeckte Bergamphitheater hinunter. In 45 Min. erreicht man das schon von weitem sichtbare griechisch katholische Kloster *Mar Serkis* (vortrefflicher Wein), in äusserst malerischer Lage. Einige Schritte weiter O. fallen die Felsen steil ab. Man befindet sich auf einem Bergkamm zwischen zwei tiefen Schluchten; senkrecht in der Tiefe unten liegt das Dorf *Ma'lûla* (das alte *Magluda*). An der O.-Seite der einen nach N. ziehenden engen Schlucht liegt das griechisch-orthodoxe Kloster *Mar Thekla;* an der diesseitigen (westl.) Felswand, über welche ein steiler Weg in die Schlucht führt, sieht man zahlreiche Felsengräber. Durch die eine wie durch die andere Schlucht führen Wege nach dem Dorf hinunter, die aber für Pferde schwer gangbar sind. Das Dorf Ma'lûla, das man in 7 Min. erreicht, ist gross und nur von Christen bewohnt. Hier, in dem erwähnten Bach'a und in dem nahe liegenden Djub'adîn wird noch ein Ueberrest jenes Aramaeischen (Syrischen) gesprochen, welches zu Jesu Zeit, mit Hebräisch untermischt, durch ganz Palästina und Syrien herrschte; doch ist diese Sprache auch hier im Aussterben begriffen. — Von Ma'lûla kann man über den Antilibanus in 1 Tag Ba'albek erreichen. Führer und Bedeckung nothwendig, da der District von den als räuberisch bekannten Metâwile bewohnt wird.

Das Dorf Ma'lûla verlassend, hält man sich r. an der Anhöhe des Berges; man findet viele Wasserreservoirs am Wege. Nach 50 Min. kommt der Telegraph und die Strasse von r. aus dem Gebirge heraus (von *Djub'adîn*). Nach 42 Min. sieht man l. das Dorf *Dawâni*; nach 40 Min. l. *Akaubar*, über welches Dorf der directe Weg nach Ma'arra und Damascus führt. Nach 1 St. sieht man die Dörfer *Tellfîta* und *Ma'arra* l.; nach 45 Min. erreicht man **Ṣêdnâya** (im Alterthum *Danaba* genannt).

Ṣêdnâya ist ein ziemlich grosser, von Christen bewohnter Ort. Unterhalb des Klosters steht ein merkwürdiges viereckiges Gebäude, jetzt in den Händen der Katholiken, bekannt unter dem Namen *Mar Butrus er-Rasûl* (Apostel Petrus). Es steht auf einer Unterlage von 3 Stufen, ist thurmähnlich, 9m breit ins Geviert, 8m hoch; jede Wand besteht aus 10 schön behauenen Steinlagen; gegen S. ist eine kleine Thür von einem Gesimsband umgeben. Das Innere ist überwölbt; es ist einfach und enthält einige moderne Bilder. Man kann auf das Dach des Gebäudes steigen. Dasselbe stammt wohl aus der Römerzeit und war vielleicht ein Grabmal. — Das grosse Kloster, welches das Dorf überragt, ist ein griechisches Nonnenkloster (40 Schwestern). Es steht auf steilem Felsen, an welchem Treppen hinaufführen, und soll sehr alt sein, ist aber kürzlich restaurirt worden, ebenso auch die Kirche; in ihrem Iconosterium sind alte Bilder, unter welchen auch ein sehr berühmtes wunderthätiges Marienbild sich befinden soll. In der O.-Seite des Felsens sind alte Gräber; oben im Gebirge liegt ein Mönchskloster *Mar Djirdjis*. — Man übernachtet im Nonnenkloster.

Von Ṣêdnâya gibt es zwei Wege nach Damascus. Der eine führt über die Ebene, dann den Berg hinunter durch einen Engpass in circa 1¾ St. nach Menîn (S. 514); der andere über Ma'arra. Man steigt ins Thal hinab, 12 Min.; in 22 Min. kommt man nach *Ma'arra*, wo eine schöne Quelle entspringt; man geht dem Telegraphen nach. Ansteigend erreicht man in 35 Min. die Höhe, woselbst der Blick auf Ṣêdnâya verloren geht; dagegen öffnet sich eine schöne Aussicht auf die Ghûṭa und Damascus; l. liegt die *Theniye* (S. 531). Nach weiteren 35 Min. Reservoir; die Baumgärten des Dorfes *et-Tell* liegen vor. Nach 50 Min. mündet ein Gebirgsweg von r. ein; nach 14 Min. erreicht man die Bäume von et-Tell; nach 27 Min. Reservoir. Nach 5 Min. beginnt man von dem Berge steil hinabzusteigen; nach 22 Min. Reservoir; nach 13 Min. Gärten des Dorfes *Berze* (S. 513); am Wege ein Kaffehaus. Nach 18 Min. liegt l. das Dorf *Abûn*; nach 20 Min. kommt man auf die Aleppostrasse; nach 12 Min. mündet r. der Ma'rabaweg (S. 514) ein; in 13 Min. erreicht man den Scheideweg vor dem Thomasthor von Damascus (S. 540).

---

# REGISTER.

Das nachstehende Register umfasst den ganzen Inhalt des vorliegenden Handbuchs und enthält ausser den im beschreibenden Theil desselben vorkommenden Ortsnamen eine grössere Anzahl von Personennamen und anderen Wörtern, welche sich entweder auf die Einleitung beziehen oder sonst im Text eine Erklärung finden. Die alten Ortsnamen sind mit *liegender* Schrift gesetzt. Einige häufig vorkommende arabische Wörter sind nachstehende (vergl. das Vocabular S. 115):

*ʿAin*, Quelle.
*Arḍ*, Erde.
*Bâb*, Thor.
*Baḥr*, See.
*Beled*, Dorf.
*Bêt*, Haus.
*Bilâd*, Gegend.
*Bir*, Brunnen.
*Birke*, Teich.
*Chân*, Karawanserai.
*Chirbe*, Ruine.
*Dêr*, Kloster.
*Derb*, Weg.
*Djebel*, Berg.
*Djisr*, Brücke.
*Ḳalʿa*, Schloss.
*Ḳabr*, Grab.
*Ḳarya*, Dorf.
*Ḳaṣr*, Schloss.
*Kefr*, Dorf.
*Mar*, Heiliger.
*Meghâra*, Höhle.
*Merdj*, Wiese.
*Nahr*, Fluss.
*Nebi*, Prophet.
*Nekb*, Pass.
*Râs*, Vorgebirge.
*Tell*, Hügel.
*Wâdi*, Thal.
*Weli*, Heiligengrab.

---

Druck von Breitkopf und Härtel in Leipzig.

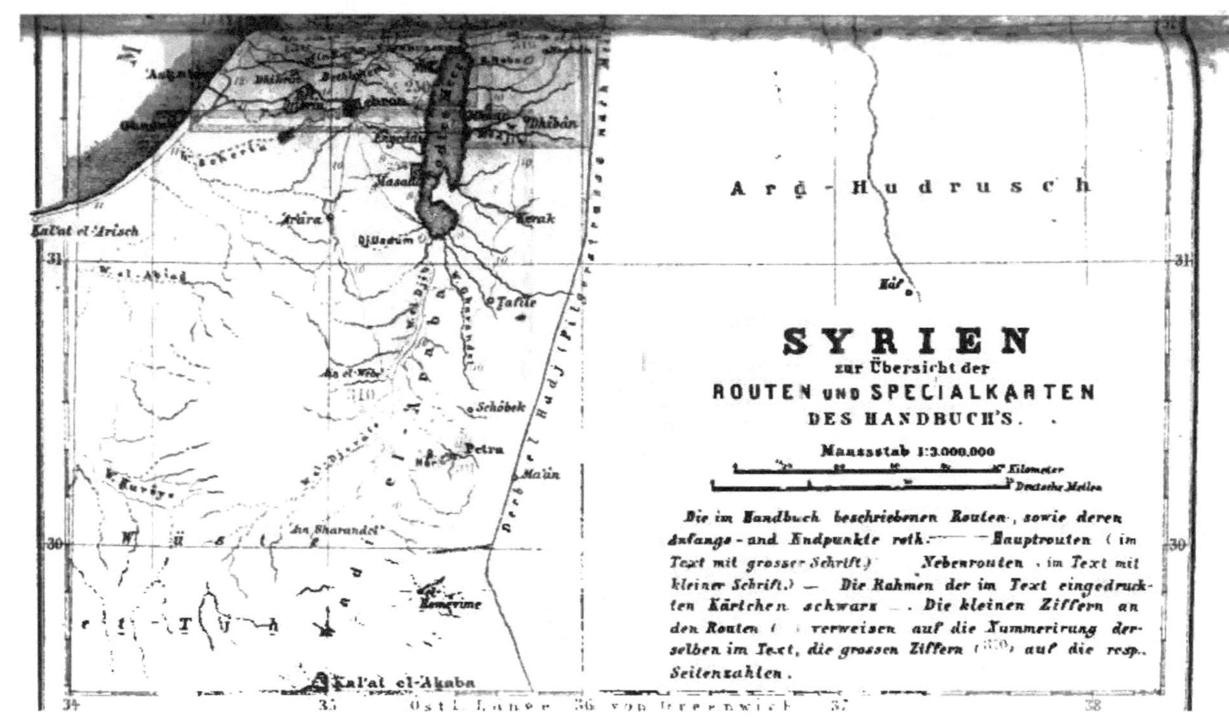

SYRIEN
zur Übersicht der
ROUTEN UND SPECIALKARTEN
DES HANDBUCH'S.
Maassstab 1:3.000.000
Kilometer
Deutsche Meilen
Die im Handbuch beschriebenen Routen, sowie deren Anfangs- und Endpunkte roth. Hauptrouten (im Text mit grosser Schrift) Nebenrouten (im Text mit kleiner Schrift.) — Die Rahmen der im Text eingedruckten Kärtchen schwarz. Die kleinen Ziffern an den Routen verweisen auf die Nummerirung derselben im Text, die grossen Ziffern auf die resp. Seitenzahlen.
Arḍ-Hudrusch
Kâf
Kal'at el-'Arîsch
W. el-Abiad
Hebron
Bethlehem
Masada
Kerak
Dhibân
Tafîle
Schôbek
Petra
Ma'ân
'Arâra
'An Sharandel
Kal'at el-'Akaba
Derb el Hadj (Pilgerstrasse nach Mekka)
31
30
34
35
36
37
38
Östl. Länge von Greenwich

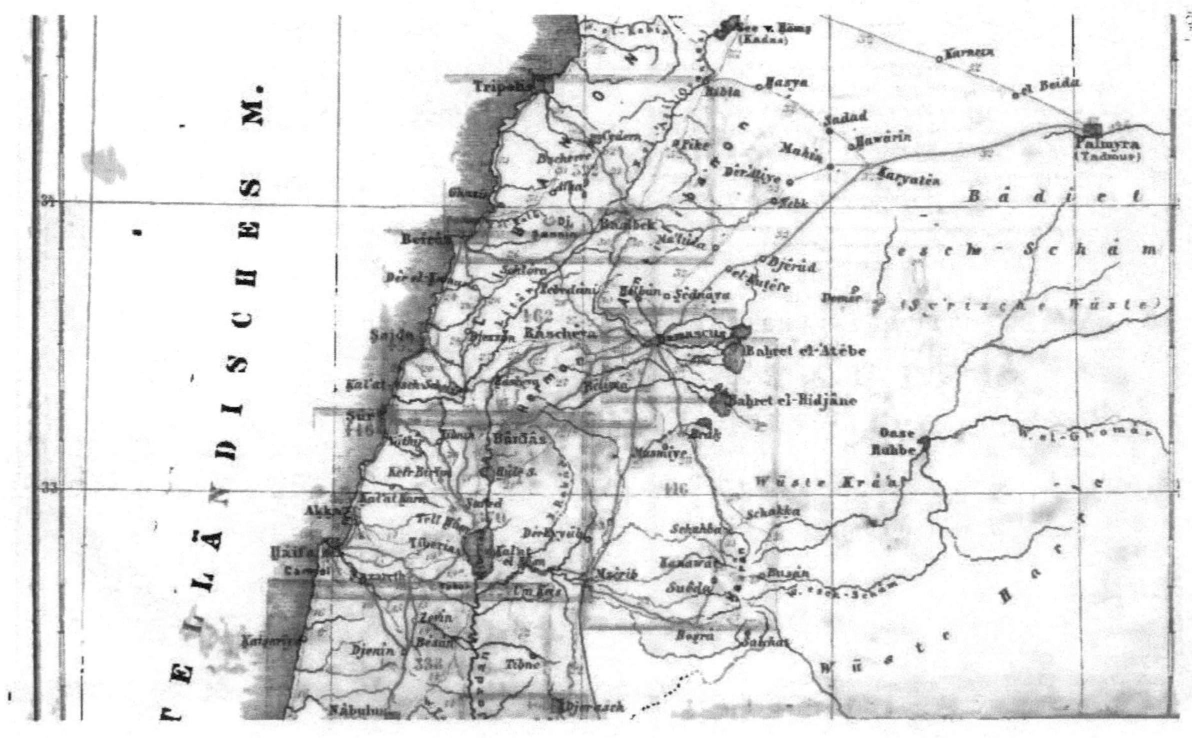
TELLÄNDISCHES M.
Tripolis
See v. Höms (Kadas)
Ribla
Hasya
Karnetn
el Beida
Sadad
Hawârin
Palmyra (Tadmor)
Mahîn
Dêr Atiye
Karyatên
Nebk
Bâdiet esch-Schâm (Syrische Wüste)
Beirût
Baalbek
Djêrûd
Dêr el-Kamar
Sebdâni
Sêdnâya
Saida
Raschêya
Damascus
Bahret el-Atêbe
Bahret el-Hidjâne
Sûr
Bânias
Oase Ruhbe
Wüste Krâ'a
Akka
Schahba
Haifa
Carmel
Tiberias
Nazareth
Mzêrib
Kanawât
Busân
Suêda
Zerîn
Djenin
Beisân
Bosra
Salchat
Tibne
Nâbulus
Djerasch
Wüste Hauran

Zeitfracht Medien GmbH
Ferdinand-Jühlke-Straße 7
99095 Erfurt, Deutschland
produktsicherheit@kolibri360.de